艺术卷 04

中国历代图书总目

李致忠 主编

北京国图书店有限责任公司
北京广臻文化艺术有限公司 编纂

文物出版社

第四分册目录

绘　画

中国绘画作品

国画作品

现代国画作品

J0024698

中国工笔画 田世光等绘
天津　天津杨柳青画社　1987年　48页
25cm（15开）定价：CNY7.66

J0024699

中国画集 东方美术交流学会编
北京　人民美术出版社　1987年　54+12页
26cm（16开）ISBN：7-102-00061-8
定价：CNY22.00

J0024700

中青年现代中国画选 王孟奇等绘
南京　江苏美术出版社　1987年　59页
26cm（16开）定价：CNY11.50

　　作者王孟奇（1947—　），画家、教授。生于江苏无锡市，毕业于南京艺术学院国画专业。历任上海大学美术学院教授、博士生导师，南京艺术学院客座教授、上海国画院画师。出版有《王孟奇画集》《王孟奇画册》《二十世纪下半叶中国新文人画精品选·王孟奇》等。

J0024701

钟鸣翠谷 刘克仁作
石家庄　河北美术出版社　1987年　1张
76cm（2开）定价：CNY0.40
　　现代中国画作品。

J0024702

钟长生画选 钟长生绘
石家庄　河北美术出版社　1987年　61页
有照片 25cm（小16开）ISBN：7-5310-0003-2
定价：CNY12.00

　　本画选收进作者山水画作品67幅。有《阿诗玛的传说》《路转溪桥》《清音阁》《山村薄暮》等，画集中收有7幅速写画稿。作者钟长生（1941—　），畲族，画家。笔名钟箫，浙江龙泉市人，毕业于浙江美术学院中国画系。历任河北画院专职画家、一级美术师、中国书法艺术研究院艺术委员会理事、国际诗词艺术家联合会理事、亚洲艺术科学院院士、河北省山水画研究会会长等职。代表作品有《钟长生画选》《钟长生画集》。

J0024703

周韶华画集（《大河寻源》专辑）周韶华绘
北京　中国文联出版公司　1987年　1册（60幅）
有肖像 38cm（6开）统一书号：8355.959
定价：CNY26.00

　　作者周韶华（1929—　），画家。山东荣城人，毕业于中原大学美术系。历任湖北省美术院院长，湖北省文联主席，中国国家画院院务委员等职。代表作品有《茶山之歌》《渤海湾的晨光》《黄河魂》等，出版有《大河寻源画集》《周韶华画选》《周韶华六十年艺术探索画集》《中国近现代名家画集－周韶华》。

J0024704

八骏图 弋霄画

石家庄 河北美术出版社 1988年 1张

76cm（2开）定价：CNY0.40

　　本作品为年画形式的中国现代国画作品。

J0024705

白描花卉草虫 王道中编绘

北京 朝花美术出版社 1988年 60页

13×19cm ISBN：7-5056-0022-2

定价：CNY0.60

J0024706

百福千祥 谢佩文画

广州 岭南美术出版社 1988年 1张 76cm（2开）

统一书号：5362.2790

定价：CNY0.38

　　本作品为年画形式的中国现代国画作品。

J0024707

北京中国画选集 北京出版社编辑

北京 北京出版社 1988年 52页 37cm（8开）

ISBN：7-200-00619-X

　　本书收入中国北京现代画家的52幅中国画作品。外文书名：Selection of Chinese Paintings of Beijing.

J0024708

不见英雄花不开 冼励强画

广州 岭南美术出版社 1988年 1张 76cm（2开）

定价：CNY0.38

　　本作品为年画形式的中国现代国画作品。

J0024709

不老松画集 王宴等绘

沈阳 辽宁美术出版社 1988年 111页 38cm（6开）精装 ISBN：7-5314-0005-7

定价：CNY40.00

　　本书为现代中国画作品选集。

J0024710

财满庭堂福满门 王言昌，王昭灿画

济南 山东美术出版社 1988年 1张 76cm（2开）

定价：CNY0.36

　　本作品为年画形式的中国现代国画作品。

J0024711

财神 林伟新画

贵州 贵州美术出版社［1988年］1张

54cm（4开）定价：CNY0.15

　　本作品为年画形式的中国现代国画作品。

J0024712

朝晖映翠 黄忠年画

广州 岭南美术出版社 1988年 1张 76cm（2开）

定价：CNY0.70

　　现代中国画作品。

J0024713

陈半丁、曹克家画选（汉英对照）陈半丁，曹克家绘

北京 荣宝斋 1988年 10张 15cm（64开）

定价：CNY1.70

　　现代中国画作品。作者陈半丁（1876—1970），画家。浙江山阴（今绍兴）人。原名陈年，字半丁。曾就职于北京图书馆、北平艺术专科学校。曾任中国美术家协会理事、北京画院副院长、中国画研究会会长。代表作品有《卢橘夏熟》《高枝带雨压雕栏》《惟有黄花是故人》《赤壁夜游图》等。作者曹克家（1906—1979），画家。号汝贤，北京人，毕业于上海中华职业学校。曾在轻工业部工艺美术局任职，中国美术家协会会员。作品有《耄耋图》等。著作有《怎样画猫》和《宋瓷纹样》。

J0024714

陈秉忱书画选集［陈秉忱绘］；山东美术出版社编

济南 山东美术出版社 1988年 56页 26cm（16开）ISBN：7-5330-0120-6 定价：CNY4.80

J0024715

陈树人画选（汉、日、英对照）陈树人纪念馆编

广州 岭南美术出版社 1988年 10张 15cm（64开）

定价：CNY2.40

　　现代中国画作品。

J0024716

陈天啸画辑 陈天啸绘

北京　人民美术出版社　1988年　37cm（8开）
ISBN：7-102-00114-2　定价：CNY3.00

J0024717

陈雄立画辑　陈雄立绘

北京　北京燕山出版社　1988年　12页　35cm（15开）
ISBN：7-5402-0095-2　定价：CNY4.25

　　本书包括人物画、花鸟画、山水画共12幅。作者陈雄立（1939—　），画家。生于北京。为李苦禅大师入室弟子。曾在中央民族学院艺术系任教，中国美术家协会会员。著作有《画鹿技法》《画鹿》《陈雄立画集》《雄立新作选》等。

J0024718

陈玉圃水墨画集　陈玉圃绘

南宁　广西人民出版社　1988年　60幅
有照片　25cm（15开）　ISBN：7-219-01011-7

　　本书的所收60幅作品，选自1986年1月在日本东京举办的"陈玉圃水墨画展"。其中有《放鹤亭图》《空山隐居图》《山间小筑》《山居图》《山林隐居图》《溪亭雨意之图》。作者陈玉圃（1946-），著名国画家。山东历城人。又名陈玉璞。曾任广西艺术学院美术系教授，现为天津南开大学东方艺术系教授、硕士生导师。中国美术家协会会员。擅长山水，花鸟，人物。代表作《唐人诗意》《苏东诗意》《放鹤亭图》。

J0024719

称心如意　吴乾福画

广州　岭南美术出版社　1988年　1张76cm（2开）
定价：CNY0.38

　　本作品为年画形式的中国现代国画作品。

J0024720

春江花月夜（汉英对照）钱运选绘

西安　陕西人民美术出版社［1988年］8张
15cm（64开）　定价：CNY1.30

J0024721

春满华堂迎百福　瑞盈金屋纳千祥　王晓予绘；王公寿书

郑州　河南美术出版社　1988年　1张　76cm（2开）
定价：CNY0.26

　　本作品为年画形式的中国现代国画作品。

J0024722

春满华堂迎百福　瑞盈金屋纳千祥　王晓予绘；王公寿书

郑州　河南美术出版社　1988年　1张　54cm（4开）
定价：CNY0.13

J0024723

当代美人画选　何恭上主编；陈长华撰文

台北　艺术图书公司　1988年　2版　160页
29cm（15开）　定价：TWD480.00
（彩色美人画选丛书 2）

　　外文书名：Selected Contemporary Paintings of Beautiful Women.

J0024724

邓林画梅　邓林绘

北京　中国画报出版公司　1988年　25cm（15开）
ISBN：7-80024-040-1

　　现代中国画作品。本书与良友图书公司合作出版。作者邓林（1941—　），一级画师、艺术家。生于河北邯郸，籍贯四川广安。邓小平的长女，原名邓琳。毕业于中央美院国画系。历任北京画院花鸟画创作室副主任、中国美术家协会会员、东方美术交流协会会长等职。出版有《远古的回音》《邓林画梅》《邓林水墨画集》等。

J0024725

东海瀛洲　徐能海作

杭州　浙江人民美术出版社　1988年　1张
76cm（2开）　定价：CNY0.50

　　现代中国画作品。

J0024726

杜滋龄意造　杜滋龄绘

北京　现代出版社　1988年　20幅　38cm（6开）
ISBN：7-80028-046-2　定价：CNY19.50

　　现代中国画作品。作者杜滋龄（1941—　），教授。生于天津，毕业于中国美术学院中国画系研究生班。历任中国画学会副会长、中国艺术研究院博士生导师、南开大学教授、天津美术家协会副主席。代表作品《帕米尔初雪》《古老的歌》《大漠行》等。

J0024727

儿戏图　陈英画

广州 岭南美术出版社 1988年 1张 76cm(2开)
定价: CNY0.38

　　本作品为年画形式的中国现代国画作品。

J0024728

范曾怀抱 范曾绘

北京 现代出版社 1988年 20幅 38cm(8开)
ISBN:7-80028-003-0 定价: CNY19.50

　　现代中国画作品选集。包括《东坡吟》《灵泉道风》《凌波达摩之一》《灵运歌啸图》《吾亦能高咏》《高风图》《鲁达》《嫦娥》《君其乐道》《宰相归田》《渔父与童子》《亦有所思》《或有事于西畴》《怀素情》《达摩》《钟馗雅趣图》《草圣》《君子所言》《铁拐李与何仙姑》《咏鹅》二十幅作品。作者范曾(1938—)，画家、学者。字十翼，别署抱冲斋主，江苏南通人。毕业于中央美术学院中国画系。历任中央工艺美术学院讲师、副教授，南开大学东方艺术系教授、博士生导师，中国艺术研究院终身研究员等。代表作品有《庄子显灵记》《范曾自述》《老子出关》《钟馗神威》等。

J0024729

范曾逸兴 范曾绘

北京 现代出版社 1988年 20幅 38cm(6开)
ISBN: 7-80028-003-0 定价: CNY19.50

　　现代中国画作品选集。包括《葛洪炼丹图》《达摩面壁》《羲之爱鹅》《面壁九年成正果》《松下问童子》《捕蛇者说》《庄子说梦图》《后赤壁赋》《神蟾异趣》《东坡行吟》《童弈图》《渔父》《度吕图》《伊人宛在》《梦游天姥图》《聊发少年狂》《老子出关》《载酒行》《牧鞭》《河伯》二十幅作品。

J0024730

方小石画集 方小石绘

贵阳 贵州美术出版社 1988年 26cm(16开)

　　本书收入方小石花鸟画《草海珍禽》《野鹤天外来》《千山响杜鹃》《鸟语出林》《红叶白眉》《山雀》《鸳鸯》《黄鹂》《三角花鹦鹉》《山禽林鸟》《绿杨星鹤》《茶花海棠》《昌兰红玉》《山野之花》等58幅。

J0024731

凤凰花开 王炳坤画

广州 岭南美术出版社 1988年 1张 76cm(2开)

定价: CNY0.38

　　本作品为年画形式的中国现代国画作品。

J0024732

凤舞富盈门 龙飞福常在 王福增画

济南 山东美术出版社 1988年 1张 76cm(2开)
定价: CNY0.36

　　本作品为年画形式的中国现代国画作品。

J0024733

福来到 雷孝书画

北京 中国戏剧出版社 1988年 1张 53cm(4开)
定价: CNY0.10

　　本作品为年画形式的中国现代国画作品。

J0024734

福寿康乐 李中文画

广州 岭南美术出版社 1988年 1轴(卷轴)
附对联1副 108cm(全开) 定价: CNY3.90

　　本作品为年画形式的中国现代国画作品。

J0024735

福寿康宁 崔森林画

济南 山东美术出版社 1988年 1张 76cm(2开)
定价: CNY0.36

　　本作品为年画形式的中国现代国画作品。作者崔森林(1943—)，美术编辑。笔名黎恩、李恩。生于山东济南，毕业于济南艺术学校。任山东美术出版社副编审。作品有《省里送来显微镜》《黄河》《第一面八一军旗的诞生》《毛主席视察北园》等，小说《不屈的昆仑》插图。

J0024736

福寿绵长 陈英画

福州 福建美术出版社 1988年 1张 76cm(2开)
定价: CNY0.35

　　本作品为年画形式的中国现代国画作品。

J0024737

福寿双至 季乃仓画

济南 山东美术出版社 1988年 1张 76cm(2开)
定价: CNY0.35

　　本作品为年画形式的中国现代国画作品。

J0024738

福寿图 冯杰画

南昌 江西人民出版社［1988年］1轴（卷轴）

附对联1副 108cm（全开） 定价：CNY4.00

本作品为年画形式的中国现代国画作品。

J0024739

傅抱石画选 傅抱石绘；南京博物院，朝华出版社编

北京 朝华出版社 1988年 115页 36cm（6开）

精装 ISBN：7-5054-0066-5 定价：CNY55.00

本画册收辑作者1904—1965年间的代表作《潇潇暮雨》《大涤草堂图》《丽人行》《二湘图》《待细把江山图画》和《镜泊飞泉》等75幅，速写6幅，书法2件。傅抱石（1904—1965），画家、美术史论家。原名长生、瑞麟，号抱石斋主人。生于江西南昌，祖籍江西新余，早年留学日本。历任南京师范学院教授、江苏国画院院长等职。代表作品有《山阴道上》《钟馗》《屈原》《江山如此多娇》，著有《中国古代绘画之研究》《中国绘画变迁史纲》等。

J0024740

傅小石画集 傅小石绘

南京 江苏美术出版社 1988年 24页 25×26cm

ISBN：7-5344-0047-3 定价：CNY4.80

现代中国画作品选集。作者傅小石（1932—2016），国画家。曾用名傅益筠，江西新余人，傅抱石先生长子。江苏省美术馆专业画家，南京市残疾人协会主席，一级美术师，中国美协会员，江苏省残联理事，美国世界名人研究院特邀顾问。代表作品有《梁楷》《布袋和尚》《山鬼》《傅小石工笔画集》。

J0024741

富贵进家人财旺 于占德画

济南 山东美术出版社 1988年 1张 76cm（2开）

定价：CNY0.35

本作品为年画形式的中国现代国画作品。作者于占德（1946—），山东武城县人。曾任中国美术家协会会员、山东画院高级画师、德州学院副教授等职。主要作品有《农家宝宝》《甜》《连年有余》等。

J0024742

富贵满堂 薛长山画

济南 山东美术出版社 1988年 2张 76cm（2开）

定价：CNY0.75

本作品为年画形式的中国现代国画作品。

J0024743

高风亮节 游国权作

南宁 广西人民出版社［1988年］1张

76cm（2开） 定价：CNY0.35

现代中国画作品。

J0024744

高天祥画选 高天祥绘；山东美术出版社编

济南 山东美术出版社 1988年 14页 有照片

26cm（16开） ISBN：7-5330-0152-4

定价：CNY2.20

现代中国画作品。作者高天祥（1935—），教授。别名晓晨，浙江三门湾人，毕业于山东艺术学院。历任曲阜师范大学美术系教授、中国美术家协会会员、临沂艺术馆美术创作员、中国美术家协会会员。代表作品《高天祥画集》《写意花鸟画技法》等。

J0024745

工笔花鸟画谱 荣宝斋编辑

北京 荣宝斋 1988年 32页 24×26cm

ISBN：7-5003-0049-2 定价：CNY4.50

本书选编画家王道中、王庆升、杜曼华、万一、金鸿钧、田镛、许继庄、张德泉等人的工笔画，并以图解的形式简明地介绍花、叶、鸟、树、山石的画法及步骤。

J0024746

恭喜发财 孙公照画

济南 山东美术出版社 1988年 1张

76cm（2开） 定价：CNY0.35

本作品为年画形式的中国现代国画作品。

J0024747

古诗画意 韩书力，陆抑非等编绘

浙江 浙江人民美术出版社 1988年 149页

有彩图 30cm（10开）

外文书名：Ancient Poems with Illustrative Paintings.

J0024748

关增铸画集 祁旺主编；关增铸绘

北京 北京燕山出版社 1988年 105页

38cm（6开）精装 ISBN：7-5402-0099-5

定价：CNY65.00

　　现代中国画作品集。

J0024749

关增铸画集（英汉对照）祁旺主编；关增铸绘

北京 北京燕山出版社 1988年 105页

38cm（6开）特藏本 ISBN：7-5402-0099-5

定价：CNY86.00

J0024750

郭味蕖画选 郭味蕖绘

北京 人民美术出版社 1988年 ［215］页 19cm

（32开）ISBN：7-102-00244-0 定价：CNY3.55

　　本书选收画家花鸟画作品239幅。作者郭味蕖（1908—1971），画家。原名忻，后改慰劬、味蕖，曾用别号汾阳王孙等。山东潍坊人，毕业于上海美术专科学校。历任中央美术学院研究部和徐悲鸿纪念馆研究员、中央美院中国画讲师、中央美术学院国画系花鸟科主任等。著有《宋元明清画家年表》《中国版画史略》《写意花鸟创作技法十六讲》等。

J0024751

国富民强逢盛世 花开日暖正阳春 袁德坤绘；王公寿书

郑州 河南美术出版社 1988年 1张 76cm（2开）

定价：CNY0.26

　　本作品为年画形式的中国现代国画作品。

J0024752

国富民强逢盛世 花开日暖正阳春 袁德坤绘；王公寿书

郑州 河南美术出版社 1988年 1张 54cm（4开）

定价：CNY0.13

　　本作品为年画形式的中国现代国画作品。

J0024753

国华竞芳菲 林瑛珊作

沈阳 辽宁美术出版社 1988年 1张 76cm（2开）

定价：CNY0.36

　　中国现代中国画作品。

J0024754

国画人体艺术 姜坤著

沈阳 辽宁美术出版社 1988年 73页 26cm

（16开）ISBN：7-5314-0037-5 定价：CNY9.10

　　本书论述人体画在中国绘画领域中的发展和人体美与民族审美的心理等。书后附精彩工笔、彩墨、水墨的人体图录47幅。

J0024755

国画世界 李志强主编

天津 天津杨柳青画社 1988年 60页 26×26cm

定价：CNY10.50

（中国画探索 2）

　　现代中国画作品。

J0024756

海峡两岸书画册 华艺出版社编

北京 华艺出版社 1988年 83页 26cm（16开）

ISBN：7-80039-017-9 定价：CNY15.00

　　外文书名：A Collection of Paintings and Calligraphy of the Taiwan Straits.

J0024757

和合幸福 季乃仓画

济南 山东美术出版社 1988年 1张 76cm（2开）

定价：CNY0.35

　　本作品为年画形式的中国现代国画作品。

J0024758

贺新禧 方敦传，方善学画

广州 岭南美术出版社 1988年 1张

108cm（全开）定价：CNY1.80

　　本作品为年画形式的中国现代国画作品。作者方敦传（1941—　），安徽郎溪县人。师范毕业。安徽省美术家协会会员、安徽年画研究会会员。曾任郎溪县文化馆副馆长。擅长年画、中国画。代表作品有《鹅乡春暖》《福妞》《山河长春》等。

J0024759

贺新禧 方敦传，方善学画

广州 岭南美术出版社 1988年 1张 76cm（2开）

定价：CNY0.70

　　本作品为年画形式的中国现代国画作品。

J0024760

红楼梦（汉英西对照）戴敦邦绘
北京 外文出版社 1988 年 12 张 15cm（64 开）
定价：CNY4.00
　　现代中国画作品。作者戴敦邦（1938—　），
国画家，教授。号民间艺人，江苏丹徒人。毕业
于上海第一师范学校。历任《中国少年报》《儿
童时代》美术编辑、上海交通大学人文学院教授
等。主要作品《水浒人物一百零八图》《戴敦邦
水浒人物谱》《戴敦邦新绘红楼梦》《戴敦邦古典
文学名著画集》等；连环画代表作品有《一支驳壳
枪》《水上交通站》《大泽烈火》《蔡文姬》等。

J0024761

红线盗盒 陶冶安编绘
沈阳 辽宁美术出版社 1988 年 2 张 76cm（2 开）
定价：CNY0.76
　　本作品为年画形式的中国现代国画作品。

J0024762

胡克敏书画集 胡克敏绘
台北 艺术图书公司 1988 年 144 页 29cm（16 开）
精装 定价：TWD1200.00
　　现代中国画作品。外文书名：An Introduction
to the Paintings and Calligraphy of Hu Ke-min.

J0024763

花艳人俏 邹莉画
广州 岭南美术出版社 1988 年 1 张 76cm（2 开）
定价：CNY0.38
　　本作品为年画形式的中国现代国画作品。
作者邹莉（1950—　），女，画家。艺名依耘，出生
于广东龙门县。历任中国美术家会员、广东美术
家理事、佛山美术家常理、南海画院画家、情铸
画院院长。代表作《百妃图》。

J0024764

花长好月长圆 夏正治画
杭州 浙江人民美术出版社［1988 年］
4 张（卷轴）76cm（2 开）定价：CNY6.00
　　本作品为年画形式的中国现代国画作品。

J0024765

华岳晴雪 张三友作
呼和浩特 内蒙古人民出版社 1988 年

1 轴（卷轴）108cm（全开）定价：CNY2.00
　　现代中国画作品。

J0024766

化装晚会 缪爱莉画
广州 岭南美术出版社 1988 年 1 张 76cm（2 开）
定价：CNY0.38
　　本作品为年画形式的中国现代国画作品。

J0024767

欢庆新春 谢佩文画
广州 岭南美术出版社 1988 年 1 张 54cm（4 开）
定价：CNY0.20
　　本作品为年画形式的中国现代国画作品。

J0024768

欢庆新春 谢佩文画
广州 岭南美术出版社 1988 年 1 张 76cm（2 开）
定价：CNY0.40

J0024769

黄胄画集 黄胄绘；朝华出版社编
北京 朝华出版社 1988 年 109 页 36cm（6 开）
精装 ISBN：7-5054-0108-4 定价：CNY59.00
　　本书收入作者作品 95 幅。其中有《庆丰收》
《育羔图》《巴札归来》《草原逐戏图》《牧归图》《墨
竹雏鸡图卷》《双犬》等。黄胄（1925—1997），画
家、社会活动家、收藏家。字映斋，河北蠡县人。
历任总政治部文化部创作员、中国画研究院副院
长、中国美术家协会常务理事等。代表作品有《洪
荒风雪》《巡逻图》等，出版有《黄胄书画论》《黄
胄作品集》《黄胄谈艺术》等。

J0024770

鸡鸣富贵 邱丽娟画
广州 岭南美术出版社 1988 年 1 张
76cm（2 开）定价：CNY0.38
　　本作品为年画形式的中国现代国画作品。

J0024771

吉祥如意 陈华民画
广州 岭南美术出版社 1988 年 1 张
54cm（4 开）定价：CNY0.20
　　本作品为年画形式的中国现代国画作品。
作者陈华民（1943—　），画家。辽宁东港人。笔

名文安、春江。中国美术家协会会员、丹东市美
术家协会副主席。擅长国画，主要作品有《海之
恋》《金色的路》《扬帆远航》等。

J0024772
吉祥如意人富贵 彭海清画
福州 福建美术出版社 1988 年 1 张
76cm（2 开） 定价：CNY0.35
　　本作品为年画形式的中国现代国画作品。
作者彭海清（1943— ），国家一级美术师，生于
山东淄博，历任中国美术家协会会员、国际美术
家联合会会员、中国国画家协会理事、环球书画
艺术研究院客座教授、山东河津书画院名誉院
长。出版有《彭海清画集》。

J0024773
吉星满堂 李雪，李增吉画
福州 福建美术出版社 1988 年 1 张
76cm（2 开） 定价：CNY0.35

J0024774
吉星满堂 李雪，李增吉画
福州 福建美术出版社 1988 年 1 张
108cm（全开） 定价：CNY0.80
　　本作品为年画形式的中国现代国画作品。

J0024775
纪念孙中山先生诞辰一百二十周年书画集
苏昌辽编
南京 南京大学出版社 1988 年 87 页
有照片 26cm（16 开） ISBN：7-305-00233-X
定价：CNY8.00

J0024776
江村诗意 路如恒作
石家庄 河北美术出版社 1988 年 1 张
76cm（2 开） 定价：CNY0.40

J0024777
江村诗意 路如恒画
石家庄 河北美术出版社 1988 年 1 轴
附对联 1 副 108cm（全开） 定价：CNY3.40
　　本作品为年画形式的中国现代国画作品。

J0024778
江南水墨画集 姬俊尧绘
太原 山西人民出版社 1988 年 102 页
21cm（32 开） 定价：CNY3.00

J0024779
江苏省国画院作品选集（江苏省国画院建院
三十周年纪念）江苏省国画院编选
南京 江苏美术出版社 1988 年 49 页
25cm（15 开） ISBN：7-5344-0012-0
定价：CNY9.80

J0024780
金鸿钧工笔重彩花鸟画 金鸿钧绘
北京 朝花美术出版社 ［1988 年］10 张
15cm（64 开） 定价：CNY1.95

J0024781
金龙献宝 刘熹奇画
广州 岭南美术出版社 1988 年 1 张
76cm（2 开） 定价：CNY0.38
　　本作品为年画形式的中国现代国画作品。

J0024782
金狮送宝 张耀明绘
贵阳 贵州美术出版社 ［1988 年］1 张
76cm（2 开） 定价：CNY0.36
　　本作品为年画形式的中国现代国画作品。
作者张耀明（1959— ），国家一级美术师，字淡
之，号听风堂，一壶，心远，澹翁。生于山东诸
城，毕业于山东轻工美术学校。历任中国美术
家协会会员、齐鲁山水画研究院副院长、张择端
书画研究院院长、诸城市博物馆副馆长、研究馆
员。代表作品有《阳光总在风雨后》《海边拾趣》。

J0024783
锦绣前程 周国军画
广州 岭南美术出版社 1988 年 1 张
76cm（2 开） 定价：CNY1.40
　　本作品为年画形式的中国现代国画作品。

J0024784
京杭运河书画集 吴作人等编
北京 水利电力出版社 1988 年 177 页 有图
29cm（12 开） 精装 ISBN：7-120-00254-6

本书为水利电力出版社与中国星星出版公司合作出版。

J0024785
景德镇国画选 何叔水，舒惠学编选
南昌 江西人民出版社 1988 年 88 页 26cm（16 开）
精装 ISBN：7-210-00117-4 定价：CNY35.00

J0024786
骏马图 李永志作
沈阳 辽宁美术出版社 1988 年 1 张
76cm（2 开） 定价：CNY0.40

J0024787
开门大吉 出门大利 陈英画
福州 福建美术出版社 1988 年 1 张
76cm（2 开） 定价：CNY0.35
　　本作品为年画形式的中国现代国画作品。

J0024788
况达水墨画辑（汉英对照）况达绘
济南 山东友谊书社 1988 年 49 页
有照片 24cm（26 开） ISBN：7-80551-125-X
定价：CNY4.35
　　外文书名：Collections of Wash Painting by Kuang Da.

J0024789
乐在其中 何丽画
济南 山东美术出版社 1988 年 1 张
76cm（2 开） 定价：CNY0.36
　　本作品为年画形式的中国现代国画作品。

J0024790
漓江（李荫苍、李远荣的中国作品） 李荫苍，李远荣绘
北京 人民美术出版社 1988 年 7 页 有肖像
26cm（16 开） 折装 ISBN：7-102-00168-1
定价：CNY0.65
（新美术画库 29）
　　现代中国画作品。

J0024791
漓江晨曲 曹子铎，梁皓画
广州 岭南美术出版社 1988 年 1 张

76cm（2 开） 定价：CNY0.38
　　本作品为年画形式的中国现代国画作品。

J0024792
漓江风光 蔡天雄作
上海 上海书画出版社 1988 年 1 张
76cm（2 开） 定价：CNY0.44

J0024793
礼让图 高志华画
广州 岭南美术出版社 1988 年 1 张
76cm（2 开） 定价：CNY0.38
　　本作品为年画形式的中国现代国画作品。

J0024794
李剑晨中国画集 李剑晨绘
南京 东南大学出版社 1988 年 有彩照
35cm（18 开） 精装 ISBN：7-81023-111-1
定价：CNY60.00
　　作者李剑晨（1900—2002），教授、画家。原名李汝骅，字剑晨，河南内黄县人，毕业于北平国立艺术专科学校。历任东南大学建筑系教授、江苏省美术家协会副主席、江苏省水彩画研究会会长、中国水彩画协会名誉会长、国际水彩画联盟理事、亚洲画会主席等。出版有《水彩画创作技法》《李剑晨中国画集》等。

J0024795
李金玉纪念画册 李金玉绘
台北 李以海 1988 年 95 页 25×26cm
　　现代中国画作品。

J0024796
李苦禅花鸟画选（汉英对照）李苦禅绘
北京 荣宝斋 1988 年 10 张 15cm（64 开）
定价：CNY1.70

J0024797
李燕人物画集 李燕绘
北京 工人出版社 1988 年 64 页 26cm（16 开）
ISBN：7-5008-0342-7 定价：CNY18.00

J0024798
连年有余 彭海清画
济南 山东美术出版社 1988 年 1 张

76cm（2开）定价：CNY0.36

本作品为年画形式的中国现代国画作品。作者彭海清（1943— ），国家一级美术师，生于山东淄博，历任中国美术家协会会员、国际美术家联合会会员、中国国画家协会理事、环球书画艺术研究院客座教授、山东河津书画院名誉院长。出版有《彭海清画集》。

J0024799

梁崎画集 梁崎作

天津 天津人民美术出版社 1988年 37×27cm 精装 ISBN：7-5305-0103-8 定价：CNY65.00

本画集精选作者具有代表性作品90幅。

J0024800

刘宝纯访日写生画集

济南 山东美术出版社 1988年 60页 有照片 26cm（16开）精装 ISBN：7-5330-0161-3 定价：CNY30.00

现代中国画写生作品。

J0024801

刘旦宅画集 刘旦宅绘

上海 上海人民美术出版社 1988年 38cm（6开）精装 ISBN：7-5322-0082-5 定价：CNY58.00

本画册收集作者的人物、花鸟、山水、走兽题材的中国画作品93幅。刘旦宅（1931—2011），教授、画家。原名浑，又名小粟，后改名旦宅，别名海云生。浙江温州人。曾在上海市大中国图书局、上海教育出版社、上海人民美术出版社绘画，上海师范大学美术系主任。代表作品《曹雪芹生平》《琵琶行》《刘旦宅聊斋百图》《石头记人物画册》等。

J0024802

刘德舟杨瑞芬画集 刘德舟，杨瑞芬绘

北京 对外贸易教育出版社 1988年 55页 26cm（16开）ISBN：7-81000-219-8 定价：CNY25.00

现代中国画作品。

J0024803

刘树春画选 刘树春画

上海 上海书店 1988年 30cm（10开）定价：CNY6.80

现代中国画作品。

J0024804

六合同春 黄莱画

福州 福建美术出版社 1988年 1张 108cm（全开）定价：CNY0.80

本作品为年画形式的中国现代国画作品。

J0024805

龙飞凤舞福寿有余 彭海清画

济南 山东美术出版社 1988年 1张 76cm（2开）定价：CNY0.35

本作品为年画形式的中国现代国画作品。

J0024806

龙凤呈祥 刘福泰画

广州 岭南美术出版社 1988年 1张 76cm（2开）定价：CNY0.40

本作品为年画形式的中国现代国画作品。

J0024807

龙凤呈祥 刘福泰画

广州 岭南美术出版社 1988年 1张 54cm（4开）定价：CNY0.20

J0024808

龙虎将 臧恒望画

济南 山东美术出版社 1988年 1张 76cm（2开）定价：CNY0.38

本作品为年画形式的中国现代国画作品。

J0024809

龙与虎 段新年作

石家庄 河北美术出版社 1988年 1张 76cm（2开）定价：CNY0.40

现代中国画作品。

J0024810

庐山含鄱口 戴荣华作

南昌 江西人民出版社 ［1988年］1张 76cm（2开）定价：CNY0.46

J0024811

庐山锦绣谷 吴齐作

南昌 江西人民出版社 ［1988年］1轴（卷轴）108cm（全开）定价：CNY1.20

J0024812

罗国士书画集 罗国士绘

西安 陕西人民美术出版社 1988 年 105 页
23×26cm（15 开） ISBN：7-5368-0035-5
定价：CNY18.00

　　本画集收入作者绘画作品 176 幅，书法作品 20 幅，篆刻作品 28 幅。其中有《华岳仙掌》《雁塔晨钟》《曲江流饮》《神农架奇观》《长江三峡》等。外文书名：An Album of Paintings and Calligraphic Works of Luo Guoshi. 作者罗国士（1929— ），画家、教授。湖北房县人。曾入西北艺术学院美术系学习，中央戏剧学院舞台美术系进修。中国美术家协会陕西分会艺术委员会委员、香港美术学院荣誉教授、西安电子科技大学美学教授、中国美术家协会会员。主要作品《夺取北峰》《边疆巡逻》《保卫延安》《秦川颂》《武当胜境》。

J0024813

绿染春山 游汉强画

广州 岭南美术出版社 1988 年 3 张 76cm（2 开）
　　本作品为年画形式的中国现代国画作品。

J0024814

满目芳菲 张冬生画

广州 岭南美术出版社 1988 年 1 张 76cm（2 开）
定价：CNY0.38
　　本作品为年画形式的中国现代国画作品。

J0024815

猫石图（绫裱卷轴） 徐悲鸿作

上海 朵云轩［1988 年］1 轴

J0024816

耄耋富贵 米春茂画

石家庄 河北美术出版社 1988 年 1 轴（卷轴）
108cm（全开） 定价：CNY2.10
　　本作品为年画形式的中国现代国画作品。作者米春茂（1938— ），一级美术师。生于河北省霸州。历任沧州市文联专业画家、中国美术家协会会员、美协河北分会会员、河北省工艺美术学会常务理事、沧州市美协理事长。代表作品有《米春茂画集》《中国画自学丛书——怎样画小动物》。

J0024817

梅竹图 姚景卿作

天津 天津人民美术出版社 1988 年 1 张
76cm（2 开） 定价：CNY0.40
　　现代中国画作品。

J0024818

美好的理想 刘树茂画

广州 岭南美术出版社 1988 年 2 张
76cm（2 开） 定价：CNY0.76
　　本作品为年画形式的中国现代国画作品。

J0024819

美满良缘 陈英画

福州 福建美术出版社 1988 年 1 张
76cm（2 开） 定价：CNY0.35
　　本作品为年画形式的中国现代国画作品。

J0024820

美满幸福 陈明画

济南 山东美术出版社 1988 年 1 张
76cm（2 开） 定价：CNY0.36
　　本作品为年画形式的中国现代国画作品。

J0024821

美意延年 王英画

济南 山东美术出版社 1988 年 1 张
76cm（2 开） 定价：CNY0.36
　　本作品为年画形式的中国现代国画作品。

J0024822

蒙子军书画 蒙子军绘

西安 陕西人民美术出版社 1988 年
26cm（16 开） 精装 ISBN：7-5368-0092-4
定价：CNY12.50
　　现代中国画作品。作者蒙子军（1939— ），中国花鸟画家。生于陕西泾阳。毕业于西安美术学院附中。中国书法家协会理事、中国美术家协会会员、甘肃省书法家协会副主席兼创作评审委员会委员。代表作品《小河涨水》《蒙子军书画》等。

J0024823

孟光涛画集 孟光涛绘

贵阳 贵阳美术出版社 1988 年 37cm（8 开）

本画册收入作者国画48幅,其中有《黄果树瀑布图》《乌江万里行》《苗岭云横》《花溪春晓》《幽谷鸣泉》等。作者孟光涛(1917—1987),著名山水画家。贵州仁怀人。任职于贵州中国画院。代表作品《松溪图》《清溪秋艳》《巫山神女峰》。

J0024824

描龙绣凤 洪白云,王新画

广州 岭南美术出版社 1988年 1张

76cm(2开)定价:CNY0.38

本作品为年画形式的中国现代国画作品。

J0024825

墨竹

沈阳 辽宁美术出版社 1988年 1张

78cm(2开)定价:CNY0.60

现代中国画作品。

J0024826

年年如意春 岁岁平安日 熊孔成绘;王公寿书

郑州 河南美术出版社 1988年 2张

78cm(2开)定价:CNY0.38

本作品为年画形式的中国现代国画作品。

J0024827

鸟语花香 张琪作

南宁 广西人民出版社[1988年]1张

76cm(2开)定价:CNY0.35

J0024828

彭昭俊画集 彭昭俊绘

济南 山东友谊书社 1988年 52页 26cm

(16开)ISBN:7-80551-174-8 定价:CNY12.20

现代中国画作品。外文书名:The Painting Album of Peng Zhaojun. 作者彭昭俊(1935—),画家,教授。生于山东荣城市,毕业于山东艺术专科学校。历任山东艺术学院副教授、艺术研究所副所长,齐鲁书画研究院院长、中国美术家协会会员。代表作品有《春光》《报春》《铁骨花更红》等。

J0024829

麒麟送宝 向群画

广州 岭南美术出版社 1988年 1张

76cm(2开)定价:CNY0.38

本作品为年画形式的中国现代国画作品。

J0024830

千岩竞秀 陈谷平作

上海 上海人民美术出版社 1988年 1张

76cm(2开)定价:CNY0.36

现代中国画作品。作者陈谷平(1920—),江苏扬州人。大学文化。原扬州市国画院画师。中国美术家协会江苏分会会员。擅长年画、国画。作品有《戏鱼图》《门画》等。

J0024831

钱松嵒山水画选(汉英对照)钱松嵒绘

北京 荣宝斋 1988年 10张 15cm(64开)

定价:CNY1.70

作者钱松嵒(1899—1985),当代画家。江苏宜兴人。曾任江苏省国画院院长、名誉院长,江苏省美术家协会主席、中国美术家协会常务理事等。画作有《红岩》《延安颂》《芙蓉湖上》《山岳颂》等。代表作品有《梅园新村》《延安颂》《红岩》《井冈大瀑布》等。著作《砚边点滴》。出版物《钱松嵒画集》等。

J0024832

勤奋学习 陈华文画

广州 岭南美术出版社 1988年 1张 76cm(2开)

定价:CNY0.38

本作品为年画形式的中国现代国画作品。

J0024833

秋山听泉图 胡嘉梁作

石家庄 河北美术出版社 1988年 1张

76cm(2开)定价:CNY0.40

J0024834

秋山听泉图 胡嘉梁画

石家庄 河北美术出版社 1988年 1轴

附对联1副 108cm(全开)定价:CNY3.40

本作品为年画形式的中国现代国画作品。

J0024835

求索(88)周奕,雷子源主编

香港 香港文汇报 1988年 有图 19×22cm

现代中国画作品。外文书名:Exploration. 本书与博雅艺术公司合作出版。

J0024836

泉韵（吴传麟中国画作品）吴传麟绘

北京　人民美术出版社　1988 年　26cm（16 开）

折装　ISBN：7-102-00312-9　定价：CNY0.65

（新美术画库　30）

J0024837

群芳谱　伍揖青编绘

台北　艺术图书公司　1988 年　189 页　有图

30cm（15 开）精装　定价：TWD600.00

　　现代中国画作品。外文书名：The Aristocracy of Beauty.

J0024838

群鹤鸣翠　董振中画

济南　山东美术出版社　1988 年　1 张

76cm（2 开）定价：CNY0.36

　　本作品为年画形式的中国现代国画作品。作者董振中（1945—　），画家。山东人。字子午，号老草。毕业于浙江美术学院国画系。中国美术家协会会员、国家一级美术师、邹城市美术家协会主席、邹城市画院院长。出版《董振中画集》《孟子圣迹图》《孔子圣迹图》等。

J0024839

人逢治世居栖隐　运际阳春气象新　任苉绘；秦喜全书

郑州　河南美术出版社　1988 年　1 张

76cm（2 开）定价：CNY0.26

　　本作品为年画形式的中国现代国画作品。

J0024840

人逢治世居栖隐　运际阳春气象新　任苉绘；秦喜全书

郑州　河南美术出版社　1988 年　1 张

54cm（4 开）定价：CNY0.12

J0024841

如意吉祥　谭裕钊画

广州　岭南美术出版社　1988 年　1 张

76cm（2 开）定价：CNY0.40

　　本作品为年画形式的中国现代国画作品。

J0024842

如意吉祥　谭裕钊画

广州　岭南美术出版社　1988 年　1 张

54cm（4 开）定价：CNY0.20

J0024843

瑞气临门　美满幸福　李诚苇画

广州　岭南美术出版社　1988 年　1 张

76cm（2 开）定价：CNY0.40

　　本作品为年画形式的中国现代国画作品。

J0024844

瑞气临门　美满幸福　李诚苇画

广州　岭南美术出版社　1988 年　1 张

54cm（4 开）定价：CNY0.20

J0024845

瑞气满堂　梁铭添画；陈景舒书

广州　岭南美术出版社　1988 年　1 张

76cm（2 开）定价：CNY0.40

　　本作品为年画形式的中国现代国画作品。作者陈景舒（1931—2012），书法家。字靖庵，别署凝碧楼主，出生于广东佛山。曾任广东省人民政府文史研究馆馆员、中国书法家协会会员、广东省书法家协会名誉主席、广东省书法艺术基金会会长等。代表著作有《实用隶书字帖》《隶书书写门径》《四体楹联》等。

J0024846

山高水长　徐一轩作

上海　上海书画出版社　1988 年　1 张

76cm（2 开）定价：CNY0.36

　　现代中国画作品。作者徐希（1940—2015），画家。曾用名徐振武，浙江绍兴人。毕业于浙江美术学院。曾任人民美术出版社编辑、一级美术师、中国美术家协会会员。代表作品《长城》《布达拉宫》《湖上晨曲》《江南喜雨》等。

J0024847

山明水秀　段冬冬作

南京　江苏古籍出版社　1988 年　1 轴（卷轴）

108cm（全开）定价：CNY1.15

　　现代中国画作品。

J0024848

山清水秀　车鹏飞作

南昌　江西人民出版社［1988 年］1 张

76cm（2开）定价：CNY0.28

J0024849
神荼 郁垒 于新生画
济南 山东美术出版社 1988年 1张
76cm（2开）定价：CNY0.35
　　本作品为年画形式的中国现代国画作品。作者于新生（1956— ），教授。生于山东寿光。毕业于山东艺术学院。现任山东工艺美术学院造型艺术学院教授、中国美术家协会会员、山东省美术家协会副主席等职。代表作品有《于新生画集》《吉祥腊月》《荷塘水清清》等。

J0024850
神荼·郁垒 成肖玉绘
贵阳 贵州美术出版社［1988年］1张
76cm（2开）定价：CNY0.36
　　本作品为年画形式的中国现代国画作品。

J0024851
神农架下 张步作
北京 荣宝斋［1988年］1张 54cm（4开）

J0024852
神将图 臧恒望画
济南 山东美术出版社 1988年 1张
76cm（2开）定价：CNY0.36
　　本作品为年画形式的中国现代国画作品。

J0024853
神州喜讯 蔡琦珍画
广州 岭南美术出版社 1988年 1张
76cm（2开）定价：CNY0.38
　　本作品为年画形式的中国现代国画作品。

J0024854
生财创宝 钟文斌画
广州 岭南美术出版社 1988年 1张
54cm（4开）定价：CNY0.20
　　本作品为年画形式的中国现代国画作品。

J0024855
诗书画丛刊（第一辑）中央文史研究馆编辑
北京 紫禁城出版社 1988年 48页 有图及肖像
26cm（16开）ISBN：7-80047-041-5

定价：CNY3.50

J0024856
舒传曦画集 舒传曦绘
天津 天津人民美术出版社 1988年 79幅
37cm（8开）精装 ISBN：7-5305-0105-4
定价：CNY115.00
　　本书收入作者花卉、鸟虫、动物、山水、人物和静物题材的中国画作品77幅，另有书法作品2幅。

J0024857
双骏图 徐悲鸿作
南昌 江西人民出版社［1988年］1轴（卷轴）
108cm（全开）定价：CNY2.00

J0024858
水韵（钟立昆画集）钟立昆编著
香港 香港现代水墨画协会 1988年 51页
25×26cm
　　现代中国画作品。外文书名：Water Rhythm Original Paintings by Chung Lap-kwan.

J0024859
四季平安 王宗光画；张宝良书
武汉 湖北美术出版社 1988年 2张
76cm（2开）定价：CNY0.74
　　本作品为年画形式的中国现代国画作品。

J0024860
四季平安 房天泽画
济南 山东美术出版社 1988年 2张
76cm（2开）定价：CNY0.75
　　本作品为年画形式的中国现代国画作品。

J0024861
四美屏 张弓画
石家庄 河北美术出版社 1988年 2张
76cm（2开）定价：CNY0.84
　　本作品为年画形式的中国现代国画作品。

J0024862
松鹤延年 许恩光画
广州 岭南美术出版社 1988年 1张
76cm（2开）定价：CNY0.38

本作品为年画形式的中国现代国画作品。

J0024863

松泉图 陈松林作

南昌　江西人民出版社［1988年］1张
76cm（2开）定价：CNY0.42

J0024864

松竹梅图 张琪画

广州　岭南美术出版社 1988年 1张
76cm（2开）定价：CNY0.70

　　本作品为年画形式的中国现代国画作品。

J0024865

宋建华画集 宋建华绘

福州　福建美术出版社［1988年］26cm（16开）
ISBN：7-5393-0047-7 定价：CNY3.90

　　外文书名：A Portfolio of Mr. Song Jianhua.

J0024866

宋文治新作选 宋文治绘；荣宝斋编辑

北京　荣宝斋［1988年］30页 25cm（16开）
ISBN：7-5003-0057-3 定价：CNY11.80

　　作者宋文治（1919—1999），画家。江苏太仓
人。就读于江苏省国画院。曾任南京大学教授、
江苏美协副主席、江苏省国画院副院长等职。代
表作有《白云幽洞图》《蜀江云起》《华岳积翠图》
《水乡春暖》。著作有《宋文治画集》《宋文治作
品选集》等。

J0024867

宋吟可画集 宋吟可绘

贵阳　贵州美术出版社 1988年 48页 有彩照
26cm（16开）ISBN：7-5413-0026-8
定价：CNY25.00

　　本画集收入少数民族人物、古装人物、动
物、花鸟等题材的中国画作品48幅，包括《春情》
《晚归》《赏莲》《版纳风情》《绣》《醉八仙》《蔡
文姬》《梅花步月》《秋声》《月上柳梢头》《似曾
相识燕归来》等。作者宋吟可（1902—1999），画
家。原名荫科。江苏南京人。曾任中国美协第二、
三届理事，美协贵州分会主席、贵州省国画院院
长、桂林美术专科学校中国画讲师等。代表作品
《妈妈您看我在开拖拉机》《打襄衣迎春耕》《磨
镰刀》《苗族人民抗清起义》等，出版有《宋吟可

画辑》《宋吟可作品选集》等。

J0024868

宋元扇页选

北京　文物出版社［1988年］6张 15cm（64开）
定价：CNY0.80

J0024869

苏州小景（绫裱单片）吴冠中作

北京　荣宝斋［1988年］1张 54cm（4开）

　　吴冠中（1919—2010），著名画家、美术教育
家。江苏宜兴人，毕业于国立杭州艺术专科学校。
中央工艺美术学院教授。代表作品《长江三峡》
《鲁迅的故乡》《春雪》《长城》；油画代表作有《长
江三峡》《北国风光》《小鸟天堂》《黄山松》《鲁
迅的故乡》等；个人文集有《吴冠中谈艺集》《吴
冠中散文选》《美丑缘》等。

J0024870

岁寒三友图 张琪画

石家庄　河北美术出版社 1988年 1轴（卷轴）
附对联1副 108cm（全开）定价：CNY3.40

　　本作品为年画形式的中国现代国画作品。

J0024871

岁岁平安 纪宇画

天津　天津人民美术出版社 1988年 1张
76cm（2开）定价：CNY0.42

　　本作品为年画形式的中国现代国画作品。

J0024872

孙君良画选 孙君良绘；荣宝斋编辑

北京　荣宝斋 1988年 24页 有照片 25cm（16开）
ISBN：7-5003-0038-7 定价：CNY2.90

　　现代中国画作品。

J0024873

孙其峰扇画选 孙其峰作

天津　天津人民美术出版社 1988年 72页
25×26cm ISBN：7-5305-0064-3
定价：CNY28.00

　　本书收入作者扇画作品70幅，其中山水画
作品49幅，花鸟画作品18幅，书法作品3幅。
作者孙其峰（1920—　），教授，艺术家。原名奇
峰，曾用名琪峰，山东招远人。历任天津美术学

院教授、中国书法家协会理事、中国美术家协会理事、北京铁路局文协美术工作者、北京美协会员。代表作品《花鸟画谱》《孙其峰画辑》《孙其峰扇面选集》等。

J0024874
索溪晨雾　张大昕作
上海　上海书画出版社　1988年　1张
76cm（2开）　定价：CNY0.36
　　现代中国画作品。作者张大昕（1917— ），画家。艺名张逸，别号玄化居士。出生于上海。毕业于上海美术专科学校。曾在上海人民美术出版社从事年画、国画创作。代表作品有《咯咯鸡》《串木珠》《宝宝看画报》《锦绣河山》等。

J0024875
它们也是朋友　李蕙画
广州　岭南美术出版社　1988年　1张
76cm（2开）　定价：CNY0.38
　　本作品为年画形式的中国现代国画作品。

J0024876
泰山旭日　张联珠画
济南　山东美术出版社　1988年　1张
76cm（2开）　定价：CNY0.36
　　现代中国画作品。

J0024877
唐师尧花鸟画选　唐师尧绘
北京　荣宝斋［1988年］［28］页　26cm（16开）
定价：CNY2.20

J0024878
天鹅湖畔　杨戈作
杭州　浙江人民美术出版社　1988年　1张
76cm（2开）　定价：CNY0.80
　　现代中国画作品。

J0024879
天鹅湖畔　杨戈作
杭州　浙江人民美术出版社　1988年　1张
76cm（2开）　定价：CNY0.50

J0024880
天马（绫裱卷轴）徐悲鸿作
北京　荣宝斋　1988年　1张
　　现代中国画作品。徐悲鸿（1895—1953），著名画家、美术教育家。原名徐寿康，江苏宜兴市屺亭镇人，毕业于巴黎国立美术学校。曾任教于北平大学艺术学院、北平艺专，后任中央美术学院院长。代表作品《愚公移山图》《八骏图》《负伤之狮》《田横五百士》等。

J0024881
天增岁月人增寿　春满乾坤福满门　秦小红绘；王公寿书
郑州　河南美术出版社　1988年　1张
76cm（2开）　定价：CNY0.26
　　本作品为年画形式的中国现代国画作品。

J0024882
天增岁月人增寿　春满乾坤福满门　秦小红绘；王公寿书
郑州　河南美术出版社　1988年　1张　54cm（4开）
定价：CNY0.13

J0024883
田东辉画集　田东辉绘
合肥　安徽美术出版社　1988年　44页
25×25cm（16开）　ISBN：7-5398-0056-9
定价：CNY16.00
　　现代中国画作品。

J0024884
王憨山画集　王憨山绘
长沙　湖南美术出版社　1988年　1册　26cm（16开）
ISBN：7-5356-0176-6　定价：CNY6.80
　　现代中国画作品。

J0024885
王鸿太行风情画集　王鸿绘
北京　工人出版社　1988年　1册　25cm（16开）
ISBN：7-5008-0111-4　定价：CNY12.00
　　现代中国画作品。

J0024886
王伟画选　王伟绘
北京　荣宝斋　1988年　1册　有照片　26cm（16开）
ISBN：7-5003-0065-4　定价：CNY6.00
　　现代中国画作品。

J0024887

王羲之教子 赵殿玉画

济南 山东美术出版社 1988年 1张

76cm（2开） 定价：CNY0.36

　　本作品为年画形式的中国现代国画作品。

J0024888

王镛书画篆刻集 王镛作

石家庄 河北美术出版社 1988年 1册 25cm

（16开） ISBN：7-5310-0082-2 定价：CNY7.90

　　作者王镛（1948— ），别署凸斋、鼎楼主人

等。生于北京，山西太原人。硕士毕业于中央美

术学院。历任中央美术学院教授、书法艺术研

究室主任、中国书法家协会篆刻艺术委员会副

主任。

J0024889

望子成龙 邵培文画

广州 岭南美术出版社 1988年 1张

76cm（2开） 定价：CNY0.38

　　本作品为年画形式的中国现代国画作品。

作者邵培文（1946— ），画家。别名邵金文，辽

宁瓦房店人，大连师范美术专业毕业。历任瓦

房店市文化馆美术辅导与创作员、瓦房店市社

会文化管理委员会办公室主任。作品有《甜蜜

蜜》《抓好菜篮子关心人民生活》《欢乐金秋》《牧

归》等。

J0024890

微笑的时代 彭明画

广州 岭南美术出版社 1988年 1张

76cm（2开） 定价：CNY0.38

　　本作品为年画形式的中国现代国画作品。

J0024891

我爱仙鹤 樊运琪画

济南 山东美术出版社 1988年 1张

76cm（2开） 定价：CNY0.36

　　本作品为年画形式的中国现代国画作品。

J0024892

我们多健美 刘宝贵画

广州 岭南美术出版社 1988年 1张

76cm（2开） 定价：CNY0.38

　　本作品为年画形式的中国现代国画作品。

J0024893

吴作人画选（汉英对照） 吴作人绘

北京 荣宝斋 1988年 10张 15cm（64开）

定价：CNY1.70

　　现代中国画作品。吴作人（1908—1997），著

名画家、教授。生于江苏苏州，祖籍安徽泾县，

先后就读于上海艺术大学美术系、南国艺术学院

美术系及南京中央大学艺术系。曾任中央美术

学院院长、中国美术家协会主席等。

J0024894

五谷丰登 六畜兴旺 魏明全画

广州 岭南美术出版社 1988年 1张

76cm（2开） 定价：CNY0.40

　　本作品为年画形式的中国现代国画作品。

作者魏明全（1937— ），擅长年画，兼工中国画

山水、人物、花卉等。河南遂平人。笔名老瓦，

号房人。毕业于上蔡师范学校。在上蔡县文化

馆分管群众美术工作兼摄影，为上蔡县美协、影

协理事长，河南省美术家协会会员、河南省摄影

家协会会员、河南省民间美术学会理事。作品有

《双喜临门》《连年有余》《鱼跃年丰》《岳家军》等。

国画作品有《国香又逢春》《暖翠图》《献寿》等。

国画人物有《蔡叔度》《关羽》等。

J0024895

物阜民康 薛嘉惠画

广州 岭南美术出版社 1988年 1张

76cm（2开） 定价：CNY0.38

　　本作品为年画形式的中国现代国画作品。

作者薛嘉惠（1940— ），满族，国家一级美术家。

曾任联合国美术家协会名誉主席、中国当代艺术

协会终身名誉主席、宋庄国际书画院终身院长等

职。代表作品有《呼唤》《医魂》《假日》《雄风图》

《关怀》等。

J0024896

溪山晴云 孙信一作

上海 上海书画出版社 1988年 1张

76cm（2开） 定价：CNY0.44

　　现代中国画作品。

J0024897

洗衍庐（萧愻画选） 萧愻绘

北京 紫禁城出版社 1988年 48页

26cm（16开）ISBN：7-80047-042-3
定价：CNY4.50

　　现代中国画作品。

J0024898

喜结良缘 俎薇，肖祖石编绘

北京 人民美术出版社 1988年 2张

76cm（2开）定价：CNY0.80

　　本作品为年画形式的中国现代国画作品。

J0024899

喜鹊登梅 张选之画

济南 山东美术出版社 1988年 1张

76cm（2开）定价：CNY0.36

　　本作品为年画形式的中国现代国画作品。

J0024900

喜洋洋 李跃华画

石家庄 河北美术出版社 1988年 2张

76cm（2开）定价：CNY0.84

　　本作品为年画形式的中国现代国画作品。

J0024901

仙山楼阁图（清）袁江绘

郑州 河南美术出版社 1988年 4张（卷轴）

76cm（2开）定价：CNY4.20

　　本作品为年画形式的中国现代国画作品。
袁江（1662—1735），清代画家。字文涛，号岫泉，
生于江都（今江苏扬州）。代表作品《梁园飞雪图》
《东园胜概图》《汉宫秋月图》。

J0024902

献寿图 陈英，陈明画；郭伟书

昆明 云南人民出版社 1988年 1张

108cm（全开）定价：CNY0.80

　　本作品为年画形式的中国现代国画作品。

J0024903

香港水墨 香港艺术馆选

香港 香港市政局 1988年 173页 有图

30cm（15开）定价：HKD72.00

　　现代中国画作品。外文书名：Ink Paintings
by Hong Kong Artists.

J0024904

消灾降福 平安如意 江南春画

广州 岭南美术出版社 1988年 1轴（卷轴）

76cm（2开）定价：CNY1.90

　　本作品为年画形式的中国现代国画作品。

J0024905

萧平书画集 萧平绘

北京 紫禁城出版社 1988年 70页 25×24cm

（12开）ISBN：7-80047-057-1 定价：CNY18.00

J0024906

小放牛（傅小石的中国画作品）傅小石作

北京 人民美术出版社 1988年 1册 26cm

（16开）ISBN：7-102-00394-3 定价：CNY0.95

（新美术画库 31）

　　作者傅小石（1932—2016），国画家。曾用名
傅益筠，江西新余人，傅抱石先生长子。江苏省
美术馆专业画家、南京市残疾人协会主席、一级
美术师、中国美协会员、江苏省残联理事、美国
世界名人研究院特邀顾问。代表作品有《梁楷》
《布袋和尚》《山鬼》《傅小石工笔画集》。

J0024907

幸福美满 健康长寿 秦永春，单绘生作

北京 人民美术出版社 1988年 2张

78cm（2开）定价：CNY0.52

　　本作品为年画形式的中国现代国画作品。
作者秦永春（1936— ），高级美术师。历任中国
美术家协会会员、中国电影家协会会员、沈阳市
美术家协会副主席、沈阳市美术家协会顾问。作
品《丰收忙》《蝙蝠》《天云山传奇》，出版有《中
国当代美术家精品集——秦永春》。

J0024908

徐明义水墨画集（一）徐明义著

桃园县［台湾］［徐明义］1988年 55页

30cm（10开）定价：TWD300.00

　　外文书名：Chinese Paintings by Shyu Ming Yih.

J0024909

徐宁中国画集 徐宁绘

郑州 河南美术出版社 1988年 1册 有肖像

26cm（16开）ISBN：7-5401-0068-0

定价：CNY9.50

J0024910

扬州国画院作品集 ［汉英对照］广州国际大
酒店编
广州 岭南美术出版社 1988 年 110 页
34cm（8 开） 精装

J0024911

阳光桂林山水画辑 阳光绘
桂林 漓江出版社 1988 年 10 张 15cm（64 开）
定价：CNY1.90

J0024912

杨应修画集 杨应修绘；荣宝斋编辑
北京 荣宝斋 1988 年 24 页 有照片 25cm（16 开）
ISBN：7-5003-0048-4 定价：CNY2.90
　　现代中国画作品。

J0024913

杨玉琪画集 杨玉琪绘
北京 人民日报出版社 1988 年 60 页 有肖像
38cm（6 开） 精装 ISBN：7-80002-141-6
定价：CNY60.00
　　现代中国画作品。

J0024914

叶恭绰书画集 叶恭绰书；黄固聪编
桂林 漓江出版社 1988 年 182 页 有肖像
26cm（16 开） ISBN：7-5407-0308-3
定价：CNY16.00

J0024915

叶雄中国画选 叶雄绘
上海 百家出版社 1988 年 22 页 26cm（16 开）
ISBN：7-900000-33-X 定价：CNY1.00

J0024916

愿我中华当如此花 陈松峻作
杭州 浙江人民美术出版社 1988 年 1 轴（卷轴）
108cm（全开） 定价：CNY3.20
　　本作品为年画形式的中国现代国画作品。

J0024917

云山劲松 王利华作
杭州 浙江人民美术出版社 1988 年 1 张
76cm（2 开） 定价：CNY0.50

现代中国画作品。

J0024918

恽振霖画集 恽振霖绘
合肥 安徽美术出版社 1988 年 6 页 25cm
（15 开） ISBN：7-5398-0033-X
定价：CNY15.00
　　本书收集有作者现代中国画作品 50 幅，其
中有《座拥群花度岁寒》《拼弹》《新雨初霁》等。
作者恽振霖（1928— ）。江苏常州人。擅长中国
画。又名雨林。历任安徽师范大学副教授、教研
室主任。代表作品《座拥群花度岁寒》《拼弹》《新
雨初霁》等。出版有《恽振霖画集》。

J0024919

张大千先生纪念展图录 台北故宫博物院编
辑委员会编辑
台北 台北故宫博物院出版社 1988 年 99 页
有彩图 31cm（10 开） 精装
　　现代中国画作品。

J0024920

长城颂 张兆年作
天津 天津人民美术出版社 1988 年 1 张
108cm（全开） 定价：CNY1.70
　　现代中国画作品。

J0024921

长春（中国画横幅） 钱松嵒作
南京 江苏美术出版社 1988 年 1 张 54cm（4 开）
定价：CNY0.55
　　现代中国画作品。作者钱松嵒（1899—
1985），当代画家。江苏宜兴人。曾任江苏省国
画院院长、名誉院长，江苏省美术家协会主席、
中国美术家协会常务理事等。画作有《红岩》《延
安颂》《芙蓉湖上》《山岳颂》等。代表作品有《梅
园新村》《延安颂》《红岩》《井冈大瀑布》等。著
作《砚边点滴》。出版物《钱松嵒画集》等。

J0024922

召麐画艺 方召麐绘
香港 香港大学冯平山博物馆 1988 年 108 页
有图 29cm（16 开） 精装
　　现代中国画作品。外文书名：Chinese
Painting by Fang Zhao Lin.

J0024923

赵少昂花卉草虫画集 赵少昂作

上海 上海书画出版社 1988年 34×41cm

　　本画册收入作者花卉虫草国画8幅。包括
《蜻蜓山百合》《秋虫老少年》《寒蝉红叶》《刀螂
海棠》《飞蝉柳枝》《蜜蜂白梅》《蜗牛新竹》《蜻
蜓浮萍》。作者赵少昂（1905—1998），画家、教授。
字叔仪，原籍广东番禺。"岭南派"著名画家，历
任广州市立美术学校中国画系主任、广州大学美
术科教授。出版有《少昂近作集》《少昂画集》《赵
少昂画集》《实用绘画学》。

J0024924

赵淑娥花鸟鱼集 赵淑娥绘

南京 [南京芥子园书画研究院] [1988年]
28页 29cm（16开）

J0024925

争艳 赵宇敏作

昆明 云南人民出版社 1988年 1张
76cm（2开）定价：CNY0.36

　　现代中国画作品。

J0024926

志在千里 杨万国作

天津 天津人民美术出版社 1988年 1轴（卷轴）
108cm（全开）定价：CNY1.00

　　现代中国画作品。

J0024927

中国当代书画选 艺术图书制作群著

香港 汉荣书局 1988年 320页 31cm（10开）
精装 ISBN：962-18-0013-7

J0024928

中国高等美术学院中国画集（广州美术学院
分卷）杨之光主编

长沙 湖南美术出版社 1988年 37×26cm
ISBN：7-5356-0186-3 定价：CNY13.00
（中国高等美术学院作品全集）

J0024929

中国高等美术学院中国画集（湖北美术学院
分卷）邵声朗主编

长沙 湖南美术出版社 1988年 37×26cm

ISBN：7-5356-0191-X 定价：CNY8.50

　　作者邵声朗（1931—2014），著名山水画家。
湖北仙桃人，毕业于中央美术学院。历任《湖北
日报》美术编辑，湖北艺术学院美术系副主任、
副教授，湖北美术学院教授、研究生导师、湖北
书画院副院长、湖北省美术家协会理事、湖北省
书法家协会常务理事、湖北书画院副院长等。代
表作品年画《登高图》，门画《开渠造林》，国画
《红杏枝头春意闹》《汲》《农忙季节》等。

J0024930

中国高等美术学院中国画集（鲁迅美术学院
分卷）王盛烈，陈忠义主编

长沙 湖南美术出版社 1988年 38cm（6开）
ISBN：7-5356-0180-4 定价：CNY13.00
（中国高等美术学院作品全集 国画集）

J0024931

中国高等美术学院中国画集（四川美术学院
分卷）白德松主编

长沙 湖南美术出版社 1988年 37×26cm
ISBN：7-5356-0184-7 定价：CNY13.00
（中国高等美术学院作品全集）

J0024932

中国高等美术学院中国画集（天津美术学院
分卷）杨德树主编

长沙 湖南美术出版社 1988年 37×26cm
ISBN：7-5356-0181-2 定价：CNY13.00
（中国高等美术学院作品全集）

J0024933

中国高等美术学院中国画集（西安美术学院
分卷）陈光健主编

长沙 湖南美术出版社 1988年 37×26cm
ISBN：7-5356-0185-5 定价：CNY13.00
（中国高等美术学院作品全集）

　　作者陈光健（1936— ），女，四川荣昌人。
毕业于浙江美术学院，并留校工作，后调入西安
美术学院任教。中国美术家协会会员、当代工笔
画会会员、陕西省国画院画师。主要作品有《在
社员家里》《自习》《老师》等。

J0024934

中国高等美术学院中国画集（浙江美术学院

分卷）黄发榜，宋忠元主编
长沙　湖南美术出版社　1988 年　37×26cm
ISBN：7-5356-0183-9　定价：CNY13.00
（中国高等美术学院作品全集）

J0024935
中国高等美术学院中国画集（中央美术学院
分卷）黄润华主编
长沙　湖南美术出版社　1988 年　38cm（6 开）
ISBN：7-5356-0182-0　定价：CNY13.00
（中国高等美术学院作品全集）

J0024936
中国画小辑
天津　天津人民美术出版社　1988 年　8 张
15cm（45 开）　定价：CNY3.50

J0024937
周华君中国画集　周华君绘
北京　紫禁城出版社　1988 年　72 页　25×26cm
ISBN：7-80047-058-X　定价：CNY22.00

J0024938
周铁衡作品选集　周铁衡作；周维新编
沈阳　辽宁美术出版社　1988 年　132 页
38cm（6 开）　精装　ISBN：7-5314-0020-0
定价：CNY52.50
　　本书所收作品 120 幅图。绘画拙朴，劲拔
清奇；篆刻书法端凝和穆、不拘法度、独成一格。
此外，书中另收有作者平生研究所得的《清钱轶
录》，是研究清代钱币不可多得的珍贵资料。

J0024939
朱乃正水墨百图　朱乃正绘
南宁　广西人民出版社　1988 年　100 页
30cm（10 开）　定价：CNY39.00
　　作者朱乃正（1935—2013），教授。浙江海盐
人，毕业于中央美术学院。历任中央美术学院学
术委员会主任、教授，中国美术家协会理事。代
表作品有《金色的季节》《春华秋实》《青海长云》。

J0024940
祝您快乐　杨平凡，胡劲长绘
北京　新华出版社［1988 年］10 张 15cm（40 开）
定价：CNY1.95

本作品为年画形式的中国现代国画作品。

J0024941
紫藤孔雀　汪亮作
上海　上海书画出版社　1988 年　1 张
76cm（2 开）　定价：CNY0.44
　　现代中国画作品。

J0024942
"打虎"　马云桥绘
北京　人民体育出版社　1989 年　1 张
76cm（2 开）　定价：CNY0.50
　　本作品为年画形式的中国现代国画。

J0024943
1989 年范曾作品图录　范曾绘
北京　荣宝斋　1989 年　24 页　有图　24cm（26 开）
ISBN：7-5003-0083-2　定价：CNY4.90
　　作者范曾（1938—　），画家、学者。字十翼，
别署抱冲斋主，江苏南通人。毕业于中央美术学
院中国画系。历任中央工艺美术学院讲师、副教
授，南开大学东方艺术系教授、博士生导师，中
国艺术研究院终身研究员等。代表作品有《庄子
显灵记》《范曾自述》《老子出关》《钟馗神威》等。

J0024944
爱护环境美　陈英绘
杭州　浙江人民美术出版社　1989 年　1 张
76cm（2 开）　定价：CNY0.45
　　本作品为年画形式的中国现代国画作品。

J0024945
爱我中华　魏志刚，王同瑞绘
天津　天津人民美术出版社　1989 年　1 轴（卷轴）
附对联一副　107cm（全开）　定价：CNY4.60
　　本作品为年画形式的中国现代国画作品。

J0024946
傲雪迎春　王成喜绘
呼和浩特　内蒙古人民出版社　1989 年
1 张（卷轴）107cm（全开）　定价：CNY2.60
　　中国现代水墨画作品。

J0024947
八家山水画选集　杜秋潆编辑

香港 集古斋 1989 年 77 页 34cm（12 开）
定价：HKD250.00

J0024948
八骏驰骋图 金家翔绘
西安 陕西人民美术出版社 1989 年 1 张 107cm
（全开）统一书号：8199.1767 定价：CNY2.40
　　　现代中国画作品。

J0024949
扮道童改容战老父 林旺绘
呼和浩特 内蒙古人民出版社 1989 年 1 张
76cm（2 开）定价：CNY0.48
　　　本作品为年画形式的中国现代国画作品。

J0024950
宝宝有余 宝金绘
沈阳 辽宁美术出版社 1989 年 1 张 76cm（2 开）
　　　本作品为年画形式的中国现代国画作品。

J0024951
奔腾万里 徐悲鸿绘
长沙 湖南美术出版社 1989 年 1 张 76cm（2 开）
定价：CNY0.35
　　　现代中国画作品。

J0024952
碧岩仙阁图 廉宽宏绘
石家庄 河北美术出版社 1989 年 1 张
76cm（2 开）定价：CNY0.50
　　　本作品为年画形式的中国现代国画作品。
作者廉宽宏（1945— ），画家、国家一级美术师。
笔名老廉，生于哈尔滨，河北安人。毕业于天
津美术学院。中国美术家协会会员、中日美术交
流协会会员、沧州美协副主席。作品有《一竿撑
出绿波来》《苍岩毓秀》《淀上曲》等。

J0024953
碧岩仙阁图 廉宽宏绘
石家庄 河北美术出版社 1989 年 1 轴
附对联 1 副 107cm（全开）定价：CNY4.60

J0024954
兵强马壮 卫疆绘
天津 天津人民美术出版社 1989 年 1 张

76cm（2 开）定价：CNY0.55
　　　本作品为年画形式的中国现代国画作品。

J0024955
彩楼配 杭稚英绘
上海 上海人民美术出版社 1989 年 1 张
107cm（全开）定价：CNY1.00
　　　本作品为年画形式的中国现代国画作品。

J0024956
苍谷虎啸 何业琦绘
杭州 浙江人民美术出版社 1989 年 1 轴（卷轴）
附对联一副 107cm（全开）定价：CNY6.00
　　　本作品为年画形式的中国现代国画作品。

J0024957
苍岩毓秀 廉宽宏绘
石家庄 河北美术出版社 1989 年 1 轴（卷轴）
附对联一副 107cm（全开）
　　　本作品为年画形式的中国现代国画作品。

J0024958
曹明华国画选 曹明华绘
北京 民族出版社 1989 年 25 页 24×24cm
ISBN：7-105-00996-9 定价：CNY8.00
　　　现代中国画作品。作者曹明华（1945— ），
画师。浙江平湖人。历任陕西省石油总公司副
总经理、中国石化文联副主席、杭州西湖国画艺
术研究院副院长、西泠书画院特聘画师。作品有
《曹明华国画选》《曹明华百梅画集》等。

J0024959
曹子建七步赋诗图 高景波绘
上海 上海人民美术出版社 1989 年 1 张
76cm（2 开）统一书号：85322.16113
定价：CNY0.45
　　　本作品为年画形式的中国现代国画作品。

J0024960
陈凝丹画册 陈凝丹绘
广州 岭南美术出版社 1989 年 27 页
26cm（16 开）ISBN：7-5362-0417-5
定价：CNY10.40
　　　现代中国画作品。

J0024961

陈政明国外写生画集　陈政明绘

广州　岭南美术出版社　1989 年　26cm（16 开）

ISBN：7-5362-0461-2　定价：CNY28.00

　　本书收入作者写生作品 55 幅。作者陈政明
（1941—　），画家，国家一级美术师。广东普宁
人，毕业于汕头市师范学校。历任中国美术家协
会理事、广东美协中国画艺术委员会副主任、汕
头市美术家协会主席、汕头中国画院院长。代表
作有《南海晨曲》《特区姑娘》《夕阳红》等，出
版有《陈政明画集》《陈政明国外写生画集》等。

J0024962

陈子奋画集　陈子奋绘

福州　福建美术出版社　1989 年　84 页　有照片
38cm（8 开）　ISBN：7-5393-0018-3

定价：CNY50.00，CNY68.00（精装）

　　本书收入作者创作的花鸟、人物画代表作
88 幅。作者陈子奋（1898—1976），福建长乐人。
字意芗，原名起，号无寐，晚年别署水叟。中国
画家。任福建省文史研究馆馆员、国画研究会理
事长、美术家协会福建分会副主席、福州美协主
席等职。著有《寿山石小志》《甲骨文集联》《籀
文汇联》《古钱币文字类纂》等。

J0024963

成语画屏　阎凤成绘

上海　上海人民美术出版社　1989 年　2 张
76cm（2 开）　定价：CNY0.90

　　本作品为年画形式的中国现代国画作品。

J0024964

乘龙庆寿　董俊绘

上海　上海人民美术出版社　1989 年　1 张
76cm（2 开）　定价：CNY0.45

　　本作品为年画形式的中国现代国画作品。

J0024965

程咬金招亲　赵梦林绘

呼和浩特　内蒙古人民出版社　1989 年　1 张
76cm（2 开）　定价：CNY0.48

　　本作品为年画形式的中国现代国画作品。
作者赵梦林（1952—　），生于内蒙古察右前旗，
祖籍山西忻州，代表作有《三国人物绣像》《京剧
脸谱》等。

J0024966

驰骋疆场　何永坤绘

昆明　云南人民出版社　1989 年　1 张

76cm（2 开）　定价：CNY0.55

　　本作品为年画形式的中国现代国画作品。
作者何永坤（1953—　），教授。出生于昆明，祖
籍浙江鄞县，云南艺术学院工艺美术系任教。作
品有《山果》《青草地》等。

J0024967

出门发财　童金贵绘

长春　吉林美术出版社　1989 年　1 张

76cm（2 开）　定价：CNY0.55

　　本作品为年画形式的中国现代国画作品。
作者童金贵，中国美术家协会辽宁省分会会员、
辽宁省年画学会理事、丹东市美术家协会理事。

J0024968

春风得意　张双凤绘

沈阳　辽宁美术出版社　1989 年　1 张

76cm（2 开）　定价：CNY0.55

　　本作品为年画形式的中国现代国画作品。

J0024969

春风得意　张选之绘

济南　山东美术出版社　1989 年　1 张

107cm（全开）　定价：CNY2.00

　　现代中国画作品。

J0024970

春晖　王广明绘

北京　人民美术出版社　1989 年　1 张

107cm（全开）　定价：CNY2.50

　　现代中国画作品。

J0024971

春满大地福降人间　胡立义绘

广州　岭南美术出版社　1989 年　1 张

76cm（2 开）　定价：CNY0.48

　　本作品为年画形式的中国现代国画作品。

J0024972

春山新绿　王茂彬绘

太原　山西人民出版社　1989 年　1 张

107cm（全开）　定价：CNY1.15

现代中国画作品。

J0024973

春意传新禧 杨馥如绘

上海 上海人民美术出版社 1989年 1张

76cm（2开）定价：CNY0.45

　　本作品为年画形式的中国现代国画作品。作者杨馥如（1918—1992），江苏无锡人。曾任进艺辉图片社设计室主任。代表作品有《十二生肖娃娃图》《万象更新》《庆丰收》《农家乐》等

J0024974

从小立志保国防 司马连义绘

上海 上海人民美术出版社 1989年 1张

76cm（2开）定价：CNY0.45

　　本作品为年画形式的中国现代国画作品。作者司马连义（1947— ），山东临沂人。毕业于上海大学美术学院油画系。中国美术家协会会员、中国艺术研究院研究员、国家友好画院副院长、国家一级美术师、江苏画院特聘画师、江苏雕塑壁画协会理事。作品有《晨练》《钢铁长城》《岁月》《努力学习》等。

J0024975

大刀武将 苗永华绘

贵阳 贵州美术出版社 1989年 1张

76cm（2开）定价：CNY0.45

　　本作品为年画形式的中国现代国画作品。作者苗永华（1960— ），画家。山东省诸城市人，毕业于山东经济学院。历任中国书画家协会会员、山东省美术家协会会员、潍坊美术家协会理事、诸城市书法美术协会副主席。代表作品有国画《晨》《山区新貌》《福寿多余图》等。

J0024976

大福大寿 石奇绘

沈阳 辽宁美术出版社 1989年 1张

76cm（2开）定价：CNY1.20

　　本作品为年画形式的中国现代国画作品。

J0024977

大吉大利 谭裕钊绘

广州 岭南美术出版社 1989年 1张

53cm（4开）定价：CNY0.24

　　本作品为年画形式的中国现代国画作品。

J0024978

大吉大利 谭裕钊绘

广州 岭南美术出版社 1989年 1张

76cm（2开）定价：CNY0.48

　　本作品为年画形式的中国现代国画作品。作者谭裕钊（1929— ），漫画家。广东鹤山人。曾任中华书局广州编辑室美术编辑，为《少先队员》《广东青年》《商报》等报刊绘制漫画和插图，广东省美术家协会会员。作品有《古谐今译》《笑话·笑画》《益智故事精华》等。

J0024979

大吉大利恭喜发财 陈英绘

福州 福建美术出版社［1989年］1张

76cm（2开）定价：CNY0.40

　　本作品为年画形式的中国现代国画作品。

J0024980

大将 邱开明绘

昆明 云南人民出版社 1989年 1张

53cm（4开）定价：CNY0.30

　　本作品为年画形式的中国现代国画作品。

J0024981

大将 邱开明绘

昆明 云南人民出版社 1989年 1张

76cm（2开）

定价：CNY0.55

J0024982

大余大利 彭公林绘

沈阳 辽宁美术出版社 1989年 1张

76cm（2开）定价：CNY0.55

　　本作品为年画形式的中国现代国画作品。作者彭公林，画家。绘有连环画《献给祖国》《吉庆有余》《鹤鹿长寿》等。

J0024983

戴林画集 戴林绘

北京 北京师范学院出版社 1989年 88页

37cm（8开）精装 ISBN：7-81014-119-8

定价：CNY59.00

　　现代中国画作品。作者戴林（1914—1980），原名戴子冶，中国美术家协会会员，教授，画家。河北深州人，毕业于北平北华美专。曾任教于北

京艺术学院、北京师范学院、首都师范大学，中国美术家协会会员。作品有《竹间仙鹤》《花开春满园》等。

J0024984

丹凤朝阳 李敬仕绘

杭州 浙江人民美术出版社 1989 年 1 轴（卷轴）附对联一副 107cm（全开）定价：CNY5.40

　　本作品为年画形式的中国现代国画作品。

J0024985

当代中国画名家精萃 齐白石等绘

北京 对外贸易教育出版社 1989 年 有肖像 53×39cm 精装 ISBN：7-81000-273-2

　　外文书名：Masterpieces of Contemporary Chinese Painting. 作者齐白石（1864—1957），近现代中国绘画大师，国画家、篆刻家。湖南湘潭人。原名纯芝，字渭青，号兰亭，后改名璜，字濒生，号白石等。历任国立北京艺术专科学校和京华美术专科学校教习、教授，中央美术学院名誉教授、中国文学艺术界联合会主席团委员、中国画研究会和中国美术家协会主席、中国画院名誉院长。代表作有《蛙声十里出山泉》《墨虾》等。著有《白石诗草》《齐白石作品集》《白石老人自述》等。

J0024986

刀斧神威 李增吉绘

重庆 重庆出版社 1989 年 1 张 76cm（2 开）定价：CNY0.45

　　本作品为年画形式的中国现代国画作品。

J0024987

刀斧武将 李德明绘

重庆 重庆出版社 1989 年 1 张 76cm（2 开）定价：CNY0.45

　　本作品为年画形式的中国现代国画作品。

J0024988

盗仙草 王德利绘

济南 山东美术出版社 1989 年 1 张 76cm（2 开）

　　本作品为年画形式的中国现代国画作品。

J0024989

笛声引春来 陈英绘

杭州 浙江人民美术出版社 1989 年 1 张

76cm（2 开）定价：CNY0.45

　　本作品为年画形式的中国现代国画作品。

J0024990

东方的龙：吴华仑的中国画作品 吴华仑绘

北京 人民美术出版社 1989 年 26cm（16 开）折装 ISBN：7-102-00449-4 定价：CNY0.95（新美术画库 33）

　　作者吴华仑（1942—　），画家。天津人，毕业于中央工艺美术学院。历任人民出版社美术编辑，人民美术出版社编辑、副编审、编审、中国美术家协会会员、中国书法家协会会员。

J0024991

东海朝晖 王利华绘

杭州 浙江人民美术出版社 1989 年 1 张 107cm（全开）定价：CNY1.20

　　本作品为年画形式的中国现代国画作品。

J0024992

东海朝辉 王利华绘

杭州 浙江人民美术出版社 1989 年 1 张 107cm（全开）定价：CNY2.50

J0024993

东海叠翠 霍山中绘

太原 山西人民出版社 1989 年 1 张 107cm（全开）定价：CNY1.15

　　现代中国画作品。

J0024994

东海祝福 刘熹奇绘

天津 天津人民美术出版社 1989 年 1 张 76cm（2 开）定价：CNY0.50

　　本作品为年画形式的中国现代国画作品。

J0024995

东周列国故事屏 刘荣富绘

上海 上海人民美术出版社 1989 年 2 张 76cm（2 开）定价：CNY0.90

　　本作品为年画形式的中国现代国画作品。

J0024996

冬云丽日 何丛绘

沈阳 辽宁美术出版社 1989 年 1 张 76cm（2 开）

定价: CNY0.55

本作品为年画形式的中国现代国画作品。

J0024997

洞房花烛 于振波绘

呼和浩特 内蒙古人民出版社 1989 年 1 张

76cm（2 开）定价: CNY0.48

本作品为年画形式的中国现代国画作品。

J0024998

读西厢 于振波绘

天津 天津人民美术出版社 1989 年 1 张

76cm（2 开）定价: CNY0.50

本作品为年画形式的中国现代国画作品。

J0024999

对花枪 景启民，孙介凡绘

沈阳 辽宁美术出版社 1989 年 2 张 76cm（2 开）

定价: CNY1.10

本作品为年画形式的中国现代国画作品。

J0025000

多福多寿 俎翠林绘

石家庄 河北美术出版社 1989 年 2 张

76cm（2 开）定价: CNY1.00

本作品为年画形式的中国现代国画作品。

J0025001

恩恩爱爱 化金莲绘

呼和浩特 内蒙古人民出版社 1989 年 1 张

76cm（2 开）定价: CNY0.48

本作品为年画形式的中国现代国画作品。
作者化金莲（1952— ），内蒙古固阳人。毕业于内蒙古师院艺术系。乌兰察布盟师范学校教师、中国美术家协会内蒙古分会会员、乌盟美术家协会副主席、乌盟美术教育研究会副理事长。编著出版《手工美术》。

J0025002

儿童简笔水墨画 何志滨，王凤娟编绘

沈阳 辽宁教育出版社 1989 年 77 页

18cm（15 开）ISBN: 7-5382-0735-X

定价: CNY4.40

J0025003

繁华的上海南京路 张育青绘

上海 上海人民美术出版社 1989 年 1 张

76cm（2 开）定价: CNY0.45

本作品为年画形式的中国现代国画作品。

J0025004

范无病除暴 张兆年绘

天津 天津人民美术出版社 1989 年 1 张

76cm（2 开）定价: CNY0.50

本作品为年画形式的中国现代国画作品。

J0025005

方骏水墨画选 方骏绘

北京 荣宝斋［1989 年］26cm（16 开）

ISBN: 7-5003-0080-8 定价: CNY4.40

作者方骏（1943— ），画家、教授。生于江苏灌云，祖籍安徽歙县，毕业于南京师范学院美术系，获硕士学位，留校任教。江苏省国画院特聘画师。出版有《江苏当代国画优秀作品展画集·方骏》《当代名家山水精品·方骏》等。

J0025006

方小石画集 方小石绘

贵阳 贵州美术出版社 1989 年 54 页 26cm（16 开） ISBN: 7-5413-0028-4 定价: CNY25.00

本书收入方小石花鸟画《草海珍禽》《野鹤天外来》《千山响杜鹃》《鸟语出林》《红叶白眉》《山雀》《鸳鸯》《黄鸭》《三角花鹦鹉》《山禽林鸟》《绿杨星鹤》《茶花海棠》《昌兰红玉》《山野之花》等 58 幅。

J0025007

房新泉画集 房新泉绘

济南 山东美术出版社 1989 年 22 页 有照片

26cm（16 开）ISBN: 7-5330-0219-9

定价: CNY6.10

作者房新泉（1953— ），画家，国家二级美术师。又名辛全，出生于山东沂源县，毕业于青岛美术学校。历任中国美术家协会会员、山东画院高级画师、临沂画院院长。代表作品有《风雪香魂》《冰趣》等。

J0025008

飞马报捷 马云桥绘

沈阳 辽宁美术出版社 1989 年 1 张

76cm（2 开） 定价：CNY0.55

　　本作品为年画形式的中国现代国画作品。

J0025009

丰年高寿 陈华民，姜桂英绘

长春 吉林美术出版社 1989 年 1 张

76cm（2 开） 定价：CNY0.55

　　本作品为年画形式的中国现代国画作品。

J0025010

丰年吉庆乐有余 刘树茂绘

沈阳 辽宁美术出版社 1989 年 1 张

76cm（2 开） 定价：CNY0.55

　　本作品为年画形式的中国现代国画作品。

J0025011

丰年吉庆有余 彭海清绘

上海 上海人民美术出版社 1989 年 1 张

76cm（2 开） 定价：CNY0.45

　　本作品为年画形式的中国现代国画作品。

J0025012

丰年送宝 俎翠林绘

太原 山西人民出版社 1989 年 1 张

76cm（2 开） 定价：CNY0.55

　　本作品为年画形式的中国现代国画作品。

J0025013

丰收福 文增柱绘

沈阳 辽宁画报社 1989 年 1 张 76cm（2 开）

定价：CNY0.60

　　本作品为年画形式的中国现代国画作品。

J0025014

风雪配 赵兵凯，赵新立绘

天津 天津人民美术出版社 1989 年 2 张

76cm（2 开） 定价：CNY1.10

　　本作品为年画形式的中国现代国画作品。

J0025015

风筝都书画集 宋希焕等主编

济南 山东友谊书社 1989 年 103 页

26cm（16 开） ISBN：7-80551-246-9

定价：CNY38.50

　　中华人民共和国成立以来潍坊书画篆刻作品集。

J0025016

封神故事条屏 孙文光绘

重庆 重庆出版社 1989 年 2 张 76cm（2 开）

定价：CNY0.90

　　本作品为年画形式的中国现代国画作品。

J0025017

封神演义 张锡武绘

西安 陕西人民美术出版社 1989 年 1 张

76cm（2 开） 定价：CNY0.48

　　本作品为年画形式的中国现代国画作品。

J0025018

凤舞贺新春 俎翠林绘

长春 吉林美术出版社 1989 年 1 张

76cm（2 开） 定价：CNY0.55

　　本作品为年画形式的中国现代国画作品。

J0025019

凤舞鱼歌喜发财 王立新绘

南昌 江西人民出版社 1989 年 1 张

76cm（2 开） 定价：CNY0.48

　　本作品为年画形式的中国现代国画作品。

J0025020

福 楼永年绘

长沙 湖南美术出版社 1989 年 1 张

76cm（2 开） 定价：CNY0.35

　　本作品为年画形式的中国现代国画作品。作者楼永年（1940—　），浙江萧山人，毕业于浙江美术学院工艺系。历任杭州印染厂花样设计、高级工艺美术师。代表作品《福宝寿禧》《四季平安》《福寿万年》《和合图》等。

J0025021

福 刘明波绘

长春 吉林美术出版社 1989 年 1 张

76cm（2 开） 定价：CNY0.60

　　本作品为年画形式的中国现代国画作品。

J0025022
福 华夫绘
沈阳 辽宁画报社 1989 年 1 张 76cm（2 开）
定价：CNY0.60
　　本作品为年画形式的中国现代国画作品。

J0025023
福 文增柱绘
沈阳 辽宁画报社 1989 年 1 张 76cm（2 开）
定价：CNY0.60
　　本作品为年画形式的中国现代国画作品。

J0025024
福 李书成绘
广州 岭南美术出版社 1989 年 1 张
53cm（4 开）定价：CNY0.16
　　本作品为年画形式的中国现代国画作品。

J0025025
福 陈英绘
西安 陕西人民美术出版社 1989 年 1 张
76cm（2 开）定价：CNY0.48
　　本作品为年画形式的中国现代国画作品。

J0025026
福 刘林生绘
上海 上海人民美术出版社 1989 年 1 张
76cm（2 开）定价：CNY0.45
　　本作品为年画形式的中国现代国画作品。

J0025027
福 李洪波绘
昆明 云南人民出版社 1989 年 1 张
53cm（4 开）定价：CNY0.30
　　本作品为年画形式的中国现代国画作品。

J0025028
福春 尹晓军，尹晓彦绘
南昌 江西人民出版社 1989 年 1 张
76cm（2 开）定价：CNY0.60

J0025029
福春 尹晓军，尹晓彦绘
南昌 江西人民出版社 1989 年 1 张
76cm（2 开）定价：CNY0.50

　　本作品为年画形式的中国现代国画作品。

J0025030
福春富 周东生绘
南昌 江西人民出版社 1989 年 1 张
76cm（2 开）定价：CNY0.50
　　本作品为年画形式的中国现代国画作品。

J0025031
福灯高照 苗永华绘
上海 上海人民美术出版社 1989 年 1 张
76cm（2 开）定价：CNY0.45
　　本作品为年画形式的中国现代国画作品。

J0025032
福富临门 孟新民绘
西安 陕西人民美术出版社 1989 年 1 张
76cm（2 开）定价：CNY0.48
　　本作品为年画形式的中国现代国画作品。

J0025033
福富满堂 赵雨树绘
昆明 云南人民出版社 1989 年 1 张
76cm（2 开）定价：CNY0.55
　　本作品为年画形式的中国现代国画作品。

J0025034
福富寿喜 彭公林绘
北京 人民美术出版社 1989 年 2 张
76cm（2 开）定价：CNY1.05
　　本作品为年画形式的中国现代国画作品。

J0025035
福富寿喜屏 童金贵，童晓红绘
沈阳 辽宁美术出版社 1989 年 2 张 76cm（2 开）
　　本作品为年画形式的中国现代国画作品。

J0025036
福富寿禧（1–4）薛长杰绘
长春 吉林美术出版社 1989 年 4 张
76cm（2 开）定价：CNY2.20
　　本作品为年画形式的中国现代国画作品。

J0025037
福富寿禧 顾国治，顾晓清绘

上海 上海人民美术出版社 1989 年 2 张
107cm（全开） 定价：CNY2.00
　　本作品为年画形式的中国现代国画作品。

J0025038
福富寿禧万年长 王振羽，延凡绘
上海 上海人民美术出版社 1989 年 1 张
76cm（2 开） 定价：CNY0.45
　　本作品为年画形式的中国现代国画作品。

J0025039
福富有余 王振羽绘
天津 天津人民美术出版社 1989 年 1 张
76cm（2 开） 定价：CNY0.50
　　本作品为年画形式的中国现代国画作品。

J0025040
福贵双禧 陈明绘
济南 山东美术出版社 1989 年 1 张
76cm（2 开） 定价：CNY0.42
　　本作品为年画形式的中国现代国画作品。

J0025041
福乐如意 董俊绘
长春 吉林美术出版社 1989 年 1 张
76cm（2 开） 定价：CNY0.55
　　本作品为年画形式的中国现代国画作品。

J0025042
福临门 接财神 徐世民绘
沈阳 辽宁画报社 1989 年 1 张 76cm（2 开）
定价：CNY0.55
　　本作品为年画形式的中国现代国画作品。

J0025043
福禄寿财满华堂 高景波绘
天津 天津人民美术出版社 1989 年 4 张（卷轴）
76cm（2 开） 定价：CNY4.60
　　本作品为年画形式的中国现代国画作品。
作者高景波（1946— ），山东掖县人。擅长年画、
水彩画。大庆市群众艺术馆美术部主任、二级美
术师、大庆市美术家协会副主席。主要作品：水
粉组画《采油新工艺》，年画《一路春风喜盈归》，
水彩画《倾国恨》。

J0025044
福禄寿喜满华堂 高景波绘
天津 天津人民美术出版社 1989 年 2 张
76cm（2 开） 定价：CNY1.10
　　本作品为年画形式的中国现代国画作品。

J0025045
福禄寿喜庆满堂 王振羽，延凡绘
天津 天津人民美术出版社 1989 年 2 张
76cm（2 开） 定价：CNY1.10
　　本作品为年画形式的中国现代国画作品。

J0025046
福禄寿禧 龚景充绘
杭州 浙江人民美术出版社 1989 年 1 张
76cm（2 开） 定价：CNY0.45
　　本作品为年画形式的中国现代国画作品。

J0025047
福禄寿禧 陈学璋绘
杭州 浙江人民美术出版社 1989 年 2 张
76cm（2 开） 定价：CNY0.90
　　本作品为年画形式的中国现代国画作品。
作者陈学璋（1955— ），浙江德清人。笔名晨牧。
擅长中国画、年画。浙江省美术家协会会员、湖
州市美术家协会理事、德清县美协主席、赵孟頫
书画院院长。主要作品有《又是一个丰收年》《小
康属龙》《桑梓情》等。

J0025048
福禄寿禧 龚景充绘
杭州 浙江人民美术出版社 1989 年 1 轴（卷轴）
附对联 1 副 107cm（全开） 定价：CNY5.40
　　本作品为年画形式的中国现代国画作品。

J0025049
福满财丰 尹晓彦，尹晓君绘
长春 吉林美术出版社 1989 年 1 张
76cm（2 开） 定价：CNY0.60
　　本作品为年画形式的中国现代国画作品。

J0025050
福满门 土建德绘
重庆 重庆出版社 1989 年 1 张 53cm（4 开）
定价：CNY0.25

本作品为年画形式的中国现代国画作品。

J0025051

福满人间　谌学诗绘

南昌　江西人民出版社　1989 年　1 张

76cm（2 开）　定价：CNY0.48

　　本作品为年画形式的中国现代国画作品。作者谌学诗（1942—　　），江西人。江西省美术家协会会员。曾从事美术设计、美术编辑等工作。多幅作品为人民美术出版社、上海美术出版社等出版发行。

J0025052

福如东海·寿比南山　陈伟明绘

广州　岭南美术出版社　1989 年　1 张

76cm（2 开）　定价：CNY0.48

　　本作品为年画形式的中国现代国画作品。

J0025053

福如东海·寿比南山　陈伟明绘

广州　岭南美术出版社　1989 年　1 张

53cm（4 开）　定价：CNY0.24

　　本作品为年画形式的中国现代国画作品。

J0025054

福寿　李中文绘

南京　江苏美术出版社　1989 年　2 张

76cm（2 开）　定价：CNY1.10

　　本作品为年画形式的中国现代国画作品。

J0025055

福寿　张锡武绘

重庆　重庆出版社　1989 年　1 张　76cm（2 开）

定价：CNY0.45

　　本作品为年画形式的中国现代国画作品。

J0025056

福寿安康　范树人绘

石家庄　河北美术出版社　1989 年　1 张

76cm（2 开）　定价：CNY0.50

　　本作品为年画形式的中国现代国画作品。

J0025057

福寿安康　杨怀，师平绘

天津　天津人民美术出版社　1989 年　1 张

76cm（2 开）　定价：CNY0.50

　　本作品为年画形式的中国现代国画作品。

J0025058

福寿常春　王立兴绘

呼和浩特　内蒙古人民出版社　1989 年　1 张

76cm（2 开）　定价：CNY0.48

　　本作品为年画形式的中国现代国画作品。

J0025059

福寿合美　薛长杰绘

西安　陕西人民美术出版社　1989 年　2 张

76cm（2 开）　定价：CNY0.95

　　本作品为年画形式的中国现代国画作品。

J0025060

福寿和合四季平安　蔡琦珍绘

西安　陕西人民美术出版社　1989 年　1 张

76cm（2 开）　定价：CNY0.48

　　本作品为年画形式的中国现代国画作品。

J0025061

福寿吉庆·丰年有余　刘树茂绘

广州　岭南美术出版社　1989 年　1 张

76cm（2 开）　定价：CNY0.48

　　本作品为年画形式的中国现代国画作品。

J0025062

福寿吉庆·丰年有余　刘树茂绘

广州　岭南美术出版社　1989 年　1 张

53cm（4 开）　定价：CNY0.24

J0025063

福寿吉祥　张辛国绘

石家庄　河北美术出版社　1989 年　1 张

53cm（4 开）　定价：CNY0.25

　　本作品为年画形式的中国现代国画作品。

J0025064

福寿吉祥　张辛国绘

石家庄　河北美术出版社　1989 年　1 张

76cm（2 开）　定价：CNY0.52

J0025065

福寿将　朱希煌绘

昆明 云南人民出版社 1989 年 1 张
76cm（2 开）定价：CNY0.55
　　本作品为年画形式的中国现代国画作品。作者朱希煌（1940— ）著名画家、书法家。江西九江人。历任江西省美术家协会会员，中国书画家协会理事。书法作品《赤壁赋》《闻鸡起舞》《鲤鱼跳龙门》等。

J0025066
福寿康乐 薛长杰绘
长沙 湖南美术出版社 1989 年 2 张
76cm（2 开）定价：CNY0.70
　　本作品为年画形式的中国现代国画作品。

J0025067
福寿康乐 刘忠礼绘
长春 吉林美术出版社 1989 年 1 张
76cm（2 开）定价：CNY0.55
　　本作品为年画形式的中国现代国画作品。

J0025068
福寿康宁 龚景充绘
长沙 湖南美术出版社 1989 年 1 轴（卷轴）
附对联 1 副 107cm（全开）定价：CNY4.80
　　本作品为年画形式的中国现代国画作品。

J0025069
福寿临门 陈略绘
广州 岭南美术出版社 1989 年 1 张 53cm（4开）
定价：CNY0.24
　　本作品为年画形式的中国现代国画作品。

J0025070
福寿临门 陈略绘
广州 岭南美术出版社 1989 年 1 张
107cm（全开）定价：CNY0.96
　　作者陈略（1943— ），广东信宜人。毕业于广州美术学院国画系。曾任阳春市美协主席、中国美术家协会会员。作品有《父子英雄》《赵子龙张翼德》《陈略人物画集》等。

J0025071
福寿临门 化金莲绘
呼和浩特 内蒙古人民出版社 1989 年 1 张
76cm（2 开）定价：CNY0.48

　　本作品为年画形式的中国现代国画作品。作者化金莲（1952— ），内蒙古固阳人。毕业于内蒙古师院艺术系。乌兰察布盟师范学校教师、中国美术家协会内蒙古分会会员、乌盟美术家协会副主席、乌盟美术教育研究会副理事长。编著出版《手工美术》。

J0025072
福寿临门 张瑞恒绘
天津 天津人民美术出版社 1989 年 1 张
53cm（4 开）定价：CNY0.30

J0025073
福寿临门 张瑞恒绘
天津 天津人民美术出版社 1989 年 1 张
76cm（2 开）定价：CNY0.55
　　本作品为年画形式的中国现代国画作品。

J0025074
福寿满人间 霍允庆绘
北京 人民美术出版社 1989 年 1 张
76cm（2 开）定价：CNY0.50
　　本作品为年画形式的中国现代国画作品。作者霍允庆（1944— ），笔名静轩，山东龙口人。擅长年画、中国画。曾在龙口文化馆从事美术工作，二级美术师。作品有《丰收时节》《劈山救母》《年方八八》等。

J0025075
福寿满堂 晨鸣绘
广州 岭南美术出版社 1989 年 1 张
76cm（2 开）定价：CNY0.48
　　本作品为年画形式的中国现代国画作品。

J0025076
福寿绵长 吴述宝绘
长春 吉林美术出版社 1989 年 1 张
76cm（2 开）定价：CNY0.55
　　本作品为年画形式的中国现代国画作品。

J0025077
福寿齐来 童金贵绘
沈阳 辽宁画报社 1989 年 1 张 76cm（2 开）
定价：CNY0.55
　　本作品为年画形式的中国现代国画作品。

J0025078
福寿齐全 李理绘
广州 岭南美术出版社 1989年 1张
53cm（4开）定价：CNY0.16
　　本作品为年画形式的中国现代国画作品。

J0025079
福寿齐天 张为民，刘淑荣绘
天津 天津人民美术出版社 1989年 1张
76cm（2开）定价：CNY0.50
　　本作品为年画形式的中国现代国画作品。作者张为民(1937—)，研究院。又名张茛，字怀仁。生于北京大兴，毕业于天津美术学院。历任天津北辰文化馆研究员、中国美术家协会会员、中国民间美术学会理事、天津美协荣誉理事、天津美协人物画专委会委员、天津北辰书画院院长，出版有《张为民画集》《乡情》《张茛速写》《张茛画集》等。

J0025080
福寿如意 董俊绘
长春 吉林美术出版社 1989年 1张 76cm（2开）
定价：CNY0.55
　　本作品为年画形式的中国现代国画作品。

J0025081
福寿如意 成砺志绘
南京 江苏美术出版社 1989年 1轴（卷轴）
附对联1副 107cm（全开）定价：CNY8.80
　　本作品为年画形式的中国现代国画作品。

J0025082
福寿如意 高学海绘
太原 山西人民出版社 1989年 1张
107cm（全开）定价：CNY1.15
　　本作品为年画形式的中国现代国画作品。

J0025083
福寿如意招财进宝 陈英绘
长春 吉林美术出版社 1989年 1张
107cm（全开）定价：CNY2.20
　　本作品为年画形式的中国现代国画作品。

J0025084
福寿双全 马焕民绘
石家庄 河北美术出版社 1989年 1张
76cm（2开）定价：CNY0.50
　　本作品为年画形式的中国现代国画作品。

J0025085
福寿双全 邵培文绘
沈阳 辽宁美术出版社 1989年 1张
76cm（2开）定价：CNY0.55
　　本作品为年画形式的中国现代国画作品。

J0025086
福寿双全 汪苗绘
杭州 浙江人民美术出版社 1989年 1轴（卷轴）
附对联1副 107cm（全开）定价：CNY6.00
　　本作品为年画形式的中国现代国画作品。

J0025087
福寿双全 李毅，李增吉绘
重庆 重庆出版社 1989年 1张 107cm（全开）
定价：CNY3.00
　　本作品为年画形式的中国现代国画作品。

J0025088
福寿同乐图 柳云绘
沈阳 辽宁美术出版社 1989年 1张
76cm（2开）定价：CNY0.55
　　本作品为年画形式的中国现代国画作品。

J0025089
福寿同庆 杨馥如绘
上海 上海人民美术出版社 1989年 1张
76cm（2开）定价：CNY0.45
　　本作品为年画形式的中国现代国画作品。

J0025090
福寿万年 陈乃亮绘
南昌 江西人民出版社 1989年 1张
76cm（2开）定价：CNY0.48
　　本作品为年画形式的中国现代国画作品。

J0025091
福寿万年 刘熹奇绘
杭州 浙江人民美术出版社 1989年 1张
107cm（全开）定价：CNY1.60
　　本作品为年画形式的中国现代国画作品。

J0025092
福寿万年 刘熹奇绘
杭州 浙江人民美术出版社 1989 年 1 轴（卷轴）
附对联 1 幅 107cm（全开）定价：CNY5.40
　　本作品为年画形式的中国现代国画作品。

J0025093
福寿喜 尹晓军，尹晓彦绘
长沙 湖南美术出版社 1989 年 1 张
76cm（2 开）定价：CNY0.40
　　本作品为年画形式的中国现代国画作品。

J0025094
福寿喜满堂 童金贵，刘缊华绘
沈阳 辽宁美术出版社 1989 年 2 张
76cm（2 开）定价：CNY1.10
　　本作品为年画形式的中国现代国画作品。

J0025095
福寿喜盈门 顾振君绘
沈阳 辽宁美术出版社 1989 年 1 张
76cm（2 开）定价：CNY0.55
　　本作品为年画形式的中国现代国画作品。
作者顾振君(1941—)，研究员。辽宁沈阳人。
历任抚顺市群众艺术馆副研究馆员、辽宁省美术
家协会会员、辽宁省年画学会常务理事。

J0025096
福寿幸福 李跃华绘
石家庄 河北美术出版社 1989 年 1 张
107cm（全开）定价：CNY1.10
　　本作品为年画形式的中国现代国画作品。

J0025097
福寿延年 左义绘
沈阳 辽宁美术出版社 1989 年 1 张
76cm（2 开）定价：CNY0.60
　　本作品为年画形式的中国现代国画作品。

J0025098
福寿迎新 栾良才绘
沈阳 辽宁美术出版社 1989 年 1 张
76cm（2 开）定价：CNY0.55
　　本作品为年画形式的中国现代国画作品。

J0025099
福寿盈门 侯文发绘
武汉 湖北美术出版社 1989 年 1 张
76cm（2 开）定价：CNY0.48
　　本作品为年画形式的中国现代国画作品。
作者侯文发(1928—)，广东梅州人。曾用名剑
萍。毕业于中南美专。中国书画家协会理事、中
国国画家协会理事、广东省美术家协会会员。主
要作品有《工地探亲》《宋湘》《三英战吕布》等。

J0025100
福寿有余 于保俭绘
长春 吉林美术出版社 1989 年 1 张
76cm（2 开）定价：CNY0.55
　　本作品为年画形式的中国现代国画作品。

J0025101
福寿有余 童金贵绘
沈阳 辽宁画报社 1989 年 1 张 76cm（2 开）
定价：CNY0.55
　　本作品为年画形式的中国现代国画作品。

J0025102
福寿有余 徐世民绘
沈阳 辽宁美术出版社 1989 年 1 张
76cm（2 开）定价：CNY0.55
　　本作品为年画形式的中国现代国画作品。

J0025103
福寿有余 成砺志绘
西安 陕西人民美术出版社 1989 年 1 张
76cm（2 开）定价：CNY0.48
　　本作品为年画形式的中国现代国画作品。
作者成砺志(1954—)，江苏扬州人。国家一级
美术师、中国美术家协会会员。主要作品有《六
老图·邓小平》《我为祖国争光》《春暖万家》等。

J0025104
福送万家人增寿 姜公泉绘
沈阳 辽宁美术出版社 1989 年 1 张 76cm（2 开）
　　本作品为年画形式的中国现代国画作品。

J0025105
福娃 新滨，淑勤绘
沈阳 辽宁美术出版社 1989 年 1 张 76cm（2 开）

定价: CNY0.55

　　本作品为年画形式的中国现代国画作品。

J0025106

福喜春禄寿 王小兰绘

南昌 江西人民出版社 1989 年 1 张 78cm（3 开）

定价: CNY0.40

　　本作品为年画形式的中国现代国画作品。

J0025107

福喜平安 杨天中绘

沈阳 辽宁美术出版社 1989 年 1 张 76cm（2 开）

定价: CNY0.55

　　本作品为年画形式的中国现代国画作品。

J0025108

福星高照神州欢庆 徐德元绘

沈阳 辽宁美术出版社 1989 年 1 张 76cm（2 开）

定价: CNY0.55

　　本作品为年画形式的中国现代国画作品。

J0025109

福泽万代 倪芳华绘

天津 天津人民美术出版社 1989 年 1 轴（卷轴）

附对联 1 副 107cm（全开） 定价: CNY4.60

　　本作品为年画形式的中国现代国画作品。

J0025110

福兆丰年乐百余 刘熹奇绘

广州 岭南美术出版社 1989 年 1 张 76cm（2 开）

定价: CNY0.48

　　本作品为年画形式的中国现代国画作品。

J0025111

福字斗方 王建德绘

北京 人民美术出版社 1989 年 1 张 76cm（2 开）

定价: CNY0.55

　　本作品为年画形式的中国现代国画作品。

J0025112

富 楼永年绘

长沙 湖南美术出版社 1989 年 1 张 76cm（2 开）

定价: CNY0.35

　　本作品为年画形式的中国现代国画作品。

作者楼永年（1940— ），浙江萧山人，毕业于浙

江美术学院工艺系。历任杭州印染厂花样设计、高级工艺美术师。代表作品《福宝寿禧》《四季平安》《福寿万年》《和合图》等。

J0025113

富 李书成绘

广州 岭南美术出版社 1989 年 1 张 53cm（4 开）

定价: CNY0.16

　　本作品为年画形式的中国现代国画作品。

J0025114

富 刘林生绘

上海 上海人民美术出版社 1989 年 1 张

76cm（2 开） 定价: CNY0.45

　　本作品为年画形式的中国现代国画作品。

J0025115

富·禧 莫树滋绘

南京 江苏美术出版社 1989 年 2 张 53cm（4 开）

定价: CNY0.44

　　本作品为年画形式的中国现代国画作品。作者莫树滋（1941— ），画家、国家一级美术师。江苏常州人，毕业于南京师范学院美术系。中国美术家协会会员。代表作品有《理想》《花香鸟语处处香》《路——瞿秋白造像》《三杰图》，出版有《莫树滋画集》。

J0025116

富贵图 林瑛珊绘

沈阳 辽宁美术出版社 1989 年 1 张 76cm（2 开）

定价: CNY0.55

　　本作品为年画形式的中国现代国画作品。

J0025117

富贵图 刘福泰绘

北京 人民美术出版社 1989 年 1 张 76cm（2 开）

定价: CNY0.50

　　本作品为年画形式的中国现代国画作品。

J0025118

富贵万年 李敬仕绘

杭州 浙江人民美术出版社 1989 年 1 张

107cm（全开） 定价: CNY1.60

　　本作品为年画形式的中国现代国画作品。

J0025119

富贵有余 陈英绘

太原 山西人民出版社 1989 年 1 张 76cm（2 开）

定价：CNY0.55

　　本作品为年画形式的中国现代国画作品。

J0025120

富贵有余 张为民绘

天津 天津人民美术出版社 1989 年 1 张
76cm（2 开） 定价：CNY0.50

　　本作品为年画形式的中国现代国画作品。

J0025121

富贵长寿 辛鹤江绘

石家庄 河北美术出版社 1989 年 1 轴（卷轴）
附对联一副 107cm（全开） 定价：CNY4.60

　　本作品为年画形式的中国现代国画作品。
作者辛鹤江（1941— ），河北安新人。毕业于天
津美术学院。擅长中国画。曾任河北美协副主席、
连环画研究会副会长、河北美术出版社社长兼总
编辑、编审等职。代表作有《棉农来访》《周总理
和小演员在一起》《敌情急》《老英雄回到雁翎队》
等。

J0025122

富贵长寿 陈英绘

太原 山西人民出版社 1989 年 1 张 76cm（2 开）

定价：CNY0.55

　　本作品为年画形式的中国现代国画作品。

J0025123

富贵长寿 顾国治，戴德馨绘

西安 陕西人民美术出版社 1989 年 1 张
76cm（2 开） 定价：CNY0.40

　　本作品为年画形式的中国现代国画作品。
作者顾国治（1938— ），画家。江苏太仓人。毕
业于南京艺术学院美术系，现为中国美术家协会
会员、常州书画院画师。主要作品有《秋实图》
《幽境》《春满人间》等。作者戴德馨（1942— ），
江苏常州人。曾进修于南京艺术学院。擅长国画。
中国美术家协会会员。主要作品有《猫蝶图》《福
禄寿禧》《瑞雪》等。

J0025124

富上加富 陈华民，陈晓东绘

沈阳 辽宁美术出版社 1989 年 1 张 76cm（2 开）

定价：CNY0.55

　　本作品为年画形式的中国现代国画作品。

J0025125

富寿图 顾振君绘

沈阳 辽宁美术出版社 1989 年 1 张 76cm（2 开）

定价：CNY0.55

　　本作品为年画形式的中国现代国画作品。
作者顾振君（1941— ），研究员。辽宁沈阳人。
历任抚顺市群众艺术馆副研究馆员、辽宁省美术
家协会会员、辽宁省年画学会常务理事。

J0025126

富余长乐 刘庆涛绘

长春 吉林美术出版社 1989 年 1 张 76cm（2 开）

定价：CNY0.55

　　本作品为年画形式的中国现代国画作品。
作者刘庆涛，吉林永吉人，毕业于吉林省中等艺
术学校。历任吉林省吉剧团舞美设计、吉林省春
城剧场美术员、吉林省通榆县文化馆美术干部、
长春市宽城文化馆美术干部。作品有《田头阵地》
《泉水咚咚》《绿色的冬天》《周总理访问朝鲜》《春
风如意》等。

J0025127

高冠华画选（汉英对照） 高冠华绘

北京 今日中国出版社 1989 年 10 张
15cm（40 开） 定价：CNY2.20

　　现代中国画作品。外文书名：Selected Paintings
of Gao Guanhua. 作者高冠华（1915—1999），书
画艺术家。江苏南通人，毕业于国立艺术专科学
院。历任中国书画社社长、中国美术家协会会员、
中国手指画研究会副会长等。代表作品有《枯荷》
《纷纷飞雪夕阳红》《依依透骨寒》《秋色斑斓》等。

J0025128

高节图 于锦声绘

天津 天津人民美术出版社 1989 年 4 张（卷轴）
76cm（2 开） 定价：CNY4.60

　　本作品为年画形式的中国现代国画作品。
作者于锦声（1940— ），河北黄骅县人。天津市
美术家协会理事、天津书法家协会会员、艺友书
画会画师。出版有《于锦声画集》等。

J0025129

高镜明书画集 高镜明作
石家庄 河北美术出版社 1989年 30cm（12开）
ISBN：7-5310-0182-9 定价：CNY7.70
　　本书收作者的中国画及书法作品22幅，包括《藤萝黄鹂》《葡萄》《梅花》《荷塘情趣》《田园风图》《牡丹》《双猫图》等。

J0025130

高佩雄画选 高佩雄绘
上海 上海书画出版社 1989年 45幅
25cm（15开） 精装 ISBN：7-80512-382-9
定价：CNY45.00
　　现代中国画作品。

J0025131

戈壁恩仇录 沈深，郭卫华绘
天津 天津人民美术出版社 1989年 1张
76cm（2开） 定价：CNY0.50
　　本作品为年画形式的中国现代国画作品。

J0025132

歌舞升平 童金贵，董迎新绘
沈阳 辽宁美术出版社 1989年 2张 76cm（2开）
定价：CNY1.10
　　本作品为年画形式的中国现代国画作品。

J0025133

各显神通 李慕白绘
上海 上海人民美术出版社 1989年 1张
76cm（2开） 定价：CNY0.45
　　本作品为年画形式的中国现代国画作品。

J0025134

功臣门第春光暖·革命人家幸福多 裴文璐绘
昆明 云南人民出版社 1989年 1张 76cm（2开）
定价：CNY0.55
　　本作品为年画形式的中国现代国画作品。
作者裴文璐（1944— ），出生于昆明，中国美术家协会会员、云南艺术学院客座教授、云南省公安厅文联书画院名誉院长。代表作品有《瑞丽江畔》《赶摆》。

J0025135

功业千秋 倪芳华绘

天津 天津人民美术出版社 1989年 1张
76cm（2开） 定价：CNY0.50
　　现代中国画作品。

J0025136

功昭日月 （卷轴） 姜中立，江山绘
天津 天津人民美术出版社 1989年 1轴
附对联一副 107cm（全开） 定价：CNY4.60
　　本作品为年画形式的中国现代国画作品。

J0025137

恭贺新禧 成砺志绘
北京 人民美术出版社 1989年 1张 76cm（2开）
定价：CNY0.50
　　本作品为年画形式的中国现代国画作品。

J0025138

恭贺新禧 邹晓清绘
上海 上海人民美术出版社 1989年 1张
76cm（2开） 定价：CNY0.45
　　本作品为年画形式的中国现代国画作品。

J0025139

恭喜发财 林美岚绘
南昌 江西人民出版社 1989年 1张 76cm（2开）
定价：CNY0.50
　　本作品为年画形式的中国现代国画作品。作者林美岚（1940— ），字山凤，江西武宁人。毕业于江西九江师范。历任中小学美术教师，江西九江市群众艺术馆美术干部、副研究馆员，江西美协理事。作品有《党是阳光我是花》《喜庆丰年》《鸟语花香》等。出版有《林美岚人物画选》。

J0025140

恭喜发财 徐德元绘
沈阳 辽宁美术出版社 1989年 1张 76cm（2开）
定价：CNY0.55
　　本作品为年画形式的中国现代国画作品。

J0025141

恭喜发财 童金贵绘
广州 岭南美术出版社 1989年 1张 53cm（4开）
定价：CNY0.24
　　本作品为年画形式的中国现代国画作品。

J0025142

恭喜发财 成砺志绘

北京 人民美术出版社 1989 年 1 张 76cm（2 开）

定价：CNY0.50

　　本作品为年画形式的中国现代国画作品。

J0025143

恭喜发财 李春霞，田晓石绘

西安 陕西人民美术出版社 1989 年 1 张

76cm（2 开）定价：CNY0.48

　　本作品为年画形式的中国现代国画作品。

J0025144

龚文桢工笔花卉（汉英对照）龚文桢绘

北京 今日中国出版社 1989 年 10 张

15cm（40 开）定价：CNY2.00

　　外 文 书 名：Flowers Traditional Chinese

Painting by Gong Wenzhen.

J0025145

共同富裕万家乐 陈菊仙绘

上海 上海人民美术出版社 1989 年 1 张

76cm（2 开）定价：CNY0.45

　　本作品为年画形式的中国现代国画作品。

作者陈菊仙（1929—　）女，浙江温州人。毕业于

中央美术学院华东分院。擅长年画。上海人民

美术出版社画家。主要作品有《捉麻雀》《个个

争当小雷锋》《共同富万家乐》等。著有《年画

述要》。

J0025146

古诗画意 刘维忠绘

天津 天津人民美术出版社 1989 年 4 张（卷轴）

76cm（2 开）定价：CNY4.60

　　中国现代年画作品。

J0025147

古松双鹤 王小路绘

石家庄 河北美术出版社 1989 年 1 张

107cm（全开）定价：CNY1.10

　　现代中国画作品。作者王小路（1945—　），

画家。河北邢台人，别名王晓路。结业于中国美

协油画研修班。河北省邢台书画院专业画家、二

级美术师。擅长油画、宣传画、年画。作品有《龙

腾虎跃》《甜》《金鸡高唱》《和平》等。

J0025148

古吴轩（1979—1989）张瑞林主编

苏州 古吴轩出版社 1989 年 113 页 28×21cm

ISBN：7-80574-000-3 定价：CNY68.50

　　现代中国画作品。本书与香港集古斋合作

出版。

J0025149

固守边防 何永坤绘

昆明 云南人民出版社 1989 年 1 张 53cm（4 开）

定价：CNY0.30

　　本作品为年画形式的中国现代国画作品。

J0025150

顾鹤冲指画 顾鹤冲绘

南京 江苏美术出版社 1989 年 30 幅

25cm（15 开）ISBN：7-5344-0084-8

定价：CNY12.50

　　现代中国画作品。

J0025151

顾坤伯 顾坤伯绘；浙江人民美术出版社编

杭州 浙江人民美术出版社 1989 年 125 页

有肖像38cm（6 开）精装 ISBN：7-5340-0162-5

定价：CNY98.00

　　本书收辑作者作品110件，有《江山多娇》

《卓资历山》等作品。作者顾坤伯（1905—1970），

画家、美术教育家。曾名乙，字景峰，号二泉居

士，江苏无锡人。代表作品有《山川浑厚草木华

滋》《江山多娇》。

J0025152

观潮图 戴宝龙绘

长春 吉林美术出版社 1989 年 1 张

107cm（全开）定价：CNY2.20

　　现代中国画作品。

J0025153

光荣人家 韦献青绘；高式熊书

上海 上海人民美术出版社 1989 年 1 张

38cm（6 开）定价：CNY0.15

　　本作品为年画形式的中国现代国画作品。

J0025154

光荣之家 荀生绘

重庆　重庆出版社　1989 年　1 张　53cm（4 开）
定价：CNY0.45
　　本作品为年画形式的中国现代国画作品。

J0025155
贵州旅游资源考察风光绘画集　康育义作；
贵州省科学技术委员会编
贵阳　贵州人民出版社　1989 年　47 页　29cm（15 开）
ISBN：7-221-01540-6　定价：CNY25.00

J0025156
国富民强福万代　朱希斌绘
沈阳　辽宁美术出版社　1989 年　1 张　76cm（2 开）
定价：CNY0.55
　　本作品为年画形式的中国现代国画作品。

J0025157
国画世界　王黎明等绘
天津　天津杨柳青画社　1989 年　有照片
26cm（16 开）　ISBN：7-80503-069-3
定价：CNY12.50

J0025158
国画世界　李志强编
天津　天津杨柳青画社　1989 年　60 页　26×26cm
ISBN：7-80503-028-6　定价：CNY0.50
（中国画探索）

J0025159
国画世界　王黎明等绘
天津　天津杨柳青画社　1989 年　有照片
26cm（16 开）　ISBN：7-80503-069-3
定价：CNY12.50

J0025160
国泰民安人康寿　徐世民，徐世俊绘
北京　人民体育出版社　1989 年　1 张　76cm（2 开）
定价：CNY0.50
　　本作品为年画形式的中国现代国画作品。

J0025161
海阔凭鱼跃　刘佩珩绘
长春　吉林美术出版社　1989 年　1 张　76cm（2 开）
定价：CNY0.55
　　本作品为年画形式的中国现代国画作品。

作者刘佩珩（1954　　），画家，研究院。别名刘山，
天津宝坻人，毕业于东北师范大学美术系。历任
吉林省通榆县文化馆副馆长、副研究员。作品有
《喜迎春》《长白珍宝》《祖孙情》《长白珍奇》《趣》
《关东乐》等。

J0025162
海洋等待着你们　司马连义绘
广州　岭南美术出版社　1989 年　1 张　76cm（2 开）
定价：CNY0.48
　　本作品为年画形式的中国现代国画作品。

J0025163
海之歌　冯鹤亭绘
福州　福建美术出版社　1989 年　1 张
107cm（全开）　定价：CNY2.50
　　现代中国画作品。

J0025164
韩湘子与白牡丹　李学勤绘
呼和浩特　内蒙古人民出版社　1989 年　1 张
76cm（2 开）　定价：CNY0.48
　　本作品为年画形式的中国现代国画作品。

J0025165
合和有余　朱凤岐绘
沈阳　辽宁美术出版社　1989 年　1 张　76cm（2 开）
定价：CNY0.55
　　本作品为年画形式的中国现代国画作品。

J0025166
和合如意　张为民，刘淑荣绘
天津　天津人民美术出版社　1989 年　1 张
76cm（2 开）　定价：CNY0.50
　　本作品为年画形式的中国现代国画作品。

J0025167
和合生福　张瑞恒绘
天津　天津人民美术出版社　1989 年　1 张
76cm（2 开）　定价：CNY0.50
　　本作品为年画形式的中国现代国画作品。

J0025168
和合送福　范恩树绘
长春　吉林美术出版社　1989 年　1 张　76cm（2 开）

定价：CNY0.55

　　本作品为年画形式的中国现代国画作品。作者范恩树（1946—　），吉林梨树县人。吉林省美术家协会会员，曾任梨树县美协副主席兼秘书长。作品有《献给老师》《春满神州》《吉庆有余》等。

J0025169

和合图　王一定绘

杭州　浙江人民美术出版社　1989 年　1 张

76cm（2 开）　定价：CNY1.60

　　本作品为年画形式的中国现代国画作品。作者王一定（1949—　），画家。浙江杭州人，浙江美术学院毕业。浙江农业商贸职业学院艺术设计系学科带头人、装潢美工教研室主任、讲师。作品有《飒爽新姿》（合作）、《祖国·早晨好》。

J0025170

和合图　王一定绘

杭州　浙江人民美术出版社　1989 年　1 张

76cm（2 开）　定价：CNY0.45

　　本作品为年画形式的中国现代国画作品。

J0025171

和合图　王一定绘

杭州　浙江人民美术出版社　1989 年　1 轴（卷轴）

附对联一副　107cm（全开）　定价：CNY5.40

　　本作品为年画形式的中国现代国画作品。

J0025172

和美　齐心绘

沈阳　辽宁画报社　1989 年　1 张　76cm（2 开）

定价：CNY0.60

　　本作品为年画形式的中国现代国画作品。

J0025173

和美如意　高孝慈绘

沈阳　辽宁美术出版社　1989 年　1 张　76cm（2 开）

定价：CNY0.60

　　本作品为年画形式的中国现代国画作品。

J0025174

和美幸福　徐秀芬绘

呼和浩特　内蒙古人民出版社　1989 年　1 张

76cm（2 开）　定价：CNY0.48

　　本作品为年画形式的中国现代国画作品。

J0025175

和平富贵　黄莱绘

北京　人民美术出版社　1989 年　1 张　76cm（2 开）

定价：CNY0.50

　　本作品为年画形式的中国现代国画作品。

J0025176

和平之春　陈从容绘

石家庄　河北美术出版社　1989 年　2 张

76cm（2 开）　定价：CNY1.10

　　本作品为年画形式的中国现代国画作品。

J0025177

和平奏鸣曲　李学勤绘

呼和浩特　内蒙古人民出版社　1989 年　1 张

76cm（2 开）　定价：CNY0.48

　　本作品为年画形式的中国现代国画作品。

J0025178

和气四瑞　任杰绘

兰州　甘肃人民出版社　1989 年　1 张　76cm（2 开）

定价：CNY1.00

　　本作品为年画形式的中国现代国画作品。

J0025179

和气致祥　陆全根绘；朱仁冬书

上海　上海人民美术出版社　1989 年　1 张

38cm（6 开）　定价：CNY0.15

　　本作品为年画形式的中国现代国画作品。

J0025180

贺成画集　贺成作

南京　江苏美术出版社　1989 年　28 页　26cm

（16 开）　ISBN：7-5344-0079-1　定价：CNY9.80

　　现代中国画作品。

J0025181

贺寿图　周升寅绘

天津　天津人民美术出版社　1989 年　1 轴（卷轴）

附对联一副　107cm（全开）　定价：CNY4.60

　　本作品为年画形式的中国现代国画作品。

J0025182

贺喜福寿　张耀明绘

昆明　云南人民出版社　1989 年　1 张　76cm（2 开）

定价：CNY0.55

　　本作品为年画形式的中国现代国画作品。

J0025183

贺新春 杨维华绘

沈阳 辽宁美术出版社 1989 年 1 张 76cm（2 开）

定价：CNY0.55

　　本作品为年画形式的中国现代国画作品。

J0025184

红枫猛虎图 施伯云绘

上海 上海书画出版社［1989 年］1 轴（卷轴）

附对联一副 107cm（全开） 定价：CNY3.00

　　本作品为年画形式的中国现代国画作品。

J0025185

红马献宝金龙祝福 刘新奇绘

杭州 浙江人民美术出版社 1989 年 1 张

76cm（2 开） 定价：CNY0.45

　　本作品为年画形式的中国现代国画作品。

J0025186

红梅报春 张孝谦绘

石家庄 河北美术出版社 1989 年 1 张

107cm（全开） 定价：CNY1.10

　　本作品为年画形式的中国现代国画作品。

J0025187

红梅图 姜堃绘

长沙 湖南美术出版社 1989 年 1 张 76cm（2 开）

定价：CNY0.35

　　本作品为年画形式的中国现代国画作品。

J0025188

红双喜 张鸿保绘

武汉 湖北美术出版社 1989 年 1 张 76cm（2 开）

定价：CNY0.48

　　本作品为年画形式的中国现代国画作品。

J0025189

红桃开口笑丰年 李喜春绘

上海 上海人民美术出版社 1989 年 1 张

76cm（2 开） 定价：CNY0.45

　　本作品为年画形式的中国现代国画作品。

J0025190

洪福齐天 朱振芳绘

太原 山西人民出版社 1989 年 1 张 76cm（2 开）

定价：CNY0.55

　　本作品为年画形式的中国现代国画作品。作者朱振芳，国家二级美术师。河北武安人。中国美术家协会河北省分会会员。绘有连环画《朱德血战三河坝》《夺刀》《战地红缨》，年画《我们班里好事多》。

J0025191

洪武中国画选 赵洪武绘

沈阳 沈阳出版社 1989 年 61 页 有彩照

26cm（16 开） 精装 ISBN：7-80556-353-5

定价：CNY30.00

　　本书收入作者创作的人物画、山水画、花鸟画精品 100 幅。作者赵洪武（1930— ），画家。辽宁沈阳人，笔名洪武。曾任沈阳市文化局美术服务部副主任、沈阳日报美编、沈阳市美协主席。主要作品有《永乐长寿图》《棒槌姑娘》。

J0025192

吼声千里 于晋鲤绘

天津 天津人民美术出版社 1989 年 1 张

76cm（2 开） 定价：CNY0.50

　　现代中国画作品。

J0025193

呼家将 王伟戍，邹越非绘

上海 上海人民美术出版社 1989 年 2 张

76cm（2 开） 定价：CNY0.90

　　本作品为年画形式的中国现代国画作品。

J0025194

呼啸图 崔森林绘

济南 山东美术出版社 1989 年 1 张 76cm（2 开）

　　本作品为年画形式的中国现代国画作品。作者崔森林（1943— ），美术编辑。笔名黎恩、李恩。生于山东济南，毕业于济南艺术学校。任山东美术出版社副编审。作品有《省里送来显微镜》《黄河》《第一面八一军旗的诞生》《毛主席视察北园》等，小说《不屈的昆仑》插图。

J0025195

湖畔英姿 于宝俭绘

沈阳 辽宁美术出版社 1989 年 1 张 76cm（2 开）

定价：CNY0.55

　　本作品为年画形式的中国现代国画作品。

J0025196

虎虎生财 马云桥绘

沈阳 辽宁美术出版社 1989 年 1 张 76cm（2 开）

定价：CNY0.55

　　本作品为年画形式的中国现代国画作品。

J0025197

虎虎有生气 徐慧玲绘

武汉 湖北美术出版社 1989 年 1 张 76cm（2 开）

　　本作品为年画形式的中国现代国画作品。

J0025198

户纳千祥门迎万福 郭佳明绘

南昌 江西人民出版社 1989 年 1 张

107cm（全开） 定价：CNY1.08

　　本作品为年画形式的中国现代国画作品。

J0025199

护财神 侯荣，侯兵武绘

重庆 重庆出版社 1989 年 1 张 53cm（4 开）

定价：CNY0.25

　　本作品为年画形式的中国现代国画作品。

J0025200

护财神 侯荣，侯兵武绘

重庆 重庆出版社 1989 年 1 张 76cm（2 开）

定价：CNY0.45

　　本作品为年画形式的中国现代国画作品。

J0025201

花边门诗（昌期幸际升平日·泰运频书大有年）

陈伟明绘；曾景充书

广州 岭南美术出版社 1989 年 1 张 53cm（4 开）

定价：CNY0.24

　　本作品为年画形式的中国现代国画作品。
作者曾景充（1932—2009），书法家。生于广州。
中国书法家协会会员，曾任广东书协理事、广东
书协艺术指导委员、广州市书协副会长、美协广
东分会会员、广东省中国文物鉴藏家协会理事、
广州市文史研究馆馆员、东方书画院客座教授。
著有《行书要法》《魏体千字文》《曾景充钢笔书》

《五体临池指要》等。

J0025202

花边门诗（昌期幸际升平日·泰运频书大有年）

陈伟明绘；曾景充书

广州 岭南美术出版社 1989 年 1 张 76cm（2 开）

定价：CNY0.48

　　本作品为年画形式的中国现代国画作品。

J0025203

花边门诗（九州共庆丰收年·四海同歌盛世日）

陈伟明绘；甘荫村撰；梁铭添书

广州 岭南美术出版社 1989 年 1 张 53cm（4 开）

定价：CNY0.24

　　本作品为年画形式的中国现代国画作品。

J0025204

花边门诗（九州共庆丰收年·四海同歌盛世日）

陈伟明绘；甘荫村撰；梁铭添书

广州 岭南美术出版社 1989 年 1 张 76cm（2 开）

定价：CNY0.48

　　本作品为年画形式的中国现代国画作品。

J0025205

花边门诗（鸟语花香日月新·国强家富山河壮）

陈伟明绘；甘荫村撰；招仕波书

广州 岭南美术出版社 1989 年 1 张 53cm（4 开）

定价：CNY0.24

　　本作品为年画形式的中国现代国画作品。

J0025206

花边门诗（鸟语花香日月新·国强家富山河壮）

陈伟明绘；甘荫村撰；招仕波书

广州 岭南美术出版社 1989 年 1 张 76cm（2 开）

定价：CNY0.48

　　本作品为年画形式的中国现代国画作品。

J0025207

花边门诗（室内春风聚太和·天将化日舒清景）

陈伟明绘；梁伟超书

广州 岭南美术出版社 1989 年 1 张 53cm（4 开）

定价：CNY0.24

　　本作品为年画形式的中国现代国画作品。

J0025208
花边门诗（室内春风聚太和·天将化日舒清景）
陈伟明绘；梁伟超书
广州 岭南美术出版社 1989 年 1 张 76cm（2 开）
定价：CNY0.48
　　本作品为年画形式的中国现代国画作品。

J0025209
花好月圆 李明山绘
长春 吉林美术出版社 1989 年 1 张 76cm（2 开）
定价：CNY0.55
　　本作品为年画形式的中国现代国画作品。

J0025210
花好月圆 林惠珍绘
沈阳 辽宁美术出版社 1989 年 1 张 76cm（2 开）
定价：CNY0.55
　　本作品为年画形式的中国现代国画作品。

J0025211
花好月圆 刘宝贵绘
广州 岭南美术出版社 1989 年 1 张 76cm（2 开）
定价：CNY0.48
　　本作品为年画形式的中国现代国画作品。

J0025212
花好月圆 李学勤绘
呼和浩特 内蒙古人民出版社 1989 年 1 张
76cm（2 开）定价：CNY0.48
　　本作品为年画形式的中国现代国画作品。

J0025213
花开富贵 竹报平安 李书成绘
广州 岭南美术出版社 1989 年 1 张 76cm（2 开）
定价：CNY0.48
　　本作品为年画形式的中国现代国画作品。

J0025214
花仙 薛义复制
天津 天津人民美术出版社 1989 年 1 张
107cm（全开）定价：CNY2.00
　　现代中国画作品。

J0025215
花与屏 宏民，张琪绘

西安 陕西人民美术出版社 1989 年 2 张
76cm（2 开）定价：CNY0.95
　　本作品为年画形式的中国现代国画作品。

J0025216
华凤仙招亲 子纯，海青绘
沈阳 辽宁美术出版社 1989 年 2 张 76cm（2 开）
定价：CNY1.10
　　本作品为年画形式的中国现代国画作品。

J0025217
华屋春浓 金梅生绘
上海 上海人民美术出版社 1989 年 1 张
76cm（2 开）定价：CNY0.45
　　本作品为年画形式的中国现代国画作品。
作者金梅生（1902—1989），画家。别名石摩，上
海人。曾于商务印书馆美术科专门从事月份牌
绘画，上海市文史馆馆员、上海人民美术出版社
特约年画家。作品有《新中国的歌声》《秀女饲
养员》《花木兰》等。

J0025218
怀桔敬母 马秀珍绘
沈阳 辽宁美术出版社 1989 年 1 张 76cm（2 开）
定价：CNY0.55
　　本作品为年画形式的中国现代国画作品。

J0025219
欢乐的歌 李宝祥绘
长春 吉林美术出版社 1989 年 1 张 76cm（2 开）
定价：CNY0.55
　　本作品为年画形式的中国现代国画作品。

J0025220
幻游世界 王章恒绘
重庆 重庆出版社 1989 年 1 张 107cm（全开）
定价：CNY2.50
　　本作品为年画形式的中国现代国画作品。

J0025221
黄耿卓 黄耿新画集 黄耿卓，黄耿新绘
石家庄 河北美术出版社 1989 年 28 页 26cm
（16 开）ISBN：7-5310-0272-8 定价：CNY5.50
　　本画集精选黄耿卓、黄耿新的代表作品 41
幅。内容包括两大部分：第一部分是黄耿卓的大

写意人物画，如《动心》《乡间小唱》《新被》等；第二部分是黄耿新的写意花鸟画，《梨园小景》《三月》《鱼戏图》《雨》等。

J0025222

黄河大侠　王志平绘
天津　天津人民美术出版社 1989 年　1 张 76cm（2 开）定价：CNY0.50
　　本作品为年画形式的中国现代国画作品。

J0025223

黄秋园画集　黄秋园绘
南昌　江西人民出版社 1989 年　104 页　有照片 26cm（16 开）ISBN：7-210-00124-7
定价：CNY45.00, CNY62.00（精装）
　　本画集收集了 104 幅现代中国画作品。作者黄秋园（1914—1979），国画家。生于江西南昌市，毕业于南昌剑声中学。独创了有别于历代名家的皴法新技法"秋园皴"，代表作品有《庐山梦游图卷》《秋山幽居图》《中国山水画传统技法》等。著有《中国山水画传统技法》。

J0025224

黄长虹画选　黄长虹著
哈尔滨　黑龙江美术出版社 1989 年 28 页 39cm（8 开）ISBN：7-5318-0050-0 定价：CNY14.50
　　本画选收入作者中国画作品 28 幅。作者黄长虹（1933—　），画家。广东潮州人，毕业于沈阳师院美术系。擅长版画。历任广东省汕头工艺美校副校长、汕头画院画师。作品有《潮绣姑娘》《红色陵园》《山居图》。出版有《黄长虹山水》《黄长虹山水画选》等。

J0025225

黄镇书画选集　黄镇作；邵宇主编
北京　人民美术出版社 1989 年　164 页 38cm（8 开）ISBN：7-102-00495-8
　　本书以大写意的松、竹、梅为主，亦有山水、人物和动物画。另选入 20 余幅草书作品及 40 余方篆刻作品。

J0025226

黄胄画选（1）黄胄绘
北京　荣宝斋 1989 年 10 张　15cm（40 开）
定价：CNY2.10

现代中国画作品。

J0025227

黄胄画选（2）黄胄绘
北京　荣宝斋 1989 年 10 张　15cm（40 开）
定价：CNY2.10
　　现代中国画作品。

J0025228

黄胄作品选：动物和禽鸟（汉英对照）黄胄绘；炎黄艺术馆供稿
北京　今日中国出版社 1989 年 10 张 15cm（40 开）定价：CNY2.50
　　现代中国画作品。

J0025229

吉庆双鱼乐新年　陈江绘
沈阳　辽宁美术出版社 1989 年 1 张 76cm（2 开）
定价：CNY0.55
　　本作品为年画形式的中国现代国画作品。作者陈江（1961—　），海南临高人，南京博物院陈列展览部副主任、江苏省博物馆学会秘书长。著有《紫砂器鉴赏与收藏》《紫砂壶》等。

J0025230

吉庆有余　高孝慈绘
沈阳　辽宁美术出版社 1989 年 1 张 76cm（2 开）
定价：CNY0.60
　　本作品为年画形式的中国现代国画作品。

J0025231

吉庆有余　彭海清绘
上海　上海人民美术出版社 1989 年　1 张 76cm（2 开）定价：CNY0.45
　　本作品为年画形式的中国现代国画作品。

J0025232

吉祥财童送宝来　彭公林绘
沈阳　辽宁美术出版社 1989 年 1 张 76cm（2 开）
定价：CNY0.55
　　本作品为年画形式的中国现代国画作品。作者彭公林，画家。绘有连环画《献给祖国》《吉庆有余》《鹤鹿长寿》等。

J0025233
吉祥多福 谷学中绘
长春 吉林美术出版社 1989 年 1 张 76cm（2 开）
定价：CNY0.60
　　本作品为年画形式的中国现代国画作品。

J0025234
吉祥如意 林伟光绘；林宁书
上海 上海人民美术出版社 1989 年 1 张
38cm（6 开） 定价：CNY0.15
　　本作品为年画形式的中国现代国画作品。

J0025235
吉祥如意 连年有余 左汉中绘
长沙 湖南美术出版社 1989 年 1 张 76cm（2 开）
定价：CNY0.35
　　本作品为年画形式的中国现代国画作品。
作者左汉中（1947— ），湖南双峰人。湖南美术
出版社年画编辑室主任、中国美术家协会会员、
中国民间美术学会会员、中国民俗学会会员。

J0025236
吉祥如意 幸福万年 彭海清绘
济南 山东美术出版社 1989 年 1 张 76cm（2 开）
定价：CNY0.42
　　本作品为年画形式的中国现代国画作品。

J0025237
吉祥如意宝聚财丰 阎风成绘
长沙 湖南美术出版社 1989 年 1 张 76cm（2 开）
定价：CNY0.35
　　本作品为年画形式的中国现代国画作品。

J0025238
吉祥如意福寿万年 陈英绘
天津 天津人民美术出版社 1989 年 1 张
76cm（2 开） 定价：CNY0.50
　　本作品为年画形式的中国现代国画作品。

J0025239
吉祥如意四屏 叶淑琴等绘
杭州 浙江人民美术出版社 1989 年 4 张
76cm（2 开） 定价：CNY2.30
　　本作品为年画形式的中国现代国画作品。

J0025240
吉祥万福 刘新奇绘
南昌 江西人民出版社 1989 年 1 张 76cm（2 开）
定价：CNY0.48
　　本作品为年画形式的中国现代国画作品。

J0025241
吉星高照 张弓绘
石家庄 河北美术出版社 1989 年 2 张
76cm（2 开） 定价：CNY1.10
　　本作品为年画形式的中国现代国画作品。

J0025242
吉星高照 臧恒望绘
济南 山东美术出版社 1989 年 4 张 76cm（2 开）
定价：CNY1.70
　　本作品为年画形式的中国现代国画作品。

J0025243
吉星高照 龚景充绘
杭州 浙江人民美术出版社 1989 年 1 轴（卷轴）
附对联一副 107cm（全开） 定价：CNY6.00
　　本作品为年画形式的中国现代国画作品。

J0025244
吉星满堂 李增吉，李洪吉绘
福州 福建美术出版社 1989 年 1 张
107cm（全开） 定价：CNY1.00
　　本作品为年画形式的中国现代国画作品。

J0025245
计收红孩儿 陈家骅绘
天津 天津人民美术出版社 1989 年 1 张
76cm（2 开） 定价：CNY0.50
　　本作品为年画形式的中国现代国画作品。

J0025246
济公故事（运木古井）朱子蓉绘
杭州 浙江人民美术出版社 1989 年 2 张
76cm（2 开） 定价：CNY0.90
　　本作品为年画形式的中国现代国画作品。

J0025247
济公巧接梅花腿 弘力等绘
沈阳 辽宁美术出版社 1989 年 2 张 76cm（2 开）

定价：CNY1.10

本作品为年画形式的中国现代国画作品。

J0025248

家家乐　吴性清绘

上海　上海人民美术出版社　1989 年　1 张

76cm（2 开）　定价：CNY0.45

本作品为年画形式的中国现代国画作品。

J0025249

驾风祝福　董俊绘

上海　上海人民美术出版社　1989 年　1 张

76cm（2 开）　定价：CNY0.45

本作品为年画形式的中国现代国画作品。

J0025250

健康长寿　古学中绘

长春　吉林美术出版社　1989 年　1 张　76cm（2 开）

定价：CNY0.55

本作品为年画形式的中国现代国画作品。

J0025251

健康长寿　陈华民，陈晓东绘

沈阳　辽宁美术出版社　1989 年　1 张　76cm（2 开）

定价：CNY0.55

本作品为年画形式的中国现代国画作品。

J0025252

健康长寿　罗存洁绘

昆明　云南人民出版社　1989 年　1 张　76cm（2 开）

定价：CNY0.30

本作品为年画形式的中国现代国画作品。

J0025253

健美夺魁　朱凤岐绘

北京　人民体育出版社　1989 年　1 张　76cm（2 开）

定价：CNY0.50

本作品为年画形式的中国现代国画作品。

J0025254

江南小巷　吴冠中绘

北京　荣宝斋［1989 年］1 张（卷轴）107cm（全开）

J0025255

江山琼阁图　白建民绘；吴竞书

长春　吉林美术出版社　1989 年　1 张

107cm（全开）　定价：CNY2.20

本作品为年画形式的中国现代国画作品。

J0025256

江山万古青　梁铭添绘；区本泉撰

广州　岭南美术出版社　1989 年　1 张　76cm（2 开）

定价：CNY0.48

本作品为年画形式的中国现代国画作品。

J0025257

江天楼阁　张洪千绘

天津　天津人民美术出版社　1989 年　1 张

107cm（全开）　定价：CNY1.20

现代中国画作品。作者张洪千（1941—　），

画家。原名张鸿千。

J0025258

将军竹（贺晋年画集）　贺晋年绘

北京　中国旅游出版社　1989 年　26cm（16 开）

ISBN：7-5032-0259-9

作者贺晋年（1910—2003），中国人民解放军

高级将领。陕西安定（今子长）县人。原军委装

甲兵副司令员，少将军衔，中共中央顾问委员会

委员。代表作有《将军竹——贺晋年画集》《深

山剿匪记（贺晋年回忆录）》等。

J0025259

接福迎祥　桂卿，志华绘

沈阳　辽宁美术出版社　1989 年　1 张　76cm（2 开）

定价：CNY0.55

本作品为年画形式的中国现代国画作品。

J0025260

姐妹游春　于小玲绘

呼和浩特　内蒙古人民出版社　1989 年　1 张

76cm（2 开）　定价：CNY0.48

本作品为年画形式的中国现代国画作品。

J0025261

金刚　陈致信绘

重庆　重庆出版社　1989 年　1 张　76cm（2 开）

定价：CNY0.45

本作品为年画形式的中国现代国画作品。

J0025262
金谷银流　夫耕，徐昊绘
天津　天津人民美术出版社　1989年　1张
107cm（全开）　定价：CNY1.20
　　本作品为年画形式的中国现代国画作品。

J0025263
金马驹　杨维华绘
沈阳　辽宁美术出版社　1989年　1张　76cm（2开）
定价：CNY0.55
　　本作品为年画形式的中国现代国画作品。

J0025264
金马送财　范恩树绘
长春　吉林美术出版社　1989年　1张　76cm（2开）
定价：CNY0.55
　　本作品为年画形式的中国现代国画作品。
作者范恩树（1946—　），吉林梨树县人。吉林省
美术家协会会员，曾任梨树县美协副主席兼秘
书长。作品有《献给老师》《春满神州》《吉庆有
余》等。

J0025265
金马兆丰年　杨树有绘
长春　吉林美术出版社　1989年　1张　76cm（2开）
定价：CNY0.55
　　本作品为年画形式的中国现代国画作品。

J0025266
金吞·银吞　李德明绘
重庆　重庆出版社　1989年　1张　53cm（4开）
定价：CNY0.25
　　本作品为年画形式的中国现代国画作品。

J0025267
锦毛虎燕顺·云里金刚宋万　吴剑超绘
昆明　云南人民出版社　1989年　1张　76cm（2开）
定价：CNY0.55
　　本作品为年画形式的中国现代国画作品。

J0025268
锦上添花　戴德馨绘
福州　福建美术出版社［1989年］1张
76cm（2开）　定价：CNY0.40
　　本作品为年画形式的中国现代国画作品。

作者戴德馨（1942—　），江苏常州人。曾进修于
南京艺术学院。擅长国画。中国美术家协会会员。
主要作品有《猫蝶图》《福禄寿禧》《瑞雪》等。

J0025269
锦上添花　月琪绘
沈阳　辽宁美术出版社　1989年　1张　76cm（2开）
定价：CNY0.55
　　本作品为年画形式的中国现代国画作品。

J0025270
举案齐眉　徐凌编绘
北京　人民美术出版社　1989年　2张　76cm（2开）
定价：CNY1.05
　　本作品为年画形式的中国现代国画作品。

J0025271
聚宝盆　童金贵绘
沈阳　辽宁画报社　1989年　1张　76cm（2开）
定价：CNY0.60
　　本作品为年画形式的中国现代国画作品。

J0025272
君子图　车来通绘
北京　人民美术出版社　1989年　1张　76cm（2开）
定价：CNY1.00
　　现代中国画作品。作者车来通（1956—　），
画家。河北高阳县人。号净心。任教于渤海石
油职业学院美术系。中国工笔画协会会员、河北
美术家协会会员、中华画院院长。发表花鸟画作
品数百幅。出版个人画册、技法丛书等。

J0025273
开门大吉·出门大利　杨立群绘
广州　岭南美术出版社　1989年　1张　76cm（2开）
定价：CNY0.48
　　本作品为年画形式的中国现代国画作品。
作者杨立群（1948—　），湖南长沙人。毕业于广
州美术学院附中。擅长年画、实用美术。曾任岭
南美术出版社美术编辑。代表作品有《龙腾神州》
《南海龙王逛油城》等。

J0025274
开门大吉·出门大利　杨立群绘
广州　岭南美术出版社　1989年　1张　53cm（4开）

定价：CNY0.24

　　本作品为年画形式的中国现代国画作品。

J0025275

开门大吉·恭禧发财 王发堂，张耀明绘

重庆 重庆出版社 1989 年 1 张 76cm（2 开）

定价：CNY0.45

　　本作品为年画形式的中国现代国画作品。

J0025276

科学天地 王赤军绘

广州 岭南美术出版社 1989 年 1 张 76cm（2 开）

定价：CNY0.48

　　本作品为年画形式的中国现代国画作品。

J0025277

空谷啸月 朱介堂绘

杭州 浙江人民美术出版社 1989 年 1 张

76cm（2 开） 定价：CNY1.20

　　现代中国画作品。作者朱介堂（1940— ），

上海人。就读于浙江美术学院附属中等美术专

科学校。历任金华市健康教育所美术工程师。

代表作品《新装》《一杯美酒敬英雄》《恩爱》等。

J0025278

空谷啸月 朱介堂绘

杭州 浙江人民美术出版社 1989 年 1 张

107cm（全开） 定价：CNY2.50

　　现代中国画作品。

J0025279

孔雀开屏（水下芭蕾舞） 高玉华绘

广州 岭南美术出版社 1989 年 1 张 76cm（2 开）

定价：CNY0.38

　　本作品为年画形式的中国现代国画作品。

J0025280

孔雀牡丹 宫兴福绘

沈阳 辽宁美术出版社 1989 年 1 张 76cm（2 开）

定价：CNY0.55

　　本作品为年画形式的中国现代国画作品。

作者宫兴福（1936— ），教授。黑龙江密山人。

毕业于鲁迅美术学院中国画系，后留校任教。作

品有《豆花香》《听泉》《天女木兰》。发表论文有

《图新·求美·思变》《意念·意象·以形写神》等。

J0025281

孔雀牡丹 尹晓军，尹晓平绘

昆明 云南人民出版社 1989 年 1 张 76cm（2 开）

定价：CNY0.55

　　本作品为年画形式的中国现代国画作品。

J0025282

孔小瑜画选 孔小瑜绘；季学金选编

合肥 安徽美术出版社 1989 年 102 页 37cm

（8 开） ISBN：7-5398-0026-7 定价：CNY29.00

　　本书收集作者中国画作品 100 幅。绘者孔

小瑜（1899—1984），画家、教授。原名宪英，生

于浙江慈溪。历任安徽画院副院长、安徽艺术学

校教授。代表作品有《牡丹》《四季平安》《欣欣

向荣》《百花争艳》《战袍诗》等。

J0025283

兰竹图 盛寿藻绘

太原 山西人民出版社 1989 年 1 张 76cm（2 开）

定价：CNY0.58

　　现代中国画作品。

J0025284

兰竹图 张广力绘

上海 上海书画出版社 1989 年 1 张 76cm（2 开）

定价：CNY0.55

　　现代中国画作品。

J0025285

乐在其中 孙公照绘

北京 人民美术出版社 1989 年 1 张

107cm（全开） 定价：CNY2.50

　　本作品为年画形式的中国现代国画作品。

J0025286

雷惊幽谷千里远 田林海绘

济南 山东美术出版社 1989 年 1 张

107cm（全开） 定价：CNY2.00

　　现代中国画作品。

J0025287

漓江帆（刘汝阳中国画作品） 刘汝阳绘

北京 人民美术出版社 1989 年 有图

26cm（16 开） ISBN：7-102-00650-0

定价：CNY1.20

（新美术画库 37）

J0025288
李庚年山水集（英汉对照）李庚年绘
西安 陕西人民美术出版社［1989 年］8 张
15cm（40 开）定价：CNY1.90

J0025289
李金远画集 李金远绘
成都 四川美术出版社 1989 年 25×26cm
（12 开）ISBN：7-5410-0482-0 定价：CNY15.50
（中国美术家国际艺术交流丛书）
　　现代中国画作品。外文书名：Selected Paintings
of Li Jinyuan. 绘者李金远（1945—　），画家、美
术教育家。四川成都人。历任四川师范大学艺
术系高级美术师、中国美术家协会会员、中华美
学学会会员。出版有《李金远画集》《李金远作
品集——从四川到南比利牛斯》《李金远南比利
牛斯作品集》等。

J0025290
李苦禅画集 李苦禅绘
哈尔滨 黑龙江美术出版社 1989 年 125 页
38cm（8 开）精装 ISBN：7-5318-0041-1
定价：CNY120.00
　　本画集选入作者 115 幅中国画作品和 5 幅
书法作品。其所选作品多以松、竹、梅、兰、菊、
荷、鹰等为题材。书后还附有李苦禅艺术年表及
各时期照片 19 幅。作者李苦禅（1899—1983），
书画家、美术教育家。山东高唐人。原名李英杰，
字励公。擅画花鸟和鹰。历任中央美术学院教
授、中国美术家协会理事、中国画研究院院务委
员等。代表作品有《盛荷》《群鹰图》《兰竹》等，
出版有《李苦禅画辑》。

J0025291
李焱・韩言松画集（海峡两岸少年画家联展作
品选）李焱，韩言松绘
南宁 广西人民出版社 1989 年 26×24cm
ISBN：7-219-01360-4 定价：CNY20.00
　　画集选入广西桂林少年画家李焱和台湾少
年画家韩言松在北京中国美术馆联展的佳品各
40 多幅。附有中、英、日 3 种文字说明。

J0025292
李元霸比武 羊牧等绘
沈阳 辽宁美术出版社 1989 年 2 张 76cm（2 开）
定价：CNY1.10
　　本作品为年画形式的中国现代国画作品。

J0025293
鲤鱼献宝 林惠珍绘
沈阳 辽宁美术出版社 1989 年 1 张 76cm（2 开）
定价：CNY0.55
　　本作品为年画形式的中国现代国画作品。

J0025294
鲤鱼献宝 王振羽绘
广州 岭南美术出版社 1989 年 1 张 76cm（2 开）
定价：CNY0.48
　　本作品为年画形式的中国现代国画作品。

J0025295
鲤鱼跃龙门 楼永年绘
杭州 浙江人民美术出版社 1989 年 1 张
76cm（2 开）定价：CNY0.45
　　本作品为年画形式的中国现代国画作品。
作者楼永年（1940—　），浙江萧山人，毕业于浙
江美术学院工艺系。历任杭州印染厂花样设计，
高级工艺美术师。代表作品《福宝寿禧》《四季
平安》《福寿万年》《和合图》等。

J0025296
丽影欢歌 梁根祥绘
广州 岭南美术出版社 1989 年 1 张 76cm（2 开）
定价：CNY0.48
　　本作品为年画形式的中国现代国画作品。

J0025297
笙舞春光 何众绘
沈阳 辽宁美术出版社 1989 年 1 张 76cm（2 开）
定价：CNY0.55
　　现代中国画作品。

J0025298
连年有余 周清源绘
北京 人民美术出版社 1989 年 1 张 76cm（2 开）
定价：CNY0.50
　　本作品为年画形式的中国现代国画作品。

J0025299
连年有余 张瑜生绘
上海 上海人民美术出版社 1989 年 1 张
76cm（2 开） 定价：CNY0.55
　　本作品为年画形式的中国现代国画作品。

J0025300
连年有余 张为民绘
天津 天津人民美术出版社 1989 年 1 张
76cm（2 开） 定价：CNY0.50
　　本作品为年画形式的中国现代国画作品。

J0025301
连年有余·万事如意 邵培文绘
广州 岭南美术出版社 1989 年 1 张 53cm（4 开）
定价：CNY0.24
　　本作品为年画形式的中国现代国画作品。

J0025302
连年有余·万事如意 邵培文绘
广州 岭南美术出版社 1989 年 1 张 76cm（2 开）
定价：CNY0.48
　　本作品为年画形式的中国现代国画作品。

J0025303
梁天柱画集 梁天柱绘
天津 天津杨柳青画社 1989 年 62 页 38cm（6 开）
精装 ISBN：7-80503-080-4 定价：CNY68.00
　　本书作者山水画作品 59 幅图。作者梁天柱
（1916—2001），山水画家。原名梁善玺，号天柱
山人，山东平度人。历任中国画研究院特约画家、
青岛中国画研究会副会长。代表作品有山水长
卷《玄之又玄众妙之门》，出版有《梁天柱画集》。

J0025304
陵县风貌（东方朔故里画集） 陵县县委编；张
耀峰，曹敏绘
济南 济南出版社 1989 年 49 页 25cm（15 开）
ISBN：7-80572-049-5 定价：CNY9.00
　　现代中国画作品。

J0025305
刘昌潮画集 刘昌潮绘；杜秋漾编辑
香港 集古斋 1989 年 72 页 26cm（16 开）
定价：HKD100.00

J0025306
刘济荣画集 刘济荣绘
广州 花城出版社 1989 年 50 页 26cm（16 开）
ISBN：7-5360-0500-8 定价：CNY20.00
　　收入作者从 1958 年到 1989 年创作的人物
画 68 幅。

J0025307
刘奎龄画集（第一卷） 刘奎龄［绘］
天津 天津人民美术出版社 1989 年 200 页
38cm（6 开） 精装 ISBN：978-7-5305-0219-8
定价：CNY268.00
现代中国画画册。

J0025308
刘奎龄画集 刘奎龄绘
天津 天津人民美术出版社 1989 年 有肖像
38cm（6 开） 精装 ISBN：7-5305-0219-0
定价：CNY198.00
　　本画集收入作者的动物画题材的中国画代
表作 100 幅。

J0025309
刘朴画集 刘朴绘
成都 四川美术出版社 1989 年 25cm（15 开）
ISBN：7-5410-0470-7
（当代中青年艺术家丛书）
　　作者刘朴（1945—　），一级美术师。本名刘
国辉，生于四川成都。历任四川省诗书画院创作
研究室副主任、中国画学会常务理事、四川蜀山
画院院长、中国美术家协会会员等。出版有《刘
朴画集》《刘朴扇面专辑》《刘朴水墨山水》等。

J0025310
刘文樵画集 刘文樵绘
石家庄 河北美术出版社 1989 年 32 页 33×19cm
ISBN：7-5310-0230-2 定价：CNY14.00
　　本书收画家《水乡情》《向日葵》《山魂》《大
雁飞过我村边》《红高粱颂》《碧海波涛》《繁盛》
等 41 幅作品。作者刘文樵（1935—　），河北廊坊
人。曾任廊坊公安局长。出版有《刘文樵画集》
《刘文樵画评》。

J0025311
刘文西画选 刘文西绘

北京　人民美术出版社　1989 年　176 页　19cm
（32 开）ISBN：7-102-00267-X　定价：CNY3.50

J0025312
刘阳画集　刘阳绘；荣宝斋编辑
北京　荣宝斋　1989 年　24 页　24cm（26 开）
ISBN：7-5003-0075-1　定价：CNY4.20

J0025313
刘墉画集　刘墉绘
台北　刘墉　1989 年　192 页　33cm（5 开）　精装
定价：TWD1500.00
　　外文书名：Liu Yung the Real Tranquility.

J0025314
六合同春　黄莱绘
福州　福建美术出版社　1989 年　1 张
107cm（全开）　定价：CNY1.00
　　本作品为年画形式的中国现代国画作品。

J0025315
六长寿　任杰绘
兰州　甘肃民族出版社　1989 年　1 张　76cm（2 开）
定价：CNY1.00

J0025316
龙凤呈祥　申同景绘
石家庄　河北美术出版社　1989 年　1 张
107cm（全开）　定价：CNY1.10
　　本作品为年画形式的中国现代国画作品。
作者申同景,绘有年画《文君听琴》《樊梨花》《百
寿图》《凤求凰》等。

J0025317
龙凤呈祥　申同景绘
石家庄　河北美术出版社　1989 年　1 轴（卷轴）
附对联一副　107cm（全开）　定价：CNY4.60
　　本作品为年画形式的中国现代国画作品。

J0025318
龙凤呈祥　薛长山绘
西安　陕西人民美术出版社　1989 年　1 张
76cm（2 开）　定价：CNY0.40
　　本作品为年画形式的中国现代国画作品。

J0025319
龙凤呈祥福寿如意　宋仁贤绘
济南　山东美术出版社　1989 年　1 张
107cm（全开）　定价：CNY1.00
　　本作品为年画形式的中国现代国画作品。

J0025320
龙凤双喜　张振群绘
天津　天津人民美术出版社　1989 年　1 张
76cm（2 开）　定价：CNY0.50
　　本作品为年画形式的中国现代国画作品。

J0025321
龙宫取宝　鲍凤林绘
呼和浩特　内蒙古人民出版社　1989 年　1 张
76cm（2 开）　定价：CNY0.48
　　本作品为年画形式的中国现代国画作品。

J0025322
龙精虎猛　李中文绘
广州　岭南美术出版社　1989 年　1 张　53cm（4 开）
定价：CNY0.24
　　本作品为年画形式的中国现代国画作品。

J0025323
龙精虎猛　李中文绘
广州　岭南美术出版社　1989 年　1 张　76cm（2 开）
定价：CNY0.48
　　本作品为年画形式的中国现代国画作品。

J0025324
龙腾鱼跃贺新春　王立新绘
南昌　江西人民出版社　1989 年　1 张　76cm（2 开）
定价：CNY0.48
　　本作品为年画形式的中国现代国画作品。

J0025325
龙威虎猛　陈迪琪绘
广州　岭南美术出版社　1989 年　1 张　53cm（4 开）
定价：CNY0.24
　　本作品为年画形式的中国现代国画作品。

J0025326
龙威虎猛　陈迪琪绘
广州　岭南美术出版社　1989 年　1 张　76cm（2 开）

定价：CNY0.48

　　本作品为年画形式的中国现代国画作品。

J0025327

鹿鸣翠谷 张征众绘

广州 岭南美术出版社 1989 年 1 张 76cm（2 开）

定价：CNY0.48

　　本作品为年画形式的中国现代国画作品。

J0025328

鸾凤朝阳 李敬仕绘

上海 上海书画出版社 1989 年 1 张 76cm（2 开）

定价：CNY0.45

　　本作品为年画形式的中国现代国画作品。

J0025329

旅程画眼 叶浅予编绘

上海 上海文艺出版社 1989 年 106 页 有照片

及彩图 19cm（32 开） ISBN：7-5321-0087-1

定价：CNY4.90

（画人行脚丛书）

　　本书收当代著名画家叶浅予的游历文章十

篇，绘画作品 64 幅。

J0025330

绿水万波争流，青山千岩竞秀 贾海泉绘

石家庄 河北美术出版社 1989 年 1 张

附对联一副 107cm（全开） 定价：CNY2.20

　　本作品为年画形式的中国现代国画作品。

J0025331

妈妈好 王伟成绘

上海 上海人民美术出版社 1989 年 1 张

76cm（2 开） 定价：CNY0.45

　　本作品为年画形式的中国现代国画作品。

J0025332

马年有余 张叙绘

西安 陕西人民美术出版社 1989 年 1 张

76cm（2 开） 定价：CNY0.48

　　本作品为年画形式的中国现代国画作品。

J0025333

马上发财 曾成金绘

杭州 浙江人民美术出版社 1989 年 1 轴（卷轴）

附对联一副 107cm（全开） 定价：CNY5.60

　　本作品为年画形式的中国现代国画作品。

J0025334

马上发财 曾成金绘

杭州 浙江人民美术出版社 1989 年 1 张

107cm（全开） 定价：CNY1.60

J0025335

马腾神州 刘俊贤绘

上海 上海人民美术出版社 1989 年 1 张

76cm（2 开） 定价：CNY0.45

　　本作品为年画形式的中国现代国画作品。

J0025336

马西光作品集 马西光绘

西宁 青海人民出版社 1989 年 19cm（32 开）

ISBN：7-225-00202-3 定价：CNY2.00

J0025337

梅鹤图 豫强等绘

杭州 浙江人民美术出版社 1989 年 1 轴（卷轴）

附对联一副 107cm（全开） 定价：CNY6.00

　　本作品为年画形式的中国现代国画作品。

J0025338

梅花丛中月月鹊 陈忠义绘

沈阳 辽宁美术出版社 1989 年 1 张

107cm（全开） 定价：CNY2.40

J0025339

梅寿图 李敬仕绘

杭州 浙江人民美术出版社 1989 年 1 轴（卷轴）

附对联一副 107cm（全开） 定价：CNY6.00

　　本作品为年画形式的中国现代国画作品。

J0025340

美满幸福 潘隆正绘

沈阳 辽宁美术出版社 1989 年 1 张 76cm（2 开）

定价：CNY0.55

　　本作品为年画形式的中国现代国画作品。

作者潘隆正（1944—　），笔名晓牛，出生于重庆

市，毕业于西南师范大学美术系。历任重庆出版

社美编室副主任、重庆出版集团（美术）副编审、

全国年画研究会理事、西南大学育才学院美术学

院副教授、重庆沧白书画院副院长。作品有《红岩英烈——许晓轩》《挺进大西南》《娃娃送宝·幸福吉祥》《哼哈二将》《秦琼、敬德》《在知识的海洋里寻珍探宝》等。

J0025341

美满幸福 张冬生绘

广州 岭南美术出版社 1989 年 1 张 76cm（2 开）定价：CNY0.48

　　本作品为年画形式的中国现代国画作品。

J0025342

美满幸福 王国富绘

北京 人民美术出版社 1989 年 1 张 76cm（2 开）定价：CNY0.50

　　本作品为年画形式的中国现代国画作品。

J0025343

美满幸福 王国富绘

上海 上海人民美术出版社 1989 年 1 张 76cm（2 开）定价：CNY0.55

　　本作品为年画形式的中国现代国画作品。

J0025344

美满幸福 顾国治绘

天津 天津人民美术出版社 1989 年 1 轴（卷轴）附对联一副 107cm（全开）定价：CNY4.60

　　本作品为年画形式的中国现代国画作品。

J0025345

美满姻缘 李学勤，赵梦林绘

呼和浩特 内蒙古人民出版社 1989 年 1 张 76cm（2 开）定价：CNY0.48

　　本作品为年画形式的中国现代国画作品。

J0025346

美满姻缘 高景波绘

天津 天津人民美术出版社 1989 年 1 轴（卷轴）附对联一副 107cm（全开）定价：CNY4.60

　　本作品为年画形式的中国现代国画作品。作者高景波（1946— ），山东掖县人。擅长年画、水彩画。大庆市群众艺术馆美术部主任、二级美术师、大庆市美术家协会副主席。主要作品有水粉组画《采油新工艺》，年画《一路春风喜盈归》，水彩画《倾国恨》。

J0025347

美貌芬芳 何众绘

沈阳 辽宁美术出版社 1989 年 1 张 76cm（2 开）定价：CNY0.55

　　本作品为年画形式的中国现代国画作品。

J0025348

门将 李希玉绘

兰州 甘肃人民出版社 1989 年 1 张 53cm（4 开）定价：CNY0.24

　　本作品为年画形式的中国现代国画作品。

J0025349

门将 言覃绘

重庆 重庆出版社 1989 年 1 张 76cm（2 开）定价：CNY0.45

　　本作品为年画形式的中国现代国画作品。

J0025350

名湖竞秀 邢树荃绘

石家庄 河北美术出版社 1989 年 2 张 76cm（2 开）定价：CNY1.10

　　本作品为年画形式的中国现代国画作品。

J0025351

名湖竞秀 邢树荃绘

石家庄 河北美术出版社 1989 年 4 张 76cm（2 开）定价：CNY2.20

　　本作品为年画形式的中国现代国画作品。

J0025352

名湖竞秀 邢树荃绘

石家庄 河北美术出版社 1989 年 2 张（卷轴）76cm（2 开）定价：CNY5.40

　　本作品为年画形式的中国现代国画作品。

J0025353

名家名画精选 程十发等绘

南京 江苏美术出版社［1989 年］10 张 15cm（40 开）

　　作者程十发（1921—2007），画家。出生于上海金山，毕业于上海美术专科学校国画系。代表作品有《丽人行》《迎春图》《列宁的故事》《孔乙己》等。出版有《程十发近作选》《程十发花鸟习作选》《程十发作品展》。

J0025354

鸣春图　李国荣绘

石家庄　河北美术出版社 1989 年　1 张

76cm（2 开）　定价：CNY0.50

　　本作品为年画形式的中国现代国画作品。

J0025355

墨竹　赵思温绘

石家庄　河北美术出版社［1989 年］1 轴（卷轴）

附对联 1 副　107cm（全开）　定价：CNY4.60

　　本作品为年画形式的中国现代国画作品。

J0025356

牡丹亭　戴松耕，戴一鸣绘

上海　上海人民美术出版社 1989 年　2 张

76cm（2 开）　定价：CNY0.90

　　本作品为年画形式的中国现代国画作品。

J0025357

南疆巡逻　卢德辉绘

天津　天津人民美术出版社 1989 年　1 张

76cm（2 开）　定价：CNY0.50

　　本作品为年画形式的中国现代国画作品。

J0025358

南山献寿　刘熹奇绘

天津　天津人民美术出版社 1989 年　1 张

76cm（2 开）　定价：CNY0.50

　　本作品为年画形式的中国现代国画作品。

J0025359

南天王·北天王　陈鸿翎绘

昆明　云南人民出版社 1989 年　1 张　76cm（2 开）

定价：CNY0.55

　　本作品为年画形式的中国现代国画作品。

J0025360

霓裳曲　彭本人绘

长沙　湖南美术出版社 1989 年　1 张　76cm（2 开）

定价：CNY0.35

　　本作品为年画形式的中国现代国画作品。
作者彭本人（1945—　），编辑。湖南桂阳人。毕
业于湖南师范学院美术系。擅长中国画、连环画。
中国美术家协会会员。主要作品有《中国姑娘》
《三十八颗人头》《欧阳海》《银妆》《两代人》等。

J0025361

年方八八　霍允庆绘

上海　上海人民美术出版社 1989 年　1 张

76cm（2 开）　定价：CNY0.45

　　本作品为年画形式的中国现代国画作品。

J0025362

年年丰收财神来　孙公照绘

济南　山东美术出版社［1989 年］1 张

76cm（2 开）

　　本作品为年画形式的中国现代国画作品。

J0025363

年年平安　魏瀛洲绘

上海　上海人民美术出版社 1989 年　1 张

76cm（2 开）　定价：CNY0.45

　　本作品为年画形式的中国现代国画作品。

J0025364

年年如意·岁岁平安　李跃华绘

石家庄　河北美术出版社 1989 年　1 轴（卷轴）

附对联一副　107cm（全开）

　　本作品为年画形式的中国现代国画作品。

J0025365

年年送宝户户进财　王善生绘

长春　吉林美术出版社 1989 年 1 张 76cm（2 开）

定价：CNY0.55

　　本作品为年画形式的中国现代国画作品。

J0025366

年年有余　魏延滨绘

济南　山东美术出版社 1989 年　1 张　76cm（2 开）

定价：CNY0.42

　　本作品为年画形式的中国现代国画作品。

J0025367

年年有余岁岁如意　赵笑岩绘

长春　吉林美术出版社 1989 年 1 张 76cm（2 开）

定价：CNY0.55

　　本作品为年画形式的中国现代国画作品。

J0025368

鸟鸣花香屏·天鹅戏水屏　周洪全绘

沈阳　辽宁美术出版社 1989 年 2 张 76cm（2 开）

定价：CNY1.10

　　本作品为年画形式的中国现代国画作品。

J0025369

农丰书画作品选

济南　山东美术出版社　1989 年　60 页　26cm
（16 开）ISBN：7-5330-0223-7　定价：CNY20.00

J0025370

蟠桃献寿　成砺志绘

南昌　江西人民出版社　1989 年　1 张
107cm（全开）　定价：CNY0.96

　　本作品为年画形式的中国现代国画作品。
作者成砺志（1954—　），江苏扬州人。国家一级
美术师、中国美术家协会会员。主要作品有《六
老图·邓小平》《我为祖国争光》《春暖万家》等。

J0025371

蟠桃献寿　成砺志绘

南昌　江西人民出版社　1989 年　1 轴（卷轴）
附对联 1 副　107cm（全开）　定价：CNY5.60

　　本作品为年画形式的中国现代国画作品。

J0025372

彭先诚画集　彭先诚绘

成都　四川美术出版社　1989 年　25cm（小 16 开）
ISBN：7-5410-0385-9　定价：CNY12.50

　　作者彭先诚（1941—　），教师，一级美术师。
四川成都人，毕业于成都第二师范学校。四川省
诗书画院一级美术师、中国美术家协会会员、四
川美术家协会理事。代表作品有《凉山小市》《西
厢画意》《长恨歌》等。

J0025373

鹏程万里　田玉洲绘

天津　天津人民美术出版社　1989 年　1 轴（卷轴）
附对联 1 副　107cm（全开）　定价：CNY4.60

　　本作品为年画形式的中国现代国画作品。

J0025374

平安富贵　薛长山绘

天津　天津人民美术出版社　1989 年　76cm（2 开）
定价：CNY1.10

　　本作品为年画形式的中国现代国画作品。

J0025375

齐白石画选（一）齐白石绘；荣宝斋编

北京　荣宝斋　1989 年　10 张　15cm（40 开）
定价：CNY2.10
（荣宝斋藏品 1）

　　作者齐白石（1864—1957），近现代中国绘画
大师，国画家、篆刻家。湖南湘潭人。原名纯芝，
字渭青，号兰亭，后改名璜，字濒生，号白石等。
历任国立北京艺术专科学校和京华美术专科学
校教习、教授，中央美术学院名誉教授、中国文
学艺术界联合会主席团委员、中国画研究会和中
国美术家协会主席、中国画院名誉院长。代表作
有《蛙声十里出山泉》《墨虾》等。著有《白石诗
草》《齐白石作品集》《白石老人自述》等。

J0025376

齐白石画选（二）齐白石绘；荣宝斋编

北京　荣宝斋　1989 年　10 张　15cm（40 开）
定价：CNY2.10
（荣宝斋藏品 2）

J0025377

齐白石画选（三）齐白石绘；荣宝斋编

北京　荣宝斋　1989 年　10 张　15cm（40 开）
定价：CNY2.10
（荣宝斋藏品 3）

J0025378

齐白石画选（四）齐白石绘；荣宝斋编

北京　荣宝斋　1989 年　10 张　15cm（40 开）
定价：CNY2.10
（荣宝斋藏品 4）

J0025379

齐心协力共同富余　王善生绘

长春　吉林美术出版社　1989 年　1 张　76cm（2 开）
定价：CNY0.55

　　本作品为年画形式的中国现代国画作品。

J0025380

骑上我的红战马　张宝万绘

呼和浩特　内蒙古人民出版社　1989 年　1 张
76cm（2 开）　定价：CNY0.48

　　本作品为年画形式的中国现代国画作品。

J0025381

麒麟送宝 徐德源绘

西安　陕西人民美术出版社 1989 年　1 张

76cm（2 开）　定价：CNY0.48

　　本作品为年画形式的中国现代国画作品。

J0025382

麒麟送子 梁义勇绘

沈阳　辽宁美术出版社 1989 年　1 张　76cm（2 开）

定价：CNY0.55

　　本作品为年画形式的中国现代国画作品。

J0025383

前程似锦 刘俊贤绘

上海　上海人民美术出版社 1989 年　1 张

76cm（2 开）　定价：CNY0.45

　　本作品为年画形式的中国现代国画作品。

J0025384

前程似锦 徐昊绘

天津　天津人民美术出版社 1989 年　1 张

107cm（全开）　定价：CNY1.20

　　现代中国画作品。

J0025385

乔太守乱点鸳鸯谱 杨春生，华军绘

沈阳　辽宁美术出版社 1989 年　2 张　76cm（2 开）

定价：CNY1.10

　　本作品为年画形式的中国现代国画作品。

J0025386

秦惠浪书画集 秦惠浪绘

西安　陕西人民美术出版社 1989 年　26cm

（16 开）　ISBN：7-5368-0197-1 定价：CNY15.00

J0025387

秦天柱画集 秦天柱绘

成都　四川美术出版社 1989 年　41 页　有彩照

25cm（16 开）　ISBN：7-5410-0378-6

定价：CNY10.00

（当代中青年艺术家丛书）

　　作者秦天柱（1952— ），画家。四川成都人。

历任中国美术家协会会员、四川省诗书画院画

师、四川美术家协会副主席。出版有《秦天柱画

集》《秦天柱花鸟画集》。

J0025388

勤俭有余建四化 周洪生绘

长春　吉林美术出版社 1989 年　1 张　76cm（2 开）

定价：CNY0.55

　　本作品为年画形式的中国现代国画作品。

J0025389

勤劳发财 王法堂绘

济南　山东美术出版社 1989 年　1 张

107cm（全开）　定价：CNY1.00

　　本作品为年画形式的中国现代国画作品。

作者王法堂（1943— ），画家。山东潍坊人。结

业于山东艺术学院美术系。山东画院高级画师、

中国美术家协会会员、潍坊市美术家协会副主

席、诸城市文化馆副研究馆员、副馆长。作品有

《春华秋实》《正月里》《人勤奶香》《骑虎不下》，

出版有《王法堂作品集》等。

J0025390

勤劳增寿 沈深，郭卫华绘

天津　天津人民美术出版社 1989 年　1 轴（卷轴）

附对联一副 107cm（全开）　定价：CNY7.30

　　本作品为年画形式的中国现代国画作品。

J0025391

勤劳长寿 沈深，郭卫华绘

天津　天津人民美术出版社 1989 年　1 张

76cm（2 开）　定价：CNY0.50

　　本作品为年画形式的中国现代国画作品。

J0025392

勤劳致富 徐秀芬绘

呼和浩特　内蒙古人民出版社 1989 年　1 张

76cm（2 开）　定价：CNY0.48

　　本作品为年画形式的中国现代国画作品。

J0025393

勤劳致富 魏延滨绘

济南　山东美术出版社 1989 年　1 张　76cm（2 开）

定价：CNY0.42

　　本作品为年画形式的中国现代国画作品。

J0025394

青春 金梅生绘

上海　上海人民美术出版社 1989 年　1 张

76cm（2 开）定价：CNY0.45

　　本作品为年画形式的中国现代国画作品。

J0025395

青峰凌霄图 张洪千绘

天津 天津人民美术出版社 1989 年 4 张（卷轴）

76cm（2 开）定价：CNY4.60

　　本作品为年画形式的中国现代国画作品。

J0025396

青山朝晖 杨莎丽，侯德绘

呼和浩特 内蒙古人民出版社 1989 年 1 张

107cm（全开）定价：CNY2.60

　　现代中国画作品。

J0025397

青山泻银 楼永年绘

杭州 浙江人民美术出版社 1989 年 1 张

76cm（2 开）定价：CNY1.20

　　本作品为年画形式的中国现代国画作品。

J0025398

青岩云海 陈林干绘

杭州 浙江人民美术出版社 1989 年 1 张

76cm（2 开）定价：CNY1.20

　　本作品为年画形式的中国现代国画作品。

J0025399

情满青山 屈根升绘

呼和浩特 内蒙古人民出版社 1989 年

1 张（卷轴）107cm（全开）定价：CNY2.60

　　现代中国画作品。

J0025400

情深意长 李毅，李雪绘

重庆 重庆出版社 1989 年 1 张 76cm（2 开）

定价：CNY0.45

　　本作品为年画形式的中国现代国画作品。

J0025401

情投意合 张卿绘

石家庄 河北美术出版社 1989 年 1 张

76cm（2 开）定价：CNY0.50

　　本作品为年画形式的中国现代国画作品。

J0025402

庆寿图 龚景充绘

杭州 浙江人民美术出版社 1989 年 1 张

107cm（全开）定价：CNY1.60

　　本作品为年画形式的中国现代国画作品。

J0025403

庆寿图 龚景充绘

杭州 浙江人民美术出版社 1989 年 1 轴（卷轴）

附对联一副 107cm（全开）定价：CNY5.40

　　本作品为年画形式的中国现代国画作品。

J0025404

琼宫玉女 常世绘

南京 江苏美术出版社 1989 年 1 张 76cm（2 开）

定价：CNY0.50

　　本作品为年画形式的中国现代国画作品。

J0025405

琼楼玉宇图 贾万新绘

天津 天津人民美术出版社 1989 年 1 轴（卷轴）

附对联一副 107cm（全开）定价：CNY4.60

　　本作品为年画形式的中国现代国画作品。

J0025406

驱邪除害 侯兵武，侯荣绘

重庆 重庆出版社 1989 年 1 张 76cm（2 开）

定价：CNY0.45

　　本作品为年画形式的中国现代国画作品。

J0025407

驱邪魔 保平安 孙宗禧绘

北京 人民美术出版社 1989 年 1 张 76cm（2 开）

定价：CNY0.55

　　本作品为年画形式的中国现代国画作品。
作者孙宗禧，画家。安徽砀山人，斋名土山草堂，
映雪堂。晚年自署禧翁。国家二级美术师、中国
年画研究会会员、安徽年画研究会理事、中国美
术家协会安徽分会会员、砀山县书画院第一任院
长。主要作品有《毕业归来》《黄河故道果满园》
《仙山琼阁》等。

J0025408

驱邪纳福 李振球绘

南昌 江西人民出版社 1989 年 1 张 76cm（2 开）

定价: CNY0.50

　　本作品为年画形式的中国现代国画作品。

J0025409

驱邪纳福　张雅琴绘

重庆　重庆出版社　1989 年　1 张　76cm（2 开）

定价: CNY0.45

　　本作品为年画形式的中国现代国画作品。

J0025410

鹊桥仙侣　申同景绘

天津　天津人民美术出版社　1989 年　1 张

76cm（2 开）　定价: CNY0.50

　　本作品为年画形式的中国现代国画作品。

J0025411

群山秋艳图　冯鹤亭绘

福州　福建美术出版社　1989 年　1 张　76cm（2 开）

定价: CNY4.50

　　现代中国画作品。

J0025412

群山迎客图

福州　福建美术出版社　1989 年　1 张　76cm（2 开）

定价: CNY4.50

　　现代中国画作品。

J0025413

群仙祝寿　汪苗绘

杭州　浙江人民美术出版社　1989 年　1 张

76cm（2 开）　定价: CNY0.45

　　本作品为年画形式的中国现代国画作品。

J0025414

群仙祝寿　汪苗绘

杭州　浙江人民美术出版社　1989 年　1 张

107cm（全开）　定价: CNY1.60

　　本作品为年画形式的中国现代国画作品。

J0025415

群仙祝寿　汪苗绘

杭州　浙江人民美术出版社　1989 年　1 轴（卷轴）

附对联 1 副　107cm（全开）　定价: CNY5.40

　　本作品为年画形式的中国现代国画作品。

J0025416

群仙祝寿图　丁楼辰绘

天津　天津人民美术出版社　1989 年　4 张（卷轴）

76cm（2 开）　定价: CNY4.60

　　本作品为年画形式的中国现代国画作品。

J0025417

群仙祝寿图　丁楼辰绘

天津　天津人民美术出版社　1989 年　1 轴（卷轴）

附对联 1 副　107cm（全开）　定价: CNY4.60

　　本作品为年画形式的中国现代国画作品。

J0025418

让世界充满爱　张路红绘

上海　上海人民美术出版社　1989 年　1 张

76cm（2 开）　定价: CNY0.45

　　本作品为年画形式的中国现代国画作品。

J0025419

饶宗颐书画集　饶宗颐绘

香港　中文大学出版社　1989 年　76 页　39cm

（8 开）　精装　ISBN: 962-201-440-2

　　外文书名: Paintings and Calligraphy of Jao
Tsung-i. 作者饶宗颐（1917—2018），著名史学家、
语文学家、画家。生于广东潮安，祖籍广东潮州。
字固庵、伯濂、伯子，号选堂。曾任香港中文大
学中文系荣休讲座教授，香港大学、北京大学、
南京大学等校名誉教授。代表作品《敦煌书法丛
刊》《殷代贞卜人物通考》《词集考》等。

J0025420

人欢鱼跃　薛嘉惠绘

沈阳　辽宁美术出版社　1989 年　1 张　76cm（2 开）

定价: CNY0.55

　　本作品为年画形式的中国现代国画作品。

J0025421

人间福多寿也长　俎翠林绘；张景仪书

长春　吉林美术出版社　1989 年　1 张　76cm（2 开）

定价: CNY2.20

　　本作品为年画形式的中国现代国画作品。

J0025422

人间仙境　陈家骅绘

天津　天津人民美术出版社　1989 年　1 张

107cm（全开） 定价：CNY1.00

　　本作品为年画形式的中国现代国画作品。

J0025423

人间仙境 陈家骅绘

天津 天津人民美术出版社 1989 年 1 轴（卷轴）

附对联一副 107cm（全开） 定价：CNY4.60

　　本作品为年画形式的中国现代国画作品。

J0025424

人口有余 黄妙发绘

上海 上海人民美术出版社 1989 年 1 张

76cm（ 2 开） 定价：CNY0.45

　　本作品为年画形式的中国现代国画作品。

J0025425

人寿年丰 王善生绘

长春 吉林美术出版社 1989 年 1 张

107cm（全开） 定价：CNY2.20

　　本作品为年画形式的中国现代国画作品。

J0025426

人寿年丰 霍起绘

广州 岭南美术出版社 1989 年 1 张 76cm（ 2 开）

定价：CNY0.48

　　本作品为年画形式的中国现代国画作品。

J0025427

人寿年丰 霍起绘

广州 岭南美术出版社 1989 年 1 张 53cm（ 4 开）

定价：CNY0.24

　　本作品为年画形式的中国现代国画作品。

J0025428

人寿年丰 周萍绘；侯殿华书

上海 上海人民美术出版社 1989 年 1 张

38cm（ 6 开） 定价：CNY0.15

　　本作品为年画形式的中国现代国画作品。

J0025429

人寿年丰 国泰民安 朱一嫣绘

杭州 浙江人民美术出版社 1989 年 2 张

53cm（ 4 开） 定价：CNY0.35

　　本作品为年画形式的中国现代国画作品。

J0025430

任率英画辑 任率英绘

北京 人民美术出版社 1989 年 12 张 39cm

（ 8 开） ISBN：7-102-00435-4 定价：CNY7.20

　　作者任率英（1911—1989），画家。原名敬表，河北束鹿人。擅长工笔画、连环画、年画。历任中国美术家协会会员、中国连环画研究会顾问、北京东方书画研究社社长、北京工笔重彩画协会副会长、北京中国画研究会理事、北京工业大学书画协会顾问。代表作品有《嫦娥奔月》《洛神图》《梁红玉击鼓战金山》等。

J0025431

日日招财 童金贵绘

沈阳 辽宁美术出版社 1989 年 1 张 76cm（ 2 开）

定价：CNY0.55

　　本作品为年画形式的中国现代国画作品。

J0025432

日月生辉·万事如意 陈幽绘

昆明 云南人民出版社 1989 年 1 张 76cm（ 2 开）

定价：CNY0.55

　　本作品为年画形式的中国现代国画作品。

J0025433

荣宝斋的画 吴冠中绘

北京 荣宝斋 ［1989 年］ 3 张 107cm（全开）

J0025434

荣华富贵 林纹绘

长沙 湖南美术出版社 1989 年 1 张 76cm（ 2 开）

定价：CNY0.35

　　本作品为年画形式的中国现代国画作品。

J0025435

荣华书画社展览作品选 荣华书画社编

北京 华艺出版社 1989 年 68 页 28cm（ 16 开）

ISBN：7-80039-233-3

J0025436

柔姿凤舞 何众绘

沈阳 辽宁美术出版社 1989 年 1 张 76cm（ 2 开）

定价：CNY0.55

　　本作品为年画形式的中国现代国画作品。

J0025437

如意财神 恩春，晓春绘
天津 天津人民美术出版社 1989 年 1 轴（卷轴）
附对联一副 107cm（全开） 定价：CNY4.60
　　本作品为年画形式的中国现代国画作品。

J0025438

如意财神 潘恩春绘
天津 天津人民美术出版社 1989 年 1 轴（卷轴）
附对联一副 107cm（全开） 定价：CNY4.60
　　本作品为年画形式的中国现代国画作品。

J0025439

如意幸福 刘友仁绘
上海 上海人民美术出版社 1989 年 1 张
76cm（2 开） 定价：CNY0.45
　　本作品为年画形式的中国现代国画作品。
作者刘友仁（1941— ），画家。内蒙古托克托人，
毕业于内蒙古师范大学美术系。历任呼和浩特
美协副主席、内蒙古托克托文化馆副研究馆员。
作品有《雪梅青竹》《欢乐的草原》《草原孩子打
马球》《戈壁驼道》《金牛迎春》等。出版有《刘
友仁年画》等。

J0025440

瑞鹤鸣祥 冉华，刘敬民绘
石家庄 河北美术出版社 1989 年 1 轴（卷轴）
附对联一副 107cm（全开） 定价：CNY4.60
　　本作品为年画形式的中国现代国画作品。

J0025441

三宝图 姚孝法绘
沈阳 辽宁美术出版社 1989 年 1 张 76cm（2 开）
定价：CNY0.55
　　本作品为年画形式的中国现代国画作品。

J0025442

三借芭蕉扇 刘俊贤绘
北京 人民美术出版社 1989 年 1 张 76cm（2 开）
定价：CNY0.50
　　本作品为年画形式的中国现代国画作品。

J0025443

三潭倩影 陈子达绘
杭州 浙江人民美术出版社 1989 年 1 张

76cm（2 开） 定价：CNY1.10
　　本作品为年画形式的中国现代国画作品。
作者陈子达（1958— ），浙江杭州人。毕业于中
国美术学院油画系。作品《排球》被国际奥委会
收藏。

J0025444

三笑姻缘 徐福根绘
广州 岭南美术出版社 1989 年 1 张 76cm（2 开）
定价：CNY0.48
　　本作品为年画形式的中国现代国画作品。

J0025445

三星高照 陈英，陈明绘；冯国语书
昆明 云南人民出版社 1989 年 1 张
107cm（全开） 定价：CNY1.35
　　本作品为年画形式的中国现代国画作品。

J0025446

三星高照五福临门 徐士民绘
天津 天津人民美术出版社 1989 年 1 轴（卷轴）
附对联一副 107cm（全开） 定价：CNY4.60
　　本作品为年画形式的中国现代国画作品。

J0025447

三星图 寒仕，咏明绘
天津 天津人民美术出版社 1989 年 1 轴（卷轴）
附对联一副 107cm（全开） 定价：CNY7.50
　　本作品为年画形式的中国现代国画作品。

J0025448

山花（柳咏絮中国画作品） 柳咏絮绘
北京 人民美术出版社 1989 年 26cm（16 开）
折装 ISBN：7-102-00568-7 定价：CNY1.05
（新美术画库 36）

J0025449

赏花扑蝶 李学勤绘
呼和浩特 内蒙古人民出版社 1989 年 1 张
76cm（2 开） 定价：CNY0.48
　　本作品为年画形式的中国现代国画作品。

J0025450

上海中国画院作品集 上海中国画院编
香港 中华书局（香港） 1989 年 107 页 28cm

（16开）ISBN：962-231-553-4 定价：HKD90.00

J0025451
尚师徒新文礼 侯文发绘
武汉 湖北美术出版社 1989 年 1 张 76cm（2开）
定价：CNY0.48
　　本作品为年画形式的中国现代国画作品。
作者侯文发（1928— ），广东梅州人。曾用名剑
萍。毕业于中南美专。中国书画家协会理事、中
国国画家协会理事、广东省美术家协会会员。主
要作品有《工地探亲》《宋湘》《三英战吕布》等。

J0025452
佘赛花 陈永智，陈阳绘
沈阳 辽宁美术出版社 1989 年 2 张 76cm（2开）
定价：CNY1.10
　　本作品为年画形式的中国现代国画作品。

J0025453
射雕英雄传 立学，昱瀛绘
沈阳 辽宁美术出版社 1989 年 2 张 76cm（2开）
定价：CNY1.10
　　本作品为年画形式的中国现代国画作品。

J0025454
神童戏鱼 刘树茂，刘旭绘
沈阳 辽宁美术出版社 1989 年 1 张 76cm（2开）
定价：CNY0.55
　　本作品为年画形式的中国现代国画作品。

J0025455
神游中华 王章恒绘
重庆 重庆出版社 1989 年 1 张 107cm（全开）
定价：CNY2.50
　　本作品为年画形式的中国现代国画作品。

J0025456
神州春晓 刘称奇绘
天津 天津人民美术出版社 1989 年 1 轴（卷轴）
附对联一副 107cm（全开） 定价：CNY4.60
　　本作品为年画形式的中国现代国画作品。

J0025457
声声传情 王德力绘
上海 上海人民美术出版社 1989 年 2 张

76cm（2开） 定价：CNY0.90
　　本作品为年画形式的中国现代国画作品。

J0025458
声震四海 陈致信绘
重庆 重庆出版社 1989 年 1 张 76cm（2开）
定价：CNY0.45
　　本作品为年画形式的中国现代国画作品。

J0025459
胜境迎宾图 潘真绘
石家庄 河北美术出版社 1989 年 1 轴（卷轴）
附对联一副 107cm（全开） 定价：CNY4.60
　　本作品为年画形式的中国现代国画作品。作
者潘真（1929— ），别名慕莼，河北交河人。历任
河北美术出版社美编及编辑室主任、副编审。作
品有《小憩林阴下》《秋收场上》《斗杀西门庆》清
风十里展画屏》等。出版有《潘真山水画集》。

J0025460
狮虎武将 刘福泰绘
广州 岭南美术出版社 1989 年 1 张 53cm（4开）
定价：CNY0.24
　　本作品为年画形式的中国现代国画作品。

J0025461
狮虎武将 刘福泰绘
广州 岭南美术出版社 1989 年 1 张 76cm（2开）
定价：CNY0.48
　　本作品为年画形式的中国现代国画作品。

J0025462
十八相送 赵延杰绘
长春 吉林美术出版社 1989 年 1 张 76cm（2开）
定价：CNY0.55
　　本作品为年画形式的中国现代国画作品。

J0025463
十二生肖图 刘正绘
沈阳 辽宁美术出版社 1989 年 2 张 76cm（2开）
定价：CNY1.10
　　本作品为年画形式的中国现代国画作品。

J0025464
拾玉镯 郭安祥绘

西安 陕西人民美术出版社 1989 年 1 张
76cm（2 开） 定价：CNY0.48

　　本作品为年画形式的中国现代国画作品。

J0025465
事事如意 郑坚石绘
北京 人民体育出版社 1989 年 1 张 76cm（2 开）
定价：CNY0.50

　　本作品为年画形式的中国现代国画作品。

J0025466
事事如意 苗永华绘
上海 上海人民美术出版社 1989 年 1 张
76cm（2 开） 定价：CNY0.45

　　本作品为年画形式的中国现代国画作品。

J0025467
事事如意·户户平安 王福增绘
重庆 重庆出版社 1989 年 1 张 76cm（2 开）
定价：CNY0.45

　　本作品为年画形式的中国现代国画作品。

J0025468
事事如意幸福来 张耀明绘
重庆 重庆出版社 1989 年 1 张 76cm（2 开）
定价：CNY0.45

　　本作品为年画形式的中国现代国画作品。

J0025469
寿八仙 张文焕，毕开文绘
天津 天津人民美术出版社 1989 年 1 轴（卷轴）
附对联一副 107cm（全开） 定价：CNY4.60

　　本作品为年画形式的中国现代国画作品。

J0025470
寿比南山 福如东海 邱丽娟绘
上海 上海人民美术出版社 1989 年 1 张
76cm（2 开） 定价：CNY1.00

　　本作品为年画形式的中国现代国画作品。

J0025471
寿酒图 徐德元绘
沈阳 辽宁美术出版社 1989 年 1 张 76cm（2 开）
定价：CNY0.55

　　本作品为年画形式的中国现代国画作品。

J0025472
寿星钓鱼图 化金莲，重俊绘
上海 上海人民美术出版社 1989 年 1 张
76cm（2 开） 定价：CNY0.45

　　本作品为年画形式的中国现代国画作品。

J0025473
寿星图 杨云清绘
南京 江苏古籍出版社 ［1989 年］1 轴（卷轴）
107cm（全开）

　　本作品为年画形式的中国现代国画作品。

J0025474
叔叔真能干 胡委伦，沈古运绘
杭州 浙江人民美术出版社 1989 年 1 张
76cm（2 开） 定价：CNY0.45

　　本作品为年画形式的中国现代国画作品。
作者胡委伦（1948—　　），上海人。别名胡惠伦。
擅长油画。毕业于中国美术学院附中。曾任职
于浙江遂昌婺剧团、丽水地区越剧团、丽水地区
艺术研究中心，二级美术师。作品有《故乡情》
《默默的路》《还是这条路》。

J0025475
淑女奋志屏 俎薇绘
北京 人民美术出版社 1989 年 2 张 76cm（2 开）
定价：CNY1.05

　　本作品为年画形式的中国现代国画作品。

J0025476
疏枝横斜雪沁香 崔佳山绘
太原 山西人民出版社 1989 年 1 张
107cm（全开） 定价：CNY2.50

　　现代中国画作品。

J0025477
双鹅嬉水 丁宝中绘
西安 陕西人民美术出版社 1989 年 1 张
76cm（2 开） 定价：CNY0.48

　　本作品为年画形式的中国现代国画作品。

J0025478
双鹤朝阳 黄莱绘
福州 福建美术出版社 1989 年 1 张 76cm（2 开）
定价：CNY0.40

现代中国画作品。

J0025479
双虎双将 张锡武绘
南昌 江西人民出版社 1989 年 1 张 38cm（6 开）
定价：CNY0.40
　　本作品为年画形式的中国现代国画作品。

J0025480
双虎双将 张锡武绘
南昌 江西人民出版社 1989 年 1 张 76cm（2 开）
定价：CNY0.50
　　本作品为年画形式的中国现代国画作品。
作者张锡武（1927—　），画家。字青松，河北河
间人。历任天津国画研究所副所长、天津杨柳青
画社副编审、中国美术家协会会员等。代表作品
有《淀上渔歌》《李时珍问药图》，出版有《张锡
武画选》《牡丹的画法》等。

J0025481
双龙双将 苗永华绘
贵阳 贵州美术出版社［1989 年］1 张
76cm（2 开）定价：CNY0.36
　　本作品为年画形式的中国现代国画作品。

J0025482
双童献寿 彭海清绘
上海 上海人民美术出版社 1989 年 1 张
76cm（2 开）定价：CNY0.45
　　本作品为年画形式的中国现代国画作品。

J0025483
双喜临门 陈华民，陈晓东绘
沈阳 辽宁美术出版社 1989 年 1 张 76cm（2 开）
定价：CNY0.55
　　本作品为年画形式的中国现代国画作品。

J0025484
双喜临门家家欢 陈华民，姜桂英绘
沈阳 辽宁美术出版社 1989 年 1 张 76cm（2 开）
定价：CNY0.55
　　本作品为年画形式的中国现代国画作品。

J0025485
双喜图 车忠阳绘

广州 岭南美术出版社 1989 年 1 张 76cm（2 开）
定价：CNY0.48
　　本作品为年画形式的中国现代国画作品。

J0025486
双喜图 林伟光，张军绘
上海 上海人民美术出版社 1989 年 1 张
76cm（2 开）定价：CNY0.45
　　本作品为年画形式的中国现代国画作品。

J0025487
双喜图 蔡传隆绘
杭州 浙江人民美术出版社 1989 年 1 张
76cm（2 开）定价：CNY0.45
　　本作品为年画形式的中国现代国画作品。

J0025488
双喜图 蔡传隆绘
杭州 浙江人民美术出版社 1989 年 1 轴（卷轴）
附对联一副 107cm（全开）定价：CNY5.40
　　本作品为年画形式的中国现代国画作品。

J0025489
双鱼吉庆喜有福 张乃臣绘
上海 上海人民美术出版社 1989 年 1 张
76cm（2 开）定价：CNY0.45
　　本作品为年画形式的中国现代国画作品。

J0025490
双珠凤 申同景绘
长春 吉林美术出版社 1989 年 1 张 76cm（2 开）
定价：CNY0.55
　　本作品为年画形式的中国现代国画作品。

J0025491
硕果丰收娃娃乐 彭公林绘
沈阳 辽宁美术出版社 1989 年 2 张 76cm（2 开）
定价：CNY1.10
　　本作品为年画形式的中国现代国画作品。
作者彭公林，画家。绘有连环画《献给祖国》《吉
庆有余》《鹤鹿长寿》等。

J0025492
四川省宜宾中山书画艺术研究社成立纪念
王汝增主编；四川省宜宾中山书画艺术研究社编

宜宾　四川省宜宾中山书画艺术研究社　1989 年
39 页　26cm（16 开）

J0025493
四大锤 刘智勇绘
重庆　重庆出版社　1989 年　1 张　76cm（2 开）
定价：CNY0.45
　　本作品为年画形式的中国现代国画作品。

J0025494
四大名松 王顺兴绘
石家庄　河北美术出版社　1989 年　4 张（卷轴）
76cm（2 开）　定价：CNY4.80
　　本作品为年画形式的中国现代国画作品。

J0025495
四大天王 朱希煌绘
长沙　湖南美术出版社　1989 年　1 张　76cm（2 开）
定价：CNY0.35
　　本作品为年画形式的中国现代国画作品。

J0025496
四福图 薛长山绘
上海　上海人民美术出版社　1989 年　2 张
107cm（全开）　定价：CNY2.00
　　本作品为年画形式的中国现代国画作品。

J0025497
四鸿四禧图 王昭灿，崔森林绘
济南　山东美术出版社　1989 年　2 张　76cm（2 开）
定价：CNY0.90
　　本作品为年画形式的中国现代国画作品。

J0025498
四季丰富 张小健，宋燕宾绘
南京　江苏美术出版社　1989 年　1 张［78cm］
（2 开）　定价：CNY0.80
　　本作品为年画形式的中国现代国画作品。

J0025499
四季和美 顾国治绘
天津　天津人民美术出版社　1989 年　2 张
76cm（2 开）　定价：CNY1.10
　　本作品为年画形式的中国现代国画作品。

J0025500
四季和美 顾国治绘
天津　天津人民美术出版社　1989 年　4 张（卷轴）
76cm（2 开）　定价：CNY4.60
　　本作品为年画形式的中国现代国画作品。

J0025501
四季花果香 李悌南绘
西安　陕西人民美术出版社　1989 年　2 张
76cm（2 开）　定价：CNY0.95
　　本作品为年画形式的中国现代国画作品。

J0025502
四季吉祥 薛长山绘
广州　岭南美术出版社　1989 年　2 张　76cm（2 开）
定价：CNY0.96
　　本作品为年画形式的中国现代国画作品。

J0025503
四季康乐 杨树有绘
北京　人民美术出版社　1989 年　2 张　76cm（2 开）
定价：CNY1.05
　　本作品为年画形式的中国现代国画作品。

J0025504
四季鸣翠 徐士钦绘
天津　天津人民美术出版社　1989 年　4 张（卷轴）
76cm（2 开）　定价：CNY4.60
　　本作品为年画形式的中国现代国画作品。

J0025505
四季平安 孙洪发绘
沈阳　辽宁美术出版社　1989 年　1 张　76cm（2 开）
定价：CNY0.60
　　本作品为年画形式的中国现代国画作品。

J0025506
四季平安 韦献青绘；徐宏明书
上海　上海人民美术出版社　1989 年　1 张
76cm（2 开）　定价：CNY0.15
　　本作品为年画形式的中国现代国画作品。

J0025507
四季平安 骆福庆绘
天津　天津人民美术出版社　1989 年　2 张

76cm（2开）定价：CNY1.10

本作品为年画形式的中国现代国画作品。

J0025508

四季屏 徐秀芬绘

呼和浩特 内蒙古人民出版社 1989年 2张
76cm（2开）定价：CNY0.48

本作品为年画形式的中国现代国画作品。

J0025509

四君子梅兰竹菊（汉英对照）

北京 外文出版社 1989年 10张 15cm（40开）
定价：CNY1.80

现代中国画作品。外文书名：Plums, Orchids, Bamboo and Chrysanthemums.

J0025510

四美图 高云升绘

济南 山东美术出版社 1989年 2张 76cm（2开）
定价：CNY0.90

本作品为年画形式的中国现代国画作品。

J0025511

四喜临门 高志华绘

天津 天津人民美术出版社 1989年 2张
76cm（2开）定价：CNY1.10

本作品为年画形式的中国现代国画作品。

J0025512

四喜祝福 李世元绘

沈阳 辽宁美术出版社 1989年 1张 76cm（2开）
定价：CNY0.55

本作品为年画形式的中国现代国画作品。

J0025513

松鹤瑞气满神州 郝良彬绘

北京 人民美术出版社 1989年 1张
107cm（全开）定价：CNY1.00

本作品为年画形式的中国现代国画作品。

J0025514

松鹤同辉 朱子蓉绘

杭州 浙江人民美术出版社 1989年 1张
76cm（2开）定价：CNY1.30

本作品为年画形式的中国现代国画作品。

J0025515

松鹤旭日 张玉明绘

天津 天津人民美术出版社 1989年 1张（卷轴）
107cm（全开）定价：CNY2.00

本作品为年画形式的中国现代国画作品。

J0025516

松鹤延年 李跃华绘

石家庄 河北美术出版社 1989年 1轴（卷轴）
附对联一副 107cm（全开）定价：CNY4.60

本作品为年画形式的中国现代国画作品。

J0025517

松鹤延年 李跃华绘

石家庄 河北美术出版社 1989年 1张
107cm（全开）定价：CNY1.10

本作品为年画形式的中国现代国画作品。

J0025518

松鹤长春 邓文欣绘

长春 吉林美术出版社 1989年 1张 76cm（2开）
定价：CNY0.55

本作品为年画形式的中国现代国画作品。

J0025519

松鹤长春 李子侯绘

杭州 浙江人民美术出版社 1989年 4张
［78cm］（3开）定价：CNY1.45

本作品为年画形式的中国现代国画作品。

J0025520

松鹤长青 刘大春绘

重庆 重庆出版社 1989年 1张 76cm（2开）
定价：CNY2.50

本作品为年画形式的中国现代国画作品。

J0025521

松龄鹤寿 刘称奇绘

南昌 江西人民出版社 1989年 1张（卷轴）
107cm（全开）定价：CNY2.00

本作品为年画形式的中国现代国画作品。

J0025522

松龄鹤寿 刘称奇绘

南昌 江西人民出版社 1989年 1张 76cm（2开）

定价：CNY0.48

　　本作品为年画形式的中国现代国画作品。

J0025523

松龄鹤寿 严白绘

杭州 浙江人民美术出版社 1989 年 1 轴（卷轴）

附对联一副 107cm（全开） 定价：CNY6.00

　　本作品为年画形式的中国现代国画作品。

J0025524

松楼观云图 张洪千绘

天津 天津人民美术出版社 1989 年 1 轴（卷轴）

附对联一副 107cm（全开） 定价：CNY4.60

　　本作品为年画形式的中国现代国画作品。

J0025525

嵩岭喜寿图 朱秀坤，戴维祥绘

上海 上海书画出版社［1989 年］1 轴（卷轴）

附对联一副 107cm（全开） 定价：CNY2.40

　　本作品为年画形式的中国现代国画作品。

J0025526

送子图 邵佐唐绘

沈阳 辽宁美术出版社 1989 年 1 张 76cm（2 开）

定价：CNY0.55

　　本作品为年画形式的中国现代国画作品。作者邵佐唐，有年画《西园记》《上学第一天》《新来的小伙伴》《在科学宫里》等。

J0025527

搜书院 友文等绘

沈阳 辽宁美术出版社 1989 年 2 张 76cm（2 开）

定价：CNY1.10

　　本作品为年画形式的中国现代国画作品。

J0025528

岁寒三友 郭书仁，刘宝铃绘

天津 天津人民美术出版社 1989 年 1 张（卷轴）

107cm（全开） 定价：CNY2.00

　　现代中国画作品。

J0025529

岁岁平安 宋端午绘

济南 山东美术出版社 1989 年 4 张 76cm（2 开）

定价：CNY1.70

　　本作品为年画形式的中国现代国画作品。

J0025530

抬头见喜 童金贵绘

长春 吉林美术出版社 1989 年 1 张 76cm（2 开）

定价：CNY0.55

　　本作品为年画形式的中国现代国画作品。

J0025531

泰山五千年 常一诺编绘

济南 山东文艺出版社 1989 年 51 页 19cm

（32 开） ISBN：7-5329-0265-X 定价：CNY8.50

　　中国现代工笔画作品。

J0025532

谭记儿智斗杨衙内 王丽铭，周英绘

沈阳 辽宁美术出版社 1989 年 2 张 76cm（2 开）

定价：CNY1.10

　　本作品为年画形式的中国现代国画作品。

J0025533

探春 李秉芳绘

上海 上海人民美术出版社 1989 年 1 张

76cm（2 开） 定价：CNY0.45

　　本作品为年画形式的中国现代国画作品。

J0025534

唐人诗意图 郭金标绘

天津 天津人民美术出版社 1989 年 4 张（卷轴）

76cm（2 开） 定价：CNY4.60

　　本作品为年画形式的中国现代国画作品。

J0025535

桃花梦 张万臣绘

沈阳 辽宁美术出版社 1989 年 1 张 76cm（2 开）

定价：CNY0.55

　　本作品为年画形式的中国现代国画作品。作者张万臣（1962—　），满族，军旅书画家。河北丰宁人，毕业于首都师范大学美术系。历任中国美术家协会会员、中国国际书画艺术研究会理事、中国人民解放军总装备部专职画家。出版有《张万臣画集》

J0025536

腾飞 韦江凡绘

呼和浩特 内蒙古人民出版社 1989 年
1 张（卷轴） 107cm（全开） 定价：CNY2.60
　　现代中国画作品。

J0025537
天兵天将 李先润绘
南京 江苏美术出版社 1989 年 1 张［78cm］
（3 开） 定价：CNY0.80
　　本作品为年画形式的中国现代国画作品。

J0025538
天将神威 王福增，王瑞青绘
重庆 重庆出版社 1989 年 1 张 76cm（2 开）
定价：CNY0.45
　　本作品为年画形式的中国现代国画作品。

J0025539
天马行空 杨万国绘
天津 天津人民美术出版社 1989 年 1 轴（卷轴）
附对联一副 107cm（全开） 定价：CNY4.60
　　本作品为年画形式的中国现代国画作品。

J0025540
天马送宝 张冬生绘
南昌 江西人民出版社 1989 年 1 张 76cm（2 开）
定价：CNY0.48
　　本作品为年画形式的中国现代国画作品。

J0025541
天门神将 李毅绘
重庆 重庆出版社 1989 年 1 张 76cm（2 开）
定价：CNY0.45
　　本作品为年画形式的中国现代国画作品。

J0025542
天女散花 龚景充绘
长沙 湖南美术出版社 1989 年 1 张 76cm（2 开）
定价：CNY0.35
　　本作品为年画形式的中国现代国画作品。

J0025543
天王守户 李中文绘
南京 江苏美术出版社 1989 年 1 张［78cm］
（2 开） 定价：CNY0.80
　　本作品为年画形式的中国现代国画作品。

J0025544
天增岁月人增寿 陈乃亮绘
北京 人民体育出版社 1989 年 1 张 76cm（2 开）
定价：CNY0.50
　　本作品为年画形式的中国现代国画作品。

J0025545
田博庵画集 田博庵绘
石家庄 河北美术出版社 1989 年 22 页 26cm
（16 开） ISBN：7-5310-0307-4 定价：CNY6.90
　　作者田博庵（1958—　 ），画家。原名田伯安，
字庚石，山东人，毕业于山东工艺美校与菏泽师
专艺术系。历任菏泽曹州书画院任专职画师，菏
泽地区青年美术家协会副主席、菏泽东方美术
研究院名誉院长、河南省美协花鸟画艺委会会
员、郑州嵩山书画院专职画家。代表作品有《胜
似春光》《春酣图》《嵩岳秋深》《朝露晨风》《红
荷》等。

J0025546
田零画选 田零绘
北京 人民美术出版社 1989 年 1 册 26cm
（16 开） ISBN：7-102-00603-9 定价：CNY10.50
　　本书选收了著名老画家田零的绘画作品近
40 幅。

J0025547
甜蜜的童年 周洪生绘
长春 吉林美术出版社 1989 年 1 张 76cm（2 开）
定价：CNY0.55
　　本作品为年画形式的中国现代国画作品。

J0025548
铁骨生春 孙韬成绘
杭州 浙江人民美术出版社 1989 年 1 张
76cm（2 开） 定价：CNY0.60
　　现代中国画作品。

J0025549
通天河畔 吴作人绘
北京 荣宝斋［1989 年］1 张（卷轴）
107cm（全开）

J0025550
团圆 杨天中绘

北京　人民体育出版社　1989 年　1 张　76cm（2 开）
定价：CNY0.50
　　　本作品为年画形式的中国现代国画作品。

J0025551
娃娃嬉鱼　王功学绘
长春　吉林美术出版社　1989 年　1 张　76cm（2 开）
定价：CNY0.55
　　　本作品为年画形式的中国现代国画作品。

J0025552
万壑争流图　尹祖文绘
沈阳　辽宁美术出版社　1989 年　1 张
107cm（全开）　定价：CNY2.40
　　　本作品是现代中国画。

J0025553
万马奔腾　王利国绘
上海　上海人民美术出版社　1989 年　1 张
107cm（全开）　定价：CNY2.40
　　　本作品为年画形式的中国现代国画作品。

J0025554
万马齐奔　曾昭泳绘
长沙　湖南美术出版社　1989 年　1 张　76cm（2 开）
定价：CNY0.40
　　　本作品为年画形式的中国现代国画作品。

J0025555
万马腾飞福寿来　张耀明绘；刘文全书
昆明　云南人民出版社　1989 年　1 张
107cm（全开）　定价：CNY1.35
　　　本作品为年画形式的中国现代国画作品。

J0025556
万事如意　吴秀楣绘
沈阳　辽宁美术出版社　1989 年　1 张　76cm（2 开）
定价：CNY0.55
　　　本作品为年画形式的中国现代国画作品。

J0025557
万事如意　化金莲绘
上海　上海人民美术出版社　1989 年　1 张
76cm（2 开）　定价：CNY0.45
　　　本作品为年画形式的中国现代国画作品。

J0025558
万象更新　徐成智绘
沈阳　辽宁美术出版社　1989 年　1 张　76cm（2 开）
定价：CNY0.48
　　　本作品为年画形式的中国现代国画作品。

J0025559
万象更新迎春乐　李喜春绘
呼和浩特　内蒙古人民出版社　1989 年　1 张
76cm（2 开）　定价：CNY0.48
　　　本作品为年画形式的中国现代国画作品。

J0025560
王本诚画选　王本诚绘
济南　山东美术出版社　1989 年　16 幅　有照片
26cm（16 开）　套装　ISBN：7-5330-0204-0
定价：CNY7.30

J0025561
王化斌画集　王化斌绘
北京　人民美术出版社　1989 年　1 册
23×26cm（15 开）　ISBN：7-102-00599-7
定价：CNY17.00
　　　作者王化斌（1944-），二级美术师。字之秋，
北京人，北京美术家协会会员，

J0025562
王俊画选　王俊绘
上海　上海书店　1989 年　1 册　26×25cm（12 开）
定价：CNY20.00

J0025563
王孟奇画集　王孟奇绘；荣宝斋编辑
北京　荣宝斋　1989 年　1 册　24cm（16 开）
ISBN：7-5003-0081-6　定价：CNY4.40

J0025564
王冕画荷　申同景绘
石家庄　河北美术出版社　1989 年　1 张
76cm（2 开）　定价：CNY0.50
　　　本作品为年画形式的中国现代国画作品。

J0025565
王同仁画集　王同仁绘；荣宝斋编辑
北京　荣宝斋［1989 年］58 页　28cm（16 开）

ISBN：7-5003-0061-1 定价：CNY14.00

　　作者王同仁（1937—　），教授、画家。甘肃兰州人，毕业于中央美术学院。任中央美术学院教授、中国美术家协会、中国书法家协会会员、炎黄艺术馆艺委会原副主任、北京国际艺术博览会基金会理事等。出版有《王同仁作品集》《中国画大家－王同仁》《王同仁速写》等。

J0025566
王岩章画集　王岩章绘
北京 人民美术出版社 1989年 重印本 1册
36cm（8开）定价：CNY65.00

　　本画集收入作者山水画作品74幅。有张进贤、陶透莲作序，作品有《华山松云暖群峰》《盘古寺图》《光明顶》《旭日东升》《赞黄山》等。作者王岩章（1951—　），画家。又名王岩璋，字清源，号山巴，东山画夷。河南济源县人。历任河南省美术家协会会员，中国国画家协会理事。出版有《王岩章画集》。

J0025567
威震海疆　陈正明绘
天津 天津人民美术出版社 1989年 1张
76cm（2开）定价：CNY0.50

　　本作品为年画形式的中国现代国画作品。

J0025568
威震群山　于晋鲤绘
天津 天津人民美术出版社 1989年 1张
76cm（2开）定价：CNY0.50

　　现代中国画作品。

J0025569
威震群山　沈高仁绘
重庆 重庆出版社 1989年 1张 107cm（全开）
定价：CNY0.95

　　现代中国画作品。作者沈高仁（1935—2010），画家。浙江永康人，毕业于衢州师范专科学校，后进修于浙江美术学院。曾任浙江永康县文化馆美术干部、中国美协会员、中国版画协会会员。作品有《小花猫》《虎啸图》《鹏程万里》等。著有《怎样画虎》等。

J0025570
威镇八方　陈致信绘

重庆 重庆出版社 1989年 1张 76cm（2开）
定价：CNY0.45

　　本作品为年画形式的中国现代国画作品。

J0025571
威镇四方　寇连文绘
广州 岭南美术出版社 1989年 1张 53cm（4开）
定价：CNY0.24

　　本作品为年画形式的中国现代国画作品。

J0025572
威镇四方　寇连文绘
广州 岭南美术出版社 1989年 1张 76cm（2开）
定价：CNY0.48

　　本作品为年画形式的中国现代国画作品。

J0025573
文韬武略　金平定绘
广州 岭南美术出版社 1989年 1张 76cm（2开）
定价：CNY0.48

　　本作品为年画形式的中国现代国画作品。

J0025574
翁良飞画集　翁良飞绘
上海 华东师范大学出版社 1989年 1册 19cm
（32开）ISBN：7-5617-0504-2 定价：CNY4.50

J0025575
我家喜事多　张锦标绘
上海 上海人民美术出版社 1989年 1张
76cm（2开）定价：CNY0.45

　　本作品为年画形式的中国现代国画作品。

J0025576
我们登上了天安门　李凤君绘
长春 吉林美术出版社 1989年 1张 76cm（2开）
定价：CNY0.55

　　本作品为年画形式的中国现代国画作品。

J0025577
我为祖国育新苗　蔡琦珍绘
广州 岭南美术出版社 1989年 1张 76cm（2开）
定价：CNY0.48

　　本作品为年画形式的中国现代国画作品。

J0025578
我也要把边防保 陈宝万绘
西安　陕西人民美术出版社　1989 年　1 张
76cm（2 开）　定价：CNY0.48
　　本作品为年画形式的中国现代国画作品。

J0025579
吴彩鸾跨虎入山 张德俊绘
上海　上海人民美术出版社　1989 年　1 张
76cm（2 开）　定价：CNY0.45

J0025580
吴秀月画辑 吴秀月绘
济南　山东美术出版社　1989 年　1 册　26cm
（16 开）ISBN：7-5330-0224-5　定价：CNY3.60
　　吴秀月（1935—　），山东惠民地区美协主席。

J0025581
五福斗方 刘景龙绘
石家庄　河北美术出版社　1989 年　1 张
76cm（2 开）　定价：CNY0.52
　　本作品为年画形式的中国现代国画作品。
作者刘景龙（1949—　）一级书法师。字子正。号
智龙居士，龙梅阁主。黑龙江肇东市人。历任中
国书法美术家协会理事、中国书法美术家协会甘
肃分会副主席、中国艺术家协会理事、中国书画
研究院创作委员、东方书画院名誉院长、中国书
协甘肃分会会员、甘肃省书画研究委员会创作委
员、兰州书画院院长等。

J0025582
五福临门 王立兴绘
呼和浩特　内蒙古人民出版社　1989 年　1 张
76cm（2 开）　定价：CNY0.48
　　本作品为年画形式的中国现代国画作品。

J0025583
五福临门 李用夫绘
天津　天津人民美术出版社　1989 年　1 张
76cm（2 开）　定价：CNY0.55
　　本作品为年画形式的中国现代国画作品。

J0025584
五福临门 吕德胜绘
杭州　浙江人民美术出版社　1989 年　1 张

76cm（2 开）　定价：CNY0.45
　　本作品为年画形式的中国现代国画作品。

J0025585
五福盈门·四季平安 叶向南绘
杭州　浙江人民美术出版社　1989 年　1 张
53cm（4 开）　定价：CNY0.50
　　本作品为年画形式的中国现代国画作品。

J0025586
五鹤图 吴亦生绘
上海　上海书画出版社　1989 年　1 张　76cm（2 开）
定价：CNY0.55
　　本作品为年画形式的中国现代国画作品。

J0025587
五虎将 于志祥绘
济南　山东美术出版社　1989 年　1 张　76cm（2 开）
　　本作品为年画形式的中国现代国画作品。

J0025588
五虎上将 赵梦林绘
呼和浩特　内蒙古人民出版社　1989 年　1 张
76cm（2 开）　定价：CNY0.48
　　本作品为年画形式的中国现代国画作品。

J0025589
武陵秀色 宁敏凡绘
长沙　湖南美术出版社　1989 年　1 张
107cm（全开）　定价：CNY0.90
　　本作品为年画形式的中国现代国画作品。

J0025590
西湖十景币型章墨迹 钱颂光，季明编辑
杭州　浙江人民美术出版社　1989 年　1 册
26cm（16 开）　精折装　ISBN：7-5340-0129-3
　　以西湖十景景点作画，以真、草、隶、篆各
体书法缮写十景诗词，融合为诗情画意的艺术
作品。

J0025591
西天取经 徐世民，徐曾绘
沈阳　辽宁美术出版社　1989 年　1 张　76cm（2 开）
定价：CNY0.55
　　本作品为年画形式的中国现代国画作品。

J0025592

西天王·东天王 陈杜宇绘

南宁 广西人民出版社 1989 年 1 张 53cm（4 开）

定价：CNY0.25

　　本作品为年画形式的中国现代国画作品。

J0025593

西天王·东天王 陈杜宇绘

南宁 广西人民出版社 1989 年 1 张 76cm（2 开）

定价：CNY0.50

　　本作品为年画形式的中国现代国画作品。

J0025594

西厢记 杭稚英绘

上海 上海人民美术出版社 1989 年 1 张

76cm（2 开） 定价：CNY0.45

　　本作品为年画形式的中国现代国画作品。

J0025595

西游记 刘友仁绘

广州 岭南美术出版社 1989 年 1 张 76cm（2 开）

定价：CNY0.48

　　本作品为年画形式的中国现代国画作品。

J0025596

惜春作画 李慕白绘

上海 上海人民美术出版社 1989 年 1 张

76cm（2 开） 定价：CNY0.45

　　本作品为年画形式的中国现代国画作品。

J0025597

嬉戏图 王世坤绘

太原 山西人民出版社 1989 年 1 张 76cm（2 开）

定价：CNY0.55

　　本作品为年画形式的中国现代国画作品。

J0025598

喜 冯一姝绘

长沙 湖南美术出版社 1989 年 1 张 76cm（2 开）

定价：CNY0.35

　　本作品为年画形式的中国现代国画作品。

J0025599

喜 冯一姝绘

长沙 湖南美术出版社 1989 年 1 轴（卷轴）

附对联一副 107cm（全开） 定价：CNY4.80

　　本作品为年画形式的中国现代国画作品。

J0025600

喜报丰年大有余 张万臣绘

南昌 江西人民出版社 1989 年 1 张 76cm（2 开）

定价：CNY0.48

　　本作品为年画形式的中国现代国画作品。

J0025601

喜报丰收 连年有余 赵雨树，黄家德绘

上海 上海人民美术出版社 1989 年 2 张

107cm（全开） 定价：CNY2.00

　　本作品为年画形式的中国现代国画作品。

J0025602

喜丰收 王振羽绘

沈阳 辽宁美术出版社 1989 年 1 张 76cm（2 开）

定价：CNY0.55

　　本作品为年画形式的中国现代国画作品。

J0025603

喜结良缘 化金莲绘

呼和浩特 内蒙古人民出版社 1989 年 1 张

76cm（2 开） 定价：CNY0.48

　　本作品为年画形式的中国现代国画作品。
作者化金莲（1952—　），内蒙古固阳人。毕业于
内蒙古师院艺术系。乌兰察布盟师范学校教师、
中国美术家协会内蒙古分会会员、乌盟美术家协
会副主席、乌盟美术教育研究会副理事长。编著
出版《手工美术》。

J0025604

喜临门 刘友仁绘

呼和浩特 内蒙古人民出版社 1989 年 1 张

76cm（2 开） 定价：CNY0.48

　　本作品为年画形式的中国现代国画作品。
作者刘友仁（1941—　），画家。内蒙古托克托
人，毕业于内蒙古师范大学美术系。历任呼和浩
特美协副主席、内蒙古托克托文化馆副研究馆
员。作品有《雪梅青竹》《欢乐的草原》《草原孩
子打马球》《戈壁驼道》《金牛迎春》等。出版有
《刘友仁年画》等。

J0025605

喜临门 丁德源绘

上海　上海人民美术出版社　1989 年　1 张

76cm（2 开）　定价：CNY0.45

　　本作品为年画形式的中国现代国画作品。

J0025606

喜气临门 严勇绘

广州　岭南美术出版社　1989 年　1 张　76cm（2 开）

定价：CNY0.53

　　本作品为年画形式的中国现代国画作品。

J0025607

喜气满堂 赵彦杰绘

长春　吉林美术出版社　1989 年　1 张　76cm（2 开）

定价：CNY0.60

　　本作品为年画形式的中国现代国画作品。

J0025608

喜庆美满 王瑞青，王福增绘

重庆　重庆出版社　1989 年　1 张　76cm（2 开）

定价：CNY0.45

　　本作品为年画形式的中国现代国画作品。

J0025609

喜庆有鱼 张万臣绘

天津　天津人民美术出版社　1989 年　1 张

76cm（2 开）　定价：CNY0.50

　　本作品为年画形式的中国现代国画作品。

J0025610

喜上添喜 刘宝贵绘

沈阳　辽宁美术出版社　1989 年　1 张　76cm（2 开）

定价：CNY0.55

　　本作品为年画形式的中国现代国画作品。

J0025611

喜寿乐 方敦传绘

杭州　浙江人民美术出版社　1989 年　1 张

76cm（2 开）　定价：CNY0.45

　　本作品为年画形式的中国现代国画作品。作者方敦传（1941— ），安徽郎溪县人。师范毕业。安徽省美术家协会会员、安徽年画研究会会员。曾任郎溪县文化馆副馆长。擅长年画、中国画。代表作品有《鹅乡春暖》《福妞》《山河长

春》等。

J0025612

喜迎新春 刘俊贤绘

呼和浩特　内蒙古人民出版社　1989 年　1 张

76cm（2 开）　定价：CNY0.48

　　本作品为年画形式的中国现代国画作品。作者刘俊贤（1956— ），高级教师。天津静海人，毕业于内蒙古师范大学美术学院。中国美术家协会会员，任职于包钢第二中学。主要作品有《发卷之后》《钢厂晨曲》《北疆夕阳》《涉世》《旷野日记》等。

J0025613

戏春图 王荣绘

北京　人民美术出版社　1989 年　2 张　76cm（2 开）

定价：CNY1.05

　　本作品为年画形式的中国现代国画作品。作者王荣，山西大同人。字云石，号云中山人。就读于中央美术学院壁画系研究生班。国家一级美术师、中国书画艺术研究院副院长、山西省美术家协会会员、中国山水画协会会员。作品有国画《疾风》《青山浮动雨来初》《草原情》等。

J0025614

戏剧集锦 李跃华绘

石家庄　河北美术出版社　1989 年　2 张

76cm（2 开）　定价：CNY1.10

　　本作品为年画形式的中国现代国画作品。

J0025615

侠骨丹心 孙家跃绘

天津　天津人民美术出版社　1989 年　1 张

76cm（2 开）　定价：CNY0.50

　　本作品为年画形式的中国现代国画作品。

J0025616

峡江春晓 陈谷平绘

上海　上海人民美术出版社　1989 年　1 张

76cm（2 开）　定价：CNY0.55

　　现代中国画作品。作者陈谷平（1920— ），江苏扬州人。大学文化。原扬州市国画院画师。中国美术家协会江苏分会会员。擅长年画、国画。作品有《戏鱼图》《门画》等。

J0025617
峡江霞色 张鸿保绘
北京 人民美术出版社 1989 年 1 张
107cm（全开）定价：CNY2.50
　　现代中国画作品。

J0025618
夏影 杭稚英绘
上海 上海人民美术出版社 1989 年 1 张
76cm（2 开）定价：CNY0.45
　　本作品为年画形式的中国现代国画作品。

J0025619
仙鹤对屏 张广力绘
上海 上海人民美术出版社 1989 年 1 张 107cm
（全开）定价：CNY1.00
　　本作品为年画形式的中国现代国画作品。

J0025620
仙鹿送贵子 杨树有绘
长春 吉林美术出版社 1989 年 1 张 76cm（2 开）
定价：CNY0.55
　　本作品为年画形式的中国现代国画作品。

J0025621
仙山楼阁 于锦声绘
上海 上海书画出版社 1989 年 1 张 76cm（2 开）
定价：CNY0.45
　　现代中国画作品。

J0025622
仙山琼阁 李永明绘
石家庄 河北美术出版社 1989 年 1 张
附对联一副 107cm（全开）定价：CNY2.20
　　本作品为年画形式的中国现代国画作品。

J0025623
仙山琼阁 李永明绘
石家庄 河北美术出版社 1989 年 1 轴（卷轴）
附对联一副 107cm（全开）定价：CNY4.80
　　本作品为年画形式的中国现代国画作品。

J0025624
仙翁祝福 康乐绘
沈阳 辽宁美术出版社 1989 年 1 张 76cm（2 开）

定价：CNY0.55
　　本作品为年画形式的中国现代国画作品。

J0025625
献寿图 宋艳秋绘
长春 吉林美术出版社 1989 年 1 张 76cm（2 开）
定价：CNY0.55
　　本作品为年画形式的中国现代国画作品。

J0025626
献寿图 成砺志绘
上海 上海人民美术出版社 1989 年 1 张
76cm（2 开）定价：CNY0.45
　　本作品为年画形式的中国现代国画作品。
作者成砺志（1954— ），江苏扬州人。国家一级
美术师、中国美术家协会会员。主要作品有《六
老图・邓小平》《我为祖国争光》《春暖万家》等。

J0025627
香飘天外 季蒂绘
沈阳 辽宁美术出版社 1989 年 1 张 76cm（2 开）
定价：CNY0.55
　　现代中国画作品。

J0025628
祥光普照 徐福根绘
天津 天津人民美术出版社 1989 年 1 张
76cm（2 开）定价：CNY0.50
　　本作品为年画形式的中国现代国画作品。

J0025629
祥光普照 徐福根绘
天津 天津人民美术出版社 1989 年 1 轴（卷轴）
附对联一副 107cm（全开）定价：CNY4.60
　　本作品为年画形式的中国现代国画作品。

J0025630
祥光普照 徐福根绘
天津 天津人民美术出版社 1989 年 1 轴（卷轴）
附条幅 107cm（全开）定价：CNY7.30
　　本作品为年画形式的中国现代国画作品。

J0025631
谢稚柳八十纪念画集 谢稚柳绘
上海 上海人民美术出版社 1989 年 50 页

38cm（6开）精装 ISBN：7-5322-0361-1
定价：CNY49.00

　　选收"谢稚柳先生八十寿辰书画展"中的代表作品50幅。有水墨、重彩、工笔、写意、泼彩、泼墨等技法，内容有人物、山水、花鸟。如《观音图》《山村晴色图卷》《荷花册》《花鸟册》等。作者谢稚柳（1910—1997），书画家、书画鉴定家。原名稚，字稚柳，后以字行，晚号壮暮翁，斋名鱼饮溪堂等。江苏常州人。历任上海市文物保护委员会编纂、副主任，上海市博物馆顾问、中国书法家协会理事、国家文物局全国古代书画鉴定小组组长等。编著有《敦煌石室记》《敦煌艺术叙录》《水墨画》《唐五代宋元名迹》等。

J0025632

心灵手巧 陈明绘
上海 上海人民美术出版社 1989年 1张
76cm（2开）定价：CNY0.45
　　本作品为年画形式的中国现代国画作品。

J0025633

新春大地 周国军绘
广州 岭南美术出版社 1989年 1张 76cm（2开）
定价：CNY0.48
　　本作品为年画形式的中国现代国画作品。

J0025634

新春快乐 李晓春绘
长春 吉林美术出版社 1989年 1张 76cm（2开）
定价：CNY0.55
　　本作品为年画形式的中国现代国画作品。

J0025635

新春祝福 刘佩珩绘
长春 吉林美术出版社 1989年 1张 76cm（2开）
定价：CNY0.55
　　本作品为年画形式的中国现代国画作品。作者刘佩珩（1954　），画家，研究院。别名刘山，天津宝坻人，毕业于东北师范大学美术系。历任吉林省通榆县文化馆副馆长、副研究员。作品有《喜迎春》《长白珍宝》《祖孙情》《长白珍奇》《趣》《关东乐》等。

J0025636

新年发财 陈华民绘
长春 吉林美术出版社 1989年 1张 76cm（2开）
定价：CNY0.55
　　本作品为年画形式的中国现代国画作品。

J0025637

新年万福 陈华民，陈晓东绘
沈阳 辽宁美术出版社 1989年 1张 76cm（2开）
定价：CNY0.55
　　本作品为年画形式的中国现代国画作品。

J0025638

幸福·富裕 陈鸿翎绘
昆明 云南人民出版社 1989年 1张 53cm（4开）
定价：CNY0.30
　　本作品为年画形式的中国现代国画作品。

J0025639

幸福丰年 新滨，淑勤绘
沈阳 辽宁美术出版社 1989年 1张 76cm（2开）
定价：CNY0.55
　　本作品为年画形式的中国现代国画作品。

J0025640

幸福康乐 赵春田绘
济南 山东美术出版社 1989年 1张 76cm（2开）
　　本作品为年画形式的中国现代国画作品。

J0025641

幸福美满 张振群绘
天津 天津人民美术出版社 1989年 1张
76cm（2开）定价：CNY0.50
　　本作品为年画形式的中国现代国画作品。

J0025642

幸福有余 张万臣绘
沈阳 辽宁美术出版社 1989年 1张 76cm（2开）
定价：CNY0.55
　　本作品为年画形式的中国现代国画作品。

J0025643

幸福长寿 张万臣绘
北京 人民美术出版社 1989年 1张 76cm（2开）
定价：CNY0.50
本作品为年画形式的中国现代国画作品。

J0025644

幸福长寿庆有余 张万臣绘

沈阳 辽宁美术出版社 1989 年 1 张 76cm（2 开）

定价：CNY0.55

　　本作品为年画形式的中国现代国画作品。

J0025645

雄狮欢舞 李宝祥绘

长春 吉林美术出版社 1989 年 1 张 76cm（2 开）

定价：CNY0.55

　　本作品为年画形式的中国现代国画作品。

J0025646

宿云轩诗书画选集 陈叔垣绘

广州 岭南美术出版社 1989 年 1 册 有照片
26cm（16 开） ISBN：7-5362-0459-0

J0025647

徐义生画集 徐义生作

西安 陕西人民美术出版社 1989 年 97 页
30cm（12 开） ISBN：7-5368-0120-3 定价：
CNY48.80

　　本书收入作者作品 97 幅。

J0025648

徐中画集（汉英对照） 徐中绘

南京 南京出版社 1989 年 1 册 27cm（16 开）

定价：CNY15.00

　　外文书名：A Selection of Xu Zhong's Paintings.

J0025649

旭日松鹤 邓文欣绘

长春 吉林美术出版社 1989 年 1 张 76cm（2 开）

定价：CNY0.55

　　现代中国画作品。作者邓文欣（1936— ），
书画家。字子鹤，号那立闪人，辽宁阜新人。任
四平市书画院院长、中国美术家协会会员。作品
有《松鹤迎春》《路漫漫》《征程》，出版画集《山
水花鸟画谱》《邓文欣仙鹤画集》《文欣画鹤》等。

J0025650

雁荡胜景 陈珠龙绘

上海 上海书画出版社 1989 年 1 张 76cm（2 开）

定价：CNY0.45

　　现代中国画作品。

J0025651

杨立强画选 杨立强绘

北京 北京出版社 1989 年 1 册 25cm（16 开）

ISBN：7-200-00927-X 定价：CNY15.00

J0025652

杨维功画集 杨维功绘

西安 陕西人民美术出版社 1989 年 80 幅
26cm（16 开） ISBN：7-5368-0119-X

定价：CNY10.00

　　作者杨维功（1928—1988），当代画家。

J0025653

瑶池祝寿 申同景绘

天津 天津人民美术出版社 1989 年 1 轴（卷轴）
附对联 1 副 107cm（全开） 定价：CNY7.30

　　本作品为年画形式的中国现代国画作品。

J0025654

一代天骄 江显辉绘

上海 上海书画出版社 1989 年 1 张 76cm（2 开）

定价：CNY0.45

　　本作品为年画形式的中国现代国画作品。

J0025655

一帆风顺 化金莲绘

上海 上海书画出版社 1989 年 1 张 76cm（2 开）

定价：CNY0.45

　　本作品为年画形式的中国现代国画作品。

J0025656

一帆风顺 楼永年绘

杭州 浙江人民美术出版社 1989 年 1 张
76cm（2 开） 定价：CNY1.10

　　本作品为年画形式的中国现代国画作品。
作者楼永年（1940 ），浙江萧山人，毕业于浙江
美术学院工艺系。历任杭州印染厂花样设计、高
级工艺美术师。代表作品《福宝寿禧》《四季平
安》《福寿万年》《和合图》等。

J0025657

以石画戏（汉英对照） 王以时绘

重庆 重庆出版社 ［1989 年］10 张 15cm（40 开）

定价：CNY1.80

J0025658

义将 冯隆梅绘

昆明 云南人民出版社 1989 年 1 张 76cm（2 开）

定价：CNY0.55

　　本作品为年画形式的中国现代国画作品。

J0025659

意趣盎然 付翰清绘

沈阳 辽宁美术出版社 1989 年 1 张 76cm（2 开）

定价：CNY0.55

　　本作品为年画形式的中国现代国画作品。

J0025660

英姿飒爽 刘式铮绘

昆明 云南人民出版社 1989 年 1 张 76cm（2 开）

定价：CNY0.55

　　本作品为年画形式的中国现代国画作品。
作者刘式铮（1947—　），云南思茅人，毕业于云
南艺术学院美术专业。历任中国美术家协会会
员、中国卫生美术创作委员会理事、云南省科普
美术协会会员、云南省健康教育协会卫生美术研
究组组长，思茅地区群众艺术馆美术干部、副馆
长等职。代表作品有《佤山春》《彝家新生》《彝
族新生》《喜悦》《竹筒舞》等。

J0025661

樱花映语 季蒂绘

沈阳 辽宁美术出版社 1989 年 1 张 76cm（2 开）

定价：CNY0.55

　　本作品为年画形式的中国现代国画作品。

J0025662

鹰爪铁布衫 沈深，郭卫华绘

天津 天津人民美术出版社 1989 年 1 张

76cm（2 开）定价：CNY0.50

　　本作品为年画形式的中国现代国画作品。

J0025663

迎春接福 李蕙绘

广州 岭南美术出版社 1989 年 1 张 76cm（2 开）

定价：CNY0.16

　　本作品为年画形式的中国现代国画作品。

J0025664

迎客松 楼永年绘

长沙 湖南美术出版社 1989 年 1 张

107cm（全开）定价：CNY0.90

　　现代中国画作品。

J0025665

迎客松 周金康绘

杭州 浙江人民美术出版社 1989 年 1 张

107cm（全开）定价：CNY1.15

　　现代中国画作品。

J0025666

盈盈一笑 金梅生绘

上海 上海人民美术出版社 1989 年 1 张

76cm（2 开）定价：CNY0.45

　　本作品为年画形式的中国现代国画作品。
作者金梅生（1902—1989），画家。别名石摩，上
海人。曾于商务印书馆美术科专门从事月份牌
绘画工作，上海市文史馆馆员、上海人民美术出
版社特约年画家。作品有《新中国的歌声》《秀
女饲养员》《花木兰》等。

J0025667

咏雅图 张禾绘

杭州 浙江人民美术出版社［1989 年］

4 张（卷轴）76cm（2 开）定价：CNY5.20

　　本作品为年画形式的中国现代国画作品。
作者张禾（1953—　），教授、画家。浙江浦江人，
毕业于中国美术学院中国画专业和上海师大美
术教育硕士研究生班。中国美术家协会浙江分
会会员。

J0025668

幽谷翠岭 莫伯华绘

武汉 湖北美术出版社 1989 年 1 张 76cm（2 开）

定价：CNY0.60

　　本作品为年画形式的中国现代国画作品。

J0025669

幽谷鸣瀑 高一呼绘

上海 上海人民美术出版社 1989 年 1 张

76cm（2 开）定价：CNY0.55

　　现代中国画作品。作者高一呼（1933—　），
教授。湖南益阳人，毕业于湖南省立艺术学校和
中央美术学院华东分院油画系。历任福建师范
大学美术系副教授、油画教研室主任，中国美术

家协会会员、福建分会理事。

J0025670

友爱（蒙汉对照）李喜春绘

呼和浩特 内蒙古人民出版社 1989 年 1 张

76cm（2 开） 定价：CNY0.48

　　本作品为年画形式的中国现代国画作品。

J0025671

又是一个丰收年 霍元庆绘

北京 人民美术出版社 1989 年 1 张 76cm（2 开）

定价：CNY0.50

　　本作品为年画形式的中国现代国画作品。

J0025672

余上有余 刘忠礼绘

长春 吉林美术出版社 1989 年 1 张 76cm（2 开）

定价：CNY0.55

　　本作品为年画形式的中国现代国画作品。

J0025673

余上有余 朱希斌绘

沈阳 辽宁美术出版社 1989 年 1 张 76cm（2 开）

定价：CNY0.55

　　本作品为年画形式的中国现代国画作品。

J0025674

鱼歌 栾良才绘

沈阳 辽宁美术出版社 1989 年 1 张 76cm（2 开）

定价：CNY0.55

　　本作品为年画形式的中国现代国画作品。

J0025675

鱼乐四季 于长林绘

长春 吉林美术出版社 1989 年 2 张 76cm（2 开）

定价：CNY1.10

　　本作品为年画形式的中国现代国画作品。

J0025676

鱼乐图 吴亦生绘

上海 上海人民美术出版社 1989 年 1 张

76cm（2 开） 定价：CNY0.55

　　本作品为年画形式的中国现代国画作品。

J0025677

鱼美花香 卢锡林绘

郑州 河南美术出版社 1989 年 4 张（卷轴）

76cm（2 开） 定价：CNY4.20

　　本作品为年画形式的中国现代国画作品。

J0025678

玉堂富贵 张琪绘

石家庄 河北美术出版社 1989 年 1 张

76cm（2 开） 定价：CNY0.50

　　本作品为年画形式的中国现代国画作品。

J0025679

玉堂花香（一、二）曾宪和绘

南昌 江西人民出版社 1989 年 2 张 76cm（2 开）

定价：CNY1.08

　　本作品为年画形式的中国现代国画作品。

作者曾宪和，画家。江西吉安人。主要作品有《农

闲时节》《绵上添花》《松鹤延年》等。

J0025680

浴 刘勉怡绘

长沙 湖南美术出版社 1989 年 1 张

107cm（全开） 定价：CNY1.60

　　本作品为年画形式的中国现代国画作品。

J0025681

鸳鸯好娃娃美 方敦传绘

沈阳 辽宁美术出版社 1989 年 1 张 76cm（2 开）

定价：CNY0.55

　　本作品为年画形式的中国现代国画作品。

作者方敦传（1941—　），安徽郎溪县人。师范毕

业。安徽省美术家协会会员、安徽年画研究会会

员。曾任郎溪县文化馆副馆长。擅长年画、中

国画。代表作品有《鹅乡春暖》《福妞》《山河长

春》等。

J0025682

鸳鸯双童 张德俊绘

南京 江苏美术出版社 1989 年 2 张 76cm（2 开）

定价：CNY1.10

　　本作品为年画形式的中国现代国画作品。

J0025683

元宵乐 方敦传绘

杭州 浙江人民美术出版社 1989 年 1 张
76cm（2 开）定价：CNY0.45
　　本作品为年画形式的中国现代国画作品。

J0025684
袁金塔（1985—1988）袁金塔著
台北 袁金塔 1989 年 60 页 25×26cm
　　现代中国画作品。外文书名:Ruan Chin Taa
Paintings,1985—1988.

J0025685
源远流长 张大昕绘
上海 上海人民美术出版社 1989 年 1 张
107cm（全开）定价：CNY2.40
　　本作品为年画形式的中国现代国画作品。

J0025686
月光曲（贾又福山水册页）贾又福绘
北京 荣宝斋 1989 年 10 张 15cm（40 开）
定价：CNY2.10
　　现代中国画作品。

J0025687
月月进宝 童金贵绘
沈阳 辽宁美术出版社 1989 年 1 张 76cm（2 开）
定价：CNY0.55
　　本作品为年画形式的中国现代国画作品。

J0025688
悦色和春 陈贯时绘
杭州 浙江人民美术出版社 1989 年 1 张
76cm（2 开）定价：CNY1.20
　　现代中国画作品。作者陈贯时（1928— ），
画家。浙江温州人。又名灌丁、亦壶。毕业于浙
江美术学院中国画系，并留校任教。主要作品有
《雨霁》《斑竹》《梅石图》等。

J0025689
跃龙门余上有余 彭海清绘
上海 上海人民美术出版社 1989 年 1 张
76cm（2 开）定价：CNY0.45
　　本作品为年画形式的中国现代国画作品。

J0025690
云山幽居图 何延喆绘

天津 天津人民美术出版社 1989 年 1 轴（卷轴）
附对联一副 107cm（全开）定价：CNY4.60
　　本作品为年画形式的中国现代国画作品。

J0025691
云涌大江流 刘继成绘
长春 吉林美术出版社 1989 年 1 张 76cm（2 开）
定价：CNY0.56
　　现代中国画作品。

J0025692
杂技四条屏 张万臣绘
广州 岭南美术出版社 1989 年 2 张 76cm（2 开）
定价：CNY0.96
　　本作品为年画形式的中国现代国画作品。

J0025693
张桂铭画集 张桂铭绘
上海 上海人民美术出版社 1989 年
74 页 36cm（12 开）定价：CNY24.00
　　现代中国画作品。

J0025694
张省画集 张省绘
南京 江苏美术出版社 1989 年 25cm（小 16 开）
ISBN：7-5344-0110-0 定价：CNY16.50
　　现代中国画作品。

J0025695
张天啸画辑 张天啸绘
北京 人民美术出版社［1989 年］8 张
39cm（4 开）定价：CNY3.00

J0025696
张正恒王鉴画选 张正恒，王鉴绘
北京 人民美术出版社 1989 年 20 页 26cm
（16 开）ISBN：7-102-00717-5 定价：CNY5.90
　　现代中国画作品。作者张正恒（1932—
2007），山水画家。字悟恒，号三斳，繁思楼主人，
四川成都人。历任中央民族学院美术系副教授、
中国美术家协会会员、中国东方文化研究学术委
员。著有《中国画要论》《黄宾虹山水册》等。作
者王鉴（1598—1677），明末清初画家。字玄照，
后改字元照、圆照，号湘碧、染香庵主。出生于
江苏太仓。主要作品《画中九友歌》。

J0025697

长寿图 王玉琦绘

北京 人民体育出版社 1989年 1张 76cm（2开）

定价：CNY0.50

　　本作品为年画形式的中国现代国画作品。作者王玉琦（1958— ），画家。生于河北清苑。毕业于天津美术学院，后留校任教。美国职业画家、中国美术家协会、中国油画家协会成员、北美中国艺术家协会会员、加拿大肖像画家协会艺术指导、美国肖像画家协会会员。出版有《中国油画肖像百年》《中国油画五十年》《中国古典主义油画》《王玉琦作品选》《王玉琦油画技法》等。

J0025698

招财进宝 苗永华绘

兰州 甘肃人民出版社 1989年 1张 53cm（4开）

定价：CNY0.24

　　本作品为年画形式的中国现代国画作品。作者苗永华（1960— ），画家。山东省诸城市人，毕业于山东经济学院。历任中国书画家协会会员、山东省美术家协会会员、潍坊美术家协会理事、诸城市书法美术协会副主席。代表作品有国画《晨》《山区新貌》《福寿多余图》等。

J0025699

招财进宝 张万臣绘

长春 吉林美术出版社 1989年 1张 76cm（2开）

定价：CNY0.55

　　本作品为年画形式的中国现代国画作品。

J0025700

招财进宝 桂卿，志华绘

沈阳 辽宁美术出版社 1989年 1张 76cm（2开）

定价：CNY0.55

　　本作品为年画形式的中国现代国画作品。

J0025701

招财进宝 成砺志绘

广州 岭南美术出版社 1989年 1张 76cm（2开）

定价：CNY0.48

　　本作品为年画形式的中国现代国画作品。

J0025702

招财进宝 李理绘

广州 岭南美术出版社 1989年 1张 53cm（4开）

定价：CNY0.24

　　本作品为年画形式的中国现代国画作品。

J0025703

招财进宝 李理绘

广州 岭南美术出版社 1989年 1张 53cm（4开）

定价：CNY0.16

　　本作品为年画形式的中国现代国画作品。

J0025704

招财进宝 杨建明绘；林宁书

上海 上海人民美术出版社 1989年 1张

38cm（6开） 定价：CNY0.15

　　本作品为年画形式的中国现代国画作品。

J0025705

招财进宝 张云峰，刘振芳绘

天津 天津人民美术出版社 1989年 1轴（卷轴）

附对联一副 107cm（全开） 定价：CNY4.60

　　本作品为年画形式的中国现代国画作品。

J0025706

招财进宝 王洪武绘

重庆 重庆出版社 1989年 1张 76cm（2开）

定价：CNY0.45

　　本作品为年画形式的中国现代国画作品。

J0025707

招财进宝·福喜临门 张锡武绘

天津 天津人民美术出版社 1989年 1张

53cm（4开） 定价：CNY0.30

　　本作品为年画形式的中国现代国画作品。

J0025708

招财进宝·福喜临门 张锡武绘

天津 天津人民美术出版社 1989年 1张

76cm（2开） 定价：CNY0.55

　　本作品为年画形式的中国现代国画作品。

J0025709

招财进宝乐有余 徐德元绘

沈阳 辽宁美术出版社 1989年 1张 76cm（2开）

定价：CNY0.55

　　本作品为年画形式的中国现代国画作品。

J0025710
赵先闻拓彩画选 赵先闻绘
济南 山东美术出版社 1989年 20页 26×24cm
ISBN：7-5330-0220-2 定价：CNY7.36

J0025711
赵准旺水墨画集 赵准旺绘
天津 天津杨柳青画社 1989年 38页 26cm
（16开）ISBN：7-80503-071-5 定价：CNY23.00

J0025712
镇三山黄新·病尉迟孙立 潘培德绘
昆明 云南人民出版社 1989年 1张 76cm（2开）
定价：CNY0.55
　　本作品为年画形式的中国现代国画作品。作者潘培德（1938— ），画家。四川成都人。毕业于四川美院附中毕业。历任《四川画报》社美术编辑、记者，四川省群众艺术馆群众美术辅导，从事民间木板年画（绵竹年画）的研究和创作。作品有《康乐图》《印刷工人的心愿》《草地雷锋——札江》《赛龙舟》等。

J0025713
镇邪除恶 谭述乐绘
重庆 重庆出版社 1989年 1张 76cm（2开）
定价：CNY0.45
　　本作品为年画形式的中国现代国画作品。

J0025714
争艳 顾国志，顾晓青绘
上海 上海人民美术出版社 1989年 1张
76cm（2开）定价：CNY0.55
　　现代中国画作品。

J0025715
正气千秋 赵祥林绘
天津 天津人民美术出版社 1989年 1轴（卷轴）
附对联一副 107cm（全开）定价：CNY4.60
　　本作品为年画形式的中国现代国画作品。作者赵祥林（1956— ），画家。出生于内蒙古乌兰察布市，历任内蒙古国际文化交流中心理事、内蒙古收藏家协会副会长、中国地质美术家协会理事、中国博物馆协会会员、内蒙古美术家协会会员。作品有《八大锤》。

J0025716
郑盛名书画集［郑盛名作］
香港 香港艺苑出版社［1989年］79页 有照片
31cm（10开）精装 ISBN：962-7572-65-9
定价：HKD88.00

J0025717
政通人和年景好 徐世民，徐世俊绘
北京 人民体育出版社 1989年 1张 76cm（2开）
定价：CNY0.50
　　本作品为年画形式的中国现代国画作品。

J0025718
中国大地画会作品选 敬廷尧等绘
北京 海潮出版社 1989年 46页 有照片 24cm
（26开）ISBN：7-80054-034-0 定价：CNY9.00

J0025719
中国当代绘画艺术 吴作人等绘
台北 台湾珠海出版公司 1989年 有图
37cm（8开）定价：TWD1200.00
　　外文书名：Contemporary Chinese Painters. 本书与联合国教育、科学及文化组织合作出版。

J0025720
中国当代绘画艺术 吴作人等绘
北京 中国对外翻译出版公司 1989年 重印本
有照片 36cm（11开）精装
ISBN：7-5001-0089-2 定价：CNY100.00
　　本书介绍了中国当代著名画家的82幅画作。全书分为花鸟、山水、人物分三部分，文字以英文为主，作者姓名及画名附有中文。书中有韩素音写的前言。

J0025721
中国当代水墨画家李世南（1978—1988作品集） 李世南作
武汉 湖北美术出版社 1989年 29cm（8开）
精装 ISBN：7-5356-1126-5 定价：CNY140.00
　　本画册收入作者1978年至1988年的水墨画作品100幅。作者李世南（1940— ），画家。生于上海，祖籍浙江绍兴。历任中国美术家协会会员、国家一级美术师、中国国家画院特聘研究员、陕西国画院名誉院长、深圳书院专业画家。代表作有《开采光明的人》《长安的思念》《南京

大屠杀 48 周年祭》等。

J0025722

中国当代水墨画选　申少君编

南宁　广西美术出版社　1989 年　26cm（16 开）
ISBN：7-80582-003-1　定价：CNY39.00
　　本画选收入了周思聪等 15 位当代中青年国画画家的人物画作品，共有 122 幅。外文书名：Modern Ink and Wash Paintings of China. 编者申少君（1956—　），研究员。湖南邵东人，生于广西南宁市。历任中国国家画院专职画家、研究员，当代中国画视觉系统研究所所长、中国国家博物馆特聘研究员、中国国际书画艺术研究会副会长、永乐宫壁画艺术博物馆终身研究员、上海中国画院特聘画师。

J0025723

中国当代已故著名书画家作品选集　文化部老干部书画学会编

北京　文物出版社　1989 年　有图版　26cm
（16 开）精装　ISBN：7-5010-0224-X
定价：CNY65.00

J0025724

中国工笔画（2）天津杨柳青画社编

天津　天津杨柳青画社　1989 年　82 页　26cm
（16 开）精装　ISBN：7-80503-086-3
定价：CNY45.00
　　本书系当代工笔学会举办的全国性工笔专业画展作品选。外文书名：Chinese Realistic Painting.

J0025725

中国画选辑（第一辑）黄润华等绘

北京　人民美术出版社　1989 年　29 页　26cm
（16 开）ISBN：7-102-00293-9　定价：CNY4.90

J0025726

中国画选辑　傅梅影等绘

北京　人民美术出版社　1989 年　32 页　26cm
（16 开）ISBN：7-102-00444-3　定价：CNY5.40
　　作者傅梅影（1928—2012），国画家、歌词作家。江西修水人，毕业于江西省立奉新师范。中国美术家协会会员、音乐家协会会员、国际美术家联合会会员、中国书画家艺术交流协会副会

长。出版有《江南一支梅·傅梅影》《傅梅影画集》《中国画选辑》等。

J0025727

中国世界之最（一）霍允庆，刘乃勇绘

济南　山东美术出版社　1989 年　1 张　76cm（2 开）
定价：CNY0.42
　　本作品为年画形式的中国现代国画作品。作者霍允庆（1944—　），笔名静轩，山东龙口人。擅长年画、中国画。曾在龙口文化馆从事美术工作，二级美术师。作品有《丰收时节》《劈山救母》《年方八八》等。

J0025728

中国世界之最（三）于光辉绘

济南　山东美术出版社　1989 年　1 张　76cm（2 开）
定价：CNY0.42
　　本作品为年画形式的中国现代国画作品。

J0025729

中国世界之最（四）董振中绘

济南　山东美术出版社　1989 年　1 张　76cm（2 开）
定价：CNY0.42
　　本作品为年画形式的中国现代国画作品。作者董振中（1945—　），画家。山东人。字子午，号老草。毕业于浙江美术学院国系系。中国美术家协会会员、国家一级美术师、邹城市美术家协会主席、邹城市画院院长。出版《董振中画集》《孟子圣迹图》《孔子圣迹图》等。

J0025730

中国书画选《中国书画选》编委会编

北京　长城出版社　1989 年　224 页　26cm（16 开）
精装　ISBN：7-80017-092-6　定价：CNY90.00

J0025731

中国书画选《中国书画选》编委会编

北京　长城出版社　1989 年　224 页　28×21cm
ISBN：7-80017-092-6　定价：CNY90.00

J0025732

中国一百仕女图　卢禺光绘画；蔡卓之编文

广州　岭南美术出版社　1989 年　240 页
26cm（16 开）定价：CNY21.00
　　绘者卢禺光（1948—　），一级美术师。原名

卢延光，毕业于广州业余大学文艺创作班。历任广州美术馆馆长、广州艺术博物院院长、广州市文史研究馆副馆长、中国美术家协会会员、广州市美术家协会副主席。连环画作品有《千里送京娘》《荆钗记》《苟巨伯》《周穆王时的"第四代"机器人》等。

J0025733
中国一百仕女图　卢禺光绘；蔡卓之编文
广州　岭南美术出版社　1993 年　重印本　240 页
26cm（16 开）　ISBN：7-5362-1076-0
定价：CNY22.00

J0025734
中国著名画家马琭国画作品集　马琭绘
郑州　河南美术出版社　1989 年　26cm（16 开）
ISBN：7-5401-0064-8　定价：CNY11.50
　　现代中国画作品。作者马琭（1937—　），国画家、水彩画家。笔名梅山，字清源，又号司马清源，九峰画室主人。山西清徐县人，毕业于中央美术学院国画系。北京画院专职画家、中国美术家协会会员、国家一级美术师。代表作有《还我河山》《黄河之水天上来》《日日夜夜》《秋爽斋》《李清照》等。

J0025735
中青年国画家作品精选　贾浩义等作
北京　北京体育学院出版社　1989 年 52 页 26cm（16 开）　ISBN：7-81003-311-5　定价：CNY22.00

J0025736
钟式震风景画选（汉英对照）钟式震绘
北京　今日中国出版社　1989 年　34 页
［21×19cm］定价：CNY10.00
　　外文书名：APE Paintings by Zhong Shizhen.

J0025737
重庆中国画选集　马振声等作
重庆　重庆出版社　1989 年　102 页 36cm（6 开）
精装 ISBN：7-5366-0963-9　定价：CNY34.00
　　作者马振声（1939—　），国家一级美术师。北京人，毕业于中央美术学院中国画系。历任中国美术家协会会员、四川省美术家协会从事专业美术创作员、重庆国画院名誉院长、中央文史研

究馆馆员。作品有《爱国诗人陆游》《酒歌图》《逢场》等。

J0025738
朱称俊山水画集　朱称俊绘
北京　人民美术出版社　1989 年　30cm（12 开）
定价：CNY54.00，CNY39.00（精装）

J0025739
朱培钧画集　朱培钧绘
桂林　漓江出版社　1989 年　62 页 27cm（16 开）
ISBN：7-5407-0435-7　定价：CNY20.50
　　现代中国画作品。

J0025740
朱新建画集　朱建新绘；荣宝斋编辑
北京　荣宝斋　1989 年　24 页　24cm（26 开）
ISBN：7-5003-0074-3　定价：CNY4.40
　　现代中国画作品。

J0025741
朱颖人画集　宋忠元主编；朱颖人绘
杭州　浙江美术学院出版社　1989 年　36 页
25cm（小 16 开）　ISBN：7-81019-035-0
定价：CNY20.00
　　现代中国画作品。

J0025742
竹报平安喜有余　徐德元绘
沈阳　辽宁美术出版社　1989 年　1 张　76cm（2 开）
定价：CNY0.55
　　本作品为年画形式的中国现代国画作品。

J0025743
竹林鸟语　智谱绘
沈阳　辽宁美术出版社　1989 年　1 张　76cm（2 开）
定价：CNY0.55
　　现代中国画作品。

J0025744
竹寿图　张琪，宏民绘
天津　天津人民美术出版社　1989 年　4 张（卷轴）
76cm（2 开）定价：CNY4.60
　　本作品为年画形式的中国现代国画作品。

J0025745
祝福图 陈明, 陈英绘
北京 人民美术出版社 1989年 1张 76cm(2开)
定价: CNY0.50
　　本作品为年画形式的中国现代国画作品。

J0025746
祝福图 成砺志绘
上海 上海人民美术出版社 1989年 1张
76cm(2开) 定价: CNY0.45
　　本作品为年画形式的中国现代国画作品。
作者成砺志(1954—), 江苏扬州人。国家一级
美术师、中国美术家协会会员。主要作品有《六
老图·邓小平》《我为祖国争光》《春暖万家》等。

J0025747
祝您万事如意 吴述宝绘
长春 吉林美术出版社 1989年 1张 76cm(2开)
定价: CNY0.55
　　本作品为年画形式的中国现代国画作品。

J0025748
祝寿图 林纹绘
长沙 湖南美术出版社 1989年 1张 76cm(2开)
定价: CNY0.35
　　本作品为年画形式的中国现代国画作品。

J0025749
状元媒 冯国琳等编绘
沈阳 辽宁美术出版社 1989年 2张 76cm(2开)
　　本作品为年画形式的中国现代国画作品。
作者冯国琳(1932—), 画家。曾用名玉林, 辽
宁沈阳人, 毕业于东北鲁迅文艺学院美术部。历
任东北画报社记者、创作员、编辑、副编审, 中
国美术家协会会员、辽宁省年画学会理事。作品
有《花为媒》《笔中情》《耕读育新人》《红楼梦》等。

J0025750
卓文君 葛荣环绘
广州 岭南美术出版社 1989年 1张 76cm(2开)
定价: CNY0.48
　　本作品为年画形式的中国现代国画作品。

J0025751
子壮莲丰 朱凤岐绘

沈阳 辽宁美术出版社 1989年 1张 76cm(2开)
定价: CNY0.55
　　本作品为年画形式的中国现代国画作品。

J0025752
祖国处处传喜讯 刘树茂绘
广州 岭南美术出版社 1989年 1张 76cm(2开)
定价: CNY0.48
　　本作品为年画形式的中国现代国画作品。

J0025753
祖国的卫士·人民的功臣 金安群绘
昆明 云南人民出版社 1989年 1张 53cm(4开)
定价: CNY0.30
　　本作品为年画形式的中国现代国画作品。

J0025754
祖国的卫士·人民的功臣 金安群绘
昆明 云南人民出版社 1989年 1张 76cm(2开)
定价: CNY0.55
　　本作品为年画形式的中国现代国画作品。

J0025755
祖国万岁 刘熹奇绘
广州 岭南美术出版社 1989年 1张 76cm(2开)
定价: CNY0.48
　　本作品为年画形式的中国现代国画作品。

J0025756
祖国万岁 刘熹奇绘
重庆 重庆出版社 1989年 1张 76cm(2开)
定价: CNY0.55
　　本作品为年画形式的中国现代国画作品。

J0025757
醉香(庞希泉中国画作品) 庞希泉绘
北京 人民美术出版社 1989年 26cm(16开)
折装 ISBN: 7-102-00533-4 定价: CNY1.50
(新美术画库 34)
　　作者庞希泉(1941—), 美术编辑。山东潍
坊人。毕业于中央工艺美术学院装饰绘画系。
曾任山东潍坊市第二印染厂美术设计、北京报社
美术编辑、中国美术家协会会员、北京美术家协
会会员。出版有《庞希泉中国画》《希泉画猫精
品》《庞希泉中国画作品集》等。

J0025758

做知识主人 薛嘉惠绘

广州 岭南美术出版社 1989 年 1 张 76cm（2 开）

定价：CNY0.38

　　本作品为年画形式的中国现代国画作品。

J0025759

爱 林惠珍绘

沈阳 辽宁美术出版社 1990 年 1 张 76cm（2 开）

定价：CNY0.55

　　本作品为年画形式的中国现代国画作品。

J0025760

白靖夫画集 白靖夫作

哈尔滨 黑龙江美术出版社 1990 年 26cm（12 开）

　　本画集收入中国山水画 52 幅。作者白靖夫（1943—2012），画家。辽宁锦州人。毕业于哈尔滨艺术学院。曾任《黑龙江艺术》美术编辑、副主编，黑龙江省政协特约委员、黑龙江省文史馆员等。代表作品有《大岭黄云》《国魂》《镜泊渔歌》等。

J0025761

百家书画荟萃 福州十邑旅港同乡会编

北京 华艺出版社 1990 年 99 页 28cm（16 开）

ISBN：7-80039-258-9

　　本书系现代中国画及书法作品画册。

J0025762

宝宝吉祥 顾振军，白水绘

沈阳 辽宁美术出版社 1990 年 2 张 76cm（2 开）

定价：CNY1.10

　　本作品为年画形式的中国现代国画作品。

J0025763

宝贝 王嘉喜绘

长春 吉林美术出版社 1990 年 1 张 76cm（2 开）

定价：CNY0.55

　　本作品为年画形式的中国现代国画作品。

J0025764

宝黛情深 于晓玲，于振波绘

呼和浩特 内蒙古人民出版社 1990 年 1 张 76cm（2 开） 定价：CNY0.55

　　本作品为年画形式的中国现代国画作品。

J0025765

宝贵有余 俎翠林绘

长春 吉林美术出版社 1990 年 1 张 76cm（2 开）

定价：CNY0.55

　　本作品为年画形式的中国现代国画作品。

J0025766

宝贵有余 于占德绘

呼和浩特 内蒙古人民出版社 1990 年 1 张 76cm（2 开） 定价：CNY0.55

　　本作品为年画形式的中国现代国画作品。

J0025767

宝贵长寿 张万臣，鑫普绘

长春 吉林美术出版社 1990 年 1 张 76cm（2 开）

定价：CNY0.55

　　本作品为年画形式的中国现代国画作品。

J0025768

宝葫芦 谷学中绘

长春 吉林美术出版社 1990 年 1 张 76cm（2 开）

定价：CNY0.55

　　本作品为年画形式的中国现代国画作品。

J0025769

保卫海疆 陈正明绘

天津 天津人民美术出版社 1990 年 1 张 76cm（2 开） 定价：CNY0.50

　　本作品为年画形式的中国现代国画作品。

J0025770

报春图 何惟明绘

杭州 浙江人民美术出版社 1990 年 1 张 76cm（2 开） 定价：CNY0.55

　　本作品为年画形式的中国现代国画作品。

J0025771

背对着所有的人生，只因为我们要看戏 索章三著

[台北] 三友图书公司 1990 年 有图 14cm（64 开）

　　现代中国画作品。

J0025772

碧玉簪 辽宁画报社编

沈阳 辽宁美术出版社 1990 年 2 张 76cm（2 开）

定价：CNY1.00

　　本作品为年画形式的中国现代国画作品。

J0025773

冰灯异彩闹元宵 李振亚绘

长春 吉林美术出版社 1990年 1张 76cm（2开）
定价：CNY0.55

　　本作品为年画形式的中国现代国画作品。

J0025774

波生画集 马波生绘

北京 中国画报出版公司 1990年 60页 26×24cm
ISBN：7-80024-062-2 定价：CNY28.00

　　现代中国画画册。作者马波生（1942—　），
教授、国画家。字朔江，号鼙公，又号步峰，生
于陕西，祖籍江苏。代表作品有《张旭发书》《波
生画集》《冬心论画图》等。

J0025775

彩楼配 雅茹，绪阳绘；玉林编文

沈阳 辽宁美术出版社 1990年 2张 76cm（2开）
定价：CNY1.10

　　本作品为年画形式的中国现代国画作品。

J0025776

苍谷虎啸 何业琦绘

杭州 浙江人民美术出版社 1990年 1张
107cm（全开） 定价：CNY1.70

　　本作品为年画形式的中国现代国画作品。

J0025777

苍岩毓秀 廉宽宏绘

石家庄 河北美术出版社 1990年 1张
107cm（全开） 定价：CNY1.10

　　中国现代年画作品。

J0025778

馋咪咪 刘佩珩绘

长春 吉林美术出版社 1990年 1张 76cm（2开）
定价：CNY0.55

　　本作品为年画形式的中国现代国画作品。

J0025779

常留苍翠在人间 刘忠仁绘

长春 吉林美术出版社 1990年 1张

107cm（全开） 定价：CNY1.10

　　本作品为年画形式的中国现代国画作品。

J0025780

朝气蓬勃 王玉峰绘

太原 山西人民出版社 1990年 1张
107cm（全开） 定价：CNY1.50

　　现代中国画作品。

J0025781

陈望国画集 陈望绘

广州 岭南美术出版社 1990年 26cm（16开）
ISBN：7-5362-0472-8 定价：CNY25.00

　　作者陈望（1922—2006），画家。生于广东揭
阳县，毕业于广西省立艺术师范学校。曾任汕头
地区文联副主席、汕头市文联名誉主席。作品有
《农民诵诗》《旱年》等，出版有《木刻选集》《陈
望版画集》等。

J0025782

陈渭山水画集 陈渭绘

福州 福建美术出版社 1990年 58页 19cm
（32开） ISBN：7-5393-0111-2 定价：CNY5.50

J0025783

陈子奋画集 陈子奋绘

福州 福建美术出版社 1990年 有照片 36cm
（6开） ISBN：7-5393-0018-3 定价：CNY50.00

　　作者陈子奋（1898—1976），画家。福建长
乐人。字意芗，原名起，号无寐，晚年别署水叟。
历任福建省文史研究馆馆员、国画研究会理事
长、美术家协会福建分会副主席、福州美协主席
等职。著有《寿山石小志》《甲骨文集联》《籀文
汇联》《古钱币文字类纂》等。

J0025784

程咬金招亲 张有，文丽编绘

沈阳 辽宁美术出版社 1990年 2张 76cm（2开）
定价：CNY1.10

　　本作品为年画形式的中国现代国画作品。

J0025785

出水芙蓉 高景波绘

哈尔滨 黑龙江美术出版社 1990年 1张
76cm（2开） 定价：CNY0.55

本作品为年画形式的中国现代国画作品。作者高景波（1946—　），山东掖县人。擅长年画、水彩画。大庆市群众艺术馆美术部主任、二级美术师、大庆市美术家协会副主席。主要作品有水粉组画《采油新工艺》，年画《一路春风喜盈归》，水彩画《倾国恨》。

J0025786

穿石斋竹谱　赵瑞璞绘

郑州　河南美术出版社　1990 年　42 页　26cm（16 开）　ISBN：7-5401-0140-7　定价：CNY8.20

J0025787

春风得意　陈少华绘

上海　上海书画出版社　1990 年　1 张　76cm（2 开）定价：CNY0.45

　　本作品为年画形式的中国现代国画作品。

J0025788

春灌乾坤·百福盈门　杨昌顺绘

昆明　云南人民出版社　1990 年　1 张　76cm（2 开）定价：CNY0.55

　　年画形式的中国现代国画作品。

J0025789

春江春　胡承斌绘

杭州　浙江人民出版社　1990 年　1 张　76cm（2 开）定价：CNY1.10

　　现代中国画作品。

J0025790

春江春　胡承斌绘

杭州　浙江人民出版社　1990 年　1 张　107cm（全开）　定价：CNY2.40

　　现代中国画作品。

J0025791

春江流泉　廉宽宏绘

长春　吉林美术出版社　1990 年　1 张　76cm（2 开）定价：CNY0.55

　　现代中国画作品。作者廉宽宏（1945—　），画家、国家一级美术师。笔名老廉，生于哈尔滨，河北安平人。毕业于天津美术学院。中国美术家协会会员、中日美术交流协会会员、沧州美协副主席。作品有《一竿撑出绿波来》《苍岩毓秀》

《淀上曲》等。

J0025792

春来福到成家喜　徐德元，徐志绘

沈阳　辽宁美术出版社　1990 年　1 张　76cm（2 开）定价：CNY0.55

　　本作品为年画形式的中国现代国画作品。

J0025793

春满乾坤福满门　天增岁月人增寿　尹晓军绘

西安　陕西人民美术出版社　1990 年　1 张　107cm（全开）　定价：CNY1.05

　　本作品为年画形式的中国现代国画作品。

J0025794

春满人间　刘吉厚绘

沈阳　辽宁美术出版社　1990 年　1 张　76cm（2 开）定价：CNY0.55

　　本作品为年画形式的中国现代国画作品。作者刘吉厚（1942—2011），满族，画家。辽宁宽甸人。历任辽宁美术出版社编辑、外联部编审、辽宁形象传播研究会常务副会长、秘书长。作品有《鸿福满堂》《春满人间》，出版有《刘吉厚作品选集》等。

J0025795

春满人间福满门　刘佩珩绘

哈尔滨　黑龙江美术出版社　1990 年　1 张　76cm（2 开）　定价：CNY0.55

　　本作品为年画形式的中国现代国画作品。

J0025796

春曲　赵琪绘

太原　山西人民出版社　1990 年　1 张　76cm（2 开）定价：CNY2.00

　　本作品为年画形式的中国现代国画作品。

J0025797

春雨添瀑声　田林海绘

济南　山东美术出版社　1990 年　1 张　107cm（全开）　定价：2.00

　　现代中国画作品。

J0025798

辞旧岁新春好　刘佩珩绘

长春 吉林美术出版社 1990 年 1 张 76cm（2 开）
定价：CNY0.55

　　本作品为年画形式的中国现代国画作品。作者刘佩珩（1954—　　），画家，研究院。别名刘山，天津宝坻人，毕业于东北师范大学美术系。历任吉林省通榆县文化馆副馆长、副研究员。作品有《喜迎春》《长白珍宝》《祖孙情》《长白珍奇》《趣》《关东乐》等。

J0025799

翠谷情思 经振华绘

沈阳 辽宁美术出版社 1990 年 1 张 76cm（2 开）
定价：CNY0.55

　　本作品为年画形式的中国现代国画作品。

J0025800

大福大富 华龙绘

哈尔滨 黑龙江美术出版社 1990 年 1 张
76cm（2 开）定价：CNY0.55

　　本作品为年画形式的中国现代国画作品。

J0025801

大吉大利 徐世民，徐曾绘

沈阳 辽宁美术出版社 1990 年 1 张 76cm（2 开）
定价：CNY0.55

　　本作品为年画形式的中国现代国画作品。

J0025802

大将 邱开明绘

昆明 云南人民出版社 1990 年 1 张 76cm（2 开）
定价：CNY0.55

　　本作品为年画形式的中国现代国画作品。

J0025803

大喜大寿图 徐俊卿绘

杭州 浙江人民美术出版社 1990 年 1 张
107cm（全开）定价：CNY1.70

　　本作品为年画形式的中国现代国画作品。

J0025804

大喜大寿图 徐俊青绘

杭州 浙江人民美术出版社 1990 年 1 轴（卷轴）
对联 1 副（全开）定价：CNY6.00

　　本作品为年画形式的中国现代国画作品。

J0025805

当代青年画家五人集 张可欣等绘

哈尔滨 黑龙江美术出版社 1990 年 50 页
25×26cm ISBN：7-5318-0101-9
定价：CNY24.00

　　本画册选有南京画家余启平、北京画家边平山、黑龙江画家张可欣、天津画家张羽、湖南画家邹建平五位青年画家的作品，每个人收入作品 9 幅，共 45 幅作品。

J0025806

当代中国工笔画选集 潘絜兹等绘

香港 云峰画苑（中国画画精品推广中心）1990 年
73 页 26cm（16 开）ISBN：962-7483-16-8
定价：HKD120.00

　　外文书名：Selected Works of Contemporary Chinese Paintings-Elaborate Style.

J0025807

当代中国画（1979—1989）葛维墨主编；中国美术家协会，中国美协山东分会编

济南 山东美术出版社 1990 年 146 页
33×38cm 精装 ISBN：7-5330-0392-6
定价：CNY250.00

　　本画册收入中国画作品 150 件，书后附有作者简历。外文书名：Contemporary Chinese Paintings. 本书与香港地平线出版社合作出版。

J0025808

当代中国新文人画集 王孟奇等绘

南京 江苏美术出版社 1990 年 71 页 25×26cm
ISBN：7-5344-0170-4 定价：CNY25.00

J0025809

当代著名中国画家作品选 许力以编

青岛 青岛出版社 1990 年 345 页 37cm（9 开）
ISBN：7-5436-0667-4 定价：CNY240.00

　　本画册荟萃 168 位当代中国著名画家的精品佳作，并附有艺术家的照片及简介。

J0025810

刀斧大将 张耀明绘

济南 山东美术出版社 1990 年 1 张 76cm（2 开）

　　本作品为年画形式的中国现代国画作品。

J0025811

刀斧将 李先润绘

广州 岭南美术出版社 1990 年 1 张 76cm（2 开）

定价：CNY0.57

　　本作品为年画形式的中国现代国画作品。

J0025812

刀斧将 李先润绘

广州 岭南美术出版社 1990 年 1 张 53cm（4 开）

定价：CNY0.29

　　本作品为年画形式的中国现代国画作品。

J0025813

东海献福 姚玉成，王淑娥绘

长春 吉林美术出版社 1990 年 1 张 76cm（2 开）

定价：CNY0.55

　　本作品为年画形式的中国现代国画作品。

J0025814

董希源画集 董希源绘

北京 中国青年出版社 1990 年 63 页 25×26cm

ISBN：7-5006-0900-0 定价：CNY35.00

　　本画册选收了作者63幅作品。外文书名：
Selections of Dong Xiyuan's Paintings. 作者董希
源（1964— ），画家。生于福建诏安县，毕业于
上海外国语学院美术专业班。历任福建省青年
书画家协会会长、中国人民大学画院特聘教授、
荣宝斋画院特聘教授。代表作品有《高壑览景图》
《秋山云散图》《流云飞瀑图》等，出版有《董希
源山水画选》《董希源花鸟画作品选》等。

J0025815

董帜强画集 董帜强绘

广州 花城出版社 1990 年 48 页 26cm（16 开）

ISBN：7-5360-0734-5 定价：CNY19.00

　　作者董帜强（1958— ），画家。广东番禺人，
毕业于广州美术学院。中国美术家协会广东分会
会员。代表作品《大黄河》《黄河放歌》《艰苦历
程》等。

J0025816

多福多寿 宫时，伟时绘

沈阳 辽宁美术出版社 1990 年 1 张 76cm（2 开）

定价：CNY0.55

　　本作品为年画形式的中国现代国画作品。

J0025817

多福多寿喜有余 范恩树绘

长春 吉林美术出版社 1990 年 1 张 76cm（2 开）

定价：CNY0.55

　　本作品为年画形式的中国现代国画作品。
作者范恩树（1946— ），吉林梨树县人。吉林省
美术家协会会员，曾任梨树县美协副主席兼秘
书长。作品有《献给老师》《春满神州》《吉庆有
余》等。

J0025818

恩爱百年 童新等绘

哈尔滨 黑龙江美术出版社 1990 年 2 张
76cm（2 开） 定价：CNY1.10

　　本作品为年画形式的中国现代国画作品。

J0025819

儿童游戏屏 阎凤成绘

上海 上海人民美术出版社 1990 年 2 张
76cm（2 开） 定价：CNY0.90

　　本作品为年画形式的中国现代国画作品。

J0025820

发财如意 李中文绘

昆明 云南人民出版社 1990 年 1 张 53cm（4 开）

定价：CNY0.30

　　本作品为年画形式的中国现代国画作品。

J0025821

发家致富 宫林，伟时绘

沈阳 辽宁美术出版社 1990 年 1 张 76cm（2 开）

定价：CNY0.55

　　本作品为年画形式的中国现代国画作品。

J0025822

范曾书画集 范曾绘

天津 天津人民美术出版社 1990 年 135 页
38cm（6 开） 精装 ISBN：7-5305-0141-0

定价：CNY96.00

　　外文书名：The Album of Fan Zeng's Calligraphy
and Paintings. 作者范曾（1938— ），画家、学者。
字十翼，别署抱冲斋主，江苏南通人。毕业于中
央美术学院中国画系。历任中央工艺美术学院
讲师、副教授，南开大学东方艺术系教授、博士
生导师，中国艺术研究院终身研究员等。代表作

品有《庄子显灵记》《范曾自述》《老子出关》《钟馗神威》等。

J0025823
方健群画集 方健群绘
广州 岭南美术出版社 1990 年 40 页 有照片
23cm（10 开） ISBN：7-5362-0583-7
定价：CNY18.00

J0025824
奋勇杀敌 张鸣绘
昆明 云南人民出版社 1990 年 1 张 76cm（2 开）
定价：CNY0.55
　　本作品为年画形式的中国现代国画作品。

J0025825
丰年福临门 邓吉梅绘
哈尔滨 黑龙江美术出版社 1990 年 1 张
76cm（2 开） 定价：CNY0.62
　　本作品为年画形式的中国现代国画作品。

J0025826
丰年乐·喜迎春 陈伟明绘
广州 岭南美术出版社 1990 年 1 张 53cm（4 开）
定价：CNY0.29
　　本作品为年画形式的中国现代国画作品。

J0025827
丰年乐有余 龙华绘
哈尔滨 黑龙江美术出版社 1990 年 1 张
76cm（2 开） 定价：CNY0.55
　　本作品为年画形式的中国现代国画作品。

J0025828
风调雨顺吉庆吉祥 李冰绘
兰州 甘肃人民出版社 1990 年 1 张 53cm（4 开）
定价：CNY0.30
　　本作品为年画形式的中国现代国画作品。

J0025829
冯骥才画集 冯骥才绘
天津 天津杨柳青画社 1990 年 138 页
31×26cm 精装 ISBN：7-80503-114-2
定价：CNY160.00
　　本画册收集作者近 20 年的"现代文人画"精

品。外文书名：The Album of Paintings by Feng Jicai. 作者冯骥才（1942—　），作家、画家、文化学者、教授。浙江宁波人。历任中国文学艺术界联合会荣誉委员、中国民间文艺家协会名誉主席、国务院参事，天津大学冯骥才文学艺术研究院院长、教授、博士生导师。代表作品有《雕花烟斗》《高女人和她的矮丈夫》《神鞭》《三寸金莲》《珍珠鸟》《一百个人的十年》等。

J0025830
凤还巢 王义胜、王岗绘；王林文
沈阳 辽宁美术出版社 1990 年 2 张 76cm（2 开）
定价：CNY1.10
　　本作品为年画形式的中国现代国画作品。

J0025831
凤凰图 丁宝珍绘
北京 人民美术出版社 1990 年 1 张 76cm（2 开）
定价：CNY0.50
　　本作品为年画形式的中国现代国画作品。

J0025832
凤鸣福至 胡玉啄绘
哈尔滨 黑龙江美术出版社 1990 年 1 张
76cm（2 开） 定价：CNY0.55
　　本作品为年画形式的中国现代国画作品。

J0025833
伏虎吉祥 陈英，陈明绘
天津 天津人民美术出版社 1990 年 1 张
76cm（2 开） 定价：CNY0.50
　　本作品为年画形式的中国现代国画作品。

J0025834
福 王凤清绘
长春 吉林美术出版社 1990 年 1 张 76cm（2 开）
定价：CNY0.60
　　本作品为年画形式的中国现代国画作品。

J0025835
福春 尹晓军，尹晓平绘
南昌 江西人民出版社 1990 年 1 张 76cm（2 开）
定价：CNY0.50
　　本作品为年画形式的中国现代国画作品。

J0025836

福大寿多 吴明绘

哈尔滨 黑龙江美术出版社 1990 年 1 张

76cm（2 开） 定价：CNY0.62

　　本作品为年画形式的中国现代国画作品。

J0025837

福大寿高喜成双 陈华民，陈晓东绘

沈阳 辽宁美术出版社 1990 年 1 张 76cm（2 开）

定价：CNY0.55

　　本作品为年画形式的中国现代国画作品。

J0025838

福富寿喜 德元，德运绘

沈阳 辽宁美术出版社 1990 年 2 张 76cm（2 开）

定价：CNY1.10

　　本作品为年画形式的中国现代国画作品。

J0025839

福富寿喜 王德力绘

上海 上海人民美术出版社 1990 年 2 张

107cm（全开） 定价：CNY2.00

　　本作品为年画形式的中国现代国画作品。

J0025840

福富寿禧 车忠阳绘

北京 人民美术出版社 1990 年 1 张 76cm（2 开）

定价：CNY0.50

　　本作品为年画形式的中国现代国画作品。

J0025841

福富寿禧 陈学璋绘

杭州 浙江人民美术出版社 1990 年 2 张

76cm（2 开） 定价：CNY0.90

　　本作品为年画形式的中国现代国画作品。

作者陈学璋（1955— ），浙江德清人。笔名晨牧。

擅长中国画、年画。浙江省美术家协会会员、湖

州市美术家协会理事、德清县美协主席、赵孟頫

书画院院长。主要作品有《又是一个丰收年》《小

康属龙》《桑梓情》等。

J0025842

福富寿禧仕女图屏 王振羽，燕凡绘

哈尔滨 黑龙江美术出版社 1990 年 2 张

76cm（2 开） 定价：CNY1.15

　　本作品为年画形式的中国现代国画作品。

J0025843

福富有余 左义绘

沈阳 辽宁美术出版社 1990 年 1 张 76cm（2 开）

定价：CNY0.60

　　本作品为年画形式的中国现代国画作品。

J0025844

福富有余 化金莲绘

上海 上海人民美术出版社 1990 年 1 张

76cm（2 开） 定价：CNY0.45

　　本作品为年画形式的中国现代国画作品。

作者化金莲（1952— ），内蒙古固阳人。毕业于

内蒙古师院艺术系。乌兰察布盟师范学校教师、

中国美术家协会内蒙古分会会员、乌盟美术家协

会副主席、乌盟美术教育研究会副理事长。编著

出版《手工美术》。

J0025845

福贵有余 董振中绘

上海 上海人民美术出版社 1990 年 1 张

76cm（2 开） 定价：CNY0.45

　　本作品为年画形式的中国现代国画作品。

作者董振中（1945— ），画家。山东人。字子午，

号老草。毕业于浙江美术学院国画系。中国美

术家协会会员、国家一级美术师、邹城市美术家

协会主席、邹城市画院院长。出版有《董振中画

集》《孟子圣迹图》《孔子圣迹图》等。

J0025846

福来富到 徐德元，徐蕾绘

沈阳 辽宁美术出版社 1990 年 1 张 76cm（2 开）

定价：CNY0.55

　　本作品为年画形式的中国现代国画作品。

J0025847

福临富裕门 天兵绘

哈尔滨 黑龙江美术出版社 1990 年 1 张

76cm（2 开） 定价：CNY0.62

　　本作品为年画形式的中国现代国画作品。

J0025848

福满财丰 尹晓彦，尹晓君绘

长春 吉林美术出版社 1990 年 1 张 76cm（2 开）

定价: CNY0.60
　　本作品为年画形式的中国现代国画作品。

J0025849
福满财富 尹晓彦绘
南昌 江西人民出版社 1990 年 1 张 76cm（2 开）
定价: CNY0.50
　　本作品为年画形式的中国现代国画作品。

J0025850
福满门 王建德绘
天津 天津人民美术出版社 1990 年 1 张
76cm（2 开） 定价: CNY0.50
　　本作品为年画形式的中国现代国画作品。

J0025851
福宁康寿 林伟新绘
天津 天津人民美术出版社 1990 年 4 张
76cm（2 开） 定价: CNY5.00
　　本作品为年画形式的中国现代国画作品。

J0025852
福如东海 丁洪辉绘
长春 吉林美术出版社 1990 年 1 张 76cm（2 开）
定价: CNY0.55
　　本作品为年画形式的中国现代国画作品。

J0025853
福如东海 陈英,陈明绘
天津 天津人民美术出版社 1990 年 1 张
76cm（2 开） 定价: CNY0.50
　　本作品为年画形式的中国现代国画作品。

J0025854
福如东海 寿比南山 刘秦山,付波绘
哈尔滨 黑龙江美术出版社 1990 年 1 张
76cm（2 开） 定价: CNY0.55
　　本作品为年画形式的中国现代国画作品。

J0025855
福如东海长流水 王昭灿绘
济南 山东美术出版社 1990 年 1 张 76cm（2 开）
定价: CNY0.50
　　本作品为年画形式的中国现代国画作品。

J0025856
福洒人间 赵笑岩绘
长春 吉林美术出版社 1990 年 1 张 76cm（2 开）
定价: CNY0.55
　　本作品为年画形式的中国现代国画作品。

J0025857
福上福 陈华民,姜英绘
沈阳 辽宁美术出版社 1990 年 1 张 76cm（2 开）
定价: CNY0.55
　　本作品为年画形式的中国现代国画作品。

J0025858
福寿 龙华绘
哈尔滨 黑龙江美术出版社 1990 年 1 张
76cm（2 开） 定价: CNY0.62
　　本作品为年画形式的中国现代国画作品。

J0025859
福寿安康 俎翠林绘
长春 吉林美术出版社 1990 年 1 张 76cm（2 开）
定价: CNY0.55
　　本作品为年画形式的中国现代国画作品。

J0025860
福寿和美 程明华绘
呼和浩特 内蒙古人民出版社 1990 年 1 张
76cm（2 开） 定价: CNY0.55
　　本作品为年画形式的中国现代国画作品。

J0025861
福寿吉祥 王剑虹绘
哈尔滨 黑龙江美术出版社 1990 年 1 张
76cm（2 开） 定价: CNY0.55
　　本作品为年画形式的中国现代国画作品。

J0025862
福寿吉祥 臧恒望绘
济南 山东美术出版社 1990 年 1 张 76cm（2 开）
定价: CNY0.25
　　本作品为年画形式的中国现代国画作品。

J0025863
福寿将 张锡武绘
昆明 云南人民出版社 1990 年 1 张 53cm（4 开）

定价: CNY0.30

　　本作品为年画形式的中国现代国画作品。

J0025864

福寿久长 彭海清绘

哈尔滨 黑龙江美术出版社 1990 年 1 张

76cm（2 开） 定价: CNY0.55

　　本作品为年画形式的中国现代国画作品。作者彭海清（1943— ），国家一级美术师，生于山东淄博，历任中国美术家协会会员、国际美术家联合会会员、中国国画家协会理事、环球书画艺术研究院客座教授、山东河津书画院名誉院长。出版有《彭海清画集》。

J0025865

福寿康乐 卫民绘

哈尔滨 黑龙江美术出版社 1990 年 1 张

76cm（2 开） 定价: CNY0.62

　　本作品为年画形式的中国现代国画作品。

J0025866

福寿康乐 李学勤绘

呼和浩特 内蒙古人民出版社 1990 年 1 张

76cm（2 开） 定价: CNY0.55

　　本作品为年画形式的中国现代国画作品。

J0025867

福寿康乐 薛长杰绘

西安 陕西人民美术出版社 1990 年 2 张

76cm（2 开） 定价: CNY1.10

　　本作品为年画形式的中国现代国画作品。

J0025868

福寿康乐 刘王斌绘

上海 上海人民美术出版社 1990 年 1 张

76cm（2 开） 定价: CNY1.30

　　本作品为年画形式的中国现代国画作品。作者刘王斌（1921— ），画家。湖南攸县人。历任上海人民美术出版社副编审，上海美术家协会会员、上海中山艺术院理事。代表作品有《鸭司令》《沙恭达罗》《鱼乐图》《荷花童子舞》《鲤鱼跳龙门》《欢欢喜喜》等。

J0025869

福寿康乐喜有余 谷学忠, 谷学文绘

哈尔滨 黑龙江美术出版社 1990 年 1 张

76cm（2 开） 定价: CNY0.55

　　本作品为年画形式的中国现代国画作品。

J0025870

福寿满堂 成砺志绘

南昌 江西人民出版社 1990 年 1 张 76cm（2 开）

定价: CNY1.00

　　本作品为年画形式的中国现代国画作品。作者成砺志（1954— ），江苏扬州人。国家一级美术师、中国美术家协会会员。主要作品有《六老图·邓小平》《我为祖国争光》《春暖万家》等。

J0025871

福寿平安 张耀明绘

济南 山东美术出版社 1990 年 1 张 76cm（2 开）

定价: CNY0.25

　　本作品为年画形式的中国现代国画作品。

J0025872

福寿齐天 李中文绘

广州 岭南美术出版社 1990 年 1 张 76cm（2 开）

定价: CNY0.57

　　本作品为年画形式的中国现代国画作品。

J0025873

福寿齐天 李中文绘

广州 岭南美术出版社 1990 年 1 张 53cm（4 开）

定价: CNY0.29

　　本作品为年画形式的中国现代国画作品。

J0025874

福寿千秋 关满生绘

沈阳 辽宁美术出版社 1990 年 1 张 76cm（2 开）

定价: CNY0.55

　　本作品为年画形式的中国现代国画作品。

J0025875

福寿如意 朱振芳绘

石家庄 河北美术出版社 1990 年 1 张

76cm（2 开） 定价: CNY0.50

　　本作品为年画形式的中国现代国画作品。

J0025876

福寿如意 刘泰山, 庞凤芹绘

哈尔滨 黑龙江美术出版社 1990 年 1 张
76cm（2 开）定价：CNY0.55
本作品为年画形式的中国现代国画作品。

J0025877
福寿如意 刘树茂，刘旭绘
沈阳 辽宁美术出版社 1990 年 1 张 76cm（2 开）
定价：CNY0.55
本作品为年画形式的中国现代国画作品。

J0025878
福寿如意万万年 顾龙，白水绘
沈阳 辽宁美术出版社 1990 年 1 张 76cm（2 开）
定价：CNY0.55
本作品为年画形式的中国现代国画作品。

J0025879
福寿生财乐有余 关满生绘
沈阳 辽宁美术出版社 1990 年 1 张 76cm（2 开）
定价：CNY0.55
本作品为年画形式的中国现代国画作品。

J0025880
福寿双全 深沉，晓华绘
天津 天津人民美术出版社 1990 年 1 张
76cm（2 开）定价：CNY0.50
本作品为年画形式的中国现代国画作品。

J0025881
福寿双全 汪苗绘
杭州 浙江人民美术出版社 1990 年 1 张
107cm（全开）定价：CNY1.70
本作品为年画形式的中国现代国画作品。

J0025882
福寿同来 薛长山绘
哈尔滨 黑龙江人民美术出版社 1990 年 2 张
76cm（2 开）定价：CNY1.15
本作品为年画形式的中国现代国画作品。

J0025883
福寿同庆 杨馥如绘
上海 上海人民美术出版社 1990 年 1 张
76cm（2 开）定价：CNY0.45
本作品为年画形式的中国现代国画作品。

J0025884
福寿图 俎微绘
北京 人民美术出版社 1990 年 1 张
107cm（全开）定价：CNY1.05
本作品为年画形式的中国现代国画作品。

J0025885
福寿图 季刀仓绘
济南 山东美术出版社 1990 年 1 张 76cm（2 开）
定价：CNY0.50
本作品为年画形式的中国现代国画作品。

J0025886
福寿万年 王福增，邵瑞玲绘
哈尔滨 黑龙江美术出版社 1990 年 1 张
76cm（2 开）定价：CNY0.55
本作品为年画形式的中国现代国画作品。

J0025887
福寿万年 张宝祥绘
长春 吉林美术出版社 1990 年 1 张 76cm（2 开）
定价：CNY0.55
本作品为年画形式的中国现代国画作品。

J0025888
福寿万年 李用夫绘
天津 天津人民美术出版社 1990 年 4 张
76cm（2 开）定价：CNY1.00
本作品为年画形式的中国现代国画作品。

J0025889
福寿喜迎门 刘宝贵绘
沈阳 辽宁美术出版社 1990 年 1 张 76cm（2 开）
定价：CNY0.55
本作品为年画形式的中国现代国画作品。

J0025890
福寿有余 于保险绘
长春 吉林美术出版社 1990 年 1 张 76cm（2 开）
定价：CNY0.55
本作品为年画形式的中国现代国画作品。

J0025891
福寿有余 霍允庆绘
济南 山东美术出版社 1990 年 1 张 76cm（2 开）

定价: CNY0.50

　　本作品为年画形式的中国现代国画作品。作者霍允庆(1944—　)，笔名静轩，山东龙口人。擅长年画、中国画。曾在龙口文化馆从事美术工作，二级美术师。作品有《丰收时节》《劈山救母》《年方八八》等。

J0025892

福寿有余　王振羽绘
天津　天津人民美术出版社　1990 年　1 张
76cm（2 开）定价: CNY0.50
　　本作品为年画形式的中国现代国画作品。

J0025893

福娃戏鱼　徐德元, 徐玉绘
沈阳　辽宁美术出版社　1990 年　1 张　76cm（2 开）
定价: CNY0.55
　　本作品为年画形式的中国现代国画作品。

J0025894

福喜双全富有余　刘新奇绘
上海　上海人民美术出版社　1990 年　1 张
76cm（2 开）定价: CNY0.45
　　本作品为年画形式的中国现代国画作品。

J0025895

福禧临门　尹晓彦, 尹晓君绘
长春　吉林美术出版社　1990 年　1 张　76cm（2 开）
定价: CNY0.60
　　本作品为年画形式的中国现代国画作品。

J0025896

福禧临门　孟新民绘
西安　陕西人民美术出版社　1990 年　1 张
76cm（2 开）定价: CNY0.55
　　本作品为年画形式的中国现代国画作品。

J0025897

福禧临门　孟新明绘
西安　陕西人民美术出版社　1990 年　1 张
53cm（4 开）定价: CNY0.35
　　本作品为年画形式的中国现代国画作品。

J0025898

福禧满堂　董振中绘
济南　山东美术出版社　1990 年　1 张　76cm（2 开）
定价: CNY0.50
　　本作品为年画形式的中国现代国画作品。作者董振中(1945—　)，画家。山东人。字子午，号老草。毕业于浙江美术学院国画系。中国美术家协会会员、国家一级美术师、邹城市美术家协会主席、邹城市画院院长。出版有《董振中画集》《孟子圣迹图》《孔子圣迹图》等。

J0025899

福星高照　德元, 徐吉绘
沈阳　辽宁美术出版社　1990 年　1 张
76cm（2 开）定价: CNY0.55
　　本作品为年画形式的中国现代国画作品。

J0025900

福星高照　钟文斌绘
昆明　云南人民出版社　1990 年　1 张　76cm（2 开）
定价: CNY0.55
　　本作品为年画形式的中国现代国画作品。

J0025901

福迎寿星来　徐德元等绘
沈阳　辽宁美术出版社　1990 年　1 张　76cm（2 开）
定价: CNY0.55
　　本作品为年画形式的中国现代国画作品。

J0025902

福中福　富上富　陈华民绘
广州　岭南美术出版社　1990 年　1 张　53cm（4 开）
定价: CNY0.29
　　本作品为年画形式的中国现代国画作品。

J0025903

福中福·富上富　陈华民绘
广州　岭南美术出版社　1990 年　1 张　76cm（2 开）
定价: CNY0.57
　　本作品为年画形式的中国现代国画作品。

J0025904

福中寿　范树仁绘
石家庄　河北美术出版社　1990 年　1 张
107cm（全开）定价: CNY1.10
　　本作品为年画形式的中国现代国画作品。

J0025905
富到农家　陈华民绘
沈阳　辽宁美术出版社　1990 年　1 张　76cm（2 开）
定价：CNY0.55
　　本作品为年画形式的中国现代国画作品。

J0025906
富富有余　徐德源绘
西安　陕西人民美术出版社　1990 年　1 张
76cm（2 开）　定价：CNY0.55
　　本作品为年画形式的中国现代国画作品。

J0025907
富贵多寿　范恩树绘
长春　吉林美术出版社　1990 年　1 张　76cm（2 开）
定价：CNY0.55
　　本作品为年画形式的中国现代国画作品。
作者范恩树（1946— ），吉林梨树县人。吉林省
美术家协会会员，曾任梨树县美协副主席兼秘
书长。作品有《献给老师》《春满神州》《吉庆有
余》等。

J0025908
富贵满堂　尹相新，李凤君绘
长春　吉林美术出版社　1990 年　1 张　76cm（2 开）
定价：CNY0.55
　　本作品为年画形式的中国现代国画作品。

J0025909
富乐图　方敦传绘
杭州　浙江人民美术出版社　1990 年　1 张
76cm（2 开）　定价：CNY0.45
　　本作品为年画形式的中国现代国画作品。
作者方敦传（1941— ），安徽郎溪县人。师范毕
业。安徽省美术家协会会员、安徽年画研究会会
员。曾任郎溪县文化馆副馆长。擅长年画、中
国画。代表作品有《鹅乡春暖》《福妞》《山河长
春》等。

J0025910
富上有余人增福　王振羽绘
呼和浩特　内蒙古人民出版社　1990 年　1 张
76cm（2 开）　定价：CNY0.55
　　本作品为年画形式的中国现代国画作品。

J0025911
富喜连年　于保俭绘
长春　吉林美术出版社　1990 年　1 张　76cm（2 开）
定价：CNY0.55
　　本作品为年画形式的中国现代国画作品。

J0025912
富喜如意　董振中绘
上海　上海人民美术出版社　1990 年　1 张
76cm（2 开）　定价：CNY0.45
　　本作品为年画形式的中国现代国画作品。
作者董振中（1945— ），画家。山东人。字子午，
号老草。毕业于浙江美术学院国画系。中国美
术家协会会员、国家一级美术师、邹城市美术家
协会主席、邹城市画院院长。出版《董振中画集》
《孟子圣迹图》《孔子圣迹图》等。

J0025913
高风亮节　苏伯群绘
天津　天津人民美术出版社　1990 年　4 张
76cm（2 开）　定价：CNY5.00
　　本作品为年画形式的中国现代国画作品。

J0025914
高剑父画选　高剑父绘
天津　天津市古籍出版社　1990 年　影印本
20 页　38×26cm（8 开）　定价：CNY3.50
（岭南三杰画选）
　　作者高剑父（1879—1951），国画家、美术教
育家。名仑，字剑父，后以字行，生于广东番禺
县，毕业于东京美术学院。岭南画派创始人之一。
著作有《中国现代的绘画》《印度艺术》《国画新
路向》《蛙声集》《佛国记》等。

J0025915
高剑父写生稿　高剑父绘
台北　敦煌艺术出版社　1990 年　[119]页
有彩图　26cm（16 开）　定价：TWD550.00
（敦煌水墨集）

J0025916
恭喜发财　王振羽绘
哈尔滨　黑龙江美术出版社　1990 年　1 张
76cm（2 开）　定价：CNY0.55
　　本作品为年画形式的中国现代国画作品。

J0025917

恭喜发财 志斌绘
长春 吉林美术出版社 1990 年 1 张 76cm（2 开）
定价：CNY0.55
　　本作品为年画形式的中国现代国画作品。

J0025918

恭喜发财福万代 王振羽，福顺绘
沈阳 辽宁美术出版社 1990 年 1 张 76cm（2 开）
定价：CNY0.55
　　本作品为年画形式的中国现代国画作品。

J0025919

恭喜发财聚宝来 张万臣，鑫普绘
沈阳 辽宁美术出版社 1990 年 1 张 76cm（2 开）
定价：CNY0.55
　　本作品为年画形式的中国现代国画作品。

J0025920

恭喜发大财 公林，伟时绘
沈阳 辽宁美术出版社 1990 年 1 张 76cm（2 开）
定价：CNY0.55
　　本作品为年画形式的中国现代国画作品。

J0025921

共饮甘泉 张辛国绘
上海 上海人民美术出版社 1990 年 1 张
107cm（全开） 定价：CNY2.40
　　现代中国画作品。

J0025922

供春图（绫裱卷轴） 钱松嵒绘
北京 荣宝斋 1990 年 1 轴
　　现代中国画作品。作者钱松嵒（1899—
1985），当代画家。江苏宜兴人。曾任江苏省国
画院院长、名誉院长，江苏省美术家协会主席、
中国美术家协会常务理事等。画作有《红岩》《延
安颂》《芙蓉湖上》《山岳颂》等。代表作品有《梅
园新村》《延安颂》《红岩》《井冈大瀑布》等。著
作《砚边点滴》。出版物《钱松嵒画集》等。

J0025923

古城会 张瑞恒绘
天津 天津人民美术出版社 1990 年 1 张
76cm（2 开） 定价：CNY0.50

本作品为年画形式的中国现代国画作品。

J0025924

古诗画意 宗文龙主编；马安东日文翻译，邵
永真英文翻译
台北 艺术出版社 1990 年 ［8］+151 页 有彩图
30cm（10 开） ISBN：957-904-500-3
定价：TWD480.00
　　外文书名：Ancient Poems with Illustrative
Paintings.

J0025925

古诗意山水屏 张家纯绘
哈尔滨 黑龙江美术出版社 1990 年 2 张
76cm（2 开） 定价：CNY1.10
　　现代中国画作品。

J0025926

谷宝玉画集 谷宝玉绘
石家庄 河北美术出版社 1990 年 41 页 26cm
（16 开） ISBN：7-5310-0343-0 定价：CNY18.00
　　本画集收录作者花鸟画作品 55 幅。包括《荷
翠初目半池》《花菜之王》《独有一枝春》《春色
人醉》《远瞻江山》等。作者谷宝玉（1939—　 ），
画家。号花翁，百花轩主，生于山东青岛市。历
任联合国教科文卫组织官员、IBC 英国剑桥大学
国际名人传记中心顾问、香港世界艺术家联合会
艺术总监、中国美术家协会名誉主席、中国海洋
大学国画教授、青岛中国画研究院院长等职。出
版有《谷宝玉画册》《谷宝玉画集》《谷宝玉诗书
画印选集》《中国画技法》等。

J0025927

鼓乐升平 顾振君绘
沈阳 辽宁美术出版社 1990 年 1 张 76cm（2 开）
定价：CNY0.55
　　本作品为年画形式的中国现代国画作品。
作者顾振君（1941—　 ），研究员。辽宁沈阳人。
历任抚顺市群众艺术馆副研究馆员、辽宁省美术
家协会会员、辽宁省年画学会常务理事。

J0025928

关东画选 季观之等绘
哈尔滨 黑龙江美术出版社 1990 年 25×26cm
ISBN：7-5318-0068-3

定价: CNY32.00, CNY43.00（精装）

　　本画册中入选的 120 幅中国画作品是从辽宁、吉林、黑龙江省美协 1988 年联合举办的"关东画展"精选出来的。

J0025929

观瀑图　王利华绘

杭州　浙江人民美术出版社　1990 年　1 轴（卷轴）

对联 1 副　定价: CNY6.00

　　中国现代年画作品。

J0025930

观瀑图　王利华绘

杭州　浙江人民美术出版社　1990 年　1 张

107cm（全开）　定价: CNY1.70

　　中国现代年画作品。

J0025931

观鱼　王新滨, 曹淑勤绘

沈阳　辽宁美术出版社　1990 年　1 张　76cm（2 开）

定价: CNY0.55

　　本作品为年画形式的中国现代国画作品。

J0025932

柜中缘　赵彦杰绘

长春　吉林美术出版社　1990 年　1 张　76cm（2 开）

定价: CNY0.55

　　本作品为年画形式的中国现代国画作品。

J0025933

郭广业画集　郭广业著

哈尔滨　黑龙江美术出版社　1990 年　38 × 26cm

ISBN: 7-5318-0123-7

定价: CNY26.00, CNY32.00（精装）

　　本画册收入作者中国画 46 幅。

J0025934

郭志光画集　郭志光绘

北京　轻工业出版社　1990 年　81 页　29 × 21cm

（16 开）ISBN: 7-5019-0910-5　定价: CNY27.00

　　本书系中国现代花鸟画画册。作者郭志光（1942— ）, 国画家。又名之光, 字玄明。山东潍坊人, 毕业于浙江美术学院中国画系花鸟专业。中国美术家协会会员、山东工艺美术学院国画研究院院长、山东省美术家协会名誉主席。代表作

有《松鹰图》《瑞雪》《雄无可争》《细雨》等。

J0025935

国色天香　尹相新, 李凤君绘

长春　吉林美术出版社　1990 年　1 张　76cm（2 开）

定价: CNY0.55

　　本作品为年画形式的中国现代国画作品。

J0025936

果鸟屏　彭公林, 伟时绘

沈阳　辽宁美术出版社　1990 年　2 张　76cm（2 开）

定价: CNY1.10

　　本作品为年画形式的中国现代国画作品。

J0025937

海之歌　徐昊绘

杭州　浙江人民美术出版社　1990 年　1 张

76cm（2 开）　定价: CNY1.10

　　本作品为年画形式的中国现代国画作品。

J0025938

韩伍画集　韩伍绘

上海　百家出版社　1990 年　41 页　26cm（16 开）

ISBN: 7-80576-080-2　定价: CNY12.00

　　本书系现代中国画画册。作者韩伍（1936— ）, 画家。浙江杭州人, 毕业于行知艺术学校。中国美术家协会会员、儿童时代社《哈哈画报》主编、上海市美协理事。作品有《五彩路》《微湖山上》《灯花》等, 出版有《韩伍画集》《小巷童年》《诗经彩绘》等。

J0025939

汉寿亭侯　赵梦林等绘

呼和浩特　内蒙古人民出版社　1990 年　1 张

107cm（全开）　定价: CNY1.20

　　本作品为年画形式的中国现代国画作品。

J0025940

汉寿亭侯　赵梦林等绘

呼和浩特　内蒙古人民出版社　1990 年　1 张

76cm（2 开）　定价: CNY0.55

　　本作品为年画形式的中国现代国画作品。

J0025941

浩然正气　金平定绘

广州 岭南美术出版社 1990 年 1 张 76cm（2 开）
定价：CNY0.29
　　本作品为年画形式的中国现代国画作品。

J0025942

浩然正气 金平定绘
广州 岭南美术出版社 1990 年 1 张 76cm（2 开）
定价：CNY0.57
　　本作品为年画形式的中国现代国画作品。

J0025943

皓月（张俊国中国画作品） 张俊国绘
北京 人民美术出版社 1990 年 26cm（16 开）
ISBN：7-102-00727-2 定价：CNY1.10
（新美术画库 38）
　　本书系张俊国绘中国现代山水画画册。作
者张俊国（1945— ），编辑。河北蠡县人，毕业
于中央工艺美术学院。历任人民美术出版社编
审、美术教材编辑出版中心主任，《中国小学美
术》杂志主编。作品有《蜀山黄龙景观》。

J0025944

和福迎财 范恩树绘
长春 吉林美术出版社 1990 年 1 张 76cm（2 开）
定价：CNY0.55
　　本作品为年画形式的中国现代国画作品。

J0025945

和美幸福 霍允庆绘
上海 上海人民美术出版社 1990 年 1 张
76cm（2 开） 定价：CNY0.45
　　本作品为年画形式的中国现代国画作品。
作者范恩树（1946— ），吉林梨树县人。吉林省
美术家协会会员，曾任梨树县美协副主席兼秘
书长。作品有《献给老师》《春满神州》《吉庆有
余》等。

J0025946

和美幸福长 秀文，童金贵绘
哈尔滨 黑龙江美术出版社 1990 年 1 张
76cm（2 开） 定价：CNY0.55
　　本作品为年画形式的中国现代国画作品。

J0025947

和睦生财 童金贵绘

哈尔滨 黑龙江美术出版社 1990 年 1 张
76cm（2 开） 定价：CNY0.55
　　本作品为年画形式的中国现代国画作品。

J0025948

和平富贵 薛长山绘
长沙 湖南美术出版社 1990 年 1 张 76cm（2 开）
定价：CNY1.00
　　本作品为年画形式的中国现代国画作品。

J0025949

和平幸福 王新滨，曹淑勤绘
沈阳 辽宁美术出版社 1990 年 1 张 76cm（2 开）
定价：CNY0.55
　　本作品为年画形式的中国现代国画作品。

J0025950

荷花舞 徐德元，余力绘
哈尔滨 黑龙江美术出版社 1990 年 1 张
76cm（2 开） 定价：CNY0.55
　　本作品为年画形式的中国现代国画作品。

J0025951

赫赫英姿 何永坤绘
昆明 云南人民出版社 1990 年 1 张 53cm（4 开）
定价：CNY0.30
　　本作品为年画形式的中国现代国画作品。

J0025952

黑龙江省画院国画作品选
北京 人民美术出版社 1990 年 64 页
30cm（10 开） 定价：CNY41.00

J0025953

红梅报春福康乐 张锦标绘
上海 上海人民美术出版社 1990 年 1 张
76cm（2 开） 定价：CNY0.45
　　本作品为年画形式的中国现代国画作品。

J0025954

洪福齐天 童金贵绘
沈阳 辽宁美术出版社 1990 年 1 张 76cm（2 开）
定价：CNY0.55
　　本作品为年画形式的中国现代国画作品。

J0025955

鸿福到家门 刘明波绘

长春 吉林美术出版社 1990年 1张 76cm（2开）

定价：CNY0.60

　　本作品为年画形式的中国现代国画作品。

J0025956

鸿福满华堂 徐德元，徐岫绘

哈尔滨 黑龙江美术出版社 1990年 1张

76cm（2开） 定价：CNY0.55

　　本作品为年画形式的中国现代国画作品。

J0025957

鸿福满堂 尹晓彦，尹晓军绘

石家庄 河北美术出版社 1990年 1张

53cm（4开） 定价：CNY0.35

　　本作品为年画形式的中国现代国画作品。

J0025958

鸿福满堂 薛长山绘

哈尔滨 黑龙江美术出版社 1990年 2张

76cm（2开） 定价：CNY1.15

　　本作品为年画形式的中国现代国画作品。

J0025959

鸿福盈门 甘勋优绘

南昌 江西人民出版社 1990年 1张 76cm（2开）

定价：CNY0.48

　　本作品为年画形式的中国现代国画作品。

J0025960

鸿禧满门 王昭灿绘，季乃仓绘

济南 山东美术出版社 1990年 2张 76cm（2开）

　　本作品为年画形式的中国现代国画作品。

J0025961

胡佩衡画集 胡佩衡绘

北京 人民美术出版社 1990年 有照片 35×26cm

精装 ISBN：7-102-00629-2 定价：CNY97.00

　　本画集选编中国画和书法作品104幅。作者胡佩衡（1892—1962），蒙古族，山水画家。谱名锡铨，又名衡，字佩衡，号冷庵，外号胡涂克图，以字行。河北涿县人。历任中国画学研究会和湖社画会评议、华北大学教授、北京师范大学讲师、北平艺术专科学校教授、北京中国画研究

会常务理事、北京画院画师兼院务委员。著有《山水入门》《桂林写生》《胡佩衡画集》。

J0025962

胡振郎画集 胡振朗绘

上海 上海书画出版社 1990年 57页 24×25cm

精装 ISBN：7-80512-497-3 定价：CNY19.00

　　外文书名：A Collection of Hu Zhenlang's Painting. 作者胡振郎（1938—　），国家一级美术师。浙江永康县人，毕业于浙江美术学院。历任中国美术家协会上海分会理事、上海市黄浦画院院长、上海市文史研究馆馆员、上海中国画院画师。代表作品有《功》《一生难忘1976》《峥嵘岁月》《百年沧桑》《白求恩》，出版有《胡振郎画集》《胡振郎山水画集》《怎样画水墨山水》等。

J0025963

湖明柏翠 张然或绘

长春 吉林美术出版社 1990年 1张 76cm（2开）

定价：CNY0.55

　　现代中国画作品。

J0025964

虎啸山谷 刘浩绘

天津 天津人民美术出版社 1990年 1张

76cm（2开） 定价：CNY0.50

　　本作品为年画形式的中国现代国画作品。

J0025965

虎啸图 顾青蛟绘

南京 江苏美术出版社 1990年 1轴 对联1副

定价：CNY6.50

　　年画形式的中国现代国画作品。作者顾青蛟（1948—　），江苏苏州人。毕业于苏州工艺美术学院。中国美术家协会会员、江苏省花鸟画研究会副会长、江苏省中国画学会理事、无锡花鸟画研究会会长、无锡市政协书画社顾问、无锡市美术家协会艺术顾问、无锡市书画院国家一级美术师。代表作品《丝绸之路》《动物通景》《江南桑帛情》等。

J0025966

虎啸图 陈学璋绘

西安 陕西人民美术出版社 1990年 1张

对联1副 定价：CNY1.05

年画形式的中国现代国画作品。作者陈学璋(1955—　)，浙江德清人。笔名晨牧。擅长中国画、年画。浙江省美术家协会会员、湖州市美术家协会理事、德清县美协主席、赵孟頫书画院院长。主要作品有《又是一个丰收年》《小康属龙》《桑梓情》等。

J0025967

户进八方财　彭公林绘

哈尔滨　黑龙江美术出版社 1990 年 1 张 76cm(2 开) 定价：CNY0.55

　　本作品为年画形式的中国现代国画作品。作者彭公林，画家。绘有连环画《献给祖国》《吉庆有余》《鹤鹿长寿》等。

J0025968

花好月圆　王力绘

沈阳　辽宁美术出版社 1990 年 1 张 76cm(2 开) 定价：CNY0.55

　　本作品为年画形式的中国现代国画作品。

J0025969

花好月圆　杨树有绘

北京　人民美术出版社 1990 年 2 张 76cm(2 开) 定价：CNY1.05

　　本作品为年画形式的中国现代国画作品。

J0025970

花好月圆　顾国治绘

上海　上海人民美术出版社 1990 年 1 张 76cm(2 开) 定价：CNY0.45

　　本作品为年画形式的中国现代国画作品。

J0025971

花好月圆　顾国治绘

天津　天津人民美术出版社 1990 年 1 张 107cm(全开) 定价：CNY1.10

　　本作品为年画形式的中国现代国画作品。

J0025972

花好月圆喜成双　徐朝龙绘

长沙　湖南美术出版社 1990 年 1 张 76cm(2 开) 定价：CNY0.45

　　本作品为年画形式的中国现代国画作品。

J0025973

花好月圆喜如意　苗永华绘

长春　吉林美术出版社 1990 年 1 张 76cm(2 开) 定价：CNY0.55

　　本作品为年画形式的中国现代国画作品。

J0025974

花鸟颂（李方玉中国画作品）　李方玉绘

北京　人民美术出版社 1990 年 7 页 27cm(大 16 开) 定价：CNY1.20 (新美术画库 42)

　　作者李方玉(1945—　)，画家、国家一级美术师。又名李牛、牛翁，号竹屋主人，河南范县人。毕业于山东师范大学艺术系和中国美院国画系。历任中国美术家协会会员、山东省美术馆专业画家、中国书法艺术研究院艺委委员。代表作品有《李方玉画集》《花鸟颂》《画竹技法新探》等。

J0025975

花香福有余　朱守聚绘

济南　山东美术出版社 1990 年 1 张 76cm(2 开)

　　本作品为年画形式的中国现代国画作品。

J0025976

花鱼家禽屏　张文俭，艺华绘

沈阳　辽宁美术出版社 1990 年 2 张 76cm(2 开) 定价：CNY1.10

　　本作品为年画形式的中国现代国画作品。

J0025977

欢欢喜喜　元姝绘

沈阳　辽宁美术出版社 1990 年 1 张 76cm(2 开) 定价：CNY0.55

　　本作品为年画形式的中国现代国画作品。

J0025978

欢天喜地庆丰年　刘树茂绘

哈尔滨　黑龙江美术出版社 1990 年 1 张 76cm(2 开) 定价：CNY0.55

　　本作品为年画形式的中国现代国画作品。

J0025979

黄纯尧画集　黄纯尧绘

台北　蕙风堂笔墨公司出版部 1990 年 48 页 30cm(16 开) 定价：TWD300.00

作者黄纯尧(1925—2007)，成都人。师承徐悲鸿、黄君璧、谢稚柳、傅抱石、陈之佛诸先生。曾任南京师范大学美术系教授，后任教于四川教育学院、四川大学。代表作品有《银线横空谱新歌》《此日铁龙渡关山》等。

J0025980

黄海奇观 华国璋作
上海 上海交通大学出版社 1990 年
27cm（大 16 开）定价：CNY12.00
　　本书收了作者的 16 幅国画作品。

J0025981

挥刀如猛虎·击剑似蛟龙 高玉彩，王洪武绘
昆明 云南人民出版社 1990 年 1 张 76cm（2 开）
定价：CNY0.55
　　本作品为年画形式的中国现代国画作品。

J0025982

吉利平安 李洪波绘
昆明 云南人民出版社 1990 年 1 张 76cm（2 开）
定价：CNY0.55
　　本作品为年画形式的中国现代国画作品。

J0025983

吉庆乐 陈学璋绘
杭州 浙江人民美术出版社 1990 年 1 张
107cm（全开）定价：CNY1.10
　　本作品为年画形式的中国现代国画作品。作者陈学璋(1955—　)，浙江德清人。笔名晨牧。擅长中国画、年画。浙江省美术家协会会员、湖州市美术家协会理事、德清县美协主席、赵孟頫书画院院长。主要作品有《又是一个丰收年》《小康属龙》《桑梓情》等。

J0025984

吉庆有余福寿万年 彭公林绘
哈尔滨 黑龙江美术出版社 1990 年 1 张
76cm（2 开）定价：CNY0.55
　　本作品为年画形式的中国现代国画作品。

J0025985

吉祥如意 王福增，邵瑞玲绘
哈尔滨 黑龙江美术出版社 1990 年 1 张
76cm（2 开）定价：CNY0.55

　　本作品为年画形式的中国现代国画作品。

J0025986

吉祥如意 苗永华绘
长沙 湖南美术出版社 1990 年 1 张 76cm（2 开）
定价：CNY0.45
　　本作品为年画形式的中国现代国画作品。

J0025987

吉祥如意 郭仲文绘
长春 吉林美术出版社 1990 年 1 张 76cm（2 开）
定价：CNY0.55
　　本作品为年画形式的中国现代国画作品。

J0025988

吉祥如意 苗永华，李咋明绘
昆明 云南人民出版社 1990 年 1 张 53cm（4 开）
定价：CNY0.30
　　本作品为年画形式的中国现代国画作品。

J0025989

吉祥如意福寿双全 徐德元等绘
长春 吉林美术出版社 1990 年 1 张 76cm（2 开）
定价：CNY0.55
　　本作品为年画形式的中国现代国画作品。作者徐德元(1949—　)，画家。辽宁鞍山人。曾任辽宁美协会员、岫岩美协主席等职。主要作品有《农家乐》《中华魂》《闹灯馆》等。

J0025990

吉祥图 宋仁贤绘
济南 山东美术出版社 1990 年 1 张
107cm（全开）定价：CNY1.10
　　本作品为年画形式的中国现代国画作品。

J0025991

吉星高照 龚景充绘
杭州 浙江人民美术出版社 1990 年 1 张
76cm（2 开）定价：CNY0.45
　　本作品为年画形式的中国现代国画作品。

J0025992

吉星高照 龚景充绘
杭州 浙江人民美术出版社 1990 年 1 张
107cm（全开）定价：CNY1.70

本作品为年画形式的中国现代国画作品。

J0025993

极古极新（杨刚画集）杨刚绘
香港 大业公司 1990 年 有图 30×30cm 精装
ISBN：962-7239-04-6 定价：HKD380.00
　　现代中国画画册。外文书名：The Works of Yang Gang.

J0025994

季学今中国画集 季学今绘
合肥 安徽美术出版社 1990 年 56 页 25×26cm
（12 开）ISBN：7-5398-0139-5 定价：CNY25.00
　　本画册收季学今的中国画作品 63 幅。作者季学今（1938—　），画家。安徽巢湖人。历任安徽美术家协会专职画家、中国美术家协会会员、国家一级美术师等。代表作品有《登昆仑分食玉液》《日出山岭红》《巍巍昆仑千里雪》等。

J0025995

济公巧手移肿瘤 弘力，介凡绘
沈阳 辽宁美术出版社 1990 年 2 张 76cm（2 开）
定价：CNY1.10
　　本作品为年画形式的中国现代国画作品。

J0025996

济南画院作品选 山东美术出版社编
济南 山东美术出版社 1990 年 51 页 26cm（16 开）
ISBN：7-5330-0324-1 定价：CNY14.00
　　现代中国画画册。

J0025997

佳节图 杨树有绘
上海 上海人民美术出版社 1990 年 2 张
76cm（2 开）定价：CNY0.90
　　本作品为年画形式的中国现代国画作品。

J0025998

佳节图 杨树有绘
上海 上海人民美术出版社 1990 年 2 张
107cm（全开）定价：CNY2.00
　　本作品为年画形式的中国现代国画作品。

J0025999

笳咏书画集 笳咏编著

西安 陕西人民美术出版社 1990 年 92 页 有彩照
26cm（16 开）ISBN：7-5368-0264-1
定价：CNY18.50
　　本集收入作者的中国画 66 幅，书法 20 幅。作者笳咏（1926—2006），美术理论家、书画家。原名嘉墉，山西吉县人。中国美术家协会及中国书法家协会会员、一级画师。代表作品有《笳咏书画集》《笳咏中国画集》《花鸟画功能散想》《关于长安画派》等。

J0026000

贾又福新作画集 陈玉珍编辑
香港 捷丰企业公司 1990 年 83 页 25×26cm
　　外文书名：New Collections of Jia Youfu.

J0026001

江南名家书画选 沈柔坚主编
上海 上海画报出版社 1990 年 100 页
38cm（6 开）精装 ISBN：7-80530-029-1
　　主编沈柔坚（1919—1998），画家，教授。福建诏安人。历任上海大学美术学院教授、中国美术家协会常务理事、中国美术家协会上海分会副主席、中国版画家协会副主席。代表作品有《拉纤者》《田野》《拾草》《为了正义》《庆功图》等。

J0026002

江南诗画 叶维绘；章炳文书
南京 江苏美术出版社 1990 年 4 张 76cm（2 开）
定价：CNY7.20
　　本作品为年画形式的中国现代国画作品。

J0026003

江苏省中年国画家作品选
北京 人民美术出版社 1990 年 134 幅 26cm
（16 开）ISBN：7-102-00762-0 定价：CNY53.30

J0026004

江峡竞秀 曾天中绘
西安 陕西人民美术出版社 1990 年 1 张
107cm（全开）定价：CNY2.40
　　本作品为年画形式的中国现代国画作品。

J0026005

降龙伏虎 张锡武，张静绘
天津 天津人民美术出版社 1990 年 1 张

76cm（2开） 定价：CNY0.55

　　本作品为年画形式的中国现代国画作品。

J0026006

降龙如意 陈英，陈明绘

天津 天津人民美术出版社 1990年 1张

76cm（2开） 定价：CNY0.50

　　本作品为年画形式的中国现代国画作品。

J0026007

接福图 刘佩珩，谷学文绘

哈尔滨 黑龙江美术出版社 1990年 1张

76cm（2开） 定价：CNY0.55

　　本作品为年画形式的中国现代国画作品。

J0026008

接福娃娃 徐德元，徐红绘

沈阳 辽宁美术出版社 1990年 1张 76cm（2开）

定价：CNY0.50

　　本作品为年画形式的中国现代国画作品。

J0026009

节令画屏 徐文山绘；以石配诗

石家庄 河北美术出版社 1990年 2张

76cm（2开） 定价：CNY1.10

　　本作品为年画形式的中国现代国画作品。

J0026010

节气高坚 苏伯群绘

天津 天津人民美术出版社 1990年 1轴（卷轴）

对联1副 定价：CNY5.00

　　本作品为年画形式的中国现代国画作品。

J0026011

金蟾吐宝 王功学绘

长春 吉林美术出版社 1990年 1张 76cm（2开）

定价：CNY0.55

　　本作品为年画形式的中国现代国画作品。

J0026012

金鸡高唱 岁岁有余 王小路绘

石家庄 河北美术出版社 1990年 1张

53cm（4开） 定价：CNY1.00

　　本作品为年画形式的中国现代国画作品。

J0026013

金銮宝马闹春冈 桂英，秀忠绘

沈阳 辽宁美术出版社 1990年 1张 76cm（2开）

定价：CNY0.55

　　本作品为年画形式的中国现代国画作品。

J0026014

金马送宝 李宝祥绘

长春 吉林美术出版社 1990年 1张 76cm（2开）

定价：CNY0.55

　　本作品为年画形式的中国现代国画作品。

J0026015

金色的秋天 车忠阳绘

沈阳 辽宁美术出版社 1990年 1张

107cm（全开） 定价：CNY2.40

　　本作品为年画形式的中国现代国画作品。

J0026016

金银四锤 薛龙绘

南昌 江西人民出版社 1990年 1张 76cm（2开）

定价：CNY0.50

　　本作品为年画形式的中国现代国画作品。

J0026017

金玉满堂 张继源绘

长春 吉林美术出版社 1990年 1张 76cm（2开）

定价：CNY0.55

　　本作品为年画形式的中国现代国画作品。

J0026018

金玉满堂娃娃乐 彭海清绘

上海 上海人民美术出版社 1990年 1张

76cm（2开） 定价：CNY0.45

　　本作品为年画形式的中国现代国画作品。
作者彭海清（1943— ），国家一级美术师，生于
山东淄博，历任中国美术家协会会员、国际美术
家联合会会员、中国国画家协会理事、环球书画
艺术研究院客座教授、山东河津书画院名誉院
长。出版有《彭海清画集》。

J0026019

锦绣前程 陈学华绘

长春 吉林美术出版社 1990年 1张 76cm（2开）

定价：CNY0.55

本作品为年画形式的中国现代国画作品。

J0026020
锦绣前程 朱子容绘
杭州 浙江人民美术出版社 1990年 1张
107cm（全开） 定价：CNY2.40
　　本作品为年画形式的中国现代国画作品。

J0026021
敬您一杯长寿酒 郭佳明绘
南昌 江西人民出版社 1990年 1张 76cm（2开）
定价：CNY0.48
　　本作品为年画形式的中国现代国画作品。

J0026022
久久有余 彭海清绘
上海 上海人民美术出版社 1990年 1张
76cm（2开） 定价：CNY0.45
　　本作品为年画形式的中国现代国画作品。

J0026023
聚宝盆 顾国治绘
天津 天津人民美术出版社 1990年 1轴（卷轴）
对联1副 定价：CNY5.00
　　本作品为年画形式的中国现代国画作品。

J0026024
聚宝娃娃 王兴华绘
沈阳 辽宁美术出版社 1990年 1张 76cm（2开）
定价：CNY0.55
　　本作品为年画形式的中国现代国画作品。

J0026025
军事演习 陈宝万绘
西安 陕西人民美术出版社 1990年 1张
76cm（2开） 定价：CNY0.55
　　本作品为年画形式的中国现代国画作品。

J0026026
军威雄壮 赵幼华绘
天津 天津人民美术出版社 1990年 1张
76cm（2开） 定价：CNY0.55
　　本作品为年画形式的中国现代国画作品。

J0026027
君子迎春 王瑞卿绘
石家庄 河北美术出版社 1990年 1张
附配画1对 定价：CNY2.20
　　本作品为年画形式的中国现代国画作品。

J0026028
康乐有余 刘忠礼绘
长春 吉林美术出版社 1990年 1张 76cm（2开）
定价：CNY0.55
　　本作品为年画形式的中国现代国画作品。

J0026029
康熙大闹五台山 王振羽绘
天津 天津人民美术出版社 1990年 1张
76cm（2开） 定价：CNY0.50
　　本作品为年画形式的中国现代国画作品。
作者王振羽（1946— ），画家。吉林人。毕业于
辽宁艺术师范美术科，结业于鲁迅美术学院油画
进修班。曾任舞美设计、抚顺市人民影院美工。
擅长油画。作品有油画《寄信母校报丰收》，年画
《桃李芬芳》，水彩画《北方十月》等。

J0026030
康庄画集 康庄绘
济南 山东美术出版社 1990年 46页 25cm
（12开） ISBN：7-5330-0253-9 定价：CNY8.14
　　作者康庄（1945— ），国家一级美术师。字
梦蝶，山东济南人。山东济南画院创作组组长、
中国美术家协会会员、民进中央开明画院理事，
山东开明画院院长。代表作品有《龙卧千秋波》
《泰岱松云》《屹立东方》等。

J0026031
孔雀东南飞 于振波绘
呼和浩特 内蒙古人民出版社 1990年 1张
76cm（2开） 定价：CNY0.55
　　本作品为年画形式的中国现代国画作品。

J0026032
快乐谣 刘宝贵绘
沈阳 辽宁美术出版社 1990年 1张 76cm（2开）
定价：CNY0.55
　　本作品为年画形式的中国现代国画作品。

J0026033

鲲鹏展翅 田玉洲绘

天津 天津人民美术出版社 1990 年 1 轴（卷轴）

对联 1 副（全开）定价：CNY5.00

　　本作品为年画形式的中国现代国画作品。

J0026034

兰花奇石（绫裱卷轴）张大千，溥儒绘

北京 荣宝斋 1990 年 1 轴

　　现代中国画作品。

J0026035

岚山翠色伴水声 陈贯时绘

长春 吉林美术出版社 1990 年 1 张 76cm（2 开）

定价：CNY0.55

　　现代中国画作品。作者陈贯时（1928— ），

画家。浙江温州人。又名灌丁、亦壶。毕业于浙

江美术学院中国画系，并留校任教。主要作品有

《雨霁》《斑竹》《梅石图》等。

J0026036

老干繁英（武汉地区部分老干部书画作品选）

戴享来，王宗诚编

武汉 湖北人民出版社 1990 年 64 页 26cm

（16 开）ISBN：7-216-00543-0　　定 价：

CNY20.00

J0026037

老虎与美人 王嘉喜绘

长春 吉林美术出版社 1990 年 1 张 76cm（2 开）

定价：CNY0.55

　　本作品为年画形式的中国现代国画作品。

J0026038

了庐中国画选 了庐绘

北京 北京美术摄影出版社 1990 年 37cm（8 开）

ISBN：7-80501-100-1 定价：CNY2.90

　　本画选从千幅作品中选出 25 幅精品，以大

写意梅兰竹石松为主。作者了庐（1944— ），画

家。上海人。代表作品有《历代中国画论通解》等。

J0026039

雷阵子轰鹿台（封神榜故事）张德俊绘

杭州 浙江人民美术出版社 1990 年 2 张

76cm（2 开）定价：CNY0.90

　　本作品为年画形式的中国现代国画作品。

J0026040

李爱国画集 李爱国绘

天津 天津杨柳青画社 1990 年 29 页

30cm（16 开）定价：CNY15.00

　　本画集共收作品 26 幅，有以表现蒙古民族

历史和现实生活为题材的《蒙古骑士》《猎人》；

有以借助人物形象和意境，表达某种理念的《太

阳》《春分》《谷雨》等。作者李爱国（1958— ），

教师。辽宁沈阳人，中央美术学院中国画系研究

生毕业。历任首都师范大学美术学院副教授、北

京大学艺术学院教师、中国美术家协会理事、中

国画马艺术研究会副会长、中国工笔会学会常务

理事、中国画艺委会副主任、秘书长。代表作品

有《天路》《套马手》《雪龙》《晨雾》《煤精尺》等。

J0026041

李宝峰画集 李宝峰绘

沈阳 辽宁美术出版社 1990 年 65 页 有彩照

25cm（12 开）ISBN：7-5314-0872-4

定价：CNY49.00

　　本画集共收作品 62 幅。作者李宝峰（1938—

2019），国画家、一级美术师。辽宁抚顺市人，就

读于鲁迅美术学院附中。历任甘肃画院副院长、

甘肃美协副主席、中国美术家协会会员。代表作

品有《李宝峰草原风情录》《李宝峰画集》等。

J0026042

李方玉画集 李方玉绘；山东画院编

济南 山东美术出版社 1990 年 32 页 有照片

26cm（16 开）ISBN：7-5330-0323-3

定价：CNY5.30

　　作者李方玉（1945— ），河南范县人。又名

李牛、牛翁，号竹屋主人。中国美术家协会会员、

国家一级美术师、山东省美术馆专业画家、中国

书法艺术研究院艺委委员。代表作品有《李方玉

画集》《花鸟颂》《画竹技法新探》等。

J0026043

李延声画集 李延声绘

北京 今日中国出版社 1990 年 69 页 有肖像

25×26cm（12 开）ISBN：7-5072-0237-2

定价：CNY28，CNY42.00（精装）

（当代中青年画家丛书）

J0026044

鲤鱼舞 王振羽，延凡绘

沈阳 辽宁美术出版社 1990 年 1 张 76cm（2 开）

定价：CNY0.55

　　本作品为年画形式的中国现代国画作品。

J0026045

连年富有余 李蕙绘

广州 岭南美术出版社 1990 年 1 张 53cm（4 开）

定价：CNY0.29

　　本作品为年画形式的中国现代国画作品。

J0026046

连年有余 吴明绘

哈尔滨 黑龙江美术出版社 1990 年 1 张

76cm（2 开）定价：CNY0.55

　　本作品为年画形式的中国现代国画作品。

J0026047

良辰吉日 申同景，韩笑绘

天津 天津人民美术出版社 1990 年 2 张

76cm（2 开）定价：CNY1.10

　　本作品为年画形式的中国现代国画作品。

J0026048

两岸姐妹情 张万臣绘

沈阳 辽宁美术出版社 1990 年 1 张 76cm（2 开）

定价：CNY0.55

　　本作品为年画形式的中国现代国画作品。

J0026049

林成翰画集 林成翰绘；中国画报出版社编

北京 中国画报出版社 1990 年 48 页 30cm

（10 开）定价：CNY30.00，CNY38.00（精装）

　　本集收入画家所作"百鸡图"，亦称"百吉图"。

J0026050

林海晨雾 林琳，崔森林绘

济南 山东美术出版社 1990 年 1 张

107cm（全开）定价：CNY2.00

　　现代中国画作品。作者崔森林（1943—　），美术编辑。笔名黎恩、李恩。生于山东济南，毕业于济南艺术学校。任山东美术出版社副编审。作品有《省里送来显微镜》《黄河》《第一面八一军旗的诞生》《毛主席视察北园》等，小说《不屈

的昆仑》插图。

J0026051

刘春华画集 刘春华绘

北京 北京出版社 1990 年 52 页 26cm（16 开）

ISBN：7-200-01291-2

　　外文书名：Paintings of Liu Chunhua. 作者刘春华（1944—　），国家一级美术师。别名刘成华。黑龙江泰来人，毕业于中央工艺美术学院。历任北京画院院长、北京美术家协会副主席、中国美术家协会理事等。代表作品有《毛主席去安源》《敬爱的周总理永远活在我们心中》《屈子求索图》等。

J0026052

刘棣画选 刘棣绘

哈尔滨 黑龙江美术出版社 1990 年 66 页

25×26cm（12 开）定价：CNY29.80，CNY36.00（精装）

　　本画选收入作者中国画作品 81 幅。作者刘棣（1948—　），画家。别名刘怀山，辽宁锦州人。毕业于内蒙古师范学院艺术系美术专业。主要作品有《伯乐相马》《破晓》《大漠行》等。

J0026053

刘二刚书画选集 刘二刚绘

南京 江苏美术出版社 1990 年 76 页 20cm

（32 开）ISBN：7-5344-0172-0 定价：CNY6.50

　　作者刘二刚（1947—　），国家一级美术师。字梦铁，又字柔克，江苏镇江人。曾供职于镇江国画院、南京书画院。代表作品有《二刚国画小品集》《刘二刚书画选集》《庙亭山随笔》等。

J0026054

刘复莘画集 刘复莘绘

贵阳 贵州人民出版社 1990 年 26cm（16 开）

ISBN：7-221-02113-9 定价：CNY25.00

（贵州艺术家画库）

　　本画册收入作者国画作品 51 幅。其中有贵州藤竹画《劲节出山崖》《长在青山人未晓》；贵州溶洞画《黔西一洞中》《洞天瑰奇》《亭亭玉立》；花鸟画《梅》《香自寒来》《松鼠》等。作者刘复莘（1925—2004），画家。贵州贵阳人，毕业于正则艺术专科学校。贵州省中国画院高级画师、中国美术家协会贵州省分会、中国老年画研究会会

员。出版有《刘复莘画集》。

J0026055

刘复莘画集 刘复莘绘
贵阳 贵州人民出版社 1990 年［29cm］
（大 16 开）定价：CNY25.00
（贵州艺术家画库）

J0026056

刘国瑞、刘晖画集 刘国瑞，刘晖绘
济南 山东美术出版社 1990 年 32 页 26cm
（16 开）ISBN：7-5330-0249-0 定价：CNY5.00
　　作者刘国瑞（1943— ），画家、国家一级美
术师。号道真，生于山东济南。历任中国工艺美
术家协会副主席、济南画院、山东画院高级书画
师。出版有《怎样画兰竹石》《群芳新谱白描花
卉》《画菊述要》等。

J0026057

刘双印画集 刘双印绘
北京 民族出版社 1990 年 38 页 30cm（10 开）
定价：CNY12.00

J0026058

刘云山画集 刘云山绘
广州 岭南美术出版社 1990 年 48 页 有照片
28cm（大 16 开）ISBN：7-5362-0572-4
定价：CNY23.00

J0026059

柳塘倚红 金梅生绘
上海 上海人民美术出版社 1990 年 1 张
76cm（2 开）定价：CNY0.45
　　本作品为年画形式的中国现代国画作品。

J0026060

龙的传人 刘新奇绘
南昌 江西人民出版社 1990 年 1 张 76cm（2 开）
定价：CNY0.48
　　本作品为年画形式的中国现代国画作品。

J0026061

龙飞凤舞 方敦传绘
杭州 浙江人民美术出版社 1990 年 2 张
76cm（2 开）定价：CNY0.90

本作品为年画形式的中国现代国画作品。
作者方敦传（1941— ），安徽郎溪县人。师范毕
业。安徽省美术家协会会员、安徽年画研究会会
员。曾任郎溪县文化馆副馆长。擅长年画、中
国画。代表作品有《鹅乡春暖》《福妞》《山河长
春》等。

J0026062

龙飞凤舞福寿全 徐德元，徐全绘
沈阳 辽宁美术出版社 1990 年 1 张 76cm（2 开）
定价：CNY0.55
　　本作品为年画形式的中国现代国画作品。

J0026063

龙飞凤舞贺新春 李喜春绘
呼和浩特 内蒙古人民出版社 1990 年 1 张
76cm（2 开）定价：CNY0.55
　　本作品为年画形式的中国现代国画作品。

J0026064

龙飞凤舞庆丰年 李喜春绘
呼和浩特 内蒙古人民出版社 1990 年 1 张
76cm（2 开）定价：CNY0.55
　　本作品为年画形式的中国现代国画作品。

J0026065

龙凤呈祥 辽宁画报社编
沈阳 辽宁美术出版社 1990 年 2 张 76cm（2 开）
定价：CNY1.00
　　本作品为年画形式的中国现代国画作品。

J0026066

龙凤呈祥 谭裕钊绘
广州 岭南美术出版社 1990 年 1 张 53cm（4 开）
定价：CNY0.29
　　本作品为年画形式的中国现代国画作品。

J0026067

龙凤呈祥 张瑞恒绘
天津 天津人民美术出版社 1990 年 1 轴（卷轴）
对联 1 副（全开）定价：CNY5.00
　　本作品为年画形式的中国现代国画作品。

J0026068

龙凤配 申同景，玉含绘

石家庄　河北美术出版社　1990 年　2 张
76cm（2 开）　定价：CNY1.10
　　本作品为年画形式的中国现代国画作品。

J0026069
龙蟠福地·虎踞财源　刘树茂绘
广州　岭南美术出版社　1990 年　1 张　76cm（2 开）
定价：CNY0.57
　　本作品为年画形式的中国现代国画作品。

J0026070
龙蟠福地·虎踞财源　刘树茂绘
广州　岭南美术出版社　1990 年　1 张　53cm（4 开）
定价：CNY0.29
　　本作品为年画形式的中国现代国画作品。

J0026071
龙瑞　王镛　陈向迅　赵卫　陈平　卢禹舜画选　龙瑞等绘；上海美术馆编
上海　上海书画出版社　1990 年　25cm（小 16 开）
ISBN：7-80512-499-X　定价：CNY12.00

J0026072
娄师白画集　娄师白绘；娄述德编
北京　中国画报出版社　1990 年　64 页　有照片
29cm（16 开）　ISBN：7-80024-073-8
定价：CNY43.00
　　外文书名：Selected paintings of Lou Shibai.
作者娄师白（1918—2010），著名国画家。原名娄
绍怀，曾用名娄少怀，字亦鸣，斋号老安馆。生
于北京，祖籍湖南浏阳。毕业于辅仁大学美术
系。历任中国美协会员、中国画研究会理事、副
会长、中国国际书画艺术研究院研究员、燕京书
画社顾问、中国书画函授大学名誉教授等。代表
作品有《春暖人间》《雏鸭》《漓江帆影》《长白积
雪》等。

J0026073
楼观客话　天亚绘
长春　吉林美术出版社　1990 年　1 张　76cm（2 开）
定价：CNY0.55
　　现代中国画作品。

J0026074
卢京春画集　卢京春绘

济南　山东美术出版社　1990 年　32 页　26cm
（16 开）　ISBN：7-5330-0330-6　定价：CNY5.30
　　作者卢京春（1952—　　），国家一级美术师。
生于山东沂蒙山区。毕业于中国美术学院。历
任中国美协山东分会会员、临沂画院理事、山东
艺术学院教授、山东画院高级画师。

J0026075
鹿鹤同春　宋明远绘
沈阳　辽宁美术出版社　1990 年　1 张
107cm（全开）　定价：CNY2.40
　　本作品为年画形式的中国现代国画作品。

J0026076
路路致富　张宝祥绘
哈尔滨　黑龙江美术出版社　1990 年　1 张
76cm（2 开）　定价：CNY0.55
　　本作品为年画形式的中国现代国画作品。

J0026077
路在前方　刘秋奇绘
南昌　江西人民出版社　1990 年　1 张
107cm（全开）　定价：CNY2.16
　　本作品为年画形式的中国现代国画作品。

J0026078
鸾凤吉祥　高景波绘
天津　天津人民美术出版社　1990 年　1 轴（卷轴）
对联 1 副　定价：CNY5.00
　　本作品为年画形式的中国现代国画作品。
作者高景波（1946—　　），山东掖县人。擅长年画、
水彩画。大庆市群众艺术馆美术部主任、二级美
术师、大庆市美术家协会副主席。主要作品有水
粉组画《采油新工艺》，年画《一路春风喜盈归》，
水彩画《倾国恨》。

J0026079
绿川诗词书画集（丁维雄作品选集）　陈埭镇
回族事务委员会编
[泉州] 陈埭镇回族事务委员会 [1990—1999 年]
70 页　18cm（15 开）
　　本书系中国当代诗词及中国书画作品选集。

J0026080
麻姑献寿　王振羽，福顺绘

沈阳　辽宁美术出版社　1990 年　1 张　76cm（2 开）
定价：CNY0.55
　　本作品为年画形式的中国现代国画作品。

J0026081
马国强人物画选　马国强绘
郑州　河南美术出版社　1990 年　30cm（10 开）
定价：CNY9.50

J0026082
马上送宝　张锡武，张静绘
天津　天津人民美术出版社　1990 年　1 张
76cm（2 开）　定价：CNY0.55
　　本作品为年画形式的中国现代国画作品。

J0026083
猫趣　谷学中绘
长春　吉林美术出版社　1990 年　1 张　78cm（2 开）
定价：CNY0.37
　　现代中国画作品。

J0026084
梅鹤图　豫强等绘
杭州　浙江人民美术出版社　1990 年　1 张
107cm（全开）　定价：CNY1.70
　　本作品为年画形式的中国现代国画作品。

J0026085
梅寿图　李敬仕绘
杭州　浙江人民美术出版社　1990 年　1 张
107cm（全开）　定价：CNY1.70
　　本作品为年画形式的中国现代国画作品。

J0026086
美好人间　薛长杰绘
长春　吉林美术出版社　1990 年　2 张　76cm（2 开）
定价：CNY1.10
　　本作品为年画形式的中国现代国画作品。

J0026087
美满幸福　张璐等绘
上海　上海人民美术出版社　1990 年　1 张
76cm（2 开）　定价：CNY0.50
　　本作品为年画形式的中国现代国画作品。

J0026088
美满姻缘　董俊绘
长春　吉林美术出版社　1990 年　2 张　76cm（2 开）
定价：CNY1.10
　　本作品为年画形式的中国现代国画作品。

J0026089
美满姻缘　童金贵，童红绘
沈阳　辽宁美术出版社　1990 年　2 张　76cm（2 开）
定价：CNY1.10
　　本作品为年画形式的中国现代国画作品。

J0026090
美满姻缘　李学勤绘
呼和浩特　内蒙古人民出版社　1990 年　1 张
76cm（2 开）　定价：CNY0.55
　　本作品为年画形式的中国现代国画作品。

J0026091
门将　张瑞恒绘
天津　天津人民美术出版社　1990 年　1 张
107cm（全开）　定价：CNY1.20
　　本作品为年画形式的中国现代国画作品。

J0026092
门将　张瑞恒绘
天津　天津人民美术出版社　1990 年　1 张
76cm（2 开）　定价：CNY0.55
　　本作品为年画形式的中国现代国画作品。

J0026093
门将　张瑞恒绘
天津　天津人民美术出版社　1990 年　1 张
53cm（4 开）　定价：CNY0.35
　　本作品为年画形式的中国现代国画作品。

J0026094
门迎福祥　侯文发绘
广州　岭南美术出版社　1990 年　1 张　76cm（2 开）
定价：CNY0.57
　　本作品为年画形式的中国现代国画作品。
作者侯文发（1928—　　　），广东梅州人。曾用名剑
萍。毕业于中南美专。中国书画家协会理事、中
国国画家协会理事、广东省美术家协会会员。主
要作品有《工地探亲》《宋湘》《三英战吕布》等。

J0026095
门迎四季福 彭公林绘
哈尔滨 黑龙江美术出版社 1990 年 1 张
76cm（2 开）定价：CNY0.55
　　本作品为年画形式的中国现代国画作品。

J0026096
名画 陈少梅绘
天津 天津人民美术出版社 1990 年 4 张
76cm（2 开）定价：CNY5.00
　　本作品为年画形式的中国现代国画作品。
作者陈少梅（1909—1954），国画家。名云彰，又
名云鹤，号升湖，字少梅，以字行。生于湖南衡
山。曾任中国美术家协会天津分会主席、天津
美术学校校长。主要作品有《江南春》《丛林远
岭》等。

J0026097
名楼古韵 郭金标绘
天津 天津人民美术出版社 1990 年 4 张
76cm（2 开）定价：CNY500.00
　　本作品为年画形式的中国现代国画作品。

J0026098
名园四果 王建梓绘
天津 天津人民美术出版社 1990 年 2 张
76cm（2 开）定价：CNY1.10
　　本作品为年画形式的中国现代国画作品。

J0026099
摸花轿 王文倩等绘
沈阳 辽宁美术出版社 1990 年 2 张 76cm（2 开）
定价：CNY1.10
　　本作品为年画形式的中国现代国画作品。

J0026100
母子比武 赵祥林绘
天津 天津人民美术出版社 1990 年 1 张
76cm（2 开）定价：CNY0.50
　　本作品为年画形式的中国现代国画作品。

J0026101
牡丹杯大奖赛作品选 李荣海主编
济南 山东美术出版社 1990 年 91 页
26cm（16 开）ISBN：7-5330-0239-3

定价：CNY15.71
　　本书为中国现代书画画册选集。

J0026102
南山献寿 姚玉成，王淑娥绘
长春 吉林美术出版社 1990 年 1 张 76cm（2 开）
定价：CNY0.55
　　本作品为年画形式的中国现代国画作品。

J0026103
南山祝寿 余之钦绘
杭州 浙江人民美术出版社 1990 年 1 张
76cm（2 开）定价：CNY0.45
　　本作品为年画形式的中国现代国画作品。

J0026104
闹蟠桃 朱振芳绘
长春 吉林美术出版社 1990 年 1 张 76cm（2 开）
定价：CNY0.55
　　本作品为年画形式的中国现代国画作品。

J0026105
闹元宵 李宝祥绘
哈尔滨 黑龙江美术出版社 1990 年 1 张
76cm（2 开）定价：CNY0.55
　　本作品为年画形式的中国现代国画作品。

J0026106
年丰人长寿 朱守聚绘
济南 山东美术出版社 1990 年 1 张 76cm（2 开）
　　本作品为年画形式的中国现代国画作品。

J0026107
年年如意岁岁平安 李跃华绘
石家庄 河北美术出版社 1990 年 1 张（卷轴）
对联 1 副（全开）定价：CNY2.20
　　本作品为年画形式的中国现代国画作品。

J0026108
年年有福 王建德绘
长春 吉林美术出版社 1990 年 1 张 76cm（2 开）
定价：CNY0.60
　　本作品为年画形式的中国现代国画作品。

J0026109
年年有余 彭公林绘
沈阳 辽宁美术出版社 1990年 1张 76cm（2开）
定价：CNY0.55
　　本作品为年画形式的中国现代国画作品。作者彭公林，画家。绘有连环画《献给祖国》《吉庆有余》《鹤鹿长寿》等。

J0026110
年年走鸿运 童金贵绘
长春 吉林美术出版社 1990年 1张 76cm（2开）
定价：CNY0.55
　　本作品为年画形式的中国现代国画作品。

J0026111
牛折桂中国画选 牛折桂绘
济南 山东美术出版社 1990年 16页
27cm（大16开）定价：CNY3.65

J0026112
农家新趣 霍允庆绘
济南 山东美术出版社 1990年 1张 76cm（2开）
　　本作品为年画形式的中国现代国画作品。作者霍允庆（1944— ），笔名静轩，山东龙口人。擅长年画、中国画。曾在龙口文化馆从事美术工作，二级美术师。作品有《丰收时节》《劈山救母》《年方八八》等。

J0026113
欧阳龙画集 欧阳龙绘
南京 江苏美术出版社 1990年 25cm（小16开）
ISBN：7-5344-0109-7 定价：CNY15.80
　　作者欧阳龙（1938—2000），中国书法家、美术家、当代花鸟画家。安徽萧县人，字云涛。毕业于安徽省皖南大学艺术系，曾拜李苦禅为师，专攻写意花鸟，尤擅画鹰，笔墨苍劲。徐州国画院院长、中国美术家协会江苏分会会员。代表作品有《鹏程万里图》等。

J0026114
彭林画集
成都 四川美术出版社 1990年 25×26cm
ISBN：7-5410-0593-2 定价：CNY15.50
（中国美术家国际艺术交流丛书）
　　外文书名：Selected Paintings of Peng Lin.

J0026115
平安欢乐图 陈增胜绘
济南 山东美术出版社 1990年 2张 76cm（2开）
定价：CNY1.00
　　本作品为年画形式的中国现代国画作品。作者陈增胜（1941— ），山东招远县人。曾先后深造于天津美术学院、北京画院。山东省美术家协会会员、山东省书画艺术促进会理事、威海海洋画院画师。主要著作有《怎样画猫》《陈增胜猫画选》《百猫谱》等。

J0026116
平安吉祥·连年有福 阎珍绘
石家庄 河北美术出版社 1990年 2张
76cm（2开）定价：CNY1.00
　　本作品为年画形式的中国现代国画作品。

J0026117
平湖秋色 石川绘
沈阳 辽宁美术出版社 1990年 1张
107cm（全开）定价：CNY2.40
　　现代中国画作品。作者石川，北京人，历任北京华夏书画艺术研究院副院长、北京国际名人画院人物创作室主任、中国书画名人联合总会理事。代表作品有《傣家情》《太白邀月图》《指点迷津》等。

J0026118
浦蕴秋画集 浦蕴秋著
台北 艺术图书公司 1990年 191页 30cm（10开）
精装 ISBN：957-9045-24-0 定价：TWD800.00
　　现代中国画画册。

J0026119
普天同庆 刘王斌绘
上海 上海人民美术出版社 1990年 1张
76cm（2开）定价：CNY0.45
　　本作品为年画形式的中国现代国画作品。作者刘王斌（1921— ），画家。湖南攸县人。历任上海人民美术出版社副编审、上海美术协会会员、上海中山艺术院理事。代表作品有《鸭司令》《沙恭达罗》《鱼乐图》《荷花童子舞》《鲤鱼跳龙门》《欢欢喜喜》等。

J0026120

普陀山胜境图 陈辉光绘

上海 上海人民美术出版社 1990 年 1 张 76cm（2 开）定价：CNY0.50

　　现代中国画作品。作者陈辉光（1939—　），上海人，工艺美术师。

J0026121

瀑鸣翠谷 黄振永绘

天津 天津人民美术出版社 1990 年 1 张 76cm（2 开）ISBN：7-5305-2176-0 定价：CNY0.50

　　现代中国画作品。作者黄振永（1930—　），四川成都人。擅长宣传画、年画。曾在空军美术训练班学习。历任原沈阳军区美术创作员、原成都军区空军政治部创作员。作品有《我爱祖国的蓝天》，年画《幽谷飞瀑》《海之歌》等。

J0026122

戚 孙为国绘

南京 江苏美术出版社 1990 年 2 张 76cm（2 开）定价：CNY1.10

　　本作品为年画形式的中国现代国画作品。

J0026123

齐白石画集 齐白石绘；严欣强，金岩编

北京 外文出版社 1990 年 194 页 38cm（6 开）精装 ISBN：7-119-00053-5

定价：［CNY170.00］

　　现代中国画画册。作者齐白石（1864—1957），近现代中国绘画大师，国画家、篆刻家。湖南湘潭人。原名纯芝，字渭青，号兰亭，后改名璜，字濒生，号白石等。历任国立北京艺术专科学校和京华美术专科学校教习、教授，中央美术学院名誉教授、中国文学艺术界联合会主席团委员、中国画研究会和中国美术家协会主席、中国画院名誉院长。代表作有《蛙声十里出山泉》《墨虾》等。著有《白石诗草》《齐白石作品集》《白石老人自述》等。

J0026124

齐白石作品集 齐白石绘

天津 天津人民美术出版社 1990 年 有肖像 36cm（6 开）精装 ISBN：7-5305-0246-8

定价：CNY228.00

　　本画集从中国美术馆馆藏品中选出 124 幅中国画。其中有包括齐白石老人晚年 90 岁后的《鲤鱼》《牡丹》《萝卜豆荚》等。外文书名：The Selected Works of Qi Baishi.

J0026125

齐良已国画选集 齐良已绘；荣宝斋编辑

北京 荣宝斋 1990 年 59 页 26cm（16 开）ISBN：7-5003-0091-3 定价：CNY21.00

　　本画册收录作者的小写意花鸟画。作者齐良已（1923—1988），现代著名画家。字子泷，号迟迟，齐白石第五子。曾先后就读于北平国立艺专、北平辅仁大学美术系。在家随父习画，其作品继承了齐派绘画艺术的张力，掌握了白石画风的灵魂，更注重吸收他人的优点。出版有《齐良已国画选集》。

J0026126

麒麟送宝 张宝祥绘

哈尔滨 黑龙江美术出版社 1990 年 1 张 76cm（2 开）定价：CNY0.55

　　本作品为年画形式的中国现代国画作品。

J0026127

麒麟雄师武将 吴培秀绘

昆明 云南人民出版社 1990 年 1 张 76cm（2 开）定价：CNY0.55

　　本作品为年画形式的中国现代国画作品。

J0026128

屺瞻百岁画集 朱屺瞻绘

上海 上海人民美术出版社 1990 年 101 页 38cm（6 开）ISBN：7-322-0528-2

定价：CNY72.00

　　本书辑作者 90 高龄后的新作 100 幅。包括《黄山烟雨》《秋日晓云》《山居》《解暑》《梅圣俞诗意》《岁朝清供》等。作者朱屺瞻（1892—1996），国画家。历任上海美术专科学校教授、上海新华艺术专科学校绘画研究所主任、中国美术家协会顾问、中国书法家协会理事、上海美术家协会常务理事、上海中国画院画师、上海师范大学艺术系教授等职。代表作品有《朱屺瞻画集》《癖斯居画谈》《朱屺瞻画选》。

J0026129

千里送京娘 朱淑媛绘

沈阳 辽宁美术出版社 1990 年 1 张 76cm（2 开）
定价：CNY0.55

　　本作品为年画形式的中国现代国画作品。作者朱淑媛，年画艺术家，辽宁人。作品有《校园新苗》《花儿》《全家福》《牡丹仙子》等。

J0026130
钱行健画集 钱行健绘；杜秋漾编辑
香港 集古斋公司 1990 年 26cm（16 开）
定价：HKD120.00

　　作者钱行健（1935—2010），国画家。江苏无锡人。擅长中国画，专习山水、花鸟，兼文学及诗词，后致力于中国绘画理论的研究。曾任上海外国语大学艺术教研室主任、副教授，上海海外联谊会联谊书画社副社长、海墨画社社长、上海书画研究院理事等。代表作有《碧浪》《幽涧听泉》《江月幽禽》等。

J0026131
乾坤清气 高晔绘
杭州 浙江人民美术出版社 1990 年 1 张
76cm（2 开） 定价：CNY0.55
　　现代中国画作品。

J0026132
墙头马上 王一定绘
杭州 浙江人民美术出版社 1990 年 2 张
76cm（2 开） 定价：CNY0.90
　　本作品为年画形式的中国现代国画作品。

J0026133
琴瑟和乐 龚景充绘
南昌 江西人民出版社 1990 年 1 张 76cm（2 开）
定价：CNY0.48
　　本作品为年画形式的中国现代国画作品。

J0026134
勤劳得福 朱凤岐绘
沈阳 辽宁美术出版社 1990 年 1 张 76cm（2 开）
定价：CNY0.55
　　本作品为年画形式的中国现代国画作品。

J0026135
勤劳富有余 彭公林，彭红绘
沈阳 辽宁美术出版社 1990 年 1 张 76cm（2 开）

定价：CNY0.55
　　本作品为年画形式的中国现代国画作品。

J0026136
勤劳致富 幸福满门 张耀明绘
济南 山东美术出版社 1990 年 1 张
107cm（全开） 定价：CNY1.10
　　本作品为年画形式的中国现代国画作品。

J0026137
青春年华 金梅生绘
上海 上海人民美术出版社 1990 年 1 张
76cm（2 开） 定价：CNY0.45
　　本作品为年画形式的中国现代国画作品。作者金梅生（1902—1989），画家。别名石摩，上海人。曾于商务印书馆美术科专门从事月份牌绘画工作，上海市文史馆馆员、上海人民美术出版社特约年画家。作品有《新中国的歌声》《秀女饲养员》《花木兰》等。

J0026138
青梅煮酒论英雄 张瑞恒绘
天津 天津人民美术出版社 1990 年 1 张
76cm（2 开） 定价：CNY0.50
　　本作品为年画形式的中国现代国画作品。

J0026139
青面兽杨志 吴剑超绘
昆明 云南人民出版社 1990 年 1 张 76cm（2 开）
定价：CNY0.55
　　本作品为年画形式的中国现代国画作品。

J0026140
青山绿水满春光 孙营绘
济南 山东美术出版社 1990 年 1 张 76cm（2 开）
定价：CNY0.50
　　中国现代年画作品。

J0026141
清凉世界（安云鹏中国画作品）安云鹏绘
北京 人民美术出版社 1990 年 27cm（大 16 开）
定价：CNY1.50
（新美术画库 41）

J0026142
情深意长 董俊绘
哈尔滨 黑龙江美术出版社 1990 年 1 张
76cm（2 开）定价：CNY0.55
　　本作品为年画形式的中国现代国画作品。

J0026143
情丝 赵幼华绘
北京 人民美术出版社 1990 年 1 张 76cm（2 开）
定价：CNY0.50
　　本作品为年画形式的中国现代国画作品。
作者赵幼华，高级教师，画家。陕西西安人，毕
业于西安美院附中。河北省廊坊市三中美术教
师。作品有《新圈》《暖风》《辉煌》《鹤乡》。

J0026144
情投意合 朱成标绘
杭州 浙江人民美术出版社 1990 年 1 张
76cm（2 开）定价：CNY0.45
　　本作品为年画形式的中国现代国画作品。

J0026145
庆丰年 王子翀绘
哈尔滨 黑龙江美术出版社 1990 年 1 张
76cm（2 开）定价：CNY0.55
　　本作品为年画形式的中国现代国画作品。

J0026146
琼阁仙山图 车来通绘
长春 吉林美术出版社 1990 年 1 张 76cm（2 开）
定价：CNY0.55
　　现代中国画作品。作者车来通（1956— ），
画家。河北高阳县人。号净心。任教于渤海石
油职业学院美术系。中国工笔画协会会员、河北
美术家协会会员、中华画院院长。发表花鸟画作
品数百幅。出版个人画册、技法丛书等。

J0026147
跫音低回（顾迎庆的远古之梦）顾迎庆绘
台北 传承（经纪）公司 1990 年 55 页 有图
29cm（15 开）ISBN：957-531-101-9
定价：TWD300.00
　　现代中国画画册。

J0026148
秋耕（杨麟中国画作品） 杨麟绘
北京 人民美术出版社 1990 年 27cm（大 16 开）
定价：CNY1.20
（新美术画库 40）

J0026149
驱邪魔·保平安 侯世武，候兵绘
昆明 云南人民出版社 1990 年 1 张 76cm（2 开）
定价：CNY0.55
　　本作品为年画形式的中国现代国画作品。
作者侯世武（1938— ），四川绵竹人。结业于四
川美院进修班。绵竹年画博物馆馆长、副研究馆
员。作品有《献寿图》《四川儿歌》《看外孙》等。

J0026150
驱邪纳福 李中文，李洪波绘
广州 岭南美术出版社 1990 年 1 张 76cm（2 开）
定价：CNY0.57
　　本作品为年画形式的中国现代国画作品。

J0026151
驱邪纳福 李中文，李洪波绘
广州 岭南美术出版社 1990 年 1 张 53cm（4 开）
定价：CNY0.29
　　本作品为年画形式的中国现代国画作品。

J0026152
曲尽人欢 杭雅英绘
上海 上海人民美术出版社 1990 年 1 张
76cm（2 开）定价：CNY0.45
　　本作品为年画形式的中国现代国画作品。

J0026153
全国文史研究馆馆员书画作品选 中央文史
研究馆编
北京 紫禁城出版社 1990 年 100 页 38cm（6 开）
精装 ISBN：7-80047-084-9 定价：CNY108.00

J0026154
全国文史研究馆书画藏品选 中央文史研究
馆编
北京 紫禁城出版社 ［1990 年］79 页 25cm
（15 开）ISBN：7-80047-085-7 定价：CNY48.00

J0026155

群仙游春图 冯毅绘

天津 天津人民美术出版社 1990 年 1 轴（卷轴）

对联 1 副 定价：CNY5.00

　　本作品为年画形式的中国现代国画作品。

J0026156

人参娃娃 安斌绘

长春 吉林美术出版社 1990 年 1 张 76cm（2 开）

定价：CNY0.55

　　本作品为年画形式的中国现代国画作品。

J0026157

人参娃娃 王文倩，张宝才绘

沈阳 辽宁美术出版社 1990 年 1 张 76cm（2 开）

定价：CNY0.55

　　本作品为年画形式的中国现代国画作品。

J0026158

人欢鱼跃金玉满堂 张宝祥绘

哈尔滨 黑龙江美术出版社 1990 年 1 张

76cm（2 开） 定价：CNY0.55

　　本作品为年画形式的中国现代国画作品。

J0026159

人间胜仙境 杨树有绘

长春 吉林美术出版社 1990 年 1 张

107cm（全开） 定价：CNY1.10

　　现代中国画作品。

J0026160

人间仙境 毛国富绘

杭州 浙江人民美术出版社 1990 年 1 张

76cm（2 开） 定价：CNY1.10

　　本作品为年画形式的中国现代国画作品。作者毛国富(1937—)，画家。浙江宁波人。历任浙江省宁波市展览馆美工、市甬剧团画师、宁波市展览馆美术总设计、中国美术家协会会员。主要作品有《中国之春》《东方涛》《湖光春色》《海底世界》《西双版纳》等。

J0026161

人间仙境 毛国富绘

杭州 浙江人民美术出版社 1990 年 1 张

107cm（全开） 定价：CNY2.40

　　本作品为年画形式的中国现代国画作品。

J0026162

人面桃花 赵丁绘

长春 吉林美术出版社 1990 年 2 张 76cm（2 开）

定价：CNY1.10

　　本作品为年画形式的中国现代国画作品。

J0026163

人民的好总理 王新滨，曹淑勤绘

沈阳 辽宁美术出版社 1990 年 1 张 76cm（2 开）

定价：CNY0.55

　　本作品为年画形式的中国现代国画作品。

J0026164

人民英雄·保卫祖国 邱开明绘

昆明 云南人民出版社 1990 年 1 张 76cm（2 开）

定价：CNY0.55

　　本作品为年画形式的中国现代国画作品。

J0026165

人寿年丰 魏瀛洲绘

上海 上海人民美术出版社 1990 年 1 张

76cm（2 开） 定价：CNY1.30

　　本作品为年画形式的中国现代国画作品。

J0026166

人寿年丰 郭卫华，沈深绘

天津 天津人民美术出版社 1990 年 1 轴（卷轴）

对联 1 副（全开） 定价：CNY5.00

　　本作品为年画形式的中国现代国画作品。

J0026167

人寿年丰福临门 徐德元绘

哈尔滨 黑龙江美术出版社 1990 年 1 张

76cm（2 开） 定价：CNY0.55

　　本作品为年画形式的中国现代国画作品。

J0026168

日月生辉 李国光绘

昆明 云南人民出版社 1990 年 1 张 76cm（2 开）

定价：CNY0.55

　　本作品为年画形式的中国现代国画作品。

J0026169

瑞鹤吉祥 康乐绘

沈阳 辽宁美术出版社 1990 年 1 张 76cm（2 开）
定价：CNY0.55

　　本作品为年画形式的中国现代国画作品。

J0026170

瑞气满堂 刘佩珩绘

长春 吉林美术出版社 1990 年 1 张 76cm（2 开）
定价：CNY0.55

　　本作品为年画形式的中国现代国画作品。
作者刘佩珩（1954　 ），画家，研究院。别名刘山，
天津宝坻人，毕业于东北师范大学美术系。历任
吉林省通榆县文化馆副馆长、副研究员。作品有
《喜迎春》《长白珍宝》《祖孙情》《长白珍奇》《趣》
《关东乐》等。

J0026171

撒满人间幸福花 高惠茹绘

哈尔滨 黑龙江美术出版社 1990 年 1 张
76cm（2 开） 定价：CNY0.55

　　本作品为年画形式的中国现代国画作品。

J0026172

赛龙凤 张振华绘

沈阳 辽宁美术出版社 1990 年 1 张 76cm（2 开）
定价：CNY0.55

　　本作品为年画形式的中国现代国画作品。
作者张振华，教师。江苏徐州市人。毕业于南京
艺术学院中国画专业，留校任教。作品有《冬树》
《冬景》。

J0026173

三凤求凰 杨春生等编绘

沈阳 辽宁美术出版社 1990 年 2 张 76cm（2 开）
定价：CNY1.10

　　本作品为年画形式的中国现代国画作品。

J0026174

三国演义 童继贤等绘

济南 山东美术出版社 1990 年 2 张 76cm（2 开）
　　本作品为年画形式的中国现代国画作品。

J0026175

三国演义故事 刘荣富，刘剑绘

哈尔滨 黑龙江美术出版社 1990 年 2 张
76cm（2 开） 定价：CNY1.15

　　本作品为年画形式的中国现代国画作品。

J0026176

三林神威图 刘浩，刘世忠绘

天津 天津人民美术出版社 1990 年 1 轴（卷轴）
对联 1 副（全开） 定价：CNY5.00

　　本作品为年画形式的中国现代国画作品。

J0026177

三石选集 周宗濂摄

台北 鸿禧艺术文教基金会 1990 年 319 页
有图 31cm（15 开） 精装
（鸿禧美术馆）

　　三石即齐白石、傅抱石、吴昌硕。选自三者
的部分画作编辑本书，并辅以个人简介。外文书
名：Masterpieces of Wu Changshuo, Qi Baishi
and Fu Baoshi.

J0026178

三星图 寒仕，咏明绘

天津 天津人民美术出版社 1990 年 1 张
76cm（2 开） 定价：CNY0.50

　　本作品为年画形式的中国现代国画作品。

J0026179

三羊开泰 朱介堂绘；尚游书

长沙 湖南美术出版社 1990 年 1 张
107cm（全开） 定价：CNY0.80

　　本作品为年画形式的中国现代国画作品。

J0026180

三羊开泰 杨天中绘

沈阳 辽宁美术出版社 1990 年 1 张 76cm（2 开）
定价：CNY0.55

　　本作品为年画形式的中国现代国画作品。

J0026181

三羊开泰 高志华绘

上海 上海书画出版社 1990 年 1 张 76cm（2 开）
定价：CNY0.45

　　本作品为年画形式的中国现代国画作品。

J0026182

三羊开泰，万事如意 赵学君，魏延滨画

济南 山东美术出版社 1990 年 1 张 76cm（2 开）

定价：CNY0.50

　　本作品为年画形式的中国现代国画作品。

J0026183

三友图 米春茂绘

石家庄 河北美术出版社 1990 年 1 张

配画 1 对（全开）定价：CNY2.20

　　本作品为年画形式的中国现代国画作品。作者米春茂（1938— ），一级美术师。生于河北省霸州。历任沧州市文联专业画家、中国美术家协会会员、美协河北分会会员、河北省工艺美术学会常务理事、沧州市美协理事长。代表作品有《米春茂画集》《中国画自学丛书——怎样画小动物》。

J0026184

三友图 董永越绘

天津 天津人民美术出版社 1990 年 1 张

76cm（2 开）定价：CNY0.50

　　本作品为年画形式的中国现代国画作品。

J0026185

山川竞秀 廉宽宏绘

长春 吉林美术出版社 1990 年 1 张 76cm（2 开）

定价：CNY0.55

　　现代中国画作品。作者廉宽宏（1945— ），画家、国家一级美术师。笔名老廉，生于哈尔滨，河北安平人。毕业于天津美术学院。中国美术家协会会员、中日美术交流协会会员、沧州美协副主席。作品有《一竿撑出绿波来》《苍岩毓秀》《淀上曲》等。

J0026186

山青水秀 杨亦千绘

天津 天津人民美术出版社 1990 年 1 张

76cm（2 开）ISBN：7-5305-2180-1

定价：CNY0.50

　　现代中国画作品。

J0026187

山色葱胧水清清 刘继成绘

长春 吉林美术出版社 1990 年 1 张 76cm（2 开）

定价：CNY0.55

现代中国画作品。

J0026188

山水·花鸟 肖辽沙绘

南宁 广西民族出版社 1990 年 106 页 19cm

（32 开）ISBN：7-5363-0867-1 定价：CNY7.00

（现代实用美术丛书）

　　现代中国画画册。

J0026189

山水花鸟屏 杨树有绘

长春 吉林美术出版社 1990 年 2 张 76cm（2 开）

定价：CNY1.10

　　本作品为年画形式的中国现代国画作品。

J0026190

尚连璧画集 尚连璧绘

南京 江苏美术出版社 1990—1999 年 26×27cm

J0026191

邵灵国画选 邵灵绘

兰州 甘肃人民美术出版社 1990 年 26cm（16 开）

ISBN：7-80588-001-8 定价：CNY4.00

　　现代中国画画册。

J0026192

申石伽作品集 申石伽绘

台北 皇冠艺文中心［1990—1999 年］63 页

有图 30cm（15 开）精装

　　作者申石伽（1906—2001），画家，教育家。笔名"西泠石伽"，浙江杭州人，出生书画世家，祖父为晚清著名山水画家申宜轩。长期任教于上海工艺美术学校，历任上海美协会员、上海市文史馆馆员、浙江文史研究馆名誉馆员。著有《山水画基础技法》《墨竹析览》等。

J0026193

伸正气 霍允庆绘

昆明 云南人民出版社 1990 年 1 张 53cm（4 开）

定价：CNY0.30

　　本作品为年画形式的中国现代国画作品。

J0026194

神骏图 冯德新绘

天津 天津人民美术出版社 1990 年 1 轴（卷轴）

对联 1 副（全开）定价：CNY5.00
　　本作品为年画形式的中国现代国画作品。

J0026195
神圣的使命 藏洪磊绘
昆明 云南人民出版社 1990 年 1 张 76cm（2 开）
定价：CNY0.55
　　本作品为年画形式的中国现代国画作品。

J0026196
神威天将 姚俊国，安宁绘
石家庄 河北美术出版社 1990 年 1 张
76cm（2 开）定价：CNY0.50
　　本作品为年画形式的中国现代国画作品。

J0026197
神威天将 姚俊国，安宁绘
石家庄 河北美术出版社 1990 年 1 张
53cm（4 开）定价：CNY0.25
　　本作品为年画形式的中国现代国画作品。

J0026198
神州风采 李明山绘
长春 吉林美术出版社 1990 年 1 张 76cm（2 开）
定价：CNY0.55
　　本作品为年画形式的中国现代国画作品。

J0026199
沈耀初画集（2）沈耀初绘
高雄 黄钦湘 1990 年 有图 39cm（4 开）精装
定价：TWD2500.00
　　外文书名：Shen Yao-Ch'u Paintings.

J0026200
生财有路 朱冈歧绘
沈阳 辽宁美术出版社 1990 年 1 张 76cm（2 开）
定价：CNY0.55
　　本作品为年画形式的中国现代国画作品。

J0026201
生机（绫裱卷轴）潘天寿绘
北京 荣宝斋 1990 年 1 轴
　　现代中国画作品。作者潘天寿（1897—1971），现代著名国画家，美术教育家，原名天授，字大颐，号寿者。浙江宁海县人。擅画花鸟、山水，

兼善指画，亦能书法、诗词、篆刻。曾任中国文联委员、中国美术家协会副主席、浙江省文联副主席、中国美协浙江分会主席、浙江美术学院院长、教授等职。著有《中国绘画史》《听天阁画谈随笔》等。

J0026202
声声喜庆有余年 肖殿全绘
沈阳 辽宁美术出版社 1990 年 1 张 76cm（2 开）
定价：CNY0.55
　　本作品为年画形式的中国现代国画作品。

J0026203
盛世报年丰 王功学绘
长春 吉林美术出版社 1990 年 1 张 76cm（2 开）
定价：CNY0.55
　　本作品为年画形式的中国现代国画作品。

J0026204
盛业千秋 张兆年绘
天津 天津人民美术出版社 1990 年 1 轴（卷轴）
对联 1 副（全开）定价：CNY5.00
　　本作品为年画形式的中国现代国画作品。

J0026205
诗情画意 刘维忠，殷玉华绘
天津 天津人民美术出版社 1990 年 4 张
76cm（2 开）定价：CNY5.00
　　本作品为年画形式的中国现代国画作品。

J0026206
诗意图 王然，陈继英绘
天津 天津人民美术出版社 1990 年 4 张
76cm（2 开）定价：CNY5.00
　　本作品为年画形式的中国现代国画作品。

J0026207
狮虎将军 裴文璐绘
昆明 云南人民出版社 1990 年 1 张 76cm（2 开）
定价：CNY0.55
　　本作品为年画形式的中国现代国画作品。作者裴文璐（1944—　），出生于昆明，中国美术家协会会员、云南艺术学院客座教授、云南省公安厅文联书画院名誉院长。代表作品有《瑞丽江畔》《赶摆》。

J0026208

狮子楼 刘建平绘

天津 天津人民美术出版社 1990 年 1 张
76cm（2 开） 定价：CNY0.50

　　本作品为年画形式的中国现代国画作品。

J0026209

施友义国画选 施友义绘

北京 华艺出版社 1990 年 31 页 有彩照 26cm
（16 开） ISBN：7-80039-253-8 定价：CNY1.00

　　本书共收作者国画作品 31 幅。本书与荣华
书画社合作出版。作者施友义（1947— ），画家。
笔名石奇，福建平潭人。曾任中国美术家协会福
建分会会员、福建出版集团编审、华艺出版社副
社长。出版有《施友义国画选》《侯官县烈女歼
仇》《千里送京娘》《千古名媛》。

J0026210

石兵画集 石兵绘

太原 山西人民出版社 1990 年 48 页 39cm（6 开）
精装 ISBN：7-203-01806-7 定价：CNY35.00

　　本书为作者创作的戏剧人物画，融漫画的
夸张幽默与国画的浓墨重彩于一体。作者石兵
（1921—1997），艺术家。原名田作良。中国美术
家协会会员，从事美术创作 60 年，创作了大量
的国画、漫画、连环画等作品。出版有《石兵画
集》等。

J0026211

石鲁书画集 石鲁绘

香港 海峰出版社 1990 年 304 页 29cm（15 开）
精装 ISBN：7-102-00849-X 定价：HKD780.00

　　外文书名：Shi Lu Painting & Calligraphy.
作者石鲁（1919—1982），画家。原名冯亚珩，四
川仁寿人，就读于成都东方美专和陕北公学院。
曾任中国美术家协会常务理事、陕西省美术家协
会主席、陕西省书法家协会主席、陕西省国画院
名誉院长、中国画研究院院委等职。著有《石鲁
学画录》，电影剧本《暴风中的雄鹰》等。

J0026212

石鲁书画集（中英对照） 石鲁绘

北京 人民美术出版社 1990 年 304 页 有照片
29×22cm 精装 ISBN：7-102-00849-X
定价：[CNY150.00]

　　本册收集了作者创作的近 200 幅绘画作
品和 60 多幅书法，绝大多数是他一生中的精
品，也有流失于海外的杰作。外文书名：Shi Lu
Painting and Calligraphy.

J0026213

石鲁书画集 石鲁绘

台北 鱼悠轩艺术文化中心 1990 年 304 页
有彩图像 29cm（16 开）

J0026214

事事如意 秋岩绘

哈尔滨 黑龙江美术出版社 1990 年 1 张
76cm（2 开） 定价：CNY0.62

　　本作品为年画形式的中国现代国画作品。

J0026215

事事如意 户户平安 王法堂绘

济南 山东美术出版社 1990 年 1 张
107cm（全开） 定价：CNY1.10

　　本作品为年画形式的中国现代国画作品。

J0026216

事事如意 年年有余 彭海清绘

上海 上海人民美术出版社 1990 年 1 张
76cm（2 开） 定价：CNY0.45

　　本作品为年画形式的中国现代国画作品。

J0026217

试航 陈宝万绘

济南 山东美术出版社 1990 年 1 张 76cm（2 开）
定价：CNY0.50

　　本作品为年画形式的中国现代国画作品。

J0026218

寿 楼永年绘

长沙 湖南美术出版社 1990 年 1 张 76cm（2 开）
定价：CNY0.45

　　本作品为年画形式的中国现代国画作品。

J0026219

寿 楼永年绘

长沙 湖南美术出版社 1990 年 1 轴（卷轴）
对联 1 副（全开） 定价：CNY3.50

　　本作品为年画形式的中国现代国画作品。

J0026220
寿比南山 丁洪辉绘
长春 吉林美术出版社 1990 年 1 张 76cm（2 开）
定价：CNY0.55
　　本作品为年画形式的中国现代国画作品。

J0026221
寿比南山 陈英, 陈明绘
天津 天津人民美术出版社 1990 年 1 张
76cm（2 开） 定价：CNY0.50
　　本作品为年画形式的中国现代国画作品。

J0026222
寿比南山不老松 王昭灿绘
济南 山东美术出版社 1990 年 1 张 76cm（2 开）
定价：CNY0.50
　　本作品为年画形式的中国现代国画作品。

J0026223
寿高福大 姚孝法绘
沈阳 辽宁美术出版社 1990 年 1 张 76cm（2 开）
定价：CNY0.55
　　本作品为年画形式的中国现代国画作品。

J0026224
寿酒图 彭海清绘
哈尔滨 黑龙江美术出版社 1990 年 1 张
76cm（2 开） 定价：CNY0.55
　　本作品为年画形式的中国现代国画作品。
作者彭海清(1943—)，国家一级美术师，生于
山东淄博，历任中国美术家协会会员、国际美术
家联合会会员、中国国画家协会理事、环球书画
艺术研究院客座教授、山东河津书画院名誉院
长。出版有《彭海清画集》。

J0026225
寿酒图 彭海清绘
济南 山东美术出版社 1990 年 1 张 76cm（2 开）
定价：CNY0.50
　　本作品为年画形式的中国现代国画作品。

J0026226
寿鸣翠竹 张琪, 宏民绘
天津 天津人民美术出版社 1990 年 4 张
76cm（2 开） 定价：CNY5.00

本作品为年画形式的中国现代国画作品。

J0026227
寿上寿 陈华民, 姜英绘
沈阳 辽宁美术出版社 1990 年 1 张 76cm（2 开）
定价：CNY0.55
　　本作品为年画形式的中国现代国画作品。

J0026228
寿石图（绫裱卷轴）潘天寿绘
北京 荣宝斋 1990 年 1 轴
　　现代中国画作品。作者潘天寿(1897—1971)，
现代著名国画家，美术教育家，原名天授，字大
颐，号寿者。浙江宁海县人。擅画花鸟、山水，
兼善指画，亦能书法、诗词、篆刻。曾任中国文
联委员、中国美术家协会副主席、浙江省文联副
主席、中国美协浙江分会主席、浙江美术学院院
长、教授等职。著有《中国绘画史》《听天阁画谈
随笔》等。

J0026229
寿同日月 童金贵, 童红绘
沈阳 辽宁美术出版社 1990 年 1 张 76cm（2 开）
定价：CNY0.55
　　本作品为年画形式的中国现代国画作品。

J0026230
寿禧图（二）王瑞卿绘
石家庄 河北美术出版社 1990 年 1 张（卷轴）
配画 1 对（全开） 定价：CNY2.20
　　本作品为年画形式的中国现代国画作品。

J0026231
寿增喜长 徐德元, 徐蕾绘
沈阳 辽宁美术出版社 1990 年 1 张 76cm（2 开）
定价：CNY0.55
　　本作品为年画形式的中国现代国画作品。

J0026232
双鹤鸣春 王俊峰, 韩景春绘
哈尔滨 黑龙江美术出版社 1990 年 1 张
76cm（2 开） 定价：CNY0.55
　　本作品为年画形式的中国现代国画作品。

J0026233
双虎图 曾成金绘
杭州 浙江人民美术出版社 1990 年 1 张
76cm（2 开）定价：CNY0.90
　　本作品为年画形式的中国现代国画作品。

J0026234
双喜临门 顾晓青绘
上海 上海人民美术出版社 1990 年 1 张
76cm（2 开）定价：CNY0.50
　　本作品为年画形式的中国现代国画作品。

J0026235
双喜临门 李寿根绘
杭州 浙江人民出版社 1990 年 1 张 76cm（2 开）
定价：CNY0.45
　　本作品为年画形式的中国现代国画作品。

J0026236
双喜临门，鸿福满堂 霍允庆绘
昆明 云南人民出版社 1990 年 1 张 76cm（2 开）
定价：CNY0.55
　　本作品为年画形式的中国现代国画作品。
作者霍允庆（1944—　），笔名静轩，山东龙口
人。擅长年画、中国画。曾在龙口文化馆从事美
术工作，二级美术师。作品有《丰收时节》《劈山
救母》《年方八八》等。

J0026237
双喜如意 华辰，河原绘
沈阳 辽宁美术出版社 1990 年 1 张 76cm（2 开）
定价：CNY0.55
　　本作品为年画形式的中国现代国画作品。

J0026238
双鱼吉庆 徐世民绘
上海 上海人民美术出版社 1990 年 1 张
76cm（2 开）定价：CNY0.45
　　本作品为年画形式的中国现代国画作品。

J0026239
双鱼跳龙门 俎翠林绘
天津 天津人民美术出版社 1990 年 1 张
76cm（2 开）定价：CNY0.50
　　本作品为年画形式的中国现代国画作品。

J0026240
水禽四季 徐士钦，李勤绘
石家庄 河北美术出版社 1990 年 2 张
76cm（2 开）定价：CNY1.10
　　本作品为年画形式的中国现代国画作品。

J0026241
硕果累累 梁泽军绘
杭州 浙江人民美术出版社 1990 年 2 张
76cm（2 开）定价：CNY0.90
　　本作品为年画形式的中国现代国画作品。

J0026242
四川中国画选集 杜秋漠编辑
香港 集古斋 1990 年 有图 26cm（16 开）
定价：HKD125.00

J0026243
四川中青年国画家十一人集 马振声等绘；
重庆出版社编
重庆 重庆出版社 1990 年 51 页 25×26cm
ISBN：7-5366-1344-X 定价：CNY7.10
　　本书汇集了四川中青年国画家马振声、王以
时、邓成用、白德松、刘朴、张士莹、张修竹、周
华君、周顺恺、钟纪明、彭先成等 11 人的代表作
品。

J0026244
四大天王 马焕民绘
石家庄 河北美术出版社 1990 年 1 张
76cm（2 开）定价：CNY0.50
　　本作品为年画形式的中国现代国画作品。

J0026245
四大天王 马焕民绘
石家庄 河北美术出版社 1990 年 1 张
53cm（4 开）定价：CNY0.25
　　本作品为年画形式的中国现代国画作品。

J0026246
四季发财户户春 彭公林，彭江绘
沈阳 辽宁美术出版社 1990 年 1 张 76cm（2 开）
定价：CNY0.55
　　本作品为年画形式的中国现代国画作品。

J0026247

四季福 刘景龙绘

石家庄 河北美术出版社 1990 年 1 张

76cm（2 开）定价：CNY0.50

　　本作品为年画形式的中国现代国画作品。

作者刘景龙（1949— ）一级书法师。字子正。号

智龙居士，龙梅阁主。黑龙江肇东市人。历任中

国书法美术家协会理事、中国书法美术家协会甘

肃分会副主席、为中国艺术家协会理事、中国书

画研究院创作委员、东方书画院名誉院长、中国

书协甘肃分会会员、甘肃省书画研究委员会创作

委员、兰州书画院院长等。

J0026248

四季吉祥 徐世钦，李勤绘

天津 天津人民美术出版社 1990 年 2 张

76cm（2 开）定价：CNY1.10

　　本作品为年画形式的中国现代国画作品。

J0026249

四季飘香 公达，王玉绘

哈尔滨 黑龙江美术出版社 1990 年 2 张

76cm（2 开）定价：CNY1.15

　　本作品为年画形式的中国现代国画作品。

J0026250

四季平安 陈从容绘

石家庄 河北美术出版社 1990 年 1 张

76cm（2 开）定价：CNY1.10

　　本作品为年画形式的中国现代国画作品。

J0026251

四季平安富贵有余 李志明绘

济南 山东美术出版社 1990 年 1 张

107cm（全开）定价：CNY1.10

　　本作品为年画形式的中国现代国画作品。

J0026252

四路来财 余德元等绘

沈阳 辽宁美术出版社 1990 年 1 张 76cm（2 开）

定价：CNY0.55

　　本作品为年画形式的中国现代国画作品。

J0026253

四喜贺新年 童金贵等绘

沈阳 辽宁美术出版社 1990 年 2 张 76cm（2 开）

定价：CNY1.10

　　本作品为年画形式的中国现代国画作品。

J0026254

四野新曲 韩培生绘

杭州 浙江人民美术出版社 1990 年 1 张

76cm（2 开）定价：CNY0.45

　　本作品为年画形式的中国现代国画作品。

J0026255

松风清趣图 郭金标绘

天津 天津人民美术出版社 1990 年 4 张

76cm（2 开）定价：CNY5.00

　　本作品为年画形式的中国现代国画作品。

J0026256

松鹤图 张振祥绘

天津 天津人民美术出版社 1990 年 1 轴（卷轴）

对联 1 副（全开）定价：CNY9.50（甲）

　　本作品为年画形式的中国现代国画作品。

J0026257

松鹤图 张振祥绘

天津 天津人民美术出版社 1990 年 1 轴（卷轴）

对联 1 副（全开）定价：CNY5.00（乙）

　　本作品为年画形式的中国现代国画作品。

J0026258

松鹤延年 蒋云花，豫强绘

杭州 浙江人民美术出版社 1990 年 1 张

76cm（2 开）定价：CNY1.10

　　本作品为年画形式的中国现代国画作品。

J0026259

松鹤长春 陈继武绘

南昌 江西人民出版社 1990 年 1 张

107cm（全开）定价：CNY2.16

　　本作品为年画形式的中国现代国画作品。

作者陈继武（1942— ），福建福州人。别名陈剑

生。毕业于浙江美术学院油画系。中国美术家

协会会员、中国油画家协会会员、宁波画院院

长。擅长年画、油画。主要作品有《江山多娇》

《面向未来》《中国之春》等。

J0026260
松龄鹤寿 益民，云花绘
杭州 浙江人民美术出版社 1990 年 2 张
76cm（2 开）定价：CNY0.90
　　本作品为年画形式的中国现代国画作品。

J0026261
松龄鹤寿 严白绘
杭州 浙江人民美术出版社 1990 年 1 张
107cm（全开）定价：CNY1.70
　　本作品为年画形式的中国现代国画作品。

J0026262
松楼飞瀑图 张洪千绘
天津 天津人民美术出版社 1990 年 1 张
107cm（全开）定价：CNY2.20
　　现代中国画作品。

J0026263
松荫待客 天亚绘
长春 吉林美术出版社 1990 年 1 张 76cm（2 开）
定价：CNY0.55
　　现代中国画作品。

J0026264
宋金鼎画集 宋金鼎绘
济南 山东美术出版社 1990 年 28 页 26cm（16 开）
ISBN：7-5330-0336-5 定价：CNY5.05
　　现代中国画作品选集。作者宋金鼎（1956— ），
山东莒县人。中国美术家协会会员、山东省美术
家协会会员、山东画院画师等。主要作品有《翰
墨秋香》《长青图》《凌霄》等。

J0026265
宋新江画辑 宋新江绘
济南 山东美术出版社 1990 年 28 页
27cm（大 16 开）

J0026266
送宝图 苗振华绘
石家庄 河北美术出版社 1990 年 2 张
76cm（2 开）定价：CNY1.10
　　本作品为年画形式的中国现代国画作品。

J0026267
送子图 陈略绘
广州 岭南美术出版社 1990 年 1 张 76cm（2 开）
定价：CNY0.55
　　本作品为年画形式的中国现代国画作品。
作者陈略（1943— ），广东信宜人。毕业于广州
美术学院国画系。曾任阳春市美协主席、中国美
术家协会会员。作品有《父子英雄》《赵子龙张
翼德》《陈略人物画集》等。

J0026268
苏百钧画集 苏百钧绘
广州 花城出版社 1990 年 48 页 27cm（大 16 开）
定价：CNY19.00

J0026269
苏华画集 苏华绘
广州 花城出版社 1990 年 115 页 37cm（8 开）
ISBN：7-5360-0743-4 定价：CNY98.00
　　本书作者自选不同时期的百余件作品的结
集。收有中国画《深圳新拓区》《处女地》《大沙
田》等。作者苏华（1943.3— ），女，广东阳江人，
擅长中国画。中国美术家协会会员、广东省书法
家协会副主席、广州市美术家协会副主席、北京
唐风美术馆高级艺术顾问、一级美术师。主要作
品有中国画《深圳新拓区》《处女地》《大沙田》等。

J0026270
岁寒三友 钱行健绘
上海 上海书画出版社 1990 年 1 张 76cm（2 开）
定价：CNY0.45
　　本作品为年画形式的中国现代国画作品。
作者钱行健（1935—2010），国画家。江苏无锡
人。擅长中国画，专习山水、花鸟，兼文学及诗
词，后致力于中国绘画理论的研究。曾任上海外
国语大学艺术教研室主任、副教授，上海海外联
谊会联谊书画社副社长、海墨画社社长、上海书
画研究院理事等。代表作品有《碧浪》《幽涧听
泉》《江月幽禽》等。

J0026271
岁寒喜友 邓文欣绘
长春 吉林美术出版社 1990 年 1 张 76cm（2 开）
定价：CNY0.55
　　本作品为年画形式的中国现代国画作品。

作者邓文欣(1936—)，书画家。字子鹤，号那
立闪人，辽宁阜新人。任四平市书画院院长、中
国美术家协会会员。作品有《松鹤迎春》《路漫
漫》《征程》，出版画集《山水花鸟画谱》《邓文欣
仙鹤画集》《文欣画鹤》等。

J0026272

岁岁平安　董志中绘
石家庄　河北美术出版社 1990 年　1 张
53cm（4 开）定价：CNY0.25
　　本作品为年画形式的中国现代国画作品。

J0026273

孙其峰书画选　　［孙其峰作］
北京 人民美术出版社 1990 年 18cm（32 开）
ISBN：7-102-00712-4 定价：CNY6.80

J0026274

孙子兵法　窦宝铁绘
天津 天津人民美术出版社 1990 年 4 张
76cm（2 开）定价：CNY5.00
　　本作品为年画形式的中国现代国画作品。

J0026275

太行风情中国画集　杜秋漾编辑
香港 集古斋公司 1990 年 26cm（16 开）
定价：HKD120.00

J0026276

太平盛世，家国富裕　栾良才绘
杭州 浙江人民美术出版社 1990 年 1 张
76cm（2 开）定价：CNY0.45
　　本作品为年画形式的中国现代国画作品。

J0026277

泰山日出　刘称奇绘
上海 上海人民美术出版社 1990 年 1 张
107cm（全开）定价：CNY2.40
　　现代中国画作品。

J0026278

谭达人扇面画选　谭达人绘
桂林 漓江出版社 1990 年 10 张 13cm（64 开）
定价：CNY1.95
　　作者谭达人（1927— ），广西贵港市人。就

读于广州文化大学。曾任广西诗书画金石研究
会常务理事、中国扇面艺术委员会主任委员。

J0026279

谭冬生画集　谭冬生绘
郑州 河南美术出版社 1990 年 34 页
30cm（10 开）定价：CNY15.00

J0026280

谭天仁画集　谭天仁绘
成都 四川美术出版社 1990 年 有肖像
25×26cm ISBN：7-5410-0561-4
定价：CNY14.00
　　现代中国画作品画册。作者谭天仁（1945— ），
画家。生于成都。历任中国美术家协会会员、国
家一级美术师、四川省书画鉴定专业委员会委
员、四川省山水画常务委员、四川省花鸟画会常
务委员等。代表作品有《秋山贮诗意》《春酣》《山
雨欲来》。

J0026281

唐人绝句的诗情画意　迟乃义著
长春 吉林大学出版社 1990 年 191 页 有插图
20cm（32 开）ISBN：7-5601-0588-2
定价：CNY7.80
　　现代中国画与法书鉴赏唐代绝句。

J0026282

唐洮画选　唐洮绘
北京 朝花美术出版社［1990 年］15 页 27cm
（大 16 开）定价：CNY3.00

J0026283

天安门广场　陈书帛绘
杭州 浙江人民美术出版社 1990 年 1 张
76cm（2 开）定价：CNY1.10
　　本作品为年画形式的中国现代国画作品。

J0026284

天将图　王连城绘
济南 山东美术出版社 1990 年 1 张
53cm（4 开）定价：CNY0.25
　　本作品为年画形式的中国现代国画作品。
作者王连城（1943— ），画家。生于山东胶州，
毕业于曲师大美术教育专业，结业于山东艺术学

院油画系、中国美院花鸟进修班。山东诸城市文化馆副研究馆员、中国美术家协会会员、山东美术家协会会员、山东书画研究院特聘教授。出版有《画家王连城自选作品集》,画作有《耄耋新婚》《亲人在前方》《风筝之一》等。

J0026285

天伦之乐 张锦标绘
上海 上海人民美术出版社 1990 年 1 张
76cm(2 开) 定价: CNY0.50
　　本作品为年画形式的中国现代国画作品。

J0026286

天天发财 彭公林绘
沈阳 辽宁美术出版社 1990 年 1 张 76cm(2 开)
定价: CNY0.55
　　本作品为年画形式的中国现代国画作品。

J0026287

天王·金刚 卓冒勇绘
昆明 云南人民出版社 1990 年 1 张 76cm(2 开)
定价: CNY0.55
　　本作品为年画形式的中国现代国画作品。

J0026288

天下第一剑 孙家跃绘
天津 天津人民美术出版社 1990 年 1 张
76cm(2 开) 定价: CNY0.50
　　本作品为年画形式的中国现代国画作品。

J0026289

天仙配 戴松耕绘
上海 上海人民美术出版社 1990 年 1 张
76cm(2 开) 定价: CNY0.45
　　本作品为年画形式的中国现代国画作品。

J0026290

天仙送喜 童金贵,晓红绘
沈阳 辽宁美术出版社 1990 年 2 张 76cm(2 开)
定价: CNY1.10
　　本作品为年画形式的中国现代国画作品。

J0026291

天仙祝福 刘俊贤绘
呼和浩特 内蒙古人民出版社 1990 年 1 张

76cm(2 开) 定价: CNY0.55
　　本作品为年画形式的中国现代国画作品。作者刘俊贤(1956—),高级教师。天津静海人,毕业于内蒙古师范大学美术学院。中国美术家协会会员,任职于包钢第二中学。主要作品有《发卷之后》《钢厂晨曲》《北疆夕阳》《涉世》《旷野日记》等。

J0026292

天涯海角 杨锡康绘
杭州 浙江人民美术出版社 1990 年 1 张
76cm(2 开) 定价: CNY1.10
　　本作品为年画形式的中国现代国画作品。

J0026293

天增岁月人增寿 刘佩珩绘
哈尔滨 黑龙江美术出版社 1990 年 1 张
76cm(2 开) 定价: CNY0.55
　　本作品为年画形式的中国现代国画作品。作者刘佩珩(1954),画家,研究院。别名刘山,天津宝坻人,毕业于东北师范大学美术系。历任吉林省通榆县文化馆副馆长、副研究员。作品有《喜迎春》《长白珍宝》《祖孙情》《长白珍奇》《趣》《关东乐》等。

J0026294

甜蜜蜜 邵培文,于永华绘
沈阳 辽宁美术出版社 1990 年 1 张 76cm(2 开)
定价: CNY0.55
　　本作品为年画形式的中国现代国画作品。

J0026295

甜甜蜜蜜 陈宝万绘
长春 吉林美术出版社 1990 年 1 张 76cm(2 开)
定价: CNY0.55
　　本作品为年画形式的中国现代国画作品。

J0026296

同窗伴读·十八相送·楼台相会·比翼齐飞
姚孝法绘
沈阳 辽宁美术出版社 1990 年 2 张 76cm(2 开)
定价: CNY1.10
　　本作品为年画形式的中国现代国画作品。

J0026297
铜墙铁壁 赵宋生绘
昆明 云南人民出版社 1990 年 1 张 53cm（4 开）
定价：CNY0.30
　中国现代重彩画作品。

J0026298
童欢鱼跃 吴述宝绘
长春 吉林美术出版社 1990 年 1 张 76cm（2 开）
定价：CNY0.55
　本作品为年画形式的中国现代国画作品。

J0026299
娃娃 陆廷绘
上海 上海人民美术出版社 1990 年 2 张
78cm（2 开）定价：CNY1.40
　本作品为年画形式的中国现代国画作品。

J0026300
娃娃戏彩灯 罗楠绘
沈阳 辽宁美术出版社 1990 年 1 张 76cm（2 开）
定价：CNY0.55
　本作品为年画形式的中国现代国画作品。

J0026301
娃娃祝寿图 张为民，刘淑荣绘
天津 天津人民美术出版社 1990 年 1 张
76cm（2 开）定价：CNY0.5
　本作品为年画形式的中国现代国画作品。

J0026302
万事如意 张宝祥绘
长春 吉林美术出版社 1990 年 1 张 76cm（2 开）
定价：CNY0.55
　本作品为年画形式的中国现代国画作品。

J0026303
万事如意 彭公林，伟时绘
沈阳 辽宁美术出版社 1990 年 2 张 76cm（2 开）
定价：CNY1.10
　本作品为年画形式的中国现代国画作品。

J0026304
万象更新 高孝慈绘
沈阳 辽宁美术出版社 1990 年 1 张 76cm（2 开）

定价：CNY0.60
　本作品为年画形式的中国现代国画作品。

J0026305
万象更新 张锡武绘
昆明 云南人民出版社 1990 年 1 张 53cm（4 开）
定价：CNY0.30
　本作品为年画形式的中国现代国画作品。

J0026306
万象更新乐有余 刘树茂，刘旭绘
沈阳 辽宁美术出版社 1990 年 1 张 76cm（2 开）
定价：CNY0.55
　本作品为年画形式的中国现代国画作品。

J0026307
万子成长 杨立群绘
广州 岭南美术出版社 1990 年 1 张 76cm（2 开）
定价：CNY0.55
　本作品为年画形式的中国现代国画作品。

J0026308
万紫千红 金梅生绘
上海 上海人民美术出版社 1990 年 1 张
76cm（2 开）定价：CNY0.45
　本作品为年画形式的中国现代国画作品。

J0026309
汪兆申作品集 汪兆申绘
台北 敦煌艺术出版社 1990 年 50 页 有彩图
27cm（大 16 开）定价：TWD400.00
（敦煌水墨集）

J0026310
王立画集 王立绘
广州 岭南美术出版社 1990 年 66 页 有照片
25cm（16 开）ISBN：7-5362-0619-4
定价：CNY40.00
　现代中国画画册。作者王立（1925—2000），
中国美术家协会会员、一级美术师。

J0026311
王企华画选 王企华绘；山东画院编
济南 山东美术出版社 1990 年 36 页 26cm
（16 开）ISBN：7-5330-0334-9 定价：CNY5.30

作者王企华(1912—2001),画家。江苏苏州人,毕业于日本东京图案专门学校。历任山东艺术学院教授、中国美术家协会会员、齐鲁书画研究院院长。出版有《图案》《王企华画选》《王企华书法选》等。

J0026312

王西京画集（中、英、日对照）马忠义主编;王西京绘;彭卓民,邱剑英译

西安　陕西旅游出版社　1990年　1册　28cm（16开）ISBN:7-5418-0129-1 定价:CNY62.00

　　本画集选收作者从20世纪70-80年代末的代表作近百幅。其中有《齐白石》《白居易》《孔乙己》《蒲松龄》《魏武观海》《观竹图》《天闲云淡》等。

J0026313

王忠义画选　王忠义绘

天津　天津人民美术出版社　1990年　1册　25cm（16开）ISBN:7-5305-0268-9 定价:CNY7.50

J0026314

威震疆场　潘隆正,潘斌绘

昆明　云南人民出版社　1990年　1张　76cm（2开）定价:CNY0.55

　　本作品为年画形式的中国现代国画作品。

J0026315

威震山河　孔昭平绘

长春　吉林美术出版社　1990年　1张　76cm（2开）定价:CNY0.55

　　现代中国画作品。

J0026316

威震四方　刘浩绘

天津　天津人民美术出版社　1990年　1张　76cm（2开）定价:CNY0.50

　　本作品为年画形式的中国现代国画作品。

J0026317

维纳斯起晨　徐福根绘

南昌　江西人民出版社　1990年　1张　107cm（全开）定价:CNY2.16

　　本作品为年画形式的中国现代国画作品。作者徐福根(1941—),别名夫耕,出生于浙江肖山。擅长年画。曾任江西人民出版社美术编辑、江西美术出版社副编审等职。作品有《雷锋与红领巾》《孙中山与宋庆龄》《让世界充满爱》《春从燕翅归》等。

J0026318

温六恩画集　温六恩绘

北京　中国工人出版社　1990年　45页　26cm（16开）ISBN:7-5008-0905-0 定价:CNY23.50

　　作者温六恩(1956—),画家。内蒙古凉城人,毕业于包头师范美术专业。历任中国工艺美术家协会会员、中美协内蒙分会委员、包头市美协常务副主席、包头市昆都仑区文化馆副馆长。主要作品有《牡丹鸡》《志存高远》《育鸡图》《瑞雪》等。

J0026319

我们的理想　陈乃亮绘

南昌　江西人民出版社　1990年　1张　76cm（2开）定价:CNY0.48

　　本作品为年画形式的中国现代国画作品。

J0026320

卧龙胜境　程少利绘

天津　天津人民美术出版社　1990年　1张　对联1副(全开)定价:CNY1.10

　　本作品为年画形式的中国现代国画作品。

J0026321

无敌鸳鸯腿　李志平绘

天津　天津人民美术出版社　1990年　1张　76cm（2开）定价:CNY0.50

　　本作品为年画形式的中国现代国画作品。

J0026322

无锡市书画院作品选

南京　江苏美术出版社　1990年　40页　有肖像　25cm（16开）ISBN:7-5344-0176-3 定价:CNY17.50

　　无锡市书画院建院十周年纪念(1980—1990)。

J0026323

吴永良画集　吴永良绘

杭州　浙江美术学院出版社　1990年　1册

36cm（6开）精装 ISBN：7-81019-078-4
定价：CNY120.00

　　本画集收入作者1962—1990年间所创作的中国画和书法作品共119件。书前有作者生活照，书中文字均以中、英、日3种文字编排。作者吴永良（1937— ），画家、教授。浙江鄞县人，毕业于浙江美术学院中国画系人物画科。历任中国美术家协会会员、浙江美术学院教授。代表作品有《鲁迅肖像》《水乡集市》《华夏颂》《潘天寿肖像》《西泠印踪》等。

J0026324

五福临门新年好 童宝贵绘
沈阳 辽宁美术出版社 1990年 1张 76cm（2开）
定价：CNY0.55
　　本作品为年画形式的中国现代国画作品。

J0026325

五福满堂 李寿根绘
杭州 浙江人民美术出版社 1990年 1张
76cm（2开）定价：CNY0.45
　　本作品为年画形式的中国现代国画作品。

J0026326

五福献寿 徐德元，晓蕾绘
沈阳 辽宁美术出版社 1990年 1张 76cm（2开）
定价：CNY0.55
　　本作品为年画形式的中国现代国画作品。

J0026327

五虎兴汉图 赵梦林绘
上海 上海人民美术出版社 1990年 1张
76cm（2开）定价：CNY0.45
　　本作品为年画形式的中国现代国画作品。

J0026328

五康书画 康殷等作
北京 北京师范学院出版社 1990年 1册 37cm
（8开）ISBN：7-81014-482-0 定价：CNY25.00
　　“五康”是指康殷、康雍、康宁、康庄、康默的康氏两代五人书画家。此集是以1987年5月在中国美术馆举办的“五康书画展”的展品为基础，又以部分新作编成的。作者康殷（1926—1999），古文字学家、古玺印专家、篆刻家、书法家、画家。别署大康，祖籍河北乐亭，生于辽宁

义县。毕业于吉林师范大学美术系。曾任中央文史研究馆馆员、首都师范大学研究员、中国书法家协会理事、中国美术家协会会员等。著有《古文字形发微》《文字源流浅说》《古文字学新论》《说文部首诠释》，编纂中国第一部古印玺全集《印典》。

J0026329

西厢记 杨树有绘
长春 吉林美术出版社 1990年 1张 76cm（2开）
定价：CNY0.55
　　本作品为年画形式的中国现代国画作品。

J0026330

喜报平安 张冬生绘
南昌 江西人民出版社 1990年 1张 76cm（2开）
定价：CNY0.48
　　本作品为年画形式的中国现代国画作品。

J0026331

喜多财旺 童金贵绘
哈尔滨 黑龙江美术出版社 1990年 1张
76cm（2开）定价：CNY0.55
　　本作品为年画形式的中国现代国画作品。

J0026332

喜结良缘 薛嘉惠绘
沈阳 辽宁美术出版社 1990年 1张 76cm（2开）
定价：CNY0.55
　　本作品为年画形式的中国现代国画作品。

J0026333

喜结良缘 刘熹奇绘
广州 岭南美术出版社 1990年 1张 76cm（2开）
定价：CNY0.55
　　本作品为年画形式的中国现代国画作品。

J0026334

喜结良缘 郭安祥绘
西安 陕西人民美术出版社 1990年 1张
76cm（2开）定价：CNY0.55
　　本作品为年画形式的中国现代国画作品。

J0026335

喜结良缘 潘恩春，晓春绘

天津　天津人民美术出版社　1990 年　1 轴（卷轴）
对联 1 副（全开）定价：CNY5.00
　　　本作品为年画形式的中国现代国画作品。

J0026336
喜临门 戴德馨绘
呼和浩特　内蒙古人民出版社　1990 年　1 张
76cm（2 开）定价：CNY0.65
　　　本作品为年画形式的中国现代国画作品。
作者戴德馨（1942—　），江苏常州人。曾进修于
南京艺术学院。擅长国画。中国美术家协会会员。
主要作品有《猫蝶图》《福禄寿禧》《瑞雪》等。

J0026337
喜临门 车忠阳绘
昆明　云南人民出版社　1990 年　1 张　76cm（2 开）
定价：CNY0.55
　　　本作品为年画形式的中国现代国画作品。

J0026338
喜气满堂 童金贵，童红绘
沈阳　辽宁美术出版社　1990 年　1 张　76cm（2 开）
定价：CNY0.55
　　　本作品为年画形式的中国现代国画作品。

J0026339
喜气满堂 化金莲绘
呼和浩特　内蒙古人民出版社　1990 年　1 张
76cm（2 开）定价：CNY0.55
　　　本作品为年画形式的中国现代国画作品。

J0026340
喜庆丰年 刘忠礼绘
长春　吉林美术出版社　1990 年　1 张　76cm（2 开）
定价：CNY0.55
　　　本作品为年画形式的中国现代国画作品。

J0026341
喜庆丰收大有余 张万臣，鑫普绘
沈阳　辽宁美术出版社　1990 年　1 张　76cm（2 开）
定价：CNY0.55
　　　本作品为年画形式的中国现代国画作品。

J0026342
喜庆丰收年 彭公林，彭虹绘

沈阳　辽宁美术出版社　1990 年　1 张　76cm（2 开）
定价：CNY0.55
　　　本作品为年画形式的中国现代国画作品。

J0026343
喜庆有余 苗永华绘
北京　人民美术出版社　1990 年　1 张　76cm（2 开）
定价：CNY0.55
　　　本作品为年画形式的中国现代国画作品。

J0026344
喜庆有余福盈门 朱希斌，阎学军绘
哈尔滨　黑龙江美术出版社　1990 年　1 张
76cm（2 开）定价：CNY0.55
　　　本作品为年画形式的中国现代国画作品。

J0026345
喜庆长寿 赵振武绘
哈尔滨　黑龙江美术出版社　1990 年　1 张
76cm（2 开）定价：CNY0.55
　　　本作品为年画形式的中国现代国画作品。

J0026346
喜上喜 陈华民，姜英绘
沈阳　辽宁美术出版社　1990 年　1 张　76cm（2 开）
定价：CNY0.55
　　　本作品为年画形式的中国现代国画作品。

J0026347
喜上有余人增寿 王振羽绘
呼和浩特　内蒙古人民出版社　1990 年　1 张
76cm（2 开）定价：CNY0.55
　　　本作品为年画形式的中国现代国画作品。

J0026348
喜盈门 陈华民，姜英绘
沈阳　辽宁美术出版社　1990 年　1 张　76cm（2 开）
定价：CNY0.55
　　　本作品为年画形式的中国现代国画作品。

J0026349
喜盈门 申同景，韩笑绘
天津　天津人民美术出版社　1990 年　4 张
76cm（2 开）定价：CNY5.00
　　　本作品为年画形式的中国现代国画作品。

J0026350

喜盈门·福满堂 苗永华绘

广州 岭南美术出版社 1990年 1张 76cm（2开）

定价：CNY0.57

　　本作品为年画形式的中国现代国画作品。

J0026351

喜盈门·福满堂 苗永华绘

广州 岭南美术出版社 1990年 1张 53cm（4开）

定价：CNY0.29

　　本作品为年画形式的中国现代国画作品。

J0026352

夏溪探幽 金梅生绘

上海 上海人民美术出版社 1990年 1张

76cm（2开） 定价：CNY0.45

　　本作品为年画形式的中国现代国画作品。作者金梅生（1902—1989），画家。别名石摩，上海人。曾于商务印书馆美术科专门从事月份牌绘画工作，上海市文史馆馆员、上海人民美术出版社特约年画家。作品有《新中国的歌声》《秀女饲养员》《花木兰》等。

J0026353

仙鹤图 王满良，腾鸾绘

天津 天津人民美术出版社 1990年 4张

76cm（2开） 定价：CNY5.00

　　本作品为年画形式的中国现代国画作品。

J0026354

仙鹤祝寿 董俊绘

上海 上海人民美术出版社 1990年 1张

76cm（2开） 定价：CNY0.45

　　本作品为年画形式的中国现代国画作品。

J0026355

仙居蓬莱 李永明，李兵绘

石家庄 河北美术出版社 1990年 1轴（卷轴）

对联1副（全开） 定价：CNY5.30

　　本作品为年画形式的中国现代国画作品。

J0026356

仙女祝寿图 子心，岢然绘

沈阳 辽宁美术出版社 1990年 1张 76cm（2开）

定价：CNY0.55

　　本作品为年画形式的中国现代国画作品。

J0026357

仙童祝福图 王增福，邵瑞玲绘

济南 山东美术出版社 1990年 2张 76cm（2开）

定价：CNY1.00

　　本作品为年画形式的中国现代国画作品。

J0026358

现代水墨画（国际艺苑美术奖评选作品集）

北京国际艺苑编

沈阳 辽宁美术出版社 1990年 73页 26cm（12开）

精装 ISBN：7-5314-0739-6 定价：CNY35.00

　　本画册选编了国际艺苑美术奖获奖作品58幅。

J0026359

现代中国画家册页选集 杜秋漾编辑

香港 集古斋 1990年 34cm（12开）

J0026360

现代中国画作品集 金城等绘编

沈阳 辽宁美术出版社 1990年 78页 26cm

（16开） ISBN：7-5314-0882-1 定价：CNY72.00

J0026361

献寿图 余辉绘

哈尔滨 黑龙江美术出版社 1990年 1张 76cm

（2开） 定价：CNY0.55

　　本作品为年画形式的中国现代国画作品。

J0026362

献寿图 宋艳秋绘

长春 吉林美术出版社 1990年 1张 76cm（2开）

定价：CNY0.55

　　本作品为年画形式的中国现代国画作品。

J0026363

献寿图 辰木绘

沈阳 辽宁美术出版社 1990年 1张 76cm（2开）

定价：CNY0.55

　　本作品为年画形式的中国现代国画作品。

J0026364
献寿图 化金莲，童俊绘
呼和浩特 内蒙古人民出版社 1990 年 1 张
76cm（2 开）定价：CNY0.55
　　本作品为年画形式的中国现代国画作品。

J0026365
献寿图 刘熹奇绘
上海 上海书画出版社 1990 年 1 张 76cm（2 开）
定价：CNY0.45
　　本作品为年画形式的中国现代国画作品。

J0026366
献寿图 金梅生绘
天津 天津人民美术出版社 1990 年 1 张
76cm（2 开）定价：CNY0.50
　　本作品为年画形式的中国现代国画作品。

J0026367
香瓢四季 田玉洲绘
石家庄 河北美术出版社 1990 年 2 张
76cm（2 开）定价：CNY1.10
　　本作品为年画形式的中国现代国画作品。

J0026368
祥光满堂 成砺志绘
天津 天津人民美术出版社 1990 年 1 张
76cm（2 开）定价：CNY0.50
　　本作品为年画形式的中国现代国画作品。
作者成砺志（1954—　），江苏扬州人。国家一级
美术师、中国美术家协会会员。主要作品有《六
老图·邓小平》《我为祖国争光》《春暖万家》等。

J0026369
祥光满堂 成砺志绘
天津 天津人民美术出版社 1990 年 1 轴（卷轴）
对联 1 副（全开）定价：CNY7.50（甲）
　　本作品为年画形式的中国现代国画作品。

J0026370
祥光满堂 成砺志绘
天津 天津人民美术出版社 1990 年 1 轴（卷轴）
对联 1 副（全开）定价：CNY5.00（乙）
　　本作品为年画形式的中国现代国画作品。

J0026371
向雷锋叔叔学习 杨顺泰绘
上海 上海人民美术出版社 1990 年 1 张
76cm（2 开）定价：CNY0.45
　　本作品为年画形式的中国现代国画作品。

J0026372
小放牛 赵彦杰绘
长春 吉林美术出版社 1990 年 1 张 76cm（2 开）
定价：CNY0.55
　　本作品为年画形式的中国现代国画作品。

J0026373
笑迎新春 杭稚英绘
上海 上海人民美术出版社 1990 年 1 张
76cm（2 开）定价：CNY0.45
本作品为年画形式的中国现代国画作品。

J0026374
欣逢盛世 龚景充，陈继武绘
杭州 浙江人民出版社 1990 年 1 张
76cm（2 开）定价：CNY1.10
　　本作品为年画形式的中国现代国画作品。

J0026375
欣逢盛世福寿长 范恩树绘
哈尔滨 黑龙江美术出版社 1990 年 1 张
76cm（2 开）定价：CNY0.55
　　本作品为年画形式的中国现代国画作品。
作者范恩树（1946—　），吉林梨树县人。吉林省
美术家协会会员，曾任梨树县美协副主席兼秘
书长。作品有《献给老师》《春满神州》《吉庆有
余》等。

J0026376
新春乐 李宝祥绘
长春 吉林美术出版社 1990 年 1 张 76cm（2 开）
定价：CNY0.55
　　本作品为年画形式的中国现代国画作品。

J0026377
新年大吉 普平绘
沈阳 辽宁美术出版社 1990 年 1 张 76cm（2 开）
定价：CNY0.55
　　本作品为年画形式的中国现代国画作品。

J0026378

星元小学落成书画集 榆林市人民政府, 政协榆林市委员会［编］
榆林 榆林市人民政府, 政协榆林市委员会
1990 年 97 页 有肖像 26cm（16 开）
定价: CNY7.00

J0026379

邢少兰画集 邢少兰绘
南京 江苏美术出版社 1990 年 1 册 25cm
（16 开）ISBN: 7-5344-0155-0 定价: CNY12.00
　　作者邢少兰(1938—), 书画家、国家一级
美术师。字林亭, 山东日照人。中国美术家协会
江苏分会会员、江苏省文史研究馆馆员、江苏省
国画院特聘画师。著有《邢少兰画集》《邢少兰
画选》《邢少兰作品选集》《邢少兰画辑》等专集。

J0026380

幸福的童年 成砺志绘
南京 江苏美术出版社 1990 年 1 张 76cm（2 开）
定价: CNY0.50
　　本作品为年画形式的中国现代国画作品。

J0026381

幸福康乐 华辰, 河原绘
沈阳 辽宁美术出版社 1990 年 1 张 76cm（2 开）
定价: CNY0.55
　　本作品为年画形式的中国现代国画作品。

J0026382

幸福美满·健康长寿 史士明绘
南京 江苏美术出版社 1990 年 2 张 76cm（2 开）
定价: CNY0.80
　　本作品为年画形式的中国现代国画作品。
作者史士明(1935—), 生于江苏武进。江苏美
协会员、高级美术师、常州兰陵年画社副社长。

J0026383

幸福曲 高志华绘
沈阳 辽宁美术出版社 1990 年 1 张 76cm（2 开）
定价: CNY0.55
　　本作品为年画形式的中国现代国画作品。

J0026384

幸福有余 范恩树绘

长春 吉林美术出版社 1990 年 1 张 76cm（2 开）
定价: CNY0.55
　　本作品为年画形式的中国现代国画作品。

J0026385

幸福有余 张万巨, 鑫普绘
长春 吉林美术出版社 1990 年 1 张 76cm（2 开）
定价: CNY0.55
　　本作品为年画形式的中国现代国画作品。

J0026386

幸福有余连年发财 许传琳绘
长春 吉林美术出版社 1990 年 1 张 76cm（2 开）
定价: CNY0.55
　　本作品为年画形式的中国现代国画作品。

J0026387

幸福长寿 刘俭绘
哈尔滨 黑龙江美术出版社 1990 年 1 张
76cm（2 开）定价: CNY0.62
　　本作品为年画形式的中国现代国画作品。

J0026388

幸福长寿乐有余 张万巨, 鑫普绘
哈尔滨 黑龙江美术出版社 1990 年 1 张
76cm（2 开）定价: CNY0.55
　　本作品为年画形式的中国现代国画作品。

J0026389

幸福长寿乐有余 张万巨, 杨波绘
天津 天津人民美术出版社 1990 年 1 张
76cm（2 开）定价: CNY0.50
　　本作品为年画形式的中国现代国画作品。

J0026390

雄风图 何业琦绘
杭州 浙江人民美术出版社 1990 年 1 张
76cm（2 开）定价: CNY1.10
　　本作品为年画形式的中国现代国画作品。

J0026391

雄风图 何业琦绘
杭州 浙江人民美术出版社 1990 年 1 张
107cm（全开）定价: CNY2.40
　　本作品为年画形式的中国现代国画作品。

J0026392
许大同教授墨竹画册　许大同绘
台北　淑馨出版社［1990—1999 年］68 页
26cm（16 开）ISBN：957-531-293-7
定价：TWD320.00

J0026393
旭日东升　顾国志绘
呼和浩特　内蒙古人民出版社　1990 年　1 张
76cm（2 开）定价：CNY0.55
　　本作品为年画形式的中国现代国画作品。

J0026394
炎黄子孙书画册《炎黄子孙书画册》编辑委员
会编
石家庄　河北美术出版社　1990 年　54 页　26cm
（16 开）ISBN：7-5310-0370-8　定价：CNY14.80
　　本书选入齐白石、唐云、何海霞、白雪石、
黄绮、王学仲等著名书画家的作品和参加炎黄子
孙书画大赛的获奖优秀作品共 313 件，其中中国
画作品 192 件，书法作品 78 件，篆刻作品 43 方。

J0026395
羊年发财　陈华民，陈晓东绘
呼和浩特　内蒙古人民出版社　1990 年　1 张
76cm（2 开）定价：CNY0.55
　　本作品为年画形式的中国现代国画作品。

J0026396
杨阳画集　杨阳绘
南京　南京出版社　1990 年　26cm（16 开）
ISBN：7-80560-212-3　定价：CNY14.60
　　作者杨阳（1946—　），安徽省马鞍山市太白
书画画院专职书画家。

J0026397
杨怡墨趣　杨怡著
南宁　广西美术出版社［1990 年］80 页　有彩照
29cm（16 开）ISBN：7-80582-075-9
　　现代中国画画册。作者杨怡（1968—　），四
川人，成都沫若画院画师。

J0026398
杨正新画选　杨正新作
上海　上海书画出版社　1990 年　24 页　有肖像

24×25cm（12 开）ISBN：7-80512-431-0
定价：CNY9.80
　　作者杨正新（1942—　），画家。号野鹤，上
海人，毕业于上海美术专科学校中国画系。历任
上海中国画院创作研究员、国家一级美术师、中
国美术家协会会员、上海美术家协会常务理事。
出版有《杨正新画集》等。

J0026399
养龙斋书画集　阮文龙著
北京　中国医药科技出版社　1990 年　118 页
26cm（16 开）ISBN：7-5067-0196-0
定价：CNY15.00
　　本书荟萃古今七百余年一百余名著名书画
家的二百余幅珍品佳作，并以书画作者出生年代
为序。著者阮文龙，教授。字石仙，号画禅，养
龙斋主人。毕业于中国美术学院油画专业，后就
读于杭州师范学院美术教育硕士研究生班。历
任北京书画学院教授、中国美术家协会会员。

J0026400
夜读春秋　朱振芳绘
石家庄　河北美术出版社　1990 年　1 轴
对联 1 副（全开）定价：CNY5.30
　　本作品为年画形式的中国现代国画作品。

J0026401
夜读春秋　朱振芳绘
石家庄　河北美术出版社　1990 年　1 张
配画 1 对（全开）定价：CNY2.20
　　本作品为年画形式的中国现代国画作品。

J0026402
夜读春秋　姚重庆绘
天津　天津人民美术出版社　1990 年　1 轴（卷轴）
对联 1 副（全开）定价：CNY5.00
　　本作品为年画形式的中国现代国画作品。
作者姚重庆（1943—　），山东济南人。毕业于中
央美术学院附中。擅长油画、连环画、年画。曾
任天津人民美术出版社美术编审、中国出版社工
作部协会年画艺术委员会秘书长。主要作品有
《彭大将军》《油画展厅》《周恩来的青少年时代》
等。

J0026403

一帆风顺 朱桂卿，高志华绘

沈阳 辽宁美术出版社 1990 年 1 张 76cm（2 开）
定价：CNY0.55

　　本作品为年画形式的中国现代国画作品。

J0026404

一九九〇度范曾作品图录 范曾绘；荣宝斋编辑

北京 荣宝斋 1990 年 24 页 25cm（16 开）
ISBN：7-5003-0101-4 定价：CNY5.40

　　作者范曾（1938—　），画家、学者。字十翼，别署抱冲斋主，江苏南通人。毕业于中央美术学院中国画系。历任中央工艺美术学院讲师、副教授，南开大学东方艺术系教授、博士生导师，中国艺术研究院终身研究员等。代表作品有《庄子显灵记》《范曾自述》《老子出关》《钟馗神威》等。

J0026405

易大厂居士书画印合编（何曼庵丛书第十二种）何曼庵编

上海 [上海书画出版社] [1990—1999 年] 136 页
29cm（16 开） ISBN：978-7-5479-1063-4
定价：CNY28.00
（何曼庵丛书 12）

　　本书为书法、中国画、印谱作品选集。

J0026406

尹瘦石书画集 尹瘦石作

武汉 武汉出版社 1990 年 104 页 26cm（16 开）
精装 ISBN：7-5430-0357-0 定价：CNY120.00

　　本集共收有各个时期的代表作 50 余幅，书法 20 余件。序目及画图说明用中、英、日三种文字编排。外文书名：Paintings and Calligraphy of Yin Shoushi. 作者尹瘦石（1919—1998），书画艺术家。江苏宜兴人，毕业于江苏省立宜兴陶瓷职业学校。作品有《屈原》《郑成功立海师规取留都图》《史可法督师扬州图》《伯夷叔齐》《巨赞法师像》等。

J0026407

引福归堂 陈略绘

广州 岭南美术出版社 1990 年 1 张 76cm（2 开）
定价：CNY0.55

　　本作品为年画形式的中国现代国画作品。作者陈略（1943—　），广东信宜人。毕业于广州

美术学院国画系。曾任阳春市美协主席、中国美术家协会会员。作品有《父子英雄》《赵子龙张翼德》《陈略人物画集》等。

J0026408

引吭高歌舞春风 叶景蓁绘

济南 山东美术出版社 1990 年 2 张 76cm（2 开）
定价：CNY1.00

　　本作品为年画形式的中国现代国画作品。

J0026409

英雄门第 裴文璐绘

昆明 云南人民出版社 1990 年 1 张 53cm（4 开）
定价：CNY0.30

　　本作品为年画形式的中国现代国画作品。

J0026410

英姿雄风 午德光绘

济南 山东美术出版社 1990 年 2 张 76cm（2 开）
定价：CNY1.00

　　本作品为年画形式的中国现代国画作品。

J0026411

迎春接福 杨馥如绘

上海 上海人民美术出版社 1990 年 1 张
76cm（2 开） 定价：CNY0.45

　　本作品为年画形式的中国现代国画作品。

J0026412

迎禧接福 刘林生绘

上海 上海人民美术出版社 1990 年 2 张
76cm（2 开） 定价：CNY0.90

　　本作品为年画形式的中国现代国画作品。

J0026413

优生优育幸福多 乔居中绘

太原 山西人民出版社 1990 年 1 张 76cm（2 开）
定价：CNY0.65

　　本作品为年画形式的中国现代国画作品。

J0026414

幽谷鸣瀑 徐福根绘

天津 天津人民美术出版社 1990 年 1 轴（卷轴）
对联 1 副 定价：CNY5.00

　　本作品为年画形式的中国现代国画作品。

J0026415

幽谷谐趣 刘继成绘

长春 吉林美术出版社 1990年 1张 76cm（2开）

定价：CNY0.55

中国现代国画作品。

J0026416

游园惊梦 李学勤绘

呼和浩特 内蒙古人民出版社 1990年 1张

76cm（2开） 定价：CNY0.55

本作品为年画形式的中国现代国画作品。

J0026417

于复千画集 于复千绘

北京 华艺出版社［1990年］39页 26cm

（16开） ISBN：7-80039-252-X 定价：CNY2.00

J0026418

余上有余 董俊茹绘

哈尔滨 黑龙江美术出版社 1990年 1张

76cm（2开） 定价：CNY0.55

本作品为年画形式的中国现代国画作品。

J0026419

余上有余聚宝来 彭公林，彭红绘

沈阳 辽宁美术出版社 1990年 1张 76cm（2开）

定价：CNY0.55

本作品为年画形式的中国现代国画作品。

J0026420

渔樵耕读 阎风成绘

哈尔滨 黑龙江美术出版社 1990年 2张

76cm（2开） 定价：CNY1.15

本作品为年画形式的中国现代国画作品。

J0026421

玉堂春 张弓绘

长春 吉林美术出版社 1990年 1张 76cm（2开）

定价：CNY0.55

本作品为年画形式的中国现代国画作品。

J0026422

玉堂富贵 楼永年绘

杭州 浙江人民美术出版社 1990年 1张

76cm（2开） 定价：CNY0.45

本作品为年画形式的中国现代国画作品。作者楼永年（1940   ），浙江萧山人，毕业于浙江美术学院工艺系。历任杭州印染厂花样设计、高级工艺美术师。代表作品《福宝寿禧》《四季平安》《福寿万年》《和合图》等。

J0026423

玉童金狮闹新春 张桂英，张桂兰绘

哈尔滨 黑龙江美术出版社 1990年 1张

76cm（2开） 定价：CNY0.55

本作品为年画形式的中国现代国画作品。

J0026424

玉镯情 程明华绘

呼和浩特 内蒙古人民出版社 1990年 1张

76cm（2开） 定价：CNY0.55

本作品为年画形式的中国现代国画作品。

J0026425

鸳鸯谱 申同景绘

长春 吉林美术出版社 1990年 1张 76cm（2开）

定价：CNY0.55

本作品为年画形式的中国现代国画作品。

J0026426

袁烈州画集 袁烈州绘

天津 天津人民美术出版社 1990年 42页

21×26cm 精装 ISBN：7-5305-0248-4

定价：CNY33.00

外文书名：Traditional Chinese Paintings by Yuan Liezhou. 作者袁烈州（1939— ），画家。上海人，祖籍宁波。毕业于中央美术学院美术史论系。历任天津人民美术出版社编审、中国美术家协会会员、中原书画研究院艺术顾问。出版有《袁烈州画集》，主要作品有《黄河之惊魂》《挟天地之风雷》《黄河在呼唤》《大涛澎湃》等。

J0026427

愿和平万年 谌学诗绘

南昌 江西人民出版社 1990年 1张 76cm（2开）

定价：CNY0.48

本作品为年画形式的中国现代国画作品。作者谌学诗（1942— ），江西人。江西省美术家协会会员。曾从事美术设计、美术编辑等工作。多幅作品为人民美术出版社、上海美术出版社等

出版发行。

J0026428

月下知音 李学勤绘

呼和浩特 内蒙古人民出版社 1990 年 1 张

76cm（2 开） 定价：CNY0.35

    本作品为年画形式的中国现代国画作品。

J0026429

月夜雄风 倪延志绘

哈尔滨 黑龙江美术出版社 1990 年 1 张

76cm（2 开） 定价：CNY0.55

    本作品为年画形式的中国现代国画作品。

J0026430

月月发大财 童金贵绘

长春 吉林美术出版社 1990 年 1 张 76cm（2 开）

定价：CNY0.55

    本作品为年画形式的中国现代国画作品。

J0026431

岳军大战金兵 王善生绘

长春 吉林美术出版社 1990 年 1 张 76cm（2 开）

定价：CNY0.55

    本作品为年画形式的中国现代国画作品。

J0026432

跃马扬威 孙健东绘

昆明 云南人民出版社 1990 年 1 张 76cm（2 开）

定价：CNY0.55

    本作品为年画形式的中国现代国画作品。

J0026433

云楼碧影 张温纯绘

天津 天津人民美术出版社 1990 年 1 轴（卷轴）

对联 1 副 定价：CNY5.00

    本作品为年画形式的中国现代国画作品。作者张温纯（1957— ），美术编审。生于天津，祖籍山东莱州。中国美术家协会天津分会会员，在天津市杨柳青画社从事绘画工作，书刊编辑出版发行事业部经理。编辑出版有《冯骥才画集》《书画装裱艺术》《张锡武画集》《黄胄中国现代人物画》《范曾精选集》《白雪石现代山水画》《刘继卣武松打虎》《徐悲鸿作品选》《陆俨少现代山水》等。

J0026434

花好月圆 刘称奇绘

杭州 浙江人民美术出版社 1990 年 1 张

76cm（2 开） 定价：CNY0.45

    本作品为年画形式的中国现代国画作品。

J0026435

云山仙阁 刘世忠绘

天津 天津人民美术出版社 1990 年 4 张

76cm（2 开） 定价：CNY5.00

    本作品为年画形式的中国现代国画作品。

J0026436

云游仙山图 张温纯绘

天津 天津人民美术出版社 1990 年 1 轴（卷轴）

对联 1 副 定价：CNY5.00

    本作品为年画形式的中国现代国画作品。

J0026437

在母亲的怀抱里 黄妙发绘

上海 上海人民美术出版社 1990 年 1 张

76cm（2 开） 定价：CNY0.45

    本作品为年画形式的中国现代国画作品。作者黄妙发（1938— ），别名年丰，江苏常熟人。擅长年画。曾任上海人民美术出版社年画宣传画编辑室副主任。作品有年画《喜临门》《我爱中华》《儿童附捐邮票一套》（两枚）等。

J0026438

赞马图 杨万国，杨万强绘

天津 天津人民美术出版社 1990 年 4 张

76cm（2 开） 定价：CNY5.00

    本作品为年画形式的中国现代国画作品。

J0026439

赠珠定情 李学勤绘

长春 吉林美术出版社 1990 年 1 张 76cm（2 开）

定价：CNY0.55

    本作品为年画形式的中国现代国画作品。

J0026440

乍启典画集

济南 山东美术出版社 1990 年 71 页 有照片

26cm（16 开） ISBN：7-5330-0279-2

定价：CNY18.16

外文书名：Painting Album by Zha Qidian.

J0026441
张宝珠国画集 张宝珠绘
济南 山东美术出版社 1990 年 46 页 26cm
（16 开）ISBN：7-5330-0256-3 定价：CNY7.85

J0026442
张修竹画集 张修竹绘
北京 今日中国出版社 1990 年 111 页
39cm（8 开）精装

J0026443
张正墨画集 张正墨绘
济南 山东美术出版社 1990 年 40 页 26cm
（16 开）ISBN：7-5330-0326-8 定价：CNY18.00
　　作者张正墨（1933—　），画家。山东人。历
任中国美术家协会山东分会会员、国际书画学会
会员、青岛市水墨画研究会副会长、山东画院高
级画师、齐鲁书画院青岛分院艺术顾问等。出版
有《张正墨画集》。

J0026444
长寿图 一丹绘
长春 吉林美术出版社 1990 年 1 张 对联 1 副
定价：CNY1.70
　　本作品为年画形式的中国现代国画作品。

J0026445
招财进宝 王振羽绘
长春 吉林美术出版社 1990 年 1 张 76cm（2 开）
定价：CNY0.55
　　本作品为年画形式的中国现代国画作品。

J0026446
招财进宝 刘树茂，刘旭绘
沈阳 辽宁美术出版社 1990 年 1 张 76cm（2 开）
定价：CNY0.55
　　本作品为年画形式的中国现代国画作品。

J0026447
招财进宝 陈英绘
太原 山西人民出版社 1990 年 1 张 76cm（2 开）
定价：CNY0.60
　　本作品为年画形式的中国现代国画作品。

J0026448
招财进宝 金悦，纪宇绘
天津 天津人民美术出版社 1990 年 1 张
76cm（2 开）定价：CNY0.50
　　本作品为年画形式的中国现代国画作品。

J0026449
招财进宝 陈英，陈明绘
昆明 云南人民出版社 1990 年 1 张
107cm（全开）定价：CNY1.35
　　本作品为年画形式的中国现代国画作品。

J0026450
招财进宝福富到 童金贵绘
沈阳 辽宁美术出版社 1990 年 1 张 76cm（2 开）
定价：CNY0.55
　　本作品为年画形式的中国现代国画作品。

J0026451
招财进宝庆有余 卫民绘
哈尔滨 黑龙江美术出版社 1990 年 1 张
76cm（2 开）定价：CNY0.62
　　本作品为年画形式的中国现代国画作品。

J0026452
招财进宝喜发财 张万臣，鑫普绘
哈尔滨 黑龙江美术出版社 1990 年 1 张
76cm（2 开）定价：CNY0.55
　　本作品为年画形式的中国现代国画作品。

J0026453
招财进宝喜发财 姜阳绘
哈尔滨 黑龙江美术出版社 1990 年 1 张
76cm（2 开）定价：CNY0.62
　　本作品为年画形式的中国现代国画作品。

J0026454
招财进宝喜发财 张万臣，杨波绘
天津 天津人民美术出版社 1990 年 1 张
76cm（2 开）定价：CNY0.50
　　本作品为年画形式的中国现代国画作品。

J0026455
招财进宝鱼满塘 徐德元，咏日绘
沈阳 辽宁美术出版社 1990 年 1 张 76cm（2 开）

定价：CNY0.55

本作品为年画形式的中国现代国画作品。

J0026456
赵梅生画集　赵梅生画；石广元主编
北京　新华出版社　1990年　25×26cm
ISBN：7-5011-0731-9　定价：CNY29.00

J0026457
赵蕴玉书画百扇集　赵蕴玉绘
香港　蕙风堂笔墨公司出版部　1990年　100页
22×30cm　定价：TWD450.00

J0026458
赵准旺水墨画集　赵准旺绘画
香港　集古斋　1990年　59页　26×24cm
定价：HKD120.00

J0026459
珍宝满堂　周洪生绘
长春　吉林美术出版社　1990年　1张　76cm（2开）
定价：CNY0.55

本作品为年画形式的中国现代国画作品。

J0026460
珍禽异卉　张琪，宏民绘
天津　天津人民美术出版社　1990年　4张
76cm（2开）　定价：CNY5.00

本作品为年画形式的中国现代国画作品。

J0026461
珍珠娃　王功学绘
长春　吉林美术出版社　1990年　1张　76cm（2开）
定价：CNY0.55

本作品为年画形式的中国现代国画作品。

J0026462
争艳　俊清，永刚绘
西安　陕西人民美术出版社　1990年　4张
78cm（2开）　定价：CNY3.12

本作品为年画形式的中国现代国画作品。

J0026463
争艳图　张玉龙绘
上海　上海人民美术出版社　1990年　1张

76cm（2开）　定价：CNY0.50

本作品为年画形式的中国现代国画作品。

J0026464
正气凛然　潘培德绘
昆明　云南人民出版社　1990年　1张　76cm（2开）
定价：CNY0.55

本作品为年画形式的中国现代国画作品。
作者潘培德（1938—　），画家。四川成都人。毕业于四川美院附中毕业。历任《四川画报》社美术编辑、记者，四川省群众艺术馆群众美术辅导，从事民间木板年画(绵竹年画)的研究和创作。作品《康乐图》《印刷工人的心愿》《草地雷锋——札江》《赛龙舟》等。

J0026465
郑百重画集　郑百重绘
上海　上海人民美术出版社　1990年
26cm（16开）　ISBN：7-5322-0641-6
定价：CNY40.00

J0026466
郑乃珖画集　郑乃珖绘，黄迪杞编
福州　福建美术出版社　1990年　33cm（5开）
ISBN：7-5393-0020-5　定价：CNY54.00

本画册收录了作者自1930年至1988年的代表作79幅，题材包括山水、花鸟、人物、海鲜、蔬果等。作者郑乃珖(1911—2005)，国家一级美术师。福建省福州市人。号璧啸翁。擅长花鸟、山水、人物画创作，尤以花鸟画成就卓异。曾任中国画研究院院务委员、西安美术学院教授、福州画院院长、文联名誉主席等。代表作品有《水乡春色》《荷萍》《灵山秀水育新苗》等。编者黄迪杞(1929—　)，字晴川，福建福清人。毕业于福建师范大学艺术系。历任福建人民出版社、福建画报社美术编辑，福建美术出版社美术编辑、编审，福建省美协常务理事、理事，中国年画研究会理事、福州涌泉书画社社长、中国美术家协会会员。作品有《郑成功收复台湾》《满堂红》《丰碑》。出版有《黄迪杞古典人物画辑》《黄迪杞书画集》《黄迪杞画集》等。

J0026467
致富元宝来　彭公林，彭红绘
沈阳　辽宁美术出版社　1990年　1张　76cm（2开）

定价：CNY0.55

本作品为年画形式的中国现代国画作品。

J0026468

中国当代名家书画扇集 张荣生编

北京 中国文联出版公司 1990年 60页

26×26cm ISBN：7-5059-0971-1

定价：CNY29.00

作者张荣生（1932— ），教授。别名荣升，辽宁营口人，毕业于哈尔滨外国语学院。任中央美术学院俄语老师、编译、共同课教研室主任、教授。编著有《非洲岩石艺术》《柯罗——艺术家·人》《非洲雕刻》《俄汉对照美术专业常用词汇编》等。

J0026469

中国当代名家书画扇集（续集） 张荣生编

北京 中国文联出版公司 1992年 60页

26cm×25cm 精装 ISBN：7-5059-1745-5

定价：CNY35.00

本集收有已故著名书画家郑诵先、任率英的遗作，还收集了潘素、萧劳、王学仲、沈鹏、秦岭云、欧阳中石、刘鲁生等书画家扇面作品共60幅。

J0026470

中国桂林画院作品选集（汉英对照） 中国桂林画院编

南宁 广西美术出版社 1990年 81页

29cm（16开） ISBN：7-80582-086-4

外文书名：Selected Works from Guilin Arts Academy of China.

J0026471

中国国画之乡（萧县书画作品选集） 安徽萧县书画院选编

合肥 安徽美术出版社 1990年 59页 25×25cm

ISBN：7-5398-0142-5 定价：CNY25.00

外文书名：The Home of Traditional Chinese Painting:The Collection of Xiaoxian Countys' Art Works.

J0026472

中国画集 刘文西等绘

合肥 安徽美术出版社 1990年 38cm（8开）

本画集选手有五位画家的作品，其中刘西文人物画11幅，喻继高工笔花鸟画20幅，叶维写意山水画23幅，盖茂森写意人物画23幅，李苦寒画猫小品44幅。

J0026473

中国画新百家（画册 汉英对照）《中国画新百家》编辑部编

北京 新华出版社［1990年］148页 有肖像

28cm（大16开） ISBN：7-5011-0505-7

定价：CNY37.00

本画册收集了于志学、王明明、石虎、王镛、史国良、范曾等一大批卓有成效的中青年画家的作品，并附有每位画家的照片和简介。

J0026474

中央美术学院中国画系教师作品选集 黄润华主编

长沙 湖南美术出版社 1990年 37cm（8开）

ISBN：7-5356-0322-X 定价：CNY22.00

（中国高等美术学院作品全集 国画集）

J0026475

周怀民画集 周怀民绘

北京 人民美术出版社 1990年 77页

26cm（大16开） 精装

本书选编作者20世纪60-80年代的中国画作品77幅，主要以山水画为主，其中绝大部分是在广东、江西、湖南等地的写生作品。作者周怀民（1906—1996），美术家。又名周仁，字顺根，斋号双柳书屋、水云阁等，江苏无锡人。历任北平京华美术学院、北平国立艺术专科学校教授，北京画院一级画师、中国美协会员、中山书画社副社长等职。代表作品有《山水》《芦塘》《葡萄》等。

J0026476

周韶华水墨画选 周韶华绘

沈阳 辽宁美术出版社 1990年 49页 24×26cm

ISBN：7-5314-0871-6 定价：CNY37.00

作者周韶华（1929— ），画家。山东荣城人，毕业于中原大学美术系。历任湖北省美术院院长、湖北省文联主席、中国国家画院院务委员等职。代表作品有《茶山之歌》《渤海湾的晨光》《黄河魂》等，出版有《大河寻源画集》《周韶华画选》

《周韶华六十年艺术探索画集》《中国近现代名家画集——周韶华》。

J0026477

周彦生花鸟画集　周彦生绘

广州　岭南美术出版社　1990年　84页　有照片及图　25×26cm（24开）ISBN：7-5362-0554-6
定价：CNY42.00（平装），CNY48.00（精装）
（画廊丛书）

　　本书收有作者花鸟画作品68幅。外文书名：Album of Zhou Yan-sheng Bird-flower Paintings. 作者周彦生（1942—　），画家、教授。河南人，毕业于广州美术学院中国画系花鸟画科研究生班。广州美术学院教授、中国美协会员、中国当代工笔画学会理事、广东美协理事、广东画院特聘画家。代表作有《满园春色》《牡丹孔雀》等。

J0026478

朱屺瞻百岁画选　朱屺瞻绘；莫一点编辑

香港　荣宝斋（香港）有限公司　1990年
46幅+［1］页图版　有图　29cm（16开）

J0026479

朱屺瞻百岁画选　朱屺瞻绘

上海　上海人民美术出版社　1990年　有图
39cm（8开）精装　ISBN：7-5322-0528-2
定价：CNY72.00

　　本画选收集了作者90岁高龄后的百幅作品。包括《黄山烟雨》《风雨归舟》《南山高隐》《菊寿图》《荷花》《古瓶名花》等。

J0026480

朱爷爷种的大冬瓜　方洞绘

天津　天津人民美术出版社　1990年　1张
76cm（2开）定价：CNY0.50

　　本作品为年画形式的中国现代国画作品。

J0026481

珠光异彩　张继源绘

长春　吉林美术出版社　1990年　1张　76cm（2开）
定价：CNY0.55

　　本作品为年画形式的中国现代国画作品。

J0026482

竹劲兰芳　陈墨绘

沈阳　辽宁美术出版社　1990年　1张
107cm（全开）定价：CNY2.40

　　现代中国画作品。作者陈墨（1960—　），研究员。安徽望江县人，毕业于中国社会科学院研究生院文学系。在中国电影艺术研究中心任职。著有《张艺谋电影论》《刀光侠影蒙太奇——中国武侠电影论》《中国武侠电影史》等。

J0026483

竹篱诗文集　中国人民政治协商会议四川省射洪县委员会文史资料委员会编

1990年　264页　有照片　18cm（15开）
定价：CNY35.00

　　中国当代诗歌写意画作品选集。

J0026484

祝福献寿　姜公泉绘

沈阳　辽宁美术出版社　1990年　1张　76cm（2开）
定价：CNY0.55

　　本作品为年画形式的中国现代国画作品。

J0026485

祝君长寿　金贵，迎新绘

沈阳　辽宁美术出版社　1990年　1张　76cm（2开）
定价：CNY0.55

　　本作品为年画形式的中国现代国画作品。

J0026486

祝君走鸿运　公林，伟时绘

沈阳　辽宁美术出版社　1990年　1张　76cm（2开）
定价：CNY0.55

　　本作品为年画形式的中国现代国画作品。

J0026487

祝您多福　彭海清绘

上海　上海人民美术出版社　1990年　1张
76cm（2开）定价：CNY0.45

　　本作品为年画形式的中国现代国画作品。

J0026488

祝您健康·恭喜发财　薛嘉惠绘

广州　岭南美术出版社　1990年　1张　76cm（2开）
定价：CNY0.57

本作品为年画形式的中国现代国画作品。

J0026489

祝您幸福长寿 张万臣绘

沈阳 辽宁美术出版社 1990 年 1 张 76cm（2 开）

定价：CNY0.55

本作品为年画形式的中国现代国画作品。

J0026490

祝您长寿 姐翠林绘

太原 山西人民出版社 1990 年 1 张 76cm（2 开）

定价：CNY0.60

本作品为年画形式的中国现代国画作品。

J0026491

祝您长寿 彭海清绘

上海 上海人民美术出版社 1990 年 1 张

76cm（2 开） 定价：CNY0.45

本作品为年画形式的中国现代国画作品。作者彭海清（1943— ），国家一级美术师，生于山东淄博，历任中国美术家协会会员、国际美术家联合会会员、中国国画家协会理事、环球书画艺术研究院客座教授、山东河津书画院名誉院长。出版有《彭海清画集》。

J0026492

祝您长寿·祝您幸福 姐翠林绘

石家庄 河北美术出版社 1990 年 2 张

76cm（2 开） 定价：CNY1.00

本作品为年画形式的中国现代国画作品。

J0026493

祝寿双全 深沉，晓华绘

天津 天津人民美术出版社 1990 年 1 轴（卷轴）

对联 1 副 定价：CNY5.00

本作品为年画形式的中国现代国画作品。

J0026494

祝寿图 邵培文绘

广州 岭南美术出版社 1990 年 1 张 76cm（2 开）

定价：CNY0.55

本作品为年画形式的中国现代国画作品。作者邵培文（1946— ），画家。别名邵金文，辽宁瓦房店人，大连师范美术专业毕业。历任瓦房店市文化馆美术辅导与创作员、瓦房店市社

会文化管理委员会办公室主任。作品有《甜蜜蜜》《抓好菜篮子关心人民生活》《欢乐金秋》《牧归》等。

J0026495

祝寿图 顾国治绘

天津 天津人民美术出版社 1990 年 1 轴（卷轴）

对联 1 副 定价：CNY5.00

本作品为年画形式的中国现代国画作品。

J0026496

祝寿图 叶淑琴绘

杭州 浙江人民美术出版社 1990 年 1 张

76cm（2 开） 定价：CNY0.45

本作品为年画形式的中国现代国画作品。

J0026497

卓鹤君画集 宋忠元主编

杭州 浙江美术学院出版社 1990 年 107 页

35cm（15 开） 精装 ISBN：7-81019-077-6

定价：CNY120.00

卓鹤君（1943— ），画家、教授。浙江人，毕业于中国美术学院中国画系山水画研究生班。中国美术家协会会员，中国美术学院教授、博士生导师。主要作品有《恒山烟云》《山水情》《翠华图》等。

J0026498

自古英雄出少年精忠报国美名传 王法堂绘

济南 山东美术出版社 1990 年 1 张 76cm（2 开）

定价：CNY0.50

本作品为年画形式的中国现代国画作品。

J0026499

祖国万年青 魏瀛洲绘

上海 上海人民美术出版社 1990 年 1 张

76cm（2 开） 定价：CNY0.45

本作品为年画形式的中国现代国画作品。

J0026500

祖国万岁 李志明，苗永华绘

济南 山东美术出版社 1990 年 1 张

107cm（全开） 定价：CNY1.10

本作品为年画形式的中国现代国画作品。

J0026501

白庚延画集　白庚延绘

石家庄　河北美术出版社　1991 年　54 页　有彩照
25×26cm　ISBN：7-5310-0416-X
定价：CNY25.00

现代中国画画册。外文书名：Selected Paintings
by Bai Geng Yan.

J0026502

白子杰画集　白子杰绘

北京　文津出版社　1991 年　24 页　有彩照　26cm
（16 开）ISBN：7-80554-060-8　定价：CNY10.00

现代中国画画册。作者白子杰（1958—　），
俗名子介，号阿丁，国家图书馆任职。

J0026503

藏书画集　福建省出版总社珍藏

福州　福建美术出版社　1991 年　36cm（12 开）
经折装　ISBN：7-5393-0166-X
定价：CNY120.00

本画集为 1986 年福建人民出版社建社 35
周年，由全国知名书画家刘海粟、王个簃、萧娴、
叶浅予、程十发、黄胄、吴冠中、陈大羽、宋文
治、亚明、沈鹏等赠予书画作品祝贺，本集从中
选出人物画 10 幅，花鸟画 18 幅，山水画 19 幅，
走兽 3 幅及书法作品 9 幅，汇编成册。

J0026504

曾贤谋国画　曾贤谋绘

福州　福建美术出版社　1991 年　26cm（16 开）
ISBN：7-5393-0131-7　定价：CNY5.50
（福建省画院作品集成）

本辑是作者的国画专辑。其作品多次参加
全国画展，还被选送至孟加拉、法国、加拿大、
日本等国展览。作者曾贤谋（1941—　），专业画
家，二级美术师。福建连江人。号白沙庄人。毕
业于福建师范大学美术系。历任福建省画院副
院长、福建花鸟画学会主席、国家一级美术师、
中国美术家协会会员、福建画院秘书长。主要作
品有《东风送暖春归来》《墨牡丹》《海角天涯故
乡情》等。

J0026505

沉浮书艺　沉浮书

北京　中国文联出版公司　1991 年　25×26cm

ISBN：7-5059-1499-5　定价：CNY6.00

外文书名：Chen Fu Imagery Calligraphy
Selection. 作者沉浮（1965—　），画家。安徽蒙城
人，原名陈夫。擅长画梅，历任中国美术院常务
副院长、中国美术家协会河山画会秘书长。代表
作品有《山魂》《庄子游》《黄山》《无欲》等。

J0026506

陈大羽画选　陈大羽绘

南京　江苏美术出版社　1991 年　有肖像　38cm
（6 开）精装　ISBN：7-5344-0214-X
定价：CNY82.00

本画选收录作者 85 幅各个时期的绘画代表
作品：6 幅书法作品，40 枚自刻印章。作者陈大
羽（1912—2001），画家、书法家、篆刻家。原名
汉卿，更名翱，字大羽。广东潮阳人，毕业于上
海美术专业学校中国画系。历任南京艺术学院
教授、中国画协常务理事。主要作品有《红梅公
鸡》《庐山》《松柏长青》等。出版有《陈大羽书
画篆刻作品集》《大羽画集》等。

J0026507

陈大远李远诗书画选　陈大远，李远画

天津　天津人民美术出版社　1991 年　26cm
（16 开）ISBN：7-5305-0277-8　定价：CNY25.00

作者陈大远（1916—1994），诗人、散文家。
笔名胡青、大风。河北丰润人。历任《冀东日报》
编辑部长，唐山劳动日报社社长、总编，河北文
联副主任等。著有长篇纪实小说《蟠龙山》，诗词
集《大风集》，散文集《安徒生的故事》《域外抒
情集》《风雨苍黄》等。作者李远（1922—　），编
辑。河北唐山市人，毕业于北平辅仁大学美术系。
历任河北省美协会员，河北省书协、省美学协会
理事，唐山市画院院长、唐山《劳动日报》副总
编。出版有《李远工笔花鸟画选》《陈大远李远
诗书画选》。

J0026508

陈雄立画集　陈雄立绘

1991 年　116 页　40cm（小 8 开）精装

外文书名：Art Works by Professor Chen
Xiong-Li. 作者陈雄立（1939—　），画家。生于北
京。为李苦禅大师入室弟子。曾在中央民族学
院艺术系任教，中国美术家协会会员。著作有《画
鹿技法》《画鹿》《陈雄立画集》《雄立新作选》等。

J0026509

陈玉圃画集 陈玉圃绘

南宁 广西美术出版社 1991年 100页

29cm（16开）精装 ISBN：7-80582-201-8

定价：CNY65.00

（中国当代画家大系）

　　现代中国画画册。作者陈玉圃（1946— ），国画家。又名陈玉璞。山东历城人，就读于广西艺术学院。曾任广西艺术学院美术系教授、天津南开大学东方艺术系教授、硕士生导师、中国美术家协会会员。代表作《唐人诗意》《苏东诗意》《放鹤亭图》。

J0026510

陈云君诗书画选 陈云君著

天津 天津人民美术出版社 1991年 114页

26cm（16开）ISBN：7-5305-0272-7

定价：CNY7.50

　　作者陈云君（1946— ），江西义宁人。中华诗词学会理事、中国书法家协会会员、天津茂林书画进修学院常务副院长。正式出版有《中国书法技法概论》《陈云君诗书画选集》《陈云君七言绝句选》等。

J0026511

陈自昭画集 陈自昭绘

福州 福建美术出版社 1991年 有照片 26cm（16开）ISBN：7-5393-0114-7 定价：CNY5.50

（福建省画院作品集成）

　　现代中国画画册。作者陈自昭（1931— ），高级画师。福建长乐人，毕业于福建师范大学艺术系。历任中国美术家协会会员、中国版画家协会会员、世界文化艺术组织联合会荣誉主席、中国美术家协会名誉主席等。代表作品有《锦绣年华》《一路春风》《武夷山下》等。

J0026512

程明泰画集 程明泰绘

济南 山东美术出版社 1991年 18页 36cm（12开）ISBN：7-5330-0460-4 定价：CNY12.00

　　现代中国画画册。

J0026513

春江花月夜 梁义勇绘

沈阳 辽宁美术出版社 1991年 1张 76cm（2开）

ISBN：7-5314-0921 定价：CNY0.58

　　本作品为年画形式的中国现代国画作品。

J0026514

爨宝子碑书画碑林作品选集 张如皋主编；云南省曲靖市人民政府爨碑书画碑林筹建委员会编

北京 国际文化出版公司 1991年 251页 有彩照

26cm（16开）ISBN：7-80049-638-4

定价：CNY38.60，CNY49.80（精装）

J0026515

大地风情 中国华侨文学艺术家协会编

北京 中国华侨出版公司 1991年 23×26cm

ISBN：7-80074-519-8 定价：CNY52.00

（大地画派系列作品 3）

　　本画册汇集了当今被艺术界誉为大地画派的 6位中青年艺术家的 60余幅中国画佳作。

J0026516

大吉大利大有余 张万臣，鑫普绘

沈阳 辽宁美术出版社 1991年 1张 76cm（2开）

ISBN：7-5314-0295 定价：CNY0.58

　　本作品是年画形式的中国现代国画。

J0026517

大闹天宫 刘友仁绘

杭州 浙江人民美术出版社 1991年 1张

76cm（2开）定价：CNY0.50

　　本作品为年画形式的中国现代国画作品。作者刘友仁（1941— ），画家。内蒙古托克托人，毕业于内蒙古师范大学美术系。历任呼和浩特美协副主席、内蒙古托克托文化馆副研究馆员。作品有《雪梅青竹》《欢乐的草原》《草原孩子打马球》《戈壁驼道》《金牛迎春》等。出版有《刘友仁年画》等。

J0026518

当代工笔画学会作品选 当代工笔画学会编

天津 天津杨柳青画社 1991年 127页 25cm（16开）ISBN：7-80503-064-2 定价：CNY29.50

　　本作品选收入近百位画家的 105件作品。

J0026519

当代中国画名家作品 李吾寒主编

西安 陕西旅游出版社 1991 年 39cm（8 开）

　　本画册收录了 45 位画家的 257 幅作品，其中包括朱屺瞻、李剑晨、钱君匋、娄师白、刘西林等画家。

J0026520

当代中国画探索佳作选　姜宝林等绘

天津 天津人民美术出版社 1991 年 156 页
25cm（小 16 开）　ISBN：7-5305-0236-0
定价：CNY50.50

J0026521

邓惠伯作品集　邓惠伯绘

北京 国际文化出版公司 1991 年 82 页
25×26cm　ISBN：7-80049-714-3
定价：CNY40.00

　　现代中国画画册。外文书名：Deng Huibo's Works. 作者邓惠伯（1938—　），画家，教授。四川绵阳人，毕业于中央美术学院研究生班，并留校任教。历任中央美术学院教授、中国艺术研究院美术研究所、清华大学美术学院兼任教授等。作品有《冬日》《岚山过雨》等。出版有《邓惠伯作品集》《邓惠伯画选》《亚洲美术史》等。

J0026522

丁仃的艺术　丁仃绘

福州 福建美术出版社 1991 年 有肖像 26cm
（16 开）　ISBN：7-5393-0112-0　定价：CNY5.50
（福建省画院作品集成）

　　现代中国画画册。作者丁仃（1933—1999），画家、国家一级美术师。上海人。历任中国美协常务理事、福建省画院名誉院长。代表作品有《樱花仕女》《迎春》《祝亨福下乡》等。

J0026523

东方博雅社美术家作品集

济南 山东美术出版社 1991 年 60 页 26cm
（16 开）　ISBN：7-5330-0459-0　定价：CNY17.26

　　外文书名：The Collected Works of Artists of DongFang Bo Ya Society.

J0026524

董寿平书画集　赵志光编

太原 山西人民出版社 1991 年 80 页 30cm（12 开）

J0026525

儿童简笔水墨画　何志滨，王凤娟编绘

沈阳 辽宁教育出版社 1991 年 76 页
26cm（16 开）　精装　ISBN：7-5382-0735-X
定价：CNY4.40
（青少年课外兴趣丛书）

J0026526

方楚雄画集　方楚雄绘

上海 上海人民美术出版社 1991 年 91 页 有照片
38cm（6 开）　精装　ISBN：7-5322-0800-1
定价：CNY72.00

　　本书系现代中国画画册。外文书名：Paintings by Fang Chuxiong. 作者方楚雄（1950—　），广东普宁人。毕业于广州美术学院并留校任教。中国美术家协会会员。主要作品有《牧鸭》《水禽》《翠蝶兰》等。出版《方楚雄画选》《方楚雄画集》等。

J0026527

冯凭书画选集　冯凭绘

济南 山东美术出版社 1991 年 140 页 有彩照
30×23cm　精装　ISBN：7-5330-0389-6
定价：CNY82.00

　　作者冯凭（1910—2013），书画家、美术教育家。山东莱阳人。别名冯寄禅、冯子祥，号展公。历任中国美术家协会会员、山东画院名誉院长、青岛画院名誉院长、青岛工艺美术学校教授兼副校长等。代表作品有《百花谱》《诗忆画印》《冯凭书画集》等。

J0026528

冯远画集　冯远绘

杭州 中国浙江美术学院出版社 1991 年
34cm（10 开）　精装　ISBN：7-81019-120-9
定价：CNY190.00

　　现代中国画画册。本书与香港南阜艺术出版社合作出版。作者冯远（1952—　），教授、画家。生于上海，祖籍江苏无锡。作品有《望夫妹》《母子图》《新疆风情写生》《今生来世》。出版有《二十一世纪中国艺术家·冯远》《笔墨尘缘》。

J0026529

冯长江画集　冯长江绘；晋川编

太原 北岳文艺出版社 1991 年 60 页 有彩照
25×25cn　ISBN：7-5378-0638-1

定价：CNY21.00

本画册共收入中国画作品60幅。外文书名：A Collection of Feng Changjiang's Paintings.

J0026530
佛教题材当代名家中国画集 马琭等绘
天津 天津人民美术出版社 1991年 76页
25×26cm ISBN：7-5305-0279-4
定价：CNY26.00

J0026531
傅抱石山水人物图册 傅抱石绘；上海书画出版社编
上海 上海书画出版社 1991年 22页 26×38cm
ISBN：7-80512-531-7 定价：CNY5.50
（中国画名家范本系列）

本书收入作者山水人物作品18幅。作者傅抱石（1904—1965），画家、美术史论家。原名长生、瑞麟，号抱石斋主人。生于江西南昌，祖籍江西新余，早年留学日本。历任南京师范学院教授、江苏国画院院长等职。代表作有《山阴道上》《钟馗》《屈原》《江山如此多娇》，著有《中国古代绘画之研究》《中国绘画变迁史纲》等。

J0026532
傅梅影画集 傅梅影绘
北京 人民美术出版社 1991年 40页 26cm
（16开）ISBN：7-102-00927-5 定价：CNY21.50

现代中国画专集。作者傅梅影（1928—2012），国画家、歌词作家。江西修水人，毕业于江西省立奉新师范。中国美术家协会会员、音乐家协会会员、国际美术家联合会会员、中国书画家艺术交流协会副会长。出版有《江南一支梅·傅梅影》《傅梅影画集》《中国画选辑》等。

J0026533
富察铸卿画册（一）［富察铸卿绘］
北京 中国广播电视出版社 1991年 12叶
有照片 26×37cm ISBN：7-5043-0863-3
定价：CNY10.00

J0026534
甘肃军转干部书画集（画册）赵长保主编
兰州 甘肃人民美术出版社［1991年］
26cm（16开）ISBN：7-80588-023-9

J0026535
高季笙画选 高季笙绘
福州 福建美术出版社 1991年 48页 有彩图
26cm（16开）ISBN：7-5393-0170-8
定价：CNY16.50

本画选收入作者的花鸟画作品51幅。外文书名：Painting Selections of Gao Jisheng. 作者高季笙（1944— ），画家。幼名高培基，号榕荫主人，福建福州市人。历任中国工艺美术学会会员，中国美术家协会福建分会会员。出版有《高季笙花鸟画选》《高季笙画鹰》《高季笙画鸡》《高季笙画集》等。

J0026536
高剑父画集 岭南画派纪念馆，岭南画派研究室等编
广州 岭南美术出版社 1991年 影印本 122页
附英文、日文说明1册 38cm（6开）精装
ISBN：7-5362-0694-1 定价：CNY220.00

本画集收入高剑父作品73幅，局部图7幅，生平照片及写生作品48幅。

J0026537
葛鸿桢书画集 葛鸿桢绘
北京 北京燕山出版社［1991年］42页
有彩照 30cm（10开）ISBN：7-5402-0310-2
定价：CNY33.00

作者葛鸿桢（1946— ），书画家。又名泓正，号省之，梦龙散人。江苏苏州人，毕业于北京师范学院（现首都师大）。历任中国书法家协会培训中心教授、中国国画家协会理事。著有《中国书法全集·祝允明》《中国书法全集·文徵明》、译著《海外书迹研究》等。

J0026538
古诗画意 刘世忠绘
天津 天津人民美术出版社 1991年 4轴
76cm（2开）ISBN：7-5305-2530-3
定价：CNY5.20

中国现代绘画条屏。

J0026539
顾潜馨陆忠德画集 顾潜馨，陆忠德绘
上海 上海书画出版社 1991年 41页
31cm（10开）ISBN：7-80512-578-3

定价: CNY28.00

　　作者顾潜馨(1952—　)，画家。字全兴，上海浦东人。出版有《顾潜馨画集》。作者陆忠德(1950—　)，画家。上海周浦人。上海市徐悲鸿艺术研究协会创作部主任、美协上海分会会员。擅长画虎，被称为"江南虎王"。

J0026540

关山月（八十年代作品集）关山月绘
广州 岭南美术出版社 1991年 198页 有照片
37cm（8开）精装 ISBN: 7-5362-0681-X
定价: CNY260.00

　　本画册收入作者近百幅绘画和书法作品。其中包括《江南塞北天边雁》《碧浪涌南天》《初雪》《飞渡万重山》等。外文书名: Guan Sanyue: Selected Works in 1980's. 作者关山月（1912—2000），国画家、教育家。原名关泽霈。生于广东阳江。历任广州市艺专教授、广州美术学院教授兼院长、广东画院院长、中国美术家协会副主席、广东省美术家协会副主席等职。代表作《江山如此多娇》《俏不争春》《绿色长城》《长河颂》等。

J0026541

广州画院国画选 杜秋漾编辑
香港 集古斋公司 1991年 26cm（16开）
定价: HKD80.00

J0026542

郭同江画选 郭同江绘
广州 岭南美术出版社 1991年 44页 有彩照
26cm（16开）ISBN: 7-5362-0671-2
定价: CNY17.00

　　现代中国画画册。作者郭同江（1925—2003），连环画家。广东东莞人。中国美术家协会会员、广东分会理事、东莞市美协主席。主要作品有《开工之前》《喜雨》《渔女春秋》《学撒网》《除田草》《珠江河畔》等。

J0026543

郭兴华画集 郭兴华绘
北京 人民美术出版社 1991年 49幅 26cm
（16开）ISBN: 7-102-00796-5 定价: CNY21.00

　　作者郭兴华（1941—　），画家。山西定襄县人，毕业于北京艺术学院美术系。中国美术协

会北京分会会员。代表作品有《郭兴华画集》等。

J0026544

国超书画 苏国超绘
成都 四川美术出版社 1991年 有彩照
25×26cm ISBN: 7-5410-0675-0
定价: CNY18.00

　　外文书名: Selected Paintings of Su Guocao. 作者苏国超（1945—2011），画家。字甫元，四川资阳人。曾到上海学习画艺，历任嘉州画院院长、中国美术家协会四川分会会员、成都画院画师。主要作品有《蜀宫乐伎图》《藏区小景》《东坡诗意》等。

J0026545

国画世界（中国画探索之四）李志强主编
天津 天津杨柳青画社 1991年 60页 有彩图
25×26cm ISBN: 7-80503-156-8
定价: CNY18.00

　　本书内容包括蒲国昌、邹建平等30余位画家的国画作品。外文书名: Traditional Chinese Painting World.

J0026546

国色天香（曹明冉作品小辑）曹明冉绘
济南 山东友谊书社 1991年 33页 15×14cm
ISBN: 7-80551-330-9 定价: CNY3.50

　　现代中国画画册。作者曹明冉（1949—　），花鸟画家。山东菏泽人。国家一级美术师、中国工艺美术协会会员、山东省美术家协会会员、山东画院特聘画师、山东财经大学教授。著作有《芥子园新编》《白描牡丹、菊花、水仙》《曹明冉画集》等。

J0026547

合成演习 陈正明绘
天津 天津人民美术出版社 1991年 1张 76cm
（2开）ISBN: 7-5305-2198-8 定价: CNY0.55
　　本作品为年画形式的中国现代国画作品。

J0026548

黑龙江省画院国画作品选
北京 人民美术出版社 1991年 64页 26cm
（16开）ISBN: 7-102-00919-4 定价: CNY41.00

J0026549
纪清远画集 纪清远绘
北京 北京美术摄影出版社 1991年 40页
有彩照 25×26cm ISBN：7-80501-118-4
定价：CNY19.00
　　现代中国画画册。作者纪清远(1954—)，
国家一级美术师。北京人。毕业于首都师大美
术系。历任北京画院艺术委员会顾问、中国美术
家协会会员、中国画学会常务理事。主要作品有
《唐人诗意》《秋水月色》《裱画工》《雏凤凌空》等。

J0026550
贾浩义画集 贾浩义绘
北京 中国书店 1991年 38cm(6开) 精装
ISBN：7-80568-117-1 定价：CNY65.00
　　收入画家80年代较有代表性的国画作品73幅。

J0026551
江山琼阁图 白建民绘
长春 吉林美术出版社 1991年 1张 76cm(2开)
定价：CNY0.63
　　现代中国画作品。

J0026552
蒋连砧书画艺术 蒋连砧著
上海 华东师范大学出版社 1991年 72页
有照片 37×27cm 精装 ISBN：7-5617-0735-5
定价：CNY39.50
　　本书收集了蒋连砧的书画作品若干幅。作
者蒋连砧(1949—)，曾用名蒋连珍，安徽萧县
人。淮北市国画院专业画家。

J0026553
津门书画选 艺友书画会，华联商厦编
天津 天津人民美术出版社 1991年 68页
有照片 29cm(16开) ISBN：7-5305-0289-1
定价：CNY16.40
　　本书收入68位天津书画家的68幅作品，其
中国画44幅，书法24幅。

J0026554
军威 李凤君绘
天津 天津人民美术出版社 1991年 1张 76cm
(2开) ISBN：7-5305-2214-3 定价：CNY0.55
　　本作品为年画形式的中国现代国画作品。

J0026555
骏马奔腾 徐悲鸿绘
天津 天津人民美术出版社 1991年 1幅 107cm
(全开) ISBN：7-5305-2532-4 定价：CNY2.20
　　本作品系现代中国画，卷轴装。

J0026556
孔仲起画集 孔仲起绘
杭州 中国浙江美术学院出版社 1991年 34cm
(5开) 精装 ISBN：7-81019-119-5
定价：CNY220.00
　　本画集收入作者1962—1990年所作山水画、
书法等作品133件。外文书名：Kong Zhongqi's
Paintings. 作者孔仲起(1934—2015)，画家、教授。
名庆福，字仲起，浙江慈溪人，毕业于浙江美术
学院中国画系。历任中国美术学院教授、中国美
术家协会会员。著有《孔仲起山水画集》《孔仲
起画云水》《山水画技法概要》《孔仲起山水写生
法》等。

J0026557
兰巧峰画集 兰巧峰绘
济南 山东美术出版社 1991年 46页 26cm
(16开) 折叠 ISBN：7-5330-0434-5
定价：CNY6.45
　　现代中国画画册。

J0026558
兰铁成画集 兰铁成绘
哈尔滨 黑龙江美术出版社 1991年 41页
有照片 25×25cm ISBN：7-5318-0110-8
定价：CNY23.00，CNY31.00(精装)
　　本画册共收入作者中国画作品40幅。外文
书名：Collection of Lan Tiecheng's Paintings. 作
者兰铁成(1958—)，国家一级美术师。生于吉
林白城市，祖籍山东烟台。历任哈尔滨市艺术馆
研究员、中国美术家协会会员、黑龙江省政协委
员、黑龙江省青年美术家协会常务理事等。代表
作有《万仞红屏》《塞北惊春》《天池印象》《千秋
重任》《五花山系列山水画》等。

J0026559
蓝立克画集 蓝立克绘
济南 山东美术出版社 1991年 36cm(12开)
ISBN：7-5330-0487-6 定价：CNY28.98

现代中国画画册。

J0026560

李宝林画集 李宝林绘

北京　新华出版社　1991 年　70 页　有彩照

26×26cm　ISBN：7-5011-1100-6

定价：CNY50.00

　　现代中国画画册。外文书名：Li Baolin's Album of Paintings.

J0026561

李冰画集（汉英对照）李冰绘

广州　广东旅游出版社　1991 年　26 页　26cm

（16 开）ISBN：7-80521-277-5　定价：CNY12.00

　　现代中国画画册。作者李冰（1962—　　），《创业者》杂志美术编辑。

J0026562

李大山画选 李大山绘

济南　山东美术出版社　1991 年　20 页　26cm

（16 开）ISBN：7-5330-0438-8　定价：CNY5.70

　　现代中国画画册。作者李大山（1944—　　），画家、美术教育家。山东潍坊市人，中国美术家协会山东分会会员。出版专著《李大山画集》《红楼群芳》《李大山画选》等。

J0026563

李可染书画全集（书法卷）李可染书；杜滋龄主编

天津　天津人民美术出版社　1991 年　有照片

37cm（8 开）精装　ISBN：7-5305-0294-8

定价：CNY310.00

（中国绘画大师作品集）

　　本画全集共收入 553 幅图，51 方印。共 4 卷：山水卷、人物、牛卷、素描、速写卷、书法卷。本卷为书法卷，"书画同源"，书法也是李可染全部艺术活动的重要组成部分，与其浑厚、雄健的画风相映，其书法严谨、凝重、厚拙。外文书名：Album of Li Keran's Calligraphy and Paintings.

J0026564

林聪权画集 林聪权绘

福州　福建美术出版社　1991 年　有照片　26cm

（16 开）ISBN：7-5393-0126-0　定价：CNY5.50

（福建省画院作品集成）

　　作者林聪权（1949—　　），画家。福建泉州人。历任福建泉州木偶剧团舞台美术设计、福建省画院专业画家、高级美术师、中国美术家协会会员。主要作品有《李清照词意》《窗明几净》《光辉榜样代代传》等。

J0026565

林镜秋画集 林镜秋绘

广州　岭南美术出版社　1991 年　40 页

有图及彩照　26×26cm　ISBN：7-5362-0741-7

定价：CNY40.00

　　本画集收入了作者近年来创作的国画 40 幅。作者林镜秋（1914—　　），广东省和平县人。别名剑秋，字大林，号九连山人。中国美术家协会广东分会会员。

J0026566

林乃干富家珍画集 林乃干，富家珍绘

北京　人民美术出版社　1991 年　43 页　有照片

26cm（16 开）ISBN：7-102-00926-7

定价：CNY20.30

　　现代中国画画册。作者林乃干（1907—1992），画家。毕业上海艺术大学和日本国立东京美术学校西画系。历任国立北平艺术专科学校、京华美术学院、中央美术工艺学院等院校教授。代表作品有《汉封将军柏》《桂林山水》《西朗山写照》等。作者富家珍（1917—　　），女，满族，画家。别号蕴云，北京人，毕业于国立北平艺术专科学校。中国美术家协会北京分会会员。作品有《四大金刚之一》《春晨》。

J0026567

林曦明画集 林曦明绘

上海　上海三联书店［1991 年］有彩照　30cm

（10 开）精装　ISBN：7-5426-0496-1

定价：CNY68.00

　　作者林曦明（1925—　　），画家。原名正熙，号乌牛。浙江永嘉人。历任上海戏剧学院美术系教师、上海中国画院一级画师、中国美术家协会会员、现代书画研究会会长。代表作品有《红梅时节》《水满鱼肥》《太湖之歌》《漓江雨后》《故乡》等。

J0026568

刘国辉（画集）刘国辉绘；宋忠元主编

杭州　浙江美术学院出版社　1991 年　37×27cm
精装　ISBN：7-81019-140-3　定价：CNY260.00

　　本书收集作者中国画作品 71 幅，内容分为近、现代人物，古代人物，人体，其他四个部分。外文书名：The Paintings Collection of Liu Guohui.

J0026569

刘晖画选　刘晖绘
北京　科学普及出版社　1991 年　13cm（64 开）
ISBN：7-110-02276-5　定价：CNY2.50

　　现代中国画画册。

J0026570

刘济荣、叶绿野、姚北全、陈荣胜画选　刘济荣等作
广州　广东旅游出版社 [1991 年] 36 页　26cm
（16 开）ISBN：7-80521-209-0　定价：CNY21.00

J0026571

刘继卣画集　刘继卣绘
天津　天津人民美术出版社　1991 年　82 页
有照片 37cm　精装　ISBN：7-5305-0254-9
定价：CNY122.00

　　现代中国画画册。

J0026572

刘凌沧纪念画集　刘凌沧绘
台北　中华书局　1991 年　146 页
38cm（6 开）精装　ISBN：957-43-0067-6
定价：TWD1600.00

　　外文书名：Chinese Paintings by Liou Ling Tsang. 作者刘凌沧（1908—1989），画家、美术教育家。名恩涵，字凌沧，河北固安人。就读于北平艺术专科学校。北京工笔重彩画会名誉会长、中国美术家协会会员、中央美术学院教授。代表作品有《赤眉军起义图》《淝水之战》《文成公主》等。

J0026573

刘文西画集　刘文西绘；王成主编
北京　人民美术出版社　1991 年　130 页　有照片
38cm（6 开）精装　ISBN：7-102-00967-4
定价：CNY168.00

　　本画集收入 156 幅图画，作品以人物画为主，并收入部分山水、花鸟和速写，充分体现了

作者的艺术风格。作者刘文西（1933—2019），生于浙江嵊州。曾任中国美术协会顾问、陕西省文艺界联合会顾问、陕西省美协副主席、西安美术学院名誉院长、西安美院研究院院长、延安市副市长。重要作品有《毛主席和牧羊人》《东方》《解放区的天》和巨幅系列长卷《黄土人》等近百幅。

J0026574

刘昕文画集　刘昕文著
长沙　湖南美术出版社　1991 年　51 页　19×26cm
ISBN：7-5356-0462-5　定价：CNY31.00

　　本画集精选画家作品 50 幅，刊有国内著名画家、美术理论家就其作品所展开的研讨文章

J0026575

刘咏阁画选　刘咏阁绘
北京　北京美术摄影出版社　1991 年　26cm（16 开）
ISBN：7-80501-115-X　定价：CNY7.50

　　现代中国画画册。

J0026576

卢沉画集　卢沉绘
北京　荣宝斋　1991 年　24 页　有彩照　25×26cm
ISBN：7-5003-0107-3　定价：CNY5.90

　　现代中国画画册。作者卢沉（1935—2004），国画家、教授。江苏苏州人，毕业于中央美术学院中国画系。中央美术学院教授、学术委员会常委、北京大学艺术教研室顾问。代表作品有《机车大夫》《草原夜月》《塞上竞技图》《太白捉月》等。

J0026577

卢禹舜画集　卢禹舜绘
成都　四川美术出版社　1991 年　56 页　26×26cm
ISBN：7-5410-0605-X　定价：CNY17.00
（中国美术家国际艺术交流丛书）

　　现代中国画画册。作者卢禹舜（1962—　　），国画家。哈尔滨人。1983 年毕业于哈尔滨师范大学美术系。擅长山水画。中国国家画院常务副院长、中国艺术研究院博士生导师、中国美术家协会理事、中国画学会副会长。代表作品有《北疆情》《一夜乡心》《白梅山水》等。

J0026578

陆鹤龄中国画选集　陆鹤龄绘
合肥　安徽美术出版社　1991 年　26cm（16 开）

ISBN：7-5398-0164-6 定价：CNY18.00

外文书名：The Selected Chinese Traditional Paintings by Lu Heling.

J0026579

鹿鸣翠谷 是有福绘

南京 江苏美术出版社 1991年 1张

107cm（全开） 定价：CNY3.70

本作品为年画形式的中国现代国画作品。

J0026580

鹿鸣翠谷 甘作雨绘

天津 天津人民美术出版社 1991年 1张 76cm

（2开） ISBN：7-5305-2211-4 定价：CNY0.55

本作品为年画形式的中国现代国画作品。

J0026581

吕胜中线描选 吕胜中绘

南宁 广西美术出版社 1991年 112页

26cm（16开） 线装 ISBN：7-80582-199-2

定价：CNY11.00

（中国当代线描精本）

本书作者将民间美术形式和现代意识结合起来，表达了丰富的思想寓意，手法新颖，质朴可爱。共收图84幅。书后附《看图说话》介绍创作体会。

J0026582

吕学勤书画 山东画院编

济南 山东美术出版社 1991年 64页 26cm

（16开） ISBN：7-5330-0474-4 定价：CNY28.57

外文书名：Lu Xueqin Painting & Calligraphy.

J0026583

马燮文国画选辑 马燮文绘

上海 百家出版社 1991年 10张 13cm（64开）

ISBN：7-80576-190-6 定价：CNY2.00

J0026584

麦正山水花鸟画集 麦正绘

香港 正园出版社 1991年 29cm（16开）

定价：HKD50.00

外文书名：Mak Ching Landscape Flowers and Birds.

J0026585

梅忠智中国画选 梅忠智绘画

成都 四川美术出版社 1991年 48页 有图

25×26cm 精装 ISBN：7-5410-0620-3

定价：CNY16.50

外文书名：Selected Paintings of Mei Zhongzhi.

J0026586

孟庆谷画集 孟庆谷绘

北京 新华出版社 1991年 66页 25×26cm

ISBN：7-5011-1099-9 定价：CNY45.00

现代中国画画册。

J0026587

孟昕线描（第一集 1991） 陈孟昕绘

武汉 湖北美术出版社 1991年 有照片 26cm

（16开） ISBN：7-5394-0250-4 定价：CNY5.90

作者陈孟昕（1957— ），画家。河北邢台人。历任湖北美术学院国画讲师、中国美术家协会会员、中国艺术研究院研究生院副院长、二级教授、博士生导师。代表作品有《帕米尔风情》《秋之祭》《暖月》《一方水土》《腊月》等。

J0026588

民富国强福万代 华民，陈江绘

沈阳 辽宁美术出版社 1991年 1张76cm（2开）

ISBN：7-5314-0909 定价：CNY0.58

本作品为年画形式的中国现代国画作品。作者陈江（1961— ），海南临高人，南京博物院陈列展览部副主任、江苏省博物馆学会秘书长，著有《紫砂器鉴赏与收藏》《紫砂壶》等。

J0026589

聂干因作品集 聂干因绘

武汉 湖北美术出版社 1991年 37×27cm

ISBN：7-5394-0229-6 定价：CNY23.00

本画册选收作者有关戏曲人物、脸谱、变体门神等题材的作品48幅。作者聂干因（1936— ），画家，一级美术师。湖南涟源人。毕业于湖北艺术学院美术系。先后在湖北省戏曲学校、湖北省戏曲研究所、湖北省楚剧团从事戏曲美术教学与研究工作，湖北省美术院任专职画家、湖北美术家协会秘书长。作品有《醉酒图》《醉打》《远古神韵》等。出版有《聂干因画集》。

J0026590

女王戏唐僧 俎翠林绘

长春 吉林美术出版社 1991年 1张 76cm（2开）

定价：CNY0.63

　　本作品为年画形式的中国现代国画作品。作者俎翠林（1952—　），河北磁县总工会副主席，兼中国美协河北分会会员。

J0026591

潘天寿画集 潘天寿绘；画家潘天寿纪念馆编

杭州 浙江人民美术出版社 1991年 47页 36cm（15开）ISBN：7-5340-0273-7 定价：CNY38.00（中国画名家作品粹编）

　　作者潘天寿（1897—1971），现代著名国画家，美术教育家，原名天授，字大颐，号寿者。浙江宁海县人。擅画花鸟、山水，兼善指画，亦能书法、诗词、篆刻。曾任中国文联委员、中国美术家协会副主席、浙江省文联副主席、中国美协浙江分会主席、浙江美术学院院长、教授等职。著有《中国绘画史》《听天阁画谈随笔》等。

J0026592

潘渭滨画集 潘渭滨绘

济南 山东美术出版社 1991年 14页 26cm（16开）ISBN：7-5330-0420-5 定价：CNY3.65

　　现代中国画画册。

J0026593

庞薰琹画选（淡彩·线描·水墨）庞薰琹绘；中央工艺美术学院庞薰琹艺术研究会编

北京 北京工艺美术出版社 1991年 54页 23×26cm ISBN：7-80526-043-5

定价：CNY26.00

　　本画册集选了作者创作的具有代表性的淡彩、白描、水墨画作品共50幅。作者庞薰琹（1906—1985），画家、工艺美术教育家。生于江苏常熟，字虞铉，笔名鼓轩。曾任中央工艺美术学院第一副院长。代表作品有《地之子》《路》《贵州山民图卷》《瓶花》等。著有《薰琹随笔》。

J0026594

蒲国昌画集 蒲国昌绘

上海 上海人民美术出版社 1991年 36页 有照片 23×21cm ISBN：7-5322-1020-0

定价：CNY25.00

　　现代中国画画册。作者蒲国昌（1937—　），教授。四川成都人，毕业于中央美术学院。擅长版画、中国画，现为贵州大学艺术学院教授、硕士生导师。作品有《节日》《召唤》《机器时代》系列，《石榴》列，《人—人》系列等。

J0026595

齐白石绘画精品集 齐白石绘；人民美术出版社编辑

北京 人民美术出版社 1991年 160页 有照片 38cm（8开）精装 ISBN：7-102-00852-X

　　本画集收入作者有关花鸟、鱼虫、人物、山水绘画作品138幅，书法作品9幅，篆刻作品74方。外文书名：Masterpiece of Painting by Qi Baishi. 作者齐白石（1864—1957），近现代中国绘画大师，国画家、篆刻家。湖南湘潭人。原名纯芝，字渭青，号兰亭，后改名璜，字濒生，号白石等。历任国立北京艺术专科学校和京华美术专科学校教习、教授，中央美术学院名誉教授、中国文学艺术界联合会主席团委员、中国画研究会和中国美术家协会主席、中国画院名誉院长。代表作有《蛙声十里出山泉》《墨虾》等。著有《白石诗草》《齐白石作品集》《白石老人自述》等。

J0026596

齐白石绘画精品选 齐白石绘；董玉龙主编；中国美术馆编

北京 人民美术出版社 1991年 212+37页 38cm（6开）精装 ISBN：7-102-01129-6

J0026597

钱行健画集 钱行健绘

上海 上海书画出版社 1991年 有彩照 25×23cm ISBN：7-80512-544-9

定价：CNY22.00，CNY24.00（精装）

　　本集收作者山水花鸟画64幅。作者钱行健（1935—2010），国画家。江苏无锡人。擅长中国画，专习山水、花鸟，兼文学及诗词，后致力于中国绘画理论的研究。曾任上海外国语大学艺术教研室主任、副教授，上海海外联谊会联谊书画社副社长，海墨画社社长、上海书画研究院理事等。代表作品有《碧浪》《幽涧听泉》《江月幽禽》等。

J0026598

浅斟低唱（马小娟的水乡情丝）马小娟绘
台北 传承经纪公司 1991年 56页 有图
29cm（16开）ISBN：957-531-171-X
定价：TWD300.00
　　作者马小娟(1955—)，女，画家、教师。笔
名小涓，江苏南京人。毕业于中国美术学院国画
系。中国美术家协会会员、上海师范大学艺术学
院美术系副教授、上海中国画院画师。代表作《当
代中国画精品集·马小娟》

J0026599

清明上河图 吴灏［摹］
香港 翰墨轩出版公司 1991年 30cm（10开）
精装 ISBN：962-7530-02-6

J0026600

取经归来 汪苗绘
杭州 浙江人民美术出版社 1991年 1张
76cm（2开）定价：CNY0.50
　　本作品为年画形式的中国现代国画作品。

J0026601

人美鱼跃 张万臣，章林绘
沈阳 辽宁美术出版社 1991年 1张76cm（2开）
ISBN：7-5314-0294 定价：CNY0.58
　　本作品为年画形式的中国现代国画作品。

J0026602

人寿年丰 孟令颐绘
杭州 浙江人民出版社 1991年 1张76cm（2开）
定价：CNY0.50
　　本作品为年画形式的中国现代国画作品。

J0026603

人寿年丰庆有余 秦永丰，单绘生绘
沈阳 辽宁美术出版社 1991年 1张76cm（2开）
定价：CNY0.58
　　本作品为年画形式的中国现代国画作品。

J0026604

山河无处不宜人 田园，林罕绘
长春 吉林美术出版社 1991年 1张76cm（2开）
定价：CNY0.63
　　本作品为年画形式的中国现代国画作品。

J0026605

山西老年书画选 中共山西省委老干部局，山
西老年书画研究会编
太原 山西人民出版社 1991年 58页
26cm（16开）ISBN：7-203-02086-X
定价：CNY32.00
　　本书是从纪念中国共产党成立七十周年《山
西老年书画展览》中选集而成。

J0026606

陕西老年名家书画选 陕西老年书画学会编
西安 陕西人民出版社 1991年 160页 有彩照
29cm（16开）ISBN：7-224-02104-0
定价：CNY32.75

J0026607

沈柔坚中国画选集 沈柔坚画
上海 上海书店 1991年 48页 有肖像
27×24cm 精装 ISBN：7-80569-435-4
定价：CNY46.80
　　外文书名：Selected Chinese Ink Paintings of
Shen Roujian. 作者沈柔坚(1919—1998)，画家，
教授。福建诏安人。历任上海大学美术学院教授、
中国美术家协会常务理事、中国美术家协会上海
分会副主席、中国版画家协会副主席。代表作品
有《拉纤者》《田野》《拾草》《为了正义》《庆功图》
等。

J0026608

诗书画丛刊（第二辑）中央文史研究馆编
北京 紫禁城出版社 1991年 56页 有图 26cm
（16开）ISBN：7-80047-121-7 定价：CNY6.60
　　本辑共收诗词120首，书画作品30幅，有关
诗词书画论著及文史笔记7篇。

J0026609

史振峰画集 史振峰绘
济南 山东美术出版社 1991年 24页 有彩照
26cm（16开）ISBN：7-5330-0383-7
定价：CNY8.00
　　现代中国画画册。作者史振峰(1933—)，
教授。山东莱州人，毕业于鲁迅美术学院。中国
美术家协会会员、山东画院艺术顾问、山东艺术
学院教授。代表作品有《高山打井》《油海雄鹰》
《舞东风》《抗洪》等。

J0026610

书画作品选 内蒙古文史研究馆编
呼和浩特 内蒙古人民出版社 1991年 53页
26cm（16开） ISBN：7-204-01574-6
定价：CNY19.00

　　本书入选作者33人，绘画作品17幅、书法20幅、篆刻印痕30方。所选作品兼顾到各种风格，绘画中有人物、山水、花鸟等各种内容；书法包括正草隶篆，除汉文外，还有蒙古文，内容有诗词、楹联和名言、语录。

J0026611

四季和美 戴德馨绘
天津 天津人民美术出版社 1991年 2张 76cm
（2开） ISBN：7-5305-2195-9 定价：CNY1.20

　　本作品为年画形式的中国现代国画作品。作者戴德馨（1942— ），江苏常州人。曾进修于南京艺术学院。擅长国画。中国美术家协会会员。主要作品有《猫蝶图》《福禄寿禧》《瑞雪》等。

J0026612

宋伯鲁一家四代书画集 李彦平编
西安 陕西人民美术出版社 1991年 128页
27cm（大16开）

　　本画集收有宋伯鲁一家四代创作的120幅作品。

J0026613

宋克君画选
重庆 西南师范大学出版社 1991年 26×25cm
ISBN：7-5621-0601-0 定价：CNY30.00

J0026614

苏平书画 苏平绘
沈阳 辽宁大学出版社 1991年 88页 有彩照
26cm（16开） ISBN：7-5610-1434-1
定价：CNY38.00

　　作者苏平（1929— ），书画家，电影美术师。字文波，辽宁铁岭人。历任中国电影美术学会副会长、中国国际硬笔书法研究会顾问、中国江南书画院顾问等职。著有《苏平书画》《苏平书画作品集》《苏平诗书画选集》等。

J0026615

苏卧农画集 苏卧农绘

广州 岭南美术出版社 1991年 95页 有照片
36cm（15开） 精装 ISBN：7-5362-0623-2
定价：CNY108.00

　　本画集收作品105幅，取材大都是南国乡村田园常见之物，他的画大都是着色的，有的用色相当浓重，格调幽淡清雅，毫无脂粉妖艳的气味。常见作没骨花卉者，重在色彩浓淡的变化和阴阳凹凸的显现，此外，作者还非常讲究运笔的力度和墨的成分，所以其作品别有一种苍劲浑厚的韵味。

J0026616

岁寒三友图 郭书仁，刘宝铃绘
天津 天津人民美术出版社 1991年 1幅 107cm
（全开） ISBN：7-5305-2528-6 定价：CNY2.20

　　本作品系现代中国画。

J0026617

岁寒同心 阮克敏绘
天津 天津人民美术出版社 1991年 1张 76cm
（2开） ISBN：7-5305-2212-3 定价：CNY0.55

　　本作品系现代中国画。

J0026618

孙其峰书画选 孙其峰绘
北京 人民美术出版社 ［1991年］19cm
（小32开） ISBN：7-102-00712-4 定价：6.80

　　本画册精选了作者晚年创作的绘画作品156幅、书法作品15幅。作者孙其峰（1920— ），教授，艺术家。原名奇峰，曾用名琪峰，山东招远人。历任天津美术学院教授、中国书法家协会理事、中国美术家协会理事、北京铁路局文协美术工作者、北京美协会员。代表作品有《花鸟画谱》《孙其峰画辑》《孙其峰扇面选集》等。

J0026619

孙日晓画选 孙日晓绘
香港 中华书局（香港）公司 1991年 57页
29cm（16开） ISBN：962-231-557-7

J0026620

孙增弟画集 孙增弟绘
济南 山东美术出版社 1991年 44页 25×24cm
ISBN：7-5330-0361-6 定价：CNY21.00

　　作者孙增弟（1943— ），画家。笔名长流，山东青岛人，毕业于青岛美专。国家一级美术师、中国美术家协会山东分会会员、山东新闻美术家协会副主席、山东画院高级画师。主要作品有《暖阳》《璀璨的金秋》《邂逅相逢》等。

J0026621

孙仲起画集 孙仲起绘

杭州　浙江美术学院出版社　1991 年

38cm（6 开）　精装　ISBN：7-81019-119-5

定价：CNY220.00

　　现代中国画画册。本书与香港南阜艺术出版社合作出版。

J0026622

谭以文朱永灵书画作品选 谭以文，朱永灵作

苏州　古吴轩出版社　1991 年　32 页　25×26cm

ISBN：7-80574-004-6　定价：CNY6.20

　　本书收有两位作者的书画作品 30 余幅。

J0026623

田黎明画集 田黎明绘

南宁　广西美术出版社　1991 年　100 页

29cm（16 开）　精装　ISBN：7-80582-204-2

定价：CNY65.00

（中国当代画家大系）

　　现代中国画之水墨人物画画册。

J0026624

田黎明画集 田黎明绘

北京　荣宝斋　1991 年　有彩图　25×26cm

ISBN：7-5003-0108-1　定价：CNY5.90

　　现代中国画画册。作者田黎明（1955— ），画家。生于北京，祖籍安徽合肥。中国艺术研究院博士生导师，中国艺术研究院副院长、研究生院院长，中央美术学院学术委员、中国画艺委会委员、北京市美协理事。代表作品有《自然的阳光》《正午的阳光》等。

J0026625

王学仲书画旧体诗文选 王学仲著

天津　天津大学出版社　1991 年　273 页　有图

26cm（16 开）　ISBN：7-5618-0314-1

定价：CNY28.00，CNY36.00（精装）

　　作者王学仲（1925—2013），画家、教育家。别名王邑、滕固词人，山东滕州人。毕业于中央美术学院。历任中国书法家协会顾问、副主席、学术委员会主任，天津大学艺术研究所所长、教授。代表作品有《四季繁荣图》《王学仲美术论》《垂杨饮马图》等。

J0026626

王振中画选 王振中绘

北京　新华出版社　1991 年　66 页　25×26cm

ISBN：7-5011-1098-0　定价：CNY45.00

　　现代中国画画册。作者王振中（1939— ），回族，别名阿里，河北沧州人，毕业于中央美术学院中国画系。贵州省高等艺术专科学校教授、中国美术家协会会员。出版有《王振中画选》《黔苑墨迹——王振中师生集》等。

J0026627

王子和书画集（汉英对照）　今日中国出版社编辑

北京　今日中国出版社　1991 年　114 页

38cm（6 开）　精装　ISBN：7-5072-0310-7

J0026628

韦江琼国画 韦江琼绘

福州　福建美术出版社　1991 年　26cm（16 开）

ISBN：7-5393-0115-5　定价：CNY5.50

（福建省画院作品集成）

J0026629

我心中的歌 周洪生绘

长春　吉林美术出版社　1991 年　2 张 76cm（2 开）

定价：CNY0.63

　　本作品为年画形式的中国现代国画作品。

J0026630

巫成金画集 巫成金绘

成都　四川美术出版社　1991 年　有照片

25×26cm　ISBN：7-5410-0679-3

定价：CNY17.50

（中国美术家国际交流丛书）

　　现代中国画画册。外文书名：Selected Paintings of Wu Chengjin. 作者巫成金（1955— ），四川三台人。历任中国美术家协会会员、中国美术家协会四川分会理事、成都市美术家协会副主席、四川省美术家协会中国画艺委会委员等职。出版专著有《巫成金画集》《巫成金跨世纪丛书》《巫

成金速写集》等。

J0026631

吴昌明书画集 吴昌明作

桂林 广西师范大学出版社 1991年 63页

24×26cm ISBN：7-5633-1137-8

定价：CNY8.50

　　现代中国画画册。本书与广西美术出版社合作出版。作者吴昌明（1955—　），桂林人。大专毕业。擅长诗、书、画、文。中国书法家协会会员，桂林漓江出版社书法编辑。

J0026632

吴湖帆扇面选 吴湖帆绘画；上海书画出版社编

上海 上海书画出版社 1991年 84页 25×26cm

ISBN：7-80512-532-5 定价：CNY37.00

　　本书收入作者84幅书画作品，其中绘画作品71幅，书法作品13幅。绘画作品以山水画为主，也有画松、竹、梅、石及其独具风貌的荷花等；书法作品除了作者颇具特色的行、草书外，也收入其传世不多的篆书、隶书和楷书作品。作者吴湖帆（1894—1968），山水画家、书法家、鉴定家。江苏苏州人。名倩，又名万，号倩庵，别署丑簃、翼燕。历任上海中国画院筹备委员、画师，上海大学美术学院副教授、中国美术家协会上海分会副主席。代表作品有《云表奇峰》《渔浦桃花》等。

J0026633

吴三大书画集（中英日对照） 马忠义主编

西安 陕西旅游出版社 1991年 38cm（8开）

精装

　　本画册收集作者书法作品129幅，绘画作品32幅。附录收有作者的年鉴。

J0026634

五彩流离（朱红的水墨世界） 朱红绘

台北 传承经纪公司 1991年 56页 有图

29cm（16开） ISBN：957-531-161-2

定价：TWD300.00

　　外文书名：Natural Colors Full of Variety, Water Color Paintings by Chu Hung.

J0026635

五虎雄风 刘继成绘

长春 吉林美术出版社 1991年 1张 76cm（2开）

定价：CNY0.70

　　本作品为年画形式的中国现代国画作品。

J0026636

武林双玉 方久平绘

天津 天津人民美术出版社 1991年 1张 76cm

（2开） ISBN：7-5305-2205-4 定价：CNY0.55

　　本作品为年画形式的中国现代国画作品。

J0026637

现代中国画分类作品精选 刘超主编；徐巍译

香港 东方书画院 1991年 107页 29cm（16开）

定价：HKD100.00

　　外文书名：A Classification of Selected Contemporary Chinese Painting.

J0026638

现代中国水墨画新作展（香港东方书画院创院首展）杨晓珍，沈平编辑；叶玉海译，沈平摄

香港 香港东方书画院 1991年 79页

29cm（16开） 定价：HKD80.00

　　外文书名：Contemporary Chinese Wash Painting Exhibition, An Inaugural Exhibition Celebrating the Founding of the Hong Kong Oriental Arts Gallery.

J0026639

幸福花 李妹绘

沈阳 辽宁美术出版社 1991年 1张 76cm（2开）

ISBN：7-5314-0902 定价：CNY0.58

　　本作品为年画形式的中国现代国画作品。

J0026640

徐建明画集 徐建明绘

苏州 古吴轩出版社 1991年 49页 25×25cm

ISBN：7-80574-021-6 定价：CNY34.00

　　本画集收有画家中国画作品49幅。

J0026641

徐州国画院作品集 中国画报出版社编辑

北京 中国画报出版社 1991年 60页 23×26cm

ISBN：7-80024-089-4 定价：CNY38.00

本画册介绍了徐州国画院 13 位画家的 58 幅国画作品。外文书名：Works of the Xuzhou Traditional Chinese Painting Academy.

J0026642

许占志中国画集 许占志绘

香港 集古斋公司 1991 年 26cm（16 开）

定价：HKD125.00

J0026643

杨士明中国画集 杨士明绘

哈尔滨 黑龙江美术出版社 1991 年 42 页

有彩照 25×25cm ISBN：7-5318-0111-6

定价：CNY24.00

本画册共收入作品 40 余幅。外文书名：Album of Chinese Paintings by Yang Shiming.

J0026644

杨象宪画集 杨象宪绘

济南 山东美术出版社 1991 年 40 页 26cm（16 开）ISBN：7-5330-0456-6 定价：CNY11.50

现代中国画画册。

J0026645

杨耀泰山松写生 杨耀绘

天津 天津人民美术出版社 1991 年 62 页 26cm（16 开）ISBN：7-5305-0287-5 定价：CNY10.50

作者杨耀（1938—2017），画家。原名耀珍，字子虚，自号林泉室主。陕西延川人，毕业于山东师范学院艺术系美术专业。历任山东工艺美术学院副教授、中国美术家协会会员、山东画院高级画师。出版有《杨耀画集》《杨耀新疆山水画》《松树画法》等。

J0026646

叶尚青画集 叶尚青绘

杭州 中国浙江美术学院出版社 1991 年 34cm（10 开）精装 ISBN：7-81019-122-5

定价：CNY220.00

现代中国画画册。本书与香港南阜艺术出版社合作出版。外文书名：Ye Shangqing's Paintings. 作者叶尚青（1930— ），书画家、美术教育家、诗人。浙江玉环人，毕业于浙江美术学院。历任浙江美术学院教授、中国美术家协会会员、西泠印社社员、中国美术学院教授。出版著

作《花鸟画基础》《叶尚青书画集》。

J0026647

夜泊画集 王学仲绘

天津 天津人民美术出版社 1991 年 有照片 38cm（6 开）精装 ISBN：7-5305-0243-3

定价：CNY125.00

本画集收入作者 108 幅图。其中绘画 105 幅，包括山水、人物、花卉；书法 3 幅。其艺术特点是勾、勒、点、染均以书法用笔，浓淡干湿，随意点画，自成一体。外文书名：Collection of Paintings of Yebo. 作者王学仲（1925—2013），画家、教育家。别名王黾、滕固词人，山东滕州人。毕业于中央美术学院。历任中国书法家协会顾问、副主席、学术委员会主任，天津大学艺术研究所所长、教授。代表作品有《四季繁荣图》《王学仲美术论》《垂杨饮马图》等。

J0026648

一帆风顺 车忠阳绘

西安 陕西人民美术出版社 1991 年 1 张 107cm（全开）定价：CNY2.50

本作品为年画形式的中国现代国画作品。

J0026649

幽情雅韵（孙君良姑苏抒怀）孙君良绘

台北 传承（经纪）公司 1991 年 72 页 有图 29cm（16 开）ISBN：957-531-116-7

定价：TWD400.00

J0026650

玉瀑泉华 黄振水绘

天津 天津人民美术出版社 1991 年 1 张 76cm（2 开）ISBN：7-5305-2213-8 定价：CNY1.30

本作品为年画形式的中国现代国画作品。

J0026651

月下双雄 朱嘉铭绘

西安 陕西人民美术出版社［1991 年］1 张 76cm（2 开）定价：CNY0.60

本作品为年画形式的中国现代国画作品。

J0026652

云南民族风情白描集 赵宋生绘

昆明 云南人民出版社 1991 年 111 页

17×19cm 塑精装 ISBN：7-222-00891-8
定价：CNY3.90

　　本书是作者展现云南少数民族劳动、生活的形象的白描画集。作者赵宋生（1940—1996）四川重庆人。擅长中国画。1965年毕业于云南艺术学院。高级美术师。曾任玉溪市文化局局长、玉溪市文联副主席。作品《花卉的思念》《绿水情深》收藏在毛主席纪念堂。还有《溶溶月色》《乐途》《岁月》等。出版有《云南民族风情白描集》《赵宋生画集》等。

J0026653
张大千书画集 张大千绘；良知，金光编
北京 人民美术出版社 1991年 2册
19cm（小32开） ISBN：7-102-00813-9
定价：CNY22.60

　　本画收集作者有关山水、人物、花鸟作品497幅，书法作品101幅。书后附有作者《画说》《花卉画及没骨法》两篇画论，及《张大千年谱》。

J0026654
张惠斌中国画集 张惠斌绘
北京 华夏出版社 1991年 68页 26cm（16开）
ISBN：7-80053-968-7 定价：CNY36.00
（维纳斯星座画库）

　　作者张惠斌（1942— ），画家、国家一级美术师。山东济南人。历任中国美术家协会会员，锦州市中国画研究会会长、副研究馆员。出版有《张惠斌书画集》《张惠斌画集》等。

J0026655
张善孖画虎图册 张善孖绘；上海书画出版社编
上海 上海书画出版社 1991年 38cm（6开）
ISBN：7-80512-529-5 定价：CNY6.10
（中国画名家范本系列）

　　作者张善孖（1882—1940），画家、教授。四川内江人。名泽，字善孖、字善奭，一作善子，又作善之，号虎痴。张大千之二兄，少年从母学画，曾投李瑞清门下。曾任上海美术专科学校教授。善画走兽、山水、花卉。传世代表作品有《雄狮图》《正气歌》等。

J0026656
张逊三书画集

济南 山东美术出版社 1991年 78页 有照片
28cm（大16开） 精装 ISBN：7-5330-0445-0
定价：CNY42.00

　　外文书名：A Collection of Zhang Xunsan's Painting and Calligraphy.

J0026657
张永茂画选 张永茂绘
北京 人民美术出版社 1991年 50页 36cm
（12开） ISBN：7-102-00956-9 定价：CNY26.80

　　现代中国画画册。

J0026658
张岳健画集 张岳健绘
杭州 中国浙江美术学院出版社 1991年
34cm（10开） 精装 ISBN：7-81019-124-1
定价：CNY190.00

　　现代中国画画册。

J0026659
张之光画集 张之光绘
西安 陕西旅游出版社 1991年 87页 有照片
29cm（16开） ISBN：7-5418-0211-5
定价：CNY58.00

　　本画册用中、英、日3种文字介绍了作者及其中国画作品，题材主要是写意花鸟，山水、人物，其中作品《春蕾》获第七届全国美展铜奖。

J0026660
长安画派源流画展 仇丽芬，李淑仪译
澳门 澳门市政厅 1991年 有图 29cm（16开）

　　外文书名：Exposicao De Pinturas De Estilo Cheong On.

J0026661
长白珍宝 刘佩珩绘
长春 吉林美术出版社 1991年 1张 76cm（2开）
定价：CNY0.63

　　本作品为年画形式的中国现代国画作品。作者刘佩珩（1954 ），画家，研究院。别名刘山，天津宝坻人，毕业于东北师范大学美术系。历任吉林省通榆县文化馆副馆长、副研究员。作品有《喜迎春》《长白珍宝》《祖孙情》《长白珍奇》《趣》《关东乐》等。

J0026662

长城颂 张万民绘

天津 天津人民美术出版社 1991年 1张 76cm
（2开）ISBN：7-5305-2212-6 定价：CNY0.55

　　本作品为年画形式的中国现代国画作品。

J0026663

长寿快乐 成砺志绘

上海 上海人民美术出版社 1991年 1张 76cm
（2开）定价：CNY0.50

　　本作品为年画形式的中国现代国画。作者
成砺志（1954— ），江苏扬州人。国家一级美术
师、中国美术家协会会员。主要作品有《六老
图·邓小平》《我为祖国争光》《春暖万家》等。

J0026664

赵泰来画集 赵泰来绘；唐理奎主编

北京 人民美术出版社 1991年 81页
26cm（16开）精装 ISBN：7-102-00963-1

　　现代中国画画册。

J0026665

郑玉崐国画集 郑玉崐绘

郑州 河南美术出版社 1991年 38×27cm
ISBN：7-5401-0224-1 定价：CNY82.00

J0026666

中国当代书画选（大陆专辑）陈永锵编辑

香港 汉荣书局 1991年 525页 有图
31cm（10开）精装

　　作者陈永锵（1948— ），画家。生于广州，
祖籍广东南海西樵，毕业于广州美术学院国画系
研究生班。历任广州市文化局副局长兼广州画
院院长、广东美术家协会副主席、中国国家画院
研究员、岭南画派纪念馆名誉馆长等。作品有
《南天开阔好纵横》《南粤雄风》《岭南花》《雄姿
英发》。

J0026667

中国画家——卞国强 中国画研究院画廊编

石家庄 河北美术出版社 1991年 10页
［20×22cm］折叠 ISBN：7-5310-0389-9
定价：CNY2.60

　　现代中国画画册。

J0026668

中国画家——何韵兰 中国画研究院画廊编

石家庄 河北美术出版社 1991年 10页
［20×22cm］折叠 ISBN：7-5310-0387-2
定价：CNY2.60

　　现代中国画画册。作者何韵兰（1937— ），
女，教授、画家。浙江海宁人。历任中央戏剧学
院舞台美术系副教授、中国美术家协会会员、北
京市女美术家联谊会会长。作品有《信念》《湖》
《京剧脸谱》等，出版有《韵兰集》《何韵兰作
品集》。

J0026669

中国画家——季酉辰 中国画研究院画廊编

石家庄 河北美术出版社 1991年 10页
［20×22cm］折叠 ISBN：7-5310-0388-0
定价：CNY2.60

　　现代中国画画册。

J0026670

中国画家——李洋 中国画研究院画廊编

石家庄 河北美术出版社 1991年 10页
［20×22cm］折叠 ISBN：7-5310-0393-7
定价：CNY2.60

　　现代中国画画册。

J0026671

中国画家——刘牧 中国画研究院画廊编

石家庄 河北美术出版社 1991年 10页
［20×22cm］折叠 ISBN：7-5310-0391-0
定价：CNY2.60

　　现代中国画画册。

J0026672

中国画家——龙瑞 中国画研究院画廊编

石家庄 河北美术出版社 1991年 10页
［20×22cm］折叠 ISBN：7-5310-0394-5
定价：CNY2.60

　　现代中国画画册。

J0026673

中国画家——田黎明 中国画研究院画廊编

石家庄 河北美术出版社 1991年 10页
［20×22cm］折叠 ISBN：7-5310-0390-2
定价：CNY2.60

现代中国画画册。

J0026674

中国画家——王迎春 中国画研究院画廊编
石家庄 河北美术出版社 1991年 10页
[20×22cm] 折叠 ISBN：7-5310-0396-1
定价：CNY2.60

现代中国画画册。

J0026675

中国画家——姚鸣京 中国画研究院画廊编
石家庄 河北美术出版社 1991年 10页
[20×22cm] 折叠 ISBN：7-5310-0395-3
定价：CNY2.60

现代中国画画册。

J0026676

中国画家——张道兴 中国画研究院画廊编
石家庄 河北美术出版社 1991年 10页
[20×22cm] 折叠 ISBN：7-5310-0392-9
定价：CNY2.60

现代中国画画册。

J0026677

中国现代水墨画 李志强主编
天津 天津杨柳青画社 1991年 87页 26cm
（16开） 精装 ISBN：7-80503-102-9
定价：CNY45.00

本画册收有石虎、张捷、石雨、张可欣等38
位画家的87件作品。

J0026678

中南海珍藏书画集《中南海》画册编辑委员
会编辑
北京 新华出版社 1991年 255页 39cm（8开）
精装 ISBN：7-5011-1266-5 定价：CNY268.00

精选了书画作品共255幅,其中国画作品
240幅、书法作品15幅,几乎囊括了一个世纪以
来中国画坛名家精品,并记载了领袖与艺术家之
间的深情。外文书名：Paintings and Calligraphy
from Zhongnanhai's Collection.

J0026679

钟海宏水墨画册 钟海宏绘
上海 学林出版社 1991年 30页 25×26cm

ISBN：7-80510-662-2 定价：CNY15.00

作者钟海宏（1962— ）,生于上海,祖籍福
建,毕业于上海轻工业专科学校美术系。中国美
术学会、中国艺术摄影学会会员。

J0026680

周波国画集 周波绘
广州 岭南美术出版社 1991年 33幅 有彩照
26cm（16开） ISBN：7-5362-0440-X
定价：CNY15.00

现代中国画画册。作者周波（1940— ）,画
家。曾用名周胤波。广东潮阳人,毕业于广州美
术学院中国画系。广州美术学院国画系教师、广
东及中国美术家协会（ICAA）会员。主要作品有
《蕉鸭图》《戏水图》《退潮》等。

J0026681

周沧米画集 周沧米绘;宋忠元主编
杭州 浙江美术学院出版社 1991年 111页 有
肖像 38cm（6开） 精装 ISBN：7-81019-121-7
定价：CNY210.00

本画集收入作者1979年至1991年期间所作
中国画和书法作品111件。书前有作者照片、作
者简介、徐朋序文;书末有作品目录。书中文字
均以中、英、日3种文字编排。外文书名：Zhou
Cangmi's Paintings. 作者周沧米（1929—2011）,
教授。浙江乐清人。又名昌米,浙江美术学院中
国画系教授、西泠书画院研究员、中国美术家协
会会员等。作品有《万壑争流》《春江水暖》《和
露临风》《芳草萋萋》等。

J0026682

周思聪画集 周思聪绘
天津 天津人民美术出版社 1991年 有附照片
38cm（6开） 精装 ISBN：7-5305-0275-1
定价：CNY172.00

本画集精选作者1980—1990年间的中国画
作品89幅,其中有大型水墨人物组画《矿工图》
中的《王道乐土》《遗孤》《人间地狱》等;有表现
藏族妇女的作品《高原暮归》《云高路漫》《浣纱》
等;以及表现生活风情的《边城小市》《荷塘小憩》
《夜泊》等。还有对作者画风和作品评述。外文
书名：The Album of Paintings by Zhou Sicong.
作者周思聪（1939—1996）,女,画家。天津宁河
县人,毕业于中央美术学院中国画系。中国美术

家协会原副主席、北京画院一级美术师。代表作品有《矿工图》《高原风情画》《荷之系列》等。

J0026683

周思聪水墨画 周思聪绘
北京　荣宝斋　1991年　25×26cm
ISBN：7-5003-0106-5　定价：CNY5.90
　　本画册主要收入作者1985年后的作品。

J0026684

周之林画集 周之林著
石家庄　河北美术出版社　1991年　95页　37cm
ISBN：7-5310-0383-X　定价：CNY80.00
　　本画集收入了作者中国画及篆刻作品90余幅。外文书名：Paintings by Zhou Zhilin. 作者周之林(1946—　)，大写意画家、国家一级美术师。天津宝坻人。代表作品有《上眼》等。

J0026685

烛光颂（中国当代书画名家作品集）汪介培主编
北京　教育科学出版社　1991年　328页
26cm（16开）精装　ISBN：7-5041-0721-2
定价：CNY65.00
　　本书汇集我国第一部以歌颂教师为主题的大型书画集，共选入作品450余幅，从不同角度歌颂教育事业的进步和教师的奉献精神。

J0026686

1992中国画邀请展 河北美术出版社编
石家庄　河北美术出版社　1992年　159页　28cm
（16开）ISBN：7-5310-0479-8　定价：CNY59.00
　　本书收入国内老、中、青不同年龄的152位画家的山水、人物、花鸟新作159幅。

J0026687

安都画集 安都绘
北京　文化艺术出版社　1992年　30页　26×25cm
ISBN：7-5039-1096-8　定价：CNY28.00
　　此集精选人物、花鸟、山水诸领域作品32幅。作者安都(1963—　)，北京人。毕业于北京大学考古系。任职于中国国家图书馆善本部，中国美协会员。擅长山水画。代表作品有《安都画集》《安都画选》等。

J0026688

安徽当代画家（汉英对照）丁雪郁等绘
合肥　安徽美术出版社　1992年　56页　25×26cm
ISBN：7-5398-0229-4　定价：CNY25.00
　　本书收丁雪郁、屈伸等28人的56幅国画作品。作者丁雪郁(1947—　)，国家一级美术师。安徽黄山人。中国美术家协会会员、安徽省泾川书画院副院长。主要作品有《锦玉满堂》等，出版有《丁雪郁作品选》。

J0026689

宝剑锋从磨砺出梅花香自苦寒来 胡问遂书
上海　上海人民美术出版社　1992年　1张
77×53cm　定价：CNY0.65
　　中国现代书画作品。作者胡问遂(1918—1999)，书法家。浙江绍兴人。历任上海中国画院一级美术师、中国书法家协会理事、上海书法家协会主席团成员、上海文史馆馆员。代表作品有《大楷习字帖》《七律·到韶山》《七律·自嘲》《常用字字帖》等。

J0026690

保彬画集（汉英对照）保彬画
南京　南京出版社　1992年　89页　有彩照
26×26cm　ISBN：7-80560-607-2
定价：CNY48.00
　　本书收入作者中国画作品89幅。其中花卉64幅，人物13幅，山水12幅。作者保彬(1936—　)，蒙古族，国画家。江苏南通人。毕业于南京艺术学院美术系并留校任教。南京艺术学院院长、中国美术家协会会员、江苏美术家协会理事等。主要作品有《鹤寿图》《华夏魂》《嫦娥奔月》等。专著有《纵横挥洒》《保彬画集》《黄山奇松》。

J0026691

北京风韵（刘毅画选 汉英对照）刘毅作
北京　文津出版社　1992年　45页　33cm
ISBN：7-80554-122-1　定价：CNY20.00
　　现代中国画作品。

J0026692

博爱 周生香书
兰州　甘肃人民美术出版社［1992年］1张
77×53cm　定价：CNY1.60
　　中国现代书画作品。

J0026693

博览群书 白春堂绘；陈天然书

郑州 河南美术出版社 1992年 1轴 230×53cm
定价：CNY6.00

现代中国画作品。作者陈天然（1926—
2018），书画家、版画家、诗人。河南巩义人。历
任中国美术家协会、中国书法家协会常务理事、
河南省书画院院长。代表作品有《牛群》《套耙》
《山地冬播》等。

J0026694

蔡鹤汀 区丽庄国画集（汉英对照）蔡鹤汀，
区丽庄［绘］

西安 陕西人民美术出版社 1992年 80页 31cm
（10开）ISBN：7-5368-0293-5 定价：CNY55.00

本画集收入两位作者国画作品103幅。作
者蔡鹤汀（1909—1976），国画家。原名蔡颐元，
号枕石散人，出生于福州台江。曾任陕西省戏剧
研究院艺委会委员、西安美协分会常务理事。绘
画作品有《铁骨冰心》《月季》《雀跃》《池塘小憩》
等。出版有《荻芦盦画册》《花卉写生技法》《名
家花卉画谱》。作者区丽庄（1924— ），字耐霜，
广东中山县人。与著名国画家蔡鹤汀结合，共事
国画40余年。代表作品有《葵花白鹅》《菊花泉石》
《春竞艳》《双虎》《孔雀开屏》等。

J0026695

苍谷虑啸 何业琦作

杭州 浙江人民美术出版社 1992年 1张
77×106cm 定价：CNY2.50

本作品系现代中国画。

J0026696

常乐长寿 叶淑琴，魏梦龙作

杭州 浙江人民美术出版社 1992年 1张
77×53cm 定价：CNY1.50

中国现代书画。

J0026697

程大利画集 程大利绘

长春 吉林美术出版社 1992年 26cm（16开）
ISBN：7-5386-0238-0
定价：CNY39.00，CNY48.00（精装）

本书收入作者创作的83幅美术作品。其中
人物画39幅，山水画41幅，花鸟画2幅，动物

画1幅。外文书名：A collection of paintings by
Chen Dali. 作者程大利（1945— ），书画家、编
辑出版家、美术理论家。历任江苏美术出版社社
长兼总编辑、副编审、中国美术家协会会员、江
苏省国画院特邀画师、中国年画研究会常务理事
等。主要作品有《曲尽箫笙息》《风云际会时》《闲
云》《太行岂止铁壁高》《汉风流宕》等。

J0026698

春风日日香 松林作

杭州 浙江人民美术出版社 1992年 1张
77×106cm 定价：CNY2.70

本作品系现代中国画。

J0026699

崔如琢画集 崔如琢绘

上海 上海人民美术出版社 1992年 54页 有照片
38cm（6开）精装 ISBN：7-5322-1162-2
定价：CNY150.00

现代中国画画册。外文书名：The Paintings
of Cui Ruzhuo.

J0026700

大闹忠义堂 明均等绘

沈阳 辽宁美术出版社 1992年 2张 77×53cm
定价：CNY1.30

本作品为年画形式的中国现代国画作品。

J0026701

当代名家中国画全集（关良）张瑞林主编；
关良绘

苏州 古吴轩出版社 1992年 22页 37cm
ISBN：7-80574-054-2 定价：CNY40.00

关良（1900—1986），画家。广东番禺人，毕
业于东京太平洋美术学院。曾任浙江美术学院
教授、上海中国画院画师。著有《关良艺事随谈》
《关良回忆录》，出版有《关良京戏人物水墨画》
《关良油画集》等。

J0026702

当代名家中国画全集（江寒汀）张瑞林主
编；江寒汀绘

苏州 古吴轩出版社 1992年 22页 37cm
ISBN：7-80574-056-9 定价：CNY40.00

江寒汀（1903—1963），花鸟画家、教育家。

名上渔，又名渔，字寒汀、寒艇，号石溪，江苏常熟人。历任上海美术学院专科学校教师、上海中国画院画师、中国美术家协会会员、上海分会理事。出版有《江寒汀百兽图》《当代名画家江寒汀》《江寒汀百兽图画册》等。

J0026703
当代名家中国画全集（来楚生）　张瑞林主编；来楚生绘
苏州　古吴轩出版社　1992 年　22 页　37cm
ISBN：7-80574-051-8　定价：CNY40.00
　　来楚生（1903—1975），画师。浙江萧山人，原名来稷勋、号负翁，笔名然犀室、安处楼等。曾任上海美专、新华艺专教师，中国美术家协会会员。主要作品有《来楚生画集》《来楚生法书集》《来楚生篆书千字文》《来楚生草书千字文》等。

J0026704
当代名家中国画全集（林风眠）　张瑞林主编；林风眠绘
苏州　古吴轩出版社　1992 年　22 页　37cm
ISBN：7-80574-052-6　定价：CNY40.00
　　林风眠（1900—1991），画家、艺术教育家。名绍琼，字凤鸣，后改风眠。广东梅县人。曾任国立艺术学院首任院长、中国美术家协会上海分会副主席。代表作品有《春晴》《江畔》《仕女》。

J0026705
当代名家中国画全集（钱瘦铁）　张瑞林主编；钱瘦铁绘
苏州　古吴轩出版社　1992 年　22 页　37cm
ISBN：7-80574-049-6　定价：CNY40.00
　　钱瘦铁（1897—1967），现代书画家、篆刻家。名崖，又字叔崖，别号数青峰馆主，天池龙涿斋斋主。晚年自号淞滨病叟。江苏无锡人。郑文焯弟子。出版有《钱瘦铁楷书千字文册》《钱瘦铁画集》。

J0026706
当代名家中国画全集（唐云）　张瑞林主编；唐云绘
苏州　古吴轩出版社　1992 年　22 页　37cm
ISBN：7-80574-048-8　定价：CNY40.00
　　唐云（1910—1993），画家。字侠尘，别号药城、药尘、药翁等。历任中国画研究院院务委员、

上海中国画院副院长、代院长、名誉院长等职。中国美术家协会理事、美协上海分会副主席。

J0026707
当代名家中国画全集（王个簃）　张瑞林主编；王个簃绘
苏州　古吴轩出版社　1992 年　22 页　37cm
ISBN：7-80574-055-0　定价：CNY40.00
　　王个簃（1897—1988），教育家、诗人、书画艺术大师。原名能贤，后改名贤，字启之，号个簃，以号行等。出生于江苏海门。曾任上海画院副院长、名誉院长，中国美术家协会理事、美术家协会和书法家协会上海分会副主席、西泠印社副社长等职。著作有《王个簃随想录》《个簃印存》《王个簃画集》。

J0026708
当代名家中国画全集（谢之光）　张瑞林主编；谢之光绘
苏州　古吴轩出版社　1992 年　22 页　37cm
ISBN：7-80574-050-X　定价：CNY40.00
　　谢之光（1900—1976），美术家、画家。浙江余姚人，毕业于上海美术专科学校。曾任上海中国画院画师。代表作品有《铁水奔流》《洛神》。

J0026709
当代名家中国画全集（张大壮）　张瑞林主编；张大壮绘
苏州　古吴轩出版社　1992 年　22 页　37cm
ISBN：7-80574-053-4　定价：CNY40.00
　　张大壮（1903—1980），书画鉴定家、画家。原名颐，又名心源，字养初，号养卢，别署富春山人。浙江杭州人。曾任中国美术家协会会员、上海国画院画师。出版有《张大壮画集》《张大壮画集二》等。

J0026710
当代名家中国画全集（朱屺瞻）　张瑞林主编；朱屺瞻绘
苏州　古吴轩出版社　1992 年　22 页　37cm
ISBN：7-80574-057-7　定价：CNY40.00
　　朱屺瞻（1892—1996），国画家。历任上海美术专科学校教授、上海新华艺术专科学校绘画研究所主任、中国美术家协会顾问、中国书法家协会理事、上海美术家协会常务理事、上海中国画

院画师、上海师范大学艺术系教授等职。代表作品有《朱屺瞻画集》《癖斯居画谈》《朱屺瞻画选》。

J0026711

当代名家中国画全集（白雪石）白雪石绘
苏州 古吴轩出版社 1993 年 22 页 有图 38cm
（6 开）ISBN：7-80574-086-0 定价：CNY50.00
　　白雪石（1915—2011），画家，教授。北京市人，斋号何须斋。自幼习画，早年师从赵梦朱，后拜梁树年为师。执教于北京师范学院、北京艺术学院、中央工艺美院，同时兼任北京山水画研究会会长。代表作品《万壑松风》《千峰竞秀》《早春图》《漓江一曲千峰秀》等。

J0026712

当代名家中国画全集（白雪石）张瑞林主编；白雪石绘
苏州 古吴轩出版社 1993 年 22 页 37cm（8 开）
ISBN：7-80574-281-2 定价：CNY68.00

J0026713

当代名家中国画全集（程十发）程十发绘
苏州 古吴轩出版社 1993 年 22 页 38cm（6 开）
ISBN：7-80574-065-8 定价：CNY50.00
　　程十发（1921—2007），画家。出生于上海金山，毕业于上海美术专科学校国画系。代表作品有《丽人行》《迎春图》《列宁的故事》《孔乙己》等。出版有《程十发近作选》《程十发花鸟习作选》《程十发作品展》。

J0026714

当代名家中国画全集（程十发）张瑞林主编；程十发绘
苏州 古吴轩出版社 1993 年 22 页 37cm（8 开）
ISBN：7-80574-280-4 定价：CNY68.00

J0026715

当代名家中国画全集（傅抱石）张瑞林主编；傅抱石绘
苏州 古吴轩出版社 1993 年 22 页 37cm
ISBN：7-80574-067-4 定价：CNY50.00
　　傅抱石（1904—1965），画家。原名长生、瑞麟，号抱石斋主人。生于江西南昌，祖籍江西新余，早年留学日本。历任南京师范学院教授、江苏国画院院长等职。代表作品有《山阴道上》《钟

馗》《屈原》《江山如此多娇》，著有《中国古代绘画之研究》《中国绘画变迁史纲》等。

J0026716

当代名家中国画全集（贺天健）张瑞林主编；贺天健绘
苏州 古吴轩出版社 1993 年 22 页 37cm
ISBN：7-80574-077-1 定价：CNY50.00
　　贺天健（1891—1977），国画家、书法家。原名贺骏，又名贺炳南，字健叟，阿难等。江苏无锡人，毕业于西安美术学院。书法作品有《东风吹到好江山》，出版有《贺天健画集》《贺天健山水册》《学山水画过程自述》等。

J0026717

当代名家中国画全集（李可染）张瑞林主编；李可染绘
苏州 古吴轩出版社 1993 年 22 页 37cm
ISBN：7-80574-062-3 定价：CNY50.00
　　李可染（1907—1989），国画家、诗人、教授。原名李永顺，江苏徐州人。历任中央美术学院教授、中国美术家协会副主席、中国文联委员、中国画研究院院长等。代表作品有《江山无尽图》《万山红遍》《漓江胜境图》等，画集有《李可染水墨写生画集》《李可染中国画集》《李可染画牛》等。

J0026718

当代名家中国画全集（李苦禅）张瑞林主编；李苦禅绘
苏州 古吴轩出版社 1993 年 22 页 37cm
ISBN：7-80574-066-6 定价：CNY50.00
　　李苦禅（1899—1983），书画家、美术教育家。山东高唐人。原名李英杰，字励公。擅画花鸟和鹰。历任中央美术学院教授、中国美术家协会理事、中国画研究院院务委员等。代表作品有《盛荷》《群鹰图》《兰竹》等，出版有《李苦禅画辑》。

J0026719

当代名家中国画全集（刘海粟）张瑞林主编
苏州 古吴轩出版社 1993 年 22 页 37cm
ISBN：7-80574-087-9 定价：CNY50.00
　　刘海粟（1896—1994），画家、美术教育家。名槃，字季芳，号海翁。江苏武进人。参与创办

上海私立美术学院。曾任华东艺术专科学校校长、南京艺术学院院长。代表作有《黄山云海奇观》《披狐皮的女孩》《九溪十八涧》等,有画集《黄山》《海粟老人书画集》等。

J0026720

当代名家中国画全集(齐白石) 张瑞林主编;齐白石绘

苏州 古吴轩出版社 1993年 22页 37cm

ISBN:7-80574-068-2 定价:CNY50.00

作者齐白石(1864—1957),近现代中国绘画大师,国画家、篆刻家。湖南湘潭人。原名纯芝,字渭青,号兰亭,后改名璜,字濒生,号白石等。历任国立北京艺术专科学校和京华美术专科学校教习、教授,中央美术学院名誉教授、中国文学艺术界联合会主席团委员、中国画研究会和中国美术家协会主席、中国画院名誉院长。代表作有《蛙声十里出山泉》《墨虾》等。著有《白石诗草》《齐白石作品集》《白石老人自述》等。

J0026721

当代名家中国画全集(沈柔坚) 张瑞林主编;沈柔坚绘

苏州 古吴轩出版社 1993年 22页 37cm

ISBN:7-80574-070-4 定价:CNY50.00

沈柔坚(1919—1998),画家,教授。福建诏安人。历任上海大学美术学院教授、中国美术家协会常务理事、中国美术家协会上海分会副主席、中国版画家协会副主席。代表作品有《拉纤者》《田野》《拾草》《为了正义》《庆功图》等。

J0026722

当代名家中国画全集(宋文治) 张瑞林主编;宋文治绘

苏州 古吴轩出版社 1993年 22页 37×26cm

ISBN:7-80574-087-9 定价:CNY50.00

宋文治(1919—1999),画家。江苏太仓人。就读于江苏省国画院。曾任南京大学教授、江苏美协副主席、江苏省国画院副院长等职。代表作有《白云幽涧图》《蜀江云起》《华岳积翠图》《水乡春暖》。著作有《宋文治画集》《宋文治作品选集》等。

J0026723

当代名家中国画全集(宋文治) 张瑞林主编;宋文治绘

苏州 古吴轩出版社 1993年 22页 37cm(8开)

ISBN:7-80574-276-6 定价:CNY68.00

J0026724

当代名家中国画全集(王雪涛) 张瑞林主编;王雪涛绘

苏州 古吴轩出版社 1993年 22页 37cm

ISBN:7-80574-063-1 定价:CNY50.00

王雪涛(1903—1982),写意花鸟画家。原名庭钧,字晓封,号迟园。河北成安人。历任北京画院院长、中国美术家协会理事、美协北京分会副主席等职。著有《王雪涛画集》《王雪涛画辑》《王雪涛画谱》《王雪涛的花鸟画》等。

J0026725

当代名家中国画全集(吴湖帆) 张瑞林主编;吴湖帆绘

苏州 古吴轩出版社 1993年 22页 37cm

ISBN:7-80574-087-9 定价:CNY50.00

吴湖帆(1894—1968),山水画家、书法家、鉴定家。江苏苏州人。名倩,又名万,号倩庵,别署丑簃、翼燕。历任上海中国画院筹备委员、画师,上海大学美术学院副教授、中国美术家协会上海分会副主席。代表作品有《云表奇峰》《渔浦桃花》等。

J0026726

当代名家中国画全集(吴作人) 张瑞林主编;吴作人绘

苏州 古吴轩出版社 1993年 22页 37cm

ISBN:7-80574-061-5 定价:CNY50.00

吴作人(1908—1997),著名画家、教授。生于江苏苏州,祖籍安徽泾县,先后就读于苏州工业专科学校建筑系、上海艺术大学、南国艺术学院美术系及南京中央大学艺术系。曾任中央美术学院院长、中国美术家协会主席等职。出版有《吴作人》《吴作人艺术馆藏品集》《吴作人画传》等。

J0026727

当代名家中国画全集(徐悲鸿) 张瑞林主编;徐悲鸿绘

苏州 古吴轩出版社 1993年 22页 37cm

ISBN:7-80574-069-0 定价:CNY50.00

徐悲鸿(1895—1953),著名画家、美术教育家。原名徐寿康，江苏宜兴市屺亭镇人，毕业于巴黎国立美术学校。曾任教于国立中央大学艺术系、北平大学艺术学院和北平艺专，后任中央美术学院院长。代表作品有《愚公移山图》《八骏图》《负伤之狮》《田横五百士》等。

J0026728

当代名家中国画全集（亚明）张瑞林主编

苏州 古吴轩出版社 1993年 22页 37cm

ISBN：7-80574-086-0 定价：CNY50.00

　　亚明（1924—2002），画家、教授。原姓叶，名家炳，号敬植，后改名亚明。安徽合肥人。历任无锡市美协主席、江苏省美术工作室主任、江苏省国画院副院长、中国美协常务理事、香港《文汇报》中国画版主编。出版有《访苏画辑》《亚明作品选集》《亚明画集》《三湘四水集》等。

J0026729

当代名家中国画全集（黄宾虹）张瑞林主编；黄宾虹绘

苏州 古吴轩出版社 1995年 22页 37cm

ISBN：7-80574-164-6 定价：CNY68.00

　　黄宾虹（1865—1955），山水画家。初名懋质，后改名质，字朴存，号宾虹，别署予向。生于浙江金华，原籍安徽歙县，代表作有《山居烟雨》《新安江舟中作》等，著有《黄山画家源流考》《虹庐画谈》《画法要旨》等作品。

J0026730

当代名家中国画全集（陆维钊）张瑞林主编；陆维钊绘

苏州 古吴轩出版社 1995年 22页 37cm

ISBN：7-80574-168-9 定价：CNY68.00

　　陆维钊（1899—1980），书画家、教授。原名子平，字微昭，晚年自署劭翁。浙江平湖人。南京高等师范文史地部毕业。浙江美术学院教授、中国美术家协会浙江分会理事。代表作品有《中国书法》《全清词钞》等。

J0026731

当代名家中国画全集（陆俨少）张瑞林主编；陆俨少绘

苏州 古吴轩出版社 1995年 22页 37cm

ISBN：7-80574-166-2 定价：CNY68.00

　　陆俨少（1909—1993），画家、教师。又名砥，

字宛若，上海嘉定县人。毕业于无锡美术专科学校。历任上海中国画院画师、浙江美术学院教师、浙江画院院长。代表作品有《嘉陵江上》《峡江险水》《雁荡泉瀑》《溪山秋色》《黄山松云》等。

J0026732

当代名家中国画全集（潘天寿）张瑞林主编；潘天寿绘

苏州 古吴轩出版社 1995年 22页 37cm（8开）

ISBN：7-80574-165-4 定价：CNY68.00

　　潘天寿（1897—1971），现代著名国画家，美术教育家，原名天授，字大颐，号寿者。浙江宁海县人。擅画花鸟、山水，兼长指画，亦能书法、诗词、篆刻。曾任中国文联委员、中国美术家协会副主席、浙江省文联副主席、中国美协浙江分会主席、浙江美术学院院长、教授等职。著有《中国绘画史》《听天阁画谈随笔》等。

J0026733

当代名家中国画全集（吴茀之）张瑞林主编；吴茀之绘

苏州 古吴轩出版社 1995年 22页 37cm

ISBN：7-80574-167-0 定价：CNY68.00

　　吴茀之（1900—1977），画家。初名士绥，改名溪，字茀之，号溪子，又号逸道人。浙江浦江县人。代表作品《画论笔记》《中国画十讲》《画微随笔》《吴谿吟草》等。

J0026734

当代名家中国画全集（陈半丁）张瑞林主编；陈半丁绘

苏州 古吴轩出版社 1996年 22页 37cm

ISBN：7-80574-222-7 定价：CNY68.00

　　陈半丁（1876—1970），画家。浙江山阴（今绍兴）人。原名陈年，字半丁。曾就职于北京图书馆，北平艺术专科学校。曾任中国美术家协会理事、北京画院副院长、中国画研究会会长。代表作品有《卢橘夏熟》《高枝带雨压雕栏》《惟有黄花是故人》《赤壁夜游图》等。

J0026735

当代名家中国画全集（吕凤子）张瑞林主编；吕凤子绘

苏州 古吴轩出版社 1996年 22页 37cm

ISBN：7-80574-220-0 定价：CNY68.00

吕凤子(1886—1959)，画家、艺术教育家。生于江苏丹阳。历任苏南文化教育学院、江苏师范学院教授、江苏省国画院筹委会主任委员、江苏省美术家协会副主席等。著有《美术史讲稿》《中国画法研究》《吕凤子仕女画册》《吕凤子华山速写集》等。

J0026736

当代名家中国画全集（谢稚柳）张瑞林主编；谢稚柳绘

苏州 古吴轩出版社 1996 年 22 页 37cm

ISBN：7-80574-221-9 定价：CNY68.00

谢稚柳(1910—1997)，书法家、书画鉴定家。江苏常州人。原名稚，字稚柳，后以字行，晚号壮暮翁。曾任教于中央大学艺术系，历任上海文联副秘书长、上海文物保管委员会副主席、上海博物馆顾问、中国美术家协会上海分会副主席。著有《敦煌石室记》《敦煌艺术叙录》《水墨画》等，编有《唐五代宋元名迹》等。

J0026737

当代名家中国画全集（张大千）张瑞林主编；张大千绘

苏州 古吴轩出版社 1996 年 22 页 37cm

ISBN：7-80574-219-7 定价：CNY68.00

张大千(1899—1983)，国画大师、山水画大家、书法家。四川内江人，祖籍广东番禺。代表作有《爱痕湖》《长江万里图》《四屏大荷花》《八屏西园雅集》等。

J0026738

当代名家中国画全集（郑午昌）张瑞林主编；郑午昌绘

苏州 古吴轩出版社 1996 年 22 页 37cm

ISBN：7-80574-223-5 定价：CNY68.00

郑午昌(1894—1952)，名昶，号弱盦、丝鬓散人。浙江嵊县（今嵊州）人。中国著名美术史家和画学家，人称“郑杨柳”。曾获纽约世界艺术博览会金质奖章。著有《中国画学全史》等理论著作。

J0026739

当代名家中国画全集（陈之佛）张瑞林主编；陈之佛绘

苏州 古吴轩出版社 1997 年 22 页 37cm

ISBN：7-80574-262-6 定价：CNY68.00

陈之佛(1896—1962)，画家、工艺美术家。又名陈绍本、陈杰，号雪翁。毕业于浙江省工业专门学校染织科机织专业，曾留学日本入东京美术学校工艺图案科。曾任教于上海美术专科学校及中央大学艺术系，任南京大学教授、南京师范学院教授、江苏美协副主席、南京艺术学院副院长、中国美术家协会理事等职。代表作品有《瑞安名胜古诗选》《旅美纪行》《江村集》等。

J0026740

当代名家中国画全集（冯建吴）张瑞林主编；冯建吴绘

苏州 古吴轩出版社 1997 年 22 页 37cm（8开）

ISBN：7-80574-296-0 定价：CNY68.00

冯建吴(1910—1989)，书画家。字太虞，别字游。四川美术学院教授、中国美术家协会四川分会理事、中国书法家协会理事、重庆国画院副院长、成都画院顾问。作品有《黄山猴子观海》《月涌大江流》等。

J0026741

当代名家中国画全集（关山月）张瑞林主编；关山月绘

苏州 古吴轩出版社 1997 年 22 页 37cm（8开）

ISBN：7-80574-263-4 定价：CNY68.00

关山月(1912—2000)，国画家、教育家。原名关泽霈。生于广东阳江。历任广州市艺专教授、广州美术学院教授兼院长、广东画院院长、中国美术家协会副主席、广东省美术家协会副主席等职。代表作《江山如此多娇》《俏不争春》《绿色长城》《长河颂》等。

J0026742

当代名家中国画全集（何海霞）张瑞林主编；何海霞绘

苏州 古吴轩出版社 1997 年 22 页 37cm

ISBN：7-80574-260-X 定价：CNY68.00

何海霞(1908—1998)，满族，北京人。初名何福海，字瀛，又字登瀛。曾任陕西国画院副院长及名誉院长、中国国画研究院研究员等职。代表作品有《看山还看祖国山》《何海霞画集》《何海霞画册·山水部分》等。

J0026743

当代名家中国画全集（黄胄）张瑞林主编；

黄胄绘

苏州 古吴轩出版社 1997年 22页 37cm

ISBN：7-80574-293-6 定价：CNY68.00

　　黄胄(1925—1997)，画家、社会活动家、收藏家。字映斋，河北蠡县人。历任任总政治部文化部创作员、中国画研究院副院长、中国美术家协会常务理事等。代表作品有《洪荒风雪》《巡逻图》等，出版有《黄胄书画论》《黄胄作品集》《黄胄谈艺术》等。

J0026744

当代名家中国画全集（黎雄才） 张瑞林主编；黎雄才绘

苏州 古吴轩出版社 1997年 22页 37cm（8开）

ISBN：7-80574-264-2 定价：CNY68.00

　　黎雄才(1910—2001)，国画家、美术教育家。广东肇庆人，毕业于广州烈风美术学校，曾留日习画。历任广州美术学院副院长兼国画系主任、教授，中国美术家协会理事、广州美术学院教授、岭南画派纪念馆馆长。代表作品有《武汉防汛图卷》等，出版有《黎雄才山水画谱》《黎雄才画选》《黎雄才作品欣赏》等画集。

J0026745

当代名家中国画全集（刘旦宅） 张瑞林主编；刘旦宅绘

苏州 古吴轩出版社 1997年 22页 37cm

ISBN：7-80574-310-X 定价：CNY68.00

　　刘旦宅(1931—2011)，教授、画家。原名浑，又名小粟，后改名旦宅，别名海云生。浙江温州人。曾在上海市大中国图书局、上海教育出版社、上海人民美术出版社绘画，上海师范大学美术系主任。代表作品有《曹雪芹生平》《琵琶行》《刘旦宅聊斋百图》《石头记人物画册》等。

J0026746

当代名家中国画全集（陆抑非） 张瑞林主编；陆抑非绘

苏州 古吴轩出版社 1997年 22页 37cm

ISBN：7-80574-309-6 定价：CNY68.00

　　陆抑非(1908—1997)，美术教育家。名翀，初字一飞，改字抑非，号非翁，又号苏叟。江苏常熟人。历任中国美术学院教授、研究生导师，西泠书画院副院长、常熟书画院名誉院长。作品有《花好月圆》《春到农村》《寿桃图》等，著有《非

翁画语录》。

J0026747

当代名家中国画全集（钱松嵒） 张瑞林主编；钱松嵒绘

苏州 古吴轩出版社 1997年 22页 37cm

ISBN：7-80574-261-8 定价：CNY68.00

　　钱松嵒(1899—1985)，当代画家。江苏宜兴人。曾任江苏省国画院院长、名誉院长，江苏省美术家协会主席、中国美术家协会常务理事等。画作有《红岩》《延安颂》《芙蓉湖上》《山岳颂》等。代表作品有《梅园新村》《延安颂》《红岩》《井冈大瀑布》等。著作《砚边点滴》。出版物《钱松嵒画集》等。

J0026748

当代名家中国画全集（石鲁） 张瑞林主编；石鲁绘

苏州 古吴轩出版社 1997年 22页 37cm

ISBN：7-80574-294-4 定价：CNY68.00

　　石鲁(1919—1982)，画家。原名冯亚珩，四川仁寿人，就读于成都东方美专和陕北公学院。曾任中国美术家协会常务理事、陕西省美术家协会主席、陕西省书法家协会主席、陕西省国画院名誉院长、中国画研究院院委等职。著有《石鲁学画录》，电影剧本《暴风中的雄鹰》等。

J0026749

当代名家中国画全集（孙其峰） 张瑞林主编；孙其峰绘

苏州 古吴轩出版社 1997年 22页 37cm

ISBN：7-80574-295-2 定价：CNY68.00

　　孙其峰(1920—　)，教授，艺术家。原名奇峰，曾用名琪峰，山东招远人。历任天津美术学院教授、中国书法家协会理事、中国美术家协会理事、北京铁路局文协美术工作者、北京美协员。代表作品有《花鸟画谱》《孙其峰画辑》《孙其峰扇面选集》等。

J0026750

当代名家中国画全集（吴湖帆） 张瑞林主编；吴湖帆绘

苏州 古吴轩出版社 1997年 重印本 22页 37cm（8开） ISBN：7-80574-275-8

定价：CNY68.00

吴湖帆（1894—1968），山水画家、书法家、鉴定家。江苏苏州人。名倩，又名万，号倩庵、别署丑簃、翼燕。历任上海中国画院筹备委员、画师，上海大学美术学院副教授、中国美术家协会上海分会副主席。代表作品有《云表奇峰》《渔浦桃花》等。

J0026751

当代名家中国画全集（应野平）　张瑞林主编；应野平绘
苏州　古吴轩出版社　1997年　22页　37cm
ISBN：7-80574-307-X　定价：CNY68.00
　　应野平（1910—1990），教授。曾名野萍、野苹。浙江宁海人。历任新华艺术专科学校教授、上海人民美术出版社编辑室副主任、上海美术专科学校和上海大学美术学院教授。代表作品有《应野平山水画集》《应野平山水画辑》《应野平山水画册》。

J0026752

当代名家中国画全集（张辛稼）　张瑞林主编；张辛稼绘
苏州　古吴轩出版社　1997年　22页　37cm
ISBN：7-80574-311-8　定价：CNY68.00
　　张辛稼（1909—1991），花鸟画家。名国枢，字星阶，别署霜屋老农。江苏苏州人。历任苏州国画院院长、中国美术家协会会员中国美术家协会会员、江苏美协理事。作品有《洞庭秋高》《浴日扬波》《幽谷春深》，著有《花鸟画浅说》等。

J0026753

当代名家中国画全集（郑乃珖）　张瑞林主编；郑乃珖绘
苏州　古吴轩出版社　1997年　22页　37cm
ISBN：7-80574-297-9　定价：CNY68.00
　　郑乃珖（1911—2005），画家、教授。号璧寿翁，生于福建福州市。历任中国画研究院院务委员、西安美术学院教授、福建省政协常委、福州画院院长、国家一级美术师。代表作品有《水乡春色》《荷萍》《灵山秀水育新苗》等。

J0026754

当代名家中国画全集（诸乐三）　张瑞林主编；诸乐三绘
苏州　古吴轩出版社　1997年　22页　37cm
ISBN：7-80574-308-8　定价：CNY68.00
　　诸乐三（1902—1984），书画篆刻家、艺术教育家。原名文萱、字乐三、号希斋，别署南屿山人。历任中国美术学院教授、研究生导师，西泠印社副社长、中国书法家协会名誉理事、中国美术家协会浙江分会副主席。代表作有《蜀葵》《红梅图》《九秋风露》等。

J0026755

当代吴门五老画集　张瑞林主编；沈子丞等绘
苏州　古吴轩出版社　1992年　102页
32cm（10开）　精装　ISBN：7-80574-035-6
定价：CNY150.00
　　本画集是沈子丞、谢孝思、许十明等苏州画家的专集，收入作品102件。作者沈子丞（1904—1996），画家。浙江嘉兴人。原名德坚，别名之淳，号听蛙翁。曾为上海市文史研究馆馆员、上海中国画院画师。代表作品有《花仕女图》《围棋图》等。出版有《历代论画名著汇编》《沈子丞书画集》等。

J0026756

当代中国手指画家作品集　虞小风主编；中国手指画研究编辑
武汉　长江文艺出版社　1992年　170页
26cm（16开）　精装　ISBN：7-5354-0647-5
定价：CNY68.00
　　本书以《瞭望》周刊驻香港主任编辑杨朝岭的《中国手指画的复兴》一文作为序言，简述了手指画的概念、历史、现状、作者队伍、文化背景等。共收入当代中国手指画家丁家光等94人的400余幅代表性作品，全书以画家姓名笔画顺序编排，每位画家均附有小传。作者虞小风（1949—　），浙江镇海人。原名楚人。擅长指墨艺术。中国手指画研究会会长、湖北省美协会员、《长江文艺》美术编辑。主要作品有《荷塘清趣》《铜墙铁壁》《新月》《创世纪》等。

J0026757

东泽画集　东泽绘
北京　国际文化出版公司　1992年　29cm（16开）
精装　ISBN：7-80049-768-2　定价：CNY60.00
　　现代中国画画册。外文书名：Paintings of Dong Ze. 作者东泽（1955—　），画家、一级美术师。山东沂南人，毕业于青岛工艺美术学校，就读于北京画院和中国艺术研究院。历任中国北京美术家协会会员、中华名人书画研究院专职画家。出版作品集有《东泽画集》《东泽意象》《东泽现代抽象水墨作品集》等。

J0026758

杜应强画集（百榕图 汉英对照）杜应强绘

广州 岭南美术出版社 1992年 100页
37×26cm 精装 ISBN：7-5362-0855-3
定价：CNY180.00

本书收入作者作品100幅图。其中有《月上榕梢》《浓荫图》《大风歌》《春光》《绿风》《古榕村》《沃土》《年年月月》《根》《魂系天地》《生命不息》《岁月》等。作者杜应强（1939— ），画家、高级美术师。广东澄海人。历任汕头画院院长、中国美术家协会会员、中国版画家协会会员、广东省美术家协会常务理事。出版有《杜应强水墨画集》《杜应强版画集》《杜应强画集·百榕图》等。

J0026759

杜滋龄画集 杜滋龄绘

北京 北京美术摄影出版社 1992年 有照片
26cm（16开） 精装 ISBN：7-80501-133-8
定价：CNY75.00

本画册精选了作者110余幅中国画作品，并附有评介文章和作者艺术活动照片。外文书名：A Collection of Paintings by Du Ziling. 作者杜滋龄（1941— ），教授。生于天津，毕业于中国美术学院中国画系研究生班。历任中国画学会副会长、中国艺术研究院博士生导师、南开大学教授、天津美术家协会副主席。代表作品有《帕米尔初雪》《古老的歌》《大漠行》等。

J0026760

范节庵刻竹治印书画合集 范节庵绘

长春 吉林大学出版社 1992年 92页 有照片
27cm（大16开） ISBN：7-5601-1126-2
定价：CNY10.00，CNY15.00（精装）

本合集为作者的刻竹、治印、绘画、书法之合集，集中反映了其艺术风格和主要成就。作者范节庵（1918—2001），画家、书法家、篆刻家。原名范长华。生于北京，祖籍浙江绍兴。历任北京市文史研究馆馆员、中国老年书画总会会员、北京书法协会会员等。出版有《范节庵刻竹治印书画合集》《篆刻十讲》等。

J0026761

范石甫书画（汉英对照）范石甫绘

北京 人民美术出版社 1992年 54页 有肖像
23×26cm ISBN：7-102-01084-2
定价：CNY40.30

现代中国画画册。外文书名：The Calligraphy and Painting of Fan Shifu. 作者范石甫（1943— ），书法家、国家一级美术师。字石父，江苏金坛人，毕业于中国美术学院。历任中国美术家协会会员、中国书法家协会会员、江苏省美学学会理事。代表作品有《范石甫书画》等。

J0026762

方召麐作品集 方召麐绘

香港 香港大学出版社 1992年 157页 有图
37cm（8开） 精装 ISBN：962-209-283-7
外文书名：Works by Fang Zhaolin.

J0026763

方仲华书画选 方仲华绘

北京 国际文化出版公司 1992年 63页 有彩照
25×24cm ISBN：7-80049-864-6
定价：CNY39.00

本书收集作者近年创作的花鸟、山水、书法作品60余幅。作者方仲华（1932— ），书画家、教授。安徽黄山人。号子富，斋名古仙阁，青白书画苑。历任期刊记者、编辑，上海电影制片厂电影美术设计、中国文化培训中心教授等职。代表作品有《青白流芳》等。

J0026764

飞鸿中国画集

北京 新华出版社 1992年 151页 38cm（6开）
精装 ISBN：7-5011-1812-4 定价：CNY320.00
外文书名：Feihong's Chinese Paintings.

J0026765

冯贵林画集 冯贵林绘

北京 北京工艺美术出版社 1992年 24页
有彩照 23×26cm ISBN：7-80526-090-7
定价：CNY15.00

现代中国画画册。作者冯贵林，又名冯达。

J0026766

浮舟沧海立马昆仑 陈伯希书

兰州　甘肃人民美术出版社［1992年］1张
77×106cm　定价：CNY1.60
　　　中国现代书画作品。

J0026767
福富寿禧　王国富，曹振作
上海　上海人民美术出版社　1992年　2张
77×53cm　定价：CNY1.30
　　　本作品系现代中国画。

J0026768
福建逸仙艺苑画册
福州　福建人民出版社　1992年　125页
19×21cm　ISBN：7–211–01847–X
定价：CNY9.00
　　　现代中国画暨书法篆刻作品画册。

J0026769
福州画院中国画选集　林元实，张华安主编；
福州画院编
福州　福建美术出版社　1992年　126页　有照片
36cm（15开）　ISBN：7–5393–0205–4
定价：CNY95.00
　　　本画册收入福州画院126幅书画作品，并介
绍了该院部分画家。

J0026770
福州画院中国画选集　福州画院编
福州　福建美术出版社　1992年　126页　38cm
（8开）　ISBN：7–5393–0205–4
定价：CNY125.00
　　　本书收集福州画院书画作品126幅，其中包
括画家郑乃珖、沈觐寿、潘主兰、周哲文。书后
附有书画家介绍。

J0026771
傅抱石画集　傅抱石绘；梁白泉主编
北京　文物出版社　1992年　426页　38cm（6开）
精装　ISBN：7–5010–0549–4　定价：CNY600.00
　　　遴选傅抱石自1942年至1964年绘画珍品
200余件。外文书名：The paintings of Fu Baoshi.

J0026772
高节图　郭书仁，史如源作
天津　天津人民美术出版社　1992年　1轴

63×142cm　定价：CNY1.60
　　　本作品系现代中国画。

J0026773
高山仰止　驾港作
杭州　浙江人民美术出版社　1992年　1张
77×53cm　定价：CNY1.30
　　　中国现代书画。

J0026774
高瞻远瞩　裴樟清作
杭州　浙江人民美术出版社　1992年　1张
77×53cm　定价：CNY1.30
　　　中国现代书画。

J0026775
高振远画集　高振远绘
沈阳　辽宁美术出版社　1992年　有彩照
24×25cm　ISBN：7–5314–0954–2
定价：CNY34.00
　　　现代中国画画册。作者高振远（1946—2009），
书画家、国家一级美术师。号一丁，天津静海人。
历任中国田园画会理事、中国书画函授大学教
授、中原中国画研究院客座教授、辽宁省中国画
研究会理事，阜新市美术家协会名誉主席。出版
著作有《高振远画集》等。

J0026776
古诗画意（汉、日、英对照）　骆振龙编辑；马
安东等译
杭州　浙江美术出版社［1992年］149页
29cm（16开）　精装　ISBN：7–5340–0195–1
定价：CNY70.00
　　　作者骆振龙（1955—　），浙江富阳人，毕业
于中国美术学院油画系，历任中国美协会员、著
名画家、新四军书画院院长。现为浙江美术出版
社副社长、编审，绍兴文理学院教授。

J0026777
古诗四首（配画）　庄希祖书
南京　江苏美术出版社　1992年　4张　77×53cm
定价：CNY3.60
　　　中国现代绘画书法作品。

J0026778

观沧海 白春堂绘；陈天然书

郑州 河南美术出版社 1992年 1轴 230×53cm

定价：CNY8.00

　　本作品系现代中国画。

　　作者陈天然（1926—2018），书画家、版画家、诗人。河南巩义人。历任中国美术家协会、中国书法家协会常务理事、河南省书画院院长。代表作品有《牛群》《套耙》《山地冬播》等。

J0026779

官布中国画集（汉英对照）官布绘

北京 民族出版社 1992年 89页 39cm（8开）

精装 ISBN：7-105-01610-8 定价：CNY98.00

　　外文书名：Guan Bu's Traditional Chinese Paintings. 作者官布（1928—2013），蒙古族，画家。毕业于齐齐哈尔军政大学。历任中国美协第二、三、四届理事，北京海峡两岸书画家联谊会常务理事、常务副主席。代表作品有《傍晚》《读毛主席的书》《草原小姐妹》《壶口瀑布》《万马奔腾》等。

J0026780

郭廷龙画选 郭廷龙绘

合肥 安徽美术出版社 1992年 32页 26cm（16开）ISBN：7-5398-0255-3 定价：CNY15.00

　　现代中国画画册。作者郭廷龙（1939— ），画家。安徽蚌埠人。历任蚌埠书画院院长、副编审，中国美术家协会安徽分会理事、蚌埠市文联主席。著有《郭廷龙画集》《郭廷龙画选》等。

J0026781

郭银土书画集（汉英对照）郭银土书绘

福州 福建美术出版社 1992年 39页 28cm（大16开）ISBN：7-5393-0194-5

定价：CNY25.00

　　现代中国画暨书法作品画册。外文书名：Paintings and Calligraphy by Guo Yintu. 作者郭银土（1945— ），回族，画家、书法家。福建惠安人，毕业于四川大学。历任新华社福建分社记者、《福建商报》总编辑、中国工笔画学会福建工笔画写生与创作基地主任、中国徐悲鸿画院副院长等。出版有《郭银土画集》等。

J0026782

韩黎坤作品集（石头人语）韩黎坤绘

台北 传承经纪公司 1992年 72页 25×26cm

ISBN：957-531-256-2 定价：TWD400.00

　　外文书名：Ancient Characters and Symbols Engraved on the Drum-Shaped Stones-Works by Han Li-Kun.

J0026783

翰墨香 刘长恩作

长春 吉林美术出版社 1992年 1张 77×53cm

定价：CNY0.77

　　中国现代书画作品。作者刘长恩（1936—1996），吉林通榆人，吉林美术出版社美术编辑。代表作品《咱队的好猎手》《再请战》《巧妈妈》等。

J0026784

杭青石画集 杭青石绘

苏州 古吴轩出版社 1992年 25×26cm

ISBN：7-80574-038-0 定价：CNY24.00

（当代吴门画库）

　　本画集收图300幅，分10集。作者杭青石（1941— ），画家、高级工艺美术师。原名金寿，自号石头先生。江苏无锡人，就读于浙江美术学院（现中国美院）。历任江苏美术家协会会员、民革中央画院理事、苏州中山书画院院长。代表作品有《湖山秋远》《秋实图》《鹤归图》等。

J0026785

何海霞书画集（中、英、日对照）何海霞作；马忠义主编

西安 陕西旅游出版社 1992年 38cm（8开）

ISBN：7-5418-0518-1 定价：CNY62.00

　　本画集选收作者1932—1992年有代表性的作品210幅。前面附有《何海霞晚年用印》《何海霞艺术年表》。作者何海霞（1908—1998），满族，北京人。初名何福海，字瀛，又字登瀛。曾任陕西国画院副院长及名誉院长、中国国画研究院研究员等职。代表作品有《看山还看祖国山》《何海霞画集》《何海霞画册·山水部分》等。

J0026786

何新画集 何新绘

亚洲画廊 1992年 70页 25×26cm

定价：HKD90.00

现代中国画画册。

J0026787

红梅迎春 王辛大作

杭州 浙江人民美术出版社 1992 年 1 张
77×106cm 定价：CNY2.50

本作品系现代中国画。

J0026788

红梅赞 陈松林作

上海 上海人民美术出版社 1992 年 1 张
77×106cm 定价：CNY2.95

本作品系现代中国画。

J0026789

洪武舞台人物画集 赵洪武著

沈阳 沈阳出版社 1992 年 85 页 24cm（12 开）
ISBN：7-80088-247-0 定价：CNY25.00

本书收入百余幅舞台人物画卷。

J0026790

洪志圣国画选 洪志圣绘

广州 岭南美术出版社 1992 年 25×26cm
ISBN：7-5362-0853-7 定价：CNY28.00

本画册共收入作者国画作品 64 幅。作者洪
志圣（1925—2015），文化工作者。笔名洪志，广
东揭阳市人，毕业于省立艺术专科学校。中国美
术家协会广东分会会员、省群众文化学会会员。
出版有《洪志圣国画选》《洪志圣国画选集》《略
论群众文化工作集》等。

J0026791

胡絜青画集 胡絜青著

北京 北京出版社 1992 年 36cm（15 开）
ISBN：7-200-01727-2 定价：CNY70.00

本画集收有作者中国画作品 65 幅。外文书
名：A Collection of Paintings by Hu Jieqing. 作
者胡絜青（1905—2001），女，满族，书法家、画
家、散文家。别名玉贞、洁青。老舍先生的夫人。
毕业于北京师范大学国文系。历任北京中国画
院一级美术师、中国画研究会常务理事、中国美
术家协会会员、满族书画研究会会长、北京中国
花鸟画研究会顾问等。代表作品有《姹紫嫣红》
《银星海棠》等。

J0026792

胡正伟画集 胡正伟绘

郑州 河南美术出版社 1992 年 26cm（16 开）
ISBN：7-5401-0240-3 定价：CNY14.00
（中国美术家丛书）

现代中国画画册。外文书名：A Collection of
Paintings by Hu Zhengwei. 作者胡正伟（1941— ），
美术家。宁夏银川人。曾进修于广州美术学院、
中央美术学院中国画进修班。历任宁夏书画院
副院长、中国美术家协会会员、宁夏美术家协会
副主席。主要作品有《苏武牧羊》《塔塔尔族》《知
心话》《风沙中》等。

J0026793

花鸟如意屏 车来通作

长春 吉林美术出版社 1992 年 2 张 77×53cm
定价：CNY1.38

本作品系现代中国画。作者车来通（1956—
），画家。河北高阳县人。号净心。任教于渤海
石油职业学院美术系。中国工笔画协会会员、河
北美术家协会会员、中华画院院长。发表花鸟画
作品数百幅。出版个人画册、技法丛书等。

J0026794

黄宾虹画集 浙江省博物馆编

上海 上海书画出版社 1992 年 38cm（8 开）精
装乙 ISBN：7-80512-654-2 定价：CNY360.00

本画集收集作者 904 幅图，分为 6 个部分。
第 1 部分：概述作者绘画艺术的发展及其意义；
第 2 部分：画作，有山水、花鸟图目和图版；第 3
部分：记述作者生平以及重要绘事活动；第 4 部
分：刊载作者各个时期画作具有代表性的款识和
印章；第 5 部分：画论辑要。汇集作者一生有关
画史、画论、画技方面的重要论述，按总论、画
史、理法等内容编排；第 6 部分：跋。

J0026795

黄宾虹画集 黄宾虹绘

杭州 浙江人民美术出版社 1992 年 48 页
38cm（8 开）精装 ISBN：7-5340-0333-4
定价：CNY52.00
（中国画名家作品粹编）

J0026796

黄宾虹画集 黄宾虹绘；浙江人民美术出版社编

杭州 浙江人民美术出版社 1992年 48页 38cm
（6开）ISBN：7-5340-0329-6 定价：CNY42.00
（中国画名家作品粹编）

J0026797

黄幻吾作品集 黄幻吾绘

上海 上海人民美术出版社 1992年 38cm（6开）
精装 ISBN：7-5322-0119-8 定价：CNY58.00

本画集选入作者中国画精品84幅。作者黄幻吾（1906—1985），花鸟画家。名罕，字幻吾，号罕僧，晚年称罕翁。广东新会人。历任中国美术家协会会员、中国美术家协会上海分会理事、上海文史研究馆馆员等职。出版有《幻吾画集》《幻吾小品画集》《怎样画走兽》《中国画技法》等。

J0026798

黄秋园画集 黄秋园绘

南昌 江西美术出版社 1992年 重印本 104页
27×26cm（12开）ISBN：7-80580-058-8
定价：CNY45.00，CNY65.00（精装）

本书收录作者遗作104幅，有山水、人物、花卉等，如《香炉峰》《雨山思情》《茅屋瀑泉》《山雨欲来风满楼》《峡江村居》《庐山浓翠图》《空朦山色》等作品。作者黄秋园（1914—1979），国画艺术家。江西南昌人。名明琦，字秋园，号大觉子、半个僧、清风老人。擅长传统中国画，尤长于山水。曾为中央美术学院名誉教授、中国画研究院荣誉院委员。代表作品有《庐山梦游图卷》《秋山幽居图》等。

J0026799

黄秋园中国画集 黄秋园绘

香港 大业公司 1992年 122页 37cm 精装
ISBN：962-7239-07-0 定价：HKD280.00

J0026800

黄逸宾书画集 黄逸宾绘

杭州 浙江人民美术出版社 1992年 91页 有照片
38cm（6开）精装 ISBN：7-5340-0322-9
定价：CNY90.00

本画册收作者晚年的作品80幅，其中山水画72幅，花鸟画6幅，书法2幅。作者黄逸宾（1919—　），山东莱阳人。擅长写意山水画。中共浙江省顾问委员会委员、浙江书院荣誉顾问。著有个人画册《黄逸宾画集》。

J0026801

回文诗《龙凤鹿鹤》 植绒字；宋端午绘；周鸿俊，王云庄书

郑州 河南美术出版社 1992年 4轴 160×38cm
定价：CNY12.50

现代中国画作品。

J0026802

贾又福画集（苦行探道的足迹）[贾又福绘]

澳门 澳门市政厅 1992年 103页 34cm（10开）
精装

外文书名：Pinturas De Jia Youfu.

J0026803

贾又福中国画集 贾又福绘

北京 今日中国出版社 1992年 245页 有照片
28cm（大16开）精装 ISBN：7-5072-0369-7
定价：CNY118.00

本画集选收作者115幅中国画作品，以互有联系的故土之恋、山乡情怀、山岳之梦、可以忘年共4部汇集成册。作者贾又福（1942—　），画家。河北省肃宁县人，毕业于中央美术学院。历任中央美术学院教授、博士生导师。代表作品有《贾又福谈画篇》《贾又福集：苦修集、怀乡集、观化集》等。

J0026804

江苏省国画院画集 张瑞林主编

苏州 古吴轩出版社 1992年 101页 38×26cm
精装 ISBN：7-80574-044-5 定价：CNY200.00
（中国重点画院画集系列）

作者张瑞林，古吴轩出版社社长。

J0026805

晋鸥书画篆刻选 晋鸥著

上海 上海书店 1992年 有彩照 26cm（16开）
ISBN：7-80569-591-1 定价：CNY12.80

作者晋鸥（1957—　），篆刻家。浙江桐乡人。别署群鸟堂、苍茫山馆。曾在桐乡君陶艺术院工作。历任中国书法家协会会员、浙江书法家协会会员、浙江嘉兴市青年书法家协会副主席、青桐印社秘书长。出版有《晋鸥在日十五周年纪念书画篆刻作品集》《晋鸥篆刻般若心经》《晋鸥篆刻集》等。

J0026806

寇镇画集

北京 人民中国出版社 1992 年 99 页 有照片
29cm（16 开）ISBN：7-80065-309-9
定价：CNY88.00，CNY108.00（精装）

　　现代中国画画册。

J0026807

漓江烟雨 白雪石作

北京 荣宝斋 1992 年 1 轴 160×57cm

　　本作品系现代中国画。作者白雪石（1915—
2011），画家，教授。北京市人，斋号何须斋。自
幼习画，早年师从赵梦朱，后拜梁树年为师。执
教于北京师范学院、北京艺术学院、中央工艺美
院，同时兼任北京山水画研究会会长。代表作品
《万壑松风》《千峰竞秀》《早春图》《漓江一曲千
峰秀》等。

J0026808

黎雄才画集 黎雄才绘

广州 岭南美术出版社 1992 年 重印本 有照片
38cm（6 开）精装 ISBN：7-5362-0806-5
定价：CNY180.00

　　现代中国画画册。外文书名：Collection of
Paintings by Li Xiongcai. 作者黎雄才（1910—
2001），国画家、美术教育家。广东肇庆人，毕业
于广州烈风美术学校，曾留日习画。历任广州美
术学院副院长兼国画系主任、教授、中国美术家
协会理事、广州美术学院教授、岭南画派纪念馆
馆长。代表作品有《武汉防汛图卷》等，出版有《黎
雄才山水画谱》《黎雄才画选》《黎雄才作品欣赏》
等画集。

J0026809

李可染画集 李可染绘

杭州 浙江人民美术出版社 1992 年 48 页 38cm
（6 开）ISBN：7-5340-0332-6 定价：CNY42.00
（中国画名家作品粹编）

　　现代中国画画册。作者李可染（1907—1989），
国画家、诗人、教授。原名李永顺，江苏徐州人。
历任中央美术学院教授、中国美术家协会副主
席、中国文联委员、中国画研究院院长等。代表
作品有《江山无尽图》《万山红遍》《漓江胜境图》
等，画集有《李可染水墨写生画集》《李可染中国
画集》《李可染画牛》等。

J0026810

李可染画集 李可染绘；浙江人民美术出版社编

杭州 浙江人民美术出版社 1992 年 48 页 38cm
（6 开）ISBN：7-5340-0332-6 定价：CNY42.00，
CNY52.00（精装）

（中国画名家作品粹编）

J0026811

梁培龙水墨儿童画选 梁培龙绘

武汉 湖北少年儿童出版社 1992 年 62 页
26×27cm 精装 ISBN：7-5353-1108-3
定价：CNY58.00

　　本画册收作者水墨儿童画 63 幅。外文书名：
Selected Wash Paintings for Children by Liang
Peilong. 作者梁培龙（1944— ），儿童画家。广东
三水人，毕业于广州建筑工程学院。历任广东新
世纪出版社编辑室主任、美术副编审，中国美术
家协会会员、广东分会理事等职。出版有《梁培
龙画册》《儿时的歌——梁培龙水墨画集》《童年
的梦——梁培龙画集》等。

J0026812

梁世雄画集（汉英对照）梁世雄画

广州 岭南美术出版社 1992 年 101 页
38cm（8 开）精装 ISBN：7-5362-0753-0
定价：CNY120.00

　　本书收集作者 80 年代以来的国画作品 80
余幅。作者梁世雄（1933— ），画家。广东南海
人，就读于广东省立艺术专科学校，毕业于华南
文艺学院美术系。中国美术家协会会员、岭南画
派研究室主任、岭南画派纪念馆副董事长、广东
省美术家协会常务理事。代表作品有《归渔》《椰
林秋晓》《不尽长江滚滚流》等。

J0026813

廖连贵作品集（民族风情水墨人物系列）廖
连贵作

武汉 湖北人民出版社 1992 年 26×27cm
ISBN：7-5394-0313-6
定价：CNY41.00，CNY58.00（精装）

　　本作品集收录作者民族风情水墨画 65 幅。
作者廖连贵（1932— ），国家一级美术师。广西
贵港市人。中国美术家协会会员、湖北省美术
院专业画家、湖北水墨画院院士、湖北书画院院
士。作品有《高原千里踪》《瑶老庚》《东坡夜游

图》《勇进》《版纳的笑声》等。

J0026814

廖宗怡画集 廖宗怡绘

广州 岭南美术出版社 1992年 21×23cm
ISBN：7-5362-0811-1 定价：CNY28.00

　　本画集收入作者作品36幅，其内容多取材于花鸟、乡村小景。外文书名：A Selection of Liao Zongyi's Painting. 作者廖宗怡（1937— ），画家、国家一级美术师。广东汕头人，广州美术学院进修。历任中国美术家协会会员、中国书法家协会会员、广州军区政治部创作室创作员。代表作品有《最高的奖赏》《广州农民运动讲习所》《阵地午餐》《山中那十九座坟茔》等。

J0026815

林振芝画集（汉日对照） 林振芝画

北京 北京出版社 1992年 43页 33cm
ISBN：7-200-01626-8 定价：CNY26.00

　　现代中国画作品。

J0026816

刘昌潮、刘家骥、严玉莲、刘洋三代画集
刘昌潮等绘

广州 岭南美术出版社 1992年 38×27cm 精装
ISBN：7-5362-0827-8 定价：CNY120.00

　　本画册共选编作4位作者的作品102幅。外文书名：Painting Collection of Three Generations: Liu Changchao, Liu Jiaji, Yan Yulian and Liu Yang.

J0026817

刘存惠画集 刘存惠绘

北京 北京美术摄影出版社 1992年 40页
25×26cm ISBN：7-80501-139-7
定价：CNY25.00

　　本画册收入作者中国画作品40幅。外文书名：Collection of Paintings by Liu Cunhui. 作者刘存惠（1955— ），画家、美术教育家。北京人。历任中国美术家协会会员、国家民族画院副院长、中国花鸟画研修院副院长、北京师白艺术研究会荣誉会长。主要作品有《金秋》《春雨绿江南》《江南春雨》《山村疏而》等。

J0026818

刘福芳画集 刘福芳绘

北京 荣宝斋 1992年 49页 38cm（12开）精装
ISBN：7-5003-0170-7 定价：CNY28.50

　　本画册选入作者创作的工笔人物、花鸟画、山水画。其中人物画以古代题材为主，包括部分少数民族题材。中英文本。作者刘福芳（1930— ），女，工笔画家。山东招远人，毕业于中央美术学院。首都师范大学美术系教授、研究生导师，中国美术家协会会员、北京市工笔重彩画会副会长。代表作品有《峨嵋翠微》《滴水观音》《凉山女》《喂鸡》《大地飘香》等。

J0026819

刘克宁画集（英汉对照） 刘克宁绘

乌鲁木齐 新疆美术摄影出版社 1992年
有肖像 25×27cm ISBN：7-80547-088-X
定价：CNY5.80

　　本画集收有作者自选作品29幅。外文书名：A Selection of Liu Kening's Paintings. 作者刘克宁（1950— ），画家。又名阿宁，江苏徐州人。就读于北京师范学院美术系。中国美术家协会会员、《新疆回族文学》美术编辑、中国书法家协会新疆分会会员、新疆工笔重彩研究会会员。代表作品有《刘克宁画集》《中国西部速写》《刘克宁国画专辑》等。

J0026820

刘仑国画近作选 刘仑绘；惠州西湖"刘仑画阁"管委会编

广州 岭南美术出版社 1992年 46页 25×26cm
ISBN：7-5362-0774-3 定价：CNY40.00

　　中国画画册。作者刘仑（1913—2013），画家，版画家。广东惠阳人。原名刘佩伦，国家一级美术师、广州画院院长、广州市美术家协会主席。代表作品有《河傍》《前线军民》《红军过草地》等。

J0026821

刘钦栋水墨集 刘钦栋绘；李瑞熊，刘超摄影

香港 艺英画廊 1992年 25cm（小16开）

　　外文书名：Ink Painting by Liew Cometong.

J0026822

刘文硕画集 刘文硕绘

济南　山东美术出版社　1992年　46页　有肖像
26×24cm　ISBN：7-5330-0543-0
定价：CNY11.30

现代中国画画册。外文书名：Selected Paintings
of Liu Wenshuo. 作者刘文硕（1947—　），又名文学，
号昆仑山人，山东青岛人。历任山东文登市文化
局副局长、中国书法家协会会员、中国美术家协
会山东分会会员。主要作品有《和风细雨荡归舟》
《清幽》《万里山河千虎图》等。

J0026823
柳子谷画辑　柳子谷绘
北京　人民美术出版社　1992年　35cm（15开）
定价：CNY9.50

本画辑精选了画家的山水、花鸟等中国画作
品。作者柳子谷（1901—1986），国画家、美术教
育家。名习斌，号怀玉山人，堂号双翔阁。江西
玉山人。代表作品有《雪中从军图》《抗美援朝
战争画卷》《后湖印象》等。

J0026824
陆春涛画集　陆春涛绘
北京　新世界出版社　1992年　26页　有画
25×26cm　ISBN：7-80005-191-9
定价：CNY24.00

现代中国画画册。外文书名：Paintings by
Lu Chuntao.

J0026825
陆维钊书画集　陆维钊书；李怀恭，鲍士杰编
上海　上海书画出版社　1992年　66页
40cm（小8开）　精装　ISBN：7-80512-653-4
定价：CNY45.00

本集收入作者从18岁至81岁创作的书画
作品近200幅。作者陆维钊（1899—1980），书画
家。浙江平湖人。原名子平，字微昭，晚年自署
劭翁。南京高等师范文史地部毕业。精书法，擅
山水、花卉、治印。浙江美术学院教授、中国美
术家协会浙江分会理事。代表作品有《中国书法》
《全清词钞》等。

J0026826
马翰章画集　马翰章绘
天津　天津人民美术出版社　1992年　有照片
38cm（6开）　精装　ISBN：7-5305-0299-9

中国画画册，精选画家作品80幅。外文书名：
Chinese Traditional Paintings by Ma Hanzhang.
作者马翰章（1935—　），河北人。原名马生。
曾任天津师范大学艺术系主任、教授，天津社会
科学院中国画研究中心主任、研究员，中国工业
设计协会资深会员、美国摩尔艺术大学名誉教
授、美国中华文化交流促进会顾问。

J0026827
民间藏扇集　张瑞林主编；古吴轩出版社编
苏州　古吴轩出版社　1992年　104页
38cm（6开）　精装　ISBN：7-80574-059-3
定价：CNY160.00

本书收有现代及当代著名画家的艺术珍品
104幅。

J0026828
倪瓒画集　杨德贤主编；无锡市文学艺术界联
合会编
上海　上海人民美术出版社　1992年　54页　29cm
（16开）　ISBN：7-5322-1123-1　定价：CNY20.00

本画集收入作者作品46幅，其中有《水竹
居图》《修竹图》《雨后空林图》等，书中附有《倪
瓒年表》。作者倪瓒（1301—1374），元末明初画
家、诗人。初名倪珽，字泰宇，别字元镇，号云
林子、荆蛮民、幻霞子。江苏无锡人。擅长画山
水，亦工墨竹，亦擅诗文。主要作品有《渔庄秋
霁图》《六君子图》《容膝斋图》《清閟阁集》等。

J0026829
聂鸥水墨画集　聂鸥绘
北京　荣宝斋　1992年　25×26cm
ISBN：7-5003-0171-5　定价：CNY6.80

现代中国画画册。作者聂鸥（1948—　），画
家。女，辽宁新民人。毕业于中央美术学院中国
画系研究生班。擅长版画、水墨人物画、油画、
连环画。北京画院一级美术师、中国美术家协会
理事。出版有《聂鸥水墨画》《回响—聂鸥画集》
《又回山乡——聂鸥画集》等。

J0026830
女秀才移花接木　国琳等绘；少瑜编
沈阳　辽宁美术出版社　1992年　2张　77×53cm
定价：CNY1.30

本作品为年画形式的中国现代国画作品。

J0026831

皮之先皮崴画集（汉英对照）皮之先，皮崴绘
北京 国际文化出版公司 1992年 46页
有彩图 25×26cm ISBN：7-80049-824-7
定价：CNY25.00

　　现代中国画画册。外文书名:Painting Album of Pi Zhixian and Pi Wei. 作者皮之先（1928—），艺术家、一级美术师。河北阜城人，毕业于中央美术学院。历任工人出版社美编、临沂画院院长、国际王羲之书画院院长等职，中国美术家协会会员、临沂市文联副主席兼美协主席、北京中国书法艺术研究院教授。代表作品有《泰山揽胜图》《皮之先钟馗百图》《慰问军属》等。作者皮崴（1958—　），生于北京，长于临沂。先后肄业于临沂教育学院美术科、中央美术学院徐悲鸿画室。临沂画院特聘画师。

J0026832

溥心畬书画集 溥心畬作
天津 天津市古籍书店 1992年 85页 40×27cm
精装 定价：CNY98.00

　　溥心畬（1896—1972），画家，收藏家。原名爱新觉罗·溥儒，初字仲衡，后改字心畬，号羲皇上人，又号西山逸士。为清恭亲王奕訢之孙。生于北京，就读于法政学堂（后并入清河大学），后留学德国，在柏林大学获得天文和生物双博士学位。曾在台湾师范大学及东海大学任教。代表作品《雪中访友图》，著有《四书经义集证》《毛诗经义集证》《尔雅释言经证》等。

J0026833

齐白石画集 齐白石绘
北京 文物出版社 1992年 34cm（10开） 精装
ISBN：7-5010-0650-4
（藏品·墨缘堂主人）

　　本画集共收入齐白石大师各个时期的作品56件，共计彩色图版80幅。

J0026834

钱来忠画集 钱来忠绘
成都 四川美术出版社 1992年 25cm（小16开）
ISBN：7-5410-0703-X 定价：CNY18.00
（当代中青年美术家）

　　现代中国画画册。

J0026835

钱松喦画集 钱松喦绘
苏州 古吴轩出版社 1992年 100页 有照片
32cm（10开） 精装 ISBN：7-80574-033-X
定价：CNY160.00

　　现代中国画之山水画画册。

J0026836

秦融艺苑（陕西金融书画协会成立暨首届书画展纪念） 张志高主编；陕西金融书画协会秘书处编
西安 三秦出版社 1992年 322页 有彩照
28cm（大16开） 精装 ISBN：7-80546-513-4
定价：CNY120.00

J0026837

秋高晴岚 何延喆作
郑州 河南美术出版社 1992年 1张 77×212cm
定价：CNY10.00

　　本作品系现代中国画。

J0026838

秋园教学画稿 黄秋园绘
天津 天津人民美术出版社 1992年 148页 有照片 26cm（16开） 精装 ISBN：7-5305-0328-6
定价：CNY30.00
（中国画名家教学画稿丛书）

　　作者黄秋园（1914—1979），国画艺术家。江西南昌人。名明琦，号大觉子、半个僧等。擅长山水、人物、花鸟、书法。尤以山水画见长。曾创办南昌国画研究会、江西个山书画研究会。代表作品有《庐山梦游图卷》《秋山幽居图》《中国山水画传统技法》等。

J0026839

瑞鹤献寿 尹晓彦作
长春 吉林美术出版社 1992年 2张 77×53cm
定价：CNY1.38

　　本作品系现代中国画。

J0026840

三亚收藏名人书画选 蔡明康主编
北京 国际文化出版公司 1992年 19×26cm
ISBN：7-80049-441-1 定价：CNY22.00

　　本书收入有徐悲鸿、齐白石、郭沫若、钱伟

长等名人的书画。

J0026841

山水画点景人物集锦 吴砚士绘
苏州 古吴轩出版社 1992 年 78 页 13×19cm
ISBN：7-80574-017-8 定价：CNY2.60

J0026842

上海中国画名家作品 沈柔坚主编
上海 上海人民美术出版社 1992 年 121 页
29cm（16 开）精装 ISBN：7-5322-1201-7
定价：CNY65.00

　　现代中国画作品。作者沈柔坚（1919—
1998），画家，教授。福建诏安人。历任上海大学
美术学院教授、中国美术家协会常务理事、中国
美术家协会上海分会副主席、中国版画家协会副
主席。代表作品有《拉纤者》《田野》《拾草》《为
了正义》《庆功图》等。

J0026843

尚连璧画集（汉英对照） 尚连璧绘
南京 江苏美术出版社［1992 年］25×26cm
精装 ISBN：7-5344-0266-2 定价：CNY46.00

J0026844

史正学画集（汉英对照） 史正学绘
沈阳 辽宁美术出版社 1992 年 53 页 24×26cm
ISBN：7-5314-0925-9 定价：CNY56.00

　　本画集精选作者作品 50 幅。所收作品题材
多样，画风飘逸洒脱，立意新颖，生活气息浓厚。
作者史正学（1933—　　），国家一级美术师。又名
莫可，河南洛阳人。毕业于广州美术学院国画系。
中国美术家协会会员、河南省美术家协会常务理
事、河南中山书画院院长。代表作品有《晨钟响
了》《深山火种》《枣雨》《征途报捷》等。

J0026845

寿石图
北京 荣宝斋 1992 年 1 幅 160×57cm
　　本作品系现代中国画。

J0026846

书画精品集 北京图书节组委会编
北京 中国书店 1992 年 78 页 有彩照
38cm（6 开）精装 ISBN：7-80568-498-7

定价：CNY105.00
　　本画册共收中国画作品 157 幅，分为墨迹、
山水、人物、花鸟 4 部分。

J0026847

四季花鸟屏 张玉龙作
上海 上海人民美术出版社 1992 年 2 张
77×53cm 定价：CNY1.30
　　本作品系现代中国画。

J0026848

宋柏松画集（汉英对照） 宋柏松绘
杭州 浙江人民美术出版社 1992 年 46 页
29cm（16 开）精装 ISBN：7-5340-0337-7
定价：CNY60.00

　　现代中国画画册。外文书名：An Album of
Song Baisong's Paintings. 作者宋柏松（1953—　　），
画家。浙江绍兴人。历任杭州江南书画院院长、
中国美术家协会会员、中国美术学院（成教院）客
座教授、浙江省政协诗书画之友社理事。代表作
品有《宋柏松画集》《浅谈艺术的审美观和民族
性》等。

J0026849

宋晓东画集 宋晓东绘
郑州 河南美术出版社 1992 年 有照片
29cm（16 开）ISBN：7-5401-0242-X
定价：CNY14.00
（中国美术家丛书）

　　现代中国画画册。外文书名：A Collection of
Paintings by Song Xiaodong. 作者宋晓东（1930.5—　　），
河南辉县人。原名克勤。擅长中国画。毕业于
漯河大华艺专中国画科，1948 年从事美术教育
工作。主要作品有《莲塘清趣》《荷花鸭子》等。

J0026850

苏轼寓惠诗意画（黄澄钦画选） 黄澄钦绘
广州 岭南美术出版社 1992 年 40 页 有彩图
26cm（16 开）ISBN：7-5362-0910-X
定价：CNY20.00

　　现代中国画画册。作者黄澄钦（1939—　　），
广东惠州人。1965 年毕业于华南师范大学生物
学系。历任中国美术家协会广东分会会员、惠州
画院副院长、国家艺术委员会顾问。出版有《苏
轼寓惠诗意画黄澄钦画选》《丝路风情·湘西画

境》《画说惠州西湖黄澄钦画文集》等。

J0026851
岁寒三友 姜舟作
南京 江苏美术出版社 1992年 1张 77×53cm
定价：CNY1.70
　　本作品系现代中国画。

J0026852
孙日晓画集 孙日晓绘；许礼平编
香港 翰墨轩出版公司 1992年 75页
29cm（16开）精装 ISBN：962-7530-04-2
　　外文书名：The Paintings of Sun Rixiao.

J0026853
谈士屺作品集 谈士屺绘
武汉 湖北美术 1992年 39页 有照片 25×26cm
ISBN：7-5394-0341-1
定价：CNY39.00, CNY44.00（精装）
　　现代中国画画册。作者谈士屺（1941—　 ），
画家。湖北人。自号长江帚笔，得志斋主等。历
任中国美术家协会湖北分会理事、湖北省书法家
协会会员、鄂州中国画研究院院长。主要作品有
《东窗》《东坡起舞》《飞旋》《南窗》《朱熹内省图》
《黄鹤归楼》等。

J0026854
汤文选作品集 汤文选绘
长沙 湖南美术出版社 1992年 有彩色图 16cm
（8开）ISBN：7-5394-0285-7 定价：CNY160.00
　　本画册选编作者的代表性作品80幅。

J0026855
唐南国画选 唐国光绘
北京 华艺出版社 1992年 46页 28cm（大16开）
ISBN：7-80039-455-7 定价：CNY30.00
　　现代中国画画册。外文书名：Selected Chinese
Paintings of Tan Nan. 作者唐国光（1913—1997），
画师。福建福州市人。又名唐南，读于上海
新华美专。历任福州画院院务委员、画师，中
国美术家协会会员、福州市美术家协会副主
席、福州市国画研究会会长、福建省政协画室
画师。主要作品有《斗牛》《洗牛》《耕罢》《耕
余》等。

J0026856
唐人诗意百幅画集 王梦湖等绘
北京 今日中国出版社 1992年 78页 25×26cm
ISBN：7-5072-0339-5 定价：CNY35.00
　　本画集是北京享誉画坛的6位中年画家王
梦湖、李连修等人的国画新作。

J0026857
田世光中国画选集 田世光绘
北京 荣宝斋 1992年 80页 有彩照
36cm（15开）精装 ISBN：7-5003-0125-1
定价：CNY128.00
　　本画册精选作者不同风格的花鸟、山水画近
百幅。外文书名:A Selection of Chinese Paintings
by Tian Shiguang. 作者田世光（1916—1999），教
授。号公炜，北京人，祖籍山东乐陵，毕业于北
京京华美术学院，师承张大千、赵梦朱、吴镜汀、
于非闇、齐白石诸先生。历任中国美术家协会会
员、北京工笔重彩画副会长、中国画研究院第一
届院务委员。代表作有《和平颂》《松树白鹰》《春
晖》《幽谷红妆》《山雀》。

J0026858
汪刃锋画集 汪刃锋绘
北京 北京美术摄影出版社 1992年 52页
有彩照 25×26cm ISBN：7-80501-132-X
定价：CNY22.50
　　现代中国画画册。外文书名:A Collection of
Paintings by Wang Renfeng. 作者汪刃锋（1918—
2010），版画家。原名汪亦伦，笔名刃锋，别署彻
峰。安徽全椒人。曾在重庆陶行知创办的育才
学校任绘画教师，中国木刻协会常务理事兼展览
部长，曾在北京市文联创作部从事专业创作，中
国版画家协会副秘书长、北京画院专业画家。代
表作品有《高尔基像》《嘉陵纤夫》等。

J0026859
王莲芬诗书画 王莲芬著
北京 文化艺术出版社 1992年 114页
有照片 26cm（16开）ISBN：7-5039-1029-1
定价：CNY26.00
　　作者王莲芬（1930—　 ），诗人、书法家。字
益清、又名凌风。山东莱州人。历任中华文化联
谊会副会长、中国书法家协会会员、中国韵文学
会理事、中华诗词学会理事兼副秘书长等。著有

《王莲芬诗书画》《儿女的呼唤》《天下父母心》等。

J0026860
王乃壮画集　王乃壮绘
北京　国际文化出版公司　1992年　94页　26cm
（16开）ISBN：7-80049-657-0　定价：CNY38.00

　　现代中国画之彩墨画画册。外文书名：Selected Works of Wang Naizhuang. 作者王乃壮（1929—　），画家、书法家。又名王洲，号静敛斋主，寒山稚子。浙江杭州人。曾在上海美专学西画，后就读于中央美术学院。历任清华大学美术学院教授、中国美术家协会理事、中国现代书法学会艺术顾问、中央书画社高级顾问。出版有《王乃壮花鸟》《王乃壮画集》等。

J0026861
王农画集　王农绘
北京　北京美术摄影出版社　1992年　35页
有彩照　25×26cm　ISBN：7-80501-140-0
定价：CNY10.00

　　本画册收入作者中国画作品32幅。外文书名：Collected Paintings by Wang Nong. 作者王农（1953—　），中国美术家协会、北京美术家协会会员、中国王森然学术研究会会员等。

J0026862
王森然画集　王森然绘
北京　人民美术出版社　1992年　165+14页　有照片　38cm（8开）精装　ISBN：7-102-01103-2

　　本画集收入作者中国画写意作品164幅。作品多为20世纪70、80年代创作，题材广泛，包括动物、花鸟、蔬果以及山水、人物等。作者王森然（1895—1984），国画家、美术教育家。原名王樾，字森然，号杏岩等。河北定县人，就读于北京大学。任教于北京中央美术学院。主要作品有《松鹤朝阳》《群鹰图》《长寿图》等，著有《文学新论》《近代二十家评论》等。

J0026863
王天禾画集　王天禾作
北京　中国连环画出版社　1992年　48页
26cm（16开）ISBN：7-5061-0542-X
定价：CNY20.00

　　现代中国画作品。

J0026864
王彤轩书法篆刻绘画选集　王彤轩作；中国工人出版社编
北京　中国工人出版社　1992年　98页　有彩照
26cm（16开）ISBN：7-5008-0692-2
定价：CNY12.00

　　本书选编了作者一百余幅书画篆刻作品。

J0026865
王学明画集　王学明绘
石家庄　河北美术出版社　1992年　41页　25×26cm
ISBN：7-5310-0516-6　定价：CNY24.00

　　现代中国画画册，作者王学明（1943—　），天津市人。历任师范学校美术教员、文化馆馆员、报社美术编辑、市画院画师等。擅国画山水、人物。衡水地区画院院长、二级美术师、中国美术家协会会员。连环画代表作品有《三断奇案》等，出版有《买海居诗选》《王学明画集》等。

J0026866
魏紫熙画集　魏紫熙画
南京　江苏美术出版社　1992年　重印本　67页
38cm（6开）精装　ISBN：7-5344-0237-9
定价：CNY65.00

　　本书收录宋文治20世纪60至80年代的代表作品40幅。作者魏紫熙（1915—2002），画家。河南遂平县人，河南艺术师范学院毕业。历任河南艺术师范学校教师、河南大学讲师、江苏省国画院画师、徐州市国画院名誉院长等。代表作品有《黄洋界》《温课》《巡逻》《同劳动同协商》《魏紫熙画集》。

J0026867
温读耕画集（人物卷）温读耕绘画
沈阳　辽宁美术出版社　1992年　67页　有彩照
28cm（大16开）ISBN：7-5314-0964-X
定价：CNY38.00
（画家专集）

　　现代中国人物画画册。作者温读耕（1935—　），广东梅县人。毕业于鲁迅美术学院绘画系，入浙江美术学院国画系进修。历任鲁迅美术学院副教授、厦门大学艺术学院副教授等。擅长中国画，主要作品有《蔡文姬》《除却天上化下来》等。

J0026868

温情的迷茫（冯骥才绘画作品精选集　1991）
冯骥才绘
天津　天津杨柳青画社　1992年　59页　26×27cm
精装　ISBN：7-80503-162-2　定价：CNY38.00
　　本画册精选冯骥才绘画作品30余幅，并附作者1991年要事记与画语录。外文书名：Selected Paintings of Feng Jicai. 作者冯骥才（1942—　），作家、画家、文化学者、教授。浙江宁波人。历任中国文学艺术界联合会荣誉委员、中国民间文艺家协会名誉主席、国务院参事，天津大学冯骥才文学艺术研究院院长、教授、博士生导师。代表作品有《雕花烟斗》《高女人和她的矮丈夫》《神鞭》《三寸金莲》《珍珠鸟》《一百个人的十年》等。

J0026869

我们的书画　合肥市少年宫编
合肥　安徽少年儿童出版社　1992年　28cm（12开）
　　本书选编合肥市少年儿童优秀绘画获奖作品。

J0026870

吴丽珠画集　吴丽珠绘
北京　人民美术出版社　1992年　19页　33cm
ISBN：7-102-01141-5　定价：CNY15.00
　　现代中国画作品。

J0026871

吴奇画集　吴奇著
南昌　江西美术出版社　1992年　70幅
　　本画集收集作者书画作品70幅。

J0026872

吴燃书法作品集　吴燃绘
合肥　安徽美术出版社　1992年
　　本书收入作者国画、书法和写生画等作品72幅。作者吴燃（1928—　），美术家。安徽萧县人。历任部队文工团员、美术编辑、创作员等，中国美术家协会会员、中国版画家协会理事、天津美术家协会副主席、天津画院一级美术师。主要作品有《汲水》《下岗》《沃野》《山涧秋色》《长天秋水》《井台》等。

J0026873

吴团良画集　吴团良绘
北京　荣宝斋　1992年　22页　25×26cm

ISBN：7-5003-0165-0　定价：CNY6.80
　　现代中国画之工笔重彩画画册。作者吴团良（1952—　），达斡尔族，国家一级美术师。字凯健，内蒙古人。毕业于黑龙江省艺术学校，结业于中央美术学院国画系。中国美术家协会理事、中国美术家协会中国画艺委会委员、中国画学会常务理事、中国当代工笔画学会常务理事，黑龙江省美术家协会主席。代表作品有《烟乡秋色》《驼峰》《风雪牧马图》等。

J0026874

吴毅画集　吴毅绘
南京　江苏美术出版社　1992年　38cm（6开）
精装　ISBN：7-5344-0267-0　定价：CNY118.00
　　现代中国画画册。作者吴毅（1934—　），画家。生于日本横滨，广东珠海人。毕业于南京艺术学院，曾为南京书画院专职画家、海外艺术顾问、中国现代艺术学会会长、南京美术家协会理事。出版有《吴毅山水集》《吴毅画集》等。

J0026875

仙峰山人画集　吴之东绘
长沙　湖南美术出版社　1992年　43页　有彩照
25×26cm　ISBN：7-5356-0541-9
定价：CNY21.50
　　本画册共收入作者绘画作品44幅。作者吴之东（1961—　），画家、书法家、诗人。画号仙峰山人、潇湘游侠。日籍华人，祖籍湖南邵阳市，毕业于湖南师范大学美术系。历任宝庆青年美协名誉主席、邵阳市青年美协主席。主要作品有《鹤》《鹰》《虎》《一匹狼》《森林之神》等。

J0026876

仙鹤迎春　刘长恩作
长春　吉林美术出版社　1992年　1张　77×53cm
定价：CNY0.69
　　本作品系现代中国画。

J0026877

现代书画撷英（烟山画院作品粹编　汉英对照）[烟山画院编]
福州　福建美术出版社　1992年　26cm（16开）
ISBN：7-5393-0179-1　定价：CNY35.00
　　本书60页，收入福州烟山画院57位书画家创作的书画作品57幅。

J0026878

香雪书画集（广州香雪书画社十周年作品选）
香雪书画集编委会编
广州　岭南美术出版社　1992 年　68 页　有彩照
26×26cm　ISBN：7-5362-0858-8
　　本画册共收香雪书画社作品 58 幅。

J0026879

谢景臣画集　谢景臣绘；华伟编
北京　知识出版社　1992 年　40 页　26×25cm
ISBN：7-5015-0745-7　定价：CNY12.00
　　中国画画册。收作者山水画作品 10 余幅，
花鸟 30 余幅。外文书名：The Collected Paintings
of Xie Jingchen. 作者谢景臣（1939—　），书画
家。北京人。进修于中央美术学院。历任中国
大百科全书出版社美术编辑、中国书画研究会会
员、中国美术家协会会员、中国出版工作者协会
会员、中国北京天娇书画院名誉院长。主要作品
有《福禄大吉》《淡淡荷香》《鸿运当头》《荷花映
日》等。

J0026880

徐君熙国画集　徐君熙绘
成都　成都科技大学出版社　1992 年　37 页
25×26cm　ISBN：7-5616-1279-6
定价：CNY16.00
　　现代中国画画册。外文书名：Paintings by
Xu Junxi. 作者徐君熙（1933—　），国画家。四川
成都人。历任四川省博物馆副研究员、中国博物
馆学会会员、四川省美术家协会会员。主要作品
有《长江猫儿峡》《九寨泉韵》《漓江情趣》《三峡》
《熊猫之乡》《巫峡晴帆》《傣族》等。

J0026881

杨景群·丛文国画作品选　杨景群，丛文画
呼和浩特　内蒙古人民出版社　1992 年　60 页
21×17cm　ISBN：7-204-01507-X
定价：CNY15.00
　　现代中国画作品。

J0026882

姚奠中书艺
太原　山西人民出版社　1992 年　158 页　37cm
ISBN：7-203-02219-6　定价：CNY250.00
　　现代中国书法印谱画册。

J0026883

叶森槐中国画作品集　叶森槐绘
合肥　安徽美术出版社　1992 年　25×26cm
ISBN：7-5398-0250-2　定价：CNY12.00
　　外文书名：Chinese Traditional Paintings Album
of Ye Senhuai. 作者叶森槐（1942.8—　），国家一
级美术师。安徽歙县人。擅长中国画山水、花鸟。
中国文联全国书画院创作交流协会（筹）副主任、
中国黄宾虹研究会会员、中国美术家协会会员、
黄山市书画院名誉院长等。出版有《叶森槐中国
画作品集》《叶森槐画集》《和风·叶森槐画集》等。

J0026884

一叫千门万户开　张文作；莫立唐书
长沙　湖南美术出版社　1992 年　1 页　77×106cm
ISBN：7-5356-1599-6　定价：CNY1.30
　　本作品系现代中国画。

J0026885

艺苑珍赏　张瑞林主编
苏州　古吴轩出版社　1992 年　105 页
38cm（12 开）　精装　ISBN：7-80574-020-8
定价：CNY160.00
（当代中国画）
　　本画集收有当代老、中、青画家的山水、人
物、花鸟作品 106 幅。

J0026886

映日荷花别样红　王冠作
沈阳　辽宁美术出版社［1992 年］1 轴
154×46cm　定价：CNY4.00
　　本作品系现代中国画。

J0026887

远古的回音（邓林绘画作品集）邓林绘
广州　岭南美术出版社　1992 年　25×25cm
ISBN：7-5362-0838-3　定价：CNY38.00
　　本书收入作者以中国古彩陶纹样为题材的
作品 25 帧。作者邓林（1941—　），一级画师、艺
术家。生于河北邯郸，籍贯四川广安。邓小平的
长女，原名邓琳。毕业于中央美院国画系。历任
北京画院花鸟画创作室副主任、中国美术家协会
会员、东方美术交流协会会长等职。出版有《远
古的回音》《邓林画梅》《邓林水墨画集》等。

J0026888

云门子画集 云门子绘

济南 山东美术出版社 1992年 41页 有彩照
24×26cm ISBN：7-5330-0465-5
定价：CNY25.00

　　现代中国画画册。外文书名：Selected Paintings of Yun Menzi. 作者云门子（1949— ），山东青州人。自幼在父亲膝下习中医、作诗赋、背古文、练书法，后入中央美术学院深造，师承侯一民先生，长期从事美术创作。先后任青州画院院长、山东泉城画院院长青州画院院长。主要作品有《永远和党一条心》《娘》《当归谣》《不到长城非好汉》等，出版著作有《云门子画集》《云门子画鹰》《云门子诗选》《群鹰图》等。

J0026889

张捷画集 张捷绘

苏州 古吴轩出版社 1992年 36页 25×26cm
定价：CNY24.00

　　本画册收作者水墨画作品36幅。外文书名：Brush Painting of Zhang Jie. 作者张捷（1963— ），教授、国家一级美术师。字半白，号奎庐，又号闲云草堂主。浙江台州人，毕业于中国美术学院国画系，获博士学位。历任中国美术学院教授、硕士生导师，中国美术家协会会员、浙江省美术家协会理事。主要作品有《平山静水》《江南可采菱》《溟居图》《开门见山》《故园》等。

J0026890

张泰昌画集 张泰昌绘

北京 北京美术摄影出版社 1992年 49页
25×26cm ISBN：7-80501-141-9
定价：CNY30.00

　　现代中国水墨画画册。外文书名：Painting Album of Zhang Taichang. 作者张泰昌（1938— ），山东微山县人，煤矿工人。中国美协山东会员。

J0026891

张振学画集 张振学绘

郑州 河南美术出版社 1992年 有照片
28cm（大16开） ISBN：7-5401-0241-1
定价：CNY14.00
（中国美术家丛书）

　　现代中国画画册。外文书名：A Collection of Paintings by Zhang Zhenxue. 作者张振学（1940— ），

笔名张弓。陕西城固人，毕业于西安美术学院。历任《绿灯》杂志美编、中国美术家协会会员，陕西国画院一级美术师、西安美术学院客座教授，陕西国画院专业画家。代表作品有《生生不息》《依山傍水》《林茂鸟知归》《清涧》等。

J0026892

赵春翔［赵春翔著］

香港 Alisan Fine Arts Ltd. 1992年 14+288页
有图照片 30cm（12开） 精装

J0026893

赵凤迁画集 赵凤迁绘

郑州 河南美术出版社 1992年 有照片
28cm（大16开） ISBN：7-5401-0245-4
定价：CNY14.00
（中国美术家丛书）

　　现代中国画画册，作者赵凤迁（1945— ），画家、一级画师。河北青县人。历任沧州画院副院长、《百家论坛》和《沧州文艺》编辑部美术编辑、中国美术家协会河北分会会员、中日美术家交流协会会员。代表作品有《赶海》《月落天晓》《乡情》等。

J0026894

赵少昂黎雄才关山月杨善深合作画选 赵少昂等画

广州 岭南美术出版社 1992年 重印本 132页
有照片 36cm（6开） 精装 ISBN：7-5362-0130-3
定价：CNY160.00

　　本集共收入关山月、黎雄才、赵少昂、杨善深4人的作品70幅，局部图20幅，书法15幅。4人合作天衣无缝，体现了中国画诗一般的境界。

J0026895

赵少昂小品精选 赵少昂绘画

广州 岭南美术出版社 1992年 25×25cm 精装
ISBN：7-5362-0832-4 定价：CNY80.00

　　本书精选作者代表作40幅，集中表现了其创作时独特的"一笔之功"。作者赵少昂（1905—1998），画家。广东番禺人，字叔仪。业余自学绘画，擅花鸟、走兽， 继承岭南画派的传统，主张革新中国画。历任广州市立美术学校中国画系主任，国立中央大学、国立艺专和广州大学美术科教授。代表作品有《木棉红占岭南春》《一池

杨柳垂新绿》《枝头小鸟惊初雪》等。

J0026896

郑春松翰墨集 郑春松书

福州 海峡文艺出版社 1992 年 120 页 有彩照 33cm ISBN：7-80534-469-8 定价：CNY13.80

　　现代中国画暨书法篆刻作品画册。作者郑春松（1947— ），画师。福州人，字翠柏。福建电影制片厂美术设计、中国书法家协会会员、福州画院画师、福建省政协书画室画师、福建省书协理事。出版有《郑春松翰墨集》等。

J0026897

郑济炎郑棣青画选 郑济炎，郑棣青绘

苏州 古吴轩出版社 1992 年 34 页 25×26cm ISBN：7-80574-041-0 定价：CNY20.00（当代吴门画库）

　　本画册收有两位画家中国画作品共计 34 幅。

J0026898

中国当代画家线描精选（曹力作品）曹力绘

长沙 湖南美术出版社 1992 年 120 页 有照片 25×26cm ISBN：7-5356-0525-7 定价：CNY15.00

　　本画册共收入作者线描作品 120 幅。作者曹力（1954— ），画家，教师。江苏南京人。毕业于中央美术学院，并留校任教。代表作品有《小城印像》《牧童》《牧牛图》《童声合唱》《马》等。

J0026899

中国美术家协会 92 台湾巡回展 易苏民等著

台北 1992 年 98 页 30cm（10 开）

J0026900

中国现代线描精选 吕胜中等绘

南昌 江西美术出版社 1992 年 200 页 20×20cm ISBN：7-80580-091-X 定价：CNY8.90

　　本书收集了 45 名中青年画家的线描小品 200 幅。作者吕胜中（1952— ），教师、画家。生于山东平度县，硕士毕业于中央美术学院。中央美术学院民间美术系教师。主要作品《生命——瞬间与永恒》《行》等。著作有《中国民间剪纸》《中国木刻版画》。

J0026901

周韶华[画集] 周韶华绘；陈东华主编

武汉 湖北美术出版社 1992 年 110 页 32×30cm 精装 ISBN：7-5394-0337-3 定价：CNY238.00

　　本书收作者绘画作品 120 幅，以“天人合一”“通向宇宙”“大道自然”3 个命题分类选编，另附其学术论文《三面体结构论》。

J0026902

周长忽书画集 周长忽编著

香港 怡和斋 1992 年 80 页 29cm（16 开）

J0026903

朱锡林画集 朱锡林绘

杭州 浙江美术学院出版社 1992 年 32 页 有彩图 25×25cm ISBN：7-81019-155-1 定价：CNY30.00

　　本画册收作者中国画作品 32 幅。作者朱锡林（1935— ），浙江海宁人。历任浙江美术学院教师、香港国际水墨画家联盟理事、中国美术家协会浙江会员、浙江省花鸟画研究会会员。著有《朱锡林画集》《朱锡林作品集》《朱锡林作品选》等。

J0026904

祝遂之书画篆刻集 祝遂之作；宋忠元主编

杭州 浙江美术学院出版社 1992 年 有照片 35cm（15 开）精装 ISBN：7-81019-173-X 定价：CNY160.00

　　本书收作者书法作品 85 幅、绘画作品 25 幅、篆刻作品 80 幅。作者祝遂之（1952— ），书法家、教授。上海人，硕士毕业于中国美术学院中国画系书法专业。历任中国美术学院中国画系教师、浙江美术学院教授、中国书法家协会学术委员、西泠印社社员。著有《祝遂之书画集》《祝遂之印谱》《中国篆刻通议》《祝遂之写书谱》等。

J0026905

庄寿红画集 庄寿红绘

北京 人民美术出版社 1992 年 21 页 23×26cm ISBN：7-102-01140-7 定价：CNY15.00

　　本画册收入作者中国画作品 22 幅。外文书名：The Paintings of Zhuang Shouhong. 作者庄寿红（1938— ），女，画家、教授。江苏扬州人，毕业于中央美术学院国画系。为清华大学美术

学院教授、中国美术家协会会员、中国画学会创会理事。代表作品有《江山耸翠图》《江山多娇》等，出版《庄寿红画集》《庄寿红专辑》。

J0026906

左汉桥书画集　左汉桥绘

北京　北京出版社　1992 年　78 页　有照片　30cm（10 开）　ISBN：7-200-01902-X　定价：CNY30.00

外文书名：Collected Calligraphy and Paintings of ZuoHanqiao. 作者左汉桥（1946—　），湖北武汉人，毕业于中央工艺美术学院。北京出版社美术编辑。

J0026907

阿杰画集　阿杰绘

上海　上海人民美术出版社　1993 年　26×23cm　ISBN：7-5322-1285-8　定价：CNY20.00

现代中国画画册。

J0026908

安正中画集　安正中绘

西安　陕西人民美术出版社　1993 年　25×26cm　ISBN：7-5368-0580-2　定价：CNY11.80　（画家丛书）

现代中国画画集。作者安正中（1934—2003），河南镇平人。毕业于西安美术学院油画系，擅长油画、版画。中国美术家协会会员、中国版画家协会会员、陕西美术家协会常务理事。代表作品有《源远流长》《山夜》《西望太白峰》等。

J0026909

白渠画集　白渠绘

南京　南京出版社　1993 年　44 页　17×18cm　ISBN：7-80560-771-0　定价：CNY12.00

现代中国画画册。作者白渠（1939—　），画家，国家高级美术师。祖籍江苏，定居上海。字源卿，号天泷，笔名萍、笑白等。擅长国画、油画、水彩、水粉、金石。曾任上海东方书画院一级画师、上海书画院名誉院长、无锡民族书画院名誉院长。出版有《白渠画集》《白渠图案花卉集》《水粉画范本》等。

J0026910

蔡超画集　蔡超著

北京　华夏出版社　1993 年　52 页　26cm（16 开）　ISBN：7-5080-0061-7　定价：CNY36.00　（维纳斯星座画库）

现代中国画画册。作者蔡超（1944—　），国家一级美术师。上海嘉定人。擅长中国画人物创作，兼攻山水、花鸟以及连环画。历任南昌画院院长、江西省博物馆馆长、江西省美术家协会主席、中国美术家协会江西分会理事。代表作品有《集思》《扶臂》《天地间》《众志成城》《毛主席在农村调查》等。

J0026911

蔡妙平画集　蔡妙平绘

广州　岭南美术出版社　1993 年　32 页　21×22cm　ISBN：7-5362-0604-6　定价：CNY23.00

本画册收有画家中国画绘画作品 30 余幅。

J0026912

曹英义中国画选　曹英义绘

南京　南京出版社　1993 年　30 页　28cm（大 16 开）　ISBN：7-80560-777-X　定价：CNY18.00

本画集收作者作品 30 幅。外文书名：Collections of Chinese Paintings by Cao Yingyi. 作者曹英义（1939—　），画家。安徽铜陵人，籍贯南京。毕业于南京师范学院美术系。历任江苏教育学院艺术系副教授、系主任，中国美术家协会会员。出版有《曹英义中国画选集》《曹英义速写选》《俯牛斋题画诗草》《中国画技法与教学》《速写范画》等。

J0026913

陈梅庵三代书画集　陈梅庵等绘

天津　天津人民美术出版社　1993 年　50 页　26cm（16 开）　ISBN：7-5305-0345-6　定价：CNY21.00

本书共收陈氏三代书法 9 幅，绘画作品 33 幅。

J0026914

陈秋田画集　陈秋田绘

天津　天津人民美术出版社　1993 年　34 页　29cm（16 开）　精装　ISBN：7-5305-0352-9　定价：CNY18.80

现代中国画画册。作者陈秋田（1943—　），画家。浙江绍兴人，毕业于绍兴师范学院。历任绍兴书画院专业画家、院长，浙江省美术家协会会员。主要作品有《幻化》《城市节奏》等。出版有《陈秋田画集》。

J0026915

陈胜国画集 陈胜绘

深圳 海天出版社 1993 年 62 页 29cm（16 开）
ISBN：7-80542-920-0 定价：CNY58.00

　　现代中国画画册。作者陈胜（1924— ），广东揭阳人，揭阳市美协顾问、中国美术家协会广东分会会员、中国书画社研究员。

J0026916

程家焕作品集 程家焕作

广州 岭南美术出版社 1993 年 10 张 29cm（12 开）定价：CNY10.00
（广东美术家作品系列）

　　现代中国画画册。

J0026917

程明泰画集（汉英对照）程明泰绘

北京 人民美术出版社 1993 年 160 页 25×24cm
精装 ISBN：7-102-01160-1 定价：CNY17.00

　　现代中国画画册。外文书名：A Collection of Cheng Mingtai's Colour Paintings.

J0026918

初级国画临摹范本 陈应时编绘

上海 同济大学出版社 1993 年 16 张
有图 26cm（16 开）袋装 ISBN：7-5608-1231-7
定价：CNY7.00

J0026919

当代彩墨画六人集 刘巨德等画

太原 北岳文艺出版社 1993 年 72 页 25×26cm
ISBN：7-5378-0804-X 定价：CNY24.00

　　外文书名：Six Contemporaries' Album of Ink and Colour Paintings. 作者刘巨德（1946— ），蒙古族，画家、美术理论家。内蒙古商都人，硕士毕业于中央工艺美术学院并留校任教。清华大学美术学院绘画系教授、副院长、博士生导师、学术委员会主席、清华大学吴冠中艺术研究中心主任、中国美术家协会理事、北京市美术家协会理事。代表作品有《鱼》《面对形象》《图形想象》《刘巨德素描集》等。

J0026920

当代青年书画一千家 顾汶光编

贵阳 贵州人民出版社 1993 年 128+520 页 20cm（32 开）ISBN：7-221-02803-6
定价：CNY27.80

J0026921

邓白画集 邓白绘；《邓白画集》编委会编辑

广州 岭南美术出版社 1993 年 150 页 37cm
ISBN：7-5362-1029-9
定价：CNY220.00（精装），CNY265.00（特精装）

　　现代中国画之工笔画画册。外文书名：Deng Bai's Paintings. 作者邓白（1906—2003），画家，美术教育家。号白叟，别字曙光。广东东莞人，就读于广州市立美术学校和中央大学艺术系。历任中央美术学院华东分院工艺美术系副教授、浙江美术学院院长、中国美术家协会理事等。代表作品有《和平春色》《岭南丹荔》《罗岗香雪》等。出版有《中国画论初探》《图画见闻志注释》《徐熙与黄筌》等。

J0026922

刁呈健画集 刁呈健绘

西安 陕西人民美术出版社 1993 年 24×25cm
ISBN：7-5368-0572-1 定价：CNY12.00

　　现代中国画画集。作者刁呈健（1949— ），画家、国家一级美术师。河北故城人。西安中国画院专业画家。主要作品有《鹤伍》《接天云涛》《金屬凝霜》《孔雀》《秋水》等。

J0026923

丁剑阁 林墨源国画选集 丁剑阁，林墨源绘

广州 岭南美术出版社 1993 年 46 页 25×26cm
ISBN：7-5362-0867-7 定价：CNY25.00

　　本书共选两位画家的佳作 40 余幅。作者丁剑阁，画家。本名丁家光，广东揭阳人。历任岭东书画院副院长、中国当代书画艺术研究会常务理事、中国手指画研究会理事，广东省工艺美术协会会员。出版有《丁剑阁画集》等。作者林墨源，画家。作者林墨源（1949— ），画家。号抱湖斋主，出生于广东揭阳。历任广东省美术家协会会员，揭阳画院、岭东书画院、揭阳中国画院画师，中国手指画研究会理事。出版有《丁剑阁林墨源国画选集》《林墨源画集》。

J0026924

东方杯国际水墨画大赛获奖作品集（汉英文对照）香港东方艺术中心有限公司等主办
天津 天津杨柳青画社 1993 年 63 页 29cm
（16 开）ISBN：7-80503-237-8 定价：CNY48.00

J0026925

朵云轩首届中国书画拍卖会作品集 上海朵云轩艺术品拍卖公司编
上海 上海书画出版社［1993 年］155 页
29cm（16 开）ISBN：7-80512-011-0
定价：CNY125.00

J0026926

二刚小品画 二刚绘
北京 荣宝斋 1993 年 25×26cm
ISBN：7-5003-0181-2 定价：CNY8.60
现代中国画画册。

J0026927

福建省文史研究馆书画诗词选 陈虹等书
福州 福建美术出版社 1993 年 102 页
29cm（16 开）精装 ISBN：7-5393-0232-1
定价：CNY80.00
本书收有福建省文史研究馆部分诗词、书画作品 110 幅。

J0026928

傅尧笙陶瓷国画集（汉英对照）傅尧笙绘；马泉涌主编
海口 海南摄影美术出版社 1993 年 91 页 有图
36cm（15 开）精装 ISBN：7-80571-418-5
定价：CNY286.80
（中国景德镇陶瓷艺术家作品集粹 第二辑）
外文书名：A Collection of Porcelain Arts
and Chinese Paintings by Artist Fu Raosheng. 作者傅尧笙（1936—2003），陶瓷艺术家。江西临川人，就读于中央工艺美术学院进修班。中国美术家协会会员、中国雕塑家协会理事、中国鼻烟壶研究会会员、中国考古学会会员、景德镇书画院特级画师。代表作品有《江山如画》《春风又绿江南岸》。

J0026929

古诗童趣图 王金泰作；金波诗歌点趣

北京 中国少年儿童出版社 1993 年 72 页
26×26cm ISBN：7-5007-1821-7
定价：CNY12.00
本书从古代诗词中选出 50 余首童趣诗，配以画面，及文字解说(英汉对照)。外文书名：
Paintings about Children Described in Ancient Poems. 作者王金泰（1945— ），当代书画家。号甫元，生于北京，祖籍山东。历任中国少年儿童出版社《中学生》杂志美术编辑、中国美术家协会北京分会会员、中华孔子学会会员、中国书画家联谊会理事。出版有《中华少年精英百图》《古诗童趣图》《金泰画集》《中华佛禅文化百图》等。作者金波（1935— ），诗人、儿童文学家。原名王金波，河北冀县人，毕业于北京师范学院中文系。历任北京师范学院教授、中国作家协会儿童文学创作委员会主任、北京市作家协会理事、中国音乐家协会理事、儿童音乐学会副会长。代表作品有《我们去看海》《回声》《眼睛树》《感谢往事》等。

J0026930

谷岐书画 谷岐绘
福州 海潮摄影艺术出版社 1993 年 58 页
25×26cm ISBN：7-80562-213-2
定价：CNY30.00，CNY48.00（精装）
现代中国画画册，版权页题：谷岐画册。

J0026931

顾振乐书画篆刻集 顾振乐绘
上海 上海书店 1993 年 22 页 有彩图 24×26cm
ISBN：7-80569-891-0 定价：CNY25.00
本书收入作者近年来的书、画、篆刻作品数10 件。作者顾振乐（1915— ），书画家。字心某，号乐斋。上海嘉定人。历任中国书法家协会会员、西泠印社社员、上海市文史研究馆馆员、上海市高校书法教育研究会理事、华东师范大学《中华书法篆刻大典》编委等。出版有《顾振乐书画集》《顾振乐画集》等。

J0026932

关曼青画集 关曼青绘
广州 岭南美术出版社 1993 年 26cm（16 开）
ISBN：7-5362-0560-0 定价：CNY25.00
现代中国画画册。作者关曼青（1918— ），女，画家。广东开平人，原名关瑞兰。历任广东省文史研究馆馆员、广东省美术家协会会员、新加坡中华美术研究会永久会员。主要作品有《木棉》《国之瑰宝》《孙中山上书李鸿章》《陈嘉庚像》等。

J0026933

郭敦画集 郭敦绘

西安 陕西人民美术出版社 1993 年 25×26cm

ISBN：7-5368-0579-9 定价：CNY11.80

（画家丛书）

现代中国画画集。作者郭敦（1932— ），画家。陕西城固人，毕业于西北艺术学院。历任中国名家画院副院长、西安美术家协会副主席、西安中国画院一级美术师。主要作品有《钟馗的威慑》《活捉黑风》《李白的诗韵》《济公的幽趣》等。

J0026934

郭味蕖画集 郭味蕖绘

北京 人民美术出版社 1993 年 重印本 112 页有照片 36cm（6 开） 精装 ISBN：7-102-01146-6

中国现代花鸟画画册，内收作者作品 130 幅。作者郭味蕖（1908—1971），画家。原名忻，后改慰劬、味蕖，曾用别号汾阳王孙等。山东潍坊人，毕业于上海美术专科学校。历任中央美术学院研究部和徐悲鸿纪念馆研究员、中央美术学院中国画讲师、国画系花鸟科主任等。著有《宋元明清画家年表》《中国版画史略》《写意花鸟创作技法十六讲》等。

J0026935

海上十五家中国画集 韩碧池编

上海 上海书画出版社 1993 年 有彩图 37cm 精装 ISBN：7-80512-705-0 定价：CNY160.00

本画册收有刘旦宅、陈家泠、韩天衡等 15 位上海现代画家的作品 150 幅。外文书名：A Chinese Painting Collection of 15 Artists in Shanghai.

J0026936

翰墨明珠书画篆刻作品选（国画、书法、篆刻作品选） 天津艺友书画会等编

天津 天津杨柳青画社 1993 年 149 页 38cm

（6 开） ISBN：7-80503-197-5 定价：CNY72.00

本书收入绘画、书法、篆刻作品共 150 余件。

J0026937

贺焜作品集（图集） 贺焜作

北京 北京工艺美术出版社 1993 年 63 页

26×23cm ISBN：7-80526-114-8

定价：CNY45.00

现代中国画之彩墨画画册。外文书名：Selection of He Kun's Recent Works.

J0026938

赫蒂则·马芳华画册 赫蒂则·马芳华作

兰州 甘肃民族出版社 [1993 年] 29cm（16 开）

ISBN：7-5421-0171-4 定价：CNY28.00

J0026939

黑鬼的扑克牌 吴国全著

武汉 湖北美术 1993 年 28cm（大 16 开）

ISBN：7-5394-0408-6 定价：CNY58.00

本书收有作者绘画作品 50 余幅。作者吴国全（1957— ），画家。湖北武汉人，笔名吴国权、黑鬼等。毕业于湖北美术学院。历任湖北省美术院院外画师、中国美术家协会湖北分会会员。有个人作品展《不此不彼——黑鬼 40 年磨成的剑》。

J0026940

黄宾虹抉微画集 黄宾虹绘；浙江省博物馆编纂

上海 上海书画出版社 1993 年 38cm（6 开）

精装 ISBN：7-80512-780-8 定价：CNY398.00

本画集收黄宾虹国画作品 145 幅，每幅配有局部放大图。

J0026941

黄宾虹山水花鸟集 黄宾虹绘；浙江省博物馆编纂

北京 中国工人出版社 1993 年 37cm（8 开）

精装 ISBN：7-5008-1409-7 定价：CNY288.00

本画集收作者国画精品 251 幅。山水画有《黄山途中》《阳朔纪游》《空谷涛声》《柳阴晚渡》《泰山》等；花鸟画有《墨梅》《水墨花卉》《豆花麦穗》等；山水小品有《卧游画册》《水墨山水画册》等。外文书名：A Collection of Huang Binhong's Painting. 作者黄宾虹（1865—1955），近现代画家。浙江金华人。初名懋质，后改名质，字朴存，号宾虹，别署予向。擅画山水。代表作品有《富春江图轴》《峨眉龙门峡》《松雪诗意图》《花卉四

屏条》《设色山水图》《山居烟雨》等。

J0026942

黄独峰师生画展作品选　黄独峰等绘；吴学斌，黄忠耿编

南宁　广西美术出版社　1993 年　39 页　有肖像　26cm（16 开）　ISBN：7-80582-615-3

定价：CNY26.00

　　本画册收有黄独峰作品 20 幅，及其学生作品 58 幅。作者黄独峰（1913—1998），画家。名山，号榕园，又号五岭老人。广东揭阳人。历任广西艺术学院副院长、教授，中国美术家协会会员、理事，广西美协主席等。代表作品有《百鹤图》《漓江百里图》《富贵寿》等，著有《明清写梅画人传略》《中国之花鸟画》《独峰画集》。

J0026943

黄羲画集　黄羲绘

杭州　中国美术学院出版社　1993 年　184 页　37cm　ISBN：7-81019-255-8　定价：CNY320.00，CNY450.00（精装），CNY600.00（豪华本）

　　现代中国画画册。作者黄羲（1899—1979），画家、美术教育家。原名文清，又名文倩，号大蜚山人，福建仙游人，曾就读于上海美专。执教于上海美专、集美高艺与浙江美术学院。代表作品有《东坡笠屐展》《麻姑》《九州禹迹圆》《警露》《八马》《黄山圆》等。

J0026944

黄志坚画集（龙虬集）　黄志坚绘

广州　岭南美术出版社　1993 年　29cm（16 开）　ISBN：7-5362-0940-1　定价：CNY45.00

　　现代中国画画册。作者黄志坚（1919—1994），画家。别名千问，广东广州人。毕业于香港美术学院和岭南大学文学院。历任广州画院副院长、美术顾问、广州市中国画会会长等。主要作品有《啼叽》《龙虬》等，著有《岭南派的特征》等。

J0026945

纪念毛泽东诞辰一百周年中华当代文化精粹博览会优秀作品集　邹为瑞主编

石家庄　河北科学技术出版社　1993 年　238 页　有彩图　26cm（16 开）　ISBN：7-5375-1192-6

定价：CNY168.00，CNY188.00（精装）

　　1993 年由香港国佳实业有限公司和国内经济、新闻、法律等 30 余家社会团体联合举办了"纪念毛泽东诞辰 100 周年中华当代文化精粹博览会"活动。本画册主要选收这次活动的书画印作品千余幅。

J0026946

纪念毛泽东诞辰一百周年书画集　《纪念毛泽东诞辰一百周年书画集》编辑委员会编

武汉　湖北美术　1993 年　28cm（大 16 开）　ISBN：7-5394-0477-9　定价：CNY65.00

　　本书收有书画作品 170 余幅。

J0026947

纪念周恩来诞辰 90 周年书画作品选集　祝以信主编

合肥　安徽美术出版社　1993 年　26cm（16 开）　ISBN：7-5398-0273-1　定价：CNY35.00

　　本书汇辑了淮安周恩来纪念馆馆藏的部分书画作品。

J0026948

建阳民间工笔画作品选集　建阳民间工笔画院编

杭州　浙江美术学院出版社　1993 年　37 页　有彩照　25×25cm　ISBN：7-81019-254-X

定价：CNY15.00

J0026949

江水沐画集　江水沐绘

福州　福建美术出版社　1993 年　22 页　25×26cm　ISBN：7-5393-0222-4　定价：CNY16.00

（中青年美术家丛书）

　　本画册收作者绘画作品 20 余幅。作者江水沐（1957—　），画家。福建诏安人，笔名江枫。毕业于福建工艺美术学校和中国艺术研究院研究生部。历任福建省美术家协会会员、诏安县美协副主席。主要作品有《屈原》《月朦胧、鸟朦胧》《幽鸟避人穿竹去》《水仙》等。

J0026950

蒋采苹画集　蒋采苹画

天津　天津杨柳青画社　1993 年　26 页　25×26cm　ISBN：7-80503-228-9　定价：CNY19.80

　　现代中国工笔画画册。作者蒋采苹（1934—　），

女，画家。河南开封人，毕业于中央美术学院，留校任教。历任中央美术学院中国画系副教授、工笔画室主任，中国美术家协会会员、中国当代工笔画学会副会长、北京工笔重彩画会副会长。主要作品有《孔雀之歌》《摘火把果的姑娘》《憩》《雪》等，主编有画集《现代重彩画》。

J0026951

蒋兆和作品全集 蒋兆和绘

天津　天津人民美术出版社　1993年　2册　38cm（6开）精装　ISBN：7-5305-0342-1（中国绘画大师作品集）

　　本书收入蒋兆和先生一生各个时期创作的绘画作品200余幅。外文书名：Jiang Zhaohe the Complete Paintings.

J0026952

金峰玉卿画集 丘金峰，丘玉卿绘

汕头　汕头大学出版社　1993年　57页　27cm（大16开）ISBN：7-81036-023-X　定价：CNY26.00

　　现代中国画画册。作者丘金峰（1934—2012），教师。广东潮安县人。毕业于湖北大学法律系。曾任汕头大学副教授，中国法学会民法学、经济法学研究会理事，广东省美术家协会会员。有关画研究作品《黄宾虹研究画集》《宗黄笔墨谈》。

J0026953

康成元书画作品选 康成元书

青岛　青岛出版社　1993年　62页　有彩照　28cm（大16开）ISBN：7-5436-1029-9　定价：CNY48.00

　　作者康成元（1941—　），书法家。字乾初，山东平度人。曾任解放军美术书法研究院书法创作院副院长，中国书法家协会创作委员会委员、艺术发展委员会委员，中国美术家协会会员。著有《康成元书画作品选》《康成元书法作品集》《中国书法家精品集　康成元》《康成元书法集》等。

J0026954

劳实国画集

西安　陕西旅游出版社　1993年　66页　有照片　29cm（16开）ISBN：7-5418-0860-1　定价：CNY68.00

J0026955

黎雄才 梁世雄访日画集 黎雄才，梁世雄绘

广州　广东人民出版社　1993年　106页　35×26cm　精装　ISBN：7-218-01269-8　定价：CNY160.00

　　本画集收有中国画绘画作品71幅。作者黎雄才（1910—2001），国画家、美术教育家。广东肇庆人，毕业于广州烈风美术学校，曾留日习画。历任广州美术学院副院长兼国画系主任、教授、中国美术家协会理事、广州美术学院教授、岭南画派纪念馆馆长。代表作品有《武汉防汛图卷》等，出版有《黎雄才山水画谱》《黎雄才画选》《黎雄才作品欣赏》等画集。作者梁世雄（1933—　），画家。广东南海人，就读于广东省立艺术专科学校，毕业于华南文艺学院美术系。中国美术家协会会员、岭南画派研究室主任、岭南画派纪念馆副董事长、广东省美术家协会常务理事。代表作品有《归渔》《椰林秋晓》《不尽长江滚滚流》等。

J0026956

李爱国国画创意 李爱国绘

沈阳　辽宁美术出版社　1993年　28页　25×26cm　ISBN：7-5314-0986-0　定价：CNY18.00（画家画库　作品与技法）

　　作者李爱国（1958—　），沈阳人。任教于首都师范大学美术学院、北京大学艺术学院。历任中国美术家协会理事、中国美术家协会中国画艺委会委员、首都师范大学美术系副教授等。主要作品有《晨雾》《煤精尺》《一个女人和一个半男人》等。

J0026957

李金亭画集 李金亭绘

北京　中国和平出版社　1993年　30页　26cm（16开）ISBN：7-80037-594-3　定价：CNY12.00

J0026958

李树人画集 李树人绘

深圳　海天出版社　1993年　40页28cm（大16开）ISBN：7-80542-929-4　定价：CNY32.00

　　现代中国画画册。作者李树人（1954—　），国画家、书画家。亦名梁绪人，字一舟，号盖丁。湖南祁东人，毕业于湖南衡阳师院美术系。历任中国书画函授大学副教授、中国美术家协会会

员、国际文艺家协会学术委员、中国民族书画院名誉院长、教授、高级美术师。代表作品有《空谷令》《黑浪》等，出版有《李树人画集》等。

J0026959

岭南画学春秋（广州美术学院中国画系三十八年教师作品集 1953—1993）陈振国主编

广州 岭南美术出版社 1993 年 31×32cm 精装

ISBN：7-5362-1026-4 定价：CNY238.00

作者陈振国（1944— ），教授。湖北汉阳人，毕业于广州美术学院中国画系。历任广州美术学院中国画系主任、教授，广东美协常务理事。

J0026960

刘汉画集 刘汉绘

长沙 湖南美术出版社 1993 年 74 页

38cm（6 开） 精装 ISBN：7-5356-0582-6

定价：CNY160.00

现代中国画画册。外文书名：Fine Art Works of Liu Han. 作者刘汉（1932— ），画家。广东中山人。中央民族大学美术系教授，中国美术家协会会员，现代中国水墨联盟秘书长。主要作品有《红色风暴》《红旗谱》《天女散花》《女娲补天》等。

J0026961

刘继瑛画集 刘继瑛绘

北京 人民美术出版社 1993 年 49 页 26×23cm

ISBN：7-102-00337-4 定价：CNY35.00

现代中国画画册。

J0026962

罗渊诗书画集 罗渊著

广州 岭南美术出版社 1993 年 有照片

28cm（大 16 开） ISBN：7-5362-0627-5

定价：CNY80.00

外文书名：Album of Painting, Calligraphy and Poems by Luo Yuan. 作者罗渊（1961— ），画家、书法家、诗人。广东兴宁人，字清源。就读于中山大学和广州美术学院。历任中国美术家协会会员，中华诗词学会会员、广东省书法家协会理事、广州美术馆特约画家。主要作品有《天地之诞图》《荒原月色》《金汤永固》《永远的钢铁长城》等。

J0026963

吕丁画集（汉英文对照） 吕丁绘

上海 上海书画出版社 1993 年 38cm（6 开）

ISBN：7-80512-008-0 定价：CNY88.00

现代中国画画册。

J0026964

马泉艺画集 新疆美术摄影出版社编

乌鲁木齐 新疆美术摄影出版社 1993 年 68 页

25×26cm ISBN：7-80547-182-7

定价：CNY46.00

现代中国画画册。

J0026965

毛主席纪念堂珍藏画集 徐静主编

北京 新华出版社 1993 年 190 页 36cm（15 开）

精装 ISBN：7-5011-1718-7 定价：CNY182.00

本画册共收毛主席纪念堂珍藏画图片 190 幅。外文书名：Albums of Collection of Paintings of Chairman Mao Memorial Hall.

J0026966

梅云堂藏张大千画 高美庆编辑；何盈懿，黎淑仪译

香港 梅云堂 1993 年 279 页 31cm（10 开）

精装 ISBN：962-7101-24-9

外文书名：The Mei Yun Tang Collection of Paintings by Chang Dai-Chien. 本书与香港中文大学文物馆合作出版。

J0026967

梦章画集 齐梦章绘

北京 人民美术出版社 1993 年 126 页

38cm（6 开） 精装 ISBN：7-102-01318-3

本书收作者 130 幅图画作品。

J0026968

缪法宝画集 缪法宝绘

苏州 古吴轩出版社 1993 年 44 页 25×26cm

ISBN：7-80574-100-X 定价：CNY34.00

本书收有绘画作品 40 余幅。

J0026969

莫立唐画集 莫立唐绘

长沙 湖南美术出版社 1993 年 95 页

36cm（15开）精装 ISBN：7-5356-0581-8
定价：CNY242.00

本书收有绘画作品95幅。

J0026970
宁夏文史研究馆四十年　徐梦麟，孙鸿书主
编；宁夏文史研究馆编
1993年 69页 29cm（16开）

J0026971
彭本人作品集　彭本人绘
长沙 湖南美术出版社 1993年 48页 37cm
精装 ISBN：7-5356-0625-3

现代中国工笔画画册。作者彭本人（1945—　），
编辑。湖南桂阳人。毕业于湖南师范学院美术系。
擅长中国画、连环画。中国美术家协会会员。主
要作品有《中国姑娘》《三十八颗人头》《欧阳海》
《银妆》《两代人》等。

J0026972
莆田书画选集（当代部分）　翁开恩主编；中
国人民政治协商会议福建省莆田县委员会编
福州 福建美术出版社 1993年 134页
25×26cm 定价：CNY138.00

外文书名：Selected Paintings & Calligraphy Artists
of Pu Tian.

J0026973
溥心畬先生书画遗作（上）爱新觉罗·溥儒著
台北 商务印书馆 1993年 208页 有照片
36cm（15开）精装 ISBN：957-05-0752-7
定价：TWD70.00

溥心畬（1896—1972），画家，收藏家。原名
爱新觉罗·溥儒，初字仲衡，后改字心畬，号羲皇
上人，又号西山逸士。为清恭亲王奕訢之孙。生
于北京，就读于法政学堂（后并入清河大学），后
留学德国，在柏林大学获得天文和生物双博士学
位。曾在台湾师范大学及东海大学任教。代表
作品《雪中访友图》，著有《四书经义集证》《毛
诗经义集证》《尔雅释言经证》等。

J0026974
溥心畬先生书画遗作（下）爱新觉罗·溥儒著
台北 商务印书馆 1993年 209-422页
有照片 36cm（15开）精装

ISBN：957-05-0753-5 定价：TWD70.00

J0026975
溥心畬先生书画遗集（上）爱新觉罗·溥儒［绘］
台北 商务印书馆 1993年 14+208页 有肖像
36cm（15开）套 ISBN：957-05-0751-9
定价：TWD70.00

J0026976
溥心畬先生书画遗集（下）爱新觉罗·溥儒［绘］
台北 商务印书馆 1993年 209-422页 有肖像
36cm（15开）套 ISBN：957-05-0751-9
定价：TWD70.00

J0026977
青岛啤酒厂珍藏当代名家画集　张金川主编
青岛 青岛出版社 1993年 160页 有彩照
26cm（16开）ISBN：7-5436-0974-6
定价：CNY108.00

本书共收入青岛啤酒厂收藏的当代名画家
作品160幅。外文书名：An Album of Paintings
by Famous Artists of Present Age Collected by
Tsingtao Brewery.

J0026978
青山红楼　张法汀作
杭州 浙江人民美术出版社 1993年 1张
106×77cm 定价：CNY2.70

现代中国画作品。

J0026979
清风书画（全国监察系统书画作品集）　全国
监察系统书画展领导小组编
北京 中国方正出版社 1993年 158页
29cm（16开）精装 ISBN：7-80107-008-9
定价：CNY65.00

J0026980
趣墨　杨新主编；来者绘
北京 紫禁城出版社 ［1993年］95页
29cm（16开）精装 ISBN：7-80047-209-4

现代中国水墨画作品集，兼有现代中国画的
绘画评论。绘者来者，画家。原名刘庆书。生于
吉林长春。曾于四川美术学院进修西画。主要
作品有《日出》等。

J0026981

全国书画集邮珍品集 宋明水主编

西安 陕西人民美术出版社 1993 年 134 页 有彩
照 29cm（16 开）精装 ISBN：7-5368-0591-8
定价：CNY120.00

　　本书收有邵宇、赵望云、何霞等的书画作品
120 幅。

J0026982

饶宗颐书画 饶宗颐绘

广州 岭南美术出版社 1993 年 156 页 有照片
32cm（10 开）精装 ISBN：7-5362-0999-1
定价：CNY320.00

　　作者饶宗颐（1917—2018），著名史学家、语
文学家、画家。生于广东潮安，祖籍广东潮州。
字固庵、伯濂、伯子，号选堂。曾任香港中文大
学中文系荣休讲座教授，香港大学、北京大学、
南京大学等校名誉教授。代表作品有《敦煌书法
丛刊》《殷代贞卜人物通考》《词集考》等。

J0026983

三友书画集 杨伟等绘

沈阳 辽宁美术出版社 1993 年 58 页 24×26cm
ISBN：7-5314-1018-4 定价：CNY38.00

　　本书收杨伟、王岩、刘世业 3 人的书法、中
国画作品。

J0026984

师魂颂（书画集）汪介培主编

济南 山东友谊出版社 1993 年 2 册（125；242
页）26cm（16 开）精装 ISBN：7-80551-583-2
定价：CNY168.00（合计）

　　本书分书法卷和中国画卷两册，共收入海内
外著名书画家来稿823件，其中港、澳、台来稿
66件，国外来稿29件。

J0026985

诗书画丛刊（第三辑）秦岭云，刘北汜主编；
中央文史研究馆编辑

北京 紫禁城出版社 1993 年 52 页 有彩图
26cm（16 开）ISBN：7-80047-183-7
定价：CNY8.00

　　作者秦岭云（1914—2008），画家，教育家。
曾用名维新等。画室堂号五瓜草堂、闻鸡楼，字
岭云。生于河南汲县（今卫辉市）。曾在北平国立

艺术专科学校绘画系和湖南沅陵国立艺专学习。
历任中央美术学院、人民美术出版社从事国画创
作研究。出版有《现代山水画集》《秦岭云写生
山水画集》《秦岭云山水作品》《写意山水画技
法》等。

J0026986

世界满族书画大展（第一届一九九三年）台
湾满族协会主办

台北 台湾满族协会 1993 年 184 页
30cm（10 开）精装

J0026987

首届全国法院书法绘画展选集［林准主编］

北京 人民美术出版社 1993 年 153 页
29cm（16 开）精装 ISBN：7-102-01276-4
定价：CNY54.00

　　现代中国画画册。

J0026988

舒益谦画选 舒益谦绘

苏州 古吴轩出版社［1993 年］36 页 26×25cm
精装 ISBN：7-80574-019-4 定价：CNY24.00
（当代吴门画库）

　　本画集收图 300 幅图，共 10 集。外文书名：
Selected Works of Shu Yiqian. 舒益谦（1941—　），
画家。生于上海，祖籍江西德兴。中国美术家协
会江苏省分会会员、苏州市美术协会会员、苏州
吴门画苑创作室专职画师、美国以及英国丙烯画
协会高级会员。主要作品有《秋韵》《老树》《金
秋》《雨后》《晨曲》等。

J0026989

松鹤遐龄 松林，青柳作

杭州 浙江人民美术出版社 1993 年 1 张
106×77cm 定价：CNY2.70

　　现代中国画作品。

J0026990

宋省予画集 宋省予绘

福州 福建美术出版社 1993 年 125 页
34cm（10 开）ISBN：7-5393-0217-8
定价：CNY168.00，CNY228.00（精装）

　　本书收花鸟画家的国画、书法及篆刻作品。
作者宋省予（1909—1966），画家、教育家。原名

连庆，字廉卿，号红杏主人。福建上杭人。曾任福建师范学院图画教师、中国美术家协会会员。代表作品有《岩壑春光》《母子依依》《万寿图》《稻熟鸭肥》等。出版《宋省予花鸟技法讲座》《宋省予画集》。

J0026991

苏友中画集 苏友中绘
北京　文津出版社　1993 年　58 页　25×25cm
ISBN：7-80554-197-3　定价：CNY28.00
　　本画册共收中国画作品 50 余幅。外文书名：Collection of Paintings of Su Youzhong. 苏友中（1940—　），国画家，生于北京，师从国画大师李苦禅。国家一级美术师、中国美术家协会会员、孔子中国画院名誉院长、曼谷中国画院特聘顾问、中原书画研究院高级艺术顾问。出版有《苏友中画集》《苏友中水墨技法》等。

J0026992

孙大贵中国画集 孙大贵绘
南京　东南大学出版社　1993 年　65 页　有彩照
24×24cm　ISBN：7-81023-688-1
定价：CNY30.00

J0026993

田万荣书画篆刻集 田万荣作
北京　外文出版社　1993 年　56 页　有彩照
25×26cm　ISBN：7-119-01573-7
定价：CNY68.80
　　本书收入中国画绘画作品 43 幅；书法作品10 幅；篆刻作品 4 幅。外文书名：A Collection of Tian Wanrong's Paintings, Calligraphy and Seal Cuttings. 作者田万荣（1953—　），画家。生于河北张家口，毕业于中央工艺美术学院。历任中华全国青年联合会委员、中国美术家协会会员、中华炎黄书画院画家。出版有《书画篆刻作品集》《彩墨丹青书画作品集》。家。

J0026994

田源作品集 田源绘
武汉　湖北美术　1993 年　25×26cm
ISBN：7-5394-0400-0　定价：CNY35.00
　　现代中国画画册。作者田源（1960—　），仡佬族，画家。贵州贵阳人，毕业于中国美术学院，并留校任教。历任中国美术学院中国画系花鸟

专业教授、教研室主任，浙江中国花鸟画家协会理事、浙江省美术协会会员。作品有《霜叶红于二月花》《田源作品集》《意笔花鸟画临习参考资料——禽鸟》。

J0026995

万盘根画集 万盘根绘
北京　人民美术出版社　1993 年　58 页　28cm
（16 开）ISBN：7-102-01297-7　定价：CNY42.00
　　外文书名：The Works of Chinese Painter Wan Pangen.

J0026996

汪稼华南极画集（中国第一位去南极的国画家）汪稼华绘
济南　山东美术出版社　1993 年　47 页　24×26cm
ISBN：7-5330-0644-5　定价：CNY52.00
　　作者汪稼华（1940—　），画家、教授。山东烟台人。又名六升，号湛上台主、南村画史。历任青岛画院画家、副教授。

J0026997

王佳楠蔡小丽画集 王佳楠，蔡小丽绘
北京　人民美术出版社　1993 年［160 页］
26×23cm　ISBN：7-102-01157-1
　　现代中国画画册，中英文本。外文书名：Chinese Paintings by Wang Jianan and Cai Xiaoli. 作者王佳楠（1955—　），又名屯子，山东人，旅英画家。作者蔡小丽（1956—　），女，画家。生于西安，祖籍福州。毕业于中央美术学院。出版有《王佳楠、蔡小丽画集》《论东方美术教程》等。

J0026998

王俊作品集（1992）
北京　人民美术出版社　1993 年　93 页
29cm（16 开）精装　ISBN：7-102-01199-7
定价：CNY105.00
　　现代中国画画册。

J0026999

王平书画集 王平著
西安　陕西人民美术出版社　1993 年　103 页
有彩照 26cm（16 开）ISBN：7-5368-0323-0
定价：CNY13.50

本书分为名人题词、绘画作品、甲骨钟鼎篆书法作品及隶、行、硬笔书法作品等。作者王平（1956— ），任职于解放军某部，中国当代硬笔书法家协会、中国现代青年硬笔书法家协会、中国书画家东方联谊会常务理事，现代汉字硬笔书法学会副秘书长。

J0027000

王盛烈画集 王盛烈绘

沈阳 辽宁美术出版社 1993年 109页

有彩照 25×25cm ISBN：7-5314-0998-4

定价：CNY70.00

本画册共收现代中国画作品60余幅。作者王盛烈（1923—2003），水墨画家。号橐子，祖籍山东青州。曾任鲁迅美术学院副院长、终身荣誉教授，中国美术家协会会员、中国美术家协会常务理事、辽宁中国画研究会会长、同泽书画研究院院长、沈阳市政协常委。代表作品有《悠悠天池水》《除却巫山不是云》《家乡的孩子》等。

J0027001

王四海画集 王四海绘

北京 教育科学出版社 1993年 46页 有照片

26cm（16开） ISBN：7-5041-1193-7

定价：CNY30.00

外文书名：Selected Paintings of Wang Sihai.

J0027002

王仙圃画集 王仙圃绘

哈尔滨 黑龙江美术出版社 1993年 50页

25×27cm ISBN：7-5318-0184-1

定价：CNY29.00

现代中国画画册。

J0027003

王学才国画集 王学才绘

成都 西南交通大学出版社 1993年 26×26cm

ISBN：7-81022-649-5 定价：CNY28.00

（当代中青年美术家 花鸟·山水册）

外文书名：Mr.Wang Xuecai's Selected Works in Chinese Traditional Painting. 作者王学才（1937— ），四川井研人，历任峨眉山市美协副主席、山东国画书画院名誉院长、乐山大佛画院名誉院长、峨眉山画院艺术顾问等职。出版有《王学才国画集》。

J0027004

王仲清画集 王仲清绘

上海 上海人民美术出版社 1993年 49页

26×23cm ISBN：7-5322-1228-9

定价：CNY40.00

外文书名：Album of Wang Zhongqing.

J0027005

威震群交山 何业琦作

杭州 浙江人民美术出版社 1993年 1张

106×77cm 定价：CNY2.70

现代中国画作品。

J0027006

吴凤之 吴凤缘兄妹书画集 吴凤之，吴凤缘画

北京 人民中国出版社 1993年 78页

26cm（16开） ISBN：7-80065-497-4

定价：CNY［28.00］

本画册收有吴凤之书法作品40余幅，吴凤缘绘画作品20余幅。

J0027007

吴燃书画集 吴燃绘

合肥 安徽美术出版社 1993年 25×26cm

ISBN：7-5398-0245-6 定价：CNY30.00

现代中国画画册。外文书名：The Painting and Calligraphy of Wu Ran. 作者吴燃（1928— ），美术家。安徽萧县人。历任部队文工团员、美术编辑、创作员等，中国美术家协会会员、中国版画家协会理事、天津美术家协会副主席、天津画院一级美术师。主要作品有《汲水》《下岗》《沃野》《山涧秋色》《长天秋水》《井台》等。

J0027008

伍揖青工笔画集 伍揖青编绘

台北 艺术图书公司 1993年 131页 26cm（16开）

外文书名：Ng Yi-ching's Selected Fine-line Paintings of Flowers and Birds.

J0027009

乡情书画集 郑永华主编

济南 山东美术出版社 1993年 36页 24×25cm

ISBN：7-5330-0624-0 定价：CNY28.00

本画集收入山东德州籍画家，或曾在德州工作过的书画家的作品。内容分为书法、中国画、

篆刻 3 部分。

J0027010

萧焕画选（汉英对照）萧焕作

西安 陕西人民美术出版社［1993 年］

29cm（16 开）ISBN：7-5368-0319-2

定价：CNY16.80

J0027011

心迹（陈永锵画集）陈永锵绘；李伟铭编辑

广州 岭南美术出版社 1993 年 141 页

35cm（15 开）精装 ISBN：7-5362-0961-4

　　现代中国画册，中英文本。外文书名：My Mind. 作者陈永锵（1948—　），画家。生于广州，祖籍广东南海西樵，毕业于广州美术学院国画系研究生班。历任广州市文化局副局长兼广州画院院长、广东美术家协会副主席、中国国家画院研究员、岭南画派纪念馆名誉馆长等。作品有《南天开阔好纵横》《南粤雄风》《岭南花》《雄姿英发》。

J0027012

许怀华画集　许怀华绘

苏州 古吴轩出版社 1993 年 43 页 25×26cm

ISBN：7-80574-105-0 定价：CNY34.00

　　现代中国画画家画册。

J0027013

许小峰画集　许小峰绘

天津 天津杨柳青画社 1993 年 25×25cm

ISBN：7-80503-249-1 定价：CNY12.80

　　现代中国工笔画画集。作者许小峰（1937—　），女，济南画院高级画师，山东美术家协会会员。

J0027014

彦涵中国画集　彦涵绘

北京 外文出版社 1993 年 150 页 38cm（6 开）

精装 ISBN：7-119-01668-7

　　本书收有作者国画作品 150 幅。外文书名：Traditional Chinese Paintings by Yanhan. 作者彦涵（1916—2011），版画家、美术教育家。江苏连云港人。中央美术学院教授、中国美术家协会艺术委员会主任。出版有《彦涵版画》《彦涵画集》《彦涵中国画集》《文学之画》等。

J0027015

杨先让、张平良彩绘选　杨先让，张平良绘

北京 三联书店 1993 年 138 页 有彩照

26cm（16 开）精装 ISBN：7-108-00600-6

定价：CNY118.00

　　本画册收作者夫妻 2 人的画作 60 余幅。外文书名：Selected Color Paintings of Yang Xianrang, Zhang Pingliang. 作者杨先让（1930—　），任中央美术学院教授、中国民间美术学会常务副会长、文化部美术专业人员高级职务评审委员会委员等。作者张平良（1933—　），女，编辑。人民美术出版社编审、中国美术家协会会员、北京工笔重彩画会会员。

J0027016

杨延文画集　杨延文绘

北京 人民美术出版社 1993 年 37cm 精装

ISBN：7-102-01147-4

　　现代中国画画册。作者杨延文（1939—　），国家一级美术师。河北深县人，毕业于北京艺术学院美术系。历任北京画院艺术委员会主任、中国美术家协会理事、中国美术家协会中国画艺术委员会委员等职。代表作品有《杨延文中国山水画集》《杨延文近作》《清水出芙蓉——杨延文画集》。

J0027017

叶枫中国画　叶枫绘

北京 中国电影出版社 1993 年 24 页 有彩照

28cm（大 16 开）ISBN：7-106-00995-4

定价：CNY19.80

　　作者叶枫（1917—　），原名宋宗艺，音乐家及美术爱好者。

J0027018

尹默画集　尹默绘

石家庄 河北美术出版社 1993 年 38 页

25×26cm ISBN：7-5310-0579-4

定价：CNY58.00

　　现代中国画画册。外文书名：The Album of Yinmo. 作者尹默（1942—　），河北沧州人，中国美术家协会会员、河北省美术家协会理事等。

J0027019

迎客松　胡承斌，胡山寅作

杭州　浙江人民美术出版社　1993 年　1 张
106 × 77cm　定价：CNY2.70
　　　现代中国画作品。

J0027020
幽居集（杨善琛作品选）杨善琛作
台北　艺术图书公司 1993 年 183 页 35cm（15 开）
精装　ISBN：957-672-078-8 定价：TWD1800.00

J0027021
余任天　余任天作
北京　北京科学技术出版社　1993 年　14 页
38cm（6 开）精装　ISBN：7-5340-0397-0
定价：CNY200.00
　　　现代中国画画册。作者余任天（1908—1984），
画家。曾用名栎年，字天庐，居室名任、归汉室
等，浙江诸暨人。代表作品有《天庐画谈》《历代
书画家补遗》《陈老莲年谱》。

J0027022
余任天　余任天画
杭州　浙江人民美术出版社　1993 年　142 页
有照片 37cm 精装　ISBN：7-5340-0397-0
定价：CNY200.00

J0027023
鱼仙子画集　鱼仙子绘
济南　山东美术出版社　1993 年　18 页　26cm
（16 开）ISBN：7-5330-0700-X 定价：CNY8.80
　　　现代中国画画册。作者鱼仙子（1961—　），
原名李明纯，中国美术家协会会员。

J0027024
增城挂绿　罗兆荣编著
广州　广东人民出版社　1993 年　132 页　有照片
20cm（32 开）ISBN：7-218-01251-5
定价：CNY18.00
　　　现代中国画画册。作者罗兆荣（1935—　），
笔名箫韵，号箫韵书巢主人。广州市增城广播电
视大学校长、成人中等专业学校校长、中华诗词
学会会员等。

J0027025
张介民绘画与摄影作品选　张介民著；张荫主
编

杭州　浙江美术学院出版社　1993 年　96 页
有照片 29cm（16 开）ISBN：7-81019-220-5
定价：CNY48.00
　　　外文书名：Zhang Jiemin's Selections of Paintings
and Photos.

J0027026
张雷平画集　张雷平绘
上海　上海书画出版社　1993 年　80 页　25 × 26cm
精装　ISBN：7-80512-761-1 定价：CNY88.00
　　　现代中国画画册。外文书名：A Collection
of Zhang Leiping's Painting.

J0027027
张朋画集（中英文本）
济南　山东美术出版社　1993 年　86 页
28cm（大 16 开）精装　ISBN：7-5330-0598-8
定价：CNY70.00
　　　现代中国画画册。外文书名：A Collection
of Paintings by Zhang Peng.

J0027028
张侠国画选
1993 年　48 页 29cm（16 开）
　　　作者张侠，女，中国美术家协会上海分会会
员，主攻工笔花鸟画。

J0027029
张宇诗书画　张宇绘
郑州　河南美术出版社　1993 年　142 页　有插图
26cm（16 开）ISBN：7-5401-0236-5
定价：CNY18.60
　　　作者张宇，字襄六，号赤云子、奇清逸士，
河南省教育书画协会秘书长，河南省中国画研究
院、河南诗词学会理事。

J0027030
张玉民画集　张玉民绘
西安　陕西人民美术出版社　1993 年　25 × 26cm
ISBN：7-5368-0578-0 定价：CNY11.80
（画家丛书）
　　　现代中国画画集。作者张玉民（1941—　），
画家、国家一级美术师。陕西富平人。历任西安
中国画院高级画师、西安美协国画研究室研究
员。出版有《张玉民画集》。

J0027031

赵建源画集 赵建源绘

济南 山东美术出版社 1993年 34页 25×26cm

ISBN：7-5330-0747-6 定价：CNY24.00

现代中国画画册。作者赵建源（1940— ），山东美术出版社副编审、编辑室主任、中国工艺美术学会会员、中国工艺美术理论研究会理事。

J0027032

赵泰来画集（第二辑）赵泰来绘；唐理奎主编

南京 江苏美术出版社 1993年 61

26cm（16开）精装 ISBN：7-5344-0281-6

J0027033

浙江省文史研究馆馆员书画集 浙江省文史研究馆编

杭州 浙江人民美术出版社 1993年 86页 28cm（大16开）精装 ISBN：7-5340-0340-7

定价：CNY80.00

J0027034

郑玉崑画选 郑玉崑绘；黎辛主编

西安 陕西人民美术出版社 1993年 53页 28cm（大16开）ISBN：7-5368-0542-X

定价：CNY55.00，CNY95.00（精装）

现代中国画画册。作者郑玉崑（1929— ），画家。河南登封人。毕业于鲁迅美术学院。中国美术家协会会员、河南美协常务理事、河南山水画会会长。

J0027035

中国当代著名书画家作品集 王俊义主编

北京 今日中国出版社 1993年 120页 25×26cm 精装 ISBN：7-5072-0604-1

定价：CNY70.00

J0027036

中国交通系统书画展作品选集 杨战生，董永鑫主编

1993年 131页 28cm（大16开）

J0027037

中国现代水墨画六人集 田黎明等绘

太原 北岳文艺出版社 1993年 72页 25×26cm

ISBN：7-5378-0805-8 定价：CNY25.00

本画册收有田黎明、申少君、张羽、王彦萍、刘进安、赵际溧的作品共60余幅。外文书名：Six Chinese Contemporaries' Ink and Wash Paintings. 作者田黎明（1955— ），画家。生于北京，祖籍安徽合肥。中国艺术研究院博士生导师，中国艺术研究院副院长、研究生院院长、中央美术学院学术委员、中国画艺委会委员、北京市美协理事。代表作品有《自然的阳光》《正午的阳光》等。

J0027038

中国新文人画集 外文出版社等编辑

北京 外文出版社 1993年 26页 25×26cm

ISBN：7-119-00005-5 定价：CNY20.00

外文书名：Album of Contemporary Chinese New Literati's Painting.

J0027039

中南海珍藏画集（第一卷 volume 1）中南海画册编辑委员会编辑

北京 西苑出版社 1993年 240页 38cm（8开）

精装 ISBN：7-80108-000-9 定价：CNY480.00

本书收有齐白石、张大千、刘大为等著名书画家的作品240幅。外文书名：Paintings from Zhongnanhai's Collection.

J0027040

中南海珍藏画集（第二卷）杨宪金主编；中南海画册编辑委员会编辑

北京 西苑出版社 1994年 215页 39cm（8开）

精装 ISBN：7-80108-017-3 定价：CNY480.00

本卷收有绘画作品215幅。

J0027041

中南海珍藏画集 杨宪金主编

北京 西苑出版社 1999年 2册（456页）37cm

精装 ISBN：7-80108-000-9 定价：CNY1580.00

（中南海珍藏书画系列）

本画册收录了名震四海的书画大师齐白石、黄宾虹等人的杰作，也有当代德高艺厚的中国画大师吴作人、李可染、傅抱石等诸家的作品。

J0027042

钟开天线描集 钟开天绘

昆明 云南民族出版社 1993年 17×19cm

ISBN：7-5367-0752-5 定价：CNY10.00

外文书名：Zhong Kaitian's Line Drawing Collection. 作者钟开天（1942— ），画家。历任中国美术家协会会员、云南新闻美协副会长、云南民族画院副院长。代表作品有《绿色瑰宝》《山花烂漫》《江山多娇图》等。

J0027043

钟孺乾画集（1990—1992）钟孺乾绘
武汉 湖北美术出版社 1993 年 19 页 25×26cm
ISBN：7-5394-0396-9 定价：CNY14.00

现代中国彩墨画册。作者钟孺乾（1950— ），画家。生于湖北，毕业于解放军艺术学院。历任武汉画院画家、中国美术家协会会员、中国书法家协会会员。出版有《钟孺乾画集》《绘画迹象论》《水墨变象》等。

J0027044

钟正川画集 钟正川绘
北京 人民美术出版社 1993 年 177 页
27×24cm 精装 ISBN：7-102-01290-X

本书收作者 80 幅图画作品。

J0027045

周凤羽诗书画印集 周翰庭作
济南 山东友谊书社 1993 年 26cm（16 开）
ISBN：7-80551-501-8 定价：CNY12.00

作者周翰庭（1918— ），字凤羽，又字天倪，晚号厚翁。历任曲阜市文学艺术界联合会顾问、孔子故里书画院名誉院长等。出版有《周凤羽诗书画印集》。

J0027046

周永家画集 周永家画
青岛 青岛出版社 1993 年 99 页 35cm（15 开）
精装 ISBN：7-5436-0968-1 定价：CNY188.00

本书收入作者绘画作品 99 幅。

J0027047

"创汇杯"书画大赛优秀作品选 林心华主编；福建省对外经济贸易委员会编
福州 海潮摄影艺术出版社［1994 年］58 页
29cm（16 开）ISBN：7-80562-219-1
定价：CNY40.00

J0027048

'93 中国西部民族风俗画大展获奖作品集
王少华，胡之德主编
兰州 甘肃人民美术出版社 1994 年 84 页
28cm（大 16 开）ISBN：7-80588-065-4
定价：CNY85.00

外文书名：The Exhibition of Genre Paintings of Nationalities in Western China.

J0027049

'94 新铸联杯中国画·油画获奖作品集 沈纪主编
沈阳 辽宁美术出版社 1994 年 206 页
25×26cm 精装 ISBN：7-5314-1201-2
定价：CNY120.00

J0027050

白浪画集 白浪绘
武汉 湖北美术出版社 1994 年 71 页 25×26cm
ISBN：7-5394-0507-4 定价：CNY80.00

本书收有作者《秋山》《紫藤》《罗马大教堂》等 71 幅中国画作品。外文书名：Collection of Paintings by Bai Lang.

J0027051

北京画家名鉴（画册）北京市文物公司编
北京 荣宝斋出版社 1994 年 167 页
26cm（16 开）精装 ISBN：7-5003-0226-6
定价：CNY98.00

本书收集北京地区 167 位画家的作品，并附有画家的个人简历、艺术道路以及绘画风格。

J0027052

碧海墨韵 海军老干部活动中心编
北京 海潮出版社 1994 年 104 页 25×26cm
ISBN：7-80054-582-2

J0027053

蔡勇书画集 蔡勇绘
北京 中国连环画出版社 1994 年 36 页
25×26cm ISBN：7-5061-0626-4
定价：CNY20.00

收书画作品近 40 幅。外文书名：Album of Painting of Cai Yong.

J0027054

蔡志坚画集〔汉英对照〕蔡志坚绘
南京 江苏美术出版社 1994年 41页 25×26cm
软精装 ISBN：7-5344-0405-3 定价：CNY38.00
　　现代中国画画册。作者蔡志坚（1938— ），
画家，教授。江苏泰兴人，毕业于南京艺术学院。
历任江苏省科普美术家协会副理事长、南京工业
大学艺术学院教授、徐悲鸿画院副院长、江苏省
文史研究馆馆员等职。出版有《蔡志坚画集》《蔡
志坚新画》《建筑装饰美术》《蔡志坚嘲集》等。

J0027055

苍松书画作品选集 苍松书画作品选集编委会编
北京 解放军出版社 1994年 98页 28cm（大16开）
ISBN：7-5065-2367-1 定价：CNY48.00

J0027056

曾良奎画集 曾良奎作
1994年 55页 30cm（10开）
　　现代中国画画册。

J0027057

曾葳画集 曾葳绘
北京 荣宝斋出版社 1994年 25×26cm
ISBN：7-5003-0235-5 定价：CNY30.00
　　现代中国画画册。外文书名：Zeng Wei's
Painting Selection.

J0027058

查加伍白描江湖百业图 蒋敬生文；查加伍绘
武汉 湖北美术出版社 1994年 108页 29cm
（16开）ISBN：7-5394-0509-0 定价：CNY28.00
　　现代中国画白描作品。作者查加伍（1950— ），
编辑。别名穆明、三夷。湖北京山人，毕业于湖
北美术学院师范系。曾在湖北人民出版社、京
山县文化馆工作。历任湖北美术出版社副社长、
美术副编审，湖北美协连环画、插图艺委会副主
任。代表作品有《战斗的历程》《乱世风云》《苦
肉记》等。

J0027059

陈炳佳画集 陈炳佳绘
广州 岭南美术出版社 1994年 54页
28cm（大16开）ISBN：7-5362-1130-9
定价：CNY46.00

现代中国画画册。作者陈炳佳（1964— ），
画家。湖南临湘人。历任广州军区美术书法研
究院副院长、国家二级美术师。作品有《潇湘风
流》《潇湘风流》等。出版有《陈炳佳画集》《天
象苍茫·陈炳佳水墨系列集》《二十一世纪有影响
力的画家个案研究·陈炳佳》《画梦依稀·陈炳佳》。

J0027060

陈传若画集 陈传若绘
广州 广东旅游出版社 1994年 51页 25×25cm
ISBN：7-80521-523-5 定价：CNY38.00
　　现代中国画画册。作者陈传若（1939— ），
画家。广东潮安县庵埠镇人，中国翰墨文化促进
会会员、广东美术家协会潮州支会会员。

J0027061

陈大章画集 陈大章绘
北京 人民中国出版社 1994年 129页 29cm
（16开）ISBN：7-80065-496-6 定价：CNY68.00
　　现代中国画作品。

J0027062

陈辉光画集 陈辉光绘
上海 上海书画出版社 1994年 91页 37cm 精装
ISBN：7-80512-003-X 定价：CNY160.00
　　现代中国画画册。作者陈辉光（1939— ），
上海人，工艺美术师。

J0027063

陈佩秋书画集 陈佩秋绘
上海 上海人民美术出版社 1994年 38cm（6开）
精装 ISBN：7-5322-1258-0 定价：CNY185.00
　　作者陈佩秋（1922— ），女，现代中国画花
鸟画画家。河南南阳人。字健碧，室名秋兰室、
高华阁、截玉轩。毕业于国立艺术专科学校。历
任上海大学美术学院兼职教授、上海中国画院画
师、中国美术家协会会员。主要作品有《天目山
杜鹃》《水佩风裳》《红满枝头》。

J0027064

陈元勋画集 陈元勋绘
广州 新世纪出版社 1994年 30页 25×25cm
ISBN：7-5405-1149-4 定价：CNY38.00
　　本书内收有作者作品30幅。

J0027065
传法中国画集 屠传法绘
上海 上海书店 1994 年 80 页 25×26cm
ISBN：7-80569-956-9 定价：CNY34.00
　　现代中国画作品。

J0027066
崔君沛画集 崔君沛绘
上海 上海书店 1994 年 25×26cm
ISBN：7-80569-955-0 定价：CNY28.00
　　现代中国画画册。作者崔君沛（1950—2008），
画家。广东番禺人。曾任上海人民美术出版社
专职画家、中国美术家协会上海分会会员、上海
老城厢书画会副会长、中国艺术研究院特邀书画
师等。出版有《三国人物绣像》《崔君沛画集》《红
楼人物册》《李自成·清兵入塞》《南原激战》等。

J0027067
戴畅中国画集 戴畅绘
西安 陕西人民美术出版社 1994 年 有照片
25×26cm ISBN：7-5368-0639-6
定价：CNY11.80

J0027068
戴维祥画集 戴维祥绘
合肥 安徽美术出版社 1994 年 71 页 36×26cm
ISBN：7-5398-0334-7
定价：CNY58.00, CNY68.00（精装）
　　现代中国画画册。外文书名：A Collection of
Paintings of Dai Weixiang. 作者戴维祥（1936—　），
舞美设计师，画家。笔名云山，安徽南陵人，毕
业于安徽省艺术专科学校。毕业后于安徽省黄
梅戏剧院任职，国家二级舞美设计师、中国舞美
协会会员、安徽省诗书画研究会顾问。出版有《戴
维祥画集》和《戴惟祥画集》等。

J0027069
单柏钦画集 单柏钦绘
广州 岭南美术出版社 1994 年 156 页 37cm（8 开）
精装 ISBN：7-5362-1137-6 定价：CNY250.00
　　现代中国画画册。

J0027070
当代书画家福寿作品大观 杨嘉树，张天心
主编

北京 国际文化出版公司 1994 年 414 页
26cm（16 开） 精装 ISBN：7-80105-157-2
定价：CNY80.00

J0027071
当代炎黄书画精萃（中英文本） 林凡主编
济南 齐鲁书社 1994 年 170 页 42cm（8 开）
精装 ISBN：7-5333-0443-8 定价：CNY368.00
　　外文书名：Masterpieces of Contemporary Chinese
Paintings and Calligraphy.

J0027072
当代中国画精粹（1949—1994） 郭明华编著
北京 国际文化出版公司 1994 年 36×27cm
ISBN：7-80105-142-4 定价：CNY380.00
　　外 文 书 名：The Cream of Contemporary
Chinese Paintings.

J0027073
当代中国乡村田园画集 栾禄璋主编；中国乡
村田园画会编辑
沈阳 辽宁美术出版社 1994 年 102 页
28cm（大 16 开） ISBN：7-5314-1129-6
定价：CNY48.00
　　本书收有当代乡村田园绘画作品 102 幅。

J0027074
杜巽画集
杭州 中国美术学院出版社 1994 年 48 页
有照片 37cm 精装 ISBN：7-81019-318-X
定价：CNY120.00
　　现代中国水墨画画册。

J0027075
段贯之书画集 段贯之绘
南宁 广西美术出版社 1994 年 25×27cm
ISBN：7-80582-751-6 定价：CNY56.80
　　外文书名：Calligraphies and Paintings of Duan
Guanzhi.

J0027076
樊一波画集 樊一波绘
昆明 云南美术出版社 1994 年 58 页
25×26cm ISBN：7-80586-134-X
定价：CNY68.00, CNY88.00（精装）

现代中国画之彩墨画画册。作者樊一波,女,教师。历任昆明市教育学院艺术教研室副主任、昆明市教委教研室美术教学研究人员、云南省美术教育学会副会长。

J0027077

冯大中精品集 冯大中绘

北京 中国世界语出版社 1994年 71页

25×26cm ISBN:7-5052-0153-0

现代中国画画册。外文书名:Selected works of Feng Dazhong. 作者冯大中(1949—),画家。号伏虎草堂主人。中国美术家协会会员、中国工笔画学会理事、中国画学会副会长、中国美术家协会理事、辽宁省美协副主席、国家一级画家。代表作品有《苏醒》《早春》《天地玄黄》《高山景行》。

J0027078

冯增木画集 冯增木绘

济南 山东友谊出版社 1994年 45页 26cm(16开)

ISBN:7-80551-685-5 定价:CNY25.80

现代中国画画册。作者冯增木(1950—),书画家。字森林,号敬斋斋主人,斋号敬斋画室。出生于山东泰安。历任山东省工艺美术研究所副所长、工艺美术师兼山东省工艺美术总店经理,山东画院画师、中国工艺美术学会会员、中国美术家协会山东分会会员。

J0027079

抚鹤堂藏张朋画集 张朋绘

青岛 青岛出版社 1994年 100页 36cm(15开)

精装 ISBN:7-5436-1277-1 定价:CNY198.00

J0027080

傅小石左笔画集 傅小石绘

上海 上海人民美术出版社 1994年 26×23cm

ISBN:7-5322-1327-7 定价:CNY68.00

本书收有书画作品60幅。作者傅小石(1932—2016),国画家。曾用名傅益筠,江西新余人,傅抱石先生长子。江苏省美术馆专业画家、南京市残疾人协会主席、一级美术师、中国美协会员、江苏省残联理事、美国世界名人研究院特邀顾问。代表作品有《梁楷》《布袋和尚》《山鬼》《傅小石工笔画集》。

J0027081

甘肃日报收藏书画集(1949—1994) 甘肃日报收藏书画集编辑委员会编

兰州 甘肃人民美术出版社 1994年 192页

29cm(16开) ISBN:7-80588-062-X

定价:CNY98.00

本书画集出版是为纪念甘肃日报创刊45周年。

J0027082

顾翼画集 顾翼绘

上海 上海人民美术出版社 1994年 29×22cm

精装 ISBN:7-5322-1341-2 定价:CNY85.00

现代中国画作品。

J0027083

归侨林应扬国画选 林应扬绘

广州 中山大学出版社 1994年 61页 26×26cm

ISBN:7-306-00866-8 定价:CNY42.00

本书收有绘画作品60余幅。

J0027084

郭西河画集 郭西河绘

沈阳 辽宁美术出版社 1994年 93页 有彩图

36cm(15开) 精装 ISBN:7-5314-1013-3

定价:CNY170.00

现代中国画画册。作者郭西河(1917—1995),画家、教授。字伴云,浙江绍兴人,毕业于北平国立艺术专科学校国画专业。中国美术家协会会员、辽宁中国画研究会副会长、沈阳鲁迅美术学院教授。作品有《月季花》《山里红》《百花齐放》等。

J0027085

郭银土国画小品集 郭银土绘

福州 海潮摄影艺术出版社 1994年 79页

21×19cm ISBN:7-80562-221-3

定价:CNY26.00,CNY38.00(精装)

作者郭银土(1945—),回族,画家、书法家。福建惠安人,毕业于四川大学。历任新华社福建分社记者、《福建商报》总编辑、中国工笔画学会福建工笔画写生与创作基地主任、中国徐悲鸿画院副院长等。出版有《郭银土画集》等。

J0027086

海上画家书法作品选 韩碧池编

上海　上海书画出版社　1994 年　39cm（8 开）精装
ISBN：7-80512-893-6　定价：CNY148.00
　　　　外文书名：Selected Calligraphy of Artists in Shanghai.

J0027087
何宝森中国画集（上册　光墨）
北京　中央民族大学出版社　1994 年　46 页
29cm（16 开）精装　ISBN：7-81001-814-0
定价：CNY300.00（全 2 册）
　　　　外文书名：Chinese Paintings by He Baosen.

J0027088
何宝森中国画集（下册　水墨）
北京　中央民族大学出版社　1994 年　47 页
29cm（16 开）精装　ISBN：7-81001-814-0
定价：CNY300.00（全 2 册）
　　　　外文书名：Chinese Paintings by He Baosen.

J0027089
何波作品集　何波绘
哈尔滨　黑龙江美术出版社　1994 年　24×26cm
ISBN：7-5318-0265-1　定价：CNY36.00
　　　　现代中国画画册。作者何波（1949—　），满族，高级美术师。笔名冰云，辽宁渤海湾人。曾就读于哈尔滨文学院。哈尔滨云野艺院院长，中国美协、书协会员、理事。

J0027090
鹤鸣山诗书画集　卫複华编纂
大邑　大邑县政协会　1994 年　油印本　有图线装
（大邑名胜丛刊）
　　　　本书与大邑县图书馆合作出版。　收于《大邑名胜丛刊》第十四辑中。

J0027091
侯国宝画集　侯国宝［绘］
福州　福建美术出版社　1994 年　29cm（16 开）
ISBN：7-5393-0260-7　定价：CNY51.60
　　　　现代中国画画册。

J0027092
胡石盦画集
杭州　浙江人民美术出版社　1994 年　87 页 29cm
（16 开）ISBN：7-5340-0420-9　定价：CNY70.00

现代中国画画册。

J0027093
画缘（瞻缘堂藏朱屺瞻书画选　Ⅰ-Ⅱ）朱屺瞻绘
香港　香港市政局　1994 年　2 册　有图
36cm（15 开）精装

J0027094
黄宾虹画集　浙江省博物馆编
上海　上海书画出版社　1994 年　重印本
38cm（6 开）精装　ISBN：7-80512-654-2
定价：CNY398.00
　　　　外文书名：A couection of Huang Binhong's painting

J0027095
黄光男水墨画　黄光男［绘］
屏东县　屏东县立文化中心　1994 年　131 页
有彩图　25×25cm　ISBN：957-00-4679-1
定价：TWD400.00
（屏东县文化资产丛书 41）
　　　　外文书名：The Ink Painting of Kuang-Nan Huang.

J0027096
黄若舟书画缘　黄若舟绘画；倪嘉德摄影
上海　上海人民美术出版社　1994 年　有照片
26cm（16 开）　ISBN：7-5322-1346-3
定价：CNY20.00
　　　　作者黄若舟（1906—2000），原名济才，号若舟，江苏宜兴上黄镇人。历任中国美术家协会会员、中国书法家协会会员、中国教育学会书法教育研究会顾问、上海艺术教育委员会顾问、大学书法教育协会会长。著有《汉字快写法》《花鸟画技法》《黄若舟一笔书》《黄若舟书画缘》等。摄影者倪嘉德（1943—　），摄影师。江苏无锡人。历任上海人民美术出版社副编审、高级摄影师。作品出版有《越窑》《唐三彩》《景德镇民间青花瓷器》《福建陶瓷》《四川陶瓷》《宋元青白瓷》等。

J0027097
黄时沛书画诗联集
［宾阳］［昆仑书画社］1994 年　254 页
有图　19cm（小 32 开）定价：CNY6.00

J0027098

霍根仲画集 霍根仲绘
石家庄 河北美术出版社 1994年 40页 25×26cm
ISBN：7-5310-0594-8 定价：CNY56.00
　　现代中国画作品。

J0027099

江云画集 江云绘
上海 学林出版社 1994年 45页 25×26cm
ISBN：7-80510-759-9 定价：CNY80.00
　　现代中国画作品。

J0027100

将军诗书画大展作品集 袁伟，何首巫，李家
顺主编
北京 奥林匹克出版社 1994年 566页 有照片
26cm（16开） 精装 ISBN：7-80067-160-7
定价：CNY198.00

J0027101

经亨颐作品选 经亨颐著
杭州 西泠印社 1994年 95页 29cm（16开）
ISBN：7-80517-118-1 定价：CNY98.00
　　现代中国书画画册。作者经亨颐（1877—
1938），书画篆刻家、教育家、民主革命活动家。
字子渊，号石禅，浙江上虞人，留学日本。浙江
官立两级师范学堂校长。传世作品有《墨竹图》
《松、竹、芭蕉、鸡冠》，出版有《颐渊篆刻诗书画
集》《爨宝子碑古诗集联》等。

J0027102

康金成画集 康金成绘
北京 新华出版社 1994年 25×26cm
ISBN：7-5011-2623-2 定价：CNY48.00
　　现代中国画作品。

J0027103

李涵画选（第一辑） 李涵绘
哈尔滨 黑龙江人民出版社 1994年 20页 35cm
（15开） ISBN：7-207-03056-8 定价：CNY40.00
　　现代中国画画册。作者李涵（1940— ），画
家、教师。河北泊头人，毕业于中央美术学院。
曾在天津工艺美院、中央民族学院美术系等任
教。代表作品有《小熊猫》《松鹰》《蜘蛛猴》《紫
藤金鱼》等。

J0027104

李巍画集 李巍绘
长春 吉林美术出版社 1994年 93页
28cm（大16开） 精装 ISBN：7-5386-0440-5
定价：CNY118.00
　　现代中国画画册，中英文本。

J0027105

理玄缋事（张清治作品集） 张清治绘
台北 雄狮画廊 1994年 30cm（10开）
　　外文书名：The Works by Chan Ch'ing Chin.

J0027106

梁崎书画作品选 梁崎绘
天津 天津杨柳青画社 1994年 93页 有彩照
38cm（6开） 精装 ISBN：7-80503-183-5
定价：CNY120.00
　　本书收作者国画及书法作品百余幅。

J0027107

裂变——仇德树画集 仇德树绘
上海 学林出版社 1994年 28cm（32开）
ISBN：7-80616-073-6
定价：CNY48.00（HKD：68.00）
　　现代中国画之彩墨画画册。作者仇德树
（1948— ），画家。出生于上海。作品有书法《风
雷》，水墨《从自然到超脱，从黑夜到白天》。

J0027108

林若熹画集（1990—1994 工笔集） 林若熹绘
广州 岭南美术出版社 1994年 39页 25×27cm
ISBN：7-5362-1152-X 定价：CNY53.00
　　外文书名：Lin Ruo-Xi's Art.

J0027109

刘牧画集 刘牧绘
北京 荣宝斋出版社 1994年 25×26cm
ISBN：7-5003-0253-3 定价：CNY9.80
　　现代中国画画册。作者刘牧（1947— ），在
北京工艺美术总公司珐琅技校任教。

J0027110

刘佩珩画集（英汉对照） 刘佩珩绘
天津 天津人民美术出版社 1994年 164页
28×28cm ISBN：7-5305-0404-5

定价：CNY96.00，CNY138.00（精装）

　　作者刘佩珩（1954　），画家，研究院。别名刘山，天津宝坻人，毕业于东北师范大学美术系。历任吉林省通榆县文化馆副馆长、副研究员。作品有《喜迎春》《长白珍宝》《祖孙情》《长白珍奇》《趣》《关东乐》等。

J0027111

刘启端画选 刘启端绘

广州 岭南美术出版社 1994年 63页

28cm（大16开） ISBN：7-5362-1135-X

定价：CNY35.00

　　现代中国画画册。外文书名：Liu Qiduan Paintings. 作者刘启端（1938—　），画家。广东潮阳人，岭南美术出版社副编审、广东省出版工作者协会装帧艺术委员会会员。出版有连环画《鲁迅传》《彭湃》《叶挺》《黄兴》《寸土不让》等，国画《百牛图》《百马图》《刘启端画选》《刘启端画集》等。

J0027112

刘文正国画集 刘文正绘

济南 山东友谊出版社 1994年 26cm（16开）

ISBN：7-80551-632-4 定价：CNY10.00

　　外文书名：Liu Wenzheng's Traditional Chinese Paintings.

J0027113

刘延捷画集 刘延捷绘；宋忠元主编

杭州 中国美术学院出版社 1994年

29cm（16开） 精装 ISBN：7-81019-300-7

定价：CNY128.00

　　现代中国画作品。

J0027114

刘卓茹画集 刘卓茹绘画

广州 岭南美术出版社 1994年 25×25cm

ISBN：7-5362-1115-5 定价：CNY38.00

　　现代中国画画册。作者刘卓茹（1945—　），画家。笔名凡夫，广东花都人。广州市山水画研究会副会长。出版有《刘卓茹画集》等。

J0027115

流民图 蒋兆和绘

北京 人民美术出版社 1994年 1张 33×82cm

ISBN：7-102-01384-1

　　现代中国画作品。

J0027116

柳子谷画辑 柳子谷绘

沈阳 辽宁美术出版社 1994年 64页 有彩图

23×26cm 精装 ISBN：7-5314-1028-1

定价：CNY78.00

（画家专集）

　　现代中国画画册。作者柳子谷（1901—1986），号怀玉山人，江西玉山人，国画家，美术教育家。

J0027117

陆俨少作品精粹 陆俨少绘

杭州 西泠印社 1994年 159页 38cm（6开）

精装 ISBN：7-80517-138-6 定价：CNY350.00

　　现代中国书画画册。作者陆俨少（1909—1993），画家、教师。又名砥，字宛若，上海嘉定县人。毕业于无锡美术专科学校。历任上海中国画院画师、浙江美术学院教师、浙江画院院长。代表作品有《嘉陵江上》《峡江险水》《雁荡泉瀑》《溪山秋色》《黄山松云》等。

J0027118

罗明深画集 罗明深绘

广州 岭南美术出版社 1994年 25×26cm

ISBN：7-5362-1122-8 定价：CNY28.00

　　现代中国画画册。作者罗明深（1954—　），广东石湾人。在岭南画派纪念馆任职，中国美术家协会广东分会会员。

J0027119

罗阳书画选集 东莞市文化局主编；罗阳书画

广州 岭南美术出版社 1994年 87页 有彩图

36cm（15开） 精装 ISBN：7-5362-0597-X

定价：CNY80.00

　　现代中国书画画册。作者罗阳（1921—　），笔名仰斋，广东云浮人。中国书画函授大学理事及东莞分校校长、中国老年书画研究会会员等。

J0027120

罗芷生书画集 罗芷生画；湖南省文史研究会编

长沙 湖南美术出版社 1994年 46页 26cm（16开）

ISBN：7-5356-0640-7 定价：CNY27.00

　　本书收有书画作品70余幅。

J0027121

闻山画会国画作品选 辽宁美术出版社编
沈阳 辽宁美术出版社 1994年 47页 26×27cm
ISBN：7-5314-1150-4 定价：CNY45.00

J0027122

吕吉人画集 吕吉人绘
上海 上海远东出版社 1994年 29cm（16开）
精装 ISBN：7-80613-042-X 定价：CNY60.00
（当代画家作品大系）
　　现代中国画作品。

J0027123

吕胜中线描集 吕胜中绘
南宁 广西美术出版社 1994年 2版 212页
39×26cm ISBN：7-80582-737-0
定价：CNY28.00（盒装）
（中国当代线描精本）

J0027124

马驰画集 马驰绘
上海 上海书画出版社 1994年 63页 25×26cm
ISBN：7-80512-002-1
定价：CNY32.00，CNY42.00（精装）
　　现代中国画画册，中英文本。外文书名：A
Collection of Ma Chi's Painting. 作者马驰（1942— ），
厦门市书画社副社长、中国书协会员。

J0027125

毛健全画集 毛健全绘
福州 海风出版社 1994年 35页 25×26cm
ISBN：7-80597-049-1 定价：CNY28.00
　　现代中国画作品。

J0027126

毛雪峰画集（汉英文对照）毛雪峰绘
乌鲁木齐 新疆美术摄影出版社 1994年 29cm
（16开）ISBN：7-80547-245-9 定价：CNY35.00
　　现代中国画作品。

J0027127

毛主席纪念堂珍藏书画集
西安 陕西旅游出版社 1994年 255页 36cm
（15开）精装 ISBN：7-5418-1143-2
定价：CNY338.00

外文书名：Album of Collection of Paintings
of Chairman Mao Memorial Hall. 本书与天津人
民美术出版社合作出版。

J0027128

苗重安画集（中英文本）[苗重安]绘
北京 人民美术出版社 1994年 63页
29cm（16开）ISBN：7-102-01374-4
定价：CNY45.00，CNY60.00（平装）
　　现代中国画画册。外文书名：Miao Chongan's
Chinese Landscapes. 作者苗重安（1938— ），画
家。山西运城人，毕业于西安美术学院中国画系，
并留校任教，师从贺天健先生研习山水画，擅长
山水画。历任陕西省画院院长、中国画研究院院
务委员、中国美术家协会理事。主要作品有《龙
羊峡的黎明》《黄陵古柏》《一览众山小》等。

J0027129

墨道人画集 孙明瑞绘；中国道教协会编
北京 华夏出版社 1994年 44页 26cm（16开）
ISBN：7-5080-0486-8 定价：CNY25.00
　　本画册收有中国画作品40余幅。作者孙明
瑞（1925—2010），画家。号墨道人，河北威县人，
西安八仙宫老道长，中国道教协会名誉理事等。

J0027130

聂干因画集（远古神韵 1990—1993）聂干因
绘；贺飞白主编
武汉 湖北美术出版社 1994年 37×27cm 精装
ISBN：7-5394-0521-X 定价：CNY150.00
　　现代中国画画册。外文书名：The Album of
Painting by Nie Ganyin. 作者聂干因（1936— ），
画家，一级美术师。湖南涟源人。毕业于湖北艺
术学院美术系。先后在湖北省戏曲学校、湖北省
戏曲研究所、湖北省楚剧团从事戏曲美术教学与
研究工作，湖北省美术院任专职画家、湖北美术
家协会秘书长。作品有《醉酒图》《醉打》《远古
神韵》等。出版有《聂干因画集》。

J0027131

欧阳锦画集 欧阳锦绘
广州 岭南美术出版社 1994年 46页 25×26cm
ISBN：7-5362-1080-9 定价：CNY43.00
　　本书收有中国画作品40余幅及作者常用印章。

J0027132
彭蕙清书画集 彭蕙清著
香港 晓云楼 1994 年 96 页 31cm（10 开）精装
ISBN：962-85008-1-3
外文书名：Paintings & Calligraphy by Marina Pang.

J0027133
溥心畬书画文物图录 台北故宫博物院编辑委员会编辑
台北 台北故宫博物院 1994 年 重印本 436 页 30cm（10 开）精装 ISBN：957-562-140-9
定价：[TWD4600.00]

J0027134
齐白石绘画精萃 齐白石绘；秦公，少楷主编；张国强等译
长春 吉林美术出版社 1994 年 38cm（6 开）精装 ISBN：7-5386-0392-1 定价：CNY380.00
外文书名：Qi Baishi Chronological Table.

J0027135
钱定一画集 钱定一绘
上海 上海外语教育出版社 [1994 年] 29cm（16 开）精装 ISBN：7-81046-019-6
定价：CNY50.00
外文书名：Qian Dingyi's Paintings.

J0027136
裘兆明画集 裘兆明绘
北京 人民美术出版社 1994 年 22 页 26×23cm
ISBN：7-102-01407-4 定价：CNY23.00
现代中国画画册。外文书名：The Paintings of Qiu Zhaoming. 作者裘兆明（1940— ），女，编审。浙江嵊县人，毕业于中央美术学院中国画系。任中国人民美术出版社正编审、中国美术家协会会员。作品有《富饶的边寨》《故乡》《哈尼农家》。

J0027137
少年线描资料图集 李瑞勇主编；马骥等编绘
海口 南海出版公司 1994 年 186 页 17×18cm
ISBN：7-5442-0192-9 定价：CNY7.50

J0027138
沈彬如画集 沈彬如绘；孔庆生，沈乐平编
南京 江苏美术出版社 [1994 年] 29cm（16 开）
ISBN：7-5344-0386-3 定价：CNY58.00

J0027139
盛洪义中国画集 盛洪义绘
济南 山东友谊出版社 1994 年 25×26cm 精装
ISBN：7-80551-686-3 定价：CNY38.00
（中国当代画家）
外文书名：Selected Paintings by Sheng Hongyi. 作者盛洪义（1963— ），画师。山东莒县人，就读于中国美术学院书法篆刻和山水画专业。历任济南公安报社美术编辑、山东画院画师、中国美术家协会山东分会会员、山东艺术设计学院国画系教授。出版有《盛洪义书画集》。

J0027140
诗书画丛刊（第四辑）中央文史研究馆编
北京 文物出版社 1994 年 49 页 有图 26cm（16 开）ISBN：7-5010-0815-9

J0027141
帅立功榕颂图卷 帅立功绘
南宁 广西美术出版社 1994 年 有照片 25×33cm 精装 ISBN：7-80582-714-1
定价：CNY60.00

J0027142
水墨风情书画作品集《水墨风情书画作品集》编委会编
北京 文津出版社 1994 年 118 页 25×25cm
ISBN：7-80554-247-3 定价：CNY80.00

J0027143
宋词三百首书画集 陈雨光主编
成都 四川人民出版社 1994 年 255 页 有图 26cm（16 开）ISBN：7-220-02561-0
定价：CNY29.80

J0027144
孙坚奋书画集 孙坚奋书绘
济南 山东大学出版社 1994 年 68 页 29cm（16 开）ISBN：7-5607-1431-5 定价：CNY38.00

J0027145

孙建东中国画集（汉英对照）孙建东绘
昆明　云南美术出版社　1994年　40页　25×26cm
ISBN：7-80586-141-2　定价：CNY50.00

　　现代中国画作品。作者孙建东（1952— ），
画家。出生于上海。毕业于云南艺术学院美术系。
云南艺术学院美术学院中国画专业教授、中国美
术家协会会员、中国美协第七次全国代表大会代
表、第六届云南美术家协会副主席。代表作品有
《孔雀红梅》《流沙河之歌》《共同的希望》。

J0027146

孙里人画集　孙里人绘
北京　人民美术出版社　1994年　61页　26×23cm
ISBN：7-102-01474-0　定价：CNY58.00

　　现代中国画画册，中英文本。作者孙里人
（1941— ），画家。原名孙礼仁，浙江绍兴人，毕
业于浙江美术学院。山西省文联一级美术师、山
西省黄河画院副院长、山西省美术公司经理、中
国美术家协会会员。作品有《矿工的儿子》《峡
谷新城》《巍巍太岳山》等。

J0027147

滕黛梦画集　滕黛梦绘
上海　学林出版社　1994年　80页　28cm（大16开）
ISBN：7-80510-969-9　定价：CNY90.00

　　现代中国画画册。外文书名：Paintings by
Teng Daimeng. 作者滕黛梦（1936— ），女，诗画
家。江苏苏州人。代表作品有《骏马图》《猪》《春》
《春夏秋冬》等。

J0027148

万珂新国画集　万珂新绘
天津　天津人民美术出版社　1994年　20页
25×26cm　ISBN：7-5305-0417-7
定价：CNY17.00

　　现代中国画作品。

J0027149

王冬龄书画集　王冬龄绘
杭州　中国美术学院出版社　1994年　[140页]
有照片　37cm　精装　ISBN：7-81019-359-7
定价：CNY280.00

　　外文书名：The Art Works of Wang Dongling.
作者王冬龄（1945— ），书法家。江苏台东人，毕

业于中国美术学院。中国书法家协会学术委员、
中国书法进修学院副院长、浙江省书协副主席、
美国明尼苏达大学客座教授。代表作品有《书画
艺术》。

J0027150

王晋元画集　王晋元绘
北京　北京工艺美术出版社　1994年　93页
28×28cm　ISBN：7-80526-128-8
定价：CNY100.00

　　现代中国画画册。作者王晋元（1939—
2001），国画家。生于河北乐亭，毕业于中央美
术学院中国画系，师承叶浅予、李苦禅、郭味蕖、
田世光教授。曾任云南省美术家协会主席、文联
副主席、云南画院院长、中国美术家协会理事兼
中国画艺委会委员、中国画研究院院务委员等职
务。作品有《井冈杜鹃红似火》《猎》《舞龙蛇》，
出版有《王晋元画选》等。

J0027151

王菊明画集　王菊明绘
广州　岭南美术出版社　1994年　有彩照
25×26cm　ISBN：7-5362-1144-9
定价：CNY68.00

　　现代中国画画册。作者王菊明，女，记者。
浙江宁波人，中国工艺美术学会书画研究会会
员，华侨（香港）画报社记者。

J0027152

王立志水墨画选集　王立志绘
济南　山东友谊出版社　1994年　24页　25×26cm
ISBN：7-80551-639-1　定价：CNY28.00

J0027153

王庆杰画集　王庆杰绘
济南　山东文艺出版社　1994年　28cm（大16开）
ISBN：7-5329-1211-6　定价：CNY18.00

　　现代中国画画册。作者王庆杰（1953— ），
教师。山东泗水人。历任山东美协会员、山东教
育学会美术教学研究专业委员会会员、曲阜师范
学校美术讲师。

J0027154

王舜来画集　王舜来绘
北京　外文出版社　1994年　48页　25×26cm

ISBN：7-119-00717-3 定价：CNY36.90

　　现代中国画画册，中英文本。外文书名：The Album of Wang Shun-Lai's Paintings. 作者王舜来（1955— ），国家一级美术师。号征雁、霜雁、野草堂主。河北深泽人，冀中东方书画院副院长、京畿中国画研究所所长、中国美术家协会河北省分会会员。代表作品有《飞瀑图》《万山红遍》《秋山泉韵》。

J0027155
王玉良水墨造像 王玉良绘
北京 荣宝斋出版社 1994年 25×26cm
ISBN：7-5003-0242-8 定价：CNY16.80

　　外文书名：An Album of Ink and Wash Paintings by Wang Yuliang. 作者王玉良（1949— ），画家、教授。历任清华大学美术学院绘画系教授、中国美术家协会会员、庞薰琹艺术研究会副主任、清华大学张仃艺术研究会委员、清华大学吴冠中艺术研究会学术委员会委员。

J0027156
王直国画集 王直绘
［福州］海风出版社 1994年 62页 26cm（16开）
ISBN：7-80597-048-3
定价：CNY30.00，CNY40.00（精装）

　　现代中国画画册。作者王直（1916—2014），曾任中国老年书画研究会会员，闽西画院名誉院长等。

J0027157
韦瑞霖诗书画选集 韦瑞霖作
南宁 广西民族出版社 1994年 59页 26cm（16开）ISBN：7-5363-2794-3
定价：CNY9.80，CNY18.00（精装）

J0027158
文凤翰墨 黄文凤著
汕头 汕头大学出版社 1994年 有画 25×26cm
ISBN：7-81036-018-3 定价：CNY50.00

J0027159
文厚画集 许文厚绘
福州 海潮摄影艺术出版社 1994年 29页 25×26cm ISBN：7-80562-159-4
定价：CNY32.00

现代中国画画册。

J0027160
吾如仪书画集 吾如仪绘
北京 北京体育大学出版社 1994年 48页 25×26cm ISBN：7-81003-923-7
定价：CNY18.00

J0027161
武漫宜国画工笔集 武漫宜绘
北京 荣宝斋 1994年 34页 25×26cm
ISBN：7-5003-0251-7 定价：CNY35.00

　　外文书名：Wu Manyi Chinese Paintings in Meticulous Style. 作者武漫宜（1945— ），女，教授。生于湖南长沙市，祖籍山东曹县，毕业于四川美术学院。中国美术家协会会员，曾任新疆人民出版社美术编辑，新疆师范大学美术系国画教研室主任、教授，中央美术学院教授。作品有《欢乐的帕米尔》《帕米尔姑娘》。出版有《武漫宜国画工笔集》《武漫宜水墨人物》。

J0027162
武伟慰画集 武伟慰绘
北京 中国民族摄影艺术出版社 1994年 42页 26cm（16开）ISBN：7-80069-103-9
定价：CNY30.00

　　现代中国画画册。

J0027163
西部风（中国艺术节陇原风情诗词书画作品选）吕绍堂等编
兰州 甘肃人民出版社 1994年 29cm（16开）
精装 ISBN：7-226-01367-3 定价：CNY88.00

J0027164
夏敦林画集（中英对照）夏敦林绘
北京 国际文化出版公司 1994年 29cm（16开）
精装 ISBN：7-80105-001-0 定价：CNY60.00

　　现代中国画画册。外文书名：Paintings of Xia Dunlin. 作者夏敦林，画家。山东青岛人，毕业于中央美术学院。历任中国人民大学徐悲鸿艺术学院院长秘书长、崔子范艺术研究学院副院长、国画教授。代表作品有《崂山奇观》《云涌春山》等，出版有《夏敦林画集》。

J0027165
现代工笔画精选 天津杨柳青画社［编］
天津 天津杨柳青画社 1994 年 38 页 有彩图
26cm（16 开） ISBN：7-80503-254-8
定价：CNY29.80
　　外文书名：Select Contemporary Chinese Meticulous
Paintings.

J0027166
现代画扇选集 北京荣宝斋编印
北京 荣宝斋 1994 年 2 版 重印本 54 页 26×38cm
ISBN：7-5003-0261-4 定价：CNY14.80

J0027167
肖建华中国画集 肖建华绘
北京 民族出版社 1994 年 47 页 26×27cm
ISBN：7-105-02336-8 定价：CNY38.00

J0027168
萧应彬诗画 萧应彬著
广州 广东高等教育出版社 1994 年 105 页
有照片 19cm（小 32 开） ISBN：7-5361-1432-X
定价：CNY9.20

J0027169
谢春彦画集 谢春彦绘
上海 上海远东出版社 1994 年 26cm（16 开）
精装 ISBN：7-80514-696-9 定价：CNY50.00
　　本画集收有中国画作品 50 余幅。

J0027170
谢之光画集 谢之光绘
上海 上海人民美术出版社 1994 年 38cm（6 开）
精装 ISBN：7-5322-1342-0 定价：CNY125.00
　　现代中国画画册。作者谢之光（1900—
1976），美术家、画家。浙江余姚人，毕业于上海
美术专科学校。曾任上海中国画院画师。代表
作品有《铁水奔流》《洛神》。

J0027171
新乡土画风线描选 吕胜中编选
南宁 广西美术出版社 1994 年 95 页
26cm（16 开） 折页装 ISBN：7-80582-705-2
定价：CNY13.00
　　本书收有李红军、杨葳、蔡青等 7 人的线描

作品。

J0027172
邢耀忠书画集 邢耀忠书
沈阳 辽宁美术出版社 1994 年 85 页 有彩照
32cm（10 开） 精装 ISBN：7-5314-1055-9
定价：CNY29.00
　　作者邢耀忠（1950— ），画家。山东平原人，
毕业于辽宁大学中文系。历任中国书画协会会
员、辽宁省美协会员、辽宁省军区政治部上校军
官。出版有《邢耀忠书画集》。

J0027173
雄立新作选 陈雄立绘
北京 荣宝斋出版社 1994 年 有彩照 25×26cm
ISBN：7-5003-0274-6 定价：CNY38.00
　　现代中国画画册。作者陈雄立（1939— ），
画家。生于北京。为李苦禅大师入室弟子。曾
任中央民族学院艺术系教师、西南交大艺术中心
教授、中国美术家协会会员。著作有《画鹿技法》
《画鹿》《陈雄立画集》《雄立新作选》等。

J0027174
徐震时中国画选 徐震时作
北京 人民美术出版社 1994 年 1 张 26×76cm
ISBN：7-102-01299-3 定价：CNY3.50
　　现代中国画作品。

J0027175
徐正画集（英汉对照） 徐正绘
济南 山东友谊出版社 1994 年 36 页
26cm（16 开） ISBN：7-80551-691-X
定价：CNY15.00
　　现代中国画画册。作者徐正（1955— ），教
授。山东东明人，毕业于曲阜师范大学美术系。
历任曲阜师范大学美术系美术学院院长、中国美
术家协会会员，山东省美术家协会理事、副秘书
长，山东省美协水彩画艺委会副主任等。

J0027176
徐志文画集 徐志文绘
上海 上海远东出版社 1994 年 29cm（16 开）
精装 ISBN：7-80514-694-2 定价：CNY50.00
　　本画集收有中国画之山水画作品 50 余幅。

J0027177
徐宗挥画集 徐宗挥绘
上海 上海人民美术出版社 1994 年 62 页
有彩照 26×27cm 精装 ISBN：7-5322-1354-4
定价：CNY80.00
　　现代中国画画册。外文书名：A Collection of
Paintings by Xu Zonghui. 作者徐宗挥（1955—　），
书画家。笔名徐麾，侨居西班牙。书法作品有《望
江南》，西文著作《千年艺术——中国书法》。

J0027178
许文厚画集 许文厚绘
福州 海潮摄影艺术出版社 1994 年 29 页
25×26cm ISBN：7-80562-159-4
定价：CNY32.00
　　现代中国画作品。

J0027179
血沃关东（纪念"九·一八"事变六十周年中国
画展作品集）"九·一八"画展筹委会编
沈阳 辽宁美术出版社 1994 年 175 页 有彩图
23×25cm 精装 ISBN：7-5314-1015-X
定价：CNY105.00

J0027180
雅丹作品集（中英文本）雅丹［绘］
北京 中国档案出版社 1994 年 24 页 26cm
（16 开）ISBN：7-80019-499-X 定价：CNY18.00
（中国当代艺术家丛书 2）
　　外文书名：The Art of Ya Dan.

J0027181
砚溪作品集 徐义生作
西安 陕西美术出版社 1994 年 29cm（16 开）
ISBN：7-5368-0693-0 定价：CNY18.00
　　现代中国画作品。

J0027182
一墨指画 杨伟绘
沈阳 辽宁美术出版社 1994 年 26 页 24×26cm
ISBN：7-5314-1103-2 定价：CNY18.00
　　现代中国画画册。作者杨伟（1947—　），字
一墨，在辽宁省铁岭市交通局任职，中国书法家
协会会员、铁岭市书画研究会会长。

J0027183
袁晓岑国画雕塑选集 袁晓岑作
北京 世界图书出版公司 1994 年 96 页
25×27cm 精装 ISBN：7-5062-2058-X
定价：CNY100.00
　　外文书名：Selection of Yuan Xiaocen's Traditional
Chinese Paintings and Sculptural Works. 作者袁晓
岑（1915—2008），雕塑家、画家、教授。贵州普
定县人，毕业于云南大学。历任云南文联创作研
究部副主任，云南艺术学院系主任、副院长，云
南省画院名誉院长。出版有《袁晓岑画辑》等。

J0027184
袁运甫彩墨画 袁运甫绘
北京 国际文化出版公司 1994 年 39 页 29cm
（16 开）ISBN：7-80105-188-2 定价：CNY50.00
　　外文书名：Yuan Yunfu Painting. 袁运甫
（1933—2017），中央工艺美术学院教授、中国美
术家协会理事

J0027185
云南民族风情白描集 赵宋生绘画
昆明 云南美术出版社 1994 年 2 版 111 页
18×17cm ISBN：7-80586-052-1
定价：CNY6.30
　　本书为展现云南少数民族劳动、生活形象和
白描画集。

J0027186
张春山画集 张春山绘
郑州 海燕出版社 1994 年 32 页 有彩图 26cm
（16 开）ISBN：7-5350-1047-4 定价：CNY10.00
　　现代中国画作品集。作者张春山（1920—　），
山水画家、国家一级美术师。山东东明县人。曾
任河南人民出版社副社长、副总编辑，中国书画
家协会理事、新加坡新神州艺术院高级名誉院
士、河南美协会员。出版有《张春山画集》《张春
山书画选集》。

J0027187
张德阳画集 张德阳绘
济南 山东友谊出版社 1994 年 22 页 25×26cm
ISBN：7-80551-657-X 定价：CNY19.50
　　现代中国画之彩墨画画册。作者张德阳
（1962—　），画家。笔名岱阳、荟萃斋主。山东

莱芜人，毕业于泰安师专美术系和曲阜师范大学美术系。历任山东省泰安市教育局美术教育研究员、中国美术家协会山东分会会员、中国美术教育研究会会员。

J0027188

张范九国画选集 张范九绘
西安 陕西人民美术出版社 1994年 25×26cm
ISBN：7-5368-0619-1 定价：CNY12.00

作者张范九（1923—　），书法家、篆刻家、教授。名恩畴，又名张畴，江苏苏州人。历任中国书画函授大学西安分校副校长、教授，陕西省文史馆馆员、中国书协会员，陕西省书协、美协会员等。出版有《书法鉴赏》《张范九国画选集》等。

J0027189

张方林国画选 张方林绘
广州 岭南美术出版社 1994年 40页 23×23cm
ISBN：7-5362-1123-6 定价：CNY20.00

J0027190

张立辰画集 张立辰绘
北京 人民美术出版社 1994年 37cm（8开）
精装 ISBN：7-102-01480-5 定价：CNY268.00

现代中国画画册，中英文本。

J0027191

张锡武画选 张锡武绘
天津 天津杨柳青画社 1994年 29页 25×26cm
ISBN：7-80503-255-6 定价：CNY32.00

现代中国画画册。外文书名：Selected Paintings of Zhang Xiwu. 作者张锡武（1927—　），画家。字青松，河北河间人。历任天津国画研究所副所长、天津杨柳青画社副编审、中国美术家协会会员等。代表作品有《淀上渔歌》《李时珍问药图》，出版有《张锡武画选》《牡丹的画法》等。

J0027192

张小虎中国画 张小虎绘
广州 岭南美术出版社 1994年 19×21cm
ISBN：7-5362-1133-3 定价：CNY6.00

J0027193

张羽（1984—1994作品集） 张羽绘
长沙 湖南美术出版社 1994年 71页

28cm（大16开） ISBN：7-5356-0696-2
定价：CNY58.00

本书收入绘画作品50余幅。

J0027194

赵宏本画集 赵宏本绘
上海 上海画报出版社 1994年 78页 37cm（8开）
精装 ISBN：7-80530-119-0 定价：CNY118.00

现代中国画画册。

J0027195

赵际滦现代水墨画艺术（1991—1993年作品） 赵际滦绘；晋川编
太原 山西人民出版社 1994年 37页 25×26cm
ISBN：7-203-03111-X 定价：CNY19.80

本书收有作品31幅。

J0027196

赵奇中国画作品选 赵奇绘
沈阳 辽宁美术出版社 1994年 26cm（16开）
ISBN：7-5314-1101-6 定价：CNY15.00

外文书名：The Selected Works of Zhao Qi. 作者赵奇（1954—　），沈阳鲁迅美术学院教授、中国画系副主任，中国美术家协会理事、辽宁省中国画研究会副会长。

J0027197

郑小娟作品集 郑小娟绘
长沙 湖南美术出版社 1994年 37cm 精装
ISBN：7-5356-0663-6 定价：CNY99.00

现代中国画之工笔画画册。作者郑小娟（1940—　），女，画家。湖南长沙人。毕业于湖南师范大学美术系。历任湖南美术出版社编审、中国美术家协会理事、中国工笔画学会理事、湖南省美术家协会副主席、湖南省文联委员。著有《工笔人物画技法》《中国当代美术家画库·郑小娟》《郑小娟作品集》。

J0027198

中国当代作家书画作品集 鲁岩，张黎洲主编
福州 海峡文艺出版社 1994年 196页 有照片 29cm（16开） 精装 ISBN：7-80534-690-9
定价：CNY150.00

J0027199
中国青年国画家 国庆美主编
北京 国际文化出版公司 1994年 168页
26cm（16开） 精装 ISBN：7-80105-114-9
定价：CNY86.00
　　本书收录首届中国青年国画大展参展作品600余件，并附有作者简介。

J0027200
中国少年之星（记南粤小画童朱江洁） 吕奎文编著
广州 花城出版社 1994年 70页 13×19cm
ISBN：7-5360-1798-7 定价：CNY2.50
　　现代中国画作品。

J0027201
中国诗书画印大观 陆山主编
北京 国际文化出版公司 1994年 416页 有彩照
26cm（16开） 精装 ISBN：7-80105-147-5
定价：CNY186.00
　　本书介绍了全国2000余位画家、诗人、书法家、篆刻家的姓名、出生年月、艺术历程、代表作品等。

J0027202
中华五千年全国书画大奖赛作品集 李龙福主编
郑州 河南美术出版社 1994年 196页 26cm
（16开） ISBN：7-5401-0400-7 定价：CNY38.00

J0027203
周彬书画集 周彬绘
合肥 安徽美术出版社 1994年 57页
28cm（16开） ISBN：7-5398-0371-1
定价：CNY30.00，CNY40.00（精装）
　　外文书名：A Collection of Paintings of Zhou Bin.

J0027204
周怀民画集 周怀民绘
北京 人民美术出版社 1994年 49页 26×23cm
ISBN：7-102-01391-4 定价：CNY46.00
　　现代中国画画册。

J0027205
周旭书画集 周旭绘
长沙 湖南美术出版社 1994年 25×26cm
ISBN：7-5356-0687-3 定价：CNY22.50
　　现代书法与中国画画册。外文书名：Zhou Xu Chinese Painting and Calligraphy Selection. 作者周旭（1950— ），教授。字渭寅，号越人，浙江开化人，毕业于苏州大学艺术学院。历任浙江工业大学艺术学院院长、教授、博士生导师，中国书法家协会会员。著有《中国民间美术概要》《浙江民间美术概要》《视觉传达设计》等。

J0027206
周泽闻画集 周泽闻绘
北京 外文出版社 1994年 92页 26×27cm
精装 ISBN：7-119-01701-2 定价：CNY88.00
　　现代中国画画册。外文书名：Paintings by Zhou Zewen. 作者周泽闻（1943— ），画家。号蒲坂居士、山雨斋人，生于山西古河东蒲坂（今永济市）。海南三立画院院长、海南电视台美术师、中国美术家协会、广东省美术家协会、海南省美术家协会会员。代表作品有《苍生》。

J0027207
'95 中国日本现代水墨画交流展作品集
（中、日文本） 中国美术家协会中国画艺术委员会，日本国际墨绘协会编
北京 荣宝斋出版社 1995年 219页
28cm（大16开） 精装 ISBN：7-5003-0313-0

J0027208
'96 中国日本现代水墨画交流展作品集 中国美术家协会中国画艺术委员会，日本国际墨绘协会编
北京 荣宝斋出版社 1996年 211页
29cm（16开） ISBN：7-5003-0340-8

J0027209
'94 中国工笔画大展金牌获得者作品集
福州 福建美术出版社 1995年 71页 29×21cm
ISBN：7-5393-0265-8 定价：CNY48.00

J0027210
'95 中国水墨 邵戈主编
北京 新华出版社 1995年 117页 有照片 37cm

（6 开） ISBN：7-5011-2886-3 定价：CNY180.00
外文书名：Chinese Ink Painting.

J0027211
阿万提画集 阿万提绘
长沙 湖南美术出版社 1995 年 28cm（16 开）
ISBN：7-5356-0717-9 定价：CNY53.00
　　现代中国画画册，中英文本。外文书名：
Paintings of A Wanti. 作者阿万提（1940—　），原名
杜为廉，生于浙江东阳市。曾任广州师范学院艺
术系副主任、副教授、广州大学美术学院教授、浙
江师范大学艺术系中国画教研室主任等职。

J0027212
八卦杯国际书画大赛作品集 施志新主编
乌鲁木齐 新疆人民出版社 1995 年 196 页
26cm（16 开） ISBN：7-228-03637-9
定价：CNY130.00

J0027213
白银书画作品选《白银书画作品选》编委会编
兰州 甘肃文化出版社 1995 年 28cm（大 16 开）
ISBN：7-80608-093-7 定价：CNY68.00

J0027214
百花诗书画荟萃 周英主编
天津 天津教育出版社 1995 年 120 页
25×26cm ISBN：7-5309-2199-1
定价：CNY68.00

J0027215
百名部长书画集 赵立贤主编
北京 北京体育大学出版社 1995 年 114 页
26cm（16 开） ISBN：7-81051-002-9
定价：CNY28.80，CNY38.80（精装）
（新中国百人书画系列集 1）

J0027216
百名将军书画集 赵立贤主编
北京 北京体育大学出版社 1995 年 103 页
26cm（16 开） ISBN：7-81051-019-3
定价：CNY28.80，CNY38.80（精装）
（新中国百人书画系列集 2）

J0027217
宝岛风情（吴广泉山水画选 汉英对照） 吴广
泉绘编
北京 中国三峡出版社 1995 年 32 页 29cm
（16 开） ISBN：7-80099-098-2 定价：CNY36.00
　　本书系现代中国画。

J0027218
报春图（国画） 王成喜绘
天津 天津人民美术出版社 1995 年 1 张
76×212cm 定价：CNY6.30
　　现代中国画作品，卷轴。

J0027219
北京七人书画金石 黄均等编著
北京 北京体育大学出版社 1995 年 43 页
有肖像 25×26cm ISBN：7-81003-961-X
定价：CNY18.00
　　本书收有黄均、刘建华、李满、张淳、周士
杰、武晓君、杨再春七人作品。作者黄均（1914—
2011），教授。字懋忱，北京人，祖籍台湾淡水。
历任中央美术学院国画系教授、中国美术家协会
会员、北京工笔重彩画会副会长、东方书画社顾
问、诗书画社顾问。

J0027220
曹建华画集 曹建华绘
兰州 甘肃人民美术出版社 1995 年 24 页
25×26cm ISBN：7-80588-113-8
定价：CNY20.00
　　现代中国画画册。作者曹建华（1959—　），
画家，国家一级美术师。陕西绥德人。中国艺术
研究院山水理论与创作专业博士。历任中国艺
术研究院中国画院专职画家、中国美术家协会会
员、中华旅游书画院副院长等职。出版有《曹建
华画集》《21 世纪有影响力画家个案研究——曹
建华》《止云陇右》等。

J0027221
曹清同乐画集 曹清，陈同乐绘；陈履生编
北京 人民美术出版社 1995 年 46 页 26×23cm
ISBN：7-102-01574-7 定价：CNY30.00
　　现代中国画画册。绘者曹清（1966—　），女，
画家。江苏无锡人。毕业于南京艺术学院美术
系国画专业，后在中央美术学院版画系进修。任

职于南京博物院古代艺术研究所。著有《香阁缀珍——明清才媛书画研究》《元代江苏绘画研究》等。绘者陈同乐(1958—),教授。江苏苏州人,毕业于南京艺术学院。历任江苏省美术馆副馆长、南京博物院陈列艺术研究所所长、中国博物馆学会陈列艺术委员会副主任等。著作有《老古董鉴赏袖珍手册——清代瓷器》《光的艺术:光在陈列艺术中的应用与研究》《中国展法:南京博物院展览漫谈》等。编者陈履生(1956—),画家、美术理论家。江苏镇江人。号平生。硕士毕业于南京艺术学院美术系。中国美术家协会理事,中国汉画学会常务副会长。主要著作有《神画主神研究》《明清花鸟画 题画诗选注》《台湾现代美术运动》等。

J0027222

曹延路爱地球画集 曹延路绘
昆明 云南民族出版社 1995年 48页
28cm(大16开) ISBN:7-5367-0989-7
定价:CNY36.00

现代中国画画册。作者曹延路(1930—),国画家。生于河南内黄县,毕业于华北军政大学。中国美术家协会会员。代表作有《深情融透三尺雪》《狼牙山五壮士》《爱民模范》。出版有《曹延路爱地球画集》。

J0027223

曹州书画院(1985—1995)李荣海主编
北京 新世界出版社 1995年 148页 有照片
36cm(15开) 精装 ISBN:7-80005-102-1
定价:CNY320.00

J0027224

曾嵘画集 曾嵘绘
广州 岭南美术出版社 1995年 70页 26×26cm
精装 ISBN:7-5362-1301-8 定价:CNY100.00

现代中国画画册,中英文本。外文书名:The Art of Zeng Rong. 作者曾嵘(1954—),原名曾庆荣,广东高要人,美术师,广州现代书画艺术研究会会长。

J0027225

陈寿荣飞鹰集 陈寿荣绘
济南 山东友谊出版社 1995年 38页
26cm(16开) ISBN:7-80551-707-X

定价:CNY16.80

作者陈寿荣(1916— 2003),画家。字春甫,晚号春翁,山东潍坊人。历任西泠印社社员、中国书法家协会会员、中国美术家协会会员、山东万印楼印社社长、潍坊北海书画院名誉院长。代表作品有《历代美术家》《历代仕女》《聊斋百美》《飞鹰百态》等。

J0027226

陈晓明画集 陈晓明绘
广州 岭南美术出版社 1995年 37cm 精装
ISBN:7-5362-1295-X 定价:CNY138.00

现代中国画画册。

J0027227

陈政明国画集 陈政明绘
广州 岭南美术出版社 1995年 114页
39cm(8开) 精装 ISBN:7-5362-1313-1
定价:CNY250.00

外文书名:Chen Zhengming's Painting Selection.作者陈政明(1941—),画家。广东普宁人,毕业于汕头市师范学校。历任中国美术家协会理事、广东美协中国画艺术委员会副主任、汕头市美术家协会主席、汕头中国画院院长,国家一级美术师。代表作有《南海晨曲》《特区姑娘》《夕阳红》等,出版有《陈政明画集》《陈政明国外写生画集》等。

J0027228

陈洙龙画集 陈洙龙绘
杭州 中国美术学院出版社 1995年 48页
28×29cm ISBN:7-81019-402-X
定价:CNY58.00

本书系现代中国画。

J0027229

程旭光画集 程旭光绘
呼和浩特 内蒙古人民出版社 1995年 38页
26cm(16开) ISBN:7-204-02986-0
定价:CNY35.00

现代中国画,中英文本。

J0027230

楚天晚晴作品选 武汉老年大学编
武汉 武汉出版社 1995年 3册(110+76+100页)

26cm（16开） ISBN：7-5430-1189-1
定价：CNY98.00

本书共有3册，第1册为诗词集，第2册为书法集，第3册为国画集。

J0027231
崔谷平画集 崔谷平绘
乌鲁木齐 新疆美术摄影出版社 1995年 22页
25×26cm ISBN：7-80547-352-8
定价：CNY35.00

本书系现代中国画。

J0027232
崔松石画集 崔松石绘
北京 奥林匹克出版社 1995年 56页 25×26cm
ISBN：7-80067-264-6 定价：CNY26.00

现代中国画册。作者崔松石（1944—2010），国画家，国家一级美术师。河北唐县人，毕业于北京艺术设计学院，进修于北京画院。历任北京工美集团总公司画室专职画家、北京山水画研究会会员、中国美术家协会会员。出版有《崔松石画集》《崔松石山水画集》《崔松石近作选》《学国画·山水部分》等。

J0027233
戴顺智画集 戴顺智［绘］
北京 中国和平出版社 1995年 25×26cm
ISBN：7-80101-519-3 定价：CNY12.00

现代中国画画册。作者戴顺智（1952— ），教授，美术家。北京人，毕业于中央美术学院国画系研究生班，获硕士学位。历任清华大学美术学院绘画系教授、国画教研室主任、研究生导师、中国美术家协会会员。出版有《戴顺智画集》《戴顺智线描集》《线描造型艺术》等。

J0027234
邓文欣仙鹤画集 邓文欣绘
长春 吉林美术出版社 1995年 36页
28cm（大16开） ISBN：7-5386-0476-6
定价：CNY39.80

作者邓文欣（1936— ），书画家。字子鹤，号那立闪人，辽宁阜新人。任四平市书画院院长、中国美术家协会会员。作品有《松鹤迎春》《路漫漫》《征程》，出版画集《山水花鸟画谱》《邓文欣仙鹤画集》《文欣画鹤》等。

J0027235
佃介眉 广东潮州画院编
广东潮州画院 1995年 12页 29cm（16开）
定价：CNY8.00
（潮州美术家丛书）

现代中国画画家画册。

J0027236
丁宝栋画集 丁宝栋绘
天津 天津人民美术出版社 1995年 26cm
（16开） ISBN：7-5305-0515-7 定价：CNY7.50

现代中国画画册。作者丁宝栋（1948— ），满族，画家。河北青龙满族自治县人。师承花鸟大师王雪涛和刘大为。作品集有《丁宝栋画集》《丁宝栋写意仙鹤技法》。

J0027237
东海戎韵（南京军区老战士书画作品集） 施友义主编
福州 海风出版社 1995年 109页 29cm（16开）
ISBN：7-80597-107-2
定价：CNY68.00，CNY96.00（精装）

作者施友义（1947— ），画家。笔名石奇，福建平潭人。曾任中国美术家协会福建分会会员、福建出版集团编审、华艺出版社副社长。出版有《施友义国画选》《侯官县烈女歼仇》《千里送京娘》《千古名媛》。

J0027238
东南中国画 黄种生，魏献忠主编；福建日报社编
厦门 鹭江出版社 1995年 127页 29cm（16开）
ISBN：7-80610-240-X 定价：CNY120.00

本书系现代中国画。

J0027239
都冰如画集 都冰如绘
上海 上海远东出版社 1995年 125页
38cm（6开） 精装 ISBN：7-80613-234-1
定价：CNY300.00

现代中国画画册。作者都冰如（1903—1987），编辑。字能，别署九五客，浙江海宁人，毕业于上海专科师范。历任商务书馆、香港商务《东方画报》《健与力》美术编辑、四川重庆国立劳作师范美术教师、上海文史馆馆员等职。作品有《长恨歌》《正气歌》《万马奔腾》。

J0027240

杜世斌画集 杜世斌绘

郑州 河南美术出版社 1995年 35页 25×26cm

ISBN：7-5401-0477-5 定价：CNY46.00

　　现代中国画画册。作者杜世斌（1949— ），河北大城人，北京陶然书画院理事。

J0027241

段志华书画 段志华作

北京 现代出版社 1995年 80页 26cm（16开）

ISBN：7-80028-264-3 定价：CNY35.00

　　作者段志华（1942— ），书法家。字石羽，号野草，逊志斋主，湖北武汉人，毕业于首都师范大学。曾在北京教育学院崇文分院艺术室任职，中国书协书法培训中心副教授、中国书法家协会会员。出版著作有《常用汉字正楷字帖》《行书技法与赏析》《行书字帖》等。

J0027242

范曾绘画壹佰幅作品（珍藏本） 范曾绘

北京 中国青年出版社 1995年 190页 38cm（6开） 精装 ISBN：7-5006-1913-8

定价：CNY300.00

　　作者范曾（1938— ），画家、学者。字十翼，别署抱冲斋主，江苏南通人。毕业于中央美术学院中国画系。历任中央工艺美术学院讲师、副教授，南开大学东方艺术系教授、博士生导师，中国艺术研究院终身研究员等。代表作品有《庄子显灵记》《范曾自述》《老子出关》《钟馗神威》等。

J0027243

范扬画集 范扬绘

南京 南京师范大学出版社 1995年 51页 29×29cm 精装 ISBN：7-81047-032-9

定价：CNY88.00

　　现代中国画画册。作者范扬（1955— ），画家。生于香港，祖籍江苏南通，毕业于南京师范大学美术系。历任南京师范大学美术学院院长、教授、博士生导师，中国国家画院国画院副院长、南京书画院院长、中国艺术研究院中国画院研究员。邮票作品有《太湖》《周恩来同志诞生100周年》《普陀秀色》。

J0027244

方济众画集 方济众绘；方平主编

北京 荣宝斋出版社 1995年 240页 32cm（10开）

精装 ISBN：7-5003-0322-X 定价：CNY320.00

　　本书系现代中国画画册。外文书名：A Collection of Fang jizhong's Paintings. 作者方济众（1923—1987），国画家。号雪农，陕西勉县人。历任中国美术家协会常务理事、美协陕西分会副主席。代表作品有《三边塞上风光》《雪漫天山》《沙海花》等。

J0027245

方楠画集 方楠绘

北京 今日中国出版社 1995年 71页 25×26cm

ISBN：7-5072-0814-1

定价：CNY68.00，CNY78.00（精装）

（今日中国艺术家画库）

　　本书为现代中国画画册，中英文本。外文书名：Selected Paintings by Fang Nan. 作者方楠（1942— ），号普门舟人，浙江舟山普陀人，《北京文学》美编、北京作家协会会员。

J0027246

方少青画集（汉英对照） 方少青绘

上海 上海书画出版社 1995年 28页 25×25cm

ISBN：7-80512-823-5 定价：CNY30.00

J0027247

方向画集（1993—1995） 方向绘

广州 广东旅游出版社 1995年 25×26cm

ISBN：7-80521-585-5 定价：CNY43.00

　　本书为现代中国画画册。外文书名：The Paintings of Fang Xiang.

J0027248

方攸敏画册 方攸敏绘

上海 上海书画出版社 1995年 29cm（16开）

ISBN：7-80512-925-8 定价：CNY38.00

　　本书系现代中国画。

J0027249

房新泉画集 房新泉绘

北京 国际文化出版公司 1995年 63页 28cm（大16开） ISBN：7-80049-655-4

定价：CNY68.00

　　现代中国画之花鸟画画册。作者房新泉（1953— ），画家。又名辛全，出生于山东沂源县，毕业于青岛美术学校。历任中国美术家协会会员、山东画院高级画师、临沂画院院长、国家二级美术师。代表作品有《风雪香魂》《冰趣》等。

J0027250

飞相扫心（林章湖书画展）　台湾省立美术馆编辑委员会编辑；林章湖绘

台湾　台湾省立美术馆　1995 年　24×24cm　精装

ISBN：957-00-5320-8

J0027251

枫叶奖 1994 国际水墨大赛入选作品

成都　四川美术出版社　1995 年　118 页　有照片

26×26cm　ISBN：7-5410-1083-9

定价：CNY130.00

　　外文书名：International Wash-And-Ink Arts Exhibition 1994 Maple Leaf Award.

J0027252

冯墨石画集　冯墨石绘

北京　中国摄影出版社　1995 年　46 页　25×26cm

ISBN：7-80007-200-2　定价：CNY60.00

　　现代中国画画册。作者冯墨石（1956—　），原名冯东洪，笔名墨石山人，画家。

J0027253

冯石甫冯祥伦父子画集（英汉对照）　冯石甫，冯祥伦绘

成都　四川美术出版社［1995 年］58 页

25×26cm　ISBN：7-5410-0999-7

定价：CNY48.00

（中国当代美术家）

　　作者冯石甫（1914—2003），画家。名正灿，别号卧云松馆主人，四川什邡人。四川省文史研究馆馆员、四川中山书画研究社、四川省巴蜀诗书画研究社理事。代表作品有《柴达木盆地》《青松永寿》等。作者冯祥伦（1942—　），画家。四川成都人，毕业于四川美术学院。四川省美术家协会、四川省巴蜀诗书画研究会会员。出版有《冯石甫冯祥伦父子画集》《冯祥伦画集》《蜀宫乐伎图》《成都历史名人》。

J0027254

傅家宝书画集　傅家宝绘

北京　今日中国出版社　1995 年　43 页　26×26cm

ISBN：7-5072-0490-1

定价：CNY25.00，CNY32.00（精装）

（今日中国艺术家画库）

　　外文书名：Selected Paintings by Fu Jiabao.

作者傅家宝（1944—　），书法家、画家。生于上海，江苏扬州人。就读于浙江美院附中。历任北京市美协副主席兼秘书长、中国美术家协会理事。出版有《傅家宝书画集》。

J0027255

傅以新水墨画选　傅以新绘

北京　荣宝斋出版社　1995 年　43 页　25×26cm

ISBN：7-5003-0294-0　定价：CNY46.00

　　作者傅以新（1943—　），画家、教授。生于山西寿阳，毕业于中央美术学院中国画系。历任天津美术学院、中央民族大学教授，中国美术家协会、书法家协会会员。代表作品有《故城夕照》《夜河奔骥》《云浓山醉》《清光万里》。

J0027256

高福海画集　高福海绘

北京　国际文化出版公司　1995 年　70 页

有照片　25×26cm　ISBN：7-80105-326-5

定价：CNY88.00

　　本书为现代中国画画册。

J0027257

高冠华画集　高冠华绘

北京　人民中国出版社　1995 年　178 页　36cm（15 开）

精装　ISBN：7-80065-485-0　定价：CNY398.00

　　中国现代水墨画画册。

J0027258

高启云书画集［高启云书］；于峰主编

济南　山东美术出版社　1995 年　78 页

29cm（16 开）精装　ISBN：7-5330-0946-0

定价：CNY150.00

J0027259

高水发画集　高水发绘

福州　福建美术出版社　1995 年　46 页　29cm

（16 开）ISBN：7-5393-0318-2　定价：CNY38.00

　　现代中国画画册。作者高水发（1945—　），画家。福建福州人，闽都画院副院长、中国美术家协会福建分会会员、福州市美术家协会理事。

J0027260

沽水翰墨舟 冯爱国主编

天津 天津古籍出版社 1995年 163页 有照片
及图 26cm（16开） ISBN：7-80504-348-5
定价：CNY80.00

　　中国现代书画册。

J0027261

谷宝玉画集 谷宝玉绘

石家庄 河北美术出版社 1995年 96页 37cm
精装 ISBN：7-5310-0740-1 定价：CNY268.00

　　现代中国画画册。作者谷宝玉（1939— ），
画家。号花翁，百花轩主，生于山东青岛市。历
任联合国教科文卫组织官员、IBC英国剑桥大学
国际名人传记中心顾问、香港世界艺术家联合会
艺术总监、中国美术家协会名誉主席、中国海洋
大学国画教授、青岛中国画研究院院长等职。出
版有《谷宝玉画册》《谷宝玉画集》《谷宝玉诗书
画印选集》《中国画技法》等。

J0027262

顾冠群石晓玲书画集 顾冠群，石晓玲绘

沈阳 辽宁美术出版社 1995年 78页 24×26cm
ISBN：7-5314-1266-7 定价：CNY118.00
（画家专集）

　　本书系现代中国画与书法画册。外文书名：A
Collection of Calligraphy and Paintings of Gu Guanqun
and Shi Xiaoling. 作者顾冠群（1944— ），书画家。
江苏苏州人。曾任中国书画艺术交流协会主席。
出版有《顾冠群书法》。作者石晓玲（1962— ），
女，花鸟画家。江苏扬州人，毕业于中央美术学
院。历任北京市政协委员、民革委员、中国书法
艺术研究院艺委会主任。代表作品有《群鸥戏海
图》等。

J0027263

国超书画 苏国超绘

成都 四川美术出版社 1995年 78页 29cm（16开）
精装 ISBN：7-5410-0958-X 定价：CNY88.00

J0027264

海峡两岸百名爱国将军书画集 黄诚忠主编

武汉 湖北美术出版社 1995年 174页
28cm（16开） ISBN：7-5394-0586-4
定价：CNY88.00，CNY98.00（精装）

J0027265

海峡两岸书画家作品大观 张本平主编

郑州 河南美术出版社 1995年 428页 29cm（16开）
精装 ISBN：7-5401-0478-3 定价：CNY228.00

　　作者张本平（1950— ），河南郸城人，中国
现代青年书画家协会副主席、中原书画研究院
院长。

J0027266

韩界平作品选（汉英对照） 韩界平绘

上海 上海书画出版社 1995年 38页 26cm
（16开） ISBN：7-80512-856-1 定价：CNY24.00

　　本书系现代中国画。外文书名：The Selection
of Han Jieping's Paintings.

J0027267

韩静霆彩墨小品［韩静霆绘］

北京 中国世界语出版社 1995年 25×26cm
ISBN：7-5052-0251-0 定价：CNY11.00

J0027268

韩浪画集 韩浪绘

广州 岭南美术出版社 1995年 25×26cm
ISBN：7-5362-1240-2 定价：CNY27.00

　　现代中国画画册。作者韩浪（1955— ），粤
北连州人，某艺术馆任教。

J0027269

韩跃进画集 韩跃进绘

济南 山东美术出版社 1995年 70页 29cm（16开）
精装 ISBN：7-5330-0884-7 定价：CNY168.00

　　现代中国画画册。作者韩跃进（1959— ），
花鸟画家。生于山东济南，就读于山东师范大
学美术系、中国美术学院国画系、北京荣宝斋画
院。历任国家一级美术师、中国美术家协会会员、
山东画院高级画师、东岳美术馆馆长。出版有《韩
跃进画集》《韩跃进画选》等。

J0027270

郝石林画集 郝石林绘

哈尔滨 黑龙江美术出版社 1995年
39cm（8开） ISBN：7-5318-0309-7
定价：CNY116.00，CNY158.00（精装）

　　现代中国画画册。作者郝石林（1916—2011），
书画艺术家。曾任少林书画院常务院长。著有《写

意画技法》《梅兰竹菊画法》《郝石林画集》等。

J0027271

何远鸣画集（汉英对照）何远鸣绘
福州 海风出版社 1995年 59页 25×26cm
ISBN：7-80597-089-0 定价：CNY50.00
　　本书系现代中国画。

J0027272

河北书画作品集
保定 河北大学出版社 1995年 63页 25×26cm
ISBN：7-81028-255-7 定价：CNY28.00

J0027273

鹤乡晨曲（国画年画）是有福绘
南京 江苏美术出版社 1995年 1张 38×106cm
定价：CNY2.50
　　本作品为年画形式的中国现代国画作品。

J0027274

红梅报春图（国画年画）王奇寅绘
南京 江苏美术出版社 1995年 1张 38×106cm
定价：CNY2.50
　　本作品为年画形式的中国现代国画作品。

J0027275

红土感觉（中国西南画家罗江 画册）罗江绘
昆明 云南美术出版社 1995年 118页 20cm
（32开） ISBN：7-80586-186-2 　定　价：
CNY56.00
　　现代中国水墨画画册。作者罗江（1959— ），
工艺美术师。云南人，华东师范大学中文系硕士
研究生，中国美术家协会云南分会理事。

J0027276

侯诚之画集　山东画院编
济南 山东友谊出版社 1995年 16页
26cm（16开） 定价：CNY16.80
　　本书系现代中国画。

J0027277

胡絜青画集［胡絜青著］
［1995年］有图 25×25cm

J0027278

胡西铭画集（胡西铭中国画选集） 胡西铭绘；
马忠义主编
西安 陕西旅游出版社 1995年 70页 29cm
（16开） ISBN：7-5418-1216-1 定价：CNY80.00

J0027279

胡子为书画集　胡子为绘
福州 福建美术出版社 1995年 29cm（16开）
ISBN：7-5393-0275-5 定价：CNY48.00
　　作者胡子为（1926— ），号黄冈主人，浙江
永康人。福建师院艺术系毕业。福州美术馆国
家二级美术师（副教授）、福建省美术家协会、南
京市颜真卿书画院顾问、书法家协会会员。

J0027280

黄安仁书画集　黄安仁绘
广州 岭南美术出版社 1995年 22+223页 37cm
精装 ISBN：7-5362-1259-3 定价：CNY380.00
　　现代中国画画册。外文书名：Collection of
Paintings & Calligraphy by Huang Anren. 作者黄
安仁（1924—2018），书画家。广东阳江人，广州
健力宝海日书画会、广州友声诗书画会、广州离
退休美术家协会会长。代表作品有《大地新弦》
等。出版有《黄安仁画选》《黄安仁速写集》《美
加写生集》《北美风情录》等。

J0027281

黄鹤楼藏画集　黄鹤楼丛书编辑委员会编
上海 上海人民美术出版社 1995年 29cm（16开）
ISBN：7-5322-1479-6 定价：CNY60.00
（黄鹤楼丛书）

J0027282

黄绮八十寿辰书画展览作品选　黄绮作
北京 清华大学出版社 1995年 139页
26cm（16开） ISBN：7-302-01965-7
定价：CNY56.00，CNY68.00（精装）
　　作者黄绮（1914—2005），学者、教育家、书
法家。号九一，生于安徽安庆，毕业于西南联
大。曾任教于安徽大学、天津津沽大学、河北大
学，中国书法家协会副主席、河北省书法家协会
主席、中国语言学会理事、中国音韵研究会理事
等。篆刻作品和理论专著有《黄绮八十寿辰书画
展览作品选》《黄绮书画精品集》《黄绮书法刻印

集》和《黄绮论书款跋》等。

J0027283
黄叶村画集 黄叶村绘
合肥 安徽美术出版社 1995年 82页
29cm（16开）ISBN：7-5398-0403-3
定价：CNY68.00，CNY98.00（精装）
　　现代中国画画册，中英文本。外文书名：
The Album of Paintings by Huang Yecun. 作者
黄叶村（1911—1987），画家。原名厚甫，号竹痴
老人，安徽芜湖人。历任安徽省书法家协会理事、
安徽省美术家协会会员。著有《黄叶村画选》。

J0027284
纪念民族英雄刘志丹书画作品荟萃（上）
王廷祥等主编
西安 陕西人民出版社 1995年 119页
29cm（16开）精装 ISBN：7-224-03859-8
定价：CNY168.00

J0027285
纪念民族英雄谢子长书画作品荟萃（上）
马骥名等主编
西安 陕西人民出版社 1995年 119页
29cm（16开）精装 ISBN：7-224-03860-1
定价：CNY168.00

J0027286
姜振萍书画集 姜振萍著
北京 人民美术出版社 1995年 41页 26×23cm
ISBN：7-102-01487-2 定价：CNY30.00
　　作者姜振萍（1944— ），山东牟平人。青岛
浩艺装饰有限公司董事长、青岛建筑装饰工艺工
程公司经理部经理、中国书法家协会会员。

J0027287
蒋义海中国画集（汉英对照）蒋义海绘
南京 南京出版社 1995年 28cm（大16开）
ISBN：7-80614-089-1 定价：CNY36.00
　　作者蒋义海（1940— ），画家、国家一级美
术师。笔名六舟（陆洲），江苏南京人。历任南京
名人艺术研究院院长、南京国际梅花书画院院
长、江苏省作家协会书画联谊会副会长、中国梅
花艺术馆名誉馆长。出版有《蒋义海先生中国画
集》《蒋义海梅花集》《画海》。

J0027288
蒋振涛国画集（汉英对照）蒋振涛绘
沈阳 辽宁民族出版社 1995年 46页 24×26cm
ISBN：7-80527-587-4 定价：CNY35.00
　　本书系现代中国画。

J0027289
交通书画（纪念抗日战争胜利五十周年全国
交通系统书画联展作品选集）中国交通书画协
会，安徽省交通厅，黄山市交通局［编］
北京 中国交通书画协会 1995年 82页
29cm（18开）

J0027290
金鸿钧新作选 金鸿钧绘
北京 荣宝斋 1995年 45页 25×26cm
定价：CNY39.50
　　现代中国画画册。作者金鸿钧（1937— ），
教授、画家。别名爱新觉罗·鸿钧，生于北京。
历任中央美术学院中国画系教授、中国美术家协
会会员、北京工笔重彩画会副会长。代表作品有
《生生不已》《石壁榕根》《叶落归根》《枝繁花盛》，
出版有《牡丹画谱》《工笔花鸟画技法》《金鸿钧
画集》等。

J0027291
旧京环顾图 王大观
昆明 云南人民出版社 1995年 79页 28×28cm
精装 ISBN：7-222-01926-X
　　外文书名：Round Glancing of Old Beijing.

J0027292
魁正泼绘 李魁正绘
北京 荣宝斋出版社 1995年 63页 25×26cm
ISBN：7-5003-0281-9 定价：CNY68.00
　　现代中国水墨画画册。

J0027293
李道五画集 李道五绘
北京 民族出版社 1995年 24×25cm
ISBN：7-105-02489-5 定价：CNY26.00
　　作者李道五（1943— ），花鸟画家。河南沁
阳人。历任中国国际书画艺术研究会研究员、人
民日报社神州书画院书画师、中国美术艺术家协
会常务理事、三杨画院院长等。代表作品有《梅

竹图》《竹雀图》《焦萌图》《杜鹃花》等。

J0027294
李东升国画集
济南 山东美术出版社 1995 年 32 页 有彩照
26cm（16 开） ISBN：7-5330-0901-0
定价：CNY33.80
　　外文书名：Album of Traditional Chinese Paintings
of Li Dongsheng.

J0027295
李发山画集 李发山绘；丁洁因主编
北京 中国档案出版社 1995 年 29cm（16 开）
ISBN：7-80019-499-X 定价：CNY80.00
（中国当代艺术家丛书 9）
　　现代中国画画册。外文书名：The Paintings
of Li Fashan. 绘者李发山，中国书画艺术研究会
会员、中外名人书画研究院名誉教授。

J0027296
李绍周工笔画（送给炎热尘世的一缕清风）
李绍周绘
北京 中国文联出版公司 1995 年 40 页
25×25cm ISBN：7-5059-0791-3
定价：CNY58.00
（当代中国画家）

J0027297
李燕（壮北）**画集** 李燕绘
北京 东方出版社 1995 年 112 页 29cm（16 开）
精装 ISBN：7-5060-0658-8 定价：CNY180.00
　　现代中国画画册。

J0027298
李右军画集 李右军绘
上海 上海画报出版社 1995 年 46 页 25×26cm
ISBN：7-80530-176-X 定价：CNY62.00
　　本书系现代中国画。

J0027299
李照东书画集 李照东作
广州 岭南美术出版社 1995 年 42 页 37×26cm
精装 ISBN：7-5362-1207-0 定价：CNY180.00
　　作者李照东（1954—　），书画家。广东汕头
人。历任中国画学会创会理事、中国美术家协会

会员。画作有《白水悠悠入暮云》《广澳涛声》《长
潭玉笛》等，楷书作品有《六祖大师法宝坛经》，
出版有《李照东书画集》《雪泥鸿爪·李照东山水
丙戌卷》《中国名画家全集当代卷·李照东》。

J0027300
梁纪画集 梁纪绘
广州 岭南美术出版社 1995 年 78 页 38cm（6 开）
精装 ISBN：7-5362-1289-5 定价：CNY230.00
　　现代中国画工笔花鸟画画册。作者梁纪
（1926—　），字方纲，广东佛山人。广州市文史
研究馆馆员、中国美术家协会会员、广州美术家
协会副主席。作品有《竹溪双鸭》《薄膜育秧》《孔
雀紫荆》等。

J0027301
梁培浩画集 梁培浩著
珠海 珠海出版社 1995 年 48 页 29cm（16 开）
ISBN：7-80607-092-3
　　现代中国画画册。

J0027302
林百石画集 林百石绘
长春 吉林美术出版社 1995 年 25×26cm
ISBN：7-5386-0478-2 定价：CNY20.00
（五环画库）
　　现代中国画画册。外文书名：Paintings of
Lin Baishi. 作者林百石（1946—　），画家。吉林
临江人，毕业于吉林艺术学院美术系。历任长春
市美术家协会副主席、吉林日报社美术部主任编
辑、书画院副秘书长、中国美术家协会会员、中
国出版工作者协会装帧艺术研究会会员。作品
有《秋声》《悟道图》《观沧海》等。

J0027303
林明书签艺术 林明绘
福州 福建美术出版社 1995 年 58 页 18×26cm
ISBN：7-5393-0280-1 定价：CNY18.00

J0027304
林时熊画集 林时熊绘
福州 福建美术出版社 1995 年 97 页 29cm
（16 开） ISBN：7-5393-0302-6 定价：CNY68.00
　　现代中国画画册。作者林时熊（1933—　），
黎明职业大学建筑艺术系主任、燕江书画院院

长、中国美术家协会会员。

J0027305
林曦明画集 林曦明绘
上海 上海教育出版社 1995 年 36 页 25×26cm
ISBN：7-5320-4543-9 定价：CNY55.00
（当代著名中国画画家专列 上海）

　　外文书名：Lin Ximing Paintings.

J0027306
林勇逊书画集 林勇逊绘
广州 岭南美术出版社 1995 年 95 页 25×26cm
ISBN：7-5362-1183-X

　　现代中国画书法印谱选集。作者林勇逊
（1944— ），书画家。生于广东揭阳县。担任香港中文大学校、皇家香港警察书画学会中国画和篆刻导师，担任中国华侨文学艺术家协会理事。出版有《林勇逊书画集》。

J0027307
凌文虎画集 凌文虎绘
长沙 湖南美术出版社 1995 年 25×26cm
ISBN：7-5356-0734-9 定价：CNY30.00

　　现代中国画画册，中英文本。外文书名：Collection of Lin Wenhu's Chinese Paintings. 作者凌文虎（1939— ），湖南湘绣研究所高级画师、中国美术家协会湖南分会会员、中国工艺美术家协会会员。

J0027308
刘继卣绘画精品选 刘继卣绘；中南海画册编辑委员会编
北京 学苑出版社 1995 年 38cm（6 开） 精装
ISBN：7-80108-060-2 定价：CNY280.00

　　现代中国画画册。外文书名：The Collected Paintings of Liu Jiyou. 作者刘继卣（1918—1983），画家。天津人。就读于天津市立美术馆西画系。曾任职于文化部艺术局、人民美术出版社，中国美术家协会理事、北京市工笔人物画研究会副会长、北京市花鸟画研究会副会长。代表作品有《大闹天宫》《雄狮图》《孔雀开屏》《鸡毛信》等。

J0027309
刘文梁画集 刘文梁绘
石家庄 河北美术出版社 1995 年 50 页

28cm（大 16 开） ISBN：7-5310-0673-1
定价：CNY46.00

　　外文书名：The Album of Liu Wenliang.

J0027310
刘相训画集 刘相训绘
北京 今日中国出版社 1995 年 68 页 25×26cm
ISBN：7-5072-0802-8
定价：CNY88.00，CNY98.00（精装）
（今日中国艺术家画库）

　　现代中国画画册，中英文本。外文书名：Paintings of Liu Xiangxun. 作者刘相训（1935— ），画家、教授。山东烟台福山人，毕业于鲁迅美术学院。中国煤炭经济学院专业画家、烟台中山书画院副院长、中国美术家协会会员。代表作品有《林海》《腊月十五》。

J0027311
刘溢线迹 刘溢绘
南宁 广西美术出版社 1995 年 影印本 102 页
26cm（16 开） ISBN：7-80582-738-9
定价：CNY20.00
（中国当代线描精本）

J0027312
陆俨少册页精选 陆俨少绘
上海 上海书画出版社 1995 年 38cm（6 开） 精装 ISBN：7-80512-871-5 定价：CNY360.00

J0027313
吕蒙画集 吕蒙绘
上海 上海教育出版社 1995 年 39 页 25×26cm
ISBN：7-5320-4542-0 定价：CNY55.00
（当代著名中国画画家专列 上海）

　　外文书名：Lu Meng Paintings. 作者吕蒙（1915—1996），版画家。原名徐京祥，笔名徐华，浙江永康人。曾任上海美术出版社社长兼总编，上海市美术家协会秘书长、上海中国画院院长，上海文联理事。

J0027314
吕绍福画集（1995） 吕绍福绘
武汉 湖北美术出版社 1995 年 29cm（18 开）
ISBN：7-5394-0588-0
定价：CNY38。00，CNY48.00（精装）

现代中国画画册，中英文本。外文书名：An Album of Painting by Lu Shaofu.

J0027315

马南坡书画集 马南坡绘

郑州 河南美术出版社 1995年 71页 29cm（16开）ISBN：7-5401-0497-X 定价：CNY68.00

作者马南坡，河北大城人，北京陶然书画院院长、中国国际书画艺术研究会理事。

J0027316

马万里三代书画选 马万里等绘；广西文史研究馆［编］

南宁 广西美术出版社 1995年 89页 有照片 29cm（16开）精装 ISBN：7-80582-880-6

定价：CNY100.00

J0027317

马万里书画篆刻集 马万里绘；马清和，马慧先编

北京 荣宝斋出版社 1995年 38cm（6开）精装 ISBN：7-5003-0324-6 定价：CNY230.00

作者马万里（1904—1979），原名瑞图，字允甫，晚号大年，别署曼庐、曼福堂等，江苏常州人，广西文史馆副馆长、中国美术家协会广西分会理事。

J0027318

马志和画集 马志和绘

郑州 河南美术出版社 1995年 25×26cm ISBN：7-5401-0471-6 定价：CNY35.00

现代中国画画册。作者马志和（1926— ），高级工程师、画家。河南栾川人。

J0027319

满族画家刘宝平画集 刘宝平绘画

北京 民族出版社 1995年 60页 25×26cm ISBN：7-105-02513-1 定价：CNY56.80

现代中国画画册。作者刘宝平（1942— ），满族，书画家，书法家、收藏家。出生于内蒙古哲里木盟，毕业于内蒙古师范学院艺术系。历任中国美术家协会展览部编审、一级美术师、中国美术家协会、中国版画家协会会员。代表作品有《党的恩情说不完》《老驼倌》《雁北行》《新娘》《草原花香客人到》等。

J0027320

米文杰画集 米文杰绘

北京 国际文化出版公司 1995年 80页 29cm（16开）ISBN：7-80105-325-7

定价：CNY120.00

现代中国画画册。

J0027321

墨友书画精作集 孙瑞成主编

沈阳 辽宁美术出版社 1995年 234页 26cm（16开）精装 ISBN：7-5314-1245-4

定价：CNY148.00

J0027322

墨缘画集（中国美术家协会第三期国画研修班师生作品选）

天津 天津人民美术出版社 1995年 36页 25×26cm ISBN：7-5305-0516-5

定价：CNY32.00

J0027323

鸟语花香（张克齐工笔画集）张克齐绘著

台北 艺术图书公司 1995年 再版 157页 有图 25×26cm 精装

J0027324

欧豪年画集 欧豪年绘

广州 广州出版社 1995年 48页 有彩图 29cm（16开）ISBN：7-80592-355-8 定价：CNY50.00

现代中国画画册。作者欧豪年（1935— ），画家、教授。广东茂名人，毕业于岭南学院。文化大学美术学系、艺术研究所专任教授、岭南美术馆荣誉馆长、欧豪年文化基金会董事长等。代表作品有《荷花》《五虎图》《海鹰图》。

J0027325

莆田书画选集 福建省莆田县人民政府编

福州 福建美术出版社 1995年 127页 38cm（6开）ISBN：7-5393-0373-5 定价：CNY218.00

J0027326

气节高坚（国画四条屏）池土谭，宗万华绘

天津 天津人民美术出版社 1995年 4轴 154×38cm 定价：CNY13.80

本书系现代中国画作品。

J0027327
黔苑墨迹（画册 中英文本）王振中等绘
贵阳 贵州人民出版社 1995年 125页
29cm（16开）精装 ISBN：7-221-03858-9
定价：CNY168.00
　　现代中国画画册。作者王振中（1939— ），
回族，别名阿里，河北沧州人，毕业于中央美术
学院中国画系。贵州省高等艺术专科学校教授、
中国美术家协会会员。出版有《王振中画选》《黔
苑墨迹——王振中师生集》等。

J0027328
情系荒原（大庆中国画）李智帘主编
哈尔滨 黑龙江美术出版社 1995年 29cm
（16开）ISBN：7-5318-0270-8 定价：CNY65.00

J0027329
情系中华（书法篇）石国基著
香港 香港汉荣书局 1995年 26cm（16开）
ISBN：962-18-0024-2

J0027330
邱祥锐画集 邱祥锐绘
福州 福建美术出版社 1995年 51页
29cm（16开）ISBN：7-5393-0374-3
定价：CNY78.00，CNY98.00（精装）
　　现代中国画画册，中英文本。

J0027331
求索（陈发源中国画精选）陈发源绘
郑州 河南美术出版社 1995年 50页 25×25cm
ISBN：7-5401-0508-9 定价：CNY75.00
　　作者陈发源（1933— ），画家。河南夏邑人，
历任中原书画研究院、太行书画院名誉院长、长
安东方艺术研究院副院长。代表作有《清凉世
界》。

J0027332
全国书画名家精品展作品集 中国诗书画研
究院编
天津 百花文艺出版社 1995年 266页
26cm（16开）ISBN：7-5306-2067-3
定价：CNY288.00

J0027333
山东百名书画家留真集
济南 山东美术出版社 1995年 156页 有照片
26cm（16开）ISBN：7-5330-0917-7
定价：CNY148.00
　　本书共收入96位画家的中国画和35位书
法家的书法作品，同时还收入了党政领导和全国
著名书画家、艺术家的祝贺题词34幅。

J0027334
山东省文史研究馆书画选集 于峰主编
济南 山东美术出版社 1995年 126页
38cm（6开）精装 ISBN：7-5330-0945-2
定价：CNY260.00

J0027335
山水画创意速写 李国路著
北京 今日中国出版社 1994年 91页 26cm
（16开）ISBN：7-5072-0755-2 定价：CNY15.80
　　作者李国路，山水画家。笔名高和，北京人。
历任北京美术家协会会员、中国画研究会会员，
北京山水画研究会理事。

J0027336
上海百景中国画集 上海振海艺术品公司，海
上名家画廊编
上海 上海远东出版社 1995年 106页
29cm（16开）ISBN：7-80613-053-5
定价：CNY120.00
　　本书选收现代中国画作品108件。

J0027337
沈柔坚画集 沈柔坚绘
上海 上海教育出版社 1995年 36页 25×26cm
ISBN：7-5320-4540-4 定价：CNY55.00
（当代著名中国画画家专列 上海）
　　外文书名：Shen Roujian Paintings. 作者沈
柔坚（1919—1998），画家，教授。福建诏安人。
历任上海大学美术学院教授、中国美术家协会常
务理事、中国美术家协会上海分会副主席、中国
版画家协会副主席。代表作品《拉纤者》《田野》
《拾草》《为了正义》《庆功图》等。

J0027338
诗书画 秦岭云，吴小如主编；中央文史研究馆

北京 文物出版社 1995 年 63 页 26cm（16 开）
ISBN：7-5010-0884-1

J0027339

世界和平书画展精品集
北京 中国电影出版社 1995 年 176 页
29cm（16 开）精装 ISBN：7-106-01096-0
定价：CNY348.00

J0027340

世界满族书画大展（第二届 1995 年）
[台北] 台湾满族协会 1995 年 192 页
有肖像 30cm（10 开）精装

J0027341

书画千家诗 任新昌书，胡明军绘
西安 陕西人民出版社 1995 年 406 页 26cm
（16 开）ISBN：7-224-03029-5 定价：CNY88.00

J0027342

宋涤绘画近作（1994）宋涤绘
北京 荣宝斋出版社 1995 年 有彩照 25×26cm
ISBN：7-5003-0314-9 定价：CNY98.00
　　现代中国画之花鸟画画册。外文书名：Recent
Paintings by Song Di. 作者宋涤（1945— ），画家。
别名建公。出生于山东烟台市，毕业于中央工艺
美术学院。历任中央工艺美术学院教授、清华
大学美术学院教授。出版有《宋涤绘画近作——
1994》《宋涤现代山水画集》《宋涤彩墨近作集》。

J0027343

宋丰光张锦平画集 宋丰光，张锦平绘
济南 山东美术出版社 1995 年 31 页 25×26cm
ISBN：7-5330-0913-4 定价：CNY39.80
　　现代中国画画册。外文书名：Collection of
Song Fenguang's and Zhang Jinping's Paintings.
作者宋丰光（1956— ），山东桓台人，任教于山
东师范大学美术系，中国美术家协会会员。作者
张锦平（1956— ），女，教授。山东临沂人，毕业
于山东师范大学美术系。历任中国美术家协会
会员、中国美术教育研究会会员。

J0027344

孙其峰画集 孙其峰绘
北京 人民美术出版社 1995 年 38cm（6 开）

ISBN：7-102-01456-2
　　现代中国画与印谱画册。作者孙其峰（1920— ），
教授，艺术家。原名奇峰，曾用名琪峰，山东招
远人。历任天津美术学院教授、中国书法家协会
理事、中国美术家协会理事、北京铁路局文协美
术工作者、北京美协会员。代表作品有《花鸟画
谱》《孙其峰画辑》《孙其峰扇面选集》等。

J0027345

孙太仁画集 孙太仁绘
昆明 云南美术出版社 1995 年 44 页 25×26cm
ISBN：7-80586-204-4 定价：CNY50.00
　　现代中国画之工笔重彩画画册。本书为中
英文本。外文书名：Sun Tairen's Collection of
Paintings. 作者孙太仁（1952— ），任教于云南省
德宏州师范学校。

J0027346

天平楼画集（1 汉英对照）张守成等编
上海 上海书画出版社 1995 年 160 页
38cm（6 开）精装 ISBN：7-80512-765-4
　　本书系现代中国画画册。

J0027347

汪观清画集 汪观清绘
上海 上海人民美术出版社 1995 年 39 页
38cm（6 开）精装 ISBN：7-5322-1251-3
定价：CNY195.00
　　现代中国画画册。外文书名：Paintings of
Wang Guanging. 作者汪观清（1931— ），艺术家。
号耕莘堂主，安徽歙县人。历任上海人民美术出
版社副编审、中国美术家协会会员、上海市美
术家协会理事。出版有《汪观清画集》《怎样画牛》
《名家教画》等。

J0027348

汪苗国画作品选 汪苗著
北京 人民美术出版社 1995 年 26×23cm
ISBN：7-102-01505-4 定价：CNY50.50
　　作者汪苗（1943— ），画家。原名汪苗根，
浙江萧山人。浙江省义乌画院院长、高级画师，
中国美术家协会、版画家协会会员。

J0027349

汪天亮现代水墨画 汪天亮绘

福州　福建美术出版社　1995年　30页　28cm（大16开）ISBN：7-5393-0268-2 定价：CNY30.00

外文书名：Modern Ink and Wash Paintings by Wang Tianliang. 作者汪天亮（1950—　），画家。上海人，毕业于福建工艺美术学校。中国美术家协会会员、中国工艺美术学会理事、中国工艺美术学会漆艺专业委员会常务理事、福州工艺美术学校校长。

J0027350

王立堂画集　王立堂绘

成都　四川美术出版社　1995年　93页　29cm（16开）ISBN：7-5410-0990-3 定价：CNY110.00

现代中国画画册。外文书名：Collection of Paintings of Wang Litang. 作者王立堂（1958—　），画家、工艺美术师。河北石家庄人。河北省美术家协会会员。代表作品有《王立堂画集》《王立堂水墨画集》。

J0027351

王乃壮白描写生集　王乃壮［著］

北京　清华大学出版社　1995年　143页　20×28cm　ISBN：7-302-01912-6 定价：CNY28.00

J0027352

王乃壮书画集　王乃壮作

北京　清华大学出版社　1995年　76页　29cm（16开）ISBN：7-302-01922-3 定价：CNY58.00

作者王乃壮（1929—　），画家、书法家。又名王洲，号静斂斋主，寒山稚子。浙江杭州人。曾在上海美专学西画，后就读于中央美术学院。历任清华大学美术学院教授、中国美术家协会理事、中国现代书法学会艺术顾问、中央书画社高级顾问。出版有《王乃壮花鸟》《王乃壮画集》等。

J0027353

王守志画集（山水篇）王守志绘

济南　山东文艺出版社　1995年　89页　25×26cm　ISBN：7-5329-1256-6 定价：CNY108.00

外文书名：Selected Paintings of Wang Shouzhi. 作者王守志（1941—　），画家。山东枣庄人，入合肥书画院学习。历任中国美术家协会会员、中国书法家协会会员、合肥市美术家协会主席、安徽省书法家协会艺术顾问等。出版有《王守志画

集》《王守志山水画集》《王守志写意花卉集》《王守志戏剧人物画集》《当代著名篆刻家作品精选》等。

J0027354

王同君中国画集　王同君绘

哈尔滨　黑龙江美术出版社　1995年　32页　29cm（16开）ISBN：7-5318-0296-1 定价：CNY26.00

作者王同君（1962—　），美术编辑、教授。出生于黑龙江哈尔滨。历任《哈尔滨日报》美术编辑、黑龙江省花鸟画研究会秘书长、黑龙江省青年美术家协会副秘书长。作品有《王同君中国画集》《中国当代实力派画家·王同君画集》《中国画坛花鸟画名家精品·王同君写意花鸟画》。

J0027355

王文郁画集（中英日文对照）王文郁绘

北京　人民中国出版社　1995年　71页　25×25cm　ISBN：7-80065-561-X 定价：CNY45.00

本书系现代中国画。

J0027356

王西京画集　王西京绘

北京　荣宝斋出版社　1995年　164页　38cm（8开）精装　ISBN：7-5003-0323-8

本书为现代中国画画册，中英文本。外文书名：A Collection of Wang Xijing's Paintings. 作者王西京（1946—　），一级美术师。陕西西安人。历任中国美术家协会理事、中国美协中国画艺委会委员、中国画学会副会长、陕西美术家协会名誉主席等。主要作品有《王西京作品集》《中国历史人物画传》等。

J0027357

王遐举书法作品集　王遐举书

北京　中国电影出版社　1995年　157页　有彩照及彩图　36cm（15开）ISBN：7-106-01051-0 定价：CNY166.00

作者王遐举（1909—1995），书法家。原名克元，字清泉，号野农。出生于湖北荆州，毕业于武昌中华大学。历任中央文史研究馆馆员、海峡两岸书画家联谊会会长、中国书法艺术研究院院长等职。出版有《野农轩诗话》《王遐举书法作品集》《中国舞台布景与民族传统绘画》等。

J0027358

王小古画集 王小古绘；山东临沂羲之书画艺术研究院编

济南 山东美术出版社 1995 年 58 页 29cm（16 开） ISBN：7-5330-0921-5 定价：CNY65.00

本书系现代中国画。

J0027359

王雅平画集 王雅平绘

长春 吉林美术出版社 1995 年 25×26cm ISBN：7-5386-0478-2 定价：CNY20.00（五环画库）

现代中国画画册。外文书名：Paintings of Wang Yaping. 作者王雅平（1957— ），女，吉林长春人，吉林日报社美术部主任编辑、吉林日报社书画院办公室主任。

J0027360

王自修画集 王自修绘

沈阳 辽宁美术出版社 1995 年 60 页 24×26cm ISBN：7-5314-1280-2 定价：CNY70.00

现代中国画画册。外文书名：Selected Paintings of Wang Zixiu. 作者王自修（1947— ），画家。山东乐陵人。历任中国美术家协会辽宁分会会员、中国东方文化研究会会员、鞍山广播电视设备集团公司专职画家。代表作品有《王自修画集》《王自修作品集》《梦景集》《王自修专辑》《中国冰雪画大家——王自修》等。

J0027361

翁开恩画集 翁开恩绘

福州 福建美术出版社 1995 年 42 页 25×26cm 定价：CNY48.00

现代中国画画册。作者翁开恩（1939— ），教授。号竹啸庄人，福建莆田人。历任福建师范大学美术系副教授，福建画院、福州画院、福建政协画师、中国美术家协会会员、福建美协理事。出版有《翁开恩画集》《翁开恩写生》《翁开恩画辑》等。

J0027362

吴冠南画集 吴冠南绘

上海 上海远东出版社 1995 年 30cm（10 开） 精装 ISBN：7-80613-237-6 定价：CNY150.00（当代画家作品大系）

现代中国画画册，中英日文本。作者吴冠南（1950— ），画家。字鹤南，号木荷、荷父，江苏宜兴人。历任江苏省国画院艺委会委员、陕西国画院名誉院长、中国美术家协会会员、国家一级美术师。代表作品有《滴翠留红》《夏日景秀》《石灵花秀》《与花同乐》《花醉》等。

J0027363

吴墨林画集 吴墨林绘

北京 荣宝斋出版社 1995 年 50 页 28cm（大 16 开） ISBN：7-5003-0325-4 定价：CNY78.00

现代中国画画册。外文书名：Selected Works of Wu Molin. 作者吴墨林（1945— ），书画家。东南亚美术协会主席，新加坡鹤翔书画院院长。

J0027364

现代中国画集粹 朝华出版社编辑

北京 朝华出版社 1995 年 2 版 112 页 40cm（小 8 开） 精装 ISBN：7-5054-0428-8

外文书名：A Selection of Contemporary Chinese Paintings.

J0027365

香港现代水墨新潮（香港现代水墨画协会二十年回顾）邓豪达编辑

香港 香港现代水墨画协会 1995 年 56 页 26cm（16 开） ISBN：962-850-301-4

J0027366

许金宝画集 许金宝绘

福州 福建美术出版社 1995 年 57 页 29cm（16 开） ISBN：7-5393-0321-2 定价：CNY50.00

现代中国画画册。外文书名：A Selection of Xu Jinbao's Painting 作者许金宝（1942— ），画家。字荔山，福建莆田人，毕业于福建师院艺术系。历任全国美术教育研究会会员、福建老年书画研究会顾问、福建教育学院美术教研室主任、副教授、福建教育学院美术教研室主任、福州画院画师等。有作品《搏海凯歌》。

J0027367

严丰(树芬)国画 ［严丰绘］

澳门 澳门市政厅 1995 年 29cm（16 开）

外文书名：Pintura Chinesa De Im Fong（Shü

Fan).

J0027368

晏少翔画集 晏少翔绘
北京 荣宝斋出版社 1995 年 78 页 36cm（15 开）
精装 ISBN：7-5003-0279-7 定价：CNY138.00
　　现代中国画画册。作者晏少翔（1914—2014），
北京人，鲁迅美术学院中国画系教授、北京辅仁
美术会顾问、沈阳市文史研究馆馆员。

J0027369

杨鹆画选 杨鹆绘
济南 山东美术出版社 1995 年 26×24cm
ISBN：7-5330-0861-8 定价：CNY18.00
　　本书系现代中国画。

J0027370

杨为农仿古画集 杨为农绘
合肥 黄山书社 1995 年 60 页 26cm（16 开）
ISBN：7-80535-643-2 定价：CNY48.00

J0027371

杨先画集 杨先绘
兰州 甘肃民族出版社 1995 年 28×29cm
ISBN：7-5421-0360-1
　　现代中国画画册。作者杨先（1958— ），河
北定兴人，中华全国总工会《中国工运》杂志美
术编辑、中国水墨艺术研究会常务理事。

J0027372

杨象宪画辑 杨象宪绘
济南 山东友谊出版社 1995 年 12 张
26cm（16 开） 定价：CNY9.80
　　本作品系现代中国画。

J0027373

叶人诗画集 叶人[作]
上海 百家出版社 1995 年 26cm（16 开）
ISBN：7-80576-571-5 定价：CNY66.00
　　现代中国书画诗选集。

J0027374

艺坛巨匠徐悲鸿（画册） 徐悲鸿纪念馆编
北京 中国和平出版社 1995 年 149 页
28×28cm 精装 ISBN：7-80101-487-1

定价：CNY300.00
　　外文书名：Great Master Xu Beihong.

J0027375

易洪斌画集 易洪斌绘
长春 吉林美术出版社 1995 年 25×26cm
ISBN：7-5386-0478-2 定价：CNY20.00
（五环画库）
　　现代中国水墨画画册。外文书名：Paintings
of Yi Hongbin. 作者易洪斌（1943— ），吉林日
报社社长、高级编辑，中国美术家协会、作家协
会会员。

J0027376

易至群画集 易至群绘
广州 岭南美术出版社 1995 年 129 页
28cm（大 16 开） ISBN：7-5362-1187-2
定价：CNY98.00, CNY135.00（精装）
　　现代中国画画册。作者易至群（1938— ），
画家。别名易子，湖南邵阳人，毕业于广州美术
学院国画系，同年留校任教，历任江西《南昌晚
报》美术编辑、武汉画院、一级美术师、海南大
学艺术学院教授。代表作品有《村史》《豆选》等。

J0027377

幽兰图（国画） 李亚绘
南京 江苏美术出版社 1995 年 1 张 53×135cm
定价：CNY68.00
　　现代中国画，卷轴装。

J0027378

于涛书画集 于涛绘
北京 文物出版社 1995 年 有彩图 26×24cm
ISBN：7-5010-0847-7 定价：CNY68.00
　　现代中国画与书法画册。作者于涛（1936—
1999），字雨村，号片月斋主，河北黄骅人，大连
书画院副院长、国家二级美术师、大连市书法家
协会副主席。

J0027379

岳黔山画集 岳黔山绘
北京 新华出版社 1995 年 40 页 26×25cm
ISBN：7-5011-2845-6 定价：CNY60.00
　　现代中国画画册。作者岳黔山（1963— ），
任教于中央民族学院美术系。

J0027380

张承汉扇面书画集 张承汉绘；宋忠元主编
杭州 中国美术学院出版社 1995 年 27×29cm
精装 ISBN：7-81019-456-9 定价：CNY200.00
　　作者张承汉（1934— ），号水墨，绍兴人，
扇面书画家。

J0027381

张大千画集 张大千绘
上海 上海人民美术出版社 1995 年 73 页
36cm（15 开） 精装 ISBN：7-5322-1508-3
定价：CNY210.00
　　现代中国画画册。作者张大千（1899—
1983），国画大师、山水画大家、书法家。四川内
江人，祖籍广东番禺。代表作有《爱痕湖》《长江
万里图》《四屏大荷花》《八屏西园雅集》等。

J0027382

张京德画集 张京德绘
长沙 湖南美术出版社 1995 年 42 页 25×26cm
ISBN：7-5356-0793-4 定价：CNY62.00
　　现代中国画画册。外文书名：Fine Art Worksof
Zhang Jingde. 作者张京德（1939— ），画家、教
授。湖北嘉鱼人。历任湖北美术学院教授、中国
美术家协会会员、湖北美术家协会理事。出版有
《张京德画集》。

J0027383

张培武画集 张培武绘
上海 上海书画出版社 1995 年 25×26cm
ISBN：7-80512-930-4 定价：CNY38.00
　　本书系现代中国画。

J0027384

赵凤桐书画作品选 赵凤桐绘；史秋一编
保定 河北大学出版社 1995 年 86 页
26cm（16 开） ISBN：7-81028-357-X
定价：CNY30.00
　　作者赵凤桐（1947— ），保定市政协文教委
员会副主任、中国书法家协会、中国美术家协会
河北省分会会员。

J0027385

赵磊画集 赵磊绘
北京 今日中国出版社 1995 年 54 页 25×26cm

ISBN：7-5072-0815-X
定价：CNY56.00，CNY66.00（精装）
（今日中国艺术家画库）
　　现代中国画画册，中英文本。外文书名：
The Paintings of Zhao Lei. 作者赵磊（1946— ），
女，江苏武进人，中国美术家协会北京分会会员。

J0027386

赵蕴玉国画集 赵蕴玉绘
成都 四川美术出版社 1995 年 31cm（10 开）
ISBN：7-5410-0962-8 定价：CNY280.00
　　本书为中英文本。外文书名：The Collection
of Zhao Yunyu's Chinese Paintings. 作者赵蕴玉
（1916—2013），画家、书法家。原名文蔚，后改
名赵石，字蕴玉，四川阆中人。在成都岷云艺术
专科学校任教，后入四川省博物馆专事书画鉴定
和复制古字画工作。代表作《蜀宫乐伎图》。

J0027387

浙江省美术家协会第一回推荐展 （1995 中
国画）浙江省美术家协会主编
杭州 中国美术学院出版社 1995 年 31 页
20×19cm ISBN：7-81019-459-3
定价：CNY20.00

J0027388

郑玉崑画韵跋句 郑玉崑著；冷柯，柳正昌编选
北京 中国旅游出版社 1995 年 62 页 有图
19cm（小 32 开） ISBN：7-5032-1143-1
定价：CNY4.00
　　作者郑玉崑（1929— ），中国美术家协会会
员、河南美协常务理事、河南山水画会会长。

J0027389

中国当代诗书画印精品集 李之鹏等主编
郑州 河南美术出版社 1995 年 13+51+880 页
26cm（16 开） 精装 ISBN：7-5401-0467-8
定价：CNY175.00

J0027390

中国高等美术院校中国画选集 （1986—
1993）宋忠元主编
福州 福建美术出版社 1995 年 126 页 29cm
（16 开） ISBN：7-5393-0276-3 定价：CNY85.00

J0027391

中国工笔画（当代女画家精品选）　中国工笔画学会编

福州　福建美术出版社　1995年　80页　29cm（15开）ISBN：7-5393-0314-X　定价：CNY55.00

　　外文书名：Traditional Chinese Realistic Painting Selected Works of Modern Women Painters.

J0027392

中国工笔画当代精英画家作品集（何家英　卢禹舜　彭培泉　李爱国　周彦生）

福州　福建美术出版社　1995年　73页　28×21cm　ISBN：7-5393-0300-X　定价：CNY48.00

J0027393

中国书画家作品精选　王猛仁主编

郑州　河南美术出版社　1995年　16+208+725页　有彩图　26cm（16开）精装　ISBN：7-5401-0509-7　定价：CNY280.00

J0027394

朱乃正60小书画　朱乃正绘

北京　北京工艺美术出版社　1995年　12×12cm　精装　ISBN：7-80526-166-0　定价：CNY[85.00]

　　现代中国画及书法画册，中英文对照。作者朱乃正（1935—2013），教授。浙江海盐人，毕业于中央美术学院。历任中央美术学院学术委员会主任、教授，中国美术家协会理事。代表作品有《金色的季节》《春华秋实》《青海长云》。

J0027395

朱颖人画集　朱颖人绘

杭州　浙江人民美术出版社　1995年　58页　36cm（15开）精装　ISBN：7-5340-0554-X　定价：CNY160.00

　　现代中国画画家画册。

J0027396

珠玑吟（南雄珠玑巷诗书画印集）吴述超主编

广州　暨南大学出版社　1995年　161页　19cm（小32开）ISBN：7-81029-438-5　定价：CNY19.50

（珠玑巷丛书 9）

J0027397

庄名渠画集　庄名渠绘

广州　岭南美术出版社　1995年　29cm（16开）ISBN：7-5362-1342-5　定价：CNY48.00

　　现代中国画画册。作者庄名渠（1941—　），笔名庄石渠，广东省潮阳人，广东美术家协会会员、中国书画家协会会员。

J0027398

安康书画精品选　安康书画精品选征编委会编

西安　陕西人民美术出版社　1996年　134页　28cm（大16开）ISBN：7-5368-0763-5　定价：CNY68.00

J0027399

白野夫画集（唐风·唐马系列）白野夫绘

北京　中国和平出版社　1996年　84页　29×25cm　ISBN：7-80101-718-8　定价：CNY90.00，CNY180.00（精装）

　　外文书名：Selected Paintings of Bai Yefu.

J0027400

百名老红军书画集　赵立贤主编

北京　国际文化出版公司　1996年　136页　有肖像　26cm（16开）精装　ISBN：7-80105-409-1　定价：CNY38.00

（新中国百人书画系列集 4）

　　作者赵立贤（1947—　），河北东光人。历任北京市海淀区海淀乡副乡长、政协海淀区委员会委员、北京市高校书画研究会理事等。

J0027401

北京艺术交流中心书画集（1）姚煜主编

北京　中国林业出版社　1996年　161页　28cm（大16开）ISBN：7-5038-1717-8　定价：CNY158.00

J0027402

曹广福中国画集（汉英对照）曹广福绘

银川　宁夏人民出版社　1996年　47页　28cm（大16开）ISBN：7-227-01609-9　定价：CNY35.00

　　外文书名：Collection of Cao Guangfu's Chinses Painting.

J0027403

曹俊义画集 曹俊义绘

北京 国际文化出版公司 1996年 40页

25×26cm ISBN：7-80105-442-3

定价：CNY46.00

　　现代中国画画册。

J0027404

岑学恭八十画展 岑学恭绘

成都 四川美术出版社 1996年 134页

28cm（大16开） ISBN：7-5410-1117-7

定价：CNY120.00，CNY160.00（精装）

　　现代中国画画册。作者岑学恭（1917—2009），画家，一级美术师。内蒙古呼和浩特人，满族。毕业于国立中央大学艺术系。历任中国美术家协会会员、中国诗书画研究院院士、北京大学东方书画家协会常务理事、人民日报社神州书画院顾问、白书画研究会顾问、满族书画家联谊会顾问、四川省政协书画研究院院长等职。国画作品有《巫山云》《三峡》《秋林群鹿》等。

J0027405

曾宪就书画石刻集 曾宪就［作］

广州 广东高等教育出版社 1996年 80页 29cm

（16开） ISBN：7-5361-1807-4 定价：CNY50.00

J0027406

查加伍白描江湖百业图 查加伍白描；蒋敬生文

武汉 湖北美术出版社 1996年 107页 29cm

（16开） ISBN：7-5394-0623-2 定价：CNY32.00

　　作者查加伍（1950— ），编辑。别名穆明、三夷。湖北京山人，毕业于湖北美术学院师范系。曾在湖北人民出版社、京山县文化馆工作。历任湖北美术出版社副社长、美术副编审，湖北美协连环画、插图艺委会副主任。代表作品有《战斗的历程》《乱世风云》《苦肉记》等。

J0027407

禅石书画作品集 李东作

广州 岭南美术出版社 1996年 29cm（16开）

ISBN：7-5362-1417-0 定价：CNY48.00

J0027408

朝辉 郭风祥，王凯绘

天津 天津人民美术出版社 1996年 1轴

53×140cm ISBN：85305.454 定价：CNY6.40

　　本作品系现代中国画。

J0027409

陈学文彩墨创意 陈学文绘

沈阳 辽宁美术出版社 1996年 28页 24×26cm

ISBN：7-5314-1392-2 定价：CNY34.00

（画家画库 作品与技法）

　　作者陈学文（1955— ），教授。山东人，鲁迅美术学院副教授，辽宁省美术家协会会员。

J0027410

陈子庄画集 陈子庄绘；胡莹主编

成都 四川美术出版社 1996年 37cm 精装

ISBN：7-5410-1098-7 定价：CNY320.00

　　中英文本。外文书名：Paintings by Chen Zizhuang. 作者陈子庄（1913—1976），四川永川县人，国画家。曾任四川省文史馆研究员、四川省政协委员。代表作有《山深林密》《秋山如醉》《溪岸图》等。著有《石壶论画语要》。

J0027411

程十发画集 程十发绘

上海 上海教育出版社 1996年 36页 25×26cm

ISBN：7-5320-4797-0 定价：CNY55.00

（当代著名中国画画家专列 上海）

　　外文书名：Cheng Shifa Paintings. 作者程十发（1921—2007），画家。出生于上海金山，毕业于上海美术专科学校国画系。代表作品有《丽人行》《迎春图》《列宁的故事》《孔乙己》等。出版有《程十发近作选》《程十发花鸟习作选》《程十发作品展》。

J0027412

当代书画家墨迹选 杨春茂主编；当代书画家墨迹选编委会［编］

昆明 云南大学出版社 1996年 13+489页

26cm（16开） 精装 ISBN：7-81025-693-9

定价：CNY180.00

J0027413

当代中国画家精品集粹

天津 天津人民美术出版社 1996年 6折

29cm（16开） 统一书号：85305.0605

定价：CNY28.00

（折页系列画丛 1）

外文书名：Collection of Excellent Works of Contemporary Chinese Painters.

J0027414

当代中国画名家十人精作选（1） 北京中国画研究会编

北京 新华出版社 1996 年 60 页 26×27cm

精装 ISBN：7-5011-3396-4 定价：CNY158.00

外文书名：Selected Best Works of Contemporary Famous Chinese Painters.

J0027415

当代中国水墨现状 邵戈主编

北京 新华出版社 1996 年 240 页 33cm

ISBN：7-5011-3198-8 定价：CNY430.00

J0027416

当今彩墨集 赵元华，范芸安主编

济南 黄河出版社 1996 年 368 页 26cm（16 开）

精装 ISBN：7-80558-763-9 定价：CNY300.00

（国际书画篆刻大观丛书 第二卷）

J0027417

邓阜炳书画集 邓阜炳作

广州 岭南美术出版社 1996 年 48 页 26×25cm

ISBN：7-5362-1347-6 定价：CNY33.00

现代中国画书法印谱画册。

J0027418

丁朝安画辑 丁朝安绘

福州 福建美术出版社 1996 年 75 页 29cm（16 开） ISBN：7-5393-0387-5

定价：CNY80.00，CNY118.00（精装）

现代中国画画册。

J0027419

丁绍光 杨永善撰文

昆明 云南人民出版社 1996 年 90 页 有照片 28×29cm ISBN：7-222-02065-9

定价：CNY350.00

现代中国画画册。

J0027420

东泽意象 东泽绘

北京 国际文化出版公司 1996 年 67 页 37cm ISBN：7-80105-446-6

定价：CNY160（USD25.00，HKD200.00）

现代中国画画册。作者东泽（1955— ），画家、一级美术师。山东沂南人，毕业于青岛工艺美术学校，就读于北京画院和中国艺术研究院。历任中国北京美术家协会会员、中华名人书画研究院专职画家。出版作品集有《东泽画集》《东泽意象》《东泽现代抽象水墨作品集》等。

J0027421

董瑞芝画集 董瑞芝著

1996 年 95 页 30cm（10 开） 精装

本书系现代中国画画册。外文书名：Paintings by Lucy Tung.

J0027422

董振堂画集 董振堂绘

成都 四川美术出版社 1996 年 48 页 26×25cm

ISBN：7-5410-1116-9 定价：CNY78.00

现代中国画画册。

J0027423

杜成义书画篆刻集 杜成义[作]

西安 陕西人民美术出版社 1996 年 138 页 29×21cm ISBN：7-5368-0895-X

定价：CNY128.00，CNY148.00（精装）

J0027424

杜凤海画集 杜凤海绘

石家庄 河北美术出版社 1996 年 58 页 26×25cm ISBN：7-5310-0754-1

定价：CNY86.00

（中国当代艺术作品）

现代中国画画册，中英文本。外文书名：Du Fenghai's Paintings Album. 作者杜凤海（1961— ），画家。笔名合一，出生于河北石家庄市，毕业于河北省轻化工学院美术设计专业。河北省美术家协会会员。出版有《杜凤海画集》《杜凤海山水画集》《簸箕和斗——费正杜凤海山水画集》。

J0027425

二十世纪下半叶中国画家丛书（新文人画北鱼）杨牧之主编

石家庄 河北教育出版社 1996 年 138 页

37cm（8开）精装 ISBN: 7-5434-3001-0

定价: CNY280.00（全套）

　　北鱼(1945—)，本名季酉辰，出生于河北宁晋。毕业于天津美术学院美术系，后结业于中央美术学院国画系。曾在河北人民出版社、河北美术出版社工作。历任河北美术家协会当代学术委员会副主任、河北省中国画研究会副会长、中国艺术研究院客座教授。主编杨牧之(1942—)，河北宁河县人。《中国大百科全书》执行总主编。毕业于北京大学中文系。曾任中国书刊发行业协会会长、新闻出版署副署长、中国出版集团总裁等职。主要作品有《辛弃疾》《新中国古籍整理图书总目录》《编辑艺术》《隋唐的故事》等。

J0027426

二十世纪下半叶中国画家丛书（新文人画边平山）杨牧之主编

石家庄 河北教育出版社 1996年 142页

38cm（8开）精装 ISBN: 7-5434-3008-8

定价: CNY280.00（全套）

　　边平山(1958—)，北京人，结业于中央美术学院国画系、中国艺术研究院、中国画名家研修班。曾任荣宝斋出版社编辑，编辑美术书籍百余种，并获全国优秀编辑一等奖。现客居上海为职业画家，出版有《边平山画集》三种，出版合集二十余种。

J0027427

二十世纪下半叶中国画家丛书（新文人画常进）杨牧之主编

石家庄 河北教育出版社 1996年 148页

37cm（8开）精装 ISBN: 7-5434-2999-3

定价: CNY280.00（全套）

　　常进(1951—)，江苏南京市人，1981年毕业于江苏省国画院。时任江苏省国画院山水画研究所所长、国家一级美术师、中国美术家协会会员。作品曾参加新文人画展、武汉国际水墨画邀请展、日本"现代中国绘画展"、韩国"91'现代中国绘画代表作家展"、"香港当代中国著名书画家创作精品展"。

J0027428

二十世纪下半叶中国画家丛书（新文人画陈绶祥）杨牧之主编

石家庄 河北教育出版社 1996年 145页

38cm（8开）精装 ISBN: 7-5434-3010-X

定价: CNY280.00（全套）

　　陈绶祥(1944—)，别名晓三，广西桂林人。字大隐，号老饕，斋名无禅堂。"新文人画"倡导发起人及组织领导者。

J0027429

二十世纪下半叶中国画家丛书（新文人画方骏）杨牧之主编

石家庄 河北教育出版社 1996年 145页

37cm（8开）精装 ISBN: 7-5434-2983-7

定价: CNY［280.00］（全套）

　　方骏(1943—)，生于江苏灌云县，原籍安徽歙县。1965年南京师范学院美术系毕业，1981年南京艺术学院美术系中国画研究生毕业，获硕士学位，留校任教，历任美术系副主任、江苏省国画院"特聘画师"、江苏省美协理事、艺术委员会委员。

J0027430

二十世纪下半叶中国画家丛书（新文人画李老十）杨牧之主编

石家庄 河北教育出版社 1996年 13+148页

37cm（8开）精装 ISBN: 7-5434-2998-5

定价: CNY280.00（全套）

　　李老十(1957—1996)，哈尔滨人。1977年毕业于哈尔滨师范学校美术专业，并留校任教，1985年毕业于中央美术学院民间艺术系。曾任人民美术出版社编辑。

J0027431

二十世纪下半叶中国画家丛书（新文人画梁占岩）杨牧之主编

石家庄 河北教育出版社 1996年 151页 有照片 37cm（8开）精装 ISBN: 7-5434-3011-8

定价: CNY280.00（全套）

　　梁占岩(1956—)，河北武强人。1979年师从周画聪、卢沉先生，现为中国国家画院国画院常务副院长。

J0027432

二十世纪下半叶中国画家丛书（新文人画刘二刚）杨牧之主编

石家庄 河北教育出版社 1996年 146页

38cm（8开）精装 ISBN: 7-5434-2978-0

定价：CNY280.00（全套）

　　画家刘二刚（1947—　　），江苏镇江人。国家一级美术师。曾供职镇江国画院、江苏美术出版社《江苏画刊》、南京书画院。先后在南京、北京、上海、广州、西安、湘潭及海外举办过个人画展。参加过"百年中国画展"、"中国新文人画展"、"新中国美术六十年展"。

J0027433

二十世纪下半叶中国画家丛书（新文人画刘进安）杨牧之主编

石家庄　河北教育出版社　1996 年　11+145 页 37cm（8 开）精装　ISBN：7-5434-2981-0

定价：CNY280.00（全套）

　　刘进安（1957—　　），别名大漠、晋盒、晋安。河北大城县人。时任首都师范大学美术学美术学院院长、首都师范大学美术学院教授、中国美术家协会理事等。

J0027434

二十世纪下半叶中国画家丛书（新文人画卢禹舜）杨牧之主编

石家庄　河北教育出版社　1996 年　17+138 页 37cm（8 开）精装　ISBN：7-5434-3000-2

定价：CNY280.00（全套）

　　卢禹舜（1962—　　），中国国家画院常务副院长、院务委员、中国艺术研究院博士生导师、哈尔滨师范大学副校长、全国政协委员、中国美术家协会理事、中国画艺委会副主任、中国画学会副会长。

J0027435

二十世纪下半叶中国画家丛书（新文人画田黎明）杨牧之主编

石家庄　河北教育出版社　1996 年　146 页 38cm（8 开）精装　ISBN：7-5434-2982-9

定价：CNY280.00（全套）

　　田黎明（1955—　　），画家。生于北京，祖籍安徽合肥。中国艺术研究院博士生导师、中国艺术研究院副院长、研究生院院长、中央美术学院学术委员、中国画艺委会委员、北京市美协理事。代表作品有《自然的阳光》《正午的阳光》等。

J0027436

二十世纪下半叶中国画家丛书（新文人画

王和平）杨牧之主编

石家庄　河北教育出版社　1996 年　145 页 37cm（8 开）精装　ISBN：7-5434-2996-9

定价：CNY280.00（全套）

　　王和平（1949—　　），一级美术师。福州画院名誉院长、中华文化促进会理事、福建省美术家协会副主席、福建省文史馆馆员、福州市海内外书画家联谊会会长、福州市政协书画院院长等。

J0027437

二十世纪下半叶中国画家丛书（新文人画王孟奇）杨牧之主编

石家庄　河北教育出版社　1996 年　146 页 37cm（8 开）精装　ISBN：7-5434-2997-7

定价：CNY280.00（全套）

　　王孟奇（1947—　　），画家、教授。生于江苏无锡市，毕业于南京艺术学院国画专业。历任上海大学美术学院教授、博士生导师，南京艺术学院客座教授、上海国画院画师。出版有《王孟奇画集》《王孟奇画册》《二十世纪下半叶中国新文人画精品选·王孟奇》等。

J0027438

二十世纪下半叶中国画家丛书（新文人画王镛）杨牧之主编

石家庄　河北教育出版社　1996 年　13+143 页 37cm（8 开）精装　ISBN：7-5434-2980-2

定价：CNY280.00（全套）

　　王镛（1948—　　），生于北京，太原人，别署凸斋、鼎楼主人等。时任中央美术学院教授、书法艺术研究室主任、中国书法家协会篆刻艺术委员会副主任、中央美术学院教授、中国美术家协会会员等。

J0027439

二十世纪下半叶中国画家丛书（新文人画徐乐乐）杨牧之主编

石家庄　河北教育出版社　1996 年　11+146 页 37cm（8 开）精装　ISBN：7-5434-3002-9

定价：CNY280.00（全套）

　　徐乐乐（1955—　　），擅长工笔人物，现为江苏省国画院一级美术师。

J0027440

二十世纪下半叶中国画家丛书（新文人画

于水）杨牧之主编

石家庄 河北教育出版社 1996年 150页

37cm（8开）精装 ISBN：7-5434-3003-7

定价：CNY280.00（全套）

　　于水（1955—　），北京市海淀区人，中国新文人画派重要画家，中国艺术研究院研究员、中国美术家协会会员、北京丰华臻传文化艺术有限公司签约画家。

J0027441

二十世纪下半叶中国画家丛书（新文人画周亚鸣）杨牧之主编

石家庄 河北教育出版社 1996年 151页

37cm（8开）精装 ISBN：7-5434-3009-6

定价：CNY280.00（全套）

　　周亚鸣（1957—　），江苏镇江人。时任中国艺术研究院教授、镇江市美术家协会主席、江苏省美术家协会理事、中国美术家协会会员等。

J0027442

二十世纪下半叶中国画家丛书（新文人画朱新建）杨牧之主编

石家庄 河北教育出版社 1996年 152页

37cm（8开）精装 ISBN：7-5434-3005-3

定价：CNY280.00（全套）

　　朱新建（1953—2014），江苏省南京市人。中国美术家协会会员。出版有《朱新建画集》三种。

J0027443

范曾·萧瀚旅欧合作作品集 范曾，萧瀚［绘］

合肥 安徽美术出版社 1996年 59页

38cm（6开）精装 ISBN：7-5398-0518-8

定价：CNY150.00

　　现代中国画画册。

J0027444

方本幼作品选 方本幼绘

杭州 西泠印社 1996年 28cm（大16开）

ISBN：7-80517-195-5 定价：CNY15.00

（中国当代书画篆刻家掇英 19）

　　外文书名：Selected Works of Fang Benyou.

J0027445

方慕萱中国画集 方慕萱绘

南京 南京出版社 1996年 25×26cm

ISBN：7-80614-246-0 定价：CNY98.00

J0027446

方增先画集 方增先绘

上海 上海教育出版社 1996年 39页 25×26cm

软精 ISBN：7-5320-4827-6 定价：CNY55.00

（当代著名中国画画家专列 上海）

　　本书为中英文本。外文书名：Fang Zengxian Paintings. 作者方增先（1931—　），国画家。浙江兰溪人，毕业于浙江杭州国立艺术专科学校。历任上海美术馆馆长、中国美术家协会常务理事。出版画集《方增先人物画》《方增先水墨画诗意画》《方增先古装人物画集》等，专著有《怎样画水墨人物画》《结构素描》《人物画的造型问题》等。

J0027447

伏文彦画集 伏文彦绘

上海 上海书画出版社 1996年 113页

26cm（16开）ISBN：7-80512-934-7

定价：CNY100.00

　　现代中国画画册。

J0027448

海上中国画选续集 韩碧池编

上海 上海书画出版社 1996年 有照片

38cm（6开）精装 ISBN：7-80635-003-9

定价：CNY320.00

　　本书收有钱行健、戴敦邦、陈谷长、戴明德等十六位画家的作品。

J0027449

何百明画集 何百明绘；盛重庆主编

上海 百家出版社 1996年 62页 29cm（16开）

精装 ISBN：7-80576-660-6 定价：CNY78.00

　　现代中国画画册。

J0027450

何冠智水墨画集 何冠智绘

武汉 武汉出版社 1996年 26×25cm

ISBN：7-5430-1665-6 定价：CNY86.00

　　外文书名：The Collection Chinese Water-Colour Paintings by Mr.He Guanzhi.

J0027451

河北八家画集（韩羽　王怀骐　赵贵德　李明久
胡嘉梁　问雨　钟长生　刘克仁）
石家庄　河北美术出版社　1996 年　80 页
38cm（6 开）精装　ISBN：7-5310-0760-6
定价：CNY318.00
　　现代中国画画册。

J0027452

鸿福将至　天津人民美术出版社编
天津　天津人民美术出版社　1996 年　1 轴
38×105cm　ISBN：85305.519　定价：CNY5.80
　　本作品系现代中国画。

J0027453

侯妍妍线描作品选　侯妍妍绘
重庆　西南师范大学出版社　1996 年　39 页　22cm
（30 开）ISBN：7-5621-1513-3　定价：CNY18.00
　　外文书名：Hou Yan-Yan's Works Selections
of Line Drawings.

J0027454

黄云画集　黄云绘
广州　岭南美术出版社　1996 年　130 页　37cm
ISBN：7-5362-1418-9　定价：CNY150.00
　　现代中国画画册。作者黄云（1931—2007），
画家、教授。祖籍广东新会，生于广东恩平。毕
业于中央工艺美术学院。华南师范大学教授，广
州书画学院教授、副院长，广州市文史研究馆馆
员、中国美术家协会会员。作品有《黄帆倒影》
《山村傍晚》《山里野趣》等。

J0027455

黄正襄画选　黄正襄绘；刘文敏主编
北京　中国三峡出版社　1996 年　79 页　29cm
（16 开）ISBN：7-80099-132-6　定价：CNY69.00
　　现代中国画画册，中英文本。绘者黄正襄
（1923—2018），山水画家。台湾淡水人，北京文
史馆馆员、中国三峡画院副院长、全国侨联文学
艺术家协会副会长。

J0027456

纪伟基画集　纪伟基绘
广州　岭南美术出版社　1996 年　86 页
38cm（6 开）精装　ISBN：7-5362-1536-3
定价：CNY198.00
　　中国现代书法印谱中国画画册，中英文本。

J0027457

江苏省国画院书画集　古吴轩出版社编
苏州　古吴轩出版社　1996 年　28cm（大 16 开）
ISBN：7-80574-230-8　定价：CNY80.00

J0027458

金家骥作品选　金家骥绘
杭州　西泠印社［1996 年］28cm（大 16 开）
ISBN：7-80517-144-0　定价：CNY135.00（全套）
（中国当代书画篆刻掇英 10）

J0027459

开国大典　李洪才，李俊生绘
天津　天津人民美术出版社　1996 年　1 轴
附对联一副　105cm（全开）统一书号：85305.442
定价：CNY24.80
　　本作品为年画形式的中国现代国画作品。

J0027460

开国大典　李洪才，李俊生绘
天津　天津人民美术出版社　1996 年　1 轴
附对联一副　107cm（全开）统一书号：85305.443
定价：CNY15.80
　　本作品为年画形式的中国现代国画作品。

J0027461

蓝仕璧画集　蓝仕璧绘；刘绍强等主编
哈尔滨　黑龙江美术出版社　1996 年　97 页
29cm（16 开）ISBN：7-5318-0375-5
定价：CNY160.00
　　现代中国画画册。

J0027462

黎雄才画集　黎雄才绘
广州　岭南美术出版社　1996 年　重印本　104 页
37cm（8 开）精装　ISBN：7-5362-1396-4
定价：CNY250.00
　　现代中国画画册。外文书名：Collection of
Paintings by Li Xiongcai. 黎雄才（1910—2001），
国画家、美术教育家。广东肇庆人，毕业于广州
烈风美术学校，曾留日习画。历任广州美术学院
副院长兼国画系主任、教授，中国美术家协会理

事、广州美术学院教授、岭南画派纪念馆馆长。代表作品有《武汉防汛图卷》等，出版有《黎雄才山水画谱》《黎雄才画选》《黎雄才作品欣赏》等画集。

J0027463
李大震作品选 李大震绘
杭州　西泠印社　1996年　28cm（大16开）
ISBN：7-80517-196-3　定价：CNY15.00
（中国当代书画篆刻家掇英 20）
　　　　外文书名：Selected Works of Li Dazhen.

J0027464
李方膺书画集 李方膺绘；周积寅编著
北京　人民美术出版社　1996年　10+210+12页
18cm（小32开）　ISBN：7-102-01584-4
定价：CNY22.00
　　作者李方膺（1695—1755），清代诗画家。字虬仲，号晴江，别号秋池，白衣山人等。江苏南通人。为"扬州八怪"之一。代表作品有《题画梅》《风竹图》，辑有《梅花楼诗草》。编者周积寅（1938— ），教授。笔名禾宙，江苏泰兴人，毕业于南京艺术学院。历任南京艺术学院学报《艺苑》主编、"扬州画派"研究会名誉会长、中国郑板桥研究会及日本郑板桥学会顾问、中国美术家协会会员。编著有《吴派绘画研究》《中国美术通史》《郑板桥》等。

J0027465
李海涛海之恋画集 李海涛绘
北京　荣宝斋出版社　1996年　25×26cm　精装
ISBN：7-5003-0342-4　定价：CNY85.00
　　现代中国画画册。绘者李海涛（1932— ），满族，山东青岛人，北京画院山水画创作室高级画师。

J0027466
李焕伦画集 李焕伦绘
成都　四川美术出版社　1996年　24页　25×26cm
ISBN：7-5410-1148-7　定价：CNY30.00
（中国美术家国际艺术交流丛书）
　　现代中国画画册。作者李焕伦（1939— ），四川科学技术出版社美术编辑、中国四川省美术家协会会员。

J0027467
李留海画集 李留海绘
郑州　河南美术出版社　1996年　28cm（大16开）
ISBN：7-5401-0521-6　定价：CNY18.00
　　　　现代中国画画册。

J0027468
李乃宙画集 李乃宙绘
南宁　广西美术出版社　1996年　101页
29cm（16开）　精装　ISBN：7-80625-052-2
定价：CNY100.00
（中国当代画家大系）
　　　　现代中国画画册，中英文本。

J0027469
李尚才书画艺术集 李尚才书绘
石家庄　河北美术出版社　1996年　75页　有照片
37cm　ISBN：7-5310-0755-X　定价：CNY68.00
　　作者李尚才（1953— ），笔名鲁清城，室称四逸堂，山东长清人。解放军《军械》杂志社摄影编辑、高级摄影师，中国书法家协会、摄影家协会会员。

J0027470
李世嵘画选 李世嵘绘
兰州　甘肃人民美术出版社　1996年　42页
25×26m　ISBN：7-80588-146-4　定价：CNY46.00
　　　　现代中国画书法印谱画册。作者李世嵘（1953— ），美术编辑。又名石嵘，甘肃兰州人。历任兰州炼油化工总厂电视台美术编辑、中原书画院高级画师、甘肃美术家协会会员、书法家协会会员、甘肃国画家学会会员、兰州西苑书画研究院副院长等职。出版有《长江三峡印谱》《江河颂篆刻集》《李世嵘画选》《李世嵘书法集》等。

J0027471
李宗轲画集 李宗轲绘；刘家骥主编
济南　山东美术出版社　1996年　44页　29cm
（16开）　ISBN：7-5330-1018-3　定价：CNY50.00
　　　　现代中国画画册。

J0027472
联珠集·严濬蒋敏学中国画选 严濬、蒋敏学绘
昆明　云南美术出版社　1996年　51页　25×26cm
ISBN：7-80586-303-2　定价：CNY68.00

外文书名：A String of Pearls — the Selected Chinese Paintings by Yan Jun and Jiang Minxue.

J0027473

梁照堂国画书法集 梁照堂作

广州 岭南美术出版社 1996 年 145 页 38cm（6 开）
精装 ISBN：7-5362-1486-3 定价：CNY320.00

　　作者梁照堂（1946—　），国画家、书法金石家、美术理论家。字天岳，号楚庭，广东顺德人。曾入广州画院学习中国画及书法篆刻，后就读于中央美术学院及浙江美院。任教于广州美术学院、中山大学、华南艺大诸院校，中国美术家协会会员、中国书法家协会会员、广东青年书法家协会副主席、广东省书法家协会理事、广州市美术家协会会员等。出版有《梁照堂国画集》《梁照堂书法集》。

J0027474

林校伟中国画选 林校伟绘

广州 岭南美术出版社 1996 年 28cm（大 16 开）
ISBN：7-5362-1370-0 定价：CNY18.00

J0027475

刘炳清书画集 刘炳清书绘

桂林 漓江出版社 1996 年 82 页 25×26cm
ISBN：7-5407-1897-8 定价：CNY68.00

　　作者刘炳清（1951—　），画家。笔名曹山，广东揭阳人。广西民族书画院高级画师、中国书法家协会会员。

J0027476

刘旦宅画集 刘旦宅绘

上海 上海教育出版社 1996 年 42 页 25×26cm
ISBN：7-5320-4814-4 定价：CNY55.00
（当代著名中国画画家专列 上海）

　　外文书名：Liu Danzhai Paintings. 作者刘旦宅（1931—2011），教授、画家。原名浑，又名小粟，后改名旦宅，别名海云生。浙江温州人。曾在上海市大中国图书局、上海教育出版社、上海人民美术出版社绘画，上海师范大学美术系主任。代表作品《曹雪芹生平》《琵琶行》《刘旦宅聊斋百图》《石头记人物画册》等。

J0027477

刘怀山画集 刘怀山绘

广州 岭南美术出版社 1996 年 127 页 39cm（8 开）
精装 ISBN：7-5362-1513-4 定价：CNY220.00
　　现代中国画画册。

J0027478

刘奎龄画集（第二卷） 刘奎龄［绘］

天津 天津人民美术出版社 1996 年 170 页
38cm（6 开） 精装 ISBN：7-5305-0579-3
定价：CNY440.00

　　现代中国画画册。作者刘奎龄（1885—1967），画家。字耀辰，天津人。历任美协天津分会副主席、天津市国画研究会委员、天津文史馆研究员、中国美术家协会会员。代表作品有《上林春色图》《动物八屏图》《卧虎图》等。

J0027479

刘奎龄画集（第三卷） 刘奎龄［绘］

天津 天津人民美术出版社 1996 年 170 页
38cm（6 开） 精装 ISBN：7-5305-0580-7
定价：CNY440.00

　　现代中国画画册。

J0027480

刘小曼画集 刘小曼绘

上海 上海书画出版社 1996 年 29cm（16 开）
ISBN：7-80635-037-3 定价：CNY22.00
　　现代中国画画册。

J0027481

刘荫祥作品选 ［刘荫祥绘］

天津 天津人民美术出版社［1996 年］有照片
29cm（16 开） ISBN：7-5305-0809-1
定价：CNY22.00
（当代画家精品集）

J0027482

刘祖鹏作品选 刘祖鹏绘

杭州 西泠印社 1996 年 28cm（大 16 开）
ISBN：7-80517-198-X 定价：CNY15.00
（中国当代书画篆刻家掇英 22）

　　外文书名：Selected Works of Liu Zupeng.

J0027483

柳子谷画集 柳子谷绘

北京 人民美术出版社 1996 年 117 页

19cm（小 32 开）ISBN：7-102-01632-8
定价：CNY16.00
　　现代中国画画册。

J0027484
龙脉书画（中华清风书画协会第一次全国代表
大会纪念册 1995.9.30）中华清风书画协会编
北京　作家出版社　1996 年　180 页 29cm（16 开）
精装　ISBN：7-5063-1068-6　定价：CNY200.00

J0027485
卢野画集　卢野绘
成都　四川美术出版社　1996 年　48 页　25×26cm
ISBN：7-5410-1122-3　定价：CNY58.00
　　现代中国画画册。作者卢野（1956—　　），丝
路书画院画师、新疆师范大学美术系画廊经理、
中国美术家协会新疆分会、中国书法家协会新疆
分会会员、新疆山水画研究会理事。

J0027486
卢兆祥画集　卢兆祥绘
西安　陕西人民美术出版社　1996 年　22 页
25×26cm　ISBN：7-5368-0791-0
定价：CNY22.50
　　现代中国画画册。作者卢兆祥（1943—　　），
研究员。生于陕西洋县，毕业于西安美术学院。
历任陕西省书法教育研究会会长、西安美术学院
研究院研究员、陕西省高等学校艺术教育研究会
会长、中国美术教育研究会会员、陕西美术出版
社特邀编审等职。出版有《装饰风景》《校园美
术》《书法艺术》《卢兆祥画集》等。

J0027487
罗步臻画集　罗步臻绘
上海　上海书画出版社　1996 年　29cm（16 开）
ISBN：7-80635-040-3　定价：CNY30.00
　　现代中国画画册。

J0027488
罗家宽书画集　罗家宽作
成都　四川美术出版社　1996 年　43 页　25×26cm
ISBN：7-5410-1094-4　定价：CNY68.00
（中国美术家国际艺术交流丛书）
　　外文书名：Collection of Luo Jiakuan's Artworks
and Calligraphy.

J0027489
梅山书画辑
苏州　古吴轩出版社 1996 年 86 页 28cm（大 16 开）
精装　ISBN：7-80574-256-1　定价：CNY88.00

J0027490
民俗画集　吴廷标绘
台北　东大图书公司　1996 年　130 页　27×30cm
精装　ISBN：957-19-1913-6
定价：旧台币 14.00
（沧海丛刊）

J0027491
闽都画院书画家作品集
福州　福建美术出版社［1996 年］28cm（大 16 开）
ISBN：7-5393-0391-3　定价：CNY48.00

J0027492
莫建文画集　莫建文绘
广州　岭南美术出版社　1996 年　58 页　28×28cm
ISBN：7-5362-1444-8　定价：CNY158.00
　　现代中国画画册。作者莫建文（1952—　　），
画家，国家一级美术师。字半江，号北乡洞人。
出生于广西柳城。毕业于中央美术学院中国画
系。任职于深圳宝安区群众文化艺术馆。曾任
宝安区美协主席、宝安画院院长等职。画作有《壮
乡三月三》《苗山秋色》《春》。著作有《莫建文画
集》《莫建文图像纪录》《莫建文人物画赏析》《莫
建文山水画赏析》。

J0027493
潘懋勋画集　潘懋勋绘
福州　福建美术出版社　1996 年　28 页
28cm（大 16 开）ISBN：7-5393-0523-1
定价：CNY35.00
　　现代中国画画册。

J0027494
潘天寿书画集　潘天寿绘
杭州　浙江人民美术出版社　1996 年
2 册（247+251 页）35cm（15 开）精装
ISBN：7-5340-0684-8　定价：CNY880.00
　　作者潘天寿（1897—1971），现代著名国画
家，美术教育家，原名天授，字大颐，号寿者。
浙江宁海县人。擅画花鸟、山水，兼善指画，亦

能书法、诗词、篆刻。曾任中国文联委员、中国
美术家协会副主席、浙江省文联副主席、中国美
协浙江分会主席、浙江美术学院院长、教授等
职。著有《中国绘画史》《听天阁画谈随笔》等。

J0027495

潘再青画集 潘再青绘

珠海　珠海出版社　1996年　54页　29cm（16开）
ISBN：7-80607-255-1　定价：CNY60.00
　　　　现代中国画画册。

J0027496

潘主兰诗书画印 潘主兰著

福州　福建人民出版社　1996年　96页　26cm（16开）
精装　ISBN：7-211-02733-9　定价：CNY105.00

J0027497

启功书画留影册 启功作

北京　北京师范大学出版社　1996年　重印本
30cm（12开）　ISBN：7-303-01587-6
定价：CNY85.00
　　　　本书为作者自选书画专辑，收录书画作品
161件。作者启功（1912—2005），满族，中国现
代著名书法家。字元伯，北京人。曾任北京师范
大学教授、中央文史研究馆副馆长、中国书协名
誉主席、世界华人书画家联合会创会主席、中国
佛教协会、故宫博物院、国家博物馆顾问，西泠
印社社长。

J0027498

情系国魂书画大成（1995）李金峰等主编

郑州　河南美术出版社　1996年　1078页
有肖像及照片　26cm（16开）　精装
ISBN：7-5401-0526-7　定价：CNY268.00

J0027499

晴川书画家——墨粹 晴川书画家联谊会编

武汉　武汉出版社　1996年　152页　有彩照图
29cm（16开）　精装　ISBN：7-5430-1579-X
定价：CNY160.00

J0027500

全国书画作品精选（向孔繁森同志学习书画
大赛）张虎臣主编

北京　中国人事出版社　1996年　12+346页

20cm（32开）精装　ISBN：7-80076-948-8
定价：CNY43.00
　　　　主编张虎臣（1950— ），书法家。笔名苦辛，
在山东省聊城市交通局任职，东昌书画家联谊会
会长。主编《硬笔书法家精品大全》《书画艺苑
报》《中国书画作品集粹》等。

J0027501

三明金叶奖中国书画精品展作品集（1996）
林超主编

福州　福建美术出版社　1996年　160页　29cm
（16开）　ISBN：7-5393-0521-5　定价：CNY98.00

J0027502

沈雪江钢笔人体连写集 沈雪江绘

杭州　西泠印社　1996年　影印本　有图　线装
ISBN：7-80517-183-1　定价：CNY32.00

J0027503

沈作常画集 沈作常绘

成都　四川美术出版社　1996年　37cm　精装
ISBN：7-5410-1208-4　定价：CNY218.00
　　　　现代中国画画册。

J0027504

施江城长江三峡图卷 施江城著

武汉　长江文艺出版社　1996年　有照片
22×37cm　ISBN：7-5354-1413-3
定价：CNY88.00（精折装），CNY150.00（特精装）
（中国当代山水画家）
　　　　现代中国画画册。

J0027505

十万山人画集 [孙星阁作]；平生编

北京　人民美术出版社　1996年　167页
19cm（小32开）　ISBN：7-102-01740-5
定价：CNY22.00
　　　　现代中国画画册。

J0027506

史秋鹜画集 史秋鹜绘

上海　上海书画出版社　1996年　有照片图版
29cm（16开）　精装　ISBN：7-80512-994-0
定价：CNY200.00
　　　　现代中国画画册。

J0027507

史文集书画　史文集作

西安　陕西人民美术出版社　1996 年　79 页

29cm（16 开）ISBN：7-5368-0881-X

定价：CNY138.00

　　本书为现代中国画之花鸟人物山水画画册，含书道、篆刻，中英文本。外文书名：Shi Wenji's Calligraphies & Paintings.

J0027508

史正学画册　史正学绘

广州　岭南美术出版社　1996 年　71 页

29cm（16 开）ISBN：7-5362-1469-3

定价：CNY88.00，CNY108.00（精装）

　　现代中国画画册，中英文本。作者史正学（1933— ），国家一级美术师。又名莫可，河南洛阳人。毕业于广州美术学院国画系。中国美术家协会会员、河南省美术家协会常务理事、河南中山书画院院长。代表作品有《晨钟响了》《深山火种》《枣雨》《征途报捷》等。

J0027509

首都师范大学中国画集　首都师范大学美术系编

北京　首都师范大学出版社　1996 年　79 页

26×27cm 精装　ISBN：7-81039-736-2

定价：CNY100.00

　　外文书名：Selected Chinese Painting of the Capital Normal University.

J0027510

霜红集（纪念总政治部老干部学院建院十周年书画作品选集）总政治部老干部学院编

北京　解放军出版社　1996 年　191 页

29cm（16 开）ISBN：7-5065-2925-4

J0027511

霜桐野屋书画集　王西野绘

福州　福建美术出版社　1996 年　49 页

28cm（大 16 开）ISBN：7-5393-0402-2

定价：CNY48.00

　　作者王西野，字栖霞，号霜桐老人。

J0027512

思胜随缘　杨思胜绘

台北　艺术图书公司　1996 年　159 页　35cm（15 开）

精装　ISBN：957-672-221-7 定价：TWD1800.00

　　外文书名：Sesin Jong.

J0027513

颂清廉书画选集　深圳特区报社等编

深圳　海天出版社　1996 年　123 页　25×26cm

ISBN：7-80615-523-6 定价：CNY168.00

J0027514

苏平诗书画选集

广州　岭南美术出版社　1996 年　101 页

29cm（16 开）ISBN：7-5362-1538-X

定价：CNY268.00

　　外文书名：Su Ping Selected Poems Calligraphic Works and Paintings.

J0027515

孙鸣邨艺术全集（花鸟 人物 山水 书法 篆刻）孙鸣邨绘

沈阳　辽宁美术出版社　1996 年　40cm（小 8 开）

精装　ISBN：7-5314-1373-6 定价：CNY400.00

　　作者孙鸣邨（1937— ），画家。祖籍辽宁新民市。原名明春。毕业于中央美术学院中国画系。代表作品有《鹤乡》《五月的鲜花》《群鹭》。

J0027516

孙树梅画集　孙树梅绘

北京　荣宝斋出版社　1996 年　43 页　25×26cm

ISBN：7-5003-0362-9 定价：CNY48.00

　　现代中国画画册，中英文本。

J0027517

孙志钧画集　孙志钧绘

北京　荣宝斋出版社　1996 年　31 页　25×26cm

ISBN：7-5003-0304-1 定价：CNY30.00

　　现代中国画画册。

J0027518

孙竹篱中国画精选　孙竹篱绘；四川东方文化研究所等编辑

成都　四川美术出版社　1996 年　64 页 38cm（6 开）

精装　ISBN：7-5410-1245-9 定价：CNY180.00

J0027519
汤万清作品集 汤万清绘
武汉　武汉出版社　1996年　25×26cm
ISBN：7-5430-1471-8
定价：CNY80.00，CNY98.00（精装）
　　现代中国画画册。作者汤万清（1932—　），
画家。笔名水一，湖南醴陵人。历任武汉中国画
画院高级画师、中国工艺美术学会高级会员、湖
北省美术家协会会员。

J0027520
陶洪寿作品选 陶洪寿绘
杭州　西泠印社［1996年］28cm（大16开）
ISBN：7-80517-144-0　定价：CNY135.00（全套）
（中国当代书画篆刻掇英 18）

J0027521
天目山藏书画精选《天目山藏书画精选集》
编委会［编］
杭州　中国美术学院出版社　1996年　123页
39cm（8开）精装　ISBN：7-81019-511-5
定价：CNY428.00

J0027522
万水千山长征颂（纪念长征胜利六十周年国
画长卷）陈冰心绘
广州　岭南美术出版社　1996年　26×26cm
经折装　ISBN：7-5362-1511-8　定价：CNY88.00
（陈冰心系列作品 2）

J0027523
王朝雅集（第1辑）南京王朝文化艺术公司编
南京［南京王朝文化艺术公司］［1996年］
52页　有图　29cm（16开）

J0027524
王潮安国画选 王潮安［绘］
广州　岭南美术出版社　1996年　41页　37cm
ISBN：7-5362-1435-9　定价：CNY180.00
　　作者王潮安（1951—　），画家。字瀚生，祖
籍山东。深圳南山画院特邀画师、中国美术家协
会深圳分会会员、中国书画研究会会员。

J0027525
王喜庆画集 王喜庆绘
济南　山东友谊出版社　1996年　64页　38cm
（6开）ISBN：7-80551-855-6　定价：CNY128.00
（中国画名家作品欣赏）
　　作者王喜庆（1934—　），画家。号唐王山人，
另号东夷一夫，山东海阳人。历任山东炎黄书画
院院长、山东画院高级画师、世界书画家协会理
事、中国书画家协会会员。

J0027526
王耀华画集（国画艺术家）王耀华绘
沈阳　辽宁美术出版社　1996年　29页　25×26cm
ISBN：7-5314-1400-7　定价：CNY48.00
　　现代中国画画册。

J0027527
王有志作品选 王有志绘
杭州　西泠印社　1996年　29cm（16开）
ISBN：7-80517-197-1　定价：CNY15.00
（中国当代书画篆刻家掇英 21）

J0027528
王玉杰国画选 王玉杰绘
济南　山东美术出版社　1996年　22页　25×25cm
ISBN：7-5330-0947-9　定价：CNY25.00
　　现代中国画画册。作者王玉杰，画家，任职
于山东省歌舞剧院。

J0027529
吴青霞画集 吴青霞绘
上海　上海教育出版社　1996年　37页　25×26cm
软精　ISBN：7-5320-4826-8　定价：CNY55.00
（当代著名中国画画家专列 上海）
　　外文书名：Wu Qingxia Paintings. 作者吴青
霞（1910—2008），女，画家、教授。学名吴德舒，
号龙城女史，别署篆香阁主。江苏常州人。历任
上海中国画院画师，上海师范学院、上海交通大
学艺术系兼职教授。主要作品《万紫千红》《腾
飞河海入云霄》《腾飞万里》等，出版有《吴青霞
画集》。

J0027530
吴祯祥画集 吴祯祥绘
上海　上海书画出版社　1996年　29cm（16开）
ISBN：7-80635-038-1　定价：CNY26.00
　　现代中国画画册。

J0027531
肖舜之画集 肖舜之绘
南宁 广西美术出版社 1996 年 25×26cm
ISBN：7-80625-135-9 定价：CNY50.00
　　现代中国画画册。

J0027532
萧玉磊画集 萧玉磊绘
合肥 安徽美术出版社 1996 年 29cm（16 开）
ISBN：7-5398-0465-3 定价：CNY60.00
　　现代中国画画册。

J0027533
谢举贤画集 张志强编著；谢举贤绘
香港 1996 年 103 页 有照片图 29cm（16 开）
精装

J0027534
新世纪艺术精萃（1996）唐华伟主编
北京 航空工业出版社 1996 年 117+36 页
有彩图 29cm（16 开） ISBN：7-80134-101-5
定价：CNY110.00
　　现代中国画书法画册。

J0027535
徐邦达绘画集 徐邦达［绘］
深圳 海天出版社 1996 年 157 页 37cm 精装
ISBN：7-80615-404-3 定价：CNY680.00
　　作者徐邦达（1911—2012），画家、书画鉴定
家。字孚尹，号李庵等。浙江海宁人。代表作品
有《古书画鉴定概论》《古书画伪讹考辨》《古书
画过眼要录》等。

J0027536
徐义生画集 徐义生作
西安 陕西人民美术出版社 1996 年 71 页
26cm（16 开） ISBN：7-5368-0850-X
定价：CNY46.00，CNY72.00（精装）
（秦宝斋画廊丛书）

J0027537
许士骐贝聿玿书画集 许士骐，贝聿玿绘
上海 上海书画出版社 1996 年 99 页
29cm（16 开） 精装 ISBN：7-80635-021-7
定价：CNY150.00

作者许士骐（1900—1993），教授。安徽歙县
人，毕业于上海美专，留学法国巴黎美术学院。
历任南京中央大学艺术系、建筑系教授，南京师
范学院美术系、教育系教授。作品有《鱼乐图》
《黄岳松峰》等。著有《人体解剖与造型美术之研
究》等。作者贝聿玿（1908—2010），女，江苏苏
州人，原籍浙江金华府兰溪县。上海市文史馆馆
员。著作有《许士骐贝聿玿画集》。

J0027538
旭云中国画选集 张旭云绘
广州 岭南美术出版社 1996 年 29cm（16 开）
ISBN：7-5362-1465-0
定价：CNY88.00，CNY108.00（精装）

J0027539
炎帝故乡书画集 李书贵主编
西安 陕西人民美术出版社 1996 年 118 页
26cm（16 开） ISBN：7-5368-0549-7
定价：CNY68.00

J0027540
燕鸣画集 燕鸣绘
广州 岭南美术出版社 1996 年 90 页 38cm（6 开）
精装 ISBN：7-5362-1539-8 定价：CNY380.00
　　现代中国画画册。

J0027541
杨孟欣画集 ［杨孟欣绘］
南昌 江西美术出版社 1996 年 60 叶 33cm
精装 ISBN：7-80580-319-6 定价：CNY270.00
　　现代中国画画册。

J0027542
杨正新画集 杨正新绘
上海 上海教育出版社 1996 年 36 页 25×26cm
ISBN：7-5320-4829-2 定价：CNY55.00
（当代著名中国画画家专列 上海）
　　外文书名：Yang Zhengxin Paintings. 作者杨
正新（1942— ），画家。

J0027543
叶其青画集 叶其青绘
广州 新世纪出版社 1996 年 25×26cm
ISBN：7-5405-1319-5 定价：CNY52.00

外文书名：Painting Album of Ye Qiqing. 作者叶其青（1949—　），国家一级美术师。广东顺德人。佛山画院专职画家、佛山市美术家协会副主席、中国美术家协会会员、广东省美术家协会理事。主要作品有《四时花似锦》《果香》《水乡曲》《园趣》《沃土》等。

J0027544

一九九六年度宋文治作品图录（第一辑）
宋文治绘
北京　荣宝斋出版社　1996 年　30 页　25×26cm
ISBN：7-5003-0335-1　定价：CNY26.00
　　现代中国画画册。作者宋文治（1919—1999），画家。江苏太仓人。就读于江苏省国画院。曾任南京大学教授、江苏美协副主席、江苏省国画院副院长等职。代表作有《白云幽涧图》《蜀江云起》《华岳积翠图》《水乡春暖》。著作有《宋文治画集》《宋文治作品选集》等。

J0027545

余国宏水墨画选　余国宏绘；苏健，曹晋锋译
澳门　澳门基金会　1996 年　72 幅　32cm（10 开）
ISBN：972-8147-66-X

J0027546

余克危中国画集　余克危绘
北京　人民美术出版社　1996 年　29cm（16 开）
精装　ISBN：7-102-01686-7　定价：CNY155.00

J0027547

云岭风情（梅肖青画集）［梅肖青绘］
北京　解放军出版社　1996 年　60 页　有照片
29cm（16 开）　精装　ISBN：7-5065-3194-1
定价：CNY130.00

J0027548

张超艺术生涯图卷　张超绘；谢超元编著
北京　海潮出版社　1996 年　38cm（6 开）　精装
ISBN：7-80054-786-8　定价：CNY120.00
　　现代中国画书法画册。绘者张超（1917—　），山西武乡人，曾任煤炭工业部副部长、中国煤矿文化基金会会长、中国书画函授大学校长。

J0027549

张大千·高剑父·邓芬——濠江艺海留痕　张

大千等绘
澳门　澳门基金会［1996—1999 年］12 幅
35cm（15 开）
　　外文书名：Chang Dai-Chien, Kao Chien Fu, Deng Fen—Artistas Que Estiveram Em Macau.

J0027550

张桂铭画集　张桂铭绘
上海　上海教育出版社　1996 年　36 页　25×26cm
ISBN：7-5320-4828-4　定价：CNY55.00
（当代著名中国画画家专列　上海）
　　外文书名：Zhang Guiming Paintings. 作者张桂铭（1939—　），教授、画家。生于浙江绍兴，毕业于中国美术学院中国画系。历任上海中国画院副院长、刘海粟美术馆执行馆长、上海美术家协会主席团委员。代表作品有《画家齐白石》《天地悠悠》《荷满塘》等。

J0027551

张慧行画集　［张慧行绘］
上海　上海书画出版社　1996 年　有照片图版
29cm（16 开）　精装　ISBN：7-80512-995-9
定价：CNY200.00
　　现代中国画画册。

J0027552

张雷平画集　张雷平绘
上海　上海教育出版社　1996 年　37 页　25×26cm
ISBN：7-5320-4832-2　定价：CNY55.00
（当代著名中国画画家专列　上海）
　　现代中国画画册，中英文本。外文书名：Zhang Leiping Paintings. 作者张雷平（1954—　），女，画家，国家一级美术师。

J0027553

张伟平作品选　张伟平绘
杭州　西泠印社［1996 年］28cm（大 16 开）
ISBN：7-80517-144-0　定价：CNY135.00（全套）
（中国当代书画篆刻掇英 17）

J0027554

张玉茂画集　张玉茂绘
沈阳　辽宁美术出版社　1996 年　76 页　37cm
精装　ISBN：7-5314-1402-3　定价：CNY280.00

现代中国画画册,中英文本。

J0027555
张渊画集 张渊编绘
上海 上海书店出版社 1996 年 29cm（16 开）
ISBN：7-80622-148-4 定价：CNY52.00
（艺苑集胜丛书）
　　现代中国画画册。作者张渊（1943— ），女,
画家。上海交通大学人文学院艺术系教授、上海
市政协委员。编著有《从自然到创作——中国花
鸟画技法》。

J0027556
张之光小品集 张之光绘
北京 荣宝斋出版社 1996 年 20 页 25×26cm
ISBN：7-5003-0344-0 定价：CNY15.00
　　现代中国画画册。

J0027557
赵少昂画集（广州艺术博物馆藏画）赵少昂绘
广州 新世纪出版社 1996 年 142 页 38cm（8 开）
ISBN：7-5405-1449-3
定价：CNY220.00, CNY250.00（精装）
　　现代中国画画册。

J0027558
中国·关东国画家（辽宁卷）林瑛珊, 王绪阳
主编; 辽宁中国画研究会编
沈阳 辽宁美术出版社 1996 年 170 页 24×26cm
ISBN：7-5314-1336-1 定价：CNY160.00

J0027559
中国当代杰出中青年国画家新作集 广州市
人民政府驻北京办事处, 北京珠江经贸发展有
限责任公司编辑
福州 福建美术出版社 1996 年 252 页
29cm（16 开）精装 ISBN：7-5393-0518-5
定价：CNY298.00

J0027560
中国当代中青年著名书画家精品集（一）
杨筱怀主编; 中华儿女杂志社编
北京 解放军文艺出版社 1996 年 176 页
36cm（15 开）精装 ISBN：7-5033-0837-0
定价：CNY260.00

J0027561
中国工笔画当代精英画家作品集（苏百钧
唐勇力 姚舜熙 周荣生 江宏伟）
福州 福建美术出版社 1996 年 73 页 29cm
（15 开）ISBN：7-5393-0500-2 定价：CNY48.00

J0027562
中国画小品 曾宓等绘
杭州 中国美术学院出版社 1996 年 29cm
（16 开）ISBN：7-81019-515-8 定价：CNY45.00
　　作者曾宓（1935— ），画家, 一级美术师。
笔名三石楼主, 福建福州人, 毕业于中国美术学
院中国画系。中国美协会员、浙江画院艺术委员
会委员、浙江画院专职画家。出版有《中国写意
画构成法则》《中国写意画的构成艺术》《曾宓画
集》等。

J0027563
中国文化荟萃（词书画印）
杭州 浙江少年儿童出版社 1996 年 49 页
25×26cm 精装 ISBN：7-5342-1063-1
定价：CNY30.00

J0027564
中国文化荟萃（诗书画印）
杭州 浙江少年儿童出版社 1996 年 49 页
25×26cm 精装 ISBN：7-5342-1064-X
定价：CNY30.00

J0027565
中国逸品十家（画册）李世南等绘
郑州 河南美术出版社 1996 年 100 页
28×29cm 精装 ISBN：7-5401-0498-8
定价：CNY158.00
　　现代中国画画册。作者李世南（1940— ）,
画家。生于上海, 祖籍浙江绍兴。国家一级美术
师, 历任中国美术家协会会员、中国国家画院特
聘研究员、陕西国画院名誉院长、深圳书院专业
画家。代表作有《开采光明的人》《长安的思念》
《南京大屠杀 48 周年祭》等。

J0027566
周思聪画集 周思聪绘
北京 荣宝斋出版社 ［1996 年］133 页
26cm（16 开）ISBN：7-5003-0355-6

定价: CNY135.00

J0027567

周永家水墨画集［周永家绘］

北京 人民美术出版社 1996年 118页

35cm（15开）精装 ISBN: 7-102-01689-1

定价: CNY320.00

　　外文书名: Selected Paintings by Zhou Yongjia.

J0027568

朱家陆画集 朱家陆绘

北京 荣宝斋出版社 1996年 69页

36cm（15开）ISBN: 7-5003-0375-0

定价: CNY88.00

　　现代中国画画册。

J0027569

朱屺瞻画集 朱屺瞻绘；当代著名中国画画家专列编委会编

上海 上海教育出版社 1996年 37页 25×26cm

ISBN: 7-5320-4720-2 定价: CNY55.00

（当代著名中国画画家专列 上海）

　　外文书名: Zhu Qizhan Paintings. 作者朱屺瞻（1892—1996），国画家。历任上海美术专科学校教授、上海新华艺术专科学校绘画研究所主任、中国美术家协会顾问、中国书法家协会理事、上海美术家协会常务理事、上海中国画院画师、上海师范大学艺术系教授等职。代表作品有《朱屺瞻画集》《癖斯居画谈》《朱屺瞻画选》。

J0027570

庄小尖书画集（1995—1996）庄小尖著

广州 广东旅游出版社 1996年 25×26cm

ISBN: 7-80521-750-5 定价: CNY43.00

　　外文书名: Zhuang Xiao-jian's Art. 作者庄小尖（1949—　），教授。广东普宁人，毕业于广州美术学院雕塑系。广东旅游出版社美术副编审、广东省装帧艺术研究会理事、中国装帧艺术研究会、广东省美术家协会、广东省书法家协会会员。

J0027571

祖莪张庆芳画集 祖莪，张庆芳绘

北京 中国民航出版社 1996年 44页 25×26cm

ISBN: 7-80110-104-9 定价: CNY48.00

现代中国画画册。作者祖莪（1956—　），女，北京人，毕业于北京师范大学。任职于北京故宫博物院，北京海峡两岸书画家联谊会副秘书长。作品有《鹏程万里》《玉龙雪山》《十八罗汉》等。作者张庆芳（1954—　），号德水，任职于中国民航管局，北京海峡两岸书画家联谊会会员、北京湖社画会理事。

J0027572

'97北京工笔重彩画精品展作品集 潘絜兹主编

北京 荣宝斋出版社 1997年 146页 25×26cm

ISBN: 7-5003-0392-0 定价: CNY138.00

　　主编潘絜兹（1915—2002），著名工笔人物画家。浙江宣平人，原名昌邦。毕业于北京京华美术学院。历任中国历史博物馆美术组组长、《美术》月刊编辑、《中国画》主编、北京画院专业画师及艺术委员会副主任、北京工笔画会会长、中国美术家协会北京分会副主席等职。代表作品有《石窟艺术的创造者》《岳飞抗金图》《白居易场面炭翁诗意》等。

J0027573

鞍山书画集 李纯六主编

沈阳 辽宁美术出版社 1997年 269页

24×26cm 精装 ISBN: 7-5314-1865-7

定价: CNY268.00

J0027574

巴蜀书画集 四川省文史研究馆，成都市天成房屋综合开发公司编

成都 四川美术出版社 1997年 29cm（16开）

ISBN: 7-5410-1377-3 定价: CNY120.00

J0027575

白德松88-96画选 白德松绘

成都 四川美术出版社 1997年 25×26cm

ISBN: 7-5410-1277-7 定价: CNY38.50

　　现代中国画画册。

J0027576

百年梦圆（四川省迎接香港回归祖国书画展览作品选集）四川省老年书画研究会编

成都 四川美术出版社 1997年 171页

29cm（16开）ISBN: 7-5410-1375-7

定价：CNY120.00

J0027577
毕庶先画集 毕庶先绘
广州 岭南美术出版社 1997 年 38cm（6 开）
精装 ISBN：7-5362-1614-9 定价：CNY180.00
　　现代中国画画册。

J0027578
边平山画册 边平山绘
北京 荣宝斋出版社 1997 年 26×25cm
ISBN：7-5003-0415-3 定价：CNY15.00
　　现代中国画画册。

J0027579
曹天舒国画选 曹天舒绘
郑州 河南美术出版社 1997 年 100 页
29×29cm 精装 ISBN：7-5401-0597-6
定价：CNY188.00
　　本书为中英文本。外文书名：Selected Traditional
Chinese Paintings of Cao Tianshu.

J0027580
常春月国画选 常春月绘
济南 山东美术出版社 1997 年 26 页 26cm
（16 开） ISBN：7-5330-1073-6 定 价：
CNY28.00

J0027581
陈斌工笔画集 陈斌绘
成都 四川美术出版社 1997 年 27 页
27cm（大 16 开） ISBN：7-5410-1337-4
定价：CNY39.50
　　现代中国画工笔画画册，中英文本。外文书
名：Chen Bin Chinese Traditional Realistic Painting
Collection.

J0027582
陈春勇画集 陈春勇绘
天津 天津人民美术出版社 1997 年
28cm（大 16 开） ISBN：7-5305-0743-5
定价：CNY20.00
（当代国画家系列画集 Ⅲ）

J0027583
陈国欢画集 陈国欢绘
北京 人民美术出版社 1997 年 64 页 26×23cm
ISBN：7-102-01756-1 定价：CNY71.00
　　现代中国画画册。

J0027584
陈海萍国画集 陈海萍绘
成都 四川美术出版社 1997 年 70 页 29cm
（16 开） ISBN：7-5410-1170-3 定价：CNY70.00

J0027585
陈辉线描 陈辉绘
合肥 安徽美术出版社 1997 年 28 页 26cm
（16 开） ISBN：7-5398-0573-0 定价：CNY10.00
（当代名家线描画库）

J0027586
陈正清书画集 陈正清作
广州 岭南美术出版社 1997 年 29 页 29cm
（16 开） ISBN：7-5362-1692-0 定价：CNY38.00

J0027587
陈志精古民居画选 陈志精绘
合肥 安徽美术出版社 1997 年 12 张 25×26cm
ISBN：7-5398-0560-9 定价：CNY20.00
（当代美术家册页）

J0027588
程十发（陆牧滔藏品 第一集） 程十发绘；陆
牧滔编
上海 上海书画出版社 1997 年 37cm 精装
ISBN：7-80635-158-2 定价：CNY380.00
　　现代中国画画册。中英文本。作者程十发
（1921—2007），画家。出生于上海金山，毕业于
上海美术专科学校国画系。代表作品有《丽人行》
《迎春图》《列宁的故事》《孔乙己》等。出版有《程
十发近作选》《程十发花鸟习作选》《程十发作品
展》。

J0027589
戴明德画集 戴明德绘
天津 天津人民美术出版社 1997 年 29cm
（16 开） ISBN：7-5305-0734-6 定价：CNY20.00
（当代国画家系列画集 Ⅱ）

作者戴明德(1943—2017)，国画家，教授。生于上海，祖籍浙江宁海。毕业于上海美术专科学校。上海大学美术学院教授、中国美术家协会会员。作品有《憧憬》《上冬学》《五老图》等。

J0027590

当代中国工笔画 河南省中国画院编
郑州 河南美术出版社 1997年 218页
28cm(大16开) 精装 ISBN：7-5401-0665-4
定价：CNY168.00

J0027591

当代中国画掇英（1）李君主编
南京 南京师范大学出版社 1997年 310页
29cm(16开) 精装 ISBN：7-81047-157-0
定价：CNY228.00

J0027592

当代中国画家精品集 杨伟光，温祖荣主编
石家庄 河北美术出版社 1997年 43叶
29cm(16开) 精装 ISBN：7-5310-0983-8
定价：CNY160.00
现代中国画画册。

J0027593

当代中国画展入围作品集〔上海书画出版社〕编
上海 上海书画出版社 1997年 151页
29cm(16开) 精装 ISBN：7-80635-182-5
定价：CNY188.00

J0027594

当代著名书画家作品集 北京市海淀区对外文化交流协会编辑
北京 西苑出版社 1997年 140页 29cm(16开)
精装 ISBN：7-80108-072-6 定价：CNY260.00

J0027595

邓芬百年艺术回顾
澳门 澳门市政厅 1997年 163页 有图
34cm(10开) ISBN：972-97374-3-6
外文书名：Deng Fen Cem Anos De Retrospectiva.

J0027596

丁宁原俄罗斯写生作品选 丁宁原绘

济南 山东美术出版社 1997年 20页 25×26cm
ISBN：7-5330-1036-1 定价：CNY29.80

作者丁宁原(1939—　)，山东青州人。毕业于山东艺术专科学校美术系。中国美术家协会会员、山东省美术家协会副主席、山东师范大学艺术系教授。主要作品有《重见光明》《出工》《胜似春光》《灵岩秋色》。出版《丁宁原速写作品》《丁宁原俄罗斯写生》等。

J0027597

丁绍光 杨永善撰文
昆明 云南人民出版社 1997年 2版 90页
有照片图 28×29cm ISBN：7-222-02049-7
定价：CNY120.00
现代中国画工笔重彩画画册。

J0027598

东方书画长城巨卷 钟耀松总编；彭云程主编
北京 国际文化出版公司 1997年 14+1033+41页
42×29cm 精装 ISBN：7-80105-419-9
定价：CNY1997.00

J0027599

杜天清书画集 杜天清作；邹为瑞主编
郑州 河南美术出版社 1997年 170页
28cm(大16开) ISBN：7-5401-0671-9
定价：CNY88.00, CNY118.00（精装）
现代中国画画册。作者杜天清，国家一级书法家、著名艺术家。特型演员、毛泽东主席的扮演者。任中国书法家协会会员、中国艺术家协会理事。

J0027600

方济众作品 方济众绘；方平编
西安 陕西人民美术出版社 1997年 32页
26cm(16开) ISBN：7-5368-0929-8
定价：CNY18.00
（中国画名家作品精选）
作者方济众(1923—1987)，国画家。号雪农，陕西勉县人。历任中国美术家协会常务理事、美协陕西分会副主席。代表作品有《三边塞上风光》《雪漫天山》《沙海花》等。

J0027601

方召麐书画第一集（丁丑年）方召麐作

香港 宣周堂出版社 1997 年 280 页 36cm（15 开）
　　外文书名：Works by Fang Zhaolin Volume 1.

J0027602
福州海内外书画家作品集　中国人民政治协
商会议福州市委员会编
福州 福建美术出版社 1997 年 80 页
38cm（8 开）ISBN：7-5393-0618-1
定价：CNY198.00，CNY228.00（精装）
　　本书为中英文本。外文书名：Collected Works
by Fuzhou Painters and Calligraphers Inside and
Outside China.

J0027603
辅仁校友书画集　北京辅仁大学校友会编
北京 中国友谊出版公司 1997 年 220 页
29cm（16 开）精装 ISBN：7-5057-1383-3
定价：CNY220.00

J0027604
馆员书画作品选　云南省文史研究馆编
昆明 云南民族出版社 1997 年 67 页
29cm（12 开）ISBN：7-5367-1369-X
定价：CNY100.00，CNY130.00（精装）
　　本书为云南文史馆馆员创作书画作品，中英
文本。

J0027605
广汉书画集　张富祥等编；《广汉书画集》编辑
委员会编
成都 四川美术出版社 1997 年 90 页
29cm（16 开）ISBN：7-5410-1260-2
定价：CNY118.00

J0027606
广西老年书画选集［广西老年书画研究会选编］
南宁 广西美术出版社 1997 年 253 页
29cm（16 开）ISBN：7-80625-334-3
定价：CNY130.00

J0027607
郭风惠书画集　郭风惠作；郭允苓等编
北京 人民美术出版社 1997 年 38cm（6 开）
精装 ISBN：7-102-01752-9 定价：CNY326.00

J0027608
郭沫若题画诗存　郭平英主编
太原 山西教育出版社 1997 年 192 页
28cm（16 开）ISBN：7-5440-1048-1
定价：CNY68.00，CNY78.00（精装）

J0027609
国画集（2）中国美术学院出版社图书编辑部
编
杭州 中国美术学院出版社 1997 年 42cm
（8 开）ISBN：7-81019-523-9 定价：CNY18.00
（美术作品示范系列）

J0027610
国画集（3）中国美术学院出版社图书编辑部编
杭州 中国美术学院出版社 1997 年 42cm（8 开）
ISBN：7-81019-524-7 定价：CNY18.00
（美术作品示范系列）

J0027611
国画集（4）中国美术学院出版社图书编辑部编
杭州 中国美术学院出版社 1997 年 42cm（8 开）
ISBN：7-81019-525-5 定价：CNY18.00
（美术作品示范系列）

J0027612
国画集（5 人物）中国美术学院出版社图书编
辑部编
杭州 中国美术学院出版社 1997 年 42cm（8 开）
ISBN：7-81019-632-4 定价：CNY18.00
（美术作品示范系列）

J0027613
国画集（6 山水）中国美术学院出版社图书编
辑部编
杭州 中国美术学院出版社 1998 年 42cm（8 开）
ISBN：7-81019-633-2 定价：CNY18.00
（美术作品示范系列）

J0027614
国画集（7 花鸟）中国美术学院出版社图书编
辑部编
杭州 中国美术学院出版社 1997 年 42cm（8 开）
ISBN：7-81019-634-0 定价：CNY18.00
（美术作品示范系列）

J0027615
海上百名画家手绘封集锦　方全林主编
上海　上海画报出版社　1997年　121页
12×12cm　精装　ISBN：7-80530-303-7
定价：CNY［7.80］

J0027616
海上墨韵（上海著名画家北京人民大会堂布置
画）上海市人民政府机关事务管理局编
上海　上海远东出版社　1997年　142页
38cm（6开）精装　ISBN：7-80613-474-3
定价：CNY480.00

J0027617
海云墨会精品集　政协福建省委员会编
福州　福建美术出版社　1997年　116页
29cm（16开）ISBN：7-5393-0534-7
定价：CNY118.00

J0027618
翰墨情谊（庆祝上海医科大学七十周年校庆书
画展）
上海　上海医科大学出版社［1997年］40页
28cm（大16开）ISBN：7-5627-0402-3
定价：CNY40.00

J0027619
翰墨重彩绘交通（全国交通系统第二届职工
书画大展作品选集）全国交通系统第二届职工
书画大展组委会［编］
1997年　101页　30cm（10开）精装

J0027620
侯北人画集　侯北人绘；张晓江编；冯其庸，丁
羲元撰文
北京　外文出版社　1997年　135页　37cm　精装
ISBN：7-119-02097-8　定价：CNY280.00
　　　现代中国画画册，中英文本。

J0027621
侯一仁指画画册　侯一仁［绘］；蔡圣俭主编
昆明　云南大学出版社　1997年　92页
26cm（16开）ISBN：7-81025-831-1
定价：CNY70.00，CNY80.00（精装）

J0027622
胡伯翔画集　胡伯翔绘
上海　上海书画出版社　1997年　70页　29cm（16开）
ISBN：7-80512-985-1　定价：CNY60.00
　　　现代中国画画册。

J0027623
胡又笨画集　胡又笨绘
南宁　广西美术出版社　1997年　102页
29cm（16开）ISBN：7-80625-274-6
定价：CNY89.00，CNY198.00（精装）
（中国当代水墨画家）
　　　外文书名：An Album of Paintings by Hu
Youben.

J0027624
沪港情（贺'97香港回归当代海上名家中国画
选）上海艺术发展基金理事会编
上海　上海书店出版社　1997年　37cm　精装
ISBN：7-80622-244-8　定价：CNY205.00

J0027625
华克雄水墨画　华克雄绘
北京　中国文联出版公司　1997年　50页
25×26cm　ISBN：7-5059-2624-1
定价：CNY80.00
　　　外文书名：Hua Kexiong's Ink and Wash Paintings.

J0027626
画缘（画册）卢济珍主编
广州　广东旅游出版社　1997年　28×28cm
ISBN：7-80521-697-5

J0027627
黄宾虹艺术集（花鸟编）黄宾虹绘
北京　人民美术出版社　1997年　244页　37cm
精装　ISBN：7-102-01828-2
　　　作者黄宾虹（1865—1955），山水画家。初
名懋质，后改名质，字朴存，号宾虹，别署予向。
生于浙江金华，原籍安徽歙县，代表作有《山居
烟雨》《新安江舟中作》等，著有《黄山画家源流
考》《虹庐画谈》《画法要旨》等作品。

J0027628
黄嘉明画集　黄嘉明绘

天津　天津人民美术出版社 1997 年 29cm（16 开）
ISBN：7-5305-0734-6 定价：CNY20.00
（当代国画家系列画集 Ⅱ）
　　　现代中国画画册。

J0027629
黄秋园画集 黄秋园绘
南昌 江西美术出版社 1997 年　重印本 104 页
26×25cm 精装 ISBN：7-80580-404-4
定价：CNY95.00
　　　本书收有《香炉峰》《雨山思情》《茅屋瀑泉》
《山雨欲来风满楼》《峡江村居》《庐山浓翠图》《空
朦山色》等山水画作品。

J0027630
黄树文画集 黄树文编著
广州 岭南美术出版社 1997 年 75 页 25×26cm
ISBN：7-5362-1564-9 定价：CNY48.50
　　　现代中国画画册。

J0027631
回归颂（喜庆香港回归诗书画印专集）傅光明
主编
[《回归颂》审编委员会] 1997 年 99 页
20cm（32 开）定价：CNY10.00

J0027632
回归颂（贵州省六盘水市迎接香港回归诗书画
选）王如柏主编；中共六盘水市委宣传部等编
贵阳 贵州民族出版社 1997 年 120 页
20cm（32 开）精装 ISBN：7-5412-0716-0
定价：CNY30.00

J0027633
纪念莱芜战役胜利 50 周年名人书画选
（1947—1997）赵玉峰主编；莱芜战役胜利 50
周年纪念活动领导小组编
济南 山东画报出版社 1997 年 61 页 22×27cm
ISBN：7-80603-126-X
定价：CNY50.00，CNY80.00（精装）

J0027634
纪念施耐庵诞辰七百周年书画集 皋古华主
编；盐城市水浒学会等[编]
南京 江苏人民出版社 1997 年 108 页

29cm（16 开）ISBN：7-214-02001-7
定价：CNY108.00

J0027635
江苏当代书画精品选 张瑞林主编
苏州 古吴轩出版社 1997 年 118 页 38cm（6 开）
精装 ISBN：7-80574-319-3 定价：CNY380.00

J0027636
江苏当代书画名家作品 政协江苏省委员会编
南京 江苏美术出版社 1997 年 158 页 37cm
精装 ISBN：7-5344-0684-6
　　　外文书名：Works by Contemporary Masters
of Painting and Calligraphy of Jiangsu.

J0027637
康师尧作品 康师尧绘；康爱萍编
西安 陕西人民美术出版社 1997 年 34 页
29cm（16 开）ISBN：7-5368-0950-6
定价：CNY18.00
（中国画名家作品精选）

J0027638
跨世纪翰墨艺术家书画宝鉴 郑发祥主编
北京 大众文艺出版社 1997 年 417 页
26cm（16 开）精装 ISBN：7-80094-228-7
定价：CNY196.00

J0027639
跨世纪著名书画艺术家精典 夏善彬主编
北京 文化艺术出版社 1997 年 13+968 页
有照片 29cm（16 开）精装
ISBN：7-5039-1607-9 定价：CNY320.00
　　　本书按照各省、市、自治区排列，共收录书
画艺术人才和部分篆刻艺术家及剪纸艺术人才
等 1918 人。内容包括艺术家本人照片、艺术简
历和本人创作的作品图。

J0027640
懒悟画集（释）懒悟绘
合肥 安徽美术出版社 1997 年 144 页
29cm（16 开）精装 ISBN：7-5398-0552-8
定价：CNY140.00
（新安画派画家丛书）

J0027641
劳继雄画集 劳继雄绘
上海 上海书画出版社 1997年 65页 21×24cm
ISBN：7-80635-136-1
　　现代中国画画册。中英文本。

J0027642
老庄画集 庄树鸿绘
天津 天津人民美术出版社 1997年 135页
38cm（8开） ISBN：7-5305-0687-0
定价：CNY192.00, CNY296.00（精装）
　　现代中国画画册，中英文本。

J0027643
乐蜀侨墨迹 乐蜀侨绘
［责任者刊］［1997年］162页 19cm（小32开）

J0027644
冷砚斋·滋芜画集
合肥 安徽美术出版社 1997年 67页
29cm（16开） 精装 ISBN：7-5398-0620-6
定价：CNY218.00
　　外文书名：Zi Wu's Selected Paintings.

J0027645
李才旺书画选集
北京 人民美术出版社 1997年 105页
有照片 37cm 精装 ISBN：7-102-01777-4
定价：CNY168.00

J0027646
李辉画集 李辉绘
天津 天津人民美术出版社 1997年
28cm（大16开） ISBN：7-5305-0743-5
定价：CNY20.00
（当代国画家系列画集 Ⅲ）

J0027647
李家骝线描 李家骝绘
合肥 安徽美术出版社 1997年 28页 26cm
（16开） ISBN：7-5398-0574-9 定价：CNY10.00
（当代名家线描画库）

J0027648
李可染画集 李可染绘
北京 外文出版社 1997年 186页 37cm（8开）
ISBN：7-119-01752-7 定价：CNY348.00
　　现代中国画画册。

J0027649
李罗画集 李罗绘；南京市美术家协会编
南昌 江西美术出版社 1997年 29cm（16开）
ISBN：7-80580-402-8 定价：CNY16.00
（南京当代美术家画库）
　　现代中国画书法印谱画册。

J0027650
李世南作品 李世南绘
西安 陕西人民美术出版社 1997年 29cm
（16开） ISBN：7-5368-0944-1 定价：CNY18.00
（中国画名家作品精选）

J0027651
李西岩 李剑秋父子画集 李西岩，李剑秋绘
西安 陕西人民美术出版社 1997年 62页
29cm（18开） ISBN：7-5368-0998-0
定价：CNY38.00, CNY50.00（精装）
　　现代中国画画册。

J0027652
丽江书画选 《丽江书画选》编辑委员会等编辑
昆明 云南民族出版社 1997年 154页
29cm（16开） ISBN：7-5367-1529-3
定价：CNY120.00, CNY150.00（精装）

J0027653
梁斌画集 梁斌绘；肖元，李锦坤主编
天津 天津杨柳青画社 1997年 37cm 精装
ISBN：7-80503-339-0 定价：CNY760.00
　　现代中国画画册，中英文本。

J0027654
林建钟画集 林建钟绘
广州 岭南美术出版社 1997年 56页 29cm（16开）
ISBN：7-5362-1702-1 定价：CNY45.00
　　现代中国画画册。

J0027655
林顺国画选 林顺国绘
成都 四川美术出版社 1997年 25×26cm

ISBN：7-5410-1301-3 定价：CNY48.00

现代中国画工笔画册，中英文本。

J0027656

刘广云画集 刘广云绘

天津 天津人民美术出版社 1997年 29cm
（16开） ISBN：7-5305-0734-6 定价：CNY20.00
（当代国画家系列画集 Ⅱ）

现代中国画画册。

J0027657

刘健画集 刘健绘；南京市美术家协会编

南昌 江西美术出版社 1997年 29cm（16开）
ISBN：7-80580-402-8 定价：CNY16.00
（南京当代美术家画库）

现代中国画印谱画册。

J0027658

刘止庸书画集 刘止庸作

天津 天津人民美术出版社 1997年 38cm（6开）
精装 ISBN：7-5305-0786-9 定价：CNY360.00

J0027659

刘祖鹏画集 刘祖鹏绘

天津 天津人民美术出版社 1997年
28cm（大16开） ISBN：7-5305-0743-5
定价：CNY20.00
（当代国画家系列画集 Ⅲ）

J0027660

龙国屏画集 龙国屏绘；四川省文史研究馆等编

成都 四川大学出版社 1997年 112页
29cm（16开） ISBN：7-5614-1534-6
定价：CNY150.00

现代中国画画册。

J0027661

陆志文画集 陆志文绘

天津 天津人民美术出版社 1997年
29cm（16开） ISBN：7-5305-0734-6
定价：CNY20.00
（当代国画家系列画集 Ⅱ）

J0027662

梅墨生画集 梅墨生绘

北京 新华出版社 1997年 59页 29cm（16开）
ISBN：7-5011-3819-2 定价：CNY58.00

现代中国画画册。作者梅墨生（1960—
2019），书画家、诗人、太极拳家。生于河北。又
名觉公。曾任首都师范大学、北京大学艺术学院、
中国书法院、台湾艺术大学教授，书法研究所所
长、博士生导师等。编著有《现代书法家批评》
《书法图式研究》等。

J0027663

梦的凝固（徐建德线描集） 徐建德绘

上海 上海书店出版社 1997年 136页 26cm
（16开） ISBN：7-80622-236-7 定价：CNY16.00

J0027664

闽涛书画 闽涛绘；福建省闽涛书画研究会编

福州 海风出版社 1997年 115页 29cm（16开）
ISBN：7-80597-147-1 定价：CNY100.00

外文书名：Calligrapgy and Paintings of Min
Tao.

J0027665

墨友书画精作集（二）孙瑞成主编

沈阳 辽宁美术出版社 1997年 250页
26cm（16开） 精装 ISBN：7-5314-1729-4
定价：CNY158.00

J0027666

暮趣墨缘（苏庚春 张沛之书画集） 苏庚春，
张沛之作

广州 广州出版社 1997年 84页 28cm（大16开）
ISBN：7-80592-632-8 定价：CNY100.00

J0027667

穆益林画集 穆益林绘

天津 天津人民美术出版社 1997年 29cm（16开）
ISBN：7-5305-0734-6 定价：CNY20.00
（当代国画家系列画集 Ⅱ）

J0027668

倪衍诚画集 倪衍诚绘

上海 上海书画出版社 1997年 25×26cm
ISBN：7-80635-162-0 定价：CNY38.00

现代中国画画册。

J0027669

欧道文书画集锦 欧道文著

昆明 云南大学出版社 1997年 25×26cm

ISBN：7-81025-787-0 定价：CNY60.00

　　作者欧道文（1941—　），书法家。中国当代硬笔习字会常务理事兼昆明分会筹委会主任。出版《书画集锦》《当代中国硬笔书法欣赏》《写字之妙》《书画写丹青》。

J0027670

欧豪年彩墨画 欧豪年绘编

台北 艺术图书公司 1997年 再版 128页

有图照片 25×25cm 精装

ISBN：957-672-262-4 定价：TWD800.00

　　外文书名：Ink and Colour Paintings of Au Ho-Nien. 作者欧豪年（1935—　），画家、教授。广东茂名人，毕业于岭南学院。文化大学美术学系、艺术研究所专任教授、岭南美术馆荣誉馆长、欧豪年文化基金会董事长等。代表作品《荷花》《五虎图》《海鹰图》。

J0027671

潘鸿海国画集 潘鸿海绘

天津 天津人民美术出版社 1997年 41页

25×26cm ISBN：7-5305-0653-6

定价：CNY62.00

　　外文书名：A Collection of Pan Honghai's Traditional Chinese Painting Works. 作者潘鸿海（1942—　），艺术家。上海人，毕业于浙江美术学院油画系。历任浙江人民美术出版社美术记者、美术编辑、编辑部主任、副总编，《富春江画报》负责人、浙江画院院长。代表作品有《又是一个丰收年》《鲁迅》。

J0027672

潘天寿诞辰一百周年纪念（1897—1997）

潘天寿绘；《中国艺术》编辑部编

北京 人民美术出版社 1997年 29cm（16开）

ISBN：7-102-01843-6 定价：CNY10.00

　　现代中国画画册。作者潘天寿（1897—1971），现代著名国画家，美术教育家，原名天授，字大颐，号寿者。浙江宁海县人。擅画花鸟、山水，兼善指画，亦能书法、诗词、篆刻。曾任中国文联委员、中国美术家协会副主席、浙江省文联副主席、中国美协浙江分会主席、浙江美术

学院院长、教授等职。著有《中国绘画史》《听天阁画谈随笔》等。

J0027673

潘天寿画集（潘天寿绘画艺术展） 高玉珍主编

台北 历史博物馆 1997年 255页

34cm（10开） 精装 ISBN：957-02-0366-8

J0027674

潘天寿书画集 王靖宪，李蒂编

北京 人民美术出版社 1997年 重印本 2册

有图 19cm（32开） ISBN：7-102-00101-0

定价：CNY23.00

（中国历代画家书画集丛书）

　　本书为中国画画册，收有315幅图。主要介绍作者中国画作品、部分书法及篆刻作品。

J0027675

潘渭滨画集 潘渭滨绘

济南 山东美术出版社 1997年 117页 37cm（9开）

精装 ISBN：7-5330-1086-8 定价：CNY268.00

　　现代中国画画册。外文书名：Pan Weibin's Paintings.

J0027676

裴家乐画集 裴家乐绘

天津 天津人民美术出版社 1997年

28cm（大16开） ISBN：7-5305-0743-5

定价：CNY20.00

（当代国画家系列画集 Ⅲ）

J0027677

溥心畬书画集 溥心畬作；杨新，许爱仙主编

北京 紫禁城出版社 1997年 2册（243+192页）

36cm（15开） 精装 ISBN：7-80047-230-2

　　溥心畬（1896—1972），画家，收藏家。原名爱新觉罗·溥儒，初字仲衡，后改字心畬，号羲皇上人，又号西山逸士。为清恭亲王奕訢之孙。生于北京，就读于法政学堂（后并入清河大学），后留学德国，在柏林大学获得天文和生物双博士学位。曾在台湾师范大学及东海大学任教。代表作品《雪中访友图》，著有《四书经义集证》《毛诗经义集证》《尔雅释言经证》等。

J0027678

乔木画集　乔木绘

天津　天津人民美术出版社　1997年　29cm（16开）

ISBN：7-5305-0734-6　定价：CNY20.00

（当代国画家系列画集　Ⅱ）

作者乔木（1920—2002），教授。字大年，河北深县人。曾任上海大学美术学院教授、中国美术家协会会员等。主要作品有《迎春梅花》《彩霞迎春》《姹紫嫣红》等。著有《花鸟画基础技法》《怎样画蔬果》等。

J0027679

屈义林画集　屈义林绘

成都　四川美术出版社　1997年　72页　25×26cm

ISBN：7-5410-1236-X

定价：CNY100.00，CNY120.00（精装）

（屈义林著作丛书　2）

现代中国画画册，中英文本。外文书名：Paintings by Qu Yilin.

J0027680

全国中青年画家中国画集　广州美术馆编

广州　岭南美术出版社　1997年　29cm（16开）

ISBN：7-5362-1663-7　定价：CNY60.00

J0027681

陕西当代中国画集　郭全忠主编

西安　陕西人民美术出版社　1997年　151页

37cm　ISBN：7-5368-0984-0　定价：CNY298.00

外文书名：Contemporary Chinese Painting of Shanxi. 作者郭全忠（1944—　），又名瑞生、全中。一级美术师。河南宝丰人。陕西省国画院副院长、中国美术家协会会员。

J0027682

陕西国画院作品选　中国艺术编辑部编

北京　人民美术出版社　1997年　63页　29cm（16开）　ISBN：7-102-01834-7　定价：CNY32.00

J0027683

扇画清赏　边平山主编

南宁　广西美术出版社　1997年　85叶　21×19cm

精装　ISBN：7-80625-282-7　定价：CNY69.80

J0027684

上海中国画院近作选（1997）上海中国画院画廊编

上海　上海书画出版社　1997年　84页　29cm（16开）

ISBN：7-80635-159-0　定价：CNY80.00

J0027685

社会公德四字歌名人名家书画展作品选　社会公德四字歌名人名家书画展组委会编

广州　广东经济出版社　1997年　64页

28cm（大16开）　ISBN：7-80632-183-7

定价：CNY68.00

J0027686

沈子丞书画集　沈子丞书；江洲编

北京　人民美术出版社　1997年　19cm（小32开）

ISBN：7-102-01811-8　定价：CNY25.00

作者沈子丞（1904—1996），画家。浙江嘉兴人。原名德坚，别名之淳，号听蛙翁。曾为上海市文史研究馆馆员、上海中国画院画师。代表作品有《花仕女图》《围棋图》等。出版有《历代论画名著汇编》《沈子丞书画集》等。

J0027687

师浔画集　师浔绘

西安　陕西人民美术出版社　1997年　101页

29cm（16开）　精装　ISBN：7-5368-0974-3

定价：CNY169.00

现代中国画画册，中英文本。外文书名：A Collection of Shi Xun's Paintings.

J0027688

石大法画集　石大法绘

天津　天津人民美术出版社　1997年

28cm（大16开）　ISBN：7-5305-0743-5

定价：CNY20.00

（当代国画家系列画集　Ⅲ）

J0027689

石鲁作品　石鲁绘；石丹编

西安　陕西人民美术出版社　1997年　31页

26cm（16开）　ISBN：7-5368-0928-X

定价：CNY18.00

（中国画名家作品精选）

J0027690

世纪情（香港回归诗书画集）刘淑坤主编
长春 吉林摄影出版社 1997 年 141 页
29cm（16 开）精装 ISBN：7-80606-152-5
定价：CNY199.70

J0027691

水墨研习坊 禤颖诗绘
香港 南海国际印刷公司（印刷）1997 年
24×25cm 精装 定价：HKD250.00

J0027692

水墨艺术 刘万林，高敬安绘；沈洁主编
郑州 河南美术出版社 1997 年 28cm（大 16 开）
ISBN：7-5401-0618-2 定价：CNY86.00

J0027693

孙蔚画集 孙蔚绘
北京 中国华侨出版社 1997 年 23 页 25×27cm
ISBN：7-80120-161-2 定价：CNY32.00
现代中国画画册。

J0027694

谭勇画集（从艺六十年作品选）谭勇绘
南京 南京师范大学出版社 1997 年 100 页
29cm（16 开）ISBN：7-81047-127-9
定价：CNY128.00
现代中国画画册。

J0027695

唐建画选 唐建绘
济南 山东大学出版社 1997 年 27 页 29cm（16 开）
ISBN：7-5607-1734-9 定价：CNY36.00
现代中国画画册。

J0027696

唐诗三百首（诗与画）上海辞书出版社编
上海 上海辞书出版社 1997 年 310 页
29cm（16 开）精装 ISBN：7-5326-0454-3
定价：CNY160.00

J0027697

天路历程（笨笃、李金远作品选）［法］笨笃
（BenoitVermander），李金远绘
成都 四川美术出版社 1997 年 95 页

29cm（16 开）ISBN：7-5410-1379-X
定价：CNY98.00
现代中国画画册。作者笨笃（Benoit Vermander,
1960— ），法国人，又名魏明德，生于北非。复
旦大学哲学学院教授、博士生导师。主要研究方
向为宗教人类学、比较灵修学。获奖著作有《耶
稣会与中国》《帝国的枢纽——论中国的宗教复
兴和退出说》。

J0027698

万紫千红（97 纪念画册）刘铁英编
北京 新华出版社 1997 年 204 页 29cm（16 开）
精装 ISBN：7-5011-3667-X 定价：CNY180.00
现代中国画画册。

J0027699

汪大伟画集 汪大伟绘
天津 天津人民美术出版社 1997 年 29cm（16 开）
ISBN：7-5305-0734-6 定价：CNY20.00
（当代国画家系列画集 Ⅱ）

J0027700

王传峰画集 王传峰绘
北京 新华出版社 1997 年 33 页 有照片 33cm
ISBN：7-5011-3584-3 定价：CNY120.00
现代中国画画册。

J0027701

王洪增画集 王洪增绘
天津 天津杨柳青画社 1997 年 60 页 25×26cm
ISBN：7-80503-374-9 定价：CNY58.00
现代中国画画册，中英文本。外文书名：
An Album of Paintings by Wang Hongzeng.

J0027702

王农画马作品集 王农绘
苏州 古吴轩出版社 1997 年 29cm（16 开）
ISBN：7-80574-322-3 定价：CNY48.00

J0027703

王琼儒国画集 王琼儒绘
广州 岭南美术出版社 1997 年 26cm（16 开）
ISBN：7-5362-1744-7 定价：CNY16.80

J0027704

王铁城作品选 王铁城绘
兰州 甘肃人民美术出版社 1997年 33页
25×26cm ISBN：7-80588-166-9
定价：CNY48.00

J0027705

王西林画集（山水部分） 王西林绘
北京 中国林业出版社 1997年 42页 25×26cm
ISBN：7-5038-1776-3 定价：CNY50.00
（中国当代美术家系列画集）
　　现代中国画山水画画册。

J0027706

王熹画集 王熹绘
济南 山东友谊出版社 1997年 28页 26cm（16开）
ISBN：7-80551-932-3 定价：CNY22.60
　　现代中国画画册，中英文本。

J0027707

王玉良线描 王玉良绘
合肥 安徽美术出版社 1997年 28页 26cm（16开）
ISBN：7-5398-0571-4 定价：CNY10.00
（当代名家线描画库）
　　作者王玉良（1949—　），画家、教授。历任
清华大学美术学院绘画系教授、中国美术家协会
会员、庞薰琹艺术研究会副主任、清华大学张仃
艺术研究会委员、清华大学吴冠中艺术研究会学
术委员会委员。

J0027708

潍坊市庆祝香港回归祖国书画作品集 王普
之主编
济南 山东友谊出版社 1997年 240页
29cm（16开） ISBN：7-80551-936-6
定价：CNY220.00

J0027709

魏廉书画集 魏廉绘
北京 中国民航出版社 1997年 33页 有彩照
25×26cm ISBN：7-80110-187-1
定价：CNY26.00

J0027710

文俊画集 薛文俊绘

兰州 甘肃少年儿童出版社 1997年 28页 26cm
（16开） ISBN：7-5422-1198-6 定价：CNY15.00
　　现代中国画画册。

J0027711

邬海青画集 邬海青绘
天津 天津人民美术出版社 1997年 29cm（16开）
ISBN：7-5305-0734-6 定价：CNY20.00
（当代国画家系列画集 Ⅱ）
　　现代中国画画册。

J0027712

吴茀之画集 吴茀之绘；张岳健编
北京 人民美术出版社 1997年 85页 38cm（6开）
精装 ISBN：7-102-01815-0 定价：CNY180.00
　　现代中国画画册。作者吴茀之（1900—1977），
画家。初名士绥，改名溪，字茀之，号溪子，又
号逸道人。浙江浦江县人。代表作品有《画论笔
记》《中国画十讲》《画微随笔》《吴谿吟草》等。

J0027713

吴冠中（伴侣） 许礼平主编；吴冠中绘
香港 翰墨出版公司 1997年 98页 有图照片
29cm（16开） ISBN：962-7530-37-9
（名家翰墨丛刊 中国近代名家书画全集 22）
　　作者吴冠中（1919—2010），著名画家、美术
教育家。江苏宜兴人，毕业于国立杭州艺术专科
学校。中央工艺美术学院教授。代表作品有《长
江三峡》《鲁迅的故乡》《春雪》《长城》；油画代
表作有《长江三峡》《北国风光》《小鸟天堂》《黄
山松》《鲁迅的故乡》等；个人文集有《吴冠中谈
艺集》《吴冠中散文选》《美丑缘》等。

J0027714

吴冠中（故城） 许礼平主编；吴冠中绘
香港 翰墨出版公司 1997年 106页 有图
29cm（16开） ISBN：962-7530-36-0
（名家翰墨丛刊 中国近代名家书画全集 21）

J0027715

吴冠中线描 吴冠中绘
合肥 安徽美术出版社 1997年 28页 26cm（16开）
ISBN：7-5398-0564-1 定价：CNY10.00
（当代名家线描画库）

J0027716

吴冠中作品 吴冠中绘
西安 陕西人民美术出版社 1997 年 36 页 26cm
（16 开）ISBN：7-5368-0948-4 定价：CNY18.00
（中国画名家作品精选）

J0027717

吴强水墨画集 吴强绘
昆明 云南美术出版社 1997 年 79 页 29cm（16 开）
ISBN：7-80586-361-X 定价：CNY160.00

J0027718

吴声画集 吴声绘；徐顺虎编
上海 上海书画出版社 1997 年 28×28cm
ISBN：7-80635-113-2 定价：CNY168.00
　　现代中国画画册，中英文本。作者吴声（1943—），
国家一级美术师。生于浙江杭州，又名自强，毕
业于中国美术学院。中国美术家协会会员。出
版专著有《吴声人物画技法》《吴声画集》《诗画
缘》《吴声古诗词画意》《唐人诗意百图》等。

J0027719

吴永良画集 吴永良绘
杭州 中国美术学院出版社 1997 年 72 页 37cm
精装 ISBN：7-81019-602-2 定价：CNY240.00
　　现代中国画画册。

J0027720

吴增义画集 吴增义绘
天津 天津人民美术出版社 1997 年 28cm（大
16 开）ISBN：7-5305-0743-5 定价：CNY20.00
（当代国画家系列画集 Ⅲ）

J0027721

吴作人、萧淑芳画选
北京 朝华出版社 1997 年 109 页 36cm（15 开）
精装 ISBN：7-5054-0511-X 定价：CNY228.00
　　外文书名：Selected Paintings of Wu Zuoren
and Xiao Shufang. 作者萧淑芳（1911—2005 ），
女，国画家。广东中山人。曾任中央美术学
院教授、中国美术家协会会员。出版有《走过
九十——萧淑芳画集》《萧淑芳画选》《荣宝斋萧
淑芳花卉画谱》《中国儿童游戏》《吴作人、萧淑
芳中国画集》等。

J0027722

香港回归中国书画集 张虎臣主编
北京 中国人事出版社 1997 年 10+260+179 页
有肖像及图 20cm（32 开）精装
ISBN：7-80139-095-4 定价：CNY75.00

J0027723

萧建初画集 萧建初绘；何天祥主编
成都 四川美术出版社 1997 年 119 页
28cm（大 16 开）精装 ISBN：7-5410-1276-9
定价：CNY210.00
　　现代中国画画册，中英文本。

J0027724

新工笔画选萃（一）白国文等［绘］
沈阳 辽宁美术出版社 1997 年 18 张 37cm 散
页套装 ISBN：7-5314-1632-8 定价：CNY39.00

J0027725

新工笔画选萃（二）白国文等绘
沈阳 辽宁美术出版社 1997 年 19 张 37cm 散
页套装 ISBN：7-5314-1633-6 定价：CNY39.00

J0027726

新文人画派 陈绶祥主编
南宁 广西美术出版社 1997 年 175 页
42cm（8 开）ISBN：7-80625-353-X
定价：CNY280.00，CNY360.00（精装）
（二十世纪中国画流派与风格）
　　作者陈绶祥（1944— ），文化学者，美术史
家，文物鉴定家及书画家。别名晓三，字大隐，
号老饕，斋名无禅堂。广西桂林人，毕业于中国
艺术研究院。历任中国美术家协会会员、中国艺
术研究院博士生导师、聊城大学兼职。著作有《发
展的素描》《中国彩陶研究》《遮蔽的文明》《文
心万象》《中国民间美术全集民居卷》等。

J0027727

邢庆仁画集 邢庆仁绘
西安 陕西人民美术出版社 1997 年 47 页 29cm
（16 开）ISBN：7-5368-0978-6 定价：CNY50.00
　　现代中国画画册。作者邢庆仁（1960— ），
画家、国家一级美术师。陕西大荔县人。历任陕
西中国画院专业画家、中国美术家协会会员、作
品有《玫瑰色回忆》《邢庆仁画集》等。

J0027728

邢少臣画集 邢少臣绘

太原 山西人民出版社 1997年 40叶 25×26cm
ISBN：7-203-03589-1 定价：CNY68.00

本画册中英文本，收有《早春二月》《荼寿图》《滩上飞鸟》《篱上雀》《农家》《猫头鹰》《闹书房双喜图》《几盆秋色》《芭蕉孔雀》等水墨画。外文书名：Xing Shaochen Painting Album.作者邢少臣(1955—)，画家。北京人，毕业于北京东城师范学校。中国画研究院专业画家、中国美术家协会会员、北京青年画会会长、北京花鸟画研究会秘书长。出版有《邢少臣画集》《邢少臣小品集》《邢少臣的花鸟画》。

J0027729

邢玉生作品集 邢玉生绘

郑州 河南美术出版社 1997年 25×25cm
ISBN：7-5401-0674-3 定价：CNY28.00
现代中国画画册。

J0027730

徐冬冬画集 徐冬冬绘

北京 荣宝斋出版社 1997年 258页 38cm(6开)
精装 ISBN：7-5003-0377-7 定价：CNY886.00
现代中国画画册。

J0027731

徐永万画选 徐永万绘

合肥 安徽美术出版社 1997年 51页
28cm(大16开) ISBN：7-5398-0593-5
定价：CNY38.00
现代中国画画册。

J0027732

许世山画集 许世山绘

天津 天津人民美术出版社 1997年
28cm(大16开) ISBN：7-5305-0743-5
定价：CNY20.00
(当代国画家系列画集 Ⅲ)

J0027733

亚明世界风情录 亚明绘；朱秀坤主编

合肥 安徽美术出版社 1997年 37cm 精装
ISBN：7-5398-0557-9 定价：CNY298.00
现代中国画画册，中英文本。

J0027734

阎丽川书画集 阎丽川作

天津 天津人民美术出版社 1997年 103页
38cm(8开) ISBN：7-5305-0738-9
定价：CNY147.00，CNY187.00(精装)

作者阎丽川(1910—1997)，美术史论家、书画家和美术教育家。原名必达，字立川，山西太原人。毕业于上海新华艺术专科学校西画系。历任天津美术学院教授、中国美术家协会美术史学会理事等。出版专著《中国美术史略》《文物史话》等。

J0027735

叶森槐画集 叶森槐绘

广州 岭南美术出版社 1997年 28cm(大16开)
ISBN：7-5362-1670-X 定价：CNY120.00

本画集收入了作者中国画50余幅。其中包括：《云漫秋山》《江南好》《观瀑》《夕阳芳草》《柳岸晓色》等。作者叶森槐(1942-)，现任黄山市书画研究院院长、国家一级美术师。出版《叶森槐画集》。

J0027736

艺苑集胜 上海市老干部大学东方艺术院编

上海 上海书店出版社 1997年 48页 29cm
(16开) ISBN：7-80622-316-9 定价：CNY60.00
(艺苑集胜丛书)
现代中国画画册。

J0027737

易图境画集 易图境绘

福州 福建美术出版社 1997年 60页
28cm(大16开) ISBN：7-5393-0631-9
定价：CNY48.00
现代中国画画册。

J0027738

尹默水墨画集 尹默绘

北京 人民美术出版社 1997年 有照片 29cm(16开)
精装 ISBN：7-102-01864-9 定价：CNY88.00
外文书名：Album of Ink and Wash of Yin Mo.

J0027739

迎回归(成都市老年书画协会九七迎接香港回

归祖国书画集）　成都市老年书画协会，成都市
文化局［编］
成都　四川美术出版社 1997 年 89 页 29cm（16 开）
ISBN：7-5410-1374-9　定价：CNY80.00

J0027740
迎接'97 香港回归中国书画大奖赛作品集
中国诗书画研究院编
北京　文化艺术出版社 1997 年 399 页 39cm（8 开）
精装　ISBN：7-5039-1565-X　定价：CNY697.00

J0027741
迎香港回归——中国书画精品选　北京市文
化发展基金会编
北京　北京出版社 1997 年 28×29cm 精装
ISBN：7-200-03243-3　定价：CNY260.00
　　外文书名：To Welcome Hong Kongs Return
Selected Chinese Paintings and Calligraphy.

J0027742
于锦声画集　于锦声绘
天津　天津杨柳青画社 1997 年 60 页 25×26cm
ISBN：7-80503-309-9　定价：CNY58.00
　　现代中国画画册，中英文本。外文书名：
Selected Paintings of Yu Jinsheng.

J0027743
于晋鲤画集　于晋鲤绘
天津　天津杨柳青画社 1997 年 60 页 25×26cm
ISBN：7-80503-375-7　定价：CNY58.00
　　现代中国画画册，中英文本。外文书名：
Selected Paintings of Yu Jinli of Tian Jin, China.

J0027744
玉麟画扇（宋玉麟扇画集）宋玉麟绘
苏州　古吴轩出版社 1997 年 50 页 22×21cm
ISBN：7-80574-279-0　定价：CNY58.00

J0027745
袁拿恩画集　袁拿恩绘
广州　岭南美术出版社 1997 年 80 页 29cm（16 开）
ISBN：7-5362-1734-X　定价：CNY68.00
　　现代中国画画册。

J0027746
袁运甫线描　袁运甫绘
合肥　安徽美术出版社 1997 年 28 页 26cm（16 开）
ISBN：7-5398-0565-X　定价：CNY10.00
（当代名家线描画库）

J0027747
翟东奇中国画作品集　翟东奇绘
郑州　河南美术出版社 1997 年 25×26cm
ISBN：7-5401-0689-1　定价：CNY36.80

J0027748
张大千巴蜀精品集　张大千绘
成都　四川美术出版社 1997 年 89 页 38cm（6 开）
精装　ISBN：7-5410-1279-3　定价：CNY230.00

J0027749
张大卫书画作品选集　张大卫绘
上海　上海书画出版社 1997 年 44 页 25×25cm
ISBN：7-80635-105-1　定价：CNY38.00

J0027750
张仃线描　张仃绘
合肥　安徽美术出版社 1997 年 28 页 26cm（16 开）
ISBN：7-5398-0563-3　定价：CNY10.00
（当代名家线描画库）

J0027751
张仃作品　张仃绘
西安　陕西人民美术出版社 1997 年 32 页
28cm（大 16 开）ISBN：7-5368-0949-2
定价：CNY18.00
（中国画名家作品精选）

J0027752
张改琴书画集　张改琴作
西安　陕西旅游出版社 1997 年 56 页
29cm（16 开）ISBN：7-5418-1463-6
定价：CNY88.00，CNY98.00（精装）
　　外文书名：Zhang Gaiqin's Chinese Paintings
and Calligraphy.

J0027753
张光宇线描　张光宇绘
合肥　安徽美术出版社 1997 年 28 页 26cm（16 开）

ISBN：7-5398-0575-7　定价：CNY10.00
（当代名家线描画库）

J0027754
张国兴画集　张国兴绘
天津　天津人民美术出版社　1997 年
28cm（大 16 开）　ISBN：7-5305-0743-5
定价：CNY20.00
（当代国画家系列画集　Ⅲ）

J0027755
张海峰书画集　张海峰绘；山东画院编
济南　黄河出版社　1997 年　87 页　29cm（16 开）
ISBN：7-80558-850-3
定价：CNY128.00，CNY150.00（精装）

J0027756
张继平画集　张继平绘
天津　天津人民美术出版社　1997 年
28cm（大 16 开）　ISBN：7-5305-0743-5
定价：CNY20.00
（当代国画家系列画集　Ⅲ）

J0027757
张培础画集　张培础绘
天津　天津人民美术出版社　1997 年　29cm（16 开）
ISBN：7-5305-0734-6　定价：CNY20.00
（当代国画家系列画集　Ⅱ）

J0027758
张士增画集（中英文本）陈语翻译
北京　长征出版社　1997 年　22 页　26cm（16 开）
ISBN：7-80015-428-9　定价：CNY25.00
　　外文书名：Zhang Shizeng's Art Works.

J0027759
张伟画集　张伟绘；南京市美术家协会编
南昌　江西美术出版社　1997 年　29cm（16 开）
ISBN：7-80580-402-8　定价：CNY16.00
（南京当代美术家画库）
　　现代中国画画册。

J0027760
张友宪中国画作品选集　张瑞泰总编辑
高雄　凤妃堂杂志社　1997 年　187 页　有照片

28cm（大 16 开）　定价：TWD1500.00

J0027761
张振济国画探索　张振济绘
郑州　河南美术出版社　1997 年　25×26cm
ISBN：7-5401-0592-5　定价：CNY68.00

J0027762
张镇照画集　张镇照绘
青岛　青岛出版社　1997 年　42 页　28cm（大 16 开）
ISBN：7-5436-1713-7　定价：CNY68.00
　　现代中国画画册。

J0027763
张正民画集　张正民绘；南京市美术家协会编
南昌　江西美术出版社　1997 年　29cm（16 开）
ISBN：7-80580-402-8　定价：CNY16.00
（南京当代美术家画库）
　　现代中国画画册。

J0027764
张执中画集　张执中绘
天津　天津人民美术出版社　1997 年
28cm（大 16 开）　ISBN：7-5305-0743-5
定价：CNY20.00
（当代国画家系列画集　Ⅲ）

J0027765
张宗道华夏民居画集　张宗道绘
青岛　青岛出版社　1997 年　78 页　28cm（大 16 开）
ISBN：7-5436-1714-5　定价：CNY118.00
　　现代中国画画册，书名误题：张宗道华厦民
居画集。

J0027766
章慈风画选　章慈风绘
北京　中国国际广播出版社　1997 年　44 页
28cm（大 16 开）　ISBN：7-5078-1583-8
定价：CNY65.00
　　现代中国画画册。

J0027767
赵理书画集　赵理作
成都　四川美术出版社　1997 年　145 页
28cm（大 16 开）　ISBN：7-5410-1340-4

定价：CNY100.00

　　现代中国画书法画册。

J0027768

赵绍虎画集 赵绍虎绘

天津 天津人民美术出版社 1997 年

28cm（大 16 开） ISBN：7-5305-0743-5

定价：CNY20.00

（当代国画家系列画集 Ⅲ）

　　作者赵绍虎（1941— ），教授。号老戍，江苏镇江人，毕业于南京师范大学美术系。历任江苏大学艺术学院教授、中国美术家协会会员、镇江报社及江苏人民出版社美术编辑、江苏大学美术系主任、镇江市美协副主席。代表作品有《荷风》《摩崖夕照》等。

J0027769

赵望云作品 赵望云绘；赵振川编

西安 陕西人民美术出版社 1997 年 29cm（16 开）

ISBN：7-5368-0930-1 定价：CNY18.00

（中国画名家作品精选）

J0027770

郑军里画集 郑军里绘

南宁 广西美术出版社 1997 年 125 页

29cm（16 开） 精装 ISBN：7-80582-564-5

定价：CNY100.00

（中国当代画家大系）

　　现代中国水墨画画册。

J0027771

郑礼阔画集 郑礼阔绘

福州 福建美术出版社 1997 年 41 页 29cm（16 开）

ISBN：7-5393-0531-2 定价：CNY65.00

　　现代中国画画册。作者郑礼阔，历任福建省第二轻工业厅厅长、福建省美术家协会副主席、福建省工艺美术学会理事长。

J0027772

郑乃珖作品 郑乃珖绘

西安 陕西人民美术出版社 1997 年 29cm（16 开）

ISBN：7-5368-0965-4 定价：CNY18.00

（中国画名家作品精选）

J0027773

郑向农水墨画作品集 郑向农绘

济南 山东美术出版社 1997 年 37 页 21×24cm

ISBN：7-5330-1029-9 定价：CNY46.00

J0027774

中国当代名家作品珠海邀请展作品集 珠海市文学艺术界联合会编

珠海 珠海出版社 1997 年 220 页 28×28cm

精装 ISBN：7-80607-352-3 定价：CNY338.00

　　外文书名：Zhuhai Invited Exhibition Works Collection of Chinese Present Famous Artists.

J0027775

中国老将军书画集 王金育主编

上海 上海人民美术出版社 1997 年 123 页

30cm（10 开） 精装 ISBN：7-5322-1783-3

定价：CNY258.00

J0027776

中国美术学院中国画系教师作品选集 童中焘主编

杭州 中国美术学院出版社 1997 年 132 页

39cm（8 开） 精装 ISBN：7-81019-635-9

定价：CNY300.00

J0027777

中国企业家书画作品集 贾克德主编

北京 东方出版社 1997 年 108 页 29cm（16 开）

精装 ISBN：7-5060-0904-8 定价：CNY180.00

J0027778

中国书画精品集 （南京饭店珍藏书画） 张久明主编

南京 江苏美术出版社 1997 年 119 页 29cm

（16 开） ISBN：7-5344-0680-3 定价：CNY75.00

J0027779

中国现代水墨艺术传呼 宦栋槐主编

北京 新华出版社 1997 年 88 页 29cm（16 开）

ISBN：7-5011-3740-4 定价：CNY80.00

J0027780

中国著名国画家百人作品选 中国美术家协会，山东新知图书公司编

北京 中国文联出版公司 1997 年 201 页
38cm（6 开）精装 ISBN：7-5059-2625-X
定价：CNY580.00
　　现代中国画画册。

J0027781
中华当代翰墨艺术品精萃 郑发祥主编
北京 大众文艺出版社 1997 年 567 页
26cm（16 开）精装 ISBN：7-80094-227-9
定价：CNY186.00
　　外文书名：Collected Works of Trans-Century
Painters and Calligraphers.

J0027782
中美院九七中国水墨画邀请展作品集 马健
培，申少君主编
南宁 广西美术出版社 1997 年 84 叶
29cm（16 开）ISBN：7-80625-337-8
定价：CNY168.00，CNY198.00（精装）

J0027783
中青年国画家（百人作品） 孙少楷，刘丛星，
李毅峰主编
长春 吉林美术出版社 1997 年 167 页 37cm
精装 ISBN：7-5386-0622-X 定价：CNY298.00
　　现代中国画画册。

J0027784
周韶华世纪风画集 周韶华绘
武汉 湖北美术出版社 1997 年 2 册（690 页）
38cm（6 开）精装 ISBN：7-5394-0659-3
定价：CNY1180.00
　　现代中国画画册，中英文本。外文名：
The Style of the Century, A Collection of Zhou
Shaohua's Paintings.

J0027785
周哲文从艺六十年
福州 福建美术出版社 1997 年 155 页
29cm（16 开）ISBN：7-5393-0546-0
定价：CNY120.00，CNY160.00（精装）
　　现代中国画书法印谱画册。

J0027786
朱新龙画集 朱新龙绘；南京市美术家协会编

南昌 江西美术出版社 1997 年 29cm（16 开）
ISBN：7-80580-402-8 定价：CNY16.00
（南京当代美术家画库）
　　现代中国画画册。

J0027787
祝大年线描 祝大年绘
合肥 安徽美术出版社 1997 年 28 页 26cm（16 开）
ISBN：7-5398-0562-5 定价：CNY10.00
（当代名家线描画库）

J0027788
邹涛金石书画集 邹涛作
北京 荣宝斋出版社 1997 年 49 页 25×26cm
ISBN：7-5003-0404-8 定价：CNY88.00

J0027789
［台湾］第二届现代水墨画展（廿一世纪的新
展望） 熊宜中总编辑；梁锐金摄影
台北 台湾艺术教育馆 1998 年 200 页 有照片
图肖像 32cm（10 开）ISBN：957-02-1407-4
定价：TWD600.00
（艺术展览专辑 7）

J0027790
"雅嘉杯"侨乡中华书画大展获奖作品集
黄翼，范新亮主编
汕头 汕头大学出版社 1998 年 176+24 页
29cm（16 开）ISBN：7-81036-243-7
定价：CNY196.00

J0027791
安徽省书画院黄山风中国画作品选
合肥 安徽美术出版社 1998 年 有照片 37cm
精装 ISBN：7-5398-0682-6 定价：CNY298.00

J0027792
白菜 齐白石绘
长沙 湖南美术出版社 1998 年 29cm（16 开）
ISBN：7-5356-1120-6 定价：CNY10.00
（齐白石画谱 第一辑）
　　作者齐白石（1864—1957），近现代中国绘画
大师，国画家、篆刻家。湖南湘潭人。原名纯芝，
字渭青，号兰亭，后改名璜，字濒生，号白石等。
历任国立北京艺术专科学校和京华美术专科学

校教习、教授，中央美术学院名誉教授、中国文学艺术界联合会主席团委员、中国画研究会和中国美术家协会主席、中国画院名誉院长。代表作有《蛙声十里出山泉》《墨虾》等。著有《白石诗草》《齐白石作品集》《白石老人自述》等。

J0027793

白石墨韵（齐白石书画篆刻集）常宗豪主编
澳门 澳门大学出版社 1998年 134页
35cm（15开）ISBN：972-97834-4-6
定价：MOP200.00

　　外文书名：Para la do ritmo das tintas e pinceis.

J0027794

白雪石作品 白雪石绘
西安 陕西人民美术出版社 1998年 33页 29cm（16开）ISBN：7-5368-1115-2 定价：CNY18.00
（中国画名家作品精选）

　　作者白雪石（1915—2011），画家，教授。北京市人，斋号何须斋。自幼习画，早年师从赵梦朱，后拜梁树年为师。执教于北京师范学院、北京艺术学院、中央工艺美院，同时兼任北京山水画研究会会长。代表作品《万壑松风》《千峰竞秀》《早春图》《漓江一曲千峰秀》等。

J0027795

百马图 阴衍江作
哈尔滨 黑龙江美术出版社 1998年 15张
20×38cm ISBN：7-5318-0489-1 定价：CNY6.80

J0027796

悲秋画集 悲秋绘
天津 天津人民美术出版社 1998年 29cm（16开）
ISBN：7-5305-0785-0 定价：CNY20.00
（当代国画家系列画集 Ⅳ）

J0027797

北京画院秘藏齐白石精品集 齐白石绘；陈履生主编
南宁 广西美术出版社 1998年 4册 38cm（6开）
精装 ISBN：7-80625-668-7 定价：CNY3080.00
　　本书与广西教育出版社合作出版。

J0027798

北京师白艺术研究会书画集 娄述德主编
北京 中国税务出版社 1998年 130页
30cm（10开）精装 ISBN：7-80117-178-0
定价：CNY210.00

　　外文书名：A Collection of Calligraphy and Paintings of Beijing Shibai Art Research Association.

J0027799

奔马图 徐悲鸿绘
天津 天津人民美术出版社 1998年 1张
38×72cm 定价：CNY12.00
　　现代中国画作品。

J0027800

边宝华画选 边宝华绘
北京 中国档案出版社 1998年 26×25cm
ISBN：7-80019-740-9 定价：CNY25.00
　　现代中国画画册，中英文本。

J0027801

不群画集 不群绘
北京 人民美术出版社 1998年 26×23cm 精装
ISBN：7-102-01982-3 定价：CNY96.00
　　现代中国画画册。

J0027802

曾江涛书画 曾江涛绘
广州 岭南美术出版社 1998年 29cm（12开）
ISBN：7-5362-1870-2
定价：CNY100.00，CNY120.00（精装）
（广州国际艺术博览会丛书）

J0027803

曾正明选集（中国画集 中国画论）曾正明著
长沙 湖南美术出版社 1998年 23+22页
29cm（16开）ISBN：7-5356-1025-0 定价：CNY28.80

J0027804

晃海画集 晃海绘
南宁 广西美术出版社 1998年 29cm（12开）
ISBN：7-80625-450-1
定价：CNY120.00，CNY230.00（精装）

现代中国画水墨画画册，中英文本。

J0027805
陈军的工笔画 陈军绘
天津 天津杨柳青画社 1998年 60页 25×26cm
ISBN：7-80503-224-6 定价：CNY50.00

J0027806
陈磊画集 陈磊绘
杭州 西泠印社 1998年 29cm（16开）
ISBN：7-80517-301-X 定价：CNY15.00
　　现代中国画画册。

J0027807
陈鹏同画集 陈鹏同绘
天津 天津人民美术出版社 1998年 29cm（16开）
ISBN：7-5305-0785-0 定价：CNY20.00
（当代国画家系列画集 Ⅳ）

J0027808
陈应华 陈应华绘；上海中国画院画廊编
上海 上海画报出版社 1998年 29cm（16开）
ISBN：7-80530-384-3 定价：CNY48.00
（上海中国画院画家作品丛书）

J0027809
程十发 程十发绘；上海中国画院画廊编
上海 上海画报出版社 1998年 29cm（16开）
ISBN：7-80530-378-9 定价：CNY48.00
（上海中国画院画家作品丛书）
　　作者程十发（1921—2007），画家。出生于上海金山，毕业于上海美术专科学校国画系。代表作品有《丽人行》《迎春图》《列宁的故事》《孔乙己》等。出版有《程十发近作选》《程十发花鸟习作选》《程十发作品展》。

J0027810
川底下村（明清时代的古堡民居）彭世强编著
北京 大众文艺出版社 1998年 14页
28cm（大16开） ISBN：7-80094-530-8
定价：CNY20.00
（彭世强作品系列）
　　川底下村，指的是北京西郊门头沟区斋堂镇爨底下村。作者彭世强（1944— ），笔名彭城、鹏程。历任中国美术家协会会员、中国书法家协

会会员、中国版画家协会会员、中国工艺美术学会会员、中国长城书画院常务理事与副院长。绘有《彭世强画民居：中国·北京门头沟·斋堂川底下村》《彭世强画民居》《水墨丹青绘京西》等。

J0027811
词与画（唐宋词三百首）上海辞书出版社编
上海 上海辞书出版社 1998年 310页 有彩图
29cm（18开） 精装 ISBN：7-5326-0533-7
定价：CNY160.00
（中国古代文学名篇与当代名家国画系列）

J0027812
大地情 亚当斯等摄
杭州 浙江人民美术出版社 1998年 58×43cm
ISBN：7-5340-0796-8 定价：CNY26.00
　　本作品系现代中国画作品。作者亚当斯（1902—1984），美国艺术摄影家，摄影教育家。

J0027813
当代国画大师代表作品集 本墨等主编
北京 华文出版社 1998年 213页 38cm（6开）
精装 ISBN：7-5075-0553-7 定价：CNY398.00

J0027814
当代画坛（濮阳市中国画作品集）李官振主编
郑州 河南美术出版社 1998年 59页 29cm
（16开） ISBN：7-5401-0701-4 定价：CNY48.00

J0027815
当代名家精品（王维宝）李秋波主编
广州 广州出版社 1998年 80页 19×20cm
ISBN：7-80592-814-2 定价：CNY240.00（全三本）
（华艺廊丛书 2）
　　外文书名：Masterpieces by the Contemporary Famous Artists. 作者王维宝（1942— ），画家。福建晋江人，毕业于广州美术学院附中。历任中国美术家协会会员、广东美术家协会常务理事、广东画院专业画家等。代表作品《捉麻雀》《霞染渔村》《女炮班》等。

J0027816
当代名家精品（亚明）李秋波主编
广州 广州出版社 1998年 80页 19×20cm
ISBN：7-80592-814-2 定价：CNY240.00（全三本）

（华艺廊丛书 1）

外文书名：Masterpieces by the Contemporary Famous Artists.

J0027817
当代名家精品（杨之光）李秋波主编
广州 广州出版社 1998 年 80 页 19×20cm
ISBN：7-80592-814-2 定价：CNY240.00（全三本）
（华艺廊丛书 3）

外文书名：Masterpieces by the Contemporary Famous Artists. 杨之光（1930— ），画家。又名焘甫，广东揭西人，毕业于北京中央美术学院绘画系。历任广州美术学院教授、副院长，广州画院国画系教授、副院长，美协广东分会理事、岭南美术专修学院院长等职。代表作品有《毛泽东主办广东农民运动讲习所》《浴日图》《矿山新兵》，著作有《中国画人物画法》《杨之光画集》《杨之光书法集》等。

J0027818
当代名家精品（陈平）李秋波主编；陈平绘
广州 广州出版社 1999 年 82 页 19×20cm
ISBN：7-80592-920-3 定价：CNY240.00（全三册）
（华艺廊丛书 6）

现代中国画画册，中英文本。外文书名：Masterpieces by the Contemporary Famous Artists.

J0027819
当代名家精品（江宏伟）李秋波主编；江宏伟绘
广州 广州出版社 1999 年 82 页 19×20cm
ISBN：7-80592-920-3 定价：CNY240.00（全三册）
（华艺廊丛书 5）

外文书名：Masterpieces by the Contemporary Famous Artists.

J0027820
当代名家精品（杨延文）李秋波主编；杨延文绘
广州 广州出版社 1999 年 80 页 19×20cm
ISBN：7-80592-920-3 定价：CNY240.00（全三册）
（华艺廊丛书 4）

现代中国画山水画画册，中英文本。外文书名：Masterpieces by the Contemporary Famous Artists.

J0027821
当代扇面书画集　田福会主编；中华人民共和国文化部，中国展览交流中心编
郑州 河南美术出版社 1998 年 417 页 42cm（8 开）
精装 ISBN：7-5401-0711-1 定价：CNY680.00

外文书名：Contemporary Calligraphy & Painting on Fan-Face.

J0027822
当代中国画精品集（安林）[安林绘]
济南 山东美术出版社 1998 年 43 页 29cm（16 开）
ISBN：7-5330-1233-X 定价：CNY38.00

本画集收有作者的《紫气》《花帘》《水月》《爱莲》《家族》《暗香》等 40 余幅作品。

J0027823
当代中国画精品集（曾先国）曾先国绘
济南 山东美术出版社 1998 年 28 页 29cm（16 开）
ISBN：7-5330-1100-7 定价：CNY32.00

J0027824
当代中国画精品集（丁宁原 孙爱华）丁宁原，孙爱华绘
济南 山东美术出版社 1998 年 44 页 29cm（16 开）
ISBN：7-5330-1106-6 定价：CNY38.00

J0027825
当代中国画精品集（郭志光）郭志光绘
济南 山东美术出版社 1998 年 28 页 29cm（16 开）
ISBN：7-5330-1101-5 定价：CNY32.00

J0027826
当代中国画精品集（胡宁娜）[胡宁娜绘]
济南 山东美术出版社 1998 年 44 页 29cm（16 开）
ISBN：7-5330-1229-1 定价：CNY38.00

本画集收入作者的《黎明》《童年物语》《风薰露清》《醉伴梅影》《轻风赏花图》等 40 余幅作品。

J0027827
当代中国画精品集（胡应康）胡应康绘
济南 山东美术出版社 1998 年 28 页 29cm（16 开）
ISBN：7-5330-1104-X 定价：CNY32.00

J0027828

当代中国画精品集（孔维克）孔维克绘
济南 山东美术出版社 1998年 44页 29cm（16开）
ISBN：7-5330-1114-7 定价：CNY38.00

J0027829

当代中国画精品集（李勇）李勇绘
济南 山东美术出版社 1998年 28页 29cm（16开）
ISBN：7-5330-1102-3 定价：CNY32.00

J0027830

当代中国画精品集（梁文博）梁文博绘
济南 山东美术出版社 1998年 44页 29cm（16开）
ISBN：7-5330-1103-1 定价：CNY38.00

J0027831

当代中国画精品集（林容生）［林容生绘］
济南 山东美术出版社 1998年 36页 29cm（16开）
ISBN：7-5330-1231-3 定价：CNY35.00
　　本册收有作者《绿风》《云淡风清》《夏日的黄昏》《青云》《花语淡淡》《春寒已过》《红果子》《后院》《秋山》等36幅作品。作者林容生（1958—　），教授。生于福建省福州市，福建师范大学美术系副教授、中国美术家协会会员、中国书法家协会会员。代表作《当代中国画精品集·林容生》。

J0027832

当代中国画精品集（卢辅圣）［卢辅圣绘］
济南 山东美术出版社 1998年 44页 29cm（16开）
ISBN：7-5330-1253-4 定价：CNY38.00
　　本册收有作者《无适无期》《曲水》《沧浪》《蕉叶》《逝者》《冻云》《忘言》《孙子》《七月流火》《十牛图》等近50幅作品。作者卢辅圣（1949—　），编辑。浙江东阳人，毕业于浙江美术学院中国画系。历任《朵云》《书法研究》主编、上海书画出版社总编辑、中国美术家协会会员、上海美术家协会顾问。代表作品有中国画《旧游》，连环画《钗头凤》。

J0027833

当代中国画精品集（卢洪刚）卢洪刚绘
济南 山东美术出版社 1998年 28页 29cm（16开）
ISBN：7-5330-1115-5 定价：CNY32.00

J0027834

当代中国画精品集（马小娟）［马小娟绘］
济南 山东美术出版社 1998年 44页 29cm（16开）
ISBN：7-5330-1252-6 定价：CNY38.00
　　本册收有作者《正午的梦》《临风》《月光》《行云流水》《晨曲》《初夏》《咏菊》《碧玉》《闻香》等50余幅作品。作者马小娟（1955—），笔名小涓，南京人，中国美术家协会会员、上海师范大学艺术学院美术系副教授、上海中国画院画师。代表作《当代中国画精品集·马小娟》。

J0027835

当代中国画精品集（韦辛夷）韦辛夷绘
济南 山东美术出版社 1998年 28页 29cm（16开）
ISBN：7-5330-1099-X 定价：CNY32.00

J0027836

当代中国画精品集（薛亮）［薛亮绘］
济南 山东美术出版社 1998年 44页 29cm（16开）
ISBN：7-5330-1230-5 定价：CNY38.00
　　本画集收有作者的《无声诗境》《绿荫满野》《江上奇云》《寒山冷月》《东山云雨》等44幅作品。

J0027837

当代中国画精品集（杨文仁）杨文仁绘
济南 山东美术出版社 1998年 44页 29cm（16开）
ISBN：7-5330-1118-X 定价：CNY38.00
　　作者杨文仁（1941—　），画家。生于山东青岛。山东师范学院艺术系中国画专业毕业。历任泰安师范美术教师、山东省艺术馆美术干部、山东师范大学美术系教师、山东省美术馆一级美术师、山东省美术家协会副主席。出版有《杨文仁花鸟画集》《杨文仁国画精品集》《荷花画法》等。

J0027838

当代中国画精品集（尹延新）尹延新绘
济南 山东美术出版社 1998年 28页 29cm（16开）
ISBN：7-5330-1117-1 定价：CNY32.00
　　作者尹延新（1941—　），画家。号舜耕山翁，山东济南人。国家一级美术师，历任济南画院副院长、济南市美协副主席、中国美术家协会会员、山东国画研究院副院长。代表作品有《中国写意画鸟谱》《怎样画牡丹》《名画心得——画牡丹》等。

J0027839

当代中国画精品集（于文江）于文江绘
济南 山东美术出版社 1998年 44页 29cm（16开）
ISBN：7-5330-1107-4 定价：CNY38.00

J0027840

当代中国画精品集（张登堂）张登堂绘
济南 山东美术出版社 1998年 44页 29cm（16开）
ISBN：7-5330-1116-3 定价：CNY38.00

J0027841

当代中国画精品集（张志民）张志民绘
济南 山东美术出版社 1998年 44页 29cm（16开）
ISBN：7-5330-1105-8 定价：CNY38.00

J0027842

当代中国画名家作品选 房新泉主编
海口 南海出版公司 1998年 208页 39cm（8开）
精装 ISBN：7-5442-1184-3 定价：CNY380.00
　　主编房新泉（1953— ），画家。又名辛全，
出生于山东沂源县，毕业于青岛美术学校。历任
中国美术家协会会员、山东画院高级画师、临沂
画院院长、国家二级美术师。代表作品有《风雪
香魂》《冰趣》等。

J0027843

邓远坡画集 邓远坡绘
天津 天津人民美术出版社 1998年 29cm（16开）
ISBN：7-5305-0785-0 定价：CNY20.00
（当代国画家系列画集 Ⅳ）

J0027844

电脑中国画 潘晋拔绘
广州 岭南美术出版社 1998年 56页 26cm（16开）
ISBN：7-5362-1769-2 定价：CNY32.00
　　作者潘晋拔（1939— ），美术编审。广东兴
宁市永和镇人，毕业于广州美术学院中国画系。
历任广州美院中国画系、广东画院、广东省博物
馆、广东省作家协会《作品》编辑部美术编审。
出版有《中国电脑画》画集。

J0027845

丁良贵画集 丁良贵绘；中国三峡画院编

北京 中国三峡出版社 1998年 54页 24×26cm
ISBN：7-80099-369-8 定价：CNY69.00
　　现代中国画画册，中英文本。

J0027846

杜大恺作品 杜大恺绘
西安 陕西人民美术出版社 1998年 33页 29cm
（16开） ISBN：7-5368-1015-6 定价：CNY18.00
（中国画名家作品精选）

J0027847

杜滋龄画集 杜滋龄绘
济南 山东美术出版社 1998年 37cm 精装
ISBN：7-5330-1193-7 定价：CNY188.00
　　现代中国画画册。作者杜滋龄（1941— ），
教授。生于天津，毕业于中国美术学院中国画系
研究生班。历任中国画学会副会长、中国艺术研
究院博士生导师、南开大学教授、天津美术家协
会副主席。代表作品有《帕米尔初雪》《古老的
歌》《大漠行》等。

J0027848

段七丁画集 段七丁绘
重庆 西南师范大学出版社 1998年 66页 29cm
（16开） ISBN：7-5621-1814-0 定价：CNY60.00
　　现代中国画画册，中英文本。

J0027849

对月图 马远绘
天津 天津人民美术出版社 1998年 1张
72×38cm 定价：CNY12.00
　　本作品系现代中国画。

J0027850

樊兴书国画集 樊兴书绘
上海 上海书画出版社 1998年 63页 29cm（16开）
ISBN：7-80635-311-9 定价：CNY80.00

J0027851

方鄂秦作品 方鄂秦绘
西安 陕西人民美术出版社 1998年 29cm（16开）
ISBN：7-5368-1061-X 定价：CNY18.00
（中国画名家作品精选）
　　作者方鄂秦（1941— ），画家。生于陕西西
安市，籍贯湖北云梦，毕业于西安美术学院。历

任陕西省美术家协会主席、陕西历史博物馆副馆长、唐墓壁画研究中心主任。作品有《小白花》《乐而乐》等。

J0027852
方增先 方增先绘；上海中国画院画廊编
上海 上海画报出版社 1998年 29cm（16开）
ISBN：7-80530-394-0 定价：CNY48.00
（上海中国画院画家作品丛书）
　　作者方增先（1931— ），国画家。浙江兰溪人，毕业于浙江杭州国立艺术专科学校。历任上海美术馆馆长、中国美术家协会常务理事。出版画集《方增先人物画》《方增先水墨画诗意画》《方增先古装人物画集》等，专著有《怎样画水墨人物画》《结构素描》《人物画的造型问题》等。

J0027853
风雨牧归图 李迪绘
天津 天津人民美术出版社 1998年 1张
58×59cm 定价：CNY12.00
　　本作品系现代中国画。

J0027854
高冠华 高冠华绘
北京 人民美术出版社 1998年 231页
19cm（小32开） ISBN：7-102-01988-2
定价：CNY19.80
（中国美术家作品丛书）
　　现代中国画画册。作者高冠华（1915—1999），书画艺术家。江苏南通人，毕业于国立艺术专科学院。历任中国书画社社长、中国美术家协会会员、中国手指画研究会副会长等。代表作品有《枯荷》《纷纷飞雪夕阳红》《依依透骨寒》《秋色斑斓》等。

J0027855
高玉星画集 高玉星绘
天津 天津人民美术出版社 1998年 29cm（16开）
ISBN：7-5305-0785-0 定价：CNY20.00
（当代国画家系列画集 Ⅳ）

J0027856
鸽 张宝林编选
天津 天津人民美术出版社 1998年 90页
13×13cm 精装 ISBN：7-5305-0967-5

定价：CNY18.50
（中国历代名家绘画撷珍）

J0027857
功在千秋扶贫书画集 徐震时主编；中国扶贫基金会编
北京 人民美术出版社 1998年 38cm（6开）
精装 ISBN：7-102-01960-2 定价：CNY660.00
　　主编徐震时，擅长摄影。主要作品有《胜景大观》《皇家园林》《山溪春晓》等。

J0027858
关玉良墨彩艺术 关玉良绘
哈尔滨 黑龙江美术出版社 1998年 91页 28cm（18开） 定价：CNY68.00，CNY86.00（精装）

J0027859
郭味蕖 郭味蕖绘
北京 人民美术出版社 1998年 231页
19cm（小32开） ISBN：7-102-01974-2
定价：CNY19.80
（中国美术家作品丛书）
　　现代中国画画册。作者郭味蕖（1908—1971），画家。原名忻，后改慰劬、味蕖，曾用别号汾阳王孙等。山东潍坊人，毕业于上海美术专科学校。历任中央美术学院研究部和徐悲鸿纪念馆研究员、中央美院中国画讲师、中央美术学院国画系花鸟科主任等。著有《宋元明清画家年表》《中国版画史略》《写意花鸟创作技法十六讲》等。

J0027860
郭味蕖教学画稿 郭味蕖绘
天津 天津人民美术出版社 1998年 148页
26cm（16开） 精装 ISBN：7-5305-0810-5
定价：CNY66.00
（中国画名家教学画稿丛书）

J0027861
海南风情 王健全主编；海南省人民政府新闻办公室编
海口 海南出版社 1998年 38cm（6开）
ISBN：7-80645-052-1 定价：CNY480.00
　　本书为纪念海南建省和创办经济特区十周年而作的现代中国画与书法画册。中英文本。

外文书名：Hainan's Scenery and Customs.

J0027862
韩天衡 韩天衡绘；上海中国画院画廊编
上海 上海画报出版社 1998年 29cm（16开）
ISBN：7-80530-386-X 定价：CNY48.00
（上海中国画院画家作品丛书）

J0027863
韩文来画集 韩文来绘
天津 天津人民美术出版社 1998年 82页
38cm（6开） ISBN：7-5305-0890-3
　　现代中国画画册，中、英、日文本。

J0027864
何镜涵画集 何镜涵绘
北京 中国书店 1998年 96页 37cm
ISBN：7-80568-846-X 定价：CNY190.00
　　现代中国画山水画画册。

J0027865
何敏杰作品选 何敏杰绘
天津 天津人民美术出版社 1998年
28cm（大16开） ISBN：7-5305-0920-9
定价：CNY20.00
（中国工艺美术家作品自选集）
　　现代中国壁挂画画册。

J0027866
黑伯龙画集 黑伯龙绘
济南 山东美术出版社 1998年 158页 37cm
精装 ISBN：7-5330-1176-7 定价：CNY280.00
　　现代中国书法印谱中国画画册。

J0027867
横岸墨韵（承名世书画） 承名世作
上海 上海古籍出版社 1998年 103页 37cm
精装 ISBN：7-5325-2426-4 定价：CNY250.00

J0027868
鸿飞工笔 张鸿飞绘
长春 吉林美术出版社 1998年 28×26cm
ISBN：7-5386-0760-9 定价：CNY80.00

J0027869
胡代勋画集 胡代勋绘
成都 四川美术出版社 1998年 64页
29cm（16开） 精装 ISBN：7-5410-1510-5
定价：CNY120.00
　　现代中国画画册。

J0027870
胡匡一画集 胡匡一绘
宁波 宁波出版社 1998年 42页 29cm（16开）
ISBN：7-80602-179-5 定价：CNY45.00
　　现代中国画画册。

J0027871
华奎书画集 华奎作
北京 中国世界语出版社 1998年 79页
36cm（15开） 精装 ISBN：7-5052-0350-9
定价：CNY186.00

J0027872
华其敏画集 华其敏绘
北京 人民美术出版社 1998年 197页 有彩照
38cm（6开） 精装 ISBN：7-102-01891-6
定价：CNY450.00
　　现代中国画画册，中英文本。作者华其敏
（1953— ），画家、教授。别名田乔、果然、沙月。
上海人，毕业于中央美术学院中国画系研究生
班。中央美术学院教授、中国美术家协会会员。
代表作品有《夸父图》《西门豹除巫》《安祥的艺
术》等。

J0027873
华夏大地（炎黄百子诗词书画集） 张文等主
编；炎黄百子诗词书画集编委会编
北京 中国文联出版公司 1998年 102页 29cm
（16开） ISBN：7-5059-3078-8 定价：CNY98.00

J0027874
怀念（纪念周恩来同志诞辰一百周年） 中南海
画册编辑委员会编辑
北京 西苑出版社 1998年 143页 29cm（16开）
精装 ISBN：7-80108-103-X 定价：CNY260.00

J0027875
黄宾虹册页 黄宾虹绘；浙江省博物馆编

杭州　浙江人民美术出版社　1998年　48页
36cm（15开）精装　ISBN：7-5340-0763-1
定价：CNY90.00
（中国画名家册页典藏）

J0027876
黄金德彩墨画集　黄金德绘
福州　福建美术出版社　1998年　28×26cm
ISBN：7-5393-0755-2　定价：CNY50.00

J0027877
黄沛书画集　黄沛绘
北京　中国世界语出版社　1998年　26页
28×27cm　ISBN：7-5052-0390-8
定价：CNY36.00
（中国当代书画家）

J0027878
黄秋园　黄秋园绘
北京　人民美术出版社　1998年　246页
19cm（小32开）ISBN：7-102-01895-9
定价：CNY19.80
（中国美术家作品丛书）
　　现代中国画画册。

J0027879
黄秋园作品　黄秋园绘
西安　陕西人民美术出版社　1998年　29cm（16开）
ISBN：7-5368-1058-X　定价：CNY18.00
（中国画名家作品精选）

J0027880
黄羡画集　黄羡绘
福州　海潮摄影艺术出版社　1998年　38cm（6开）
ISBN：7-80562-469-0　定价：CNY75.00
　　现代中国画画册。

J0027881
回归颂（诗书画珍藏集　改革版）胡士厚主编；
回归颂中华诗词大赛组委会编
北京　改革出版社　1998年　196页　29cm（16开）
精装　ISBN：7-80143-139-1　定价：CNY198.00
（USD34）

J0027882
纪念刘少奇诞辰百周年书画作品集　郑佳
明，冷向洋主编
北京　中央文献出版社　1998年　149页
38cm（6开）精装　ISBN：7-5073-0485-X
定价：CNY350.00
　　本画集主要收录了从纪念刘少奇同志诞辰
一百周年书画作品展览的参展作品中，精选的
150幅书画作品。

J0027883
纪念周恩来诞辰一百周年名家书画集　中国
书法艺术研究院西南分院编
昆明　云南美术出版社　1998年　168页
29cm（16开）精装　ISBN：7-80586-487-X
定价：CNY190.00，CNY160.00（平装）

J0027884
贾平凹书画（珍藏本）贾平凹[作]
西安　陕西人民美术出版社　1998年　135页
26cm（16开）ISBN：7-5368-1098-9
定价：CNY42.00

J0027885
金永辉作品　金永辉绘
北京　中国世界语出版社　1998年　29cm（16开）
ISBN：7-5052-0381-9　定价：CNY280.00（全套）
（当代中国艺术家丛书　中国画）

J0027886
孔雀图　刘奎岭绘
天津　天津人民美术出版社　1998年　1张
73×30cm　定价：CNY12.00
　　本作品系现代中国画。

J0027887
赖少其八十后新作　赖少其绘；广州美术馆，
广州艺术博物院（筹）编
广州　广州出版社　1998年　84页　30cm（10开）
ISBN：7-80592-836-3　定价：CNY60.00

J0027888
骊山避暑图　袁江绘
天津　天津人民美术出版社　1998年　1张
72×45cm　定价：CNY12.00

本作品系现代中国画。

J0027889
李保孚书画集 李保孚[作]
乌鲁木齐 新疆美术摄影出版社 1998年 116页
27cm（大16开） ISBN：7-80547-745-0
定价：CNY62.00

J0027890
李鼎成画集 李鼎成绘
天津 天津人民美术出版社 1998年 29cm（16开）
ISBN：7-5305-0785-0 定价：CNY20.00
（当代国画家系列画集 Ⅳ）

J0027891
李行百画集 李行百绘
成都 四川美术出版社 1998年 103页
28cm（大16开） ISBN：7-5410-1473-7
定价：CNY138.00
　　现代中国画画册，中英文本。

J0027892
李琦画集 李琦绘
北京 北京出版社 1998年 145页 38cm（6开）
精装 ISBN：7-200-03566-1 定价：CNY300.00
　　本书为纪念作者从事革命文艺工作六十周
年（1937—1997），而出版的现代中国画画册。
中英文本。外文书名：A Collection of Li Qi's
Paintings.

J0027893
李汝匡书画近作集 李汝匡著
澳门 澳门大学 1998年 63页 30cm（10开）
精装 ISBN：972-97631-2-7
　　本集为李汝匡先生近年来书法、绘画作品
集，包括书法、花鸟、山水等共计60幅。外文书
名：Os Desenhos do Professor Lee Yue Hong.

J0027894
李伟画集
兰州 甘肃人民美术出版社 1998年 25×26cm
ISBN：7-80588-229-0 定价：CNY45.00
　　现代中国画画册。外文书名：Li Wei
Paintings.

J0027895
恋曲 芊日，全景摄
杭州 浙江人民美术出版社 1998年 58×43cm
ISBN：7-5340-0788-7 定价：CNY26.00
　　本作品系现代中国画作品。

J0027896
梁洪涛 梁洪涛绘；上海中国画院画廊编
上海 上海画报出版社 1998年 29cm（16开）
ISBN：7-80530-385-1 定价：CNY48.00
（上海中国画院画家作品丛书）

J0027897
梁鑫喆画集 梁鑫喆绘
郑州 河南美术出版社 1998年 29cm（16开）
ISBN：7-5401-0601-8 定价：CNY10.00
（长安十家）
　　现代中国画水墨画画册。

J0027898
辽阳市政协书画院作品集 辽阳市政协书画
院编
沈阳 辽宁美术出版社 1998年 94页
29cm（16开） 精装 ISBN：7-5314-1889-4
定价：CNY86.00

J0027899
林凡艺术 林凡作；中国国际文化传播中心编
北京 新华出版社 1998年 215页 38cm（6开）
精装 ISBN：7-5011-3922-9 定价：CNY388.00
　　现代中国书法印谱中国画画册，中英文本。
外文书名：The Art World of Linfan.

J0027900
林家驹书画作品集 日本春光苑汉方研修会，
深圳市美术家协会编
兰州 甘肃人民美术出版社 1998年 38页
25×26cm ISBN：7-80588-230-4
定价：CNY42.00

J0027901
林墨源画集 林墨源绘
天津 天津人民美术出版社 1998年 29cm（16开）
ISBN：7-5305-0785-0 定价：CNY20.00
（当代国画家系列画集 Ⅳ）

J0027902
林若熹画集（1989— 1998 白描集） 林若熹绘
广州 新世纪出版社 1998 年 86 页 25×27cm
ISBN：7-5405-1745-X 定价：CNY29.00

J0027903
林曦明 林曦明绘；上海中国画院画廊编
上海 上海画报出版社 1998 年 29cm（16 开）
ISBN：7-80530-382-7 定价：CNY48.00
（上海中国画院画家作品丛书）
　　　作者林曦明（1925— ），画家。原名正熙，
号乌牛。浙江永嘉人。历任上海戏剧学院美术
系教师、上海中国画院一级画师、中国美术家协
会会员、现代书画研究会会长。代表作品有《红
梅时节》《水满鱼肥》《太湖之歌》《漓江雨后》《故
乡》等。

J0027904
林逸鹏画集 林逸鹏绘
香港 香港王朝艺术出版公司 1998 年 20 页
30cm（10 开） ISBN：962-8477-01-3
定价：HKD26.00
（当代艺术家系列 美术家）

J0027905
林运华画集 林运华绘
广州 岭南美术出版社 1998 年 81 页 29cm（16 开）
ISBN：7-5362-1858-3 定价：CNY68.00
　　　现代中国画画册。

J0027906
凌云生书画集（1） 凌云生作
福州 海风出版社 1998 年 23 页 29cm（16 开）
ISBN：7-80597-188-9 定价：CNY38.80

J0027907
刘皓画集 刘皓绘
天津 天津人民美术出版社 1998 年 29cm（16 开）
ISBN：7-5305-0785-0 定价：CNY20.00
（当代国画家系列画集 Ⅳ）

J0027908
刘巨德作品 刘巨德绘
西安 陕西人民美术出版社 1998 年 33 页 29cm
（16 开） ISBN：7-5368-1116-0 定价：CNY18.00

（中国画名家作品精选）

J0027909
刘文华画集 刘文华绘
天津 天津人民美术出版社 1998 年 29cm（16 开）
ISBN：7-5305-0785-0 定价：CNY20.00
（当代国画家系列画集 Ⅳ）

J0027910
刘文选画集 刘文选绘
杭州 浙江人民美术出版社 1998 年 80 页
36cm（15 开） 精装 ISBN：7-5340-0885-9
定价：CNY200.00
　　　现代中国画画册。

J0027911
刘小明画集 刘小明绘
成都 四川美术出版社 1998 年 24 页 29cm（16 开）
ISBN：7-5410-1385-4 定价：CNY15.00
　　　现代中国书画画册。外文书名：Liu
Xiaoming's Cellection of Chinese Paintings. 作者
刘小明，1957 年生于北京。曾任中国书画社秘
书长。

J0027912
刘迅中国画作品集
北京 新华出版社 1998 年 28×28cm 精装
ISBN：7-5011-4013-8 定价：CNY200.00
　　　外文书名：Liu Xun'S Ink Paintings.

J0027913
刘阳画集——沂蒙山水情
北京 外文出版社 1998 年 2 版 55 页 37cm
ISBN：7-119-02257-1
定价：CNY98.00，CNY138.00（精装）
　　　外文书名：Selected Paintings of Liu Yang:
Feeling for the Yi Meng Mountains. 作者刘阳
（1963— ），满族，笔名三者，北京人。曾于中央
美术学院、中国社会科学院研究生院学习。专著
有《刘阳画集》《刘阳诗集》《中国动物画技法大
全》《中国现代书印学史》《刘阳艺术论》等。

J0027914
刘一原水墨艺术（1990—1998）刘一原编著
武汉 湖北美术出版社 1998 年 78 页 29cm（16 开）

ISBN：7-5394-0746-8　定价：CNY75.00
（中国当代艺术家）
　　外文书名：Chinese Ink Painting by Liu Yiyuan.
作者刘一原（1942—　　），湖北美术学院中国画系
教授、水墨画家。

J0027915
刘怡涛工笔画新作选（汉英对照）刘怡涛编绘
昆明　云南美术出版社 1998 年 29cm（16 开）
ISBN：7-80586-508-6 定价：CNY120.00
　　外文书名：Selected Yitao Liu's New Paintings.

J0027916
刘永增画集　刘永增绘
北京　中国对外翻译出版公司 1998 年 63 页
29cm（16 开）ISBN：7-5001-0546-0
定价：CNY88.00
　　现代中国画画册,中英文本。

J0027917
刘征诗书画集　刘征作
郑州　文心出版社 1998 年 110 页 30cm（10 开）
ISBN：7-80537-654-9 定价：CNY230.00

J0027918
柳子谷书画辑　山东艺术学院柳子谷书画作品
遗作展暨纪念活动筹委会编
北京　朝华出版社 1998 年 136 页 34×26cm
ISBN：7-5054-0431-8
　　外文书名：A Collection of Paintings by Liu
Zigu.

J0027919
罗宏画集　罗宏绘
北京　五洲传播出版社 1998 年 29×38cm 精装
ISBN：7-80113-244-0 定价：CNY298.00

J0027920
旅美加中国书画家洪锡生师生书画集　洪锡
生著
北京　长城出版社 1998 年 183 页 29cm（16 开）
精装 ISBN：7-80017-386-0 定价：CNY888.00

J0027921
马寒松作品选　马寒松绘

天津　天津人民美术出版社［1998 年］27 页
29cm（16 开）ISBN：7-5305-0750-8
定价：CNY22.00
（当代画家精品集）
　　作者马寒松（1949—　　），画家。天津人。历
任中国美术家协会会员、天津美术家协会理事、
红桥区政协书画家联谊会副会长，天津人民出版
社美术编辑、副编审。代表作品《聪明的青蛙》《兔
娃娃》《豹子哈奇》《封神演义》等。

J0027922
毛泽东藏画（毛泽东珍藏现代名家书画集）
梁京武主编
北京　龙门书局 1998 年 199 页 37cm（8 开）
精装 ISBN：7-80111-496-5 定价：CNY680.00

J0027923
玫瑰翰墨情（永登县改革开放二十周年纪念
暨永登书画协会会员书画作品专集）永登书画
协会编
兰州　甘肃人民美术出版社 1998 年 46 页
29cm（16 开）ISBN：7-80588-251-7　定价：
CNY58.00
　　本画集收入 94 位作者的 160 余件书画和篆
刻作品,书法有真草隶篆,画作有山水、人物、
花鸟,展现了多种手法和风格。

J0027924
美术教育家张鹤云　赵维东等主编
济南　山东画报出版社 1998 年 12+88+223 页
有图及照片 29cm（16 开）精装
ISBN：7-80603-196-0 定价：CNY218.00

J0027925
蒙妍书画集　蒙妍绘
广州　岭南美术出版社 1998 年 77 页 25×26cm
ISBN：7-5362-1872-9
定价：CNY68.00，CNY138.00（精装）

J0027926
**缅怀周恩来诞辰一百周年全国书画名家邀
请展作品集**　中国诗书画研究院,中国农业银
行辽宁省分行编
石家庄　河北美术出版社 1998 年 319 页
39cm（8 开）精装 ISBN：7-5310-1060-7

定价：CNY620.00

J0027927
名画精英
杭州　浙江人民美术出版社　1998年　58×43cm
ISBN：7-5340-0790-9　定价：CNY26.00
　　本作品系现代中国画。

J0027928
墨缘掇英（安徽省第十二届军民书画联谊活动
作品选）　安徽省民政厅，安徽省军区政治部，
安徽省双拥办公室编
合肥　安徽美术出版社　1998年　37cm（8开）
精装　ISBN：7-5398-0643-5　定价：CNY218.00

J0027929
母河吟　卢庆生作
北京　中国轻工业出版社　1998年　59页　25×26cm
经折装　ISBN：7-5019-2337-X　定价：CNY180.00

J0027930
牧歌画集（英汉对照）　牧歌著
乌鲁木齐　新疆人民出版社　1998年　28×28cm
ISBN：7-228-04727-3　定价：CNY160.00

J0027931
南通书法国画研究院作品集
南京　江苏美术出版社　1998年　95页　25×26cm
ISBN：7-5344-0844-X　定价：CNY64.00

J0027932
聂南溪中国画集　聂南溪著
长沙　湖南美术出版社　1998年　68页　28×28cm
ISBN：7-5356-1202-4　定价：CNY88.00
　　作者聂南溪（1934—2011），中国画大师。湖
南人。历任湖南师范大学艺术学院院长、教授、
中国美术家协会会员、国家教委艺术教育委员会
委员等。作品有《藏女》《赶场去》《品优图》《武
陵情》等。出版有《聂南溪白描人物选》《聂南溪
中国画集》。

J0027933
潘天寿册页　潘天寿绘；潘天寿纪念馆编
杭州　浙江人民美术出版社　1998年　48页
36cm（15开）　精装　ISBN：7-5340-0764-X

定价：CNY90.00
（中国画名家册页典藏）
　　作者潘天寿（1897—1971），现代著名国画
家，美术教育家，原名天授，字大颐，号寿者。
浙江宁海县人。擅画花鸟、山水，兼善指画，亦
能书法、诗词、篆刻。曾任中国文联委员、中国
美术家协会副主席、浙江省文联副主席、中国美
协浙江分会主席、浙江美术学院院长、教授等
职。著有《中国绘画史》《听天阁画谈随笔》等。

J0027934
彭启宇书画集　彭启宇绘
南昌　江西美术出版社　1998年　29cm（16开）
ISBN：7-80580-519-9　定价：CNY21.50

J0027935
蓬莱仙境图（清）袁耀绘
天津　天津人民美术出版社　1998年　1张
72×45cm　定价：CNY12.00
　　本作品系现代中国画。

J0027936
蓬莱仙境图（清）袁耀绘
天津　天津人民美术出版社　1998年　1张
40×102cm　定价：CNY12.00
　　本作品系现代中国画。作者袁耀（1618—
1689），清代画家。字昭道，江都人。出生于江
都（今江苏扬州）。代表作品有《骊山避夏十二景》
《阿房宫图》《秋江楼观图》等。

J0027937
鹏程万里
杭州　浙江人民美术出版社　1998年　58×43cm
ISBN：7-5340-0800-X　定价：CNY22.00
　　本作品系现代中国画作品。

J0027938
齐白石与当代名家书画集　北京齐白石艺术
研究会编辑
香港（香港）亚洲艺术出版社　1998年　136页
33cm（12开）　精装　定价：HKD198.00

J0027939
齐白石作品　齐白石绘
西安　陕西人民出版社　1998年　39页　29cm

（16开）ISBN：7-5368-1009-1 定价：CNY18.00
（中国画名家作品精选）

作者齐白石（1864—1957），近现代中国绘画大师，国画家、篆刻家。湖南湘潭人。原名纯芝，字渭青，号兰亭，后改名璜，字濒生，号白石等。历任国立北京艺术专科学校和京华美术专科学校教习、教授、中央美术学院名誉教授、中国文学艺术界联合会主席团委员、中国画研究会和中国美术家协会主席、中国画院名誉院长。代表作有《蛙声十里出山泉》《墨虾》等。著有《白石诗草》《齐白石作品集》《白石老人自述》等。

J0027940
齐鲁书画名家作品选集 齐鲁书画家协会编
济南 山东画报出版社 1998年 157页 29cm（16开）
ISBN：7-80603-233-9 定价：CNY188.00

J0027941
钱行健画集 钱行健绘
上海 上海书画出版社 1998年 38cm（8开）精装
ISBN：7-80635-246-5 定价：CNY360.00

现代中国书法印谱中国画画册。作者钱行健（1935—2010），国画家。江苏无锡人。擅长中国画，专习山水、花鸟，兼文学及诗词，后致力于中国绘画理论的研究。曾任上海外国语大学艺术教研室主任、副教授，上海海外联谊会联谊书画社副社长、海墨画社社长、上海书画研究院理事等。代表作品有《碧浪》《幽涧听泉》《江月幽禽》等。

J0027942
曲与画（元曲三百首）上海辞书出版社编
上海 上海辞书出版社 1998年 306页 有彩图
29cm（16开）精装 ISBN：7-5326-0531-0
定价：CNY160.00
（中国古代文学名篇与当代名家国画系列）

J0027943
全国青少年指导教师书画优秀作品选 钟万喜主编
长春 吉林人民出版社 1998年 487页 26cm（16开）
精装 ISBN：7-206-02984-1 定价：CNY218.00

J0027944
全国首届著名作家、诗人、书法家、画家联

展作品集 中国诗书画研究院编
石家庄 河北美术出版社 1998年 358页
42cm（8开）精装 ISBN：7-5310-1059-3
定价：CNY688.00

J0027945
全国中原杯书画名家作品选 张本平，张新东主编
北京 中国水利水电出版社 1998年 16+608页
29cm（16开）精装 ISBN：7-80124-867-8
定价：CNY350.00

本书与黄河水利出版社合作出版。

J0027946
人民日报五十年珍藏书画选集 朱新民主编
北京 人民日报出版社 1998年 146页 38cm（6开）
精装 ISBN：7-80002-975-1 定价：CNY220.00

J0027947
任兴画集 任兴绘
天津 天津人民美术出版社 1998年 29cm（16开）
ISBN：7-5305-0920-9 定价：CNY20.00
（当代国画家系列画集）

作者任兴（1936—　），浙江绍兴人，生于天津，毕业于西安美术专科学校油画系。历任天津美术出版社美术编辑、羊城晚报社美术编辑。绘有《魔术师斗法（少年连环画库）》。

J0027948
三友百禽图 边文进绘
天津 天津人民美术出版社 1998年 1张
72×38cm 定价：CNY12.00

本作品系现代中国画。作者边文进，明代画家。字景昭，福建沙县人，明永乐年间武英殿待诏。

J0027949
山俊明画集 ［山俊明绘］
乌鲁木齐 新疆美术摄影出版社 1998年
25×26cm ISBN：7-80547-640-3
定价：CNY23.00
（新疆丝路画库）

本画册收入《准噶尔印象》《秋色染风城》《山魂》《山雨欲来》《风城夜歌》《戈壁油城》《雁南飞》等现代中国画作品。作者山俊明（1949—　），中国石油美术家协会理事、中国石油画院一级美

术师、中国新疆美术家协会理事。著有《山俊明画集》。

J0027950

山路松声图 唐寅绘

天津　天津人民美术出版社　1998年　1张
72×38cm　定价：CNY12.00

　　本作品系现代中国画。作者唐寅(1470—1524)，明代画家、书法家、诗人。名寅，字伯虎，又字子畏，号六如居士等，江苏苏州人。作品有《骑驴思归图》《山路松声图》《李端端落籍图》《秋风纨扇图》《枯槎鸜鹆图》等。

J0027951

上海中国画院画家作品丛书（画册）程十发主编；上海中国画院画廊编

上海　上海画报出版社　1998年　26册　29cm(16开)

　　主编程十发(1921—2007)，画家。出生于上海金山，毕业于上海美术专科学校国画系。代表作品有《丽人行》《迎春图》《列宁的故事》《孔乙己》等。出版有《程十发近作选》《程十发花鸟习作选》《程十发作品展》。

J0027952

绍兴胜迹诗画集 单越明著

杭州　西泠印社　1998年　53页　29cm(16开)
ISBN：7-80517-332-X　定价：CNY48.00

J0027953

申少君绘画 申少君绘

南宁　广西美术出版社　1998年　70页　32×27cm
精装　ISBN：7-80625-559-1　定价：CNY298.00

　　现代中国画画册。作者申少君(1956—　)，研究员。湖南邵东人，生于广西南宁市。历任中国国家画院专职画家、研究员，当代中国画视觉系统研究所所长、中国国家博物馆特聘研究员、中国国际书画艺术研究会副会长、永乐宫壁画艺术博物馆终身研究员、上海中国画院特聘画师。

J0027954

神州书画（第二集）朱育莲，陈瑞卿主编

北京　人民日报出版社　1998年　185页　37cm
ISBN：7-80153-010-1　定价：CNY298.00

J0027955

诗与画（唐诗三百首）上海辞书出版社编

上海　上海辞书出版社　1998年　310页　有彩图
29cm(16开)　精装　ISBN：7-5326-0475-6
（中国古代文学名篇与当代名家国画系列）

J0027956

施大畏 施大畏绘；上海中国画院画廊编

上海　上海画报出版社　1998年　29cm(16开)
ISBN：7-80530-387-8　定价：CNY48.00
（上海中国画院画家作品丛书）

　　作者施大畏(1950—　)，画家，浙江吴兴人，毕业于上海大学美术学院国画系。国家一级美术师，曾任上海国画院执行院长、中国美术家协会副主席、中国美协国画艺委会委员、上海美协国画艺委会主任、上海大学美术学院兼职教授等职。代表作有《暴风骤雨》《国殇》《皖南事变》《归途——西路军妇女团纪实》。

J0027957

石川 谢辉作品集 石川，谢辉绘

广州　岭南美术出版社　1998年　29cm(16开)
ISBN：7-5362-1870-2　定价：CNY20.00
（广州国际艺术博览会丛书）

　　现代中国画画册。作者石川，北京人，历任北京华夏书画艺术研究院副院长、北京国际名人画院人物创作室主任、中国书画名人联合总会理事。代表作品有《傣家情》《太白邀月图》《指点迷津》等。

J0027958

石纲画集 石纲绘

长沙　湖南美术出版社　1998年　40页　29cm(16开)
ISBN：7-5356-1126-5　定价：CNY42.00
（中国当代水墨画家）

　　现代中国画水墨画画册。作者石纲(1967—　)，画家。湖南长沙人。任职于长沙书画院，中国美术家协会会员。代表作品有《苍苍暗绝谷》《团扇系列之八》《楚地之灵》《春兆》。出版有《石纲山水画集》《石纲画集》等。

J0027959

释然画文集（1）朱训德著

长沙　湖南美术出版社　1998年　84+33页
30cm(10开)　ISBN：7-5356-1086-2

定价：CNY128.00
（现代中国画家）

　　现代中国画画册。外文书名：Shiran's Collected Paintings and Essays. 作者朱训德(1954—)，教授。笔名释然，湖南湘乡人，毕业于湖南师范大学艺术系，后留校任教。历任中国画研究室主任及美术系主任、中国美术家学会理事。代表作品有《春花集锦》《洞庭吟月》《朝天辣》《晚炊》等。

J0027960
书画作品选集 天津市文史研究馆编
北京 北京工艺美术出版社 1998年 104页
37cm 精装 ISBN：7-80526-335-3
定价：CNY280.00

J0027961
舒伯展书画集 舒伯展作
上海 上海人民美术出版社 1998年 48页
25×23cm ISBN：7-5322-1917-8
定价：CNY70.00

J0027962
舒文燊书画作品选
贵阳 贵州人民出版社 1998年 24页 29cm（16开）
ISBN：7-221-04824-X 定价：CNY26.00
　　外文书名：Selections of Shu Wenshen's Works of Painting and Calligraphy.

J0027963
双鹿百龄 刘奎龄绘
天津 天津人民美术出版社 1998年 4张
102×26cm 定价：CNY40.00
　　本作品系现代中国画。

J0027964
双年名家书画精品选 容铁，杨志恒主编
北京 北京燕山出版社 1998年 183页
19cm（小32开） ISBN：7-5402-1157-1
定价：CNY40.00

J0027965
宋文治 宋文治绘
北京 人民美术出版社 1998年 233页
19cm（小32开） ISBN：7-102-01503-8
定价：CNY19.80

（中国美术家作品丛书）

　　现代中国画画册。作者宋文治(1919—1999)，画家。江苏太仓人。就读于江苏省国画院。曾任南京大学教授、江苏美协副主席、江苏省国画院副院长等职。代表作有《白云幽涧图》《蜀江云起》《华岳积翠图》《水乡春暖》。著作有《宋文治画集》《宋文治作品选集》等。

J0027966
宋雨桂画集 宋雨桂绘
北京 人民美术出版社 1998年 10+183页
19cm（小32开） ISBN：7-102-01897-5
定价：CNY34.50
（中国美术家丛书）

　　现代中国画画册。作者宋雨桂(1940—2017)，山水画画家。别名雨鬼，山东临邑人，后迁居东北。鲁迅美术学院绘画系预科毕业。曾任民革中央画院院长、辽宁美术家协会主席、辽宁美术馆馆长、国家一级美术师等。作品有《故乡恋》《新富春山居图》《留得墨荷听雨声》等。

J0027967
孙克纲 孙克纲绘
北京 人民美术出版社 1998年 255页
19cm（小32开） ISBN：7-102-01913-0
定价：CNY19.80
（中国美术家作品丛书）

　　现代中国画画册。作者孙克纲(1923—2007)，画家。天津人。曾任天津画院一级画师、中国美术家协会天津分会副主席等。代表作品有《太行十月》《秦岭烟云》《峨眉天下秀》等。

J0027968
踏歌图（南宋）马远绘
天津 天津人民美术出版社 1998年 1张
72×38cm 定价：CNY12.00
　　现代中国画作品。作者马远(1140—1225)，南宋绘画大师。字遥父，号钦山。祖籍山西，后居钱塘。代表作《踏歌图》。

J0027969
唐诗百首 戴敦邦画；杨钟贤译诗
天津 天津人民美术出版社 1998年 106页
26cm（16开）
　　本书收入《咏鹅》《送杜少府之任蜀洲》《渡

汉江》《登幽州台歌》等百余首唐诗,并配以绘画和译文。作者戴敦邦(1938—),国画家,教授。号民间艺人,江苏丹徒人。毕业于上海第一师范学校。历任《中国少年报》和《儿童时代》美术编辑、上海交通大学人文学院教授等。主要作品有《水浒人物一百零八图》《戴敦邦水浒人物谱》《戴敦邦新绘红楼梦》《戴敦邦古典文学名著画集》等;连环画代表作品有《一支驳壳枪》《水上交通站》《大泽烈火》《蔡文姬》等。

J0027970
桃 齐白石绘
长沙 湖南美术出版社 1998 年 29cm(16 开)
ISBN:7-5356-1110-9 定价:CNY10.00
(齐白石画谱 第一辑)

J0027971
铁蒲书画集 张蒲舲作
深圳 海天出版社 1998 年 109 页 29cm(18 开)
ISBN:7-80615-826-X
定价:CNY88.00, CNY128.00(精装)

J0027972
童和平画集 童和平绘
天津 天津人民美术出版社 1998 年 29cm(16 开)
ISBN:7-5305-0785-0 定价:CNY20.00
(当代国画家系列画集 Ⅳ)

J0027973
图画唐诗百首 戴敦邦绘;杨钟贤译
天津 天津人民美术出版社 1998 年 106 页
26cm(16 开) 精装 ISBN:7-5305-0751-6
定价:CNY49.00

J0027974
涂麟清国画作品集 涂麟清绘
广州 岭南美术出版社 1998 年 73 页 29cm(16 开)
精装 ISBN:7-5362-1868-0 定价:CNY108.00

J0027975
晚霞录 马开印著
哈尔滨 哈尔滨出版社 1998 年 207 页 有图
20cm(32 开) ISBN:7-80639-116-9
定价:CNY196.00(全套)
(黑龙江金色文学选粹)

现代中国画与书法作品画册。

J0027976
万维生记事手绘封 万维生绘
杭州 浙江人民美术出版社 1998 年 121 页
25×26cm 精装 ISBN:7-5340-0866-2
定价:CNY98.00

J0027977
汪新林 杨阳画集 汪新林,杨阳绘
天津 天津人民美术出版社 1998 年 29cm(16 开)
ISBN:7-5305-0785-0 定价:CNY20.00
(当代国画家系列画集 Ⅳ)

J0027978
王安安书画集 王安安[作]
上海 上海书画出版社 1998 年 29cm(16 开)
精装 ISBN:7-80635-272-4

J0027979
王非彩墨 王非绘
北京 中国世界语出版社 1998 年 29cm(16 开)
ISBN:7-5052-0381-9 定价:CNY280.00(全套)
(当代中国艺术家丛书 中国画)

J0027980
王金岭画集 王金岭绘
郑州 河南美术出版社 1998 年 29cm(16 开)
ISBN:7-5401-0601-8 定价:CNY10.00
(长安十家)
现代中国画水墨画画册。

J0027981
王农画集 王农绘
上海 上海人民美术出版社 1998 年 57 页 29cm
(16 开) ISBN:7-5322-1921-6 定价:CNY60.00
现代中国画画册。

J0027982
王树忠作品 王树忠绘
北京 中国世界语出版社 1998 年 29cm(16 开)
ISBN:7-5052-0381-9 定价:CNY280.00(全套)
(当代中国艺术家丛书 中国画)

J0027983

王澍画册 王澍绘

北京 中国林业出版社 1998年 63页 28×27cm

ISBN：7-5038-2028-4 定价：CNY60.00

（中国当代美术家系列画集 2）

　　现代中国画画册。

J0027984

王文芳画集 王文芳绘

天津 天津人民美术出版社 1998年 29cm

（16开）ISBN：7-5305-0785-0 定价：CNY20.00

（当代国画家系列画集 Ⅳ）

　　作者王文芳（1938— ），画家、一级美术师。山东招远人。历任北京画院专职画家、全国美协会员、北京美协理事、北京画院专业画家。代表作品有《梦回版纳》《松鸣谷应》《王文芳山水画选》等。

J0027985

王星泉画集 王星泉［绘］

北京 人民美术出版社 1998年 37cm 精装

ISBN：7-102-01944-0 定价：CNY320.00

　　现代中国画画册。外文书名：A Collection of Wang Xingquan's Paintings.

J0027986

文与画（古文二百篇）［上海辞书出版社］编

上海 上海辞书出版社 1998年 292页 有彩图 29cm（16开）精装 ISBN：7-5326-0540-X

（中国古代文学名篇与当代名家国画系列）

J0027987

文与画（古文二百篇）［上海辞书出版社］编

上海 上海辞书出版社 1998年 292页 29cm（16开）精装 ISBN：7-5326-0532-9

定价：CNY152.00

（中国古代文学名篇与当代名家国画系列）

J0027988

沃兴华书画集 沃兴华［作］

南宁 广西美术出版社 1998年 38cm（6开）

ISBN：7-80625-400-5 定价：CNY98.00

　　作者沃兴华（1955— ），书法家、教授。生于上海。历任华东师范大学历史系教授、博士生导师，中国书法家协会会员、上海市书法家协会理

事。著有《敦煌书法》《中国书法》《上古书法图说》等。

J0027989

吴青霞 吴青霞绘；上海中国画院画廊编

上海 上海画报出版社 1998年 29cm（16开）

ISBN：7-80530-380-0 定价：CNY48.00

（上海中国画院画家作品丛书）

J0027990

吴守明画集 吴守明绘；河北美术出版社编

石家庄 河北美术出版社 1998年 29cm（16开）

精装 ISBN：7-5310-0989-7 定价：CNY98.00

（中国当代美术家）

　　现代中国画画册，中英文本。作者吴守明（1938— ），书画家。河北滦县人，历任中国美术家协会会员、中国书法家协会会员、河北省山水画研究会会长。代表作品有《黄河颂》《长城进行曲》等，出版有《山水画变革要述》《山水画构图》《吴守明画集》等。

J0027991

吴香舟画集 吴香舟绘

福州 福建美术出版社 1998年 57页 29cm（16开）

ISBN：7-5393-0622-X 定价：CNY68.00

　　现代中国画画册。

J0027992

吴语亭画集 ［吴语亭绘］；吴语亭著作编辑组［编］

台北 陈曼宜 1998年 117页 有照片 30cm（12开）

　　本画集收吴语亭现代中国画近百幅，其中包括《山水手卷》《入梦江南》《坐想松风答梵音》《山色无远近》《虚堂尽日纳溪声》《猫蝶图》。

J0027993

武乡墨宝 马生旺［等］主编

1998年 104页 26cm（16开）

J0027994

西泠印社社员作品集

杭州 西泠印社 1998年 107页 28cm（大16开）

ISBN：7-80517-276-5 定价：CNY118.00

　　本书为纪念西泠印社建社95周年而出版。

J0027995
现代三大师（辽宁省博物馆藏齐白石、黄宾虹、徐悲鸿精品集）辽宁省博物馆，广东美术馆编
沈阳　辽宁美术出版社　1998年　120页　29cm
（12开）ISBN：7-5314-1876-2　定价：CNY70.00

J0027996
香港中国美术会四十周年纪念书画集
（1958—1998）
香港　1998年　172页　30cm（10开）精装

J0027997
小海螺画室线描作品　福建省美术教育研究会编
福州　福建美术出版社　1998年　55页　21×19cm
ISBN：7-5393-0635-1　定价：CNY96.00（全12册）
（福建师生书画作品·论文辑 2）
　　本画册选自小海螺画室20多位孩子一年来的部分作业。

J0027998
谢海燕中国画选集　谢海燕绘
北京　人民美术出版社　1998年　38cm（6开）
精装　ISBN：7-102-01923-8　定价：CNY228.00

J0027999
谢丽君画集　谢丽君绘
沈阳　辽宁美术出版社　1998年　25×26cm
ISBN：7-5314-1888-6　定价：CNY26.00
　　现代中国画画册。

J0028000
心愿（上）石景宜藏
香港　汉荣书局　1998年　284页　有图　29cm（16开）
ISBN：962-18-0028-5

J0028001
心愿（下）石景宜藏
香港　汉荣书局　1998年　285～570页　29cm（16开）
ISBN：962-18-0029-3

J0028002
新一国画作品选　新一绘
济南　山东美术出版社　1998年　37页　29cm（16开）
ISBN：7-5330-1120-1　定价：CNY38.00

J0028003
徐生翁书画　徐生翁［作］
杭州　西泠印社　1998年　42cm（8开）
ISBN：7-80517-271-4　定价：CNY20.00
（西泠印社书画名作丛编）

J0028004
严盛尧中国画集　严盛尧绘
成都　四川美术出版社　1998年　72页
29cm（16开）精装　ISBN：7-5410-1509-1
定价：CNY88.00

J0028005
阎金山画集　阎金山绘
银川　宁夏人民出版社　1998年　43页　29cm（16开）
ISBN：7-227-01864-4　定价：CNY48.00

J0028006
杨达林　吉祥生书画集
［北京］［中国美术出版社］1998年　100页
29cm（16开）精装

J0028007
杨慧龙水墨画纪念展专辑　赖万发，曾能汀，詹秀铃［编辑］
彰化　彰化县立文化中心　1998年　74页　有肖像
26cm（16开）ISBN：957-02-0879-1

J0028008
杨立强中国画选　杨立强［绘］
兰州　甘肃人民美术出版社　1998年　25×26cm
ISBN：7-80588-258-4　定价：CNY48.00

J0028009
杨列章画集　杨列章绘
北京　海潮出版社　1998年　59页　28cm（大16开）
ISBN：7-80054-982-8　定价：CNY80.00
　　本书收录了杨列章所绘的《潮》《翠谷》《雨后·太行五月》《南泥湾》《长白山密林》《二郎山》等59幅作品。

J0028010
杨天军　杨天生作品集　杨天军，杨天生绘
广州　岭南美术出版社　1998年　29cm（16开）
ISBN：7-5362-1870-2　定价：CNY20.00

（广州国际艺术博览会丛书）
　　现代中国画画册。

J0028011
杨锡甘画集 杨锡甘著
福州 福建美术出版社 1998年 41页
28cm（18开）ISBN：7-5393-0726-9
定价：CNY50.00, CNY60.00（精装）
　　现代中国画画册。

J0028012
杨正新 杨正新绘；上海中国画院画廊编
上海 上海画报出版社 1998年 29cm（16开）
ISBN：7-80530-396-7 定价：CNY48.00
（上海中国画院画家作品丛书）

J0028013
姚鸣京画集 姚鸣京绘
南宁 广西美术出版社 1998年 83页 有照片
29cm（16开）精装 ISBN：7-80625-536-2
定价：CNY140.00
（中国当代画家大系）
　　现代中国画画册。

J0028014
叶绿野画选 叶绿野绘；何伟权主编
广州 新世纪出版社 1998年 90［×2］页
38cm（6开）ISBN：7-5405-1760-3
定价：CNY280.00, CNY300.00（精装）
　　现代中国画画册，中英文本。

J0028015
一代画风（中国中青年工笔画艺术家） 李魁
正等［绘］
沈阳 辽宁美术出版社 1998年 152页
24×26cm 精装 ISBN：7-5314-1970-X
定价：CNY85.00

J0028016
易洪斌画集 易洪斌绘
上海 上海书画出版社 1998年 29×29cm 精装
ISBN：7-80635-310-0 定价：CNY188.00
　　现代中国画画册，中英文本。外文书名：
Collection of Yi Hongbin's Paintings.

J0028017
殷会利焦墨写生集 殷会利编著
哈尔滨 黑龙江美术出版社 1998年 52页 29cm
（16开）ISBN：7-5318-0486-7 定价：CNY13.80

J0028018
殷明尚作品集 殷明尚绘
广州 岭南美术出版社 1998年 29cm（16开）
ISBN：7-5362-1870-2 定价：CNY20.00
（广州国际艺术博览会丛书）
　　现代中国画画册。

J0028019
尹承志书画集 尹承志［作］
福州 福建美术出版社 1998年 45页
28cm（大16开）ISBN：7-5393-0729-3
定价：CNY38.00

J0028020
尹文子国画 尹文子编绘
郑州 河南美术出版社 1998年 58页 26cm
（16开）ISBN：7-5401-0766-9 定价：CNY38.00
　　作者尹文子（1922- ），商丘书画函授学院名
誉院长、教授、河南省老年书画研究会顾问、商
丘书画院名誉院长。

J0028021
尹子文国画 尹子文编绘
郑州 河南美术出版社 1998年 58页 29cm
（16开）ISBN：7-5401-0766-9 定价：CNY38.00

J0028022
游丕承金石书画作品集 游丕承［作］；江苹,
刘奇晋主编
成都 四川美术出版社 1998年 57页 29cm
（16开）ISBN：7-5410-1556-3 定价：CNY35.00

J0028023
游新民画集 游新民绘
天津 天津人民美术出版社 1998年 29cm（16开）
ISBN：7-5305-0785-0 定价：CNY20.00
（当代国画家系列画集 Ⅳ）

J0028024
于复千画集 于复千绘；王学仲主编

天津　天津人民美术出版社 1998 年 200 页
39cm（8 开）ISBN：7-5305-0807-5
定价：CNY320.00，CNY380.00（精装）
　　中国现代连环画。

J0028025
于明涛诗书画集　于明涛［作］
广州　广东高等教育出版社 1998 年 53 页
28cm（大 16 开）ISBN：7-5361-2105-9
定价：CNY55.00

J0028026
于曙光书画　于曙光编著
北京　中国文联出版公司 1998 年 117 页
29cm（16 开）ISBN：7-5059-2978-X
定价：CNY68.00
　　现代中国书画画册。

J0028027
俞梦彦画集［俞梦彦绘］
福州　福建美术出版社 1998 年 37cm（8 开）
ISBN：7-5393-0639-4 定价：CNY56.00
　　本书收作者作品 45 幅。其中有《素心浓香》
《蕉下听雨》《十里谷香人醉图》《飞针走线结红
心》等。中英文本。作者俞梦彦（1943—　），教授。
浙江杭州人，毕业于福建师大美术学院。历任福
建师大美术系副教授、中国美术家协会会员、福
建省教育画院常委会副主任等。出版有《工笔
人物画技法》《俞梦彦画集》《俞梦彦速写选》《俞
梦彦专辑》。

J0028028
郁文华画集　郁文华［绘］
上海　上海书画出版社 1998 年 97页 38cm（6开）
精装　ISBN：7-80635-304-6 定价：CNY350.00
　　现代中国画画册。

J0028029
元曲三百首书画集　陈雨光主编
成都　四川人民出版社 1998 年 251 页 26cm
（16 开）ISBN：7-220-04143-8 定价：CNY38.00

J0028030
袁运甫画集　袁运甫绘
天津　天津杨柳青画社 1998 年 63 页 28×29cm

ISBN：7-80503-422-2 定价：CNY72.00
　　现代中国画画册。作者袁运甫（1933—
2017），画家、教育家。江苏南通人，毕业于中央
美术学院。历任清华大学美术学院教授、博士生
导师、装饰艺术研究所所长，中央工艺美术学院
教授、清华大学张仃艺术研究中心主任、中国国
家画院公共艺术院院长等。代表作品有《祖国大
地》《江山胜揽》《晨曦》等。

J0028031
袁运甫作品　袁运甫绘
西安　陕西人民美术出版社 1998 年 29cm（16 开）
ISBN：7-5368-1043-1 定价：CNY18.00
（中国画名家作品精选）

J0028032
张大千画集　张大千绘
南京　江苏美术出版社 1998 年 46 页
28cm（大 16 开）ISBN：7-5344-0788-5
定价：CNY28.00
（中国历代大师名作丛书）
　　现代中国画画册。

J0028033
张迪平　张迪平绘；上海中国画院画廊编
上海　上海画报出版社 1998 年 29cm（16 开）
ISBN：7-80530-398-3 定价：CNY48.00
（上海中国画院画家作品丛书）

J0028034
张广画集　张广绘
北京　人民美术出版社 1998 年 12+219 页
19cm（小 32 开）ISBN：7-102-01898-3
定价：CNY38.60
（中国美术家丛书）
　　现代中国画画册。

J0028035
张峻德水墨画　张峻德绘
呼和浩特　内蒙古人民出版社 1998 年 44 页
25×25cm ISBN：7-204-04160-7
定价：CNY60.00
　　现代中国画水墨画画册。

J0028036

张雷平　张雷平绘；上海中国画院画廊编
上海　上海画报出版社　1998 年　29cm（16 开）
ISBN：7-80530-397-5　定价：CNY48.00
（上海中国画院画家作品丛书）

J0028037

张禄杰画集　张禄杰绘
北京　中国文联出版公司　1998 年　110 页
29cm（16 开）　精装　ISBN：7-5059-3018-4
定价：CNY120.00
　　　现代中国画画册。

J0028038

张培成　张培成绘；上海中国画院画廊编
上海　上海画报出版社　1998 年　29cm（16 开）
ISBN：7-80530-389-4　定价：CNY48.00
（上海中国画院画家作品丛书）

J0028039

张省中国画集（汉英对照）张省绘
上海　上海文艺出版社　1998 年　38cm（6 开）
精装　ISBN：7-5321-1847-9　定价：CNY400.00
（中国当代著名画家）
　　　外文书名：Chinese Paintings Selection by Zhang
Sheng.

J0028040

张世林画集　张世林绘
乌鲁木齐　新疆美术摄影出版社　1998 年
25×26cm　ISBN：7-80547-639-X
定价：CNY23.00
（新疆丝路画库）
　　　现代中国画画册。

J0028041

张世禄画集　张世禄绘
兰州　甘肃人民美术出版社　1998 年　51 页
27×26cm　ISBN：7-80588-262-2
定价：CNY46.00
　　　现代中国书画画册。

J0028042

张廷禄作品选　张廷禄绘
天津　天津人民美术出版社［1998 年］29cm

（16 开）ISBN：7-5305-0750-8　定价：CNY22.00
（当代画家精品集）

J0028043

张万峰画集　张万峰绘
天津　天津人民美术出版社　1998 年　29cm
（16 开）ISBN：7-5305-0785-0　定价：CNY20.00
（当代国画家系列画集 Ⅳ）

J0028044

张秀龄画册　张秀龄绘
北京　华文出版社　1998 年　99 页　29cm（16 开）
精装　ISBN：7-5075-0369-0　定价：CNY168.00
　　　现代中国画画册。

J0028045

张亚丽中国画选［张亚丽绘］；索元园主编
1998 年　49 页　29cm（16 开）　定价：CNY28.50

J0028046

张寅作品　张寅绘
北京　中国世界语出版社　1998 年　29cm（16 开）
ISBN：7-5052-0381-9　定价：CNY280.00（全套）
（当代中国艺术家丛书　中国画）

J0028047

张玉华画集　张玉华绘
天津　天津人民美术出版社　1998 年　29cm
（16 开）ISBN：7-5305-0785-0　定价：CNY20.00
（当代国画家系列画集 Ⅳ）

J0028048

章志远画集　章志远绘
南京　南京师范大学出版社　1998 年　100 页　37cm
精装　ISBN：7-81047-158-9　定价：CNY228.00
　　　现代中国画画册，中英文本。作者章志远
（1941—　），画家、国家一级美术师。笔名时源。
湖南长沙人。历任江苏国际文化交流中心专职
画家、中国美术家协会敦煌创作中心创作顾问、
东南大学艺术学系教授、南京市文联书画研究院
研究员等。出版有《章志远山水画集》《章志远
画册》《章志远山水画挂历》等。

J0028049

长安十家　黄思源主编

郑州 河南美术出版社 1998年 10册 29cm（16开）
ISBN：7-5401-0601-8 定价：CNY100.00
　　现代中国画画册。

J0028050
赵望云画集 赵望云绘
西安 陕西人民教育出版社 1998年 276页 33cm
精装 ISBN：7-5419-7424-2 定价：CNY396.00
　　现代中国画画册。作者赵望云（1906—
1977），画家。河北束鹿人。曾任西北军政委员
会文化部文物处处长、中国美术家协会常务理
事、陕西省美术家协会首任主席、陕西省文化局
副局长等职。主要作品有《农村写生集》《西北
旅行画集》《埃及写生画集》《赵望云画集》等。

J0028051
赵益超 张明堂作品 赵益超，张明堂绘
西安 陕西人民美术出版社 1998年 33页
29cm（16开） ISBN：7-5368-1030-X
定价：CNY18.00
（中国画名家作品精选）
　　作者张明堂（1941—　），画家。山西寿阳人，
毕业于山西艺术学院美术系。历任山西省美术
院专职画家、陕西国画院一级美术师。代表作品
有《晓色初动》《战太行》《知心话儿说不尽》《东
渡黄河》《月是故乡明》等。出版有连环画《吕梁
英雄传》。

J0028052
镇江中国画院画集
南京 江苏美术出版社 1998年 78页 29cm
（16开） ISBN：7-5344-0882-2 定价：CNY70.00

J0028053
郑笃孙作品集 郑笃孙绘
广州 岭南美术出版社 1998年 29cm（16开）
ISBN：7-5362-1870-2 定价：CNY20.00
（广州国际艺术博览会丛书）
　　现代中国画水墨人物画画册。

J0028054
郑岗书画集 郑岗［作］
上海 华东理工大学出版社 1998年 222页
38cm（6开） 精装 ISBN：7-5628-0921-6
定价：CNY380.00

J0028055
郑书健书画作品选 ［郑书健著］；福建省美术
教育研究会编
福州 福建美术出版社 1998年 55页 21×19cm
ISBN：7-5393-0635-1 定价：CNY96.00（全12册）
（福建师生书画作品·论文辑 2）
　　本书分为花鸟篇，收有《春意盎然》《小憩》
等中国画；书法篇，收有《松月吟》《松风煮茗　竹
雨谈诗》《四时风雅颂　三代夏商周》等作品。作
者郑书健（1962—　），福建省福州市人，福州市
群众路小学高级美术教师。作品有《春意盎然》
《松月吟》等。

J0028056
郑祖纬画作 郑祖纬绘
杭州 西泠印社 1998年 42cm（8开）
ISBN：7-80517-267-6 定价：CNY20.00
（西泠印社书画名作丛编）
　　现代中国画画册。

J0028057
中国当代工笔画精选 刘家智主编
天津 天津杨柳青画社 1998年 100页
29cm（18开） ISBN：7-80503-231-9
定价：CNY88.00，CNY108.00（精装）

J0028058
中国当代工笔画作品精选 陈建华等主编
成都 四川美术出版社 1998年 123页 29cm（16开）
精装 ISBN：7-5410-1505-9 定价：CNY180.00
　　作者陈建华，任教于南京艺术学院。

J0028059
中国当代国画集萃 天津市文学艺术界联合
会，天津市美术家协会编
天津 天津杨柳青画社 1998年 300页
38cm（8开） ISBN：7-80503-214-9
定价：CNY300.00，CNY350.00（精装）

J0028060
中国当代书画家 冬炎主编
北京 中国世界语出版社 1998年 8册 28×27cm
ISBN：7-5052-0390-8 定价：CNY288.00

J0028061
中国当代艺术家刘国松　丁绍光　宋雨桂　徐希　石虎五人画集
沈阳　辽宁美术出版社 1998 年 104 页
37cm（8 开）ISBN：7-5314-1845-2
定价：CNY109.00，CNY139.00（精装）

J0028062
中国画名家瓷绘精品集　中国铁道希望工程办公室主编
北京　中国青年出版社 1998 年 21×21cm 精装
ISBN：7-5006-2904-4 定价：CNY125.00
　　本书收入了高卉民、申少君、郭广业、刘进安、李乃宙、纪连彬、吴庆林、姚鸣京、许俊、林容生 10 位画家创作的 60 余件瓷器画。

J0028063
中国诗书画研究院、四川绘画艺术院、中国四川嘉州画院联合巡展作品集　何首巫主编
石家庄　河北美术出版社 1998 年 355 页
42cm（8 开）精装 ISBN：7-5310-1127-1
定价：CNY888.00

J0028064
中国市长书画精品集　王长升，鲁光主编
北京　中国世界语出版社 1998 年 148 页
29cm（18 开）ISBN：7-5052-0377-0
定价：CNY98.00，CNY108.00（精装）

J0028065
中国现代儿童线描集　史世任编著
南昌　江西美术出版社 1998 年 187 页
25×26cm ISBN：7-80580-473-7
定价：CNY26.00

J0028066
中国现代线描精选（1）南君主编
南昌　江西美术出版社 1998 年 重印本 200 页
20cm（32 开）ISBN：7-80580-297-1
定价：CNY16.00
　　本书收集了 45 名中青年画家的线描小品 200 幅。

J0028067
中亨杯全国书画大展精品选　翟金城主编

北京　民族出版社 1998 年 587 页 37cm 精装
ISBN：7-105-03295-2 定价：CNY880.00

J0028068
中华英烈图　陈青洋绘；贺浪萍等撰文
广州　广东省地图出版社 1998 年 215 页 26cm
（16 开）ISBN：7-80522-368-8 定价：CNY22.00

J0028069
中央美术学院中国画系教师作品集　中央美术学院中国画系编
长春　吉林美术出版社 [1998 年] 158 页
29cm（16 开）ISBN：7-5386-0785-4
定价：CNY158.00

J0028070
重庆老年书画选　孟广涵主编；《重庆老年书画选》编委会 [编]
重庆　重庆出版社 1998 年 184 页 29cm（16 开）
ISBN：7-5366-4101-X 定价：CNY120.00

J0028071
周成画集　周成绘
上海　上海人民美术出版社 1998 年 95 页
29cm（16 开）精装 ISBN：7-5322-1922-4
定价：CNY120.00
　　现代中国画画册。

J0028072
周凯画集　周凯绘
上海　上海书画出版社 1998 年 78 页 38cm
（6 开）精装 ISBN：7-80635-265-1
定价：CNY200.00
　　现代中国画与中国书法作品。

J0028073
周韶华画选　周韶华绘
济南　山东美术出版社 1998 年 72 页 38cm（6 开）
ISBN：7-5330-1237-2 定价：CNY85.00
　　现代中国画画册，中英文本。

J0028074
周志龙画集　周志龙绘
北京　中国世界语出版社 1998 年 26 页
28×27cm ISBN：7-5052-0390-8

定价：CNY36.00
（中国当代书画家）
　　现代中国画画册，中英文本。

J0028075
朱曼殊画集 朱曼殊绘
乌鲁木齐　新疆美术摄影出版社　1998 年
25×26cm　ISBN：7-80547-642-X
定价：CNY23.00
（新疆丝路画库）
　　现代中国画画册。

J0028076
朱培钧画集 朱培钧绘
南宁　广西美术出版社　1998 年　77 页　29cm（16 开）
精装　ISBN：7-80625-589-3　定价：CNY100.00
　　现代中国画画册。

J0028077
诸葛志润画集 诸葛志润绘
北京　新华出版社　1998 年　100 页　29cm（16 开）
ISBN：7-5011-3953-9　定价：CNY110.00
　　现代中国画画册。

J0028078
庄景辉画集 庄景辉绘
海口　南海出版公司　1998 年　116 页　29cm（16 开）
精装　ISBN：7-5442-1116-9　定价：CNY168.00
　　现代中国画画册。

J0028079
'99 澳门回归中国书画精品集 刘家城主编
天津　天津人民美术出版社　1999 年　143 页
29cm（16 开）　ISBN：7-5305-1179-3
定价：CNY160.00
　　作者刘家城（1946- ），生于天津，天津市南开区档案局副局长、中国档案学会会员、中国美术家协会天津分会会员。主编《'99 澳门回归中国书画精品集》。

J0028080
'99 炎帝杯国际书画大展精品集 '99 炎帝杯国际书画大展组委会编
长沙　湖南美术出版社　1999 年　163 页
29cm（16 开）　ISBN：7-5356-1242-3

定价：CNY120.00
　　外文书名：Works of '99 Emperor Yan's Cup International Painting & Calligraphy Exhibition.

J0028081
阿万提画集 阿万提绘；刘会春译
长沙　湖南美术出版社　1999 年　179 页　37cm
精装　ISBN：7-5356-0717-9　定价：CNY430.00
　　现代中国画画册。作者阿万提（1940— ），原名杜为廉，生于浙江东阳市。曾任广州师范学院艺术系副主任、副教授，广州大学美术学院教授、浙江师范大学艺术系中国画教研室主任等职。

J0028082
安塞民间绘画线描精品 杨宏明等主编；安塞县文化文物馆编
西安　陕西人民美术出版社　1999 年　329 页
25×26cm　ISBN：7-5368-1191-8
定价：CNY80.00
（安塞民间美术丛书）

J0028083
澳门回归普天同庆（迎澳门回归书画百米长卷作品集）　中国政策科学研究会老年政策委员会，中国世界民族文化交流促进会艺术委员会编
北京　中国华侨出版社　1999 年　130 页
29cm（16 开）　ISBN：7-80120-369-0
定价：CNY199.00

J0028084
巴蜀书画系列（花鸟·人物卷）　四川省人民政府参事室等编
成都　四川美术出版社　1999 年　60 页　29cm（16 开）
ISBN：7-5410-1735-3　定价：CNY80.00
　　本册收入花鸟、人物画 60 余幅，作者从不同角度展示了祖国传统书画艺术的绚丽风貌和书画艺术家锐意进取的精神境界。

J0028085
巴蜀书画系列（施孝长书画篆刻卷）　四川省人民政府参事室等编；[施孝长作]
成都　四川美术出版社　1999 年　59 页　29cm（16 开）
ISBN：7-5410-1735-3　定价：CNY80.00
　　本册收集了施孝长老先生的书法、绘画及篆

刻作品，展现了其艺术成就。全书包括《采药图》《蝶舞图》等。

J0028086

巴蜀写韵（任光荣师生画集）［任光荣等绘］；李绍宁主编

成都　四川美术出版社　1999 年　207 页　29cm（16 开）ISBN：7-5410-1722-1

定价：CNY288.00

　　本书收录了《大禹故乡羌江渡》《秀山幽谷人家居》《夏茂修竹绕家园》《渡头余落流日》《数峰无语立斜阳》《青城山花系列》等近 200 幅中国画作品。作者任光荣（1945—　），教授。生于四川成都。历任美国中华艺术学会会员、美国美洲·亚洲艺术学会博学会士、美国柏克莱大学客座教授、四川省商标广告设计研究所研究员、四川乡情国画院院长等。代表作品有《乡情》《巴蜀写韵——任光荣师生画集》。

J0028087

白描心绪（蒋悦画集 II）蒋悦绘

哈尔滨　黑龙江美术出版社　1999 年　84 页　18×21cm ISBN：7-5318-0588-X

定价：CNY38.00

J0028088

白一画集［陈白一绘］

长沙　湖南美术出版社　1999 年　122 页　37cm（8 开）精装　ISBN：7-5356-1270-9　定价：CNY298.00

　　本书收作者工笔画 78 幅。其中包括《朝鲜少年崔莹会见罗盛教双亲》《欧阳海》《山谷清泉》等。外文书名：Album of Chen Baiyi's Paintings. 作者陈白一（1926—2014），美术师。湖南邵阳人，毕业于华中艺专。历任湖南书画研究院院长、中国当代工笔画学会副会长、湖南省美术家协会顾问、湖南师范大学艺术学院客座教授。代表作品《小港堵口图》《听壁脚》《喜丰收》《工农联盟》等。

J0028089

北京城建集团书画作品集

广州　岭南美术出版社　1999 年　182 页　29cm（16 开）精装　ISBN：7-5362-2001-4　定价：CNY180.00

J0028090

毕克官水墨画　毕克官绘

天津　天津人民美术出版社　1999 年　46 页　29cm（16 开）ISBN：7-5305-0785-0 定价：CNY30.00（当代国画家系列画集 IV）

　　作者毕克官（1931—2013），艺术家。山东威海人。毕业于中央美术学院。历任中国美术家协会《漫画》和《美术》杂志编辑、中国艺术研究院美术研究所所长、中国民间工艺美术学会副主席。擅长漫画。漫画史论方面主要有《漫画十谈》《中国漫画史话》《中国漫画史》（合著）等。画集代表作有《毕克官漫画选》《毕克官王德娟画集》《毕克官水墨画》。

J0028091

蔡鹤汀作品　蔡鹤汀绘

西安　陕西人民美术出版社　1999 年　35 页　29cm（16 开）ISBN：7-5368-1156-X

定价：CNY18.00

（中国画名家作品精选）

　　外文书名：Masterpieces of Chinese Famous Painters Selected Paintings of Cai Heting. 作者蔡鹤汀（1909—1976），国画家。原名蔡颐元，号枕石散人，出生于福州台江。曾任陕西省戏剧研究院艺委会委员、西安美协分会常务理事。绘画作品有《铁骨冰心》《月季》《雀跃》《池塘小憩》等。出版有《荻芦盒画册》《花卉写生技法》《名家花卉画谱》。

J0028092

蔡鹤洲作品　蔡鹤洲绘

西安　陕西人民美术出版社　1999 年　35 页　29cm（16 开）ISBN：7-5368-1157-8 定价：CNY18.00（中国画名家作品精选）

　　外文书名：Masterpieces of Chinese Famous Painters Selected Paintings of Cai Hezhou. 作者蔡鹤洲（1911—1971），画家。又名颐亨，字学亨，号狄芦令二郎，原名蔡学亨，号白羽。福建福州人。擅长中国画，兼事连环画、舞台美术设计。中国美术家协会会员。主要作品有《蜀道如今不再难》，出版有《花卉写生技法》《名家花卉画谱》《蔡鹤洲画辑》等。

J0028093

苍山莽原　秀水清泉（郑瑞勇美妙创作遐思）

郑瑞勇［绘］
昆明　云南美术出版社 1999 年　100 页
29cm（16 开）　精装　ISBN：7-80586-610-4
定价：CNY158.00
　　　　现代中国画画册，中英文本。

J0028094
曹济民画集　曹济民绘；蔡力武编
南京　南京出版社 1999 年　58 页 29cm（16 开）
ISBN：7-80614-459-5　定价：CNY68.00
　　　　现代中国画画册。

J0028095
曾广振画集　曾广振绘
天津　天津人民美术出版社 1999 年 29cm（16 开）
ISBN：7-5305-0920-9　定价：CNY56.00
（当代国画家系列画集）

J0028096
禅易·书画·诗文·养身（杨龙书画艺术旅程
图集）杨龙著
杭州　西泠印社 1999 年　134 页 29cm（16 开）
精装　ISBN：7-80517-326-5　定价：CNY198.00

J0028097
常州书画作品集　苏轼等绘；《常州书画作品
集》编委会编
天津　天津人民美术出版社 1999 年　151 页
38cm（6 开）　精装　ISBN：7-5305-1094-0
定价：CNY280.00

J0028098
陈加林画集　陈加林绘
深圳　海天出版社 1999 年　16 页 29cm（16 开）
ISBN：7-80654-106-3　定价：CNY360.00（全套）
（深圳美术家画库）
　　　　现代中国画画册。作者陈加林（1961—　），
湖北襄阳人。广东省美术家协会会员、广东省书
法家协会会员、中国工艺美术学会会员。作品有
《苍山晨晖》《巍巍雄峰》等。

J0028099
陈君国画集　陈君绘
北京　中国世界语出版社 1999 年　26 页
28×26cm　ISBN：7-5052-0422-X

定价：CNY36.00
（中国当代书画家）

J0028100
陈鹏作品　陈鹏绘
北京　中国世界语出版社 1999 年 29cm（16 开）
ISBN：7-5052-0403-3　定价：CNY28.00
（当代中国艺术家丛书　中国画）

J0028101
陈世民画集　陈世民［绘］
深圳　海天出版社 1999 年　16 页 29cm（16 开）
ISBN：7-80654-106-3　定价：CNY360.00［全套］
（深圳美术家画库）
　　　　现代中国画画册。作者陈世民（1948-），陕
西西安人，广东省美术家协会会员、深圳市美术
家协会、书法家协会会员、小学高级美术教师。
出版作品有《陈世民画集》。

J0028102
陈泰宏画集　陈泰宏绘
福州　福建美术出版社 1999 年　44 页 25×25cm
ISBN：7-5393-0869-9　定价：CNY58.00
　　　　中国现代中国画画册。

J0028103
陈月舟画集　陈月舟绘
广州　花城出版社 1999 年　40 页 26cm（16 开）
ISBN：7-5360-3139-4　定价：CNY38.00
　　　　现代中国画画册。

J0028104
仇占国画集　仇占国绘
石家庄　河北美术出版社 1999 年　55 页 29cm
（16 开）　ISBN：7-5310-0999-4　定价：CNY69.00

J0028105
从彩色到黑白（朱乃正水墨画）朱乃正［绘］
合肥　安徽美术出版社 1999 年 29cm（16 开）
ISBN：7-5398-0732-6　定价：CNY24.00
（名画家再创辉煌系列丛书）

J0028106
从具象到抽象（古干现代艺术小品）古干［绘］
合肥　安徽美术出版社 1999 年 29cm（16 开）

ISBN：7-5398-0726-1　定价：CNY24.00
（名画家再创辉煌系列丛书）

　　作者古干（1942—　　），画家。中国美术家协会会员，中国现代书画学会会长，世界书法家协会荣誉顾问。

J0028107
从西方到东方（罗尔纯中国画）罗尔纯［绘］
合肥　安徽美术出版社　1999年　29cm（16开）
ISBN：7-5398-0727-X　定价：CNY24.00
（名画家再创辉煌系列丛书）

J0028108
戴敦邦图说诗情词意　戴敦邦绘画·撰文
上海　上海辞书出版社　1999年　211页
38cm（6开）　精装　ISBN：7-5326-0627-9
定价：CNY388.00

　　本书收录了作者20多年来的创作，有关唐宋诗词的国画精品100幅左右。作者戴敦邦（1938—　　），国画家，教授。号民间艺人，江苏丹徒人。毕业于上海第一师范学校。历任《中国少年报》和《儿童时代》美术编辑、上海交通大学人文学院教授等。主要作品有《水浒人物一百零八图》《戴敦邦水浒人物谱》《戴敦邦新绘红楼梦》《戴敦邦古典文学名著画集》等；连环画代表作品有《一支驳壳枪》《水上交通站》《大泽烈火》《蔡文姬》等。

J0028109
当代国画大师代表作品集（专辑　刘文西）
刘文西绘
北京　华文出版社　1999年　30页　37cm
ISBN：7-5075-0873-0　定价：CNY50.00

J0028110
当代国画大师代表作品集（专辑　石齐）石齐绘
北京　华文出版社　1999年　32页　37cm
ISBN：7-5075-0874-9　定价：CNY50.00

　　作者石齐（1939—　　），画家。福建福清人，毕业于厦门工艺美术学院。北京画院专业画家、中国美术家协会会员、北京美协理事。代表作品有《金秋时节》《养鸡图》《泼水节》。出版有《石齐画集》等。

J0028111
当代名家书画扇集　田绪明等主编
北京　北京科学技术出版社　1999年　221页
19×26cm　精装　ISBN：7-5304-2341-X
定价：CNY128.00

　　主编田绪明（1962—　　），书法家。湖北云梦人，毕业于首都师范大学书法专业。历任中国书法家协会会员、中国长城书画协会副秘书长、中国现代硬笔书法研究会会员、全国神剑文学艺术学会会员。编著有《北魏墓志三种解析字帖》《张黑女墓志放大本》《汉张迁碑放大本》等。

J0028112
当代艺术新主张
苏州　古吴轩出版社　1999年　4册　38cm（6开）
定价：CNY112.00

J0028113
当代中国画家洪潮作品集　［洪潮绘］
银川　宁夏人民出版社　1999年　30页　29cm（16开）
ISBN：7-227-02069-X　定价：CNY48.00

J0028114
当代中国画家刘民怀作品集　刘民怀绘
银川　宁夏人民出版社　1999年　30页
28cm（大16开）　ISBN：7-227-02068-1
定价：CNY48.00

J0028115
当代中国画家项玉坤作品集　项玉坤绘
银川　宁夏人民出版社　1999年　30页
28cm（大16开）　ISBN：7-227-02058-4
定价：CNY48.00

J0028116
当代中华墨粹（中国画专集）陆越子主编
石家庄　河北美术出版社　1999年　286页
38cm（6开）　精装　ISBN：7-5310-1000-3
定价：CNY420.00

J0028117
邓荣斌画集　邓荣斌［绘］
深圳　海天出版社　1999年　16页　29cm（16开）
ISBN：7-80654-106-3　定价：CNY360.00［全套］
（深圳美术家画库）

现代中国画画册。作者邓荣斌(1972—)，艺术家。深圳福永镇人，毕业于华南师范大学。供职于深圳市福永文化艺术中心。出版作品有《邓荣斌画集》。

J0028118
邓散木书画集 邓散木作；邓散木艺术陈列馆[编]
北京 文物出版社 1999年 174页 29cm(16开)
ISBN：7-5010-1149-4 定价：CNY160.00
现代中国书法印谱中国画画册。作者邓散木(1898—1963)，著名书法、篆刻家。原名菊初。字散木，别号粪翁等。出生于上海，中国书法研究社社员。代表作品《篆刻学》《中国书法演变史》。

J0028119
邓小平理论诗画 王义功诗；王顺华画
武汉 湖北人民出版社 1999年 101页 13×15cm
ISBN：7-216-02642-X 定价：CNY11.80

J0028120
丁立镇中国画选 丁立镇绘
成都 四川美术出版社 1999年 71页 29×29cm
ISBN：7-5410-1676-4 定价：CNY81.00
外文书名：Collected Traditional Chinese Paintings of Ding Lizhen.

J0028121
东方既白（李可染艺术展作品集） 李可染绘；李小可主编；李可染艺术基金会编
南宁 广西美术出版社 1999年 249页 29cm(16开) 精装 ISBN：7-80625-730-6 定价：CNY280.00
现代书法与中国画画册。

J0028122
东方理想主义（当代美术中的水墨景观 刘子建）刘子建[绘]
长沙 湖南美术出版社 1999年 26cm(16开)
ISBN：7-5356-1304-7 定价：CNY22.00
（中国当代艺术家系列 2）

J0028123
东方理想主义（当代美术中的水墨景观 王天

德）王天德[绘]
长沙 湖南美术出版社 1999年 26cm(16开)
ISBN：7-5356-1304-7 定价：CNY22.00
（中国当代艺术家系列 2）

J0028124
东方理想主义（当代美术中的水墨景观 岳黔山）岳黔山[绘]
长沙 湖南美术出版社 1999年 26cm(16开)
ISBN：7-5356-1304-7 定价：CNY22.00
（中国当代艺术家系列 2）

J0028125
东方艺术院书画集 沈诒主编；东方艺术院编
上海 上海书店出版社 1999年 120页 29cm(16开) ISBN：7-80622-506-4 定价：CNY88.00
外文书名：Oriental Arts Academy Collection of Calligraphy and Painting.

J0028126
东莞书画选 尹玉湘主编；东莞市文化局主编
广州 岭南美术出版社 1999年 90页 37cm 精装 ISBN：7-5362-2019-7 定价：CNY188.00

J0028127
董欣宾画集 董欣宾绘
南京 译林出版社 1999年 116页 37cm 精装
ISBN：7-80567-784-0 定价：CNY265.00
现代中国画画册。

J0028128
洞庭杯书画荟萃 屈纯久，许云主编
北京 海潮出版社 1999年 374页 26cm(16开) 精装 ISBN：7-80151-189-1 定价：CNY180.00
本书共汇编了来自海内外的书画作品5000多幅，参赛作者有享有盛名的艺坛泰斗，亦有脱颖而出的书画新秀，名家毕集。其作品柔刚相济、气韵发动，有较高的艺术水平。

J0028129
窦世魁画集 窦世魁绘
青岛 青岛出版社 1999年 64页 29cm(16开) 精装 ISBN：7-5436-2122-3 定价：CNY128.00
（中国当代美术家）
现代中国画画册。作者窦世魁(1942—)，

国家一级美术师。别名石岭，号岩松斋主，山东青岛人，毕业于青岛艺术专科学校美术专业。历任中国美术家协会会员、青岛市美术家协会副主席、顾问，青岛书画研究院副院长、中国书画学会名誉主席等。代表作品有连环画《唐赛儿》等。

J0028130
杜显清国画选（花鸟集）杜显清绘
成都　四川美术出版社［1999年］29cm（16开）
ISBN：7-5410-1696-9　定价：CNY34.00
　　作者杜显清（1922—2012），国画家。别名杜大石，四川三台县人。曾任四川美术学院绘画系教授、中国美术家协会会员。代表作有《小雪》《阿妈》《秋韵》《松鹰图》《簪花图》。

J0028131
二窗淘墨（陶景明诗书画选）［陶景明绘］
广州　岭南美术出版社　1999年　62页　29×29cm
ISBN：7-5362-2045-6
定价：CNY99.00，CNY138.00（精装）
　　本书收录了作者的《秋声》《探春》《荷塘》《映日》《收获》《长风》等诗书画作品。

J0028132
二十世纪中国水墨画大观　苏启明主编；陈玉珍译
台北　历史博物馆　1999年　174页　30cm（10开）ISBN：957-02-4704-5

J0028133
范曾作品　范曾绘
西安　陕西人民美术出版社　1999年　33页　29cm（16开）ISBN：7-5368-1133-0　定价：CNY18.00（中国画名家作品精选）
　　作者范曾（1938— ），画家、学者。字十翼，别署抱冲斋主，江苏南通人。毕业于中央美术学院中国画系。历任中央工艺美术学院讲师、副教授，南开大学东方艺术系教授、博士生导师，中国艺术研究院终身研究员等。代表作品有《庄子显灵记》《范曾自述》《老子出关》《钟馗神威》等。

J0028134
范扬（唐人诗意图）范扬绘；张铭编
天津　天津杨柳青画社　1999年　13页　29×29cm
ISBN：7-80503-431-1　定价：CNY21.00

（中国新工笔画精品赏析）

J0028135
方展谋画集　方展谋绘
深圳　海天出版社　1999年　16页　29cm（16开）
ISBN：7-80654-106-3　定价：CNY360.00（全套）
（深圳美术家画库）
　　现代中国画画册。作者方展谋（1933— ），书画家。字冠杰，号韩江渔叟，广东普宁市洪阳镇人。历任中国老年书画研究会、广东老年书画家协会、广东省美协、深圳市美协、书协会员。作品有《副业场上春来早》《添翼腾飞图》等。

J0028136
冯建吴作品集　冯建吴绘；李书敏主编
重庆　重庆出版社　1999年　153页　38cm（6开）
精装　ISBN：7-5366-4158-3　定价：CNY360.00
　　现代中国书画画册。作者冯建吴（1910—1989），书画家。字太虞，别字游。四川美术学院教授、中国美术家协会四川分会理事、中国书法家协会理事、重庆国画院副院长、成都画院顾问。作品有《黄山猴子观海》《月涌大江流》等。

J0028137
冯向杰画集　冯向杰绘
合肥　安徽美术出版社　1999年　40页　28cm（大16开）ISBN：7-5398-0330-4
定价：CNY32.00
　　现代中国画水墨画画册，中英文本。作者冯向杰（1941— ），画家、国家一级美术师。自号桑泉道人，山西临猗人。北京新体育杂志社副编审、中国美术家协会会员、中国体育美术促进会常务理事。代表作品有《生命之舞》《江南春雨》等。

J0028138
冯英杰画集　冯英杰［绘］
石家庄　河北美术出版社　1999年　42页　29cm（15开）ISBN：7-5310-1186-7
定价：CNY35.00
（20世纪末中国画家作品精选　系列个人专集）
　　本书是中国画画集。作者冯英杰（1932— ），书画花鸟画家。生于河北威县。作品有《鸡的工笔画法》。

J0028139

符号中国（当代美术中的中国画 崔进） 崔进
[绘]
长沙 湖南美术出版社 1999年 26cm（16开）
ISBN：7-5356-1306-3 定价：CNY22.00
（中国当代艺术家系列 5）

J0028140

符号中国（当代美术中的中国画 郭子良） 郭
子良[绘]
长沙 湖南美术出版社 1999年 26cm（16开）
ISBN：7-5356-1306-3 定价：CNY22.00
（中国当代艺术家系列 5）

J0028141

福建省各级政协书画大观 政协福建省委员
会编
福州 福建美术出版社 1999年 170页 37cm
精装 ISBN：7-5393-0860-5 定价：CNY318.00

J0028142

傅抱石册页 傅抱石绘；傅抱石纪念馆，浙江
人民美术出版社编
杭州 浙江人民美术出版社 1999年 48页 37cm
精装 ISBN：7-5340-0903-0 定价：CNY90.00
（中国画名家册页典藏）

　　作者傅抱石（1904—1965），画家。原名长生、
瑞麟，号抱石斋主人。生于江西南昌，祖籍江西
新余，早年留学日本。历任南京师范学院教授、
江苏国画院院长等职。代表作品有《山阴道上》
《钟馗》《屈原》《江山如此多娇》，著有《中国古
代绘画之研究》《中国绘画变迁史纲》等。

J0028143

傅耕野书画集 傅耕野[书]
北京 中国档案出版社 1999年 24页 29cm
（16开） ISBN：7-80019-703-4 定价：CNY28.00
（中国书画家）

　　外文书名：Collection of Fu Gengye's Painting
Works. 作者傅耕野（1923—2006），满族，书画
家。名功赞，字耕野等，生于北京。历任北京西
城海外联谊会书画院院长、东方书画研究社名誉
社长等。著有《傅耕野书画集》《忆王森然先生》等。

J0028144

富中奇画集（荒原心印·雪野雄魂） 富中奇绘
哈尔滨 黑龙江美术出版社 1999年 45页
29×29cm ISBN：7-5318-0653-3
定价：CNY58.00

J0028145

高放画集 高放绘
北京 中国世界语出版社 1999年 26页
28×26cm ISBN：7-5052-0422-X
定价：CNY36.00
（中国当代书画家）

J0028146

高峰画集 高峰[绘]
深圳 海天出版社 1999年 16页 29cm（16开）
ISBN：7-80654-106-3 定价：CNY360.00[全套]
（深圳美术家画库）

　　现代中国画画册。作者高峰（1946— ），画
家。祖籍山东，生于黑龙江齐齐哈尔市。深圳山
海书画院院长。出版作品有《高峰画集》。

J0028147

高剑父诞生一百二十周年作品集
澳门 [澳门市政厅画廊] 1999年 163页 有图
34cm（10开） ISBN：972-97132-5-1

　　外文书名：Comemoracoes Do 120 Aniversário
Do Mestre Gao Jianfu.

J0028148

戈壤线描画 戈壤绘
昆明 云南美术出版社 1999年 128页 26cm
（16开） ISBN：7-80586-641-4 定价：CNY25.00

　　外文书名：Ge Rang's Drawing. 作者戈壤，
云南美术工作者。

J0028149

耿杰诗画集 朱全增主编
哈尔滨 黑龙江美术出版社 1999年 76页
38cm（6开） 精装 ISBN：7-5318-0698-3
定价：CNY168.00

J0028150

共和国将军墨宝集 周旭编
北京 中央文献出版社 1999年 112页

28cm（大 16 开）精装 ISBN：7-5073-0630-5
定价：CNY220.00

　　本书收录了百余幅老将军们创作的书画。

J0028151
谷茜画集 谷茜［绘］
石家庄 河北美术出版社 1999 年 44 页 26cm
（16 开）ISBN：7-5310-1188-3 定价：CNY35.00
（20 世纪末中国画家作品精选 系列个人专集）

　　本书是中国画画集。

J0028152
关东书画（庆祝澳门回归建国五十周年 '99 王
盛烈书画邀请展作品集）王盛烈等绘
沈阳 辽宁美术出版社 1999 年 98 页
38cm（6 开）精装 ISBN：7-5314-2264-6
定价：CNY160.00

J0028153
关东野韵（王逸中国画长卷）［王逸绘］
沈阳 辽宁美术出版社 1999 年 22×29cm 精装
ISBN：7-5314-2253-0 定价：CNY90.00
（中国当代美术家精品）

　　作者王逸（1933—　　），辽宁辽阳人，号无知
者。辽宁中国画研究会理事、副研究员。出版有
《中国当代美术家精品集——王逸专集》《王逸师
生国画作品选》《王逸中国画长卷——关东野韵》
《美术家王逸》等。

J0028154
关权昌画展 关权昌著；曹晋锋译
澳门 澳门基金会 1999 年 195 页 29cm（16 开）
ISBN：972-658-129-X 定价：MOP150.00

　　现代中国画画册。外文书名：Pintura de Kuan
Kun Cheong. 作者关权昌（1940—　　），画家。号
碧石，字子同。生于广东南海市。中国美术家协
会会员、澳门华夏文化艺术学会会长、澳门老年
书画家协会常务副会长、澳门行隐画艺学会理事
长等职。代表作品有《报春图》《鱼乐图》等。

J0028155
关山月黄知秋刘炳森诗书画集 关山月画，
黄知秋诗，刘炳森书
广州 岭南美术出版社 1999 年 165 页
29cm（16 开）ISBN：7-5362-2013-8

定价：CNY160.00，CNY180.00（精装）

　　外文书名：A Collection of Huang Zhiqiu's
Poems Inscribed on Guan Shanyue's Paintings.

J0028156
关山月新作选集（1996—1999）关山月著；
广东美术馆编
海口 海南出版社 1999 年 133 页 有照片
28×28cm ISBN：7-80645-438-1
定价：CNY138.00，CNY160.00（精装）
（现当代艺术家丛书 第一辑）

　　现代中国画画册。

J0028157
贵州省老年书画选集
贵阳 贵州人民出版社 1999 年 125 页
29cm（16 开）ISBN：7-221-04960-2
定价：CNY88.00，CNY108.00（精装）

J0028158
国防大学老战士书画选 ［解放军］国防大学
政治部编
北京 国防大学出版社 1999 年 213 页
29cm（12 开）精装 ISBN：7-5626-0966-7
定价：CNY280.00

J0028159
**国际老年人年中华老人诗文书画大赛作品
集**（书画卷）吴祚来主编
北京 中国致公出版社 1999 年 381 页 有照片
29cm（16 开）精装 ISBN：7-80096-628-3
定价：CNY550.00（全 2 册）

J0028160
海晨作品 孙海晨绘
北京 中国世界语出版社 1999 年 29cm（16 开）
ISBN：7-5052-0403-3 定价：CNY28.00
（当代中国艺术家丛书［第 2 辑］中国画）

J0028161
海上丹青（人民政协五十周年）
上海 上海书画出版社 1999 年 185 页
29cm（16 开）精装 ISBN：7-80635-515-4
定价：CNY250.00

　　本书是为了纪念上海人民政协五十周年而

出版的，书中精选了吴青霞、林风眠等上海书画家 50 年来创作的书画作品 80 余件。外文书名：Fiftieth Anniversary Art Album, Shanghai People's Political Consultative Conference.

J0028162
海上翰林书画集 徐福生主编；上海市文史研究馆编
上海 上海人民美术出版社 1999 年 276 页 38cm（6 开）精装 ISBN：7-5322-2261-6
定价：CNY360.00

J0028163
翰墨乡情（如皋市职工书画集）杨嵩春主编
兰州 甘肃人民出版社 1999 年 57 页 26cm（16 开） ISBN：7-226-02116-1 定 价：CNY30.00

J0028164
行走的都市 刘庆和著
石家庄 河北教育出版社 1999 年 117 页 有照片图 15cm（64 开）精装
ISBN：7-5434-3503-9 定价：CNY48.00
（当代书画家艺术丛书）
　　本画册收集了创作者的代表作品，辑录了画家的简要生平介绍，并收录了画家关于作品创作的感悟、创作心得、创作背景及题材来由等的随笔。

J0028165
何炽佳画集 何炽佳绘
深圳 海天出版社 1999 年 16 页 29cm（16 开） ISBN：7-80654-106-3 定价：CNY360.00（全套）
（深圳美术家画库）
　　本书为中国现代国画作品选集。作者何炽佳（1941— ），号野谷，生于广东东莞市，毕业于佛山艺术专科学校美术系。历任深圳市美术家协会社工部主任、深圳美协理事。作品有《水乡之恋》《晚雀归巢》等。

J0028166
何韵兰作品 何韵兰［绘］
北京 中国画报出版社 1999 年 19×21cm ISBN：7-80024-432-6 定价：CNY21.60
（当代艺术家丛书 1）
　　现代中国画画册，中英文本。

J0028167
衡东诗联书画（第 7 期 建国五十周年暨人民政协成立五十周年专集）萧汉主编；衡东县政协办公室、衡东县诗联书画协会编
1999 年 13+114 页 19cm（小 32 开）

J0028168
红岩颂（纪念中共中央南方局成立 60 周年书画名家作品集）王川平，何均正主编；重庆红岩革命纪念馆编
重庆 重庆大学出版社 1999 年 84 页 29cm（16 开）ISBN：7-5624-1936-1
定价：CNY60.00，CNY90.00（精装）

J0028169
洪志圣国画选集 洪志圣绘
广州 岭南美术出版社 1999 年 76 页 29cm（16 开）ISBN：7-5362-2018-9
定价：CNY128.00

J0028170
胡寿荣画集 胡寿荣绘
杭州 中国美术学院出版社 1999 年 52 页 38cm（6 开）ISBN：7-81019-810-6 定价：CNY98.00
　　现代中国画画册。作者胡寿荣（1959— ），画家。毕业于贵州省艺术学校。代表作品有《猎归》《菜园》《盼归》等。

J0028171
胡文甫书画集 胡文甫［作］
呼和浩特 内蒙古人民出版社 1999 年 48 页 29cm（16 开）ISBN：7-204-04815-6
定价：CNY38.00
　　本书收画家的《春回大地》《应县木塔》《北岳奇观》《飞流直下》《雄关万里》《华山天下险》等中国画作品及书法和篆刻作品。作者胡文甫（1934—2003），笔名恒石，山西朔州人。任职于呼和浩特铁路局系统，中国铁路文协会员、内蒙古美协会员、内蒙古书画函大老年大学副教授。绘有《胡文甫画集》等。

J0028172
华人书画名家精品展作品集 何首巫主编；华人书画名家精品展作品集编辑委员会编
石家庄 河北美术出版社 1999 年 438 页

42cm（8 开）精装 ISBN：7-5310-1273-1
定价：CNY999.00

J0028173
华士清画集 华士清［绘］
南京 江苏美术出版社 1999 年 55 页 29cm（16 开）
ISBN：7-5344-0960-8 定价：CNY48.00
　　现代中国画画册，中英文本。

J0028174
黄昌中画集［黄昌中绘］
上海 上海书画出版社 1999 年 29cm（16 开）
ISBN：7-80635-411-5 定价：CNY58.00
　　本书收入《贺建国五十周年》《松梅图》《神峰争晖》《彩墨山水》《蓬莱仙境》《西海石林》等 71 幅中国画作品。

J0028175
黄迪杞画集 黄迪杞绘
福州 福建美术出版社 1999 年 29cm（18 开）
ISBN：7-5393-0858-3
定价：CNY68.00，CNY108.00（精装）
　　现代中国画画册。作者黄迪杞（1929— ），字晴川，福建福清人。毕业于福建师范大学艺术系。历任福建人民出版社、福建画报社美术编辑，福建美术出版社美术编辑、编审，福建省美协常务理事、理事，中国年画研究会理事、福州涌泉书画社社长。中国美术家协会会员。作品有《郑成功收复台湾》《满堂红》《丰碑》。出版有《黄迪杞古典人物画辑》《黄迪杞书画集》《黄迪杞画集》等。

J0028176
黄强画集 黄强绘；深圳市美术家协会编
深圳 海天出版社 1999 年 16 页 29cm（16 开）
ISBN：7-80654-106-3 定价：CNY360.00［全套］
（深圳美术家画库）
　　现代中国画画册。作者黄强（1933— ），广东大埔人，深圳大学教授、广东省美协会员、深圳市老龄人书画会副会长。绘有《黄强画集》等。

J0028177
黄唯理国画集［黄唯理绘］
北京 大众文艺出版社 1999 年 有照片 29cm（16 开）ISBN：7-80094-774-2

定价：CNY150.00（全 10 册）
（当代中国书画家精品系列书画集）

J0028178
黄仲方画集 黄仲方绘
上海 上海书画出版社 1999 年 163 页 29cm（16 开）精装 ISBN：7-80635-405-0
定价：CNY160.00
　　现代中国画画册。

J0028179
黄胄黄泛区写生集 黄胄绘
石家庄 河北美术出版社 1999 年 54 页 25×26cm ISBN：7-5310-1086-0
定价：CNY32.00

J0028180
慧墨心画——王玉良 王玉良绘
合肥 安徽美术出版社 1999 年 30 页 28cm（大 16 开）ISBN：7-5398-0745-8
定价：CNY18.00
（当代风格派画家作品集）
　　现代中国画水墨画画册。

J0028181
吉林省书画院画集 吉林省书画院编
长春 吉林美术出版社 1999 年 116 页 28×28cm 精装 ISBN：7-5386-0781-1
定价：CNY150.00

J0028182
季从南画集［季从南绘］
兰州 甘肃人民美术出版社 1999 年 82 页 26×26cm ISBN：7-80588-320-3
定价：CNY88.00，CNY98.00（精装）
　　本画册收入作者的中国画作品《盛载而归》《祁连深处》《天下雄关》《踏春》《澜沧江畔》《傣家小院》《黄山薄团松》等 80 多幅。中英文本。作者季从南（1932— ），字季节，浙江温州人，中国工艺美术学会高级会员、中国美术家协会会员、甘肃民进书画研究会副会长。主要作品有《刨红薯》《打麻绳》《丝绸古道万里图》等。

J0028183
家生作品 刘家生绘

北京　中国世界语出版社　1999 年　29cm（16 开）
ISBN：7-5052-0403-3　定价：CNY28.00
（当代中国艺术家丛书［第 2 辑］中国画）

J0028184
江山卧游（赖恬昌书画）
香港　香港大学美术博物馆　1999 年　63 页
29cm（16 开）　ISBN：962-8038-17-6

J0028185
将军书画　情系电大（广东大埔县广播电视大
学张晋奇校长收藏集）李益民，周湘泉主编
北京　中央广播电视大学出版社　1999 年　165 页
有肖像及照片 26cm（16 开）
ISBN：7-304-01799-6　定价：CNY30.00

J0028186
姜林和画集　姜林和绘
北京　九州图书出版社　1999 年　99 页
36cm（15 开）　精装　ISBN：7-80114-376-0
定价：CNY258.00
　　　现代中国画画册。

J0028187
姜绍华夏德起书画集　姜绍华书；夏德起绘
天津　天津杨柳青画社　1999 年　29cm（16 开）
精装　ISBN：7-80503-426-5　定价：CNY75.00

J0028188
蒋峰画集　蒋峰绘
天津　天津杨柳青画社　1999 年　78 页　38cm（6 开）
精装　ISBN：7-80503-450-8　定价：CNY135.00
　　　现代中国画画册。

J0028189
蒋振兴国画集　林茂镪，詹锡芬，庄蕙菁［编辑］
彰化　彰化县立文化中心　1999 年　76 页
有肖像 26cm（16 开）　ISBN：957-02-3146-7

J0028190
金意庵诗书画印集［金意庵著］；阎书勤主编
长春　吉林美术出版社　1999 年　95 页　有图
38cm（6 开）　精装　ISBN：7-5386-0806-0
定价：CNY268.00
　　　作者金意庵（1915—2002），满族，书法家、

学者、诗人、鉴赏考据家。本名爱新觉罗·启族，
生于北京。曾任吉林师范学院教授、中国书协篆
刻艺术委员会会员、吉林省书法家协会名誉主
席、吉林省书画院名誉院长等。代表作品有《洞
庭春色赋》《中山松醪赋》等。

J0028191
进入都市（当代水墨实验专题集）　深圳美术
馆，广东美术馆主编
南宁　广西美术出版社　1999 年　115 页　29cm
（12 开）　ISBN：7-80625-720-9　定价：CNY80.00
（20 世纪中国美术状态丛书　第一辑）
　　　本书收录了《棕色画室》《蓝紫色画室》《玫
瑰色画室》《室内》《麻将》《城市垃圾》等水墨画
作品 72 幅。

J0028192
敬庭尧画集［敬庭尧绘］；车永仁主编
天津　天津人民美术出版社　1999 年　159 页
38cm（6 开）　精装　ISBN：7-5305-1140-8
定价：CNY320.00，CNY350.00（豪华）
　　　本书包括敬庭尧的《乡恋》《重逢》《三个傣
女》《月夜》《长夜》《春到太行》《高原晨曲》等
66 幅中国画绘画作品。作者敬庭尧（1949—　），
国家一级美术师。生于四川射洪。历任中国美
术家协会会员、西藏自治区美术家协会顾问、北
京美术家协会理事。著有《敬庭尧速写集》等。

J0028193
空谷作品　空谷绘
北京　中国世界语出版社　1999 年　29cm（16 开）
ISBN：7-5052-0403-3　定价：CNY28.00
（当代中国艺术家丛书　中国画）
　　　现代中国画画册，中英文本。

J0028194
孔维克画集（中英文本）［孙维克绘］；杨宪
金主编
北京　西苑出版社　1999 年　207 页　37cm　精装
ISBN：7-80108-253-2
定价：CNY380.00，CNY420.00（盒装）
　　　本书收入孔维克的《公车上书》《沐》《故乡
小调》《秋阳高高照南坡》等多幅中国画作品。

J0028195

苦行探道迹 贾又福著

石家庄 河北教育出版社 1999年 133页

有照片图 15cm（64开） 精装

ISBN：7-5434-3502-0 定价：CNY48.00

（当代书画家艺术丛书）

本画册收集了创作者的代表作品，辑录了画家的简要生平介绍，并收录了画家关于作品创作的感悟、创作心得、创作背景及题材来由等的随笔。作者贾又福（1942— ），画家。河北省肃宁县人，毕业于中央美术学院。历任中央美术学院教授、博士生导师。代表作品《贾又福谈画篇》《贾又福集：苦修集、怀乡集、观化集》等。

J0028196

黎明画集［黎明绘］

北京 人民美术出版社 1999年 252页

38cm（6开） 精装 ISBN：7-102-01494-5

定价：CNY260.00

本书收作者中国画作品109幅，包括《影树双雀》《三巴夕照》《澳门海角》《鸭》《达摩》《初雪》等。中英文本。作者黎明（1929— ），原名黎国安，生于澳门，祖籍广东佛山。香港春潮画会会长、广东省美术家协会第九届副主席。绘有《黎明画集》。

J0028197

李德君画集 李德君［绘］

石家庄 河北美术出版社 1999年 28页 29cm（16开） ISBN：7-5310-1279-0 定价：CNY25.00

（20世纪末中国画家作品精选 系列个人专集）

本书是中国画画集。

J0028198

李方玉画集 李方玉绘

西安 陕西人民美术出版社 1999年 30页 29cm（16开） ISBN：7-5368-1149-7 定价：CNY32.00

（艺海寻珍名家书画）

现代中国画画册。

J0028199

李花白水墨画集 李花白［绘］；翁镇希主编

香港 香港百川文化出版社 1999年 89页

42cm（8开） 精装

J0028200

李家骝画集 李家骝绘

天津 天津杨柳青画社 1999年 40页 29×29cm

ISBN：7-80503-439-7 定价：CNY38.00

现代中国画画册。

J0028201

李洁民国画作品优选

北京 人民美术出版社 1999年 41页

29cm（16开） ISBN：7-5314-2260-3

定价：CNY500.00（全10册）

本书为人民美术出版社与辽宁美术出版社合作出版。

J0028202

李可染册页 李可染绘；李可染艺术基金会，浙江人民美术出版社编

杭州 浙江人民美术出版社 1999年 48页 37cm

精装 ISBN：7-5340-0905-7 定价：CNY90.00

（中国画名家册页典藏）

J0028203

李强水墨画集 李强绘

北京 华文出版社 1999年 67页 25×23cm

ISBN：7-5075-0891-9 定价：CNY98.00

J0028204

李山作品 李山绘

西安 陕西人民美术出版社 1999年 34页

29cm（16开） ISBN：7-5368-1125-X

定价：CNY18.00

（中国画名家作品精选）

J0028205

李树人画集 李树人［绘］

深圳 海天出版社 1999年 16页 29cm（16开）

ISBN：7-80654-106-3 定价：CNY360.00［全套］

（深圳美术家画库）

现代中国画画册。作者李树人（1954— ），国画家、书画家。亦名梁绪人，字一舟，号盖丁。湖南祁东人，毕业于湖南衡阳师院美术系。历任中国书画函授大学副教授、中国美术家协会会员、国际文艺家协会学术委员、中国民族书画院名誉院长、教授、高级美术师。代表作品有《空谷令》《黑浪》等，出版有《李树人画集》等。

J0028206

李同安画集 李同安绘

石家庄 河北美术出版社 1999 年 12 页
28cm（大 16 开） ISBN：7-5310-1281-2
定价：CNY13.00
（20 世纪末中国画家作品精选 系列个人专集）
　　本书是中国画画集。

J0028207

李新明画集 李新明绘

北京 中国画报出版社 1999 年 29cm（16 开）
ISBN：7-80024-547-0 定价：CNY24.80
（当代中国艺术家丛书 国画作品 9）
　　现代中国画画册，中英文本。

J0028208

刘大林画集 刘大林［绘］

兰州 甘肃人民美术出版社 1999 年 25×26cm
ISBN：7-80588-324-6 定价：CNY48.80
　　本画册收作者的《万马奔腾》《鸿程万里》《金
戈铁马》《西出阳关》《驼铃声声》《戈壁雄风》《东
边日出西边雨》《春回大地》《高原山谷》《春风
杨柳》《大西北的山》等中国画作品。作者刘大
林（1949—　），高级美术师。字气浩，湖南宁远
县人。甘肃飞天书画学会副会长，作品有《刘大
林画集》等。

J0028209

刘大明画集 刘大明［绘］

深圳 海天出版社 1999 年 16 页 29cm（16 开）
ISBN：7-80654-106-3 定价：CNY360.00［全套］
（深圳美术家画库）
　　现代中国画画册。作者刘大明（1945—　），
教授。生于湖南湘潭，中国书法研究会理事、广
东省书法家协会会员、深圳市美术协会会员、深
圳书画艺术学院特聘教授。出版作品有《刘大明
画集》等。

J0028210

刘福芳画集 刘福芳绘

北京 首都师范大学出版社 1999 年 100 页
38cm（6 开） ISBN：7-81064-032-1
定价：CNY180.00，CNY260.00（精装）
　　现代中国画画册，中英文本。

J0028211

刘开云书画篆刻集 刘开云编著

北京 国际文化出版公司 1999 年 74 页 29cm
（16 开） ISBN：7-80105-785-6 定价：CNY98.00
　　外文书名：Album of Paintings, Calligraphy
and Seal Cuttings by Liu Kaiyun. 作者刘开云
（1957—　），研究员。祖籍重庆，毕业于中南财经
政法大学。历任湖北省社会科学院经济研究所
助研、副研究员，广州市社会科学院《开放时代》
杂志社副社长、研究员（教授）。编著有《刘开云
书画篆刻集》。

J0028212

刘懋善 刘懋善绘

苏州 古吴轩出版社 1999 年 43 页 21cm（32 开）
ISBN：7-80574-450-5 定价：CNY28.00
（苏州国画家 系列丛书）
　　作者刘懋善（1942—　），山水画家、教授。
江苏苏州人，毕业于苏州工艺美术专科学校。历
任中国美术家协会会员、国家一级美术师、苏州
国画院副院长、苏州大学教授。代表作《春风又
绿江南岸》。

J0028213

刘玉璞画集 刘玉璞绘

西安 陕西人民美术出版社 1999 年 30 页 29cm
（16 开） ISBN：7-5368-1150-0 定价：CNY32.00
（艺海寻珍名家书画）
　　现代中国画画册。

J0028214

刘振东作品选（中国当代画家） 刘振东［绘］

济南 山东友谊出版社 1999 年 55 页 27×27cm
ISBN：7-80642-275-7 定价：CNY70.00
　　外文书名：Selected Works by Liu Zhendong,
A Contemporary Chinese Artist.

J0028215

刘知白画集 刘知白绘；顾森主编

贵阳 贵州人民出版社 1999 年 124 页 37cm
精装 ISBN：7-221-05005-8 定价：CNY450.00
　　现代中国画画册。

J0028216

柳学健画集 柳学健绘

北京 人民美术出版社 1999 年 26cm（16 开）
ISBN：7-102-01562-3 定价：CNY34.00

J0028217
鲁石画集 黄福山绘
济南 山东画报出版社 1999 年 39 页 22×22cm
精装 ISBN：7-80603-428-5 定价：CNY48.00
　　现代中国画画册。

J0028218
鲁玉崴怀亲画集 鲁玉崴绘
台北 1999 年 79 页 25×27cm 精装

J0028219
栾正锡画选 栾正锡绘
海口 南海出版公司 1999 年 70 页 29cm（16 开）
ISBN：7-5442-1180-0 定价：CNY60.00
　　现代中国画画册。

J0028220
罗智慧作品集 罗智慧［绘］
成都 四川美术出版社 1999 年 26 页 29cm（16 开）
ISBN：7-5410-1675-6 定价：CNY30.00
　　现代中国画画册，中英文本。

J0028221
骆文冠画集 骆文冠［绘］
深圳 海天出版社 1999 年 16 页 29cm（16 开）
ISBN：7-80654-106-3 定价：CNY360.00［全套］
（深圳美术家画库）
　　现代中国画画册。作者骆文冠（1949—　），
国家一级美术师。号山车，广东和平县人。深圳
市美术家协会主席、广东省美术家协会理事、深
圳市文联委员、协会工作部副主任。出版有《骆
文冠版画选》《骆文冠画集》等。

J0028222
马伯乐 马伯乐绘
苏州 古吴轩出版社 1999 年 43 页 21cm（32 开）
ISBN：7-80574-449-1 定价：CNY28.00
（苏州国画家系列丛书）

J0028223
毛泽东诗词创意画集 许长虹主编
北京 中央文献出版社 1999 年 2 册

38cm（6 开） 精装 ISBN：7-5073-0623-2
定价：CNY1480.00（USD184，HKD1425）
　　现代中国画画册，中英文本。

J0028224
美术书法摄影作品集（石景山区庆祝中华人
民共和国成立五十周年）初建华，李晓强主编；
中共石景山区委宣传部，石景山区文化文物局，
石景山区文联（筹）编
北京 人民中国出版社 1999 年 175 页
28×28cm ISBN：7-80065-688-8
定价：CNY108.00

J0028225
孟凡玉画集 孟凡玉绘
北京 中国档案出版社 1999 年 42 页 26cm（16 开）
ISBN：7-80019-898-7 定价：CNY68.00
　　现代中国画画册。作者孟凡玉（1951—　），女，
生于北京。绘有《孟凡玉画集》。

J0028226
民居庭院 童中焘等绘
苏州 古吴轩出版社 1999 年 38cm（6 开）
ISBN：7-80574-425-4 定价：CNY28.00
（当代艺术新主张）

J0028227
名画韵联 陈韬撰编
上海 上海书画出版社 1999 年 66 页 21×29cm
ISBN：7-80635-605-3 定价：CNY80.00
　　本书收录了朱仁冬、宋道文、金重光等书法
家作品 66 幅，张大壮、俞子才、方增先、汪大伟、
张雄等画家作品 66 幅。

J0028228
墨彩幻象（蒋悦画集 Ⅰ）蒋悦绘
哈尔滨 黑龙江美术出版社 1999 年 40 页
18×21cm ISBN：7-5318-0587-1
定价：CNY28.00

J0028229
墨缘五人集（王小鹰 王恩科 仲继宏 孙宝堂
恽甫铭）［王小鹰等作］
上海 上海画报出版社 1999 年 87 页 29cm（16 开）
ISBN：7-80530-467-X 定价：CNY160.00

本书主要收录了王小鹰等 5 位艺术家的书法绘画作品。

J0028230
南京书画院建院 20 周年作品集
南京 江苏美术出版社 1999 年 29cm（16 开）
精装 ISBN：7-5344-0896-2 定价：CNY203.00

J0028231
宁波书画 宁波市政协书画院编
杭州 西泠印社 1999 年 104+12 页 37cm（6 开）
精装 ISBN：7-80517-296-X 定价：CNY298.00
　　本书收录了宁波书画院以及宁波所属各县、区书画院提供的中国画作品 70 余幅，书法作品 30 余幅，篆刻作品 10 件。

J0028232
牛折桂画集 牛折桂绘
天津 天津人民美术出版社 1999 年 29cm（16 开）
ISBN：7-5305-0920-9 定价：CNY62.00
（当代国画家系列画集）

J0028233
潘天寿作品 潘天寿绘
西安 陕西人民美术出版社 1999 年 35 页 29cm
（16 开）ISBN：7-5368-1158-6 定价：CNY18.00
（中国画名家作品精选）
　　现代中国画画册。作者潘天寿（1897—1971），现代著名国画家，美术教育家，原名天授，字大颐，号寿者。浙江宁海县人。擅画花鸟、山水，兼善指画，亦能书法、诗词、篆刻。曾任中国文联委员、中国美术家协会副主席、浙江省文联副主席、中国美协浙江分会主席、浙江美术学院院长、教授等职。著有《中国绘画史》《听天阁画谈随笔》等。

J0028234
潘裕钰中国画集 潘裕钰绘
苏州 古吴轩出版社 1999 年 93 页 26×27cm
ISBN：7-80574-421-1 定价：CNY98.00

J0028235
彭世强画民居 （中国·北京门头沟·斋堂川底下村）［彭世强绘］；门头沟区委宣传部等编辑
天津 天津杨柳青画社 1999 年 45 页 29cm

（16 开）ISBN：7-80503-497-4 定价：CNY39.00
　　本书收作者《进村》《古道》《道旁》《细雨润村道》《山村春晓》《秋高气爽》等 40 幅民居画。作者彭世强（1944— ），笔名彭城、鹏程。历任中国美术家协会会员、中国书法家协会会员、中国版画家协会会员、中国工艺美术学会会员、中国长城书画院常务理事与副院长。绘有《彭世强画民居：中国·北京门头沟·斋堂川底下村》《彭世强画民居》《水墨丹青绘京西》等。

J0028236
普天同庆 （庆祝中华人民共和国建国五十周年书画集）蒋娟，马俊制作
成都 四川美术出版社 1999 年 116 页
29cm（16 开）ISBN：7-5410-1710-8
定价：CNY110.00

J0028237
齐白石册页 齐白石绘；浙江人民美术出版社编
杭州 浙江人民美术出版社 1999 年 48 页 37cm
精装 ISBN：7-5340-0902-2 定价：CNY90.00
（中国画名家册页典藏）
　　齐白石（1864—1957），近现代中国绘画大师，国画家、篆刻家。湖南湘潭人。原名纯芝，字渭青，号兰亭，后改名璜，字濒生，号白石等。历任国立北京艺术专科学校和京华美术专科学校教习、教授，中央美术学院名誉教授、中国文学艺术界联合会主席团委员、中国画研究会和中国美术家协会主席，中国画院名誉院长。代表作有《蛙声十里出山泉》《墨虾》等。著有《白石诗草》《齐白石作品集》《白石老人自述》等。

J0028238
齐白石画谱 （第四辑　扇面）齐白石绘；郭天民，王晓静编辑
长沙 湖南美术出版社 1999 年 29cm（16 开）
ISBN：7-5356-1357-8 定价：CNY48.00

J0028239
齐白石画谱 （第五辑　册页）齐白石绘；郭天民编辑
长沙 湖南美术出版社 1999 年 29cm（16 开）
ISBN：7-5356-1359-4 定价：CNY84.00

J0028240

乾坤清气（赖瑞龙作品集）赖瑞龙绘著

台北　艺术图书公司 1999 年　214 页　37cm　精装

ISBN：957-672-311-6　定价：TWD1800.00

　　　外文书名：The Art of Nai Swee Leng.

J0028241

乔玉川中国画作品集　乔玉川绘

西安　陕西人民美术出版社 1999 年　81 页　29cm（16 开）　ISBN：7-5368-1187-X

定价：CNY86.00

　　　作者乔玉川（1938— ），毕业于西安美术学院中国画系。历任中国美术家协会会员、中央文史馆书画研究员、陕西省美术家协会顾问、终身艺术委员会委员。出版专著有《乔玉川画集》《乔玉川銮川写生集》《乔玉川人物画集》《乔玉川銮川山水画集》等。

J0028242

清凉世界（饶宗颐书画展）邓伟雄，郑炜明编辑；冯倾城译

澳门　澳门基金会 1999 年　103 页　31cm（10 开）ISBN：972-658-114-1　定价：MOP80.00

　　　外文书名：Terra Pura:exposicao de pintura de caligrafia do Jao Tsung.

J0028243

情系中华（纪念梁漱溟诞辰一百零五周年书画集）刘焕鲁，夏文超主编

济南　山东文艺出版社 1999 年　100 页　29cm（16 开）ISBN：7-5329-1735-5

定价：CNY128.00

J0028244

庆澳门回归马万祺诗词选粹书画作品集　张锲主编

北京　文化艺术出版社 1999 年　13+132 页　有彩照 42cm（8 开）精装 ISBN：7-5039-1932-9

定价：CNY360.00

J0028245

庆祝澳门回归祖国书画作品集　梁秋克主编

北京　新华出版社 1999 年　53 页　25×26cm

ISBN：7-5011-4632-2　定价：CNY100.00

J0028246

裘缉木画集　裘缉木绘

北京　中国华侨出版社 1999 年　28×28cm

ISBN：7-80120-350-X　定价：CNY58.00

　　　现代中国画画册。

J0028247

全国交通系统第三届职工书画大展作品选集　全国交通系统第三届职工书画大展组委会，中国交通书画协会［编］

1999 年　119 页　29cm（16 开）精装

J0028248

人民大会堂珍藏书画　苏秋成，石启忠主编

南京　江苏美术出版社 1999 年　120 页　37cm（8 开）精装 ISBN：7-5344-0911-X

定价：CNY500.00

J0028249

任峰扬画集　任峰扬绘

青岛　青岛出版社 1999 年　48 页　29cm（16 开）ISBN：7-5436-2176-2　定价：CNY60.00

　　　现代中国画画册。

J0028250

陕西国画院青年画家作品集　方平等绘

西安　陕西人民美术出版社 1999 年　29cm（16 开）ISBN：7-5368-1134-9　定价：CNY50.00

J0028251

陕西书画集　祁建民，李朝成主编

西安　陕西人民美术出版社 1999 年　132 页　29cm（16 开）　ISBN：7-5368-1237-X

定价：CNY88.00

J0028252

邵洛羊画集　邵洛羊绘

上海　上海画报出版社 1999 年　146 页　37cm精装 ISBN：7-80530-529-3　定价：CNY320.00

　　　现代书法印谱中国画画册。作者邵洛羊（1917—2009），美术理论家。字青溪，浙江宁波人，毕业于上海新华艺专国画系。历任上海中国画院艺术顾问、上海交通大学教授、中国美术家协会和中国书法家协会会员。代表作品有《李思训》《李唐》等。

J0028253
沈钧儒纪念馆藏书画选集 沈钧儒纪念馆编
杭州 西泠印社 1999年 154页 37cm 精装
ISBN：978-7-80517-028-2 定价：CNY280.00

J0028254
沈柔坚画选（1980—1998） 沈柔坚绘；徐昌
酩主编
上海 文汇出版社 1999年 103页 38cm（6开）
精装 ISBN：7-80531-637-6 定价：CNY280.00
　　现代中国画画册。

J0028255
沈柔坚意大利之行 沈柔坚绘
苏州 古吴轩出版社 1999年 25×26cm
ISBN：7-80574-420-3 定价：CNY38.00
　　现代中国画画册。作者沈柔坚（1919—
1998），画家，教授。福建诏安人。历任上海大学
美术学院教授、中国美术家协会常务理事、中国
美术家协会上海分会副主席、中国版画家协会副
主席。代表作品有《拉纤者》《田野》《拾草》《为
了正义》《庆功图》等。

J0028256
诗书画缘［赵学健著］；谭祝平主编
北京 中国文联出版公司 1999年 134页
37cm（8开） 精装 ISBN：7-5059-3175-X
定价：CNY320.00
　　本书作者将与众多书画同仁的相互唱和酬
答的有关作品选录出版，包括《缅怀邓公》《登香
山有感》《回归乐》《喜迎牛年》《同乡老友来晤》
等章节内容。

J0028257
石寒画集 石寒绘
北京 中国画报出版社 1999年 29cm（16开）
ISBN：7-80024-547-0 定价：CNY24.80
（当代中国艺术家丛书 国画作品 6）
　　现代中国画画册，中英文本。

J0028258
石墨画集 石墨［绘］
深圳 海天出版社 1999年 16页 29cm（16开）
ISBN：7-80654-106-3 定价：CNY360.00［全套］
（深圳美术家画库）

现代中国画画册。作者石墨（1962—　），国
家二级美术师、深圳市艺术研究会副会长兼秘书
长、上海书画研究院画师兼副秘书长。出版作品
有《石墨画集》等。

J0028259
世纪风（澳门回归诗书画集） 刘淑坤主编
长春 时代文艺出版社 1999年 139页
29cm（16开） 精装 ISBN：7-5387-1320-4
定价：CNY199.90

J0028260
世纪画坛（中国画作品集）
厦门 鹭江出版社 1999年 90页 31cm（8开）
ISBN：7-80610-792-4
定价：CNY167.00，CNY193.00（精装）
　　外文书名：Century's Gallery.

J0028261
世纪画坛大典（廿世纪99名家中国画精品集）
张建华，刘大为主编
广州 岭南美术出版社 1999年 196页
42cm（8开） 精装 ISBN：7-5362-1999-7
定价：CNY480.00

J0028262
世纪之交中国画名家作品选 邱汉桥主编
北京 新华出版社 1999年 21册 29cm（16开）
ISBN：7-5011-4367-6 定价：CNY210.00

J0028263
守涛画集（五 小品部分）［张守涛绘］
济南 山东美术出版社 1999年 42页 26×23cm
ISBN：7-5330-1336-0 定价：CNY48.00
　　本画集收入作者的中国画小品人物画《达
摩》《葬花》《渔夫》《老子出关》《愿者上钩》等多
幅。作者张守涛（1945—　），又名首涛，雅宝堂
主人，生于北京，祖籍山东黄县。历任北京中国
画研究会副会长、香港东方艺术研究院副院长。
代表作品有《漓江山水》《抬头见喜》等，著有《守
涛画集》等。

J0028264
书林尽知音（新华书店60周年书画集） 新华
书店60周年店庆组委会办公室编

北京 人民美术出版社 1999 年 148 页
38cm（6 开）精装 ISBN：7-102-02019-8
定价：CNY160.00

J0028265
水云山梦（彭蕙清的艺术）黄燕芳编辑
香港 香港大学美术博物馆 1999 年 103 页
30cm（10 开）ISBN：962-8038-18-4

J0028266
宋文治艺术馆藏品集 宋文治绘
北京 人民美术出版社 1999 年 105 页 36cm（15 开）
精装 ISBN：7-102-02063-5 定价：CNY150.00
　　作者宋文治（1919—1999），画家。江苏太仓
人。就读于江苏省国画院。曾任南京大学教授、
江苏美协副主席、江苏省国画院副院长等职。代
表作有《白云幽涧图》《蜀江云起》《华岳积翠图》
《水乡春暖》。著作有《宋文治画集》《宋文治作
品选集》等。

J0028267
苏州市书画研究会作品集 苏州市书画研究
会，苏州电视台编
苏州 古吴轩出版社 1999 年 80 页
28cm（大 16 开）ISBN：7-80574-444-0
定价：CNY35.00

J0028268
孙君良 孙君良绘
苏州 古吴轩出版社 1999 年 43 页 21cm（32 开）
ISBN：7-80574-448-3 定价：CNY28.00
（苏州国画家 系列丛书）

J0028269
台湾乡情水墨画展 苏启明主编
台北 历史博物馆 1999 年 87 页 有照片
30cm（10 开）ISBN：957-02-3369-9

J0028270
唐骏画集 唐骏绘；深圳市美术家协会编
深圳 海天出版社 1999 年 16 页 29cm（16 开）
ISBN：7-80654-106-3 定价：CNY360.00［全套］
（深圳美术家画库）
　　现代中国画画册。作者唐骏（1947— ），出
生于广西玉林，深圳市语言文字工作委员会办公

室副主任、市硬笔书法协会副会长，绘有《唐骏
画集》等。

J0028271
唐诗三百首［刘旦宅等领衔绘画］
上海 上海辞书出版社 1999 年 310 页
20cm（32 开）ISBN：7-5326-0599-X
定价：CNY36.00
（名家配画诵读本）
　　现代唐诗鉴赏配中国画画册。

J0028272
唐宋词三百首［周阳高绘］
上海 上海辞书出版社 1999 年 310 页 20cm
（32 开）ISBN：7-5326-0600-7 定价：CNY36.00
（名家配画诵读本）

J0028273
天安门世纪珍藏 天安门地区管理委员会供稿
北京 人民美术出版社 1999 年 167 页
26×38cm ISBN：7-102-02066-X
定价：CNY106.00
　　现代中国画画册。

J0028274
田博庵画集 田博庵［绘］
石家庄 河北美术出版社 1999 年 44 页 29cm
（16 开）ISBN：7-5310-1284-7 定价：CNY35.00
（20 世纪末中国画家作品精选 系列个人专集）
　　本书是中国画画集。作者田博庵（1958— ），
画家。原名田伯安，字庚石，山东人，毕业于山
东工艺美校与菏泽师专艺术系。历任菏泽曹州
书画院任专职画师、菏泽地区青年美术家协会副
主席、菏泽东方美术研究院名誉院长、河南省美
协花鸟画艺委会会员、郑州嵩山书画院专职画
家。代表作品有《胜似春光》《春酣图》《嵩岳秋
深》《朝露晨风》《红荷》等。

J0028275
同庆辉煌（书画作品专集）《同庆辉煌》编委
会编；张云海主编
北京 改革出版社 1999 年 152 页 37cm
ISBN：7-80143-277-0 定价：CNY199.00

J0028276

汪峰画集（第一集）汪峰绘
天津　天津杨柳青画社　1999 年　29cm（16 开）
ISBN：7-80503-445-1　定价：CNY17.80
　　现代中国画画册，中英文本。外文书名：
Selected Pictures of Wang Feng.

J0028277

汪国新画集　汪国新绘
北京　人民美术出版社　1999 年　124 页　37cm
ISBN：7-102-02048-1　定价：CNY130.00
　　现代中国画山水画画册，中英对照。作者汪
国新（1947—　），国家一级美术师。湖北宜昌人。
历任中国法治诗书画院院长、文化部中国书画院
国画院副院长、中国美协艺委会委员。代表作有
《长江三部曲》《汪国新长江万里风情图》《汪国
新新绘全本三国演义》等

J0028278

汪西邦书画集　汪西邦［作］
天津　天津人民美术出版社　1999 年
29cm（18 开）　ISBN：7-5305-0985-3
定价：CNY68.00，CNY78.00（精装）

J0028279

汪伊虹画集　宋富盛主编
太原　山西人民出版社　1999 年　有照片
28×29cm　精装　ISBN：7-203-03814-9
定价：CNY78.00
（当代中国画家系列画册）

J0028280

王鹏飞国画集［王鹏飞绘］
北京　大众文艺出版社　1999 年　有照片
29cm（16 开）　ISBN：7-80094-774-2
定价：CNY150.00（全 10 册）
（当代中国书画家精品系列书画集）

J0028281

王舜来画集　王舜来［绘］
石家庄　河北美术出版社　1999 年　44 页　29cm
（16 开）　ISBN：7-5310-1282-0　定价：CNY35.00
（20 世纪末中国画家作品精选　系列个人专集）
　　本书是中国画画集。

J0028282

王系松画集　王系松著
银川　宁夏人民出版社　1999 年　58 页
28cm（大 16 开）　ISBN：7-227-02019-3
定价：CNY80.00

J0028283

王英钢画集　王英钢绘
石家庄　河北美术出版社　1999 年　28 页
28cm（大 16 开）　ISBN：7-5310-1303-7
定价：CNY25.00
（20 世纪末中国画家作品精选系列个人专集）
　　本书是中国画画集。

J0028284

王有政作品　王有政绘
西安　陕西人民美术出版社　1999 年　29cm
（16 开）　ISBN：7-5368-1161-6　定价：CNY18.00
（中国画名家作品精选）
　　外文书名：Masterpieces of Chinese Famous
Painters Selected Paintings of Wang Youzheng. 作
者王有政（1941—　），画家。山西万荣县人，毕
业于西安美术学院。历任陕西国画院创作研究
室主任、中国美术家协会会员、陕西作协理事。
代表作品有《悄悄话》《捏扁食》《翠翠莉莉和姣
姣》等。

J0028285

微妙音（曦曦诗文书画集）曦曦著
北京　华文出版社　1999 年　171 页　有图　21cm
（32 开）　ISBN：7-5075-0863-3　定价：CNY66.00
（当代中国小作家丛书）

J0028286

吴俊发水墨画集［吴俊发绘］；彭世强编
北京　中国文联出版社　1999 年　51 页　29cm
（16 开）　ISBN：7-5059-3415-5　定价：CNY39.00
　　本画集收录了吴俊发先生的水墨画作品《西
山胜景》《逍遥台》《长江入海归帆来》《黄海之
滨》《月牙山》《漓江行舟》等 51 幅。作者吴俊
发（1927—　），生于江西广丰，中国版画家协会
副主席、江苏省美术家协会顾问。作品有《吴俊
发水墨画集》等。

J0028287
吴孙英中国画 吴孙英绘
呼和浩特 内蒙古人民出版社 1999 年 53 页
38cm（6 开） ISBN：7-204-04882-2
定价：CNY98.00

J0028288
吴野洲画集 ［吴野洲绘］；陈谈［编］
上海 上海书画出版社 1999 年 38cm（6 开）
精装 ISBN：7-80635-513-8 定价：CNY330.00
　　本画集收录了吴野洲的《百燕图》《依样葫
芦》《爱莲图》《银塘清景》《岁寒三友》《秋风明月》
《春意》等多篇作品。

J0028289
吴祯岚画集 吴祯岚绘
西安 陕西人民美术出版社 1999 年 30 页 29cm
（16 开） ISBN：7-5368-1143-8 定价：CNY32.00
（艺海寻珍名家书画）
　　现代中国画画册。

J0028290
吴志俭画集 吴志俭绘；深圳市美术家协会编
深圳 海天出版社 1999 年 16 页 29cm（16 开）
ISBN：7-80654-106-3 定价：CNY360.00［全套］
（深圳美术家画库）
　　现代中国画画册。作者吴志俭（1941—　　），
书法家。广东东莞市人，出版有《吴志俭画集》等。

J0028291
婺源行中国画作品集 江苏省美术馆，江西婺
源县委宣传部编
南京 江苏美术出版社 1999 年 57 页 29cm
（16 开） ISBN：7-5344-0899-7 定价：CNY49.00

J0028292
现代重彩画 蒋采苹主编
济南 山东美术出版社 1999 年 122 页 有照片
29cm（16 开） ISBN：7-5330-1323-9
定价：CNY86.00
　　本画册大致分两部分，前半部分选收 70 余
幅现代重彩画作品，后半部分是作者们对自己作
品的技法介绍。书后附有本集所收画家的照片
和介绍。

J0028293
萧荣府书画集 林茂锯，詹锡芬，庄惠菁［编辑］
彰化县 彰化县立文化中心 1999 年 有肖像
26cm（16 开） ISBN：957-02-5290-1

J0028294
小蝉画集（岁初的痕迹） 小蝉绘
北京 知识出版社 1999 年 29cm（16 开）
ISBN：7-5015-2380-0 定价：CNY98.00
　　现代中国画画册，中英文本。

J0028295
谢伯子画集 ［谢伯子绘］
上海 上海书画出版社 1999 年 38cm（6 开）
精装 ISBN：7-80635-510-3 定价：CNY360.00
　　本书收入中国画画家谢伯子的《松猿》《山
水》《抚孤松而磐桓》《高丘独坐》《秋山闲话》《雨
花台》等绘画作品 100 多幅。

J0028296
熊宇安画集 熊宇安绘；深圳市美术家协会编
深圳 海天出版社 1999 年 16 页 29cm（16 开）
ISBN：7-80654-106-3 定价：CNY360.00［全套］
（深圳美术家画库）
　　现代中国画画册。作者熊宇安（1943—　　），
字里庚，江西武宁人，深圳美术装饰工程有限公
司设计师，绘有《熊宇安画集》等。

J0028297
徐龙书画集 徐龙绘
广州 岭南美术出版社 1999 年 37cm 精装
ISBN：7-5362-2032-4 定价：CNY380.00
　　现代中国画画册。

J0028298
徐源绍 徐源绍绘
苏州 古吴轩出版社 1999 年 43 页 21cm
（32 开） ISBN：7-80574-451-3 定价：CNY28.00
（苏州国画家 系列丛书）

J0028299
许家麟画集 许家麟著
银川 宁夏人民出版社 1999 年 59 页 29cm
（16 开） ISBN：7-227-02018-5 定价：CNY80.00

J0028300

薰风（陈永锵 1998）陈永锵著；广东美术馆编
海口 海南出版社 1999年 94页 29cm（12开）
ISBN：7-80645-264-8 定价：CNY180.00
（现当代艺术家丛书 第一辑）
　　现代中国画画册。作者陈永锵（1948—　），
画家。生于广州，祖籍广东南海西樵，毕业于广
州美术学院国画系研究生班。历任广州市文化
局副局长兼广州画院院长、广东美术家协会副主
席、中国国家画院研究员、岭南画派纪念馆名誉
馆长等。作品有《南天开阔好纵横》《南粤雄风》
《岭南花》《雄姿英发》。

J0028301

严家宽画集（从澳大利亚沙漠到中国西南部
峡谷）严家宽绘
武汉 长江文艺出版社 1999年 95页 28×29cm
精装 ISBN：7-5354-1886-4 定价：CNY168.00
　　现代中国画之彩墨画画册。作者严家宽
（1950—　），教师。湖北鄂城人。湖北大学艺术
教研室任国画课教师。绘有《严家宽画集》等。

J0028302

颜景龙画集 颜景龙［绘］
石家庄 河北美术出版社 1999年 28页 29cm
（16开） ISBN：7-5310-1301-0 定价：CNY25.00
（20世纪末中国画家作品精选 系列个人专集）
　　现代中国画画册。

J0028303

雁塔题名作品集 解守涛主编
西安 陕西人民美术出版社 1999年 275页
有图 29cm（16开） ISBN：7-5368-1213-2
定价：CNY128.00
　　本作品集为庆祝中华人民共和国建国五十周
年，而出版的现代中国画书法及古代碑帖画册。

J0028304

杨德举国画作品精选［杨德举绘］
北京 人民美术出版社 1999年 41页
28cm（大16开） ISBN：7-102-02253-0
定价：CNY500.00（全10册）
（跨世纪中国美术家协会会员·精品画库 云南卷）
　　本书与辽宁美术出版社合作出版。

J0028305

杨克媛画集 杨克媛绘
北京 中国画报出版社 1999年 29cm（16开）
ISBN：7-80024-547-0 定价：CNY24.80
（当代中国艺术家丛书 国画作品 4）

J0028306

杨毅书画作品集（国画篇）杨毅编
海口 南海出版公司 1999年 70页 29cm（16开）
ISBN：7-5442-1486-9 定价：CNY66.00（全二册）
　　本画册分《故乡情》《天南地北》《人之心迹》
《花鸟园林》四个部分，收入作者的绘画作品70
多幅。作者杨毅（1949—　），书法家。海南琼山
市人。历任海口市文联副主席、中国书法家协会
会员。作品有《杨毅书画作品集》《影子》等。

J0028307

杨毅书画作品集（书法篇）杨毅编
海口 南海出版公司 1999年 42页 有照片
29cm（16开） ISBN：7-5442-1486-9
定价：CNY66.00（全二册）
　　本书收入作者的行书、楷书、隶书、甲骨文
书法、草书、篆书及篆刻作品《书情心迹》《刘禹
锡诗二首》《古秦淮》等40多件。

J0028308

杨子建画集 杨子建绘
北京 中国画报出版社 1999年 29cm（16开）
ISBN：7-80024-547-0 定价：CNY24.80
（当代中国艺术家丛书 国画作品 19）
　　现代中国画画册，中英文本。

J0028309

叶泉画集 叶泉著
澳门 澳门基金会 1999年 224页 28cm（大16开）
ISBN：972-658-055-2 定价：MOP250.00
　　现代中国画画册，葡萄牙语书名：Pintura de
ip Chen.

J0028310

艺苑掇英（三都澳中国书画作品选集） 张帙
栋主编；宁德市一枝春诗书画社编
福州 福建美术出版社 1999年 126页
29cm（18开） 精装 ISBN：7-5393-0764-1
定价：CNY98.00

J0028311
殷培华美术作品选集［殷培华绘］
杭州　中国美术学院出版社　1999年　237页
37cm　ISBN：7-81019-807-6　定价：CNY330.00
　　本书收录了《欣慰》《三比一》《前面就是俺的家》《请教员》《雨夜灯明》《姐妹俩》《正副书记》等102幅中国画作品。作者殷培华（1943—），国家一级美术师。江苏常熟人。毕业于苏州工艺美术专科学校。曾任《山东民兵》美术编辑、南京军区政治部文艺创作室专职创作员等职。主要作品有《三比一》《总理和老农》《歌别图》等。

J0028312
迎澳门回归（炎黄百子诗词书画集）　高运甲，郑秀明主编；《炎黄百子诗词书画集》编委会编
北京　中国文联出版公司　1999年　100页　有图
29cm（16开）　ISBN：7-5059-3553-4
定价：CNY138.00
　　本书收集了季羡林、启功、张岱年、沈鹏、罗哲文、欧阳中石、关山月、史树清、李铎等著名学者、艺术家及社会知名人士的书画作品。

J0028313
迎接新世纪南北方中国画大展　朱葵等主编
苏州　古吴轩出版社　1999年　169页
38cm（6开）　精装　ISBN：7-80574-462-9
定价：CNY280.00
　　本书收全国著名画家作品160多幅，包括陈大羽的《篆书》、徐纯源的《兰花》、常生华的《山村》等。

J0028314
应野平画集（中国画大师应野平作品集）［应野平绘］；万德祥主编
上海　上海书画出版社　1999年　39cm（8开）
精装　ISBN：7-80635-483-2　定价：CNY660.00
　　本书收入作者的《旭日东升》《九子云峰》《黄山晓色》《锦绣河山》《艳似造化》《泰山纪游》等400余幅作品。作者应野平（1910—1990），教授。曾名野萍、野苹。浙江宁海人。历任新华艺术专科学校教授、上海人民美术出版社编辑室副主任、上海美术专科学校和上海大学美术学院教授。代表作品有《应野平山水画集》《应野平山水画辑》《应野平山水画册》。

J0028315
于友善（九九春运图）　于友善绘；张铭编
天津　天津杨柳青画社　1999年　12页　29×29cm
ISBN：7-80503-432-X　定价：CNY21.00
（中国新工笔画精品赏析）

J0028316
余守谟画选　余守谟绘
合肥　安徽美术出版社　1999年　54页　29cm（16开）
ISBN：7-5398-0419-X　定价：CNY45.00
　　现代中国画画册。

J0028317
袁波（画集）［袁波绘］
天津　天津杨柳青画社　1999年　117页
29cm（16开）　ISBN：7-80503-434-6
定价：CNY159.00，CNY199.00（精装）
　　本画册收作者的水墨画作品有《红与黑》《寒塘》《秋樱》《春晓》《恋》《春深》《竹》《秋浓》等。作者袁波（1955—　），生于河北省保定市南开金村庄，旅居日本，日本JIAS国际美术家协会会员，多幅作品参加国际美术展览。

J0028318
岳石画集　岳石绘
北京　中国文联出版社　1999年　200页　37cm
精装　ISBN：7-5059-3402-3　定价：CNY280.00
　　现代中国画画册，版权页题：岳石书画选。

J0028319
云南诗画　'99昆明世博会指挥部宣传文化大型活动部，中国书法艺术研究院西南分院编
昆明　云南人民出版社　1999年　120页
29cm（16开）　ISBN：7-222-02739-4
定价：CNY150.00

J0028320
云南现代重彩画精品选　周文林主编；云南美术出版社编
昆明　云南美术出版社　1999年　107页
25×26cm　ISBN：7-80586-572-8
定价：CNY98.00

J0028321
詹贞元画集　詹贞元绘

深圳　海天出版社　1999 年　16 页　29cm（16 开）
ISBN：7-80654-106-3　定价：CNY360.00（全套）
（深圳美术家画库）

　　现代中国画画册。作者詹贞元（1962—　），
广东惠来人，二级美术师，深圳美术家协会会
员。作品有《寒江独钓》《九月红果》等。

J0028322
战士与祖国（"远太杯"军旅业余书画大赛获
奖作品集）总政宣传部编
济南　黄河出版社　1999 年　282 页　29cm（16 开）
精装　ISBN：7-80152-152-8　定价：CNY98.50

J0028323
张大千国画稿集　四川省文化厅等编
成都　四川人民出版社　1999 年　128 页
29cm（16 开）　ISBN：7-220-04443-7
定价：CNY186.00

J0028324
张大千精品集　张大千绘；四川省文化厅等编
成都　四川人民出版社　1999 年　135 页　37cm
精装　ISBN：7-220-04468-2　定价：CNY298.00

J0028325
张大千名迹　张大千绘
成都　四川人民出版社　1999 年　90 页　37cm
精装　ISBN：7-220-04227-2

J0028326
张恳画集　张恳［绘］
兰州　甘肃人民美术出版社　1999 年　58 页　29cm
（16 开）　ISBN：7-80588-304-1　定价：CNY18.00

　　本书收录了《松鹭》《罗汉松》《长眉罗汉》
《双喜迎春》《梅鹤图》《荷塘鸭》等 74 幅中国
画;2 幅书法作品和一些印谱。作者张恳（1908—
2000），画家。学名祖良，江苏常州人，就读于杭
州艺术学院。曾任中国工艺美术学会会员、江苏
省美术家协会会员、江苏省花鸟画研究会特邀研
究员、东坡书院顾问。绘有《张恳画集》等。

J0028327
张鲁国画集　丁成主编
银川　宁夏人民出版社　1999 年　95 页　26cm（16 开）
ISBN：7-5386-0899-0　定价：CNY135.00

J0028328
张乃兴作品　张乃兴绘
北京　中国世界语出版社　1999 年　29cm（16 开）
ISBN：7-5052-0403-3　定价：CNY28.00
（当代中国艺术家丛书［第 2 辑］中国画）
　　现代中国画画册，中英文本。

J0028329
张森画集　张森绘
天津　天津人民美术出版社　1999 年　64 页　29cm
（16 开）　ISBN：7-5305-1099-1　定价：CNY60.00
（中国当代画家书系）

　　现代中国画画册，中英文本。作者张森
（1942—　），书法家、一级美术师。江苏泰县人，
祖籍温州鹿城。历任中国书法家协会理事、中国
书法家协会创作评审委员会委员、上海市书法家
协会顾问、上海市美学学会副主席、上海中国画
院画师。出版有《张森隶书滕王阁序》《张森书
法艺术》《张森隶书岳阳楼记》等。

J0028330
张书旂画集（附画法）张书旂绘著
台北　艺术图书公司　1999 年　再版　114 页
30cm（10 开）　ISBN：957-672-308-6
定价：TWD480.00
（画好国画 59）
　　外文书名：Shu-Chi Chang's Paintings.

J0028331
张志安小品文小品画　张志安著；蔡力武编
南京　江苏美术出版社　1999 年　185 页
29cm（16 开）　ISBN：7-5344-0920-9
定价：CNY168.00
　　现代中国小品文小品画画册。

J0028332
张志中画集　张志中绘
北京　中国世界语出版社　1999 年　26 页
28×27cm　ISBN：7-5052-0422-X
定价：CNY36.00
（中国当代书画家）

J0028333
赵国经王美芳作品选　赵国经，王美芳绘
天津　天津杨柳青画社　1999 年　55 页　25×26cm

ISBN：7-80503-451-6 定价：CNY66.00
　　现代中国画画册。

J0028334
赵维　赵毅画集 赵维，赵毅绘；王非主编
北京　中国画报出版社 1999年 124页 37cm
精装 ISBN：7-80024-559-4 定价：CNY228.00
　　中国现代中国画画册，中英文本。

J0028335
赵振川作品 赵振川绘
西安　陕西人民美术出版社 1999年 33页
29cm（16开） ISBN：7-5368-1176-4
定价：CNY18.00
（中国画名家作品精选）
　　外文书名：Masterpieces of Chinese Famous
Painters Selected Paintings of Zhao Zhenchuan.

J0028336
中国百名知名书画家精品集（迎澳门回归祖
国）赵学健主编
北京　中国文联出版社 1999年 135页 37cm（8开）
精装 ISBN：7-5059-3462-7 定价：CNY488.00
　　外文书名：Reflections from 100 Famous Chinese
Artists.

J0028337
中国当代著名画家作品精选 刘文敏主编
北京　中国三峡出版社 1999年 26cm（16开）
精装 ISBN：7-80099-306-X 定价：CNY56.00

J0028338
中国画三百家 刘大为主编
郑州　河南美术出版社 1999年 349页 42cm（8开）
精装 ISBN：7-5401-0868-1 定价：CNY668.00
　　本书收有《夕阳山外山》《月夜》《白色的盖
头》《孔雀图》《人物》《夏之恋》《人与自然》《春
山新雨》等300余幅中国画。

J0028339
中国画作品集（纪念孔子诞辰2550周年全国
美术作品展 汉英对照）刘国辉等绘；杨恩编；
陈英选；张光宇译
北京　人民美术出版社 1999年 404页 38cm（6开）
盒装 ISBN：7-102-02053-8 定价：CNY660.00

J0028340
中国跨世纪美术家画集（卜敬恒中国画·山
水）［卜敬恒绘］
成都　四川美术出版社 1999年 16页
29cm（16开） ISBN：7-5410-1705-1
定价：CNY100.00（全十册）
　　本画册收入《蜀山霜叶侃冬阳》《古刹》《峨
眉虎溪》《峨眉春晓》《峨眉访仙记》《峨眉金顶》
等十多幅中国画绘画作品。作者卜敬恒（1945—
），画家。四川乐山人。历任嘉州画院副院长、
重庆师范大学美术学院客座教授、孔子中国画院
名誉院长、四川省美术家协会会员等。著有《卜
敬恒山水画集》《'98卜敬恒花鸟画选》等。代表
作有《春风送我上云霄》《一江春水半江花》《云
影摇香》等。

J0028341
中国跨世纪美术家画集（邓嘉德中国画工笔）
［邓嘉德绘］
成都　四川美术出版社 1999年 16页
29cm（16开） ISBN：7-5410-1705-1
定价：CNY100.00（全十册）
　　本画册收入《浪花淘尽英雄》《凤仪亭》《空
城计》《三顾茅庐》《三英战吕布》《秋韵》等多幅
工笔绘画作品。作者邓嘉德（1951— ），美术编
辑、画家。祖籍山东潍坊，出生于四川成都。毕
业于西南师范大学美术学院。历任中国美术家
协会会员、四川省美术家协会副主席、四川美术
出版社社长。作品有《童年的梦》《蓝色的梦》《长
坂坡》等。

J0028342
中国跨世纪美术家画集（郭汝愚中国画花
鸟·人物）［郭汝愚绘］
成都　四川美术出版社 1999年 16页
29cm（16开） ISBN：7-5410-1705-1
定价：CNY100.00（全十册）
　　本画册收入《腊莲双雉》《牡丹山雉》《梨花
双鸠》《腊莲林》《荷花鸳鸯》《芙蓉鲤鱼图》等
20多幅绘画作品。作者郭汝愚（1941— ），画家。
字智光，号芝瑜，生于四川郫县。历任四川省诗
书画院画师、创作研究室主任，四川国际文化交
流中心中国画委员会副会长、成都花鸟画会副会
长。著有《郭汝瑜扇面画集》《佛教人物百图》等。

J0028343

中国跨世纪美术家画集（何兆明中国画花鸟·山水）［何兆明绘］

成都　四川美术出版社　1999 年　16 页

29cm（16 开）ISBN：7-5410-1705-1

定价：CNY100.00（全十册）

　　本画册收入《春晓》《得瓜图》《春酣》《深色胭脂碎剪红》《月是故乡明》《花间双禽》等 25 幅绘画作品。作者何兆明，画家。生于云南昆明，四川省美术家协会会员、人民日报社神州书画院特聘画家、嘉州画院副院长。代表作品有《鹤舞千秋》《立足千年》《重返青衣江》等，著有《峨眉山花鸟》《何兆明画集》等。

J0028344

中国跨世纪美术家画集（毛明祥中国画山水作品）［毛明祥绘］

成都　四川美术出版社　1999 年　16 页

29cm（16 开）ISBN：7-5410-1705-1

定价：CNY100.00（全十册）

　　本画册收入《山雾绽开一片金》《红松》《旷野》《月色》《霏霏春雨》《春消息》《农事》等 20 多幅绘画作品。作者毛明祥（1946— ），国家一级美术师、教授。四川乐山人，毕业于四川美术学院国画系。乐山市书法家协会名誉主席、四川省书法家协会理事、四川省美术家协会山水画会委员、中国书法家协会会员、成都理工大学工程技术学院艺术系教授。著有《毛明祥速写集》《动物奇观》等。

J0028345

中国跨世纪美术家画集（巫成金中国画风情·山水）［巫成金绘］

成都　四川美术出版社　1999 年　16 页

29cm（16 开）ISBN：7-5410-1705-1

定价：CNY100.00（全十册）

　　本书收入《崆峒山晨牧》《月亮山同伴》《童年的故事》《金子山农家》《剑门老磨坊》《高桥清溪》等 21 幅绘画作品。作者巫成金（1955— ），画家、教授。四川三台人。毕业于四川美术学院。历任中国美术家协会会员、中国美术家协会四川分会理事、四川省美术家协会中国画艺委会委员，四川大学艺术学院教授、硕士生导师。出版有《巫成金画集》《巫成金跨世纪丛书》《巫成金速写集》等。

J0028346

中国跨世纪美术家画集（吴绪经中国画人物）［吴绪经绘］

成都　四川美术出版社　1999 年　16 页

29cm（16 开）ISBN：7-5410-1705-1

定价：CNY100.00（全十册）

　　本画册收入《竞技图》《虎门销烟》《青年时代》《性奴》《龙舞图》《对弈图》《人物写生》等绘画作品。作者吴绪经（1945— ），教授。生于四川成都，历任四川省教育学院美术系教授、中国美术家协会会员、中国电影家协会会员。作品有《竞技图》《虎门销烟》《一个共产党员的送葬行列》等。

J0028347

中国跨世纪美术家画集（袁生中中国画新仕女作品）［袁生中绘］

成都　四川美术出版社　1999 年　16 页

29cm（16 开）ISBN：7-5410-1705-1

定价：CNY100.00（全十册）

　　本书收入《嫦娥欲仙》《女娲石》《女狄》《湖畔仙子》《仙女蟠桃图》《凌波仙子》等 19 幅绘画作品。作者袁生中，又名袁笙中，四川人，四川省画院高级画师、四川省政协书画研究院画家、成都中国画人物画会副会长等。著有《袁生中画集》《袁生中人物画》《袁生中作品》等。

J0028348

中国跨世纪美术家画集（周华君中国画花鸟·山水·人物）［周华君绘］

成都　四川美术出版社　1999 年　16 页

29cm（16 开）ISBN：7-5410-1705-1

定价：CNY100.00（全十册）

　　本画册收入《高山流水曲高和寡》《劝君更饮一杯酒》《易羊图》《硕石有情》《清风有情约黄昏》等 19 幅绘画作品。作者周华君（1963— ），画家、国家二级美术师。生于四川眉山，毕业于四川美术学院。历任中国美术家协会会员、眉山地区文联副主席、美术家协会主席、东坡画院院长。作品有《高山流水曲高和寡》《劝君更饮一杯酒》《易羊图》等。

J0028349

中国跨世纪美术家画集（周明安中国画动物·山水）［周明安绘］

成都　四川美术出版社　1999 年　16 页
29cm（16 开）　ISBN：7-5410-1705-1
定价：CNY100.00（全十册）
　　本画册收入《双雄图》《偕趣》《松岩灵鹫》
《雄狮》《风雪藏北原》《雄风》《清味》《佛手水仙》
等绘画作品。作者周明安（1949—　　），国家二级
美术师。生于广东广州，祖籍山西河曲。历任四
川省诗书画院专业画师、编辑室主任，四川省美
术家协会会员、四川省书法家协会会员、成都市
美术家协会理事。主要作品有《花鸟动物画》《双
雄图》《偕趣》《松岩灵鹫》等。

J0028350
中国扇子艺术精品集《中国扇子艺术精品集》
编委会编
北京　人民美术出版社　1999 年　38cm（6 开）
精装　ISBN：7-102-01920-3　定价：CNY480.00

J0028351
中国最新工笔重彩佳作集　湖北美术出版社
编著
武汉　湖北美术出版社　1999 年　59 页　29cm（16 开）
ISBN：7-5394-0839-1　定价：CNY38.00

J0028352
中华各民族大团圆万岁（'99 喜迎澳门回归
祖国大型书画集）容桂宏主编
北京　国际文化出版公司　1999 年　916 页
42cm（8 开）　精装　ISBN：7-80105-819-4
定价：CNY1999.00
　　本书为当代知名书画家 5000 余件书画作品集。

J0028353
中华六十景诗书画印集　袁维学，博夫著
北京　中国旅游出版社　1999 年　120 页　26cm
（16 开）ISBN：7-5032-1665-4　定价：CNY19.00

J0028354
钟增亚中国画选集　钟增亚［绘］
长沙　湖南美术出版社　1999 年　163 页　42cm（8 开）
精装　ISBN：7-5356-1219-9　定价：CNY368.00

J0028355
周恩来邓颖超珍藏书画选　高振普，廖心文
主编

北京　中央文献出版社　1999 年　164 页
25×25cm　精装　ISBN：7-5073-0662-3
定价：CNY190.00

J0028356
周逢俊画集
天津　天津人民美术出版社　1999 年　38cm（6 开）
精装　ISBN：7-5305-0983-7　定价：CNY260.00

J0028357
周刚画集　周刚绘
深圳　海天出版社　1999 年　16 页　29cm（16 开）
ISBN：7-80654-106-3　定价：CNY360.00（全套）
（深圳美术家画库）
　　现代中国画画册。作者周刚（1970—　　），生
于湖南芷江。广东省美术家协会会员、深圳市美
术家协会理事、龙岗区文联副主席、龙岗区美术
家协会主席、龙岗区文化馆馆员。作品有《女孩
头像》《朝阳》等。

J0028358
周觉钧画集　周觉钧绘
广州　岭南美术出版社　1999 年　94 页
37cm（8 开）　ISBN：7-5362-1553-3
定价：CNY280.00，CNY360.00（精装）
　　现代中国画画册，版权页书名:周觉钧画册。

J0028359
周思聪　卢沉主编；周思聪绘
南宁　广西美术出版社　1999 年　271 页　34cm（10 开）
精装　ISBN：7-80625-750-0　定价：CNY380.00
　　现代中国画画册。

J0028360
周永家画集　周永家绘
北京　人民美术出版社　1999 年　105 页　35cm（15 开）
精装　ISBN：7-102-02064-3　定价：CNY140.00
　　现代中国水墨画与印谱画册，中英文本。

J0028361
朱屺瞻作品集　朱屺瞻绘；朱屺瞻艺术馆编
上海　上海人民美术出版社　1999 年　131 页　43cm
精装　ISBN：7-5322-2172-5　定价：CNY350.00
　　朱屺瞻艺术馆藏现代中国画画册，中英文本。

J0028362
朱重兴画集 朱重兴绘
北京 中国画报出版社 1999年 29cm（16开）
ISBN：7-80024-547-0 定价：CNY24.80
（当代中国艺术家丛书 22）
　　本画集包括：《秋水小钓》《清凉自乐》《仙翁操》《世外禅林》《高山流水》《渔者图》等作品。中英文本。作者朱重兴（1958—　），画家。号文石斋，笔名朱缨。生于福建莆田市。中国诗酒文化协会诗书画院副院长、广东广州越秀画院院长、中国现代民族艺术家协会副主席、北京指墨艺术协会常务理事、莆田县兴安画院副院长。出版有《朱重兴画集》。

J0028363
诸彪画集 诸彪绘
深圳 海天出版社 1999年 16页 29cm（16开）
ISBN：7-80654-106-3 定价：CNY360.00（全套）
（深圳美术家画库）
　　现代中国画册。作者诸彪（1954—　），号南山长客，别署墨诸，广东紫金人。招商局蛇口工业区美术书法协会副会长、南山画院院士。作品有《通什黎族村寨一角》《春风拂坡过》等。

J0028364
邹明彩墨艺术 邹明绘
哈尔滨 黑龙江美术出版社 1999年 32cm（10开）
ISBN：7-5318-0628-2 定价：CNY150.00

现代国画作品——人物、肖像

J0028365
吴光宇古装人物 吴光宇作
北京 荣宝斋［1950—1999年］6幅
定价：CNY0.84

J0028366
陈三五娘 孔继昭，杨夏林作
福州 福建人民出版社 1956年 影印本
19×26cm 统一书号：T8104.1 定价：CNY1.00

J0028367
红楼梦人物画谱 江苏文艺出版社编
南京 江苏文艺出版社 1959年 影印本 48幅

26cm（16开）线装 统一书号：8141.612
定价：CNY1.50
　　中国现代人物画作品集。共收入红楼梦人物画50幅。

J0028368
西厢记 （元）王实甫著；王叔晖绘
上海 上海人民美术出版社 1959年［16］折
26cm（16开）精装 定价：CNY3.60
　　中国现代人物画画册。绘者王叔晖（1912—1985），女，国画家。字荠芬，生于天津，祖籍浙江绍兴。历任出版总署美术科员、新华书店总管理处美术室图案组组长、人民美术出版社连环画创作组组长。代表作有《西厢记》《林黛玉》《夜宴桃李园》《杨门女将》等。

J0028369
傣族赶摆舞 程十发作
上海 上海人民美术出版社 1960年［1张］
定价：CNY0.12
　　现代中国画作品。作者程十发（1921—2007），画家。出生于上海金山，毕业于上海美术专科学校国画系。代表作品有《丽人行》《迎春图》《列宁的故事》《孔乙己》等。出版有《程十发近作选》《程十发花鸟习作选》《程十发作品展》。

J0028370
傣族赶摆舞 （汉、傣纳、傣仂文对照）程十发作
上海 上海人民美术出版社 1963年 76cm（2开）
定价：CNY0.18
　　现代中国画作品。

J0028371
列宁 （纪念列宁诞生九十周年）
上海 上海人民美术出版社 1960年 25张（套）
定价：CNY3.40
　　中国现代绘画作品。

J0028372
好阿姨 姜学炳绘
［石家庄］河北人民美术出版社 1961年［1张］
定价：CNY0.13
　　本作品为年画形式的中国现代国画人物画。

J0028373

潘杨讼　鲁也画

[哈尔滨] 黑龙江美术出版社 1961 年 [1 幅]

定价: CNY0.20

　　本作品为年画形式的中国现代国画人物画。

J0028374

双枪将陆文龙（1-4）刘汉宗绘; 祁野耘词

[石家庄] 河北人民美术出版社 1961 年 [4 幅]

定价: CNY0.26

　　本作品为年画形式的中国现代国画人物画。

J0028375

西藏舞　叶浅予作

上海　朵云轩 1961 年 [1 张] 53cm（4 开）

　　本作品中国现代国画作品。

J0028376

西藏舞（绫裱立轴）叶浅予作

上海　朵云轩 1961 年 1 轴

　　本作品系中国现代国画作品。

J0028377

昭君出塞　刘振铎作

[哈尔滨] 黑龙江美术出版社 1961 年 [1 幅]

定价: CNY0.13

　　本作品为年画形式的中国现代国画人物画。

J0028378

黄道婆的故事（1-4）程十发画; 汪健编文

上海　上海人民美术出版社 1962 年 4 张

53cm（4 开）定价: CNY0.50

　　本作品为年画形式的中国现代国画人物画。

J0028379

李逵元宵闹东京（1-4）卜孝怀编绘

长春　吉林人民出版社 1962 年 2 张 76cm（2 开）

定价: CNY0.40

　　本作品为年画形式的中国现代国画人物画。作者卜孝怀(1904—1969)，画家。河北安国人，又名卜宪中、卜广中，毕业于北京大学艺术学院。曾任人民美术出版社创作室创作员、中国画院兼职画家、中国美术家协会会员等。代表作品有连环画《刘巧团圆》《水浒》《闹江州》等。

J0028380

毛主席像　张振仕绘

北京　人民美术出版社 1962 年 [1 张]

53cm（4 开）定价: CNY0.13

J0028381

齐白石人物画册

[北京] 荣宝斋 1962 年 10 张(套)

J0028382

人物画选集　李琦等作

上海　上海人民美术出版社 1962 年 1 册（34 幅）

38cm（6 开）精装　统一书号: T8081.5162

定价: CNY12.00

J0028383

少数民族生活写生　李文信等作

上海　上海人民美术出版社 1962 年 8 张(套)

19cm（32 开）统一书号: T8081.8882

定价: CNY0.64

J0028384

文成公主　任嫣叔绘; 田汉题诗

北京　人民美术出版社 1962 年 [1 张]

76cm（2 开）定价: CNY0.25

J0028385

文成公主（汉、藏文对照版）任嫣叔绘; 田汉题诗

北京　人民美术出版社 1963 年 1 张 76cm（2 开）

定价: CNY0.25

　　本作品为年画形式的中国现代国画人物画。

J0028386

文成公主（汉、朝文对照版）任嫣叔绘; 田汉题诗

北京　人民美术出版社 1963 年 1 张 76cm（2 开）

定价: CNY0.25

　　本作品为年画形式的中国现代国画人物画。

J0028387

文成公主（汉、德傣、西双版纳傣、景颇、拉祜文对照版）任嫣叔绘; 田汉题诗

北京　人民美术出版社 1963 年 1 张 76cm（2 开）

定价: CNY0.25

　　本作品为年画形式的中国现代国画人物画。

J0028388

文成公主（汉、傈僳文对照版） 任嫣叔绘；田汉题诗

北京 人民美术出版社 1963 年 1 张 76cm（2 开）

定价：CNY0.25

本作品为年画形式的中国现代国画人物画。

J0028389

文成公主（汉、蒙文对照版）任嫣叔绘；田汉题诗

北京 人民美术出版社 1963 年 1 张 76cm（2 开）

定价：CNY0.25

本作品为年画形式的中国现代国画人物画。

J0028390

文成公主（汉、僮文对照版）任嫣叔绘；田汉题诗

北京 人民美术出版社 1963 年 1 张 76cm（2 开）

定价：CNY0.25

本作品为年画形式的中国现代国画人物画。

J0028391

文成公主（汉、佤文对照版）任嫣叔绘；田汉题诗

北京 人民美术出版社 1963 年 1 张 76cm（2 开）

定价：CNY0.25

本作品为年画形式的中国现代国画人物画。

J0028392

文成公主 （汉、维、哈文对照版） 任嫣叔绘；田汉题诗

北京 人民美术出版社 1963 年 1 张 76cm（2 开）

定价：CNY0.25

本作品为年画形式的中国现代国画人物画。

J0028393

毛主席像 张振仕绘

北京 人民美术出版社 1963 年 108cm（全开）

定价：CNY0.50

本作品系现代中国肖像画。

J0028394

毛主席像

北京 人民美术出版社 1963 年 定价：CNY1.00

本作品系现代中国肖像画。

J0028395

孙悟空三打白骨精（1-4）郭德森绘图；朱羽编词

福州 福建人民出版社 1963 年 4 张 54cm（4 开）

定价：CNY0.36

本作品为年画形式的中国现代国画人物画。

J0028396

昭君出塞（汉、藏文对照版）刘旦宅作

北京 人民美术出版社 1963 年 76cm（2 开）

定价：CNY0.25

本作品为年画形式的中国现代国画人物画。

J0028397

昭君出塞（汉、朝文对照版）刘旦宅作

北京 人民美术出版社 1963 年 76cm（2 开）

定价：CNY0.25

本作品为年画形式的中国现代国画人物画。

J0028398

昭君出塞（汉、德傣、西双版纳傣、景颇、拉祜文对照版）刘旦宅作

北京 人民美术出版社 1963 年 76cm（2 开）

定价：CNY0.25

本作品为年画形式的中国现代国画人物画。

J0028399

昭君出塞（汉、傈僳文对照版）刘旦宅作

北京 人民美术出版社 1963 年 76cm（2 开）

定价：CNY0.25

本作品为年画形式的中国现代国画人物画。

J0028400

昭君出塞（汉、蒙文对照版）刘旦宅作

北京 人民美术出版社 1963 年 76cm（2 开）

定价：CNY0.25

本作品为年画形式的中国现代国画人物画。

J0028401

昭君出塞（汉、僮文对照版）刘旦宅作

北京 人民美术出版社 1963 年 76cm（2 开）

定价：CNY0.25

本作品为年画形式的中国现代国画人物画。

J0028402

昭君出塞（汉、佤文对照版）刘旦宅作

北京 人民美术出版社 1963 年 76cm（2 开）

定价：CNY0.25

　　本作品为年画形式的中国现代国画人物画。

J0028403

昭君出塞（汉、维、哈文对照版）刘旦宅作

北京　人民美术出版社　1963年　76cm（2开）

定价：CNY0.25

　　本作品为年画形式的中国现代国画人物画。

J0028404

毛主席像　张振仕绘

［北京］民族出版社　1964年　［1张］54cm（4开）

定价：CNY0.06

J0028405

毛主席像　张振仕绘

北京　人民美术出版社　1964年　［1张］

54cm（4开）　定价：CNY0.10

J0028406

人物画辑　叶浅予，黄胄作

北京　人民美术出版社　1964年　10幅　38cm（6开）

统一书号：8027.4257　定价：CNY2.00

　　作者叶浅予（1907—1995），教授、画家。浙江桐庐人。历任中国美协副主席、中国画研究院副院长、中央美院教授。曾为茅盾小说《子夜》、老舍剧本《茶馆》等书插图。作品有长篇漫画《王先生》《小陈留京外史》《天堂记》等。著有《画馀记画》《十年恶梦录》等。作者黄胄（1925—1997），画家、社会活动家、收藏家。字映斋，河北蠡县人。历任总政治部文化部创作员、中国画研究院副院长、中国美术家协会常务理事等。代表作品有《洪荒风雪》《巡逻图》等，出版有《黄胄书画论》《黄胄作品集》《黄胄谈艺术》等。

J0028407

双枪老太婆　王宇文编绘；贾世海，李万章刻

［石家庄］河北人民美术出版社　1964年　4张

53cm（4开）　定价：CNY0.20

　　本作品为年画形式的中国现代国画人物画。

J0028408

苏武　任率英绘

［石家庄］河北人民美术出版社　1964年　4张

53cm（4开）　定价：CNY0.30

　　本作品为年画形式的中国现代国画人物画。作者任率英（1911—1989），画家。原名散表，河北束鹿人。擅长工笔画、连环画、年画。历任中国美术家协会会员、中国连环画研究会顾问、北京东方书画研究社社长、北京工笔重彩画协会副会长、北京中国画研究会理事、北京工业大学书画协会顾问。代表作品有《嫦娥奔月》《洛神图》《梁红玉击鼓战金山》等。

J0028409

现代人物画选　鲁少飞编

北京　人民美术出版社　1964年　［84］页　19cm（32开）统一书号：8027.4167　定价：CNY1.28（美术丛书）

J0028410

黛玉葬花　刘旦宅作

［上海］朵云轩　1965年　［1张］

　　本作品为中国现代国画人物画。

J0028411

刘文学　中国少年儿童出版社编绘

［北京］中国少年儿童出版社　1965年

53cm（4开）　定价：CNY0.09

　　本作品为年画形式的中国现代国画人物画。

J0028412

毛泽东同志（彩色油画）

北京　人民美术出版社　1965年　［1张］

76cm（2开）　定价：CNY0.30

J0028413

贫下中农好队长　胡振郎绘

上海　上海人民美术出版社　1965年　［1张］

76cm（2开）　定价：CNY0.15

　　本作品为年画形式的中国现代国画人物画。

J0028414

谢荣策　中国少年儿童出版社编绘

［北京］中国少年儿童出版社　1965年

53cm（4开）　定价：CNY0.09

　　本作品为年画形式的中国现代国画人物画。

J0028415

农村放映员　忻礼良绘

上海　上海人民美术出版社　1966年［1张］
76cm（2开）定价：CNY0.15

　　本作品为年画形式的中国现代国画人物画。作者忻礼良（1913—？），浙江鄞县人。　擅长年画。曾任上海画片出版社特约作者、上海人民美术出版社创作人员等职。代表作品有《毛主席和我们在一起》《姑嫂选笔》《拾到五分钱》等。

J0028416
"爱民模范"盛习友　中国人民解放军济南部队供稿
北京　人民美术出版社　1972年［1幅］108cm（全开）统一书号：8027.5686　定价：CNY0.28

　　本作品为年画形式的中国现代国画人物画。

J0028417
老师教我第一课　刘广武画
长春　吉林人民出版社　1972年　76cm（2开）
定价：CNY0.14

　　本作品为年画形式的中国现代国画人物画。

J0028418
刘胡兰（四条屏）《刘胡兰》创作小组编绘
太原　山西人民出版社　1972年　2张　76cm（2开）
定价：CNY0.24

　　本作品为年画形式的中国现代国画人物画。

J0028419
毛主席来到咱棉田　张瑜生画
石家庄　河北人民出版社　1972年　76cm（2开）
定价：CNY0.16

　　本作品为年画形式的中国现代国画人物画。

J0028420
毛主席万岁　姜贵恒，魏瀛州画
长春　吉林人民出版社　1972年　76cm（2开）
定价：CNY0.16

　　本作品为年画形式的中国现代国画人物画。

J0028421
董存瑞的故事　李惠芬，曾廷仲绘
成都　四川人民出版社　1973年　76cm（2开）
定价：CNY0.14

　　中国现代年画作品。作者曾廷仲（1940—　），画家、美术编辑。四川隆昌人。毕业于西南师范

学院图画科。曾任四川美术出版社年画编辑室主任、副编审、中国美协会员。作品有《董存瑞的故事》（合作）《保护青蛙》《幸福长春》等。

J0028422
老英雄回到雁翎队　辛鹤江画
石家庄　河北人民出版社　1973年　76cm（2开）
定价：CNY0.14

　　本作品为年画形式的中国现代国画人物画。

J0028423
女民兵　黄宝荪画
济南　山东人民出版社　1973年　76cm（2开）
定价：CNY0.14

　　本作品为年画形式的中国现代国画人物画。

J0028424
女拖拉机手　李成义画
石家庄　河北人民出版社　1973年　76cm（2开）
定价：CNY0.14

　　本作品为年画形式的中国现代国画人物画。

J0028425
山村女教师　白铭洲画
长春　吉林人民出版社　1973年　76cm（2开）
定价：CNY0.14

　　本作品为年画形式的中国现代国画人物画。

J0028426
同学　胡今涛作
合肥　安徽人民出版社　1973年　1张　76cm（2开）
定价：CNY0.11

　　现代中国画作品。

J0028427
伟大国际主义战士白求恩（四条屏）　和礼等编绘
长春　吉林人民出版社　1973年　1张　76cm（2开）
定价：CNY0.32

　　本作品为年画形式的中国现代国画人物画。

J0028428
我是"公社小社员"　沈启鹏作
南京　江苏人民出版社　1973年　1张　76cm（2开）
定价：CNY0.14

现代中国画作品。作者沈启鹏（1946— ），画家。历任南通美术家协会主席，南通书画研究院院长。代表作品《大汛》《海子牛》《二月二回娘家》。

J0028429

英雄的大庆工人（四条屏） 于美成等绘；大庆文化馆，北京画院供稿

北京 人民美术出版社 1973年 76cm（2开）

定价：CNY0.22

本作品为年画形式的中国现代国画人物画。作者于美成（1943— ），壁画家、美术理论家。山东汶上人，毕业于哈尔滨师范大学。历任哈尔滨工业大学建筑学院教师、黑龙江省版画院副秘书长、中国美术家协会会员。壁画作品有《大唐册封渤海郡王》《鹤翔云应》《群峰竞秀》《欢乐歌》，著有《壁画与壁画创作》《广告与传媒》《晁楣论》等。

J0028430

中国画人物形象选（1973）

天津 天津人民美术出版社 1974年 16幅 26cm（16开）统一书号：8073.50026 定价：CNY0.75

J0028431

东海小哨兵（四条屏） 叶其璋，章锦荣绘画

[杭州] 浙江人民出版社 1975年 2张

76cm（2开） 定价：CNY0.22

本作品为年画形式的中国现代国画人物画。

J0028432

海上女民兵 陈政明作

[广州] 广东人民出版社 1975年 [1张]

76cm（2开） 定价：CNY0.14

本作品为年画形式的中国现代国画人物画。作者陈政明（1941— ），画家。广东普宁人，毕业于汕头市师范学校。历任中国美术家协会理事、广东美协中国画艺术委员会副主任、汕头市美术家协会主席、汕头中国画院院长，国家一级美术师。代表作有《南海晨曲》《特区姑娘》《夕阳红》等，出版有《陈政明画集》《陈政明国外写生画集》等。

J0028433

林海哨兵 王善生画

[长春] 吉林人民出版社 1975年 [1张]

76cm（2开） 定价：CNY0.14

本作品为年画形式的中国现代国画人物画。

J0028434

书记在车间 孙雅茹画

[长春] 吉林人民出版社 1975年 [1张]

76cm（2开） 定价：CNY0.14

本作品为年画形式的中国现代国画人物画。

J0028435

信儿捎给台湾小朋友 谢从荣，林永权作

北京 人民美术出版社 1975年 1张 53cm（4开）

定价：CNY0.07

现代中国画作品。

J0028436

渤海女炮手 刘晓莉绘

北京 人民出版社 1976年 1张 76cm（2开）

定价：CNY0.14

本作品为年画形式的中国现代国画人物画。

J0028437

红色宣传员 戴士和绘；韩双东配诗

北京 人民美术出版社 1976年 2张 76cm（2开）

定价：CNY0.28

本作品为年画形式的中国现代国画人物画。

J0028438

鲁迅先生像 方增先绘

上海 上海书画社 1976年 53cm（4开）

定价：CNY0.18

中国现代国画人物画作品。作者方增先（1931— ），国画家。浙江兰溪人，毕业于浙江杭州国立艺术专科学校。历任上海美术馆馆长、中国美术家协会常务理事。出版画集有《方增先人物画》《方增先水墨画诗意画》《方增先古装人物画集》等，专著有《怎样画水墨人物画》《结构素描》《人物画的造型问题》等。

J0028439

女子突击队 傅长顺，李宏非绘

北京 人民出版社 1976年 1张 76cm（2开）

定价：CNY0.14

本作品为年画形式的中国现代国画人物画。

J0028440
我是"公社小社员" 胡明哲绘
北京 人民出版社 1976 年 1 张 76cm（2 开）
定价：CNY0.14
　　本作品为年画形式的中国现代国画人物画。

J0028441
我也要做赤脚医生 徐凡作
南京 江苏人民出版社 1976 年 1 张 76cm（2 开）
定价：CNY0.14
　　现代中国画作品。

J0028442
喜迎新战友 武立明，黄金声绘
北京 人民出版社 1976 年 1 张 76cm（2 开）
定价：CNY0.14
　　本作品为年画形式的中国现代国画人物画。

J0028443
小小赤脚医生 侯林甫等绘
北京 人民出版社 1976 年 1 张 76cm（2 开）
定价：CNY0.14
　　本作品为年画形式的中国现代国画人物画。

J0028444
信儿捎给台湾小朋友（木版水印，绫裱画轴）
谢从荣，林永权作
上海 上海书画社 1976 年［1 轴］
　　中国现代国画作品。

J0028445
到劳动大学去 师峰光作
兰州 甘肃人民出版社 1977 年［1 张］
76cm（2 开）定价：CNY0.14
　　本作品为年画形式的中国现代国画人物画。

J0028446
到劳动大学去（全国美展作品）师峰光作
沈阳 辽宁人民出版社 1977 年 1 页 39cm（8 开）
定价：CNY0.08
　　本作品为年画形式的中国现代国画人物画。

J0028447
到劳动大学去 师峰光作
北京 人民美术出版社 1977 年 1 张 39cm（8 开）

定价：CNY0.14
　　本作品为年画形式的中国现代国画人物画。

J0028448
华国锋同志在一六六中 北京幻灯制片厂，陕西幻灯印刷厂编绘
西安 陕西人民出版社 1977 年 76cm（2 开）
定价：CNY0.14
　　本作品为年画形式的中国现代国画人物画。

J0028449
毛主席和小八路 刘文西作
北京 人民美术出版社 1977 年 1 页 39cm（8 开）
定价：CNY0.14
　　本作品为年画形式的中国现代国画人物画。

J0028450
毛主席像 王式廓作
北京 人民美术出版社 1977 年 39cm（8 开）
定价：CNY0.14
　　中国现代版画作品。

J0028451
我们热爱华主席 陈亚非作
合肥 安徽人民出版社 1977 年 76cm（2 开）
定价：CNY0.14
　　现代中国画作品。

J0028452
我们热爱华主席 于占德画
济南 山东人民出版社 1977 年 76cm（2 开）
定价：CNY0.14
　　现代中国画作品。

J0028453
我也要做赤脚医生 徐凡作
南京 江苏人民出版社 1977 年 76cm（2 开）
定价：CNY0.11
　　现代中国画作品。

J0028454
舞剑（木版水印）欧洋作
上海 上海书画社 1977 年 1 页 39cm（8 开）
　　中国现代国画作品。

J0028455
向毛主席汇报 孙国成作
北京 人民美术出版社 1977年 1页 39cm（8开）
定价：CNY0.14
　　中国现代国画作品。

J0028456
中国画人物写生 上海人民出版社编辑
上海 上海人民出版社 1977年 12幅
26cm（16开）套装 定价：CNY0.70

J0028457
《红楼梦》人物——林黛玉（年画）王叔晖作
北京 人民美术出版社 1978年 1张 76cm（2开）
统一书号：8027.6903 定价：CNY0.11
　　本作品为年画形式的中国现代国画人物画。

J0028458
傲雪 吴自强画
福州 福建人民出版社 1978年 76cm（2开）
定价：CNY0.14
　　本作品为年画形式的中国现代国画人物画。
作者吴自强（1943— ），画家。又名吴声，生于江
苏苏州，祖籍浙江杭州。毕业于浙江美术学院
工艺美术系，中国美术家协会会员。曾任浙江人
民出版社美术编辑。作品有《傲雪》《春酣》《西
湖诗词画意百图》《古诗画诗》《唐宋诗意画》等。

J0028459
**初升的太阳——英明领袖华主席接见大庆
家属业余文艺演出队** 刘田军画
长春 吉林人民出版社 1978年 76cm（2开）
定价：CNY0.14
　　本作品为年画形式的中国现代国画人物画。

J0028460
贺龙同志在洪湖苏区 程宝泓作
石家庄 河北人民出版社 1978年 76cm（2开）
定价：CNY0.07
　　本作品为年画形式的中国现代国画人物画。

J0028461
贺龙同志在洪湖苏区 程宝泓作
北京 人民美术出版社 1978年 76cm（2开）
定价：CNY0.14

　　本作品为年画形式的中国现代国画人物画。

J0028462
贺龙同志在洪湖苏区（中国画）程宝泓作
北京 人民美术出版社 1978年 8页 19cm（32开）
定价：CNY0.16
　　本书为中国现代国画人物画作品选。

J0028463
贺龙同志在洪湖苏区 程宝泓作
上海 上海人民美术出版社 1978年 76cm（2开）
定价：CNY0.11
　　本作品为年画形式的中国现代国画人物画。

J0028464
华主席率领我们学大庆 沈光伟画
济南 山东人民出版社 1978年 76cm（2开）
定价：CNY0.14
　　本作品为年画形式的中国现代国画人物画。

J0028465
华主席在震区 李鸣鸣画
石家庄 河北人民出版社 1978年 53cm（4开）
定价：CNY0.07
　　本作品为年画形式的中国现代国画人物画。

J0028466
蒋兆和水墨人物画 蒋兆和绘
北京 人民美术出版社 1978年 21页 26cm（16开）
统一书号：8027.6849 定价：CNY0.32

J0028467
敬爱的周总理访问朝鲜 刘庆涛画
长春 吉林人民出版社 1978年 76cm（2开）
定价：CNY0.14
　　本作品为年画形式的中国现代国画人物画。
作者刘庆涛（1941— ），吉林永吉人，毕业于吉
林省中等艺术学校。历任吉林省吉剧团舞美设
计、吉林省春城剧场美术员、吉林省通榆县文化
馆美术干部、长春市宽城文化馆美术干部。作品
有《田头阵地》《泉水咚咚》《绿色的冬天》《敬爱
的周总理访问朝鲜》《春风如意》等。

J0028468
雷锋叔叔在我们行列中 鄂俊大画

长春 吉林人民出版社 1978 年 76cm（2 开）
定价：CNY0.14

　　本作品为年画形式的中国现代国画人物画。

J0028469
李闯王大破洛阳城 李林祥，朱淑媛作画；张
秀时编文
沈阳 辽宁美术出版社 1978 年 2 张（套）
76cm（2 开） 定价：CNY0.22

　　本作品为年画形式的中国现代国画人物画。

J0028470
李自成 刘长恩画
长春 吉林人民出版社 1978 年 76cm（2 开）
定价：CNY0.14

　　本作品为年画形式的中国现代国画人物画。

J0028471
李自成 戴敦邦绘；谢春彦编文
上海 上海人民美术出版社 1978 年 2 张（套）
76cm（2 开） 定价：CNY0.22

　　本作品为年画形式的中国现代国画人物画。
作者戴敦邦（1938—　），国画家，教授。号民间
艺人，江苏丹徒人。毕业于上海第一师范学校。
历任《中国少年报》和《儿童时代》美术编辑、上
海交通大学人文学院教授等。主要作品有《水浒
人物一百零八图》《戴敦邦水浒人物谱》《戴敦邦
新绘红楼梦》《戴敦邦古典文学名著画集》等；连
环画代表作品有《一支驳壳枪》《水上交通站》《大
泽烈火》《蔡文姬》等。

J0028472
鲁迅先生像（木版水印 绫裱画轴） 方增先绘
上海 上海书画社 1978 年 ［1 轴］定
价：CNY12.00

　　中国现代国画人物作品。作者方增先
（1931—　），国画家。浙江兰溪人，毕业于浙江
杭州国立艺术专科学校。历任上海美术馆馆长、
中国美术家协会常务理事。出版画集有《方增先
人物画》《方增先水墨画诗意画》《方增先古装人
物画集》等，专著有《怎样画水墨人物画》《结构
素描》《人物画的造型问题》等。

J0028473
毛主席和小八路 刘文西作

广州 广东人民出版社 1978 年 38cm（6 开）
定价：CNY0.09

　　本作品为年画形式的中国现代国画人物画。

J0028474
毛主席和小八路 刘文西绘
北京 人民美术出版社 1978 年 ［7］页 26cm
（16 开） 统一书号：8027.6662 定价：CNY0.16

　　本作品为年画形式的中国现代国画人物画。

J0028475
溥心畬书画全集（第一册 花鸟篇） 林绿总编辑
［台北］环球书社 1978 年 152 页 38cm（6 开）
精装 定价：TWD1400.00

J0028476
溥心畬书画全集（第二册 人物篇） 林绿总编辑
［台北］环球书社 1978 年 152 页 38cm（6 开）
精装 定价：TWD1400.00

J0028477
人物画习作选（3） 王子武作
北京 人民美术出版社 1978 年 21 页 26cm
（16 开） 统一书号：8027.6940 定价：CNY0.32

J0028478
人物写生选（中国画） 新疆人民出版社编辑
乌鲁木齐 新疆人民出版社 1978 年 16 幅 26cm
（16 开） 统一书号：M8098.329 定价：CNY0.80

J0028479
孙悟空三打白骨精 张洪赞绘画；徐光荣配诗
沈阳 辽宁人民出版社 1978 年 2 张（套）
76cm（2 开） 定价：CNY0.22

　　本作品为年画形式的中国现代国画人物画。

J0028480
体育新花 孙喜田，周洪声画
长春 吉林人民出版社 1978 年 2 张（套）
76cm（2 开） 定价：CNY0.28

　　本作品为年画形式的中国现代国画人物画。

J0028481
团结起来力量大（周总理和小演员在一起）
游龙姑画

上海　上海人民美术出版社　1978 年　1 张
76cm（2 开）定价：CNY0.14

　　本作品为年画形式的中国现代国画人物画。
作者游龙姑（1923—1993），女，画家。福建福州
人。毕业于南京国立中央大学艺术系。曾任中
国美术家协会会员、上海人民美术出版社副编审
等职。主要作品有《支援世界人民的反帝斗争》
《改革开放，建设有中国特色的社会主义》等。

J0028482

杨开慧　张晓飞，劳思等绘
南京　江苏人民出版社　1978 年　4 张（套）
53cm（4 开）定价：CNY0.22

　　本作品为年画形式的中国现代国画人物画。

J0028483

中国画人物头像写生　刘文西作
成都　四川人民出版社　1978 年　20 幅
26cm（16 开）定价：CNY0.90

J0028484

中国画人物写生
天津　天津人民美术出版社　1978 年　16 幅　26cm
（16 开）统一书号：8073.50097　定价：CNY0.90

J0028485

蔡文姬　王怀骐画；牧羊词
石家庄　河北人民出版社　1979 年　2 张
76cm（2 开）定价：CNY0.28

　　本作品为年画形式的中国现代国画人物画。

J0028486

蔡文姬　赵丁画；劳无文
长春　吉林人民出版社　1979 年　2 张　76cm（2 开）
定价：CNY0.28

　　本作品为年画形式的中国现代国画人物画。

J0028487

蔡文姬　李乐玉画
济南　山东人民出版社　1979 年　［1 张］
76cm（2 开）定价：CNY0.11

　　本作品为年画形式的中国现代国画人物画。

J0028488

高夫人夜绣闯王旗　卢望明画

长沙　湖南人民出版社　1979 年　［1 张］76cm
（2 开）统一书号：8109.1175　定价：CNY0.14

　　本作品为年画形式的中国现代国画人物画。

J0028489

华主席和咱亲又亲　肇玉厚画
长春　吉林人民出版社　1979 年　［1 张］76cm
（2 开）定价：CNY0.14

　　本作品为年画形式的中国现代国画人物画。

J0028490

华主席视察农机展览　杨树有画
长春　吉林人民出版社　1979 年　［1 张］76cm
（2 开）定价：CNY0.14

　　本作品为年画形式的中国现代国画人物画。

J0028491

刘继卣人物画　刘继卣绘
济南　齐鲁书社　1979 年　12 幅　18cm（36 开）
统一书号：8206.16　定价：CNY0.75

　　现代中国画人物画画册。

J0028492

刘继卣人物画　刘继卣绘
济南　齐鲁书社　1979 年　12 幅　32cm（12 开）
统一书号：8206.17　定价：CNY1.80

　　现代中国画人物画画册。

J0028493

木兰从军（一至四）刘长恩画
长春　吉林人民出版社　1979 年　2 张　76cm（2 开）
定价：CNY0.28

　　本作品为年画形式的中国现代国画人物画。
作者刘长恩（1936—1996），吉林通榆人，吉林美
术出版社美术编辑。代表作品有《咱队的好猎手》
《再请战》《巧妈妈》等。

J0028494

牧区人物画参考资料（线描人物）
呼和浩特　内蒙古人民出版社　1979 年　96 页
20cm（32 开）统一书号：8089.78
定价：CNY0.62

　　中国现代白描人物画册。

J0028495
穆桂英 张海礼画
济南 山东人民出版社 1979 年 ［1 张］76cm（2 开）
定价：CNY0.11
　　本作品为年画形式的中国现代国画人物画。

J0028496
秦香莲 姜志文画
长春 吉林人民出版社 1979 年 ［1 张］76cm（2 开）
定价：CNY0.14
　　本作品为年画形式的中国现代国画人物画。

J0028497
人物线描（2）
天津 天津人民美术出版社 1979 年 106 页
26cm（16 开）统一书号：8073.50134
定价：CNY0.70
　　中国现代人物画图集。

J0028498
石头记人物画 刘旦宅绘；周汝昌配诗
北京 人民美术出版社 1979 年 81 页 20cm
（32 开）统一书号：8027.6760 定价：CNY2.30
　　中国人物画插图画册。

J0028499
王子武国画人物 王子武绘
西安 陕西人民美术出版社 1979 年 ［18 页］
26cm（16 开）统一书号：8199.15
定价：CNY0.50
　　现代中国人物画画册。作者王子武（1936— ），
画家。生于陕西西安，毕业于西安美术学院中国
画系。中国美术家协会陕西分会从事专业创作、
中国美术家协会会员、广东省美协常务理事、中
国画研究院院委等。作品有《平型关大捷》《悼
红轩主像》《壮怀激烈》《黄陵古柏》《白石山
翁》等。

J0028500
文成公主 杨之光作
广州 广东人民出版社 1979 年 ［1 张］
76cm（2 开）定价：CNY0.14
　　现代中国画作品。

J0028501
文成公主 刘凌沧作
北京 人民美术出版社 1979 年 ［1 张］
78cm（2 开）定价：CNY0.24
　　现代中国画作品。

J0028502
文姬归汉 张秀时等画；岫石文
沈阳 辽宁美术出版社 1979 年 2 张 76cm（2 开）
定价：CNY0.22
　　本作品为年画形式的中国现代国画人物画。

J0028503
武术新花（一至四）于可安，房俊涛画
济南 山东人民出版社 1979 年 2 张 76cm（2 开）
定价：CNY0.22
　　本作品为年画形式的中国现代国画人物画。

J0028504
武术新蕾（一至四）圃阳绘；侯明志配诗
北京 人民体育出版社 1979 年 2 张 76cm（2 开）
定价：CNY0.22
　　本作品为年画形式的中国现代国画人物画。

J0028505
武松打虎 宋德风画
济南 山东人民出版社 1979 年 ［1 张］76cm（2 开）
定价：CNY0.11
　　本作品为年画形式的中国现代国画人物画。
作者宋德风（1941— ），画家。山东荣成人。毕
业于山东艺专国画专业。中国人才研究会艺术
家学部委员会一级书画艺术委员，国家人事部人
才所、中国书画人才资格审定委员会特邀研究
员，国际美术家联合会中国中南执委会常务理
事。作品有连环画《海燕劲飞》，工笔年画《武松
打虎》《名山大川》《三国故事》等。

J0028506
武松打虎 宋德风画
济南 山东人民出版社 1979 年 ［1 张］76cm（2 开）
定价：CNY0.16
　　本作品为年画形式的中国现代国画人物画。

J0028507
舞蹈 华三川画

福州 福建人民出版社 1979 年［1 张］78cm（2 开）
定价：CNY0.10

　　本作品为年画形式的中国现代国画人物画。

J0028508

西厢记（一至四）戴敦邦作
天津 天津杨柳青画店 1979 年 4 张 76cm（2 开）
定价：CNY1.10

　　中国现代中国画，胶印画轴。

J0028509

小射手 刘佩珩画
长春 吉林人民出版社 1979 年［1 张］76cm（2 开）
定价：CNY0.14

　　本作品为年画形式的中国现代国画人物画。
作者刘佩珩（1954　），画家，研究院。别名刘山，
天津宝坻人，毕业于东北师范大学美术系。历任
吉林省通榆县文化馆副馆长、副研究员。作品有
《喜迎春》《长白珍宝》《祖孙情》《长白珍奇》《趣》
《关东乐》等。

J0028510

小园丁 孙公照画
济南 山东人民出版社 1979 年［1 张］76cm（2 开）
定价：CNY0.11

　　本作品为年画形式的中国现代国画人物画。

J0028511

新疆舞 黄胄作
石家庄 河北人民出版社 1979 年［1 张］
76cm（2 开）定价：CNY0.14

　　现代中国画作品。

J0028512

昭君出塞 李世南作
西安 陕西人民美术出版社 1979 年［1 张］
76cm（2 开）定价：CNY0.14

　　本作品为年画形式的中国现代国画人物画。

J0028513

周恩来同志和陈毅同志在一起 费正作
石家庄 河北人民出版社 1979 年［1 张］
53cm（4 开）定价：CNY0.18

　　中国现代人物画作品。作者费正（1938—　），
出生于重庆市，原籍江苏启东。毕业于中央美术

学院。曾在解放军部队及出版部门从事美术工
作。河北画院专业画家、河北美术家协会副主席。
作品有《老农》《剥蒜》《春》等。

J0028514

蔡文姬 刘正编文、绘画
郑州 河南人民出版社 1980 年 2 张 76cm（2 开）
定价：CNY0.36

　　本作品为年画形式的中国现代国画人物画。

J0028515

龚建新国画头像选 龚建新绘
长春 吉林人民出版社 1980 年 27 幅 26cm（16 开）
统一书号：8091.933 定价：CNY1.10

　　作者龚建新（1938—　），满族，一级美术师。
新疆奇台人，毕业于中央美术学院国画系。先后
在乌鲁木齐市文化馆、防疫站从事美术工作，任
教于新疆艺术学院、新疆画院，新疆美协名誉主
席、中国美协新疆创作中心主任。作品有《静静
的卡甫河》《万里送马》《瑶池会》，出版有《新疆
人物写生》等。

J0028516

李自成 丁中一，崔五零绘；杨开屏编文
郑州 河南人民出版社 1980 年 2 张 76cm（2 开）
定价：CNY0.28

　　本作品为年画形式的中国现代国画人物画。

J0028517

刘文西肖像画选 刘文西绘
杭州 浙江人民美术出版社 1980 年 16 页
25cm（15 开）统一书号：8165.3 定价：CNY0.55

　　本书精选作者肖像画 16 幅。作者运用传统
的中国画技法，把陕北农村纯朴、自然、带着泥
土气息的老农、妇女、青年、儿童等很生动地刻
画出来，尤其是对陕北老农的表现更为出色。作
者刘文西（1933—2019），生于浙江嵊州。曾任中
国美术协会顾问、陕西省文艺界联合会顾问、陕
西省美协副主席、西安美术学院名誉院长、西安
美院研究院院长、延安市副市长。重要作品有《毛
主席和牧羊人》《东方》《解放区的天》和巨幅系
列长卷《黄土人》等近百幅。

J0028518

三战吕布 刘继卣作

石家庄 河北人民出版社 1980 年 [1] 张
76cm（2 开）定价：CNY0.18
　　本作品系中国现代工艺美术年画作品。

J0028519
仕女 徐燕荪作
北京 人民美术出版社 1980 年 [1 张 53cm（4 开）
定价：CNY0.14
　　中国现代国画仕女画。

J0028520
仕女人物图谱 陶冶安编绘
沈阳 辽宁省工艺美术工业公司 1980 年 40 页
19cm（32 开）定价：CNY0.60
　　中国现代国画仕女画册。

J0028521
王昭君 王叔晖作
北京 人民美术出版社 1980 年 [1] 张 78cm（2 开）
定价：CNY0.10
　　本作品系现代中国画的人物画。

J0028522
西施浣纱 张德俊作
南京 江苏人民出版社 1980 年 [1] 张
76cm（2 开）定价：CNY0.18
　　本作品系现代中国画的人物画。

J0028523
湘君 傅抱石作
北京 人民美术出版社 1980 年 [1 张 53cm（4 开）
定价：CNY0.18
　　本作品系现代中国画。作者傅抱石（1904—
1965），画家。原名长生、瑞麟，号抱石斋主人。
生于江西南昌，祖籍江西新余，早年留学日本。
历任南京师范学院教授、江苏国画院院长等职。
代表作品有《山阴道上》《钟馗》《屈原》《江山如
此多娇》，著有《中国古代绘画之研究》《中国绘
画变迁史纲》等。

J0028524
新疆之春 黄胄作
北京 人民美术出版社 1980 年 [1 张 76cm（2 开）
定价：CNY0.28
　　本作品系现代中国画。

J0028525
雪衣女 张大千作
北京 荣宝斋 1980 年 [1 轴] 定价：CNY48.00
　　本作品系现代中国画之人物画。木版水印，
绫裱画轴。

J0028526
中国画头像选 陈忠志等绘
银川 宁夏人民出版社 1980 年 20 幅 26cm（16 开）
定价：CNY1.80

J0028527
伫立仕女 吴光宇作
北京 人民美术出版社 1980 年 [1 张 53cm（4 开）
定价：CNY0.14
　　本作品系现代中国画的人物画。

J0028528
碧波仙子 傅鲁沛编文、绘画
济南 山东人民出版社 1981 年 2 张 76cm（2 开）
定价：CNY0.32
　　本作品为年画形式的中国现代国画人物画。

J0028529
嫦娥 黄均作
北京 人民美术出版社 1981 年 78cm（2 开）
定价：CNY0.22

J0028530
傣族少女 毛水仙作
北京 人民美术出版社 1981 年 78cm（2 开）
定价：CNY0.12
　　本作品为中国现代国画人物画。

J0028531
貂蝉 华三川作
上海 上海书画出版社 1981 年 [1 张] 78cm（2 开）
定价：CNY0.15
　　本作品为中国现代国画人物画。

J0028532
董辰生京剧人物画集 朝华出版社编辑
北京 朝华出版社 1981 年 64 页 27cm（16 开）
定价：CNY15.00

J0028533
红娘 华三川作
上海 上海书画出版社 1981年 78cm（2开）
定价：CNY0.15
　　本作品为中国现代国画人物画。

J0028534
巾帼英雄 马寻文，李奎根绘
沈阳 辽宁美术出版社 1981年 2张 76cm（2开）
定价：CNY0.26
　　本作品为年画形式的中国现代国画人物画。

J0028535
穆桂英大破天门阵 冯国琳绘；丁巩编
沈阳 辽宁美术出版社 1981年 2张 76cm（2开）
定价：CNY0.26
　　本作品为年画形式的中国现代国画人物画。
作者冯国琳（1932—　　），画家。曾用名玉林，辽
宁沈阳人，毕业于东北鲁迅文艺学院美术部。历
任东北画报社记者、创作员、编辑、副编审，中
国美术家协会会员、辽宁省年画学会理事。作品
有《花为媒》《笔中情》《耕读育新人》《红楼梦》等。

J0028536
王昭君 张晓飞作
南京 江苏人民出版社 1981年 2张 76cm（2开）
定价：CNY0.36
　　本作品为中国现代国画人物画。

J0028537
西施 华三川作
上海 上海书画出版社 1981年 78cm（2开）
定价：CNY0.15
　　本作品为中国现代国画人物画。

J0028538
西厢记 赵宋生作
昆明 云南人民出版社 1981年［1张］76cm（2开）
定价：CNY0.13

J0028539
西厢记 赵宋生作
昆明 云南人民出版社 1981年［1张］54cm（4开）
定价：CNY0.07

J0028540
阿宝 李明媚画
济南 山东人民出版社 1982年［1幅］76cm（2开）
定价：CNY0.16
　　本作品为年画形式的中国现代国画人物画。
作者李明媚（1936—　　），女，画家。字克平，笔名
汇波。生于浙江宁波，毕业于中央工艺美术学院，
山东艺术学院教授。作品有《给咱添花》《流水寄
深情》《贵妃醉酒》等。出版有《工笔人物画技法》
《李明媚人物画选》《李明媚传统人物画专辑》等。

J0028541
宝宝爱洗澡 苏耕画
济南 山东人民出版社 1982年 76cm（2开）
定价：CNY0.16
　　本作品为年画形式的中国现代国画人物画。
作者苏耕（1943—　　），画家。生于山东荣成。原
名苏永畔。毕业于山东艺专，后结业于中央美院。
威海画院专职画家、副院长、副书记，中国美术
家协会会员、国家一级美术师、作品有《大街小
巷》《铁路哨兵》《童心》《在艺术的故乡里》等。

J0028542
杜十娘 龚景充画
福州 福建人民出版社 1982年 76cm（2开）
定价：CNY0.16
　　本作品为年画形式的中国现代国画人物画。

J0028543
古装仕女图（荷花）华三川作
上海 上海书画出版社 1982年 78cm（2开）
定价：CNY0.15
　　本作品为年画形式的中国现代国画人物画。

J0028544
古装仕女图（牡丹花）华三川作
上海 上海书画出版社 1982年 78cm（2开）
定价：CNY0.15
　　本作品为年画形式的中国现代国画人物画。

J0028545
古装仕女图（桃花）华三川作
上海 上海书画出版社 1982年 78cm（2开）
定价：CNY0.15
　　本作品为年画形式的中国现代国画人物画。

J0028546
古装仕女图（迎春花）华三川作
上海　上海书画出版社　1982 年　78cm（2 开）
定价：CNY0.15
　　本作品为年画形式的中国现代国画人物画。

J0028547
好宝宝　孙喜田画
长春　吉林人民出版社　1982 年　[1 张] 76cm（2 开）
定价：CNY0.16
　　本作品为年画形式的中国现代国画人物画。

J0028548
红娘　王福增画
济南　山东人民出版社　1982 年　76cm（2 开）
定价：CNY0.18
　　本作品为年画形式的中国现代国画人物画。
作者王福增（1946—　），满族，画家。山东郓城
人，祖籍河北雄州，号山东大愚。河北省美术家
协会会员、中国画研究会会员、香港国际书画中
国艺术研究院理事、国家一级美术师、山东画院
高级画师、曹州美协副主席。作品有《绿荫垂江》
《相依》《幽林》《淀上人家》《故乡的河》等。

J0028549
孔雀公主　张德俊画
福州　福建人民出版社　1982 年　76cm（2 开）
定价：CNY0.16
　　本作品为年画形式的中国现代国画人物画。

J0028550
孔雀公主　常富，秀实画；岫石文
沈阳　辽宁美术出版社　1982 年　2 张　76cm（2 开）
定价：CNY0.26
　　本作品为年画形式的中国现代国画人物画。

J0028551
岳飞　夏莹，郑士仰画
福州　福建人民出版社　1982 年　76cm（2 开）
定价：CNY0.18
　　本作品为年画形式的中国现代国画人物画。

J0028552
哪吒　田林海画
济南　山东人民出版社　1982 年　76cm（2 开）

定价：CNY0.18
　　本作品为年画形式的中国现代国画人物画。

J0028553
浅予画舞　河北美术出版社编
石家庄　河北美术出版社　1982 年　重印本　16 幅
37cm（8 开）　统一书号：8087.2128
定价：CNY2.10
　　本书选辑作者的孔雀舞，锡兰岙舞、凉山舞
步、印度舞等 16 幅画。作者叶浅予（1907—1995），
教授、画家。浙江桐庐人。历任中国美协副主席、
中国画研究院副院长、中央美院教授。曾为茅盾
小说《子夜》、老舍剧本《茶馆》等书插图。作品
有长篇漫画《王先生》《小陈留京外史》《天堂记》
等。著有《画馀记画》《十年恶梦录》等 。

J0028554
人物画扇集　荣宝斋编辑
北京　荣宝斋　1982 年　62 幅　37cm（8 开）
统一书号：8030.1293　定价：CNY3.20
　　本集选编60 余位画家的 60 多幅扇面画作
品，全是近代、现代不同风格的名画家的新作。

J0028555
人物线描　刘文西绘
西安　陕西人民美术出版社　1982 年　重印本　52 页
25cm（16 开）　统一书号：8199.247
定价：CNY0.65

J0028556
四婢图　刘长恩画
长春　吉林人民出版社　1982 年　1 张　76cm（2 开）
定价：CNY0.32
　　本作品为年画形式的中国现代国画人物画。

J0028557
文君听琴（胶印画轴）申同景画
石家庄　河北人民出版社　[1982 年]　[1 轴]
附对联 107cm（全开）　定价：CNY1.20
　　本作品为年画形式的中国现代国画人物画。
作者申同景，绘有年画《文君听琴》《樊梨花》《百
寿图》《凤求凰》等。

J0028558
吴山明水墨人物速写　吴山明绘

天津　天津人民美术出版社　1982年　72页　19cm
（32开）统一书号：8073.50218　定价：CNY1.30

　　本书是中国画人物画画册。作者吴山明
（1941—　），画家。生于浙江浦江县，毕业于中
国美术学院中国画系人物专业。历任中国美术
学院学术委员会委员、中国画系教授、博士生导
师、造型艺术学部主任。代表作品有《意笔人物
画选》等，著作有《吴山明意笔人物线描集》《吴
山明画集》等。

J0028559
武松打店　孙文左画
长春　吉林人民出版社　1982年　1张　76cm（2开）
定价：CNY0.14

　　本作品为年画形式的中国现代国画人物画。

J0028560
献给老师　范恩树画
长春　吉林人民出版社　1982年　1张　76cm（2开）
定价：CNY0.16

　　本作品为年画形式的中国现代国画人物画。
作者范恩树（1946—　），吉林梨树县人。吉林省美
术家协会会员，曾任梨树县美协副主席兼秘书长。
作品有《献给老师》《春满神州》《吉庆有余》等。

J0028561
宝宝幸福　刘泽文作
北京　人民美术出版社　1983年　76cm（2开）
定价：CNY0.13

　　本作品为年画形式的中国现代国画人物画。
作者刘泽文（1943—　），画家，国家一级美术师。
山东即墨人，历任烟台地区新华书店担任美工、
山东省出版总社烟台分社任美术编辑。代表作
品《望穿碧海千层浪》，出版有《刘泽文水粉画
集》。

J0028562
陈云同志　程大利作
南京　江苏人民出版社　1983年　76cm（2开）
定价：CNY0.18

　　本作品是现代中国画人物画。作者程大利
（1945—　），书画家、编辑出版家、美术理论家。
江苏徐州人。历任江苏美术出版社社长兼总编
辑、副编审、中国美术家协会会员、江苏省国画
院特邀画师、中国年画研究会常务理事等。主要

作品有《曲尽箫笙息》《风云际会时》《闲云》《太
行岂止铁壁高》《汉风流宕》等。

J0028563
顾生岳工笔人物画辑　顾生岳绘
济南　山东人民出版社　1983年　12幅25cm（16开）
套装　统一书号：8099.2463　定价：CNY1.95

　　中国现代工笔人物画画册。作者顾生岳
（1927—2012），画家。浙江普陀人，毕业于中央
美术学院华东分院。历任浙江美术学院中国画
系主任、教授、浙江画院副院长、杭州市美协主
席、浙江人物画研究会会长等职。著作有《顾生
岳人物速写选》。

J0028564
好娃娃　讲卫生　刘启文画；刘英民配诗
石家庄　河北美术出版社　1983年　2张
76cm（2开）　定价：CNY0.32

　　本作品为年画形式的中国现代国画人物画。
作者刘启文（1940—　），国家一级美术师。原名
刘起文，河北石家庄人，祖籍保定。历任河北美
协会员，石门画院院长。

J0028565
红楼梦人物百图
上海　上海人民美术出版社　1983年　19cm（32开）
统一书号：8081.13494　定价：CNY1.80

　　本书系中国现代国画人物画画册。

J0028566
红楼人物百图　戴敦邦绘
上海　上海人民美术出版社　1983年
25×13cm（24开）　定价：CNY1.80

　　本书系中国现代人物画白描画作品，描绘
了《红楼梦》中鲜活的人物形象。收入105幅图。
采用传统人物绣像的白描形式，舍弃了色彩和繁
杂的背景，完全通过人物的动作和神态来表现众
多个性迥异的人物，同时反映这些人物的时代特
征。本书附有蔡若虹作《打开人物绣像的新局面》
一文。

J0028567
红楼人物百图　戴敦邦绘
上海　上海人民美术出版社　1983年　有图　26cm
（16开）统一书号：8081.13494　定价：CNY1.80

作者戴敦邦(1938—　)，国画家，教授。号民间艺人，江苏丹徒人。毕业于上海第一师范学校。历任《中国少年报》和《儿童时代》美术编辑、上海交通大学人文学院教授等。主要作品有《水浒人物一百零八图》《戴敦邦水浒人物谱》《戴敦邦新绘红楼梦》《戴敦邦古典文学名著画集》等；连环画代表作品有《一支驳壳枪》《水上交通站》《大泽烈火》《蔡文姬》等。

J0028568

红娘子　宋德风画

济南　山东人民出版社　1983 年　76cm（2 开）

定价：CNY0.16

　　本作品为年画形式的中国现代国画人物画。作者宋德风（1941—　），画家。山东荣成人。毕业于山东艺专国画专业。中国人才研究会艺术家学部委员会一级书画艺术委员、国家人事部人才所、中国书画人才资格审定委员会特邀研究员、国际美术家联合会中国中南执委会常务理事。作品有连环画《海燕劲飞》，工笔年画《武松打虎》《名山大川》《三国故事》等。

J0028569

画中人　张素玉画；尚珩配诗

石家庄　河北美术出版社　1983 年　2 张

76cm（2 开）　定价：CNY0.32

　　本作品为年画形式的中国现代国画人物画。作者张素玉（1944—　），女，画家，国家一级美术师，出生于石家庄市。历任中国美术家协会会员、石家庄市政协常委、河北省美术研究所特邀研究员、石家庄市画院画师。代表作品有《山杏》《戎冠秀》。

J0028570

巾帼英雄　魏延滨画

济南　山东人民出版社　1983 年　2 张　76cm（2 开）

定价：CNY0.32

　　本作品为年画形式的中国现代国画人物画。

J0028571

敬爱的革命领袖　李凤君画

长春　吉林人民出版社　1983 年　76cm（2 开）

定价：CNY0.16

　　本作品为年画形式的中国现代国画人物画。

J0028572

老师，您好!　黄妙发画

北京　中国少年儿童出版社　1983 年　76cm（2 开）

定价：CNY0.13

　　本作品为年画形式的中国现代国画人物画。

J0028573

雷锋叔叔和我们在一起　林迪全画

福州　福建人民出版社　1983 年　76cm（2 开）

定价：CNY0.16

　　本作品为年画形式的中国现代国画人物画。

J0028574

刘济荣人物画选　刘济荣绘

广州　岭南美术出版社　1983 年　21 页　有肖像

26cm（16 开）　统一书号：8260.0700

定价：CNY1.65

　　本书是中国画的人物画画册。

J0028575

罗成招亲　郭富贵画；一木配诗

石家庄　河北美术出版社　1983 年　2 张

76cm（2 开）　定价：CNY0.32

　　本作品为年画形式的中国现代国画人物画。

J0028576

吕布与貂蝉　袁丕海画

济南　山东人民出版社　1983 年　76cm（2 开）

定价：CNY0.16

　　本作品为年画形式的中国现代国画人物画。

J0028577

民族英雄郑成功　阿章画

福州　福建人民出版社　1983 年　76cm（2 开）

定价：CNY0.16

　　本作品为年画形式的中国现代国画人物画。

J0028578

穆桂英　杨作文画；正阳配诗

石家庄　河北美术出版社　1983 年　2 张

76cm（2 开）　定价：CNY0.32

　　本作品为年画形式的中国现代国画人物画。

J0028579

穆桂英　杨作文画；正阳配诗

石家庄 河北美术出版社 1983 年 2 张
107cm（全开）定价：CNY0.64

　　本作品为年画形式的中国现代国画人物画。

J0028580

穆桂英屏 杨作文画；正阳配诗

石家庄 河北美术出版社 1983 年 4 张
76cm（2 开）定价：CNY1.40

　　本作品为年画形式的中国现代国画人物画。

J0028581

女驸马 万桂香，南运生画；刘仲武配诗

石家庄 河北美术出版社 1983 年 2 张
76cm（2 开）定价：CNY0.32

　　本作品为年画形式的中国现代国画人物画。作者万桂香（1944— ），女，画家。辽宁丹东人，毕业于哈尔滨师范大学艺术系。曾在黑龙江省鸡西市文化馆、河北省内丘县文化馆从事美术工作。历任河北省电影公司《河北银幕》编辑、河北省电影发行公司宣传科科长、河北省电影宣传画画会会长。代表作品有《戎奶奶佳节到我家》《女驸马》《花为媒》等。作者南运生（1944— ），一级美术师。别名南恽笙，河北任丘人，毕业于哈尔滨师范大学艺术系美术专业。历任河北省艺术馆馆长，河北画报社社长、总编，中国美术家协会、河北省美术家协会副主席、河北省画院院长。年画作品有《花好月圆》《艺苑新秀》《吉庆有余》等。

J0028582

排球健儿 高维新画

济南 山东人民出版社 1983 年 76cm（2 开）
定价：CNY0.16

　　本作品为年画形式的中国现代国画人物画。

J0028583

三国人物 孙雨田画

济南 山东人民出版社 1983 年 2 张 76cm（2 开）
定价：CNY0.32

　　本作品为年画形式的中国现代国画人物画。

J0028584

苏小妹三难新郎 龚景充画

福州 福建人民出版社 1983 年 1 张 76cm（2 开）
定价：CNY0.16

　　本作品为年画形式的中国现代国画人物画。

J0028585

苏小妹与秦少游（胶印画轴）申同景画

石家庄 河北美术出版社 1983 年 1 轴
附对联 107cm（全开）定价：CNY1.50

　　本作品为年画形式的中国现代国画人物画。

J0028586

唐赛儿 宋德风画

济南 山东人民出版社 1983 年 1 张 76cm（2 开）
定价：CNY0.16

　　本作品为年画形式的中国现代国画人物画。

J0028587

唐赛儿·红娘子 宋德风画

济南 山东人民出版社 1983 年 1 张 76cm（2 开）
定价：CNY0.16

　　本作品为年画形式的中国现代国画人物画。

J0028588

吴山明国画人物选 吴山明绘

济南 山东人民出版社 1983 年 13 幅 19cm
（32 开）统一书号：8099.2640 定价：CNY0.80

J0028589

武术新苗 陈镇新作

北京 人民体育出版社 1983 年 1 张 76cm（2 开）
定价：CNY0.16

　　本作品为年画形式的中国现代国画人物画。

J0028590

武松打虎 辛鹤江画

济南 山东人民出版社 1983 年 1 张 76cm（2 开）
定价：CNY0.16

　　本作品为年画形式的中国现代国画人物画。

J0028591

武松醉打蒋门神 龚景充画

福州 福建人民出版社 1983 年 1 张 76cm（2 开）
定价：CNY0.16

　　本作品为年画形式的中国现代国画人物画。

J0028592

武松醉打蒋门神 戴月画；刘仲武配诗

郑州 中州书画社 1983 年 2 张 76cm（2 开）
定价：CNY0.36
　　本作品为年画形式的中国现代国画人物画。

J0028593
鲜花送英雄 张煜画
杭州 西泠印社 1983 年 1 张 76cm（2 开）
定价：CNY0.16
　　本作品为年画形式的中国现代国画人物画。

J0028594
线描人物画 湖南美术出版社编
长沙 湖南美术出版社 1983 年 75 页 26cm
（16 开）统一书号：233.449 定价：CNY1.70
　　本画册共收线描人物画 112 幅。

J0028595
小牧民 阎凤城画
长春 吉林人民出版社 1983 年 1 张 76cm（2 开）
定价：CNY0.16
　　本作品为年画形式的中国现代国画人物画。

J0028596
1985（香扇） 方东源作
广州 岭南美术出版社［1984 年］78cm（3 开）
定价：CNY4.20

J0028597
宝宝周岁图 黄素宁画；桑介吾书
北京 农村读物出版社 1984 年 76cm（2 开）
定价：CNY0.18
　　本作品为年画形式的中国现代国画人物画。

J0028598
采花姑娘 邹玉凤画
济南 山东美术出版社 1984 年 76cm（2 开）
定价：CNY0.16
　　本作品为年画形式的中国现代国画人物画。

J0028599
辰生速写 董辰生绘
石家庄 河北美术出版社 1984 年 42 页 18cm
（15 开）统一书号：8087.590 定价：CNY0.70

J0028600
陈毅元帅的光辉一生 升明画；赵怡男文
哈尔滨 黑龙江美术出版社 1984 年 2 张
76cm（2 开）定价：CNY0.32
　　本作品为年画形式的中国现代国画人物画。

J0028601
古代女文学家 王丽铭绘；尹承志书
南昌 江西人民出版社［1984 年］2 张
76cm（2 开）定价：CNY0.36
　　本作品为年画形式的中国现代国画人物画。

J0028602
好媳妇 傅佩泽画
济南 山东美术出版社 1984 年 76cm（2 开）
定价：CNY0.16
　　本作品为年画形式的中国现代国画人物画。

J0028603
红楼梦金陵十二钗绣像（一～四） 顾炳鑫绘
画；逸文编文
杭州 浙江人民美术出版社 1984 年 2 张
76cm（2 开）定价：CNY0.32
　　本作品为年画形式的中国现代国画人物画。
作者顾炳鑫（1923—2001），美术家。笔名甘草、
朽木，江苏宝山人。历任中国美术家协会理事、
上海美术家协会主席团委员、上海美协连环画艺
委会主任。代表作有连环画《渡江侦察记》《列
宁在十月》等。

J0028604
京剧四大须生 杨作文画；刘仲武配文
石家庄 河北美术出版社 1984 年 4 轴
78cm（2 开）定价：CNY1.40
　　本作品为年画形式的中国现代国画人物画。

J0028605
京剧四大须生 杨作文画；刘仲武配文
石家庄 河北美术出版社 1984 年 2 张
108cm（全开）定价：CNY0.72
　　本作品为年画形式的中国现代国画人物画。

J0028606
京剧四大须生 杨作文画；刘仲武文
石家庄 河北美术出版社 1984 年 2 张

76cm（2开）定价：CNY0.36

　　本作品为年画形式的中国现代国画人物画。

J0028607

孔融让梨 李乐玉画

济南 山东美术出版社 1984年 76cm（2开）

定价：CNY0.16

　　本作品为年画形式的中国现代国画人物画。

J0028608

刘旦宅红楼人物笺

上海 朵云轩［1984年］40张 26cm（16开）

J0028609

刘振夏中国画肖像作品选 刘振夏绘

南京 江苏美术出版社 1984年 28幅 36cm

（6开）统一书号：9353.6007 定价：CNY3.60

　　本书是现代中国画人物画画册。

J0028610

马得戏曲人物画 高马得绘

南京 江苏美术出版社 1984年 20幅

定价：CNY1.50

　　作者高马得（1917—2007），国画家。江苏南京人，毕业于天津河北省立水产专科学校。江苏省国画院一级美术师，中国美术家协会会员、江苏分会理事。代表作品有《画戏话戏》《画碟余墨》《马得水墨小品》等。

J0028611

牧羊女 龚景充画

福州 福建人民出版社 1984年 76cm（2开）

定价：CNY0.18

　　本作品为年画形式的中国现代国画人物画。

J0028612

穆柯寨 韩景琦画

长春 吉林人民出版社 1984年 76cm（2开）

定价：CNY0.16

　　本作品为年画形式的中国现代国画人物画。

J0028613

彭总在朝鲜 安学贵画

长春 吉林人民出版社 1984年 76cm（2开）

定价：CNY0.16

本作品为年画形式的中国现代国画人物画。

J0028614

少林弟子 金铭画

福州 福建人民出版社 1984年 1张 76cm（2开）

定价：CNY0.18

　　本作品为年画形式的中国现代国画人物画。

J0028615

未来的名将 化天画

长春 吉林人民出版社 1984年 1张 76cm（2开）

定价：CNY0.16

　　本作品为年画形式的中国现代国画人物画。

J0028616

武旦四条屏 刘泳画；张丽燕配诗

石家庄 河北美术出版社 1984年 4轴

78cm（2开）定价：CNY1.40

　　本作品为年画形式的中国现代国画人物画。

J0028617

武旦条屏 刘泳画；张丽燕配诗

石家庄 河北美术出版社 1984年 2张

108cm（全开）定价：CNY0.72

　　本作品为年画形式的中国现代国画人物画。

J0028618

武松 宋德风画

济南 山东美术出版社 1984年 2张 76cm（2开）

定价：CNY0.32

　　本作品为年画形式的中国现代国画人物画。

J0028619

仙女屏 赵笑言画

长春 吉林人民出版社 1984年 2张 76cm（2开）

定价：CNY0.32

　　本作品为年画形式的中国现代国画人物画。

J0028620

萧何月下追韩信 赵贵德画；刘仲武配诗

石家庄 河北美术出版社 1984年 2张

76cm（2开）定价：CNY0.32

　　本作品为年画形式的中国现代国画人物画。

J0028621

小翠 张素玉画；刘英民配诗

石家庄 河北美术出版社 1984 年 2 张 76cm（2 开） 定价：CNY0.36

　　本作品为年画形式的中国现代国画人物画。

J0028622

小科学家 杨文德画

济南 山东美术出版社 1984 年 1 张 76cm（2 开） 定价：CNY0.16

　　本作品为年画形式的中国现代国画人物画。

J0028623

小武士 阎凤城画

长春 吉林人民出版社 1984 年 1 张 76cm（2 开） 定价：CNY0.16

　　本作品为年画形式的中国现代国画人物画。

J0028624

中青年人物画家作品选 顾生岳等绘

天津 天津人民美术出版社 1984 年 144 幅 27cm（16 开） 统一书号：8073.50302 定价：CNY9.50

　　本书是中国画之人物画册。描绘了各族、各地区不同的人物风情。在艺术表现上或造型严谨，或逸笔草草，或工于精细，或长于概括抽象，各具特色。共收入 137 位人物画家的 144 幅作品。作者顾生岳（1927—2012），画家。浙江普陀人，毕业于中央美术学院华东分院。历任浙江美术学院中国画系主任、教授，浙江画院副院长、杭州市美协主席、浙江人物画研究会会长等职。著作有《顾生岳人物速写选》。

J0028625

"归来堂" 的烛光 张晓飞作

南京 江苏美术出版社 1985 年 4 张 76cm（2 开） 定价：CNY1.00

　　本作品收有年画《忠于爱情的晏婴》《断织劝夫》《卓文君卖酒》等。作者张晓飞（1941— ），画家、工艺美术大师。江苏吴县人。苏州桃花坞木刻年画社创作室主任、苏州大学艺术学院兼职教授、苏州市美协副主席。代表作品有《水乡元宵》，出版有《风山拾得画集》《彩图唐诗一百首》等。

J0028626

八仙过海 丽铭，文倩作

沈阳 辽宁美术出版社 1985 年 2 张 76cm（2 开） 定价：CNY0.42

　　本作品为年画形式的中国现代国画人物画。

J0028627

八仙图 颜梅华作

上海 上海书画出版社 1985 年 2 张 78cm（3 开） 定价：CNY0.76

　　本作品为年画形式的中国现代国画人物画。作者颜梅华（1927— ），国画家。号雪庵，斋号琴斋。浙江乐清人。代表作品有《比目鱼》《白秋练》《白蛇传》《风云初记》等。

J0028628

宝玉和黛玉 万桂香作

北京 人民美术出版社 1985 年 1 张 76cm（2 开） 定价：CNY0.26

　　本作品为年画形式的中国现代国画人物画。

J0028629

功臣谱 杨作文画；刘仲武配诗

石家庄 河北美术出版社 1985 年 2 张 76cm（2 开） 定价：CNY0.44

　　作者杨作文（1936— ），画家。出生于河北威县。任中国书画研究院高级美术师、中国国画家协会理事、冀南画院名誉院长等职。代表作品有《迎春图》《海河工地英雄多》等。

J0028630

古代少年勤学图 赵笑岩作

长春 吉林美术出版社 1985 年 2 张 76cm（2 开） 定价：CNY0.40

J0028631

霍元甲 金年华作

天津 天津人民美术出版社 1985 年 2 张 76cm（2 开） 定价：CNY0.42

　　本作品为年画形式的中国现代国画人物画。

J0028632

霍元甲 胡委伦作

杭州 浙江人民美术出版社 1985 年 2 张 76cm（2 开） 定价：CNY0.36

本作品为年画形式的中国现代国画人物画。作者胡委伦(1948—)，上海人。别名胡惠伦。擅长油画。毕业于中国美术学院附中。曾任职于浙江遂昌婺剧团、丽水地区越剧团、丽水地区艺术研究中心，二级美术师。作品有《故乡情》《默默的路》《还是这条路》。

J0028633

借东风 郭来存，田茂怀作；刘仲武诗
石家庄 河北美术出版社 1985 年 2 张
76cm（2 开）定价：CNY0.44
　　本作品为年画形式的中国现代国画人物画。作者田茂怀(1948—)，画家。河北衡水人。历任河北省画院特聘画师、河北省科技大学客座教授、河北书画院副主席、台湾艺术协会荣誉管事。

J0028634

巾帼英雄 刘荣富作
哈尔滨 黑龙江美术出版社 1985 年 2 张
76cm（2 开）定价：CNY0.42
　　本作品为年画形式的中国现代国画人物画。

J0028635

巾帼英雄 赵祥林作
天津 天津人民美术出版社 1985 年 2 张
76cm（2 开）定价：CNY0.40
　　本作品为年画形式的中国现代国画人物画。

J0028636

京剧人物屏 赵梦林作
上海 上海人民美术出版社 1985 年 2 张
76cm（2 开）定价：CNY0.40
　　本作品为年画形式的中国现代国画人物画。

J0028637

京剧四小名旦 赵梦林作；曲六乙编文
北京 中国戏剧出版社 1985 年 2 张 76cm（2 开）
定价：CNY0.44
　　本作品为年画形式的中国现代国画人物画。

J0028638

聊斋四女图 辛鹤江作
北京 中国戏剧出版社 1985 年 2 张 76cm（2 开）
定价：CNY0.44

本作品为年画形式的中国现代国画人物画。

J0028639

刘国辉人物画选 刘国辉绘
南京 江苏美术出版社 1985 年 8 页 25cm（15 开）
统一书号：8353.6.011 定价：CNY1.40
　　本作品是中国画之人物画画册。

J0028640

刘继卣人物画 刘继卣绘
济南 山东美术出版社 1985 年 16 张
20cm（32 开）定价：CNY1.35
　　现代中国画人物画画册。

J0028641

刘主席探亲（领袖和人民　条屏）一木，张增瑞诗；乔文科，刘文甫画
石家庄 河北美术出版社 1985 年 2 张
76cm（2 开）定价：CNY0.44
　　本作品为中国现代国画人物画。

J0028642

陆文龙 聂秀公，张德俊作
上海 上海书画出版社 1985 年 1 张 76cm（2 开）
定价：CNY0.20
　　本作品为年画形式的中国现代国画人物画。

J0028643

毛主席拜年（领袖和人民　条屏）一木，赵定平诗；宁大明，张凤仪画
石家庄 河北美术出版社 1985 年 2 张
76cm（2 开）定价：CNY0.44
　　本作品为中国现代国画人物画。

J0028644

母子乐 米春茂作
郑州 河南美术出版社 1985 年 4 张（卷轴）
76cm（2 开）定价：CNY3.30
　　作者米春茂(1938—)，一级美术师。生于河北省霸州。历任沧州市文联专业画家、中国美术家协会会员、美协河北分会会员、河北省工艺美术学会常务理事、沧州市美协理事长。代表作品有《米春茂画集》《中国画自学丛书——怎样画小动物》。

J0028645

彭总光辉一生　吴一声文；升敏画
哈尔滨　黑龙江美术出版社　1985 年　2 张
76cm（2 开）　定价：CNY0.42
　　　本作品为中国现代国画人物画。

J0028646

飘然太白　治安等作
沈阳　辽宁美术出版社　1985 年　2 张　76cm（2 开）
定价：CNY0.42
　　　本作品为中国现代国画人物画。

J0028647

千娇百媚（华三川美人画集）华三川绘著
台北　艺术图书公司　1985 年　90 页　有图
30cm（10 开）　定价：TWD380.00
　　　外文书名：Beautiful Women by Hwa San-chiuen.
　　　作者华三川（1930—2004），画家。浙江镇海
人。中国美协会员、上海美术家协会理事、上海
少年儿童出版社专业画家、上海市文史研究馆馆
员。代表作品有《华三川仕女画集》《华三川绘
新百美图》《锦瑟年华》等。

J0028648

千里走单骑　齐大鹏作
石家庄　河北美术出版社　1985 年　1 张（卷轴）
附对联 1 副　107cm（全开）　定价：CNY1.80
　　　本作品为中国现代国画人物画。作者齐大
鹏（1940—　），生于河北省沧州市，天津美院干
部训练班结业。历任中国书画艺术家协会会员、
河北省美协会员、沧州画院画师。作品有《整装
待发》《准时开车》《杨家将》等。

J0028649

秦琼·敬德　田心作
兰州　甘肃人民出版社　1985 年　1 张　53cm（4 开）
定价：CNY0.10
　　　本作品为年画形式的中国现代国画人物画。

J0028650

求贤图　刘泳作
石家庄　河北美术出版社　1985 年　2 张
76cm（2 开）　定价：CNY0.44
　　　本作品为中国现代国画人物画。

J0028651

人物画选　刘文西作
郑州　河南美术出版社　1985 年　26cm（16 开）
统一书号：8386.243　定价：CNY3.15
　　　本书共收 49 幅人物画作品，这些作品具有
不同的风格和特点。

J0028652

舌战群儒　赵贵德作
石家庄　河北美术出版社　1985 年　2 张
76cm（2 开）　定价：CNY0.44
　　　本作品为中国现代国画人物画。

J0028653

十三妹　竹均琪，武岩溪作
北京　人民体育出版社　1985 年　2 张　76cm（2 开）
定价：CNY0.40
　　　本作品为中国现代国画人物画。

J0028654

水泊梁山英雄谱　孟超，张光宇画
北京　三联书店　1985 年　177 页　有图
19cm（32 开）统一书号：8002.7　定价：CNY1.20
　　　现代中国画之人物画画册。本书初版由上
海学习出版社于 1949 年 8 月出版。

J0028655

水浒一〇八将　邓敦伟作
南宁　广西人民出版社　1985 年　2 版　2 张
76cm（2 开）　定价：CNY0.40
　　　现代中国画古典人物画作品。作者邓敦伟
（1942—　），广西合浦人。毕业于广东湛江艺术
学校。中国工艺美术学会会员、中国工艺美术书
画研究会理事、中国美术家协会会员、钦州市美
协主席。主要代表作有《水浒一百零八将》《蜀
汉五虎将》《古装人物画稿》等。

J0028656

四美图　王木兰作
太原　山西人民出版社　1985 年　4 张　76cm（2 开）
定价：CNY1.60
　　　本作品为中国现代国画人物画。

J0028657

万寿公主　徐文山画；刘仲武配诗

石家庄 河北美术出版社 1985 年 2 张
76cm（2 开） 定价：CNY0.44

　　本作品为中国现代国画人物画。

J0028658

武林新秀 张光奎作

郑州 河南美术出版社 1985 年 1 张 76cm（2 开）
定价：CNY0.18

　　本作品为中国现代国画人物画。

J0028659

武林新秀 张光奎作

郑州 河南美术出版社 1985 年 1 张 53cm（4 开）
定价：CNY0.09

　　本作品为中国现代国画人物画。

J0028660

西施与范蠡 周小申作

石家庄 河北美术出版社 1985 年 1 张
76cm（2 开） 定价：CNY0.20

　　本作品为中国现代国画人物画。

J0028661

戏曲集锦 齐大鹏作

石家庄 河北美术出版社 1985 年 2 张
76cm（2 开） 定价：CNY0.44

　　本作品为中国现代国画人物画。

J0028662

正气篇人物百图 李延声绘

杭州 浙江人民出版社 1985 年 19cm（32 开）
统一书号：8156.1059 定价：CNY0.52

　　本画集采用白描手法描绘了我国历史上杰
出人物的肖像画，并一人一诗一画一小传。作者
李延声（1943— ），画家、国家一级美术师。原
名李延生，生于陕西延安，祖籍广东中山市，毕
业于浙江美术学院。历任中国国家画院艺委会
副主任、中国美协中国画艺委会委员、中国书画
函授大学教授。代表作品有《魂系山河》《慷慨
赋同仇》《山中的太阳》，出版有《正气篇人物百
图》《李延声画集》《李延声毛笔速写》等。

J0028663

中国古代儿童 高学海作

哈尔滨 黑龙江美术出版社 1985 年 2 张

76cm（2 开） 定价：CNY0.46

　　本作品为中国现代国画人物画。

J0028664

祖冲之（429-500）冯远画

杭州 浙江教育出版社 1985 年 1 张 76cm（2 开）
定价：CNY0.30

　　本作品为中国现代国画人物画。作者冯远
（1952— ），教授、画家。生于上海，祖籍江苏无
锡。作品有《望夫妹》《母子图》《新疆风情写生》
《今生来世》。出版有《二十一世纪中国艺术家·冯
远》《笔墨尘缘》。

J0028665

戴敦邦水浒人物谱 戴敦邦绘

上海 朵云轩 1986 年 40 张 26cm（16 开）

　　作者戴敦邦（1938— ），国画家，教授。号
民间艺人，江苏丹徒人。毕业于上海第一师范学
校。历任《中国少年报》和《儿童时代》美术编辑、
上海交通大学人文学院教授等。主要作品有《水
浒人物一百零八图》《戴敦邦水浒人物谱》《戴敦
邦新绘红楼梦》《戴敦邦古典文学名著画集》等；
连环画代表作品有《一支驳壳枪》《水上交通站》
《大泽烈火》《蔡文姬》等。

J0028666

樊梨花与薛丁山 肖玉田作

济南 山东美术出版社 1986 年 1 张 76cm（2 开）
定价：CNY0.20

　　本作品为年画形式的中国现代国画人物画。

J0028667

古代才女 张禾画；国城书

杭州 浙江人民出版社 1986 年 4 张 78cm（2 开）
定价：CNY0.60

　　本作品为年画形式的中国现代国画人物画。

J0028668

关公 黄迪杞画

福州 福建美术出版社 1986 年 1 张
107cm（全开） 定价：CNY0.60

　　本作品为年画形式的中国现代国画人物画。
作者黄迪杞（1929— ），字晴川，福建福清人。
毕业于福建师范大学艺术系。历任福建人民出
版社、福建画报社美术编辑，福建美术出版社美

术编辑、编审，福建省美协常务理事、理事，中
国年画研究会理事、福州涌泉书画社社长。中国
美术家协会会员。作品有《郑成功收复台湾》《满
堂红》《丰碑》。出版有《黄迪杞古典人物画辑》
《黄迪杞书画集》《黄迪杞画集》等。

J0028669

关公 黄迪杞作

福州 福建美术出版社 1986年 1张（卷轴）
附对联1副 107cm（全开） 定价：CNY3.00

　　本作品为年画形式的中国现代国画人物画。

J0028670

关羽·黄忠 于光辉画

济南 山东美术出版社 1986年 1张 76cm（2开）
定价：CNY0.21

　　本作品为年画形式的中国现代国画人物画。

J0028671

国画人物画典 赵竞先编

台北县 常春树书坊 1986年 639页 有图
21cm（32开） 精装 定价：TWD600.00
（书香经典）

J0028672

红楼雅趣屏 钱豫强摄

杭州 浙江人民美术出版社 1986年 2张
76cm（2开） 定价：CNY0.40

　　中国现代摄影作品，内容为《红楼梦》题材
的中国画。作者钱豫强（1944— ），浙江嘉善人，
历任浙江美术出版社副编审、浙江赛丽美术馆执
行馆长。

J0028673

李逵·鲁智深 王茂君画

济南 山东美术出版社 1986年 2张 76cm（2开）
定价：CNY0.21

　　本作品为年画形式的中国现代国画人物画。

J0028674

孟良·焦赞 徐中立画

济南 山东美术出版社 1986年 1张 76cm（2开）
定价：CNY0.21

　　本作品为年画形式的中国现代国画人物画。

J0028675

木兰从军 韩喜增画

石家庄 河北美术出版社 1986年 2张
76cm（2开） 定价：CNY0.44

　　本作品为年画形式的中国现代国画人物画。
作者韩喜增（1942— ），河北邢台人。毕业于中
央美术学院年画、连环画系研究生班，受教于冯
真教授、杨先让教授。擅长连环画、年画。中国
美术家协会会员、国家一级美术师。曾任河北省
美术家协会副主席、邢台市文联副主席、邢台市
美术家协会主席。代表作品有《人民的好总理》
《虎子》《雄狮》

J0028676

女骑手（蒙汉对照） 宋继成画

呼和浩特 内蒙古人民出版社 1986年 1张
76cm（2开） 定价：CNY0.20

　　本作品为年画形式的中国现代国画人物画。

J0028677

秦琼·敬德 于新生画

济南 山东美术出版社 1986年 1张 76cm（2开）
定价：CNY0.21

　　本作品为年画形式的中国现代国画人物画。

J0028678

宋代爱国诗人 张国良画；严军书

杭州 浙江人民美术出版社 1986年 2张
76cm（2开） 定价：CNY0.40

　　本作品为年画形式的中国现代国画人物画。

J0028679

唐伯虎赶考 赵思温画

石家庄 河北美术出版社 1986年 2张
76cm（2开） 定价：CNY0.44

　　本作品为年画形式的中国现代国画人物画。
作者赵思温（1940— ），国家一级美术师。甘肃
省民乐县人，毕业入中央民族大学艺术系学习。
历任河北省廊坊市群艺馆馆员、廊坊画院院长、
中国美术家协会河北分会理事、河北省花鸟画研
究会副会长、河北省廊坊画院常务副院长、文化
部民族文化基金会常务理事、河北廊坊市美协副
主席。代表作品有《高风亮节》《双鹰图》《高鸣
图》《国色天香》等。

J0028680
小伙伴 刘彦平画
石家庄 河北美术出版社 1986年 1张
76cm（2开）定价：CNY0.20
　　本作品为年画形式的中国现代国画人物画。作者刘彦平，年画画家，代表作有《红花少年》等。

J0028681
钟馗（绫裱立轴）刘继卣作
北京 荣宝斋 1986年［1轴］132×33cm
　　本作品为中国现代国画人物画。木版水印。作者刘继卣（1918—1983），画家。天津人。就读于天津市立美术馆西画系。曾任职于文化部艺术局、人民美术出版社，中国美术家协会理事、北京市工笔人物画研究会副会长、北京市花鸟画研究会副会长。代表作品有《大闹天宫》《雄狮图》《孔雀开屏》《鸡毛信》等。

J0028682
大足石刻线描（1）彭自人绘
成都 四川美术出版社 1987年 41幅 37cm
（8开）ISBN：7-5410-0074-4 定价：CNY3.80

J0028683
关羽·张飞 张恒德画
贵阳 贵州美术出版社［1987年］1张
76cm（2开）定价：CNY0.28
　　本作品为年画形式的中国现代国画人物画。

J0028684
哼哈二将 巫子强画
贵阳 贵州美术出版社［1987年］1张
76cm（2开）定价：CNY0.28
　　本作品为年画形式的中国现代国画人物画。

J0028685
红楼梦群芳图谱 戴敦邦图；陈诏文
天津 天津杨柳青画社 1987年 63页 有插图
26cm（16开）ISBN：7-80503-008-1
定价：CNY2.91
　　本作品为中国现代国画人物画。

J0028686
红楼人物宝钗 刘旦宅作

上海 朵云轩［1987年］1轴
　　本作品为中国现代国画人物画。卷轴装。

J0028687
红楼人物宝琴 刘旦宅作
上海 朵云轩［1987年］1轴
　　本作品为中国现代国画人物画。卷轴装。

J0028688
红楼人物黛玉 刘旦宅作
上海 朵云轩［1987年］1轴
　　本作品为中国现代国画人物画。卷轴装。

J0028689
红楼人物湘云 刘旦宅作
上海 朵云轩［1987年］1轴
　　本作品为中国现代国画人物画。卷轴装。

J0028690
济公大闹秦相府（1-4）静茹等画；复盛编文
沈阳 辽宁美术出版社 1987年 2张 76cm（2开）
定价：CNY0.48
　　本作品为年画形式的中国现代国画人物画。

J0028691
姜维·魏延 张恒德画
兰州 甘肃人民出版社 1987年 1张 53cm（4开）
定价：CNY0.11
　　本作品为年画形式的中国现代国画人物画。

J0028692
陆文龙·牛皋 陈家礼画
贵阳 贵州美术出版社［1987年］1张
76cm（2开）定价：CNY0.28
　　本作品为年画形式的中国现代国画人物画。

J0028693
吕方·郭盛 陈家礼画
贵阳 贵州美术出版社［1987年］1张
76cm（2开）定价：CNY0.28
　　本作品为年画形式的中国现代国画人物画。

J0028694
马得戏曲画选 高马得绘
上海 上海人民美术出版社 1987年 有照片

19cm（32 开）精装 定价：CNY12.80

　　本画选收入作者以传统笔墨技法表现京剧、昆曲和其他地方戏曲的舞台情节、戏中人物神态 76 幅图。其中有《十五贯》《搜孤救孤》《窦娥冤》《孙安动本》《打花朝》《白蛇传》《太白醉酒》《李清照》等。作者高马得（1917—2007），国画家。江苏南京人，毕业于天津河北省立水产专科学校。江苏省国画院一级美术师、中国美术家协会会员、江苏分会理事。代表作品有《画戏话戏》《画碟余墨》《马得水墨小品》等。

J0028695
牛皋·何元庆 任玉德画
石家庄 河北美术出版社 1987 年 1 张
76cm（2 开）定价：CNY0.30
　　本作品为年画形式的中国现代国画人物画。

J0028696
牛皋·何元庆 任玉德画
石家庄 河北美术出版社 1987 年 1 张
53cm（4 开）定价：CNY0.15
　　本作品为年画形式的中国现代国画人物画。

J0028697
秦叔宝·尉迟恭 范新林画
贵阳 贵州美术出版社［1987 年］1 张
76cm（2 开）定价：CNY0.28
　　本作品为年画形式的中国现代国画人物画。

J0028698
如来（西游记人物之一）成平画
贵阳 贵州美术出版社［1987 年］1 张
53cm（4 开）定价：CNY0.21
　　本作品为年画形式的中国现代国画人物画。

J0028699
三国画像
太原 山西人民出版社 1987 年 120 页
17cm（32 开）定价：CNY3.00
　　中国现代白描人物画作品。

J0028700
三战吕布 李建章画
兰州 甘肃人民出版社 1987 年 1 张 76cm（2 开）
定价：CNY0.24

　　本作品为年画形式的中国现代国画人物画。

J0028701
少年宰相 汤晓林编绘
成都 四川美术出版社 1987 年 2 张 76cm（2 开）
定价：CNY0.52
　　本作品为年画形式的中国现代国画人物画。

J0028702
托塔李天王 李万春画
贵阳 贵州美术出版社［1987 年］1 张
76cm（2 开）定价：CNY0.28
　　本作品为年画形式的中国现代国画人物画。

J0028703
托塔李天王 李万春画
贵阳 贵州美术出版社［1987 年］1 张
53cm（4 开）定价：CNY0.14
　　本作品为年画形式的中国现代国画人物画。

J0028704
托塔李天王·三眼二郎神 刘德能画
贵阳 贵州美术出版社［1987 年］1 张
76cm（2 开）定价：CNY0.30
　　本作品为年画形式的中国现代国画人物画。

J0028705
吴宪生水墨人体画选 吴宪生绘
合肥 安徽美术出版社 1987 年 1 册 26cm（16 开）
统一书号：7-5398-0016-X 定价：CNY12.00
　　本画册书收入作者水墨人体画 76 幅图。其作品糅合西画技法于国画传统手法之中，表现了人体的生命力，把两种大不相同的艺术风格，相互嫁接起来，产生了一种崭新的水墨人体艺术品种。

J0028706
武术新秀 李宝嘉绘
沈阳 辽宁美术出版社 1987 年 2 张 76cm（2 开）
定价：CNY0.56
　　本作品为年画形式的中国现代国画人物画。

J0028707
小射手 陈宝万画
济南 山东美术出版社 1987 年 1 张 76cm（2 开）

定价：CNY0.27

　　本作品为年画形式的中国现代国画人物画。

J0028708

徐启雄工笔人物画选集 徐启雄绘

天津 天津人民美术出版社 1987 年 54 页 26cm

（16 开）ISBN：7-5305-0061-9 定价：CNY14.50

J0028709

雪山儿女 仁真朗加等绘

成都 四川民族出版社 1987 年 1 张 76cm（2 开）

定价：CNY1.00

　　本作品为年画形式的中国现代国画人物画。

J0028710

杨排风招亲 赵兵凯，王卉编绘

天津 天津人民美术出版社 1987 年 2 张

76cm（2 开）定价：CNY0.60

　　本作品为年画形式的中国现代国画人物画。

J0028711

中国一百帝王图 吴绿星编；卢延光绘

广州 新世纪出版社 1987 年 223 页 26cm（16 开）

定价：CNY4.20

　　作者卢延光（1948— ），画家、书法家、国家一级美术师。广东开平县人。历任广州艺术博物院院长、广州市美术家协会主席、广州市文艺创作研究所艺术研究室主任、广州市文史研究馆副馆长、广州市政协常委。代表作品有《一百皇帝图》《一百仕女图》《一百儒士图》《一百僧佛图》等百图系列。

J0028712

中国一百帝王图 吴绿星编；卢延光绘

广州 新世纪出版社 1991 年 223 页 26cm（16 开）

ISBN：7-5405-0160-X 定价：CNY8.60

J0028713

中国一百皇子图 舒少华绘画；陈华新编文

广州 新世纪出版社 1995 年 213 页 26cm（16 开）

ISBN：7-5405-1226-1 定价：CNY18.00

J0028714

中国一百奸佞图 萧小丰等编著；丁筱芳绘

广州 新世纪出版社 1996 年 209 页 26cm（16 开）

ISBN：7-5405-1150-8 定价：CNY18.00

J0028715

中国一百名伎图 席剑明绘；林超编文

广州 新世纪出版社 1997 年 211 页 26cm（16 开）

ISBN：7-5405-1560-0 定价：CNY19.00

　　作者席剑明（1956—2000），连环画家。笔名云中子，江苏人，毕业于无锡市轻工职工大学美术大专班。历任无锡市群众影剧院美工、江苏省无锡市群众艺术馆助理馆员。代表作品有连环画《宫女泪》《西风独自凉》等。

J0028716

中国一百名医图 陈文杰绘；罗德怀编文

广州 新世纪出版社 1995 年 211 页 26cm（16 开）

ISBN：7-5405-1181-8 定价：CNY18.00

J0028717

中国一百侠士图 龙震海绘；林超编文

广州 新世纪出版社 1997 年 213 页 26cm（16 开）

ISBN：7-5405-1559-7 定价：CNY19.00

J0028718

"水仙花皇后"在羊城 孙念秋画

广州 岭南美术出版社 1988 年 1 张 76cm（2 开）

统一书号：5362.2844 定价：CNY0.38

　　本作品为年画形式的中国现代国画人物画。

J0028719

船头大将 苗永华画

济南 山东美术出版社 1988 年 1 张 76cm（2 开）

定价：CNY0.36

　　本作品为年画形式的中国现代国画人物画。作者苗永华（1960— ），画家。山东省诸城市人，毕业于山东经济学院。历任中国书画家协会会员、山东省美术家协会会员、潍坊美术家协会理事、诸城市书法美术协会副主席。代表作品有国画《晨》《山区新貌》《福寿多余图》等。

J0028720

黛玉扶琴 申同景画

石家庄 河北美术出版社 1988 年 1 张

76cm（2 开）定价：CNY0.40

　　本作品为年画形式的中国现代国画人物画。

J0028721
范蠡与西施 王言昌画
济南 山东美术出版社 1988 年 1 张 76cm（2 开）
定价：CNY0.35
　　本作品为年画形式的中国现代国画人物画。

J0028722
封神人物 侯世武画
贵阳 贵州美术出版社［1988 年］1 张
76cm（2 开） 定价：CNY0.30
　　本作品为年画形式的中国现代国画人物画。
作者侯世武（1938— ），四川绵竹人。结业于四
川美院进修班。绵竹年画博物馆馆长、副研究馆
员。作品有《献寿图》《四川儿歌》《看外孙》等。

J0028723
夫妻英雄 魏延滨画
济南 山东美术出版社 1988 年 2 张 76cm（2 开）
定价：CNY0.75
　　本作品为年画形式的中国现代国画人物画。

J0028724
父子英雄 李忠文画
贵阳 贵州美术出版社［1988 年］1 张
76cm（2 开） 定价：CNY0.30
　　本作品为年画形式的中国现代国画人物画。

J0028725
父子英雄 陈略画
广州 岭南美术出版社 1988 年 1 张
108cm（全开） 定价：CNY0.80
　　本作品为年画形式的中国现代国画人物画。
作者陈略（1943— ），广东信宜人。毕业于广州
美术学院国画系。曾任阳春市美协主席、中国美
术家协会会员。作品有《父子英雄》《赵子龙张
翼德》《陈略人物画集》等。

J0028726
父子英雄 陈略画
广州 岭南美术出版社 1988 年 1 张 76cm（2 开）
定价：CNY0.40
　　本作品为年画形式的中国现代国画人物画。

J0028727
古代女贤图 李明媚画；陈梗桥书

济南 山东美术出版社 1988 年 2 张 76cm（2 开）
定价：CNY0.75
　　本作品为年画形式的中国现代国画人物画。

J0028728
古代武将 侯文发画
广州 岭南美术出版社 1988 年 1 张 76cm（2 开）
定价：CNY0.40
　　本作品为年画形式的中国现代国画人物画。

J0028729
古代武将 侯文发画
广州 岭南美术出版社 1988 年 1 张 54cm（4 开）
定价：CNY0.20
　　本作品为年画形式的中国现代国画人物画。

J0028730
关公 赵梦林作
天津 天津人民美术出版社 1988 年 1 轴（卷轴）
附对联 1 副 108cm（全开） 定价：CNY3.90
　　本作品为年画形式的中国现代国画人物画。

J0028731
关平 周仓 徐福根画
广州 岭南美术出版社 1988 年 1 张 76cm（2 开）
定价：CNY0.40
　　本作品为年画形式的中国现代国画人物画。

J0028732
关羽 张飞 钟文斌画
贵阳 贵州美术出版社［1988 年］1 张
76cm（2 开） 定价：CNY0.30
　　本作品为年画形式的中国现代国画人物画。

J0028733
关羽 张飞 李中文画
广州 岭南美术出版社 1988 年 2 张 76cm（2 开）
定价：CNY0.40
　　本作品为年画形式的中国现代国画人物画。

J0028734
关羽 张飞 李中文画
广州 岭南美术出版社 1988 年 2 张 54cm（4 开）
定价：CNY0.20
　　本作品为年画形式的中国现代国画人物画。

J0028735

关羽 张飞 于新生画

济南 山东美术出版社 1988 年 1 张 76cm（2 开）
定价：CNY0.36

　　本作品为年画形式的中国现代国画人物画。

J0028736

好园丁 王爱珠画

广州 岭南美术出版社 1988 年 1 张 76cm（2 开）
定价：CNY0.38

　　本作品为年画形式的中国现代国画人物画。

J0028737

荷花仙子戏鱼图 张万臣画

广州 岭南美术出版社 1988 年 1 张 76cm（2 开）
定价：CNY0.38

　　本作品为年画形式的中国现代国画人物画。

J0028738

哼将哈将 郭长林画

贵阳 贵州美术出版社 ［1988 年］1 张
76cm（2 开）定价：CNY0.30

　　本作品为年画形式的中国现代国画人物画。

J0028739

虎将神威 陈略画

广州 岭南美术出版社 1988 年 1 张 76cm（2 开）
定价：CNY0.40

　　本作品为年画形式的中国现代国画人物画。

J0028740

虎将神威 陈略画

广州 岭南美术出版社 1988 年 1 张 54cm（4 开）
定价：CNY0.20

　　本作品为年画形式的中国现代国画人物画。

J0028741

伎女仕女 华三川画

南京 江苏古籍出版社 1988 年 4 张（卷轴）
76cm（2 开）定价：CNY4.20

　　本作品为中国现代国画人物画。

J0028742

蒋兆和画选 蒋兆和绘；人民美术出版社编辑

北京 人民美术出版社 1988 年 154 页 19cm

（32 开）ISBN：7-102-00062-6 定价：CNY2.50
（中国美术家丛书）

　　本书介绍了著名画家蒋兆和的中国人物画作品 67 幅图。包括他的代表性巨作《流民图》（附多幅局部）及其它画作。作者蒋兆和（1904—1986），国画家、美术教育家。原名万绥，改名兆和。生于四川泸州，祖籍湖北麻城。历任上海美术专科学校、中央美术学院教授，中国美术家协会理事、中国文联委员、中国画研究院院务委员、民盟中央文教委员会委员。代表作品《流民图》，出版有《蒋兆和画册》《蒋兆和画集》《蒋兆和画选》等。

J0028743

巾帼英雄 刘荣富画

广州 岭南美术出版社 1988 年 2 张 76cm（2 开）
定价：CNY0.76

　　本作品为年画形式的中国现代国画人物画。

J0028744

刘国辉水墨人体画集 刘国辉绘

长春 北方妇女儿童出版社 1988 年 60 页
26×25cm（12 开）精装 ISBN：7-5385-0259-9
定价：CNY16.00

　　本书为中国水墨画，选收了作者所作人体画习作 60 幅。作者刘国辉（1940— ），教师、画家。江苏苏州人，毕业于浙江美术学院中国画系研究生班。历任浙江美术学院副教授、中国美术学院教授、学术委员会委员、中国人物画高级研修班工作室导师。出版有《刘国辉画集》。

J0028745

鲁迅像（绫裱卷轴）李琦作

北京 荣宝斋 ［1988 年］1 轴

J0028746

罗成招亲 申同景画

石家庄 河北美术出版社 1988 年 1 张
76cm（2 开）定价：CNY0.40

　　本作品为年画形式的中国现代国画人物画。

J0028747

孟良·焦赞 张庆林绘

贵阳 贵州美术出版社 ［1988 年］1 张
76cm（2 开）定价：CNY0.36

本作品为年画形式的中国现代国画人物画。

J0028748

摩托女郎　区本泉画

广州 岭南美术出版社 1988 年 1 张 76cm（2 开）

定价：CNY0.38

　　本作品为年画形式的中国现代国画人物画。作者区本泉，绘有连环画《智擒八虎》，绘插图的有《潮州歌册：白蛇传》

J0028749

秦军·胡帅　谭述乐绘

贵阳 贵州美术出版社［1988 年］1 张

76cm（2 开）定价：CNY0.36

　　本作品为年画形式的中国现代国画人物画。

J0028750

秦军胡帅　李先润画

贵阳 贵州美术出版社［1988 年］1 张

76cm（2 开）定价：CNY0.30

　　本作品为年画形式的中国现代国画人物画。

J0028751

秦明 索超　张恒德画

贵阳 贵州美术出版社［1988 年］1 张

76cm（2 开）定价：CNY0.30

　　本作品为年画形式的中国现代国画人物画。

J0028752

秦琼·敬德　张耀明画

贵阳 贵州美术出版社［1988 年］1 张

76cm（2 开）定价：CNY0.30

　　本作品为年画形式的中国现代国画人物画。

J0028753

秦叔宝 尉迟恭　侯世武画

贵阳 贵州美术出版社［1988 年］1 张

76cm（2 开）定价：CNY0.30

　　本作品为年画形式的中国现代国画人物画。

J0028754

时装人物画　胡永凯编绘

成都 四川美术出版社 1988 年 19cm（32 开）

ISBN：7-5410-0226-7 定价：CNY3.00

J0028755

水浒人物——李衮 项充　侯文发画

广州 岭南美术出版社 1988 年 1 张 54cm（4 开）

定价：CNY0.20

　　本作品为年画形式的中国现代国画人物画。作者侯文发（1928— ），广东梅州人。曾用名剑萍。毕业于中南美专。中国书画家协会理事、中国国画家协会理事、广东省美术家协会会员。主要作品有《工地探亲》《宋湘》《三英战吕布》等。

J0028756

水浒人物——李衮 项充　侯文发画

广州 岭南美术出版社 1988 年 1 张 76cm（2 开）

定价：CNY0.40

　　本作品为年画形式的中国现代国画人物画。

J0028757

四大金刚（一～四）潘培德画

贵阳 贵州美术出版社［1988 年］2 张

76cm（2 开）定价：CNY0.60

　　本作品为年画形式的中国现代国画人物画。作者潘培德（1938— ），画家。四川成都人。毕业于四川美院附中毕业。历任《四川画报》社美术编辑、记者，四川省群众艺术馆群众美术辅导，从事民间木板年画(绵竹年画)的研究和创作。作品有《康乐图》《印刷工人的心愿》《草地雷锋——札江》《赛龙舟》等。

J0028758

唐伯虎点秋香　秦永春，单绘生作

沈阳 辽宁美术出版社 1988 年 2 张 76cm（2 开）

定价：CNY0.76

　　本作品为年画形式的中国现代国画人物画。

J0028759

文君夜奔　徐凌编绘

北京 人民美术出版社 1988 年 2 张 76cm（2 开）

定价：CNY0.80

　　本作品为年画形式的中国现代国画人物画。

J0028760

武将　李德明画

贵阳 贵州美术出版社［1988 年］1 张

76cm（2 开）定价：CNY0.30

　　本作品为年画形式的中国现代国画人物画。

J0028761

武林女杰 罗国贤画

广州 岭南美术出版社 1988年 1张 76cm（2开）

定价：CNY0.38

　　本作品为年画形式的中国现代国画人物画。

J0028762

小球迷 王中一画

广州 岭南美术出版社 1988年 1张 76cm（2开）

定价：CNY0.38

　　本作品为年画形式的中国现代国画人物画。

J0028763

中国画（第六届全国美术作品展览中国画人物
选辑 一）刘文西等绘

南京 江苏美术出版社 1988年 12幅

25cm（小16开） ISBN：7-5344-0031-7

定价：CNY2.60

J0028764

钟馗（绫裱立轴）刘继卣作

北京 荣宝斋［1988年］［1卷轴］

J0028765

《春草闯堂》春草 李学勤绘

呼和浩特 内蒙古人民出版社 1989年 4张

39cm（4开）定价：CNY1.28

　　本作品为年画形式的中国现代国画人物画。

J0028766

八仙过海 顾炳鑫绘

上海 上海人民美术出版社 1989年 1张

76cm（2开）定价：CNY0.55

　　本作品为中国现代国画人物画。作者顾炳
鑫（1923—2001），美术家。笔名甘草、朽木，江
苏宝山人。历任中国美术家协会理事、上海美术
家协会主席团委员、上海美协连环画艺委会主
任。代表作品有连环画《渡江侦察记》《列宁在十
月》等。

J0028767

宝玉与黛玉 朱振芳绘

石家庄 河北美术出版社 1989年 1张

76cm（2开）定价：CNY0.50

　　年画形式中国现代国画人物画。

J0028768

大将关羽黄忠 苗永华绘

广州 岭南美术出版社 1989年 1张 76cm（2开）

定价：CNY0.48

　　本作品为年画形式的中国现代国画人物画。

J0028769

邓爷爷好 吴亦生绘

上海 上海人民美术出版社 1989年 1张

76cm（2开）定价：CNY0.45

　　本作品为年画形式的中国现代国画人物画。

J0028770

狄雷·岳云 李德明绘

重庆 重庆出版社 1989年 1张 76cm（2开）

定价：CNY0.45

　　本作品为年画形式的中国现代国画人物画。

J0028771

东方少女 王功学绘

长春 吉林美术出版社 1989年 1张 76cm（2开）

定价：CNY0.55

　　本作品为年画形式的中国现代国画人物画。

J0028772

二郎神·李天王 潘隆正绘

杭州 浙江人民美术出版社 1989年 2张

53cm（4开）定价：CNY0.50

　　本作品为年画形式的中国现代国画人物画。
作者潘隆正（1944— ），笔名晓牛，出生于重庆
市，毕业于西南师范大学美术系。历任重庆出版
社美编室副主任、重庆出版集团（美术）副编审、
全国年画研究会理事、西南大学育才学院美术学
院副教授、重庆沧白书画院副院长。作品有《红
岩英烈——许晓轩》《挺进大西南》《娃娃送宝·幸
福吉祥》《哼哈二将》《秦琼、敬德》《在知识的
海洋里寻珍探宝》等。

J0028773

樊梨花 赵祥林绘

呼和浩特 内蒙古人民出版社 1989年 1张

76cm（2开）定价：CNY0.48

　　本作品为年画形式的中国现代国画人物画。

J0028774
封神人物 侯文发绘
南宁 广西人民出版社 1989 年 1 张 76cm（2 开）
定价：CNY0.50
　　本作品为年画形式的中国现代国画人物画。

J0028775
封神人物 侯文发绘
南宁 广西人民出版社 1989 年 1 张 53cm（4 开）
定价：CNY0.25
　　本作品为年画形式的中国现代国画人物画。

J0028776
封神演义人物 王朝明绘
南昌 江西人民出版社 1989 年 1 张 76cm（2 开）
定价：CNY0.50
　　本作品为年画形式的中国现代国画人物画。

J0028777
父子英雄 金平定绘
武汉 湖北美术出版社 1989 年 1 张 76cm（2 开）
定价：CNY0.48
　　本作品为年画形式的中国现代国画人物画。

J0028778
歌星 李慕白绘
广州 岭南美术出版社 1989 年 1 张 76cm（2 开）
　　本作品为年画形式的中国现代国画人物画。

J0028779
古代名将 张娅琴绘
重庆 重庆出版社 1989 年 1 张 76cm（2 开）
定价：CNY0.45
　　本作品为年画形式的中国现代国画人物画。

J0028780
古代名女屏 玉林等绘
沈阳 辽宁美术出版社 1989 年 2 张 76cm（2 开）
定价：CNY1.10
　　本作品为年画形式的中国现代国画人物画。

J0028781
古代少年英杰 李学勤绘
上海 上海人民美术出版社 1989 年 2 张
107cm（全开） 定价：CNY2.00

本作品为年画形式的中国现代国画人物画。

J0028782
古代勇士 马云平绘
昆明 云南人民出版社 1989 年 1 张 76cm（2 开）
定价：CNY0.55
　　本作品为年画形式的中国现代国画人物画。

J0028783
古代智童 刘建平，姚仲新绘
天津 天津人民美术出版社 1989 年 4 轴
76cm（2 开） 定价：CNY4.60
　　本作品为年画形式的中国现代国画人物画。

J0028784
古将 孙建东绘
昆明 云南人民出版社 1989 年 1 张 76cm（2 开）
定价：CNY0.55
　　本作品为年画形式的中国现代国画人物画。

J0028785
古将 邹越清绘
昆明 云南人民出版社 1989 年 1 张 76cm（2 开）
定价：CNY0.55
　　本作品为年画形式的中国现代国画人物画。

J0028786
关公 陈松崚绘
杭州 浙江人民美术出版社 1989 年 1 张
76cm（2 开） 定价：CNY0.45
　　本作品为年画形式的中国现代国画人物画。

J0028787
关公 陈松崚绘
杭州 浙江人民美术出版社 1989 年 1 张
107cm（全开） 定价：CNY1.60
　　本作品为年画形式的中国现代国画人物画。

J0028788
关公 陈松崚绘
杭州 浙江人民美术出版社 1989 年 1 轴（卷轴）
附对联一副 107cm（全开） 定价：CNY5.40
　　中国现代年画作品。

J0028789
关公大义送貂蝉 张力等绘
沈阳 辽宁美术出版社 1989 年 2 张 76cm（2 开）
定价：CNY1.10
　　本作品为年画形式的中国现代国画人物画。

J0028790
关胜·秦明 张福龙绘
沈阳 辽宁美术出版社 1989 年 1 张 76cm（2 开）
定价：CNY0.60
　　本作品为年画形式的中国现代国画人物画。
作者张福龙（1942—　　），画家。天津人。曾任天
津杨柳青画社、天津画院专业画家等职。主要作
品有《毛主席和青年农民》《杨柳春风》《山娃》等。

J0028791
关胜·秦明 李德明绘
重庆 重庆出版社 1989 年 1 张 76cm（2 开）
定价：CNY0.45
　　本作品为年画形式的中国现代国画人物画。

J0028792
关羽·黄忠 张耀明绘
重庆 重庆出版社 1989 年 1 张 76cm（2 开）
定价：CNY0.45
　　本作品为年画形式的中国现代国画人物画。

J0028793
关羽·张飞 侯世武绘
贵阳 贵州美术出版社［1989 年］1 张
76cm（2 开）定价：CNY0.36
　　本作品为年画形式的中国现代国画人物画。

J0028794
关羽·张飞 赫福路绘
石家庄 河北美术出版社 1989 年 1 张
53cm（4 开）定价：CNY0.25
　　本作品为年画形式的中国现代国画人物画。

J0028795
关羽·张飞 王瑞青绘
重庆 重庆出版社 1989 年 1 张 76cm（2 开）
定价：CNY0.45
　　本作品为年画形式的中国现代国画人物画。

J0028796
关云长·张翼德 张瑞恒绘
天津 天津人民美术出版社 1989 年 1 张
76cm（2 开）定价：CNY0.55
　　本作品为年画形式的中国现代国画人物画。

J0028797
关云长·张翼德 张瑞恒绘
天津 天津人民美术出版社 1989 年 1 张
107cm（全开）定价：CNY1.10
　　本作品为年画形式的中国现代国画人物画。

J0028798
关云长千里走单骑 林祥等绘
沈阳 辽宁美术出版社 1989 年 2 张 76cm（2 开）
定价：CNY1.10
　　本作品为年画形式的中国现代国画人物画。

J0028799
贵妃醉酒 董俊绘
呼和浩特 内蒙古人民出版社 1989 年 1 张
76cm（2 开）定价：CNY0.48
　　本作品为年画形式的中国现代国画人物画。

J0028800
何仙姑 张万臣绘
上海 上海人民美术出版社 1989 年 1 张
76cm（2 开）定价：CNY0.45
　　本作品为年画形式的中国现代国画人物画。

J0028801
荷花仙子 李学勤绘
长春 吉林美术出版社 1989 年 1 张 76cm（2 开）
定价：CNY0.55
　　本作品为年画形式的中国现代国画人物画。

J0028802
哼哈二将 刘江绘
兰州 甘肃人民出版社 1989 年 1 张 53cm（4 开）
定价：CNY0.24
　　本作品为年画形式的中国现代国画人物画。

J0028803
哼哈二将 陈致信绘
武汉 湖北美术出版社 1989 年 2 张 76cm（2 开）

定价: CNY0.96
　　本作品为年画形式的中国现代国画人物画。

J0028804
哼哈二将 张耀明绘
济南 山东美术出版社 1989 年 1 张 76cm(2 开)
　　本作品为年画形式的中国现代国画人物画。

J0028805
红楼梦百美图 董可玉绘
北京 新华出版社 1989 年 26cm(16 开)
ISBN: 7-5011-0487-5 定价: CNY38.00
　　中国现代工笔人物画作品。作者董可玉
(1941—)，画家。生于四川威远县。北京故宫
博物院画家、中国美术家协会会员、中国红学会
会员。代表作品《红楼梦百美图》。

J0028806
红楼人物百图 戴敦邦绘
上海 上海人民美术出版社 1989 年 105 页
25cm(15 开) ISBN: 7-5322-0502-9
定价: CNY4.20
　　中国现代人物画白描画作品，描绘了《红楼
梦》中鲜活的人物形象。作者戴敦邦(1938—)，
国画家，教授。号民间艺人，江苏丹徒人。毕业
于上海第一师范学校。历任《中国少年报》和《儿
童时代》美术编辑、上海交通大学人文学院教授
等。主要作品有《水浒人物一百零八图》《戴敦
邦水浒人物谱》《戴敦邦新绘红楼梦》《戴敦邦古
典文学名著画集》等;连环画代表作品有《一支驳
壳枪》《水上交通站》《大泽烈火》《蔡文姬》等。

J0028807
胡大海·常遇春 李志明，田晓石绘
南京 江苏美术出版社 1989 年 2 张 76cm(2 开)
定价: CNY1.10
　　本作品为年画形式的中国现代国画人物画。

J0028808
花卉仕女图 张九荣摄
北京 人民美术出版社 1989 年 1 张 76cm(2 开)
定价: CNY0.50
　　本作品为年画形式的中国现代国画人物画。

J0028809
姜维·魏延 李志明，苗永华绘
长沙 湖南美术出版社 1989 年 1 张 76cm(2 开)
定价: CNY0.35
　　本作品为年画形式的中国现代国画人物画。

J0028810
巾帼英雄 王潘竹绘
杭州 浙江人民美术出版社 1989 年 2 张
76cm(2 开) 定价: CNY0.90
　　本作品为年画形式的中国现代国画人物画。

J0028811
巾帼英雄穆桂英 水佳定绘
西安 陕西人民美术出版社 1989 年 1 张
76cm(2 开) 定价: CNY0.48
　　本作品为年画形式的中国现代国画人物画。

J0028812
敬德·秦琼 翟羽绘
昆明 云南人民出版社 1989 年 1 张 76cm(2 开)
定价: CNY0.55
　　本作品为年画形式的中国现代国画人物画。

J0028813
康乐宝宝 何丽绘
济南 山东美术出版社 1989 年 1 张 76cm(2 开)
　　本作品为年画形式的中国现代国画人物画。

J0028814
孔明 鲁肃 侯世武，侯荣绘
昆明 云南人民出版社 1989 年 1 张 76cm(2 开)
定价: CNY0.55
　　本作品为年画形式的中国现代国画人物画。

J0028815
快乐的小骑兵 陈宝万绘
长春 吉林美术出版社 1989 年 1 张 76cm(2 开)
定价: CNY0.55
　　本作品为年画形式的中国现代国画人物画。

J0028816
李靖·杨戬 张恒德绘
南宁 广西人民出版社 1989 年 1 张 53cm(4 开)
定价: CNY0.25

本作品为年画形式的中国现代国画人物画。

J0028817
李靖·杨戬 张恒德绘
南宁 广西人民出版社 1989年 1张 76cm（2开）
定价：CNY0.50
　　本作品为年画形式的中国现代国画人物画。

J0028818
李靖·杨戬 李中文绘
昆明 云南人民出版社 1989年 1张 76cm（2开）
定价：CNY0.55
　　本作品为年画形式的中国现代国画人物画。

J0028819
李逵·武松 秦延光绘
重庆 重庆出版社 1989年 1张 76cm（2开）
定价：CNY0.45
　　本作品为年画形式的中国现代国画人物画。

J0028820
梁山伯与祝英台 于振波绘
呼和浩特 内蒙古人民出版社 1989年 1张
76cm（2开）定价：CNY0.48
　　本作品为年画形式的中国现代国画人物画。

J0028821
梁山将 张庆林绘
西安 陕西人民美术出版社 1989年 1张
76cm（2开）定价：CNY0.48
　　本作品为年画形式的中国现代国画人物画。

J0028822
林黛玉与贾宝玉 于小玲绘
呼和浩特 内蒙古人民出版社 1989年 1张
76cm（2开）定价：CNY0.48
　　本作品为年画形式的中国现代国画人物画。

J0028823
刘备·关羽 李德明绘
重庆 重庆出版社 1989年 1张 76cm（2开）
定价：CNY0.45
　　本作品为年画形式的中国现代国画人物画。

J0028824
龙虎武将 朱忠民绘
昆明 云南人民出版社 1989年 1张 53cm（4开）
定价：CNY0.30
　　本作品为年画形式的中国现代国画人物画。

J0028825
龙虎武将 朱忠民绘
昆明 云南人民出版社 1989年 1张 76cm（2开）
定价：CNY0.55
　　本作品为年画形式的中国现代国画人物画。

J0028826
龙女云花公主 张德俊绘
杭州 浙江人民美术出版社 1989年 1张
76cm（2开）定价：CNY0.45
　　本作品为年画形式的中国现代国画人物画。

J0028827
陆游与唐婉 鲍凤林绘
呼和浩特 内蒙古人民出版社 1989年 1张
76cm（2开）定价：CNY0.48
　　本作品为年画形式的中国现代国画人物画。

J0028828
孟良·焦赞 王法堂，苗永华绘
兰州 甘肃人民出版社 1989年 1张 53cm（4开）
定价：CNY0.24
　　本作品为年画形式的中国现代国画人物画。

J0028829
牡丹仙子 于振波绘
呼和浩特 内蒙古人民出版社 1989年 1张
76cm（2开）定价：CNY0.48
　　本作品为年画形式的中国现代国画人物画。

J0028830
牡丹仙子 荷花仙子 菊花仙子 梅花仙子
山枫绘
长沙 湖南美术出版社 1989年 4张 76cm（2开）
定价：CNY1.40
　　本作品为年画形式的中国现代国画人物画。

J0028831
穆桂英大破天门阵 徐德元绘

沈阳 辽宁美术出版社 1989 年 1 张 76cm（2 开）
定价：CNY0.55
　　本作品为年画形式的中国现代国画人物画。

J0028832
穆桂英大战韩昌 刘荣富，刘剑绘
上海 上海书画出版社 1989 年 1 张 76cm（2 开）
定价：CNY0.45
　　本作品为年画形式的中国现代国画人物画。

J0028833
穆桂英与杨宗保 李增吉绘
西安 陕西人民美术出版社 1989 年 1 张
76cm（2 开） 定价：CNY0.48
　　本作品为年画形式的中国现代国画人物画。

J0028834
南海观音 王木兰绘
太原 山西人民出版社 1989 年 1 张
107cm（全开） 定价：CNY2.50
　　本作品为年画形式的中国现代国画人物画。

J0028835
南海观音图 施振广，刘玉华绘
天津 天津人民美术出版社 1989 年 1 轴（卷轴）
（附对联一副） 107cm（全开） 定价：CNY4.60
　　本作品为年画形式的中国现代国画人物画。

J0028836
女驸马 竹翔飞绘
沈阳 辽宁美术出版社 1989 年 1 张 76cm（2 开）
定价：CNY0.55
　　本作品为年画形式的中国现代国画人物画。

J0028837
女驸马 王一定，王水琪绘
杭州 浙江人民美术出版社 1989 年 2 张
76cm（2 开） 定价：CNY0.90
　　本作品为年画形式的中国现代国画人物画。

J0028838
秦军·胡帅 李奕绘
武汉 湖北美术出版社 1989 年 1 张 76cm（2 开）
定价：CNY0.48
　　本作品为年画形式的中国现代国画人物画。

J0028839
秦明·关胜 潘隆正，潘斌绘
广州 岭南美术出版社 1989 年 1 张 53cm（4 开）
定价：CNY0.24
　　本作品为年画形式的中国现代国画人物画。

J0028840
秦明·关胜 潘隆正，潘斌绘
广州 岭南美术出版社 1989 年 1 张 76cm（2 开）
定价：CNY0.48
　　本作品为年画形式的中国现代国画人物画。

J0028841
秦明·关胜 裴文潞绘
昆明 云南人民出版社 1989 年 1 张 53cm（4 开）
定价：CNY0.30
　　本作品为年画形式的中国现代国画人物画。

J0028842
秦明·关胜 裴文潞绘
昆明 云南人民出版社 1989 年 1 张 76cm（2 开）
定价：CNY0.55
　　本作品为年画形式的中国现代国画人物画。

J0028843
秦琼·敬德 王杰绘
兰州 甘肃人民出版社 1989 年 1 张 53cm（4 开）
定价：CNY0.27
　　本作品为年画形式的中国现代国画人物画。

J0028844
秦琼·敬德 张万灵绘
兰州 甘肃人民出版社 1989 年 1 张 53cm（4 开）
定价：CNY0.24
　　本作品为年画形式的中国现代国画人物画。

J0028845
秦琼·敬德 蒲永昇绘
兰州 甘肃人民出版社 1989 年 1 张 53cm（4 开）
定价：CNY0.24
　　本作品为年画形式的中国现代国画人物画。

J0028846
秦琼·敬德 姚俊国绘
石家庄 河北美术出版社 1989 年 1 张

53cm（4开）定价：CNY0.25

本作品为年画形式的中国现代国画人物画。

J0028847

秦琼·敬德 姚俊国，安宁绘

石家庄 河北美术出版社 1989年 1张

76cm（2开）定价：CNY0.52

本作品为年画形式的中国现代国画人物画。

J0028848

秦琼·敬德 栾良才绘

沈阳 辽宁美术出版社 1989年 1张 76cm（2开）

定价：CNY0.60

本作品为年画形式的中国现代国画人物画。

J0028849

秦琼·敬德 李中文绘

北京 人民美术出版社 1989年 1张 76cm（2开）

定价：CNY0.55

本作品为年画形式的中国现代国画人物画。

J0028850

秦琼·敬德 张文顺绘

西安 陕西人民美术出版社 1989年 1张

76cm（2开）定价：CNY0.48

本作品为年画形式的中国现代国画人物画。

J0028851

秦琼·敬德 孙家跃绘

天津 天津人民美术出版社 1989年 1张

76cm（2开）定价：CNY0.55

本作品为年画形式的中国现代国画人物画。

J0028852

秦琼·敬德 林美岚绘

昆明 云南人民出版社 1989年 1张 76cm（2开）

定价：CNY0.55

本作品为年画形式的中国现代国画人物画。
作者林美岚（1940— ），字山凤，江西武宁人。
毕业于江西九江师范。历任中小学美术教师，
江西九江市群众艺术馆美术干部、副研究馆员、
江西美协理事。作品有《党是阳光我是花》《喜
庆丰年》《鸟语花香》等。出版有《林美岚人物
画选》。

J0028853

秦叔宝 张瑞恒绘

贵阳 贵州美术出版社［1989年］1张

53cm（4开）定价：CNY0.18

本作品为年画形式的中国现代国画人物画。

J0028854

秦叔宝 朱希煌绘

杭州 浙江人民美术出版社 1989年 1张

53cm（4开）定价：CNY0.50

本作品为年画形式的中国现代国画人物画。

J0028855

秦叔宝·程咬金 赵宋生绘

昆明 云南人民出版社 1989年 1张 53cm（4开）

定价：CNY0.30

本作品为年画形式的中国现代国画人物画。

J0028856

秦叔宝·程咬金 赵宋生绘

昆明 云南人民出版社 1989年 1张 76cm（2开）

定价：CNY0.55

本作品为年画形式的中国现代国画人物画。

J0028857

秦叔宝·尉迟恭 张瑞恒绘

贵阳 贵州美术出版社［1989年］1张

53cm（4开）定价：CNY0.53

本作品为年画形式的中国现代国画人物画。

J0028858

秦叔宝·尉迟恭 张瑞恒绘

贵阳 贵州美术出版社［1989年］1张

76cm（2开）定价：CNY0.36

本作品为年画形式的中国现代国画人物画。

J0028859

秦叔宝·尉迟恭 朱希煌绘

南昌 江西人民出版社 1989年 1张 53cm（4开）

定价：CNY0.40

本作品为年画形式的中国现代国画人物画。

J0028860

秦叔宝·尉迟恭 朱希煌绘

南昌 江西人民出版社 1989年 1张 76cm（2开）

定价: CNY0.50
　　本作品为年画形式的中国现代国画人物画。

J0028861
秦叔宝·尉迟恭 朱希煌绘
南昌 江西人民出版社 1989 年 2 张 76cm（2 开）
定价: CNY1.00
　　本作品为年画形式的中国现代国画人物画。

J0028862
三国人物 李先润绘
贵阳 贵州美术出版社［1989 年］1 张
76cm（2 开） 定价: CNY0.36
　　本作品为年画形式的中国现代国画人物画。

J0028863
少年英雄 熔岩绘
重庆 重庆出版社 1989 年 1 张 76cm（2 开）
定价: CNY0.45
　　本作品为年画形式的中国现代国画人物画。

J0028864
少女 李学勤绘
呼和浩特 内蒙古人民出版社 1989 年 1 张
76cm（2 开） 定价: CNY0.48
　　本作品为年画形式的中国现代国画人物画。

J0028865
神勇二将 郭秀庚绘
武汉 湖北美术出版社 1989 年 1 张 76cm（2 开）
定价: CNY0.48
　　本作品为年画形式的中国现代国画人物画。

J0028866
神州健儿 阎凤成绘
长春 吉林美术出版社 1989 年 2 张 76cm（2 开）
定价: CNY1.10
　　本作品为年画形式的中国现代国画人物画。
作者阎凤成（1942— ），画家。吉林大安人。任
吉林市丰满区教师进修学院教研员。代表作品
有《愁》《瓜香时节》《礼物》《落花有意》等。

J0028867
十三妹 龚景充绘
杭州 浙江人民美术出版社 1989 年 2 张

76cm（2 开） 定价: CNY0.90
　　本作品为年画形式的中国现代国画人物画。

J0028868
双枪将董平 赵祥林绘
呼和浩特 内蒙古人民出版社 1989 年 1 张
76cm（2 开） 定价: CNY0.48
　　本作品为年画形式的中国现代国画人物画。

J0028869
水浒人物全图 范扬绘
南京 江苏美术出版社 1989 年 108 页 19cm
（32 开） ISBN: 7-5344-0107-0 定价: CNY3.50
　　中国现代国画人物画册。作者范扬（1955— ），
画家。生于香港，祖籍江苏南通，毕业于南京师
范大学美术系。历任南京师范大学美术学院院
长、教授、博士生导师，中国国家画院国画院副
院长、南京书画院院长、中国艺术研究院中国画
院研究员。邮票作品有《太湖》《周恩来同志诞
生 100 周年》《普陀秀色》。

J0028870
水仙花皇后 杨建明绘
上海 上海人民美术出版社 1989 年 1 张
76cm（2 开） 定价: CNY0.45
　　本作品为年画形式的中国现代国画人物画。

J0028871
四仙女 王守信绘
石家庄 河北美术出版社 1989 年 2 张
76cm（2 开） 定价: CNY1.10
　　本作品为年画形式的中国现代国画人物画。

J0028872
隋唐人物 刘生展绘
石家庄 河北美术出版社 1989 年 2 张
76cm（2 开） 定价: CNY1.10
　　本作品为年画形式的中国现代国画人物画。
作者刘生展（1938—2016），画家，一级美术师。
别名塞城。内蒙古丰镇人。历任河北省张北县
文化馆馆长、张家口市美协名誉主席、中国美术
家协会会员、中华炎黄文化研究会会员、中日美
术交流协会会员、察哈尔书画院名誉院长，作品
有《草原女民兵》《赛马去》《多为农业选骏马》《草
原盛会》等。出版有《怎样画马》《三国志人物绘

卷》《马的描法》等。

J0028873
隋唐武将: 魏文通、程咬金 侯文发绘
广州 岭南美术出版社 1989 年 1 张 53cm（4 开）
定价: CNY0.24
　　本作品为年画形式的中国现代国画人物画。

J0028874
隋唐武将: 魏文通、程咬金 侯文发绘
广州 岭南美术出版社 1989 年 1 张 76cm（2 开）
定价: CNY0.48
　　本作品为年画形式的中国现代国画人物画。
作者侯文发（1928— ），广东梅州人。曾用名剑
萍。毕业于中南美专。中国书画家协会理事、中
国国画家协会理事、广东省美术家协会会员。主
要作品有《工地探亲》《宋湘》《三英战吕布》等。

J0028875
孙策大乔比武招亲 赵祥林绘
上海 上海人民美术出版社 1989 年 1 张
76cm（2 开） 定价: CNY0.45
　　本作品为年画形式的中国现代国画人物画。

J0028876
孙悟空·猪八戒 秦廷光绘
重庆 重庆出版社 1989 年 1 张 76cm（2 开）
定价: CNY0.45
　　本作品为年画形式的中国现代国画人物画。

J0028877
孙悟空·猪八戒 秦廷光绘
重庆 重庆出版社 1989 年 1 张 53cm（4 开）
定价: CNY0.25
　　本作品为年画形式的中国现代国画人物画。

J0028878
孙悟空大闹天宫 赵梦林绘
上海 上海人民美术出版社 1989 年 1 张
76cm（2 开） 定价: CNY0.45
　　本作品为年画形式的中国现代国画人物画。

J0028879
唐伯虎会秋香 刘俊贤绘
呼和浩特 内蒙古人民出版社 1989 年 1 张
76cm（2 开） 定价: CNY0.48
　　本作品为年画形式的中国现代国画人物画。
作者刘俊贤（1956— ），高级教师。天津静海人，
毕业于内蒙古师范大学美术学院。中国美术家
协会会员，任职于包钢第二中学。主要作品有《发
卷之后》《钢厂晨曲》《北疆夕阳》《涉世》《旷野
日记》等。

J0028880
唐伯虎游春 李学勤绘
杭州 浙江人民美术出版社 1989 年 1 张
76cm（2 开） 定价: CNY0.45
　　本作品为年画形式的中国现代国画人物画。

J0028881
唐伯虎与秋香 朱振芳绘
石家庄 河北美术出版社 1989 年 1 张
76cm（2 开） 定价: CNY0.50
　　本作品为年画形式的中国现代国画人物画。

J0028882
唐伯虎与秋香 于振波绘
呼和浩特 内蒙古人民出版社 1989 年 1 张
76cm（2 开） 定价: CNY0.48
　　本作品为年画形式的中国现代国画人物画。

J0028883
唐僧巧过女儿国 高云升绘
济南 山东美术出版社 1989 年 1 张 76cm（2 开）
定价: CNY0.42
　　本作品为年画形式的中国现代国画人物画。

J0028884
娃娃戏——济公 刘宝贵绘
沈阳 辽宁美术出版社 1989 年 1 张 76cm（2 开）
定价: CNY0.55
　　本作品为年画形式的中国现代国画人物画。

J0028885
尉迟恭 张瑞恒绘
贵阳 贵州美术出版社［1989 年］1 张
53cm（4 开） 定价: CNY0.18
　　本作品为年画形式的中国现代国画人物画。

J0028886

尉迟恭·秦叔宝 肖祝善绘

长沙 湖南美术出版社 1989 年 1 张 76cm（2 开）

定价：CNY0.35

本作品为年画形式的中国现代国画人物画。

J0028887

尉迟恭·秦叔宝 李德明绘

昆明 云南人民出版社 1989 年 1 张 76cm（2 开）

定价：CNY0.55

本作品为年画形式的中国现代国画人物画。

J0028888

武将 郭秀庚绘

贵阳 贵州美术出版社［1989 年］1 张

76cm（2 开） 定价：CNY0.36

本作品为年画形式的中国现代国画人物画。
作者郭秀庚（1942— ），湖北黄冈人。毕业于湖
北艺术学院。中国美术家协会会员，曾任江西美
术出版社副编审、《小猕猴智力画刊》社副主编、
江西书画院特聘画家、南昌画院特聘画家。作品
有连环画《南瓜记》《蔡文姬》，年画《八千里路
云和月》等。

J0028889

武将 王小路绘

石家庄 河北美术出版社 1989 年 1 张

53cm（4 开） 定价：CNY0.25

本作品为年画形式的中国现代国画人物画。

J0028890

武将 李先润绘

武汉 湖北美术出版社 1989 年 1 张 76cm（2 开）

定价：CNY0.48

本作品为年画形式的中国现代国画人物画。

J0028891

武将 侯兵，侯世武绘

广州 岭南美术出版社 1989 年 1 张 53cm（4 开）

定价：CNY0.24

本作品为年画形式的中国现代国画人物画。

J0028892

武将 侯兵，侯世武绘

广州 岭南美术出版社 1989 年 1 张 76cm（2 开）

定价：CNY0.48

本作品为年画形式的中国现代国画人物画。

J0028893

武将 王东斌绘

西安 陕西人民美术出版社 1989 年 1 张

76cm（2 开） 定价：CNY0.48

本作品为年画形式的中国现代国画人物画。

J0028894

武将 张福龙绘

天津 天津人民美术出版社 1989 年 1 张

76cm（2 开） 定价：CNY0.55

本作品为年画形式的中国现代国画人物画。

J0028895

武将 范凤玲，朱秀颖绘

重庆 重庆出版社 1989 年 1 张 76cm（2 开）

定价：CNY0.45

本作品为年画形式的中国现代国画人物画。

J0028896

武林姐妹 郑坚石绘

天津 天津人民美术出版社 1989 年 2 张

76cm（2 开） 定价：CNY1.10

本作品为年画形式的中国现代国画人物画。

J0028897

武士 陈英，陈明绘

昆明 云南人民出版社 1989 年 1 张 76cm（2 开）

定价：CNY0.55

本作品为年画形式的中国现代国画人物画。

J0028898

悟空斗哪吒 刘俊贤绘

天津 天津人民美术出版社 1989 年 1 张

76cm（2 开） 定价：CNY0.50

本作品为年画形式的中国现代国画人物画。
作者刘俊贤（1956— ），高级教师。天津静海人，
毕业于内蒙古师范大学美术学院。中国美术家
协会会员，任职于包钢第二中学。主要作品有《发
卷之后》《钢厂晨曲》《北疆夕阳》《涉世》《旷野
日记》等。

J0028899
侠女 张兆年绘
天津 天津人民美术出版社 1989 年 4 张（卷轴）
76cm（2 开）定价：CNY4.60
　　本作品为年画形式的中国现代国画人物画。作者张兆年（1946— ），画家。天津人，毕业于天津工艺美校。历任天津工艺美术设计院创作室二级美术师。获奖作品有《数不清》《踏歌图》《傻伲少女》等，壁画作品有《海河晨光》《津门十景》《中国古代科技文明之光》《生命之路》等。

J0028900
侠女 张兆年，张金义绘
天津 天津人民美术出版社 1989 年 2 张
76cm（2 开）定价：CNY1.10
　　本作品为年画形式的中国现代国画人物画。

J0028901
侠女十三妹 曹淑琴，王新滨绘
沈阳 辽宁美术出版社 1989 年 2 张 76cm（2 开）
定价：CNY1.10
　　本作品为年画形式的中国现代国画人物画。

J0028902
小伙伴 于振波绘
呼和浩特 内蒙古人民出版社 1989 年 1 张
76cm（2 开）定价：CNY0.48
　　本作品为年画形式的中国现代国画人物画。

J0028903
小将呼延庆 张有，晓淳绘
沈阳 辽宁美术出版社 1989 年 2 张 76cm（2 开）
定价：CNY1.10
　　本作品为年画形式的中国现代国画人物画。

J0028904
小牧童 李金喜绘
呼和浩特 内蒙古人民出版社 1989 年 1 张
76cm（2 开）定价：CNY0.48
　　本作品为年画形式的中国现代国画人物画。

J0028905
小小飞行员 陈宝万绘
广州 岭南美术出版社 1989 年 1 张 76cm（2 开）
定价：CNY0.48

　　本作品为年画形式的中国现代国画人物画。

J0028906
薛丁山 赵祥林绘
呼和浩特 内蒙古人民出版社 1989 年 1 张
76cm（2 开）定价：CNY0.48
　　本作品为年画形式的中国现代国画人物画。

J0028907
杨志·燕青 孙红侠，孙崇禧绘
武汉 湖北美术出版社 1989 年 1 张 76cm（2 开）
定价：CNY0.48
　　本作品为年画形式的中国现代国画人物画。

J0028908
杨志·燕青 孙红侠，孙崇禧绘
武汉 湖北美术出版社 1989 年 2 张 76cm（2 开）
定价：CNY0.96
　　本作品为年画形式的中国现代国画人物画。

J0028909
一丈青扈三娘 赵祥林绘
上海 上海书画出版社 1989 年 1 张 76cm（2 开）
定价：CNY0.45
　　本作品为年画形式的中国现代国画人物画。

J0028910
莺莺与红娘 于小玲绘
呼和浩特 内蒙古人民出版社 1989 年 1 张
76cm（2 开）定价：CNY0.48
　　本作品为年画形式的中国现代国画人物画。

J0028911
岳云·牛通 李中文绘
兰州 甘肃人民出版社 1989 年 1 张 53cm（4 开）
定价：CNY0.24
　　本作品为年画形式的中国现代国画人物画。

J0028912
张飞·关羽 张福龙绘
北京 人民体育出版社 1989 年 1 张 76cm（2 开）
定价：CNY0.50
　　本作品为年画形式的中国现代国画人物画。

J0028913

张飞·关羽 王瑞清绘
昆明 云南人民出版社 1989 年 1 张 76cm（2 开）
定价：CNY0.55
　　本作品为年画形式的中国现代国画人物画。

J0028914

张飞·关羽 王瑞清绘
昆明 云南人民出版社 1989 年 1 张 53cm（4 开）
定价：CNY0.30
　　本作品为年画形式的中国现代国画人物画。

J0028915

赵云·马超 晓牛绘
石家庄 河北美术出版社 1989 年 1 张
53cm（4 开） 定价：CNY0.25
　　本作品为年画形式的中国现代国画人物画。

J0028916

赵云·张飞 郭秀庚绘
南昌 江西人民出版社 1989 年 1 张 76cm（2 开）
定价：CNY0.50
　　本作品为年画形式的中国现代国画人物画。
作者郭秀庚（1942—　　），湖北黄冈人。毕业于湖
北艺术学院。中国美术家协会会员，曾任江西美
术出版社副编审、《小猕猴智力画刊》社副主编、
江西书画院特聘画家、南昌画院特聘画家。作品
有连环画《南瓜记》《蔡文姬》，年画《八千里路
云和月》等。

J0028917

镇宅大将军 何江，何海绘
天津 天津人民美术出版社 1989 年 1 张
76cm（2 开） 定价：CNY0.55
　　本作品为年画形式的中国现代国画人物画。

J0028918

郑伦·陈琦 彭程久绘
昆明 云南人民出版社 1989 年 1 张 76cm（2 开）
定价：CNY0.55
　　本作品为年画形式的中国现代国画人物画。

J0028919

郑伦·陈琦 张耀明绘
重庆 重庆出版社 1989 年 1 张 76cm（2 开）

定价：CNY0.45
　　本作品为年画形式的中国现代国画人物画。

J0028920

钟馗 薛龙绘
南昌 江西人民出版社 1989 年 1 张 76cm（2 开）
定价：CNY0.50
　　本作品为年画形式的中国现代国画人物画。

J0028921

钟馗 张书卿绘
昆明 云南人民出版社 1989 年 1 张 53cm（4 开）
定价：CNY0.30
　　本作品为年画形式的中国现代国画人物画。

J0028922

钟馗 张书卿绘
昆明 云南人民出版社 1989 年 1 张 76cm（2 开）
定价：CNY0.55
　　本作品为年画形式的中国现代国画人物画。

J0028923

钟馗 杨晓勇绘
重庆 重庆出版社 1989 年 1 张 76cm（2 开）
定价：CNY0.45
　　本作品为年画形式的中国现代国画人物画。

J0028924

钟馗神威图 杜滋龄绘
天津 天津人民美术出版社 1989 年 1 轴（卷轴）
附对联一副 107cm（全开） 定价：CNY4.60
　　本作品为年画形式的中国现代国画人物画。
作者杜滋龄（1941—　　），教授。生于天津，毕业
于中国美术学院中国画系研究生班。历任中国
画学会副会长、中国艺术研究院博士生导师、南
开大学教授、天津美术家协会副主席。代表作品
有《帕米尔初雪》《古老的歌》《大漠行》等。

J0028925

钟馗搜山图 王吉昌绘
济南 山东美术出版社 1989 年 1 张 76cm（2 开）
　　本作品为年画形式的中国现代国画人物画。

J0028926

百果仙子 汪凯，宫林绘

沈阳 辽宁美术出版社 1990 年 2 张 76cm（2 开）
定价：CNY1.10
　　本作品为年画形式的中国现代国画人物画。

J0028927
包公 陈明绘
济南 山东美术出版社 1990 年 1 张 76cm（2 开）
定价：CNY0.50
　　本作品为年画形式的中国现代国画人物画。

J0028928
宝钗捕蝶 孟宪宝绘
长春 吉林美术出版社 1990 年 1 张 76cm（2 开）
定价：CNY0.55
　　本作品为年画形式的中国现代国画人物画。

J0028929
碧波公主 孟宪宝绘
长春 吉林美术出版社 1990 年 1 张 76cm（2 开）
定价：CNY0.55
　　本作品为年画形式的中国现代国画人物画。

J0028930
变形人物画 张向东编绘
天津 天津人民美术出版社 1990 年 90 页 26cm
（16 开）ISBN：7-5305-0190-9 定价：CNY4.50

J0028931
辰生速写 辰生绘
北京 长城出版社 1990 年 106 页 有照片 19cm
（32 开）ISBN：7-80017-119-1 定价：CNY4.50

J0028932
陈三与五娘 林瑛珊，石豁义绘
沈阳 辽宁美术出版社 1990 年 2 张 76cm（2 开）
定价：CNY1.10
　　本作品为年画形式的中国现代国画人物画。

J0028933
程咬金·单雄信 赵雨树绘
昆明 云南人民出版社 1990 年 1 张 53cm（4 开）
定价：CNY0.30
　　本作品为年画形式的中国现代国画人物画。

J0028934
恩爱夫妻 赵素兰绘
呼和浩特 内蒙古人民出版社 1990 年 1 张
76cm（2 开）定价：CNY0.55
　　本作品为年画形式的中国现代国画人物画。

J0028935
二郎神·李天王 潘隆正，潘斌绘
北京 人民美术出版社 1990 年 1 张
107cm（全开）定价：CNY1.05
　　本作品为年画形式的中国现代国画人物画。

J0028936
二郎神·李天王 潘隆正，潘斌绘
北京 人民美术出版社 1990 年 1 张 76cm（2 开）
定价：CNY0.55
　　本作品为年画形式的中国现代国画人物画。

J0028937
夫妻英雄 陈永智绘
哈尔滨 黑龙江美术出版社 1990 年 2 张
76cm（2 开）定价：CNY1.15
　　本作品为年画形式的中国现代国画人物画。

J0028938
古代将军 郭秀庚绘
广州 岭南美术出版社 1990 年 2 张 78cm（2 开）
定价：CNY0.82
　　本作品为年画形式的中国现代国画人物画。

J0028939
古代将军 郭秀庚绘
广州 岭南美术出版社 1990 年 2 张 76cm（2 开）
定价：CNY0.57
　　本作品为年画形式的中国现代国画人物画。

J0028940
古代女英雄屏 刘剑，刘荣富绘
哈尔滨 黑龙江美术出版社 1990 年 2 张
76cm（2 开）定价：CNY1.10
　　本作品为年画形式的中国现代国画人物画。

J0028941
古代英雄 马云平绘
昆明 云南人民出版社 1990 年 1 张 76cm（2 开）

定价：CNY0.55

　　本作品为年画形式的中国现代国画人物画。

J0028942

古将　邓敦伟绘

昆明　云南人民出版社 1990 年 1 张 76cm（2 开）

定价：CNY0.55

　　本作品为年画形式的中国现代国画人物画。作者邓敦伟（1942—　），广西合浦人。毕业于广东湛江艺术学校。中国工艺美术学会会员、中国工艺美术书画研究会理事、中国美术家协会会员、钦州市美协主席。主要代表作有《水浒一百零八将》《蜀汉五虎将》《古装人物画稿》等。

J0028943

古今中外历史人物图谱　戴敦邦等绘；马亚俊编

兰州　甘肃少年儿童出版社 1990 年 330 页

26cm（16 开）ISBN：7-5422-0346-0

定价：CNY13.55

　　本图谱收录 313 位名人，其中有哲学家、思想家、政治家、军事家、作家、诗人、音乐家、画家、宗教创始人、科学家等。每位历史名人各占一面，画有正面、侧面、全身 3 幅像，并附有二三百字的人物简介，由中国著名画家戴敦邦、陈延、雷祖德、丁世弼、蔡超等绘制而成。

J0028944

关公挑袍　张瑞恒绘

天津　天津人民美术出版社 1990 年 1 张

76cm（2 开）定价：CNY0.50

　　本作品为年画形式的中国现代国画人物画。

J0028945

关胜·索超　魏明全绘

昆明　云南人民出版社 1990 年 1 张 53cm（4 开）

定价：CNY0.30

　　本作品为年画形式的中国现代国画人物画。

J0028946

关羽·黄忠　张辛国绘

石家庄　河北美术出版社 1990 年 1 张

76cm（2 开）定价：CNY0.50

　　本作品为年画形式的中国现代国画人物画。

J0028947

关羽·黄忠　张辛国绘

石家庄　河北美术出版社 1990 年 1 张

53cm（4 开）定价：CNY0.25

　　本作品为年画形式的中国现代国画人物画。

J0028948

关羽·张飞　赵宋生绘

昆明　云南人民出版社 1990 年 1 张 76cm（2 开）

定价：CNY0.55

　　本作品为年画形式的中国现代国画人物画。

J0028949

关羽·张飞　何永坤绘

昆明　云南人民出版社 1990 年 1 张 76cm（2 开）

定价：CNY0.55

　　本作品为年画形式的中国现代国画人物画。

J0028950

荷花仙子和珍珠娃娃　王振羽，延凡绘

沈阳　辽宁美术出版社 1990 年 1 张 76cm（2 开）

定价：CNY0.55

　　本作品为年画形式的中国现代国画人物画。

J0028951

哼哈二将　张衡德绘

兰州　甘肃人民美术出版社 1990 年 1 张

53cm（4 开）定价：CNY0.30

　　本作品为年画形式的中国现代国画人物画。

J0028952

红拂女　京秋，岫石绘；张秀时编文

沈阳　辽宁美术出版社 1990 年 2 张 76cm（2 开）

定价：CNY1.10

　　本作品为年画形式的中国现代国画人物画。

J0028953

红楼梦群芳图谱　戴敦邦绘；陈诏文

台北　万卷楼图书公司 1990 年 65 页

26cm（16 开）ISBN：957-739-158-3

定价：TWD140.00

（文学类丛书 1010）

　　本书系戴敦邦绘，陈诏文中国清代红楼梦插图。

J0028954
葫芦娃 徐德元，德全绘
长春 吉林美术出版社 1990 年 1 张 76cm（2 开）
定价：CNY0.55
　　　本作品为年画形式的中国现代国画人物画。

J0028955
扈三娘 季源业绘
天津 天津人民美术出版社 1990 年 1 张
76cm（2 开） 定价：CNY0.50
　　　本作品为年画形式的中国现代国画人物画。

J0028956
黄信·秦明 黄兴桥绘
南京 江苏美术出版社 1990 年 2 张 76cm（2 开）
定价：CNY1.10
　　　本作品为年画形式的中国现代国画人物画。

J0028957
黄忠·关羽 呼立新绘
昆明 云南人民出版社 1990 年 1 张 76cm（2 开）
定价：CNY0.55
　　　本作品为年画形式的中国现代国画人物画。

J0028958
焦赞·孟良 王祖军绘
昆明 云南人民出版社 1990 年 1 张 76cm（2 开）
定价：CNY0.55
　　　本作品为年画形式的中国现代国画人物画。
作者王祖军（1949— ），画家。生于云南蒙自。
云南省美术家协会会员、云南省科普美术摄影
协会会员。出版有《鲜花报喜》《祖国卫士》《红
河情》。

J0028959
巾帼英雄 李跃华绘
天津 天津人民美术出版社 1990 年 2 张
76cm（2 开） 定价：CNY1.10
　　　本作品为年画形式的中国现代国画人物画。

J0028960
金宝娃娃 陈华民绘
长春 吉林美术出版社 1990 年 1 张 76cm（2 开）
定价：CNY0.55
　　　本作品为年画形式的中国现代国画人物画。

J0028961
敬爱的大将 冯杰绘
南昌 江西人民出版社 1990 年 1 张 76cm（2 开）
定价：CNY0.96
　　　本作品为年画形式的中国现代国画人物画。

J0028962
敬爱的老师 王利国绘
上海 上海人民美术出版社 1990 年 1 张
76cm（2 开） 定价：CNY0.45
　　　本作品为年画形式的中国现代国画人物画。

J0028963
敬爱的元帅 冯杰绘
南昌 江西人民出版社 1990 年 1 张 76cm（2 开）
定价：CNY0.90
　　　本作品为年画形式的中国现代国画人物画。

J0028964
开国英杰 邹起奎绘
天津 天津人民美术出版社 1990 年 1 轴（卷轴）
对联 1 副（全开） 定价：CNY5.00
　　　本作品为年画形式的中国现代国画人物画。

J0028965
开国元勋 刘熹奇绘
北京 人民美术出版社 1990 年 1 张
107cm（全开） 定价：CNY1.05
　　　本作品为年画形式的中国现代国画人物画。
作者刘熹奇（1948— ），生于江西安福。历任江西
美术出版社第一编辑室主任、副编审。作品有《祖
国啊，母亲》《在希望的田野上》《开国元勋》等。

J0028966
孔子像 李跃春，路小媛绘
天津 天津人民美术出版社 1990 年 1 轴（卷轴）
对联 1 副 定价：CNY5.00
　　　本作品为年画形式的中国现代国画人物画。

J0028967
雷锋 李慕白，金雪尘绘
石家庄 河北人民出版社 1990 年 4 张
78cm（2 开） 定价：CNY1.40
　　　本作品为年画形式的中国现代国画人物画。

J0028968

梁山好汉 孙宋禧绘

北京 人民美术出版社 1990 年 1 张 76cm（2 开）

定价：CNY0.55

　　本作品为年画形式的中国现代国画人物画。

J0028969

灵芝仙子 刘树茂绘

长春 吉林美术出版社 1990 年 1 张 76cm（2 开）

定价：CNY0.55

　　本作品为年画形式的中国现代国画人物画。

J0028970

领袖风采 张德俊绘

南京 江苏美术出版社 1990 年 1 轴（卷轴）

对联 1 副（全开） 定价：CNY6.50

　　本作品为年画形式的中国现代国画人物画。

J0028971

龙虎将军 王朝明绘

南昌 江西人民出版社 1990 年 1 张 76cm（2 开）

定价：CNY0.50

　　本作品为年画形式的中国现代国画人物画。

J0028972

吕布与貂蝉 李学勤绘

长春 吉林美术出版社 1990 年 1 张 76cm（2 开）

定价：CNY0.55

　　本作品为年画形式的中国现代国画人物画。

J0028973

吕布与貂蝉 于振波绘

天津 天津人民美术出版社 1990 年 1 张

76cm（2 开） 定价：CNY0.50

　　本作品为年画形式的中国现代国画人物画。

J0028974

毛主席和他的战友 李慕白绘

天津 天津人民美术出版社 1990 年 1 张

107cm（全开） 定价：CNY5.00

　　本作品为年画形式的中国现代国画人物画。

J0028975

孟良·焦赞 学军，星河绘

石家庄 河北美术出版社 1990 年 1 张

53cm（4 开） 定价：CNY0.25

　　本作品为年画形式的中国现代国画人物画。

J0028976

孟良·焦赞 学军，星河绘

石家庄 河北美术出版社 1990 年 1 张

76cm（2 开） 定价：CNY0.50

　　本作品为年画形式的中国现代国画人物画。

J0028977

民族英雄 郭秀庚绘

南昌 江西人民出版社 1990 年 1 张 76cm（2 开）

定价：CNY0.50

　　本作品为年画形式的中国现代国画人物画。

J0028978

穆桂英挂帅 柴玉绘

沈阳 辽宁美术出版社 1990 年 1 张 76cm（2 开）

定价：CNY0.55

　　本作品为年画形式的中国现代国画人物画。

J0028979

牛皋·王贵 庄立民绘

昆明 云南人民出版社 1990 年 1 张 76cm（2 开）

定价：CNY0.55

　　本作品为年画形式的中国现代国画人物画。

J0028980

牛皋·杨再兴 杨建明绘

上海 上海人民美术出版社 1990 年 2 张

78cm（2 开） 定价：CNY1.40

　　本作品为年画形式的中国现代国画人物画。

J0028981

胖嫂回娘家 杨春生绘

沈阳 辽宁美术出版社 1990 年 1 张 76cm（2 开）

定价：CNY0.55

　　本作品为年画形式的中国现代国画人物画。作者杨春生（1932— ），画家。辽宁锦县人。毕业于冀察热辽联合大学鲁迅艺术学院美术系及华北鲁迅文艺学院美术系。曾任《东北画报》社、《辽宁画报》美术创作员等职。代表作品有《胖嫂回娘家》《雪中情》《关东腊月春》等。

J0028982

彭纪·秦明 黄兴桥绘

昆明 云南人民出版社 1990 年 1 张 76cm（2 开）

定价：CNY0.55

　　本作品为年画形式的中国现代国画人物画。

J0028983

秦超·秦琼 王伟成绘

上海 上海人民美术出版社 1990 年 2 张

76cm（2 开）定价：CNY0.90

　　本作品为年画形式的中国现代国画人物画。作者王伟成，曾任上海人民美术出版社年画、宣传画编辑室主任。

J0028984

秦军胡帅 张恒德绘

昆明 云南人民出版社 1990 年 1 张 53cm（4 开）

定价：CNY0.30

　　本作品为年画形式的中国现代国画人物画。

J0028985

秦明·黄信 张耀明绘

昆明 云南人民出版社 1990 年 1 张 76cm（2 开）

定价：CNY0.55

　　本作品为年画形式的中国现代国画人物画。

J0028986

秦明·索超 张衡德绘

兰州 甘肃人民美术出版社 1990 年 1 张

53cm（4 开）定价：CNY0.30

　　本作品为年画形式的中国现代国画人物画。

J0028987

秦琼·敬德 李冰绘

兰州 甘肃人民美术出版社 1990 年 1 张

53cm（4 开）定价：CNY0.30

　　本作品为年画形式的中国现代国画人物画。

J0028988

秦琼·敬德 邓从仪绘

石家庄 河北美术出版社 1990 年 1 张

76cm（2 开）定价：CNY0.50

　　本作品为年画形式的中国现代国画人物画。

J0028989

秦琼·敬德 蒋啸镝绘

长沙 湖南美术出版社 1990 年 1 张 76cm（2 开）

定价：CNY0.45

　　本作品为年画形式的中国现代国画人物画。

J0028990

秦琼·敬德 孙宋禧绘

杭州 浙江人民美术出版社 1990 年 1 张

76cm（2 开）定价：CNY0.50

　　本作品为年画形式的中国现代国画人物画。

J0028991

秦琼与敬德 志斌绘

长春 吉林美术出版社 1990 年 1 张 76cm（2 开）

定价：CNY0.60

　　本作品为年画形式的中国现代国画人物画。

J0028992

秦叔宝·胡敬德 潘培德绘

昆明 云南人民出版社 1990 年 1 张 76cm（2 开）

定价：CNY0.55

　　本作品为年画形式的中国现代国画人物画。作者潘培德（1938—），画家。四川成都人。毕业于四川美院附中毕业。历任《四川画报》社美术编辑、记者，四川省群众艺术馆群众美术辅导，从事民间木板年画（绵竹年画）的研究和创作。作品有《康乐图》《印刷工人的心愿》《草地雷锋——札江》《赛龙舟》等。

J0028993

秦叔宝·尉迟恭 戴天霞绘

上海 上海人民美术出版社 1990 年 2 张

78cm（2 开）定价：CNY1.40

　　本作品为年画形式的中国现代国画人物画。

J0028994

人民子弟兵 刘式铮绘

昆明 云南人民出版社 1990 年 1 张 53cm（4 开）

定价：CNY0.30

　　本作品为年画形式的中国现代国画人物画。作者刘式铮（1947—　），云南思茅人，毕业于云南艺术学院美术专业。历任中国美术家协会会员、中国卫生美术创作委员会理事、云南省科普美术协会会员、云南省健康教育协会卫生美术研究组组长，思茅地区群众艺术馆美术干部、副馆长等职。代表作品有《佤山春》《彝家新生》《彝族新生》《喜悦》《竹筒舞》等。

J0028995

少华贤道人物写生 黄少华, 方贤道绘
合肥 安徽美术出版社 1990 年 32 页 26cm
（16 开）ISBN：7-5398-0144-1 定价：CNY3.80
　　作者黄少华（1956- ），安徽省教育学院艺术系讲师。方贤道（1954- ），安徽省画院画家。

J0028996

少年英雄裴元庆 赵祥林绘
呼和浩特 内蒙古人民出版社 1990 年 1 张
76cm（2 开）定价：CNY0.55
　　本作品为年画形式的中国现代国画人物画。

J0028997

双鹊喜临福祥门 陈华民, 陈晓东绘
长春 吉林美术出版社 1990 年 1 张 76cm（2 开）
定价：CNY0.55
　　本作品为年画形式的中国现代国画人物画。

J0028998

水浒人物 张锡武绘
南昌 江西人民出版社 1990 年 1 张 76cm（2 开）
定价：CNY0.50
　　本作品为年画形式的中国现代国画人物画。

J0028999

水浒人物 刘鸿志绘
沈阳 辽宁美术出版社 1990 年 2 张 76cm（2 开）
定价：CNY1.10
　　本作品为年画形式的中国现代国画人物画。

J0029000

四大金刚（封神榜故事）张德俊绘
杭州 浙江人民出版社 1990 年 2 张 76cm（2 开）
定价：CNY0.90
　　本作品为年画形式的中国现代国画人物画。

J0029001

寺观雕塑壁画白描资料集 孙仲威编绘
太原 山西人民出版社 1990 年 109 页
19×21cm ISBN：7-203-01707-9

定价：CNY3.90
　　本书是以中国历代岩窟庙宇造像为主题的白描集。采取国画中线描的方式，将全国具有代表性的岩窟庙宇中道士人物系统地描画下来，线条流畅、匀称。所收地方包括敦煌、云冈、龙门、晋祠、紫余庵、白马寺等处。

J0029002

宋庆龄和少年队员 张碧悟绘
天津 天津人民美术出版社 1990 年 1 张
76cm（2 开）定价：CNY0.50
　　本作品为年画形式的中国现代国画人物画。

J0029003

隋唐武将屏 刘荣富绘
长春 吉林美术出版社 1990 年 2 张 76cm（2 开）
定价：CNY1.10
　　本作品为年画形式的中国现代国画人物画。

J0029004

孙敬会、李明媚人物画选 孙敬会, 李明媚绘
济南 山东美术出版社 1990 年 60 页 25cm
（16 开）ISBN：7-5330-0329-2 定价：CNY19.65
　　作者孙敬会（1939- ），字克齐，号生前生，山东艺术研究院中国绘画研究室主任。作者李明媚（1936—　　），女，教授。字克平，笔名汇波，浙江宁波人。山东艺术学院教授。作品有《给咱添花》《同饮幸福水》《拳友》《流水寄深情》等，出版有《工笔人物画技法》《李明媚人物画选》《李明媚传统人物画专辑》等。

J0029005

孙悟空怒砸老君炉 王善生绘
长春 吉林美术出版社 1990 年 1 张 76cm（2 开）
定价：CNY0.55
　　本作品为年画形式的中国现代国画人物画。

J0029006

唐伯虎点秋香 宝金绘
沈阳 辽宁美术出版社 1990 年 1 张 76cm（2 开）
定价：CNY0.55
　　本作品为年画形式的中国现代国画人物画。

J0029007

唐僧途经女儿国 辛宽良绘; 岫石编文

沈阳 辽宁美术出版社 1990 年 2 张 76cm（2 开）
定价：CNY1.10

　　本作品为年画形式的中国现代国画人物画。作者辛宽良（1941—　），画家。山东海阳人。毕业于鲁迅美术学院版画系。擅长连环画、年画。曾任辽宁美术出版社美术编辑。代表作品有《真假美猴王》《夜幕下的哈尔滨》《李自成》《西游记》等。作者岫石，主要改编的连环画作品有《陈真传》《上海滩》《带枪的新娘》等。

J0029008

万民同庆（中堂年画）李宏才，方正作
天津 天津人民美术出版社［1990—1999 年］1 轴
附对联一副 卷轴 统一书号：85305.919
定价：CNY19.50

　　本作品为年画形式的中国现代国画人物画。

J0029009

威武雄壮：门神 苗永华绘
长沙 湖南美术出版社 1990 年 1 张 76cm（2 开）
定价：CNY0.45

　　本作品为年画形式的中国现代国画人物画。作者苗永华（1960—　），画家。山东省诸城市人，毕业于山东经济学院。历任中国书画家协会会员、山东省美术家协会会员、潍坊美术家协会理事、诸城市书法美术协会副主席。代表作品有国画《晨》《山区新貌》《福寿多余图》等。

J0029010

尉迟恭·秦叔宝 朱希煌绘
南昌 江西人民出版社 1990 年 1 张 53cm（4 开）
定价：CNY0.40

　　本作品为年画形式的中国现代国画人物画。

J0029011

尉迟恭·秦叔宝 张云峰绘
天津 天津人民美术出版社 1990 年 1 张
107cm（全开）定价：CNY1.20

　　本作品为年画形式的中国现代国画人物画。

J0029012

尉迟恭·秦叔宝 刘兴元绘
昆明 云南人民出版社 1990 年 1 张 76cm（2 开）
定价：CNY0.55

　　本作品为年画形式的中国现代国画人物画。

J0029013

尉迟恭·秦叔宝 潘建源，赵楠绘
昆明 云南人民出版社 1990 年 1 张 76cm（2 开）
定价：CNY0.55

　　本作品为年画形式的中国现代国画人物画。

J0029014

魏定国·单廷珪 张耀明绘
昆明 云南人民出版社 1990 年 1 张 76cm（2 开）
定价：CNY0.55

　　本作品为年画形式的中国现代国画人物画。

J0029015

武将 冯隆梅绘
南昌 江西人民出版社 1990 年 1 张 76cm（2 开）
定价：CNY0.50

　　本作品为年画形式的中国现代国画人物画。

J0029016

武将 邓安克绘
昆明 云南人民出版社 1990 年 1 张 53cm（4 开）
定价：CNY0.30

　　本作品为年画形式的中国现代国画人物画。

J0029017

武林英杰 孙家跃绘
天津 天津人民美术出版社 1990 年 2 张
76cm（2 开）定价：CNY1.10

　　本作品为年画形式的中国现代国画人物画。

J0029018

武林英姿 义勇，益友绘
沈阳 辽宁美术出版社 1990 年 2 张 76cm（2 开）
定价：CNY1.10

　　本作品为年画形式的中国现代国画人物画。

J0029019

武松打虎 赵静东绘
天津 天津人民美术出版社 1990 年 1 张
76cm（2 开）定价：CNY0.50

　　本作品为年画形式的中国现代国画人物画。作者赵静东（1930—　），人物画家，天津人，毕业于中央美术学院。历任北京通俗读物出版社编辑、天津人民美术出版社副编审。作品有《中华女儿经》《战斗的青春》《连心镇》《儿女风尘记》等。

出版有《赵静东人物画选》《五个儿童抓特务》等。

J0029020
西施浣纱 均琪绘
沈阳 辽宁美术出版社 1990年 1张 76cm（2开）
定价：CNY0.55
　　本作品为年画形式的中国现代国画人物画。

J0029021
孝庄皇后 冯国琳等绘；会英编文
沈阳 辽宁美术出版社 1990年 2张 76cm（2开）
定价：CNY1.10
　　本作品为年画形式的中国现代国画人物画。
作者冯国琳（1932—　），画家。曾用名玉林，辽
宁沈阳人，毕业于东北鲁迅文艺学院美术部。历
任东北画报社记者、创作员、编辑、副编审，中
国美术家协会会员、辽宁省年画学会理事。作品
有《花为媒》《笔中情》《耕读育新人》《红楼梦》等。

J0029022
新疆舞（绫裱卷轴） 黄胄绘
北京 荣宝斋 1990年 1轴
　　中国现代国画作品。

J0029023
许褚·典韦 张恒德绘
昆明 云南人民出版社 1990年 1张 76cm（2开）
定价：CNY0.55
　　本作品为年画形式的中国现代国画人物画。

J0029024
杨家将 刘荣富绘
上海 上海书画出版社 1990年 2张 76cm（2开）
定价：CNY0.90
　　本作品为年画形式的中国现代国画人物画。

J0029025
岳家小将 张剑平绘
石家庄 河北美术出版社 1990年 1张
53cm（4开） 定价：CNY0.25
　　本作品为年画形式的中国现代国画人物画。

J0029026
岳云·何元庆 赵雨树绘
昆明 云南人民出版社 1990年 1张 76cm（2开）

定价：CNY0.55
　　本作品为年画形式的中国现代国画人物画。

J0029027
岳云·杨文广 王东斌绘
西安 陕西人民美术出版社 1990年 1张
53cm（4开） 定价：CNY0.35
　　本作品为年画形式的中国现代国画人物画。

J0029028
岳云出山 张瑞恒绘
天津 天津人民美术出版社 1990年 1张
76cm（2开） 定价：CNY0.50
　　本作品为年画形式的中国现代国画人物画。

J0029029
张飞娶亲 秀时等绘；岫石编文
沈阳 辽宁美术出版社 1990年 2张 76cm（2开）
定价：CNY1.10
　　本作品为年画形式的中国现代国画人物画。

J0029030
招财童子 王振羽绘
哈尔滨 黑龙江美术出版社 1990年 1张
76cm（2开） 定价：CNY0.55
　　本作品为年画形式的中国现代国画人物画。

J0029031
赵子龙大战长坂坡 林祥等绘
沈阳 辽宁美术出版社 1990年 2张 76cm（2开）
定价：CNY1.10
　　本作品为年画形式的中国现代国画人物画。

J0029032
真假孙悟空 潘思春绘
天津 天津人民美术出版社 1990年 1张
76cm（2开） 定价：CNY0.50
　　本作品为年画形式的中国现代国画人物画。

J0029033
郑庆衡白描人物画集 郑庆衡绘
北京 紫禁城出版社 1990年 72页 20cm
（32开） ISBN：7-80047-086-5 定价：CNY12.60
　　本集选编了作者白描人物中的72幅精品。
作者郑庆衡（1939—1996），教授。河北玉田县人。

历任中国美术家协会会员、南开大学教授、东方文化艺术系主任、天津市美术家协会理事。出版有《郑庆衡画集》。

J0029034

钟馗 施辰广，刘玉华绘
天津 天津人民美术出版社 1990 年 1 轴（卷轴）对联 1 副 定价：CNY5.00

　　本作品为年画形式的中国现代国画人物画。

J0029035

祖国的小海军 陈宝万绘
长春 吉林美术出版社 1990 年 1 张 76cm（2 开）定价：CNY0.55

　　本作品为年画形式的中国现代国画人物画。

J0029036

草原小跤手 赵素岚绘
呼和浩特 内蒙古人民出版社 1991 年 1 张 76cm（2 开）定价：CNY0.55

　　本作品为年画形式的中国现代国画人物画。

J0029037

二童献寿 程明华绘
呼和浩特 内蒙古人民出版社 1991 年 1 张 76cm（2 开）定价：CNY0.55

　　本作品为年画形式的中国现代国画人物画。

J0029038

傅小石梦幻仕女图 傅小石绘
南京 南京出版社 1991 年 29cm（15 开）ISBN：7-80560-439-8 定价：CNY14.80

　　本图册精选作者梦幻仕女图 12 幅，包括《长门赋》《杜秋娘》《镜裏青鸾瘦玉人》《桃花源》《马戏图》《珠母图》《盘丝洞七情迷本》《魔由心生图》《选后图》《春江花月夜》《散花天女》《十年磨剑绕指柔》。外文书名：The Fancy Paradise of A Contemporary Artist, The Figural Representations of Mr.Fu Xiao-shi. 作者傅小石（1932—2016），国画家。曾用名傅益筠，江西新余人，傅抱石先生长子。江苏省美术馆专业画家、南京市残疾人协会主席、一级美术师、中国美协会员、江苏省残联理事、美国世界名人研究院特邀顾问。代表作品有《梁楷》《布袋和尚》《山鬼》《傅小石工笔画集》。

J0029039

雷锋叔叔和我们在一起 刘熹奇绘
天津 天津人民美术出版社 1991 年 1 张 76cm（2 开）ISBN：7-5305-2213-9 定价：CNY0.55

　　本作品为年画形式的中国现代国画人物画。

J0029040

梨园新花 赵延杰绘
长春 吉林美术出版社 1991 年 2 张 76cm（2 开）定价：CNY1.26

　　本作品为年画形式的中国现代国画人物画。

J0029041

梁岩画集 梁岩绘；湖北省文联图书编辑部编
武汉 湖北美术出版社 1991 年 26×27cm 精装 ISBN：7-5394-0241-5 定价：CNY90.00（中国当代水墨画人物画家 现代人物篇）

　　外文书名：Artist Liang Yan. 作者梁岩（1943— ），画家。曾用名梁青江，河北清苑人。曾在河北井陉煤矿、河北省群众艺术馆工作。中国美协湖北分会专业画家、中国美术家协会会员。

J0029042

林俊龙·李淑华人物画 林俊龙，李淑华绘
福州 福建美术出版社 1991 年 有照片 26cm（16 开）ISBN：7-5393-0130-9 定价：CNY11.00（福建省画院作品集成）

J0029043

刘进安画集 刘进安绘
南宁 广西美术出版社 1991 年 100 页 29cm（16 开）精装 定价：CNY65.00（中国当代画家大系）

　　现代中国画之水墨人物画画册。

J0029044

卢平画集 卢平绘
北京 北京美术摄影出版社 1991 年 40 页 有彩照 25×26cm ISBN：7-80501-116-8 定价：CNY19.00

　　现代中国画画册。作者卢平（1958— ），女，北京画院美术师。

J0029045

美猴王 老雪绘

长沙 湖南美术出版社 1991 年 1 张 76cm（2 开）

ISBN：7-5356-1499 定价：CNY0.55

　　本作品为年画形式的中国现代国画人物画。

J0029046

美猴王大战二郎天君 徐世民绘

长春 吉林美术出版社 1991 年 1 张 76cm（2 开）

定价：CNY0.63

　　本作品为年画形式的中国现代国画人物画。

J0029047

美猴王齐天大圣 徐世民绘

沈阳 辽宁美术出版社 1991 年 1 张 76cm（2 开）

ISBN：7-5314-0382 定价：CNY0.58

　　本作品为年画形式的中国现代国画人物画。

J0029048

孟丽君 国琳等绘

沈阳 辽宁美术出版社 1991 年 2 张 76cm（2 开）

ISBN：7-5314-0391 定价：CNY1.20

　　本作品为年画形式的中国现代国画人物画。

J0029049

浓妆淡抹（华三川美人画集）华三川绘

台北 艺术图书公司 1991 年 84 页

25cm（小 16 开）精装 定价：TWD800.00

J0029050

人物画集锦（1992—1996 五年日历画集 孙敬会李明媚传统人物画专辑）孙敬会，李明媚绘；山东画院编

济南 山东友谊书社 1991 年 46 页 35cm（15 开）

ISBN：7-80551-355-4 定价：CNY20.00

　　外文书名：Sun Jinghui and Li Mingmei's Selection Figure Painting. 作者孙敬会（1939—　），教授。字克齐，号生前生，山东艺术研究院中国绘画研究室主任。出版专著和画集有《写意人物画技法》《中国肖像画研究》《孙敬会人物画选》《孙敬会水浒人物全图》等。作者李明媚（1936—　），女，教授。字克平，笔名汇波，浙江宁波人。山东艺术学院教授。作品有《给咱添花》《同饮幸福水》《拳友》《流水寄深情》等，出版有《工笔人物画技法》《李明媚人物画选》《李明媚传统人

物画专辑》等。

J0029051

孙仁英中国古典人物画 孙仁英绘；福建省政协书画室等编

福州 福建美术出版社 1991 年 52 页 有彩照

26cm（16 开） ISBN：7-5393-0163-5

定价：CNY18.50

　　本书选入了作者的中国古典人物画 48 幅。作者孙仁英（1933—　），美术家。福建仙游县人。中国美术家协会会员、福建省文史馆馆员、福建省美术家协会理事、仙游李耕国画研究所名誉所长、高级美术师。作品有《女娲补天》《铸剑图》《竹林七贤》《桔颂》《夸父逐日》等。

J0029052

王一亭人物册 王一亭绘

上海 上海书店 1991 年 影印本 29 页 38cm

（6 开） ISBN：7-80569-384-6 定价：CNY4.50

　　作者王一亭（1867—1938），书画家、实业家。名震，别署白龙山人。生于上海周浦，祖籍浙江吴兴。

J0029053

未来的小武警 陈宝万绘

长春 吉林美术出版社 1991 年 1 张 76cm（2 开）

定价：CNY0.60

　　本作品为年画形式的中国现代国画人物画。

J0029054

我是小悟空 陈宝万绘

长春 吉林美术出版社 1991 年 1 张 76cm（2 开）

定价：CNY0.63

　　本作品为年画形式的中国现代国画人物画。

J0029055

吴山明画集 吴山明绘

杭州 中国浙江美术学院出版社 1991 年

34cm（10 开）精装 ISBN：7-81019-118-7

定价：CNY220.00

　　本画集收入作者 1978 年至 1990 年间创作的中国画作品、人体写生及各种速写共 111 幅，其中部分作品还配有局部放大图，其作品善用泼墨、泼彩表现人物情景，在中国画的笔墨表现形式上颇见创意。外文书名：Wu Shanming's

Paintings. 作者吴山明(1941—),画家。生于浙江浦江县,毕业于中国美术学院中国画系人物专业。历任中国美术学院学术委员会委员,中国画系教授、博士生导师,造型艺术学部主任。代表作品有《意笔人物画选》等,著作有《吴山明意笔人物线描集》《吴山明画集》等。

J0029056
吴山明意笔线描人物画集 吴山明绘
杭州 西泠印社 1991年 有照片 30cm(10开)
精装 ISBN:7-80517-076-2 定价:CNY35.00
　　本书收有吴山明绘画作品117幅及《意笔线描人物简论》一文,反映了其艺术实践和理论研究的最新成果。外文书名:Collection of Wu Shanming's Figure Paintings of Line Drawing with Freehand Brushwork.

J0029057
武林英姿 于宝俭绘
沈阳 辽宁美术出版社 1991年 1张 76cm(2开)
ISBN:7-5314-0920 定价:CNY0.58
　　本作品为年画形式的中国现代国画人物画。

J0029058
绣花女传奇 陈永智,陈阳编绘
沈阳 辽宁美术出版社 1991年 2张 76cm(2开)
ISBN:7-5314-0399 定价:CNY1.20
　　本作品为年画形式的中国现代国画人物画。

J0029059
徐乐乐高士图册 徐乐乐绘
北京 荣宝斋 1991年 有彩照 25×26cm
ISBN:7-5003-0110-3 定价:CNY5.90
　　现代中国画画册。

J0029060
勇敢的小战士 吴岩,徐德元绘
沈阳 辽宁美术出版社 1991年 1张 76cm(2开)
ISBN:7-5314-0310 定价:CNY0.58
　　本作品为年画形式的中国现代国画人物画。

J0029061
中国古俑白描 丁晓愉编绘
北京 北京工艺美术出版社 1991年 148页
有图 17×19cm ISBN:7-80526-079-6

定价:CNY4.50
　　本书用精美的白描描绘技艺,对中外收藏的自商周迄明清的中国历代陶俑细心勾勒成图。作者丁晓愉,女,中国历史博物馆从事绘画及历代服饰研究。

J0029062
中华少年精英百图(古代篇) 王金泰作
北京 北京少年儿童出版社 1991年 108页
25×26cm ISBN:7-5301-0334-2
定价:CNY11.00
　　本书设计了100幅人物画,配以精练的文字说明,展示中华民族古代精英人物自幼勤奋好学、长大建功立业的奇闻趣事。外文书名:One Hundred Pictures of Outstanding Young Chinese. 作者王金泰(1945—),山东人,少年儿童出版社《中学生》杂志编委、美术编辑。

J0029063
朱帆人物画集 朱帆绘
天津 天津人民美术出版社 1991年 37页
有彩照 25×26cm ISBN:7-5305-0288-3
定价:CNY29.00
　　外文书名:Zhu Fan's Selected Figure Paintings. 作者朱帆(1930—),原名朱铁民,天津日报主任编辑、天津美术家协会理事、中国美术家协会会员。出版有《朱帆舞台写生集》等。

J0029064
宝松画集(汉英对照) 宝松绘
北京 北京美术摄影出版社 1992年 25×26cm
ISBN:7-80501-157-5 定价:CNY18.00
　　现代中国画之人物画画册。外文书名:A Collection of Paintings by Baosong. 作者宝松(1950—),朝鲜族,中国美术家协会北京分会会员、中国书籍装帧艺术研究会会员、中国工笔重彩画会会员等。主要作品有《八骏图》《春夏秋冬》《观石图》等。

J0029065
郭全忠作品集 郭全忠绘
西安 陕西人民美术出版社 1992年 171页
有照片 28cm(大16开) 精装
ISBN:7-5368-0383-4
　　画家自选画集,收录近10余年来国画人物

画代表作品63幅。依题材、画风、创作年代编类。本书与台湾罗门艺术股份有限公司合作出版。作者郭全忠(1944—　)，又名瑞生、全中。一级美术师。河南宝丰人。陕西省国画院副院长、中国美术家协会会员。

J0029066

胡又笨画集　胡又笨绘

石家庄　河北美术出版社　1992年　32页

有照片　26cm（16开）　ISBN：7-5310-0470-4

定价：CNY9.80

　　现代中国水墨画之人物画画册。外文书名：An Album of Paintings by Hu Youben. 作者胡又笨(1959—　)，画家。原名胡树志，保定画院专业画家、中国美协河北分会会员。

J0029067

李脽莘画集　李脽莘绘

北京　人民美术出版社　1992年　41页　26×23cm

ISBN：7-102-01059-1　定价：CNY20.00

　　本画册收中国画之人物画画作41幅。作者李脽莘(1938—　)，教授。原名李福星，历任集美师专副教授、中国美术家协会会员、全国现代工笔画学会会员等职。

J0029068

罗远潜画选　罗远潜绘

广州　新世纪出版社　1992年　47页　20cm（32开）

ISBN：7-5405-0734-9　定价：CNY23.00

　　现代中国画之工笔人物画画册。外文书名：Selection of Luo Yuanqian's Paintings. 作者罗远潜(1943—　)，画家、一级美术师。广西合浦人，毕业于华南师范大学历史系和广州美术学院版画系研究生班，留校任教。历任《广州美术研究》主编、中国美术家协会会员、广东美协常务理事、广州市美协副主席、广州画院画家、中国美术家协会、中国版画家协会会员。代表作品有《观沧海》《天马歌》《鸿门宴》等。

J0029069

毛国伦画选　毛国伦绘

苏州　古吴轩出版社　1992年　43页　25×26cm

ISBN：7-80574-036-4　定价：CNY28.00

　　现代中国画之人物画画册。作者毛国伦(1944—　)，一级美术师。浙江奉化人。历任上

海中国画院创作研究室主任、上海市美术家协会理事、中国画艺委会委员等。出版有《毛国伦画选》《毛国伦人物画近作》等。

J0029070

皮之先钟馗百图（第一辑　汉英对照）皮之先作

济南　山东美术出版社　1992年　22页　33cm

ISBN：7-5330-0475-2　定价：CNY6.00

　　现代中国画作品。

J0029071

王孟奇画集　王孟奇绘

苏州　古吴轩出版社　1992年　25×26cm

ISBN：7-80574-009-7　定价：CNY28.00

　　现代中国画之人物画画册。外文书名：Selected Paintings of Wang Mengqi. 作者王孟奇(1947—　)，画家、教授。生于江苏无锡市，毕业于南京艺术学院国画专业。历任上海大学美术学院教授、博士生导师，南京艺术学院客座教授、上海国画院画师。出版有《王孟奇画集》《王孟奇画册》《二十世纪下半叶中国新文人画精品选·王孟奇》等。

J0029072

王锡麒画集　王锡麒绘

苏州　古吴轩出版社　1992年　25×26cm

ISBN：7-80574-028-3　定价：CNY10.80

（当代吴门画库）

　　本画全集收图300幅，分10集。作者王锡麒(1938—　)，画家。江苏苏州人。历任中国美术家协会江苏分会会员、江苏省国风书画院副院长、苏州画院副院长、苏州吴门书画院院长、江苏省美协会员、中国工艺美术学会会员。高级工艺美术师，擅长人物画。代表作品有《唐人诗意》《仕女图》《谱新歌》等。

J0029073

吴宪生画集（汉英对照）吴宪生绘

杭州　浙江美术学院出版社　1992年　22页

25×25cm　ISBN：7-81019-154-3

定价：CNY28.00

　　现代中国画之人体画画册。外文书名：Wu Xiansheng's Paintings. 作者吴宪生(1954—　)，画家。安徽宁国人，就读于中国美术学院，后留校任教。历任中国美术学院成教学院院长，中国画

系硕士导师、教授，中国美术家协会会员、浙江省美术家协会理事、浙江画院特聘画家。代表作品有《思》《水墨人物画》，著作有《人体线条素描》《吴宪生水墨人体画选》《素描教学新论》。

J0029074

现代人物画库 郭全中等绘

郑州 河南美术出版社 1992 年 14 册 26cm（16 开） 盒装 ISBN：7-5401-0263-2

定价：CNY84.00

（中国画画库 3）

本画库收录有 42 位中青年画家的作品 450 余幅。收入的著名画家有郭全中、李元星、韩敬伟、胡永凯、胡寿荣、李伯安、李世南、王炎林、郑新雨、彭先诚、邹建平、李鼎成、杜滋龄、马国强、梁岩、王孟奇、刘国辉等。作者郭全中（1944— ），河南宝丰人。陕西省国画院副院长、一级美术师、中国美术家协会会员。

J0029075

小将罗成 雨田等绘

沈阳 辽宁美术出版社 1992 年 2 张 77×53cm

定价：CNY1.30

本作品为年画形式的中国现代国画人物画。

J0029076

谢志高画集 谢志高绘

北京 北京美术摄影出版社 1992 年 39 页 25×26cm 精装 ISBN：7-80501-134-6

定价：CNY38.00

本画册精选的作品有《建设者》《沙田绿雨》《祝福》《春蚕》等人物画 69 幅。外文书名：A Collection of Paintings by Xie Zhigao. 作者谢志高（1942— ），画家、国家一级美术师。生于上海，研究生毕业于中央美术学院，后留校任教。曾任中国画研究院创作研究部主任。代表作品有《水墨仕女画技法》《战海河》《欢欢喜喜过个年》《春蚕》等。

J0029077

薛林兴画集 薛林兴绘；中国画报出版社编辑

北京 中国画报出版社 1992 年 48 页 有彩照 25×23cm ISBN：7-80024-063-0

定价：CNY26.00

现代中国画之仕女画画册。作者薛林

（1951— ），画家。生于山东青岛，毕业于东北师范大学美术系。中国画家联盟主席、中国画艺术研究院副院长、中央国家机关美术家协会副主席、中国美术家协会会员。作品有《特洛伊的海伦》《湖》《贵妃醉酒》《和平美神》等。

J0029078

一百僧佛图 卢禹光绘画；吴伯衡，蔡卓之编文

广州 新世纪出版社 1992 年 220 页 26cm（16 开）

ISBN：7-5405-0527-3 定价：CNY9.00

作者卢禹光（1948— ），一级美术师。原名卢延光，毕业于广州业余大学文艺创作班。历任广州美术馆馆长、广州艺术博物院院长、广州市文史研究馆副馆长、中国美术家协会会员、广州市美术家协会副主席。连环画作品有《千里送京娘》《荆钗记》《苟巨伯》《周穆王时的"第四代"机器人》等。

J0029079

中华美少年 雪岗，江南撰文；杨永青绘画

北京 中国少年儿童出版社 1992 年 有彩图 29cm（16 开） 精装 ISBN：7-5007-1448-3

定价：CNY20.00

通过中国画绘画和简介展示了中国历史上 50 位杰出少年的风采。作者雪岗（1945— ），北京中国少年儿童出版社副编审、编辑室主任。作者江南（1951— ），在北京首都图书馆工作。作者杨永青（1928—2011），画家。上海浦东人。历任中国美术家协会儿童美术艺术委员会主任、中国版画家协会会员、中国少年儿童出版社美术编辑、编审。人物画作品有《屈原九歌长卷》《观音造像》等，连环画作品有《女拖拉机手》《刘胡兰》《王二小》《高玉宝》等。

J0029080

中华奇女子 雪岗撰文；高云绘画

北京 中国少年儿童出版社 1992 年 有彩图 29cm（16 开） 精装 ISBN：7-5007-1447-5

定价：CNY15.00

现代中国画之人物画画册。绘者高云（1956— ），国家一级美术师。毕业于南京艺术学院中国画专业。历任中国美术家协会理事、中国画艺委会委员、全国美术馆专委会副主任、江苏省美协副主席、江苏省美术馆馆长、南京艺术学院客座教授。

J0029081

中华伟男子 雪岗撰文；胡勃绘画

北京 中国少年儿童出版社 1992 年 60 页

有彩图 30cm（10 开） 精装

ISBN：7-5007-1449-1 定价：CNY22.00

　　本书用中国画介绍了远古到辛亥革命几千年中各个时期各个方面有作为有影响的男子 62 名（图 60 幅）。绘者胡勃（1943— ），教授。字冲汉，笔名野风，山东莱州人。内蒙古师范大学美术系毕业，留校任教，后任中央美术学院教授、中国美术家协会会员。代表作品有《夜色》《蓝色的早晨》《湘溪》《静影沉碧》等。

J0029082

邹莉画选 邹莉绘

广州 岭南美术出版社 1992 年 25×26cm

ISBN：7-5362-0733-6 定价：CNY20.00

　　现代中国画之仕女画画册。作者邹莉（1950— ），女，画家。艺名依耘，出生于广东龙门县。历任中国美术家协会会员、广东美术家协会理事、佛山美术家协会常理、南海画院画家、情铸画院院长。代表作《百妃图》。

J0029083

何家英作品选 何家英绘

北京 荣宝斋 1993 年 25×26cm

ISBN：7-5003-0182-0 定价：CNY8.60

　　现代中国画之工笔人物画画册。

J0029084

画戏话戏 高马得著

南京 江苏美术出版社 1993 年 180 页 有照片

20cm（32 开） ISBN：7-5344-0298-0

定价：CNY13.80

　　本书收作者戏曲人物画 90 幅，并以画配文，介绍每出戏的故事。作者高马得（1917—2007），国画家。江苏南京人，毕业于天津河北省立水产专科学校。江苏省国画院一级美术师、中国美术家协会会员、江苏分会理事。代表作品有《画戏话戏》《画碟余墨》《马得水墨小品》等。

J0029085

江恩莲工笔人物画选 江恩莲绘

广州 新世纪出版社 1993 年 30 页 25×25cm

ISBN：7-5405-0859-0 定价：CNY28.00

　　外文书名：Selected Elaborate Figure Paintings of Jiang Enlian.

J0029086

李子侯画集 李子侯绘

杭州 浙江美术学院社 1993 年 47 页 28×29cm

精装 ISBN：7-81019-251-5 定价：CNY98.00

　　本书收《维族老汉》《三月》《人面桃花》等 47 幅国画作品。作者李子侯（1938— ），浙江美术学院副教授、浙江美术家协会理事、中国美术家协会会员等。

J0029087

林少丹钟馗画集 林少丹绘

福州 福建美术出版社 1993 年 103 页

29cm（16 开） ISBN：7-5393-0228-3

定价：CNY112.00

　　现代中国画之人物画画册。作者林少丹（1919—1993），画家。福建东山县人。曾在漳州龙溪艺校美术科任教。代表作品有《红军战士》《前哨归渔》《修堤防汛》等。

J0029088

马西光画集 马西光著

北京 新华出版社 1993 年 34cm（12 开） 精装

ISBN：7-5011-1097-2 定价：CNY168.00

　　本画册共收马西光作品 94 幅。外文书名：A Collection of Ma Xi-guang's Works of Art. 马西光（1932— ），山东烟台人，中国美术家协会会员、美协青海分会副主席、西宁画院顾问、青海省政协委员。

J0029089

毛泽东 刘文西绘

西安 陕西师范大学出版社 1993 年 119 页

25×27cm 精装 ISBN：7-5613-0857-4

定价：CNY85.00

　　本书是中国现代的人物画画册。作者刘文西（1933—2019），生于浙江嵊州。曾任中国美术协会顾问、陕西省文艺界联合会顾问、陕西省美协副主席、西安美术学院名誉院长、西安美院研究院院长、延安市副市长。重要作品有《毛主席和牧羊人》《东方》《解放区的天》和巨幅系列长卷《黄土人》等近百幅。

J0029090

聂南溪白描人物选 聂南溪绘

长沙 湖南美术出版社 1993年 有照片

37×27cm ISBN：7-5356-0549-4

定价：CNY10.00

作者聂南溪（1934—2011），中国画大师。湖南人。历任湖南师范大学艺术学院院长、教授，中国美术家协会会员、国家教委艺术教育委员会委员等。作品有《藏女》《赶场去》《品优图》《武陵情》等。出版有《聂南溪白描人物选》《聂南溪中国画集》。

J0029091

潘絜兹画集（中英文本）李景峰主编

北京 中国文联出版社 1993年 16+222页

有照片 37cm 精装 ISBN：7-5059-1504-5

定价：CNY300.00

现代中国画之工笔人物画画册。

J0029092

世纪末中国画人物画展览作品集（1993）

杨悦浦主编

南宁 广西美术出版社 1993年 78页 37cm

精装 ISBN：7-80582-602-1 定价：CNY280.00

作者杨悦浦（1938— ），油画家。北京人，毕业于北京艺术学院美术系油画专业。历任中国美术家协会《美术家通讯》主编、编审，中国美术家协会、科普作家协会会员。代表作品有《珠穆朗玛峰科学考察》《迹》《门外絮语》等。

J0029093

唐勇力的画 唐勇力绘；宋忠元主编

杭州 中国美术学院出版社 1993年

29cm（16开）精装 ISBN：7-81019-298-1

定价：CNY80.00

现代中国画之人物画画册。外文书名：Ancient Figure Painting by Tang Yongli. 作者唐勇力（1951— ），画家。出生于河北唐山，毕业于河北师范大学美术系。历任浙江美术学院讲师，中央美术学院中国画学院院长、博士生导师，中国工笔画学会副会长、中国美术家协会会员。画集有《当代肖像素描艺术》《名家人体艺术》《当代名家艺术观——唐勇力素描篇》等。

J0029094

王庆明画集 王庆明绘

杭州 中国美术学院出版社 1993年

38cm（6开）精装 定价：CNY180.00

现代中国画之人物画画册。作者王庆明（1933— ），女，教授。江苏太仓人。毕业于中央美术学院，留校任教。历任西泠书画院研究员、中国美术家协会会员。出版有《王庆明画集》《结构素描》。

J0029095

王炎林画集 王炎林绘

天津 天津人民美术出版社 1993年 36页

25×26cm ISBN：7-5305-0343-X

定价：CNY18.00

（中国当代美术家）

现代中国画之人物画画册。外文书名：Wang Yanlin's Paintings. 作者王炎林（1940—2010），画家。河南郑州人，毕业于西安美术学院油画系。历任西安电影制片厂美术设计师、西安市美协副主席、中国美术家协会会员等。代表作品有《我和鸟儿交朋友》《绿化祖国造福后代》等。

J0029096

王有政画集 王有政绘

西安 陕西人民美术出版社 1993年 143页

29×22cm 精装 ISBN：7-5368-0381-8

定价：CNY88.00

本书是中国画中的人物画画册。外文书名：Paintings by Wang Youzheng. 作者王有政（1941— ），陕西国画院创作研究室主任、中国美术家协会会员、陕西作协理事。

J0029097

萧月光画集 萧月光绘

北京 华文出版社 1993年 33页 有照片

24×25cm ISBN：7-5075-0004-7

定价：CNY25.00

本书是中国画的人物画画册。作者萧月光（1936— ），画家。湖南岳阳人。著作有《萧月光诗稿》《萧月光书法》《萧月光画集》。

J0029098

杨福音画集 杨福音绘

长沙 湖南美术出版社 1993年 25×26cm

ISBN：7-5356-0604-0　定价：CNY25.00

现代中国画之人物画画册。作者杨福音（1942— ），美术师。湖南长沙人。历任广州书画研究院高级画师、广州书画研究院副院长、湖南师大美术学院客座教授、杨福音艺术馆馆长。

J0029099

中国人物画高级研修班作品集　宋忠元主编
杭州　浙江美术学院出版社　1993年　82页
24×26cm　精装　ISBN：7-81019-264-7
定价：CNY150.00

J0029100

辰生画集
大连　大连出版社　1994年　50页　24×26cm
ISBN：7-80555-822-1　定价：CNY60.00
现代中国画人物画画册。

J0029101

戴卫人物画集　戴卫绘
成都　四川人民出版社　1994年　有照片　37cm
精装　ISBN：7-220-02323-5　定价：CNY220.00
本书收作者的60余幅国画作品。外文书名：Selection of Figure Paintings by Daiwei. 作者戴卫（1943— ），艺术家。斋号风骨堂，出生于西藏拉萨市，毕业于四川美术学院，曾在中国画研究院深造。四川省诗书画院常务副院长、中国美术家协会理事、中国美协中国画艺术委员会委员、四川省美术家协会副主席、国家一级美术师等。作品有《李逵探母》《钟声》《回声》等。

J0029102

佛画世界　董辰生绘
天津　百花文艺出版社　1994年　103页
28cm（大16开）　精装　ISBN：7-5306-1599-8
定价：CNY160.00

J0029103

刘斯奋人物画选　刘斯奋绘画
广州　岭南美术出版社　1994年　44页　29cm
（16开）　ISBN：7-5362-1086-8　定价：CNY48.00

J0029104

潘缨画集　潘缨绘
北京　荣宝斋出版社　1994年　25×26cm

ISBN：7-5003-0257-6　定价：CNY9.80

现代中国画人物画画册。作者潘缨（1962— ），女，满族，国家一级美术师。毕业于中央民族大学美术学院少数民族艺术专业，获博士学位。任教于中央民族大学美术学院，中国艺术研究院中国美术创作院专职画家、中国工笔画学会常务理事、中国重彩画研究会常务理事、北京工笔重彩画会常务理事、北京女美术家联谊会会长。出版有《潘缨画集》《潘缨重彩画技法》《潘缨没骨画技法》等。

J0029105

彭先诚水墨人物画集　彭先诚绘
北京　荣宝斋出版社　1994年　25×26cm
ISBN：7-5003-0254-1　定价：CNY9.60
作者彭先诚（1941— ），教师，一级美术师。四川成都人，毕业于成都第二师范学校。四川省诗书画院一级美术师、中国美术家协会会员、四川美术家协会理事。代表作品有《凉山小市》《西厢画意》《长恨歌》等。

J0029106

人物画扇集
北京　荣宝斋　1994年　2版　62页　26×38cm
ISBN：7-5003-0259-2　定价：CNY14.80
本书收张兆和、张大千、周思聪等50多位现代画家的国画人物扇画作品。

J0029107

徐惠泉人物画　徐惠泉绘
台北　淑馨出版社　1994年　52页　25cm（小16开）
ISBN：957-531-384-4　定价：TWD360.00

J0029108

意笔线描人物画（图集）　吴永民绘著
北京　中国美术学院出版社　1994年　82页　26cm
（16开）　ISBN：7-81019-293-0　定价：CNY5.80

J0029109

袁生中人物画　袁生中绘
成都　四川人民出版社　1994年　38cm（8开）
精装　ISBN：7-220-02612-9　定价：CNY118.00
外文书名：Figure Painting Works by Yuan Shengzhong. 作者袁生中，亦名袁笙中，四川画院职业画家、中国美术家协会会员。

J0029110

甄忠义画集

石家庄 河北美术出版社 1994年 63页
25×26cm 精装 ISBN：7-5310-0640-5
定价：CNY118.00

　　现代中国画人物画画册。

J0029111

陈振国画集 陈振国绘

长沙 湖南美术出版社 1995年 36cm（15开）
精装 ISBN：7-5356-0714-4 定价：CNY138.00

　　现代中国画之人物画画册。作者陈振国
（1944— ），教授。湖北汉阳人，毕业于广州美
术学院中国画系。历任广州美术学院中国画系
主任、教授，广东美协常务理事。

J0029112

当代文化名人线描肖像 萧惠祥绘

石家庄 河北教育出版社 1995年 77页
25×25cm 精装 ISBN：7-5434-2473-8
定价：CNY15.80

　　作者萧惠祥（1933— ），女，画家、教授。湖
南长沙人，毕业于中央美术学院版画系。任教于
山西艺术学院、湖南师范学院艺术系、中央工艺
美术学院特种工艺系，中国美术家协会会员。作
品有壁画《科学的春天》，油画《渔女》，出版有
《萧惠祥线描人物》。

J0029113

邓嘉德《三国演义》百图 邓嘉德绘

成都 四川美术出版社 1995年 84页 25×27cm
ISBN：7-5410-9041-1
定价：CNY88.00，CNY128.00（精装）

　　现代中国画之工笔人物画，中英文本。

J0029114

范曾绘画壹佰幅作品 范曾绘

北京 中国青年出版社 1995年 190页
38cm（8开） 精装 ISBN：7-5006-1913-8
定价：CNY420.00

　　本书收范曾的《隐者》《海宴年丰图》《神童
宠犬》《八仙图》《老子演教图》《弘一法师》等百
余幅绘画作品。

J0029115

方增先古装人物图集 方增先绘

上海 上海书画出版社 1995年 64页 38cm
（6开） ISBN：7-80512-854-5 定价：CNY98.00

　　本书系现代中国画。作者方增先（1931— ），
国画家。浙江兰溪人，毕业于浙江杭州国立艺术
专科学校。历任上海美术馆馆长、中国美术家协
会常务理事。出版画集《方增先人物画》《方增
先水墨画诗意画》《方增先古装人物画集》等，专
著有《怎样画水墨人物画》《结构素描》《人物画
的造型问题》等。

J0029116

国画集（吴宪生人物画） 吴宪生绘

杭州 中国美术学院出版社 1995年 42cm（8开）
ISBN：7-81019-500-X 定价：CNY18.00
（美术作品示范系列）

　　外文书名：Chinese Traditional Painting.

J0029117

华三川绘画粉本精选 华三川绘

天津 天津人民美术出版社 1995年 160页
38cm（8开） ISBN：7-5305-0532-7
定价：CNY68.00

　　现代中国画之人物画画册。

J0029118

姜炳文京剧人物画选 姜炳文绘

沈阳 辽宁美术出版社 1995年 31页 26cm
（16开） ISBN：7-5314-1320-5 定价：CNY28.00

J0029119

刘国辉水墨人体琐谈（画册） 刘国辉绘

武汉 湖北美术出版社 1995年 68页 22×19cm
ISBN：7-5394-0581-3
定价：CNY25.00，CNY35.00（精装）

　　作者刘国辉（1940— ），中国美术学院教
授、学术委员会委员，中国人物画高级研修班工
作室导师。

J0029120

面塑大师汤子博画稿（汉英对照） 汤子博
绘；汤夙国编；刘宗仁译

北京 中国世界语出版社 1995年 110页
19×26cm ISBN：7-5052-0197-2

现代中国画之人物画画册。作者汤子博（1882—1971），面塑大师。名有彝，又名百彝、先基、艺名面人汤，糊涂老人等。作品有《敬老院读报组》《新嫦娥奔月》等。作者汤凤国（1933—2015），民间艺术家。本名麟书，北京人，毕业于中央美术学院雕塑系。国家非物质文化遗产——汤氏面塑第二代传人。中央美术学院副研究员。代表作品有《钟馗》《长眉》《韦驮》《面塑大师汤子博画稿》。

J0029121

情系中华（人物篇）

香港　香港汉荣书局　1995 年　29cm（16 开）
ISBN：962-18-0023-4

J0029122

人民领袖（中堂年画）王建梓，王鹏绘

天津　天津人民美术出版社　1995 年　1 轴
附对联一副　194×76cm　定价：CNY14.80

本作品为年画形式的中国现代国画人物画。

J0029123

史国良画集　史国良绘

北京　荣宝斋出版社　1995 年　56 页　25×26cm
ISBN：7-5003-0326-2　定价：CNY53.00

现代中国画之人物画画册。作者史国良（1956—　），画家。河北大城人，毕业于中央美术学院国画系。历任北京画院画家、中国美术家协会会员、中国艺术研究院研究员。代表作品《刻经》《八个壮劳力》《买猪图》等。

J0029124

许亚君画集　许亚君绘

上海　上海人民美术出版社　1995 年　29cm（16 开）
ISBN：7-5322-1614-4　定价：CNY58.00

现代中国画之人物画画册。作者许亚君（1935—　），教授。又名圣中，生于浙江杭州，祖籍浙江嵊县。历任上海沪东画院副院长、上海市美术家协会会员。出版《许亚君画集》。

J0029125

姚有多画集　姚有多绘

北京　荣宝斋出版社　1995 年　50 页　有彩照
25×26cm　ISBN：7-5003-0329-7

现代中国画之人物画画册。作者姚有多

（1937—2001），画家、教授。浙江慈溪人，毕业于中央美术学院中国画系。历任中央美术学院教授、中国画系主任，中国美术学协会中国画艺术委员会常务副主任。代表作品有《幸福颂歌》《新队长》《陈胜吴广起义》《抗洪图》《牧归图》等。

J0029126

张天翼京剧人物画选集　张天翼绘

天津　天津人民美术出版社　1995 年　52 页　26cm
（16 开）ISBN：7-5305-0428-2　定价：CNY35.00

本书系中国现代国画人物画。

J0029127

赵宋生画集　赵宋生绘

昆明　云南美术出版社　1995 年　72 页　25×26cm
ISBN：7-80586-229-X　定价：CNY70.00

中国画中的工笔重彩人物画画册，中英文本。外文书名：Selected Paintings of Zhao Songsheng. 作者赵宋生（1940—1996），高级美术师。四川重庆人，毕业于云南艺术学院。曾任玉溪市文化局局长、玉溪市文联副主席。作品有《花卉的思念》《绿水情深》《溶溶月色》《乐途》《岁月》等，出版有《云南民族风情白描集》《赵宋生画集》等。

J0029128

中国历代佛教画像集　王磊义编绘

北京　北京工艺美术出版社　1995 年　2 版　188 页
17×18cm　ISBN：7-80526-042-7
定价：CNY12.50

J0029129

中国神话人物百图　彭连熙绘著

天津　天津杨柳青画社　1995 年　100 页
33×16cm　ISBN：7-80503-261-0
定价：CNY10.20

J0029130

中国现代人物白描精选　申少君主编

南昌　江西美术出版社　1995 年　170 页
21×19cm　ISBN：7-80580-299-8
定价：CNY15.80

作者申少君（1956—　），研究员。湖南邵东人，生于广西南宁市。历任中国国家画院专职画家、研究员，当代中国画视觉系统研究所所长、

中国国家博物馆特聘研究员、中国国际书画艺术研究会副会长、永乐宫壁画艺术博物馆终身研究员、上海中国画院特聘画师。

J0029131

白描仕女图谱 李新民等绘

北京 大众文艺出版社 1996年 172页 26cm（16开）ISBN：7-80094-182-5 定价：CNY23.20

作者李新民（1941— ），北京市工艺美术大师，高级工艺美术师。北京人。早年从事过玉雕、牙雕和金漆镶嵌等艺术创作工作。代表作有《太白瓶》《银兴瓶》《北京风光系列挂框》等。

J0029132

百子图集 李伯实绘

北京 荣宝斋出版社 1996年 51页 25×26cm ISBN：7-5003-0358-0 定价：CNY58.00

J0029133

陈全胜画集 陈全胜绘

济南 山东美术出版社 1996年 88页 29cm（16开）ISBN：7-5330-0972-X 定价：CNY78.00

现代中国画画册。作者陈全胜（1950— ），画家。出生于青岛，祖籍山东文登市。历任中国美协理事、山东美协副主席、国家一级美术师、山东美术家协会副主席，深圳大学艺术学院客座教授。代表作有连环画《辛弃疾》《梦中缘》等，特种邮票《三国演义》《聊斋志异》。

J0029134

陈少梅（人物）许礼平主编；陈少梅绘

香港 香港汉墨轩出版公司 1996年 116页 有照片图 29cm（16开）ISBN：962-7530-32-8（名家翰墨丛刊 中国近代名家书画全集 17）

外文书名：Chen Shaomei-Figure Paintings. 作者陈少梅（1909—1954），国画家。名云彰，又名云鹤，号升湖，字少梅，以字行。生于湖南衡山。曾任中国美术家协会天津分会主席、天津美术学校校长。主要作品有《江南春》《丛林远岭》等。

J0029135

董辰生古今人物画 董辰生绘

北京 中国世界语出版社 1996年 127页 38cm（6开）精装 ISBN：7-5052-0293-6 定价：CNY180.00

外文书名：Figure Paintings by Dong Chensheng.

J0029136

韩文红中国人物画 韩文红绘

石家庄 河北美术出版社 1996年 21页 26×27cm ISBN：7-5310-0846-7 定价：CNY31.00

外文书名：Han Wenhong Chinese Paintings of Figure. 作者韩文红（1946— ），画家、摄影师。笔名文江、山寺，河北井陉县人。河北省美术家协会会员、河北省摄影家协会会员、石家庄市画院院外画师。

J0029137

贺成作品集 贺成绘

苏州 古吴轩出版社 1996年 40页 29cm（16开）ISBN：7-80574-252-9 定价：CNY48.00

作者贺成（1945— ），国家一级美术师。字峰然，号古杨。出生于山东枣庄，毕业于南京艺术学院。中国美术家协会会员、中华诗词学会会员、江苏省艺术研究院研究员、江苏省国画院人物画创研所原所长等。代表作品有《共和之光》《欲与江山共娇》《马背上的歌》《辛亥风云》等。

J0029138

纪京宁画集 纪京宁绘

石家庄 河北美术出版社 1996年 26×25cm ISBN：7-5310-0744-4 定价：CNY20.00

现代中国画之人物画画册。作者纪京宁（1957— ），女，教授。江苏南京人，毕业于河北师范大学美术学院，并留校任教。后任中央民族大学美术学院教授、中国美术家协会会员。代表作品有《紫气》《秋天》《老井》《欢乐北方》等。

J0029139

寇衡画集 寇衡绘

南宁 广西美术出版社 1996年 52页 29cm（16开）ISBN：7-80625-092-1 定价：CNY58.00

现代中国画之人物画画册。作者寇衡（1950— ），画家。河南洛阳人。大学中文系毕业后又到中央美术学院深造。历任洛阳廛河文化馆馆长，洛阳书画院副院长。出版有《寇衡画集》《工笔线描——山民》《写意牡丹画法》《寇衡作品选》等。

J0029140
梁占岩画集 梁占岩绘
南宁 广西美术出版社 1996 年 102 页
29cm（15 开）精装 ISBN：7-80625-051-4
定价：CNY100.00
（中国当代画家大系）
　　现代中国画画册，中英文本。

J0029141
毛国伦画集 毛国伦绘
上海 上海教育出版社 1996 年 25×26cm
ISBN：7-5320-4830-6 定价：CNY55.00
（当代著名中国画画家专列 上海）
　　外文书名：Mao Guolun Paintings.

J0029142
人民领袖 王建梓，王鹏绘
天津 天津人民美术出版社 1996 年 1 轴
附对联一副 107cm（全开）ISBN：85305.202
定价：CNY15.80
　　本作品为年画形式的中国现代国画人物画。

J0029143
施大畏画集 施大畏绘
上海 上海教育出版社 1996 年 36 页 25×26cm
ISBN：7-5320-4796-2 定价：CNY55.00
（当代著名中国画画家专列 上海）
　　外文书名：Shi Dawei Paintings. 作者施大畏
（1950—　），画家，浙江吴兴人，毕业于上海大学
美术学院国画系。国家一级美术师，曾任上海国
画院执行院长、中国美术家协会副主席、中国美
协国画艺委会委员、上海美协国画艺委会主任、
上海大学美术学院兼职教授等职。代表作有《暴
风骤雨》《国殇》《皖南事变》《归途——西路军
妇女团纪实》。

J0029144
四大美女 张惠敏绘
天津 天津人民美术出版社 1996 年 4 轴
105×38cm ISBN：85305.508 定价：CNY15.80
　　本作品为年画形式的中国现代国画人物画。

J0029145
翁振新画集 翁振新绘
福州 福建美术出版社 1996 年 28cm（大 16 开）

ISBN：7-5393-0529-0 定价：CNY38.00
　　现代中国画之人物画画册。

J0029146
午日钟馗画特展 历史博物馆编辑委员会编
辑；林淑心总编辑
台北 历史博物馆 1996 年 95 页 30cm（10 开）
ISBN：957-00-7390-X 定价：CNY282.43

J0029147
萧玉磊人物画选［萧玉磊绘］
合肥 安徽美术出版社 1996 年 12 张 25×26cm
散页套装 ISBN：7-5398-0460-2
定价：CNY16.00
（当代美术家册页）
　　本画册包括《悠悠古曲声自远》《春意图》《蒲
松龄小像》《识骏图》《画壁图》《十里山路十里香》
等 12 幅中国画人物画。

J0029148
秀公画集 秀公绘
苏州 古吴轩出版社 1996 年 74 页
28cm（大 16 开）精装 ISBN：7-80574-257-X
定价：CNY72.00

J0029149
张友春中国画作品选 张友春绘
杭州 西泠印社 1996 年 28cm（大 16 开）
ISBN：7-80517-200-5 定价：CNY15.00
　　外文书名：Chinese Paintings by Zhang Youchun.

J0029150
中国古代神话人物工笔画选 朱基元绘
福州 福建美术出版社 1996 年 41 页
28cm（大 16 开）ISBN：7-5393-0459-6
定价：CNY38.00
　　现代中国画工笔画人物画画册。作者朱基
元（1949—　），画家。江西南康人。福建省艺术
馆画家、艺术工程设计师。出版有《壁画百图》
《中国古代神话人物工笔画选》。

J0029151
中国仕女百图 彭连熙绘；墨卿文
天津 天津杨柳青画社 1996 年 112 页
26cm（16 开）ISBN：7-80503-306-4

定价：CNY17.80

J0029152
陈一军画集 陈一军绘；南京市美术家协会编
南昌 江西美术出版社 1997年 29cm（15开）
ISBN：7-80580-402-8 定价：CNY16.00
（南京当代美术家画库）
　　现代中国画人物画画册。

J0029153
传统线描人物 上海书画出版社编
上海 上海书画出版社 1997年 683页 26cm
（16开）ISBN：7-80635-046-2 定价：CNY78.00
　　外文书名：Chinese Traditional Line Figural
Paintings.

J0029154
戴敦邦绘画粉本精选 戴敦邦绘
天津 天津人民美术出版社 1997年 38cm（8开）
ISBN：7-5305-0753-2 定价：CNY65.00
　　现代中国画人物画画册。

J0029155
戴敦邦水浒人物谱 戴敦邦绘
天津 天津人民美术出版社 1997年 82页
38cm（8开）精装 ISBN：7-5305-0710-9
　　现代中国画水墨人物画画册。

J0029156
戴顺智线描 戴顺智绘
合肥 安徽美术出版社 1997年 28页 26cm
（16开）ISBN：7-5398-0572-2 定价：CNY10.00
（当代名家线描画库）
　　作者戴顺智（1952— ），教授，美术家。北
京人，毕业于中央美术学院国画系研究生班，获
硕士学位。历任清华大学美术学院绘画系教授，
国画教研室主任、研究生导师，中国美术家协会
会员。出版有《戴顺智画集》《戴顺智线描集》《线
描造型艺术》等。

J0029157
丁世谦画选 丁世谦绘
成都 四川美术出版社 1997年 33页 25×26cm
ISBN：7-5410-1364-1 定价：CNY45.00
　　现代中国画画册。作者丁世谦（1944— ），

四川遂宁人。擅长中国画、连环画。遂宁市美协
主席。主要作品有《上学路上》《游春去》《合奏
曲》等。出版有《丁世谦画选》和连环画册十余部。

J0029158
杜大恺线描 杜大恺绘
合肥 安徽美术出版社 1997年 28页 26cm
（16开）ISBN：7-5398-0566-8 定价：CNY10.00
（当代名家线描画库）

J0029159
工笔人体艺术 唐勇力绘
杭州 中国美术学院出版社 1997年 重印本
29cm（13开）精装 ISBN：7-81019-282-5
定价：CNY80.00

J0029160
龚建新肖像画 龚建新绘
沈阳 辽宁美术出版社 1997年 重印本 44页
24×26cm ISBN：7-5314-1647-6
定价：CNY22.00
　　现代中国画之水墨肖像画画册。作者龚建
新（1938— ），满族，一级美术师。新疆奇台人，
毕业于中央美术学院国画系。先后在乌鲁木齐
市文化馆、防疫站从事美术工作，任教于新疆
艺术学院、新疆画院，新疆美协名誉主席、中国
美协新疆创作中心主任。作品有《静静的卡甫
河》《万里送马》《瑶池会》，出版有《新疆人物
写生》等。

J0029161
古代武将线描图谱 邓敦伟著
南宁 广西美术出版社 1997年 82页
26cm（16开）ISBN：7-80625-359-9
定价：CNY12.00
　　作者邓敦伟（1942— ），广西合浦人。毕
业于广东湛江艺术学校。中国工艺美术学会会
员、中国工艺美术书画研究会理事、中国美术
家协会会员、钦州市美协主席。主要代表作有
《水浒一百零八将》《蜀汉五虎将》《古装人物画
稿》等。

J0029162
顾炳鑫画集 顾炳鑫绘
天津 天津人民美术出版社 1997年 29cm

（16 开）ISBN：7-5305-0734-6 定价：CNY20.00
（当代国画家系列画集 Ⅱ）

　　作者顾炳鑫（1923—2001），美术家。笔名甘草、朽木，江苏宝山人。历任中国美术家协会理事、上海美术家协会主席团委员、上海美协连环画艺委会主任。代表作品有连环画《渡江侦察记》《列宁在十月》等。

J0029163
韩峰画集 韩峰绘
天津 天津人民美术出版社 1997 年 29cm
（15 开）ISBN：7-5305-0734-6 定价：CNY20.00
（当代国画家系列画集 Ⅱ）

J0029164
锦瑟年华（华三川古典人物画）华三川绘
福州 福建美术出版社 1997 年 38cm（8 开）
ISBN：7-5393-0629-7 定价：CNY128.00

J0029165
开国元勋 木子，晓欣绘
天津 天津人民美术出版社 1997 年 1 轴
附对联一副 105×76cm 定价：CNY18.20
　　本作品为年画形式的中国现代国画人物画。作者木子（1956— ），本名李惠民，艺名木子，生于浙江湖州。历任浙江省美术家协会会员、浙江省油画家协会会员。代表作有《皖南》《暖色小镇》《阳光》《墨荷系列：中国画》。

J0029166
开国元勋 木子，晓欣绘
天津 天津人民美术出版社 1997 年 1 轴
附对联一副 105×76cm 定价：CNY15.80
　　本作品为年画形式的中国现代国画人物画。

J0029167
梁洁华画集
上海 上海书画出版社 1997 年 155 页 有照片
30cm（10 开）精装 ISBN：7-80635-183-3
定价：CNY190.00
　　外文书名：Painting Collection of Mrs. Annie Wong Leung Kit-Wah.

J0029168
梁岩水墨肖像画集 梁岩绘

天津 天津杨柳青画社 1997 年 26×25cm
ISBN：7-80503-338-2
定价：CNY80.00, CNY100.00（精装）

　　作者梁岩（1943— ），画家。曾用名梁青江，河北清苑人。曾在河北井陉煤矿、河北省群众艺术馆工作。中国美协湖北分会专业画家、中国美术家协会会员。

J0029169
林墉（人物）林墉著
台北 翰墨轩出版公司 1997 年 111 页
29cm（16 开）ISBN：962-7530-49-2
定价：TWD530.00
（当代中国画家系列 1）

　　外文书名：Lin Yong-Figure Paintings. 作者林墉（1942— ），画家、国家一级美术师。广东潮州人，毕业于广州美术学院中国画系。中国美术家协会副主席、广东画院院长、美协广东分会主席、暨南大学艺术中心主任。作品有《宋庆龄》《访问巴基斯坦组画》，出版有《林墉作品选》《林墉访问巴基斯坦选集》《人体速写》等。

J0029170
刘秉贤焦墨人物画集 刘秉贤绘
福州 福建美术出版社 1997 年 52 页 20×19cm
ISBN：7-5393-0512-6 定价：CNY96.00（全套）
（福建师生书画作品·论文辑）

J0029171
罗康祥人物画选 罗康祥绘
成都 四川美术出版社 1997 年 26 页 25×26cm
ISBN：7-5410-1293-9 定价：CNY38.00
　　现代中国画水墨人物画画册。

J0029172
皮之先画钟馗百图 皮之先［绘］
北京 中国文联出版公司 1997 年 25×26cm
精装 ISBN：7-5059-2658-6 定价：CNY88.00
　　作者皮之先（1928— ），艺术家、一级美术师。河北阜城人，毕业于中央美术学院。历任工人出版社美编、临沂画院院长、国际王羲之书画院院长等职，中国美术家协会会员、临沂市文联副主席兼美协主席、北京中国书法艺术研究院教授。代表作品有《泰山揽胜图》《皮之先钟馗百图》《慰问军属》等。

J0029173

全国中国人物画展览作品集 潘絜兹主编；
中国美术家协会中国画艺术委员会，黑龙江北
鸽艺术品拍卖有限责任公司编
长春 长春出版社 1997年 176页 38cm（6开）
精装 ISBN：7-80604-353-5 定价：CNY450.00

J0029174

史希光画集 史希光绘
北京 人民美术出版社 1997年 21页 29cm
（16开）ISBN：7-102-01754-5 定价：CNY15.20
　　现代中国画工笔人物画画册。

J0029175

水浒人物壹百零捌图 戴敦邦，戴红杰绘
天津 天津杨柳青画社 1997年 108页 26cm
（16开）ISBN：7-80503-280-7 定价：CNY12.80

J0029176

孙玉敏作品集 孙玉敏绘
北京 荣宝斋出版社 1997年 20页 26×25cm
ISBN：7-5003-0415-3 定价：CNY18.00
　　现代中国画工笔人物画画册，中英文本。

J0029177

孙玉敏作品集 孙玉敏绘
北京 荣宝斋出版社 1997年 21页 25×26cm
ISBN：7-5003-0367-X 定价：CNY18.00

J0029178

王翎徽画集 王翎徽绘
北京 人民美术出版社 1997年 36页 26cm
（16开）ISBN：7-102-01810-X 定价：CNY36.00
　　现代中国画画册。

J0029179

王文杰画集 王文杰绘
天津 天津人民美术出版社 1997年 29cm
（16开）ISBN：7-5305-0734-6 定价：CNY20.00
（当代国画家系列画集 Ⅱ）

J0029180

王锡麒人物画选集 王锡麒绘
苏州 古吴轩出版社 1997年 119页 38cm（6开）
精装 ISBN：7-80574-315-0 定价：CNY280.00

J0029181

王野翔画集 王野翔绘
天津 天津人民美术出版社 1997年
28cm（大16开）ISBN：7-5305-0743-5
定价：CNY20.00
（当代国画家系列画集 Ⅲ）

J0029182

吴山明水墨人物画 吴山明绘
杭州 浙江人民美术出版社［1997年］17页
42cm（8开）ISBN：7-5340-0715-1
定价：CNY36.00

J0029183

叶浅予诞辰九十周年纪念（1907—1997）
叶浅予绘；中国艺术编辑部编
北京 人民美术出版社 1997年 29cm（16开）
ISBN：7-102-01765-0 定价：CNY15.00

J0029184

中国历代人物线描图稿（1）周颖绘
上海 上海人民美术出版社 1997年 1封［29张］
37cm 活页封套装 ISBN：7-5322-1769-8
定价：CNY20.00

J0029185

中国历代人物线描图稿（2）韩峰绘
上海 上海人民美术出版社 1997年 1封［24张］
37cm 活页封套装 ISBN：7-5322-1773-6
定价：CNY20.00

J0029186

中国历代诗家图卷［李俊琪绘］
北京 中共中央党校出版社 1997年 26×37cm
经折装 ISBN：7-5035-1588-0
定价：CNY680.00
　　本书以长卷的形式描绘中国历代诗人448
位，在构图上画家极尽跌宕起伏之变，在画法上
利用泼墨写意和工笔白描的手法。作者李俊琪
（1943— ），教授。号大道轩主人，河北乐亭人。
历任天津美术家协会副主席、中国美术家协会会
员，天津南开大学教授、研究生导师，美国传记
研究院研究员。著作有《中国历代诗家图卷》《中
国历代兵家图卷》《中国历代文学家画传》《李俊
琪画集》等。

J0029187

陈光健画集 陈光健绘

郑州 河南美术出版社 1998 年 29cm（16 开）

ISBN：7-5401-0601-8 定价：CNY10.00

（长安十家）

　　现代中国画人物画画册。作者陈光健(1936—)，女，四川荣昌人。毕业于浙江美术学院，并留校工作，后调入西安美术学院任教。中国美术家协会会员、当代工笔画会会员、陕西省国画院画师。主要作品有《在社员家里》《自习》《老师》等。

J0029188

陈孟昕画集（1998） 陈孟昕绘

福州 福建美术出版社 1998 年 42 页 25×26cm

ISBN：7-5393-0733-1 定价：CNY48.00

　　现代中国画人物画画册，中英文本。作者陈孟昕(1957—)，画家。河北邢台人。历任湖北美术学院国画讲师、中国美术家协会会员，中国艺术研究院研究生院副院长、二级教授、博士生导师。代表作品有《帕米尔风情》《秋之祭》《暖月》《一方水土》《腊月》等。

J0029189

陈孟昕人物线描 陈孟昕绘

武汉 湖北美术出版社 1998 年 80 页 25×26cm

ISBN：7-5394-0796-4 定价：CNY20.00

（中国名家线描教学画丛）

　　外 文 书 名：Chen Mengxin's Figure Line-drawing.

J0029190

程海清作品选 程海清绘

天津 天津人民美术出版社 1998 年 29cm（16 开）

ISBN：7-5305-0802-4 定价：CNY25.00

　　现代中国画水墨人物画画册。

J0029191

戴敦邦古典文学名著画集 戴敦邦绘

上海 上海古籍出版社 1998 年 128 页 37cm

精装 ISBN：7-5325-2464-7 定价：CNY280.00

J0029192

邓高健画集 邓高健绘

福州 福建美术出版社 1998 年 26 页 29cm

（16 开） ISBN：7-5393-0727-7 定价：CNY28.00

现代中国画人物画画册。

J0029193

傅文刚画集 傅文刚绘

天津 天津人民美术出版社 1998 年 29cm

（16 开） ISBN：7-5305-0785-0 定价：CNY20.00

（当代国画家系列画集 Ⅳ）

J0029194

高伯龙作品选 高伯龙绘

天津 天津人民美术出版社 1998 年 29cm（16 开）

ISBN：7-5305-0750-8 定价：CNY22.00

（当代画家精品集 1）

　　现代中国画画册。

J0029195

郭慕熙工笔仕女画选（中英文本）［郭慕熙绘］

北京 荣宝斋出版社 1998 年 50 页 有照片

25×26cm

　　中国现代工笔仕女画画册。

J0029196

韩硕 韩硕绘；上海中国画院画廊编

上海 上海画报出版社 1998 年 29cm（16 开）

ISBN：7-80530-388-6 定价：CNY48.00

（上海中国画院画家作品丛书）

J0029197

胡锦雄画选 胡锦雄绘

广州 岭南美术出版社 1998 年 29cm（16 开）

ISBN：7-5362-1870-2 定价：CNY20.00

（广州国际艺术博览会丛书）

　　现代中国画水墨人物画画册。

J0029198

李从军大写意古代名贤画集 李从军著

石家庄 河北美术出版社 1998 年 66 页

29cm（16 开） ISBN：7-5310-1033-X

定价：CNY69.00

J0029199

李苦禅作品 李苦禅绘

西安 陕西人民美术出版社 1998 年 29cm

（16 开） ISBN：7-5368-1091-1 定价：CNY18.00

（中国画名家作品精选）

J0029200

刘文西作品 刘文西绘

西安 陕西人民美术出版社 1998 年 34 页
29cm（16 开） ISBN：7-5368-1013-X
定价：CNY18.00
（中国画名家作品精选）

J0029201

刘永杰作品 刘永杰绘

西安 陕西人民美术出版社 1998 年 34 页 29cm
（16 开） ISBN：7-5368-1024-5 定价：CNY18.00
（中国画名家作品精选）

　　作者刘永杰（1950— ），教授、画家。陕西
长安人，毕业于西安美术学院。西安美术学院教
授、博士生导师，中国美术家协会会员、陕西美
协副主席。代表作品有《丝路风情》《凉山秋》《厚
厚的土地》等。

J0029202

马江西部人物画 马江绘

兰州 甘肃文化出版社 1998 年 25×26cm
ISBN：7-80608-373-1 定价：CNY36.00

J0029203

毛国伦 毛国伦绘；上海中国画院画廊编

上海 上海画报出版社 1998 年 29cm（16 开）
ISBN：7-80530-393-2 定价：CNY48.00
（上海中国画院画家作品丛书）

J0029204

沈启鹏作品精选 王秋，胡明之主编；中国美
术家协会主编

沈阳 辽宁美术出版社 1998 年 41 页 有照片
29cm（16 开） ISBN：978-7-5314-2117-7
定价：CNY500.00（全 10 册）

J0029205

苏静作品 苏静绘

北京 中国世界语出版社 1998 年 29cm（16 开）
ISBN：7-5052-0381-9 定价：CNY280.00（全套）
（当代中国艺术家丛书 中国画）

J0029206

田婕画集 田婕绘

北京 中国世界语出版社 1998 年 26 页

28×27cm ISBN：7-5052-0390-8
定价：CNY36.00
（中国当代书画家）

J0029207

王炎林画集 王炎林绘

郑州 河南美术出版社 1998 年 29cm（16 开）
ISBN：7-5401-0601-8 定价：CNY10.00
（长安十家）

　　现代中国画水墨人物画画册。

J0029208

王有政画集 王有政绘

郑州 河南美术出版社 1998 年 29cm（16 开）
ISBN：7-5401-0601-8 定价：CNY10.00
（长安十家）

　　现代中国画人物画画册。

J0029209

魏紫熙人物画选 魏紫熙绘

苏州 古吴轩出版社 1998 年 62 页 26×25cm
ISBN：7-80574-372-X 定价：CNY100.00

J0029210

线的魅力 （当代少数民族人物线描精选） 贾
德江编

北京 中国工人出版社 1998 年 156 页
18×17cm ISBN：7-5008-2023-2
定价：CNY13.00
（新颖图库）

J0029211

阳光 大地 花朵 （张连瑞水墨儿童画选） 张
连瑞著

太原 希望出版社 1998 年 61 页 25×26cm
ISBN：7-5379-2087-7
定价：CNY48.00，CNY70.00（精装）

J0029212

杨沛璋作品选 杨沛璋绘

天津 天津人民美术出版社 ［1998 年］28 页
29cm（16 开） ISBN：7-5305-0750-8
定价：CNY22.00
（当代画家精品集）

　　作者杨沛璋（1951— ），教授。天津人，毕

业于天津美术学院。历任天津美术学院副教授、中国美术家协会会员、天津工笔画会秘书长。著有《中国人物画技法教材》。

J0029213
杨之光女人体写生精选 杨之光绘
广州 岭南美术出版社 1998年 1函（16幅）
43cm 统一书号：5362·5073 定价：CNY50.00

J0029214
袁辉水墨 袁辉绘
北京 中国世界语出版社 1998年 29cm（16开）
ISBN：7-5052-0381-9 定价：CNY280.00（全套）
（当代中国艺术家丛书 中国画）

J0029215
张道兴画集 张道兴绘
天津 天津人民美术出版社 1998年 29cm（16开）
ISBN：7-5305-0785-0 定价：CNY20.00
（当代国画家系列画集 Ⅳ）

J0029216
张瑜生画集 张瑜生绘
天津 天津人民美术出版社 1998年 29cm（16开）
ISBN：7-5305-0785-0 定价：CNY20.00
（当代国画家系列画集 Ⅳ）

J0029217
赵宗概水墨人物画集 赵宗概绘
苏州 古吴轩出版社［1998年］32页 25×26cm
ISBN：7-80574-079-8 定价：CNY28.00
（当代吴门画库）
　　本画集收图300幅图，共10集。

J0029218
中国当代青年画家蒋世国（中英文本）
石家庄 河北教育出版社 1998年［104］页
有图 29cm（16开）ISBN：7-5434-3327-3

J0029219
朱光荣画选 朱光荣绘
广州 岭南美术出版社 1998年 29cm（16开）
ISBN：7-5362-1870-2 定价：CNY20.00
（广州国际艺术博览会丛书）
　　现代中国画水墨人物画。

J0029220
笔性及人——田黎明 田黎明绘
合肥 安徽美术出版社 1999年 30页
28cm（大16开）ISBN：7-5398-0751-2
定价：CNY18.00
（当代风格派画家作品集）
　　现代中国画人物画画册。作者田黎明（1955—），画家。生于北京，祖籍安徽合肥。中国艺术研究院博士生导师、中国艺术研究院副院长、研究生院院长、中央美术学院学术委员、中国画艺委会委员、北京市美协理事。代表作品有《自然的阳光》《正午的阳光》等。

J0029221
彩墨人物 田黎明等绘
苏州 古吴轩出版社 1999年 38cm（6开）
ISBN：7-80574-424-6 定价：CNY28.00
（当代艺术新主张）

J0029222
陈崇平画集（中英文本）［陈崇平绘］
昆明 云南美术出版社 1999年 重印本 54页
25×26cm ISBN：7-80586-140-4
定价：CNY70.00
　　本画集收入作者的重彩画作品70多幅。以女性作为自然的象征一直是陈崇平重彩画的中心，在浓郁的抒情中表现她们的心态和情感，及画家对生命的温馨和诗意美的礼赞。作者陈崇平（1940—），画家。浙江镇海人，历任云南省美术家协会理事、云南省水彩画艺术委员会副主任、云南省民族画院理事。作品有《摩梭人在田间》《两姐妹》《披花毯的女儿》等。

J0029223
陈初良线描 陈初良绘
福州 海风出版社 1999年 251页 21×18cm
ISBN：7-80597-170-6 定价：CNY35.00
　　作者陈初良（1944—），画家。福建闽侯人，毕业于厦门工艺美术学院绘画系。历任福州画院专职画家，国家一级美术师。代表作有《海岳雄峙》《花草美人秋》《郁郁乡情》等。出版有《陈初良画集》《四季古诗》《陈初良线描》等。

J0029224
陈永乐画集（中英文本）［陈永乐绘］

昆明 云南美术出版社 1999年 重印本 71页
27cm（16开）ISBN：7-80586-076-9
定价：CNY70.00

　　本画集收录了《红杜鹃》《夏风》《天意》《山门》《祈祷的少女》《福音》《乡情》《高山独龙》《傣寨风情》等62幅工笔重彩人物画作品。

J0029225
从立体到平面（钱绍武水墨人体） 钱绍武
［绘］
合肥 安徽美术出版社 1999年 29cm（16开）
ISBN：7-5398-0725-3 定价：CNY24.00
（名画家再创辉煌系列丛书）

　　作者钱绍武（1928— ），雕刻家，书法家。江苏无锡人。毕业于中央美术学院，曾赴苏留学，历任中央美术学院雕塑系主任、国家教委艺术教育委员会委员、全国城市雕塑艺术委员会委员、中国国家画院雕塑院院长等职。擅长雕塑、绘画、书法。代表作品有《大路歌》《江丰头像》《李大钊纪念碑》，出版有《素描与随想》《素描人体选集》。

J0029226
单应桂画集 单应桂绘
北京 人民美术出版社 1999年 29cm（16开）
ISBN：7-102-02012-0 定价：CNY77.50

　　现代中国画人物画册。

J0029227
关良作品集 关良绘；上海中国画院编
上海 上海画报出版社 1999年 29cm（16开）
ISBN：7-80530-507-2

　　现代中国画人物画册。作者关良（1900—1986），画家。广东番禺人，毕业于东京太平洋美术学院。曾任浙江美术学院教授、上海中国画院画师。著有《关良艺事随谈》《关良回忆录》，出版有《关良京戏人物水墨画》《关良油画集》等。

J0029228
郭全忠作品 郭全忠绘
西安 陕西人民美术出版社 1999年 33页 29cm
（16开）ISBN：7-5368-1155-1 定价：CNY18.00
（中国画名家作品精选）

　　作者郭全忠（1944— ），又名瑞生、全中。一级美术师。河南宝丰人。陕西省国画院副院长、

中国美术家协会会员。

J0029229
继英作品 继英绘
北京 中国世界语出版社 1999年 29cm（16开）
ISBN：7-5052-0403-3 定价：CNY28.00
（当代中国艺术家丛书 中国画）

J0029230
旧京风情 侯长春绘画
北京 中国电影出版社 1999年 29cm（16开）
精装 ISBN：7-106-01393-5 定价：CNY298.00

　　现代中国画工笔重彩人物画画册，中英文本。

J0029231
李伯安画集《李伯安画集》编辑委员会编
郑州 河南美术出版社 1999年 339页 有照片
37cm 精装

J0029232
李津绘画艺术（中英文本）［李津绘］；张羽主编
天津 天津杨柳青画社 1999年 63页 29cm
（16开）ISBN：7-80503-481-8 定价：CNY36.00

　　本书收作者《光环组画》《高原婚礼》《云上的日子》《花依人》《洗澡图》等数十幅彩墨人物画。

J0029233
林月光作品 林月光绘
北京 中国画报出版社 1999年 29cm（16开）
ISBN：7-80024-547-0 定价：CNY24.80
（当代中国艺术家丛书 国画作品 5）

　　中国现代中国画画册，中英文本。

J0029234
刘大为画集［刘大为绘］
北京 人民美术出版社 1999年 148页
36cm（15开）精装 ISBN：7-102-02102-X
定价：CNY280.00
（中国当代美术家）

　　本书收作者《马背上的民族》《晚风》《帕米尔婚礼》《雏鹰》《归牧图》《巴扎归来》等人物画作品66幅。作者刘大为（1945— ），教师。山东诸城人。解放军艺术学院美术系主任、中国美术家协会中国画艺术委员会委员等。出版有《刘大

为画集》。

J0029235

刘继卣人物画集（英汉对照）刘继卣绘

北京　人民美术出版社　1999年　147页

38cm（6开）精装　ISBN：7-102-02049-X

　　现代中国画之人物画画册，中英文本。外文
书名：Figure Painting by Liu Jiyou.

J0029236

齐白石画谱（第三辑　人物）齐白石绘；郭天
民编辑

长沙　湖南美术出版社　1999年　29cm（16开）

ISBN：7-5356-1358-6　定价：CNY48.00

　　作者齐白石（1864—1957），近现代中国绘画
大师，国画家、篆刻家。湖南湘潭人。原名纯芝，
字渭青，号兰亭，后改名璜，字濒生，号白石等。
历任国立北京艺术专科学校和京华美术专科学
校教习、教授，中央美术学院名誉教授、中国文
学艺术界联合会主席团委员，中国画研究会和中
国美术家协会主席、中国画院名誉院长。代表作
有《蛙声十里出山泉》《墨虾》等。著有《白石诗
草》《齐白石作品集》《白石老人自述》等。

J0029237

任继民画集　任继民绘

北京　中国画报出版社　1999年　29cm（16开）

ISBN：7-80024-547-0　定价：CNY24.80

（当代中国艺术家丛书　国画作品15）

　　中国现代中国画画册，中英文本。

J0029238

三国演义人物造型　上海人民美术出版社辑

上海　上海人民美术出版社　1999年　影印本

经折装　ISBN：7-5322-2085-0

　　本书与华宝斋古籍书社共同出版。据1957
年刊本影印。

J0029239

水墨延伸（'99中国画人物肖像展作品集）平
义，范迪安主编；中国美术家协会等编

南宁　广西美术出版社　1999年　277页

31cm（10开）ISBN：7-80625-689-X

定价：CNY198.00，CNY300.00（精装）

　　主编范迪安（1955—　），美术理论家。福建

人，中央美术学院中国美术史专业硕士研究生毕
业。历任中央美术学院院长、教授、博士生导师，
中国美术家协会主席、中国文艺评论家协会副主
席、北京美术家协会主席等。主编出版《20世纪
中国美术文艺志·美术卷》《当代艺术情境中的水
墨本色》《世界艺术史》《近现代中国画》《当代
文化情境中的水墨本色》等。

J0029240

王国栋画集　王国栋绘

北京　中国画报出版社　1999年　29cm（16开）

ISBN：7-80024-547-0　定价：CNY24.80

（当代中国艺术家丛书　21）

　　现代中国画之人物画画册。作者王国栋
（1949—　），美术师。河北河间人。历任北京麒
麟书画院院长、研究员，中国美术家协会会员。
作品有《青出于蓝》《游春图》《历史之幽思》等。
出版有《王国栋画集》。

J0029241

我爱祖国大家庭（周末的画）周末绘

武汉　湖北少年儿童出版社　1999年　115页

19cm（小32开）ISBN：7-5353-2058-9

定价：CNY8.00

　　现代中国画画册。

J0029242

吴山明画集（中英文本）[吴山明绘]

济南　山东美术出版社　1999年　37cm

精装　ISBN：7-5330-1348-4　定价：CNY280.00

　　现代中国画画册。

J0029243

吴山明作品　吴山明绘

西安　陕西人民美术出版社　1999年　29cm

（16开）ISBN：7-5368-1159-4　定价：CNY18.00

（中国画名家作品精选）

　　现代中国画画册。

J0029244

萧惠珠国画人物选[萧惠珠绘]

天津　天津杨柳青画社　1999年　35页

28cm（大16开）ISBN：7-80503-491-5

定价：CNY38.00

（现代中国书画家作品选）

本书选收《李白清平调诗意》《芙蓉青韵》《红楼梦人物迎春》《薛涛》等30余幅画作，多数为工笔，少量为写意。作者萧惠珠(1951—)，女，画家。生于天津，毕业于河北师范学院美术系。天津工艺美术研究所高级工艺美术师、天津南开画院名誉院长、天津美术家协会会员。出版有《萧惠珠国画人物选》。

J0029245
杨渊戏曲人物画集 杨渊绘画
上海 上海人民美术出版社 1999年 40页 29cm（16开）ISBN：7-5322-2292-6 定价：CNY50.00
现代中国画之人物画画册。

J0029246
杨振廷画集 杨振廷著
石家庄 河北美术出版社 1999年 28页 29cm（16开）ISBN：7-5310-1321-5 定价：CNY25.00
（20世纪末中国画家作品精选 系列个人专集）
本书收有中国画《女青年》《渔人》《青年男子》《采归图》《钟馗嫁妹》《长辫子姑娘》《女人体》等近40幅作品。作者杨振廷(1953-)，生于江苏徐州市，祖籍河北，任教于江苏徐州师范大学美术系。代表作《杨振廷画集》。

J0029247
叶良玉画集 叶良玉绘
杭州 西泠印社 1999年 55页 29cm（16开）ISBN：7-80517-337-0 定价：CNY59.00
现代中国画工笔重彩人物画画册，中英文本。

J0029248
张清智人物画集
北京 京华出版社 1999年 108页 37cm
精装 ISBN：7-80600-371-1
定价：CNY996.00（全3册）

J0029249
郑庆衡画集［郑庆衡绘］
天津 天津人民美术出版社 1999年 59页
25×26cm ISBN：7-5305-0923-3
定价：CNY68.00，CNY80.00（精装）
现代中国画画册。

J0029250
中国当代名画家—线描人物造型（1）
武汉 湖北美术出版社 1999年 161页 29cm
（16开）ISBN：7-5394-0827-8 定价：CNY34.00

J0029251
中国历代人物线描初步 鲍莺编绘
上海 上海人民美术出版社 1999年 38cm（6开）
ISBN：7-5322-2141-5 定价：CNY20.00

J0029252
赵望云西北旅行画记 赵望云作
成都 东方书社 1943年 100页 22cm（30开）
定价：九十元
本书为民国时期中国画风景画册，分5部分，收53幅画，每幅均有一短篇游记作为说明。

现代国画作品——风景、山水

J0029253
黄宾虹山水
上海 上海人民美术出版社 1954年 4张
定价：CNY0.20（每张）

J0029254
黄宾虹山水（彩墨画 5-8）
上海 上海人民美术出版社 1955年 [4]张
定价：CNY0.20（每张）

J0029255
黄宾虹山水（彩墨画 9-10）
上海 上海人民美术出版社 1955年 [2]张
定价：CNY0.20（每张）

J0029256
黄宾虹山水（彩墨画 11-12）
上海 上海人民美术出版社 1955年 [2]张
定价：CNY0.20（每张）

J0029257
黄宾虹山水（彩墨画 13-14）
上海 上海人民美术出版社 1955年 [2]张
定价：CNY0.20（每张）

J0029258
黄宾虹山水（彩墨画 15-18）
上海　上海人民美术出版社 1955 年 ［4］张
定价：CNY0.20（每张）

J0029259
黄宾虹山水（彩墨画 19-20）
上海　上海人民美术出版社 1955 年 ［4］张
定价：CNY0.20（每张）

J0029260
桂林山水　胡若愚作
北京　朝花美术出版社 1956 年 1 张 38cm（6 开）
定价：CNY0.10
　　　现代中国画作品。

J0029261
李可染水墨风景写生画集　李可染作
天津　天津美术出版社 1956 年 1 册（14 幅）
39cm（4 开）活页 统一书号：8073.0574
定价：CNY14.00

J0029262
山水小品　胡若思等作
上海　上海人民美术出版社 1958 年 10 幅 15cm
（40 开）统一书号：T8081.3320 定价：CNY0.40
　　　中国现代山水画画册。

J0029263
桂林山水画选集　中国美术家协会广西分会，
广西僮族自治区群众艺术馆编
南宁　广西僮族自治区人民出版社 1959 年 19 幅
39cm（4 开）活页精装 统一书号：8113.41
定价：CNY5.00

J0029264
黄山写生集　黎雄才作
武汉　长江文艺出版社 1959 年 1 套（10 幅）
19cm（32 开）统一书号：T8107.305
定价：CNY0.50

J0029265
李可染水墨山水写生画集　李可染绘
北京　人民美术出版社 1959 年 63 幅 37cm（8 开）
精装 统一书号：8027.2549 定价：CNY12.80

画集收有 63 幅图，本书是李可染第一本中国画大型专集，作品均为实地写生。作品描绘的是长江流域四川、江苏、安徽、浙江等地的山川风貌，另外还选编少部分陕北、北京等地区和国外的写生作品。

J0029266
韶山　傅抱石等绘
长沙　湖南人民出版社 1959 年 18 幅 39cm
（4 开）统一书号：8109.356 定价：CNY2.00
　　　中国现代风景画作品。作者傅抱石（1904—1965），画家。原名长生、瑞麟，号抱石斋主人。生于江西南昌，祖籍江西新余，早年留学日本。历任南京师范学院教授、江苏国画院院长等职。代表作品有《山阴道上》《钟馗》《屈原》《江山如此多娇》，著有《中国古代绘画之研究》《中国绘画变迁史纲》等。

J0029267
韶山风景画集　傅抱石等作
长沙　湖南人民出版社 1959 年 38cm（6 开）
统一书号：8109.356 定价：CNY2.00

J0029268
桂林山水甲天下　应野平作
上海　上海人民美术出版社 1960 年 ［1 张］
定价：CNY0.12
　　　现代中国画作品。

J0029269
贺天健山水画册　贺天健作
［北京］荣宝斋 1960 年 12 张（套）
　　　作者贺天健（1891—1977），国画家、书法家。原名贺骏，又名贺炳南，字健叟，阿难等。江苏无锡人，毕业于西安美术学院。书法作品有《东风吹到好江山》，出版有《贺天健画集》《贺天健山水册》《学山水画过程自述》等。

J0029270
祖国山川（1-4）黎雄才作
［沈阳］辽宁美术出版社 1960 年 ［1 张］
定价：CNY0.24
　　　现代中国画作品。

J0029271
春色满园 刘长恩画
[长春] 吉林人民出版社 1961年 [1张]
定价: CNY0.20
　　本作品为年画形式的中国现代国画山水风景画。

J0029272
桂林山水 陈烟桥, 刘锡永合作
[南宁] 广西人民出版社 1961年 [1幅]
定价: CNY0.12
　　本作品为现代中国画。作者陈烟桥(1911—1970), 版画家。曾用名陈炳奎, 笔名李雾城、米启郎。就读于广州市立美术专科学校西画科和上海新华艺术专科学校西洋画系。历任《新华日报》美术科主任、中国美术家协会上海分会副秘书长、美协广西分会主席等。代表作品有木刻《建设中的佛子岭》《鲁迅和他的伙伴们》等。

J0029273
漓江春色 中央工艺美术学院装饰绘画系集体创作
北京 人民美术出版社 1961年 [1张]
定价: CNY0.13
　　本作品为年画形式的中国现代国画山水风景画。

J0029274
西藏之春 辛鹤江绘
[石家庄] 河北人民美术出版社 1961年 [1幅]
定价: CNY0.13
　　本作品为年画形式的中国现代国画山水风景画。

J0029275
张石园山水画辑 张石园绘
上海 上海人民美术出版社 1961年 影印本 12幅
39cm(4开) 活页 统一书号: T8081.8469
定价: CNY1.60
　　作者张石园(1898—1959), 画家。又名入玄, 字克龢, 一字蔼如, 又号麻石翁, 江苏武进人。历任上海中国画院画师、上海文史馆员。代表作品有《杏花春雨江南图》《叠嶂晴岚图》。

J0029276
朝霞 关山月作
沈阳 辽宁美术出版社 1962年 [1幅]
53cm(4开) 定价: CNY0.13
　　本作品系现代中国画。作者关山月(1912—2000), 国画家、教育家。原名关泽霈。生于广东阳江。历任广州市艺专教授、广州美术学院教授兼院长、广东画院院长、中国美术家协会副主席、广东省美术家协会副主席等职。代表作有《江山如此多娇》《俏不争春》《绿色长城》《长河颂》等。

J0029277
春风杨柳万千条 王友石作
石家庄 河北人民美术出版社 1962年 [1幅]
38cm(6开) 定价: CNY0.10
　　本作品系现代中国画。

J0029278
待细把江山图画 傅抱石作
南京 江苏人民出版社 1962年 [1幅]
76cm(2开) 定价: CNY0.18
　　本作品系现代中国画。作者傅抱石(1904—1965), 画家。原名长生、瑞麟, 号抱石斋主人。生于江西南昌, 祖籍江西新余, 早年留学日本。历任南京师范学院教授、江苏国画院院长等职。代表作品有《山阴道上》《钟馗》《屈原》《江山如此多娇》, 著有《中国古代绘画之研究》《中国绘画变迁史纲》等。

J0029279
待细把江山图画 傅抱石作
北京 人民美术出版社 1962年 [1幅]
53cm(4开) 定价: CNY0.60
　　本作品系现代中国画。

J0029280
贺兰山色 周怀民作
银川 宁夏回放自治区人民出版社
1962年 [1幅] 78cm(2开) 定价: CNY0.17
　　本作品系现代中国画。

J0029281
贺天健山水画
[北京] 朝花美术出版社 1962年 13张(套)
有图 19cm(32开) 定价: CNY1.50

J0029282

胡佩衡桂森写生画选 胡佩衡画

北京 人民美术出版社 1962 年 10 幅 37cm
（8 开）统一书号：8027.3924 定价：CNY3.00

　　作者胡佩衡（1892—1962），谱名锡铨，又名
衡，字佩衡，号冷庵，外号胡涂克图，以字行，蒙
古族，原籍河北省涿县。历任中国画学研究会和
湖社画会评议、华北大学教授、北京师范大学讲
师、北平艺术专科学校教授、北京画院画师兼院
务委员等。

J0029283

虎丘图 杨云清绘画；徐国良刻

南京 江苏人民出版社 1962 年 ［1 张］
76cm（2 开）定价：CNY0.18

　　本作品为年画形式的中国现代国画山水风
景画。

J0029284

黄宾虹山水写生册 黄宾虹作；浙江省博物馆编

北京 人民美术出版社 1962 年 1 册（61 幅）
37cm（8 开）精装 统一书号：8027.3844
定价：CNY32.00

J0029285

黄山（1-4）应野平作

上海 上海人民美术出版社 1962 年 4 张
53cm（4 开）定价：CNY0.50

　　本作品为年画形式的中国现代国画山水风
景画。

J0029286

李可染水墨山水写生画选 李可染画

北京 人民美术出版社 1962 年 26×38cm
统一书号：8027.3917 定价：CNY3.00

J0029287

石涛山水册页 四川省博物馆编

成都 四川人民出版社 1962 年 8 张（套）
38cm（6 开）定价：CNY2.00

　　本作品系现代中国画。

J0029288

长白飞瀑 关山月作

沈阳 辽宁美术出版社 1962 年 ［1 幅］

38cm（6 开）定价：CNY0.08

　　本作品系现代中国画。作者关山月（1912—
2000），国画家、教育家。原名关泽霈。生于广东
阳江。历任广州市艺专教授、广州美术学院教授
兼院长、广东画院院长、中国美术家协会副主席、
广东省美术家协会副主席等职。代表作有《江山
如此多娇》《俏不争春》《绿色长城》《长河颂》等。

J0029289

河北风光（1-4）刘君礼绘

石家庄 河北人民美术出版社 1963 年 4 张
54cm（4 开）定价：CNY0.36

　　本作品为年画形式的中国现代国画山水风
景画。

J0029290

秦仲文山水画集 秦仲文绘

天津 河北人民美术出版社 1963 年 22 幅（套）
39cm（4 开）活页 统一书号：T8087.2097
定价：CNY4.00

　　本书收入画家的代表作品《丰沙列嶂》《居
庸叠翠》等 22 幅。作者秦仲文（1896—1974），
画家、美术家。原名秦裕荣，号仲文，后又以秦
裕为笔名，别署梁子河村人，画室名群峰扶翠之
居。河北遵化县人。毕业于北京大学。代表作
品有《沙丰路上写生》《岷山遇雨》《岳阳楼》《乌
江天险》等。

J0029291

锦绣春色（卷轴）李昆璞作

天津 天津杨柳青画店 1964 年 ［1 张］

　　本作品为年画形式的中国现代国画风景画，
由天津杨柳青画店装裱。

J0029292

现代山水画选 秦岭云编

北京 人民美术出版社 1964 年 ［82 页］
有图 19cm（32 开）统一书号：8027.4164
定价：CNY1.30
（美术丛书）

　　作者秦岭云（1914—2008），画家，教育家。
曾用名维新等。画室堂号五瓜草堂、闻鸡楼，字
岭云。生于河南汲县（今卫辉市）。曾在北平国立
艺术专科学校绘画系和湖南沅陵国立艺专学习。
先后在中央美术学院、人民美术出版社从事国画

创作研究。出版有《现代山水画集》《秦岭云写生山水画集》《秦岭云山水作品》《写意山水画技法》等。

J0029293
风景这边独好 钱松嵒作
上海 上海人民美术出版社 1965 年［1 张］
53cm（4 开）定价：CNY0.10
　　中国现代风景画作品。作者钱松嵒（1899—1985），当代画家。江苏宜兴人。曾任江苏省国画院院长、名誉院长，江苏省美术家协会主席、中国美术家协会常务理事等。画作有《红岩》《延安颂》《芙蓉湖上》《山岳颂》等。代表作品有《梅园新村》《延安颂》《红岩》《井冈大瀑布》等。著作《砚边点滴》。出版物《钱松嵒画集》等。

J0029294
春风杨柳万千条
上海 上海人民出版社 1971 年 39cm（4 开）
定价：CNY0.10
　　本书为中国现代国画。

J0029295
春到沙石峪 唐山陶瓷学校美术教研组画
石家庄 河北人民出版社 1972 年 76cm（2 开）
定价：CNY0.16
　　本作品为年画形式的中国现代国画山水风景画。

J0029296
春风又绿江南岸 上海中国国画院"造船工业打翻身仗"组画创作组作
上海 上海人民出版社 1972 年 38cm（6 开）
定价：CNY0.10
　　现代中国画作品。

J0029297
黄河（国画）济南市美术创作学习班绘
济南 山东人民出版社 1972 年 19×27cm
统一书号：8.099.99 定价：CNY1.80
　　现代中国画作品。

J0029298
黄洋界 江苏省"五·七"干校创作组作
南京 江苏人民出版社 1972 年 76cm（2 开）

定价：CNY0.14
　　现代中国画作品。

J0029299
黄洋界 江西省美术创作组作
南昌 江西人民出版社 1972 年 78cm（2 开）
定价：CNY0.20
　　现代中国画作品。

J0029300
黄洋界（纸裱卷轴）钱松嵒作
天津 天津人民美术出版社东方红画店 1972 年
53cm（4 开）定价：CNY0.28
　　现代中国画作品。

J0029301
鲁北江南 韩锦堂画
济南 山东人民出版社 1972 年 76cm（2 开）
定价：CNY0.13
　　本作品为年画形式的中国现代国画山水风景画。

J0029302
踏遍青山 刘长恩画
长春 吉林人民出版社 1972 年 1 张 76cm（2 开）
定价：CNY0.16
　　本作品为年画形式的中国现代国画山水风景画。作者刘长恩（1936—1996），吉林通榆人，吉林美术出版社美术编辑。代表作品有《咱队的好猎手》《再请战》《巧妈妈》等。

J0029303
边疆春色 刘棣，张冠哲作
北京 人民美术出版社 1973 年 76cm（2 开）
定价：CNY0.11
　　本作品为年画形式的中国现代国画山水风景画。

J0029304
草原长城 张冠哲作；黑龙江人民出版社供稿
北京 人民美术出版社 1973 年 76cm（2 开）
定价：CNY0.11
　　本作品为年画形式的中国现代国画山水风景画。

J0029305
草原长城　马振祥作；辽宁人民出版社供稿
北京　人民美术出版社　1973 年　76cm（2 开）
定价：CNY0.11
　　本作品为年画形式的中国现代国画山水风景画。

J0029306
海河新貌（四条屏）赵文发画
石家庄　河北人民出版社　1973 年　2 张
76cm（2 开）　定价：CNY0.28
　　本作品为年画形式的中国现代国画山水风景画。作者赵文发（1933— ），教师。别名晓文，河北泊头人，毕业于西安美术学院国画系。历任西安美术学院国画系教师、河北交河县文化馆美术干部、河北泊头市文化馆美术组组长等。

J0029307
海河新貌（四条屏）刘宝纯等画
济南　山东人民出版社　1973 年　2 张　76cm（2 开）
定价：CNY0.28
　　本作品为年画形式的中国现代国画山水风景画。

J0029308
黄山之晨　应野平作
上海　上海书画社　1973 年　76cm（2 开）
定价：CNY0.14
　　中国现代山水画作品。

J0029309
黄洋界（胶印轴画）钱松喦作
天津　天津杨柳青画店　1973 年　53cm（4 开）
定价：CNY0.48

J0029310
瑞雪　姜贵恒画
长春　吉林人民出版社　1973 年　76cm（2 开）
定价：CNY0.14
　　本作品为年画形式的中国现代国画山水风景画。

J0029311
茶山春早　卓鹤君作
[杭州]浙江人民出版社　1974 年　[1 张]
76cm（2 开）　定价：CNY0.14
　　中国现代国画山水风景画。

J0029312
太湖之春　钱松喦作
上海　上海人民出版社　1974 年　[1 张]
38cm（6 开）　定价：CNY0.12
　　中国现代国画山水风景画。

J0029313
喜看群山多一峰　上海市交通运输局业余美术创作组[作]
上海　上海人民出版社　1974 年　[1 张]
38cm（6 开）　定价：CNY0.10
　　中国现代国画山水风景画。

J0029314
风景这边独好　王绪阳画
[长春]吉林人民出版社　1975 年　[1 张]
76cm（2 开）　定价：CNY0.14
　　本作品为年画形式的中国现代国画山水风景画。

J0029315
辉县陈家院水库　陈天然作
[郑州]河南人民出版社　1975 年　[1 张]
76cm（2 开）　定价：CNY0.14
　　本作品为年画形式的中国现代国画山水风景画。作者陈天然（1926—2018），书画家、版画家、诗人。河南巩义人。历任中国美术家协会、中国书法家协会常务理事、河南省书画院院长。代表作品有《牛群》《套耙》《山地冬播》等。

J0029316
瑞雪迎春　白铭洲画
[长春]吉林人民出版社　1975 年　[1 张]
76cm（2 开）　定价：CNY0.14
　　本作品为年画形式的中国现代国画山水风景画。

J0029317
长城（木版水印，绫裱轴画）钱松喦作
[北京]荣宝斋[印制]　1976 年　[1 轴]
定价：CNY11.00
　　中国现代国画山水画作品。

J0029318
黄洋界 魏紫熙作
北京 人民美术出版社 1977年 1页 39cm（8开）
定价：CNY0.14
　　中国现代国画作品。

J0029319
西柏坡 吴守明作
石家庄 河北人民出版社 1977年 76cm（2开）
定价：CNY0.11
　　现代中国画作品。

J0029320
北戴河（江苏省向毛主席纪念堂敬献的中国
画）亚明，秦剑铭作
南京 江苏人民出版社 1978年 53cm（4开）
定价：CNY0.14

J0029321
北京风光 上海人民美术出版社编辑
上海 上海人民美术出版社 1978年 76cm（2开）
定价：CNY0.11
　　本作品为年画形式的中国现代国画山水风
景画。

J0029322
草原的春天（杨柳青年画）刘正作
北京 人民美术出版社 1978年 76cm（2开）
定价：CNY0.11
　　本作品为年画形式的中国现代国画山水风景
画。作者刘正（1949— ），女，编辑。天津人，毕
业于天津美术学院绘画系。历任天津人民美术出
版社编审、中国美术家协会会员、中国工笔画学
会会员、中国刘奎龄艺术研究院研究员、天津市
美术家协会会员。代表作品有《中国织绣服饰全
集》《幸福花开》《庄户剧团》《十二月花神》《春
到西花厅》等。

J0029323
朝霞 潘天寿作
杭州 浙江人民出版社 1978年 53cm（4开）
定价：CNY0.07
　　现代中国画作品。作者潘天寿（1897—
1971），现代著名国画家，美术教育家，原名天
授，字大颐，号寿者。浙江宁海县人。擅画花鸟、

山水，兼善指画，亦能书法、诗词、篆刻。曾任
中国文联委员、中国美术家协会副主席、浙江省
文联副主席、中国美协浙江分会主席，浙江美术
学院院长、教授等职。著有《中国绘画史》《听天
阁画谈随笔》等。

J0029324
飞雪迎春 黄鹂画
济南 山东人民出版社 1978年 76cm（2开）
定价：CNY0.11
　　本作品为年画形式的中国现代国画山水风
景画。

J0029325
风光无限好 肇玉厚画
长春 吉林人民出版社 1978年 76cm（2开）
定价：CNY0.14
　　本作品为年画形式的中国现代国画山水风
景画。

J0029326
工地霞光 杨树有画
长春 吉林人民出版社 1978年 76cm（2开）
定价：CNY0.11
　　本作品为年画形式的中国现代国画山水风
景画。

J0029327
古城新灯 王柏生绘
福州 福建人民出版社 1978年 76cm（2开）
定价：CNY0.11
　　本作品为年画形式的中国现代国画山水风
景画。

J0029328
黄洋界（江苏省向毛主席纪念堂敬献的中国
画）魏紫熙作
南京 江苏人民出版社 1978年 53cm（4开）
定价：CNY0.14

J0029329
溥心畬书画全集（第三册 山水篇）林绿总编辑
［台北］环球书社 1978年 153页 38cm（6开）
精装 定价：TWD1400.00

J0029330

瑞雪纷飞传捷报 姜学哲画

长春 吉林人民出版社 1978 年 76cm（2 开）

定价：CNY0.11

　　本作品为年画形式的中国现代国画山水风景画。

J0029331

山水画写生选 上海人民美术出版社编辑

上海 上海人民美术出版社 1978 年 16 幅 26cm

（16 开）统一书号：8081.11064 定价：CNY1.20

J0029332

泰山 于太昌等画

济南 山东人民出版社 1978 年 2 张（套）

76cm（2 开）定价：CNY0.22

　　本作品为年画形式的中国现代国画山水风景画。

J0029333

彩虹飞满天 田林海画

济南 山东人民出版社 1979 年［1 张］

76cm（2 开）定价：CNY0.11

　　本作品为年画形式的中国现代国画山水风景画。

J0029334

春到边疆 任川画

长春 吉林人民出版社 1979 年［1 张］

76cm（2 开）定价：CNY0.14

　　本作品为年画形式的中国现代国画山水风景画。

J0029335

春风杨柳 刘蔚等作

成都 四川人民出版社 1979 年［1 张］

53cm（4 开）定价：CNY0.08，CNY0.16（胶版纸）

　　现代中国画作品。

J0029336

春满草原 石桂兰画

长春 吉林人民出版社 1979 年［1 张］

76cm（2 开）定价：CNY0.14

　　本作品为年画形式的中国现代国画山水风景画。

J0029337

桂林山水甲天下 白雪石作

石家庄 河北人民出版社 1979 年［1 张］

76cm（2 开）定价：CNY0.14

　　中国现代国画山水风景画。作者白雪石（1915—2011），画家，教授。北京市人，斋号何须斋。自幼习画，早年师从赵梦朱，后拜梁树年为师。执教于北京师范学院、北京艺术学院、中央工艺美院，同时兼任北京山水画研究会会长。代表作品《万壑松风》《千峰竞秀》《早春图》《漓江一曲千峰秀》等。

J0029338

黄洋界 魏紫熙作

南昌 江西人民出版社 1979 年［1 张］

76cm（2 开）定价：CNY0.14

　　现代中国画作品。

J0029339

金黄的秋天 于安民，杨绍路画

济南 山东人民出版社 1979 年［1 张］

76cm（2 开）定价：CNY0.11

　　本作品为年画形式的中国现代国画山水风景画。

J0029340

刘海粟黄山纪游

北京 人民美术出版社 1979 年 15 幅 38cm

（6 开）统一书号：8027.7097 定价：CNY1.54

　　现代中国山水画画册。

J0029341

绿色的冬天 刘庆涛画

天津 天津人民美术出版社 1979 年［1 张］

76cm（2 开）定价：CNY0.11

　　本作品为年画形式的中国现代国画山水风景画。作者刘庆涛，吉林永吉人，毕业于吉林省中等艺术学校。历任吉林省吉剧团舞美设计、吉林省春城剧场美术员、吉林省通榆县文化馆美术干部、长春市宽城文化馆美术干部。作品有《田头阵地》《泉水咚咚》《绿色的冬天》《周总理访问朝鲜》《春风如意》等。

J0029342

齐白石山水画选 齐白石绘

上海　上海人民美术出版社　1979 年［12 幅］
38cm（6 开）统一书号：8081.11556

　　重庆博物馆藏中国山水画画册。作者齐白
石（1864—1957），近现代中国绘画大师，国画
家、篆刻家。湖南湘潭人。原名纯芝，字渭青，
号兰亭，后改名璜，字濒生，号白石等。历任国
立北京艺术专科学校和京华美术专科学校教习、
教授、中央美术学院名誉教授、中国文学艺术界
联合会主席团委员、中国画研究会和中国美术家
协会主席、中国画院名誉院长。代表作有《蛙声
十里出山泉》《墨虾》等。著有《白石诗草》《齐
白石作品集》《白石老人自述》等。

J0029343
三湘四水图（亚明湖南写生选集）亚明绘
上海　上海人民美术出版社　1979 年 54 页 22cm
（16 开）统一书号：8081.11629 定价：CNY4.00

　　现代中国画山水写生画册。作者亚明
（1924—2002），画家、教授。原姓叶，名家炳，
号敬植，后改名亚明。安徽合肥人。历任无锡市
美协主席、江苏省美术工作室主任、江苏省国画
院副院长、中国美协常务理事、香港《文汇报》中
国画版主编。出版有《访苏画辑》《亚明作品选集》
《亚明画集》《三湘四水集》等。

J0029344
山河颂　徐希绘；易和元配诗
北京　人民美术出版社　1979 年 2 张 76cm（2 开）
定价：CNY0.28

　　本作品为年画形式的中国现代国画山水风
景画。作者徐希（1940—2015），画家。曾用名徐
振武，浙江绍兴人。毕业于浙江美术学院。曾任
人民美术出版社编辑、一级美术师、中国美术家
协会会员。代表作品《长城》《布达拉宫》《湖上
晨曲》《江南喜雨》等。

J0029345
山水画选（一）
天津　天津人民美术出版社　1979 年 16 幅 38cm
（6 开）统一书号：8073.70007 定价：CNY2.50

　　现代中国画山水画选集。

J0029346
四季如春（一至四）赵建源画
济南　山东人民出版社　1979 年 2 张 76cm（2 开）

定价：CNY0.28

　　本作品为年画形式的中国现代国画山水风
景画。

J0029347
四季如春　陈叔铭画
济南　山东人民出版社　1979 年［1 张］
53cm（4 开）定价：CNY0.06

　　本作品为年画形式的中国现代国画山水风
景画。

J0029348
泰山（国画写生）陶一清绘
济南　齐鲁书社　1979 年 18 张 20cm（32 开）
统一书号：8206.18 定价：CNY1.75

　　本作品系现代中国画山水画。

J0029349
西湖　钱瘦铁作
上海　上海人民美术出版社　1979 年［1 张］
38cm（6 开）定价：CNY0.12

　　本作品系现代中国画山水画。

J0029350
张仃焦墨山水　张仃绘
北京　人民美术出版社　1979 年 31 页 26cm
（16 开）统一书号：8027.7165 定价：CNY0.70

　　现代中国画山水画册。

J0029351
草原风光　周嘉福作
兰州　甘肃人民出版社　1980 年［1］张
76cm（2 开）定价：CNY0.18

　　本作品系现代中国画。

J0029352
春色满园　张玉濂画
福州　福建人民出版社　1980 年［1］张
76cm（2 开）定价：CNY0.18

　　本作品系现代中国画。

J0029353
飞瀑　李颖作
郑州　河南人民出版社　1980 年［1］张
76cm（2 开）定价：CNY0.16

本作品系现代中国画山水画。

J0029354
傅抱石关山月合作山水图（木版水印，绫裱
画轴）
北京　荣宝斋［1980 年］［1 轴］
定价：CNY30.00
　　本作品系现代中国画。

J0029355
黄山狮子林　刘海粟作
上海　上海人民美术出版社 1980 年［1］张
53cm（4 开）定价：CNY0.24
　　本作品系现代中国画。

J0029356
庐山飞瀑图　宋文治作
南京　江苏人民出版社 1980 年［1］张
76cm（2 开）定价：CNY0.18
　　本作品系现代中国画的山水画。作者宋文
治（1919—1999），画家。江苏太仓人。就读于江
苏省国画院。曾任南京大学教授、江苏美协副主
席、江苏省国画院副院长等职。代表作有《白云
幽涧图》《蜀江云起》《华岳积翠图》《水乡春暖》。
著作有《宋文治画集》《宋文治作品选集》等。

J0029357
山水图轴　刘海粟作
南京　江苏人民出版社 1980 年［1］张
78cm（2 开）定价：CNY0.12
　　本作品系现代中国画山的水画。

J0029358
泰山揽胜图　皮之先，车天德绘
济南　齐鲁书社 1980 年　26cm（16 开）
统一书号：8206.7 定价：CNY1.50

J0029359
泰山揽胜图　皮之先等画
济南　山东人民出版社 1980 年 12 幅
25cm（16 开）定价：CNY1.20
　　作者皮之先（1928—　），艺术家、一级美术
师。河北阜城人，毕业于中央美术学院。历任工
人出版社美编、临沂画院院长、国际王羲之书画
院院长等职、中国美术家协会会员、临沂市文联

副主席兼美协主席、北京中国书法艺术研究院教
授。代表作品有《泰山揽胜图》《皮之先钟馗百
图》《慰问军属》等。

J0029360
春到漓江　白雪石作
福州　福建人民出版社 1981 年　76cm（2 开）
定价：CNY0.18
　　作者白雪石（1915—2011），画家，教授。北
京市人，斋号何须斋。自幼习画，早年师从赵梦
朱，后拜梁树年为师。执教于北京师范学院、北
京艺术学院、中央工艺美院，同时兼任北京山水
画研究会会长。代表作品《万壑松风》《千峰竞
秀》《早春图》《漓江一曲千峰秀》等。

J0029361
河山如画图　秦岭云编辑
香港　美术家出版社 1981 年 89 页 26cm（16 开）
　　作者秦岭云（1914—2008），画家，教育家。
曾用名维新等。画室堂号五瓜草堂、闻鸡楼，字
岭云。生于河南汲县（今卫辉市）。曾在北平国立
艺术专科学校绘画系和湖南沅陵国立艺专学习。
先后在中央美术学院、人民美术出版社从事国画
创作研究。出版有《现代山水画集》《秦岭云写
生山水画集》《秦岭云山水作品》《写意山水画技
法》等。

J0029362
黄宾虹山水写生　黄宾虹绘
杭州　浙江人民美术出版社 1981 年 44 幅
29cm（16 开）统一书号：156.73 定价：CNY1.90
　　本集所收现代画家黄宾虹的线描写生均为
画家 70 岁时的作品。所作大多描绘钱塘江、富
春江、新安江至练江一带的风光。作品包括《云
头远望》《朝阳庵狮子洞》《西江》《冷水之下望
见钓台》《富春山》等。共 44 幅。

J0029363
黄山天下奇　胡华令作
合肥　安徽人民出版社 1981 年　76cm（2 开）
定价：CNY0.16

J0029364
秦岭云山水写生画辑　秦岭云绘
北京　人民美术出版社 1981 年 13 页 37cm（8 开）

统一书号：8027.7536 定价：CNY1.10

J0029365

应野平山水画辑 应野平绘
北京 人民美术出版社 1981年 12幅 26×39cm
统一书号：8027.7797 定价：CNY1.10
　　本书为中国现代山水画册。

J0029366

长江 长江航运管理局著
上海 上海人民美术出版社 1981年 85页 37cm
（8开）统一书号：8081.12032 定价：CNY27.00
　　本书是现代中国画山水画画册。

J0029367

长江 长江航运管理局著
上海 上海人民美术出版社 1981年 16幅 37cm
（8开）统一书号：8081.12033 定价：CNY2.90
　　现代中国画山水画画册。

J0029368

中国名山胜景图 陆俨少著
上海 上海书画出版社 1981年 18页 27cm
（16开）统一书号：8175.557 定价：CNY1.35

J0029369

北京风光 兰颖画
济南 山东人民出版社 1982年 2张 76cm（2开）
定价：CNY0.32
　　本作品为年画形式的中国现代国画山水风
景画。

J0029370

北京颐和园 上海人民美术出版社编辑
上海 上海人民美术出版社 1982年 76cm（2开）
定价：CNY0.16
　　本作品为年画形式的中国现代国画山水风
景画。

J0029371

春夏秋冬 李显陵画；陈官煊诗
成都 四川少年儿童出版社 1982年 4张
54cm（4开）定价：CNY0.32
　　本作品为年画形式的中国现代国画山水风
景画。

J0029372

荷塘晨曦 张玉民作
西安 陕西人民美术出版社 1982年 76cm（2开）
定价：CNY0.18
　　本作品是现代中国画。

J0029373

华山览胜图 杨建喜作
西安 陕西人民美术出版社 1982年 76cm（2开）
定价：CNY0.18
　　本作品是中国画。

J0029374

黄山 人民美术出版社编辑
北京 人民美术出版社 1982年 22页 25cm
（15开）统一书号：8027.7796 定价：CNY0.70
　　本画册收有李可染、钱松喦、亚明、魏紫熙、
宋文治、王鸿、梁树年、黄润华、常铁钧、伍霖生
描绘黄山的国画25幅。

J0029375

黄山 钱松喦作
北京 人民美术出版社 1982年 20页 26cm
（16开）定价：CNY0.70

J0029376

黄山春色 张建中作
合肥 安徽人民出版社 1982年 107cm（全开）
定价：CNY0.32
　　本作品系现代中国画山水画。

J0029377

黄山云瀑 俞子才作
上海 上海书画出版社 1982年 78cm（2开）
定价：CNY0.12
　　本作品是现代中国山水画。作者俞子才
（1915—1992），教授。名绍爵，以字行，斋名睫
巢、春水草堂。浙江吴兴人。中国美术家协会会
员、上海市美术家协会会员、上海大学美术学院
教授兼学术委员、上海中国画院画师。作品有《雁
荡灵峰》《延安》《峨眉山》等，出版有《山水画皴
法十要》《青绿山水课徒画稿》《怎样画石》等。

J0029378

秦仲文山水画集 河北美术出版社编

石家庄 河北美术出版社 1982年 重印本
22页 37cm（8开） 统一书号：8087.2097
定价：CNY2.90

　　本书收入山水画家秦仲文的代表作品《丰沙列嶂》《居庸叠翠》《玄中寺》《岷江欲雨》《青衣江上》《峨眉积雪》《嘉陵远眺》《大理之天生桥》《曲峡惊涛》等22幅。

J0029379
山明水秀（胶印画轴）赵建源画
济南 山东人民出版社 1982年［1轴］附对联
107cm（全开） 定价：CNY1.50
　　本作品为年画形式的中国现代国画山水风景画。

J0029380
山水画选 方济众等绘
郑州 中州书画社 1982年 26cm（16开）
统一书号：8219.181 定价：CNY1.00
　　本画选收入中国画作品39幅。作者方济众（1923—1987），国画家。号雪农，陕西勉县人。历任中国美术家协会常务理事、美协陕西分会副主席。代表作品有《三边塞上风光》《雪漫天山》《沙海花》等。

J0029381
四季山水 皮之先，邱天德画
济南 山东人民出版社 1982年 2张 76cm（2开）
定价：CNY0.36
　　本作品为年画形式的中国现代国画山水风景画。

J0029382
四季山水（胶印画轴）皮之先，车天德画
济南 山东人民出版社 1982年 4轴 76cm（2开）
定价：CNY1.30
　　本作品为年画形式的中国现代国画山水风景画。

J0029383
宋文治画辑 宋文治绘
北京 人民美术出版社 1982年 12幅
19cm（32开） 套装 统一书号：8027.7037
定价：CNY1.10
　　本辑选收画家的山水画作品12幅。作者宋

文治（1919—1999），画家。江苏太仓人。就读于江苏省国画院。曾任南京大学教授、江苏美协副主席、江苏省国画院副院长等职。代表作有《白云幽涧图》《蜀江云起》《华岳积翠图》《水乡春暖》。著作有《宋文治画集》《宋文治作品选集》等。

J0029384
宋文治山水画集 宋文治绘
南京 金陵书画社 1982年 40幅 19cm（32开）
统一书号：8234.012 定价：CNY19.80

J0029385
杨涵山水画选 杨涵绘
成都 四川人民出版社 1982年 12幅
25cm（16开） 套装 统一书号：8118.1195
定价：CNY1.20
　　本书是中国画画册，本辑收入作者的山水画作品12幅。

J0029386
春色满园 陈人力作
合肥 安徽人民出版社 1983年 76cm（2开）
定价：CNY0.16
　　本作品是现代中国画。

J0029387
大观园 李克昌画
济南 山东人民出版社 1983年 76cm（2开）
定价：CNY0.16
　　本作品为年画形式的中国现代国画山水风景画。

J0029388
荷塘清趣 张玉清画
北京 中国旅游出版社 1983年 76cm（2开）
定价：CNY0.18
　　本作品为年画形式的中国现代国画山水风景画。

J0029389
华拓山水画辑 华拓绘
合肥 安徽人民出版社 1983年 16幅
25cm（小16开） 统一书号：8102.1341
定价：CNY1.30
　　作者华拓（1940— ），国家一级美术师。河

北景县人，江苏省国画院山水画研究所所长、中国美术家协会会员。出版有《华拓画集》《华拓画选》等。

J0029390

黄宾虹山水册 黄宾虹绘

北京 人民美术出版社 1983 年 143 幅 19cm（32 开）统一书号：8027.8406 定价：CNY1.65（中国美术家丛书）

　　现代中国山水画画册。共 143 幅图。

J0029391

黄山佳境（胶印画轴）张温纯作

天津 天津杨柳青画店 1983 年 78cm（3 开）定价：CNY0.30

　　本作品是现代中国画中的山水画。

J0029392

黄山奇观 王利华作

杭州 浙江人民美术出版社 1983 年 76cm（2 开）定价：CNY0.23

　　本作品是现代中国画中的山水画。

J0029393

黄山奇秀 张泽苾，锦声作

天津 天津人民美术出版社 1983 年 76cm（2 开）定价：CNY0.18

　　本作品是现代中国画中的山水画。

J0029394

黄山四景 廉宽宏画；宋珊配诗

石家庄 河北美术出版社 1983 年 1 张 153cm（2 全开）定价：CNY0.64

　　本作品为年画形式的中国现代国画山水风景画。作者廉宽宏（1945— ），画家、国家一级美术师。笔名老廉，生于哈尔滨，河北安平人。毕业于天津美术学院。中国美术家协会会员、中日美术交流协会会员、沧州美协副主席。作品有《一竿撑出绿波来》《苍岩毓秀》《淀上曲》等。

J0029395

黄山四景 廉宽宏画；宋珊配诗

石家庄 河北美术出版社 1983 年 76cm（2 开）定价：CNY1.40（甲）

　　本作品为年画形式的中国现代国画山水风景画。

J0029396

黄山四景 廉宽宏画；宋珊配诗

石家庄 河北美术出版社 1983 年 76cm（2 开）定价：CNY0.32（乙）

　　本作品为年画形式的中国现代国画山水风景画。

J0029397

黄山颂 江南春，金铭作

上海 上海书画出版社 1983 年 76cm（2 开）定价：CNY0.16

　　本作品是现代中国画中的山水画。

J0029398

黄山云海 梁铭添作

广州 岭南美术出版社 1983 年 76cm（2 开）定价：CNY0.16

　　本作品是现代中国画中的山水画。

J0029399

济南趵突泉 牟桑画

济南 山东人民出版社 1983 年 76cm（2 开）定价：CNY0.16

　　本作品为年画形式的中国现代国画山水风景画。

J0029400

江山春晓（胶印画轴）皮之先，车天德画

济南 山东人民出版社 1983 年 1 轴 附对联 107cm（全开）定价：CNY1.50

　　本作品为年画形式的中国现代国画山水风景画。

J0029401

山明水秀春光艳·鸟语花香景色新 陈伟明画；麦华三书

广州 岭南美术出版社 1983 年 76cm（2 开）定价：CNY0.13

　　本作品为年画形式的中国现代国画山水风景画。

J0029402

四季山河 黄墨林画

济南 山东人民出版社 1983 年 2 张 76cm（2 开）
定价：CNY0.36
　　本作品为年画形式的中国现代国画山水风
景画。

J0029403

西湖风光 徐英槐作
杭州 浙江人民美术出版社 1983 年 4 张
76cm（2 开） 定价：CNY0.44
　　本作品为年画形式的中国现代国画山水风
景画。

J0029404

应野平山水册 应野平绘
南宁 广西人民出版社 1983 年 8 幅
39cm（4 开） 精装 统一书号：8113.842
定价：CNY3.00
　　本书为中国现代山水画册。

J0029405

张仃焦墨山水（写生长卷） 张仃绘
长沙 湖南美术出版社 1983 年 4 幅 26cm（16
开） 套装 统一书号：8233.429 定价：CNY1.50
　　本书是焦墨山水画集。由《兴坪渔家》《燕
山莲花池长城遗址》《燕山八品叶途中》《燕山石
庙子公社》《庐山锦绣谷》组成。墨色丰富，层
次分明，在造型上尽量回避传统的程式，创造出
富于时代精神的表现手法。作者张仃（1917—
2010），国画家、美术教育家、美术理论家。号它
山，辽宁黑山人。曾任黄宾虹研究会会长，中央
工艺美术学院教授、院长等。中国人民政治协商
会议会徽的设计者、中华人民共和国国徽设计提
议者之一。代表作品有《张仃水墨写生》《张仃
画室》。

J0029406

子恺风景画集 丰子恺绘
北京 人民美术出版社 1983 年 70 页 19cm
（32 开） 统一书号：8027.7631 定价：CNY2.10
（中国美术家丛书）
　　本书是现代中国画中的风景画册。介绍
现代画家丰子恺的彩墨风景作品。共有 70 幅图。
作者丰子恺（1898—1975），画家、文学家、艺术
教育家。原名丰润，又名仁、仍，字子觊，后改
为子恺，笔名 TK，浙江嘉兴人。作品有《缘缘堂

随笔》、画集《子恺漫画》等。

J0029407

北海瑞雪（胶印轴画）汇波画
济南 山东美术出版社 1984 年 3 轴 附对联
108cm（全开） 定价：CNY1.50
　　本作品为年画形式的中国现代国画山水风
景画。

J0029408

避暑山庄（胶印轴画）于锦声作
天津 天津杨柳青画社 1984 年 4 轴 78cm（2 开）
定价：CNY1.20
　　本作品为年画形式的中国现代国画山水风
景画。

J0029409

苍岩山 于金才作
石家庄 河北美术出版社 1984 年 76cm（2 开）
定价：CNY0.16
　　本作品是现代中国画中的山水画画册。

J0029410

春山叠翠 梁铭添作
广州 岭南美术出版社 1984 年 76cm（2 开）
定价：CNY1.30
　　本作品是现代胶印轴画式的中国画山水画。

J0029411

春山叠翠 梁铭添作
广州 岭南美术出版社 1984 年 76cm（2 开）
定价：CNY0.18
　　本作品是现代中国画之风景画。

J0029412

春山飞瀑 李泉，梁铭添作
广州 岭南出版社 1984 年 76cm（2 开）
定价：CNY0.70
　　本作品是现代胶印轴画式的中国画山水画。

J0029413

春山飞瀑 李泉，梁铭添作
广州 岭南出版社 1984 年 76cm（2 开）
定价：CNY0.25
　　本作品是现代中国画山水画。

J0029414

春夏秋冬 孙信一等画
南宁 漓江出版社 1984年 2张 76cm（2开）
定价：CNY0.32
　　本作品为年画形式的中国现代国画山水风景画。

J0029415

大观园中 任率英等画；天彬文
北京 中国戏剧出版社 1984年 2张
108cm（全开）定价：CNY0.64
　　本作品为年画形式的中国现代国画山水风景画。作者任率英（1911—1989），画家。原名敬表，河北束鹿人。擅长工笔画、连环画、年画。历任中国美术家协会会员、中国连环画研究会顾问、北京东方书画研究社社长、北京工笔重彩画协会副会长、北京中国画研究会理事、北京工业大学书画协会顾问。代表作品有《嫦娥奔月》《洛神图》《梁红玉击鼓战金山》等。

J0029416

桂林山水 谢天成作
南宁 漓江出版社 1984年 53cm（4开）
定价：CNY0.20
　　本作品系中国画的山水画。

J0029417

河北山水画集 河北美术出版社编
石家庄 河北美术出版社 1984年 69页
12cm（64开）定价：CNY10.00
　　本画集选入河北和河北籍的山水画家的作品70幅。

J0029418

荷塘清趣（胶印轴画）米春茂画
郑州 河南人民出版社 1984年 3轴 附对联
108cm（全开）定价：CNY1.70
　　本作品为年画形式的中国现代国画山水风景画。作者米春茂（1938— ），一级美术师。生于河北省霸州。历任沧州市文联专业画家、中国美术家协会会员、美协河北分会会员、河北省工艺美术学会常务理事、沧州市美协理事长。代表作品有《米春茂画集》《中国画自学丛书－怎样画小动物》。

J0029419

花卉山水（一～四）邓文欣画
长春 吉林人民出版社 1984年 2张 76cm（2开）
定价：CNY0.32
　　本作品为年画形式的中国现代国画山水风景画。作者邓文欣（1936— ），书画家。字子鹤，号那立闪人，辽宁阜新人。任四平市书画院院长、中国美术家协会会员。作品有《松鹤迎春》《路漫漫》《征程》，出版画集《山水花鸟画谱》《邓文欣仙鹤画集》《文欣画鹤》等。

J0029420

黄宾虹山水画选 黄宾虹绘
杭州 浙江人民美术出版社 1984年 12幅
38cm（6开）套装 统一书号：8156.433
定价：CNY1.70
　　本画辑选收了浙江省博物馆收藏的黄宾虹作品12幅。

J0029421

黄河 王朝瑞作
太原 山西人民出版社 1984年 76cm（2开）
定价：CNY0.18
　　本作品系中国画山水画。

J0029422

黄山晴云 张大昕作
上海 上海美术出版社 1984年 107cm（全开）
定价：CNY0.32
　　本作品系现代中国画山水画。

J0029423

黄山诗意图 裴家同作
合肥 安徽人民出版社 1984年 76cm（2开）
定价：CNY0.16
　　本作品系现代中国画山水画。

J0029424

黄山颂 刘海粟作
上海 上海书画出版社 1984年 76cm（2开）
定价：CNY0.16
　　本作品系现代中国画山水画。

J0029425

黄山烟云 尹德年作

石家庄 河北美术出版社 1984 年 76cm（2 开）
定价：CNY0.16
　　本作品系现代中国画山水画。

J0029426
火焰山 鞠伏强画；石达诗文
合肥 安徽人民出版社 1984 年 2 张 76cm（2 开）
定价：CNY0.32
　　本作品为年画形式的中国现代国画山水风景画。

J0029427
蓬莱阁海市蜃楼 王德力画
济南 山东美术出版社 1984 年 76cm（2 开）
定价：CNY0.16
　　本作品为年画形式的中国现代国画山水风景画。

J0029428
钱松喦近作选 钱松喦绘
南京 江苏美术出版社 1984 年 20 张 38cm（6 开）
定价：CNY3.80

J0029429
青岛风光 牟桑等画
济南 山东美术出版社 1984 年 76cm（2 开）
定价：CNY0.16
　　本作品为年画形式的中国现代国画山水风景画。

J0029430
泉城风光 皮之先，车天德画
济南 山东美术出版社 1984 年 4 轴 76cm（2 开）
定价：CNY1.70
　　本作品为年画形式的中国现代国画山水风景画。

J0029431
泉城风光 皮之先，车天德画
济南 山东美术出版社 1984 年 2 张 76cm（2 开）
定价：CNY0.32
　　本作品为年画形式的中国现代国画山水风景画。

J0029432
陕西风光国画选 方济众绘
西安 陕西人民美术出版社 1984 年 44 页 37cm
（8 开） 统一书号：8199.733 定价：CNY8.50
　　本书是现代中国画山水画集。编入“长安画派”20 多位画家近年描绘八百里秦川、秦岭太华、大河上下、巴山汉水、周秦汉唐文化遗存等秀丽风光和名胜古迹的优秀作品 47 幅，有罗铭《西岳华山》，何海霞《万木春回》《满目青山夕照》，方济众《汉江雪后》，王子武《黄陵古柏》等。

J0029433
少林胜境（胶印轴画）廉宽宏画
郑州 河南人民出版社 1984 年 3 轴 附对联 108cm（全开） 定价：CNY1.70
　　本作品为年画形式的中国现代国画山水风景画。

J0029434
泰山春晖（胶印轴画） 张昊画
济南 山东美术出版社 1984 年 3 轴 附对联 108cm（全开） 定价：CNY1.50
　　本作品为年画形式的中国现代国画山水风景画。

J0029435
万壑松风图 孙信一作
上海 上海书画出版社 1984 年 1 张 76cm（2 开）
定价：CNY0.16
　　本书是现代中国画中山水画。

J0029436
王文芳山水画选 王文芳绘
郑州 河南人民出版社 1984 年 41 幅 25cm
（16 开） 统一书号：8105.1276 定价：CNY2.60
　　本书是中国画画册。

J0029437
伍蠡甫山水画辑 伍蠡甫绘
上海 上海人民美术出版社 1984 年 12 幅 38cm（6 开） 定价：CNY2.30
　　现代中国画之山水画画册。

J0029438
袁江袁耀山水楼阁界画 何如玉编著

台北 艺术图书公司 1984 年 96 页
28cm（大 16 开）定价：TWD380.00

外文书名：Masters of Landscape Painting, Yüan Chiang & Yüan Yao.

J0029439
源远流长 徐英槐作
杭州 西泠出版社 1984 年 107cm（全开）
定价：CNY0.60

本作品是现代中国画之山水画。

J0029440
云腾峰跃 王利华作
杭州 浙江人民美术出版社 1984 年 76cm（2 开）
定价：CNY0.16

本作品是现代中国画之山水画。

J0029441
云腾峰跃 王利华作
杭州 浙江人民美术出版社 1984 年
107cm（全开）定价：CNY0.60

本作品是现代中国画之山水画。

J0029442
张步山水画集 张步绘
长沙 湖南美术出版社 1984 年 26 幅
25cm（15 开）统一书号：8233.570
定价：CNY5.00, CNY5.70（精装）

本书收中国画之山水画作品 26 幅。作者张步（1934—　），画家。河北丰润县人，毕业于中央美术学院中国画系。历任工人日报社美术编辑、光明日报社美术编辑组长、北京画院一级美术师、北京画院副院长、中国河山画会第一任会长。代表作品有《生命之歌》《金色豫南》《神农架秋色》《丝绸之路》等。

J0029443
张凭山水画集 张凭绘
郑州 河南人民出版社 1984 年 59 幅 26cm（16 开）统一书号：8105.1121 定价：CNY5.60

本书是中国画之山水画画册。作者张凭（1934—　），教授、画家。河南新乡人。毕业于中央美术学院中国画系，后留校任教。历任中央美术学院中国画系山水画室主任、教授，中国美术家协会会员。主要作品有《黄河》《太行赞》《龙

羊峡之夜》《砥柱》《屹立》等。

J0029444
中青年山水画家作品选
天津 天津人民美术出版社 1984 年 132 页
25cm（小 16 开）定价：CNY9.50

本书是中国画之山水画画册。其作品各具地域特色，在艺术表现上有写实、写意、抽象之不同，他们在继承传统的基础上大胆创新，展示了当代中国山水画之风貌。共收入 77 位山水画家的 132 幅作品。

J0029445
春夏秋冬四屏条 杭青石作
上海 上海书画出版社 1985 年 2 张
107cm（全开）定价：CNY0.80

作者杭青石（1941—　），画家、高级工艺美术师。原名金寿，自号石头先生。江苏无锡人，就读于浙江美术学院（现中国美院）。历任江苏美术家协会会员、民革中央画院理事、苏州中山书画院院长。代表作品有《湖山秋远》《秋实图》《鹤归图》等。

J0029446
冬至梅花开白玉，春来柳叶吐黄金 卢西岭画；靳庆祥书
郑州 河南美术出版社 1985 年 1 张 76cm（2 开）
定价：CNY0.20

本作品为年画形式的中国现代国画山水风景画。

J0029447
冬至梅花开白玉，春来柳叶吐黄金 卢西岭画；靳庆祥书
郑州 河南美术出版社 1985 年 1 张 53cm（4 开）
定价：CNY0.10

本作品为年画形式的中国现代国画山水风景画。

J0029448
风光花鸟屏：春、夏、秋、冬 杨树有作
北京 人民美术出版社 1985 年 2 张 76cm（2 开）
定价：CNY0.52

J0029449

革命纪念地 苏锡超，王玉池作
石家庄 河北美术出版社 1985 年 2 张
76cm（2 开） 定价：CNY0.44

J0029450

古诗意山水条屏 张家纯作
哈尔滨 黑龙江美术出版社 1985 年 2 张
76cm（2 开） 定价：CNY0.42

J0029451

黄宾虹巴山蜀水画选 黄宾虹绘
成都 四川美术出版社 1985 年 26×37cm
统一书号：8373.282 定价：CNY7.50
　　本作品是现代中国画之山水画。

J0029452

黄山春色 张雄作
南京 江苏美术出版社 1985 年 1 张 78cm（3 开）
定价：CNY0.15
　　本作品是现代中国画之山水画。

J0029453

黄山画纪 刘晖，何超选编
合肥 安徽美术出版社 1985 年 19cm（32 开）
统一书号：8381.1 定价：CNY1.90
　　本画册共收录作者以黄山为题材的中国画
作品 113 幅。

J0029454

黄山记游（张大千黄山写生册页） 张大千绘
合肥 安徽美术出版社 1985 年 26cm（16 开）
统一书号：8381.5 定价：CNY2.00
　　本书是现代中国画之山水画册。

J0029455

黄山秋色 孙日晓作
北京 人民美术出版社 1985 年 1 张 53cm（4 开）
定价：CNY0.24
　　本作品是现代中国画之山水画。

J0029456

黄山四景 刘长恩作
长春 吉林美术出版社 1985 年 2 张 76cm（2 开）
定价：CNY0.42

中国现代绘画之山水画。

J0029457

黄山松 刘晖绘；荣宝斋编辑
北京 荣宝斋 1985 年 136 页 19cm（32 开）
统一书号：8030.1331 定价：CNY2.30
　　本画册选入作者黄山松作品 140 多幅。大
部分用焦墨画成，其中也有水墨，白描等。

J0029458

黄山卧游（黄宾虹黄山写生册页） 黄宾虹绘
合肥 安徽美术出版社 1985 年 26cm（16 开）
统一书号：8381.106 定价：CNY2.80
　　本作品是现代中国画之山水画。

J0029459

金沙滩 刘永义，黄善明作；张丽燕配诗
石家庄 河北美术出版社 1985 年 2 张
76cm（2 开） 定价：CNY0.44
　　现代中国画。作者刘永义（1946— ），美术
师。陕西长安人，毕业于西安美术学院。陕西省
美术家协会会员、西安市美术家协会会员、西安
国画艺术研究院研究员、花鸟画研究室副主任。

J0029460

罗铭画集 罗铭绘
西安 陕西人民美术出版社 1985 年 67 页
26cm（16 开） 精装 统一书号：8199.752
定价：CNY8.50
　　本画集选收了作者作品 67 幅。其中《大渡
河》《泸定桥》为中国军事博物馆收藏，《长城内
外遍春光》《庐山》《黄山》现藏于人民大会堂，
《二万五千里长征》《茶山景色》《控诉地主》等作
品被中国美术馆收藏。作者罗铭（1912—1998），
广东普宁南径人。字西甫，别号西父。著名画家、
美术教育家，中国当代著名的山水画家，曾任西
安美术学院教授。作品有《飞越秦岭》《漓江》《竹
林麻雀》等。

J0029461

名山胜景图 孙信一作
上海 上海书画出版社 1985 年 2 张［78cm］
（3 开） 定价：CNY0.28
　　现代中国画之山水画。作者孙信一（1947— ），
画家。生于上海川沙县，毕业于日本多摩美术大

学研究生学业。历任阳光法亚文化协会会长、上
海书画院特聘画师、陆俨少艺术研究会会长、雪
堂书画研究会特邀顾问等。

J0029462

牛首春光·钟山之夏·栖霞秋色·九华冬雪
徐敏作

南京 江苏美术出版社 1985 年 4 张［78cm］
（3 开）定价：CNY0.70

现代中国画之山水画。

J0029463

普陀胜景 王利华作

杭州 浙江人民美术出版社 1985 年 4 张
［78cm］（3 开）定价：CNY0.50

现代中国画之风景画。作者王利华（1942— ），
画家。浙江奉化人，笔名王山佳，进修于浙江美
术学院。历任奉化市文化馆副馆长、奉化市文化
广播电视局副局长、奉化市文联主席、宁波书画
院副院长。出版有《王利华画集》，画作有《松石
万年》《林添新绿人添寿》《云山劲松》《林海晨曲》
等。

J0029464

千山四景 王忠年作

沈阳 辽宁美术出版社 1985 年 2 张 76cm（2 开）
定价：CNY0.42

现代中国画之风景画。

J0029465

千岩竞秀万壑争流对屏 俞子才作

上海 上海书画出版社 1985 年 2 张［78cm］
（3 开）定价：CNY0.28

现代中国画之山水画。

J0029466

山河壮丽 曾成金作

杭州 浙江人民美术出版社 1985 年 2 张
76cm（2 开）定价：CNY0.36

中国现代绘画。

J0029467

山水四条屏 周月秋作

西宁 青海人民出版社 1985 年 4 张 53cm（4 开）
定价：CNY0.40

中国画之山水画。

J0029468

四季风光 杨树有作

长春 吉林美术出版社 1985 年 2 张 76cm（2 开）
定价：CNY0.42

现代中国画之山水画。

J0029469

四季山水 安明远作

哈尔滨 黑龙江美术出版社 1985 年 2 张
76cm（2 开）定价：CNY0.42

现代中国画之山水画。

J0029470

宋文治山水画选集 宋文治绘

合肥 安徽美术出版社 1985 年 60 页 25cm
（16 开）统一书号：8381.6 定价：CNY11.00

本画册收入作者山水画 60 幅。作者宋文治
（1919—1999），画家。江苏太仓人。就读于江苏
省国画院。曾任南京大学教授、江苏美协副主席、
江苏省国画院副院长等职。代表作有《白云幽涧
图》《蜀江云起》《华岳积翠图》《水乡春暖》。著
作有《宋文治画集》《宋文治作品选集》等。

J0029471

太行新曲 邢树荃作

石家庄 河北美术出版社 1985 年 2 张
76cm（2 开）定价：CNY0.44

作者邢树荃（1941— ），河北沧州市人，毕
业于河北泊头师范学校美术专业。曾任河北省
美术家协会会员、沧县美协主席等职。代表作品
有《故乡月》《春到苍岩》《山乡月》《江山锦秀》等。

J0029472

泰山通景 卢星堂作

南京 江苏美术出版社 1985 年 4 张（卷轴）
76cm（2 开）定价：CNY2.50

本作品是现代中国画之山水画。

J0029473

庭院秋色 田云鹏作

石家庄 河北美术出版社 1985 年 2 张
76cm（2 开）定价：CNY0.44

本作品是现代中国画之山水画。

J0029474

王维宝山水画选 王维宝绘

福州 福建美术出版社 1985 年 48 页 34cm（10 开）统一书号：8421.118 定价：CNY10.50

本书收入闽籍画家王维宝创作的山水画作品 48 幅。题材以描绘南方乡村景色为主，风格清新，富有田园情趣。名作有《月是故乡明》《人民胜利》等。作者王维宝（1942-），福建晋江人。擅长中国画，岭南画派的杰出代表人物之一。现为中国美术家协会会员、广东美术家协会常务理事、广东画院专业画家、一级美术师。代表作品有《捉麻雀》《霞染渔村》《女炮班》等。

J0029475

吴传麟山水画选 吴传麟绘

济南 山东美术出版社 1985 年 1 册 有肖像 19cm（32 开）统一书号：8332.489 定价：CNY1.35

现代中国画之山水画。作者吴传麟（1939—2007），画家、书法家、美术教育家。字子飞，斋号观波楼。祖籍山东淄川。毕业于中央工艺美术学院染织设计专业。历任中国美术出版总社编审，人民美术出版社现代美术编辑室副主任，中国书法家协会会员、中国工艺美术学会书画研究会理事等。代表作品有《漫天飞雪眩双眸》《江山胜揽图》《忆江南》《待细把江山图画》《榕荫》等。

J0029476

吴湖帆山水图

上海 上海书画出版社 1985 年 1 张（卷轴）附对联 1 副 107cm（全开）定价：CNY3.30

J0029477

吴湖帆山水图 吴湖帆作

上海 上海书画出版社 1985 年 1 张 76cm（2 开）定价：CNY0.48

现代中国画之山水画。

J0029478

吴毅山水画 吴毅绘

南京 江苏美术出版社 1985 年 1 册 26cm（16 开）

现代中国画之山水画。

J0029479

伍霖生画集 伍霖生绘

北京 人民美术出版社 1985 年 32 页 26cm（16 开）统一书号：8027.9579 定价：CNY1.55

现代中国画画册。

J0029480

西湖春姿 朱子容作

杭州 浙江人民美术出版社 1985 年 1 张 76cm（2 开）定价：CNY0.26

现代中国画之风景画。

J0029481

杨延文中国山水画集 杨延文绘

长沙 湖南美术出版社 1985 年 1 册 18×38cm（8 开）定价：CNY9.00

本书选入作者 20 世纪 80 年代以来创作的山水画近 40 幅。作者杨延文（1939— ），国家一级美术师。河北深县人，毕业于北京艺术学院美术系。历任北京画院艺术委员会主任、中国美术家协会理事、中国美术家协会中国画艺术委员会委员等职。代表作品有《杨延文中国山水画集》《杨延文近作》《清水出芙蓉——杨延文画集》。

J0029482

叶侣梅漓江山水册 叶侣梅绘

南宁 广西人民出版社 1985 年 1 册 24cm（16 开）统一书号：8113.1060 定价：CNY8.50

现代中国画山水画画册。

J0029483

应野平作品选集 应野平绘

北京 人民美术出版社 1985 年 87 页 有图 37cm（8 开）精装 统一书号：8027.8950 定价：CNY32.00

本书收入作者画作 88 幅，有《黄山云》《武夷天游峰》《别有洞天》《峡江云起》等，展现了作者山水画创作的概貌。作者应野平（1910—1990），教授。曾名野萍、野苹。浙江宁海人。历任新华艺术专科学校教授、上海人民美术出版社编辑室副主任、上海美术专科学校和上海大学美术学院教授。代表作品有《应野平山水画集》《应野平山水画辑》《应野平山水画册》。

J0029484

岳阳楼 李元善作

长沙 湖南美术出版社 1985 年 1 张（卷轴）

附对联 1 副 107cm（全开） 定价：CNY2.30

　　本作品为现代中国画山水画。

J0029485

云海奇观对屏 于南作

上海 上海书画出版社 1985 年 1 张 76cm（2 开）

定价：CNY0.20

　　本作品为现代中国画山水画。

J0029486

张登堂山水画选 张登堂绘

济南 山东美术出版社 1985 年 19cm（32 开）

定价：CNY1.35

　　现代中国画山水画画册。作者张登堂
（1944—2015），国画家。山东聊城县人，毕业于
济南艺术学校美术科。历任济南画院副院长、中
国美术家协会山东分会常务理事。代表作品有
《黄河纤夫》《泰岱雄姿》。

J0029487

长江风光 徐震时，沈延太摄

北京 人民美术出版社 1985 年 2 张 76cm（2 开）

定价：CNY0.48

　　本作品为现代中国画山水画。

J0029488

中国古寺名胜（一） 张举毅作

长沙 湖南美术出版社 1985 年 2 张 76cm（2 开）

定价：CNY0.36

J0029489

春夏秋冬四屏条 申石伽作

上海 上海书画出版社 1986 年 2 张 76cm（2 开）

定价：CNY0.40

　　本作品为现代中国画山水画。作者申石伽
（1906—2001），画家，教育家。笔名"西泠石伽"，
浙江杭州人，出生于书画世家，祖父为晚清著名
山水画家申宜轩。长期任教于上海工艺美术学
校，历任上海美协会员、上海市文史馆馆员、浙
江文史研究馆名誉馆员。著有《山水画基础技法》
《墨竹析览》等。

J0029490

翠谷涛声 廉宽宏作

石家庄 河北美术出版社 1986 年 1 张

76cm（2 开） 定价：CNY1.80

　　现代中国画作品。作者廉宽宏（1945—　　），
画家、国家一级美术师。笔名老廉，生于哈尔滨，
河北安平人。毕业于天津美术学院。中国美术
家协会会员、中日美术交流协会会员、沧州美协
副主席。作品有《一竿撑出绿波来》《苍岩毓秀》
《淀上曲》等。

翠谷涛声 廉宽宏画

石家庄 河北美术出版社 1986 年 1 张

76cm（2 开） 定价：CNY0.20

　　现代中国画作品。

J0029491

大观园 江枫画

石家庄 河北美术出版社 1986 年 2 张

76cm（2 开） 定价：CNY0.44

　　本作品为年画形式的中国现代国画山水风
景画。

J0029492

峨眉胜景 张温纯画

郑州 河南美术出版社 1986 年 1 张（卷轴）

附对联 1 副 107cm（全开） 定价：CNY2.40

　　本作品为年画形式的中国现代国画山水风
景画。

J0029493

观瀑图 张廷奎画

济南 山东美术出版社 1986 年 1 张 76cm（2 开）

定价：CNY0.21

　　本作品为年画形式的中国现代国画山水风
景画。

J0029494

湖光山色 徐天敏作

南京 江苏古籍出版社 1986 年 1 张（卷轴）

76cm（2 开） 定价：CNY1.60

　　现代中国画作品。

J0029495

华拓山水画选 华拓绘

南京 江苏美术出版社 1986年 25cm（15开）
统一书号：8353.6.053 定价：CNY3.80

J0029496
黄山 蔡传隆作
杭州 浙江人民美术出版社 1986年 1张
76cm（2开）定价：CNY0.20
　　中国现代国画山水风景画。

J0029497
黄山秀色 梁铭添作
广州 岭南美术出版社 1986年 1张 76cm（2开）
定价：CNY0.25
　　中国现代山水画作品。

J0029498
江山竞秀 赵文发画
石家庄 河北美术出版社 1986年 2张
76cm（2开）定价：CNY0.44
　　本作品为年画形式的中国现代国画山水风
景画。

J0029499
江山胜境 赵映宝画
成都 四川美术出版社 1986年 1张 76cm（2开）
定价：CNY0.20
　　本作品为年画形式的中国现代国画山水风
景画。

J0029500
江山秀丽峰岭叠翠 鹿逊理画
济南 山东美术出版社 1986年 1张 76cm（2开）
定价：CNY0.21
　　本作品为年画形式的中国现代国画山水风
景画。

J0029501
刘海粟黄山纪游 刘海粟绘
北京 人民美术出版社 1986年 2版 20幅
35cm（18开）统一书号：8027.7097
定价：CNY2.10
　　中国现代山水画作品。

J0029502
山水园林图 何云泉编绘
上海 上海人民美术出版社 1986年 193页

17cm（32开）统一书号：8081.14442
定价：CNY1.20
　　中国现代山水画作品。

J0029503
四季春 秦汝文画
呼和浩特 内蒙古人民出版社 1986年 2张
76cm（2开）定价：CNY0.42
　　本作品为年画形式的中国现代国画山水风
景画。

J0029504
泰山览胜图 宋兆钦，房玉宾画
济南 山东美术出版社 1986年 1张 76cm（2开）
定价：CNY0.21
　　本作品为年画形式的中国现代国画山水风
景画。

王念慈先生山水画谱 王念慈绘；杨池，陈思
选编
石家庄 河北美术出版社 1986年 320页
26cm（16开）定价：CNY3.50
　　本画谱收入作者山水画320幅。原版为
1923年，本次重印删除了部分题字和诗跋。作
者王念慈，清末民国画家。字务敏，江苏吴县人。
曾在安徽省为官，作品有《王念慈山水画谱》等。

J0029505
仙山琼阁图 赵映宝画
成都 四川美术出版社 1986年 1张（卷轴）
附对联1副 107cm（全开）定价：CNY2.40
　　本作品为年画形式的中国现代国画山水风
景画。

J0029506
张文俊山水画选集 张文俊绘
南京 江苏美术出版社 1986年 38×26cm
统一书号：CN8353.6.047 定价：CNY3.90

J0029507
浙江山水画 黄宾虹等绘
杭州 西泠印社 1986年 62页 25cm（小16开）

J0029508
浙江山水画选

杭州　西泠印社　1986 年　62 页　25×25cm
统一书号：8191.443　定价：CNY4.20
（现代浙江书画篆刻选集 1）

　　本画选收有 40 位画家的 70 余幅作品。其中包括黄宾虹、潘天寿、陆俨少、顾坤伯等老一辈画家，也包括童中焘、孔仲起、姚耕云等中青年画家的作品。

J0029509

中国画　江苏美术出版社编
南京　江苏美术出版社　1986 年　12 幅　25cm
（小 16 开）　统一书号：8353.6.19　定价：CNY1.80

J0029510

周觉钧山水画辑　周觉钧绘
长沙　湖南美术出版社　1986 年　22 幅　10cm
（64 开）统一书号：8233.806 定价：CNY2.50

J0029511

春光明媚　冯英杰画
广州　岭南美术出版社　1987 年　2 轴（卷轴）
76cm（2 开）定价：CNY1.90

　　本作品为年画形式的中国现代国画作品。作者冯英杰（1932—　），书画花鸟画家。生于河北威县。作品有《鸡的工笔画法》。

J0029512

春景山水画特展图录　台北故宫博物院编辑委员会编辑
台北　台北故宫博物院　1987 年　64 页
30cm（12 开）

J0029513

杜应强山水画选集　杜应强绘
深圳　海天出版社　1987 年　46 页　26cm（16 开）
统一书号：8382.025 ISBN：7-80542-035-1
定价：CNY12.00

　　作者杜应强（1939—　），画家、高级美术师。广东澄海人。历任汕头画院院长、中国美术家协会会员、中国版画家协会会员、广东省美术家协会常务理事。出版有《杜应强水墨画集》《杜应强版画集》《杜应强画集·百榕图》等。

J0029514

海南风光　天一，鹰定作
杭州　浙江人民美术出版社　1987 年　1 张
76cm（2 开）定价：CNY0.40

　　中国现代国画山水风景画。

J0029515

黄润华山水画集　黄润华绘
北京　荣宝斋　1987 年　42 页　26cm（16 开）
统一书号：8030.1470 ISBN：7-5003-0010-7
定价：CNY4.50

　　本画集收入作者 20 世纪 70 年代末到 80 年代的主要作品共 42 幅。有《东方欲晓》《忆万县》《漓江渔歌》等。作者黄润华（1932—2000），教授。河北正定人。毕业于中央美术学院中国画系。历任中央美术学院中国画系主任、中央美术学院学术委员会委员、中国美术家协会会员、中国书画函授大学名誉教授。出版有《黄润华山水画集》《黄润华画集》。

J0029516

黄山北海奇观　胡承炳作
杭州　浙江人民美术出版社　1987 年　1 张
76cm（2 开）定价：CNY0.40

　　中国现代山水画作品。

J0029517

黄山北海奇观　胡承炳作
杭州　浙江人民美术出版社　1987 年　1 张
107cm（全开）定价：CNY0.95

　　本作品为年画形式的中国现代国画山水风景画。

J0029518

黄山奇景——猴子观海　山谷作
重庆　重庆出版社　1987 年　1 张 76cm（2 开）
定价：CNY0.64

　　中国现代山水画作品。

J0029519

黄山胜境　宋兆钦画
济南　山东美术出版社　1987 年　1 张 76cm（2 开）
定价：CNY0.27

　　本作品为年画形式的中国现代国画山水风景画。

J0029520

黄山险峰 邱从仪作
石家庄 河北美术出版社 1987 年 1 张
76cm（2 开）定价：CNY0.40
　　中国现代山水画作品。

J0029521

黄山云海 王祖德作
南京 江苏古籍出版社 1987 年 1 轴（卷轴）
107cm（全开）定价：CNY1.80
　　中国现代山水画作品。

J0029522

江山如画 柴惠俭画
石家庄 河北美术出版社 1987 年 2 张
76cm（2 开）定价：CNY0.62
　　本作品为年画形式的中国现代国画山水风
景画。

J0029523

井冈春色 刘称奇绘
南昌 江西人民出版社［1987 年］1 张
76cm（2 开）定价：CNY0.48
　　本作品为年画形式的中国现代国画山水风
景画。

J0029524

卢禹舜山水画集 卢禹舜绘
北京 荣宝斋 1987 年 26cm（16 开）
ISBN：7-5003-0027-1 定价：CNY2.20
　　作者卢禹舜（1962— ），国画家。黑龙江哈
尔滨人，毕业于哈尔滨师范大学美术系。历任中
国国家画院常务副院长、中国艺术研究院博士
生导师、中国美术家协会理事、中国画学会副会
长。代表作品有《北疆情》《一夜乡心》《白梅山
水》等。

J0029525

名山雄姿 李庆新画
济南 山东美术出版社 1987 年 2 张 76cm（2 开）
定价：CNY0.56
　　本作品为年画形式的中国现代国画山水风
景画。

J0029526

山明水秀 梁铭添画
广州 岭南美术出版社 1987 年 2 轴（卷轴）
76cm（2 开）定价：CNY1.90
　　本作品为年画形式的中国现代国画山水风
景画。

J0029527

山青水碧春意浓 蔡传隆绘
长沙 湖南美术出版社 1987 年 1 张 85cm（3 开）
定价：CNY0.35
　　本作品为年画形式的中国现代国画山水风
景画。

J0029528

宋文治山水画辑（汉英对照 1）宋文治绘
北京 荣宝斋 1987 年 10 张 15cm（40 开）
定价：CNY1.50
　　作者宋文治（1919—1999），画家。江苏太仓
人。就读于江苏省国画院。曾任南京大学教授、
江苏美协副主席、江苏省国画院副院长等职。代
表作有《白云幽涧图》《蜀江云起》《华岳积翠图》
《水乡春暖》。著作有《宋文治画集》《宋文治作
品选集》等。

J0029529

宋文治山水画辑（汉英对照 2）宋文治绘
北京 荣宝斋 1987 年 10 张 15cm（40 开）
定价：CNY1.50

J0029530

泰山雄姿 解维础画
济南 山东美术出版社 1987 年 4 张 76cm（2 开）
定价：CNY1.15
　　本作品为年画形式的中国现代国画山水风
景画。

J0029531

王维宝山水画选 王维宝绘
南宁 广西人民出版社 1987 年［45］页 有肖像
26cm（16 开）ISBN：7-219-00468-0
　　外文书名：Selection of Landscape Painting
of Wang Weibao.

J0029532

卧龙松 董岩青作

天津　天津人民美术出版社　1987年　1轴（卷轴）
76cm（2开）　定价：CNY0.65

　　现代中国画作品。作者董岩青（1925—　），
山东蓬莱人。笔名冬山，别名董宝珊。中国摄影
家协会会员，天津摄影家协会理事、顾问。作品
有《我为祖国献石油》《早班车》《古街新雪》等。

J0029533

伍瘦梅国画选 伍瘦梅绘

成都　四川美术出版社　1987年　1册　38cm（6开）
定价：CNY5.50

　　中国现代山水画作品。

J0029534

杨长槐画集 杨长槐绘

贵阳　贵州美术出版社　1987年　30页　有照片
26cm（16开）　ISBN：7-5413-0006-3
定价：CNY8.00
（贵州艺术家画库）

　　本画集收入作者国画36幅图。其中有《醉
玉满春》《青山名画江似锦》《山翠欲翠》《秋，
舒展了》《谁不恋侗乡》《侗乡云烟》《长征古道》
《镜中人家》《深秋观瀑图》《碧涧乱翻珠玉寒》等。
作者杨长槐（1938—2015），侗族，贵州天柱人。
字厚恒，号侗槐，又名乎石。毕业于贵州大学艺
术系。曾任贵州省文联主席、贵州美协名誉主席、
中国美协理事、《贵州美术》主编。代表作品有《一
江春水来》《古木苍翠》《螺丝滩白浪奇观》《深
更好雨洗山来》等。

J0029535

长清名胜 张耀峰等编绘

济南　山东美术出版社　1987年　60页　26cm
（16开）　ISBN：7-5330-0018-8　定价：CNY3.20
　　中国现代山水画作品。

J0029536

春光明媚 张延奎画

济南　山东美术出版社　1988年　1张　76cm（2开）
定价：CNY0.36

　　本作品为年画形式的中国现代国画山水风
景画。

J0029537

春色满人间　艳阳照大地 李学斌绘；王公寿书

郑州　河南美术出版社　1988年　2张　78cm（2开）
定价：CNY0.38

　　本作品为年画形式的中国现代国画山水风
景画。

J0029538

春色满园 王中一画

广州　岭南美术出版社　1988年　2张　76cm（2开）
定价：CNY0.80

　　本作品为年画形式的中国现代国画山水风
景画。

J0029539

大好山河 谭伟成，梁铭添画

广州　岭南美术出版社　1988年　1张　76cm（2开）
定价：CNY0.80

　　本作品为年画形式的中国现代国画山水风
景画。

J0029540

海滨丽色 梁根祥画

广州　岭南美术出版社　1988年　1张　76cm（2开）
定价：CNY0.38

　　本作品为年画形式的中国现代国画山水风
景画。

J0029541

韩大化山水画选 韩大化绘

合肥　安徽美术出版社　1988年　72页　有照片
38cm（6开）　ISBN：7-5398-0027-5
定价：CNY14.50

　　本画册选收作者不同时期的山水画作品72
幅。韩大化（1916—1989），河南孟津人。曾任安
徽人民出版社副总编、安徽省文联秘书长、安徽
省美协常务理事兼秘书长、《安徽画报》社主任、
安徽省出版事业管理局副局长。作品有《韩大化
山水画选》。

J0029542

荷塘清趣 冯淑荣画

广州　岭南美术出版社　1988年　2张（卷轴）
76cm（2开）　定价：CNY2.20

　　本作品为年画形式的中国现代国画山水风

景画。

J0029543
荷塘清趣（对屏）冯淑荣画
广州 岭南美术出版社 1988 年 2 张 76cm（2 开）
定价：CNY0.80
　　本作品为年画形式的中国现代国画山水风
景画。

J0029544
湖光山色 朱兆钦画
济南 山东美术出版社 1988 年 1 张 76cm（2 开）
定价：CNY0.36
　　本作品为年画形式的中国现代国画山水风
景画。

J0029545
黄山 张韫韬作
石家庄 河北美术出版社 1988 年 1 张
76cm（2 开）定价：CNY0.40
　　中国现代国画山水风景画。

J0029546
黄山百丈泉 胡承斌作
天津 天津人民美术出版社 1988 年 1 张
108cm（全开）定价：CNY0.80
　　中国现代国画山水风景画。

J0029547
黄山北海奇观 朱子容画
广州 岭南美术出版社 1988 年 1 张 76cm（2 开）
定价：CNY0.70
　　现代中国画山水画作品。

J0029548
黄山胜景 谭伟成，梁铭添画
广州 岭南美术出版社 1988 年 2 张（卷轴）
76cm（2 开）定价：CNY2.20
　　本作品为年画形式的中国现代国画山水风
景画。

J0029549
黄山之晨 刘称奇作
南昌 江西人民出版社 [1988 年] 1 轴（卷轴）
108cm（全开）定价：CNY1.20

J0029550
江山行旅 路如恒画
石家庄 河北美术出版社 1988 年 2 张
76cm（2 开）定价：CNY0.84
　　本作品为年画形式的中国现代国画山水风
景画。

J0029551
金山寺 王玉池画
石家庄 河北美术出版社 1988 年 1 轴（卷轴）
附对联 1 副 108cm（全开）定价：CNY3.40
　　本作品为年画形式的中国现代国画山水风
景画。作者王玉池（1931—　），研究员。出生于
河北束鹿县，毕业于中央工艺美术学院。历任中
国艺术研究院美术研究所研究员、中国书法家协
会学术委员会委员、中国书画函授大学教授、中
国美术家协会会员。专著有《钟繇》《王羲之》《书
法瑰宝谭》等。

J0029552
军港之夜 刘友国画
广州 岭南美术出版社 1988 年 1 张 76cm（2 开）
定价：CNY0.30
　　本作品为年画形式的中国现代国画山水风
景画。

J0029553
刘懋善山水画选 刘懋善绘；荣宝斋编辑
北京 荣宝斋 1988 年 25 页 有照片 25cm
（15 开）ISBN：7-5003-0037-9 定价：CNY2.90

J0029554
美术新作（1 河北省山水画研究会作品选）
邢树荃等绘
石家庄 河北美术出版社 1988 年 30 页
19×26cm ISBN：7-5310-0199-3
定价：CNY5.70

J0029555
名山大川 吴玉琳绘
天津 天津杨柳青画社 1988 年 158 页
19×21cm ISBN：7-80503-021-9
定价：CNY2.75
　　中国现代国画山水风景画。

J0029556

秦岭云山水画集 秦岭云绘

北京 荣宝斋 1988年 32页 有图片 19×19cm

ISBN：7-5003-0041-7 定价：CNY3.50

　　本画集选辑作者20世纪70年代至80年代初的30余幅作品，大都为作者游历名山大川后的览胜记游之作。作者秦岭云（1914—2008），画家，教育家。曾用名维新等。画室堂号五瓜草堂、闻鸡楼，字岭云。生于河南汲县（今卫辉市）。曾在北平国立艺术专科学校绘画系和湖南沅陵国立艺专学习。先后在中央美术学院、人民美术出版社从事国画创作研究。出版有《现代山水画集》《秦岭云写生山水画集》《秦岭云山水作品》《写意山水画技法》等。

J0029557

青松翠谷 梁铭添画

广州 岭南美术出版社 1988年 1张 76cm（2开）

定价：CNY0.38

　　本作品为年画形式的中国现代国画山水风景画。

J0029558

山高水长 王德力画

济南 山东美术出版社 1988年 1张 76cm（2开）

定价：CNY0.36

　　本作品为年画形式的中国现代国画山水风景画。

J0029559

山河长春 房玉宾画

济南 山东美术出版社 1988年 1张 76cm（2开）

定价：CNY0.36

　　本作品为年画形式的中国现代国画山水风景画。

J0029560

山水写生画稿 丁宁原，于太昌绘

济南 山东美术出版社 1988年 74页 26cm（16开） ISBN：7-5330-0090-0 定价：CNY4.50

J0029561

四季风光 房玉宾画

济南 山东美术出版社 1988年 4张 76cm（2开）

定价：CNY1.70

　　本作品为年画形式的中国现代国画山水风景画。

J0029562

四季风光 房玉宾画

济南 山东美术出版社 1988年 4张 76cm（2开）

定价：CNY1.50

　　本作品为年画形式的中国现代国画山水风景画。

J0029563

四季风光 房玉宾画

济南 山东美术出版社 1988年 2张 76cm（2开）

定价：CNY0.75

　　本作品为年画形式的中国现代国画山水风景画。

J0029564

四季山水屏 苏锡超画

石家庄 河北美术出版社 1988年 2张 76cm（2开） 定价：CNY0.84

　　本作品为年画形式的中国现代国画山水风景画。

J0029565

宋文治山水画辑（汉英对照 3）宋文治绘

北京 荣宝斋 ［1988年］10张 15cm（64开）

定价：CNY1.70

J0029566

宋文治山水画辑（汉英对照 4）宋文治绘

北京 荣宝斋 ［1988年］10张 15cm（64开）

定价：CNY1.70

J0029567

孙鸣邨山水画集 孙鸣邨绘

石家庄 河北美术出版社 1988年 44页 26cm（16开） ISBN：7-5310-0203-5 定价：CNY18.00

　　本书所收作者山水画作品46幅。其中有《山道弯弯》《漓水人家》《层林尽染》《家乡情》《背柴图》《山泉从那边流来》《李白诗意》《闾山春雪》《家在山角处》等。作者孙鸣邨（1937-），画家。祖籍辽宁省新民市大民屯。原名明春。作品有《鹤乡》《五月的鲜花》《群鹭》等。

J0029568

唐诗山水四条屏 宋德风画

济南 山东美术出版社 1988 年 4 张 76cm（2 开）
定价：CNY1.50

　　本作品为年画形式的中国现代国画山水风
景画。作者宋德风（1941—　），画家。山东荣成
人。毕业于山东艺专国画专业。中国人才研究
会艺术家学部委员会一级书画艺术委员，国家人
事部人才所、中国书画人才资格审定委员会特邀
研究员，国际美术家联合会中国中南执委会常务
理事。作品有连环画《海燕劲飞》，工笔年画《武
松打虎》《名山大川》《三国故事》等。

J0029569

万水千山 杨麟作

上海 上海书画出版社 1988 年 1 张 76cm（2 开）
定价：CNY0.36

　　本作品为中国现代国画山水风景画。

J0029570

卧龙松 董岩青作

天津 天津人民美术出版社 1988 年 1 轴（卷轴）
108cm（全开） 定价：CNY1.00

　　本作品为中国现代国画山水风景画。

J0029571

吴钊洪画集 吴钊洪绘

广州 广州文化出版社 1988 年 60 页 有照片
26cm（16 开） ISBN：7–5431–0047–9
定价：CNY10.00

　　本作品为中国现代国画山水风景画。

J0029572

西湖四景 邢树荃画

石家庄 河北美术出版社 1988 年 2 张
76cm（2 开） 定价：CNY0.84

　　本作品为年画形式的中国现代国画山水风
景画。

J0029573

现代山水画库 贾又福等作

郑州 河南美术出版社 1988 年 13 册 28cm（16 开）
ISBN：7–5401–0437–6 定价：CNY115.00
（中国画系列画库 4）

　　本书 13 册，每册选作品 30 幅。以贾又福作

品为代表，有《大岳扶摇》《大岳惊雷》《大行崛
起图》《日将暝分》《无声山涛》《深山交响曲》等。
还有陈平、姜宝林、陈向迅、朱道平、王金岭、卢
禹舜、曾先国等山水画。

J0029574

云横翠谷 廉宽宏画

石家庄 河北美术出版社 1988 年 1 张
76cm（2 开） 定价：CNY0.40

　　本作品为中国现代国画山水风景画。

J0029575

云横翠谷 廉宽宏画

石家庄 河北美术出版社 1988 年 1 轴（卷轴）
附对联 1 副 108cm（全开） 定价：CNY3.40

　　本作品为年画形式的中国现代国画山水风
景画。

J0029576

白雪石画选（汉英对照） 白雪石绘

北京 荣宝斋 1989 年 10 张 15cm（40 开）
统一书号：5003.1664 定价：CNY2.10

J0029577

百寿山水 张温纯绘

天津 天津人民美术出版社 1989 年 1 轴（卷轴）
附对联一副 107cm（全开） 定价：CNY4.60

　　本作品为年画形式的中国现代国画山水风
景画。

J0029578

彩虹飞瀑 李弘绘

武汉 湖北美术出版社 1989 年 1 张 76cm（2 开）
定价：CNY0.60

　　本作品为年画形式的中国现代国画山水风
景画。

J0029579

苍松迎客图 于锦声绘

天津 天津人民美术出版社 1989 年 1 轴（卷轴）
附对联一副 107cm（全开） 定价：CNY4.60

　　本作品为年画形式的中国现代国画山水风
景画。

J0029580
春光明媚 蒋汉中绘
上海 上海书画出版社［1989 年］1 轴（卷轴）
附对联一副 107cm（全开） 定价：CNY2.90
　　本作品为年画形式的中国现代国画山水风景画。

J0029581
春回大地图 冯毅绘
天津 天津人民美术出版社 1989 年 1 轴（卷轴）
附对联一副 107cm（全开） 定价：CNY4.60
　　本作品为年画形式的中国现代国画山水风景画。

J0029582
春江月圆 龚景充绘
南昌 江西人民出版社 1989 年 1 张 76cm（2 开）
定价：CNY0.48
　　本作品为年画形式的中国现代国画山水风景画。

J0029583
春山秀水 孙士华绘
太原 山西人民出版社 1989 年 1 张 76cm（2 开）
定价：CNY0.58
　　本作品为年画形式的中国现代国画山水风景画。

J0029584
春天多美好 周洪生绘
长春 吉林美术出版社 1989 年 1 张 76cm（2 开）
定价：CNY0.55
　　本作品为年画形式的中国现代国画山水风景画。

J0029585
春意盎然 何众绘
沈阳 辽宁美术出版社 1989 年 1 张 76cm（2 开）
定价：CNY0.55
　　本作品为年画形式的中国现代国画山水风景画。

J0029586
翠谷溪流 张大昕绘
上海 上海书画出版社［1989 年］1 轴（卷轴）

附对联 1 副 107cm（全开） 定价：CNY3.00
　　本作品为年画形式的中国现代国画山水风景画。

J0029587
都市风光 杨戈绘
杭州 浙江人民美术出版社 1989 年 1 张
76cm（2 开） 定价：CNY1.20
　　本作品为年画形式的中国现代国画山水风景画。

J0029588
都市风光 杨戈绘
杭州 浙江人民美术出版社 1989 年 1 张
107cm（全开） 定价：CNY2.40
　　本作品为年画形式的中国现代国画山水风景画。

J0029589
仿古山水 陈松峻绘
杭州 浙江美术出版社 1989 年 2 张 76cm（2 开）
定价：CNY1.15
　　本作品为中国现代国画山水风景画。

J0029590
仿古山水 陈松峻绘
杭州 浙江人民美术出版社 1989 年 2 轴（卷轴）
76cm（2 开） 定价：CNY3.50
　　本作品为年画形式的中国现代国画山水风景画。

J0029591
风和日丽 王炳坤绘
广州 岭南美术出版社 1989 年 1 张 76cm（2 开）
定价：CNY0.48
　　本作品为年画形式的中国现代国画山水风景画。

J0029592
高山流翠 张路红绘
上海 上海人民出版社 1989 年 1 张
107cm（全开） 定价：CNY2.40
　　本作品为年画形式的中国现代国画山水风景画。作者张路红（1956— ），女。画家，上海人。就读于上海大学美术学院工艺美术系成人大专

班。现任上海人民美术出版社美术编辑。作品
有《学游泳》《在和平的阳光下》《两小无猜》。

J0029593

古堡风情 朱介堂绘

上海　上海人民美术出版社　1989 年　1 张
107cm（全开）　定价：CNY2.40

　　本作品为年画形式的中国现代国画山水风
景画。

J0029594

桂林山水甲天下 曾成金绘

上海　上海人民美术出版社　1989 年　1 张
107cm（全开）　定价：CNY2.40

　　本作品为年画形式的中国现代国画山水风
景画。作者曾成金（1947—　　），画家。浙江平阳
县人。毕业于浙江美术学院附中，后考入浙江美
术学院中国画系进修学习。中国美术家协会会
员、浙江省美术家协会会员、平阳县美协主席。
主要作品有《南雁荡山水古诗画意百图》《曾成
金中国画小品系列》《百子新图》等。

J0029595

海市蓬莱 于锦声绘

西安　陕西人民美术出版社　1989 年　1 轴（卷轴）
附对联一副　107cm（全开）　定价：CNY2.95

　　本作品为年画形式的中国现代国画山水风
景画。

J0029596

荷塘月色 杨建明绘

上海　上海人民美术出版社　1989 年　1 张
76cm（2 开）　定价：CNY0.45

　　本作品为年画形式的中国现代国画山水风
景画。

J0029597

湖光秋色 李悌南绘

西安　陕西人民美术出版社　1989 年　1 张
76cm（2 开）　定价：CNY1.05

　　本作品为年画形式的中国现代国画山水风
景画。

J0029598

湖光山色 孙营绘

济南　山东美术出版社　1989 年　1 张
107cm（全开）　定价：CNY2.00

　　本作品为中国现代国画山水风景画。

J0029599

黄山奇观 陈继武绘

杭州　浙江人民美术出版社　1989 年　1 张
107cm（全开）　定价：CNY2.50

　　本作品为中国现代国画山水风景画。作者
陈继武（1942—　　），福建福州人。别名陈剑生。
毕业于浙江美术学院油画系。中国美术家协会
会员、中国油画家协会会员、宁波画院院长。擅
长年画、油画。主要作品有《江山多娇》《面向未
来》《中国之春》等。

J0029600

黄山卧龙松 朱子客绘

上海　上海人民美术出版社　1989 年　1 张
107cm（全开）　定价：CNY2.40

　　本作品为中国现代国画山水风景画。

J0029601

黄山迎客松 张为民绘

天津　天津人民美术出版社　1989 年　1 张
76cm（2 开）　定价：CNY0.50

　　本作品为中国现代国画山水风景画。

J0029602

黄山迎客松 张为民绘

天津　天津人民美术出版社　1989 年　1 张
107cm（全开）　定价：CNY1.20

　　本作品为中国现代国画山水风景画。

J0029603

江山春意图 李树人绘

沈阳　辽宁美术出版社　1989 年　1 张　76cm（2 开）
定价：CNY0.55

　　本作品为年画形式的中国现代国画山水风
景画。

J0029604

锦绣河山 刘继成绘

长春　吉林美术出版社　1989 年　1 张
107cm（附对联）（全开）　定价：CNY2.20

　　本作品为年画形式的中国现代国画山水风

景画。

J0029605
锦绣山河 聿杰绘
武汉 湖北美术出版社 1989 年 1 张 76cm（2 开）
定价：CNY0.60
　　本作品为年画形式的中国现代国画山水风景画。

J0029606
九华山 王玉池绘
石家庄 河北美术出版社 1989 年 1 轴（卷轴）
（附对联一副）107cm（全开）定价：CNY6.20
　　本作品为年画形式的中国现代国画山水风景画。

J0029607
李明久画集 李明久作
石家庄 河北美术出版社 1989 年 52 页 26cm
（16 开）ISBN：7-5310-0217-5 定价：CNY20.00
　　本作品为年画形式的中国现代国画山水风景画。

J0029608
良辰美景 陈宏仁绘
杭州 浙江人民美术出版社 1989 年 1 张
76cm（2 开）定价：CNY0.45
　　本作品为年画形式的中国现代国画山水风景画。作者陈宏仁（1937—　），上海人。毕业于山东师范学院美术科。中国摄影家协会会员。主要摄影作品有《猫头鹰》《骆驼》《五老峰》等。

J0029609
梁树年山水画稿 梁树年绘
天津 天津人民美术出版社 1989 年
36cm（6 开）精装 ISBN：7-5305-0159-3
定价：CNY26.00
　　作者梁树年（1911—2005），教授。名豆村，堂号安樗，斋号警退斋。北京人。曾任北京艺术师范学院美术系教师、中央美术学院国画系教授、北京山水画会副会长、中国美术家协会会员、中国书法家协会会员。代表作品有《黄山旭日》等，出版有《梁树年画集》等。

J0029610
陆一飞画集 陆一飞绘
台北 蕙风堂笔墨公司出版部 1989 年 72 页
30cm（12 开）定价：TWD500.00
　　作者陆一飞（1931—2005），画家、教师。生于浙江余姚，祖籍慈溪，就读于浙江美术学院和上海画院。历任上海师范学院艺术系教师、华东化工学院兼职教授，中国河山画会秘书长。代表作品有《李白诗意山水百图》《唐宋意图》《川江橘红》等。

J0029611
满园春色 刘俊贤绘
呼和浩特 内蒙古人民出版社 1989 年 1 张
76cm（2 开）定价：CNY0.48
　　本作品为年画形式的中国现代国画山水风景画。作者刘俊贤（1956—　），高级教师。天津静海人，毕业于内蒙古师范大学美术学院。中国美术家协会会员，任职于包钢第二中学。主要作品有《发卷之后》《钢厂晨曲》《北疆夕阳》《涉世》《旷野日记》等。

J0029612
迷人的海滨 冼励强绘
广州 岭南美术出版社 1989 年 1 张 76cm（2 开）
定价：CNY0.48
　　本作品为年画形式的中国现代国画山水风景画。

J0029613
名山四季 白海绘
北京 人民美术出版社 1989 年 2 张 76cm（2 开）
定价：CNY1.05
　　本作品为年画形式的中国现代国画山水风景画。

J0029614
尼加拉瓜大瀑布 陈子达绘
杭州 浙江人民美术出版社 1989 年 1 张
76cm（2 开）定价：CNY1.20
　　本作品为年画形式的中国现代国画山水风景画。作者陈子达（1958—　），浙江杭州人。毕业于中国美术学院油画系。作品《排球》被国际奥委会收藏。

J0029615

庞泰嵩山水画选 庞泰嵩绘

广州 岭南美术出版社 1989 年 29 页 26cm

（16 开）ISBN：7-5362-0470-1 定价：CNY11.50

J0029616

秋趣 徐朝龙绘

长沙 湖南美术出版社 1989 年 1 张 76cm（2 开）

定价：CNY0.40

　　本作品为年画形式的中国现代国画山水风景画。

J0029617

任安义山水画集 任安义绘

天津 天津杨柳青画社 1989 年 26cm（16 开）

ISBN：7-80503-087-1 定价：CNY4.40

　　作者任安义（1936—　），高级美术师。号清雨，江苏徐州人。历任江苏铜山国画院院长、徐州市美术家协会理事、中国老年书画研究会创作研究员、中国国画家协会理事。代表作品《黄山》《黄山云深图》等。出版有《任安义山水画集》。

J0029618

上海之春 陆廷绘

上海 上海人民美术出版社 1989 年 1 张

76cm（2 开）定价：CNY0.45

　　本作品为年画形式的中国现代国画山水风景画。

J0029619

设色山水图册 王铎［绘］；辽宁省博物馆编

北京 文物出版社 1989 年 6 幅 27cm（16 开）

ISBN：7-5010-0190-1 定价：CNY2.90

　　外文书名：Album of Wang Duo's Landscape Paintings. 作者王铎（1592—1652 年），明末清初书画家。字觉斯，号十樵、嵩樵，又号痴庵、痴仙道人，别署烟潭渔叟，河南孟津人。作品有《拟山园帖》《琅华馆帖》《雪景竹石图》等。

J0029620

深山隐秀 贾海泉绘

石家庄 河北美术出版社 1989 年 1 轴（卷轴）

（附对联一副）107cm（全开）定价：CNY4.80

　　本作品为年画形式的中国现代国画山水风景画。

J0029621

神州揽胜 王建梓绘

天津 天津人民美术出版社 1989 年 2 张

76cm（2 开）定价：CNY1.10

　　本作品为年画形式的中国现代国画山水风景画。

J0029622

神州揽胜 王建梓绘

天津 天津人民美术出版社 1989 年 4 张（卷轴）

76cm（2 开）定价：CNY4.60

　　本作品为年画形式的中国现代国画山水风景画。

J0029623

四大佛山 徐英怀绘

杭州 浙江人民美术出版社 1989 年 2 张

76cm（2 开）定价：CNY0.90

　　本作品为年画形式的中国现代国画山水风景画。

J0029624

四季常春 王满良绘

天津 天津人民美术出版社 1989 年 4 张（卷轴）

76cm（2 开）定价：CNY4.60

　　本作品为年画形式的中国现代国画山水风景画。

J0029625

四季仙境 王然绘

天津 天津人民美术出版社 1989 年 6 张

76cm（2 开）定价：CNY7.00

　　本作品为年画形式的中国现代国画山水风景画。

J0029626

四季仙境 王然绘

天津 天津人民美术出版社 1989 年 4 张（卷轴）

76cm（2 开）定价：CNY4.60

　　本作品为年画形式的中国现代国画山水风景画。

J0029627

天鹅湖畔 王章恒绘

武汉 湖北美术出版社 1989 年 1 张 76cm（2 开）

定价：CNY0.60

本作品为年画形式的中国现代国画山水风景画。

J0029628

天鹅戏水屏，鸟鸣花香屏 尹祖文绘
沈阳 辽宁美术出版社 1989 年 2 张 76cm（2 开）
定价：CNY1.10

本作品为年画形式的中国现代国画山水风景画。

J0029629

王中年画集 王中年绘
广州 岭南美术出版社 1989 年 94 页 26cm（16 开）
ISBN：7-5362-0445-0 定价：CNY50.00

J0029630

西湖情 陈子达绘
杭州 浙江人民美术出版社 1989 年 1 张
76cm（2 开）定价：CNY0.45

本作品为年画形式的中国现代国画山水风景画。

J0029631

西湖秋色 楼永年绘
长沙 湖南美术出版社 1989 年 1 张
107cm（全开）定价：CNY0.90

本作品为年画形式的中国现代国画山水风景画。

J0029632

溪山行旅图 何延喆绘
天津 天津人民美术出版社 1989 年 1 轴（卷轴）
附对联 1 副 107cm（全开）定价：CNY4.60

本作品为年画形式的中国现代国画山水风景画。

J0029633

溪山行旅图 何延喆绘
天津 天津人民美术出版社 1989 年 1 轴（卷轴）
附条幅 107cm（全开）定价：CNY7.00

本作品为年画形式的中国现代国画山水风景画。

J0029634

潇湘月夜 张立辰绘
南京 江苏美术出版社 1989 年 1 张 76cm（2 开）
定价：CNY0.55

本作品为年画形式的中国现代国画山水风景画。

J0029635

雪山春晖 马乐群绘
上海 上海人民美术出版社 1989 年 1 张
107cm（全开）定价：CNY2.40

本作品为年画形式的中国现代国画山水风景画。作者马乐群（1933— ），画家。上海人，曾在上海现代画室学习绘画及西洋美术史等。历任上海画片出版社年画创作员、上海美术出版社年画编辑。作品有《人民不允许浪费粮食的行为》《海防前线宣传员》《金杯红花传捷报》《激流勇进》等。

J0029636

瑶台春色 王利华绘
杭州 浙江人民美术出版社 1989 年 1 张
107cm（全开）定价：CNY1.60

本作品为年画形式的中国现代国画山水风景画。

J0029637

瑶台春色 王利华绘
杭州 浙江人民美术出版社 1989 年 1 轴（卷轴）
附对联 1 副 107cm（全开）定价：CNY5.40

本作品为年画形式的中国现代国画山水风景画。

J0029638

颐和园之春 胡承炳绘
杭州 浙江人民美术出版社 1989 年 1 张
107cm（全开）定价：CNY2.40

本作品为年画形式的中国现代国画山水风景画。

J0029639

月照潇湘馆 张德俊绘
上海 上海人民美术出版社 1989 年 1 张
76cm（2 开）定价：CNY0.45

本作品为年画形式的中国现代国画山水风

景画。

J0029640

云海奇观 胡承斌绘

上海　上海人民美术出版社　1989 年　1 张

76cm（2 开）定价：CNY2.40

　　本作品为年画形式的中国现代国画山水风
景画。

J0029641

张登堂山水画选 张登堂绘

上海　上海人民美术出版社　1989 年　26cm（16 开）

ISBN：7-5322-0454-5　定价：CNY12.00

（中国现代美术家画丛）

J0029642

张志民山水画集 张志民绘

济南　山东美术出版社　1989 年　24 页　26cm

（16 开）ISBN：7-5330-0179-6　定价：CNY3.80

J0029643

长白秋色 赵幼华绘

北京　人民美术出版社　1989 年　2 张　76cm（2 开）

定价：CNY2.50

　　本作品为年画形式的中国现代国画山水风
景画。

J0029644

长城雄姿 赵幼华绘

天津　天津人民美术出版社　1989 年　4 张（卷轴）

76cm（2 开）定价：CNY4.60

　　本作品为年画形式的中国现代国画山水风
景画。

J0029645

周晓光山水画集 周晓光绘

沈阳　辽宁美术出版社　1989 年　有彩照　22cm

（30 开）ISBN：7-5314-0685-3　定价：CNY9.50

　　作者周晓光（1945—　），画家、国家一级美
术师。河北沧州人，作品有《五老松》《明月青松》
《山水》，出版有《周晓光山水画集》《周晓光近作
选》等。

J0029646

朱道平山水小品集 朱道平绘

南京　江苏美术出版社　1989 年　38 页　21cm

（32 开）ISBN：7-5344-0076-7　定价：CNY9.80

　　作者朱道平（1949—　），山水画家、国家一级
美术师。毕业于南京艺术学院美术系。中国美术
家协会理事、中国美术家协会会员。代表作品有
《朱道平山水作品选》《朱道平水墨精品集》等。

J0029647

碧波飞瀑 车忠阳绘

西安　陕西人民美术出版社　1990 年　1 张

107cm（全开）定价：CNY2.40

　　本作品为年画形式的中国现代国画山水风
景画。

J0029648

春日融融 高景波绘

哈尔滨　黑龙江美术出版社　1990 年　1 张

76cm（2 开）定价：CNY0.55

　　本作品为年画形式的中国现代国画山水风
景画。作者高景波（1946—　），山东掖县人。擅
长年画、水彩画。大庆市群众艺术馆美术部主任、
二级美术师、大庆市美术家协会副主席。主要作
品有水粉组画《采油新工艺》，年画《一路春风喜
盈归》，水彩画《倾国恨》。

J0029649

春色满园 董俊绘

长春　吉林美术出版社　1990 年　1 张　76cm（2 开）

定价：CNY0.55

　　本作品为年画形式的中国现代国画山水风
景画。

J0029650

翠湖名园 邢树荃绘

石家庄　河北美术出版社　1990 年　2 张

107cm（全开）定价：CNY2.20

　　本作品为年画形式的中国现代国画山水风
景画。

J0029651

大观园 赵彦杰绘

长春　吉林美术出版社　1990 年　1 张　76cm（2 开）

定价：CNY0.55

　　本作品为年画形式的中国现代国画山水风
景画。

J0029652
大海 周金康绘
杭州 浙江人民美术出版社 1990 年 1 张
76cm（2 开）定价：CNY1.10
　　本作品为年画形式的中国现代国画山水风景画。

J0029653
飞瀑谷 朱介堂绘
南昌 江西人民出版社 1990 年 1 张
107cm（全开）定价：CNY2.16
　　本作品为年画形式的中国现代国画山水风景画。

J0029654
海 孙居正，王昆明绘
长沙 湖南美术出版社 1990 年 1 张
107cm（全开）定价：CNY1.50
　　本作品为年画形式的中国现代国画山水风景画。

J0029655
河畔春色 于宝俭绘
沈阳 辽宁美术出版社 1990 年 1 张
107cm（全开）定价：CNY2.40
　　本作品为年画形式的中国现代国画山水风景画。

J0029656
荷塘月色 李忠禄绘
长春 吉林美术出版社 1990 年 1 张 76cm（2 开）
定价：CNY0.55
　　本作品为年画形式的中国现代国画山水风景画。

J0029657
湖山秀色 易晶绘
呼和浩特 内蒙古人民出版社 1990 年 1 张
76cm（2 开）定价：CNY0.65
　　本作品为年画形式的中国现代国画山水风景画。

J0029658
黄鹤楼 王建梓绘
天津 天津人民美术出版社 1990 年 1 轴（卷轴）
对联 1 副 定价：CNY5.00
　　本作品为年画形式的中国现代国画山水风景画。

J0029659
黄山大观 孟令颐绘
南京 江苏美术出版社 1990 年 4 张 76cm（2 开）
定价：CNY5.95
　　本作品为年画形式的中国现代国画山水风景画。

J0029660
黄天化怒战陈庚 赵梦林绘
呼和浩特 内蒙古人民出版社 1990 年 1 张
76cm（2 开）定价：CNY0.55

J0029661
黄山奇观 朱子容绘
长沙 湖南美术出版社 1990 年 1 张
107cm（全开）定价：CNY1.50
　　本作品为年画形式的中国现代国画山水风景画。

J0029662
黄山奇观 陈子达，沈宝龙绘
杭州 浙江人民美术出版社 1990 年 1 张
107cm（全开）定价：CNY2.40
　　本作品为年画形式的中国现代国画山水风景画。

J0029663
江河春光图 张洪千绘
天津 天津人民美术出版社 1990 年 4 张
76cm（2 开）定价：CNY5.00
　　本作品为年画形式的中国现代国画山水风景画。

J0029664
金秋 易晶绘
呼和浩特 内蒙古人民出版社 1990 年 1 张
76cm（2 开）定价：CNY0.65
　　本作品为年画形式的中国现代国画山水风景画。

J0029665

金秋 易晶绘

呼和浩特 内蒙古人民出版社 1990 年 2 张

76cm（2 开）定价：CNY2.50

　　本作品为年画形式的中国现代国画山水风景画。

J0029666

锦绣河山 成砺志绘

南京 江苏美术出版社 1990 年 1 轴（卷轴）

对联 1 副（全开）定价：CNY7.20

　　本作品为年画形式的中国现代国画山水风景画。

J0029667

锦绣前程 朱子容绘

杭州 浙江人民美术出版社 1990 年 1 张

76cm（2 开）定价：CNY1.10

　　本作品为年画形式的中国现代国画山水风景画。

J0029668

锦绣山川 车忠阳绘

长沙 湖南美术出版社 1990 年 1 张

107cm（全开）定价：CNY0.80

　　本作品为年画形式的中国现代国画山水风景画。

J0029669

镜泊揽胜 李杰绘

杭州 浙江人民美术出版社 1990 年 1 张

76cm（2 开）定价：CNY1.10

　　本作品为年画形式的中国现代国画山水风景画。

J0029670

九华仙境 朱子容绘

上海 上海人民美术出版社 1990 年 1 张

107cm（全开）定价：CNY2.40

　　本作品为年画形式的中国现代国画山水风景画。

J0029671

刘千山水画集 刘千绘

北京 人民美术出版社 1990 年 40 页 有照片

26cm（16 开）ISBN：7-102-00774-4

定价：CNY15.00

J0029672

楼阁仙境 冯毅绘

天津 天津人民美术出版社 1990 年 4 张

76cm（2 开）定价：CNY5.00

　　本作品为年画形式的中国现代国画山水风景画。

J0029673

庐山高（明）沈周绘

西安 陕西人民美术出版社 1990 年 1 轴（卷轴）

对联 1 副 定价：CNY11.50

J0029674

马学鹏画集 马学鹏绘

沈阳 辽宁美术出版社［1990 年］69 页 24cm

（26 开）ISBN：7-5314-0863-5 定价：CNY40.00

　　本书系中国现代山水画画册专著。

J0029675

名山碧水 陈家骅绘

天津 天津人民美术出版社 1990 年 1 轴（卷轴）

对联 1 副（全开）定价：CNY5.00

　　本作品为年画形式的中国现代国画山水风景画。

J0029676

蓬莱清晓 贾万新绘

天津 天津人民美术出版社 1990 年 1 轴（卷轴）

对联 1 副（全开）定价：CNY7.50（甲）

　　本作品为年画形式的中国现代国画山水风景画。

J0029677

蓬莱清晓 贾万新绘

天津 天津人民美术出版社 1990 年 1 轴（卷轴）

对联 1 副（全开）定价：CNY5.00（乙）

　　本作品为年画形式的中国现代国画山水风景画。

J0029678

秋郊楼观图 张洪千绘

天津 天津人民美术出版社 1990 年 1 轴（卷轴）

对联 1 副 定价：CNY5.00

　　本作品为年画形式的中国现代国画山水风景画。

J0029679

山高水长 刘长，闻炎绘

沈阳 辽宁美术出版社 1990 年 1 张

107cm（全开） 定价：CNY2.40

　　本作品为年画形式的中国现代国画山水风景画。

J0029680

山河锦绣 武忠平绘

天津 天津人民美术出版社 1990 年 2 张

76cm（2 开） 定价：CNY1.10

　　本作品为年画形式的中国现代国画山水风景画。

J0029681

山路松风图 刘维忠，刘浩绘

天津 天津人民美术出版社 1990 年 1 轴（卷轴）

对联 1 副（全开） 定价：CNY5.00

　　本作品为年画形式的中国现代国画山水风景画。

J0029682

山明水秀 王祖德绘

南京 江苏美术出版社 1990 年 1 轴（卷轴）

对联 1 副（全开） 定价：CNY5.94

　　本作品为年画形式的中国现代国画山水风景画。

J0029683

四季山水屏 戴宝龙绘

长春 吉林美术出版社 1990 年 2 张 76cm（2 开）

定价：CNY1.10

　　本作品为年画形式的中国现代国画山水风景画。

J0029684

四季山水图 何延喆绘

天津 天津人民美术出版社 1990 年 4 张

76cm（2 开） 定价：CNY1.10

　　本作品为年画形式的中国现代国画山水风景画。

J0029685

松梅寿鹤 山河壮丽 朱子容绘

北京 人民美术出版社 1990 年 1 张

107cm（全开） 定价：CNY1.10

　　本作品为年画形式的中国现代国画山水风景画。

J0029686

松山烟云图 昔凡绘

长春 吉林美术出版社 1990 年 1 张 对联 1 副

（全开） 定价：CNY1.70

　　本作品为年画形式的中国现代国画山水风景画。

J0029687

天鹅湖 金光远，陈子达绘

南昌 江西人民出版社 1990 年 1 张

107cm（全开） 定价：CNY2.16

　　本作品为年画形式的中国现代国画山水风景画。

J0029688

无限风光 钟文斌绘

南昌 江西人民出版社 1990 年 1 张 76cm（2 开）

定价：CNY0.48

　　本作品为年画形式的中国现代国画山水风景画。

J0029689

五岳同辉 陈德华绘

南京 江苏美术出版社 1990 年 1 轴（卷轴）

对联 1 副（全开） 定价：CNY11.80

　　本作品为年画形式的中国现代国画山水风景画。

J0029690

西湖春色 钱豫强绘

杭州 浙江人民美术出版社 1990 年 1 张

76cm（2 开） 定价：CNY1.10

　　本作品为年画形式的中国现代国画山水风景画。

J0029691

西湖之春 卞志武绘

石家庄 河北美术出版社 1990 年 1 张

76cm（2开）定价：CNY1.00

本作品为年画形式的中国现代国画山水风景画。

J0029692

西湖之春 陈东林绘

北京 中国旅游出版社 1990年 1张 76cm（2开）定价：CNY1.15

本作品为年画形式的中国现代国画山水风景画。作者陈东林（1947— ），安徽人。中国摄影家协会会员。主要摄影作品有《茶馆》《元宵节》《茶香迎远客》等。

J0029693

秀丽江山 王然、陈继英绘

天津 天津人民美术出版社 1990年 4张 76cm（2开）定价：CNY5.00

本作品为年画形式的中国现代国画山水风景画。

J0029694

徐英槐山水画选 徐英槐绘

海口 三环出版社 1990年 1册 26cm（16开）ISBN：7-80564-037-8 定价：CNY18.00

作者徐英槐（1937— ），山水画家。浙江宁波人，毕业于浙江美术学院，浙江画院专业画家。代表作品有《黄山迎客松》《杨柳山晓风残月》等。

J0029695

艳阳金秋 黄振永绘

南昌 江西人民出版社 1990年 1张 107cm（全开）定价：CNY2.00

本作品为年画形式的中国现代国画山水风景画。作者黄振永（1930— ），四川成都人。擅长宣传画、年画。曾在空军美术训练班学习。历任原沈阳军区美术创作员、原成都军区空军政治部创作员。作品有《我爱祖国的蓝天》，年画《幽谷飞瀑》《海之歌》等。

J0029696

张彦青山水写生集 张彦青绘；山东画院编

济南 山东美术出版社 1990年 58页 26×24cm ISBN：7-5330-0340-3 定价：CNY16.65

作者张彦青（1917—2017），原名焕，字剑进，号抚愠斋主。山东临清市人。毕业于北平辅仁大学美术系和重庆中央大学艺术系国画专业。历任中国美术家协会山东分会常务理事、山东老年书画研究会副会长。代表作品有《张彦青国画选》《山东革命纪念册》《张彦青山水写生集》。

J0029697

镇江金山图 魏守志绘

沈阳 辽宁美术出版社 1990年 1张 76cm（2开）定价：CNY0.55

本作品为年画形式的中国现代国画山水风景画。

J0029698

中国山水画家——郭公达选集 郭公达绘

合肥 安徽美术出版社 1990年 166页 37cm（12开）精装 ISBN：7-5398-0108-5 定价：CNY20.00

本画集收录作者作品76幅。作者郭公达（1931— ），画家。安徽萧县人，毕业于浙江美术学院中国画系。任教于安徽艺术学院（现为安徽大学艺术学院），中国美术家协会会员、安徽美术家协会副主席等职。出版有《郭公达山水画册》《郭公达画集》《郭公达山水画选集》等。

J0029699

周抡园山水画集 周抡园绘

石家庄 河北美术出版社 1990年 37cm（8开）

本画集收录作者20世纪50-80年代的作品87幅，其中彩色作品49幅，黑白作品38幅。作者周抡园（1899—1988），画家、教授。河北大名府人，毕业于国立北平大学艺术学院。作品有《杜甫诗意画》《巫峡》《秋山行旅》，著有《山水基本画法》。

J0029700

朱松发，朱宝善中国画选集 朱松发，朱宝善绘

合肥 安徽美术出版社 1990年 37cm（12开）

本画选收集两个作者80多幅作品。作者朱松发（1942— ），国家一级美术师。祖籍安徽怀宁县，就读于安徽艺术学院和浙江美术学院，任职于安徽省书画院。代表作品有《囚歌》《巢湖渔歌》《梅花》等。作者朱宝善（1943— ），国家一级美术师。生于安徽省萧县。寿州书画院院长、研究员，中国美术家协会安徽分会理事、中国城

市科学研究会会员。出版《朱宝善中国画选集》等。

J0029701
北京胜景 王章恒，李建新绘
北京 北京美术摄影出版社 1991年 1张
107cm（全开） 定价：CNY2.90
　　本作品为年画形式的中国现代国画山水风
景画。

J0029702
常进山水画集 常进绘
北京 荣宝斋 1991年 25×26cm
ISBN：7-5003-0111-1 定价：CNY5.90

J0029703
陈平画集 陈平绘
北京 荣宝斋 1991年 24页 25×26cm
ISBN：7-5003-0109-X 定价：CNY5.90
　　现代中国画画册集。

J0029704
陈子庄画选 陈子庄绘
北京 人民美术出版社 1991年 298页
有照片 19cm（32开） ISBN：7-102-00908-9
定价：CNY7.50
（中国美术家丛书）
　　本画册收入作者作品298幅，以及相关介
绍。书后附有《陈子庄的艺术》的评介文章。作
者陈子庄（1913—1976），画家。号南原，又号石
壶。出生于四川荣昌县。历任四川省文史馆研
究员、四川省政协委员。代表作有《山深林密》
《秋山如醉》《溪岸图》等。著有《石壶论画语要》。

J0029705
春光明媚 祖文，晓昕绘
沈阳 辽宁美术出版社 1991年 1张 76cm（2开）
ISBN：7-5314-0908 定价：CNY0.58
　　本作品为年画形式的中国现代国画山水风
景画。

J0029706
戴学正山水画谱 戴学正绘
台北 世界文物出版社 1991年 157页
30cm（10开） ISBN：957-9058-24-5
定价：TWD320.00

J0029707
范保文画集 范保文绘
南京 南京出版社 1991年 48页 25×26cm
ISBN：7-80560-515-7 定价：CNY19.50
　　现代中国画之山水画画册。作者范保文
（1935— ），教授。江苏宜兴人，毕业于南京师范
学院。历任南京师范大学美术系副教授、中国美
术家协会会员、江苏省水彩画协会常务理事。作
品有《山魂图》《一桥飞架南北天堑变通途》，编
辑有《毛泽东诗词书画精品典藏》。

J0029708
飞瀑垂帘 是有福绘
南京 江苏美术出版社 1991年 1张 107cm（2开）
定价：CNY3.70
　　本作品为年画形式的中国现代国画山水风
景画。

J0029709
冯益信国画选 冯益信绘
济南 山东美术出版社 1991年 22页 26×24cm
ISBN：7-5330-0376-4 定价：CNY5.10
　　作者冯益信（1936— ），国画家。山东潍坊
人。山东省美术家协会会员、临朐美协顾问。出
版有《冯益信国画选》《刘秀》等。

J0029710
傅二石画集 傅二石绘
苏州 古吴轩出版社 1991年 43页 25×26cm
ISBN：7-80574-011-9 定价：CNY22.00
　　本书精选傅二石所作画42幅。作者傅二石
（1936—2017），画家。生于江西南昌。历任江苏
省国画院一级画师、傅抱石纪念馆名誉馆长、中
国美术家协会会员，出版有《傅二石画集》等。

J0029711
顾坤伯树石专集（最佳山水画临本）曾宓编著
福州 福建美术出版社 1991年 36cm（9开）
ISBN：7-5393-0033-7 定价：CNY4.80
　　顾坤伯（1905—1970），画家、美术教育家。
曾名乙，字景峰，号二泉居士，江苏无锡人。代
表作品有《山川浑厚草木华滋》《江山多娇》。编
著者曾宓（1935— ），画家。笔名三石楼主，福
建福州人，毕业于中国美术学院中国画系。中
国美协会员、浙江画院艺术委员会委员、浙江画

院专职画家,一级美术师。出版有《中国写意画构成法则》《中国写意画的构成艺术》《曾宓画集》等。

J0029712
洪维勤山水画集　洪维勤绘
南京　南京出版社　1991年　38页　26cm（16开）
ISBN：7-80560-337-5　定价：CNY12.80

　　作者洪维勤(1949—　)，画家。号谷子，籍贯河北保定。历任中国美术家协会江苏分会会员、江苏省青年美术家协会副秘书长、江苏省壁画研究会理事、南京市美术家协会专业画家。出版有《洪维勤山水画集》《洪维勤西藏之旅》画册。

J0029713
胡铁铮雁荡画册　胡铁铮绘
上海　上海人民美术出版社　1991年　27页　26cm（16开）ISBN：7-5322-0833-8　定价：CNY11.00

　　现代中国画之山水画册。作者胡铁铮(1946-)，自号雁石，中国美术家协会浙江分会会员。

J0029714
黄宾虹精品集　黄宾虹绘；董玉龙主编
北京　人民美术出版社　1991年　270页　有照片38cm（8开）精装　ISBN：7-102-00959-3

　　本画集收选彩图173幅。其中代表作有《武夷纪游》《太湖风景》《溪山新晴》《临桂岩洞》《郑师山钓台》《方岩溪润》《万松烟霭》《长桥回溪》等。画集文字为中英文对照。外文书名：Masterpiece of Painting by Huang Binhong.

J0029715
黄纯尧山水画集　黄纯尧绘
成都　四川美术出版社　1991年　26×26cm
ISBN：7-5410-0624-6　定价：CNY16.50
（中国美术家国际艺术交流丛书）

　　作者黄纯尧(1925—2007)，画家。四川成都人，毕业于前国立中央大学艺术系。曾任南京师范大学美术系教授，任教于四川教育学院、四川大学。代表作品有《银线横空谱新歌》《此日铁龙渡关山》等。

J0029716
黄鹤楼　魏守志，建新绘
沈阳　辽宁美术出版社　1991年　1张　76cm（2开）
ISBN：7-5314-0931　定价：CNY0.58

　　本作品为年画形式的中国现代国画山水风景画。

J0029717
黄墨林山水画集　黄墨林绘
济南　山东美术出版社　1991年　36cm（12开）
ISBN：7-5330-0404-8　定价：CNY5.00

J0029718
黄云山水画集　黄云绘
广州　岭南美术出版社　1991年　有彩照　26cm（16开）ISBN：7-5362-0691-7　定价：CNY15.00

J0029719
孔仲起山水画集　孔仲起绘
北京　朝花美术出版社　1991年　39页　26cm（16开）ISBN：7-5056-0136-9　定价：CNY12.00

　　作者孔仲起(1934—2015)，画家、教授。名庆福，字仲起，浙江慈溪人，毕业于浙江美术学院中国画系。历任中国美术学院教授，中国美术家协会会员。著有《孔仲起山水画集》《孔仲起画云水》《山水画技法概要》《孔仲起山水写生法》等。

J0029720
漓江秀色·黄山劲松·三峡云烟·武陵秋色　雷寿元绘
长沙　湖南美术出版社　1991年　2张　76cm（2开）
ISBN：7-5356-1498　定价：CNY1.10

　　本作品为年画形式的中国现代国画山水风景画。

J0029721
良辰美景　李学勤，杜新苗绘
呼和浩特　内蒙古人民美术出版社　1991年　1张　76cm（2开）定价：CNY0.55

　　本作品为年画形式的中国现代国画山水风景画。

J0029722
刘中慷画集　刘中慷绘
济南　明天出版社　1991年　44页　25×26cm
ISBN：7-5332-1262-2　定价：CNY35.00

本画册选自作者两年间创作的部分作品 44
件。作者刘中慷(1969—)，画家。号铸巍，生
于山东济南，毕业于日本京都嵯峨艺术大学。历
任山东省刘宝纯美术馆馆长、日中水墨彩画艺
术交流协会会长、国际文化贸易株式会社(日本)
社长、山东画院高级画师、山东省美术家协会
会员。

J0029723

庐星堂山水集 庐星堂绘
南京 南京出版社 1991 年 60 页 有彩照
25×26cm ISBN：7-80560-436-3
定价：CNY29.00

　　外文书名：Selection of Lu Xing Tang Landscape
Paintings. 作者庐星堂(1938—)，教授。生于江
苏常熟，祖籍江苏张家港。江苏省国画院高级美
术师、张家港市书画院名誉院长。

J0029724

马流洲画集 马流洲绘
广州 岭南美术出版社 1991 年 58 页
25cm(小 16 开) ISBN：7-5362-0734-4
定价：CNY40.00

　　本书收作者山水画 58 幅。作者马流洲
(1942—)，广东潮阳人，中国美术家协会广东
分会会员，高级工艺美术师。

J0029725

满园春 李学勤绘
长春 吉林美术出版社 1991 年 1 张 76cm(2 开)
定价：CNY0.65

　　本作品为年画形式的中国现代国画山水风
景画。

J0029726

秋思 楼永年绘
杭州 浙江人民美术出版社 1991 年 1 张
53cm(4 开) 定价：CNY1.20

　　本作品为年画形式的中国现代国画山水风
景画。作者楼永年(1940—)，浙江萧山人，毕
业于浙江美术学院工艺系。历任杭州印染厂花
样设计、高级工艺美术师。代表作品有《福宝寿
禧》《四季平安》《福寿万年》《和合图》等。

J0029727

三青山云海 陈林干绘
杭州 浙江人民美术出版社 1991 年 1 张
76cm(2 开) 定价：CNY1.10

　　本作品为年画形式的中国现代国画山水风
景画。

J0029728

山川悠悠 单剑锋绘
广州 岭南美术出版社 1991 年 61 页 23×21cm
ISBN：7-5362-0687-9 定价：CNY18.00

　　本画册共收画家作品 61 幅。外文书名：
Landscape of Eternity. 作者单剑锋(1934—)，画
家。湖南衡山县人，毕业于广州美术学院中国画
系。历任岭南美术出版社副编审、广东美术家协
会会员、齐白石纪念馆特聘画家、海南大学艺术
学院客座教授等。主要作品有《九曲黄河》《荒
原月》《我是一片云》《独钓寒江》《长河落日》等。

J0029729

山高水长 周金康绘
杭州 浙江人民美术出版社 1991 年 1 张
76cm(2 开) 定价：CNY1.10

　　本作品为年画形式的中国现代国画山水风
景画。

J0029730

上海外滩的节日之夜 章育青绘
上海 上海人民美术出版社 1991 年 1 张
76cm(2 开) 定价：CNY0.50

　　本作品为年画形式的中国现代国画山水风
景画。作者章育青(1909—1993)，画家。浙江慈
溪人。上海人民美术出版社年画专业画家。作
品有《上海大世界》《元宵灯》《上海外滩》《南京
长江大桥》等。

J0029731

孙仲起山水画集 孙仲起绘
北京 朝花美术出版社 1991 年 39 页 26cm(16 开)
ISBN：7-5056-0136-9 定价：CNY12.00

J0029732

王康乐山水画集 王康乐绘
上海 上海人民美术出版社 1991 年 30cm(10 开)
ISBN：7-5322-0963-6 定价：CNY29.00

本画集收入作者山水作品44幅图。

J0029733
吴纯强画集 吴纯强绘
青岛 青岛出版社 1991年 40页 有肖像
24×25cm ISBN：7-5436-0583-X
定价：CNY20.00
　　现代中国画画册。外文书名：Painting Album of Wu chun-qiang. 作者吴纯强（1939—　），画家。山东蓬莱人，毕业于山东艺术学院。历任青岛画院画家，副教授。出版有《吴纯强画集》。

J0029734
峡谷秋色 史士明绘
西安 陕西人民美术出版社 1991年 1张
107cm（全开） 定价：CNY2.50
　　本作品为年画形式的中国现代国画山水风景画。作者史士明（1935—　），生于江苏武进。江苏美协会员、高级美术师、常州兰陵年画社副社长。

J0029735
峡谷秋艳 是有福绘
南京 江苏美术出版社 1991年 1张
107cm（全开） 定价：CNY3.70
　　本作品为年画形式的中国现代国画山水风景画。

J0029736
仙境 尚慧通绘
天津 天津人民美术出版社 1991年 1张 76cm（2开） ISBN：7-5305-2212-1 定价：CNY0.55
　　本作品为年画形式的中国现代国画山水风景画。

J0029737
杨耀名胜写生 杨耀绘
北京 人民美术出版社 1991年 25页 26cm（16开）
ISBN：7-102-00932-1 定价：CNY12.50

J0029738
杨逸塘山水画集 杨逸塘绘
北京 北京出版社 1991年 26cm（16开）
ISBN：7-200-01438-9 定价：CNY16.00
　　作者杨逸塘（1938—　），江苏省镇江中国画

院二级美术师

J0029739
叶维中国画集 叶维绘
合肥 安徽美术出版社 1991年 62幅
28cm（大16开） ISBN：7-5398-0176-X
定价：CNY30.00
　　本画集选编作者中国画作品62幅。题材以描绘江南水乡为主。外文书名：A Selection of Ye Wei's Chinese Traditional Painting. 作者叶维（1940—　），画家。江苏省常熟市人。毕业于南京师范大学美术系。历任江苏美术出版社编辑室副编审，中国美术家协会会员。代表作品《峡江晨曦》《碧玉留江南》《莫愁湘畔》。

J0029740
应洪声画集 应洪声绘
上海 学林出版社 1991年 24页 26cm（16开）
ISBN：7-80510-263-5 定价：CNY10.00
　　现代中国画画册。作者应洪声（1941—　），中国美术家协会会员。

J0029741
幽谷飞瀑 胡委伦绘
上海 上海人民美术出版社 1991年 1张
76cm（2开） 定价：CNY0.55
　　本作品为年画形式的中国现代国画山水风景画。作者胡委伦（1948—　），上海人。别名胡惠伦。擅长油画。毕业于中国美术学院附中。曾任职于浙江遂昌婺剧团、丽水地区越剧团、丽水地区艺术研究中心，二级美术师。作品有《故乡情》《默默的路》《还是这条路》。

J0029742
张彦青山水写生集 张彦青绘；山东画院编
济南 山东美术出版社 1991年 58页 26×24cm
ISBN：7-5330-0340-3 定价：CNY16.65
　　作者张彦青（1918—　），曾用名张焕字剑进，号无愠斋主人，中国美术家协会会员。

J0029743
赵松涛山水画集 赵松涛绘
天津 天津人民美术出版社 1991年 102页
38cm（6开） 精装 定价：CNY92.00
　　本书选编作者代表作品102幅图，主要包括

《幽谷图》《黄山玉屏楼》《高路入云端》《云南小景》《塞上秋艳》等。作者赵松涛(1916—1993)，山水画家。字劲根，号本坚，天津人。曾任天津工艺美院教授、中国美术家协会会员，天津国画研究会理事等。代表作品有《建明春晓》《峨眉牛心亭》《峰回路转》等。

J0029744

周月波画选 周月波绘

北京 北京出版社 1991 年 39 页 25×26cm
ISBN：7-200-01577-6 定价：CNY14.00

现代中国画之山水画画册。

J0029745

朱恒画集 朱恒绘；宋忠元主编

杭州 中国浙江美术学院出版社 1991 年
34cm（10 开） 精装 ISBN：7-81019-123-3
定价：CNY190.00

现代中国画之山水画画册。外文书名：Zhu Heng's Paintings. 作者朱恒(1916—)，浙江义乌人，浙江省文史研究馆副馆长、浙江美术学院中国画系教授、中国美术家协会会员。

J0029746

白雪石画选 白雪石绘

北京 人民美术出版社 1992 年 264 页 有照片
19cm（小 32 开） ISBN：7-102-01087-7
定价：CNY12.50

本书选编了作者近 20 年来所创作的山水画作品 260 余幅。

J0029747

卜敬恒山水画集 卜敬恒绘

成都 四川美术出版社 1992 年 25×26cm
ISBN：7-5410-0490-1 定价：CNY21.00

作者卜敬恒(1945—)，画家。四川乐山人。历任嘉州画院副院长、重庆师范大学美术学院客座教授、孔子中国画院名誉院长、四川省美术家协会会员等。著有《卜敬恒山水画集》《'98 卜敬恒花鸟画选》等。代表作有《春风送我上云霄》《一江春水半江花》《云影摇香》等。

J0029748

陈金章画集 陈金章绘

武汉 湖北美术出版社 1992 年 39cm（8 开）

精装 定价：CNY160.00

本画册选入作者作品 53 件。外文书名：A Collection of Artistic Works of Chen Jinzhang. 作者陈金章(1929—)，教授。广东化州县人。广州美术学院教授、硕士生导师，中国美术家协会会员、岭南画派纪念馆馆长。代表作品有《南方的森林》《秋声》《春晓》。出版有《中国当代名家·陈金章》。

J0029749

陈金章山水画稿 陈金章绘

郑州 河南美术出版社 1992 年 171 页 有照片
26cm（16 开） ISBN：7-5401-0256-X
定价：CNY9.80

现代中国画之山水画画册。

J0029750

崔晓东山水画集 崔晓东绘

北京 荣宝斋 1992 年 23 页 25cm（小 16 开）
ISBN：7-5003-0115-4 定价：CNY6.80

现代中国画之山水画画册。作者崔晓东(1953—)，教授，画家。出生于黑龙江齐齐哈尔市，祖籍江苏扬州。硕士毕业于中央美院。历任北京煤炭管理干部学院讲师，中央美术学院中国画学院教授、山水系系主任，中国美术家协会会员、炎黄艺术馆馆长。出版有《崔晓东山水画集》等。

J0029751

杜甫诗意画一百开 陆俨少绘

北京 东方出版社 1992 年 100 页
28cm（大 16 开） ISBN：7-5060-0283-3
定价：CNY60.00

J0029752

顾荣元画集 顾荣元绘

苏州 古吴轩出版社 1992 年 24 幅 24×26cm
ISBN：7-80574-027-5 定价：CNY10.80
（当代吴门画库）

本画全集收图 300 幅，共 10 集。作者顾荣元(1944—)，国画家。江苏苏州人。历任苏州书画院副院长、江苏省国画院特聘画家。

J0029753

姜万奎作品选 姜万奎绘

哈尔滨 黑龙江美术出版社 1992年 26cm（16开）

　　本画选收入作者中国画作品30多幅。作者姜万奎（1954—　），教授、画家。生于山东烟台，毕业于哈尔滨师范大学。历任大连国际商务学院美术学院院长、大连东科专修学院院长、吉林艺术学院大连分院院长、大连工业大学金州继教院院长等职。出版有《姜万奎画集》《姜万奎作品选》《姜万奎艺术论文选》等。

J0029754
李乃华国画选集 李乃华著
北京 华夏出版社 1992年 52页 有彩照 26cm（16开）ISBN：7-80053-468-5 定价：CNY30.00（维纳斯星座画库）

　　现代中国画之山水画画册，包括作者的绘画作品45幅，印章15方。作者李乃华，中国美术家协会贵州分会、中国电力国画研究会、贵州青年书法家协会会员。

J0029755
梁荣中山水画集（汉英日对照）梁荣中绘
南宁 广西美术出版社 1992年 48页 25×27cm
ISBN：7-80582-280-8 定价：CNY48.00

　　外文书名：Liang Rongzhong's Selection of Paintings on Landscape. 作者梁荣中（1938—1995），一级美术师。广西平南人，毕业于广西艺术学院。中国美术家协会广西分会常务理事、中国美术家协会会员。代表作品有《侗寨新声》《南盘江的早晨》《苗岭归牧》《漓江烟雨》等，出版有《碧峰翠城》《奇山秀水》《梁荣中山水画集》等。

J0029756
林英印山水画集 林英印绘
济南 山东美术出版社 1992年 34页 有彩照
24×26cm ISBN：7-5330-0527-9
定价：CNY20.00

　　现代中国画之山水画画册。作者林英印（1962—　），画家。河南范县人，毕业于山东曲阜师大美术系。中国美术家协会会员、河南省美术家协会山水画艺委会副秘书长、河南省中国画院画家。作品有《深谷春梦》《家住黄土心自安》《绿梦》等；出版有《林英印山水画集》《当代中国山水画集》。

J0029757
钱伯伟画选 钱伯伟绘
苏州 古吴轩出版社 1992年 23页 26×25cm
精装 ISBN：7-80574-042-9 定价：CNY15.00

　　现代中国画之山水画画册。外文书名：Qian Bowei's Painting Works Selection. 作者钱伯伟（1959—　），号寒石，苏州江南画社社长。

J0029758
思一画集 思一画
北京 人民中国出版社 1992年 50页 25×24cm
ISBN：7-80065-113-4 定价：CNY22.50

　　现代中国画之山水画画册。

J0029759
宋文治画集（汉英对照）宋文治绘；莫一点编
北京 荣宝斋 1992年 74页 29cm（15开）
ISBN：7-5003-0149-9 定价：CNY32.00

　　本画册汇集了作者20多年创作的中国山水画。外文书名：The Painting Album of Song Wenzhi.

J0029760
唐干山水画集 唐干画
福州 福建美术出版社 1992年 25×26cm
ISBN：7-5393-0192-9 定价：CNY18.00

　　外文书名：A Collection of Tang Gan's Landscape Paintings. 作者唐干（1938—1996），国家二级美术师。安徽太和人，就读于安徽省艺术学院版画系。曾任安徽省宿州市书画院院长、中国美术家协会会员等。主要作品有《满院丰收满院歌》《月是故乡明》《山里明珠》等。

J0029761
王文芳山水画艺术 王文芳绘
太原 山西人民出版社 1992年 43页 25×26cm
精装 ISBN：7-203-02421-0 定价：CNY22.50

　　外文书名：Wang Wenfang Art of Paintiongs of Landscapes. 作者王文芳（1938—　），画家、一级美术师。山东招远人。历任北京画院专职画家、全国美协会员、北京美协理事、北京画院专业画家。代表作品有《梦回版纳》《松鸣谷应》《王文芳山水画选》等。

J0029762
魏扬画集 魏扬编
武汉 湖北美术出版社 1992年 80页
27cm（12开）精装 ISBN：7-5394-0292-7
定价：CNY58.00
　　本画集收64幅图。

J0029763
阎汝勤画选（汉英对照）阎汝勤绘
北京 北京出版社 1992年 45页 有彩照
25×25cm ISBN：7-200-01886-4
定价：CNY26.00
　　现代中国画之山水画画册。外文书名：Selected
Paintings by Yan Ruqin. 作者阎汝勤（1924— ），
中国美术家协会会员、内蒙古美协荣誉理事。

J0029764
杨启舆画集 杨启舆绘
福州 福建美术出版社 1992年 28cm（16开）
ISBN：7-5393-0185-7 定价：CNY39.80
　　本画集收入作者的山水画作品43幅，书法
篆刻作品5幅。作者杨启舆（1926—2008），湖南
常德人，山水画家，亦擅书法篆刻，福建师大美
术系教授、中国美术家协会会员、全国美术教育
研究会会员。

J0029765
杨挺山水画集 杨挺绘
福州 福建美术出版社 1992年 20页 25×26cm
ISBN：7-5393-0206-2 定价：CNY16.00
（中青年美术家丛书）
　　本画册包括杨挺的山水画作品20幅及数方
篆刻作品。

J0029766
宇文洲画集 宇文洲绘
北京 人民美术出版社 1992年 24页 23×26cm
ISBN：7-102-01149-0 定价：CNY17.00
　　现代中国2画画册，本画辑精选了画家的山
水作品。

J0029767
张宝珠中国画集 张宝珠绘
北京 人民美术出版社 1992年 49页 23×26cm
ISBN：7-102-01115-6 定价：CNY28.00

　　现代中国画画册，本画辑精选了画家的山水
画作品。作者张宝珠（1945— ），山东画院高级
画师。

J0029768
张仃焦墨山水（1989—1991）张仃绘
太原 山西人民出版社 1992年 92页 25×27cm
精装 ISBN：7-203-02475-X 定价：CNY25.80

J0029769
张宏卓画集 张宏卓绘
北京 人民中国出版社 1992年 71页
27cm（大16开）精装 ISBN：7-80065-106-1
定价：CNY［25.00］
　　现代中国画画册。作者张宏卓（1938— ），
山水画家。

J0029770
张胜远现代山水画集（汉英日对照）张胜远
绘
北京 人民美术出版社 1992年 28cm（大16开）
ISBN：7-102-01107-5 定价：CNY26.00
　　现代中国画之山水画画册。外文书名：A
Collection of Modern Landscape Paintings by
Zhang Shengyuan. 作者张胜远（1954— ），山水
画家。亦名况远、山夫。生于山东邹城市。杭州
西泠书画院专职画师。代表作品有《张胜远山水
画选》《况达画选》。

J0029771
章志远山水画集（汉英对照）章志远绘
南京 南京出版社 1992年 33页 25×26cm
ISBN：7-80560-612-9 定价：CNY18.00
　　本书为现代中国画之山水画画册。作者章
志远（1941— ），画家、国家一级美术师。笔名
时源。湖南长沙人。历任江苏国际文化交流中
心专职画家、中国美术家协会敦煌创作中心创作
顾问、东南大学艺术学系教授、南京市文联书画
研究院研究员等。出版有《章志远山水画集》《章
志远画册》《章志远山水画挂历》等。

J0029772
郑伯劲山水画集 郑伯劲绘
沈阳 辽宁美术出版社 1992年 有照片
24×26cm ISBN：7-5314-0927-5

定价：CNY35.00

（画家专集）

　　现代中国画之山水画画册。作者郑伯劲（1939—　），国画家、一级美术师。辽宁沈阳人。历任沈阳书画院副院长、沈阳市美术家协会副主席、辽宁省中国画研究会副秘书长、沈阳市文联书画研究会专业画家。

J0029773

中国名胜图（中国著名山水部分）何云泉编绘
北京　荣宝斋　1992 年　189 页　有图　26cm（16 开）
ISBN：7-5003-0054-9　定价：CNY6.50

　　本集以线描的手法，将"五岳三山"尽收笔底，附有文字说明。共收作品 200 幅，表现各种山川的不同风貌。

J0029774

避暑山庄七十二景　《避暑山庄七十二景》编委会编
北京　地质出版社　1993 年　72 页　25×24cm
ISBN：7-116-01382-2　定价：CNY21.50

　　现代中国画中的风景画画册。

J0029775

当代中国山水画集　王合多主编
武汉　湖北美术　1993 年　231 页　28×28cm
精装　ISBN：7-5394-0443-4　定价：CNY288.00

　　本书收"第二届当代中国山水画展"作品 200 余幅。

J0029776

邓辉楚山水册　邓辉楚绘
长沙　湖南美术出版社　1993 年　25×26cm
ISBN：7-5356-0612-1　定价：CNY18.00

　　现代中国画之山水画画册。作者邓辉楚（1944—　），画家。湖南新邵人，毕业于湖南师范大学。历任湖南书画研究院特聘画师、湖南少年儿童出版社副编审、湖南湘风书画艺术院院长、北京恒辉书画艺术院院长、中国美术家协会会员。代表作品有《山顶人家》《张家界》《雾漫苗山》等。出版有《邓辉楚山水画集》等。

J0029777

高相国画集　高相国绘
太原　山西人民出版社　1993 年　42 页　25×26cm
ISBN：7-203-02709-0　定价：CNY30.00

　　现代中国画之山水画画册。作者高相国（1944—　），画家、高级美术师。笔名劲草，号关东人，黑龙江大庆人。历任太原画院高级美术师、中国美术家协会会员、山西省政协委员等。代表作品有《黄土魂》《高原寻梦》《故乡的杨树林》。

J0029778

侯以方画集　侯以方绘画
广州　岭南美术出版社　1993 年　72 页　29cm（16 开）
ISBN：7-5362-0998-3　定价：CNY38.80

　　现代中国画之山水画画册。外文书名：Selected Works of Hou Yifang.

J0029779

黄宾虹山水图册　黄宾虹绘
上海　上海书画出版社　1993 年　37×26cm
ISBN：7-80512-708-5　定价：CNY15.00

（中国画名家范本系列）

　　本书收有山水画作品 8 幅。

J0029780

冀有泉画集　冀有泉绘
哈尔滨　黑龙江人民出版社　1993 年　48 页　25×26cm　ISBN：7-207-02673-0
定价：CNY54.60

　　外文书名：Ji You-Quan's Painting Album. 作者冀有泉（1953—　），画家。原名冀有全，毕业于中央美术学院。中国人民解放军空军文工团政委、军旅画家，中国美术家协会会员、雪庐画会会员。代表作品有《情系江山》《秋染太行》《雪浴林海》等。

J0029781

李朝炳山水画稿　李朝炳著
武汉　中国地质大学出版社　1993 年　92 页　19×19cm　ISBN：7-5625-0750-3
定价：CNY12.80

　　本书选入画家画稿 84 幅，中国画 8 幅。作者李朝炳（1949—　），湖北大冶市黄荆山人。从事美术教育和艺术创作数十年。中国手指画研究会常务理事、东方文化艺术联谊会学部委员、武汉美术家协会会员。

J0029782

梁风写生集 梁风绘

广州 广州出版社 1993 年 63 页 26cm（16 开）

ISBN：7-80592-035-4 定价：CNY16.80

　　本书收入画家1983年至1992年的速写43幅，国画12幅。外文书名：Liang Feng's Collection of Sketches of the Chinese Landscape. 作者梁风（1952— ），原名梁兆强，广东顺德人，广州市荔湾区文化管美术干部、广州智高文化用品美术设计师，广州市文联羊城诗社成员。

J0029783

梁铭添山水画选 梁铭添绘

广州 岭南美术出版社 1993 年 59 页 有彩照 22×22cm ISBN：7-5362-0911-8

定价：CNY28.00

　　本画册共收入画家的山水画作品50余幅。外文书名：Liang Mingtian's Mountain and Water Paintings. 作者梁铭添（1937— ），广东南海人。广东岭南美术出版社美术副编审、年画编辑室主任，中国美术家协会广东分会会员、广东年画艺术委员会副会长。代表作品有《梁铭添山水画集》。

J0029784

林丰俗画集 林丰俗绘

广州 岭南美术出版社 1993 年 98页 38cm（6开）

精装 ISBN：7-5362-0938-X 定价：CNY150.00

　　现代中国画之山水画画册。外文书名：Album of Lin Fengsu's Paintings. 作者林丰俗（1939—2017），画家。广东潮安县人，毕业于广州美术学院中国画系。历任广州美术学院教授、硕士生导师，广东画院聘请画家、中国美术家协会会员、广东美术家协会常务理事、广东省文史研究馆馆员。作品有《公社假日》《石谷新田》等，出版有《林丰俗画选》《林丰俗花鸟画集》等。

J0029785

卢德平山水画集 卢德平绘

广州 新世纪出版社 1993 年 有照片 26cm（16 开）ISBN：7-5405-0927-9 定价：CNY33.80

（卢德平山水印象系列）

　　外文书名：Lu De-Ping's Collection of Landscape Paintings.

J0029786

马殿普山水画集 马殿普绘

济南 山东美术出版社 1993 年 32页 26×23cm

ISBN：7-5330-0687-9 定价：CNY28.50

　　本书收有山水画作品32幅。作者马殿普（1940— ），字瞻石，号石窠斋主，济南人，济南市美术家协会会员等职。

J0029787

瞿谷量山水册（1992 壬申 中英文本）瞿谷量绘

上海 上海书画出版社 1993 年 26×23cm

ISBN：7-80512-779-4 定价：CNY15.00

　　现代中国画山水画画册。外文书名：Jui Guliang Landscape. 作者瞿谷量（1936— ），旅美画家。上海嘉定人。曾在上海人民美术出版社工作。代表作有水彩画《蓬莱三岛》《上海南京路》《上海人民公园雪景》等。

J0029788

邵文君画集（江南水乡篇）邵文君绘

苏州 古吴轩出版社 1993 年 42页 26×26cm

ISBN：7-80574-045-3 定价：CNY30.00

（当代吴门画库）

　　外文书名：Selected Paintings of Shao Wenjun. 作者邵文君（1942— ），画家。苏州枫桥镇人，毕业于苏州工艺美专。历任中国国画家协会理事、苏州市书画收藏家协会副会长、吴中区美协名誉顾问、江苏省工艺美术大师。代表作品有《寒山寺》《苏州人家》《太湖岸边》等。

J0029789

守涛画选 张守涛绘

北京 人民美术出版社 1993 年 53页 26×23cm

ISBN：7-102-01216-0 定价：CNY27.00

　　本书收入作者中国画之山水画作品52幅，版权页题名：张守涛画集。作者张守涛（1945— ），又名首涛，雅宝堂主人，生于北京，祖籍山东黄县。历任北京中国画研究会副会长、香港东方艺术研究院副院长。代表作品有《漓江山水》《抬头见喜》等，著有《守涛画集》等。

J0029790

宋守安山水画选 宋守安著

济南 山东美术出版社 1993 年 24页 26cm（16 开）

ISBN：7-5330-0599-6 定价：CNY11.00

本书共收入画家作品29幅。作者宋守安，画家。山东即墨人。山东省美协会员，即墨市环境艺术服务社经理、青岛书画研究院理事。作品有《乡恋》，出版有《宋守安山水画选》。

J0029791

孙文铎画集 孙文铎绘

长春 吉林美术出版社 1993年 36页 24×25cm

ISBN：7-5386-0305-0 定价：CNY25.00

本画册共收入画家作品36幅。

J0029792

王镛山水册 王镛绘

北京 荣宝斋 1993年 25×26cm

ISBN：7-5003-0200-2 定价：CNY9.60

本书共收画家绘画作品24幅，书法作品1幅。作者王镛（1948— ），别署凸斋、鼎楼主人等。生于北京，山西太原人。硕士毕业于中央美术学院。历任中央美术学院教授、书法艺术研究室主任、中国书法家协会篆刻艺术委员会副主任。

J0029793

王中年画集（2）王中年绘

北京 新华出版社 1993年 60页 有照片

26×26cm ISBN：7-5011-2113-3

定价：CNY45.00

现代中国画之山水画画册。作者王中年（1943— ），满族，别名王忠年，辽宁凤城人。本溪市艺术研究所副所长、一级画家、教授，中国美术家协会会员等。代表作品有《飞流直下》《林海雪原》《王中年画集》等。

J0029794

香山胜境（香山公园、碧云寺国画写生集）武再生绘画；蒋芸撰文

北京 世界图书出版公司北京分公司 1993年

65页 19cm（小32开） ISBN：7-5062-1702-3

定价：CNY8.00

本书共收著名满族女画家武再生的香山写生画48幅。作者武再生（1928— ），女，满族，研究员。原名景斌龙，笔名景龙，北京人。肄业于中法大学法文系，后入华北大学学习。国务院机关事务管理局离休干部，中国老年书画研究会创作研究部、中原书画研究院高级研究员。出版

有《香山胜境》。

J0029795

谢谢山水画集 谢谢绘

合肥 安徽美术出版社 1993年 25×26cm

ISBN：7-5398-0257-X 定价：CNY10.00

现代中国画之山水画画册。作者谢谢（1926— ），高级美术教育研究员、中国美术教育研究会会员、安徽分会副会长等职。

J0029796

杨七芝三清山画选 杨七芝绘

北京 中国旅游出版社 1993年 72页

19cm（小32开） ISBN：7-5032-0870-8

定价：CNY58.00

作者杨七芝（1949— ），浙江绍兴人，任职于上海市总工会修养度假中心。

J0029797

张邦兴画集 张邦兴绘

北京 华夏出版社 1993年 38页 26×26cm

ISBN：7-5080-0280-6 定价：CNY36.00

本书收有画家中国画之山水画作品30余幅。外文书名：Selected Paintings of Zhang Bangxing. 作者张邦兴（1946— ），四川成都人，中央美术学院附中中外美术史、文艺理论讲师，兼任书法教员。

J0029798

包辰初画集 宋忠元主编

杭州 中国美术学院出版社 1994年 102页

有照片 37cm 精装 ISBN：7-81019-370-8

定价：CNY260.00

现代中国画山水画画册。外文书名：A Collection of Paintings by Bao Chenchu.

J0029799

陈天铀画集 陈天铀［绘］

西宁 青海人民出版社 1994年 110页

36cm（15开） 精装 ISBN：7-225-00857-9

定价：CNY198.00

现代中国画山水画画册。作者陈天铀（1945— ），画家。出生于陕西勉县，祖籍江西赣州。历任中国美协会员、甘肃省政府文史馆馆员、中央文史馆书画院研究员、甘肃省书画研

院副院长。代表作品有《屹立千秋》《丝路心象》《阿尼玛卿·雪》《腊子口》等。

J0029800
段忠勇画集 段忠勇绘
郑州 河南美术出版社 1994年 25×25cm
ISBN：7-5401-0399-X 定价：CNY36.00
　　现代中国画之山水画画册。作者段忠勇（1954—　），书法家。河南郸城县人。河南省美术家协会会员、河南省周口地区美术家协会副主席兼秘书长、中国美术家协会会员、中国山水画研究院副院长、北京艺伴宏生文化艺术中心艺术总监。主要作品有《桐花遍地慰忠魂》《归根图》《清涧鸣琴》。

J0029801
何海霞画选 何海霞绘
北京 人民美术出版社 1994年 19cm（小32开）
ISBN：7-102-01348-5 定价：CNY15.00
　　现代中国画之山水画画册。作者何海霞（1908—1998），满族，北京人。初名何福海，字瀛，又字登瀛。曾任陕西国画院副院长及名誉院长、中国国画研究院研究员等职。代表作品有《看山还看祖国山》《何海霞画集》《何海霞画册·山水部分》等。

J0029802
黄原书画作品集 黄原绘
成都 四川美术出版社 1994年 ［37］页
28cm（大16开） ISBN：7-5410-0952-0
定价：CNY28.00
　　作者黄原，即黄海儒，四川广汉人。历任四川美术学院副教授，中国美术家协会、中国书法家协会会员，四川省及重庆市书协理事。作品有《高山力耕图》等，出版有《黄原书画作品集》。

J0029803
纪振民山水画集
北京 东方出版社 1994年 38cm（6开）精装
ISBN：7-5060-0571-9 定价：CNY168.00
　　外文书名：An Album of Landscape Paintings by Ji Zhenmin.

J0029804
蒋维德画集 蒋维德绘

成都 四川美术出版社 1994年 44页 25×26cm
ISBN：7-5410-0959-8 定价：CNY46.00
（中国美术家国际艺术交流丛书）
　　现代中国画山水画画册。作者蒋维德（1941—2013），画家。号悟道斋，四川成都人。四川省美术家协会会员。

J0029805
康育义特克斯旅游资源考察画集（英汉对照） 康育义画；中国机械设备进出口总公司福建公司编
南京 南京大学出版社 1994年 30+10页 26cm（16开） ISBN：7-305-02714-6 定价：CNY30.00
　　外文书名：A Collection of Kang Yuyi's Paintings of the Tourism Resources of Tekes, Xinjiang.

J0029806
刘汝阳画集 刘汝阳绘
北京 人民美术出版社 1994年 55页 26×23cm
ISBN：7-102-01427-9 定价：CNY34.00
　　现代中国画之山水画画册，中英文本。外文书名：The Paintings of Liu Ruyang. 作者刘汝阳（1940—　），国画家。斋号醉染斋，山东夏津县人，毕业于中央美术学院。曾任人民美术出版社编审、编辑室主任。代表作品有《漓江雨》《长城风骨》《高原人家》等。

J0029807
刘晓刚画集
济南 山东美术出版社 1994年 56页 有照片
26cm（16开） ISBN：7-5330-0818-9
定价：CNY23.00
　　现代中国画山水画画册。

J0029808
陆一飞画集 宋忠元主编；陆一飞绘
杭州 中国美术学院出版社 1994年 36cm（9开）
精装 ISBN：7-81019-297-3 定价：CNY280.00
　　现代中国画作品。

J0029809
秦岭云山水画集 秦岭云绘
北京 人民美术出版社 1994年 29×22cm
ISBN：7-102-01215-2 定价：CNY55.00

现代中国画山水画画册。作者秦岭云（1914—2008），画家，教育家。曾用名维新等。画室堂号五瓜草堂、闻鸡楼，字岭云。生于河南汲县(今卫辉市)。曾在北平国立艺术专科学校绘画系和湖南沅陵国立艺专学习。先后在中央美术学院、人民美术出版社从事国画创作研究。出版有《现代山水画集》《秦岭云写生山水画集》《秦岭云山水作品》《写意山水画技法》等。

J0029810

秦岭云山水画选 秦岭云绘
北京 人民美术出版社 1994年 94页 有彩照
28cm（16开）ISBN：7-102-01215-2
定价：CNY55.00

外文书名：Landscape Paintings by Qin Lingyun.

J0029811

瞿谷量山水册（1993 癸酉 中英文本）瞿谷量绘
上海 上海书画出版社 1994年 40页 26×23cm
ISBN：7-80512-821-9 定价：CNY24.00

现代中国画山水画画册。外文书名：Jui Guliang Landscape. 作者瞿谷量（1936— ），旅美画家。上海嘉定人。曾在上海人民美术出版社工作。代表作有水彩画《蓬莱三岛》《上海南京路》《上海人民公园雪景》等。

J0029812

权新园画选 权新园著
兰州 甘肃文化出版社 1994年 40页 26cm
（16开）ISBN：7-80608-012-0 定价：CNY24.80
（墨苑丛书 2）

本书收有水墨山水画作品70余幅。

J0029813

声朗画集 邵声朗绘
武汉 湖北美术 1994年 26cm（16开）
ISBN：7-5394-0503-1
定价：CNY35.00，CNY45.00（精装）

现代中国画之山水画画册。作者邵声朗（1931—2014），著名山水画家。湖北仙桃人，毕业于中央美术学院。历任《湖北日报》美术编辑、湖北艺术学院美术系副主任、副教授、湖北美术学院教授、研究生导师、湖北书画院副院长、湖北省美术家协会理事、湖北省书法家协会常务

理事等。代表作品有年画《登高图》，门画《开渠造林》，国画《红杏枝头春意闹》《汲》《农忙季节》等。

J0029814

丝路风光画集（谢家道作品选）谢家道绘
北京 人民美术出版社 1994年 63页 26×23cm
ISBN：7-102-01328-0 定价：CNY34.00

现代中国画之山水画画册。

J0029815

童中焘画集 童中焘绘；宋忠元主编
杭州 中国美术学院 1994年 [154]页
38cm（8开）精装 ISBN：7-81019-318-X
定价：CNY280.00

本画册收作者的国画作品77幅。作者童中焘（1939— ），画家。出生于浙江鄞县，毕业于中国美术学院中国画系，并留校任教。历任中国美术家协会会员、李可染基金会艺委会委员、中国美术学院教授等。出版有《童中焘画集》《山水速写——搜尽奇峰打草稿》《童中焘国画解析》《童中焘山水画选》等。

J0029816

王华南画集 王华南绘
北京 荣宝斋出版社 1994年 81页
28cm（大16开）ISBN：7-5003-0243-6
定价：CNY88.00

现代中国画山水画画册。作者王华南（1917—2012），画家。山东烟台人。北京画院画家、中国美术家协会会员。作品有《喜看燕山杏花潮》《春风细雨》《高原驼铃》《雪漫燕山》《大雪漫太行》等。出版有《王华南画集》。

J0029817

魏紫熙山水画集 魏紫熙绘
南京 江苏美术出版社 1994年 38cm（6开）
精装 ISBN：7-5344-0361-8 定价：CNY280.00

外文书名：A Collection of Landscape Paintings of Zixi Wei.

J0029818

吴汉山水画集（汉英对照）吴汉山绘
上海 上海书画出版社 1994年 24页 26cm
（16开）ISBN：7-80512-847-2 定价：CNY20.00

现代中国画山水画画册。

J0029819

吴荣文山水画选集 吴荣文绘

北京 中国文学出版社 1994年 26页 25×25cm

ISBN：7-5071-0266-1 定价：CNY13.00

外文书名：Landscape Paintings by Wu Rongwen.

J0029820

杨永琚画集 杨永琚绘

北京 荣宝斋出版社 1994年 90页 25×26cm

ISBN：7-5003-0256-8 定价：CNY52.00

现代中国画山水画画册。作者杨永琚（1946— ），日本日中书画院院长、中国美术家协会会员、日本国际书画协会副会长。

J0029821

元善画集 李元善绘

长沙 湖南美术出版社 1994年 25×26cm

ISBN：7-5356-0704-7 定价：CNY28.00

本书收有现代中国画山水画绘画作品30余幅。

J0029822

远征山水画集 远征绘

石家庄 河北美术出版社 1994年 48页

25×26cm ISBN：7-5310-0599-9

定价：CNY56.00

现代中国画山水画画册。

J0029823

赵子玉山水画集 赵子玉绘

沈阳 辽宁美术出版社 1994年 46页 24×26cm

ISBN：7-5314-1017-6 定价：CNY46.00

（画家专集）

J0029824

中国庐山（杨豹庐山风光中国画作品选）杨豹绘

北京 北京美术摄影出版社 1994年 44页

有彩图 26cm（16开） ISBN：7-80501-177-X

定价：CNY30.00

（庐山文化研究丛书）

本画册分为匡庐奇秀、杨豹与庐山、庐山风光系列组画3部分。

J0029825

周凯及其武当纪游二十四图 浙江省富阳市政协文史委编

杭州 浙江人民美术出版社 1994年 75页

19×26cm ISBN：7-5340-0413-6

定价：CNY12.00

J0029826

邹文正画集（山水集 中英文本）邹文正绘

成都 四川美术出版社 1994年 46页 有彩照

38cm（6开） 精装 ISBN：7-5410-0939-3

定价：CNY98.00

外文书名：A Collection of Zou Wenzheng's Painting. 作者邹文正，祖籍四川忠县，四川书法家协会常务理事、中国书法家协会会员、中国版画家协会会员，绘有《邹文正写梅集》等。

J0029827

陈平 姜宝林山水画集 陈平，姜宝林绘

郑州 河南美术出版社［1995年］26cm（16开）

ISBN：7-5401-0023-0 定价：CNY3.40

（现代山水画库）

J0029828

成弘夫山水画集 成弘夫绘

济南 山东友谊出版社 1995年 24页 25×26cm

ISBN：7-80551-735-5 定价：CNY32.80

作者成弘夫（1940— ），画家。山东菏泽人，毕业于菏泽师专。历任山东画院高级画师，山东菏泽师专艺术系中国画教研组组长、副教授，中国美术家协会山东分会会员。代表作品有《夜》《大山的孩子们》《黄土悠悠》等。

J0029829

当代中国山水画（当代中国山水画名家邀请展）

郑州 河南美术出版社 1995年 146页

29cm（16开） 精装 ISBN：7-5401-0491-0

定价：CNY185.00

外文书名：Contemporary Chinese Landscape Paintings:Henan Fine Arts Publishing House.

J0029830

葛畾山水画集 葛畾绘

北京 解放军出版社 1995年 96页

28cm（大16开） ISBN：7-5065-2638-7

定价: CNY58.00

作者葛岊(1918—2012),女,满族,画家。原名育华,字隐竹,生于北京。北京市文史研究馆馆员、中国老年书画研究会创作研究员、中华书画院顾问、华夏慈善艺术促进会名誉会长、北京湖社画会副会长。诗、书、画合璧。出版有《葛岊山水画集》《松柏图册》《硕石斋吟草》等。

J0029831

韩之泳山水诗画集 韩之泳著

沈阳 辽宁美术出版社 1995年 54页 24×26cm
ISBN: 7-5314-1268-3 定价: CNY38.00
(画家专辑)

　　作者韩之泳(1953—),书画家。四川成都人,毕业于北京画院。任职于辽宁省本溪钢铁公司,中国美术家学会辽宁分会会员。作品有《思乡曲》《韩之泳山水诗画作品集》等。

J0029832

黄格胜山水线描集 黄格胜绘;谷子编

南宁 广西美术出版社 1995年 74页 26×39cm
ISBN: 7-80582-937-3 定价: CNY28.00

　　作者黄格胜(1950—),壮族,广西武宣人。毕业于广西艺术学院美术系研究生班。历任广西书画院副院长、广西民族书画院院长、广西艺术学院副院长、广西美术家协会副主席。代表作品有《漓江百里图》《侗乡月》《我的中国心》等。

J0029833

黄润华山水画集 黄润华绘

北京 荣宝斋 1995年 38页 25×26cm
ISBN: 7-5003-0276-2 定价: CNY38.00

　　外文书名: A Selection of Landscape Paintings by Huang Runhua.

J0029834

林大岫山水画集 林大岫绘

福州 福建美术出版社 1995年 30页 25×26cm
ISBN: 7-5393-0312-3 定价: CNY35.00

　　作者林大岫(1950—),画家。福建福州人,福州乌山画院院长、中国美术家协会福建分会会员。出版有《林大岫山水画集》《林大岫画集》等。

J0029835

林凡风景画选 王影,张连扬主编;中国国际

文化传播中心编

北京 新华出版社 1995年 29cm(16开)
ISBN: 7-5011-2966-5 定价: CNY100.00

　　现代中国画之风景画画册。外文书名: Lin Fan Paintings.

J0029836

林良丰画集 林良丰绘

福州 福建美术出版社 1995年 71页
29cm(16开) 精装 ISBN: 7-5393-0308-5
定价: CNY118.00

　　现代中国画之山水画画册,中英文对照。外文书名:Lin Liangfeng Album of Paintings. 作者林良丰(1962—),画家、教师。别号圆明,福建厦门人,毕业于福建工艺美术学校。执教于福建工艺美术学校、福州大学工艺美术学院。出版有《林良丰水墨画》《林良丰画集》《佛教名胜写生集》等。

J0029837

林培松山水画集 林培松绘

福州 福建美术出版社 1995年 29cm(16开)
ISBN: 7-5393-0235-6 定价: CNY38.00
(中国当代山水画集)

　　外文书名: A Picture Album of Lin Peisong's Mountain and Water Paintings. 作者林培松(1944—),笔名霏松,福州人,福建省美术家协会会员、福州市美术家协会副秘书长、福州闽都画院院长,福州市美术馆专职画家。

J0029838

陆俨少书画精品集 陆俨少绘;祖友义,张树贤主编

香港 香港人民美术出版社有限公司 1995年
38cm(6开) 精装 ISBN: 7-5072-0798-6
定价: CNY320.00
(中华艺术画库)

　　现代中国画画册。外文书名:The Best of Lu Yanshao. 本书与今日中国出版社合作出版。作者陆俨少(1909—1993),画家、教师。又名砥,字宛若,上海嘉定县人。毕业于无锡美术专科学校。历任上海中国画院画师、浙江美术学院教师、浙江画院院长。代表作品有《嘉陵江上》《峡江险水》《雁荡泉瀑》《溪山秋色》《黄山松云》等。

J0029839

情系中华（山水篇）

香港　香港汉荣书局　1995 年　29cm（16 开）

ISBN：962-18-0022-6

J0029840

丘金峰画集（山水）　丘金峰绘

福州　福建美术出版社　1995 年　39 页　26cm

（16 开）ISBN：7-5393-0317-4　定价：CNY48.00

现代中国画之山水画画册。作者丘金峰（1934—2012），教师。广东潮安县人。毕业于湖北大学法律系。曾任汕头大学副教授，中国法学会民法学、经济法学研究会理事，广东省美术家协会会员。有关绘画研究作品有《黄宾虹研究画集》《宗黄笔墨谈》。

J0029841

瞿谷量山水册（1994　甲戌　中英文本）　瞿谷量绘

上海　上海远东出版社　1995 年　26×23cm

ISBN：7-80613-054-3　定价：CNY26.00

现代中国画山水画画册。外文题名：Jui Guliang Landscape. 作者瞿谷量（1936—　），旅美画家。上海嘉定人。曾在上海人民美术出版社工作。代表作有水彩画《蓬莱三岛》《上海南京路》《上海人民公园雪景》等。

J0029842

邵灶友画集　邵灶友绘

合肥　安徽美术出版社　1995 年　78 页

28cm（大 16 开）　ISBN：7-5398-0451-3

定价：CNY40.00

现代中国画之山水画画册。

J0029843

沈亮画集　沈亮绘

福州　福建美术出版社［1995 年］32 页　29cm

（16 开）ISBN：7-5393-0267-4　定价：CNY30.00

外文书名：A Picture Album of Shen Liang's Paintings.

J0029844

石长厚山水画集　石长厚绘

大连　大连出版社　1995 年　46 页　30cm（10 开）

ISBN：7-80612-197-8　定价：CNY30.00

作者石长厚（1939—　），教师，编辑。出生于辽宁复县（现瓦房店市）。曾任金县教委副主任、《大连教育》总编。代表作品有《黄山图》《张家界十里画廊》。

J0029845

孙恩同山水画集　孙恩同绘

沈阳　辽宁美术出版社　1995 年　72 页　24×26cm

ISBN：7-5314-1011-7　定价：CNY88.00

外文书名：Sun Entong's Landscape Painting Album. 作者孙恩同（1923—　），满族，画家。毕业于东北鲁迅文艺学院。历任鲁迅美术学院教授、中国美术家协会会员、辽宁省中国画研究会副会长。作品有《长白山》《长白飞瀑》《秋色》等。

J0029846

王利锁画集　王利锁绘

北京　北京工艺美术出版社　1995 年　42 页

26×23cm　ISBN：7-80526-164-4

定价：CNY45.00

现代中国画之山水画画册。

J0029847

吴江春画集（英汉对照）　吴江春绘

北京　中国华侨出版社　1995 年　47 页

28cm（大 16 开）　ISBN：7-80074-959-2

定价：CNY50.00

现代中国画之山水画画册。作者吴江春（1957—　），记者、画家。历任北京电视台美术编辑兼记者、北京中国画研究会会员、中国三峡画院画师。

J0029848

吴雅明画集　吴雅明绘；中南海画册编辑委员会编辑

北京　西苑出版社　1995 年　133 页　38×27cm

精装　ISBN：7-80108-034-3　定价：CNY280.00

现代中国画之山水画画册。作者吴雅明（1947—　），画家、书法家。字笑庚，号三江蜀人，四川洪雅人。文化部中国文化艺术发展公司艺术顾问、中国矿业大学客座教授。代表作品有《满目青山花无数》《秋风江上》《蜀山之秋》等。

J0029849

现代山水画库（续编）　陈平等绘

郑州 河南美术出版社 1995 年 15 册
28cm（16 开） ISBN：7-5401-0437-6
定价：CNY115.00
（中国画画库 4）

　　作者陈平（1960—　），任教于中央美术学院
书法艺术研究室，中国美术家协会会员、中国书
法家协会会员、中华诗词协会会员。

J0029850

杨枫山水画集 杨枫绘
济南 山东友谊出版社 1995 年 32 张 20cm（32 开）
统一书号：880551·123 散页套装
定价：CNY10.00

　　现代中国画之山水画画册。作者杨枫
（1960—　），《新聊斋》杂志副主编、美术编辑，山
东省美术家协会会员。

J0029851

杨石朗画集 杨石朗绘
南昌 江西美术出版社 1995 年 106 页
28cm（大 16 开） ISBN：7-80580-282-3
定价：CNY68.00

　　中国画的山水画画册。作者杨石朗（1915—
2000），画家、摄影记者。浙江海宁人。曾任职于
江西省工艺美术研究所，江西书画院顾问、中国
美术家协会会员。作品有《井冈山》《匡庐奇秀》
《三峡奇观》等。出版有《杨石朗画集》。

J0029852

杨长槐画集 杨长槐绘
广州 岭南美术出版社 1995 年 38 页
29cm（16 开） 精装 ISBN：7-5362-1236-4
定价：CNY50.00

　　本书收入画家现代中国画之山水画《一江春
水来》《长征古道》《水上石林》等。画册乡土气
息浓郁。作者杨长槐（1938—2015），侗族，贵州
天柱人。字厚恒，号侗槐，又名乎石。毕业于贵
州大学艺术系。曾任贵州省文联主席、贵州美协
名誉主席、中国美协理事、《贵州美术》主编。代
表作品有《一江春水来》《古木苍翠》《螺丝滩白
浪奇观》《深更好雨洗山来》等。

J0029853

袁学君山水画集 袁学君绘
广州 岭南美术出版社 1995 年 26 页

28cm（大 16 开） ISBN：7-5362-1181-3
定价：CNY48.00，CNY80.00（精装）

　　外文书名：A Collection of Yuan Xuejun's
Landscape Painting Works. 作者袁学君（1967—　），
原名学军，任职于广东省惠州市文化局。

J0029854

张仃山水 王鲁湘等编著
上海 上海书画出版社 1995 年 311 页
31×25cm 精装 ISBN：7-80512-924-X
定价：CNY380.00

J0029855

张凭山水画集 张凭绘
北京 荣宝斋出版社 1995 年 100 页 29×29cm
精装 ISBN：7-5003-0282-7 定价：CNY158.00

　　外文书名：A Collection of Landscapes by
Zhang Ping.

J0029856

张少华山水画 张少华绘
北京 人民美术出版社 1995 年 24 页 26×23cm
ISBN：7-102-01519-4 定价：CNY14.00

　　作者张少华（1952—　），满族，任职于黑龙
江省书法家协会。

J0029857

张晓寒画集 张晓寒绘
福州 福建美术出版社 1995 年 130 页
29cm（16 开） ISBN：7-5393-0310-7
定价：CNY88.00，CNY118.00（精装）

　　现代中国画之山水画画册。作者张晓寒
（1923—1988），画家。又名云松，江苏靖江人，
毕业于重庆艺术专科学校国画系。历任厦门鹭
潮美术学校副教授、中国美术家协会会员、福建
美协常务理事、厦门市美协主席等。

J0029858

赵振川画集 赵振川绘；邹宗绪主编
西安 陕西人民美术出版社 1995 年 120 页
29cm（18 开） ISBN：7-5368-0770-8
定价：CNY99.00，CNY167.00（精装）
　　现代中国画之山水画画册。

J0029859

郑方山水画集 郑方绘

宁波 宁波出版社 1995 年 24 页 27×28cm

ISBN：7-80602-074-8 定价：CNY20.00

外文书名：Landscape Paintings by Zheng Fang. 作者郑方（1959—　　），山水画家。浙江宁波人。中国美术家协会浙江分会会员、浙江山水画研究会会员。

J0029860

中国山水画百图 王温良绘

北京 华文出版社 1995 年 55 页 23×26cm

ISBN：7-5075-0076-4 定价：CNY60.00

作者王温良，书法家。北京鼓楼书画研究会秘书长、北京美术家协会会员。

J0029861

周明画集 周明绘

南宁 广西美术出版社 1995 年 52 页 29×29cm

ISBN：7-80582-921-7

定价：CNY165.00，CNY195.00（精装）

现代中国画之山水画画册。作者周明（1935—　　），广东开平人，中国美术家协会会员、国家高级美术师、广西书画院院士、广西民族书画院高级画师。

J0029862

朱立升画集 朱立升绘

北京 中国画报出版社 1995 年 25×26cm

ISBN：7-80024-219-6 定价：CNY39.00

现代中国画之山水画画册。外文书名：icture Album by Zhu Lisheng. 作者朱立升（1950—　　），画家，山东宁津人。

J0029863

北国墨韵（李维康山水画集） 李维康绘

哈尔滨 黑龙江美术出版社 1996 年 62 页

21×29cm ISBN：7-5318-0285-6

定价：CNY68.00，CNY85.00（精装）

J0029864

陈家泠画集 陈家泠绘

上海 上海教育出版社 1996 年 36 页 25×26cm

ISBN：7-5320-4798-9 定价：CNY55.00

（当代著名中国画画家专列 上海）

外文书名：Chen Jialing Paintings. 作者陈家泠（1937—　　），画家。浙江杭州人。毕业于浙江美术学院。历任上海大学美术学院教授、上海中国画院兼职画师、中国美术家协会及中国美术家协会上海分会会员。作品有《开放的荷花》《晨韵》《桂林》等。出版有《陈家泠画集》。

J0029865

陈少梅（山水） 陈少梅绘

香港 香港汉墨轩出版公司 1996 年 100 页

有照片图 29cm（16 开） ISBN：962-7530-33-6

（名家翰墨丛刊 中国近代名家书画全集 18）

外文书名：Chen Shaomei Landscape Paintings. 作者陈少梅（1909—1954），国画家。名云彰，又名云鹤，号升湖，字少梅，以字行。生于湖南衡山。曾任中国美术家协会天津分会主席、天津美术学校校长。主要作品有《江南春》《丛林远岭》等。

J0029866

陈少梅（山水画稿） 许礼平主编；陈少梅绘

香港 香港汉墨轩出版公司 1996 年 95 页

有照片图 29cm（16 开） ISBN：962-7530-35-2

（名家翰墨丛刊 中国近代名家书画全集 20）

外文书名：Chen Shaomei Landscape Sketches.

J0029867

程大利山水画选 程大利绘

合肥 安徽美术出版社 1996 年 1 册（21 页）

25×26cm 散页套装 ISBN：7-5398-0547-1

定价：CNY18.00

（当代美术家册页）

作者程大利（1945—　　），书画家、编辑出版家、美术理论家。江苏徐州人。历任江苏美术出版社社长兼总编辑、副编审，中国美术家协会会员、江苏省国画院特邀画师、中国年画研究会常务理事等。主要作品有《曲尽箫笙息》《风云际会时》《闲云》《太行岂止铁壁高》《汉风流宕》等。

J0029868

戴希斌画集 戴希斌绘

西安 陕西人民美术出版社 1996 年 56 页

29×21cm ISBN：7-5368-0913-1

定价：CNY48.00

现代中国画之山水画画册。

J0029869

单曙光画集 单曙光绘
福州 福建美术出版社 1996 年 40 页 29cm
（16 开）ISBN：7-5393-0516-9 定价：CNY48.00
　　现代中国画之山水画画册。

J0029870

古黟寻梦（茶嘴山水画集）茶嘴绘
合肥 安徽美术出版社 1996 年 25×26cm
ISBN：7-5398-0462-9 定价：CNY20.00

J0029871

郭勇山水画集 郭勇绘
郑州 河南美术出版社 1996 年 60 页 24×26cm
ISBN：7-5401-0559-3 定价：CNY48.00
　　现代中国画之山水画画册。

J0029872

黄明耀画集 黄明耀绘
合肥 安徽美术出版社 1996 年 22 页 25×26cm
ISBN：7-5398-0462-9 定价：CNY20.00
　　现代中国画画册。

J0029873

黄秋园山水画选 黄秋园绘
南昌 江西美术出版社 1996 年 53cm（4 开）
ISBN：7-80580-337-4 定价：CNY24.00
（中国画名家名作）
　　作者黄秋园（1914—1979），国画家。生于
江西南昌市，毕业于南昌剑声中学。独创了有别
于历代名家的皴法新技法"秋园皴"，代表作品有
《庐山梦游图卷》《秋山幽居图》《中国山水画传
统技法》等。著有《中国山水画传统技法》。

J0029874

江山如画册 关应良绘
香港 务本草堂 1996 年 29cm（16 开）

J0029875

金陵山水名胜五十景（张尔宾画集）张尔宾绘
北京 今日中国出版社 1996 年 50 页 25×26cm
ISBN：7-5072-0849-4
定价：CNY45.00，CNY56.00（精装）
　　中英对照。外文书名：Fifty Scenic Sights of
Jinling, A Collection of Zhang Erbin's Paintings.

J0029876

井冈山（纪念红军长征胜利六十周年山水画集）
西安 陕西旅游出版社 1996 年 82 页
29cm（16 开）ISBN：7-5418-1363-X
定价：CNY66.00，CNY86.00（精装）

J0029877

浚川山水画集 浚川编绘
北京 团结出版社 1996 年 102 页 24×26cm
ISBN：7-80130-034-3 定价：CNY85.00
　　作者浚川（1943—　），姓段，名浚川，北京
市美术家协会会员，北京山水画研究会秘书。

J0029878

李萍李智山水画集 李萍，李智绘
合肥 安徽美术出版社 1996 年 16 张
38cm（6 开）散页套装 ISBN：7-5398-0433-5
定价：CNY20.00
（中国当代画家范本选辑）

J0029879

梁铭添山水画选 梁铭添著
广州 岭南美术出版社 1996 年 29cm（16 开）
ISBN：7-5362-1394-8 定价：CNY18.00
　　现代中国画之山水画册。

J0029880

陆一飞画集 陆一飞绘；当代著名中国画画家
专列编委会编
上海 上海教育出版社 1996 年 38 页 25×26cm
ISBN：7-5320-4795-4 定价：CNY55.00
（当代著名中国画画家专列 上海）
　　外文书名：Lu Yifei Paintings. 作者陆一飞
（1931—　），曾于上海师范学院艺术系任教，华
东化工学院兼职教授、中国河山画会秘书长。

J0029881

吕魁渠山水画集 吕魁渠绘
郑州 河南美术出版社 1996 年 48 页
29cm（16 开）ISBN：7-5401-0562-3
定价：CNY38.00

J0029882

马天戈山水画选 马天戈绘
上海 上海书画出版社 1996 年 28cm（大 16 开）

ISBN：7-80512-997-5

外文书名：Ma Tiange Mountains-And-Waters Painting Selections.

J0029883

马燮文画集 马燮文绘

上海 上海人民美术出版社 1996年 61页

29cm（16开）精装 ISBN：7-5322-1663-2

定价：CNY100.00

（当代中国画家作品 1）

现代中国画之山水画画册，中英文本。

J0029884

瞿谷量山水册（1995 乙亥 中英文本） 瞿谷量绘

上海 上海人民美术出版社 1996年 15叶

26×23cm ISBN：7-5322-1630-6

定价：CNY40.00

现代中国画山水画画册。外文书名：Jui Guliang Landscape. 作者瞿谷量（1936— ），旅美画家。上海嘉定人。曾在上海人民美术出版社工作。代表作有水彩画《蓬莱三岛》《上海南京路》《上海人民公园雪景》等。

J0029885

山谣（赵卫山水画选） 赵卫绘

北京 荣宝斋出版社 1996年 20页 25×26cm

ISBN：7-5003-0369-6 定价：CNY15.00

作者赵卫（1957— ），白族，生于北京，籍贯云南。绘有《赵卫画集》。

J0029886

深圳百景图 陈冰心绘

广州 岭南美术出版社 1996年 29cm（16开）

ISBN：7-5362-1526-6 定价：CNY39.00

（陈冰心系列作品 3）

现代中国画之山水画册。

J0029887

松海山水画集（汉英对照） 松海绘

北京 中国友谊出版公司 1996年 24页

25×26cm ISBN：7-5057-1317-5

定价：CNY20.00

中国现代国画山水画作品。

J0029888

唐凤岐画集 唐凤岐绘

广州 岭南美术出版社 1996年 51页

29cm（16开）精装 ISBN：7-5362-1471-5

定价：CNY68.00

现代中国画之山水画画册。作者唐凤岐（1949— ），画家。天津人，又名雨生，子石。毕业于中国社会科学院美术研究生班。任中国石油画院一级画师、中国美术家协会河北分会会员、中国石油管道局美术协会副主席。出版有《唐凤岐画集》《百杰画家·唐凤岐》专辑，《浅绛山水画》技法等。

J0029889

王大鹏山水画集 王大鹏绘

天津 天津教育出版社 1996年 75页 36×25cm

精装 ISBN：7-5309-2510-5 定价：CNY180.00

作者王大鹏（1946— ），教授。山东临沂人，天津市王大鹏中医研究所所长、教授、研究员，中国美术家协会天津分会会员。

J0029890

王履祥画集 王履祥绘

西安 陕西人民美术出版社 1996年 63页

29cm（16开） ISBN：7-5368-0878-X

定价：CNY48.00

现代中国画之山水画画册。

J0029891

王志明山水画集 王志明绘

南京 江苏美术出版社 1996年 25×26cm

ISBN：7-5344-0644-7 定价：CNY30.00

J0029892

伍霖生画集 伍霖生绘

苏州 古吴轩出版社 1996年 52页 29cm（16开）

ISBN：7-80574-249-9 定价：CNY58.00

现代中国画画册，

J0029893

徐千里画集 徐千里绘

北京 人民中国出版社 1996年 113页

25×25cm 精装 ISBN：7-80065-573-3

定价：CNY68.00

现代中国画画册。

J0029894

杨为先画集 杨为先绘

济南 山东友谊出版社 1996 年 有折装

19×26cm 统一书号：880551.125

定价：CNY36.00

　　现代中国画之山水画画册。作者杨为先（1938— ），字寅生，号石川，别号耕禾轩主，山东青岛人，青岛教育学院美术系中国画教研室主任、副教授。

J0029895

于阳春画集 于阳春绘

济南 山东美术出版社 1996 年 68 页 24×23cm

ISBN：7-5330-1004-3 定价：CNY50.00

　　现代中国画画册。

J0029896

赵景岩画集 赵景岩绘

北京 北京工艺美术出版社 1996 年 42 页

26×23cm ISBN：7-80526-172-5

定价：CNY48.00

　　现代中国画之山水画画册。作者赵景岩（1962— ），满族，北京御苑书画院画家。

J0029897

中国三峡百景图（中英文本） 中国三峡百景图创作活动组委会编

北京 中国青年出版社 1996 年 37×27cm 函套

精装 ISBN：7-5006-2278-3 定价：CNY1690.00

　　现代中国画之山水画画册，中国青少年发展基金会荣誉出品。

J0029898

朱修立山水画选 朱修立绘

合肥 安徽美术出版社 1996 年 13 张 25×26cm

散页套装 ISBN：7-5398-0519-6

定价：CNY18.00

（当代美术家册页）

　　作者朱修立（1938— ），画家。上海人，毕业于南京艺术学院美术系。中国美术家协会会员、安徽美术家协会常务理事、安徽省书画院一级画师。作品有《艳阳秋》《松魂》《山水长卷》等，出版有《朱修立画集》《朱修立扇面画集》等。

J0029899

朱修立扇面山水画集 朱修立绘

合肥 安徽美术出版社 1996 年 16 张

38cm（6 开） 散页套装 ISBN：7-5398-0517-X

定价：CNY26.00

（中国当代画家范本选辑）

J0029900

朱亦秋作品选 朱亦秋绘

杭州 西泠印社［1996 年］28cm（大 16 开）

ISBN：7-80517-144-0 定价：CNY135.00（全套）

（中国当代书画篆刻掇英 11）

J0029901

曾先国画集 曾先国绘

北京 中国世界语出版社 1997 年 209 页

38cm（8 开） 精装 ISBN：7-5052-0327-4

定价：CNY240.00，CNY298.00（精装带护套）

　　现代中国画山水画画册，中英文本。

J0029902

陈初良画集 陈初良绘

福州 福建美术出版社 1997 年 152 页

38cm（6 开） 精装 ISBN：7-5393-0606-8

定价：CNY580.00

　　现代中国画山水画画册。作者陈初良（1944— ），画家。福建闽侯人，毕业于厦门工艺美术学院绘画系。历任福州画院专职画家、国家一级美术师。代表作有《海岳雄峙》《花草美人秋》《郁郁乡情》等。出版有《陈初良画集》《四季古诗》《陈初良线描》等。

J0029903

陈道学画集 陈道学绘

成都 四川美术出版社 1997 年 44 页 29cm

（16 开） ISBN：7-5410-1302-1 定价：CNY40.00

　　现代中国画画册。

J0029904

陈广山水画集 陈广绘

广州 岭南美术出版社 1997 年 26cm（16 开）

ISBN：7-5362-1721-8 定价：CNY25.00

J0029905

陈家泠画集 陈家泠绘

天津　天津人民美术出版社　1997 年　29cm
（16 开）ISBN：7-5305-0734-6　定价：CNY20.00
（当代国画家系列画集　Ⅱ）

　　作者陈家泠（1937—　），画家。浙江杭州人。
毕业于浙江美术学院。历任上海大学美术学院
教授、上海中国画院兼职画师、中国美术家协会
及中国美术家协会上海分会会员。作品有《开放
的荷花》《晨韵》《桂林》等。出版有《陈家泠画
集》。

J0029906

陈廷友中国画选　陈廷友［绘］
合肥　安徽美术出版社　1997 年　24 册　25×26cm
ISBN：7-5398-0591-9　定价：CNY30.00
　　外文书名：Collection of Chen Tinyou's Traditional
Chinese Landscape Art.

J0029907

成弘夫山水速写集　成弘夫绘
济南　齐鲁书社　1997 年　120 页　25×26cm
ISBN：7-5333-0627-9　定价：CNY23.00
　　作者成弘夫（1940—　），画家。山东菏泽人，
毕业于菏泽师专。历任山东画院高级画师，山东
菏泽师专艺术系中国画教研组组长、副教授，中
国美术家协会山东分会会员。代表作品有《夜》
《大山的孩子们》《黄土悠悠》等。

J0029908

当代山水印象（1997 著名中青年山水画家邀
请展作品集）　中国画研究院，中央美术学院研
究部编
南宁　广西美术出版社　1997 年　101 页
29cm（16 开）精装　ISBN：7-80625-195-2
定价：CNY100.00

J0029909

当代中国山水画集　河南省现代书画院编著
郑州　河南美术出版社　1997 年　230 页
28×28cm　精装　ISBN：7-5401-0666-2
定价：CNY368.00
　　外文书名：Contemporary Chinese Landscape
Paintings Collection.

J0029910

邓辉楚山水画集　邓辉楚绘

石家庄　河北美术出版社　1997 年　24 页　35cm
（15 开）ISBN：7-5310-0902-1　定价：CNY30.00
　　作者邓辉楚（1944—　），画家。湖南新邵
人，毕业于湖南师范大学。历任湖南书画研究院
特聘画师、湖南少年儿童出版社副审、湖南湘
风书画艺术院院长、北京恒辉书画艺术院院长，
中国美术家协会会员。代表作品有《山顶人家》
《张家界》《雾漫苗山》等。出版《邓辉楚山水画
集》等。

J0029911

丁成坤画集　丁成坤绘
天津　天津人民美术出版社　1997 年
28cm（大 16 开）ISBN：7-5305-0743-5
定价：CNY20.00
（当代国画家系列画集　Ⅲ）

J0029912

丁漪山水画集　丁漪绘
合肥　安徽美术出版社　1997 年　56 页　26cm（16 开）
ISBN：7-5398-0530-7　定价：CNY48.00

J0029913

董吉泉西部山水画选　董吉泉绘
兰州　甘肃人民美术出版社　1997 年　86 页　29cm
（16 开）ISBN：7-80588-169-3　定价：CNY68.80

J0029914

董俊启山水画创意　董俊启［绘］
沈阳　辽宁美术出版社　1997 年　48 页　24×26cm
ISBN：7-5314-1850-9　定价：CNY45.00
（画家画库）

J0029915

芙蓉江游记（肖中胤线描山水长卷）肖中胤绘
重庆　重庆出版社　1997 年　73 页　37×26cm
ISBN：7-5366-3555-9　定价：CNY45.00
　　外文书名：A Painting Album of the Fu
Rong River.

J0029916

苟正翔山水画集　苟正翔绘
兰州　甘肃人民美术出版社　1997 年　48 页　29cm
（16 开）ISBN：7-80588-201-0　定价：CNY50.00

J0029917

华拓画集　华拓绘

苏州　古吴轩出版社 1997 年 41 页 29cm（16 开）

ISBN：7-80574-321-5 定价：CNY48.00

J0029918

黄宾虹　湖山即兴册　黄宾虹绘

上海　上海画报出版社 1997 年 1 函（12 页）

35cm（15 开）ISBN：7-80530-326-6

定价：CNY22.00

（册页精品丛书 1）

J0029919

黄宾虹　黄山写生册　黄宾虹绘

上海　上海画报出版社 1997 年 35cm（15 开）

ISBN：7-80530-327-4 定价：CNY25.00

（册页精品丛书 2）

J0029920

姬俊尧山水画选［姬俊尧绘］

合肥　安徽美术出版社 1997 年 12 张 25×26cm

散页套装 ISBN：7-5398-0597-8

定价：CNY20.00

（当代美术家册页）

　　本画册包括《水乡情》《江南三月》《春雨》《水乡行》《江南村镇》《水乡早春》《雨后》等 12 幅中国画之山水画。

J0029921

况达山水画集（中英文本）况达绘

北京　人民美术出版社 1997 年 173 页 37cm

精装 ISBN：7-102-01863-0 定价：CNY386.00

　　外文书名：Collection of Landscape Paintings by Kuang Da.

J0029922

乐震文画集　乐震文绘

天津　天津人民美术出版社 1997年 29cm（16 开）

ISBN：7-5305-0734-6 定价：CNY20.00

（当代国画家系列画集 Ⅱ）

J0029923

李秉正画集　李秉正绘

石家庄　河北美术出版社 1997 年 16 张

22×29cm 散页套装 ISBN：7-5310-0901-3

定价：CNY19.00

　　当代中国山水画。

J0029924

刘诗东作品集（1992—1997）刘诗东绘

广州　广东旅游出版社 1997 年 29cm（16 开）

ISBN：7-80521-815-3 定价：CNY48.00

　　现代中国画画册。

J0029925

刘铜成山水画选　刘铜成绘

上海　上海书画出版社 1997 年 32 页 29cm（16 开）

ISBN：7-80635-112-4 定价：CNY20.00

J0029926

刘宇甲画集　刘宇甲绘；南京市美术家协会编

南昌　江西美术出版社 1997 年 29cm（16 开）

ISBN：7-80580-402-8 定价：CNY16.00

（南京当代美术家画库）

　　现代中国画画册。作者刘宇甲（1943—　　），书画家。出生于四川自贡，祖籍河北吴桥。供职于南京市文联，江苏省美术家协会会员、江苏省美学学会会员、南京书画院特聘画家。代表作品有《中国写意山水画技法》《龚贤研究集》。

J0029927

陆一飞画集　陆一飞绘

杭州　中国美术学院社［1997 年］［75］页

37×26cm 精装 ISBN：7-81019-297-3

定价：CNY280.00

　　本画册收作者 75 幅国画作品。

J0029928

瀑布·溪流　徐英槐绘

杭州　中国美术学院出版社 1997 年 42cm（8 开）

ISBN：7-81019-636-7 定价：CNY18.00

（中国山水画临本丛书）

J0029929

祁恩进画集　祁恩进绘；南京市美术家协会编

南昌　江西美术出版社 1997 年 29cm（16 开）

ISBN：7-80580-402-8 定价：CNY16.00

（南京当代美术家画库）

　　现代中国画画册。

J0029930
千里三峡图
成都　四川美术出版社　1997 年　17×25cm　经折装
ISBN：7-5410-1378-1　定价：CNY40.00
　　现代中国画画册。

J0029931
钱松嵒山水册页精品选集　钱松嵒绘
苏州　古吴轩出版社　1997 年　28cm（大 16 开）
ISBN：7-80574-292-8　定价：CNY48.00
　　作者钱松嵒（1899—1985），当代画家。江苏
宜兴人。曾任江苏省国画院院长、名誉院长，江
苏省美术家协会主席，中国美术家协会常务理事
等。画作有《红岩》《延安颂》《芙蓉湖上》《山岳
颂》等。代表作品有《梅园新村》《延安颂》《红岩》
《井冈大瀑布》等。著作《砚边点滴》。出版物《
钱松嵒画集》等。

J0029932
山楼观瀑图　冯毅，冯勇绘
天津　天津人民美术出版社　1997 年　1 轴
附对联一副　105×76cm　定价：CNY15.80
　　本作品为年画形式的中国现代国画山水风
景画。

J0029933
山楼观瀑图　冯毅，冯勇绘
天津　天津人民美术出版社　1997 年　1 轴
附对联一副　105×76cm　定价：CNY18.20
　　本作品为年画形式的中国现代国画山水风
景画。

J0029934
邵文君画选　邵文君绘
苏州　古吴轩出版社　1997 年　42 页　25×26cm
ISBN：7-80574-298-7　定价：CNY55.00
　　现代中国画山水画画册。作者邵文君（1942— ），
画家。苏州枫桥镇人，毕业于苏州工艺美专。历
任中国国画家协会理事、苏州市书画收藏家协会
副会长、吴中区美协名誉顾问、江苏省工艺美术
大师。代表作品有《寒山寺》《苏州人家》《太湖
岸边》等。

J0029935
石里溪画集　石里溪绘

天津　天津人民美术出版社　1997 年
28cm（大 16 开）　ISBN：7-5305-0743-5
定价：CNY20.00
（当代国画家系列画集　Ⅲ）

J0029936
滕亚林画集　滕亚林绘
天津　天津人民美术出版社　1997 年　29cm（16 开）
ISBN：7-5305-0734-6　定价：CNY20.00
（当代国画家系列画集　Ⅱ）

J0029937
汪澄山水画集　汪澄绘
南京　江苏美术出版社　1997 年　43 页　25×26cm
ISBN：7-5344-0748-6　定价：CNY42.00

J0029938
王德龙画集　王德龙绘
天津　天津人民美术出版社　1997 年
28cm（大 16 开）　ISBN：7-5305-0743-5
定价：CNY20.00
（当代国画家系列画集　Ⅲ）

J0029939
王焕波画集　王焕波绘
天津　天津人民美术出版社　1997 年　29cm（16 开）
ISBN：7-5305-0734-6　定价：CNY20.00
（当代国画家系列画集　Ⅱ）

J0029940
王永亮山水画选　王永亮绘
合肥　安徽美术出版社　1997 年　12 张　25×26cm
散页套装　ISBN：7-5398-0595-1
定价：CNY20.00
（当代美术家册页）

J0029941
王长富画集　王长富绘；南京市美术家协会编
南昌　江西美术出版社　1997 年　29cm（16 开）
ISBN：7-80580-402-8　定价：CNY16.00
（南京当代美术家画库）
　　现代中国画画册。

J0029942
王振山水画选　王振绘

合肥 安徽美术出版社 1997 年 12 张 25×26cm
散页套装 ISBN：7-5398-0598-6
定价：CNY20.00
（当代美术家册页）

J0029943
魏扬画集 魏扬绘
天津 天津人民美术出版社 1997 年
28cm（大 16 开） ISBN：7-5305-0743-5
定价：CNY20.00
（当代国画家系列画集 Ⅲ）

J0029944
吴石渔画集 吴石渔绘
苏州 古吴轩出版社 1997 年 33 页
28cm（大 16 开） ISBN：7-80574-306-1
定价：CNY38.00
　　现代中国画山水画画册。

J0029945
夏文彪山水画集 夏文彪绘
合肥 安徽美术出版社 1997 年 28 页
28cm（大 16 开） ISBN：7-5398-0588-9
定价：CNY42.00

J0029946
徐希作品（风景篇） 徐希绘
北京 荣宝斋出版社 1997 年 25×26cm
ISBN：7-5003-0395-5 定价：CNY15.00
　　现代中国画画册。

J0029947
杨永德山水画集 杨永德绘
北京 团结出版社 1997 年 25×26cm
ISBN：7-80130-101-3 定价：CNY56.00
　　外文书名：Collection of Yang Yongde Mountain
-Water Painting.

J0029948
杨永进画集 杨永进绘
西安 陕西人民美术出版社 1997 年 46 页
28cm（大 16 开） ISBN：7-5368-0973-5
定价：CNY48.00
　　现代中国画画册。

J0029949
于鸿林书画集 于鸿林绘
北京 中国工人出版社 1997 年 30 页 25×26cm
ISBN：7-5008-1942-0 定价：CNY32.00

J0029950
俞宏理山水画选 俞宏理绘
合肥 安徽美术出版社 1997 年 12 张 25×26cm
散页套装 ISBN：7-5398-0559-5
定价：CNY20.00
（当代美术家册页）

J0029951
张复兴画集 张复兴绘
北京 荣宝斋出版社 1997 年 40 页 26cm（16 开）
ISBN：7-5003-0368-8 定价：CNY56.00
　　现代中国画画册。

J0029952
张广俊画选 张广俊绘
北京 中国和平出版社 1997 年 15 页
28cm（大 16 开） ISBN：7-80101-749-8
定价：CNY26.00
　　当代中国山水画。

J0029953
张峭画集 张峭绘
福州 福建美术出版社 1997 年 48 页 29cm（16 开）
ISBN：7-5393-0538-X 定价：CNY46.00
　　外文书名：A Selection of Zhang Qiao's
Painting.

J0029954
祝富荣画集 祝富荣绘
天津 天津人民美术出版社 1997 年
28cm（大 16 开） ISBN：7-5305-0743-5
定价：CNY20.00
（当代国画家系列画集 Ⅲ）

J0029955
子南画集 子南绘
沈阳 辽宁美术出版社 1997 年 84 页 有彩照
25×26cm 精装 ISBN：7-5314-1754-5
定价：CNY118.00
　　现代中国画画册。

J0029956

1999：美国风光画选（刘懋善作品）刘懋善绘
广州　岭南美术出版社　1998年　56cm（4开）
ISBN：7-5362-1843-5　定价：CNY32.00

J0029957

白庚延山水画析览　白庚延绘
石家庄　河北美术出版社　1998年　210页
29×29cm　ISBN：7-5310-1049-6
定价：CNY71.00

J0029958

车鹏飞　车鹏飞绘；上海中国画院画廊编
上海　上海画报出版社　1998年　29cm（16开）
ISBN：7-80530-392-4　定价：CNY48.00
（上海中国画院画家作品丛书）

J0029959

陈克永山水画集　陈克永绘；董玉龙主编
青岛　青岛出版社　1998年　120页　37cm
精装　ISBN：7-5436-1735-8　定价：CNY268.00

J0029960

陈佩秋　陈佩秋绘；上海中国画院画廊编
上海　上海画报出版社　1998年　29cm（16开）
ISBN：7-80530-379-7　定价：CNY48.00
（上海中国画院画家作品丛书）
　　作者陈佩秋（1922—　），女，现代中国画花鸟画画家。河南南阳人。字健碧，室名秋兰室、高华阁、截玉轩。毕业于国立艺术专科学校。历任上海大学美术学院兼职教授、上海中国画院画师、中国美术家协会会员。主要作品有《天目山杜鹃》《水佩风裳》《红满枝头》。

J0029961

陈寿藩画集［陈寿藩绘］
福州　福建美术出版社　1998年　30页
28cm（大16开）　ISBN：7-5393-0737-4
定价：CNY25.00
　　本画册收集了《龙潭泉声》《红树雁声高》《白云春晓》《九龙胜景图》《山高水长》等30余幅中国画。

J0029962

陈英明书画集　陈英明［作］

上海　上海人民美术出版社　1998年　45页　26cm
（16开）　ISBN：7-5322-2128-8　定价：CNY58.00

J0029963

城市山水画集　深圳市文化局，深圳画院编
杭州　中国美术学院出版社　1998年　49+14页
19×21cm　精装　ISBN：7-81019-392-9
定价：CNY68.00

J0029964

程辉山水画集　程辉绘
广州　岭南美术出版社　1998年　29cm（16开）
ISBN：7-5362-1870-2　定价：CNY20.00
（广州国际艺术博览会丛书）

J0029965

崔振宽画集　崔振宽绘
郑州　河南美术出版社　1998年　29cm（16开）
ISBN：7-5401-0601-8　定价：CNY10.00
（长安十家）
　　现代中国画山水画画册。

J0029966

邓景渊山水画集　邓景渊著
长沙　湖南美术出版社　1998年　32页　27×25cm
ISBN：7-5356-1208-3　定价：CNY35.00

J0029967

耿安辉画集　耿安辉绘
郑州　河南美术出版社　1998年　69页　有照片
29cm（16开）　ISBN：7-5401-0774-X
定价：CNY88.00
　　现代中国画山水画画册。

J0029968

胡振郎山水画册　胡振郎绘
上海　上海画报出版社　1998年　29cm（16开）
ISBN：7-80530-428-9　定价：CNY48.00
（中国著名书画家作品丛书）
　　作者胡振郎（1938—　），国家一级美术师。浙江永康县人，毕业于浙江美术学院。历任中国美术家协会上海分会理事、上海市黄浦画院院长、上海市文史研究馆馆员、上海中国画院画师。代表作品有《功》《一生难忘1976》《峥嵘岁月》《百年沧桑》《白求恩》，出版有《胡振郎画集》

《胡振郎山水画集》《怎样画水墨山水》等。

J0029969

贾又福作品 贾又福绘
西安 陕西人民美术出版社 1998年 29cm（16开）
ISBN：7-5368-1062-8 定价：CNY18.00
（中国画名家作品精选）

J0029970

李百战画集 李百战绘
西安 陕西人民美术出版社 1998年 74页 29cm
（16开）ISBN：7-5368-1096-2 定价：CNY48.00
（中国画坛）

J0029971

李喜生画集 李喜生绘
乌鲁木齐 新疆美术摄影出版社 1998年
25×26cm ISBN：7-80547-641-1
定价：CNY23.00
（新疆丝路画库）
　　现代中国画画册。

J0029972

林端声山水画集 林端声绘
广州 岭南美术出版社 1998年 57页 37cm（8开）
ISBN：7-5362-1826-5
定价：CNY160.00，CNY200.00（精装）

J0029973

林述檠山水画集 林述檠绘
福州 海风出版社 1998年 46页 29cm（18开）
ISBN：7-80597-191-9
定价：CNY48.00，CNY58.00（精装）

J0029974

陆一飞 陆一飞绘；上海中国画院画廊编
上海 上海画报出版社 1998年 29cm（16开）
ISBN：7-80530-383-5 定价：CNY48.00
（上海中国画院画家作品丛书）

J0029975

穆庆东作品集 穆庆东绘
上海 上海书画出版社 1998年 81页 29cm（16开）
ISBN：7-80635-270-8 定价：CNY58.00
　　现代中国画山水画画册。

J0029976

潘天寿山水 潘天寿绘
杭州 西泠印社 1998年 42cm（8开）
ISBN：7-80517-268-4 定价：CNY20.00
（西泠印社书画名作丛编）
　　作者潘天寿（1897—1971），现代著名国画家，美术教育家，原名天授，字大颐，号寿者。浙江宁海县人。擅画花鸟、山水，兼善指画，亦能书法、诗词、篆刻。曾任中国文联委员、中国美术家协会副主席、浙江省文联副主席、中国美协浙江分会主席，浙江美术学院院长、教授等职。著有《中国绘画史》《听天阁画谈随笔》等。

J0029977

裴树生画集 裴树生绘
天津 天津人民美术出版社 1998年 29cm（16开）
ISBN：7-5305-0785-0 定价：CNY20.00
（当代国画家系列画集 Ⅳ）

J0029978

齐白石山水扇面 齐白石绘
天津 天津人民美术出版社 1998年 25×26cm
ISBN：7-5305-0930-6
定价：CNY35.50，CNY45.00（精装）
　　作者齐白石（1864—1957），近现代中国绘画大师，国画家、篆刻家。湖南湘潭人。原名纯芝，字渭青，号兰亭，后改名璜，字濒生，号白石等。历任国立北京艺术专科学校和京华美术专科学校教习、教授，中央美术学院名誉教授、中国文学艺术界联合会主席团委员、中国画研究会和中国美术家协会主席、中国画院名誉院长。代表作有《蛙声十里出山泉》《墨虾》等。著有《白石诗草》《齐白石作品集》《白石老人自述》等。

J0029979

秦岭云山水小品选 秦岭云［绘］
北京 中国和平出版社 1998年 69页 29cm（16开）
ISBN：7-80101-681-5 定价：CNY80.00
　　作者秦岭云（1914—2008），画家，教育家。曾用名维新等。画室堂号五瓜草堂、闻鸡楼，字岭云。生于河南汲县（今卫辉市）。曾在北平国立艺术专科学校绘画系和湖南沅陵国立艺专学习。先后在中央美术学院、人民美术出版社从事国画创作研究。出版有《现代山水画集》《秦岭云写生山水画集》《秦岭云山水作品》《写意山水画技法》等。

J0029980
邱陶峰 邱陶峰绘；上海中国画院画廊编
上海 上海画报出版社 1998年 29cm（16开）
ISBN：7-80530-400-9 定价：CNY48.00
（上海中国画院画家作品丛书）

J0029981
人间仙境（武夷风光画集） 福建省美术家协
会水彩画会编辑
福州 福建美术出版社 1998年 87页
28cm（大16开） ISBN：7-5393-0735-8
定价：CNY58.00

J0029982
山水册 齐白石绘；陈履生编著
南宁 广西美术出版社 1998年 38cm（6开）
ISBN：7-80625-447-1 定价：CNY18.00
（一品堂系列丛书 一品堂册页精品）

J0029983
山水画名作（教学示范作品） 王金石编
长沙 湖南美术出版社 1998年 33页 36cm
（15开） ISBN：7-5356-1192-3 定价：CNY28.00

J0029984
尚祖虹山水画 尚祖虹绘
苏州 古吴轩出版社 1998年 25×26cm
ISBN：7-80574-357-6 定价：CNY80.00

J0029985
邵伯奇山水画选 邵伯奇绘
广州 岭南美术出版社 1998年 32页 25×26cm
ISBN：7-5362-1766-8 定价：CNY43.00

J0029986
水墨山水写生画稿 童中焘等绘
武汉 湖北美术出版社 1998年 96页 29cm
（16开） ISBN：7-5394-0725-5 定价：CNY19.00
（写生画稿系列丛书）

J0029987
四人山水画集 陈向迅等绘；甘学军主编
北京 文化艺术出版社 1998年 133页
30cm（10开） ISBN：7-5039-1787-3
定价：CNY186.00

作者陈向迅（1956—　），画家。出生于浙江
杭州。硕士毕业于中国美术学院。中国美术家
协会会员，中国美术学院中国画系教授、系主
任、博士生导师。代表作品有《兰江记忆》《家家
唱晚》《水墨构成》。

J0029988
孙粒文画选 孙粒文绘
西安 陕西人民美术出版社 1998年 12幅
25×26cm 散页套装 ISBN：7-5368-1103-9
定价：CNY24.00
　　现代中国画山水画画册。

J0029989
万鼎1997 万鼎绘
西安 陕西人民美术出版社 1998年 28×28cm
ISBN：7-5368-1025-3 定价：CNY60.00
　　现代中国画之山水画画册，中英文本。

J0029990
万壑松风图 李唐绘
天津 天津人民美术出版社 1998年 1张
68×48cm 定价：CNY14.00
　　本作品系现代中国画。

J0029991
王梦飞作品集 王梦飞绘
广州 岭南美术出版社 1998年 29cm（16开）
ISBN：7-5362-1870-2 定价：CNY20.00
（广州国际艺术博览会丛书）
　　现代中国画之山水画画册。

J0029992
魏扬山水画集 魏扬绘
长沙 湖南美术出版社 1998年 213页
38cm（6开） 精装 ISBN：7-5356-1189-3
定价：CNY400.00

J0029993
魏照涛山水画集 魏照涛绘
上海 上海书画出版社 1998年 25×26cm 精装
ISBN：7-80635-294-5 定价：CNY300.00

J0029994
吴盛源画集 吴盛源绘

广州　岭南美术出版社　1998 年　98 页　37cm　精装
ISBN：7-5362-1860-5　定价：CNY248.00

J0029995
线的韵律（当代风景线描精品图集）　李春海编著
北京　中国工人出版社　1998 年　137 页
18×18cm　ISBN：7-5008-2058-5
定价：CNY13.00
（新颖图库）

J0029996
项鸿画集　项鸿绘
天津　天津人民美术出版社　1998 年　69 页　29cm
（16 开）　ISBN：7-5305-0918-7　定价：CNY68.00
　　现代中国画的山水画画册。

J0029997
徐鸿延山水写生画集　徐鸿延绘
西安　陕西人民美术出版社　1998 年　29cm（16开）
ISBN：7-5368-1130-6　定价：CNY18.00

J0029998
徐子维画集　徐子维绘
北京　人民美术出版社　1998 年　37cm　精装
ISBN：7-102-01912-2
　　现代中国画山水画画册，中英文本。

J0029999
荀慧生画集（1961 — 1965）　荀慧生绘；陈卫国编选
北京　中国工人出版社　1998 年　75 页　有彩照
29cm（16 开）　ISBN：7-5008-1996-X
定价：CNY150.00
　　现代中国画山水画画册。作者荀慧生（1900—1968），著名京剧表演艺术家、京剧旦角。原名秉超，号留香，曾用艺名白牡丹。荀派艺术的创始人。祖籍河北阜城（现河北东光县）。代表剧目有《红娘》《红楼二尤》《玉堂春》《棋盘山》等，出版有《荀慧生演剧散论》《荀慧生演出剧本选集》《荀慧生舞台艺术》等。

J0030000
杨克勤画集　杨克勤绘
郑州　河南美术出版社　1998 年　53 页　有彩照

29cm（16 开）　ISBN：7-5401-0769-3
定价：CNY68.00
　　现代中国画山水画画册。

J0030001
杨振熙山水画集　杨振熙［绘］
郑州　河南美术出版社　1998 年　44 页　29cm
（16 开）　ISBN：7-5401-0738-3　定价：CNY58.00

J0030002
叶明山水画集　叶明绘
北京　中国世界语出版社　1998 年　26 页
28×27cm　ISBN：7-5052-0390-8
定价：CNY36.00
（中国当代书画家）

J0030003
远征作品　贺远征绘
北京　中国世界语出版社　1998 年　29cm（16 开）
ISBN：7-5052-0381-9　定价：CNY280.00（全套）
（当代中国艺术家丛书　中国画）

J0030004
苑野超画集　苑野超绘
天津　天津人民美术出版社　1998 年　29cm（16 开）
ISBN：7-5305-0891-1　定价：CNY58.00
　　现代中国画的山水画画册。

J0030005
张和平作品选　张和平绘
天津　天津人民美术出版社 ［1998 年］31 页
29cm（16 开）　ISBN：7-5305-0809-1
定价：CNY22.00
（当代画家精品集　2）

J0030006
赵豫　赵豫绘；上海中国画院画廊编
上海　上海画报出版社　1998 年　29cm（16 开）
ISBN：7-80530-390-8　定价：CNY48.00
（上海中国画院画家作品丛书）

J0030007
卓鹤君画选　卓鹤君绘
杭州　中国美术学院出版社　1998 年　13 页
36×41cm　ISBN：7-81019-679-0

定价: CNY70.00

现代中国画山水画画册,中英文对照。

J0030008

巴蜀书画系列 (山水卷) 四川省人民政府参事室等编

成都 四川美术出版社 1999年 44页 29cm (16开) ISBN: 7-5410-1735-3 定价: CNY80.00

本册收集了山水画40余幅,展示了祖国传统书画艺术的绚丽风貌和书画艺术家锐意进取的精神境界。

J0030009

曾安楚画集 曾安楚编著

长沙 湖南美术出版社 1999年 32页 25×26cm ISBN: 7-5356-1248-2 定价: CNY35.00

本书收作者中国画山水画约30幅。内容包括《江畔红叶伴烟云》《将要逝去的山寨》《黎平侗寨》《湖南的西双版纳——黄桑》《苍山急流》等。作者曾安楚(1940—2011),画家、教授。湖南洞口县人,毕业于湖南师范大学艺术学院雕塑系。湖南省美协会员、株洲画院教授。作品有《桃源溪畔》《黄山奇观》《爱晚亭》《荷趣》等。

J0030010

陈玉圃山水画集 陈玉圃[绘]

北京 荣宝斋出版社 1999年 25×26cm ISBN: 7-5003-0466-8 定价: CNY18.00

本书收录陈玉圃的山水画《月光下》《此处有春荫》《仙山论道图》《草堂月影》《横看成岭侧成峰》等。作者陈玉圃(1946—),国画家。又名陈玉璞。山东历城人,就读于广西艺术学院。曾任广西艺术学院美术系教授,天津南开大学东方艺术系教授、硕士生导师,中国美术家协会会员。代表作有《唐人诗意》《苏东诗意》《放鹤亭图》。

J0030011

杜石画集 杜石绘

北京 中国画报出版社 1999年 29cm (16开) ISBN: 7-80024-547-0 定价: CNY24.80 (当代中国艺术家丛书 国画作品 7)

现代中国画画册,中英文本。

J0030012

关真全画集 关真全著

石家庄 河北美术出版社 1999年 44页 29cm (16开) ISBN: 7-5310-1323-1 定价: CNY35.00 (20世纪末中国画家作品精选 系列个人专集)

本书收有中国画《泉声》《开发上都河》《雾灵欲雨》《雾灵山中》《青山飞瀑》《斗天图》《瑞雪》《暴风雨来了》等50余幅作品。作者关真全(1945—),画家。笔名乐山,生于河北迁西县。历任中日美术交流协会会员、河北省美术家协会会员、河北省山水画研究会会员。代表作《关真全画集》。

J0030013

郭公达山水画选集 [郭公达绘]

合肥 安徽美术出版社 1999年 166页 37cm 精装 ISBN: 978-7-5398-0789-8 定价: CNY360.00

J0030014

韩浪·粤山亦苍茫 韩浪绘

南宁 广西美术出版社 1999年 38cm(6开) 精装 ISBN: 7-80625-625-3 定价: CNY130.00

现代中国画山水画画册。

J0030015

华拓画集 [华拓绘]; 苏州市中国书画收藏协会编

上海 上海书画出版社 1999年 85页 38cm(6开) 精装 ISBN: 7-80635-589-8 定价: CNY200.00

本书收入作者的《向阳人家春常在》《苍茫秋色著红妆》《霜华点碧山》《江村秋色图》《天子山中》《秦岭夏色》等84幅山水画作品。作者华拓(1940-),河北景县人,江苏省国画院山水画研究所所长、中国美术家协会会员、国家一级美术师,出版有《华拓画集》《华拓画选》等6种画册。

J0030016

黄宾虹册页 (山水) 黄宾虹绘; 浙江省博物馆,浙江人民美术出版社编

杭州 浙江人民美术出版社 1999年 48页 37cm 精装 ISBN: 7-5340-0904-9 定价: CNY90.00 (中国画名家册页典藏)

J0030017

黄河（董帜强山水画集）董帜强绘
广州　岭南美术出版社　1999年　42页　25×26cm
ISBN：7-5362-1985-7
定价：CNY70.00，CNY100.00（精装）
　　外文书名：The Yellow River. 作者董帜强
（1958— ），画家。广东番禺人，毕业于广州美
术学院。中国美术家协会广东分会会员。代表
作品有《大黄河》《黄河放歌》《艰苦历程》等。

J0030018

黄逸宾画集　黄逸宾绘
北京　人民美术出版社　1999年　37cm　精装
ISBN：7-102-02058-9　定价：CNY180.00
　　现代中国画山水画画册。作者黄逸宾
（1919—2002），画家。山东莱阳人。擅长写意山
水画。曾任中共浙江省顾问委员会委员，杭州大
学党委书记，浙江书院荣誉顾问。出版有《黄逸
宾画集》。

J0030019

贾海泉画集　贾海泉著
石家庄　河北美术出版社　1999年　28页　29cm
（16开）ISBN：7-5310-1333-9　定价：CNY25.00
（20世纪末中国画家作品精选 系列个人专集）
　　本书收有中国画《穿越》《山凹凹里的细语》
《山凹情》《云起云落》《太行奇绝与平凡》《远山
在逼近》《大山交响曲》等50余幅作品。作者贾
海泉（1957— ），艺术家。生于河北武安市，毕
业于河北省工艺美术学院和中央美术学院国画
系。历任中国美术家协会河北分会会员、邯郸市
美术家协会副主席、武安市美协主席。代表作品
有《异化山水系列》《西皮散板》《一方水土》，出
版有《贾海泉画集》《中国现代水墨艺术名家·贾
海泉》《水墨新方阵》。

J0030020

蒋德舜画集　蒋德舜绘
北京　人民教育出版社　1999年　52页　有彩照
25cm（小16开）ISBN：7-107-12950-3
定价：CNY61.00
　　现代中国中国画山水画画册，中英文本。作
者蒋德舜（1927— ），画家、美术教育家、美术编
审。生于北京，祖籍河南光山，毕业于北京师范
学校。历任人民教育出版社特约编审、中国老教

授协会教授、中国老年教育中心教授、中国美术
家协会会员。作品有《儿童们团结起来，打败美
帝国主义》《掏粪工人》《朝阳图》等，出版有《蒋
德舜画集》《与青少年谈中国画》等。

J0030021

康卫中作品　康卫中绘
北京　中国世界语出版社　1999年　29cm（16开）
ISBN：7-5052-0403-3　定价：CNY28.00
（当代中国艺术家丛书［第2辑］中国画）

J0030022

李郭山水画系特展（中英文本）台北故宫博
物院编辑委员会编辑；许郭璜文字撰述
台北　台北故宫博物院　1999年　155+17页
30cm（10开）精装　ISBN：957-562-369-X
定价：TWD700.00

J0030023

李忠纯山水画集　李忠纯绘
广州　岭南美术出版社　1999年　78页　38cm（6开）
精装　ISBN：7-5362-1984-9　定价：CNY198.00
　　作者李忠纯（1938—2015），画家。又名一纯、
禺舟，生于重庆市。历任中国四川嘉州画院常务
副院长、教授，四川美术家协会会员等职。出版
有《李忠纯山水画集》等。

J0030024

林曦明作品选集（1 山水卷）林曦明绘
上海　上海书画出版社　1999年　38cm（6开）
精装　ISBN：7-80635-592-8　定价：CNY380.00
　　本画册收录了作者的《宾翁笔意》《夏山图》
《山泉有声》《山乡之秋》《幽谷晴岚》《宾翁画意》
《水墨山水》《春雨沽酒归》等248篇山水画。

J0030025

刘运君国画集［刘运君绘］
北京　大众文艺出版社　1999年　有照片
29cm（16开）ISBN：7-80094-774-2
定价：CNY150.00（全10册）
（当代中国书画家精品系列书画集）

J0030026

刘振铎山水画选　刘振铎［绘］
哈尔滨　黑龙江美术出版社　1999年　40页

25×26cm ISBN：7-5318-0677-0
定价：CNY28.00

　　作者刘振铎（1937— ），画家。生于河北献县。历任中国美术家协会会员，黑龙江省美协常务理事、美协创作室主任等。作品有《刘振铎山水画选》《红色草原赛畜图》《矿工》等。

J0030027
卢子枢书画集 卢子枢［作］
广州 岭南美术出版社 1999年 157页
37cm（8开）精装 ISBN：7-5362-1943-1
定价：CNY280.00，CNY300.00（特精装）
（岭南名家翰墨）

J0030028
弭菊田画集 弭菊田绘
北京 人民美术出版社 1999年 85页 29cm
（16开）ISBN：7-102-01989-0 定价：CNY41.50
　　现代中国画山水画画册。

J0030029
苗重安作品 苗重安绘
西安 陕西人民美术出版社 1999年 36页 29cm
（16开）ISBN：7-5368-1154-3 定价：CNY18.00
（中国画名家作品精选）
　　现代中国画画册。作者苗重安（1938— ），画家。山西运城人，毕业于西安美术学院中国画系，并留校任教，师从贺天健先生研习山水画，擅长山水画。历任陕西省画院院长、中国画研究院院务委员、中国美术家协会理事。主要作品有《龙羊峡的黎明》《黄陵古柏》《一览众山小》等。

J0030030
名家山水画艺术 吴成槐主编
沈阳 辽宁美术出版社 1999年 396页 29cm（16开）
精装 ISBN：7-5314-2289-1 定价：CNY190.00
　　作者主编吴成槐（1943— ），满族，编辑。辽宁沈阳人。辽宁民族出版社社长兼总编辑、辽宁美术家协会、辽宁摄影家协会会员。连环画作品有《南下路上》《大桥争夺战》，编辑设计图书《海外藏明清绘画珍品——沈周卷》《20世纪中国摄影文献》。

J0030031
潘真山水画集 潘真绘
石家庄 河北美术出版社 1999年 77页 29cm
（16开）ISBN：7-5310-1122-0 定价：CNY68.00
　　作者潘真（1929— ），别名慕莼，河北交河人。历任河北美术出版社美编及编辑室主任、副编审。作品有《小憩林阴下》《秋收场上》《斗杀西门庆》清风十里展画屏》等。 出版有《潘真山水画集》。

J0030032
庞泰嵩 黄知秋 卢有光诗书画集 庞泰嵩绘；黄知秋诗；卢有光书
广州 岭南美术出版社 1999年 147页
28cm（大16开）ISBN：7-5362-2022-7
定价：CNY150.00，CNY200.00（精装）
　　书者卢有光（1938— ），书法家。生于广东肇庆。历任中国书法家协会会员、广东省书法家协会副主席、广州市文史研究馆副馆长。著有《卢有光书法选集》《王羲之兰亭序书法入门》《卢有光楹联展书法集》《卢有光书法新作选》《卢有光书道展》。

J0030033
齐白石画谱（第二辑 山水） 齐白石绘；郭天民编辑
长沙 湖南美术出版社 1999年 29cm（16开）
ISBN：7-5356-1326-8 定价：CNY48.00

J0030034
钱松喦画集 钱松喦绘
北京 荣宝斋出版社 1999年
ISBN：7-5003-0459-5 定价：CNY46.00
　　现代中国画山水画画册。

J0030035
秦岭云山水作品 北京今日华夏文化艺术传播中心编
北京 新华出版社 1999年 199页 有照片 37cm
精装 ISBN：7-5011-4559-8 定价：CNY268.00
（今日华夏艺术家丛书）

J0030036
全国首届中国山水画展览作品集 王琦主编
西安 陕西人民美术出版社 1999年 2版 37cm
精装 ISBN：7-5368-0569-1 定价：CNY328.00

J0030037
山水写生范本（从太行到陕北）张谷旻等绘
武汉　湖北美术出版社　1999 年　118 页
25×26cm　ISBN：7-5394-0874-X
定价：CNY25.00
　　作者张谷旻（1961—　），教授、画家。浙江
杭州人，毕业于浙江美术学院中国画系。历任西
泠书画院秘书长、浙江省山水画研究会副秘书
长、杭州市美术家协会理事。作品有《火云满山
凝未开》《宁静高原》《沃野千里》。

J0030038
邵一画集　邵一绘
北京　中国画报出版社　1999 年　29cm（16 开）
ISBN：7-80024-547-0　定价：CNY24.80
（当代中国艺术家丛书　国画作品　10）
　　现代中国画画册，中英文本。

J0030039
沈荣华山水画集（中英文本）[沈荣华绘]
西安　陕西人民美术出版社　1999 年　29cm（16 开）
ISBN：7-5368-1222-1　定价：CNY25.00
　　本画册收有《终南尽染》《秦山深处有人家》
《巴山农乐》《黄坡秋趣》《晨曲》《陕北山村》《江
南早晨》等 33 幅山水画作品。作者沈荣华（1962—　），
美术师。浙江海宁市人，国家高级美术师。绘有
《沈荣华山水画集》等。

J0030040
沈岩书画集　沈岩绘
福州　福建美术出版社　1999 年　29cm（16 开）
ISBN：7-5393-0765-X　定价：CNY39.80

J0030041
世纪上海（中国城市山水画长卷）
上海　上海画报出版社　1999 年　29cm（16 开）
经折　ISBN：7-80530-299-5　定价：CNY36.00

J0030042
水墨山水　贾又福等绘
苏州　古吴轩出版社　1999 年　38cm（6 开）
ISBN：7-80574-422-X　定价：CNY28.00
（当代艺术新主张）

J0030043
苏宝玺国画集［苏宝玺绘］
北京　大众文艺出版社　1999 年　有照片
29cm（16 开）　ISBN：7-80094-774-2
定价：CNY150.00（全 10 册）
（当代中国书画家精品系列书画集）

J0030044
田丹丹画集　田丹丹绘
深圳　海天出版社　1999 年　16 页　29cm（16 开）
ISBN：7-80654-106-3　定价：CNY360.00（全套）
（深圳美术家画库）
　　现代中国画画册。作者田丹丹（1957—　），
女，画家。生于广西平乐，祖籍湖南凤凰。历任
深圳市美术家协会会员、中国藏书票中小学联合
会第一届理事、深圳书画研究会会员、深圳艺术
教育研究会会员。作品有《桃花溪——川江日记
系列》《大江纪行》等。

J0030045
涂同源画集　涂同源[绘]
武汉　长江文艺出版社　1999 年　40 页　26×24cm
ISBN：7-5354-1695-0　定价：CNY22.00
　　现代中国画山水画画册。作者涂同源
（1957—　），画家。湖北武汉人。湖北美术家协
会会员、二级美术师。绘有《涂同源画集》。

J0030046
王茂彬山水画集
太原　山西人民出版社　1999 年　28×29cm
ISBN：7-203-03862-9　定价：CNY88.00
（当代中国画家系列画册）

J0030047
吴熙曾（江山胜览）吴熙曾绘
北京　文物出版社　1999 年　104 页　29cm（16 开）
ISBN：7-5010-1179-6
（中国近代名家书画全集　30）

J0030048
吴中风光（曹仁容画集）曹仁容绘
苏州　古吴轩出版社　1999 年　48 页　29cm（16 开）
ISBN：7-80574-443-2　定价：CNY49.00
　　现代中国画之风景画画册。

J0030049
姚得民山水画集 姚得民绘
南京 江苏美术出版社 1999 年 56 页 26cm
（16 开）ISBN：7-5344-0908-X 定价：CNY34.00

J0030050
一代画风（中国中青年山水画艺术家）许俊等绘
沈阳 辽宁美术出版社 1999 年 116 页
25×26cm ISBN：7-5314-2315-4
定价：CNY60.00

J0030051
云淡风清（周澄山水画集）周澄绘
台北 艺术图书公司 1999 年 159 页 有照片
25×26cm 精装 ISBN：957-672-295-0
定价：TWD1000.00
　　　外文书名：The Clouds and Light Breeze.

J0030052
张建中画集
济南 山东美术出版社 1999 年 89 页 有彩照
29cm（16 开）精装 ISBN：7-5330-1199-6
定价：CNY128.00
　　　现代中国画山水画画册。作者张建中
（1928— ），现代中国画画家。

J0030053
张清智山水画集
北京 京华出版社 1999 年 108 页 37cm 精装
ISBN：7-80600-371-1 定价：CNY996.00（全 3 册）

J0030054
张森严画集 张森严绘
北京 中国画报出版社 1999 年 29cm（16 开）
ISBN：7-80024-547-0 定价：CNY24.80
（当代中国艺术家丛书 21）
　　　现代中国画之山水画画册。作者张森严
（1953— ），画家。山东邹城市人。历任山东省
美术家协会会员、齐鲁书画研究院副研究员。出
版有《张森严画集》。

J0030055
张跃进画集 张跃进［绘］
天津 天津杨柳青画社 1999 年 29cm（16 开）
ISBN：7-80503-227-0 定价：CNY35.00

现代中国画山水画画册。

J0030056
赵卫画集［赵卫绘］
北京 人民美术出版社 1999 年 128 页
36cm（15 开）精装 ISBN：7-102-02101-1
定价：CNY280.00
（中国当代美术家）
　　　本书收作者山水画作品 60 幅，其中包括《岁
岁红粱》《斜口所见》《牧羊者归》《五色山庄》《滇
南印象》等。作者赵卫（1957- ），白族，生于北京，
籍贯云南。绘有《赵卫画集》。

J0030057
郑德民画集 郑德民绘
北京 中国画报出版社 1999 年 29cm（16 开）
ISBN：7-80024-547-0 定价：CNY24.80
（当代中国艺术家丛书 国画作品 8）
　　　中国现代中国画画册，中英文本。

J0030058
郑书阁画集 郑书阁著
石家庄 河北美术出版社 1999 年 28 页 29cm
（16 开）ISBN：7-5310-1334-7 定价：CNY25.00
（20 世纪末中国画家作品精选 系列个人专集）
　　　本书收有中国画《三峡朝晖》《大漠卫士》《艰
难岁月》《青泉天上来》《高原风情》《月下》《瀑
水近天流》等 50 余幅作品。作者郑书阁（1954— ），
女，教师。生于河北邢台。石油物探局中心学校
高级教师、中国美术教育家协会会员、中国石油
画院一级画师。代表作《郑书阁画集》。

J0030059
周澄山水画集 周澄编绘
台北 艺术图书公司 1999 年 再版 151 页
30cm（10 开）ISBN：957-672-200-4
定价：TWD580.00
（画好国画 38）
　　　外文书名：Anthology of Landscape Painting
by Chou Cheng.

J0030060
朱建安画集 朱建安绘
北京 中国画报出版社 1999 年 29cm（16 开）
ISBN：7-80024-547-0 定价：CNY24.80

（当代中国艺术家丛书　国画作品　13）

　　现代中国画画册,中英文本。

J0030061

朱葵（中国乡情山水画选集）朱葵绘

南京　江苏美术出版社　1999年　68页　27×27cm

ISBN:7-5344-0919-5　定价:CNY48.00

J0030062

朱子鹤山水画集　朱子鹤绘画

上海　上海人民美术出版社　1999年　80页　有照片

38cm(6开)　精装　ISBN:7-5322-2295-0

定价:CNY280.00

　　作者朱子鹤(1918—　),国画家。别署朱墨,斋名春来阁,江苏常熟人。上海市文史馆馆员、上海老年大学山水画教师。著有《春来阁词》《春来阁题画绝句》等。

现代国画作品——静物、花卉、竹木

J0030063

陈半丁花卉册　陈年作

北京　荣宝斋　1953年　8幅　28×39cm

　　本画册选其牡丹、荷花、梅花、月季、芙蓉、海棠、石榴等8幅,依原大彩印。作者陈半丁(1876—1970),原名陈年,字半丁。画家。浙江山阴(今绍兴)人。曾就职于北京图书馆、北平艺术专科学校。曾任中国美术家协会理事、北京画院副院长、中国画研究会会长。代表作品有《卢橘夏熟》《高枝带雨压雕栏》《惟有黄花是故人》《赤壁夜游图》等。

J0030064

花卉画谱　周天民编绘

上海　上海人民美术出版社　1953年　376页

18cm(小32开)　统一书号:T8081.5311

定价:CNY1.40

　　作者周天民(1919—1984),国画家。字凝,号醒吾,江苏苏州人。

J0030065

荷花　陈半丁作

[北京]朝花出版社　1954年　定价:CNY0.16

　　中国现代国画作品。

J0030066

荷花（彩墨画）陈大羽作

上海　上海人民美术出版社　1955年　[1]张

定价:CNY0.20

　　作者陈大羽(1912—2001),画家、书法家、篆刻家。原名汉卿,更名翱,字大羽。广东潮阳人,毕业于上海美术专业学校中国画系。历任南京艺术学院教授、中国画协常务理事。主要作品有《红梅公鸡》《庐山》《松柏长青》等。出版有《陈大羽书画篆刻作品集》《大羽画集》等。

J0030067

荷花蜻蜓　齐白石作

北京　人民美术出版社　1955年　1张　53cm(4开)

定价:CNY0.16

　　作者齐白石(1864—1957),近现代中国绘画大师,国画家、篆刻家。湖南湘潭人。原名纯芝,字渭青,号兰亭,后改名璜,字濒生,号白石等。历任国立北京艺术专科学校和京华美术专科学校教习、教授,中央美术学院名誉教授、中国文学艺术界联合会主席团委员、中国画研究会和中国美术家协会主席、中国画院名誉院长。代表作有《蛙声十里出山泉》《墨虾》等。著有《白石诗草》《齐白石作品集》《白石老人自述》等。

J0030068

紫藤蜜蜂　齐白石作

天津　天津美术出版社　1955年　1张

38cm(6开)　定价:CNY0.15

J0030069

大丽花　于非闇作

北京　朝花美术出版社　1956年　1张

38cm(6开)　定价:CNY0.10

J0030070

荷花蜻蜓　齐白石作

天津　天津美术出版社　1956年　1张

38cm(6开)　定价:CNY0.10

J0030071

紫藤蜜蜂　齐白石作

天津　天津美术出版社　1956年　1张

76cm(2开)　定价:CNY0.13

J0030072

陈半丁花卉册 陈半丁作

北京 荣宝斋 1958 年 7 幅 38×50cm

　　作者陈半丁（1876—1970），原名陈年，字半丁。画家。浙江山阴（今绍兴）人。曾就职于北京图书馆、北平艺术专科学校。曾任中国美术家协会理事、北京画院副院长、中国画研究会会长。代表作品有《卢橘夏熟》《高枝带雨压雕栏》《惟有黄花是故人》《赤壁夜游图》等。

J0030073

王海云百花谱 王海云绘

北京 人民美术出版社 1958 年 影印本
16 页 25cm（16 开）统一书号：8027.1621
定价：CNY0.96

J0030074

百花图谱 北京中国画院花鸟组编绘

北京 人民美术出版社 1959 年 ［34］页 19cm
（32 开）统一书号：8027.2491 定价：CNY0.51

J0030075

陈之奋白描花卉册 陈之奋绘

上海 上海人民美术出版社 1959 年 有图 29cm
（16 开）线装 定价：CNY3.20

J0030076

陈之佛画集 陈之佛绘；丰子恺编

北京 人民美术出版社 1959 年 24 幅 37cm
（8 开）统一书号：8027.2441 定价：CNY5.80

　　本书选编花鸟画 24 幅。作品多为双钩里彩，设色高雅，有很强的感染力。作者陈之佛（1896—1962），画家、工艺美术家。又名陈绍本、陈杰，号雪翁。毕业于浙江省工业专门学校染织科机织专业，曾留学日本入东京美术学校工艺图案科。曾任教于上海美术专科学校及中央大学艺术系，任南京大学教授、南京师范学院教授、江苏美协副主席、南京艺术学院副院长、中国美术家协会理事等职。代表作品有《瑞安名胜古诗选》《旅美纪行》《江村集》等。编者丰子恺（1898—1975），画家、文学家、艺术教育家。原名丰润，又名仁、仍，字子颙，后改为子恺，笔名 TK，浙江嘉兴人。作品有《缘缘堂随笔》、画集《子恺漫画》等。

J0030077

陈子奋白描花卉册 陈子奋绘

上海 上海人民美术出版社 1959 年 影印本 线装

　　作者陈子奋（1898—1976），画家。福建长乐人。字意芗，原名起，号无寐，晚年别署水叟。历任福建省文史研究馆馆员、国画研究会理事长、美术家协会福建分会副主席、福州美协主席等职。著有《寿山石小志》《甲骨文集联》《籀文汇联》《古钱币文字类纂》等。

J0030078

花鸟画集 张肇铭等绘

武汉 湖北人民出版社 1959 年 38cm（6 开）
统一书号：T8106.419 定价：CNY3.20

J0030079

花鸟画选集 王个簃等绘

上海 上海人民美术出版社 1959 年 36 幅 38cm
（6 开）统一书号：T8081.4593 定价：CNY11.00

　　画集选印当代著名中国画家王个簃、于非闇、潘天寿、陈之佛、唐云、江寒汀、谢稚柳等 33 人的花鸟画作品 36 件，全部彩色精印。

J0030080

秋菊傲霜 王琴舫等作

天津 天津美术出版社 1959 年 影印本
1 套（16 幅）38cm（6 开）
统一书号：8073.1419 定价：CNY1.15
（新国画选辑 4）

　　中国现代花卉画作品。

J0030081

于非闇工笔花鸟选集 于非闇绘；人民美术出版社编辑

北京 人民美术出版社 1959 年 38 幅 37cm（8 开）
精装 统一书号：8027.1272 定价：CNY11.30

　　本画集选有作者的作品 39 幅（半数为彩色版），其中如《牡丹白鸽》《玉兰黄鹂》《四季花鸟屏》等均为代表性的作品。作者于非闇（1889—1959），满族，画家。原名于魁照，后改名于照，字仰枢，别署非闇，又号闲人等。出生于北京，祖籍山东蓬莱。历任中央美术学院民族美术研究所研究员、北京中国画研究会副会长、北京画院副院长。作品有《玉兰黄鹂》《丹柿图》《牡丹鸽子》等，著有《非闇漫墨》《艺兰记》《中国画颜料研究》《我怎样画花鸟画》等。

J0030082
百花争妍 俞致贞作
[沈阳] 辽宁美术出版社 1960 年 [1 张]
定价：CNY0.12
　　　现代中国画作品。

J0030083
荷花蜻蜓 齐白石作
[上海] 朵云轩 1960 年 [1 张]
　　中国现代花鸟画作品。

J0030084
葫芦 齐白石作
[北京] 荣宝斋 1960 年 [1 张]
　　中国现代花卉画作品。

J0030085
花卉（国画）王铸九等作
北京 人民美术出版社 1960 年 影印本
10 幅（套）15cm（40 开）统一书号：8027.3507
定价：CNY0.50

J0030086
花卉（国画）胡絜青等作
北京 人民美术出版社 1960 年 10 张（套）
定价：CNY0.50

J0030087
花卉集 郑午昌等作
天津 天津美术出版社 1960 年 16 幅（套）
26cm（16 开）活页 统一书号：8073.2235
定价：CNY0.80

J0030088
花鸟画集 张肇铭等绘
武汉 湖北人民出版社 1960 年 15 幅
40cm（15 开）活页 统一书号：T8106.419
定价：CNY3.20

J0030089
梅兰竹菊画集 张荻寒编绘
香港 泰昌安记书局 1960 年 46 页 12×19cm
定价：HKD0.80

本书为中国花卉画画册。

J0030090
鸟语花香 王个簃等作
上海 上海人民美术出版社 1960 年 12 幅 38cm
（6 开）统一书号：T8081.8207 定价：CNY1.60
　　本书为中国现代国画花鸟画。

J0030091
郑乃珖花卉写生 郑乃珖绘
天津 河北人民美术出版社 1960 年 影印本
1 套（12 幅）25cm（小 16 开）
统一书号：8087.897 定价：CNY1.00

J0030092
草虫画典 沈影泉编绘
香港 万里书店 1961 年 88 页 15×20cm
定价：HKD1.00
　　中国现代草虫绘画选集。

J0030093
花蝶 黄苪作
[南京] 江苏人民出版社 1961 年 [1 幅]
定价：CNY0.07
　　本书为中国现代国画花鸟画。

J0030094
鸟语花香 王个簃等绘
上海 上海人民美术出版社 1961 年 影印本
12 幅 38cm（6 开）
　　本书为中国现代国画花鸟画册。

J0030095
紫藤 齐白石作
上海 朵云轩 1961 年 [1 幅]
　　本作品为中国现代国画花卉画。

J0030096
八哥 刘寄踪作
长沙 湖南人民出版社 1962 年 [1 幅]
38cm（6 开）定价：CNY0.07
　　本作品系现代中国画花鸟画。

J0030097
八哥 梁邦楚作

南昌 江西人民出版社 1962 年 ［1 幅］
38cm（6 开） 定价: CNY0.07
　　本作品系现代中国画花鸟画。

J0030098
陈之佛画选 陈之佛画
北京 人民美术出版社 1962 年 10 张 37cm（8 开）
活页 统一书号: 8027.3918 定价: CNY3.00

J0030099
陈子奋白描花卉册 陈子奋绘
上海 上海人民美术出版社 1962 年 影印本 线装
　　作者陈子奋（1898—1976），画家。福建长乐人。字意芗，原名起，号无寐，晚年别署水叟。历任福建省文史研究馆馆员、国画研究会理事长、美术家协会福建分会副主席、福州美协主席等职。著有《寿山石小志》《甲骨文集联》《籀文汇联》《古钱币文字类纂》等。

J0030100
荷花鲤鱼 胡伯祥作
成都 四川人民出版社 1962 年 ［1 幅］
78cm（2 开） 定价: CNY0.11
　　本作品系现代中国画。作者胡伯祥（1923—2010），当代著名书画家、诗人。字葭萌，四川昭化人。中国美术家协会会员。精通中国工笔画，善书，能诗，通史，鼓琴等。曾先后在四川华西大学博物馆、四川大学博物馆任职，成都画院画师、顾问。出版有《胡伯祥、胡涛美术作品集》画册、《胡伯祥诗词选集》。

J0030101
花鸟小辑 王个簃等作
上海 上海人民美术出版社 1962 年 8 张（套）
19cm（32 开） 定价: CNY0.40
　　本作品系现代中国画。

J0030102
齐白石写意花卉册 齐白石著
北京 荣宝斋 1962 年 14 幅 25cm（16 开）
　　本画册收有齐白石写意花卉画14幅，每幅画有长题和印章，木版水印。

J0030103
上海花鸟画选集 唐云等作

上海 上海人民美术出版社 1962 年 38 幅（套）
39cm（8 开） 精装 统一书号: T8081.5023
定价: CNY12.00
　　本书作品多选自 1961 年"上海花鸟画展"，工致简劲，秾艳淡雅，各呈风姿，意趣盎然，所谓"浓妆淡抹，各得其宜"，引起画坛较大反响。共有 38 幅图，全部彩色精印。

J0030104
喜鹊登梅 张其翼作
沈阳 辽宁美术出版社 1962 年 ［1 幅］
53cm（4 开） 定价: CNY0.13
　　本作品系现代中国画。作者张其翼（1915—1968），教授、花鸟画家。字君振，号鸿飞楼主。北京人，祖籍福建闽侯。曾任教于河北艺术师范学校和天津美术学院。代表作品有《九寿朝阳图》《玉兰绶带》《池塘雨露》《雪鹤芭蕉》。

J0030105
于非闇工笔花鸟画选 于非闇绘
北京 人民美术出版社 1962 年 10 幅
38cm（6 开） 活页 统一书号: 8027.3923
定价: CNY3.00

J0030106
郑乃珖花卉集锦 郑乃珖绘
［石家庄］河北人民美术出版社 1962 年 ［1 张］
26cm（16 开） 定价: CNY4.50
　　本作品系中国画之花卉画作品。

J0030107
百花图谱 陆志青编绘; 北京中国画院花鸟组编
北京 人民美术出版社 1963 年 2 版 ［60］页
19cm（32 开） 统一书号: 8027.2491
定价: CNY0.40
（中国画技法小丛书）

J0030108
茶花 郑集宾作
上海 朵云轩 1963 年 ［1 张］
　　现代中国画花卉画作品。

J0030109
荷花 齐白石作
北京 人民美术出版社 1963 年 ［1 张］

39cm（8开）　定价：CNY0.15
现代中国画花卉画作品。

J0030110
荷花 潘天寿作
北京　人民美术出版社　1963 年 ［1 张］
39cm（8开）　定价：CNY0.15
现代中国画花卉画作品。作者潘天寿（1897—1971），现代著名国画家，美术教育家，原名天授，字大颐，号寿者。浙江宁海县人。擅画花鸟、山水，兼善指画，亦能书法、诗词、篆刻。曾任中国文联委员、中国美术家协会副主席、浙江省文联副主席、中国美协浙江分会主席、浙江美术学院院长、教授等职。著有《中国绘画史》《听天阁画谈随笔》等。

J0030111
葫芦 齐白石作
北京　人民美术出版社　1963 年 ［1 张］
39cm（8开）　定价：CNY0.15
现代中国画花卉画作品。

J0030112
花卉画谱 周天民编绘
上海　上海人民美术出版社　1963 年 ［376］页
18cm（15开）　统一书号：T8081.5311
定价：CNY1.40

J0030113
花卉小品 王个簃等作
上海　朵云轩　1963 年　10 张（套）
本作品系现代中国画花卉画。

J0030114
花鸟画小辑 钟质夫作
沈阳　辽宁美术出版社　1963 年　8 张（套）
15cm（40开）　定价：CNY0.30

J0030115
杏花 王个簃作
上海　朵云轩　1963 年 ［1 张］
现代中国画花卉画作品。

J0030116
于希宁画集 于希宁作

济南　山东人民出版社　1963 年　1 册（30 幅）
37cm（8开）　精装　统一书号：8099.427
定价：CNY15.00
作者于希宁（1913—2007），教授、画家。山东潍坊人，毕业于上海新华艺术专科学校国画系。曾任山东艺术学院教授、名誉院长，中国画研究院院委、山东画院院长等职。主要作品有《北魏石窟拓片选》《殷周青铜花纹演变初探》《论画梅》《写意画花》等。

J0030117
荷花蜻蜓 齐白石作
天津　天津荣宝斋　1964 年 ［1 张］
现代中国画作品，此画出版有卷轴和镜片两种形式。

J0030118
现代花鸟画选 卢光照编
北京　人民美术出版社　1964 年 ［80］页
19cm（32开）　统一书号：8027.4348
定价：CNY0.70
（美术丛书）
作者卢光照（1914--2001），河南汲县（今卫辉市）人，毕业于北平国立艺术专科学校。历任人民美术出版社编辑、北京齐白石艺术函授学院名誉院长、北京花鸟画研究会名誉会长，中央文史馆馆员。代表作品有《大展鸿图》《松鹰》《鸡冠花雄鸡》。

J0030119
花鸟画小辑 钟道泉作
上海　上海人民美术出版社　1966 年　8 张
19cm（32开）　定价：CNY0.40

J0030120
毛竹丰收（木版水印，绫裱卷轴）鲁坤峰等作
北京　荣宝斋（印制）　1972 年　定价：CNY66.00
现代中国画作品。

J0030121
墨梅（绫裱卷轴）何香凝作
北京　荣宝斋　1972 年 ［1 轴］120×33cm
本画轴上下两端有董必武和郭沫若题诗。

J0030122
大寨红花遍地开 南运生画
石家庄 河北人民出版社 1973 年 76cm（2 开）
定价：CNY0.14

　　本作品为年画形式的中国现代国画花卉画。作者南运生（1944— ），一级美术师。别名南恽笙，河北任丘人，毕业于哈尔滨师范大学艺术系美术专业。历任河北省艺术馆馆长、河北画报社社长、总编，中国美术家协会、河北省美术家协会副主席、河北省画院院长。年画作品有《花好月圆》《艺苑新秀》《吉庆有余》等。

J0030123
花卉画谱 周天民编绘
上海 上海人民出版社 1973 年 188 页 19cm（32 开）统一书号：8171.557 定价：CNY0.76

J0030124
毛竹丰收 方增先等作
天津 天津人民美术出版社 1973 年 52cm（4 开）
定价：CNY0.20

　　现代中国画作品。作者方增先（1931— ），国画家。浙江兰溪人，毕业于浙江杭州国立艺术专科学校。历任上海美术馆馆长、中国美术家协会常务理事。出版画集《方增先人物画》《方增先水墨画诗意画》《方增先古装人物画集》等，专著有《怎样画水墨人物画》《结构素描》《人物画的造型问题》等。

J0030125
毛竹丰收 卢坤峰等合作
［杭州］浙江人民出版社 1974 年 ［1 张］53cm（4 开）定价：CNY0.12

　　现代中国画作品。

J0030126
红梅（木版水印，绫裱轴画） 何香凝，赵朴初作
［北京］荣宝斋［印制］1976 年 ［1 轴］
定价：CNY26.00

　　中国现代国画作品。

J0030127
红梅（木版水印，绫裱卷轴） 何香凝作；赵朴初题

北京 荣宝斋 1977 年 1 幅 定价：CNY34.00
　　中国现代国画花卉作品。

J0030128
牡丹画谱 于希宇作
济南 山东省第一轻工业科学研究所 1977 年 72 页 33cm（5 开）

　　本书为国画花卉画的牡丹绘画技法。

J0030129
八哥（木版水印 绫裱画轴） 潘天寿作
北京 荣宝斋 1978 年 1 轴 定价：CNY19.60

　　中国现代国画作品。作者潘天寿（1897—1971），现代著名国画家，美术教育家，原名天授，字大颐，号寿者。浙江宁海县人。擅画花鸟、山水，兼善指画，亦能书法、诗词、篆刻。曾任中国文联委员、中国美术家协会副主席、浙江省文联副主席、中国美协浙江分会主席，浙江美术学院院长、教授等职。著有《中国绘画史》《听天阁画谈随笔》等。

J0030130
白描牡丹 天津艺术学院工艺美术系教材组编印
天津 天津艺术学院工艺美术系教材组 1978 年 86 页 33cm（5 开）

　　中国现代白描花卉画册。

J0030131
百花竞艳 王庆升作
北京 人民美术出版社 1978 年 2 张（套）76cm（2 开）定价：CNY0.22

　　本作品为年画形式的中国现代国画花卉画。

J0030132
春花笑吐红 张成久，甘雨辰画
长春 吉林人民出版社 1978 年 76cm（2 开）
定价：CNY0.14

　　本作品为年画形式的中国现代国画花卉画。

J0030133
大寨花开四季红 张金庚画
济南 山东人民出版社 1978 年 2 张（套）53cm（4 开）定价：CNY0.11

　　本作品为年画形式的中国现代国画花卉画。

J0030134

海棠 唐云作

石家庄 河北人民出版社 1978 年 38cm（6 开）

定价：CNY0.08

　　现代中国画作品。作者唐云（1910— ），画家。字侠尘、别号药城、药尘、药翁等。历任中国画研究院院务委员，上海中国画院副院长、代院长、名誉院长等职。中国美术家协会理事、美协上海分会副主席。

J0030135

荷花 齐白石作

天津 天津人民出版社 1978 年 53cm（4 开）

定价：CNY0.20

　　现代中国画作品。

J0030136

红梅 舒传熹作

杭州 浙江人民出版社 1978 年 78cm（2 开）

定价：CNY0.10

　　现代中国画作品。

J0030137

花卉黑白画 中央工艺美术学院染织美术系编

天津 天津人民美术出版社 1978 年 108 页 26cm（16 开） 统一书号：8073.50100

定价：CNY1.40

　　中国现代黑白花卉画册。

J0030138

花鸟画选集（阳太阳等作）

南宁 广西人民出版社 1978年 16张 38cm（6开）

定价：CNY2.20

　　作者阳太阳（1909—2009），画家、艺术教育家。又名阳雪坞，晚号芦笛山翁。广西桂林人，毕业于上海艺专。代表作品有《漓江烟雨》《碧莲峰下》《塔山朝晖》《象山朝晖》等，出版《阳太阳绘画全集》《荣宝斋画谱·阳太阳山水部分》《中国近现代名家——阳太阳》《阳太阳艺术文集》等。

J0030139

花鸟画选辑 上海人民美术出版社编辑

上海 上海人民美术出版社 1978年 12幅 38cm（6开） 统一书号：8081.11063 定价：CNY1.90

J0030140

黄山野卉写生图册 湖南省工艺美术研究所，湖南省轻工业学校工艺美术教研组编；李天玉绘

长沙 湖南人民出版社 1978 年 68 幅 38cm（6开） 统一书号：8109.1134 定价：CNY4.65

J0030141

牡丹 荷花 菊花 梅花 赵建源画

济南 山东人民出版社 1978 年 2 张（套） 76cm（2 开） 定价：CNY0.22

　　本作品为年画形式的中国现代国画花卉画。

J0030142

芍药 陈佩秋作

天津 天津人民美术出版社 1978 年 1 张 53cm（4 开） 定价：CNY0.20

　　中国现代花卉国画作品。作者陈佩秋（1922— ），女，现代中国画花鸟画画家。河南南阳人。字健碧，室名秋兰室、高华阁、截玉轩。毕业于国立艺术专科学校。历任上海大学美术学院兼职教授、上海中国画院画师、中国美术家协会会员。主要作品有《天目山杜鹃》《水佩风裳》《红满枝头》。

J0030143

白描花卉集 叶玉昶绘

杭州 浙江人民出版社 1979 年 96 页 20cm（32 开） 统一书号：8103.403 定价：CNY0.42

　　中国现代白描花卉作品画册。本书由作者的写生画稿精选整理而成，尽现清秀优雅的白描花卉。作者叶玉昶（1937— ），画家、教授。生于江苏南京市，祖籍安徽黟县，毕业于中央美术学院华东分院中国画系（现中国美术学院）。历任温州师范学院（现温州大学）中国画教授、温州现代中国画研究院院长、荷兰阿姆斯特丹高等艺术学院客座教授。代表作有花鸟画《长寿图》《墨梅图》等。

J0030144

百花谱 冯凭绘

济南 山东人民出版社 1979 年 100 页 22cm（20 开） 统一书号：8099.1845 定价：CNY1.70

　　中国现代白描花卉作品。作者冯凭（1910—2013），书画家、美术教育家。山东莱阳人。别名冯寄禅、冯子祥，号展公。历任中国美术家协会

会员、山东画院名誉院长、青岛画院名誉院长、青岛工艺美术学校教授兼副校长等。代表作品有《百花谱》《诗忆画印》《冯凭书画集》等。

J0030145
陈秋草花卉小景画选　陈秋草绘
上海　上海书画出版社　1979 年　12 幅　25cm（小 16 开）　统一书号：8172.441　定价：CNY0.65
　　中国现代花卉画画册。

J0030146
陈子奋白描花卉册　陈子奋绘
上海　上海人民美术出版社　1979 年　140 页 26cm（16 开）　统一书号：8081.4547
定价：CNY2.50
　　本册收入作者白描花卉作品《梅花》《紫燕》《金盏菊》《水仙》《腊梅》《桃花》《美人蕉》《墨兰》《玛瑙》等。卷前有俞剑华作序，介绍历代线描艺术的发展源流。作者陈子奋（1898—1976），画家。福建长乐人，字意芗，原名起，号无寐，晚年别署水叟。曾任福建省文史研究馆馆员、国画研究会理事长、美术家协会福建分会副主席、福州美协主席等职。著有《寿山石小志》《甲骨文集联》《籀文汇联》《古钱币文字类纂》等。

J0030147
程十发花鸟册　程十发绘
上海　上海书画出版社　1979 年　8 张　25cm（小 16 开）　统一书号：8172.467　定价：CNY0.80
　　中国现代花鸟画画册。作者程十发（1921—2007），画家。出生于上海金山，毕业于上海美术专科学校国画系。代表作品有《丽人行》《迎春图》《列宁的故事》《孔乙己》等。出版有《程十发近作选》《程十发花鸟习作选》《程十发作品展》。

J0030148
程十发花鸟习作　上海人民美术出版社编辑
上海　上海人民美术出版社　1979 年　40 页　35cm（5 开）　统一书号：8081.11614　定价：CNY6.00
　　本书是中国现代花鸟画画册。有 40 幅图。

J0030149
春来花更香　赵彦杰画
长春　吉林人民出版社　1979 年［1 张］76cm（2 开）定价：CNY0.11

本作品为年画形式的中国现代国画花卉画。

J0030150
荷花　潘天寿作
石家庄　河北人民出版社　1979 年［1 张］78cm（2 开）　定价：CNY0.10
　　现代中国画花卉画作品。

J0030151
荷花　黄永玉作
长沙　湖南人民出版社　1979 年［1 张］53cm（4 开）定价：CNY0.16
　　现代中国画花卉画作品。

J0030152
荷花　俞致贞作
上海　上海人民美术出版社　1979 年［1 张］38cm（6 开）　定价：CNY0.12
　　现代中国画花卉画作品。作者俞致贞（1915—1995），花鸟画家。字一云，北京人。历任中国美术家协会会员、中国老年书画会顾问、中国书画函授大学教授、北京工笔重彩画会副会长、北京花鸟画会名誉会长等。代表作品有《沙果双鹊》《荷花》《耄耋图》等。

J0030153
荷花鸳鸯　刘海粟作
北京　人民美术出版社　1979 年［1 张］53cm（4 开）定价：CNY0.18
　　现代中国画花鸟画作品。

J0030154
荷花鸳鸯　郑乃珖作
北京　人民美术出版社　1979 年［1 张］78cm（2 开）定价：CNY0.24
　　现代中国画花鸟画作品。

J0030155
红梅（木版水印、绫裱画轴）陆俨少作
上海　朵云轩　1979 年［1 轴］定价：CNY14.00
　　现代中国画花卉作品。

J0030156
蝴蝶花（木版水印、绫裱画轴）徐元清作
上海　朵云轩　1979 年［1 轴］定价：CNY9.00

现代中国画作品。

J0030157

蝴蝶花（木版水印、绫裱画轴）唐云作
上海 朵云轩 1979 年［1 轴］定价：CNY15.00
　　现代中国画作品。

J0030158

花鸟 溥佐作
石家庄 河北人民出版社 1979 年［1 张］
78cm（2 开）定价：CNY0.10
　　现代中国画花鸟画作品。

J0030159

花鸟 邓文欣画
长春 吉林人民出版社 1979 年［1 张］76cm（2 开）
定价：CNY0.11
　　本作品为年画形式的中国现代国画花鸟画。
作者邓文欣（1936— ），书画家。字子鹤，号那
立闪人，辽宁阜新人。任四平市书画院院长、中
国美术家协会会员。作品有《松鹤迎春》《路漫
漫》《征程》，出版画集《山水花鸟画谱》邓文欣
仙鹤画集》《文欣画鹤》等。

J0030160

花鸟画谱 孙其峰绘
郑州 河南人民出版社 1979 年 102 页 26cm
（16 开）统一书号：8105.916 定价：CNY0.97
　　现代中国花鸟画图谱。

J0030161

花鸟画扇集 荣宝斋编辑
北京 荣宝斋 1979 年 60 页 38cm（6 开）
统一书号：8030.1164 定价：CNY3.20
　　现代中国画花鸟扇面画选集。

J0030162

花鸟画选
天津 天津人民美术出版社 1979 年 12 幅 38cm
（6 开）统一书号：8073.70004 定价：CNY2.00
　　现代中国花鸟画选集。

J0030163

花鸟小景 方鄂秦绘
西安 陕西人民美术出版社 1979 年 14 页 26cm

（16 开）统一书号：8199.12 定价：CNY0.40
　　现代中国花鸟画画册。作者方鄂秦（1941— ），
画家。生于陕西西安市，籍贯湖北云梦，毕业于
西安美术学院。历任陕西省美术家协会主席，陕
西历史博物馆副馆长，唐墓壁画研究中心主任。
作品有《小白花》《乐而乐》等。

J0030164

花坪杜鹃 广西植物研究所编
南宁 广西人民出版社 1979 年 15 幅 20cm（32 开）
统一书号：16113.70
　　现代中国画花鸟画册。

J0030165

菊花写生 李天行绘
上海 上海人民美术出版社 1979 年 16 幅 19cm
（32 开）统一书号：8081.11455 定价：CNY0.80
　　中国现代中国画花卉写生画册。

J0030166

菊谱 冯凭绘
济南 齐鲁书社 1979 年 影印本 有图 线装
　　作者冯凭（1910—2013），书画家、美术教育
家。山东莱阳人。别名冯寄禅、冯子祥，号展公。
历任中国美术家协会会员、山东画院名誉院长、
青岛画院名誉院长、青岛工艺美术学校教授兼副
校长等。代表作品有《百花谱》《诗忆画印》《冯
凭书画集》等。

J0030167

梨花鹦鹉 许家麟作
银川 宁夏人民出版社 1979 年［1 张］76cm（2 开）
定价：CNY0.11
　　本作品为年画形式的中国现代国画花鸟画。

J0030168

梨花鹦鹉（1980（庚申年）年历）许家麟作
银川 宁夏人民出版社 1979 年［1 张］53cm（4 开）
定价：CNY0.18
　　本作品为年画形式的中国现代国画花鸟画。

J0030169

刘奎龄花鸟画手稿选 刘奎龄绘；天津杨柳青
画店编辑
天津 天津杨柳青画店 1979 年 76 页 26cm（16 开）

统一书号：7174.010 定价：CNY0.50

现代中国花鸟画画册。

J0030170

牡丹画谱 美术资料组编

九龙［香港］百泉出版社 1979 年 174 页 有图
19cm（小 32 开）

J0030171

上海花鸟画选

上海 上海人民美术出版社 1979 年 18 幅
38cm（8 开）套装 统一书号：8081.11443
定价：CNY2.90

现代中国画花鸟画画册。

J0030172

芍药（木版水印、绫裱单片）于希宁作

上海 朵云轩 1979 年［1 张］（4 开）
定价：CNY10.00

现代中国画花卉画作品。

J0030173

四季花鸟（一至四）张宝元画

济南 山东人民出版社 1979 年 2 张 76cm（2 开）
定价：CNY0.28

本作品为年画形式的中国现代国画花鸟画。
作者张宝元（1941— ），山东青岛人。毕业于山
东艺术专科学校。曾任山东美术家协会会员、潍
坊市美术家协会第一届副主席等职。主要作品
有《梅鹤图》《鸣春图》《群鹤飞鸣》等。

J0030174

四季花鸟 张宝元画

济南 山东人民出版社 1979 年 2 张 76cm（2 开）
定价：CNY0.22

本作品为年画形式的中国现代国画花鸟画。

J0030175

紫藤 张继馨作

上海 上海人民美术出版社 1979 年［1 张］
76cm（2 开）定价：CNY0.14

现代中国画花卉画作品。

J0030176

崔子范画选 崔子范绘

成都 四川人民出版社 1980 年 12 幅
39cm（4 开）套装 统一书号：8118.572
定价：CNY1.80

作者崔子范（1915—2011），画家。曾用名崔
尚治。山东莱阳人，就读于上海美术专科学校、
抗日军政大学。历任北京国画院副院长兼秘书
长、中国美术家协会会员、北京市美协理事。代
表作品有《麻雀枇杷》《芙蓉八哥》《金鱼》等。

J0030177

大理花 蒋玄怡作

上海 上海人民美术出版社 1980 年［1］张
38cm（6 开）定价：CNY0.12

本作品系现代中国画花卉画作品。

J0030178

荷塘鸳鸯 钱行健作

上海 上海书画出版社 1980 年［1］张
53cm（4 开）定价：CNY0.10

本作品系现代中国画花鸟画作品。作者钱
行健（1935—2010），国画家。江苏无锡人。擅长
中国画，专习山水、花鸟，兼文学及诗词，后致
力于中国绘画理论的研究。曾任上海外国语大
学艺术教研室主任、副教授，上海海外联谊会联
谊书画社副社长、海墨画社社长、上海书画研究
院理事等。代表作品有《碧浪》《幽涧听泉》《江
月幽禽》等。

J0030179

红梅（木版水印，绫裱画轴）何香凝作

上海 朵云轩［1980 年］［1 轴］
定价：CNY24.00

本作品系现代中国画花卉画作品。作者何
香凝（1878—1972），女权活动家、革命家、画家。
广东南海人，出生在香港。民革主要创始人，曾
任中国国民党革命委员会中央副主席、主席，新
中国创始人之一。曾就读于东京本乡女子美术
学校日本画高等科。代表作品《狮》《梅花》《高
松图》等，著有《何香凝诗画集》。

J0030180

花卉 吴云峰作

北京 人民美术出版社 1980 年［1］张
53cm（4 开）定价：CNY0.14

本作品系现代中国画的花卉画。

J0030181

花卉昆虫 齐白石作

北京 人民美术出版社 1980 年 ［1］张

53cm（4 开）定价：CNY0.18

　　本作品系现代中国画的花卉画。

J0030182

陆抑非花鸟画辑 陆抑非绘

杭州 西泠印社 1980 年 20 幅 37cm（8 开）

套装 统一书号：8191.127 定价：CNY2.50

　　本书是现代中国画花鸟画画册。作者陆抑非（1908—1997），美术教育家。名翀，初字一飞，改字抑非，号非翁，又号苏叟。江苏常熟人。历任中国美术学院教授、研究生导师，西泠书画院副院长、常熟书画院名誉院长。作品有《花好月圆》《春到农村》《寿桃图》等，著有《非翁画语录》。

J0030183

牡丹 张辛稼作

北京 人民美术出版社 1980 年 ［1］张

78cm（2 开）定价：CNY0.24

　　本作品系现代中国画花卉画作品。

J0030184

齐白石工笔草虫 齐白石作

北京 荣宝斋 1980 年 8 幅 25cm（15 开）

袋装 统一书号：8030—1224 定价：CNY0.96

J0030185

牵牛花 齐白石画

石家庄 河北人民出版社 1980 年 ［1］张

78cm（2 开）定价：CNY0.26

　　本作品系现代中国画的花卉画。

J0030186

素描花鸟选 周天民绘；天津杨柳青画店编辑

天津 天津杨柳青画店 1980 年 60 页

26cm（16 开）定价：CNY0.90

J0030187

喜鹊梅花 于非闇画

石家庄 河北人民出版社 1980 年 ［1］张

78cm（2 开）定价：CNY0.26

　　本作品系现代中国画花鸟画作品。

J0030188

胭脂 孙景全绘画；岳宗周编文

济南 山东人民出版社 1980 年 2 张 76cm（2 开）

定价：CNY0.26

　　本作品为年画形式的中国现代国画静物画。

J0030189

郑乃珖百花画集 郑乃珖绘

北京 人民美术出版社 1980 年 100 幅 26cm

（16 开）统一书号：8027.7141 定价：CNY5.00

　　本书介绍画家郑乃珖的中国画花卉作品。作者描绘了 100 幅不同品类、不同姿态的花卉。作者郑乃珖（1911—2005），画家、教授。号璧寿翁，生于福建福州市。历任中国画研究院院务委员、西安美术学院教授、福建省政协常委、福州画院院长、国家一级美术师。代表作品有《水乡春色》《荷萍》《灵山秀水育新苗》等。

J0030190

百鸟谱 王满良，梁熔编绘

天津 天津人民美术出版社 1981 年 230 页

25cm（15 开）统一书号：3073.50189

定价：CNY1.60

　　本书是中国画花鸟画选编。

J0030191

陈之佛画集 陈之佛绘

上海 上海人民美术出版社 1981 年 67 幅

38cm（6 开）精装 统一书号：8081.11777

定价：CNY21.00

　　本书是中国现代花鸟画画册。本书与江苏人民出版社合作出版。

J0030192

陈之佛画集

上海 上海人民美术出版社 1981 年

　　本书有 67 幅图。本画册由其子女收集其遗作编辑而成。可以概见老画家一生美术创作的概况，从众多作品中可以领会到画家的人品和修养所赋予艺术的品味。本书与江苏人民出版社合作出版。

J0030193

荷花翠鸟 吴湖帆作

上海 上海书画出版社 1981 年 78cm（2 开）

定价：CNY0.12

J0030194
花鸟 颜伯龙作
北京 人民美术出版社 1981年 78cm（2开）
定价：CNY0.22

J0030195
花鸟（中国画）田世光作
北京 人民美术出版社 1981年 78cm（2开）
定价：CNY0.22

J0030196
花鸟（木版水印）唐云作
北京 荣宝斋 1981年 定价：CNY2.00

J0030197
花荫鸟语 张福琪作
石家庄 河北人民出版社 1981年 2张
76cm（2开）定价：CNY0.32
　　本作品为年画形式的中国现代国画花鸟画。

J0030198
花荫鸟语 张福琪作
石家庄 河北人民出版社 1981年 2张
108cm（全开）定价：CNY0.72
　　本作品为年画形式的中国现代国画花鸟画。

J0030199
牡丹画谱 王小古等编绘
上海 上海人民美术出版社 1981年 40幅 25cm
（15开）统一书号：8081.12089 定价：CNY3.00
　　本书为花卉画牡丹的绘画技法，内收40幅。

J0030200
牡丹绶带 田云鹏作
石家庄 河北人民出版社 1981年 76cm（2开）
定价：CNY0.18
　　本书是中国中国画花鸟画画册。

J0030201
芍药（木版水印 绫裱立轴）齐白石作
上海 朵云轩 1981年 定价：CNY22.00

J0030202
王渔父花鸟画选集 王渔父绘
贵阳 贵州人民出版社 1981年 28幅 39cm
（8开）统一书号：8115.821 定价：CNY4.00
　　本书选作者的花鸟画《月夜飞兔》《春雨鸠
鸣》《秋月枫露》《梨花鱼》《枝上轻歌》等28幅
的中国画画册。作者王渔父（1909—1974），教授。
河北涿县人，原名王柳汀。就读于北京大学艺术
系和北平京华美术学院。历任贵州省文化局艺
术科科长、省文联美工室主任，任教于贵州大学
艺术系、贵州省艺术学校、贵阳师范学院等。代
表作品有《大地春深》《春雨鸠鸣》《柳枝喜鹊》《荷
塘乳鸭》《梅鹤迎春》等。出版有《王柳汀画集》
《王渔父花鸟画集》。

J0030203
线描花卉 杜曼华编绘
上海 上海人民美术出版社 1981年 156页
19cm（32开）统一书号：8081.12597
定价：CNY0.41

J0030204
竹 梅健鹰作
北京 人民美术出版社 1981年 78cm（2开）
定价：CNY0.22

J0030205
百鸟朝凤 丁建东画
济南 山东人民出版社 1982年 76cm（2开）
定价：CNY0.16
　　本作品为年画形式的中国现代国画花鸟画。

J0030206
陈佩秋画集 陈佩秋绘
上海 上海人民美术出版社 1982年 82幅
37cm（8开）精装 统一书号：8081.12478
定价：CNY25.00
　　本书收集中国著名中国画家陈佩秋自1956
年至1981年之间的代表作品，有花鸟、山水及
书法等，均注明年代、尺寸，共有85幅图。作者
陈佩秋（1922—　　），女，现代中国画花鸟画画家。
河南南阳人。字健碧，室名秋兰室、高华阁、截
玉轩。毕业于国立艺术专科学校。历任上海大
学美术学院兼职教授、上海中国画院画师、中国
美术家协会会员。主要作品有《天目山杜鹃》《水

佩风裳》《红满枝头》。

J0030207
陈之佛工笔花鸟画集　陈之佛绘著
台北　艺术图书公司　1982 年　76 页　28cm（大 16 开）
定价：TWD380.00

J0030208
陈之佛画选　陈之佛绘
上海　上海人民美术出版社　1982 年　16 幅　37cm
（8 开）统一书号：8081.1776　定价：CNY2.90
　　本画选收入画家的花鸟画作品 16 幅。

J0030209
凤凰牡丹　董振中画
济南　山东人民出版社　1982 年　76cm（2 开）
定价：CNY0.18
　　本作品为年画形式的中国现代国画花卉画。
作者董振中（1945—　），画家。山东人。字子午，
号老草。毕业于浙江美术学院国画系。中国美
术家协会会员、国家一级美术师、邹城市美术家
协会主席、邹城市画院院长。出版《董振中画集》
《孟子圣迹图》《孔子圣迹图》等。

J0030210
花好月圆　施立华作
长沙　湖南美术出版社　1982 年　76cm（2 开）
定价：CNY0.16
　　本作品为现代中国画花卉画。作者施立华
（1940—　），上海人，毕业于浙江美术学院国画
系。历任日本秋田市水墨画研究会顾问，上海师
范大学艺术系教师。出版有《施立华画册》等。

J0030211
花好月圆　施立华作
上海　上海书画出版社　1982 年　76cm（2 开）
定价：CNY0.16
　　本作品为现代中国画花卉画。

J0030212
花卉册　赖少其绘
北京　人民美术出版社　1982 年　40 页　25cm
（15 开）统一书号：8027.2799　定价：CNY3.00
　　本画册收入作者精心描绘润色的碧桃、鹤顶
兰、龙吐珠等花卉图 40 幅，全部彩色精印。作

者赖少其（1915—2000），艺术家。斋号木石斋，
广东普宁市人。毕业于广州美术专科学校。历
任上海美协副主席、中共安徽省委宣传部副部
长、广州市美术家协会名誉主席、中国版画家协
会副主席。

J0030213
花卉画谱（美术参考资料）　前召，蜀玉编绘
西安　陕西人民美术出版社　1982 年　222 页
19cm（32 开）统一书号：8199.337
定价：CNY0.74
　　本书包括迎春花、二月兰、蝴蝶花、玉兰等
218 种花卉的画谱。

J0030214
花鸟画选　孙其峰等绘
郑州　中州书画社　1982 年　38 幅　25cm（15 开）
统一书号：8219.213　定价：CNY1.00
　　本画集共收 38 幅花鸟作品，其中有孙其峰
的《鹰》、郑乃珧的《鳞》、王子武的《蛙》等名家
之作。

J0030215
花团锦簇　王福忠画
长春　吉林人民出版社　1982 年　76cm（2 开）
定价：CNY0.14
　　本作品为年画形式的中国现代国画花卉画。

J0030216
花团锦簇　陈世中作
上海　上海书画出版社　1982 年　78cm（2 开）
定价：CNY0.12
　　本作品是现代中国画花卉画。作者陈世中
（1944—　），江苏武进人。中国美术家协会会员、
上海书画院副院长、海墨画社副社长、上海美育
学会常务理事。著有《陈世中花鸟画册》《怎样
画紫藤》及《当代美术家画库陈世中专集》等。

J0030217
毛竹丰收　方增先等作
北京　人民美术出版社　1982 年　76cm（2 开）
定价：CNY0.32
　　本作品是现代中国画。作者方增先（1931—　），
国画家。浙江兰溪人，毕业于浙江杭州国立艺术
专科学校。历任上海美术馆馆长、中国美术家协

会常务理事。出版画集《方增先人物画》《方增先水墨画诗意画》《方增先古装人物画集》等，专著有《怎样画水墨人物画》《结构素描》《人物画的造型问题》等。

J0030218

毛竹丰收　方增先作
天津　天津人民美术出版社　1982 年　78cm（2 开）
定价：CNY0.13
　　本作品是现代中国画。

J0030219

牡丹黄雀　田云鹏作
石家庄　河北美术出版社　1982 年　76cm（2 开）
定价：CNY0.13
　　本作品是现代中国画花鸟画。

J0030220

四季花鸟　陈德宏画
福州　福建人民出版社［1982 年］2 张
76cm（2 开）　定价：CNY0.32
　　本作品为年画形式的中国现代国画花鸟画。作者陈德宏（1927— ），画家。福建惠安人。字琴舟，号丹碧翁。福建师范大学副教授、中国美术家协会会员、福建省政协书画室画师、福建省老年书画艺术协会顾问、烟山画院院长。作品有《嘉藕图》《燕子声声里》《为谁初着紫罗裳》等。

J0030221

四季花香　李慕白，金铭画
长春　吉林人民出版社　1982 年　2 张　76cm（2 开）
定价：CNY0.32
　　本作品为年画形式的中国现代国画花卉画。

J0030222

王雪涛画选　人民美术出版社编辑
北京　人民美术出版社　1982 年　19cm（小 32 开）
定价：CNY1.90
（中国美术家丛书）
　　本书介绍现代画家王雪涛的中国画花鸟作品。书前有作者所写《学画花鸟画的几点体会》一文。共有 139 幅图。

J0030223

百花图　李元志绘

合肥　安徽科学技术出版社　1983 年　76cm（2 开）
定价：CNY0.18
　　本作品为年画形式的中国现代国画花卉画。

J0030224

百花争艳　徐福根作
北京　人民美术出版社　1983 年　76cm（2 开）
定价：CNY0.16
　　本作品为年画形式的中国现代国画花卉画。

J0030225

沉香扇　张煜画
杭州　西泠印社［1983 年］76cm（2 开）
定价：CNY0.16
　　本作品为年画形式的中国现代国画静物画。

J0030226

春花集锦　张玉清画
北京　中国旅游出版社　1983 年　76cm（2 开）
定价：CNY0.18
　　本作品为年画形式的中国现代国画花卉画。

J0030227

荷花翠鸟图　张书旂作
北京　文物出版社　1983 年　78cm（3 开）
定价：CNY0.27
　　本作品是中国现代国画花鸟画。

J0030228

荷花凌霄　周彦生作
广州　岭南美术出版社　1983 年　76cm（2 开）
定价：CNY0.22
　　本作品是中国现代国画花卉画。

J0030229

荷花凌霄（胶印画轴）周彦生作
广州　岭南美术出版社　1983 年　76cm（2 开）
定价：CNY0.70
　　本作品是中国现代国画花卉画。

J0030230

荷花鸳鸯　施立华作
上海　上海书画出版社　1983 年　76cm（2 开）
定价：CNY0.16
　　本作品是中国现代国画花鸟画。

J0030231
荷塘 董吉泉作
兰州 甘肃人民出版社 1983 年 76cm（2 开）
定价：CNY0.16
　　本作品是中国现代国画花卉画。

J0030232
红梅 宋雨桂作
沈阳 辽宁美术出版社 1983 年 78cm（3 开）
定价：CNY0.27
　　本作品是中国现代国画花卉画。

J0030233
花卉四条屏 赵建源画
济南 山东人民出版社 1983 年 4 张 76cm（2 开）
定价：CNY1.30
　　本作品为年画形式的中国现代国画花卉画。

J0030234
花鸟 王西林画
北京 中国旅游出版社 1983 年 76cm（2 开）
定价：CNY0.36
　　本作品为年画形式的中国现代国画花鸟画。

J0030235
花鸟画谱 孙其峰绘
郑州 中州书画社 1983 年 110 页 25cm（15 开）
定价：CNY1.80
　　本书由河南人民出版社 1979 年 12 月出版
第 1 版，本版是第 2 版。作者孙其峰（1920—　），
教授，艺术家。原名奇峰，曾用名琪峰，山东招
远人。历任天津美术学院教授、中国书法家协会
理事、中国美术家协会理事、北京铁路局文协美
术工作者、北京美协会员。代表作品有《花鸟画
谱》《孙其峰画辑》《孙其峰扇面选集》等。

J0030236
花鸟诗词 赵建源画
济南 山东人民出版社 1983 年 76cm（2 开）
定价：CNY0.32
　　本作品是年画形式的中国现代国画花鸟画。

J0030237
江寒汀百鸟图 江寒汀绘
上海 上海人民美术出版社 1983 年 112 页

19cm（32 开）统一书号：8081.13097
定价：CNY2.05
　　本作品是中国现代国画花鸟画画册。作者
江寒汀（1903—1963），花鸟画家、教育家。名上
渔，又名渔，字寒汀、寒艇，号石溪，江苏常熟
人。历任上海美术学院专科学校教师、上海中
国画院画师，中国美术家协会会员、上海分会理
事。出版有《江寒汀百兽图》《当代名画家江寒
汀》《江寒汀百兽图画册》等。

J0030238
姜毅然白描花卉集 姜毅然绘
天津 天津人民美术出版社 1983 年 148 页
25cm（小 16 开）统一书号：8073.50282
定价：CNY3.90
　　本作品是中国现代国画花卉画画册。

J0030239
绿竹牡丹 胡华峰画
北京 中国戏剧出版社 1983 年 107cm（全开）
定价：CNY0.36
　　本作品为年画形式的中国现代国画花卉画。

J0030240
美丽的鸟 张立英画
北京 中国少年儿童出版社 1983 年 76cm（2 开）
定价：CNY0.13
　　本作品为年画形式的中国现代国画花鸟画。

J0030241
牡丹 芙蓉 秋菊 冬梅 仇辰生画
济南 山东人民出版社 1983 年 2 张 76cm（2 开）
定价：CNY0.32
　　本作品为年画形式的中国现代国画花卉画。

J0030242
牡丹迎春 张选之画
济南 山东人民出版社 1983 年 76cm（2 开）
定价：CNY0.18
　　本作品为年画形式的中国现代国画花卉画。

J0030243
钱行健百鸟画集 钱行健绘
上海 上海书画出版社 1983 年 100 幅 25cm
（小 16 开）统一书号：8172.799 定价：CNY5.00

本作品是现代中国画中的花鸟画画册。作者钱行健(1935—2010)，国画家。江苏无锡人。擅长中国画，专习山水、花鸟，兼文学及诗词，后致力于中国绘画理论的研究。曾任上海外国语大学艺术教研室主任、副教授，上海海外联谊会联谊书画社副社长、海墨画社社长、上海书画研究院理事等。代表作品有《碧浪》《幽涧听泉》《江月幽禽》等。

J0030244

水仙花鸟画选
济南 山东人民出版社 1983年 28幅
25cm(16开) 套装 统一书号: 48.3763
定价: CNY1.50

J0030245

四季花鸟 李世璞画
济南 山东人民出版社 1983年 2张 76cm(2开)
定价: CNY0.32
　　本作品为年画形式的中国现代国画花鸟画。

J0030246

四季花鸟 贺伯英画
北京 中国旅游出版社 1983年 2张 76cm(2开)
定价: CNY0.36
　　本作品为年画形式的中国现代国画花鸟画。

J0030247

四季花鸟 张玉清画
北京 中国旅游出版社 1983年 2张 76cm(2开)
定价: CNY0.36
　　本作品为年画形式的中国现代国画花鸟画。

J0030248

四季花香(胶印画轴) 王克印作
郑州 中州书画社 1983年 1张 76cm(2开)
定价: CNY3.00

J0030249

唐诗花鸟画对屏 诸毓画; 钱君匋书
上海 上海书画出版社 1983年 1张 76cm(2开)
定价: CNY0.16
　　本作品是中国现代年画。作者钱君匋(1907—1998)，书画家。现通用名为钱君陶。浙江桐乡人。名玉堂、锦堂，字君陶，号豫堂、禹

堂。毕业于上海艺术师范学校。曾任西泠印社副社长、上海文艺出版社编审、上海市政协委员等职。代表作品有《长征印谱》《君长跋巨印选》《鲁迅印谱》《钱君匋印存》。

J0030250

庭院飘香 田云鹏作
石家庄 河北美术出版社 1983年 2张
76cm(2开) 定价: CNY0.32
　　本作品为年画形式的中国现代国画花鸟画。

J0030251

王雪涛画集 王雪涛绘; 人民美术出版社编辑
北京 人民美术出版社 1983年 139幅 19cm
(32开) 统一书号: 8027.8651 定价: CNY1.60
(中国美术丛书)
　　本画集收选他的遗作139幅(半数为彩色版)。书前有作者自写的《学画花鸟画的几点体会》和朱丹撰写的序言各1篇。作者王雪涛(1903—1982)，写意花鸟画家。原名庭钧，字晓封，号迟园。河北成安人。历任北京画院院长、中国美术家协会理事、美协北京分会副主席等职。著有《王雪涛画集》《王雪涛画辑》《王雪涛画谱》《王雪涛的花鸟画》等。

J0030252

王雪涛画集 王雪涛绘; 人民美术出版社编辑
北京 人民美术出版社 1983年 108页 39cm(4开)
精装 统一书号: 8027.7736 定价: CNY30.00
　　本书是中国画画册，突显了作者别具一格的花鸟技法。本画集收选他的遗作139幅。他的花鸟虫鱼，刻画细致入微、鲜活多姿，摆脱了明清花鸟画的僵化程式，创造了清新灵妙的鲜明风格。

J0030253

小珍珠 史士明画
长春 吉林人民出版社 1983年 1张 76cm(2开)
定价: CNY0.16
　　本作品为年画形式的中国现代国画静物画。作者史士明(1935—　)，生于江苏武进。江苏美协会员、高级美术师、常州兰陵年画社副社长。

J0030254

竹 裴慎之作

兰州 甘肃人民出版社 1983 年 76cm（2 开）
定价：CNY0.16

　　中国现代国画作品。作者裴慎（1917—1989），字慎之。诗人、画家。出生于甘肃天水武山县洛门镇裴家庄，毕业于甘肃省立第一中学。任兰州医院中医科主任、名誉院长。主要著作有《裴慎诗文集》《风雨集》《本草骈比》《伤寒论新编》等。

J0030255
紫藤 田镛作
上海 上海人民美术出版社 1983 年［78cm］（3 开）
定价：CNY0.11

　　本作品是中国现代国画花卉画。

J0030256
百鸟朝凤（胶印轴画） 赵雨树画
成都 四川人民出版社 1984 年 3 轴 附对联 108cm（全开） 定价：CNY1.55

　　本作品为年画形式的中国现代国画花鸟画。作者赵雨树，连环画名家，四川省美术家协会会员，作有《农家副业图》，出版有《赵雨树花鸟画选》等。

J0030257
彩蝶双飞 曾成金画
福州 福建人民出版社 1984 年 76cm（2 开）
定价：CNY0.18

　　本作品为年画形式的中国现代国画花卉画。作者曾成金（1947— ），画家。浙江平阳县人。毕业于浙江美术学院附中，后考入浙江美术学院中国画系进修学习。中国美术家协会会员、浙江省美术家协会会员、平阳县美协主席。主要作品有《南雁荡山水古诗画意百图》《曾成金中国画小品系列》《百子新图》等。

J0030258
春晓 田云鹏作
北京 中国戏剧出版社 1984 年 76cm（2 开）
定价：CNY0.16

　　本作品是中国现代国画花鸟画。

J0030259
丹凤朝阳 王德鑫等作
合肥 安徽人民出版社 1984 年 107cm（全开）
定价：CNY0.32

　　本作品是中国现代国画花鸟画。

J0030260
杜鹃寿带（胶印轴画） 田云鹏作
天津 天津杨柳青画社 1984 年 3 轴 附对联 108cm（全开） 定价：CNY1.30

　　本作品为年画形式的中国现代国画花鸟画。

J0030261
河北花鸟画集 庚子编
石家庄 河北美术出版社 1984 年 85 页 27cm（16 开） 统一书号：8087.592 定价：CNY5.00

　　本画集精选了河北籍王雪涛、王渔父等77位画家的作品90件，有工笔重彩，也有大、小写意和半工半写。

J0030262
荷花鸳鸯 杜炳申作
石家庄 河北美术出版社 1984 年 76cm（2 开）
定价：CNY0.18

　　本作品系画家所绘现代中国画花鸟画。

J0030263
荷香 黄格胜作
南宁 漓江出版社 1984 年 53cm（4 开）
定价：CNY0.20

　　本作品系画家所绘现代中国画花鸟画。

J0030264
墨竹对屏（一至四） 郑板桥画
上海 上海书画出版社［1984 年］4 轴 54cm（4 开） 定价：CNY1.15

　　本作品为年画形式的中国现代国画静物画。

J0030265
鸟语花香 喻继高作画
北京 中国戏剧出版社 1984 年 108cm（全开）
定价：CNY0.36

　　本作品为年画形式的中国现代国画花鸟画。

J0030266
双勾花鸟 叶玉昶绘
北京 朝花美术出版社 1984 年 53 幅 19cm（32 开）
统一书号：8028.1920 定价：CNY0.25

　　本书是中国现代白描花卉画册。

J0030267
四季花卉　陈增胜画
济南　山东美术出版社　1984 年　2 张　76cm（2 开）
定价：CNY0.32
　　本作品为年画形式的中国现代国画花卉画。作者陈增胜（1941— ），山东招远县人。曾先后深造于天津美术学院、北京画院。山东省美术家协会会员、山东省书画艺术促进会理事、威海海洋画院画师。主要著作有《怎样画猫》《陈增胜猫画选》《百猫谱》等。

J0030268
四季花卉　陈增胜画
济南　山东美术出版社　1984 年　2 张　108cm（全开）
定价：CNY0.64
　　本作品为年画形式的中国现代国画花卉画。

J0030269
唐诗花鸟　喻继高等画；莫乃群书
南宁　漓江出版社　1984 年　2 张　76cm（2 开）
定价：CNY0.32

J0030270
唐诗花鸟　李世璞画
济南　山东美术出版社　1984 年　2 张　76cm（2 开）
定价：CNY0.32

J0030271
唐诗四季花卉对屏　朱颖人画；高式熊书
上海　上海书画出版社　1984 年　1 张　76cm（2 开）
定价：CNY0.16
　　作者高式熊（1921—2019），书法家、金石篆刻家。浙江鄞县人。历任中国书协会员、西泠印社名誉副社长、上海市书协顾问、上海市文史研究馆馆员。代表作品有《西泠印社同人印传》《高式熊印稿》等。

J0030272
唐云花鸟画集　唐云绘
北京　人民美术出版社　1984 年　107 页　39cm（8 开）　精装　统一书号：8027.7404
定价：CNY28.50
　　本书是现代中国画花鸟画画册。本画集共收录画家从 1954 年至 1978 年间创作的花鸟画等作品 135 幅。作者唐云（1910— ），画家。字侠尘，

别号药城、药尘、药翁等。历任中国画研究院院务委员，上海中国画院副院长、代院长、名誉院长等职，中国美术家协会理事、美协上海分会副主席。

J0030273
王雪涛画集　王雪涛绘
台北　艺术图书公司　1984 年　132 页　26cm（16 开）
精装　定价：TWD600.00
　　本书是中国画画册。外文书名：Wang Hsueh-t'ao's Painting.

J0030274
肖龙士蕙兰册　肖龙士绘
济南　山东美术出版社　1984 年　22 页　22cm（20 开）
统一书号：8332.203　定价：CNY0.68
　　本画册收有作者所绘蕙兰 22 幅。

J0030275
喻继高工笔花鸟画选　喻继高绘
北京　人民美术出版社　1984 年　51 幅　25cm（小 16 开）　统一书号：8027.8795
定价：CNY2.40
　　本书是现代中国画之工笔花鸟画。作者喻继高（1932— ），国家一级美术师。江苏铜山人，毕业于南京大学艺术系和南京师范学院美术系。江苏省国画院副院长、江苏省美术家协会副主席、中国画研究院院委、中国工笔画学会副会长、徐悲鸿奖学金委员会委员。代表作品有《梨花春雨》《玉兰锦鸡》《春江水暖》等。

J0030276
张大千墨笔花卉卷　张大千绘
天津　天津人民美术出版社　1984 年　14 幅　25cm（小 16 开）　统一书号：8073.70056
定价：CNY1.80
　　本书是中国画之花鸟画画册。

J0030277
张其翼白描花卉　张其翼绘
石家庄　河北美术出版社　1984 年　27 幅　25cm（小 16 开）　套装　统一书号：8087.902
定价：CNY1.40
　　本书是中国画之花鸟画画册。

J0030278
中青年花鸟画家作品选
天津　天津人民美术出版社　1984 年　132 幅
27cm（16 开）统一书号：8073.50311
定价：CNY9.50
　　本书是中国画之花鸟画画册。收入 96 位花
鸟画家的 132 幅作品。其作品各具风姿。

J0030279
竹　田云鹏作
天津　天津人民美术出版社　1984 年　76cm（2 开）
定价：CNY0.18
　　本作品是现代中国画之花鸟画的翠竹。

J0030280
白描花鸟构图资料集　安禾编绘
合肥　安徽美术出版社　1985 年　126 页
26cm（16 开）统一书号：8381.257
定价：CNY3.50
　　本书绘编了比较完整的白描花鸟构图 126 幅。

J0030281
国色天香　王少卿作
郑州　河南美术出版社　1985 年　4 张　76cm（2 开）
定价：CNY0.80
　　本作品是中国现代国画花卉画。

J0030282
国色天香（洛阳牡丹）王道中绘
郑州　河南人民出版社　1985 年　16 幅　19cm
（32 开）统一书号：8105.1459　定价：CNY1.50
　　本书系现代中国画的花卉画洛阳牡丹画册。

J0030283
果禽图对屏　黄幻吾，陈凯作
上海　上海书画出版社　1985 年　1 张　76cm（2 开）
定价：CNY0.20

J0030284
果香千里　李洪基作
天津　天津人民美术出版社　1985 年　2 张
76cm（2 开）定价：CNY0.42

J0030285
鹤归来　徐朝龙作

武汉　湖北美术出版社　1985 年　1 张（卷轴）
附对联 1 副　107cm（全开）定价：CNY2.50
　　本作品是中国现代国画花鸟画。

J0030286
葫芦　齐白石作
济南　山东美术出版社　1985 年　1 张　76cm（2 开）
定价：CNY0.20
　　本作品是现代中国画之静物画。作者齐白
石（1864—1957），近现代中国绘画大师，国画
家、篆刻家。湖南湘潭人。原名纯芝，字渭青，
号兰亭，后改名璜，字濒生，号白石等。历任国
立北京艺术专科学校和京华美术专科学校教习、
教授、中央美术学院名誉教授、中国文学艺术界
联合会主席团委员、中国画研究会和中国美术家
协会主席、中国画院名誉院长。代表作有《蛙声
十里出山泉》《墨虾》等。著有《白石诗草》《齐
白石作品集》《白石老人自述》等。

J0030287
葫芦　齐白石作
济南　山东美术出版社　1985 年　1 轴（卷轴）
76cm（2 开）定价：CNY0.55
　　本作品是现代中国画之静物画。

J0030288
花好月圆　施立华作
上海　上海书画出版社　1985 年　1 张　76cm（2 开）
定价：CNY0.20
　　本作品为年画形式的中国现代国画花鸟画。

J0030289
花好月圆　何佳作
天津　天津人民美术出版社　1985 年　1 张
76cm（2 开）定价：CNY0.20
　　本作品是现代中国画之花鸟画。

J0030290
花卉诗画　吴东奋作
杭州　浙江人民美术出版社　1985 年　2 张
78cm（3 开）定价：CNY0.25
　　本作品是中国现代国画花鸟画。作者吴东
奋（1943—　），国画家。福建福州人。历任福州
工艺美术学校高级讲师、中国美术家协会会员、
福建省美术家协会常务理事、福建省工笔画家

学会秘书长，国家友好画院、江苏国画院特聘画师。出版有《吴东奋中国画精选》《中国花鸟画技法》《吴东奋水墨工笔花鸟画研究》等。

J0030291

花卉小鸟对屏 冯如兰作

上海 上海书画出版社 1985 年 1 张 76cm（2 开）
定价：CNY0.20

　　本作品是中国现代国画花鸟画。

J0030292

花鸟 贺伯英作

桂林 漓江出版社 1985 年 2 张 76cm（2 开）
定价：CNY0.40

　　本作品是中国现代国画花鸟画。

J0030293

花鸟屏 车来通作

兰州 甘肃人民出版社 1985 年 2 张 76cm（2 开）
定价：CNY0.40

　　本作品是中国现代国画花鸟画。作者车来通（1956—　），画家。河北高阳县人。号净心。任教于渤海石油职业学院美术系。中国工笔画协会会员、河北美术家协会会员、中华画院院长。发表花鸟画作品数百幅。出版个人画册、技法丛书等。

J0030294

花鸟屏 张玉龙作

北京 人民美术出版社 1985 年 2 张 76cm（2 开）
定价：CNY0.48

　　本作品是中国现代国画花鸟画。

J0030295

花鸟双蝶对屏 朱欣生作

上海 上海书画出版社 1985 年 1 张 76cm（2 开）
定价：CNY0.20

　　本作品是中国现代国画花鸟画。

J0030296

花鸟四条屏 张玉清作

太原 山西人民出版社 1985 年 4 张 76cm（2 开）
定价：CNY0.84

　　本作品是中国现代国画花鸟画。

J0030297

花香四季 周洪全作

沈阳 辽宁美术出版社 1985 年 2 张 76cm（2 开）
定价：CNY0.42

　　本作品是中国现代国画花鸟画。作者周洪全，工艺美术师。艺名沙金、雪鸿，室名长乐轩。毕业于鲁迅美术学院染织专业。历任辽宁美术家协会会员、国营熊岳印染厂高级工艺美术师。代表作品有《四季花开》《孔雀牡丹》《玉堂富贵》《繁花益鸟屏》等。

J0030298

花艳景明 王克印作

郑州 河南美术出版社 1985 年 4 张（卷轴）76cm（2 开）　定价：CNY3.30

　　本作品是中国现代国画花鸟画。作者王克印（1932—2003），工笔花鸟画家、美术教育家、高级设计师。河南登封人，笔名石山。毕业于河南艺术学校大专班。中国美术家协会会员，曾任平顶山市美术家协会副主席、中国少林书画院高级顾问、河南省中国画院画师、中南书画研究院常年理事等职。主要作品有《白露秋水》《春秋配》《塘边》。

J0030299

花艳景明 王克印作

郑州 河南美术出版社 1985 年 4 张 76cm（2 开）
定价：CNY0.80

　　本作品是中国现代国画花鸟画。

J0030300

花艳鸟鸣 王志林作

石家庄 河北美术出版社 1985 年 2 张 76cm（2 开）　定价：CNY0.44

　　现代中国画之花鸟画。作者王志林（1940—），河北轻工业学校美术讲师，中国美术家协会河北分会会员。

J0030301

花荫鸟语 张琪作

沈阳 辽宁美术出版社 1985 年 2 张 76cm（2 开）
定价：CNY0.42

　　本作品是中国现代国画花鸟画。

J0030302

李远工笔花鸟画选 李远绘

长沙 湖南美术出版社 1985 年 26cm（16 开）

统一书号：8233.656 定价：CNY0.98

　　现代中国画之花鸟画画册。作者李远(1922—)，编辑。河北唐山市人，毕业于北平辅仁大学美术系。历任河北省美协会员，河北省书协、省美学协会理事，唐山书画院院长、唐山《劳动日报》副总编。出版有《李远工笔花鸟画选》《陈大远李远诗书画选》。

J0030303

卢坤峰兰竹谱 卢坤峰绘；山东美术出版社编辑

济南 山东美术出版社 1985 年 83 页 38cm（6 开）

精装 统一书号：8332.326 定价：CNY10.50

　　本书收 83 幅图。作者卢坤峰(1934—2018)，画家。又名卢毓山，山东平邑人，毕业于浙江美术学院。浙江美术家协会理事、浙江花鸟画研究会副会长、中国美术学院教授、山东临沂画院名誉院长。出版有《卢坤峰画集》《卢坤峰画选》《卢坤峰兰竹谱》《墨竹要述》《卢坤峰墨兰说》。

J0030304

满园春色万紫千红对屏 檀东铿作

上海 上海书画出版社 1985 年 1 张 76cm（2 开）

定价：CNY0.20

　　本作品是中国现代国画花卉画。作者檀东铿(1943—)，教授，画家。福建福州人，毕业于福建师大中文系。任福建师大艺术学院副院长兼美术系主任、教授，福建省美术家协会副主席。作品有《花卉》《盛世名花分外娇》《东山霓霞》等。出版有《檀东铿画辑》《檀东铿工笔花鸟精粹》《檀东铿扇面作品集》《檀东铿工笔花鸟画》等。

J0030305

梅·桃·荷·菊 陈正治作

杭州 浙江人民美术出版社 1985 年 4 张

［78cm］（3 开）定价：CNY0.50

　　本作品是中国现代国画花卉画。

J0030306

牡丹画选 张大千等绘；王玉萍撰文

台北 艺术图书公司 1985 年 120 页 有图

28cm（大 16 开）定价：TWD400.00

　　本书为中国现代花卉画牡丹画册专著。外文书名：Peony Paintings.

J0030307

鸟语花香四屏条 安禾作

上海 上海书画出版社 1985 年 4 张 53cm（4 开）

定价：CNY0.40

　　本作品是中国现代国画花鸟画。

J0030308

盆景瓶花 黄墨林作

济南 山东美术出版社 1985 年 新 1 版 2 张

76cm（2 开）定价：CNY0.40

　　本作品是中国现代国画。作者黄墨林(1939—)，书画家。山东平原县人。历任泰山学院美术系主任、教授，中国美协会员、山东省美术教研会常委、省政协书画联谊画院画家、山东画院高级画师、泰山国画研究院艺术顾问等。出版有《黄墨林山水画集》。

J0030309

千红百梅图选集 肖云辉绘

南宁 广西人民出版社 1985 年 15 页

26cm（16 开）精装 统一书号：8113.1049

定价：CNY8.50

　　本画集所选的 15 幅梅花册页，是作者刚完成的百梅图册以及许许多多的习作中的精英。作者肖云辉(1929—)，书法家。笔名千红、阿水，出生于广西桂林。毕业于武汉中原大学财经学院工厂管理系。

J0030310

牵牛花 齐白石作

济南 山东美术出版社 1985 年 1 张 76cm（2 开）

定价：CNY0.20

　　本作品是中国现代国画花卉画。

J0030311

芍药 金鸿钧作

乌鲁木齐 新疆人民出版社 1985 年 1 张

53cm（4 开）定价：CNY0.20

　　本作品是中国现代国画花卉画。

J0030312

硕果图 唐新一作

石家庄 河北美术出版社 1985 年 2 张
76cm（2 开）定价：CNY0.44
　　本作品是中国现代国画花卉画。

J0030313

四季翠竹 谈绮芬作
南京 江苏美术出版社 1985 年 4 轴（卷轴）
76cm（2 开）定价：CNY1.10
　　现代中国画之花卉画。

J0030314

四季芬芳 宫兴福作
沈阳 辽宁美术出版社 1985 年 2 张 76cm（2 开）
定价：CNY0.42
　　现代中国画之花鸟画。作者宫兴福（1936— ），
教授。黑龙江密山人。毕业于鲁迅美术学院中
国画系，后留校任教。作品有《豆花香》《听泉》
《天女木兰》。发表论文有《图新·求美·思变》《意
念·意象·以形写神》等。

J0030315

四季花鸟屏条 白铭作
上海 上海人民美术出版社 1985 年 4 轴（卷轴）
76cm（2 开）定价：CNY2.90
　　现代中国画之花鸟画。

J0030316

四季花香 张琪作
石家庄 河北美术出版社 1985 年 2 张
76cm（2 开）定价：CNY0.44
　　现代中国画之花卉画。

J0030317

四季盆景 王朝斌作
郑州 河南美术出版社 1985 年 4 轴（卷轴）
76cm（2 开）定价：CNY3.30
　　现代中国画之花卉画。

J0030318

四季飘香 田云鹏作
天津 天津人民美术出版社 1985 年 2 张
76cm（2 开）定价：CNY0.42
　　现代中国画之花鸟画。

J0030319

益鸟屏 殷岳君作
北京 人民美术出版社 1985 年 2 张 76cm（2 开）
定价：CNY0.52
　　现代中国画之花鸟画。

J0030320

映日荷花 吴绶镐作
杭州 浙江人民美术出版社 1985 年 1 张
76cm（2 开）定价：CNY0.26
　　中国现代花鸟画。

J0030321

映日荷花别样红 朱子容作
杭州 浙江人民美术出版社 1985 年 1 张
76cm（2 开）定价：CNY0.26
　　本书为现代中国画花鸟画册。

J0030322

喻仲林花鸟画册 喻仲林绘
台北 皇冠出版社 1985 年 221 页 有图
25cm（小 16 开）精装 定价：TWD1200.00
　　本书为现代中国画花鸟画册。外文书名：A
Collection of Masterpieces by Mr. Yu Chung-
lin.

J0030323

张书旂画集 张书旂绘
台北 艺术图书公司 1985 年 120 页 有图
28cm（大 16 开）定价：TWD380.00
　　收入画家中国画花鸟画作 78 幅，画集前冠
张书旂著《书旂画法》，附画法。外文书名：Shu-
chi Chang's Paintings. 作者张书旂（1900—1957），
花鸟画家。原名世忠，字书旂，号南京晓庄、七
炉居。室名小松山庄。浙江浦江人。曾任南京
中央大学教授。出版有《书旂花鸟集》《书旂近作》
《翎毛集》《书旂画册》《张书旂花鸟册》。

J0030324

竹 白铭作
天津 天津人民美术出版社 1985 年 4 张（卷轴）
76cm（2 开）定价：CNY1.60

J0030325

百花谱 赵志光等绘

天津　天津人民美术出版社　1986 年　196 页
26cm（16 开）　ISBN：7-5305-0033-3
定价：CNY13.50
　　本书共收集赵志光等 12 位花鸟画家白描花
卉作品 196 幅，其中花卉名称采用画家所在地俗
名或土名，按开花季节的先后，顺序编排。

J0030326
百树谱　孔仲超等绘
天津　天津人民美术出版社　1986 年　237 页
有图 26cm（16 开）　统一书号：8073.50407
定价：CNY4.60

J0030327
陈之佛花鸟画集　李有光，陈修范主编
南京　江苏美术出版社　1986 年　90 页
34cm（6 开）　ISBN：7-5344-0026-0
定价：CNY48.00
　　本书收作者 1938 年至 1961 年间的作品 90
幅，其作品有《秋趣》《野蔷薇》《寒枝》《和平之
春》《红梅鹦鹉》《初夏之晨》《好鸟悦春光》《芙
蓉幽禽》《蔷薇白鸡》等。后附有《陈之佛常用印
章》《陈之佛艺术活动年表》。陈之佛（1896—
1962），画家、工艺美术家。又名陈绍本、陈杰，
号雪翁。毕业于浙江省工业专门学校染织科机
织专业，曾留学日本入东京美术学校工艺图案
科。曾任教于上海美术专科学校及中央大学艺
术系，任南京大学教授、南京师范学院教授、江
苏美协副主席、南京艺术学院副院长、中国美术
家协会理事等职。代表作品有《瑞安名胜古诗选》
《旅美纪行》《江村集》等。

J0030328
杜鹃　田云鹏画
石家庄　河北美术出版社　1986 年　2 张
76cm（2 开）　定价：CNY0.44
　　本作品为年画形式的中国现代国画花鸟画。

J0030329
郭怡孮花卉画集　郭怡孮绘
北京　荣宝斋　1986 年　44 页 25cm（15 开）
统一书号：8030.1460　定价：CNY3.20
　　作者郭怡孮（1940—　　），教授、画家。山东
潍坊人。历任中央美术学院中国画系教授、副系
主任，全国美术家协会会员等职。出版有《中国

画教材》《郭味蕖花鸟画技法》《白描花卉写生》
《写意花鸟画技法》《花卉写生教程》《郭怡孮花
卉集》。

J0030330
郭怡孮花卉画集　郭怡孮绘
北京　荣宝斋　1986 年　44 页 25cm（15 开）
定价：CNY3.20

J0030331
红梅　关山月作
武汉　湖北美术出版社　1986 年　1 轴（卷轴）
附对联 1 副　107cm（全开）　定价：CNY4.80
　　本作品为年画形式的中国现代国画花卉画。
作者关山月（1912—2000），国画家、教育家。原
名关泽霈。生于广东阳江。历任广州市艺专教授、
广州美术学院教授兼院长、广东画院院长、中国
美术家协会副主席、广东省美术家协会副主席等
职。代表作有《江山如此多娇》《俏不争春》《绿
色长城》《长河颂》等。

J0030332
花好月圆　莫树滋作
南京　江苏美术出版社　1986 年　1 张（卷轴）
附对联 1 副　107cm（全开）　定价：CNY4.50
　　本作品为年画形式的中国现代国画花鸟画。
作者莫树滋（1941—　　），画家、国家一级美术师。
江苏常州人，毕业于南京师范学院美术系。中国
美术家协会会员。代表作品有《理想》《花香鸟
语处处香》《路——瞿秋白造像》《三杰图》，出
版有《莫树滋画集》。

J0030333
花鸟四条屏　牛忠元画
上海　上海人民美术出版社　1986 年　4 张 76cm
（2 开）　定价：CNY1.00
　　本作品为年画形式的中国现代国画花鸟画。
作者牛忠元（1955—　　），画家。河北霸州人，就
读于河北师大美术系、中国北京画院工笔花鸟研
修班和中央美术学院。中国画研究院著名工笔
花鸟画专家。作品有《春光似锦》《风韵》《戈壁
早春》《版纳深处》等。

J0030334
金鸿钧　许继庄　赵秀英工笔花鸟画集　金鸿

钩等绘
北京　荣宝斋　1986 年　42 页　26cm（16 开）
统一书号：8030.1451　定价：CNY4.20

J0030335
陆抑非花鸟画辑　陆抑非作
北京　人民美术出版社　1986 年　13 幅　36cm（6 开）
统一书号：8027.9599　定价：CNY1.80

J0030336
梅兰竹菊　赵思温画
石家庄　河北美术出版社　1986 年　2 张
76cm（2 开）　定价：CNY0.44
　　本作品为年画形式的中国现代国画花卉画。

J0030337
双勾花鸟　叶玉昶绘
北京　朝花美术出版社　1986 年　52 页　19cm
（32 开）　统一书号：8028.1920　定价：CNY0.34

J0030338
四季花鸟　田云鹏作
北京　人民美术出版社　1986 年　2 张　76cm（2 开）
定价：CNY0.54
　　本作品为年画形式的中国现代国画花鸟画。

J0030339
四时花似锦　杜炳申画
石家庄　河北美术出版社　1986 年　2 张
76cm（2 开）　定价：CNY0.44
　　本作品为年画形式的中国现代国画花卉画。

J0030340
孙鸣邨花鸟画集　孙鸣邨绘
沈阳　辽宁美术出版社　1986 年　33 页　25cm
（16 开）　统一书号：8161.0817　定价：CNY7.00
　　画集收入 33 幅图，作者善水墨大写意花鸟
画。所收作品洒脱雅拙、意境幽深。

J0030341
汤文选花鸟画集　汤文选绘
郑州　河南美术出版社　1986 年　59 页　25cm
（16 开）　统一书号：8386.673　定价：CNY7.90

J0030342
王雪涛画选　王雪涛绘
北京　人民美术出版社　1986 年　139 页　19cm
（32 开）　统一书号：8027.8651　定价：CNY1.90
（中国美术家丛书）

J0030343
竹（附对联 1 副）董寿平作
石家庄　河北美术出版社　1986 年　1 张（卷轴）
107cm（全开）　定价：CNY1.60
　　现代中国画作品。作者董寿平（1904—
1997），国画家、书法家。原名揆，字谐伯，山西
洪洞县人。毕业于天津南开大学。历任中国书
法家协会顾问、中国美术家协会会员、北京荣宝
斋顾问、全国政协书画室主任、北京中国画研究
会名誉会长。出版有《董寿平画辑》《董寿平书
画集》《书画大师董寿平》《董寿平谈艺录》。

J0030344
百花图集　吴传麟，章效梅编绘
北京　北京工艺美术出版社　1987 年　110 页
有图　23×13cm　统一书号：8473.19
ISBN：7-80526-003-6　定价：CNY1.50
（工艺美术欣赏与参考资料丛书）

J0030345
丹竹图　杜炳申作
石家庄　河北美术出版社　1987 年　1 张
107cm（全开）　定价：CNY0.90

J0030346
丹竹图　杜炳申画
石家庄　河北美术出版社　1987 年　1 轴（卷轴）
附对联 1 副　107cm（全开）　定价：CNY2.90
　　本作品为年画形式的中国现代国画静物画。

J0030347
花卉四条屏　房天泽画
济南　山东美术出版社　1987 年　2 张　76cm（2 开）
定价：CNY0.56
　　本作品为年画形式的中国现代国画花卉画。

J0030348
花鸟画谱　王满良绘
石家庄　河北美术出版社　1987 年　38cm（8 开）

ISBN：7-5310-0002-4 定价：CNY4.10

　　本书收作者作品《麻雀(夹竹桃)》《太平鸟(松树)》《鸳鸯(红蓼)》《黄鹂(羊蹄甲树)》《绶带(灵霄)》《家鸽(一串红)》《金刚鹦鹉(枇杷)》《画眉(石榴)》《朱雀(山茶)》《灰伯劳(红叶)》《平王燕(紫藤)》《燕子(柳树)》《芙蓉鸟(扶桑)》等。

J0030349

花鸟四条屏 李志明画

济南 山东美术出版社 1987年 2张 76cm(2开)

定价：CNY0.56

　　本作品为年画形式的中国现代国画花鸟画。

J0030350

花鸟条屏 张玉龙画

兰州 甘肃人民出版社 1987年 2张 76cm(2开)

定价：CNY0.48

　　本作品为年画形式的中国现代国画花鸟画。

J0030351

菊花图谱 丁楼展编绘

天津 天津杨柳青画社 1987年 225页 26cm(16开) ISBN：7-80503-017-0 定价：CNY3.53

　　现代中国画作品。

J0030352

康师尧花鸟画选 康师尧绘

北京 荣宝斋 1987年 有照片 26cm(16开) ISBN：7-5003-0026-3 定价：CNY2.20

　　本画册收入作者的绘画作品39幅。康师尧(1921—1985),笔名巽,"长安画派"主要画家之一。

J0030353

鲁风花鸟画集 鲁风绘

贵阳 贵州美术出版社 1987年 32页 有照片 20cm(32开) ISBN：7-5413-0007-1

定价：CNY8.00

(贵州艺术家画库)

　　本画集收入作者花鸟画30幅。其中有《朝露》《一夜春风》《苗岭一隅》《艳阳》《南国雨晴》《山花图》《清音》《空山鸟语》《珙桐斑鸠》等。作者鲁风(1939—),国家一级美术师。本名杨守森,山东郓城人,毕业于贵州大学艺术系。曾任贵州画院专职创作人员、贵州新闻图片社社长、中国美术家协会会员、贵州美术家协会副主席、贵州

花鸟画研究会会长、山东曹州书画院名誉院长。代表作品有《鲁风花鸟画集》《鲁风写意花鸟画集》。

J0030354

美丽的鸟儿 樊运琪画

济南 山东美术出版社 1987年 1张 76cm(2开)

定价：CNY0.27

　　本作品为年画形式的中国现代国画花鸟画。

J0030355

鸟语花香 田云鹏作

沈阳 辽宁美术出版社 1987年 1张 76cm(2开)

定价：CNY0.22

　　本作品为年画形式的中国现代国画花鸟画。

J0030356

鸟语花香 吴东奋画

广州 岭南美术出版社 1987年 2轴(卷轴) 76cm(2开) 定价：CNY2.20

　　本作品为年画形式的中国现代国画花鸟画

J0030357

宋人花鸟精品线描集 韩文来绘

北京 荣宝斋 1987年 90页 24cm(16开) ISBN：7-5003-0025-5 定价：CNY3.40

J0030358

汤文选花鸟画集 汤文选绘

郑州 河南美术出版社 1987年 [58]页 有照片 25cm(16开) 定价：CNY7.90

J0030359

王树艺花鸟画选 王树艺绘

贵阳 贵州美术出版社 1987年 49页 有照片 29cm(15开) ISBN：7-5413-0010-1

定价：CNY12.00

　　作者王树艺(1917—1999),画家。贵州毕节人。就读于国立社会教育学院艺术系。历任贵州省文联副主席、中国美术家协会贵州分会名誉主席。代表作品有版画《狱中纪实》《八市喜盈盈》,中国画《牡丹》等。出版有《王树艺木刻选集》《王树艺花鸟画选集》和美术论文集《片瓦集》。

J0030360

王雪涛花鸟草虫画选（汉英对照 一）王雪涛绘
北京 荣宝斋 1987 年 10 张 有图 15cm（40 开）
定价：CNY1.50

J0030361

王雪涛花鸟草虫画选（汉英对照 二）王雪涛绘
北京 荣宝斋 1987 年 10 张 有图 15cm（40 开）
定价：CNY1.50

J0030362

王雪涛画集 王雪涛绘；荣宝斋编辑
北京 荣宝斋 1987 年 54 页 25cm（16 开）
ISBN：7-5003-0001-8 定价：CNY9.50
　　本画集选编作者20 世纪70-80 年代的花鸟
作品54 幅，包括《群鸡图》《万紫千红》《百花齐
放》《四季花鸟》《报喜图》《雉鸡》等。

J0030363

竹 姜丹作
南京 江苏美术出版社 1987 年 1 轴 76cm（2 开）
定价：CNY0.90
　　现代中国画之卷轴作品。

J0030364

陈之佛花鸟画集 陈之佛绘
南京 江苏美术出版社 1988 年 38cm（6 开）

J0030365

翠竹 张广力作
兰州 甘肃人民出版社 1988 年 1 张 76cm（2 开）
定价：CNY0.56

J0030366

翠竹图 陈士奎画
石家庄 河北美术出版社 1988 年 1 张
53cm（4 开）定价：CNY0.42
　　本作品为年画形式的中国现代国画静物画。

J0030367

广元石刻艺术画册 丁立镇绘；四川广元市文
物管理所编
成都 四川人民出版社 1988 年 72 页
25cm（15 开）ISBN：7-220-00036-7
定价：CNY6.00，CNY10（精装）

J0030368

花卉四君子图 尹德年画
石家庄 河北美术出版社 1988 年 2 张
76cm（2 开）定价：CNY0.84
　　本作品为年画形式的中国现代国画花卉画。

J0030369

花鸟四条屏 车来通画
广州 岭南美术出版社 1988 年 2 张 76cm（2 开）
定价：CNY1.60
　　本作品为年画形式的中国现代国画花鸟画。
作者车来通（1956—　），画家。河北高阳县人。
号净心。任教于渤海石油职业学院美术系。中
国工笔画协会会员、河北美术家协会会员、中华
画院院长。发表花鸟画作品数百幅。出版个人
画册、技法丛书等。

J0030370

花鸟四条屏 车来通画
广州 岭南美术出版社 1988 年 4 张（卷轴）
78cm（2 开）定价：CNY3.80
　　本作品为年画形式的中国现代国画花鸟画。

J0030371

花鸟图 路雨年作
沈阳 辽宁美术出版社 1988 年 2 张 76cm（2 开）
定价：CNY0.76
　　本作品为年画形式的中国现代国画花鸟画。

J0030372

梅兰菊竹 张豪画
广州 岭南美术出版社 1988 年 4 张（卷轴）
76cm（2 开）定价：CNY4.40
　　本作品为年画形式的中国现代国画花卉画。

J0030373

梅兰竹菊 长弓画
石家庄 河北美术出版社 1988 年 2 张
76cm（2 开）定价：CNY0.84
　　本作品为年画形式的中国现代国画花卉画。

J0030374

美术新作（ 2 河北省花鸟画会作品选） 赵思
温等绘
石家庄 河北美术出版社 1988 年 30 页

19×26cm ISBN: 7-5310-0212-4
定价: CNY8.80

J0030375
鸟语花香 吴东奋画
广州 岭南美术出版社 1988 年 2 张 76cm（2 开）
定价: CNY0.80
　　本作品为年画形式的中国现代国画花鸟画。

J0030376
鸟语花香 吴东奋画
广州 岭南美术出版社 1988 年 2 张（卷轴）
78cm（2 开） 定价: CNY1.90
　　本作品为年画形式的中国现代国画花鸟画。

J0030377
四季芳香 田云鹏作
沈阳 辽宁美术出版社 1988 年 2 张 76cm（2 开）
定价: CNY0.76
　　本作品为年画形式的中国现代国画花鸟画。

J0030378
四季花鸟 吴东奋画
济南 山东美术出版社 1988 年 2 张 76cm（2 开）
定价: CNY0.75
　　本作品为年画形式的中国现代国画花鸟画。

J0030379
王成喜画梅集 王成喜绘
北京 北京出版社 1988 年 64 页 25×26cm
（12 开） ISBN: 7-80501-024-2 定价: CNY24.00
　　本书收有作者各种风格的画梅作品 60 余幅。作者王成喜（1940— ），画家。生于河南尉氏县，毕业于中央工艺美术学院。历任北京燕京书画社副总经理、中国书法家协会会员、全国政协书画室副主任、国家一级美术师。代表作有《王成喜画梅辑》《王成喜百梅辑》《中国画家王成喜》等。

J0030380
香远益清 何恭上主编
台北 艺术图书公司 1988 年 1 册 有图
30cm（15 开） 精装 定价: TWD760.00
（画好国画 2-3）

J0030381
萧淑芳画选 萧淑芳绘
北京 工人出版社 1988 年 73 页 25cm（16 开）
ISBN: 7-5008-0127-0 定价: CNY15.00
　　作者萧淑芳（1911—2005 ），女，国画家。广东中山人。曾任中央美术学院教授，中国美术家协会会员。出版有《走过九十——萧淑芳画集》《萧淑芳画选》《荣宝斋萧淑芳花卉画谱》《中国儿童游戏》《吴作人、萧淑芳中国画集》等。

J0030382
萧淑芳画选（汉英对照） 萧淑芳绘
北京 荣宝斋 1988 年 10 张 15cm（25 开）
定价: CNY1.70

J0030383
徐源绍花鸟画选 徐源绍绘；荣宝斋编辑
北京 荣宝斋 1988 年 24 页 有照片 25cm
（16 开） ISBN: 7-5003-0039-5 定价: CNY2.90

J0030384
喻仲林先生工笔花鸟画稿（团扇） 喻仲林绘
台北 艺术图书公司 1988 年 160 页 29cm
（16 开） 精装 定价: TWD1000.00

J0030385
朱屺瞻墨兰画卷 朱屺瞻绘
重庆 重庆出版社 1988 年 38cm（6 开）
ISBN: 7-5366-0462-9 定价: CNY2.40
　　本书为作者中国墨兰画专集，作品反映出画家豪迈奔放、粗矿劲削的独特艺术风格。作者朱屺瞻（1892—1996），国画家。历任上海美术专科学校教授、上海新华艺术专科学校绘画研究所主任、中国美术家协会顾问、中国书法家协会理事、上海美术家协会常务理事、上海中国画院画师、上海师范大学艺术系教授等职。代表作品有《朱屺瞻画集》《癖斯居画谈》《朱屺瞻画选》。

J0030386
竹 宜兵作
兰州 甘肃人民出版社 1988 年 1 张 76cm（2 开）
定价: CNY0.55

J0030387
百花齐放 费怡绘

太原　山西人民出版社 1989 年 2 张 76cm（2 开）
定价：CNY1.15
　　本作品为年画形式的中国现代国画花卉画。

J0030388
百花争艳 张龙玉绘
沈阳　辽宁美术出版社 1989 年 2 张 76cm（2 开）
定价：CNY1.10
　　本作品为年画形式的中国现代国画花鸟画。

J0030389
百鸟朝凤 张孝谦绘
石家庄　河北美术出版社 1989 年 1 轴（卷轴）
附对联一副 107cm（全开）
　　本作品为年画形式的中国现代国画花鸟画。

J0030390
丹凤朝阳 陈正治绘
杭州　浙江人民美术出版社 1989 年 1 张
107cm（全开）定价：CNY1.60

J0030391
果香四季 李用夫绘
天津　天津人民美术出版社 1989 年 2 张
76cm（2 开）定价：CNY1.10
　　本作品为年画形式的中国现代国画静物画。

J0030392
寒梅挺秀 浙江人民美术出版社编
杭州　浙江人民美术出版社 1989 年 1 张
107cm（全开）定价：CNY1.60

J0030393
红梅 汤文选绘
武汉　长江文艺出版社 1989 年 1 张 76cm（2 开）
定价：CNY1.00

J0030394
花卉图册 金农［绘］；辽宁省博物馆编
北京　文物出版社 1989 年 7 幅 27cm（16 开）
ISBN：7-5010-0189-8 定价：CNY3.40
　　外文书名：Album of Jin nong's Paintings of
Flower and Plant.

J0030395
花鸟对屏 吴东奋绘
上海　上海人民美术出版社 1989 年 1 张
107cm（全开）定价：CNY1.00
　　本作品为年画形式的中国现代国画花鸟画。

J0030396
花鸟屏（一、二）田云鹏绘
南昌　江西人民出版社 1989 年 2 张 76cm（2 开）
定价：CNY1.08
　　本作品为年画形式的中国现代国画花鸟画。
作者田云鹏（1946— ），画家，一级美术师。生
于河北黄骅。进修于北京画院高研班，师承画家
王庆生先生。沧州画院画家、中国美协会员、北
京工笔重彩画会副主席、河北书画院副院长、沧
州市美协名誉主席。作品有《庭院飘香》《欣欣
向荣》《晓露》等。

J0030397
江宏伟花鸟画选 江宏伟绘
北京　荣宝斋［1989 年］26cm（16 开）
ISBN：7-5003-0033-6 定价：CNY4.70
　　本画选收集作者的工笔花鸟作品 30 余幅。

J0030398
金菊郁香 季蒂绘
沈阳　辽宁美术出版社 1989 年 1 张 76cm（2 开）
定价：CNY0.55
　　本作品为年画形式的中国现代国画花卉画。

J0030399
梅花倩影 何众绘
沈阳　辽宁美术出版社 1989 年 1 张 76cm（2 开）
定价：CNY0.55
　　本作品为年画形式的中国现代国画花卉画。

J0030400
鸟语花香 戴德馨绘
上海　上海人民美术出版社 1989 年 2 张
107cm（全开）定价：CNY2.00
　　本作品为年画形式的中国现代国画花鸟画。
作者戴德馨（1942— ），江苏常州人。曾进修于
南京艺术学院。擅长国画。中国美术家协会会员。
主要作品有《猫蝶图》《福禄寿禧》《瑞雪》等。

J0030401

鸟语花香四季春 李悌南绘

太原 山西人民出版社 1989 年 2 张 76cm（2 开）

定价：CNY1.15

本作品为年画形式的中国现代国画花鸟画。

J0030402

群鹤鸣翠 邢树荃绘

天津 天津人民美术出版社 1989 年 2 张

76cm（2 开） 定价：CNY1.10

本作品为年画形式的中国现代国画花鸟画。

J0030403

群鹤迎春 许恩光绘

广州 岭南美术出版社 1989 年 1 张 76cm（2 开）

定价：CNY1.00

本作品为年画形式的中国现代国画花鸟画。

J0030404

三友寿鸟图 钱行健绘

上海 上海书画出版社［1989 年］1 轴（卷轴）

附对联一副 107cm（全开） 定价：CNY3.00

本作品为年画形式的中国现代国画花鸟画。
作者钱行健（1935—2010），国画家。江苏无锡
人。擅长中国画，专习山水、花鸟，兼文学及诗
词，后致力于中国绘画理论的研究。曾任上海外
国语大学艺术教研室主任、副教授，上海海外联
谊会联谊书画社副社长、海墨画社社长、上海书
画研究院理事等。代表作品有《碧浪》《幽涧听
泉》《江月幽禽》等。

J0030405

扇面（喻仲林工笔花鸟画稿） 何恭上主编；黄
宝萍撰文

台北 艺术图书公司 1989 年 147 页 26×38cm

精装 定价：TWD1000.00

外文书名：Fan-shaped.

J0030406

四季花开 唐新一绘

石家庄 河北美术出版社 1989 年 2 张

76cm（2 开） 定价：CNY1.10

本作品为年画形式的中国现代国画花卉画。

J0030407

四季花开富贵有余 倪久令绘

沈阳 辽宁美术出版社 1989 年 2 张 76cm（2 开）

定价：CNY1.10

本作品为年画形式的中国现代国画花卉画。

J0030408

四季花鸟图 顾国治绘

天津 天津人民美术出版社 1989 年 4 张（卷轴）

76cm（2 开） 定价：CNY4.60

本作品为年画形式的中国现代国画花鸟画。

J0030409

天高任鸟飞 刘佩珩绘

长春 吉林美术出版社 1989 年 1 张 76cm（2 开）

定价：CNY0.55

本作品为年画形式的中国现代国画花鸟画。
作者刘佩珩（1954　），画家，研究院。别名刘山，
天津宝坻人，毕业于东北师范大学美术系。历任
吉林省通榆县文化馆副馆长、副研究员。作品有
《喜迎春》《长白珍宝》《祖孙情》《长白珍奇》《趣》
《关东乐》等。

J0030410

汪洁花鸟画选 汪洁绘

北京 朝华出版社 1989 年 70 页 有照片

26cm（16 开） 精装 ISBN：7-5054-0106-8

定价：CNY32.00

本书收入作者花鸟作品 50 幅，包括《雪松》
《闲白了少年头》《争鸣》《池塘春雨》《双侣》等。
作者汪洁，女，花鸟画家。原籍浙江杭州，后移居
香港。毕业于浙江大学。出版有《汪洁花鸟画选》。

J0030411

尹延新花鸟画选 尹延新绘

济南 山东美术出版社 1989 年 14 页 有彩照

26cm（16 开） ISBN：7-5330-0186-9

定价：CNY3.40

J0030412

俞致贞刘力上画集（中国花鸟画） 俞致贞，
刘力上绘

北京 荣宝斋 1989 年 79 页 25×26cm

ISBN：7-5003-0072-7 定价：CNY18.80

收集画家夫妇的花卉作品 83 幅。以牡丹、荷

花、兰花、菊花和农作物为主。既有传统的功力，又有开拓之新意。外名书名：Traditional Chinese Flower-and-Bird Paintings By Yu Zhizhen and Liu Lishang. 本书与外文出版社合作出版。

J0030413
玉兰花开 季蒂绘
沈阳 辽宁美术出版社 1989年 1张 76cm（2开）
定价：CNY0.55
　　本作品为年画形式的中国现代国画花卉画。

J0030414
喻仲林先生工笔花鸟画稿（扇面）喻仲林绘；何恭上主编
台北 艺术图书公司 1989年 147页 26×35cm
精装 定价：TWD1000.00

J0030415
长寿松 姚景卿绘
天津 天津人民美术出版社 1989年 1轴（卷轴）
附对联一副 107cm（全开）定价：CNY4.60
　　本作品为年画形式的中国现代国画静物画。

J0030416
竹雀图 史振峰绘
济南 山东美术出版社 1989年 1张
107cm（全开）定价：CNY2.00
　　现代中国画作品。作者史振峰（1933— ），教授。山东莱州人，毕业于鲁迅美术学院。中国美术家协会会员、山东画院艺术顾问、山东艺术学院教授。代表作品有《高山打井》《油海雄鹰》《舞东风》《抗洪》等。

J0030417
百鸟朝凤 张孝谦绘
石家庄 河北美术出版社 1990年 1张（卷轴）
附配画1对（全开）定价：CNY2.20
　　本作品为年画形式的中国现代国画花鸟画。

J0030418
崔子范画集 崔子范绘
香港 子范艺术国际研究会 1990年 155页
36cm（6开）精装
　　外文书名：The Art of Cui Zifan. 作者崔子范（1915—2011），画家。曾用名崔尚治。山东

莱阳人，就读于上海美术专科学校、抗日军政大学。历任北京国画院副院长兼秘书长、中国美术家协会会员、北京市美协理事。代表作品有《麻雀枇杷》《芙蓉八哥》《金鱼》等。

J0030419
高松庐百花画集 高松庐绘
青岛 青岛海洋大学出版社 1990年 100页
有彩照 26cm（16开）ISBN：7-81026-094-4
定价：CNY25.00
　　作者高松庐（1936— ），画家。字雨苍，河北束鹿县人。北京中国书画研究会会员、中国老年书画研究会会员、鲁西南书画研究会名誉主席、石家庄画院顾问、日本书泉书道学会名誉会员。著有《中国画浅说》《高松庐百花画集》。

J0030420
荷塘·风景 杨燕屏著
台北 雄狮图书股份有限公司 1990年
有图 25×26cm ISBN：957-9420-46-7
定价：TWD400.00
　　本书系中国现代荷花水墨花卉画画册。

J0030421
花儿朵朵 林惠珍绘
沈阳 辽宁美术出版社 1990年 2张 76cm（2开）
定价：CNY1.10
　　本作品为年画形式的中国现代国画花卉画。

J0030422
花繁 钱惠良绘
石家庄 河北美术出版社 1990年 1张
76cm（2开）定价：CNY1.00
　　本作品为年画形式的中国现代国画花卉画。

J0030423
花鸟屏 薛长山，郭毅绘
长春 吉林美术出版社 1990年 2张 76cm（2开）
定价：CNY1.10
　　本作品为年画形式的中国现代国画花鸟画。

J0030424
花鸟四条屏 王国富等绘
上海 上海人民美术出版社 1990年 2张
76cm（2开）定价：CNY0.90

本作品为年画形式的中国现代国画花鸟画。

J0030425

花香鸟鸣　王建霞，王国富绘

北京　人民美术出版社　1990 年　2 张　76cm（2 开）

定价：CNY1.05

　　本作品为年画形式的中国现代国画花鸟画。

J0030426

井冈杜鹃红　王赤军绘

南昌　江西人民出版社　1990 年　1 张　76cm（2 开）

定价：CNY0.48

　　本作品为年画形式的中国现代国画花卉画。

J0030427

刘白花鸟画选集　刘白绘

南京　南京出版社　1990 年　有照片　24×25cm

ISBN：7-80560-222-0　定价：CNY5.80

　　作者刘白（1955-），画家。字剑谷，号大愚。

J0030428

梅兰竹菊　杨建俟绘

南京　江苏美术出版社　1990 年　4 张　76cm（2 开）

定价：CNY5.95

　　本作品为年画形式的中国现代国画花卉画。

J0030429

鸟语花香　车来通绘

哈尔滨　黑龙江美术出版社　1990 年　2 张

76cm（2 开）　定价：CNY1.15

　　本作品为年画形式的中国现代国画花鸟画。作者车来通（1956— ），画家。河北高阳县人。号净心。任教于渤海石油职业学院美术系。中国工笔画协会会员、河北美术家协会会员、中华画院院长。发表花鸟画作品数百幅。出版个人画册、技法丛书等。

J0030430

鸟语花香　王俊峰绘

长春　吉林美术出版社　1990 年　1 张　76cm（2 开）

定价：CNY0.55

　　本作品为年画形式的中国现代国画花鸟画。

J0030431

四季花鸟屏　宫兴福绘

沈阳　辽宁美术出版社　1990 年　2 张　76cm（2 开）

定价：CNY1.10

　　本作品为年画形式的中国现代国画花鸟画。作者宫兴福（1936— ），教授。黑龙江密山人。毕业于鲁迅美术学院中国画系，后留校任教。作品有《豆花香》《听泉》《天女木兰》。发表论文有《图新·求美·思变》《意念·意象·以形写神》等。

J0030432

四季花鸟屏　张选之绘

济南　山东美术出版社　1990 年　2 张　76cm（2 开）

定价：CNY1.00

　　本作品为年画形式的中国现代国画花鸟画。

J0030433

四色梅　刘宝铃，郭书仁绘

天津　天津人民美术出版社　1990 年　4 张

76cm（2 开）　定价：CNY5.00

　　本作品为年画形式的中国现代国画花卉画。

J0030434

王丽娟工笔花鸟画　王丽娟绘画

香港　集古斋　1990 年　59 页　26×24cm（12 开）

定价：HKD120.00

J0030435

现代花鸟画库　河南美术出版社编

郑州　河南美术出版社　1990 年　13 册　26cm

（16 开）　ISBN：7-5401-0138-5　定价：CNY58.00

（现代中国画画库 2）

　　中国现代国画花鸟画册，其中选取 39 位中青年花鸟画家的作品 420 幅。

J0030436

杨和明国画兰花集　杨和明绘

广州　岭南美术出版社　1990 年　1 册　26cm（16 开）

ISBN：7-5362-0556-2　定价：CNY14.80

　　作者杨和明（1924— ），广东省政协委员、中国书法家协会广东分会副主席。

J0030437

迎客松　赵幼华绘

天津　天津人民美术出版社　1990 年　1 张

107cm（全开）　定价：CNY1.10

　　本作品为年画形式的中国现代国画静物画。

J0030438

迎客松 顾国治绘

天津 天津人民美术出版社 1990 年 1 轴（卷轴）

对联 1 副 定价：CNY5.00

　　本作品为年画形式的中国现代国画静物画。

J0030439

中国花鸟画集（第五届当代中国花鸟画邀请

展选集）第五届当代中国花鸟画邀请展筹委会

武汉 武汉出版社 1990 年 15 幅 40cm（6 开）

　　本画册选入全国各地区 222 位画家的 225

幅作品。

J0030440

竹林新绿 陈正治绘

杭州 浙江人民美术出版社 1990 年 1 张

76cm（2 开） 定价：CNY1.10

J0030441

竹林新绿 陈正治绘

杭州 浙江人民美术出版社 1990 年 1 张

107cm（全开） 定价：CNY2.40

　　中国现代国画作品。

J0030442

白磊书画选 白磊绘

上海 上海书画出版社 1991 年 有照片

25×26cm ISBN：7-80512-601-1

定价：CNY15.00

　　外文书名：Selections from Painting and Calligraphy

by Bai Lei. 作者白磊（1946—　），国家高级美术

师。生于厦门，原名白锡程。历任厦门市美术

馆馆长、福建省画院画师、中国工艺美术学会会

员、中国书法家协会福建分会会员、福建省工艺

美术学会常务理事。

J0030443

白描花鸟构图资料集 安禾编绘

合肥 安徽美术出版社 1991 年 2 版 126 页 有图

18×26cm ISBN：7-5398-0123-9

定价：CNY5.40

　　本书绘编了比较完整的白描花鸟构图 126 幅。

J0030444

百梅集萃（辛鹏百梅画、影、诗、印集萃） 辛

鹏著

沈阳 辽宁民族出版社 1991 年 134 页

25×26cm ISBN：7-80527-175-5

定价：CNY46.00

J0030445

百梅诗画（清）吴襄诗；唐大笠画

合肥 安徽美术出版社 1991 年 105 页

17×19cm ISBN：7-5398-0218-9

定价：CNY15.00

　　本书收入作者对清代吴襄的百梅诗配画 105

幅。作者唐大笠（1931—2010），安徽九华山人，

原名象贤，号老象、笠翁等。擅书法，并画山水、

墨梅。曾任安徽日报社记者。著有《垄上堂散集》

《中国书法演义》《百梅诗画》《退思集》等。

J0030446

曹明冉画集 曹明冉绘

济南 山东友谊书社 1991 年 100 页 26cm（16 开）

ISBN：7-80551-310-4 定价：CNY35.00

　　本书收入作者绘画作品 144 幅。作者曹明

冉（1949—　），花鸟画家。山东菏泽人。国家一

级美术师、中国工艺美术协会会员、山东省美术

家协会会员、山东画院特聘画师、山东财经大学

教授。著作有《芥子园新编》《白描牡丹、菊花、

水仙》《曹明冉画集》等。

J0030447

当代中国花鸟画大观

南京 江苏美术出版社 1991 年 64 页 25×26cm

ISBN：7-5344-0053-8 定价：CNY14.50

J0030448

杜华画集 杜华绘

济南 山东美术出版社 1991 年 25×24cm

ISBN：7-5330-0338-1 定价：CNY7.40

　　现代中国画画册。作者杜华（1956—　），女，

画家。北京人，中国艺术研究院研究员。历任中

央文史馆书画院研究员、中国政协文史馆花鸟画

院副院长、中国长城书画院副院长、济南市美术

馆馆长、济南画院院长、山东省美术家协会副主

席等。出版有《杜华画集》《杜华作品上下卷》《当

代中国画名家精品集——彩墨清荷篇、油彩花鸟

篇、印象水墨篇、意境花语篇》等。

J0030449

峨眉山花鸟（何兆明国画选）何兆明绘

成都 四川人民出版社 1991 年 25cm（小 16 开）

ISBN：7-220-01526-7 定价：CNY22.50

　　外文书名：Flowers & Birds in E Mei Shan: A Collection of He Zhaoming's Paintings. 作者何兆名（1944—　），嘉州画院画家，中国美术家协会四川分会会员。

J0030450

龚继先画集　龚继先绘

北京 新华出版社 1991 年 102 页 33×26cm

ISBN：7-5011-1096-4 定价：CNY140.00

　　现代中国画之花鸟画画册。作者龚继先（1939—　），画家。北京人，毕业于中央美术学院。历任上海人民美术出版社总编辑、上海中国画院兼职画师、中国美术家协会会员等。代表作品有《指墨瓶花图》等。

J0030451

韩天衡水墨花鸟册　韩天衡绘

天津 天津人民美术出版社 1991 年 22 页 21cm（32 开）ISBN：7-5305-0264-6 定价：CNY7.20

　　作者韩天衡（1940—　），号豆庐，上海中国画院副院长。

J0030452

康淑贞白描花卉　康淑贞绘

北京 北京理工大学出版社 1991 年 102 页 25cm（15 开）ISBN：7-81013-367-5

定价：CNY7.90

J0030453

李魁正画集　李魁正绘

北京 荣宝斋 1991 年 有照片 25×26cm

ISBN：7-5003-0114-6 定价：CNY5.90

　　现代中国画画册。外文书名：A Selection of Li Kuizheng's Paintings. 作者李魁正（1942—　），教授。生于北京，毕业于中央美术学院中国画系。中央民族大学美术学院教授、博士生导师、中国美术家协会理事、中国美协线描艺术研究会会长、中国工笔画学会副会长。出版有《李魁正画选》《魁正泼绘》《百杰画家·李魁正》等。

J0030454

梅花画谱　雷正凡［绘］

香港［雷正凡国画创作展览馆］［1991 年］

112 页 26cm（16 开）

　　外文书名：Plum Blossom.

J0030455

梅兰竹菊　刘宝铃绘

天津 天津人民美术出版社 1991 年 4 幅 76cm（2 开）ISBN：7-5305-2529-3 定价：CNY5.20

　　本作品为年画形式的中国现代国画花卉画。

J0030456

蒲华墨竹选（清）蒲华绘

杭州 浙江人民美术出版社 1991 年 22 页 26cm（16 开）ISBN：7-5340-0239-7 定价：CNY7.00（名家画艺抟秀）

　　作者蒲华（1832—1911），清代文人画家。浙江嘉兴人。字作英，亦作竹英、竹云，号胥山野史、胥山外史、种竹道人，斋名九琴十砚斋、九琴十研楼、芙蓉庵、夫蓉盦、剑胆琴心室等。传世作品有《倚篷人影出菰芦图》《荷花图》《竹菊石图》《桐荫高士图》。

J0030457

齐辛民画集　齐辛民绘

济南 山东美术出版社 1991 年 30 页 26cm（16 开）精装 ISBN：7-5330-0463-9

定价：CNY5.90

　　现代中国画花鸟画画册。

J0030458

乔木花鸟画集　乔木绘

苏州 古吴轩出版社 1991 年 101 页 有照片 32cm（10 开）精装 ISBN：7-80574-013-5

定价：CNY145.00

　　本画册汇集作者各个时期的花鸟画代表作拼101幅。作者乔木（1920—2002），教授。字大年，河北深县人。曾任上海大学美术学院教授、中国美术家协会会员等。主要作品有《迎春梅花》《彩霞迎春》《姹紫嫣红》等。著有《花鸟画基础技法》《怎样画蔬果》等。

J0030459

宋新涛画集　宋新涛绘

青岛 青岛出版社 1991年 有肖像 26cm（16开）
ISBN：7-5436-0626-7 定价：CNY80.00

　　本画册收入作者中国画作品66幅。作者宋新涛（1930—1998），画家，教授。山东莱阳人。历任青岛画院院长、青岛市美术家协会主席、中国美术家协会会员、山东美术家协会顾问。代表作有《宋新涛画辑》《宋新涛画选》《宋新涛画集》。

J0030460

王炳龙画选 王炳龙绘
北京 文津出版社 1991年 24×26cm
ISBN：7-80554-078-0 定价：CNY9.70

　　现代中国画花鸟画画册。作者王炳龙（1940—1999），画家。山东济南人，毕业于中央美术学院。历任山东画院高级画师、济南画院专业画家、中国美术家协会山东分会会员、济南美术家协会理事。

J0030461

王成喜画梅集 王成喜绘
北京 北京出版社 1991年 有彩照 25cm（15开）
ISBN：7-200-01299-8 定价：CNY26.00

J0030462

王翔白描荷花 王翔绘
北京 人民美术出版社 1991年 98页 18×17cm
ISBN：7-102-00875-9 定价：CNY4.50

　　本书是作者近年创作专门白描荷花的画册，共收100幅作品。作者王翔（1940—　），中央工艺美术学院染织系讲师，中国工艺美术学会会员。

J0030463

王翔花鸟画集 王翔绘
南京 南京出版社 1991年 26cm（16开）
ISBN：7-80560-464-9 定价：CNY5.00

J0030464

吴国亭画集 吴国亭绘
南京 南京出版社 1991年 62页 26cm（16开）
ISBN：7-80560-547-5 定价：CNY30.00

　　现代中国画之花鸟画画册。作者吴国亭（1935—　），国画家、美术教育家、美学评论家、理论家。生于江苏南京浦口镇，祖籍天津。历任中国书画研究会名誉副主席、江苏省对外文化交流中心理事、苏浙皖国画家联谊会主席、美国波士顿中华文化中心艺术顾问。

J0030465

吴荣康钱晴碧花鸟画选集 吴荣康，钱晴碧绘
北京 国际文化出版公司［1991年］46页
25×26cm ISBN：7-80049-849-2
定价：CNY25.00

J0030466

吴砚耕画集 吴芸绘
南京 江苏美术出版社 1991年 15页 26cm（16开）ISBN：7-5344-0201-8 定价：CNY5.60

　　现代中国画画册。作者吴芸（1910—　），女，高级美术师。字砚耕，江苏扬州人。中国美术家协会会员、江苏省美协理事、江苏省花鸟画研究会研究员。著有《吴砚耕画集》。

J0030467

谢慧中画集 谢慧中绘
吉林 吉林美术出版社 1991年 38cm（6开）

　　本画册收入有作者写意花鸟画47幅，并附有英译文。作者谢慧中（1935—　），画家。广西人，毕业于中央美术学院中国画系，进修于北京画院。曾在长春吉林艺校、吉林省幻灯制片厂工作。代表作品有《轻歌漫舞》《花间双雀》《绣球花》《秋》《冬》等。

J0030468

阎学曾花鸟画选 阎学曾绘
北京 文津出版社 1991年 24×26cm
ISBN：7-80554-079-9 定价：CNY9.70

　　作者阎学曾（1943—　），中国美术家协会山东分会会员、山东画院高级画师、济南画院专业画家并兼任济南市国画研究会秘书长。

J0030469

阎中柱画集 阎中柱绘
济南 山东友谊书社 1991年 22页 24×26cm
ISBN：7-80551-388-0 定价：CNY9.20

　　现代中国画之花鸟画画册。作者阎中柱（1945—　），中国美协山东分会会员、胶州市书画社社长。

J0030470
杨育才墨竹 杨育才绘
北京 北京燕山出版社 1991年 26cm（16开）
ISBN：7-5402-0271-8 定价：CNY5.00
　　杨育才，善画墨竹，笔墨意趣兼备，深受各界好评。据画史载：墨竹始于五代，历代皆有画竹之大手笔。杨育才画竹，亦能于方尺之上，画出竹之千姿百态，或横斜，或疏简，或繁茂，皆能得其意趣。

J0030471
迎客松 龚景充绘
杭州 浙江人民美术出版社 1991年 1张
107cm（全开）定价：CNY1.90
　　本作品为年画形式的中国现代国画静物画。

J0030472
咏梅 刘宝铃绘
天津 天津人民美术出版社 1991年 4轴 76cm
（2开）ISBN：7-5305-2529-6 定价：CNY5.20
　　本作品为年画形式的中国现代国画花卉画。

J0030473
于希宁画集 于希宁绘
济南 山东美术出版社 1991年 108页 36cm（8开）
　　本画集收录作者1935—1990年期间的中国画作品174幅，并附有自用印26方。作者于希宁（1913—2007），教授、画家。山东潍坊人，毕业于上海新华艺术专科学校国画系。曾任山东艺术学院教授、名誉院长，中国画研究院院委、山东画院院长等职。主要作品有《北魏石窟拓片选》《殷周青铜花纹演变初探》《论画梅》《写意画花》等。

J0030474
喻慧花鸟画集 喻慧绘
北京 荣宝斋 1991年 有彩照 25×26cm
ISBN：7-5003-0112-X 定价：CNY5.90
　　作者喻慧（1960—　），江苏省国画院画家。

J0030475
张德泉花鸟画集 张德泉绘
北京 荣宝斋 1991年 有彩图 25×26cm
ISBN：7-5003-0113-8 定价：CNY5.90
　　作者张德泉（1941—　），画家。生于江苏宝应县，毕业于江苏省国画院。历任江苏省国画院

花鸟画研究所所长、中国美术家协会会员、国家一级美术师。出版有《张德泉花鸟画作品集》《工笔花鸟画谱》《百花谱》《中国牡丹》《当代花鸟画作品选》等。

J0030476
百花图谱 缪丽娟绘
天津 天津杨柳青画社 1992年 144页 26cm
（16开）ISBN：7-80503-151-7 定价：CNY7.50
　　本图谱收各类花卉图144幅，按四季开花先后为序。花卉图属于"硬笔白描"，但仍能看出线条的运用，刚如折剑，柔可绕指。每幅构图颇有新意，可当作"折枝"画欣赏。

J0030477
百梅辑（画册 英汉对照）王成喜绘；匡佩华译
北京 中国世界语出版社 1992年 141页
38cm（6开）精装 ISBN：7-5052-0050-X
　　收入作者近几年的梅花佳作128幅，以不同的构图，不同的色彩，不同的神韵将梅花特质跃然纸上。每幅画还以书法题诗。外文书名：A Hundred Plum Blossom Paintings.

J0030478
陈承基画集（中英文本）陈承基绘
成都 四川美术出版社 1992年 79页 29cm
（16开）ISBN：7-5410-0676-9 定价：CNY29.00
　　现代中国画之花鸟画画册。

J0030479
陈德宏画集 陈德宏绘画
福州 福建美术出版社 1992年 有彩照
25×25cm ISBN：7-5393-0180-5
定价：CNY35.00
　　本书收入作者创作的写意花鸟画作品46幅。题材有梅、兰、竹、菊、水仙、荷花等。附有作者常用印章。作者陈德宏（1927—　），画家。福建惠安人。字琴舟，号丹碧翁。福建师范大学副教授、中国美术家协会会员、福建省政协书画室画师、福建省老年书画艺术协会顾问、烟山画院院长。作品有《嘉藕图》《燕子声声里》《为谁初着紫罗裳》等。

J0030480
崔培鲁画集 崔培鲁绘

北京　新世界出版社　1992 年　26×26cm
ISBN：7-80005-167-6　定价：CNY28.00

　　现代中国画之花鸟画画册。外文书名：
Paintings by Cui Peilu. 作者崔培鲁（1944—　），
画家。字也鲁，号山亭居士、鲁芳斋主，山东枣
庄人。毕业于临沂艺术学校。历任山东画院高
级画师、中国美术家协会山东分会会员。作品有
《国色天香》《水墨葡萄》等。

J0030481

崔庆国画集　崔庆国绘
济南　山东美术出版社　1992 年　34 页　有彩照
24×26cm　ISBN：7-5330-0530-9
定价：CNY25.00

　　中国现代国画画册。作者崔庆国（1957—　），
画家。笔名崔舟，山东郓城县人。北京九州文化
传播中心专职画家。

J0030482

龚继先画集　龚继先绘
苏州　古吴轩出版社　1992 年　29cm（15 开）
ISBN：7-80574-012-7　定价：CNY96.00

　　本书系现代中国画之花鸟画画册。外文书
名：A Selection of Kung Jixian's Paintings. 作者
龚继先（1939—　），画家。北京人，毕业于中央
美术学院。历任上海人民美术出版社总编辑、上
海中国画院兼职画师、中国美术家协会会员等。
代表作品有《指墨瓶花图》等。

J0030483

顾震岩花鸟画集　顾震岩绘
苏州　古吴轩出版社　1992 年　23×26cm
ISBN：7-80574-031-3　定价：CNY22.00

　　现代中国画之花鸟画画册。外文书名：
Selected Paintings by Gu Zhenyan. 作者顾震岩
（1962—　），编辑。上海人，毕业于中国美术学
院中国画系花鸟专业。任教于浙江美术学院，《新
美术》编辑。出版有《中国历代名家技法集萃花
鸟卷·畜兽法》《梅竹画谱》《蝴蝶》等。

J0030484

黄汉原花鸟画集　黄汉原绘
济南　山东友谊书社　1992 年　24 页　26cm
（16 开）ISBN：7-80551-426-7　定价：CNY14.50

　　现代中国画之花鸟画画册。外文书名：

Collection of Flower and Birds Paintings by
Huang Hanyuan. 作者黄汉原（1961—　），画家。
号大荷堂、别署小古山房。山东淄博人。曾在工
商银行淄博市张店区办工作，中国美术家协会山
东分会会员。

J0030485

江寒汀画集　江寒汀绘；李卓云编
上海　上海人民美术出版社　1992 年　123 页（8 开）
统一书号：7-5322-1023-5　定价：CNY172.00

　　本书是现代中国画中的花鸟画画册。其中
包括传世作品《百卉册》《百兽图》等，1960 年应
周恩来总理邀请为人民大会堂绘制的巨幅《红梅
图》。作者江寒汀（1903—1963），花鸟画家、教
育家。名上渔，又名渔，字寒汀、寒艇，号石溪，
江苏常熟人。历任上海美术学院专科学校教师、
上海中国画院画师，中国美术家协会会员，上海
分会理事。出版有《江寒汀百兽图》《当代名画
家江寒汀》《江寒汀百兽图画册》等。

J0030486

江文湛画集　江文湛绘
西安　陕西旅游出版社　1992 年　141 页
29cm（8 开）　ISBN：7-5418-0458-4

　　本书收有作者写意花鸟画、山水、人物画，
书后附有《江文湛重要艺术活动年表》。作者江
文湛（1940—　），画家、一级美术师。山东郯城
人，硕士毕业于西安美术学院。西安美术家协会
副主席、西安中国画院副院长、中国美术家协会
会员。著有《江文湛画选》《江文湛画集》《现代
中国画技法赏析》。

J0030487

苦禅教学画稿　李苦禅绘
天津　天津人民美术出版社　1992 年　182 页
26cm（16 开）　精装　ISBN：7-5305-0310-3
定价：CNY37.00
（中国画名家教学画稿丛书）

　　现代中国画之教材。作者李苦禅（1899—
1983），书画家、美术教育家。山东高唐人。原名
李英杰，字励公。擅画花鸟和鹰。历任中央美术
学院教授、中国美术家协会理事、中国画研究院
院务委员等。代表作品有《盛荷》《群鹰图》《兰竹》
等，出版有《李苦禅画辑》。

J0030488

李云山画集 李云山绘

兰州 甘肃人民美术出版社 1992年 40页 29cm
（16开）ISBN：7-80588-039-5 定价：CNY28.50

　　现代中国画之花鸟画画册。作者李云山
（1919—　），字宇涵，河北磁县人。民进甘肃省
委书画研究会顾问、民进甘肃省委文化委员会委
员、中国美术家协会甘肃分会会员、甘肃省国画
研究会常务理事。出版有《李云山画集》。

J0030489

闵学林书画集 闵学林绘；宋忠元主编

杭州 浙江美术学院出版社 1992年 117页
37cm 精装 ISBN：7-81019-136-5

　　本书收有作者1980—1990年期间所作中国
画作品和书法作品111幅。书末附有作者生活照
片、简介，书中内容有中、日、英3种文字。外
文书名：Min Xuelin Books & Paintings Volume.
作者闵学林（1946—　），画家，教授。江西人，毕
业于中国美术学院中国画系。任中国美术学院
中国画系教授。中国画代表作品有《我亦望机乐
似鱼》《茶花》《茶花》，著有《闵学林画集》《中
国当代书画》等。

J0030490

乔木花鸟画集 乔木绘；张瑞林主编

苏州 古吴轩出版社 1992年 101页
38cm（6开） 精装 ISBN：7-80574-013-5
定价：CNY145.00

　　汇集乔木各个时期的花鸟画代表作101幅。
作者乔木（1920—2002），教授。字大年，河北深
县人。历任上海大学美术学院教授，中国美术家
协会会员等。主要作品有《迎春梅花》《彩霞迎春》
《姹紫嫣红》等。著有《花鸟画基础技法》《怎样
画蔬果》等。

J0030491

邱受成画集 邱受成绘

上海 上海书店 1992年 40页 有彩照
24×26cm ISBN：7-80569-502-4
定价：CNY32.00

　　现代中国画之花鸟画画册。作者邱受成
（1929—　），别署绥臣。花鸟画家。浙江鄞县人。
擅长中国画花鸟。现为中国美协会员、上海美术
家协会会员、上海交通大学艺术系顾问。出版有

《花鸟蔬果鳞介图册》。

J0030492

沈光伟画选（汉英文对照） 沈光伟绘

济南 山东美术出版社 1992年 48页 26×23cm
ISBN：7-5330-0590-2 定价：CNY30.00

　　本书收有花鸟绘画作品48幅。作者沈
光伟（1950—　），画家，教授。出生于山东潍坊。
山东省潍坊市艺术馆副研究馆员，山东艺术学院
美术系教授、花鸟画工作室主任，中国美术家协
会会员、山东美术家协会理事等。代表作品有《川
藏黄花》《红原之春》。出版有《名家心得·画梅》
《写意画范》《沈光伟画集》等。

J0030493

苏伯群牡丹画集（汉英对照） 苏伯群绘

北京 人民美术出版社 1992年 80页 23×26cm
ISBN：7-102-00992-5 定价：CNY36.00

　　现代中国画之花鸟画中的牡丹画册。外文
书名：A Collection of Su Boqun's Peony-painting.
作者苏伯群（1920—　），高级美术师。生于山东
烟台。国家一级美术师职称，任山东画院高级画
师、中国老年书画研究会顾问、中国工艺美术协
会高级会员、山东省工艺美术学会理事中国工艺
美术学会会员、山东工艺美术学会理事等职。

J0030494

王少卿牡丹写生集 王少卿编绘

郑州 河南美术出版社 1992年 52页 有图版
26cm（16开） ISBN：7-5401-0261-6
定价：CNY5.90

　　现代中国画之花鸟画写生画册。作者王少
卿（1938—2018），河南开封人。历任开封市工艺
美术研究所所长、河南省花鸟画研究会副会长、
中国工艺美术大师，兼任河南省中国花鸟画研究
会副会长、中国工艺美术学会理事等。作品有《白
牡丹》《冷艳》《大地之春》《秋光丽日》等。

J0030495

吴鹳南花鸟画集（汉英对照） 吴鹳南绘

上海 学林出版社 1992年 23×25cm
ISBN：7-80510-702-5 定价：CNY40.00
　　现代中国画之花鸟画画册。

J0030496
写意花鸟画指南 林益光编著
福州 福建美术出版社 1992年 48页 34cm
（10开） ISBN：7-5393-0193-7 定价：CNY20.00
　　作者林益光(1940—)，画家。笔名一光，号竹影山人，福建闽侯人。福州艺术师范高级讲师、美术顾问，中国美术家协会福建分会会员、福州教育画院画师、副秘书长。出版有《林益光画集》等。

J0030497
杨瑞芬画集 杨瑞芬绘
北京 荣宝斋 1992年 24页 有彩照 25×26cm
ISBN：7-5003-0166-9 定价：CNY6.80
　　现代中国画之工笔花鸟画画册。外文书名：An Album of Paintings by Yang Ruifen. 作者杨瑞芬(1950–)，女，北京人，北京书画院画家，中国美术家协会会员。中国当代著名花鸟画家。师承田世光，工笔花鸟画的革新派代表人物。20世纪80年代开始活跃于全国美展，多次在海外举办画展，作品多次获奖并被中国美术馆等机构收藏。

J0030498
叶建新画集 叶建新绘
北京 国际文化出版公司 1992年 20页 有彩图
23×26cm ISBN：7-80049-243-5
定价：CNY25.00
　　本书为作者的中国画之花鸟画画册。外文书名：Ye Jianxin's Paintings. 作者叶建新(1958—)，湖北武汉人，武汉电视台美术编辑、中国美术家协会湖北分会会员、中国电视美术研究会会员、中国传媒大学广告学院教授、博士研究生导师、中国艺术研究工委常务理事、《美术市场》出版社社长。有《电视美术概论》《电视美术工程制图》《设计素描课堂教程》《笔赋山川》等。

J0030499
月甫画葡萄 张玉兰编
北京 海潮出版社 1992年 44页 26cm（16开）
ISBN：7-80054-397-8 定价：CNY15.00

J0030500
张琪画集 张琪绘
苏州 古吴轩出版社 1992年 25×26cm

ISBN：7-80574-029-1 定价：CNY7.90
（当代吴门画库）
　　本画全集收图300幅，共10集。作者张琪（1954— ），画家。江苏苏州市人，毕业于苏州工艺美术职工大学。历任人民日报神州书画院特约画师、苏州书画院副院长、苏州市美术家协会副秘书长、苏州市园林艺术顾问。代表作品有《张琪花鸟画集》《张琪画集》。

J0030501
张辛稼画集 张辛稼绘
苏州 古吴轩出版社 1992年 96页 38cm（8开）
精装 ISBN：7-80574-015-1 定价：CNY145.00
　　本画册收有画家花鸟画作品97幅。作者张辛稼（1909—1991），江苏苏州人，名国枢，字星阶，别署霜屋老农，当代中国著名花鸟画家，曾任苏州国画院院长、中国美术家协会会员。

J0030502
招炽挺花鸟画集 招炽挺绘
广州 岭南美术出版社 1992年 21×23cm
ISBN：7-5362-0810-3 定价：CNY28.00
　　本画集收入作者花鸟画作品39幅。外文书名：Selection of Zhao Chiting's Bird–flower Paintings. 作者招炽挺(1945—)，画家。广东南海人。历任广州军区文艺创作室专业画家，中国美术家协会会员、广东美术家协会常务理事。代表作品有《山高情长》《愿做桂林人》《蓝天的女儿》。

J0030503
中国花鸟画 （全国首届中国花鸟画展览作品集）李自强主编
郑州 河南美术出版社 1992年 40cm（6开）
ISBN：7-5401-0276-4 定价：CNY240.00
　　本选集选入全国各地区222位画家的225幅作品。

J0030504
朱朴存画集 （汉英对照）朱朴存绘
沈阳 辽宁美术出版社 1992年 55页 26cm
（16开） ISBN：7-5314-0962-3 定价：CNY42.00
　　现代中国画之工笔花鸟画画册。外文书名：Zhu Pucun's Painting Collected Works.

J0030505
白描花卉写生　叶玉昶编绘
北京 北京科学技术出版社 1993 年 82 页 26cm
（16 开）ISBN：7-5340-0303-2 定价：CNY6.00

J0030506
白描花卉写生　叶玉昶编绘
杭州 浙江人民美术出版社 1993 年 82 页 26cm
（16 开）ISBN：7-5340-0303-2 定价：CNY6.00
　　本书收有作者白描花卉作品 82 幅。

J0030507
曹明华百梅画集　曹明华绘
北京 外文出版社 1993 年 106 页 有彩照
29cm（16 开）精装 ISBN：7-119-01624-5
定价：CNY120.00
　　本书是现代中国画的花卉画画册。外文书
名：A Hundred Plum Blossom Paintings by Cao
Minghua. 作者曹明华（1945—　），画师。浙江平
湖人。历任陕西省石油总公司副总经理、中国石
化文联副主席、杭州西湖国画艺术研究院副院
长、西泠书画院特聘画师。作品有《曹明华国画
选》《曹明华百梅画集》等。

J0030508
陈荣胜画竹　陈荣胜画
广州 广东旅游出版社 1993 年 48 页 26cm（16 开）
ISBN：7-80521-474-3 定价：CNY25.00

J0030509
陈增胜画集　陈增胜绘
北京 文化艺术出版社 1993 年 40 页 25×25cm
ISBN：7-5039-1177-8 定价：CNY29.00
　　本书收有画家作品 40 幅。作者陈增胜
（1941—　），山东招远县人。曾先后深造于天津美
术学院、北京画院。山东省美术家协会会员、山
东省书画艺术促进会理事、威海海洋画院画师。
主要著作有《怎样画猫》《陈增胜猫画选》《百猫
谱》等。

J0030510
东辉之画　李东辉绘
天津 天津杨柳青画社 1993 年 40 页 26×25cm
ISBN：7-80503-198-3 定价：CNY19.80
　　本画册收入画家中国画之虫鸟花卉作品 40 幅。

J0030511
冯遂川画册　冯遂川绘；邓桂娴主编
广州 岭南美术出版社 1993 年 20 页 26cm
（16 开）ISBN：7-5362-0992-4 定价：CNY20.00
　　现代中国画之花鸟画画册。作者冯遂川
（1901—1972），画家。字逸梅，号石友，广东南
海人。代表作品《松鹤》。

J0030512
龚文桢画集　龚文桢绘
北京 北京工艺美术出版社 1993 年 20 页
26cm（16 开）ISBN：7-80526-113-X
定价：CNY18.00
　　现代中国画之工笔花鸟画画册。作者龚文
桢（1945—　），画家。北京人，毕业于北京工艺
美术学校。历任中国画研究院画家、中国美术家
协会会员、东方美术交流学会会员。代表作品有
《山里红》《霜重色愈浓》《山茶》等。

J0030513
郭怡孮画集　郭怡孮绘
北京 荣宝斋出版社 1993 年 70 页 29×29cm
ISBN：7-5003-0210-X
定价：CNY45.00，CNY78.00（精装）
　　封底题名:郭怡孮花鸟画集。

J0030514
何水法花鸟画集　何水法绘
杭州 中国美术学院出版社 1993 年［148 页］
有照片 37cm 精装 ISBN：7-81019-258-2
定价：CNY320.00
　　作者何水法（1946—　），画家。浙江绍兴人。
浙江画院高级美术师、中国美术家学会会员、浙
江省美协理事。作品有《凌寒怒放》《春菜图》《翠
蔓凌霄》《灼灼红芳》，出版有《何水法花鸟画集》
等。

J0030515
胡考水墨画　胡考绘
沈阳 辽宁美术出版社 1993 年 47 页 24×26cm
ISBN：7-5314-1000-1 定价：CNY35.00
（画家专集）
　　本书收有画家作品 46 幅。作者胡考（1912—
1994），小说家、文艺理论家、漫画家。生于上海，
祖籍浙江余姚，毕业于上海新华艺术专科学校。

历任《苏北画报》社社长、《人民画报》副总编辑、中国美术家协会会员。出版有《胡考素描》《上海滩》。

J0030516

姜西画集　姜西绘

南京　南京出版社　1993 年　53 页　25×26cm ISBN：7-80560-990-X

定价：CNY48.00，CNY98.00（精装）

　　本画集收有作品 50 余幅。外文书名：Paintings by Jiang Xi. 作者姜西（1940— ），江苏沭阳县人，南京市美术家协会秘书长、江苏美术家协会理事。

J0030517

郎森画集　郎森绘

北京　北京工艺美术出版社　1993 年　20 页　26cm（16 开）ISBN：7-80526-112-1　定价：CNY18.00

　　现代中国画之花鸟画画册。作者郎森（1945— ），云南昆明人，原云南艺术学院美术系副教授，现执教于北京服装学院工艺美术系，中国美术家协会会员。

J0030518

黎振欧花鸟画集　黎振欧绘

北京　人民美术出版社　1993 年　73 页　有照片28cm（16 开）ISBN：7-102-01189-X

定价：CNY33.00，CNY47.00（精装）

　　作者黎振欧（1925— ），画家。别署晓光，生于广西阳朔县，历任阳朔县文化局副局长、广西美术家协会会员、广西书法家协会会员、中国老年书画研究会会员、阳朔画院名誉院长，桂林漓江画会副会长。代表作品有《墨竹红梅》《劲松》《竹》等。

J0030519

李国柱画集　李国柱绘

北京　人民美术出版社　1993 年　48 页　26×23cm ISBN：7-102-01226-8　定价：CNY29.00

　　本书收 49 幅国画作品。作者李国柱（1959— ），画家，山东平度人。山东省美术家协会会员、山东省书法家协会会员。

J0030520

李霞生画集　李霞生著

郑州　河南美术出版社　1993 年　56 页　26cm（16 开）ISBN：7-5401-0344-2 定价：CNY10.00

　　本画册收入画家作品 60 幅。

J0030521

刘怡涛花鸟集（中英对照）刘怡涛绘

昆明　云南民族出版社　1993 年　57 页　25×26cm ISBN：7-5367-0599-9　定价：CNY39.00

　　现代中国画的花鸟画画册。

J0030522

刘月芳画集　刘月芳绘

天津　天津杨柳青画社　1993 年　42 页　有彩照28cm（大 16 开）ISBN：7-80503-242-4

定价：CNY34.00

　　本书收有绘画作品 40 余幅。作者刘月芳（1914—1998），著名画家。山东宁津人，毕业于北平国立艺专。

J0030523

刘云泉书画选　刘云泉绘

成都　四川美术出版社　1993 年　55 页29cm（20 开）ISBN：7-5410-0872-9

定价：CNY18.70，CNY28.70（精装）

J0030524

鲁风花鸟画集　鲁风绘

贵阳　贵州人民出版社　1993 年　105 页　有彩照28cm（大 16 开）ISBN：7-221-03161-4

定价：CNY60.00

　　本书收画家的 105 幅国画。外文书名：Collection of Lu Feng's Flower and Bird Paintings.

J0030525

陆抑非　陆抑非绘

杭州　浙江人民美术出版社　1993 年　112 页　有照片38cm（6 开）精装　ISBN：7-5340-0395-4

定价：CNY200.00

J0030526

马立祥花鸟画集　马立祥绘

南京　南京出版社　1993 年　34 页　26cm（16 开）ISBN：7-80560-948-9　定价：CNY30.00

　　外文书名：The Collection of Ma Li Xiang's

Flowers and Birds Painting. 作者马立祥（1928—　），曾名良申，字乐群，浙江东阳人，全国电子神剑文学艺术学会美术部副部长、江苏省美术家协会花鸟画研究会副秘书长。

J0030527
亓官良花鸟画集　亓官良绘
沈阳　辽宁美术出版社　1993年　58页　25×26cm
ISBN：7-5314-0983-6　定价：CNY35.00
（画家专集）

作者亓官良（1943—　），画家，一级美术师。山东莱芜人。历任沈阳书画院副院长、中国手指画研究会常务副会长、沈阳市美术家协会副主席、辽宁省中国画研究会理事、辽宁省民进书画联谊会副会长等职。代表作品有《秋实图》《揽秋图》，出版《亓官良花鸟画选》《亓官良花鸟画集》等。

J0030528
沈雪生画集　沈雪生绘
上海　学林出版社　1993年　68页　25×25cm
ISBN：7-80510-869-2　定价：CNY40.00

本画册收作者68幅国画作品。作者沈雪生（1941—　），画家。江苏吴县人，毕业于南京师范大学美术系。上海美术家协会会员、上海黄浦画院画师、杭州西泠书画院等兼职画师。出版有《沈雪生画集》《沈雪生的牡丹画特色》等。

J0030529
盛华画集　王盛华绘
济南　山东友谊出版社　1993年　30页　26cm
（16开）ISBN：7-80551-584-0　定价：CNY7.86

现代中国画之花鸟画画册。外文书名：Selected Paintings of Sheng Hua. 作者王胜华（1951—　），画家、编辑。又名盛华，山东莒县人，曾在沈阳鲁迅美术学院进修。历任山东画院高级画师、山东美术出版社编辑、中国书法艺术委员会会员、中国美术家协会山东分会会员。代表作品有《春茶吐艳》《起舞弄清影》《长寿》《秋爽图》。

J0030530
师云画选　师云绘
兰州　甘肃人民美术出版社　1993年　65页
有照片　28cm（大16开）ISBN：7-80588-056-5

定价：CNY32.00

本书收有绘画作品90幅。作者师云（1935—　），画家。原名唐俊卿，笔名齐扬、石耕等。甘肃会宁人，毕业于西北师范学院艺术系美术专业，留校任教，后兼庆阳师专教授、洛阳洛浦美专教授、甘肃省文史研究馆研究员等。专著有《浅论国画的艺术特点与基本功训练》《论国画题画诗的诗情画意》和《中国画教学》等。

J0030531
田登五画集　田登五绘
北京　荣宝斋　1993年　111页　29cm（16开）
精装　ISBN：7-5003-0180-4

现代中国画之花鸟画画册。外文书名：A Collection of Tian Deng-wu's Paintings. 作者田登五（1897—1973），河北宁晋人，曾在西安医学院工作，中国美术家协会西安分会会员。

J0030532
王成喜画梅集　王成喜绘
台北　设计家文化出版事业公司　1993年　63页
31cm（10开）定价：TWD500.00

J0030533
王德舜魏鸿蕴画集　王德舜，魏鸿蕴绘
南京　南京出版社　1993年　36页　26×25cm
ISBN：7-80560-800-8　定价：CNY28.00

本画集收有绘画作品36幅。外文书名：Wang Deshun & Wei Hongyun Picture Album.

J0030534
王任书画选集　王任著
北京　世界图书出版北京公司　1993年　39页
26cm（16开）ISBN：7-5062-1722-8
定价：CNY17.00

外文书名：Selection of Wang Ren's alligraphies and Paintings. 作者王任（1936—　），字尔遐，河北安新人，北京书画艺术研究会会长、中国书法家协会会员等职。

J0030535
吴玉梅画集　吴玉梅绘
苏州　古吴轩出版社　1993年　44页　25×26cm
ISBN：7-80574-073-9　定价：CNY32.00

现代中国画之花鸟画画册。作者吴玉梅

（1940— ），女，画家。上海松江人，中国美术家协会会员、上海中国画院画师。

J0030536
璇风花鸟画选 璇风绘
武汉 湖北美术 1993 年 24 页 25×26cm
ISBN：7-5394-0397-7 定价：CNY25.00
　　现代中国画之花鸟画画册。作者璇风（1938— ），女，画家、教授。四川安县人，毕业于南京艺术学院美术系。历任武汉美协创作员，湖北工学院艺术设计学院教授、硕士生导师。作品有《雉鸡图》《雨后蕉香》《花中君子》等，出版有《璇风画选》。

J0030537
杨毓荪画集 杨毓荪绘
北京 中国文联出版公司 1993 年 有彩图
25×25cm ISBN：7-5059-1518-5
定价：CNY16.00
　　本书收有现代中国画花鸟画作品 20 余幅。作者杨毓荪（1951— ），中国珠宝乐器厂厂长，中国音乐家协会、中国美术家协会陕西分会会员等。

J0030538
叶烂画集 叶烂绘
南京 南京出版社 1993 年 34 页 25×26cm
ISBN：7-80560-847-4 定价：CNY28.00
　　本书是现代中国画的花鸟画画册。作者叶烂（1955–），南京书画院特聘画家、中国美术家协会江苏分会会员、江苏省花鸟画研究会会员。

J0030539
于景庆画集 于景庆绘
重庆 重庆大学出版社 1993 年 有照片 26cm
（16 开） ISBN：7-5624-0700-2 定价：CNY3.50
　　本书是现代中国画中的花鸟画画册。外文书名：Collection of Traditional Chinese Paintings by Yu Jingqing. 作者于景庆（1943— ），重庆国画院画师。

J0030540
张蒲生画集 [张蒲生绘]
济南 山东美术出版社 1993 年 40 页 30cm（10 开）
ISBN：7-5330-0592-9 定价：CNY40.00
　　现代中国画画册。

J0030541
张文光画选 张文光绘
青岛 青岛出版社 1993 年 42 页 25×26cm
ISBN：7-5436-0956-8 定价：CNY23.00
　　本画册收有画家现代中国画之花鸟画作品 42 幅。作者张文光（1931— ），山东高密人。山东美术家协会会员、青岛市水墨画研究会理事、青岛民族书画研究会常务理事。

J0030542
赵士恒书画集 赵士恒书
郑州 河南美术出版社 1993 年 51 页 有照片
26cm（16 开） 精装 ISBN：7-5401-0309-4
定价：CNY38.88
　　本书收作者书画作品 51 幅。

J0030543
白描秋菊图集 缪丽娟编绘
苏州 古吴轩出版社 1994 年 26cm（16 开）
ISBN：7-80574-154-9 定价：CNY15.80

J0030544
传法花鸟画集 屠传法绘
上海 上海书店 1994 年 82 页 39cm（8 开）
精装 ISBN：7-80569-957-7 定价：CNY129.00

J0030545
崔庆国画集 （牡丹专辑）[崔庆国绘]
北京 人民美术出版社 1994 年 80 页
28cm（大 16 开） 精装 ISBN：978-7-102-01417-3
定价：CNY56.00，CNY68.00（精装）
　　外文书名：The Works of Chinese Painter Cui Qingguo.

J0030546
崔子范画集 崔子范绘
青岛 青岛出版社 1994 年 132 页 有彩图
36cm（15 开） 精装 ISBN：7-5436-1049-3
　　现代中国画画册。作者崔子范（1915—2011），画家。曾用名崔尚冶。山东莱阳人，就读于上海美术专科学校、抗日军政大学。历任北京国画院副院长兼秘书长、中国美术家协会会员、北京市美协理事。代表作品有《麻雀枇杷》《芙蓉八哥》《金鱼》等。

J0030547
崔子范画选 崔子范绘；从为之，张士增编
北京 人民美术出版社 1994 年 194+17 页
19cm（32 开）ISBN：7-102-01150-4
定价：CNY14.40

J0030548
崔子范精品集 崔子范著
济南 山东美术出版社 1994 年 120 页
30cm（10 开）精装 ISBN：7-5330-0839-1
定价：CNY368.00
　　现代中国画之花鸟画画册。

J0030549
丁彬芳画集 丁彬芳绘
北京 轻工业出版社 1994 年 50 页 25×26cm
ISBN：7-5019-1615-2
（纪念画集 一）
　　本书系现代中国画之花鸟画画册。外文书
名：The Album of Paintings of Ding Binfang. 本
书与二十一世纪国际出版公司合作出版。

J0030550
范芸安画选 范芸安绘著
北京 中国文联出版公司 1994 年 有彩照
25×25cm ISBN：7-5059-1261-1
定价：CNY15.00

J0030551
花卉翎毛 王炳龙编绘
北京 人民美术出版社 1994 年 47 页 26cm
（16 开）ISBN：7-102-01351-5 定价：CNY14.00
　　作者王炳龙，花鸟画家。

J0030552
花香 林瑛珊作
沈阳 辽宁美术出版社 1994 年 1 张 53×38cm
定价：CNY1.00
　　本作品系现代中国画。

J0030553
黄庆华画集 黄庆华绘
上海 同济大学出版社 1994 年 24 页 25×26cm
ISBN：7-5608-1404-2 定价：CNY24.00
　　现代中国画之花鸟画画册。作者黄庆华

（1941— ），又名黄河清，上海美育学会理事、黄
浦画院画师、青年宫艺校国画教师。

J0030554
李碧霞花鸟画选 李碧霞绘
合肥 安徽美术出版社 1994 年 29 页 25×26cm
ISBN：7-5398-0346-0 定价：CNY12.00

J0030555
李开麟国画集 李开麟绘
汕头 汕头大学出版社 1994 年 69 页 25×26cm
ISBN：7-81036-044-2 定价：CNY88.00

J0030556
李亚书画集（英汉对照）李亚绘
南京 江苏美术出版社 1994 年 26×25cm
ISBN：7-5344-0360-X 定价：［CNY36.00］
　　现代中国画之花鸟画画册。作者李亚
（1926— ），江苏省国画院高级美术师。

J0030557
刘恩画集 刘恩绘
成都 四川美术出版社 1994 年 28cm（大 16 开）
ISBN：7-5410-0930-X 定价：CNY28.00
（中国美术家国际艺术交流丛书）
　　收有绘画作品近 30 幅。

J0030558
刘胜平画集 刘胜平绘
福州 海潮摄影艺术出版社 1994 年 24 页
25×25cm ISBN：7-80562-207-8
定价：CNY25.00
　　现代中国画之花鸟画画册。作者刘胜平
（1944— ），福建福州人，中国抽纱福建进出口
公司工艺美术师、福州乌山画院副院长、中国美
术家协会福建分会会员。

J0030559
路中汉画集（中英对照）张杰主编
西安 陕西人民美术出版社 1994 年 有照片
图版 25×26cm 精装 ISBN：7-5368-0632-9
定价：CNY68.00
　　外文书名：Album of Paintings by Lu Zhonghan.

J0030560
马保林画集 马保林绘
西安 陕西人民美术出版社［1994 年］24 页
25×26cm ISBN：7-5368-0696-5
定价：CNY16.00
　　　　外文书名：Album of Ma Baolin's Painting.

J0030561
梅竹花鸟选集 丁蕉绘
北京 人民美术出版社 1994 年 104 页
26×23cm ISBN：7-102-01228-4
定价：CNY30.50
　　　　本画册共收 104 幅国画作品。作者丁蕉
（1942— ），教授。山东掖县人，毕业于北京青
年美术学校。中国书画研究会会员。出版有《简
笔画梅》《简笔画竹》《梅竹花鸟选集》等。

J0030562
情系中华（花鸟篇）
香港 香港汉荣书局 1994 年 29cm（16 开）
ISBN：962-18-0025-0

J0030563
石君老人菊花画册 李希泌等编辑
吴县阙茔村舍念劬图书馆［1994 年］26 页
19×26cm
　　　　本画册为纪念先慈石君老人百龄冥寿。

J0030564
檀东铿扇面作品集 檀东铿绘
福州 福建美术出版社 1994 年 40 页 21×28cm
定价：CNY49.80
　　　　作者檀东铿（1943— ），教授，画家。福建
福州人，毕业于福建师大中文系。任福建师大艺
术学院副院长兼美术系主任、教授，福建省美术
家协会副主席。作品有《花卉》《盛世名花分外
娇》《东山霓霞》等。出版有《檀东铿画辑》《檀
东铿工笔花鸟精粹》《檀东铿扇面作品集》《檀
东铿工笔花鸟画》等。

J0030565
王成喜画梅选 王成喜绘
北京 中国世界语出版社 1994 年 57 页
25×24cm ISBN：7-5052-0185-9
定价：CNY39.80

本画册收有绘画作品 50 余幅。

J0030566
王天一花鸟画 王天一绘
成都 四川美术出版社 1994 年 45 页
28cm（大 16 开） ISBN：7-5410-0745-5
定价：CNY38.00
　　　　本书收有绘画作品 44 幅。作者王天一（1926—
2013），国家一级美术师。甘肃成县人。曾任甘肃
画院副院长、中国美术家协会会员。作品有《鱼鹰》
《雄鹰》《巡逻归来》等，出版有《花鸟画技法浅说》
《王天一花鸟画集》《魏晋墓碑画》等。

J0030567
王雪涛教学画稿 王雪涛绘
天津 天津人民美术出版社 1994 年 194 页
26cm（16 开） 精装 ISBN：7-5305-0358-8
定价：CNY48.80
（中国画名家教学画稿丛书）

J0030568
贤谋写意 曾贤谋绘；杨健民撰文
福州 福建美术出版社 1994 年 29cm（16 开）
ISBN：7-5393-0252-6 定价：CNY53.00
　　　　本书集曾贤谋 50 多幅花鸟写意画，并为
每幅画各配一篇杨健民的散文诗。作者曾贤谋
（1941— ），专业画家，二级美术师。福建连江
人。号白沙庄人。毕业于福建师范大学美术系。
历任福建省画院副院长、福建花鸟画学会主席、
国家一级美术师、中国美术家协会会员、福建画
院秘书长。主要作品有《东风送暖春归来》《墨
牡丹》《海角天涯故乡情》等。

J0030569
萧志远画集 萧志远绘
合肥 安徽美术出版社 1994 年 28cm（大 16 开）
ISBN：7-5398-0351-7 定价：CNY24.00
　　　　现代中国画花鸟画画册。作者萧志远
（1949- ），安徽省美术家协会理事，萧龙士艺术
研究会副会长。

J0030570
许继庄花鸟画 许继庄绘
北京 荣宝斋出版社 1994 年 61 页 有肖像
28cm（大 16 开） ISBN：7-5003-0244-4

定价: CNY48.00

J0030571
于希宁画集 于希宁绘
北京 人民美术出版社 1994年 108页 36cm（8开）
精装 ISBN: 7-102-01269-1
  现代中国画之花鸟画画册。

J0030572
张光宇画集 张光宇绘
兰州 甘肃人民美术出版社 1994年 44页 26cm
（16开）ISBN: 7-80588-070-0 定价: CNY35.00
  现代中国画花鸟画画册。

J0030573
张浩画集 ［张浩绘］
杭州 浙江人民美术出版社 1994年 130页+
图版118页 有照片 34cm（10开）精装
ISBN: 7-5340-0485-3 定价: CNY260.00
  现代中国画彩墨花卉画画册。

J0030574
张世简画集 张世简绘
北京 荣宝斋出版社 1994年 60页 25×26cm
ISBN: 7-5003-0232-0
定价: CNY38.00, CNY55.00（精装）
  现代中国画花鸟画画册。作者张世简
（1926—2009），国画家、教授。浙江浦江人。历
任中央工艺美术学院教授、中国美术家协会会
员、中国国艺研究院院士、北京国艺轩书画院顾
问。作品有《桃花初艳鸟先到》《樱桃麻雀》《白
头多寿》等，出版有《写意花鸟画技法》《写意花
鸟画构图浅说》《荷花画谱》等。

J0030575
赵志光白描花卉 赵志光绘
天津 天津人民美术出版社 1994年 134页
26cm（16开）ISBN: 7-5305-0395-2
定价: CNY9.80
  作者赵志光（1938— ），编辑。河北怀安
人，毕业于天津美术学院中国画专业。历任山西
人民出版社编审、副总编辑、中国版协连环画研
究会常务理事，山西省美术家协会原副主席、顾
问，山西省花鸟画学会会长、中国工艺美术学会
山西分会理事。代表品有《清香图》《翠阴小鸟》

《玉艳冰姿》等。

J0030576
赵志光工笔花鸟画艺术 丘禾编
太原 北岳文艺出版社 1994年 43页 25×26cm
ISBN: 7-5378-1359-0 定价: CNY19.80
  本画册收《清香图》《秦艳》《老树新花》
等43幅作品。外文书名: Traditional Birds-and
Flowers Paintings by Zhao Zhiguang.

J0030577
郑发祥画集（中英文本）［郑发祥绘］; 杨恩编辑
北京 人民美术出版社 1994年 80页
28cm（大16开）ISBN: 7-102-01477-5
定价: CNY68.00, CNY88.00（精装）
  本书收入青年画家郑发祥的书画作品，包括
《国香赞》《春韵》《晴雪》《飞雪迎春到》等。作
者郑发祥，画家。字云凌，号梅道人，福建福州
人。历任中国国际艺术家交流中心理事长、人事
部中国人才研究会艺术家学部委员会高级学部
委员兼秘书长。出版《郑发祥梅花书画集》等。

J0030578
郑景贤花鸟画集 郑景贤绘
福州 海潮摄影艺术出版社 1994年 24页
25×26cm ISBN: 7-80562-158-6
定价: CNY28.00
  作者郑景贤（1944— ），画家。生于福建惠
安。历任福建工艺美术学校高级讲师、中国工艺
美术学会书画研究会理事等。著有《郑景贤画集》
《郑景贤花鸟画基础教学》《最新花鸟画技法》等。

J0030579
郑正画集 郑正绘
合肥 安徽美术出版社 1994年 62页
28cm（大16开）ISBN: 7-5398-0372-X
定价: CNY30.00
  现代中国画之花卉画画册。

J0030580
朱白亭花鸟画集 朱白亭绘
合肥 安徽美术出版社 1994年 56页 25×26cm
ISBN: 7-5398-0319-3 定价: CNY32.00

J0030581

阿云画集 阿云绘

长沙 湖南美术出版社 1995年 25×26cm

ISBN：7-5356-0718-7 定价：CNY28.00

现代中国画之花鸟画画册，收有绘画作品20余幅。作者阿云（1938— ），画家。历任湖南省科技文化交流中心主任、湖南美术馆馆长、湖南国画馆馆长等职。

J0030582

蔡旺林国画选 蔡旺林绘

杭州 中国美术学院出版社 1995年 29cm（16开）

ISBN：7-81019-497-6 定价：CNY75.00

外文书名：A Collection of Traditional hinese Paintings by Cai Wanglin.

J0030583

陈葆棣画集（中英文对照）[陈葆棣绘]；刘文敏主编；中国三峡画院编辑

北京 中国三峡出版社 1995年 48页 25×26cm

ISBN：7-80099-099-0 定价：CNY59.00

本书收入陈葆棣的花鸟画作品《枝头细语》《畅游》《幽香》《国色》《月月红》《月季与丁香》等。作者陈葆棣（1947— ），写意花鸟画画家。生于山东龙口市。中国美术家协会北京分会会员。作品有《神仙鱼》《雨意》《铜鼎牡丹》等。

J0030584

陈大业画集 陈大业绘

福州 福建美术出版社 1995年 42页

28cm（大16开） ISBN：7-5393-0269-0

定价：CNY38.00

现代中国画花卉画画册。作者陈大业（1905—1994），画家。原名甫星，字惕斋，福建惠安人。中国美术家协会福建分会会员、福建省文联会员。代表作品有《惠女水库》等。

J0030585

范夫得画集 范夫得绘

北京 人民日报出版社 1995年 45页 25×26cm

ISBN：7-80002-772-4 定价：CNY46.00

现代中国画之花鸟画画册。作者范夫得（1925— ），画家。笔名老范，河南洛阳人。历任洛阳市群众艺术馆馆长、河南省书画研究院画师、中原书画研究院艺术顾问、洛阳市书画院院长、洛阳市成人书画艺术学院院长等职。

J0030586

傅梅影国画选集 傅梅影绘

北京 中国画报出版社 1995年 111页

33×27cm 精装 ISBN：7-80024-242-0

定价：CNY128.00

外文书名：The Selected Painting of Fu Meiying. 作者傅梅影（1928—2012），国画家、歌词作家。江西修水人，毕业于江西省立奉新师范。中国美术家协会会员、音乐家协会会员、国际美术家联合会会员、中国书画艺术交流协会副会长。出版有《江南一支梅·傅梅影》《傅梅影画集》《中国画选辑》等。

J0030587

郭士画集（荷花系列） 郭士绘

澳门 澳门基金会 1995年 32cm（10开）

ISBN：972-8147-41-4 定价：MOP150.00

J0030588

国画小品（画册） 丁蕉作

北京 人民美术出版社 1995年 154页

19cm（小32开） ISBN：7-102-01451-1

定价：CNY12.00

现代中国画之花鸟画画册。作者丁蕉（1942— ），教授。山东掖县人，毕业于北京青年美术学校。中国书画研究会会员。出版有《简笔画梅》《简笔画竹》《梅竹花鸟选集》等。

J0030589

花鱼观：栾禄璋花鸟画 栾禄璋绘

沈阳 辽宁美术出版社 1995年 1张 23×102cm

ISBN：7-5314-3070-3 定价：CNY7.00

本作品系现代中国画。

J0030590

花之颂（魏运秀画集） 魏运秀绘

哈尔滨 黑龙江美术出版社 1995年 29cm（16开） ISBN：7-5318-0299-6 定价：CNY18.00

现代中国画画册。外文书名：Paintings by Wei Yunxiu. 作者魏运秀（1950— ），女，画家。出生于黑龙江哈尔滨，祖籍辽宁营口，毕业于哈尔滨师范大学美术系。历任中国美术家协会会员、中国民间文艺家协会会员。作品有《欢声笑语》《冬的童话》《冰城新春》等。著作有《花之颂魏运秀画集》《魏运秀画选》等。

J0030591

江寒汀百鸟百卉册 江寒汀绘；李卓云，鸿飞编
上海　上海人民美术出版社　1995 年　100 页
26×35cm　精装　ISBN：7-5322-1429-X
定价：CNY198.00

J0030592

蒋风白画集 蒋风白绘
杭州　中国美术学院出版社　1995 年　37cm　精装
ISBN：7-81019-490-9　定价：CNY260.00
　　现代中国画之花鸟画画册。作者蒋风白（1915—2004），花鸟画家、教育家。原名鸿逵，生于江苏武进县，毕业于浙江美术学院。历任中国美术学院客座教授、中国美术家协会会员。著作有《蒋风白画集》《兰花百图》《明信片专辑 20张》《学画兰草》。

J0030593

林瑛珊画集 林瑛珊绘
沈阳　辽宁美术出版社　1995 年　84 页　36cm（15 开）
精装　ISBN：7-5314-1370-1　定价：CNY268.00
　　现代中国画之花鸟画画册。外文书名：Collected Painting Works by Lin Yingshan. 作者林瑛珊（1940— ）笔名砚春，号步云居士，辽宁省盖州市人。1965 年毕业于鲁迅美术学院，为赵梦朱、郭西河先生入室弟子，又拜师著名国画大师崔子范先生。辽宁美术出版社社长兼总编辑。出版有《林瑛珊画集》《砚春花鸟画集锦》《砚春国画小品》等。

J0030594

刘东瀛工笔花鸟画创意 刘东瀛绘
沈阳　辽宁美术出版社　1995 年　60 页　26×27cm
ISBN：7-5314-1206-3　定价：CNY28.80
（画家画库 作品与技法）
　　作者刘东瀛（1938— ），女，教授。辽宁普兰店人，毕业于东北美专附属中等美术学校。历任鲁迅美术学院教授、中国美术家协会会员、辽宁中国画研究会理事。代表作品有《大麦熟》《虞美人》《罂粟》等。

J0030595

柳倩柳晓叶父女诗书画集（百幅牡丹图）柳倩，柳晓叶［作］
北京　光明日报出版社　1995 年　119 页
29cm（12 开）　ISBN：7-80091-756-8
定价：CNY98.00，CNY128.00（精装）

J0030596

卢光照程莉影近作集 卢光照，程莉影绘
北京　人民美术出版社　1995 年　165 页
36cm（8 开）　精装　ISBN：7-102-01495-3
　　现代中国画之花鸟画画册。

J0030597

墨行墨竹（画册）墨行绘；高宽守主编
福州　福建美术出版社　1995 年　28cm（16 开）
ISBN：7-5393-0380-8　定价：CNY38.00
　　作者墨行，画家。福建长乐人。原名林增华，号一与，笔名墨行。擅长画墨竹。

J0030598

欧阳世俊写意画集 欧阳世俊绘
成都　四川美术出版社　1995 年　38 页　25×26cm
ISBN：7-5410-1121-5　定价：CNY48.00
　　外文书名：A Collection of Freehand Paintings by Ouyang Shijun. 作者欧阳世俊（1940— ），教授，二级美术师。四川华阳人。历任翰林艺术学院副教授、四川对外经济文化发展研究中心中国画研究员、成都市花鸟画协会常务理事、金牛区美术书法协会副会长、华阳书画院艺术顾问、船山书画院画师。代表作品有《金秋》《初阳》等。出版有《欧阳世俊工笔画集》《欧阳世俊写意画集》《欧阳世俊画选》等。

J0030599

裴玉林画集 裴玉林绘
北京　荣宝斋出版社　1995 年　有彩照　25×26cm
ISBN：7-5003-0283-5　定价：CNY48.00
　　现代中国画之花鸟画画册。外文书名：A Collection of Flower and Bird Paintings by Pei Yulin. 作者裴玉林（1943— ），国画家，高级美术师。山西襄汾人。中国美术家协会会员、中国文联牡丹书画艺术委会国画研究室主任、山西省美协理事、美术研究会副会长、花鸟画学会副会长、临汾市文联副主席，山西美术院特聘画师。

代表作品有《小雨留春》《秋高图》《硕果》《老藤不知秋萧萧》等。

J0030600

沈勃画集 沈勃绘

兰州 甘肃人民美术出版社 1995 年 68 页

28×21cm ISBN：7-80588-108-1

定价：CNY35.00

现代中国画花鸟画画册。作者沈勃(1918—2012)，建筑师。原名张豫苓，山东黄县人，毕业于北京大学工学院。曾任北京地政局副局长、北京市建筑设计院院长、中国美术家协会北京分会会员、中国书法家协会北京分会会员等职。出版有《沈勃画集》。

J0030601

四季花香：荷 林瑛珊作

沈阳 辽宁美术出版社 1995 年 1 张 22×16cm

定价：CNY2.50

本书系现代中国画。

J0030602

四季花香：菊 林瑛珊作

沈阳 辽宁美术出版社 1995 年 1 张 22×16cm

定价：CNY2.50

本作品系现代中国画。

J0030603

四季花香：梅 林瑛珊作

沈阳 辽宁美术出版社 1995 年 1 张 22×16cm

定价：CNY2.50

本书系现代中国画。

J0030604

四季花香：牡丹 林瑛珊作

沈阳 辽宁美术出版社 1995 年 1 张 22×16cm

定价：CNY2.50

本书系现代中国画。

J0030605

隋易夫画集 隋易夫绘

北京 人民美术出版社 1995 年 92 页

36cm（15 开）精装 ISBN：7-102-01431-7

定价：CNY234.00

现代中国花鸟画画册·作者隋易夫(1923—)，

国家一家美术师。原名隋述先，山东海阳人。青岛市文学艺术界联合会名誉主席、青岛画院名誉院长、中国美术家协会会员。代表作品有《墨荷白鹭》《白鹭清风》《春光好》《红莲翠鸟》，出版有《隋易夫画集》《隋易夫画辑》。

J0030606

田瑞花鸟画集 田瑞绘

济南 山东友谊出版社 1995 年 29cm（15 开）

ISBN：7-80551-726-6 定价：CNY28.00

作者田瑞(1942—)，画家。山东昌乐人，德州师专艺术系教授、德州市美协副主席。

J0030607

王成喜书画辑 王成喜作

北京 北京出版社 1995 年 99 页 29cm（16 开）

ISBN：7-200-02779-0 定价：CNY80.00

外文书名：Calligraphy and Paintings of Wang Chengxi.

J0030608

王其华花鸟画（葡萄辑）王其华绘

天津 天津杨柳青画社 1995 年 9 页

19cm（小 32 开）散页套装

ISBN：7-80503-299-8 定价：CNY9.60

外文书名：Flower-And-Bird Paintings Grapes by Wang Qihua. 作者王其华(1949—)，山东人，天津师范高等专科学校美术系主任、副教授。

J0030609

王翔白描荷花 王翔绘

北京 人民美术出版社 1995 年 2 版 133 页

18×17cm ISBN：7-102-00875-9

定价：CNY6.00

本书系现代中国画。

J0030610

魏玉松画集 魏玉松绘

合肥 安徽美术出版社 1995 年 21 页 25×26cm

ISBN：7-5398-0422-X 定价：CNY24.00

现代中国画之花鸟画画册。

J0030611

杨耿画集 杨耿绘

呼和浩特 内蒙古人民出版社 1995 年 57 页

35cm（15开）ISBN：7-204-02855-4
定价：CNY88.00

现代中国画之花鸟画画册，中英文本。作者杨耿（1939—　），画家、教授。陕西富平县人。就读西安美术学院国画系。中国美术家协会会员、中国当代艺术协会副主席、中国书画函授大学特聘教授。

J0030612
喻继高画集　喻继高绘
南京　江苏美术出版社　1995年　100页　38cm（6开）
精装　ISBN：7-5344-0485-1　定价：CNY258.00
现代中国画画之工笔花鸟画画册。

J0030613
袁维新花鸟画集　袁维新绘
郑州　河南美术出版社　1995年　27页　26cm（16开）ISBN：7-5401-0428-7　定价：CNY20.00（中国美术家丛书）
作者袁维新（1931—　），字袁丁，河南睢县人，河南师范大学美术系教授。

J0030614
张继馨画集　张继馨绘
南京　江苏美术出版社　1995年　79页
29cm（16开）　精装　ISBN：7-5344-0406-1
定价：CNY51.00
现代中国画花鸟画画册。外文书名:A Collection of Zhang Jixin's Chinese Paintings. 作者张继馨（1926—　），花鸟画名家、美术教育家。又名馨子，江苏武进人。中央文史研究馆书画院研究员、江苏省文史研究馆馆员、中国美术家协会会员、江苏省花鸟画研究会顾问、苏州市职业大学艺术学院教授。作品有《草虫画谱》《鸟类画谱》等，著有《画事一得》《笔上参禅》《馨子砚语》《颠倒葫芦》。

J0030615
张秋波画集　张秋波绘
上海　上海书画出版社　1995年　32页　26×23cm
ISBN：7-80512-812-X　定价：CNY18.00
现代中国画之花鸟画画册。作者张秋波（1946—　），又名张溪，浙江浦江人，任职于上海市工艺品进出口公司。

J0030616
张书旂画选　张书旂绘
北京　人民美术出版社　1995年　19cm（小32开）
ISBN：7-102-01437-6　定价：CNY12.00
现代中国画之花鸟画画册。

J0030617
郑利平画集　郑利平绘
广州　岭南美术出版社　1995年　36×26cm
ISBN：7-5362-1184-8
定价：CNY80.00，CNY120.00（精装）
现代中国花鸟画画册。作者郑利平（1961—　），广东揭阳人，深圳南山区副区长、高级经济师，深圳美术家协会会员。

J0030618
中国当代花鸟画作品精选　鲁慕迅，祝焘主编
拉萨　西藏人民出版社　1995年　61页
29cm（16开）　ISBN：7-223-00892-X
定价：CNY80.00
作者鲁慕迅（1928—　），画家、一级美术师。生于河南汝州，毕业于中原大学文艺学院美术系。中国美术家协会理事、湖北美术家协会顾问。代表作品有《鸡冠花》《荷叶小鱼》《香雪》。

J0030619
钟质夫画集　钟质夫绘
北京　荣宝斋出版社　1995年　111页　36cm（15开）
精装　ISBN：7-5003-0278-9　定价：CNY168.00
现代中国画工笔花鸟画画册。作者钟质夫（1914—1994），满族，教授、国画家。字鸿毅，北京人。鲁迅美术学院中国画系副主任、教授，辽宁省文联、美协理事、辽宁省政协委员。作品有《荷塘烟雨》《十二月令，四扇屏》《桃花四喜图》《雪树寒鸦》《荷花鸳鸯》等。

J0030620
周彦生画集（1980年至1995年的工笔花鸟画）
周彦生绘
郑州　河南美术出版社　1995年　37cm（8开）
精装　ISBN：7-5401-0481-3
定价：CNY296.00，CNY328.00（特精装）
作者周彦生（1942—　），画家、教授。河南人，毕业于广州美术学院中国画系花鸟画科研究生班。广州美术学院教授、中国美协会员、中

国当代工笔画学会理事、广东美协理事、广东画院特聘画家。代表作品有《满园春色》《牡丹孔雀》等。

J0030621

朱宝善中国画选 朱宝善绘
广州 岭南美术出版社 1995年 46页 有照片
28cm（大16开） ISBN：7-5362-1189-9
定价：CNY46.00

作者朱宝善（1943— ），国家一级美术师。生于安徽省萧县。寿州书画院院长、研究员，中国美术家协会安徽分会理事、中国城市科学研究会会员。出版《朱宝善中国画选集》等。

J0030622

朱乃文百梅画选集 朱乃文绘；李树民主编
南宁 广西美术出版社［1995年］有照片 28cm
（10开） ISBN：7-80582-503-3 定价：CNY56.00

外文书名：Selected Works from Zhu Naiwen's One-Hundred-Plum-Blossom Paintings.

J0030623

白云作品选 白云绘
杭州 西泠印社［1996年］28cm（大16开）
ISBN：7-80517-144-0 定价：CNY135.00（全套）
（中国当代书画篆刻掇英 14）

J0030624

曹明求画集（牡丹魂） 曹明求绘
广州 岭南美术出版社 1996年 88页
38cm（8开） 精装 ISBN：7-5362-1593-2
定价：CNY198.00，CNY228.00（豪华装）

现代中国画画册。

J0030625

曹三长写意花鸟画 曹三长绘
福州 福建美术出版社 1996年 29页 29cm
（16开） ISBN：7-5393-0508-8 定价：CNY38.00

作者曹三长（1939— ），教师。江西余干人，浙江美术学院毕业。历任福州轻工业研究所美术设计师、福建师范大学美术系教授等。作品有《李寄斩蛇》《年年有余》《深山探宝》《风雨鱼不知》等。著作有《画鱼艺术》《装饰人物画基础》《曹三长写意花鸟画》。

J0030626

曹用平画集 曹用平绘
上海 上海人民美术出版社 1996年 115页
38cm（6开） 精装 ISBN：7-5322-1731-0
定价：CNY258.00

现代中国画画册。

J0030627

曹用平画辑 曹用平绘
上海 上海人民美术出版社 1996年 16张
38cm（6开） 散页套装 ISBN：7-5322-1730-2
定价：CNY52.00

现代中国画画册。

J0030628

陈白荷扇面画集 陈白荷绘
北京 荣宝斋出版社 1996年 25×26cm
ISBN：7-5003-0296-7 定价：CNY16.00

作者陈白荷（1893—1980），画家。原名杭尘，笔名白荷。金山亭林人，毕业于上海龙门师范学校。

J0030629

陈少梅（扇面·花鸟） 陈少梅绘
香港 香港汉墨轩出版公司 1996年 97页
有照片图 29cm（16开） ISBN：962-7530-34-4
（名家翰墨丛刊 中国近代名家书画全集 19）

外文书名：Chen Shaomei-Flower and Bird Fan Paintings. 作者陈少梅（1909—1954），国画家。名云彰，又名云鹄，号升湖，字少梅，以字行。生于湖南衡山。曾任中国美术家协会天津分会主席、天津美术学校校长。主要作品有《江南春》《丛林远岭》等。

J0030630

陈子波百梅图 陈子波［绘］
福州 福建美术出版社 1996年 80+14页
28cm（大16开） ISBN：7-5393-0642-4
定价：CNY50.00

J0030631

当代花鸟画（中国当代著名花鸟画家作品展览） 李自强主编
郑州 河南美术出版社 1996年 315页
38cm（6开） 精装 ISBN：7-5401-0499-6

定价：CNY380.00

J0030632

傅石霜画集 傅石霜绘
北京 北京美术摄影出版社 1996年 73页
28cm（大16开）精装 ISBN：7-80501-197-4
定价：CNY75.00
　　　现代中国画画册。

J0030633

高州水果画集（卢西林中国画选）卢西林绘
广州 岭南美术出版社 1996年 63页 29cm（16开）
ISBN：7-5362-1404-9 定价：CNY58.00

J0030634

国色颂（李凌云牡丹画集）李凌云绘
北京 新华出版社 1996年 31页 29cm（16开）
ISBN：7-5011-3158-9 定价：CNY28.00
　　　作者李凌云（1924—2004），广东兴宁人。历
任中国美术家协会会员、中国画研究院专业画
家。作品有《晨曲》《蜂恋繁香不记归》《春满庭
园》，出版有《国色颂——李凌云牡丹画集》《李
凌云画牡丹技法》等。

J0030635

韩天衡画集 韩天衡绘；当代著名中国画画家
专列编委会编
上海 上海教育出版社 1996年 36页 25×26cm
ISBN：7-5320-4831-4 定价：CNY55.00
（当代著名中国画画家专列 上海）
　　　外文书名：Han Tianheng Paintings. 作者韩
天衡（1940—　），上海中国画院副院长、上海交
通大学兼职教授、西泠印社副社长。

J0030636

姜舟花鸟画集 姜舟绘
郑州 河南美术出版社 1996年 44页
28cm（大16开）ISBN：7-5401-0511-9
定价：CNY30.00
　　　作者姜舟（1941—　），画家、教师。原名敦
修，字大公，江苏沛县人。毕业于南京师范大学
美术系。历任徐州师范大学美术系主任、副教授，
徐州市文联副主席、徐州市美术家协会主席。出
版有《姜舟花鸟画集》《龙门二十品技法》等。

J0030637

李伯庆画集 李伯庆绘
苏州 古吴轩出版社 1996年 28页 29cm（16开）
ISBN：7-80574-250-2 定价：CNY35.00
（当代吴门画库）
　　　本画集收图300幅图，共10集。

J0030638

李志安书画选 李志安作
石家庄 河北美术出版社 1996年 60页
28cm（大16开）ISBN：7-5310-0850-5
定价：CNY46.00
　　　作者李志安（1938—　），字横俯，号玄悟屋
主人。河北灵寿人，毕业于天津美术学院。历任
河北省书法家协会会员、河北省美术家协会会
员，副研究馆员。出版有《李志安书画选》《花鸟
画谱》等。

J0030639

刘文选作品选 刘文选绘
杭州 西泠印社［1996年］28cm（大16开）
ISBN：7-80517-144-0 定价：CNY135.00（全套）
（中国当代书画篆刻掇英 13）

J0030640

倪亚云画集 倪亚云绘；张树贤主编
北京 今日中国出版社 1996年 54页 37cm
精装 ISBN：7-5072-0866-4 定价：CNY150.00
（今日中国艺术家画库）
　　　现代中国画画册，中英文本。外文书名：
Paintings of Ni Yayun.

J0030641

齐佛来画诗选 齐佛来作；齐鲁艺术中心编
济南 山东文艺出版社 1996年 139页 29cm
（16开）ISBN：7-5329-1406-2 定价：CNY85.00
　　　现代诗歌书法中国画之花鸟画画册。

J0030642

乔木花鸟画集 乔木［绘］
苏州 古吴轩出版社 1996年 重印本 101页
37cm（8开）精装 ISBN：7-80574-218-9
定价：CNY220.00
　　　本书汇集乔木各个时期的花鸟画代表作101
幅。作者乔木（1920—2002），教授。字大年，河

北深县人。历任上海大学美术学院教授、中国美术家协会会员等。主要作品有《迎春梅花》《彩霞迎春》《姹紫嫣红》等。著有《花鸟画基础技法》《怎样画蔬果》等。

J0030643

商承杰兰花画集 商承杰绘

广州 岭南美术出版社 1996年 28页 29cm（16开）

ISBN：7-5362-1453-7 定价：CNY20.00

　　作者商承杰（1929— ），出生于广州。擅写水墨梅兰竹菊画，尤以写兰花著称。广州美术家协会会员、广州香雪书画社常务理事。

J0030644

沈和年画集 沈和年绘

上海 上海书画出版社 1996年 29cm（16开）

ISBN：7-80635-033-0 定价：CNY22.00

　　现代中国画画册。

J0030645

孙宝林画集 孙宝林绘；天火编

西安 陕西人民美术出版社 1996年 40页

24×26cm ISBN：7-5368-0874-7

定价：CNY36.00

　　现代中国画之工笔花鸟画画册。

J0030646

汤文选花鸟画 汤文选绘

北京 荣宝斋出版社 1996年 39页 39cm（8开）

ISBN：7-5003-0365-3 定价：CNY58.00

（当代中国画名家经典）

J0030647

田舍郎画集 ［田舍郎绘］

南宁 广西美术出版社 1996年 50页 38cm（8开）

精装 定价：CNY120.00

　　现代中国画画册。

J0030648

王冰如国画作品选 王冰如绘

西安 陕西人民美术出版社 1996年 53页

28cm（大16开） ISBN：7-5368-0894-1

定价：CNY68.00

　　外文书名：Wang Bingru Selections of Traditional Chinese Painting.

J0030649

王书平花鸟画选 王书平绘

北京 中国画报出版社［1996年］1册（12张）

26cm（16开） ISBN：7-80024-116-5

定价：CNY7.50

　　外文书名：Flower and Bird Paintings of Wangshu Ping.

J0030650

王舜来画竹集 王舜来绘

北京 外文出版社 1996年 25×26cm

ISBN：7-119-01944-9 定价：CNY28.80

　　现代中国画作品。作者王舜来（1955— ），国家一级美术师，号征雁、霜雁、野草堂主，河北深泽人。冀中东方书画院副院长、京畿中国画研究所所长、中国美术家协会河北省分会会员。代表作品有《飞瀑图》《万山红遍》《秋山泉韵》。

J0030651

萧蕙画集 萧蕙绘

天津 天津杨柳青画社 1996年 32页 25×24cm

ISBN：7-80503-268-8 定价：CNY39.00

　　现代中国画之水墨花鸟画画册。

J0030652

谢瑞阶书画集 谢瑞阶绘

郑州 河南美术出版社 1996年 93页 37cm

精装 ISBN：7-5401-0565-8 定价：CNY220.00

　　现代中国画画册。

J0030653

徐家昌画集 徐家昌绘

杭州 中国美术学院出版社 1996年 63页 37cm

精装 ISBN：7-81019-414-3 定价：CNY220.00

　　现代中国画画册。

J0030654

徐湛花鸟画集 徐湛绘

北京 人民美术出版社 1996年 25页 25×26cm

ISBN：7-102-01732-4 定价：CNY24.00

J0030655

严军作品选 严军绘

杭州 西泠印社［1996年］28cm（大16开）

ISBN：7-80517-144-0 定价：CNY135.00（全套）

（中国当代书画篆刻掇英 12）

J0030656
杨北牡丹画集 杨北绘
郑州 河南美术出版社 1996年 26cm（16开）
ISBN：7-5401-0542-9 定价：CNY16.00
　　　　外文书名：Yang Bei's Album of Peony Paintings.

J0030657
杨全义书画集
济南 山东美术出版社 1996年 56页 有照片
29cm（16开） 精装 ISBN：7-5330-0986-X
定价：CNY68.00

J0030658
杨锡甘松竹梅画集 杨锡甘［绘］
福州 福建美术出版社 1996年 41页 29cm（16开）
ISBN：7-5393-0393-X 定价：CNY58.00

J0030659
张宽画选 张宽绘
天津 天津人民美术出版社 1996年 80页
38×27cm 精装 ISBN：7-5305-0600-5
定价：CNY140.00
　　　现代中国画之花鸟画册。作者张宽（1921—
2009），一级美术师。安徽涡阳人，安徽学院艺术
科毕业。曾任中国美术家协会会员、蚌埠书画院
名誉院长。

J0030660
张树才作品选 张树才绘
杭州 西泠印社［1996年］28cm（大16开）
ISBN：7-80517-144-0 定价：CNY135.00（全套）
（中国当代书画篆刻掇英 16）

J0030661
郑州画院作品集（1985—1995） 张晓圻等主
编
天津 天津人民美术出版社 1996年 198页
29cm（16开） 精装 ISBN：7-5305-0616-1
定价：CNY150.00

J0030662
周石松牡丹画集 周石松绘
北京 东方出版社 1996年 83页 25×26cm

ISBN：7-5060-0740-1 定价：CNY88.00
　　　外文书名：Zhou Shisong's Collection of
Peony Paintings. 作者周石松（1951— ），女，画
家，河北承德市人。历任周石松牡丹艺术研究中
心主席、中国太行画院副院长、北京涉外经济学
院客座教授。出版有《周石松牡丹画集》。

J0030663
朱屺瞻花卉册 朱屺瞻绘
南宁 广西美术出版社 1996年 34cm（10开）
精装 ISBN：7-80625-053-0 定价：CNY98.00

J0030664
朱秀坤花鸟画集 朱秀坤绘
天津 天津杨柳青画社 1996年 19cm（小32开）
ISBN：7-80503-307-2 定价：CNY10.80
　　　外文书名：Album of Flower-And-Bird Paintings
by Zhu Xiukun. 作者朱秀坤（1945— ），编审。
别名竹颖。安徽砀山县人。历任安徽美术出版
社编审、社长兼总编辑、安徽美术出版社总编
辑、中国年画艺术研究会理事、中国美术出版研
究会理事、中国装帧艺术研究会会员、安徽省政
协书画社画师。作品有《福寿图》《四君子珍禽图》
《新花郁煌煌》。著有《怎样画芙蓉》《白描花鸟
构图资料集》《朱秀坤画集》等。

J0030665
白金尧、张玉芳画集 白金尧，张玉芳绘
郑州 河南美术出版社 1997年 25×26cm
ISBN：7-5401-0596-8 定价：CNY28.00
　　　现代中国画画册。

J0030666
白描牡丹 天鹤绘
苏州 古吴轩出版社 1997年 重印本 68页
19×26cm ISBN：7-80574-235-9
定价：CNY16.80

J0030667
草本花卉谱 河北美术出版社编
石家庄 河北美术出版社 1997年 100页
28cm（大16开） ISBN：7-5310-0967-6
定价：CNY46.00
（花鸟画谱丛书）

J0030668
陈琪画集 陈琪绘
上海 上海远东出版社 1997年 71页 38cm（6开）
精装 ISBN：7-80613-524-3 定价：CNY200.00
　　现代中国画之花卉画画册。

J0030669
虫鱼谱 河北美术出版社编
石家庄 河北美术出版社 1997年 100页
28cm（大16开）ISBN：7-5310-0890-4
定价：CNY43.00
（花鸟画谱丛书）

J0030670
传统花鸟画选 北京市文史研究馆编
北京 北京出版社 1997年 72页 28cm（大16开）
ISBN：7-200-03287-5 定价：CNY55.00
　　外文书名：Selected Traditional Flower/Bird
Paintings.

J0030671
丁世昌画集 丁世昌绘
天津 天津人民美术出版社 1997年 29cm（16开）
ISBN：7-5305-0734-6 定价：CNY20.00
（当代国画家系列画集 Ⅱ）

J0030672
樊昌哲画集 樊昌哲绘
西安 陕西人民美术出版社 1997年 43页 29cm
（16开）ISBN：7-5368-0925-5 定价：CNY50.00
　　现代中国画之花鸟画画册。

J0030673
方增威画集 方增威绘
北京 华艺出版社 1997年 61页 26cm（16开）
ISBN：7-80142-039-X 定价：CNY48.00
　　现代中国画画册。

J0030674
高德星画集（1985—1997）高德星绘
郑州 河南美术出版社 1997年 59页 29cm
（16开）ISBN：7-5401-0606-9 定价：CNY68.00
　　现代中国画花鸟画画册。

J0030675
高沛明线描 高沛明绘
合肥 安徽美术出版社 1997年 28页 26cm
（16开）ISBN：7-5398-0567-6 定价：CNY10.00
（当代名家线描画库）

J0030676
高岩松画集 高岩松绘
沈阳 辽宁人民出版社 1997年 57页 29cm
（16开）ISBN：7-205-04085-X 定价：CNY66.00
　　现代中国画画册。本书与辽宁美术出版社
合作出版。

J0030677
桂征白描花鸟图册 张桂征编著
北京 中国轻工业出版社 1997年 130页
有照片 25×26cm ISBN：7-5019-2110-5
定价：CNY30.00

J0030678
郭石夫画集 郭石夫绘
北京 人民美术出版社 1997年 137页 37cm
精装 ISBN：7-102-01741-3
　　现代中国画花鸟画画册。

J0030679
韩玮画集 韩玮绘
济南 山东美术出版社 1997年 35页 29cm
（16开）ISBN：7-5330-1065-5 定价：CNY39.00
　　现代中国画画册。

J0030680
荷花 徐家昌绘
杭州 中国美术学院出版社 1997年 16页 42cm
（8开）ISBN：7-81019-587-5 定价：CNY18.00
（中国花鸟画临本丛书）

J0030681
荷花谱 河北美术出版社编
石家庄 河北美术出版社 1997年 100页
28cm（大16开）ISBN：7-5310-0971-4
定价：CNY46.00
（花鸟画谱丛书）

J0030682
鹤鹭谱 河北美术出版社编
石家庄 河北美术出版社 1997 年 100 页
28cm（大 16 开） ISBN：7-5310-1018-6
定价：CNY46.00
（花鸟画谱丛书）

J0030683
胡絜青百菊图 胡絜青绘
北京 北京出版社 1997 年 100 页 25×26cm
ISBN：7-200-03186-0 定价：［CNY70.00］
　　外文书名：100 Paintings of Chrysanthemums by Hu Jieqing.

J0030684
胡石画集 胡石绘
北京 荣宝斋出版社 1997 年 26×25cm
ISBN：7-5003-0416-1 定价：CNY15.00
　　现代中国画花卉画画册。

J0030685
胡天帆画集 胡天帆绘
天津 天津人民美术出版社 1997 年
28cm（大 16 开） ISBN：7-5305-0743-5
定价：CNY20.00
（当代国画家系列画集 Ⅲ）

J0030686
黄稷堂画集 黄稷堂绘
福州 福建美术出版社 1997 年 29cm（16 开）
ISBN：7-5393-0609-2 定价：CNY60.00
　　现代中国画画册。

J0030687
贾克德工笔花鸟画集 贾克德绘
北京 中国世界语出版社 1997 年 79 页
28cm（大 16 开） ISBN：7-5052-0325-8
定价：CNY50.00
　　外文书名：Flower-And-Bird Paintings of Jia Kede.

J0030688
金建华画集 金建华绘
天津 天津人民美术出版社 1997 年 29cm（16 开）
ISBN：7-5305-0734-6 定价：CNY20.00

（当代国画家系列画集 Ⅱ）

J0030689
菊谱 河北美术出版社编
石家庄 河北美术出版社 1997 年 100 页
28cm（大 16 开） ISBN：7-5310-0893-9
定价：CNY43.00
（花鸟画谱丛书）

J0030690
柯桐枝花鸟画选 柯桐枝绘
福州 福建美术出版社 1997 年 25×26cm
ISBN：7-5393-0602-5 定价：CNY22.00

J0030691
兰谱 河北美术出版社编
石家庄 河北美术出版社 1997 年 100 页
28cm（大 16 开） ISBN：7-5310-1021-6
定价：CNY46.00
（花鸟画谱丛书）

J0030692
了庐画集 了庐绘
北京 荣宝斋出版社 1997 年 26×25cm
ISBN：7-5003-0297-5 定价：CNY15.00
　　现代中国画花卉画画册。

J0030693
了庐画集 了庐绘
上海 上海书画出版社 1997 年 25×26cm
ISBN：7-80635-166-3 定价：CNY50.00
　　现代中国画画册。

J0030694
李大成画集 李大成绘；南京市美术家协会编
南昌 江西美术出版社 1997 年 29cm（16 开）
ISBN：7-80580-402-8 定价：CNY16.00
（南京当代美术家画库）
　　现代中国画画册。

J0030695
李多木画集 李多木绘
西安 陕西人民美术出版社 1997 年 77 页 29cm
（16 开） ISBN：7-5368-0951-4 定价：CNY68.00
　　现代中国画画册。

J0030696
李善杰画集　李善杰绘
天津　天津人民美术出版社　1997 年
28cm（大 16 开）ISBN：7-5305-0743-5
定价：CNY20.00
（当代国画家系列画集　Ⅲ）

J0030697
李信德梅花画集　李信德绘
福州　福建美术出版社　1997 年　64 页
29cm（18 开）ISBN：7-5393-0623-8
定价：CNY56.00，CNY88.00（精装）

J0030698
李永平花鸟画选　李永平绘
合肥　安徽美术出版社　1997 年　12 张　25×26cm
散页套装　ISBN：7-5398-0594-3
定价：CNY20.00
（当代美术家册页）

J0030699
李自强画集　李自强绘
郑州　河南美术出版社　1997 年　78 页
37cm（8 开）ISBN：7-5401-0533-X
定价：CNY120.00，CNY180.00（精装）
　　现代中国画画册。

J0030700
刘新春书画集　刘新春绘
郑州　河南美术出版社　1997 年　30 页　25×25cm
ISBN：7-5401-0653-0　定价：CNY50.00
　　现代中国画画册。

J0030701
马世治画选　马世治绘；刘大春主编
海口　南海出版公司　1997 年　58 页　有画册
29cm（16 开）ISBN：7-5442-0966-0
定价：CNY68.00（HKD100）
　　现代中国画花鸟画画册，中英文本。

J0030702
梅谱　河北美术出版社编
石家庄　河北美术出版社　1997 年　100 页
28cm（大 16 开）ISBN：7-5310-0892-0
定价：CNY43.00

（花鸟画谱丛书）

J0030703
牡丹谱　河北美术出版社编
石家庄　河北美术出版社　1997 年　100 页
28cm（大 16 开）ISBN：7-5310-0972-2
定价：CNY46.00
（花鸟画谱丛书）

J0030704
木本花卉谱　河北美术出版社编
石家庄　河北美术出版社　1997 年　100 页
28cm（大 16 开）ISBN：7-5310-0973-0
定价：CNY46.00
（花鸟画谱丛书）

J0030705
齐辛民画集　齐辛民绘
济南　山东友谊出版社　1997 年　82 页　38cm（6 开）
精装　ISBN：7-80642-042-8　定价：CNY165.00
　　现代中国画画册，中英文本。

J0030706
钱君匋画集　钱君匋绘
上海　上海画报出版社　1997 年　144 页　37cm
精装　ISBN：7-80530-291-X　定价：CNY300.00
　　现代中国画画册。作者钱君匋（1907—
1998），书画家。现通用名为钱君陶。浙江桐乡人。
名玉堂、锦堂，字君陶，号豫堂、禹堂。毕业于
上海艺术师范学校。曾任西泠印社副社长、上海
文艺出版社编审、上海市政协委员等职。代表作
品有《长征印谱》《君长跋巨卯选》《鲁迅印谱》《钱
君匋印存》。

J0030707
邵志杰花鸟画集　邵志杰绘
济南　山东友谊出版社　1997 年　26cm（16 开）
ISBN：7-80551-597-2　定价：CNY38.00
　　外文书名：A Selection of Shao Zhijie's
Flower-And-Bird Paintings.

J0030708
沈玉敏画集　沈玉敏绘
北京　石油工业出版社　1997 年　32 页　25×26cm
ISBN：7-5021-2179-X　定价：CNY42.00

现代中国画花鸟画画册。

J0030709

蔬果谱 河北美术出版社编

石家庄 河北美术出版社 1997 年 100 页 29cm
（16 开）ISBN：7-5310-0889-0 定价：CNY43.00
（花鸟画谱丛书）

J0030710

水禽谱 河北美术出版社编

石家庄 河北美术出版社 1997 年 100 页 26cm
（16 开）ISBN：7-5310-0968-4 定价：CNY46.00
（花鸟画谱丛书）

J0030711

宋省予册页选集 宋省予绘

福州 福建美术出版社 1997 年 49 页 25×26cm
ISBN：7-5393-0533-9 定价：CNY38.00

　　现代中国画画册。作者宋省予（1909—
1966），画家、教育家。原名连庆，字廉卿，号红
杏主人。福建上杭人。曾任福建师范学院图画
教师、中国美术家协会会员。代表作品有《岩壑
春光》《母子依依》《万寿图》《稻熟鸭肥》等。出
版有《宋省予花鸟技法讲座》《宋省予画集》。

J0030712

孙精国画集 孙精国绘

天津 天津人民美术出版社 1997 年 29cm（16 开）
ISBN：7-5305-0734-6 定价：CNY20.00
（当代国画家系列画集 Ⅱ）

　　现代中国画画册。

J0030713

汤宝玲画集 汤宝玲绘

天津 天津人民美术出版社 1997 年 29cm（16 开）
ISBN：7-5305-0734-6 定价：CNY20.00
（当代国画家系列画集 Ⅱ）

　　现代中国画画册。

J0030714

田镛花鸟画集 田镛绘

北京 荣宝斋出版社 1997 年 52 页 25×26cm
ISBN：7-5003-0379-3 定价：CNY60.00

　　外文书名：Tian Yong's Collection of Flower-
And-Bird Paintings.

J0030715

王大德画集 王大德绘

天津 天津人民美术出版社 1997 年
28cm（大 16 开）ISBN：7-5305-0743-5
定价：CNY20.00
（当代国画家系列画集 Ⅲ）

J0030716

王广华工笔花鸟画集 王广华绘

北京 人民美术出版社 1997 年 49 页 29cm（16 开）
ISBN：7-102-01886-X 定价：CNY52.00

J0030717

王庆升画集 王庆升绘

北京 人民美术出版社 1997 年 80 页 37cm 精装
ISBN：7-102-01742-1 定价：CNY180.00

　　现代中国画工笔花鸟画画册。

J0030718

王文郁百梅画集 王文郁绘

北京 中国世界语出版社 1997 年 95 页
24×26cm 精装 ISBN：7-5052-0380-0
定价：CNY68.00

J0030719

王雪涛纪念馆藏画集 王雪涛［绘］

北京 人民美术出版社 1997 年 166 页
38cm（6 开）精装 ISBN：7-102-01884-3
定价：CNY［260.00］

　　本书收入画家的花鸟画作品百余幅，展现了
他精湛的艺术成果。作者王雪涛（1903—1982），
写意花鸟画家。原名庭钧，字晓封，号迟园。河
北成安人。历任北京画院院长、中国美术家协会
理事、美协北京分会副主席等职。著有《王雪涛
画集》《王雪涛画辑》《王雪涛画谱》《王雪涛的
花鸟画》等。

J0030720

王中仁写意花鸟画 王中仁［绘］

福州 福建美术出版社 1997 年 47 页 29cm
（16 开）ISBN：7-5393-0624-6 定价：CNY38.00

J0030721

韦自强花鸟画集 韦自强绘

兰州 甘肃人民美术出版社 1997 年 64 页 有照片

29cm（16 开）ISBN：7-80588-205-3
定价：CNY68.00

J0030722
吴业斌画集 吴业斌绘
长沙 湖南美术出版社 1997年 52页 28×29cm
ISBN：7-5356-1013-7 定价：CNY78.00
　　现代中国画之花鸟画画册。

J0030723
小鸟谱 河北美术出版社编
石家庄 河北美术出版社 1997年
2册（100；100页）26cm（16 开）
ISBN：7-5310-1016-X 定价：CNY46.00（上册）
（花鸟画谱丛书）

J0030724
辛蕙伍画集 辛蕙伍绘
北京 中国大地出版社 1997年 40页 26cm（16 开）
ISBN：7-80097-160-0 定价：CNY66.00
　　现代中国画之花鸟画画册。

J0030725
薛小敏作品选 薛小敏绘
杭州 西泠印社 1997年 28cm（大 16 开）
ISBN：7-80517-199-8 定价：CNY12.00
（中国当代书画篆刻家掇英 23）

J0030726
燕雀谱 河北美术出版社编
石家庄 河北美术出版社 1997年 100页
28cm（大 16 开）ISBN：7-5310-1019-4
定价：CNY46.00
（花鸟画谱丛书）

J0030727
杨玉琪画集 杨玉琪绘
青岛 青岛出版社 1997年 222页 36cm（10 开）
精装 ISBN：7-5436-1736-6 定价：CNY398.00
　　现代中国画之花鸟画画册。中英文本。外
文书名：Painting works of Yang Yuqi.

J0030728
叶玉昶 叶玉昶绘
北京 北京美术摄影出版社 1997年 45页

37cm ISBN：7-80501-200-8 定价：CNY[76].00
　　现代中国画画册。

J0030729
应诗流画集 应诗流绘
天津 天津人民美术出版社 1997年 133页
38cm（6 开）精装 ISBN：7-5305-0747-8
定价：CNY280.00
　　现代中国画画册。

J0030730
云石画集 耿洪选绘
合肥 安徽美术出版社 1997年 48页 29cm（16 开）
ISBN：7-5398-0583-8 定价：CNY48.00

J0030731
翟荣强画集 翟荣强绘
西安 陕西人民美术出版社 1997年 109页
29cm（12 开）ISBN：7-5368-0976-X
定价：CNY118.00，CNY128.00（精装）
（中国当代花鸟画家）
　　外文书名：A Collection Zhai Rong-Qiang's
Paintings.

J0030732
张鼎昌书画集 张鼎昌绘
上海 上海画报出版社 1997年 38cm（6 开）
ISBN：7-80530-310-X 定价：CNY28.00

J0030733
张书旂百鸽图 张书旂绘画
上海 上海人民美术出版社 1997年 37cm
ISBN：7-5322-1874-0 定价：CNY28.00

J0030734
张锡杰画集 张锡杰绘
北京 人民美术出版社 1997年 117页 29cm
（16 开）ISBN：7-102-01797-9 定价：CNY96.00
　　现代中国画花卉画画册，中英文本。

J0030735
张玉生画集 张玉生绘
郑州 河南美术出版社 1997年 29页 29cm（16 开）
ISBN：7-5401-0610-7 定价：CNY48.00
　　现代中国画画册。

J0030736

珍禽谱　河北美术出版社编
石家庄　河北美术出版社　1997 年　100 页
28cm（大 16 开）　ISBN：7-5310-0969-2
定价：CNY46.00
（花鸟画谱丛书）

J0030737

中国当代牡丹画精品集　全国牡丹争评国花
办公室编
郑州　河南美术出版社　1997 年　28cm（16 开）
ISBN：7-5401-0688-3
定价：CNY120.00，CNY180.00（精装）

J0030738

朱铿画集　朱铿绘
澳门　澳门基金会　1997 年　30cm（10 开）
　　　外文书名：Pintura De Chu Cheong.

J0030739

朱朴存画集　朱朴存绘
上海　百家出版社　1997 年　64 页　38cm（6 开）
精装　ISBN：7-80576-740-8　定价：CNY198.00
　　　现代中国画画册。

J0030740

紫藤　马其宽绘
杭州　中国美术学院出版社　1997 年　16 页　42cm
（8 开）　ISBN：7-81019-619-7　定价：CNY18.00
（中国花鸟画临本丛书）

J0030741

八哥　齐白石绘
长沙　湖南美术出版社　1998 年　29cm（16 开）
ISBN：7-5356-1118-4　定价：CNY10.00
（齐白石画谱　第一辑）
　　　作者齐白石（1864—1957），近现代中国绘画
大师，国画家、篆刻家。湖南湘潭人。原名纯芝，
字渭青，号兰亭，后改名璜，字濒生，号白石等。
历任国立北京艺术专科学校和京华美术专科学
校教习、教授，中央美术学院名誉教授、中国文
学艺术界联合会主席团委员、中国画研究会和中
国美术家协会主席、中国画院名誉院长。代表作
有《蛙声十里出山泉》《墨虾》等。著有《白石诗
草》《齐白石作品集》《白石老人自述》等。

J0030742

白铭百梅图集　白铭绘
呼和浩特　内蒙古人民出版社　1998 年　91 页
有彩照 38cm（6 开）　ISBN：7-204-04448-7
定价：CNY130.00，CNY180.00（精装）

J0030743

百花图谱　卢世曙等绘；岭南美术出版社编
广州　岭南美术出版社　1998 年　124 页
26cm（16 开）　ISBN：7-5362-1589-4
定价：CNY25.00
（植物百图丛书）
　　　作者卢世曙，画家。广东广州人。历任岭南
美术出版社美术编辑、广州美术馆特聘画家、广
东省美术家协会会员。作品有《秋梦》《牡丹》《窗
前谁种芭蕉树》《醉残红》《往年如烟》等。

J0030744

百梅图　程良著；徐震时，葛献南编
北京　人民美术出版社　1998 年　154 页　19cm
（32 开）　ISBN：7-102-01794-4　定价：CNY38.00

J0030745

百鸟图精品选［曾孝濂绘］
北京　科学普及出版社　1998 年　12 叶　42cm（8 开）
ISBN：7-110-04471-8　定价：CNY32.00
　　　本画册共收 12 叶中国画图画，有《黑翅鸢》
《白腹锦鸡》《红腹锦鸡》《雉鸡》《绿孔雀》《黑颈
鹤》等。

J0030746

曾杏绯画集　曾杏绯绘
银川　宁夏人民出版社　1998 年　70 页　29cm（16 开）
ISBN：7-227-01861-X　定价：CNY118.00
　　　本画册收有《犹有花枝俏》《迎春》《牡丹》《山
丹》《写意芙蓉》《红梅》《蝴蝶花》《向阳花》《葡萄》
《牵牛》《令箭》秋韵等六十余幅花卉画。作者曾
杏绯（1911—2013），女，回族。美术家。江苏常
州市人。原名曾瑜。曾任中国美术家协会理事、
中国美术家协会宁夏分会主席、宁夏文史馆名誉
馆员、宁夏书画院名誉院长等职。代表作品有《工
笔牡丹》《万紫千红》《牡丹蝴蝶》等。

J0030747

沉浮作品　沉浮绘

北京 中国世界语出版社 1998 年 29cm（16 开）
ISBN：7-5052-0381-9 定价：CNY280.00（全套）
（当代中国艺术家丛书 中国画）

　　作者沉浮（1965— ），画家。安徽蒙城人，原名陈夫。擅长画梅，历任中国美术院常务副院长、中国美术家协会河山画会秘书长。代表作品有《山魂》《庄子游》《黄山》《无欲》等。

J0030748
陈立言画集（花鸟专辑）陈立言绘
天津 天津人民美术出版社 1998 年 44 页 29cm
（16 开）ISBN：7-5305-0886-5 定价：CNY32.00

J0030749
陈运权白描花鸟画集 陈运权绘
福州 福建美术出版社 1998 年 74 页 25×26cm
ISBN：7-5393-0640-8 定价：CNY14.00

J0030750
范夫得画集〔范夫得绘〕
广州 岭南美术出版社 1998 年 85 页 37cm
精装 ISBN：978-7-5362-1856-7
定价：CNY238.00
　　现代中国画花鸟画画册。

J0030751
傅书中画集 傅书中绘
天津 天津人民美术出版社 1998 年 29cm（16 开）
ISBN：7-5305-0785-0 定价：CNY20.00
（当代国画家系列画集 Ⅳ）

J0030752
工笔画小品选萃
沈阳 辽宁美术出版社 1998 年 76 页 24×26cm
ISBN：7-5314-1955-6 定价：CNY36.00

J0030753
郭味蕖作品 郭味蕖绘
西安 陕西人民美术出版社 1998 年 29cm（16 开）
ISBN：7-5368-1059-8 定价：CNY18.00
（中国画名家作品精选）

　　作者郭味蕖（1908—1971），画家。原名忻，后改慰劬、味蕖，曾用别号汾阳王孙等。山东潍坊人，毕业于上海美术专科学校。历任中央美术学院研究部和徐悲鸿纪念馆研究员、中央美院中

国画讲师、中央美术学院国画系花鸟科主任等。著有《宋元明清画家年表》《中国版画史略》《写意花鸟创作技法十六讲》等。

J0030754
郭怡孮作品 郭怡孮绘
西安 陕西人民美术出版社 1998 年 29cm（16 开）
ISBN：7-5368-1060-1 定价：CNY18.00
（中国画名家作品精选）

　　作者郭怡孮（1940— ），教授、画家。山东潍坊人。历任中央美术学院中国画系教授、副系主任，全国美术家协会会员等职。出版有《中国画教材》《郭味蕖花鸟画技法》《白描花卉写生》《写意花鸟画技法》《花卉写生教程》《郭怡孮花卉集》。

J0030755
郝良彬画集 郝良彬绘
福州 福建美术出版社 1998 年 38cm（6 开）
ISBN：7-5393-0636-X 定价：CNY38.00
（中国当代花鸟画家）

J0030756
何涵宇画集 何涵宇绘
北京 中国林业出版社 1998 年 91 页 25×26cm
ISBN：7-5038-2062-4 定价：CNY99.00
　　现代中国画花鸟画画册。

J0030757
荷 齐白石绘
长沙 湖南美术出版社 1998 年 29cm（16 开）
ISBN：7-5356-1111-7 定价：CNY10.00
（齐白石画谱 第一辑）

J0030758
胡化祥画集 胡化祥绘
乌鲁木齐 新疆美术摄影出版社 1998 年
25×26cm ISBN：7-80547-643-8
定价：CNY23.00
（新疆丝路画库）
　　现代中国画画册。

J0030759
胡炜画册 胡炜绘
上海 上海教育出版社 1998 年 25×26cm
ISBN：7-5320-6134-5 定价：CNY25.00

现代中国画的花鸟画画册,中英文本。

J0030760
花鸟四条屏 王雪涛绘
天津 天津人民美术出版社 1998年 4 张
102×26cm 定价:CNY48.00
　　本作品系现代中国画。

J0030761
黄宾虹花鸟 黄宾虹绘
杭州 西泠印社 1998年 42cm(8 开)
ISBN:7-80517-266-8 定价:CNY20.00
(西泠印社书画名作丛编)

J0030762
江文湛作品 江文湛绘
西安 陕西人民美术出版社 1998年 33 页 29cm
(16 开) ISBN:7-5368-1014-8 定价:CNY18.00
(中国画名家作品精选)

J0030763
金鸿钧花鸟画集 金鸿钧绘
北京 荣宝斋出版社 1998年 117 页 37cm
精装 ISBN:7-5003-0427-7 定价:CNY238.00

J0030764
金晓海墨兰集 金晓海绘
杭州 西泠印社 1998年 56 页 26cm(16 开)
ISBN:7-80517-309-5 定价:CNY18.00

J0030765
菊 齐白石绘
长沙 湖南美术出版社 1998年 29cm(16 开)
ISBN:7-5356-1114-1 定价:CNY10.00
(齐白石画谱 第一辑)

J0030766
兰 齐白石绘
长沙 湖南美术出版社 1998年 29cm(16 开)
ISBN:7-5356-1115-X 定价:CNY10.00
(齐白石画谱 第一辑)

J0030767
李老十残荷图卷 李老十绘
武汉 湖北美术出版社 1998年 41 页 25×26cm

ISBN:7-5394-0720-4 定价:CNY35.00

J0030768
李长文画集 程守贵主编;北京新世纪文化艺
术有限公司编
郑州 河南美术出版社 1998年 243 页
30cm(10 开) 精装 ISBN:7-5401-0771-5
定价:CNY268.00
　　现代中国画花鸟画画册。

J0030769
李智纲画集 李智纲绘
天津 天津人民美术出版社 1998年 58 页 29cm
(16 开) ISBN:7-5305-0791-5 定价:CNY58.00
　　现代中国画之花鸟画画册。

J0030770
荔枝 齐白石绘
长沙 湖南美术出版社 1998年 29cm(16 开)
ISBN:7-5356-1112-5 定价:CNY10.00
(齐白石画谱 第一辑)

J0030771
刘叔华画竹集 刘叔华绘
苏州 古吴轩出版社 1998年 74 页 29cm(16 开)
ISBN:7-80574-381-9 定价:CNY35.00

J0030772
刘一闻作品 刘一闻著
上海 上海人民美术出版社 1998年 有肖像
30cm(10 开) 精装 ISBN:7-5322-1876-7
定价:CNY238.00
　　现代中国画花卉画画册。作者刘一闻
(1949—),书法家、篆刻家。斋号别部斋、得涧
楼。生于上海,祖籍山东日照。历任中国书法家
协会理事、西泠印社社员、上海市书法家协会常
务理事兼篆刻创作委员会副主任、上海博物馆副
研究员。出版有《刘一闻印稿》。

J0030773
卢世曙画选 卢世曙著
广州 岭南美术出版社 1998年 75 页 29cm(16 开)
ISBN:7-5362-1851-6 定价:CNY68.00
　　作者卢世曙,画家。广东广州人。历任岭南
美术出版社美术编辑、广州美术馆特聘画家、广

东省美术家协会会员。作品有《秋梦》《牡丹》《窗前谁种芭蕉树》《醉残红》《往年如烟》等。

J0030774
梅 齐白石绘
长沙 湖南美术出版社 1998 年 29cm（16 开）
ISBN：7-5356-1117-6 定价：CNY10.00
（齐白石画谱 第一辑）

J0030775
墨菊小品画谱 刘福林编著
北京 中国和平出版社 1998 年 60 页 26cm（16 开）
ISBN：7-80101-680-7 定价：CNY12.00
（梅兰竹菊小品画谱）

J0030776
墨兰小品画谱 刘福林编著
北京 中国和平出版社 1998 年 60 页 26cm（16 开）
ISBN：7-80101-678-5 定价：CNY12.00
（梅兰竹菊小品画谱）

J0030777
墨梅小品画谱 刘福林编著
北京 中国和平出版社 1998 年 60 页 26cm（16 开）
ISBN：7-80101-677-7 定价：CNY12.00
（梅兰竹菊小品画谱）

J0030778
墨竹小品画谱 刘福林编著
北京 中国和平出版社 1998 年 60 页 26cm（16 开）
ISBN：7-80101-679-3 定价：CNY12.00
（梅兰竹菊小品画谱）

J0030779
牡丹 齐白石绘
长沙 湖南美术出版社 1998 年 29cm（16 开）
ISBN：7-5356-1113-3 定价：CNY10.00
（齐白石画谱 第一辑）

J0030780
牡丹集（画册）于沁编撰
北京 中国世界语出版社 1998 年 125 页 37cm（8 开） ISBN：7-5052-0344-4 定价：CNY218.00（精装），CNY258.00（珍藏本）
（当代中国画名家作品）

现代中国画花卉画画册，中英文本。外文书名：Peony Album.

J0030781
枇杷 齐白石绘
长沙 湖南美术出版社 1998 年 29cm（16 开）
ISBN：7-5356-1116-8 定价：CNY10.00
（齐白石画谱 第一辑）

J0030782
葡萄 毕彰绘
武汉 湖北美术出版社 1998 年 62 页 26cm（16 开）
ISBN：7-5394-0785-9 定价：CNY13.00
（意笔花鸟画临习参考资料）

作者毕彰（1939— ），陶瓷艺术家。祖籍安徽歙县，生于江西景德镇，毕业于浙江美术学院中国画系花鸟科。曾任杭州工艺美术学院副校长、杭州师范大学美术学院副教授、中国美术学院老教授艺术中心教授、中国美术学院继续教育学院客座教授、浙江中国花鸟画协会会员等。代表作品有《花鸟画》《白描花卉》《工笔禽鸟》等。

J0030783
齐白石花鸟扇面 齐白石绘
天津 天津人民美术出版社 1998 年 25×26cm
ISBN：7-5305-0931-4
定价：CNY35.50，CNY45.00（精装）

J0030784
牵牛 毕彰绘
武汉 湖北美术出版社 1998 年 62 页 26cm（16 开）
ISBN：7-5394-0786-7 定价：CNY13.00
（意笔花鸟画临习参考资料）

J0030785
牵牛 齐白石绘
长沙 湖南美术出版社 1998 年 29cm（16 开）
ISBN：7-5356-1121-4 定价：CNY10.00
（齐白石画谱 第一辑）

J0030786
钱松喦花鸟作品选 钱松喦绘
南京 南京大学出版社 1998 年 [51] 页 29cm（16 开） ISBN：7-305-03253-0 定价：CNY50.00
本书收集了作者 20 世纪 40 年代至 80 年代

的水墨花鸟画作品50幅。作者钱松嵒(1899—1985)，当代画家。江苏宜兴人。曾任江苏省国画院院长、名誉院长，江苏省美术家协会主席，中国美术家协会常务理事等。画作有《红岩》《延安颂》《芙蓉湖上》《山岳颂》等。代表作品有《梅园新村》《延安颂》《红岩》《井冈大瀑布》等。著作《砚边点滴》。出版物《钱松嵒画集》等。

J0030787

秋情鸟趣（窦申清画集）窦申清绘
哈尔滨　黑龙江美术出版社　1998年　22页
25×26cm　ISBN：7-5318-0507-3
定价：CNY45.00

J0030788

上官超英牡丹画集（1）上官超英绘
昆明　云南美术出版社　1998年　43页　29cm(16开)
ISBN：7-80586-443-8　定价：CNY36.00

J0030789

史振岭画集　史振岭绘
天津　天津人民美术出版社　1998年　29cm(16开)
ISBN：7-5305-0920-9　定价：CNY20.00
（当代国画家系列画集）

J0030790

蔬果　齐林编选
天津　天津人民美术出版社　1998年　90页
13×13cm　精装　ISBN：7-5305-0954-3
定价：CNY18.50
（中国历代名家绘画撷珍）

J0030791

宋华花鸟画集　宋华绘
北京　高等教育出版社　1998年　38页　28×27cm
ISBN：7-04-007353-6　定价：CNY60.00

J0030792

孙文斌花鸟画　孙文斌著
广州　岭南美术出版社　1998年　29cm(16开)
ISBN：7-5362-1918-0
定价：CNY130.00，CNY168.00（精装）
　　　外文书名：Sun Wenbin's Painting Collection on Flowers and Birds.

J0030793

唐逸览　唐逸览绘；上海中国画院画廊编
上海　上海画报出版社　1998年　29cm(16开)
ISBN：7-80530-402-5　定价：CNY48.00
（上海中国画院画家作品丛书）

J0030794

团扇（喻仲林先生工笔花鸟画稿）何恭上主编
台北　艺术图书公司　1998年　再版　160页
26cm(16开)　精装　ISBN：957-672-289-6
定价：TWD800.00
　　　外文书名：Moon-Shaped Fan by Yu Chung-Lin.

J0030795

王富作品　王富绘
北京　中国世界语出版社　1998年　29cm(16开)
ISBN：7-5052-0381-9　定价：CNY280.00（全套）
（当代中国艺术家丛书　中国画）

J0030796

王克印画集　王克印绘
南京　江苏美术出版社　1998年　60页
28cm(大16开)　ISBN：7-5344-0822-9
定价：CNY38.00
　　　现代中国画之工笔花鸟画画册。

J0030797

王其华花鸟画集　王其华绘
天津　天津人民美术出版社　1998年　38cm(6开)
ISBN：7-5305-0895-4

J0030798

王有宗工笔花鸟画集　王有宗绘
西安　陕西人民美术出版社　1998年　42页
25×26cm　ISBN：7-5368-1034-2
定价：CNY40.00

J0030799

吴玉梅　吴玉梅绘；上海中国画院画廊编
上海　上海画报出版社　1998年　29cm(16开)
ISBN：7-80530-395-9　定价：CNY48.00
（上海中国画院画家作品丛书）

J0030800
线描花卉 杜曼华等编绘
上海 上海人民美术出版社 1998年 重印本
156页 19cm（32开） ISBN：7-5322-0337-9
定价：CNY5.50

J0030801
萧朗画集 萧朗绘
南宁 广西美术出版社 1998年 99页 29cm（16开）
ISBN：7-80625-391-2 定价：CNY120.00
　　　现代中国花鸟画画册。作者萧朗（1917—
2010），画家、教授。名印钵，字朗，别署萍香阁
主人。北京人，天津美术学院教授。主要作品有
《浴罢》《杉木林》《踏遍青山》《芙蕖鹡鸰图》等，
著有《萧朗画集》《萧朗课徒画稿》《怎样画写意
草虫》。

J0030802
萧朗画集 萧朗绘
天津 天津人民美术出版社 1998年 90页
38cm（6开） 精装 ISBN：7-5305-0806-7
　　　现代中国画之花鸟画画册。

J0030803
萧淑芳画选 萧淑芳绘
苏州 古吴轩出版社 1998年 119页 38cm（6开）
精装 ISBN：7-80574-291-X 定价：CNY280.00
　　　现代中国画花卉画册。作者萧淑芳
（1911—2005），女，国画家。广东中山人。曾任
中央美术学院教授，中国美术家协会会员。出版
有《走过九十——萧淑芳画集》《萧淑芳画选》《荣
宝斋萧淑芳花卉画谱》《中国儿童游戏》《吴作人、
萧淑芳中国画集》等。

J0030804
谢梦画集 谢梦绘
天津 天津人民美术出版社 1998年
38cm（8开） ISBN：7-5305-0777-X
定价：CNY118.00，CNY148.00（精装）
　　　现代中国画之花鸟画画册。

J0030805
熊广琴画集（1995—1997） 熊广琴绘
天津 天津人民美术出版社 1998年 52页
29cm（18开） ISBN：7-5305-0894-6

定价：CNY42.00，CNY58.00（精装）
　　　现代中国画的花鸟画画册。

J0030806
颜泉 贾世玉画集 颜泉，贾世玉绘
天津 天津人民美术出版社 1998年 29cm（13开）
ISBN：7-5305-0785-0 定价：CNY20.00
（当代国画家系列画集 Ⅳ）

J0030807
杨德衡画集［杨德衡绘］
沈阳 辽宁画报出版社 1998年 90页 有照片
28×29cm ISBN：7-80601-234-6
定价：CNY148.00

J0030808
姚新峰画集（1987—1998 中英文本） 姚新峰
［绘］
郑州 河南美术出版社 1998年 58页 25×26cm
ISBN：7-5401-0761-8 定价：CNY68.00
　　　本书收作者60幅画作，包括《江南采莲》
《黄梅雨后》等人物画和《水乡清夏》《无言自有
情》等花鸟画。

J0030809
叶建新画集 叶建新绘
北京 北京工艺美术出版社 1998年 19×20cm
ISBN：7-80526-331-0 定价：CNY20.00
　　　现代中国画画册。

J0030810
应均画兰 应均绘
杭州 西泠印社 1998年 42cm（8开）
ISBN：7-80517-270-6 定价：CNY20.00
（西泠印社书画名作丛编）

J0030811
尤宝峰写意花鸟画集 尤宝峰绘
石家庄 河北教育出版社 1998年 68页
24×22cm ISBN：7-5434-2913-6
定价：CNY29.80

J0030812
张诚毅花鸟画 张诚毅［绘］
兰州 甘肃人民美术出版社 1998年 48页 26cm

（16 开）ISBN：7-80588-246-0 定价：CNY56.00

J0030813
张世简画集 张世简绘
北京 中国世界语出版社 1998 年 26 页
28×27cm ISBN：7-5052-0390-8
定价：CNY36.00
（中国当代书画家）

J0030814
张贤明作品集 张贤明绘
广州 岭南美术出版社 1998 年 29cm（16 开）
ISBN：7-5362-1870-2 定价：CNY20.00
（广州国际艺术博览会丛书）
　　现代中国画花鸟画画册。

J0030815
张岩·花鸟画集 张岩绘
西安 陕西人民美术出版社 1998 年 45 页 29cm
（16 开）ISBN：7-5368-1068-7 定价：CNY48.00

J0030816
章培文画集 章培文绘
北京 中国世界语出版社 1998 年 26 页
28×27cm ISBN：7-5052-0390-8
定价：CNY36.00
（中国当代书画家）

J0030817
赵景庵画集 赵景庵绘
合肥 安徽美术出版社 1998 年 46 页
28cm（大 16 开）ISBN：7-5398-0607-9
定价：CNY60.00
　　现代中国画花鸟画画册。

J0030818
赵梅生画集 赵梅生绘；赵紫峰主编
太原 山西人民出版社 1998 年 28×29cm
ISBN：7-203-03615-4 定价：CNY78.00
　　现代中国画花鸟画画册。

J0030819
郑熙亭、王健苓诗书画集 郑熙亭，王健苓[作]
石家庄 河北美术出版社 1998 年 47 页 有彩照
29cm（16 开）ISBN：7-5310-1125-5

定价：CNY48.00

J0030820
中国当代花鸟画 杨振熙主编
郑州 河南美术出版社 1998 年 374 页 29cm（16 开）
精装 ISBN：7-5401-0715-4 定价：CNY186.00

J0030821
朱宣咸花鸟画选辑（汉英对照）朱宣咸作
重庆 西南师范大学出版社 1998 年 13 张
19cm（小 32 开）ISBN：7-5621-2034-X
定价：CNY10.00
　　作者朱宣咸（1927—2002），国画家、版画家、漫画家。浙江台州人，中国美术家协会会员。出版有《朱宣咸花鸟画选辑》《朱宣咸风景木刻版画选辑》等。

J0030822
竹 齐白石绘
长沙 湖南美术出版社 1998 年 29cm（16 开）
ISBN：7-5356-1109-5 定价：CNY10.00
（齐白石画谱 第一辑）

J0030823
紫藤 齐白石绘
长沙 湖南美术出版社 1998 年 29cm（16 开）
ISBN：7-5356-1119-2 定价：CNY10.00
（齐白石画谱 第一辑）

J0030824
陈丹芝画集 陈丹芝绘
深圳 海天出版社 1999 年 16 页 29cm（16 开）
ISBN：7-80654-106-3 定价：CNY360.00（全套）
（深圳美术家画库）
　　现代中国画画册。作者陈丹芝（1969—　），女，画家。又名陈琬霓，广东普宁人。毕业于广州美术学院。广东省美术家协会会员。作品有《榕》《秋潮》等。

J0030825
陈德宏花鸟画集 陈德宏绘
福州 福建美术出版社 1999 年 43 页 29cm（16 开）
ISBN：7-5393-0763-3 定价：CNY38.00
　　作者陈德宏（1927—　），画家。福建惠安人。字琴舟，号丹碧翁。福建师范大学副教授、中国美术家协会会员、福建省政协书画室画师、福建省老年书画艺术协会顾问、烟山画院院长。作品有《嘉藕图》《燕子声声里》《为谁初着紫罗裳》等。

J0030826

工笔花鸟白描图集 万一绘

北京 北京工艺美术出版社 1999 年 89 页 26cm（16 开）ISBN：7-80526-356-6 定价：CNY18.00

J0030827

龚德龙作品 龚德龙绘

北京 中国世界语出版社 1999 年 29cm（16 开）ISBN：7-5052-0403-3 定价：CNY28.00

（当代中国艺术家丛书 中国画）

现代中国画花鸟画画册，中英文本。

J0030828

国色天香（中国当代牡丹书画艺术大展作品集）崔子范主编

北京 中国文联出版社 1999 年 207 页 37cm（8 开）精装 ISBN：7-5059-3491-0 定价：CNY560.00

主编崔子范（1915—2011），画家。曾用名崔尚治。山东莱阳人，就读于上海美术专科学校、抗日军政大学。历任北京国画院副院长兼秘书长、中国美术家协会会员、北京市美协理事。代表作品有《麻雀枇杷》《芙蓉八哥》《金鱼》等。

J0030829

韩辅天画集 韩辅天绘

北京 中国画报出版社 1999 年 29cm（16 开）ISBN：7-80024-547-0 定价：CNY24.80

（当代中国艺术家丛书 国画作品 12）

现代中国画画册，中英文本。

J0030830

郝邦义画集 郝邦义绘

北京 中国画报出版社 1999 年 29cm（16 开）ISBN：7-80024-547-0 定价：CNY24.80

（当代中国艺术家丛书 24）

现代中国画之花鸟画画册。作者郝邦义（1963—　），画家。号农人，生于北京，毕业于中央美术学院国画系。历任中国美术家协会会员、中国画研究会会员、中国青年画会会员。作品有《泛泛水中情》《秋韵》《太行山下的墓地》，著有《郝邦义画集》。

J0030831

郝良彬牡丹画谱 郝良彬绘

北京 中国世界语出版社 1999 年 176 页 37cm ISBN：7-5052-0419-X 定价：CNY238.00

J0030832

花鸟画扇集 荣宝斋出版社编

北京 荣宝斋出版社 1999 年 重印本 60 页 26×38cm ISBN：7-5003-0260-6

定价：CNY14.80

J0030833

焦桂荣画集 焦桂荣绘；深圳市美术家协会编

深圳 海天出版社 1999 年 16 页 29cm（16 开）ISBN：7-80654-106-3 定价：CNY360.00［全套］

（深圳美术家画库）

现代中国画画册。作者焦桂荣（女），深圳市画家，绘有《焦桂荣画集》等。

J0030834

金正惠工笔花鸟画集 金正惠绘

上海 上海书画出版社 1999 年 61 页 29cm（16 开）ISBN：7-80635-590-1 定价：CNY78.00

本画集包括《版纳风情》《秋水之滨》《春烟含雨》《瑞雪》《朝霞》《细雨》《听雨》《霜叶红于二月花》等 61 幅作品。作者金正惠（1939—　），教授。浙江东阳人，毕业于浙江美术学院。中国美术家协会会员。著作有《工笔花鸟画技法》《现代花鸟画写生与创作》《中国花鸟画技法教程》。

J0030835

静谧世界（王鹏程画集）王鹏程绘

哈尔滨 黑龙江美术出版社 1999 年 31 页 29cm（16 开）ISBN：7-5318-0578-2 定价：CNY26.00

J0030836

菊花白描图集 徐峰主编

北京 北京工艺美术出版社 1999 年 106 页 26cm（16 开）ISBN：7-80526-364-7

定价：CNY20.00

（中国传统工艺美术资料丛书）

J0030837

孔维三画集 孔维三绘

石家庄 河北美术出版社 1999 年 60 页 29cm

（16 开）ISBN：7-5310-1322-3 定价：CNY66.00
（20 世纪末中国画家作品精选 系列个人专集）

　　本书收《鹤寿年华》《梅花》《雄鸡图》《松鹰》等花鸟画作品 50 余幅。作者孔维三（1938—2002），画家、高级美术师。天津武清人，河北省中国画研究院高级美术师。出版有《孔维三画集》。

J0030838
兰花百图 蒋风白绘；徐震时，葛献南编
北京 人民美术出版社 1999 年 121 页
19cm（小 32 开）ISBN：7-102-02021-X
定价：CNY16.50

J0030839
冷艳清华—张桂征 张桂征绘
合肥 安徽美术出版社 1999 年 30 页
28cm（大 16 开）ISBN：7-5398-0744-X
定价：CNY18.00
（当代风格派画家作品集）
　　现代中国画花鸟画画册。

J0030840
李禅花鸟画集 李禅绘
北京 中国世界语出版社 1999 年 26 页
28×27cm ISBN：7-5052-0422-X
定价：CNY36.00
（中国当代书画家）

J0030841
李文秀画集 李文秀绘；深圳市美术家协会编
深圳 海天出版社 1999 年 16 页 29cm（16 开）
ISBN：7-80654-106-3 定价：CNY360.00［全套］
（深圳美术家画库）
　　现代中国画画册。作者李文秀（1952— ），教授。深圳书画艺术学院教授、深圳书画艺术学会副秘书长、深圳市美术家协会常务理事、美国洛杉矶中国画研究院教授。出版有《李文秀画集》等。

J0030842
林蓝金版水墨 林蓝绘
广州 岭南美术出版社 1999 年 29×29cm
ISBN：7-5362-2073-1 定价：CNY88.00
　　本画册收入了 43 幅水墨画作品，其中包括

《一束阳光》《勿忘我》《夜香》等。作者运用金纸色调衬托，更精练地突出了墨色和用笔的艺术表现。

J0030843
林瑛珊花鸟画集 林瑛珊绘；王秋主编
沈阳 辽宁美术出版社 1999 年 95 页 27×27cm
ISBN：7-5314-2347-2
定价：CNY100.00，CNY130.00（精装）
（百家画库）
　　外文书名：Flower and Bird Painting Collection of Lin Yingshan.

J0030844
刘和璧百荷画集 刘和璧［绘］
北京 华夏出版社 1999 年 58 页 37cm 精装
ISBN：7-5080-1937-7 定价：CNY200.00
　　本书是刘和璧先生描绘的现代中国画百幅芙蕖图，文伯伦先生为百荷图配诗百首，从不同的视角题咏荷花，诗画结缘，璧合珠连。

J0030845
刘建友画集［刘建友绘］
郑州 河南美术出版社 1999 年 62 页 29cm
（16 开）ISBN：7-5401-0869-X 定价：CNY69.00
　　本画集收有中国画《姚黄暖春》《游春》《唯有牡丹真国色》《春煦》《冷艳》《冷艳清香》《春颜》《煦风送春》等 50 余幅花卉画。

J0030846
柳晓叶书画集 柳晓叶绘
北京 中国世界语出版社 1999 年 26 页
28×27cm ISBN：7-5052-0422-X
定价：CNY36.00
（中国当代书画家 2）

J0030847
洛阳牡丹扇面 李德君编
广州 岭南美术出版社 1999 年 51 页 37cm
ISBN：7-5362-1936-9 定价：CNY55.00

J0030848
梦残作品 孙富强绘
北京 中国世界语出版社 1999 年 29cm（13 开）
ISBN：7-5052-0403-3 定价：CNY28.00

（当代中国艺术家丛书［第2辑］中国画）

J0030849
名家花鸟画艺术 吴成槐主编
沈阳 辽宁美术出版社 1999年 372页
29cm（16开）精装 ISBN：7-5314-2290-5
定价：CNY180.00

J0030850
屈柳菴画集 屈柳菴著
北京 中国三峡出版社 1999年 51页
29cm（16开）ISBN：7-80099-390-6
定价：CNY168.00
　　现代中国画之花鸟画画册。

J0030851
山茶花白描图集 徐峰主编
北京 北京工艺美术出版社 1999年 107页
26cm（16开）ISBN：7-80526-365-5
定价：CNY20.00
（中国传统工艺美术资料丛书）

J0030852
苏百钧扇面画艺术 苏百钧绘
广州 岭南美术出版社 1999年 79页 26×37cm
ISBN：7-5362-2036-7 定价：CNY83.00

J0030853
苏新平画集（牡丹专集）苏新平［绘］
石家庄 河北美术出版社 1999年 12页
29cm（16开）ISBN：7-5310-1302-9 定价：
CNY13.00
（20世纪末中国画家作品精选 系列个人专集）
　　本书是中国画花卉画画集。

J0030854
孙其峰作品 孙其峰绘
西安 陕西人民美术出版社 1999年 34页
29cm（16开）ISBN：7-5368-1148-9 定价：
CNY18.00
（中国画名家作品精选）

J0030855
孙晓画集 孙晓绘
沈阳 辽宁美术出版社 1999年 64页 29cm（16开）

精装 ISBN：7-5314-2172-0 定价：CNY80.00
（现代艺术家风范）
　　现代中国画画册。

J0030856
万一工笔花鸟画集 万一绘
北京 北京工艺美术出版社 1999年 47页
26×23cm ISBN：7-80526-343-4
定价：CNY52.00

J0030857
王兰亭画梅集（画梅名家）王兰亭绘
哈尔滨 黑龙江美术出版社 1999年 57页
24×25cm ISBN：7-5318-0678-9
定价：CNY38.00
（兴凯湖文化系列精品 2）
　　现代中国画之花卉画画册，中英文本。

J0030858
王小燕作品 王小燕绘
北京 中国世界语出版社 1999年 29cm（16开）
ISBN：7-5052-0403-3 定价：CNY28.00
（当代中国艺术家丛书 中国画）

J0030859
王雪涛作品 王雪涛绘
西安 陕西人民美术出版社 1999年 33页
29cm（16开）ISBN：7-5368-1147-0
定价：CNY18.00
（中国画名家作品精选）

J0030860
魏力群画集 魏力群著
石家庄 河北美术出版社 1999年 44页 29cm
（16开）ISBN：7-5310-1331-2 定价：CNY35.00
（20世纪末中国画家作品精选 系列个人专集）
　　本书收有中国画《玉兰图》《盛春》《逊雪》
《大吉图》《富贵白头》《初雪》《野藤曲》《荷
塘秋色》《双栖图》等44幅作品。作者魏力群
（1949— ），写意花鸟画家。河北昌黎人，祖籍山
东阳谷。历任河北师范大学美术系中国画教研
室主任、教授，河北省民间美术研究会副会长。
代表作《魏力群画集》。

J0030861
吴丹画集 吴丹绘
北京 中国画报出版社 1999 年 29cm（16 开）
ISBN：7-80024-547-0 定价：CNY24.80
（当代中国艺术家丛书 国画作品 11）
　　　现代中国画画册，中英文本。

J0030862
吴冠南花鸟画集 吴冠南绘；蔡力武编
北京 中国文联出版社 1999 年 99 页 37cm
精装 ISBN：7-5059-3449-X 定价：CNY298.00

J0030863
吴涛国画集［吴涛绘］
北京 大众文艺出版社 1999 年 有照片
29cm（16 开） ISBN：7-80094-774-2
定价：CNY150.00（全 10 册）
（当代中国书画家精品系列书画集）

J0030864
萧淑芳作品 萧淑芳绘
西安 陕西人民美术出版社 1999 年 36 页 29cm
（16 开） ISBN：7-5368-1153-5 定价：CNY18.00
（中国画名家作品精选）

J0030865
笑竹百图 艾庆芸编绘
北京 中国文联出版公司 1999 年 96 页
29cm（16 开） ISBN：7-5059-3466-X
定价：CNY13.80
　　　现代中国画之花卉画画册。

J0030866
徐震画集 徐震绘
北京 人民美术出版社 1999 年 30 页 26cm（16 开）
ISBN：7-102-01812-6 定价：CNY36.00
　　　现代中国画花鸟画画册。

J0030867
绚烂明丽——陈辉 陈辉绘
合肥 安徽美术出版社 1999 年 30 页
28cm（大 16 开） ISBN：7-5398-0750-4
定价：CNY18.00
（当代风格派画家作品集）
　　　现代中国画水墨静物画画册。

J0030868
颜泉 贾世玉画集 颜泉，贾世玉［绘］
石家庄 河北美术出版社 1999 年 44 页 29cm
（13 开） ISBN：7-5310-1280-4 定价：CNY35.00
（20 世纪末中国画家作品精选 系列个人专集）
　　　本书是中国画画集。

J0030869
杨立强花鸟画集 杨立强［绘］
兰州 甘肃人民美术出版社 1999 年 25×26cm
ISBN：7-80588-315-7 定价：CNY48.00
　　　本书收录了杨立强的《圣洁》《幽谷溢香》《千
里共婵娟》《东风吹开第一花》等中国画绘画作
品 20 余幅。

J0030870
艺苑珍赏（当代工笔花鸟名作选 田云鹏） 田
云鹏绘
合肥 安徽美术出版社 1999 年 28cm（16 开）
ISBN：7-5398-0752-0 定价：CNY12.00

J0030871
于希宁作品 于希宁绘
西安 陕西人民美术出版社 1999 年 34 页 29cm
（16 开） ISBN：7-5368-1152-7 定价：CNY18.00
（中国画名家作品精选）

J0030872
于长胜工笔花鸟 于长胜绘
长春 吉林美术出版社 1999 年 64 页 29×29cm
ISBN：7-5386-0899-0 定价：CNY135.00

J0030873
余涛画集 余涛著
石家庄 河北美术出版社 1999 年 44 页 29cm
（16 开） ISBN：7-5310-1366-5 定价：CNY35.00
（20 世纪末中国画家作品精选 系列个人专集）
　　　本书收有中国画《山丹山谷》《残红落尽始
吐芳》《只愁风日损红妆》《晓色初露》《细雨如
烟》《赤岩映金花》《晓雾初开》等近 70 幅作品。
作者余涛（1952-），字满江，生于西安，中国美
术家协会会员。代表作《余涛画集》。

J0030874
张铭淑牡丹画集 张铭淑绘

北京 中国世界语出版社 1999 年 26 页
28×27cm ISBN：7-5052-0422-X
定价：CNY36.00
（中国当代书画家 2）
　　外文书名：Paintings of Peonies Zhang Mingshu.

J0030875
张清智花鸟画集
北京 京华出版社 1999 年 108 页 37cm 精装
ISBN：7-80600-371-1 定价：CNY996.00（全 3 册）

J0030876
张志泉画梅集 张志泉绘
北京 国际文化出版公司 1999 年 25×26cm
ISBN：7-80105-820-8 定价：CNY49.00
　　外文书名：Plums Paintings of Zhang Zhiquan.
作者张志泉（1962— ），画家。生于河南卫辉市，
毕业于中央美术学院国画系。中国美术家协会
会员、北京画院画家、梅园书画社总经理。编著
有《张志泉画梅集》。

J0030877
郑瑰玺画集 郑瑰玺绘
北京 中国画报出版社 1999 年 29cm（16 开）
ISBN：7-80024-547-0 定价：CNY24.80
（当代中国艺术家丛书 25）
　　现代中国画之花鸟画画册。作者郑瑰玺
（1969— ），画家。生于湖北枝江。历任中国美
术家协会会员、中国人民大学艺术学院花鸟画工
作室导师、中国艺术创作院专业画家、中国职业
画家协会副主席等。出版有《郑瑰玺画集》。

J0030878
郑克明书画艺术 郑克明［绘］
北京 中国档案出版社 1999 年 25 页 29cm
（16 开）ISBN：7-80019-703-4 定价：CNY28.00
（中国书画家）
　　外文书名：Collection of Zheng Keming's
Painting Works. 作者郑克明（1932—2011），画家。
字旭光，生于河北文安县。中国美术家协会会员、
北京书法家协会会员。作品有《芦雁图》《回归
图》等，出版有《郑克明书画艺术》。

J0030879
郑乃珖花鸟画集（中国画名家）郑乃珖绘

西安 陕西人民美术出版社 1999 年 244 页
37cm 精装 ISBN：7-5368-0713-9
定价：CNY360.00

J0030880
周彦生扇面画艺术 周彦生编著
广州 岭南美术出版社 1999 年 83 页 37cm
ISBN：7-5362-1979-2 定价：CNY73.00

J0030881
周于怀花鸟画册 周于怀绘
杭州 中国美术学院出版社 1999 年 30 页 29cm
（16 开）ISBN：7-81019-693-6 定价：CNY30.00
（浙江花鸟画家作品选）

J0030882
朱琳画集 朱琳绘
石家庄 河北美术出版社 1999 年 12 页 29cm
（16 开）ISBN：7-5310-1283-9 定价：CNY13.00
（20 世纪末中国画家作品精选 系列个人专集）
　　中国现代中国画之花鸟画画册。作者朱琳
（1964-），字启武，号老禅，扬州宝应人。中日美
术交流协会会员、中国手指画研究会会员、河北
画院画家、河北省曲艺团专职画家。作品有《朱
琳画集》《高瞻远瞩》《秋阳》等。

现代国画作品——鸟兽、鱼虫

J0030883
虾 齐白石作
北京 人民美术出版社 1954 年 1 幅
定价：CNY0.12
　　齐白石国画作品。作者齐白石（1864—
1957），近现代中国绘画大师，国画家、篆刻家。
湖南湘潭人。原名纯芝，字渭青，号兰亭，后改
名璜，字濒生，号白石等。历任国立北京艺术专
科学校和京华美术专科学校教习、教授，中央美
术学院名誉教授、中国文学艺术界联合会主席团
委员、中国画研究会和中国美术家协会主席、中
国画院名誉院长。代表作有《蛙声十里出山泉》
《墨虾》等。著有《白石诗草》《齐白石作品集》《白
石老人自述》等。

J0030884
鸡 王雪涛作
天津 天津美术出版社 1955 年 [1]张
38cm（6 开） 定价：CNY0.15
　　王雪涛中国画作品。

J0030885
和平鸽 齐白石作
天津 天津美术出版社 1956 年 1 张 53cm（4 开）
定价：CNY0.20
　　现代中国画作品。

J0030886
鸡 徐悲鸿作
北京 人民美术出版社 1956 年 1 张
定价：CNY0.15
　　现代中国画作品。

J0030887
虾 齐白石作
北京 荣宝斋出版社 1956 年 1 张
定价：CNY15.00
　　现代中国画作品。

J0030888
蟹 齐白石作
北京 荣宝斋出版社 1956 年 1 张
定价：CNY15.00
　　现代中国画作品。

J0030889
百鸟图 何逸梅作
上海 上海人民美术出版社 1960 年 [1 张]
定价：CNY0.12
　　中国现代年画作品。作者何逸梅（1894—1972），画家。号明斋。江苏吴县（今属苏州）人。上海商务印书馆图画部第一批练习生之一。主要从事月份牌画创作，兼作工商装潢美术设计。

J0030890
虎 胡爽盦绘
[石家庄] 河北人民美术出版社 1960 年 [1 张]
定价：CNY0.12
　　现代中国画作品。

J0030891
虎 廖经世作
[沈阳] 辽宁美术出版社 1960 年 [1 张]
定价：CNY0.06
　　现代中国画作品。

J0030892
鸡 徐悲鸿作
天津 天津荣宝斋 1960 年 [1 张]
　　现代中国画作品。

J0030893
毛驴 黄冑作
[西安] 长安美术出版社 1960 年 [1 张]
定价：CNY0.16
　　现代中国画作品。

J0030894
松鼠 洪俊作
[沈阳] 辽宁美术出版社 1960 年 [1 张]
定价：CNY0.08
　　现代中国画作品。

J0030895
虾 齐白石作
天津 天津荣宝斋 1960 年 [1 张]
　　现代中国画作品。

J0030896
和平鸽 齐白石作
天津 天津荣宝斋 1961 年 [1 幅]
　　本作品为中国现代国画。

J0030897
荷塘群鸭 张其翼绘
[石家庄] 河北人民美术出版社 1961 年 [1 张]
定价：CNY0.20
　　本作品是年画形式的中国现代国画翎毛走兽画。

J0030898
虎 吴天墀作
[济南] 山东人民出版社 1961 年 [1 幅]
定价：CNY0.04
　　本书为现代中国画作品。

J0031145
悲鸿画马集 徐悲鸿绘
天津 天津美术出版社 1962 年 16 张(套)
40cm（6 开）活页 统一书号：8073.2474
定价：CNY5.10

J0030899
彩禽图屏（1-4）刘继卣绘
石家庄 河北人民美术出版社 1962 年 2 张
76cm（2 开）定价：CNY0.36
　　本作品是年画形式的中国现代国画翎毛走
兽画。

J0030900
虎 胡爽盦作
石家庄 河北人民美术出版社 1962 年［1 幅］
30cm（10 开）定价：CNY0.15
　　本作品系现代中国画。

J0030901
虎 吴天墀作
济南 山东人民出版社 1962 年［1 幅］
78cm（2 开）定价：CNY0.12
　　本作品系现代中国画。

J0030902
鸡 刘寄踪作
长沙 湖南人民出版社 1962 年［1 幅］
53cm（4 开）定价：CNY0.09
　　本作品系现代中国画。

J0030903
鸡 张建时作
济南 山东人民出版社 1962 年［1 幅］
76cm（2 开）道林纸 定价：CNY0.28
　　本作品系现代中国画。

J0030904
鸡 张建时作
济南 山东人民出版社 1962 年［1 幅］
76cm（2 开）招贴纸 定价：CNY0.18
　　本作品系现代中国画。

J0030905
鸡鸭成群 史正学绘

合肥 安徽人民出版社 1962 年［1 张］
53cm（4 开）定价：CNY0.08
　　本作品是年画形式的中国现代国画翎毛走
兽画。作者史正学（1933— ），国家一级美术师。
又名莫可，河南洛阳人。毕业于广州美术学院国
画系。中国美术家协会会员、河南省美术家协会
常务理事、河南中山书画院院长。代表作品有《晨
钟响了》《深山火种》《枣雨》《征途报捷》等。

J0030906
猪羊满圈 史正学绘
合肥 安徽人民出版社 1962 年［1 张］
53cm（4 开）定价：CNY0.08
　　本作品是年画形式的中国现代国画翎毛走
兽画。

J0030907
虎泉图 刘继卣作
兰州 甘肃人民出版社 1963 年 76cm（2 开）
定价：CNY0.18
　　中国现代年画作品。

J0030908
金鱼条屏（1-4）凌虚绘
石家庄 河北人民美术出版社 1963 年 4 张
54cm（4 开）定价：CNY0.36
　　本作品是年画形式的中国现代国画动物画。

J0030909
走兽四扇屏（1-4）刘继卣作
天津 天津美术出版社 1963 年 4 张 54cm（4 开）
定价：CNY0.36
　　中国现代年画作品。

J0030910
奔驰（徐悲鸿画马）
［上海］朵云轩 1964 年［1 张］
　　现代中国画作品，此画出版有卷轴和镜片两
种形式。

J0030911
雏鹰展翅 鸥洋作
广州 广东人民出版社 1973 年 76cm（2 开）
定价：CNY0.14
　　现代中国画作品。作者鸥洋（1937— ），女，

生于湖北武昌，原籍江西龙南，毕业于广州美术学院，留校任教。历任广州美术学院教授、中国美术家协会会员、中国油画学会理事、广东美术家协会油画艺术委员会委员、广东油画学会副主席。代表作有《女民警》《往事涌心头》《金色的秋天》等。

J0030912
动物（四条屏 胶印轴画）刘继卣作
天津　天津杨柳青画店 1973 年 2 张 76cm（2 开）
定价：CNY1.12
　　中国现代年画作品。

J0030913
雏鹰展翅　鸥洋作
[沈阳] 辽宁人民出版社 1974 年 [1 张]
76cm（2 开）定价：CNY0.11
　　现代中国画作品。

J0030914
雏鹰展翅　鸥洋作
北京　人民美术出版社 1974 年 [1 张]
53cm（4 开）定价：CNY0.07
　　现代中国画作品。

J0030915
雏鹰练翅要翱翔　阎凤成画
[长春] 吉林人民出版社 1975 年 [1 张]
76cm（2 开）定价：CNY0.14
　　本作品是年画形式的中国现代国画翎毛走兽画。

J0030916
雄鹰（木版水印，绫裱轴画）徐悲鸿作
[北京] 荣宝斋 [印制] 1975 年 [1 轴]
定价：CNY9.50
　　现代中国画作品。

J0030917
奔马（木版水印，绫裱轴画）徐悲鸿作
[北京] 荣宝斋 [印制] 1976 年 [1 轴]
定价：CNY11.00
　　中国现代国画作品。

J0030918
熊猫（木版水印，绫裱轴画）吴作人作
[北京] 荣宝斋 [印制] 1976 年 [1 轴]
定价：CNY11.00
　　中国现代国画作品。

J0030919
枇杷双兔（木版水印，绫裱卷轴）刘继卣作
北京　荣宝斋 1977 年 1 幅 定价：CNY14.00
　　中国现代国画作品。

J0030920
虎　刘继卣作
北京　人民美术出版社 1978 年 78cm（2 开）
定价：CNY0.24
　　现代中国画作品。

J0030921
虎（木版水印 绫裱画轴）刘继卣作
北京　荣宝斋 1978 年 [1 轴] 定价：CNY32.00
　　现代中国画翎毛走兽画作品。

J0030922
鸡　陈大羽作
福州　福建人民出版社 1978 年 53cm（4 开）
定价：CNY0.12
　　现代中国画作品。作者陈大羽（1912—2001），画家、书法家、篆刻家。原名汉卿，更名翔，字大羽。广东潮阳人，毕业于上海美术专业学校中国画系。历任南京艺术学院教授、中国画协常务理事。主要作品有《红梅公鸡》《庐山》《松柏长青》等。出版有《陈大羽书画篆刻作品集》《大羽画集》等。

J0030923
狮（1979<农历己未年>年历）刘继卣作
郑州　河南人民出版社 1978 年 1 张 53cm（4 开）
定价：CNY0.08
　　中国现代国画翎毛走兽画作品。

J0030924
万马奔腾　张一尊作
长沙　湖南人民出版社 1978 年 1 张 76cm（2 开）
定价：CNY0.11
　　现代中国画作品。

J0030925

小鸡 黄胄作

天津 天津人民美术出版社 1978 年 1 张

76cm（2 开） 定价：CNY0.14

　　中国现代年画作品。

J0030926

熊猫 吴作人画

济南 山东人民出版社 1978 年 1 张 53cm（4 开）

定价：CNY0.18

　　现代中国画作品。作者吴作人（1908—1997），著名画家、教授。生于江苏苏州，祖籍安徽泾县，先后就读于苏州工业专科学校建筑系、上海艺术大学、南国艺术学院美术系及南京中央大学艺术系。曾任中央美术学院院长、中国美术家协会主席等。出版有《吴作人》《吴作人艺术馆藏品集》《吴作人画传》等。

J0030927

幼狮 刘继卣作

石家庄 河北人民出版社 1978 年 38cm（6 开）

定价：CNY0.08

　　中国现代国画作品。

J0030928

百鸟图 吴缓镐，陈正治作

杭州 浙江人民出版社 1979 年 ［1 张］

76cm（2 开） 定价：CNY0.14

　　现代中国画作品。

J0030929

奔马 刘勃舒作

太原 山西人民出版社 1979 年 ［1 张］

76cm（2 开） 定价：CNY0.16

　　现代中国画作品。

J0030930

大公鸡（木版水印、绫裱画轴） 陈大羽作

上海 朵云轩 1979 年 ［1 轴］

　　现代中国画作品。作者陈大羽（1912—2001），画家、书法家、篆刻家。原名汉卿，更名翱，字大羽。广东潮阳人，毕业于上海美术专业学校中国画系。历任南京艺术学院教授、中国画协常务理事。主要作品有《红梅公鸡》《庐山》《松柏长青》等。出版有《陈大羽书画篆刻作品集》

《大羽画集》等。

J0030931

荷花鲤鱼 刘广武画

长春 吉林人民出版社 1979 年 ［1 张］

76cm（2 开） 定价：CNY0.11

　　本作品是年画形式的中国现代国画动物画。

J0030932

虎 葛茂桐，葛茂柱作

合肥 安徽人民出版社 1979 年 ［1 张］

76cm（2 开） 定价：CNY0.16

　　现代中国画作品。

J0030933

虎 高剑父作

广州 广东人民出版社 1979 年 ［1 张］

78cm（2 开） 定价：CNY0.25

　　现代中国画作品。作者高剑父（1879—1951），国画家、美术教育家。名仑，字剑父，后以字行，生于广东番禺县，毕业于东京美术学院、岭南画派创始人之一。著作有《中国现代的绘画》《印度艺术》《国画新路向》《蛙声集》《佛国记》等。

J0030934

虎 光元鲲作

上海 上海人民美术出版社 1979 年 ［1 张］

76cm（2 开） 定价：CNY0.14

　　现代中国画作品。作者光元鲲（1907—1974），画家。名德需，安徽桐城县人，毕业于上海新华艺术大学绘画系。曾任皖南大学（今安徽师范大学）艺术科、合肥师范学院艺术系中国画教师。作品有《柳塘清趣》《荷塘清趣》《松鹤延年》《虎啸》等。

J0030935

虎 刘奎龄作

天津 天津人民美术出版社 1979 年 ［1 张］

76cm（2 开） 定价：CNY0.14

　　现代中国画作品。

J0030936

虎 慕凌飞作

天津 天津杨柳青画店 1979 年 ［1 张］

107cm（全开）定价：CNY0.75

本作品是年画形式的中国现代国画翎毛走兽画。

J0030937

鸡（木版水印、绫裱画轴）程十发作

上海　朵云轩　1979 年［1 轴］定价：CNY9.00

现代中国画作品。

J0030938

群兔　刘继卣作

广州　广东人民出版社　1979 年［1 张］

76cm（2 开）定价：CNY0.14

现代中国画作品。

J0030939

狮　刘继卣作

北京　人民美术出版社　1979 年［1 张］

53cm（4 开）定价：CNY0.18

现代中国画作品。

J0030940

狮子　刘继卣作

长沙　湖南人民出版社　1979 年［1 张］

78cm（2 开）定价：CNY0.11

现代中国画作品。

J0030941

小鸡　黎雄才，关山月作

西宁　青海人民出版社　1979 年［1 张］

78cm（2 开）定价：CNY0.12

现代中国画作品。

J0030942

小熊猫　王为政作

成都　四川人民出版社　1979 年　10 张

18cm（32 开）定价：CNY0.30

现代中国画作品。作者王为政（1944— ），教授、画家。字北辰，江苏丰县人。历任中国美术家协会会员、中国作家协会会员、俄罗斯美术家协会荣誉会员、北京画院艺术委员会委员、北京齐白石艺术研究会副会长。代表作品有《听画》《傲骨》《瑞士之旅》《王为政画集》等。

J0030943

雄狮　刘继卣作

石家庄　河北人民出版社　1979 年［1 张］

78cm（2 开）定价：CNY0.10

现代中国画作品。

J0030944

雄狮　徐悲鸿作

长沙　湖南人民出版社　1979 年［1 张］

53cm（4 开）定价：CNY0.11

现代中国画作品。

J0030945

熊猫　刘海粟作

广州　广东人民出版社　1979 年［1 张］

76cm（2 开）定价：CNY0.14

现代中国画作品。

J0030946

百驴图（上卷）黄胄作

南京　江苏人民出版社　1980 年　12 幅　35cm

（18 开）统一书号：8100.3.276 定价：CNY1.60

本书分上下两卷，共收 24 幅图。

J0030947

虎　光元鲲作

合肥　安徽人民出版社　1980 年［1］张

108cm（全开）定价：CNY0.32

本作品系现代中国画的动物画。

J0030948

虎　吴勋作

福州　福建人民出版社　1980 年［1］张

76cm（2 开）定价：CNY0.18

本作品系现代中国画的动物画。

J0030949

虎　高剑父作

广州　广东人民出版社　1980 年［1］张

78cm（2 开）定价：CNY0.16

本作品系现代中国画。

J0030950

虎　万兆元作

石家庄　河北人民出版社　1980 年［1］张

76cm（2开）定价：CNY0.14
本作品系现代中国画。

J0030951
虎 宋德风画
济南 山东人民出版社 1980年 [1]张
76cm（2开）定价：CNY0.16
本作品系现代中国画的动物画。

J0030952
虎 区丽庄，郑乃珖作
西安 陕西人民美术出版社 1980年 [1]张
76cm（2开）定价：CNY0.16
本作品系现代中国画的动物画。

J0030953
虎啸图 王天一作
兰州 甘肃人民出版社 1980年 [1]张
76cm（2开）定价：CNY0.18
本作品系现代中国画。作者王天一（1926—2013），国家一级美术师。甘肃成县人。曾任甘肃画院副院长、中国美术家协会会员。作品有《鱼鹰》《雄鹰》《巡逻归来》等，出版有《花鸟画技法浅说》《王天一花鸟画集》《魏晋墓碑画》等。

J0030954
猫戏图（木版水印，绫裱画轴）高奇峰作
上海 朵云轩 [1980年] [1轴]
定价：CNY39.00
本作品系现代中国画。

J0030955
群驴图卷（木版水印，绫裱画轴）黄胄画
济南 齐鲁书社 1980年 1轴

J0030956
狮 刘继卣作
北京 人民美术出版社 1980年 [1]张
76cm（2开）定价：CNY0.18
本作品系现代中国画的动物画。

J0030957
狮（中堂画轴）刘继卣作
天津 天津杨柳青画店 1980年 [1]轴
76cm（2开）定价：CNY0.75

中国现代年画作品。

J0030958
双虎图 刘子麟作
太原 山西人民出版社 1980年 [1]张
76cm（2开）定价：CNY0.18
本作品系现代中国画的动物画。

J0030959
双虎图 张善孖作
上海 上海书画出版社 1980年 [1]张
76cm（2开）定价：CNY0.16
本作品系现代中国画。

J0030960
双鹿（木版水印，绫裱画轴）程十发作
上海 朵云轩 [1980年] [1轴] 定价：CNY9.00
本作品系现代中国画。作者程十发（1921—2007），画家。出生于上海金山，毕业于上海美术专科学校国画系。代表作品有《丽人行》《迎春图》《列宁的故事》《孔乙己》等。出版有《程十发近作选》《程十发花鸟习作选》《程十发作品展》。

J0030961
双猫 孙菊生作
北京 人民美术出版社 1980年 定价：CNY0.19
本作品系现代中国画的动物画。

J0030962
水牛（木版水印，绫裱画轴）程十发作
上海 朵云轩 [1980年] [1轴] 定价：CNY9.00
本作品系现代中国画的动物画。

J0030963
鱼（木版水印，单片）赵丹作
北京 荣宝斋 [1980年] [1轴] 定价：CNY7.50
本作品系现代中国画的动物画。

J0030964
百驴图 黄胄画
石家庄 河北人民出版社 1981年 12幅
25cm（15开）套装 统一书号：8086.1486
定价：CNY2.20
本书为中国国画长卷。画家笔下的毛驴笔墨酣畅，姿态各异，栩栩如生，充分表现出画家

娴熟的笔墨和写实功力。全划分13段印制,可连接成长卷。作者黄胄(1925—1997),画家、社会活动家、收藏家。字映斋,河北蠡县人。历任总政治部文化部创作员、中国画研究院副院长、中国美术家协会常务理事等。代表作品有《洪荒风雪》《巡逻图》等,出版有《黄胄书画论》《黄胄作品集》《黄胄谈艺术》等。

J0030965
百鸟图 何逸梅作
上海 上海人民美术出版社 1981年 76cm(2开)
定价:CNY0.16
　　本作品是中国现代年画。作者何逸梅(1894—1972),画家。号明斋。江苏吴县(今属苏州)人。上海商务印书馆图画部第一批练习生之一。主要从事月份牌画创作,兼作工商装潢美术设计。

J0030966
虎 张光莹作
北京 农业出版社 1981年 76cm(2开)
定价:CNY0.16

J0030967
虎(中国画) 刘继卣作
北京 人民美术出版社 1981年 108cm(全开)
定价:CNY0.36
　　本书是中国中国画画册。

J0030968
虎(中国画) 胡爽庵[作]
北京 人民美术出版社 1981年 76cm(2开)
定价:CNY0.32

J0030969
虎 史延芹作
上海 上海人民美术出版社 1981年 76cm(2开)
定价:CNY0.16

J0030970
虎 慕凌飞作
天津 天津杨柳青画店 1981年 76cm(2开)
定价:CNY0.16

J0030971
虎(中国画)(中堂轴画) 刘继卣作
北京 人民美术出版社 1981年 附对联一副
108cm(全开) 定价:CNY1.30
　　本作品是中国现代年画。

J0030972
虎啸生风(纸裱卷轴) 许从慎画
南京 金陵书画社 1981年 附对联一副
定价:CNY5.00

J0030973
虎啸图 孙里人作
太原 山西人民出版社 1981年 76cm(2开)
定价:CNY0.16
　　本书是中国中国画画册。

J0030974
画鹰(中国画) 于非闇作
北京 人民美术出版社 1981年 78cm(2开)
定价:CNY0.22

J0030975
狮 刘继卣作
北京 人民美术出版社 1981年 78cm(2开)
定价:CNY0.22
　　本书是中国中国画画册。

J0030976
下山虎 光元鲲作
合肥 安徽人民出版社 1981年 76cm(2开)
定价:CNY0.16

J0030977
仙鹤 杜廷楹作
兰州 甘肃人民出版社 1981年 76cm(2开)
定价:CNY0.18
　　本书是现代中国画作品。

J0030978
小鸡(木版水印) 黄胄作
北京 荣宝斋 1981年 定价:CNY9.00

J0030979
八骏马 刘旦宅作

上海 上海书画出版社 1982 年 76cm（2 开）
统一书号：8172.615 定价：CNY0.16

　　本书是现代中国画作品。

J0030980
八骏图 叶俊康作
上海 上海人民美术出版社 1982 年 76cm（2 开）
定价：CNY0.16

　　本书是现代中国画作品。

J0030981
逗猫 于占德画
济南 山东人民出版社 1982 年 76cm（2 开）
定价：CNY0.18

　　本作品是年画形式的中国现代国画翎毛走兽画。

J0030982
鹤鹿同春 吴绶镐作
杭州 浙江人民出版社 1982 年 76cm（2 开）
定价：CNY0.16

　　本作品是现代中国画。

J0030983
鹤鹿同春 吴绶镐作
杭州 浙江人民美术出版社 1982 年 107cm（全开）
定价：CNY0.38

　　本作品是现代中国画。

J0030984
虎 万兆元作
石家庄 河北美术出版社 1982 年 107cm（全开）
定价：CNY0.30

　　本作品是中国现代国画翎毛走兽画。

J0030985
虎（胶印画轴）万兆元作
石家庄 河北美术出版社 1982 年 1 轴 附对联
107cm（全开）定价：CNY1.30

　　本作品是年画形式的中国现代国画翎毛走兽画。

J0030986
虎（胶印画轴）刘继卣作
武汉 湖北人民出版社 1982 年 1 轴 附对联

107cm（全开）定价：CNY1.80

　　本作品是年画形式的中国现代国画翎毛走兽画。

J0030987
虎 万盘根作
沈阳 辽宁美术出版社 1982 年 76cm（2 开）
定价：CNY0.13

　　本作品是年画形式的中国现代国画翎毛走兽画。

J0030988
虎 赵宋生作
昆明 云南人民出版社 1982 年 107cm（全开）
定价：CNY0.30

　　本作品是现代中国画。

J0030989
虎啸图（胶印画轴）慕凌飞作
天津 天津杨柳青画店 1982 年 1 轴 附对联
107cm（全开）定价：CNY1.30

　　年画形式的中国现代国画。

J0030990
花篮猫 林林画
济南 山东人民出版社 1982 年 76cm（2 开）
定价：CNY0.18

　　本作品是年画形式的中国现代国画翎毛走兽画。

J0030991
可爱的鸽子 田林海画
长春 吉林人民出版社 1982 年 76cm（2 开）
定价：CNY0.16

　　本作品是年画形式的中国现代国画翎毛走兽画。

J0030992
孔雀东南飞 董振中画
济南 山东人民出版社 1982 年 76cm（2 开）
定价：CNY0.16

　　本作品是年画形式的中国现代国画翎毛走兽画。作者董振中（1945—　），画家。山东人。字子午，号老草。毕业于浙江美术学院国画系。中国美术家协会会员、国家一级美术师、邹城市美术家协会主席、邹城市画院院长。出版有《董振中画集》《孟子圣迹图》《孔子圣迹图》等。

J0030993

翎毛集 张书旂编绘

长沙 湖南美术出版社 1982 年 72 页 26cm（16 开）统一书号：8233.260 定价：CNY1.20

　　本书系作者教授学生时所编画法讲义之一。全书图文并茂（画幅占 70 页）深入浅出，步骤明确明白易懂，是技法入门的好课本。

J0030994

猫 陈增胜画

济南 山东人民出版社 1982 年 2 张 76cm（2 开）定价：CNY0.36

　　本作品是年画形式的中国现代国画翎毛走兽画。作者陈增胜（1941— ），山东招远县人。曾先后深造于天津美术学院、北京画院。山东省美术家协会会员、山东省书画艺术促进会理事、威海海洋画院画师。主要著作有《怎样画猫》《陈增胜猫画选》《百猫谱》等。

J0030995

猫蝶富贵 叶川画

济南 山东人民出版社 1982 年 107cm（全开）定价：CNY0.28

　　本作品是年画形式的中国现代国画翎毛走兽画。

J0030996

猫戏蝶 陈增胜画

济南 山东人民出版社 1982 年 76cm（2 开）定价：CNY0.18

　　本作品是年画形式的中国现代国画翎毛走兽画。

J0030997

猫戏图 米春茂作

北京 人民美术出版社 1982 年 76cm（2 开）定价：CNY0.16

　　本作品是年画形式的中国现代国画翎毛走兽画。作者米春茂（1938— ），一级美术师。生于河北省霸州。历任沧州市文联专业画家、中国美术家协会会员、美协河北分会会员、河北省工艺美术学会常务理事、沧州市美协理事长。代表

作品有《米春茂画集》《中国画自学丛书——怎样画小动物》。

J0030998

猫戏图 史延芹作

上海 上海人民美术出版社 1982 年 76cm（2 开）定价：CNY0.16

　　本作品是中国现代年画。

J0030999

双鸡图 叶川画

济南 山东人民出版社 1982 年 1 张 76cm（2 开）定价：CNY0.18

　　本作品是年画形式的中国现代国画翎毛走兽画。

J0031000

五猫图 米春茂作

石家庄 河北美术出版社 1982 年 1 张 76cm（2 开）定价：CNY0.16

　　本作品是现代中国画。

J0031001

百驴图（下卷） 黄胄绘

南京 江苏人民出版社 1983 年 12 页 28cm（8 开）统一书号：8100.6.017 定价：CNY1.60

　　本书分上下两卷，共收 24 幅图。

J0031002

百鸟图 钱行健绘

上海 上海书画出版社 1983 年 26cm（16 开）定价：CNY5.00

　　本作品是现代中国画画册。作者钱行健（1935—2010），国画家。江苏无锡人。擅长中国画，专习山水、花鸟，兼文学及诗词，后致力于中国绘画理论的研究。曾任上海外国语大学艺术教研室主任、副教授，上海海外联谊会联谊书画社副社长、海墨画社社长、上海书画研究院理事等。代表作品有《碧浪》《幽涧听泉》《江月幽禽》等。

J0031003

百鸟图 李洪基作

天津 天津人民美术出版社 1983 年 76cm（2 开）定价：CNY0.18

本作品是中国现代年画。

J0031004
动物画 马承祥编绘
北京　科学普及出版社　1983 年　109 页　25cm
（15 开）统一书号：8051.1028　定价：CNY0.64
　　本图册大部分是作者写生绘制的，同时也收集了一些有关资料，整理收集了近 900 幅动物图案。

J0031005
动物母子图 刘继卣作
北京　北京出版社　1983 年　2 张　76cm（2 开）
定价：CNY0.26
　　中国现代年画作品。

J0031006
飞吧！小燕子 荆曰政画
济南　山东人民出版社　1983 年　76cm（2 开）
定价：CNY0.16
　　本作品是年画形式的中国现代国画翎毛走兽画。

J0031007
虎 卓然画
南宁　淳江出版社　1983 年　107cm（全开）
定价：CNY0.40
　　本作品是年画形式的中国现代国画翎毛走兽画。

J0031008
虎（胶印画轴）卓然画
南宁　漓江出版社　1983 年　1 轴　附对联
107cm（全开）定价：CNY1.90
　　本作品是年画形式的中国现代国画翎毛走兽画。

J0031009
虎 刘继卣作
北京　农村读物出版社　1983 年　107cm（全开）
定价：CNY0.36
　　本作品是年画形式的中国现代国画翎毛走兽画。

J0031010
虎 光相磬画

西宁　青海人民出版社　1983 年　107cm（全开）
定价：CNY0.36
　　本作品是年画形式的中国现代国画翎毛走兽画。

J0031011
虎 胡爽庵作
北京　人民美术出版社　1983 年　76cm（2 开）
定价：CNY0.16
　　本作品是现代中国画。

J0031012
虎 冯一鸣作
天津　天津人民美术出版社　1983 年　76cm（2 开）
定价：CNY0.18
　　本作品是现代中国画。

J0031013
虎啸 光元鲲作
合肥　安徽人民出版社　1983 年　107cm（全开）
定价：CNY0.32
　　本作品是现代中国画。

J0031014
虎啸图 沈高仁作
杭州　浙江人民美术出版社　1983 年　附对联
107cm（全开）定价：CNY0.60
　　本作品是年画形式的中国现代国画翎毛走兽画。

J0031015
吉庆有余 夏连雨，路雨年作
北京　农业出版社　1983 年　76cm（2 开）
定价：CNY0.13
　　本作品是年画形式的中国现代国画动物画。

J0031016
金鱼图 郭建国画
济南　山东人民出版社　1983 年　78cm（2 开）
定价：CNY0.30
　　本作品是年画形式的中国现代国画动物画。

J0031017
锦鸡　鸳鸯　兰鹊　鹦鹉 柳金燕画
济南　山东人民出版社　1983 年　2 张　76cm（2 开）

定价：CNY0.36

　　本作品是年画形式的中国现代国画翎毛走兽画。

J0031018

猫 张正宇作

北京 人民美术出版社 1983年 16页 19cm（32开）统一书号：8027.7900 定价：CNY1.10

　　本书为现代中国画中的翎毛走兽画画册。作者张正宇（1904—1976），江苏无锡人。历任《申报》画刊主编、中国青年艺术剧院舞台美术设计总顾问，兼任《人民画报》《美术》《戏剧报》编委等。合作创作大型动画片《大闹天宫》，代表作品《舞台美术小语》等。

J0031019

美丽的大公鸡 周洪生画

长春 吉林人民出版社 1983年 76cm（2开）定价：CNY0.16

　　本作品是年画形式的中国现代国画翎毛走兽画。作者周洪生（1938— ），画家。吉林梨树人，毕业于吉林艺术专科学校美术系和吉林艺术学校国画系。历任四平群众艺术馆副研究馆员、梨树文化馆美术组工作人员。作品有《献给我们的教师》《我心中的歌》。

J0031020

双猫图 卢根锁作

石家庄 河北美术出版社 1983年 1张 76cm（2开）定价：CNY0.16

J0031021

五虎图 柴祖舜作

北京 中国戏剧出版社 1983年 1张 76cm（2开）定价：CNY0.16

　　作者柴祖舜（1935— ），国家一级美术师。浙江杭州人，毕业于上海华东艺术专科学校。历任上海戏剧学院舞台美术系副教授、上海美术家协会会员、世界书画家协会绘画理论研究部常务理事。油画作品有《毛主席1919年在上海》《周总理在上钢》《刘伯承将军》《孙中山》等。著作有《怎样画素描头像》《走兽画技法》等。

J0031022

戏猫图 王国栋画

长春 吉林人民出版社 1983年 1张 76cm（2开）定价：CNY0.16

　　本作品是年画形式的中国现代国画翎毛走兽画。

J0031023

戏鱼图 郭建国画

济南 山东人民出版社 1983年 1张 76cm（2开）定价：CNY0.16

　　本作品是年画形式的中国现代国画动物画。

J0031024

虾 齐白石作

太原 山西人民出版社 1983年 1张 76cm（2开）定价：CNY0.18

J0031025

雄鹰 赵思温作

石家庄 河北美术出版社 1983年 1张 76cm（2开）定价：CNY0.16

　　本作品是现代中国画。

J0031026

雄鹰（胶印轴画）赵思温作

石家庄 河北美术出版社 1983年 1轴 附对联 107cm（全开）定价：CNY1.50

　　本作品是现代中国画。

J0031027

百鸟图 王烈侠，朱秀坤作

合肥 安徽科学技术出版社 1984年 76cm（2开）定价：CNY0.18

　　本作品是中国现代年画。

J0031028

百兽图 叶森槐绘

合肥 安徽科学技术出版社 1984年 76cm（2开）定价：CNY0.18

　　本作品是年画形式的中国现代国画翎毛走兽画。

J0031029

荷香鱼跃 路雨年作

石家庄 河北美术出版社 1984年 76cm（2开）定价：CNY0.16

本作品是年画形式的中国现代国画动物画。

J0031030
虎 葛茂柱，葛茂桐作
合肥 安徽人民出版社 1984 年 76cm（2 开）
定价：CNY0.16
　　本作品系画家所绘现代中国画翎毛走兽画。

J0031031
虎 张光莹画
福州 福建人民出版社 1984 年 78cm（3 开）
定价：CNY0.18
　　本作品系画家所绘现代中国画翎毛走兽画。

J0031032
虎啸雷鸣 沈高仁作
杭州 浙江人民美术出版社 1984 年 76cm（2 开）
定价：CNY0.16
　　本作品系画家所绘现代中国画翎毛走兽画。

J0031033
虎啸雷鸣（胶印轴画）沈高仁作
杭州 浙江人民美术出版社 1984 年 3 轴
附对联 108cm（全开）定价：CNY1.50
年画形式的中国现代国画。

J0031034
虎啸松月 刘德能作
成都 四川人民出版社 1984 年 76cm（2 开）
定价：CNY0.16
　　本作品系画家所绘现代中国画翎毛走兽画。

J0031035
画大鸡 李战云画
济南 山东美术出版社 1984 年 76cm（2 开）
定价：CNY0.16
　　本作品是年画形式的中国现代国画翎毛走兽画。

J0031036
金鱼戏水 秦汝文画
济南 山东美术出版社 1984 年 76cm（2 开）
定价：CNY0.16
　　本作品是年画形式的中国现代国画动物画。

J0031037
孔雀 仙鹤 锦鸡 鹦鹉 王一鸣画
济南 山东美术出版社 1984 年 2 张 76cm（2 开）
定价：CNY0.32
　　本作品是年画形式的中国现代国画翎毛走兽画。作者王一鸣（1945—2009），花鸟画家。辽宁盖州人。历任辽宁盖州市文联主席、高级工程师，中国美术家协会会员。

J0031038
双狮图 刘继卣作
北京 农村读物出版社 1984 年 1 张 76cm（2 开）
定价：CNY0.18
　　本作品是现代中国画之翎毛鸟兽画。

J0031039
四季有鱼 张选之画
济南 山东美术出版社 1984 年 2 张 76cm（2 开）
定价：CNY0.32
　　本作品是年画形式的中国现代国画动物画。

J0031040
万马奔腾 方书久作
上海 上海书画出版社 1984 年 1 张 76cm（2 开）
定价：CNY0.16
　　本作品是现代中国画。

J0031041
威震群山 张光莹作
广州 岭南美术出版社 1984 年 1 张
108cm（全开）定价：CNY0.50

J0031042
五虎图 张光莹作
上海 上海人民美术出版社 1984 年 1 张
76cm（2 开）定价：CNY0.40

J0031043
鱼肥荷香 路雨年作
北京 人民美术出版社 1984 年 76cm（2 开）
定价：CNY0.16
　　本作品是年画形式的中国现代国画动物画。

J0031044
八骏图 周戈作

兰州 甘肃人民出版社 1985 年 1 张 76cm（2 开）
定价：CNY0.25
　　现代中国画。

J0031045
八骏图 马晋，傅璋作
郑州 河南美术出版社 1985 年 4 张（卷轴）
76cm（2 开） 定价：CNY2.90
　　现代中国画。

J0031046
八骏图 赵毅作
天津 天津人民美术出版社 1985 年 1 张
76cm（2 开） 定价：CNY0.20
　　现代中国画。

J0031047
八骏图 方书久作
重庆 重庆出版社 1985 年 1 张 76cm（2 开）
定价：CNY0.40
　　现代中国画。

J0031048
百鸟图 杨艾湘作
长沙 湖南美术出版社 1985 年 1 张 76cm（2 开）
定价：CNY0.18

J0031049
百牛图 张广绘
北京 朝花美术出版社 1985 年 16 幅 19cm
（32 开）统一书号：8028.2063 定价：CNY3.00
　　现代中国画之动物画。

J0031050
奔马 徐悲鸿作
济南 山东美术出版社 1985 年 1 张 76cm（2 开）
定价：CNY0.20
　　现代中国画。

J0031051
动物屏：大熊猫·小熊猫·猴·豹猫 米春茂作
北京 人民美术出版社 1985 年 2 张 76cm（2 开）
定价：CNY0.48

J0031052
富余图 路雨年作
北京 人民美术出版社 1985 年 1 张 76cm（2 开）
定价：CNY0.26
　　本作品是年画形式的中国现代国画动物画。

J0031053
虎 方书久作
南京 江苏美术出版社 1985 年 4 轴 76cm（2 开）
定价：CNY2.20
　　现代中国画作品，卷轴装。

J0031054
虎 万盘根作
沈阳 辽宁美术出版社 1985 年 1 张 76cm（2 开）
定价：CNY0.20
　　本作品是年画形式的中国现代国画翎毛走兽画。

J0031055
虎 于晋里作
天津 天津人民美术出版社 1985 年 1 张（卷轴）
附对联 1 副 107cm（全开） 定价：CNY2.40
　　本作品是现代中国画之走兽画。

J0031056
虎虎有生气 张光莹作
哈尔滨 黑龙江美术出版社 1985 年 2 张
76cm（2 开） 定价：CNY0.42
　　现代中国画作品。

J0031057
虎啸谷鸣 封兴昌作
西安 陕西人民美术出版社 1985 年 1 张（卷轴）
附对联 1 副 107cm（全开） 定价：CNY3.60
　　本作品是现代中国画之走兽画。

J0031058
虎啸松摇 田茂怀作
石家庄 河北美术出版社 1985 年 1 张（卷轴）
附对联 1 副 107cm（全开） 定价：CNY3.10
　　本作品是现代中国画之走兽画。

J0031059
虎啸图 沈高仁作

北京 中国戏剧出版社 1985 年 1 张
107cm（全开） 定价：CNY0.50

　　本作品是年画形式的中国现代国画翎毛走
兽画。

J0031060

虎子图 张光莹作

重庆 重庆出版社 1985 年 1 张 76cm（2 开）
定价：CNY0.40

　　本作品是年画形式的中国现代国画翎毛走
兽画。

J0031061

花与猫 邓国基作

兰州 甘肃人民出版社 1985 年 1 张 76cm（2 开）
定价：CNY0.20

　　本作品是年画形式的中国现代国画翎毛走
兽画。

J0031062

鸡 黄胄作

太原 山西人民出版社 1985 年 1 张 76cm（2 开）
定价：CNY0.21

　　现代中国画。

J0031063

刘继卣动物画选 刘继卣绘

济南 山东美术出版社 1985 年 19cm（32 开）
统一书号：8332.348 定价：CNY1.35

　　现代中国画之动物画画册。

J0031064

猫嬉图 莫树滋作

南京 江苏美术出版社 1985 年 4 张 76cm（2 开）
定价：CNY0.85

J0031065

猫嬉图 莫树滋作

南京 江苏美术出版社 1985 年 4 张
［78cm］（3 开） 定价：CNY0.70

　　现代中国画作品。作者莫树滋（1941— ），
画家、国家一级美术师。江苏常州人，毕业于南
京师范学院美术系。中国美术家协会会员。代
表作品有《理想》《花香鸟语处处香》《路——瞿
秋白造像》《三杰图》，出版有《莫树滋画集》。

J0031066

猫戏十二姿 陈增胜作

济南 山东美术出版社 1985 年 2 张 76cm（2 开）
定价：CNY0.40

　　现代中国画。陈增胜（1941— ），又名泟润、
之润，大胜，号心雨斋主。山东招远人。中国美
术家协会会员、中国书法家协会会员、山东画院
高级画师、威海市美协副主席、威海画院副院
长、国家一级美术师。出版有《怎样画猫》《为俚
奴写照》《陈增胜画猫》《湿笔画虎》等。

J0031067

猫戏四条屏 薛长山，薛智国作

哈尔滨 黑龙江美术出版社 1985 年 2 张
76cm（2 开） 定价：CNY0.42

　　现代中国画。

J0031068

猫戏图 顾国治作

北京 人民美术出版社 1985 年 1 张 76cm（2 开）
定价：CNY0.23

　　中国现代年画。

J0031069

猫戏图 董振中作

太原 山西人民出版社 1985 年 1 张 76cm（2 开）
定价：CNY0.20

　　现代中国画作品。作者董振中（1945— ），
画家。山东人。字子午，号老草。毕业于浙江美
术学院国画系。中国美术家协会会员、国家一级
美术师、邹城市美术家协会主席、邹城市画院院
长。出版有《董振中画集》《孟子圣迹图》《孔子
圣迹图》等。

J0031070

猫戏图 丁建东作

上海 上海人民美术出版社 1985 年 1 张
76cm（2 开） 定价：CNY0.20

J0031071

群虎 张光莹作

重庆 重庆出版社 1985 年 4 张 76cm（2 开）
定价：CNY1.60

　　现代中国画之走兽画。

J0031072
神采具备《百牛图》 张广作
北京 朝华美术出版社 1985 年 15 张
27cm（16 开）精装 定价：CNY3.00
　　现代中国画之翎毛走兽画画册。

J0031073
万马奔腾 胡伯翔作
上海 上海书画出版社 1985 年 1 张 76cm（2 开）
定价：CNY0.20
　　现代中国画。

J0031074
王元良画虎专集 王永忱著
台北 东北文献季刊出版丛书第五种 1985 年
12+80+54 页 有肖像 26cm（16 开）
定价：TWD400.00（USD12.00，HKD10.00）

J0031075
小动物屏 米春茂作
石家庄 河北美术出版社 1985 年 2 张
76cm（2 开）定价：CNY0.44

J0031076
雄狮猛虎图 米春茂作
重庆 重庆出版社 1985 年 2 张 76cm（2 开）
定价：CNY0.40
　　现代中国画作品。

J0031077
鱼乐图 路雨年作
石家庄 河北美术出版社 1985 年 2 张
76cm（2 开）定价：CNY0.44
　　本作品是年画形式的中国现代国画动物画。

J0031078
八骏图 杨万国作
郑州 河南美术出版社 1986 年 1 张（卷轴）
76cm（2 开）定价：CNY1.00
　　现代中国画作品。

J0031079
百鸟图 张孝谦作
石家庄 河北美术出版社 1986 年 1 张
76cm（2 开）定价：CNY0.20

中国现代年画作品。

J0031080
百兽谱 钱嘉航编绘
天津 天津人民美术出版社 1986 年 150 页
26cm（16 开）统一书号：8073.50401
定价：CNY3.80
　　中国现代白描动物画作品。内收图片 150 幅。
作者采用线描的方法，以线作为造型手段，对千
姿百态的动物世界进行了深入的描绘，力求抓住
各种不同动物的不同姿态的最生动的造型，给
人以美的享受。作者钱嘉航，画家，善画动物白
描画。

J0031081
鹤鹿同春 王绍基作
杭州 浙江人民美术出版社 1986 年 1 张
76cm（2 开）定价：CNY0.20
　　本作品是年画形式的中国现代国画翎毛走
兽画。

J0031082
虎 何香凝作
上海 朵云轩 1986 年 1 张（绫裱卷轴）
　　现代中国画作品。

J0031083
虎 杨晓辉作
呼和浩特 内蒙古人民出版社 1986 年 1 张
107cm（全开）定价：CNY0.70
　　现代中国画作品。

J0031084
虎 区丽庄，郑乃珖作
西安 陕西人民美术出版社 1986 年 1 张
76cm（2 开）定价：CNY0.22
　　现代中国画作品。

J0031085
虎 朱竹庄作
昆明 云南人民出版社 1986 年 1 张
107cm（全开）定价：CNY0.40
　　现代中国画作品。

J0031086

虎啸松摇　田茂怀作

石家庄　河北美术出版社　1986 年　1 张（卷轴）

附对联 1 副　107cm（全开）　定价：CNY2.80

　　本作品是年画形式的中国现代国画翎毛走兽画。

J0031087

虎啸松月　李云龙作

成都　四川美术出版社　1986 年　1 张（卷轴）

附对联 1 副　107cm（全开）　定价：CNY2.80

　　本作品是年画形式的中国现代国画翎毛走兽画。

J0031088

虎啸图　沈高仁作

郑州　河南美术出版社　1986 年　1 张（卷轴）

附对联 1 副　107cm（全开）　定价：CNY2.40

　　本作品是年画形式的中国现代国画翎毛走兽画。

J0031089

虎啸图　汪更新作

上海　上海书画出版社　1986 年　1 张（卷轴）

107cm（全开）　定价：CNY2.70

　　现代中国画作品。

J0031090

鸡鸭鹭鹅　米春茂画

石家庄　河北美术出版社　1986 年　2 张

76cm（2 开）　定价：CNY0.44

　　本作品是年画形式的中国现代国画翎毛走兽画。

J0031091

金鱼百图集　凌虚作

上海　上海书画出版社　1986 年　94 页

10cm（64 开）　统一书号：8172.1219

定价：CNY7.80

　　中国现代动物画作品。

J0031092

鲤鱼　路雨年作

上海　上海人民美术出版社　1986 年　1 张

76cm（2 开）　定价：CNY0.20

　　本作品是年画形式的中国现代国画动物画。

J0031093

猫科动物条屏　米春茂画

石家庄　河北美术出版社　1986 年　2 张

76cm（2 开）　定价：CNY0.44

　　本作品是年画形式的中国现代国画翎毛走兽画。

J0031094

猫嬉图　柏翠作

郑州　河南美术出版社　1986 年　1 张（卷轴）

76cm（2 开）　定价：CNY1.00

　　现代中国画作品。

J0031095

禽鸟图谱　冀申等编绘

西安　陕西人民美术出版社　1986 年　286 页

19cm（32 开）　统一书号：8199.996

定价：CNY1.45

（美术参考资料）

　　中国现代白描动物画作品。

J0031096

威震群山　张光莹画；梁量书

广州　岭南美术出版社　1986 年　1 张　76cm（2 开）

定价：CNY0.25

　　本作品为现代中国画。

J0031097

韦江凡画马　韦江凡画

北京　人民美术出版社　1986 年　14 页　10cm

（64 开）　统一书号：8027.9672　定价：CNY0.90

　　作者韦江凡（1922—2016），著名画家，别名无竟、江帆，陕西澄城县人，毕业于西安私立中华美专。中国美术家协会会员、北京画院一级美术师、中国老教授协会会员。代表作品有《送上门》《时传祥》《奔腾的群马》《初上征途》等。出版画集有《韦江凡画马》《韦江凡画集》《中国近现代名家画集韦江凡》。

J0031098

五虎图　张光莹作

哈尔滨　黑龙江美术出版社　1986 年　1 张

76cm（2 开）　定价：CNY0.21

现代中国画作品。

J0031099
五虎闻瀑 张光莹作
上海 上海人民美术出版社 1986 年 1 张
76cm（2 开） 定价：CNY0.46
　　现代中国画作品。

J0031100
五虎闻瀑 张光莹作
上海 上海人民美术出版社 1986 年 1 张
76cm（2 开） 定价：CNY0.20
　　现代中国画作品。

J0031101
下山虎 谢呈祥作
天津 天津人民美术出版社 1986 年 1 张
76cm（2 开） 定价：CNY0.22
　　现代中国画作品。

J0031102
熊猫 张锦标作
上海 上海人民美术出版社 1986 年 1 张
76cm（2 开） 定价：CNY0.20
　　现代中国画作品。

J0031103
熊猫 张光莹作
成都 四川美术出版社 1986 年 1 张
107cm（全开） 定价：CNY0.48
　　现代中国画作品。

J0031104
熊猫 张光莹作
成都 四川美术出版社 1986 年 1 张
107cm（全开） 定价：CNY0.80
　　现代中国画作品。

J0031105
幽壑雄风 张光莹作
成都 四川美术出版社 1986 年 1 张（卷轴）
附对联 1 副 107cm（全开） 定价：CNY2.80
　　本作品是年画形式的中国现代国画翎毛走
兽画。

J0031106
鱼跃图 路雨年作
北京 人民美术出版社 1986 年 1 张 76cm（2 开）
定价：CNY0.20
　　本作品是年画形式的中国现代国画动物画。

J0031107
1988：燕刚画猫（挂历） 燕刚绘
北京 北京体育学院出版社 1987 年 78cm（3 开）
定价：CNY7.60
　　中国现代工艺美术作品。

J0031108
百鸟图 何青作
南宁 广西人民出版社 1987 年 1 张 76cm（2 开）
定价：CNY0.29
　　中国现代年画作品。

J0031109
鹤寿图 王一亭作
上海 朵云轩［1987 年］1 轴（卷轴）

J0031110
虎 张光莹作
北京 人民美术出版社 1987 年 1 张 76cm（2 开）
定价：CNY0.31
　　本作品是年画形式的中国现代国画翎毛走
兽画。

J0031111
虎 张光莹作
重庆 重庆出版社 1987 年 1 张 78cm（3 开）
定价：CNY0.44
　　现代中国画作品。

J0031112
虎啸松风 曾成金作
杭州 浙江人民美术出版社 1987 年 1 张
76cm（2 开） 定价：CNY0.25
　　本作品是年画形式的中国现代国画翎毛走
兽画。作者曾成金（1947— ），画家。浙江平阳
县人。毕业于浙江美术学院附中，后考入浙江美
术学院中国画系进修学习。中国美术家协会会
员、浙江省美术家协会会员、平阳县美协主席。
主要作品有《南雁荡山水古诗画意百图》《曾成

金中国画小品系列》《百子新图》等。

J0031113

虎啸松风 曾成金作；俞建华书

杭州 浙江人民美术出版社 1987 年 1 张

107cm（全开） 定价：CNY1.40

　　现代中国画作品。作者俞建华（1944—　），

美术编辑。生于浙江海盐，毕业于浙江美术学校

中国画系山水专业。历任浙江人民美术出版社

美术编辑、中国书法家协会浙江分会副主席、中

国书法家协会会员。

J0031114

虎啸松月 李云龙画

成都 四川美术出版社 1987 年 1 张 76cm（2 开）

定价：CNY0.26

　　现代中国画作品。

J0031115

黄胄国画选 黄胄绘

成都 四川美术出版社 1987 年 38cm（6 开）

统一书号：8373.381 定价：CNY8.80

J0031116

骏马图 杨万国画

天津 天津人民美术出版社 1987 年 4 轴（卷轴）

76cm（2 开） 定价：CNY2.65

　　本作品是年画形式的中国现代国画翎毛走

兽画。

J0031117

莲塘鹤影 路雨年作

上海 上海人民美术出版社 1987 年 1 张

76cm（2 开） 定价：CNY0.28

　　本作品是年画形式的中国现代国画翎毛走

兽画。

J0031118

猫嬉图 徐新奇作

杭州 浙江人民美术出版社 1987 年 1 张

76cm（2 开） 定价：CNY0.25

　　本作品是年画形式的中国现代国画翎毛走

兽画。

J0031119

猫戏图 王荣作

上海 上海人民美术出版社 1987 年 1 张

76cm（2 开） 定价：CNY0.28

J0031120

双虎 田茂怀画

石家庄 河北美术出版社 1987 年 1 张

76cm（2 开） 定价：CNY0.40

　　本作品是年画形式的中国现代国画翎毛走兽画。

J0031121

双将图 张青林，刘宗禧画

兰州 甘肃人民出版社 1987 年 1 张 53cm（4 开）

定价：CNY0.11

　　本作品是年画形式的中国现代国画翎毛走兽画。

J0031122

四虎图 张光莹作

天津 天津人民美术出版社 1987 年 4 轴（卷轴）

76cm（2 开） 定价：CNY2.65

　　本作品是年画形式的中国现代国画翎毛走兽画。

J0031123

四季猫戏图 陈增胜画

济南 山东美术出版社 1987 年 2 张 76cm（2 开）

定价：CNY0.56

　　本作品是年画形式的中国现代国画翎毛走

兽画。作者陈增胜（1941—　），山东招远县人。

曾先后深造于天津美术学院、北京画院。山东省

美术家协会会员、山东省书画艺术促进会理事、

威海海洋画院画师。主要著作有《怎样画猫》《陈

增胜猫画选》《百猫谱》等。

J0031124

五虎图 叶菁作

上海 上海书画出版社 1987 年 1 张 76cm（2 开）

定价：CNY0.28

　　现代中国画作品。

J0031125

新春喜游鱼 路雨年作

石家庄 河北美术出版社 1987 年 1 张

76cm（2 开） 定价：CNY0.30

　　本作品是年画形式的中国现代国画动物画。

J0031126
熊猫 张光莹作
上海　上海人民美术出版社　1987 年　2 张
107cm（全开）　定价：CNY1.16
　　本作品是年画形式的中国现代国画翎毛走
兽画。

J0031127
1000 个小动物画集 毛增南编绘
上海　上海科学普及出版社　1988 年　151 页
19×18cm　ISBN：7-5427-0055-3
定价：CNY1.65
　　本书采用图案、装饰、卡通等画法绘编的动
物画集。

J0031128
八骏图 马秋岩作
呼和浩特　内蒙古人民出版社［1988 年］1 张
（卷轴）108cm（全开）　定价：CNY2.00

J0031129
八骏图 马秋岩作
上海　上海书画出版社［1988 年］1 张（卷轴）
108cm（全开）　定价：CNY1.50

J0031130
百鸟图 陈效一等编绘
北京　人民美术出版社　1988 年　152 页　26cm
（16 开）ISBN：7-102-00111-8　定价：CNY3.25

J0031131
百鸟图 吴振兹作
上海　上海人民美术出版社　1988 年　1 张
78cm（2 开）　定价：CNY0.25
　　现代中国画作品。

J0031132
动物世界（鸟禽类）陈元冲画
广州　岭南美术出版社　1988 年　1 张　76cm（2 开）
定价：CNY0.38
　　本作品是年画形式的中国现代国画翎毛走
兽画。

J0031133
飞虎 张光莹画

福州　福建美术出版社　1988 年　1 张
108cm（全开）　定价：CNY0.80
　　本作品是年画形式的中国现代国画翎毛走
兽画。

J0031134
鹤冲云霄 陈国苏绘
南京　江苏科学技术出版社　1988 年　1 张
78cm（2 开）　定价：CNY0.85
　　本作品是年画形式的中国现代国画翎毛走
兽画。

J0031135
吼狮图 张光莹作
上海　上海人民美术出版社　1988 年　1 张
78cm（2 开）　定价：CNY0.25
　　本作品是年画形式的中国现代国画翎毛走
兽画。

J0031136
刘继卤动物画选（汉英对照）刘继卤绘
北京　荣宝斋　1988 年　10 张　15cm（64 开）
定价：CNY1.70

J0031137
猫蝶富贵 薛长山画
广州　岭南美术出版社　1988 年　1 张　76cm（2 开）
定价：CNY0.38
　　本作品是年画形式的中国现代国画翎毛走
兽画。

J0031138
猫嬉图 董振中画
济南　山东美术出版社　1988 年　1 张　76cm（2 开）
定价：CNY0.36
　　本作品是年画形式的中国现代国画翎毛走
兽画。作者董振中（1945— ），画家。山东人。
字子午，号老草。毕业于浙江美术学院国画系。
中国美术家协会会员、国家一级美术师、邹城市
美术家协会主席、邹城市画院院长。出版有《董
振中画集》《孟子圣迹图》《孔子圣迹图》等。

J0031139
牛德光老虎画选 牛德光绘
济南　山东美术出版社　1988 年　16 幅　26cm（16 开）

ISBN：7-5330-0163-X　定价：CNY4.50
　　现代中国画作品。

J0031140
群鹤图　赵宇敏画
济南　山东美术出版社　1988 年　2 张　76cm（2 开）
定价：CNY0.75
　　本作品是年画形式的中国现代国画翎毛走
兽画。

J0031141
狮虎图　田林海，龙桂风画
济南　山东美术出版社　1988 年　2 张　76cm（2 开）
定价：CNY0.75
　　本作品是年画形式的中国现代国画翎毛走
兽画。

J0031142
水禽花鸟　路雨年作
上海　上海人民美术出版社　1988 年　2 张
76cm（2 开）　定价：CNY0.72
　　本作品是年画形式的中国现代国画翎毛走
兽画。

J0031143
四季有余　路雨年作
天津　天津人民美术出版社　1988 年　4 张（卷轴）
76cm（2 开）　定价：CNY3.90
　　本作品是年画形式的中国现代国画动物画。

J0031144
仙鹤四条屏　田云鹏作
天津　天津人民美术出版社　1988 年　4 张（卷轴）
76cm（2 开）　定价：CNY3.90
　　本作品是年画形式的中国现代国画翎毛走
兽画。

J0031145
小白兔　陈宝万画
广州　岭南美术出版社　1988 年　1 张　76cm（2 开）
定价：CNY0.38
　　本作品是年画形式的中国现代国画翎毛走
兽画。

J0031146
云间丽鹤　朱子容作
杭州　浙江人民美术出版社　1988 年　1 张
76cm（2 开）　定价：CNY0.80
　　现代中国画作品。

J0031147
云间丽鹤　朱子容作
杭州　浙江人民美术出版社　1988 年　1 张
76cm（2 开）　定价：CNY0.50
　　现代中国画作品。

J0031148
八骏图　杨万国绘
长春　吉林美术出版社　1989 年　1 张　76cm（2 开）
定价：CNY1.20
　　现代中国画作品。

J0031149
百兽图　陈效一等编绘
北京　人民美术出版社　1989 年　128 页　26cm
（16 开）　ISBN：7-102-00110-X　定价：CNY3.25

J0031150
奔马　董善明绘
石家庄　河北美术出版社　1989 年　1 张
76cm（2 开）　定价：CNY0.52
　　现代中国画作品。

J0031151
陈增胜猫画选　陈增胜绘
济南　山东美术出版社　1989 年　16 页　有照片
26cm（16 开）　ISBN：7-5330-0189-3
定价：CNY3.30

J0031152
动物画　刘师艾绘
北京　中国文联出版公司　1989 年　154 页　19cm
（32 开）　ISBN：7-5059-0953-3　定价：CNY4.90
　　作者刘师艾（1952—　），祖籍山东。毕业于
哈尔滨师范大学美术系和河北师范学院美术系。
历任香港《黄河动画》社长兼总编、中国企化促
进会传统文化委员会主任、中国书画艺术委员会
常务理事、河北美术理论研究会理事等职。

J0031153
动物世界 倪延志绘
北京 人民美术出版社 1989 年 1 张 76cm（2 开）
定价：CNY0.50
　　本作品是年画形式的中国现代国画翎毛走兽画。

J0031154
荷塘鱼肥 顾国治绘
杭州 浙江人民美术出版社 1989 年 1 张
76cm（2 开） 定价：CNY1.20
　　本作品是年画形式的中国现代国画动物画。

J0031155
鹤临福来 吕丁绘
上海 上海书画出版社［1989 年］1 轴（卷轴）
附对联 1 副 107cm（全开） 定价：CNY3.00
　　本作品是年画形式的中国现代国画翎毛走兽画。

J0031156
鹤鹿同春 徐德元绘
沈阳 辽宁美术出版社 1989 年 1 张 76cm（2 开）
定价：CNY0.55
　　本作品是年画形式的中国现代国画翎毛走兽画。

J0031157
鹤鹿同春 张大元绘
上海 上海书画出版社 1989 年 1 张 76cm（2 开）
定价：CNY0.45
　　本作品是年画形式的中国现代国画翎毛走兽画。

J0031158
鹤鸣深山 朱子容绘
长春 吉林美术出版社 1989 年 1 张
107cm（全开） 定价：CNY1.20
　　本作品是年画形式的中国现代国画翎毛走兽画。

J0031159
鹤舞丰年 郝良彬绘
上海 上海书画出版社 1989 年 1 张
107cm（全开） 定价：CNY1.00

　　本作品是年画形式的中国现代国画翎毛走兽画。

J0031160
鹤舞千年 张会元绘
南昌 江西人民出版社 1989 年 1 张 76cm（2 开）
定价：CNY1.08
　　本作品是年画形式的中国现代国画翎毛走兽画。

J0031161
鹤舞千年 张会元绘
南昌 江西人民出版社 1989 年 1 张
107cm（全开） 定价：CNY2.16
　　本作品是年画形式的中国现代国画翎毛走兽画。

J0031162
鹤乡银晖 倪延志绘
长春 吉林美术出版社 1989 年 1 张 76cm（2 开）
定价：CNY0.55
　　本作品是年画形式的中国现代国画翎毛走兽画。

J0031163
红鲤戏莲塘 路雨年绘
沈阳 辽宁美术出版社 1989 年 1 张 76cm（2 开）
定价：CNY0.55
　　本作品是年画形式的中国现代国画动物画。

J0031164
虎 段新年绘
石家庄 河北美术出版社 1989 年 1 轴（卷轴）
附对联一副 107cm（全开） 定价：CNY4.60
　　本作品是年画形式的中国现代国画翎毛走兽画。

J0031165
虎 段新年绘
石家庄 河北美术出版社 1989 年 1 张
76cm（2 开） 定价：CNY0.50
　　本作品是年画形式的中国现代国画翎毛走兽画。

J0031166
虎 杨贵云, 张玉龙绘
西安 陕西人民美术出版社 1989 年 2 张
76cm（2 开）定价：CNY0.95
　　本作品是年画形式的中国现代国画翎毛走兽画。

J0031167
虎虎有生气 张光莹绘
天津 天津人民美术出版社 1989 年 4 张（卷轴）
76cm（2 开）定价：CNY4.60
　　本作品是年画形式的中国现代国画翎毛走兽画。作者张光莹（1939— ），画家。生于重庆大足县。历任永川书画院副院长、中国美协四川分会会员。画集有《百虎图》《张光莹虎作精品选集》《重庆野生动物世界》《珍稀动物集锦》等。专著有《老虎画法》。

J0031168
虎啸风声 张光莹绘
天津 天津人民美术出版社 1989 年 1 轴（卷轴）
附对联一副 107cm（全开）定价：CNY4.60
　　本作品是年画形式的中国现代国画翎毛走兽画。

J0031169
虎啸图 朱介堂绘
杭州 浙江人民美术出版社 1989 年 1 张
76cm（2 开）定价：CNY0.45
　　现代中国画作品。

J0031170
虎啸图 朱介堂绘
杭州 浙江人民美术出版社 1989 年 1 张
107cm（全开）定价：CNY1.60
　　现代中国画作品。

J0031171
虎啸图 朱介堂绘
杭州 浙江人民美术出版社 1989 年 1 轴（卷轴）
附对联一副 107cm（全开）定价：CNY5.40
　　本作品是年画形式的中国现代国画翎毛走兽画。

J0031172
骏马腾飞庆丰年 刘佩珩绘
长春 吉林美术出版社 1989 年 1 张 76cm（2 开）
定价：CNY0.55
　　本作品是年画形式的中国现代国画翎毛走兽画。

J0031173
骏马图 杨万国绘
天津 天津人民美术出版社 1989 年 4 张（卷轴）
76cm（2 开）定价：CNY4.60
　　本作品是年画形式的中国现代国画翎毛走兽画。

J0031174
骏马图 王璠竹绘
杭州 浙江人民美术出版社 1989 年 1 张
76cm（2 开）定价：CNY1.30
　　本作品是年画形式的中国现代国画翎毛走兽画。

J0031175
可爱的猫咪 崔森林绘
北京 人民美术出版社 1989 年 1 张 76cm（2 开）
定价：CNY0.50
　　本作品是年画形式的中国现代国画翎毛走兽画。作者崔森林（1943— ），美术编辑。笔名黎恩、李恩。生于山东济南，毕业于济南艺术学校。任山东美术出版社副编审。作品有《省里送来显微镜》《黄河》《第一面八一军旗的诞生》《毛主席视察北园》等，小说《不屈的昆仑》插图。

J0031176
刘勃舒画马 刘勃舒绘；湖南美术出版社编
长沙 湖南美术出版社 1989 年 55 页 有照片
24×13cm ISBN：7-5356-0231-2
定价：CNY3.50
（著名国画家专题技法丛书）
　　本书收集了刘勃舒的速写、笔墨练习草图、作画步骤的照片和佳作数十幅。

J0031177
刘继卣画马选（汉英对照）刘继卣绘
北京 荣宝斋 1989 年 10 张 15cm（40 开）
定价：CNY2.10

J0031178

马 徐悲鸿绘

长沙 湖南美术出版社 1989 年 1 轴（卷轴）
附对联一副 107cm（全开） 定价：CNY3.20

　　本作品是年画形式的中国现代国画翎毛走
兽画。

J0031179

猫咪戏金鱼 徐新奇绘

杭州 浙江人民美术出版社 1989 年 1 张
76cm（2 开） 定价：CNY0.45

　　本作品是年画形式的中国现代国画翎毛走
兽画。

J0031180

猫趣图 徐成智绘

武汉 湖北美术出版社 1989 年 1 张 76cm（2 开）
定价：CNY0.60

　　本作品是年画形式的中国现代国画翎毛走
兽画。作者徐成智（1937— ），江苏金坛人。曾
任武汉画院画师、湖北省美术家协会会员、湖北
省连环画研究会首届副会长等职。代表作品有
《友谊之花》《丰收歌舞》《情寓西厢》《体操王子》
等。

J0031181

猫禧图 王荣绘

上海 上海人民美术出版社 1989 年 2 张
76cm（2 开） 定价：CNY0.90

　　本作品是年画形式的中国现代国画翎毛走
兽画。

J0031182

猫戏图 顾念胄，李用夫绘

南京 江苏美术出版社 1989 年 1 张 76cm（2 开）
定价：CNY0.55

　　中国现代年画作品。

J0031183

猫戏图 王荣绘

呼和浩特 内蒙古人民出版社 1989 年
1 张（卷轴） 107cm（全开） 定价：CNY2.60

　　现代中国画作品。

J0031184

猛虎图 封兴昌绘

西安 陕西人民美术出版社 1989 年 1 张
107cm（全开） 定价：CNY0.95

　　本作品是年画形式的中国现代国画翎毛走
兽画。

J0031185

热带鱼图 戴岳轩绘

北京 人民美术出版社 1989 年 1 张 76cm（2 开）
定价：CNY0.50

　　本作品是年画形式的中国现代国画动物画。

J0031186

双猫悦春 徐新奇绘

长春 吉林美术出版社 1989 年 1 张 76cm（2 开）
定价：CNY0.55

　　本作品是年画形式的中国现代国画翎毛走
兽画。

J0031187

万马奔腾 张一尊绘

长沙 湖南美术出版社 1989 年 1 张
107cm（全开） 定价：CNY0.70

　　现代中国画作品。

J0031188

万马奔腾 马天琪绘

沈阳 辽宁美术出版社 1989 年 1 张
107cm（全开） 定价：CNY2.40

　　现代中国画作品。

J0031189

我的小鸟 韦献青绘

上海 上海人民美术出版社 1989 年 1 张
76cm（2 开） 定价：CNY0.45

　　本作品是年画形式的中国现代国画翎毛走
兽画。作者韦献青（1956— ）。擅长年画、油画。
江苏常州人。进修于上海大学美术学院美术设
计系。现任上海人民美术出版社年画、宣传画室
编辑。作品《我的小鸟》《四化新标兵》《天上有
个太阳》均入选全国美展。

J0031190

雄鹰展翅 田玉洲绘

石家庄 河北美术出版社 1989年 1轴(卷轴)
附对联一副 107cm(全开) 定价: CNY4.60
　　本作品是年画形式的中国现代国画翎毛走
兽画。

J0031191
熊猫 张锦标绘
上海 上海人民美术出版社 1989年 1张
76cm(2开) 定价: CNY0.55
　　现代中国画作品。

J0031192
珍禽 张琪, 宏民绘
天津 天津人民美术出版社 1989年 4张(卷轴)
76cm(2开) 定价: CNY4.60
　　本作品是年画形式的中国现代国画翎毛走
兽画。

J0031193
朱育莲虎画选 朱育莲绘
北京 华夏出版社 1989年 33页 29cm(16开)
ISBN: 7-80053-604-1 定价: CNY18.00
　　现代中国画作品。

J0031194
百兽谱 钱嘉航编绘
天津 天津人民美术出版社 1990年 150页
26cm(16开) ISBN: 7-5305-0030-9
定价: CNY5.45
　　本书收入白描动物画作品150幅图。作者
采用线描的方法,以线作为造型手段,对于千姿
百态的动物世界进行了深入的描绘,作者力求抓
住各种不同动物、不同姿态的最生动的造型,给
人以美的享受。作者钱嘉航,画家,善画动物白
描画。

J0031195
动物四条屏 刘奎龄绘
天津 天津人民美术出版社 1990年 4张
76cm(2开) 定价: CNY5.00
　　本作品是年画形式的中国现代国画翎毛走
兽画。

J0031196
鹤鹿同春 朱子容绘

南昌 江西人民出版社 1990年 1张
107cm(全开) 定价: CNY2.16
　　本作品是年画形式的中国现代国画翎毛走
兽画。

J0031197
鹤鹿同春 耕夫, 徐昊绘
天津 天津人民美术出版社 1990年 1轴(卷轴)
对联1副 定价: CNY5.00
　　本作品是年画形式的中国现代国画翎毛走
兽画。

J0031198
鹤寿图 张琪, 宏民绘
天津 天津人民美术出版社 1990年 4张
76cm(2开) 定价: CNY5.00
　　本作品是年画形式的中国现代国画翎毛走
兽画。

J0031199
鹤寿图 豫强, 蒋云花绘
杭州 浙江人民美术出版社 1990年 1张
107cm(全开) 定价: CNY1.70
　　本作品是年画形式的中国现代国画翎毛走
兽画。

J0031200
鹤寿图 豫强, 蒋云花绘
杭州 浙江人民美术出版社 1990年 1张
76cm(2开) 定价: CNY0.45
　　本作品是年画形式的中国现代国画翎毛走
兽画。

J0031201
虎 王荣绘
北京 人民美术出版社 1990年 1张 76cm(2开)
定价: CNY0.50
　　本作品是年画形式的中国现代国画翎毛走
兽画。

J0031202
骏马屏 于志祥绘
济南 山东美术出版社 1990年 2张 76cm(2开)
定价: CNY1.00
　　本作品是年画形式的中国现代国画翎毛走

兽画。

J0031203
骏马腾飞 杨志斌绘
天津 天津人民美术出版社 1990 年 1 张
107cm（全开） 定价：CNY1.10
　　本作品是年画形式的中国现代国画翎毛走
兽画。

J0031204
可爱的小白兔 方敦传绘
杭州 浙江人民美术出版社 1990 年 1 张
76cm（2 开） 定价：CNY0.45
　　本作品是年画形式的中国现代国画翎毛走
兽画。作者方敦传（1941— ），安徽郎溪县人。
师范毕业。安徽省美术家协会会员、安徽年画研
究会会员，曾任郎溪县文化馆副馆长。擅长年画、
中国画。代表作品有《鹅乡春暖》《福妞》《山河
长春》等。

J0031205
林城翰画集 林成翰绘
北京 中国画报出版社 1990 年 47 页 有照片
23×25cm ISBN：7-80024-074-6
定价：CNY30.00（平装），CNY38.00（精装）
　　本集收入画家所做《百鸡图》（亦称《百吉
图》）。

J0031206
马到成功（庚午画马专辑） 沈以正总编辑；熊
宜中执行编辑
台北 台湾艺术教育馆 1990 年 [8]+45 页
有彩图 29cm（16 开） 定价：TWD250.00

J0031207
猫蝶富贵 楼恩章绘
上海 上海人民美术出版社 1990 年 1 张
76cm（2 开） 定价：CNY0.50
　　本作品是年画形式的中国现代国画翎毛走
兽画。

J0031208
猫嬉图 王荣绘
西安 陕西人民美术出版社 1990 年 4 张
76cm（2 开） 定价：CNY2.40

本作品是年画形式的中国现代国画翎毛走
兽画。

J0031209
猫嬉鱼 李用夫绘
天津 天津人民美术出版社 1990 年 1 张
107cm（全开） 定价：CNY1.10
　　本作品是年画形式的中国现代国画翎毛走
兽画。

J0031210
猫戏图 徐新奇绘
杭州 浙江人民美术出版社 1990 年 1 张
76cm（2 开） 定价：CNY1.10
　　中国现代年画作品。

J0031211
双猫图 冠连文，王志强绘
天津 天津人民美术出版社 1990 年 1 张
76cm（2 开） 定价：CNY0.50
　　本作品是年画形式的中国现代国画翎毛走
兽画。

J0031212
四鸡图 祖文，尹墨绘
沈阳 辽宁美术出版社 1990 年 2 张 76cm（2 开）
定价：CNY1.10
　　本作品是年画形式的中国现代国画翎毛走
兽画。

J0031213
四季鱼乐图 曾宪和绘
济南 山东美术出版社 1990 年 2 张 76cm（2 开）
定价：CNY1.00
　　本作品是年画形式的中国现代国画动物画。
作者曾宪和，画家，江西吉安人。主要作品有《农
闲时节》《绵上添花》《松鹤延年》等。

J0031214
威镇群山 张光莹绘
广州 岭南美术出版社 1990 年 1 张 76cm（2 开）
定价：CNY0.55
　　本作品是年画形式的中国现代国画翎毛走
兽画。

J0031215

我爱小羊羔 陈宝万绘

呼和浩特 内蒙古人民出版社 1990 年 1 张
76cm（2 开） 定价：CNY0.55

本作品是年画形式的中国现代国画翎毛走兽画。

J0031216

百鸟图 吴振兹绘

上海 上海人民美术出版社 1991 年 1 张
76cm（2 开） 定价：CNY0.50

本作品系中国年画。

J0031217

虎威图 张光莹绘；窦宝铁书

天津 天津人民美术出版社 1991 年 4 轴 76cm
（2 开） ISBN：7-5305-2532-5 定价：CNY5.20

本作品是年画形式的中国现代国画翎毛走兽画。

J0031218

虎啸松风 王荣绘；王治喜书

西安 陕西人民美术出版社 1991 年 1 张 107cm
（全开） 定价：CNY1.15

本作品是年画形式的中国现代国画翎毛走兽画。

J0031219

虎啸图 封兴昌绘

西安 陕西人民美术出版社 1991 年 1 张
107cm（全开） 定价：CNY2.50

本作品是年画形式的中国现代国画翎毛走兽画。

J0031220

虎啸图 冯爱国，刘德忠绘

天津 天津人民美术出版社 1991 年 1 张 76cm
（2 开） ISBN：7-5305-2214-4 定价：CNY0.55

本作品是年画形式的中国现代国画翎毛走兽画。

J0031221

虎啸图 何业琦绘

杭州 浙江人民美术出版社 1991 年 1 张
76cm（2 开） 定价：CNY0.50

本作品是年画形式的中国现代国画翎毛走兽画。

J0031222

金鱼 张德俊，张璐绘

上海 上海人民美术出版社 1991 年 2 张
76cm（2 开） 定价：CNY1.00

本作品是年画形式的中国现代国画动物画。

J0031223

可爱的小猫咪 徐新奇绘

长春 吉林美术出版社 1991 年 1 张 76cm（2 开）
定价：CNY0.63

本作品是年画形式的中国现代国画翎毛走兽画。

J0031224

猫嬉图 霍建本，霍建勃绘

上海 上海人民美术出版社 1991 年 2 张
76cm（2 开） 定价：CNY1.00

本作品是年画形式的中国现代国画翎毛走兽画。

J0031225

猫戏图 孙公照绘

北京 人民美术出版社 1991 年 1 张
107cm（全开） 定价：CNY1.30

本作品系中国年画。作者孙公照（1943— ），画家。山东青岛人。山东美术家协会会员、德州美术家协会名誉主席。擅长油画、水粉画、年画，尤精于风景画。油画作品有《波涌夕阳》等。

J0031226

猛虎图 冯爱国，刘德忠绘

天津 天津人民美术出版社 1991 年 1 张 76cm
（2 开） ISBN：7-5305-2214-5 定价：CNY0.55

本作品是年画形式的中国现代国画翎毛走兽画。

J0031227

趣墨天成（吴大宪儿童动物画集）吴大宪编

济南 济南出版社 1991 年 94 页 19cm（小 32 开）
ISBN：7-80572-343-5 定价：CNY4.20

本书作者运用简笔画的方法，将运动、变化着的动物进行巧妙变形，绘制了 50 多种常见动物，如慈爱的母鸡、天真的小驴、憨气的小猪、可爱的小白兔、神秘的猫头鹰、顽皮的猴子、威武的老虎、凶残的狼、形形色色的蝴蝶、贪婪的蛇等。

J0031228
万马奔腾 杨志斌绘
天津　天津人民美术出版社　1991年　1张　76cm（2开）ISBN：7-5305-2212-2　定价：CNY0.55
现代中国画作品。

J0031229
王学曾画鹰 王学曾绘
西安　陕西人民教育出版社　1991年　32页　26cm（16开）ISBN：7-5419-2492-X　定价：CNY5.90
作者王学曾（1939—　），河南人，陕西画报社编辑部主任。

J0031230
玉兰孔雀 朱恩吉绘
沈阳　辽宁美术出版社　1991年　1张　76cm（2开）ISBN：7-5314-0919-4　定价：CNY0.58
本作品是年画形式的中国现代国画翎毛走兽画。

J0031231
月夜虎啸 朱子容绘
上海　上海人民美术出版社　1991年　1张　107cm（2开）定价：CNY2.50
本作品是年画形式的中国现代国画翎毛走兽画。

J0031232
珍禽图 王满良，腾化文绘
天津　天津人民美术出版社　1991年　4轴　76cm（2开）ISBN：7-5305-2529-7　定价：CNY5.20
本作品是年画形式的中国现代国画翎毛走兽画。

J0031233
八骏图 李志彬作
天津　天津人民美术出版社　1992年　1张　77×106cm　ISBN：7-5305-2226-7
定价：CNY1.30
本作品系现代中国画。

J0031234
柴祖舜百虎画集 柴祖舜绘；冯守棠编
北京　国际文化出版公司　1992年　47页　24×26cm　ISBN：7-80049-863-8
定价：CNY15.50
现代中国画之翎毛走兽画画册。外文书名：The Tigers Picture Album of Traditional Chinese Painting. 作者柴祖舜（1935—　），国家一级美术师。浙江杭州人，毕业于上海华东艺术专科学校。历任上海戏剧学院舞台美术系副教授、上海美术家协会会员、世界书画家协会绘画理论研究部常务理事。油画作品有《毛主席1919年在上海》《周总理在上钢》《刘伯承将军》《孙中山》等。著作有《怎样画素描头像》《走兽画技法》等。作者冯守棠，上海戏剧学院研究所任教。

J0031235
光元鲲画虎作品选 光元鲲绘；光相白选编
合肥　安徽美术出版社　1992年　重印本　36页　有彩照　37cm（8开）定价：CNY18.00
本作品选收集作者画虎作品37幅。作品反映了虎在高山、密林、大壑中吟啸而出的情景，主要以风雨云雾、积雪、松石、漫草为衬托等。

J0031236
猛虎神威 张光莹作
天津　天津人民美术出版社　1992年　4轴　146×38cm　定价：CNY5.60
年画形式的中国现代国画。

J0031237
千猫图 孙菊生画
北京　文津出版社　1992年　48页　38cm（6开）ISBN：7-80554-126-4　定价：CNY40.00
现代中国画作品。

J0031238
虎啸生风 王铭，金龙作
杭州　浙江人民美术出版社　1993年　1张　106×77cm　定价：CNY2.70
现代中国画作品。

J0031239
荒庐虎痴（阴衍江国画作品集）阴衍江绘
哈尔滨　黑龙江美术出版社　1993年　37页

25×27cm ISBN：7-5318-0134-5
定价：CNY42.00
　　作者阴衍江（1940—2011），画家。中国美术家协会会员、一级画师、黑龙江美术出版社专业画家，黑龙江文史馆馆员。

J0031240
张广画牛 张广绘
北京 人民美术出版社 ［1993 年］ 1 张
26×74cm ISBN：7-102-01275-6
定价：CNY4.80

J0031241
鲍诗度意象小品 鲍诗度绘
合肥 安徽美术出版社 1994 年 12 张 26×26cm
散页套装 ISBN：7-5398-0344-4
定价：CNY15.00

J0031242
沧米画牛 周沧米编绘
济南 山东美术出版社 1994 年 72 页 26cm
（16 开）ISBN：7-5330-0810-3 定价：CNY45.00
　　现代中国画作品。

J0031243
李燕动物画 李燕著
北京 农村读物出版社 1994 年 38 页 26cm
（16 开）ISBN：7-5048-2426-7 定价：CNY7.80
（美术技法丛书）
　　本书收有动物画作品 40 幅。

J0031244
李涵画集 李涵绘
天津 天津杨柳青画社 ［1995 年］ 16 张
36cm（15 开）散页装 ISBN：7-80503-265-3
定价：CNY24.00
　　作者李涵，当代著名画家。

J0031245
刘继卣动物画集 刘继卣绘
北京 人民美术出版社 1995 年 167 页 38cm（6 开）
精装 ISBN：7-102-01476-7
　　现代中国画之动物画画册，中英文本。外文书名：Animal Painting by Liu Jiyou. 作者刘继卣（1918—1983），画家。天津人。就读于天津市立

美术馆西画系。曾任职于文化部艺术局、人民美术出版社，曾任中国美术家协会理事、北京市工笔人物画研究会副会长、北京市花鸟画研究会副会长。代表作品有《大闹天宫》《雄狮图》《孔雀开屏》《鸡毛信》等。

J0031246
徐昌酩画集 徐昌酩绘
上海 上海教育出版社 1995 年 36 页 25×26cm
ISBN：7-5320-4541-2 定价：CNY55.00
（当代著名中国画画家专列 上海）
　　外文书名：Xu Changming Paintings. 作者徐昌酩（1929—2018），美术师。浙江桐乡人。上海市美术家协会秘书长、常务副主席。出版有《徐昌酩装饰画》《徐昌酩动物装饰画集》《徐昌酩漫画集》等。

J0031247
卓然画集（一 狮虎专册 汉英对照）卓然绘
北京 人民中国出版社 1995 年 102 页 37cm
精装 ISBN：7-80065-560-1 定价：CNY268.00
　　本书系现代中国画。

J0031248
八骏图 杨志彬绘
天津 天津人民美术出版社 1996 年 1 轴
53×140cm 统一书号：85305.518
定价：CNY6.40
　　本作品系现代中国画。

J0031249
百鹿图 张辛国绘
天津 天津人民美术出版社 1996 年 1 函（14 张）
38×26cm 统一书号：85305·0604
定价：CNY7.00
　　作者张辛国（1926— ），编辑。河北安平人，就读于中央美术学院。历任河北美术出版社总编辑、编审，中国美术家协会会员、河北美术家协会顾问。出版有《怎样画鹿》《张辛国动物画集》《百鹿图》等。

J0031250
百鸟图 钱行健绘
上海 上海书画出版社 1996 年 100 页
26cm（16 开）精装 ISBN：7-80512-095-1

定价：CNY42.00

　　本作品是现代中国画画册。作者钱行健（1935—2010），国画家。江苏无锡人。擅长中国画，专习山水、花鸟，兼文学及诗词，后致力于中国绘画理论的研究。曾任上海外国语大学艺术教研室主任、副教授，上海海外联谊会联谊书画社副社长、海墨画社社长、上海书画研究院理事等。代表作品有《碧浪》《幽涧听泉》《江月幽禽》等。

J0031251

吴寿谷虎画集　吴寿谷绘

上海　学林出版社　1996 年　65 页　38cm（6 开）精装　ISBN：7-80616-279-8　定价：CNY160.00

　　现代中国画之翎毛走兽画画册。

J0031252

家禽家畜谱　河北美术出版社编

石家庄　河北美术出版社　1997 年　100 页 28cm（大 16 开）ISBN：7-5310-0974-9

定价：CNY46.00

（花鸟画谱丛书）

J0031253

李广利画集　李广利绘

北京　中国和平出版社　1997 年　29cm（18 开）ISBN：7-80101-750-1

定价：CNY80.00，CNY120.00（精装）

　　现代中国画画册。

J0031254

猛禽猛兽谱　河北美术出版社编

石家庄　河北美术出版社　1997 年　100 页 28cm（大 16 开）ISBN：7-5310-0970-6

定价：CNY46.00

（花鸟画谱丛书）

J0031255

小动物谱　河北美术出版社编

石家庄　河北美术出版社　1997 年　100 页 28cm（大 16 开）ISBN：7-5310-0891-2

定价：CNY43.00

（花鸟画谱丛书）

J0031256

徐培晨国画猿猴集［徐培晨绘］

北京　文化艺术出版社　1997 年　144 页 38cm（6 开）精装　ISBN：7-5039-1637-0

定价：CNY265.00

J0031257

阴衍江画虎集　阴衍江绘

哈尔滨　黑龙江美术出版社　1997 年　68 页 29cm（16 开）ISBN：7-5318-0422-0　定价：CNY38.00

J0031258

百虎图　阴衍江作

哈尔滨　黑龙江美术出版社　1998 年　15 张 20×38cm　ISBN：7-5318-0499-9

定价：CNY6.80

　　中国现代中国画。作品中的虎，"虎虎有生气"，虎吟啸而出，或纵或卧，咆吼欢跃，尽得虎威之态。画中百虎或聚、或散、或立、或卧、或嬉戏、或奔逐，无不形神皆备。

J0031259

鹤　张宝林编选

天津　天津人民美术出版社　1998 年　90 页 13×13cm　精装　ISBN：7-5305-0964-0

定价：CNY18.50

（中国历代名家绘画撷珍）

J0031260

鸡　齐白石绘

长沙　湖南美术出版社　1998 年　29cm（16 开）ISBN：7-5356-1108-7　定价：CNY10.00

（齐白石画谱　第一辑）

　　作者齐白石（1864—1957），近现代中国绘画大师，国画家、篆刻家。湖南湘潭人。原名纯芝，字渭青，号兰亭，后改名璜，字濒生，号白石等。历任国立北京艺术专科学校和京华美术专科学校教习、教授，中央美术学院名誉教授、中国文学艺术界联合会主席团委员、中国画研究会和中国美术家协会主席、中国画院名誉院长。代表作有《蛙声十里出山泉》《墨虾》等。著有《白石诗草》《齐白石作品集》《白石老人自述》等。

J0031261

鸡　张宝林编选

天津 天津人民美术出版社 1998 年 90 页
13×13cm 精装 ISBN：7-5305-0969-1
定价：CNY18.50
（中国历代名家绘画撷珍）

J0031262
刘心安画集 刘心安绘
天津 天津人民美术出版社 1998 年
28cm（大 16 开） ISBN：7-5305-0892-X
定价：CNY78.00
　　现代中国画之翎毛走兽画画册。

J0031263
蛙 齐白石绘
长沙 湖南美术出版社 1998 年 29cm（16 开）
ISBN：7-5356-1106-0 定价：CNY10.00
（齐白石画谱 第一辑）

J0031264
蛙 齐林编选
天津 天津人民美术出版社 1998 年 90 页
13×13cm 精装 ISBN：7-5305-0957-8
定价：CNY18.50
（中国历代名家绘画撷珍）

J0031265
汪同琪画集 汪同琪绘
天津 天津人民美术出版社 1998 年 29cm
（16 开） ISBN：7-5305-0893-8 定价：CNY38.00
　　现代中国画之翎毛走兽画画册。

J0031266
王纯祥画集 王纯祥绘
天津 天津人民美术出版社 1998 年
28cm（大 16 开） ISBN：7-5305-0919-5
定价：CNY80.00
（当代画家精品集）
　　现代中国画之翎毛走兽画画册。

J0031267
虾 齐白石绘
长沙 湖南美术出版社 1998 年 29cm（16 开）
ISBN：7-5356-1102-8 定价：CNY10.00
（齐白石画谱 第一辑）

J0031268
蟹 齐白石绘
长沙 湖南美术出版社 1998 年 29cm（16 开）
ISBN：7-5356-1103-6 定价：CNY10.00
（齐白石画谱 第一辑）

J0031269
鸭 齐白石绘
长沙 湖南美术出版社 1998 年 29cm（16 开）
ISBN：7-5356-1107-9 定价：CNY10.00
（齐白石画谱 第一辑）

J0031270
鹰 齐白石绘
长沙 湖南美术出版社 1998 年 29cm（16 开）
ISBN：7-5356-1105-2 定价：CNY10.00
（齐白石画谱 第一辑）

J0031271
鱼 齐白石绘
长沙 湖南美术出版社 1998 年 29cm（16 开）
ISBN：7-5356-1104-4 定价：CNY10.00
（齐白石画谱 第一辑）

J0031272
宗万华画虎 宗万华绘
天津 天津杨柳青画社 1998 年 60 页 25×26cm
ISBN：7-80503-212-2
定价：CNY50.00，CNY80.00（精装）
　　作者宗万华（1946— ），毕业于天津工艺美
院，中国美术家协会会员、天津杨柳青画社美术
编审、中国民俗艺术研究院特约研究员。出版有
《宗万华画虎》《工笔画虎技法》《拓临工笔画范
本》《虎》《风虎云龙》等。

J0031273
百鱼图 陈永锵作
哈尔滨 黑龙江美术出版社 1999 年 [15]张
38cm（6 开） 散页套装 ISBN：7-5318-0724-6
定价：CNY6.80
（水墨册页百图丛书）
　　作者陈永锵（1948— ），画家。生于广州，祖
籍广东南海西樵，毕业于广州美术学院国画系研
究生班。历任广州市文化局副局长兼广州画院院
长、广东美术家协会副主席、中国国家画院研

员、岭南画派纪念馆名誉馆长等。作品有《南天开阔好纵横》《南粤雄风》《岭南花》《雄姿英发》。

J0031274
动物工笔画小品选萃 张有等编著
沈阳 辽宁美术出版社 1999年 51页 24×26cm
ISBN：7-5314-2286-7 定价：CNY30.00

J0031275
鹤 李子侯[绘]
杭州 中国美术学院出版社 1999年 有照片
43cm ISBN：7-81019-759-2 定价：CNY18.00
（中国花鸟画临本丛书）

J0031276
李学写意百鹰图 李学[绘]
北京 煤炭工业出版社 1999年 102页 26cm
（16开） ISBN：7-5020-1794-1 定价：CNY58.00
　　本画册作者在画法上采取中国画的"团"、"线"关系，技巧上借用西画的透视、素描以及雕塑的体积意识，在千百年来传统的有限的画鹰的基础上别开生面地创造出300幅不同造型的鹰姿。作者李学（1946—　　），画家、雕塑家，中国人才研究会一级艺术家学部委员，出版有《造型艺术断想》《李学水粉画写生》等书画集。

J0031277
孟祥顺画集［孟祥顺绘］
北京 人民美术出版社 1999年 128页
36cm（15开） 精装 ISBN：7-102-02103-8
定价：CNY280.00
（中国当代美术家）
　　本书收作者以虎为题材的翎毛走兽画60幅，包括《王者雄风》《雪涧听鱼》《狮子王》《母子图》《王中之王》等。作者孟祥顺（1956—　），画家，教授。生于通化市，祖籍山东。号师虎堂主。毕业于中央美术学院国画系。中国艺术研究院教授、中国美术家协会会员。代表作品《大山·矿山·太阳》，著有《孟祥顺画集》《孟祥顺书法集》《孟祥顺画虎》等。

J0031278
仙鹤栖息图 曾伟绘；张德重摄
成都 四川美术出版社 1999年 66页 37cm
精装 ISBN：7-5410-1547-4 定价：CNY180.00

J0031279
［名人书画集］
民国 影印本 有图 线装
　　分五册。

J0031280
中山先生史画十种 杨奇虹作
上海 大东书局［民国］10张 14cm（64开）
定价：三角

J0031281
［名人书画集］上海商务印书馆编；吴待秋藏
上海 商务印书馆 民国十至十一年
［1921—1922］影印本 线装
　　分十三册。

J0031282
［国画集］天津绿渠美术会编
天津 绿渠美术会 民国二十四年［1935］影印本
　　本书为《绿渠丛刊》之一。

国画题材的年历

J0031283
荷花（1963＜癸卯＞年历画）王雪涛作
［北京］荣宝斋 1962年［1张］有绫裱
　　中国现代国画花鸟画作品。

J0031284
梅花（1963＜癸卯＞年历画）田士光作
［北京］荣宝斋 1962年［1幅］有绫裱
　　中国现代国画花鸟画作品。

J0031285
杏花（1963＜癸卯＞年历画）俞致贞作
［北京］荣宝斋 1962年［1张］有绫裱
　　中国现代国画花鸟画作品。

J0031286
簪花图（1964年＜甲辰年＞历画）宋忠元作
上海 上海人民美术出版社 1963年 78cm（2开）
定价：CNY0.12
　　中国现代国画人物画作品。作者宋忠元

（1932—2013），教授。上海奉贤人，毕业于浙江美术学院，留校任教。历任中国美术学院教授、副院长、中国美术家协会理事、浙江美术协会副主席、浙江省文联委员等职。代表作品有《文成公主入藏图》《游春图》《邓白像》等。

J0031287
爱晚亭（1965年＜乙巳＞年历画）钱松嵒画；王诚龙设计
［长沙］湖南人民出版社 1964年［1张］
53cm（4开）定价：CNY0.10
　　中国现代国画作品。作者钱松嵒（1899—1985），当代画家。江苏宜兴人。曾任江苏省国画院院长、名誉院长，江苏省美术家协会主席、中国美术家协会常务理事等。画作有《红岩》《延安颂》《芙蓉湖上》《山岳颂》等。代表作品有《梅园新村》《延安颂》《红岩》《井冈大瀑布》等。著作《砚边点滴》。出版物《钱松嵒画集》等。

J0031288
华嵒花鸟 文物出版社编辑
［北京］文物出版社 1964年 8张(套)
13cm（64开）定价：CNY0.64
　　明信片，清代国画作品。作者华岩（1682—1756），清代画家。一作华嵒，字德嵩，更字秋岳，号新罗山人、白沙道人等。福建上杭白砂里人。画作有《高山云鹤》《水国浮牛》《青松悬崖》《倚马题诗》等。

J0031289
宋代花鸟（960-1279）文物出版社编辑
［北京］文物出版社 1964年 20张(套)
15cm（64开）定价：CNY1.50
　　明信片，宋代国画花鸟画作品选。

J0031290
戴花要戴大红花（公历一九六六年〈夏历丙午年〉节气表）裴家同作
合肥 安徽人民出版社 1965年 53cm（4开）
定价：CNY0.08
　　中国现代国画作品。

J0031291
民族歌舞（夏历丙午年二十四节气表）张琳作
沈阳 辽宁美术出版社 1965年 53cm（4开）

定价：CNY0.08
　　中国现代国画作品。

J0031292
现代京剧《智取威虎山》（国画 1972年年历）
［石家庄］河北人民出版社 1971年［1］张
53cm（4开）定价：CNY0.09

J0031293
现代舞剧《白毛女》（国画 1972年年历）
［石家庄］河北人民出版社 1971年［1］张
53cm（4开）定价：CNY0.15

J0031294
春到沙石峪（中国画 1973年年历）唐山陶瓷学校美术教研组作
［石家庄］河北人民出版社 1972年 54cm（4开）
定价：CNY0.15

J0031295
红太阳光辉暖万代（中国画 1973年年历）
上海 上海书画社 1972年 54cm（4开）
定价：CNY0.20

J0031296
矿山新兵（国画 1973年年历）
［济南］山东人民出版社 1972年 54cm（4开）
定价：CNY0.07

J0031297
昆仑山下瓜果香（年画 1973＜农历癸丑年＞年历）廉敏作
乌鲁木齐 新疆人民出版社 1972年 54cm（4开）
定价：CNY0.08
　　中国现代国画作品。

J0031298
漓江两岸尽朝晖（中国画 1973＜农历癸丑年＞年历）何典荣作
南宁 广西人民出版社 1972年 39cm（4开）
定价：CNY0.04
　　中国现代国画山水画作品。

J0031299
练武归来（中国画 1973＜农历癸丑年＞年历）

朱自谦作
乌鲁木齐 新疆人民出版社 1972 年 54cm（4 开）
定价：CNY0.08

J0031300
娄山关夕照（中国画 1973 年年历）李可染作
贵阳 贵州人民出版社 1972 年 54cm（4 开）
定价：CNY0.07
　　中国现代国画山水画作品。

J0031301
毛竹丰收（国画 1973 年年历）鲁坤峰等合作
杭州 浙江人民出版社 1972 年 30cm（10 开）
定价：CNY0.06
　　中国现代国画花鸟画作品。

J0031302
南方油城（中国画 1973< 农历癸丑年 > 年历）
关山月作
广州 广东人民出版社 1972 年 27cm（16 开）
定价：CNY0.05
　　作者关山月（1912—2000），国画家、教育
家。原名关泽霈。生于广东阳江。历任广州市
艺专教授、广州美术学院教授兼院长、广东画院
院长、中国美术家协会副主席、广东省美术家协
会副主席等职。代表作有《江山如此多娇》《俏
不争春》《绿色长城》《长河颂》等。

J0031303
劈峰截岭（中国画 1973 年年历）陈忠义作
沈阳 辽宁人民出版社 1972 年 39cm（4 开）
定价：CNY0.07
　　中国现代国画山水画作品。

J0031304
劈峰截岭（中国画 1973 年年历）陈忠义作
沈阳 辽宁人民出版社 1972 年 54cm（4 开）
定价：CNY0.10
　　中国现代国画山水画作品。

J0031305
奇志（国画 1973 年年历）肖明作
［兰州］甘肃人民出版社 1972 年 39cm（4 开）
定价：CNY0.04

J0031306
奇志（国画 1973 年年历）肖明作
兰州 甘肃人民出版社 1972 年 54cm（4 开）
定价：CNY0.08

J0031307
三峡夜航（中国画 1970 年年历）
上海 上海书画社 1972 年 54cm（4 开）
定价：CNY0.20

J0031308
山河新貌（中国画 1973 年年历）吴守明，钟
长生作
石家庄 河北人民出版社 1972 年 54cm（4 开）
定价：CNY0.15
　　中国现代国画山水画作品。

J0031309
通途劈上彩云间（中国画 1973< 农历癸丑年 >
年历）桂林市专业、业余美术创作学习班集体
创作
南宁 广西人民出版社 1972 年 1 张 39cm（8 开）
定价：CNY0.04

J0031310
以粮为纲 全面发展（中国画 1973 年年历）
广州 广东人民出版社 1972 年 1 张 39cm（8 开）

J0031311
育苗（中国画 1973 年年历）景继生等作
石家庄 河北人民出版社 1972 年 54cm（4 开）
定价：CNY0.15

J0031312
八达岭上（中国画 1974 年年历 汉、蒙文对
照）魏泉深作
呼和浩特 内蒙古人民出版社 1973 年 1 张
53cm（4 开）定价：CNY0.11

J0031313
草原"红小兵"（中国画 1974 年年历 汉、蒙
文对照）胡勃作
呼和浩特 内蒙古人民出版社 1973 年
53cm（4 开）定价：CNY0.11
　　中国现代国画人物画作品。

J0031314
草原英雄小姐妹（中国画 1974〈农历甲寅年〉年历胶印轴画）
天津 天津杨柳青画店 1973 年 定价：CNY0.20
　　中国现代国画人物画作品。

J0031315
层林尽染 （中国画 1974〈农历甲寅年〉年历）
李可染作
哈尔滨 黑龙江人民出版社 1973 年
53cm（4 开） 定价：CNY0.03

J0031316
富阳秋色 （中国画 1974〈农历甲寅年〉年历）
孙克纲作
天津 天津杨柳青画店 1973 年 53cm（4 开）
定价：CNY0.25

J0031317
古塞新湖（中国画 1974 年年历）钱松嵒作
石家庄 河北人民出版社 1973 年 53cm（4 开）
定价：CNY0.10
　　中国现代国画山水画作品。作者钱松嵒
（1899—1985），当代画家。江苏宜兴人。曾任江
苏省国画院院长、名誉院长，江苏省美术家协会
主席、中国美术家协会常务理事等。画作有《红
岩》《延安颂》《芙蓉湖上》《山岳颂》等。代表作
品有《梅园新村》《延安颂》《红岩》《井冈大瀑布》
等。著作《砚边点滴》。出版物《钱松嵒画集》等。

J0031318
古塞新湖（中国画 一九七四〈农历甲寅年〉年
历胶印轴画）钱松嵒作
天津 天津杨柳青画店 1973 年 ［78cm］（2 开）
定价：CNY0.20
　　中国现代国画山水画作品。

J0031319
湖上小学（中国画 1974 年年历）刘鲁生画
济南 山东人民出版社 1973 年 53cm（4 开）
定价：CNY0.12
　　中国现代国画山水画作品。

J0031320
黄山迎客松（中国画 1974〈农历甲寅年〉年历）
黄幻吾作
合肥 安徽人民出版社 1973 年 53cm（4 开）
定价：CNY0.14
　　中国现代国画山水画作品。

J0031321
假日（中国画 1974 年年历）蔡本坤作
广州 广东人民出版社 1973 年 53cm（4 开）
定价：CNY0.11

J0031322
锦绣江南鱼米乡 （中国画 1974 年年历） 钱
松嵒作
南京 江苏人民出版社 1973 年 53cm（4 开）
定价：CNY0.05

J0031323
矿山朝晖（中国画 1974 年年历）孙恩同作
沈阳 辽宁人民出版社 1973 年 53cm（4 开）
定价：CNY0.10

J0031324
漓江雨霁 （中国画 1974〈农历甲寅年〉年历）
阳太阳作
南宁 广西人民出版社 1973 年 53cm（4 开）
定价：CNY0.08
　　中国现代国画山水画作品。

J0031325
绿色长城（中国画 1974 年年历）关山月作
石家庄 河北人民出版社 1973 年 53cm（4 开）
定价：CNY0.15
　　中国现代国画山水画作品。

J0031326
牡丹（中国画 1974〈农历甲寅年〉年历）贺志
伊作
郑州 河南人民出版社 1973 年 38cm（6 开）
定价：CNY0.04
　　中国现代国画花鸟画作品。

J0031327
牡丹（中国画 1974〈农历甲寅年〉年历）王雪
涛作
天津 天津杨柳青画店 1973 年 53cm（4 开）

定价：CNY0.25

中国现代国画花鸟画作品。

J0031328

南海晨曲（中国画　1974年年历）陈政明作

广州　广东人民出版社　1973年　26cm（16开）

定价：CNY0.04

作者陈政明（1941—　），画家。广东普宁人，毕业于汕头市师范学校。历任中国美术家协会理事、广东美协中国画艺术委员会副主任、汕头市美术家协会主席、汕头中国画院院长，国家一级美术师。代表作有《南海晨曲》《特区姑娘》《夕阳红》等，出版有《陈政明画集》《陈政明国外写生画集》等。

J0031329

女队长（中国画　1974年年历）

兰州　甘肃人民出版社　1973年　38cm（6开）

定价：CNY0.04

中国现代国画人物画作品。

J0031330

女队长（中国画　1974年年历）

兰州　甘肃人民出版社　1973年　53cm（4开）

定价：CNY0.08

中国现代国画人物画作品。

J0031331

塞外江南（中国画　1974年年历）陈忠义作

沈阳　辽宁人民出版社　1973年　53cm（4开）

定价：CNY0.10

中国现代国画山水画作品。

J0031332

山村秋色（中国画　1974〈农历甲寅年〉年历）李可染作

天津　天津杨柳青画店　1973年　53cm（4开）

定价：CNY0.25

中国现代国画山水画作品。

J0031333

哨（中国画　1974年年历）陈洞庭作

广州　广东人民出版社　1973年　38cm（60开）

定价：CNY0.08

中国现代国画作品。

J0031334

万紫千红总是春（中国画　1974年年历）张振铎作

武汉　湖北人民出版社　1973年　1张　38cm（6开）

定价：CNY0.10

中国现代国画花鸟画作品。

J0031335

我国珍贵动物熊猫（中国画　1974年年历）康师尧作

西安　陕西人民出版社　1973年　1张　53cm（4开）

定价：CNY0.24

J0031336

乌蒙春晓（中国画　1974年年历）李君岳作

贵阳　贵州人民出版社　1973年　1张　53cm（4开）

定价：CNY0.07

中国现代国画山水画作品。

J0031337

洗犁（中国画　1974年年历）宋吟可作

贵阳　贵州人民出版社　1973年　1张　53cm（4开）

定价：CNY0.07

J0031338

喜迎春（中国画　1974年年历）张彦青作

济南　山东人民出版社　1973年　1张　53cm（4开）

定价：CNY0.16

J0031339

小舟穿过桃花村（中国画　一九七四〈农历甲寅年〉年历胶印轴画）李可染作

天津　天津杨柳青画店　1973年　1张

定价：CNY0.20

J0031340

熊猫（中国画　1974年年历）贾宜群作

贵阳　贵州人民出版社　1973年　1张　53cm（4开）

定价：CNY0.07

中国现代国画翎毛走兽画作品。

J0031341

熊猫（中国画　1974〈农历甲寅年〉年历）吴作人作

天津　天津杨柳青画店　1973年　1张　53cm（4开）

定价：CNY0.25

中国现代国画翎毛走兽画作品。

J0031342

雪梅图（中国画 1974〈农历甲寅年〉年历 汉、维吾尔新文字对照）关山月作

乌鲁木齐 新疆人民出版社 1973 年 1 张 53cm（4 开）定价：CNY0.08

中国现代国画花鸟画作品。作者关山月（1912—2000），国画家、教育家。原名关泽霈。生于广东阳江。历任广州市艺专教授、广州美术学院教授兼院长、广东画院院长、中国美术家协会副主席、广东省美术家协会副主席等职。代表作有《江山如此多娇》《俏不争春》《绿色长城》《长河颂》等。

J0031343

阳朔胜境图（中国画 1974 年年历）李可染作

上海 上海书画社 1973 年 1 张 53cm（4 开）定价：CNY0.20

中国现代国画山水画作品。

J0031344

咏梅（中国画 1974〈农历甲寅年〉年历）王子武作

西安 陕西人民出版社 1973 年 53cm（4 开）定价：CNY0.07

中国现代国画花鸟画作品。

J0031345

长江神女峰（中国画 1974 年年历）伍必端作

石家庄 河北人民出版社 1973 年 53cm（4 开）定价：CNY0.15

中国现代国画山水画作品。

J0031346

织渔网（中国画 1974〈农历甲寅年〉年历）黄胄作

天津 天津杨柳青画店 1973 年 53cm（4 开）定价：CNY0.25

J0031347

阿姨到我家（中国画 1975 年年历）黄旭作

[广州] 广东人民出版社 1974 年 53cm（4 开）定价：CNY0.07

J0031348

报春图（中国画 1975〈农历乙卯年〉年历 汉、蒙文标题）都家鳞作

[呼和浩特] 内蒙古人民出版社 1974 年 38cm（6 开）定价：CNY0.05

J0031349

北京送来的礼物（中国画 1975 年年历）林墉等作

[广州] 广东人民出版社 1974 年 53cm（4 开）定价：CNY0.07

J0031350

草原"红小兵"（中国画 1975 年年历 汉、蒙文标题）胡勃作

[呼和浩特] 内蒙古人民出版社 1974 年 2 版 53cm（4 开）定价：CNY0.07

中国现代国画人物画作品。

J0031351

处处岗哨（中国画 1975 年年历）戴明德作

上海 上海书画社 1974 年 26cm（16 开）定价：CNY0.03

作者戴明德（1943—2017），国画家，教授。生于上海，祖籍浙江宁海。毕业于上海美术专科学校。上海大学美术学院教授、中国美术家协会会员。作品有《憧憬》《上冬学》《五老图》等。

J0031352

春江怒涛（中国画 1975 年年历）卓鹤君等作

[杭州] 浙江人民出版社 1974 年 39cm（4 开）定价：CNY0.11

J0031353

大地轰鸣（中国画 1975〈农历乙卯年〉年历）张子忠等作

[哈尔滨] 黑龙江人民出版社 1974 年 38cm（6 开）定价：CNY0.04

J0031354

斗风雪保春羔（中国画 1975〈农历乙卯年〉年历 汉、蒙文标题）官布作

[呼和浩特] 内蒙古人民出版社 1974 年 38cm（6 开）定价：CNY0.04

作者官布（1928—2013），蒙古族，画家。

毕业于齐齐哈尔军政大学。历任中国美协第二、三、四届理事，北京海峡两岸书画家联谊会常务理事、常务副主席。代表作品有《傍晚》《读毛主席的书》《草原小姐妹》《壶口瀑布》《万马奔腾》等。

J0031355
河山不夜（中国画　1975 年年历）　徐子鹤作
[合肥]安徽人民出版社　1974 年　39cm（4 开）
定价: CNY0.12

J0031356
红旗渠水绕太行（中国画　1975〈农历乙卯年〉年历）刘书民作
[郑州]河南人民出版社　1974 年　39cm（4 开）
定价: CNY0.05

J0031357
后来人（中国画　1975 年年历）　陈忠志，何景明作
[南宁]广西人民出版社　1974 年　76cm（2 开）
定价: CNY0.07

J0031358
淮河新装（中国画　1975 年年历）郑伊农作
[合肥]安徽人民出版社　1974 年　39cm（8 开）
定价: CNY0.12

J0031359
黄河提灌站（中国画　1975 年年历）于太昌画
[济南]山东人民出版社　1974 年　53cm（4 开）
定价: CNY0.07

J0031360
黄山新瀑（中国画　1975 年年历）傅炳奎作
[合肥]安徽人民出版社　1974 年　39cm（4 开）
定价: CNY0.12
　　中国现代国画山水画作品。

J0031361
坚持不懈（中国画　1975 年年历）刘柏荣作
[长春]吉林人民出版社　1974 年　53cm（4 开）
定价: CNY0.07

J0031610
锦绣山河春常在（中国画　1975 年年历）钱松喦作
[南京]江苏人民出版社　1974 年　39cm（4 开）
定价: CNY0.05
　　中国现代国画山水画作品。

J0031362
林海朝晖（中国画　1975 年年历）王庆淮作
[长春]吉林人民出版社　1974 年　53cm（4 开）
定价: CNY0.07

J0031363
农业后勤（中国画　1975〈农历乙卯年〉年历）
天津　天津杨柳青画店　1974 年　53cm（4 开）
定价: CNY0.25

J0031364
蓬莱渔汛（中国画　1975 年年历）张彦青画
[济南]山东人民出版社　1974 年　39cm（8 开）
定价: CNY0.09

J0031365
秦岭山麓展新图（中国画　1975〈农历乙卯年〉年历）西安市美术创作组作
[西安]陕西人民出版社　1974 年　53cm（4 开）
定价: CNY0.07
　　中国现代国画山水画作品。

J0031366
如果敌人从那边来（中国画　1975 年年历）
[长春]吉林人民出版社　1974 年　53cm（4 开）
定价: CNY0.07

J0031367
如果敌人从那边来（中国画　1975 年年历）
单应桂画
[济南]山东人民出版社　1974 年　39cm（4 开）
定价: CNY0.09

J0031368
申请入党（中国画　1975 年年历）梁岩画
[长春]吉林人民出版社　1974 年　38cm（6 开）
定价: CNY0.07
　　作者梁岩（1943—　），画家。曾用名梁青江，

河北清苑人。曾在河北井陉煤矿、河北省群众艺术馆工作。中国美协湖北分会专业画家、中国美术家协会会员。

J0031369
太湖新歌（中国画 1975〈农历乙卯年〉年历）林曦明作
[哈尔滨] 黑龙江人民出版社 1974 年 38cm（6 开）定价：CNY0.04
　　中国现代国画山水画作品。

J0031370
天堑变通途（中国画 1975 年年历）魏紫熙作
[北京] 荣宝斋 1974 年 53cm（4 开）
定价：CNY0.08

J0031371
喜听原油滚滚（中国画 1975〈农历乙卯年〉年历）
天津 天津杨柳青画店 1974 年 53cm（4 开）
定价：CNY0.25

J0031372
喜听原油滚滚流（中国画 1975 年年历）王洪涛画
[济南] 山东人民出版社 1974 年 39cm（8 开）
定价：CNY0.09

J0031373
演革命戏　作革命人（中国画 1975〈农历乙卯年〉年历）刘称奇作
北京 人民美术出版社 1974 年 53cm（4 开）
定价：CNY0.18

J0031374
殷殷烈士血　化为钱江潮（中国画 1975 年年历）蔡传隆作
[杭州] 浙江人民出版社 1974 年 39cm（4 开）
定价：CNY0.11

J0031375
银河飞渡（中国画 1975 年年历）孙恩同作
[沈阳] 辽宁人民出版社 1974 年 53cm（4 开）
定价：CNY0.10

J0031376
银线横空谱新歌（中国画 1975 年年历）黄纯尧作
上海 上海书画社 1974 年 53cm（4 开）
定价：CNY0.08

J0031377
育苗（中国画 1975〈农历乙卯年〉年历）李超，黄乃源作
[西安] 陕西人民出版社 1974 年 53cm（4 开）
定价：CNY0.07

J0031378
战地新歌（中国画 1975 年年历）吴自强作
[杭州] 浙江人民出版社 1974 年 39cm（8 开）
定价：CNY0.11

J0031379
北京送来的礼物（中国画 1976 年年历）伍启中等作
[西安] 陕西人民出版社 1975 年 53cm（4 开）
定价：CNY0.07

J0031380
茶花盛开白云间（中国画 1976 年年历）章开森作
上海 上海书画社 1975 年 30cm（12 开）
定价：CNY0.04

J0031381
成长（国画 1976< 农历丙辰年 > 年历）王振中，蒲国昌作
[贵阳] 贵州人民出版社 1975 年 53cm（4 开）
定价：CNY0.07
　　作者蒲国昌（1937— ），教授。四川成都人，毕业于中央美术学院。擅长版画、中国画，现为贵州大学艺术学院教授、硕士生导师。作品有《节日》《召唤》《机器时代》系列，《石榴》系列，《人—人》系列等。

J0031382
大寨新貌（中国画 1976< 农历丙辰年 > 年历）
北京 人民美术出版社 1975 年 53cm（4 开）
定价：CNY0.07，CNY0.18（铜版纸）

J0031383

辉县陈家院水库（中国画 1976<农历丙辰年
>年历）陈天然作

[郑州] 河南人民出版社 1975 年 53cm（4 开）

定价：CNY0.05

　　作者陈天然（1926—2018），书画家、版画
家、诗人。河南巩义人。历任中国美术家协会、
中国书法家协会常务理事，河南省书画院院长。
代表作品有《牛群》《套耙》《山地冬播》等。

J0031384

今日江南分外娇（中国画 1976 年年历） 钱
松嵒作

[北京] 荣宝斋 1975 年 53cm（4 开）

定价：CNY0.08

　　中国现代国画山水画作品。

J0031385

井冈山朱砂冲哨口（中国画 1976 年年历）
黎雄才作

[广州] 广东人民出版社 1975 年 53cm（4 开）

定价：CNY0.16

J0031386

浦江朝晖（中国画 1976 年年历）林曦明等集
体创作

上海 上海书画社 1975 年 53cm（4 开）

定价：CNY0.08

　　中国现代国画山水画作品。

J0031387

天上银河落太行（中国画 1976<农历丙辰年
>年历）张三友作

[郑州] 河南人民出版社 1975 年 53cm（4 开）

定价：CNY0.05

J0031388

新课堂（中国画 1976<农历丙辰年 >年历）
鸥洋作

北京 人民美术出版社 1975 年 38cm（6 开）

定价：CNY0.10

　　作者鸥洋（1937— ），女，生于湖北武昌，原
籍江西龙南，毕业于广州美术学院，留校任教。
历任广州美术学院教授、中国美术家协会会员、
中国油画学会理事、广东美术家协会油画艺术委

员会委员、广东油画学会副主席。代表作有《女
民警》《往事涌心头》《金色的秋天》等。

J0031389

信儿捎给台湾小朋友（中国画 1976 年年历）

上海 上海书画社 1975 年 53cm（4 开）

定价：CNY0.06

　　中国现代国画人物画作品。

J0031390

幸福渠（中国画 1976 年 <农历丙辰年 >年历）
秦文美作

[哈尔滨] 黑龙江人民出版社 1975 年
53cm（4 开） 定价：CNY0.10

J0031391

映山红 （国画 1976<农历丙辰年 >年历） 宋
吟可作

[贵阳] 贵州人民出版社 1975 年 53cm（4 开）

定价：CNY0.07

　　中国现代国画花鸟画作品。

J0031392

长城脚下幸福渠（中国画 1976<农历丙辰年 >
年历）白雪石，侯德昌作

北京 人民美术出版社 1975 年 38cm（6 开）

定价：CNY0.10

　　中国现代国画作品。作者白雪石（1915—
2011），画家，教授。北京市人，斋号何须斋。自
幼习画，早年师从赵梦朱，后拜梁树年为师。执
教于北京师范学院、北京艺术学院、中央工艺美
院，同时兼任北京山水画研究会会长。代表作品
有《万壑松风》《千峰竞秀》《早春图》《漓江一曲
千峰秀》等。

J0031393

风雨无阻（中国画 1977 年年历）胡正伟作

银川 宁夏人民出版社 1976 年 1 张 53cm（4 开）

定价：CNY0.08

J0031394

旧貌变新颜（中国画 1977〈农历丁巳年〉年历）
费正画

石家庄 河北人民出版社 1976 年 1 张
53cm（4 开） 定价：CNY0.14

作者费正(1938—　)，出生于重庆市，原籍江苏启东。毕业于中央美术学院。曾在解放军部队及出版部门从事美术工作。河北画院专业画家、河北美术家协会副主席。作品有《老农》《剥蒜》《春》等。

J0031395
林区晓色（中国画 1977〈农历丁巳年〉年历）黎雄才摄
广州　广东人民出版社　1976 年　1 张　76cm（2 开）
定价: CNY0.40

J0031396
五老峰下育新苗（中国画 1977〈农历丁巳年〉年历）关山月作
广州　广东人民出版社　1976 年　1 张　38cm（6 开）
定价: CNY0.08
　　作者关山月(1912—2000)，国画家、教育家。原名关泽霈。生于广东阳江。历任广州市艺专教授、广州美术学院教授兼院长、广东画院院长、中国美术家协会副主席、广东省美术家协会副主席等职。代表作有《江山如此多娇》《俏不争春》《绿色长城》《长河颂》等。

J0031397
莺歌燕舞（年画 1977〈农历丁巳年〉年历）王庆升作
郑州　河南人民出版社　1976 年　1 张　53cm（4 开）
定价: CNY0.07
　　中国现代国画花鸟画作品。

J0031398
战鼓催春（中国画 1977〈农历丁巳年〉年历）陈章程作
广州　广东人民出版社　1976 年　1 张　76cm（2 开）
定价: CNY0.22

J0031399
长城（1977 年年历）钱松嵒作
南京　江苏人民出版社　1976 年　1 张　53cm（4 开）
定价: CNY0.14
　　中国现代国画山水画作品。

J0031649
傲霜有秋菊　岁寒知青松（中国画 1978 年年历）陈大羽作
上海　上海书画社　1977 年　［1 张］54cm（4 开）
定价: CNY0.08
　　中国现代国画花鸟画作品。作者陈大羽(1912—2001)，画家、书法家、篆刻家。原名汉卿，更名翱，字大羽。广东潮阳人，毕业于上海美术专业学校中国画系。历任南京艺术学院教授、中国画协常务理事。主要作品有《红梅公鸡》《庐山》《松柏长青》等。出版有《陈大羽书画篆刻作品集》《大羽画集》等。

J0031400
百花齐放（中国画 1978 农历戊午年年历）曾杏绯作
银川　宁夏人民出版社　1977 年　［1 张］
54cm（4 开）定价: CNY0.07
　　中国现代国画花鸟画作品。作者曾杏绯(1911—2013)，女，回族。美术家。江苏常州市人。原名曾瑜。曾任中国美术家协会理事、中国美术家协会宁夏分会主席、宁夏文史馆名誉馆员、宁夏书画院名誉院长等职。代表作品有《工笔牡丹》《万紫千红》《牡丹蝴蝶》等。

J0031401
春到圭山（中国画 1978 年年历）何能作
昆明　云南人民出版社　1977 年　［1 张］
39cm（8 开）定价: CNY0.15

J0031402
春光烂漫散花坞（中国画 1978 年年历）应野平作
上海　上海书画社　1977 年　［1 张］54cm（4 开）
定价: CNY0.18

J0031403
春满人间（中国画 1978 农历戊午年年历）杨建侯作
天津　天津人民美术出版社　1977 年　［1 张］
54cm（4 开）定价: CNY0.18

J0031654
春长在（中国画 1978 年年历）于希宁作
济南　山东人民出版社　1977 年　［1 张］
78cm（2 开）定价: CNY0.40

J0031404
大地回春（中国画 1978 年年历）喻继高作
南京 江苏人民出版社 1977 年［1 张］
78cm（2 开）定价：CNY0.11（单面胶版纸），
CNY0.20（双面胶版纸）

J0031405
东风舞（中国画 1978 年年历）于希宁等作
济南 山东人民出版社 1977 年［1 张］
54cm（4 开）定价：CNY0.12

J0031406
海疆利剑密如麻（中国画 1978 年年历）何
水法作
杭州 浙江人民出版社 1977 年［1 张］
54cm（4 开）定价：CNY0.14

J0031407
红旗渠颂（中国画 1978 年年历）黄润华，张
凭作
郑州 河南人民出版社 1977 年［1 张］
54cm（4 开）定价：CNY0.15

J0031408
红旗渠颂（中国画 1978 年年历）黄润华，张
凭作
沈阳 辽宁人民出版社 1977 年［1 张］
76cm（2 开）定价：CNY0.11

J0031409
红旗渠颂（中国画 1978 年年历）黄润华，张
凭作
呼和浩特 内蒙古人民出版社 1977 年［1 张］
39cm（8 开）定价：CNY0.10

J0031410
欢腾的山城（中国画 1978 年年历）王维宝作
上海 上海书画社 1977 年［1 张］54cm（4 开）
定价：CNY0.08

J0031411
黄山北海（中国画 1978 年年历）应野平作
合肥 安徽人民出版社 1977 年［1 张］
54cm（4 开）定价：CNY0.16
　　中国现代国画山水画作品。

J0031412
黄山新貌（中国画 1978 农历戊午年年历）
宋文治作
广州 广东人民出版社 1977 年［1 张］
76cm（2 开）定价：CNY0.36
　　中国现代国画山水画作品。

J0031413
金鱼（中国画 1978< 农历戊午年 > 年历）吴
作人作
北京 人民美术出版社 1977 年［1 张］
78cm（2 开）定价：CNY0.24
　　中国现代国画动物画作品。

J0031414
劲松挺翠　梅园长春（中国画 1978 年年历）
宋文治作
沈阳 辽宁人民出版社 1977 年［1 张］
39cm（8 开）定价：CNY0.10
　　中国现代国画花鸟画作品。

J0031415
井冈杜鹃红似火（中国画 1978 农历戊午年
年历）王晋元作
石家庄 河北人民出版社 1977 年［1 张］
54cm（4 开）定价：CNY0.15
　　中国现代国画花鸟画作品。

J0031416
井冈山（中国画 1978 年年历）童中焘作
杭州 浙江人民出版社 1977 年［1 张］
54cm（4 开）定价：CNY0.14

J0031417
井冈山（中国画 1978 农历戊午年年历）李可
染作
太原 山西人民出版社 1977 年［1 张］
54cm（4 开）定价：CNY0.18

J0031418
孔雀迎春（中国画 1978 年年历）袁晓岑作
昆明 云南人民出版社 1977 年［1 张］
39cm（8 开）定价：CNY0.15

J0031419
葵花朵朵向太阳（中国画　1978　农历戊午年年历）唐云作
武汉　湖北人民出版社　1977年［1张］
54cm（4开）定价：CNY0.13

J0031420
毛主席和小八路在一起（中国画　1978年年历）刘文西作
广州　广东省科学技术出版社　1977年［1张］
39cm（8开）
　　　　中国现代国画人物画作品。

J0031421
梅园长春（中国画　1978年年历）宋文治作
北京　荣宝斋　1977年［1张］78cm（2开）
定价：CNY0.20
　　　　中国现代国画山水画作品。

J0031422
牡丹（中国画　1978年年历）王雪涛作
北京　荣宝斋　1977年［1张］78cm（2开）
定价：CNY0.20
　　　　中国现代国画花鸟画作品。作者王雪涛，现代中国国画家。

J0031423
牡丹（中国画　1978年年历）黄幻吾作
上海　上海书画社　1977年［1张］54cm（4开）
定价：CNY0.18
　　　　中国现代国画花鸟画作品。

J0031424
女孩（中国画　1978年年历）刘文西作
成都　四川人民出版社　1977年［1张］
39cm（8开）定价：CNY0.08
　　　　中国现代国画人物画作品。

J0031425
山花烂漫（中国画　1978　农历戊午年年历）
孙琪峰，霍春阳作
郑州　河南人民出版社　1977年［1张］
39cm（8开）定价：CNY0.10
　　　　中国现代国画花鸟画作品。

J0031426
山花烂漫（中国画　1978　农历戊午年年历）
孙琪峰，霍春阳作
武汉　湖北人民出版社　1977年［1张］
54cm（4开）定价：CNY0.15
　　　　中国现代国画花鸟画作品。

J0031427
山花烂漫（中国画　1978　农历戊午年年历）
孙琪峰，霍春阳作
太原　山西人民出版社　1977年［1张］
54cm（4开）定价：CNY0.18
　　　　中国现代国画花鸟画作品。

J0031428
山花烂漫（中国画　1978　农历戊午年年历）
孙琪峰，霍春阳作
天津　天津人民美术出版社　1977年［1张］
54cm（4开）定价：CNY0.18
　　　　中国现代国画花鸟画作品。

J0031429
山花烂漫时（中国画　1978年年历）王板哉作
南京　江苏人民出版社　1977年［1张］
78cm（2开）定价：CNY0.11（单面胶版纸），
CNY0.20（双面胶版纸）
　　　　中国现代国画花鸟画作品。

J0031430
韶山灌区春常在（中国画　1978年年历）
姜坤作
呼和浩特　内蒙古人民出版社　1977年［1张］
39cm（8开）定价：CNY0.14
　　　　中国现代国画作品。

J0031431
韶山颂（中国画　1978　农历戊午年年历）周振惠作
天津　天津人民美术出版社　1977年［1张］
54cm（4开）定价：CNY0.18

J0031432
松梅颂（中国画　1978　农历戊午年年历）关山月作
石家庄　河北人民出版社　1977年［1张］

78cm（2开）定价：CNY0.15

中国现代国画花鸟画作品。

J0031433

松梅颂（中国画 1978 农历戊午年年历）关山月作

沈阳 辽宁人民出版社 1977 年［1 张］

39cm（8开）定价：CNY0.10

中国现代国画花鸟画作品。

J0031434

松梅颂（中国画 1978 农历戊午年年历）关山月作

济南 山东人民出版社 1977 年［1 张］

54cm（4开）定价：CNY0.12

中国现代国画花鸟画作品。

J0031435

松梅颂（中国画 1978 农历戊午年年历）关山月作

天津 天津人民美术出版社 1977 年［1 张］

54cm（4开）定价：CNY0.18

中国现代国画花鸟画作品。

J0031436

孙悟空三打白骨精（中国画 1978 农历戊午年年历）华其敏作

合肥 安徽人民出版社 1977 年［1 张］

39cm（8开）定价：CNY0.14

J0031437

孙悟空三打白骨精（中国画 1978 年年历）陆一飞作

上海 上海书画社 1977 年［1 张］54cm（4开）

定价：CNY0.08

J0031438

太行新装（中国画 1978 农历戊午年年历）李颖作

广州 广东人民出版社 1977 年［1 张］

76cm（2开）定价：CNY0.36

J0031690

团扇（中国画 1978 年年历）（清）任伯年画

上海 上海书画社 1977 年［1 张］19cm（32 开）

定价：CNY0.12

中国晚清国画。作者任伯年（1840—1896），清末画家。初名润，字次远，号小楼，后改名任颐，字伯年，以字行。浙江山阴航坞山（今杭州市萧山区）人。主要作品有《东津话别图》《三友图》《苏武牧羊图》《蕉阴纳凉图》《池畔窥鱼图》等。

J0031439

万山红遍层林尽染（中国画 1978 农历戊午年年历）李可染作

天津 天津杨柳青画店 1977 年［1 张］

54cm（4开）定价：CNY0.30

中国现代国画山水画作品。

J0031440

香永在（中国画 1978 农历戊午年年历）刘力上，俞致贞作

天津 天津杨柳青画店 1977 年［1 张］

54cm（4开）定价：CNY0.30

J0031441

新花怒放（中国画 1978 年年历）王庆升作

太原 山西人民出版社 1977 年［1 张］

39cm（8开）定价：CNY0.12

J0031442

绣金匾（中国画 1978 年年历）高海作

合肥 安徽人民出版社 1977 年［1 张］

54cm（4开）定价：CNY0.16

J0031443

延安的春天（中国画 1978 年年历）林墉作

合肥 安徽人民出版社 1977 年［1 张］

54cm（4开）定价：CNY0.16

中国现代国画山水画作品。

J0031444

鹰（中国画 1978 年年历）高剑父作

上海 上海书画社 1977 年［1 张］19cm（小 32 开）

定价：CNY0.12

作者高剑父（1879—1951），国画家、美术教育家。名仑，字剑父，后以字行，生于广东番禺县，毕业于东京美术学院。岭南画派创始人之一。著作有《中国现代的绘画》《印度艺术》《国画新

路向》《蛙声集》《佛国记》等。

J0031445
迎春（中国画 1978 年年历）陈大羽作
南京 江苏人民出版社 1977 年［1 张］
78cm（2 开）定价：CNY0.11（单面胶版纸），
CNY0.20（双面胶版纸）
　　作者陈大羽（1912—2001），画家、书法家、
篆刻家。原名汉卿，更名翔，字大羽。广东潮阳
人，毕业于上海美术专业学校中国画系。历任南
京艺术学院教授、中国画协常务理事。主要作品
有《红梅公鸡》《庐山》《松柏长青》等。出版有《陈
大羽书画篆刻作品集》《大羽画集》等。

J0031446
《红楼梦》人物——林黛玉（中国画 1979 年
年历）王叔晖作
合肥 安徽人民出版社 1978 年 1 张
53cm（4 开）定价：CNY0.18
　　中国现代国画人物画作品。

J0031447
《红楼梦》人物——林黛玉（中国画 1979<
农历己未年＞年历）王叔晖作
北京 人民美术出版社 1978 年 1 张
78cm（2 开）定价：CNY0.24
　　中国现代国画人物画作品。

J0031448
1979 年国画月历
上海 上海人民美术出版社 1978 年 1 张
53cm（4 开）定价：CNY2.50

J0031449
百花今又开（中国画 1979 年年历）高雪风等作
兰州 甘肃人民出版社 1978 年 1 张 76cm（2 开）
定价：CNY0.28
　　中国现代国画花鸟画作品。

J0031450
百花齐放（1979 年年历）郭西河作
沈阳 辽宁美术出版社 1978 年 1 张 53cm（4 开）
定价：CNY0.13
　　中国现代国画花鸟画作品。作者郭西河
（1917—1995），画家、教授。字伴云，浙江绍兴

人，毕业于北平国立艺术专科学校国画专业。中
国美术家协会会员、辽宁中国画研究会副会长、
沈阳鲁迅美术学院教授。作品有《月季花》《山
里红》《百花齐放》等。

J0031451
百花争艳（1979 年年历）孙小瑜作
合肥 安徽人民出版社 1978 年 1 张 78cm（2 开）
定价：CNY0.24
　　中国现代国画花鸟画作品。

J0031452
苍山如海残阳如血（中国画 1979<农历己未
年＞年历）杨长槐作
贵阳 贵州人民出版社 1978 年 1 张 76cm（2 开）
定价：CNY0.14
　　中国现代国画山水画作品。

J0031453
草原儿女（中国画 1979<农历己未年＞年历）
刘继卣作
北京 荣宝斋 1978 年 1 张 76cm（2 开）
定价：CNY0.30
　　中国现代国画人物画作品。

J0031454
茶花（1979 年年历）邓白作
南宁 广西人民出版社 1978 年 1 张 78cm（2 开）
定价：CNY0.24
　　中国现代国画花鸟画作品。作者邓白
（1906—2003），画家，美术教育家。号白叟，别
字曙光。广东东莞人，就读于广州市立美术学校
和中央大学艺术系。历任中央美术学院华东分
院工艺美术系副教授、浙江美术学院院长、中国
美术家协会理事等。代表作品有《和平春色》《岭
南丹荔》《罗岗香雪》等。出版有《中国画论初探》
《图画见闻志注释》《徐熙与黄筌》等。

J0031455
朝气蓬勃（中国画 1979 年年历）娄师白作
济南 山东人民出版社 1978 年 1 张 53cm（4 开）
定价：CNY0.18

J0031456
春满园（中国画 1979 年年历）史秉有作

太原 山西人民出版社 1978 年 1 张 53cm（4 开）
定价：CNY0.18

J0031457
徂徕山（中国画 1979<农历己未年>年历）
刘鲁生画
济南 山东人民出版社 1978 年 1 张 53cm（4 开）
定价：CNY0.18
　　中国现代国画山水画作品。

J0031458
读书图（中国画 1979<农历己未年>年历）
周思聪作
北京 人民美术出版社 1978 年 1 张 53cm（4 开）
定价：CNY0.14

J0031459
芙蓉花（1979 年年历）吴昌硕作
上海 上海书画出版社 1978 年 1 张 53cm（4 开）
定价：CNY0.20
　　中国近代国画花卉画作品。

J0031460
荷花（1979 年年历）杨立强作
兰州 甘肃人民出版社 1978 年 1 张 38cm（6 开）
定价：CNY0.07
　　中国现代国画花鸟画作品。

J0031461
荷花（1979 年年历）俞致贞作
太原 山西人民出版社 1978 年 1 张 78cm（2 开）
定价：CNY0.24
　　中国现代国画花鸟画作品。

J0031462
荷花（1979 年年历）李复堂作
上海 上海书画出版社 1978 年 1 张 53cm（4 开）
定价：CNY0.20
　　中国现代国画花鸟画作品。

J0031463
荷花（1979 年年历）江一波作
昆明 云南人民出版社 1978 年 1 张 53cm（4 开）
定价：CNY0.18
　　中国现代国画花鸟画作品。

J0031464
荷花（中国画 1978 年年历）黄永玉作
杭州 浙江人民出版社 1978 年 1 张 78cm（2 开）
定价：CNY0.24
　　中国现代国画花鸟画作品。

J0031465
荷花翠鸟（中国画 1979 年年历）卢光照画
济南 山东人民出版社 1978 年 1 张 78cm（2 开）
定价：CNY0.30
　　中国现代国画花鸟画作品。作者卢光照
（1914--2001），河南汲县（今卫辉市）人，毕业于
北平国立艺术专科学校。历任人民美术出版社
编辑、北京齐白石艺术函授学院名誉院长、北京
花鸟画研究会名誉会长、中央文史馆馆员。代表
作品有《大展鸿图》《松鹰》《鸡冠花雄鸡》。

J0031466
荷花翠鸟（1979 年年历）陈巨洪作
上海 上海书画出版社 1978 年 1 张 53cm（4 开）
定价：CNY0.08
　　中国现代国画花鸟画作品。

J0031467
荷花小鱼（1979 年年历）陈大羽绘画
南昌 江西人民出版社 1978 年 1 张 78cm（2 开）
定价：CNY0.20
　　中国现代国画花鸟画作品。作者陈大羽
（1912—2001），画家、书法家、篆刻家。原名汉
卿，更名翱，字大羽。广东潮阳人，毕业于上海
美术专业学校中国画系。历任南京艺术学院教
授，中国画协常务理事。主要作品有《红梅公鸡》
《庐山》《松柏长青》等。出版有《陈大羽书画篆
刻作品集》《大羽画集》等。

J0031468
花鸟（1979 年年历）张辛稼作
南京 江苏人民出版社 1978 年 1 张 78cm（2 开）
定价：CNY0.14
　　中国现代国画花鸟画作品。

J0031469
黄山松云（中国画 1979<农历己未年>年历）
宋文治作
北京 荣宝斋 1978 年 1 张 78cm（2 开）

定价: CNY0.20

　　中国现代国画山水画作品。

J0031470

鸡（1979 年年历）徐悲鸿作

南京 江苏人民出版社 1978 年 1 张 53cm（4 开）

定价: CNY0.11

J0031471

鸡（中国画 1979<农历己未年>年历）程十发作

北京 人民美术出版社 1978 年 1 张 78cm（2 开）

定价: CNY0.24

　　作者程十发(1921—2007)，画家。出生于上海金山，毕业于上海美术专科学校国画系。代表作品有《丽人行》《迎春图》《列宁的故事》《孔乙己》等。出版有《程十发近作选》《程十发花鸟习作选》《程十发作品展》。

J0031472

鸡（中国画 1979 年年历）卢光照作

济南 山东人民出版社 1978 年 1 张 53cm（4 开）

定价: CNY0.18

　　中国现代国画作品。

J0031473

金鱼（中国画 1978 年年历）吴作人作

杭州 浙江人民出版社 1978 年 1 张 78cm（2 开）

定价: CNY0.24

　　中国现代国画动物画作品。

J0031474

漓江新貌（中国画 1979<农历己未年>年历）白雪石作

石家庄 河北人民出版社 1978 年 1 张 53cm（4 开）定价: CNY0.15

　　中国现代国画山水画作品。作者白雪石(1915—2011)，画家，教授。北京市人，斋号何须斋。自幼习画，早年师从赵梦朱，后拜梁树年为师。执教于北京师范学院、北京艺术学院、中央工艺美院，同时兼任北京山水画研究会会长。代表作品有《万壑松风》《千峰竞秀》《早春图》《漓江一曲千峰秀》等。

J0031475

漓江新貌（中国画 1979<农历己未年>年历）

白雪石作

北京 人民美术出版社 1978 年 1 张 53cm（4 开）

定价: CNY0.18

　　中国现代国画山水画作品。

J0031476

令箭荷花（1979 年年历）祝大年作

昆明 云南人民出版社 1978 年 1 张 53cm（4 开）

定价 CNY0.15

　　中国现代国画花鸟画作品。

J0031477

令箭荷花（1979 年年历）祝大年作

昆明 云南人民出版社 1978 年 1 张 53cm（4 开）

定价: CNY0.18

　　中国现代国画花鸟画作品。

J0031478

芦花山鸡（中国画 1979 年年历）程十发作

上海 上海人民美术出版社 1978 年 1 张 53cm（4 开）定价: CNY0.19

　　作者程十发(1921—2007)，画家。出生于上海金山，毕业于上海美术专科学校国画系。代表作品有《丽人行》《迎春图》《列宁的故事》《孔乙己》等。出版有《程十发近作选》《程十发花鸟习作选》《程十发作品展》。

J0031479

驴（中国画 1979 年年历）黄胄作

兰州 甘肃人民出版社 1978 年 1 张 53cm（4 开）

定价: CNY0.07

J0031480

驴（中国画 1979<农历己未年>年历）黄胄作

乌鲁木齐 新疆人民出版社 1978 年 1 张 53cm（4 开）定价: CNY0.24

　　中国现代国画动物画作品。

J0031481

梅花（中国画 1979 年年历）于希宁作

济南 山东人民出版社 1978 年 1 张 76cm（2 开）

定价: CNY0.30，CNY0.40（镶铁边）

　　中国现代国画花鸟画作品。

J0031482
牡丹和小猫（中国画　1979<己未年>年历）
龙伯文作
南宁　广西人民出版社　1978年　1张　53cm（4开）
定价：CNY0.16

J0031483
怒放（中国画　1979年年历）张玉民作
西安　陕西人民出版社　1978年　1张　53cm（4开）
定价：CNY0.15

J0031484
牵牛花（1979年年历）王天一作
兰州　甘肃人民出版社　1978年　1张　53cm（4开）
定价：CNY0.07
　　中国现代国画花鸟画作品。作者王天一
（1926—2013），国家一级美术师。甘肃成县人。
曾任甘肃画院副院长、中国美术家协会会员。作
品有《鱼鹰》《雄鹰》《巡逻归来》等，出版有《花
鸟画技法浅说》《王天一花鸟画集》《魏晋墓碑
画》等。

J0031485
山河万里一片春（中国画　1979年年历）　郭
怡琮作
长沙　湖南人民出版社　1978年　1张　53cm（4开）
定价：CNY0.16
　　中国现代国画山水画作品。作者郭怡琮
（1940—　），教授、画家。山东潍坊人。历任中央
美术学院中国画系教授、副系主任，全国美术家
协会会员等职。出版有《中国画教材》《郭味蕖
花鸟画技法》《白描花卉写生》《写意花鸟画技法》
《花卉写生教程》《郭怡琮花卉集》。

J0031486
狮子（中国画　1979年年历）刘继卣作
长沙　湖南人民出版社　1978年　1张　53cm（4开）
定价：CNY0.16

J0031487
松梅颂（中国画　1979<农历己未年>年历）
王雪涛作
北京　荣宝斋　1978年　1张　76cm（2开）
定价：CNY0.30
　　中国现代国画花鸟画作品。

J0031488
乌江渡口（中国画　1979<农历己未年>年历）
孟光涛作
贵阳　贵州人民出版社　1978年　1张　76cm（2开）
定价：CNY0.14
　　中国现代国画山水画作品。作者孟光涛
（1917—1987），著名山水画家。贵州仁怀人。任
职于贵州中国画院。代表作品有《松溪图》《清
溪秋艳》《巫山神女峰》。

J0031489
舞蹈（1979<农历己未年>年历）黄胄作
哈尔滨　黑龙江人民出版社　1978年　1张
53cm（4开）定价：CNY0.10
　　中国现代国画人物画作品。

J0031490
香永在（中国画　1978年年历）俞致贞，刘力
合作
杭州　浙江人民出版社　1978年　1张　78cm（2开）
定价：CNY0.24

J0031491
新疆舞（1979年年历）黄胄画
济南　山东人民出版社　1978年　1张　53cm（4开）
定价：CNY0.18

J0031492
熊猫（1979年年历）吴作人作
成都　四川人民出版社　1978年　1张　78cm（2开）
定价：CNY0.20
　　中国现代国画动物画作品。

J0031493
一九七九年国画月历　八大山人等作
上海　上海书画出版社　1978年　1张　53cm（4开）
定价：CNY4.00

J0031494
迎朝晖（中国画　1979年年历）李苦禅作
成都　四川人民出版社　1978年　1张　53cm（4开）
定价：CNY0.07

J0031495
映日荷花别样红（1979年年历）潘天寿作

沈阳 辽宁美术出版社 1978 年 1 张 53cm（4 开）
定价：CNY0.13

中国现代国画花鸟画作品。作者潘天寿
（1897—1971），现代著名国画家，美术教育家，
原名天授，字大颐，号寿者。浙江宁海县人。擅
画花鸟、山水，兼善指画，亦能书法、诗词、篆
刻。曾任中国文联委员、中国美术家协会副主席、
浙江省文联副主席、中国美协浙江分会主席，浙
江美术学院院长、教授等职。著有《中国绘画史》
《听天阁画谈随笔》等。

J0031496
映日荷花别样红（中国画 1979<农历己未
年>年历）潘天寿作
北京 人民美术出版社 1978 年 1 张 53cm（4 开）
定价：CNY0.18
中国现代国画花鸟画作品。

J0031497
咏梅（中国画 1979 年年历）康师尧作
西安 陕西人民出版社 1978 年 1 张 78cm（2 开）
定价：CNY0.20
中国现代国画花鸟画作品。

J0031498
月季小猫（中国画 1978 年年历）曹秒作
杭州 浙江人民出版社 1978 年 1 张 78cm（2 开）
定价：CNY0.24
中国现代国画翎毛走兽画作品。

J0031499
展翅重云（中国画 1979 年年历）吴作人画
济南 山东人民出版社 1978 年 1 张 78cm（2 开）
定价：CNY0.30

J0031500
1980 年国画月历 上海人民美术出版社编辑
上海 上海人民美术出版社 1979 年 ［1 张］
53cm（4 开）定价：CNY2.50

J0031501
1980 年现代国画月历
上海 上海书画出版社 1979 年 ［1 张］
53cm（4 开）定价：CNY2.50

J0031502
彩霞迎春（中国画 1980 年年历）乔木作
上海 上海人民美术出版社 1979 年 ［1 张］
53cm（4 开）定价：CNY0.19
中国现代国画山水画作品。作者乔木
（1920—2002），教授。字大年，河北深县人。曾
任上海大学美术学院教授、中国美术家协会会员
等。主要作品有《迎春梅花》《彩霞迎春》《姹紫
嫣红》等。著有《花鸟画基础技法》《怎样画蔬果》
等。

J0031503
婵娟（中国画 1980 年年历）张方作
合肥 安徽人民出版社 1979 年 ［1 张］
53cm（4 开）定价：CNY0.18
中国现代国画人物画作品。

J0031504
池趣（中国画 1980 年年历）吴作人作
长沙 湖南人民出版社 1979 年 ［1 张］
53cm（4 开）定价：CNY0.20

J0031505
春风（中国画 1980 年年历）刘继卣作
济南 山东人民出版社 1979 年 ［1 张］
78cm（2 开）定价：CNY0.20，CNY24（铜版纸）

J0031506
春风绣宇（中国画 1980 年年历）周彦生作
郑州 河南人民出版社 1979 年 ［1 张］
76cm（2 开）定价：CNY0.20

J0031507
黛玉魁夺菊花诗（1980 年年历）牟桑作
济南 山东人民出版社 1979 年 ［1 张］
78cm（2 开）定价：CNY0.15
中国现代国画人物画作品。

J0031508
读（中国画 1980 年年历）曹颖平，张万鸿作
乌鲁木齐 新疆人民出版社 1979 年 ［1 张］
53cm（4 开）定价：CNY0.20

J0031509
芙蓉花仙（一九七九<农历己未年>年历）

胡伯祥作
广州 广东人民出版社 1979 年［1 张］
53cm（4 开）定价：CNY0.07
　　中国现代国画人物画作品。作者胡伯祥
（1923—2010），当代著名书画家、诗人。字葭萌，
四川昭化人。中国美术家协会会员。精通中国
工笔画，善书，能诗，通史，鼓琴等。曾先后在
四川华西大学博物馆、四川大学博物馆任职，成
都画院画师、顾问。出版有《胡伯祥、胡涛美术
作品集》画册、《胡伯祥诗词选集》。

J0031510
荷花双鸟（中国画 1980 ＜农历庚申年＞年历）
宋新涛作
北京 人民美术出版社 1979 年［1 张］
53cm（4 开）定价：CNY0.14
　　中国现代国画花鸟画作品。

J0031511
红楼二尤（中国画 1980 年年历）曹颖平，张
万鸿作
乌鲁木齐 新疆人民出版社 1979 年［1 张］
53cm（4 开）定价：CNY0.20
　　中国现代国画人物画作品。

J0031512
红楼梦挂历
沈阳 辽宁人民出版社 1979 年［1 张］
53cm（4 开）定价：CNY2.60
　　中国现代国画人物画作品。

J0031513
虎（1980 年年历）光相磐作
合肥 安徽人民出版社 1979 年［1 张］
53cm（4 开）定价：CNY0.18

J0031514
虎（中国画 1980 ＜农历庚申年＞年历）吴勋作
合肥 安徽人民出版社 1979 年［1 张］
53cm（4 开）定价：CNY0.07

J0031515
虎（1980 年年历）宋德风作
济南 山东人民出版社 1979 年［1 张］
53cm（4 开）定价：CNY0.08

　　作者宋德风（1941— ），画家。山东荣成人。
毕业于山东艺专国画专业。中国人才研究会艺
术家学部委员会一级书画艺术委员，国家人事部
人才所、中国书画人才资格审定委员会特邀研究
员，国际美术家联合会中国中南执委会常务理
事。作品有连环画《海燕劲飞》，工笔年画《武松
打虎》《名山大川》《三国故事》等。

J0031516
金丝猴（1980 ＜农历庚申年＞年历）刘继卣作
北京 荣宝斋 1979 年［1 张］76cm（2 开）
定价：CNY0.30

J0031517
锦鸡牡丹（中国画 1980 年年历）朱修立作
合肥 安徽人民出版社 1979 年［1 张］
53cm（4 开）定价：CNY0.18
　　中国现代国画花鸟画作品。

J0031518
孔雀（中国画 1980 ＜农历庚申年＞年历）刘
庸作
北京 人民美术出版社 1979 年［1 张］
78cm（2 开）定价：CNY0.24

J0031519
猫（中国画 1980 ＜农历庚申年＞年历）方工作
北京 人民美术出版社 1979 年［1 张］
78cm（2 开）定价：CNY0.24
　　作者方工，女，画家。原名王振芳。擅画猫。
与其父合作绘著并出版《画猫技法基础》《百猫
百蝶图》等。

J0031520
木兰巡营（中国画 1980 ＜农历庚申年＞年历）
王淑晖作
北京 人民美术出版社 1979 年［1 张］
78cm（2 开）定价：CNY0.24
　　中国现代国画人物画作品。

J0031521
秋艳（中国画 1980 年年历）刘继卣作
济南 山东人民出版社 1979 年［1 张］
78cm（2 开）定价：CNY0.20
　　中国现代国画山水画作品。

J0031522

仕女图（中国画 1980 年年历）

长沙 湖南人民出版社 1979 年［1 张］

78cm（2 开）定价：CNY0.27

中国国画人物画作品选。

J0031523

双猫戏蝶（中国画 1980 年年历）龙伯文作

南宁 广西人民出版社 1979 年［1 张］

78cm（2 开）定价：CNY0.24

J0031524

松鼠（中国画 1980 ＜农历庚申年＞年历）张明作

北京 人民美术出版社 1979 年［1 张］

78cm（2 开）定价：CNY0.24

J0031525

唐代吹笛仕女（摄影 1980 ＜农历庚申年＞年历）王华俊摄

武汉 湖北人民出版社 1979 年［1 张］

53cm（4 开）定价：CNY0.20

中国现代国画人物画作品。

J0031526

天女散花（1980 年年历）任率英作

成都 四川民族出版社 1979 年［1 张］

78cm（2 开）定价：CNY0.18

中国现代国画人物画作品。作者任率英（1911—1989），画家。原名敬表，河北束鹿人。擅长工笔画、连环画、年画。历任中国美术家协会会员、中国连环画研究会顾问、北京东方书画研究社社长、北京工笔重彩画协会副会长、北京中国画研究会理事、北京工业大学书画协会顾问。代表作品有《嫦娥奔月》《洛神图》《梁红玉击鼓战金山》等。

J0031527

听琴（中国画 1980 ＜农历庚申年＞年历）王淑晖作

北京 人民美术出版社 1979 年［1 张］

78cm（2 开）定价：CNY0.24

J0031528

王昭君（中国画 1980 年年历）姚有信作

上海 上海书画出版社 1979 年［1 张］

78cm（2 开）定价：CNY0.26

中国现代国画人物画作品。作者姚有信（1935—1997），画家。浙江湖州人。上海华东美术出版社专业画家，在浙江美术学院国画系师从潘天寿，后又师从程十发攻读连环画创作。连环画作品有《伤逝》《刘胡兰小时候的故事》《刘胡兰小时候的故事》《戈达吉和她的父亲》《聂耳》等。

J0031529

西山红叶（中国画 1980 ＜农历庚申年＞年历）田世光作

北京 人民美术出版社 1979 年［1 张］

78cm（2 开）定价：CNY0.24

中国现代国画山水画作品。

J0031530

惜春作画（摄影 1980 ＜农历庚申年＞年历）王世龙摄

郑州 河南人民出版社 1979 年［1 张］

53cm（4 开）定价：CNY0.15

中国现代国画人物画作品。作者王世龙（1930— ），摄影家。河南平舆人，曾用名于一。曾任中国人民解放军军报随军摄影记者、河南新乡日报社摄影美术组长、河南日报社摄影记者，河南人民出版社摄影编辑、编辑室主任、编审委员等职。中国摄影家协会常务理事。作品有《秋收完毕》《山里俏》《山村在欢唱》等。

J0031531

湘君（中国画 1980 年年历）汪大文作

上海 上海书画出版社 1979 年［1 张］

78cm（2 开）定价：CNY0.26

中国现代国画人物画作品。

J0031532

熏风透果香（1980 年年历）江一波作

昆明 云南人民出版社 1979 年［1 张］

53cm（4 开）定价：CNY0.18

J0031533

鱼乐图（中国画 1980 年年历）吴青霞作

上海 上海书画出版社 1979 年［1 张］

53cm（4 开）定价：CNY0.10

中国现代国画动物画作品。

J0031534
月季双猫（中国画 1980 年年历）柏翠作
郑州 河南人民出版社 1979 年［1 张］
78cm（2 开）定价：CNY0.20
　　中国现代国画花鸟画作品。

J0031535
载歌载舞（中国画 1980 年年历）刘继卣作
济南 山东人民出版社 1979 年［1 张］
78cm（2 开）定价：CNY0.20, CNY24（铜版纸）

J0031536
竹鹤图轴（中国画＜1980 年年历＞）（明）边景
昭作
上海 上海人民美术出版社 1979 年［1 张］
78cm（2 开）定价：CNY0.20

J0031537
1981 年挂历（国画）
太原 山西人民出版社 1980 年 53cm（4 开）
定价：CNY3.00

J0031538
1981 年国画挂历
长春 吉林人民出版社 1980 年 78cm（2 开）
定价：CNY2.40

J0031539
1981 年历国画中国画缩样
上海 上海书画出版社［1980 年］17 幅
19cm（32 开）
　　本作品为年画形式的中国现代国画作品。

J0031540
1981 年台历（动物画）韩美林画
北京 人民美术出版社 1980 年 19cm（小 32 开）
定价：CNY0.90

J0031541
1981 年月历（中国画）北京人民美术出版社
编辑
北京 人民美术出版社 1980 年 53cm（4 开）
定价：CNY3.50

J0031542
1981 年月历（花卉）郑乃珧画
北京 人民美术出版社 1980 年 36cm（12 开）
定价：CNY1.30

J0031543
报晓（中国画 1981＜农历辛酉年＞年历）钱
行健作
北京 人民美术出版社 1980 年 78cm（2 开）
定价：CNY0.22
　　作者钱行健（1935—2010），国画家。江苏无
锡人。擅长中国画，专习山水、花鸟，兼文学及
诗词，后致力于中国绘画理论的研究。曾任上海
外国语大学艺术教研室主任、副教授，上海海外
联谊会联谊书画社副社长、海墨画社社长、上海
书画研究院理事等。代表作品有《碧浪》《幽涧
听泉》《江月幽禽》等。

J0031544
茶花长尾雉（中国画 1981＜农历辛酉年＞年
历）王庆升作
北京 人民美术出版社 1980 年 78cm（2 开）
定价：CNY0.22

J0031545
洞庭情深（1981 年年历）李战云画
济南 山东人民出版社 1980 年 78cm（2 开）
定价：CNY0.20

J0031546
海棠诗社（年画 1981＜农历辛酉年＞年历）
马璨作
北京 宝文堂书店 1980 年 53cm（4 开）
定价：CNY0.20
　　中国现代国画人物画作品。

J0031547
和平之春（1981 年年历）陈之佛作
南京 江苏人民出版社 1980 年 78cm（2 开）
定价：CNY0.18
　　中国现代国画作品。作者陈之佛（1896—
1962），画家、工艺美术家。又名陈绍本、陈杰，
号雪翁。毕业于浙江省工业专门学校染织科机
织专业，曾留学日本入东京美术学校工艺图案
科。曾任教于上海美术专科学校及中央大学艺

术系，任南京大学教授、南京师范学院教授、江苏美协副主席、南京艺术学院副院长、中国美术家协会理事等职。代表作品有《瑞安名胜古诗选》《旅美纪行》《江村集》等。

J0031548
荷花鸳鸯（1981 年年历）喻继高作
南京　江苏人民出版社　1980 年　53cm（4 开）
定价：CNY0.15
　　中国现代国画花鸟画作品。

J0031549
红叶白绶带鸟（中国画 1981 ＜农历辛酉年＞年历）白铭作
北京　人民美术出版社　1980 年　78cm（2 开）
定价：CNY0.19
　　中国现代国画花鸟画作品。

J0031550
花木兰（1981 年年历）夏普作
合肥　安徽人民出版社　1980 年　53cm（4 开）
定价：CNY0.20
　　中国现代国画人物画作品。

J0031551
画龙点睛（中国画 1981 ＜农历辛酉年＞年历）黄均作
北京　人民美术出版社　1980 年　78cm（2 开）
定价：CNY0.22

J0031552
黄山狮子林（1981 年年历）刘海粟作
南京　江苏人民出版社　1980 年　76cm（2 开）
定价：CNY0.18
　　中国现代国画山水画作品。

J0031553
吉泰花开（1981 年年历）刘振夏作
南京　江苏人民出版社　1980 年　53cm（4 开）
定价：CNY0.15
　　中国现代国画花鸟画作品。

J0031554
金鸡虞美人（摄影 1981 年年历）孙毅作
上海　上海书画出版社　1980 年　78cm（2 开）

定价：CNY0.14
　　中国现代国画花鸟画作品的摄影集。

J0031555
孔雀樱花（1981 年年历）刘庸作
上海　上海书画出版社　1980 年　53cm（4 开）
定价：CNY0.11
　　中国现代国画花鸟画作品。

J0031556
林黛玉（中国画 1981 ＜农历辛酉年＞年历）马璪，刘凌沧作
北京　人民美术出版社　1980 年　78cm（2 开）
定价：CNY0.22
　　中国现代国画人物画作品。

J0031557
麻姑献寿（1981 年年历）贾忠景画
济南　山东人民出版社　1980 年　78cm（2 开）
定价：CNY0.20
　　中国现代中国画工笔仕女画作品。

J0031558
猫（中国画 1981 ＜农历辛酉年＞年历）方工作
北京　人民美术出版社　1980 年　78cm（2 开）
定价：CNY0.22
　　作者方工，女，画家。原名王振芳。擅画猫。与其父合作绘著并出版《画猫技法基础》《百猫百蝶图》等。

J0031559
牡丹（1981 年年历）吴昌硕作
上海　上海人民美术出版社　1980 年　53cm（4 开）
定价：CNY0.20
　　中国近代国画作品。

J0031560
牡丹仕女图（1981 年年历）（明）唐寅作
上海　上海书画出版社　1980 年　76cm（2 开）
定价：CNY0.22
　　明代国画作品。

J0031561
秋趣（中国画　1981 年年历）郑若泉作
合肥　安徽人民出版社　1980 年　39cm（8 开）

定价: CNY0.16

　　中国现代山水画作品。

J0031562

三寿图（摄影　1981＜农历辛酉年＞年历）齐白石画

石家庄　河北人民出版社　1980年　78cm（2开）

定价: CNY0.26

　　中国现代国画作品。作者齐白石（1864—1957），近现代中国绘画大师，国画家、篆刻家。湖南湘潭人。原名纯芝，字渭青，号兰亭，后改名璜，字濒生，号白石等。历任国立北京艺术专科学校和京华美术专科学校教习、教授、中央美术学院名誉教授、中国文学艺术界联合会主席团委员、中国画研究会和中国美术家协会主席、中国画院名誉院长。代表作有《蛙声十里出山泉》《墨虾》等。著有《白石诗草》《齐白石作品集》《白石老人自述》等。

J0031563

双鸡图（1981年年历）（清）任伯年作

上海　上海人民美术出版社　1980年　53cm（4开）

定价: CNY0.20

　　中国晚清国画作品。作者任伯年（1840—1896），清末画家。初名润，字次远，号小楼，后改名任颐，字伯年，以字行。浙江山阴航坞山（今杭州市萧山区）人。主要作品有《东津话别图》《三友图》《苏武牧羊图》《蕉阴纳凉图》《池畔窥鱼图》等。

J0031564

水仙牡丹（1981＜农历辛酉年＞年历）　吴昌硕画

石家庄　河北人民出版社　1980年　78cm（2开）

定价: CNY0.26

　　中国近代国画作品。

J0031565

松梅长寿（1981＜农历辛酉年＞年历）　吴昌硕作

北京　荣宝斋　1980年　78cm（2开）

定价: CNY0.20

　　中国近代国画作品。

J0031566

藤萝珍珠鸟（1981＜农历辛酉年＞年历）（清）任伯年作

北京　荣宝斋　1980年　78cm（2开）

定价: CNY0.20

　　中国晚清国画作品。

J0031567

天女散花（摄影　1981＜农历辛酉年＞年历）任率英作

北京　中国戏剧出版社　1980年　78cm（2开）

定价: CNY0.27

　　中国现代工笔重彩人物画作品的摄影作品。作者任率英（1911—1989），画家。原名散表，河北束鹿人。擅长工笔画、连环画、年画。历任中国美术家协会会员、中国连环画研究会顾问、北京东方书画研究社社长、北京工笔重彩画协会副会长、北京中国画研究会理事、北京工业大学书画协会顾问。代表作品有《嫦娥奔月》《洛神图》《梁红玉击鼓战金山》等。

J0031568

虾（1981＜农历辛酉年＞年历）齐白石作

沈阳　辽宁美术出版社　1980年　78cm（2开）

定价: CNY0.30

　　中国现代国画作品。

J0031569

鲜花献给英雄（1981年年历）龚景充作

杭州　浙江人民美术出版社　1980年　76cm（2开）

定价: CNY0.16

　　中国现代国画作品。

J0031570

小花（1981年年历）傅鲁沛复制

济南　山东人民出版社　1980年　53cm（4开）

定价: CNY0.09

　　中国现代国画作品。

J0031571

一九八一年国画月历（中国历代名画选）

上海　上海书画出版社　1980年　76cm（2开）

定价: CNY6.00

J0031572
一九八一年人物花鸟山水国画月历
上海　上海书画出版社　1980 年　53cm（4 开）
定价：CNY4.00

J0031573
祝寿图（摄影 1981 年年历）陈巨洪作
上海　上海书画出版社　1980 年　53cm（4 开）
定价：CNY0.11
　　　中国国画作品选。

J0031574
［1982 年美术挂历］（国画）
石家庄　河北人民出版社　1981 年
定价：CNY3.30

J0031575
［1982 年美术挂历］（花鸟鱼虫）
济南　山东科学技术出版社　1981 年
30cm（10 开）　定价：CNY1.30
　　　中国现代国画作品。

J0031576
［1982 年美术挂历］（珍奇动物）
长春　吉林人民出版社　1981 年　54cm（4 开）
定价：CNY3.20
　　　中国现代国画翎毛走兽画作品。

J0031577
1982 年年历：画　福国画
杭州　西泠印社　1981 年　78cm（2 开）
定价：CNY0.20
　　　中国国画作品选。

J0031578
1982 年年历：棋　福国画
杭州　西泠印社　1981 年　78cm（2 开）
定价：CNY0.20
　　　中国国画作品选。

J0031579
1982 年年历：琴　福国画
杭州　西泠印社　1981 年　78cm（2 开）
定价：CNY0.20
　　　中国国画作品选。

J0031580
1982 年年历：书　福国画
杭州　西泠印社　1981 年　78cm（2 开）
定价：CNY0.20
　　　中国国画作品选。

J0031581
1982 年月历（国画）
长春　吉林人民出版社　1981 年　定价：CNY4.20

J0031582
1982 年月历（工笔花鸟画）人民美术出版社编
北京　人民美术出版社　1981 年　78cm（2 开）
定价：CNY4.50

J0031583
奔马（1982 农历壬戌年年历）徐悲鸿作
武汉　湖北人民出版社　1981 年　76cm（2 开）
定价：CNY0.18
　　　中国现代国画作品。

J0031584
奔马（1982 年年历）徐悲鸿作
武汉　湖北人民出版社　1981 年　78cm（2 开）
定价：CNY0.32
　　　中国现代国画作品。

J0031585
奔马（1982 农历壬戌年年历）沈彬如画
银川　宁夏人民出版社　1981 年　78cm（2 开）
定价：CNY0.24
　　　中国现代国画作品。

J0031586
茶花麻雀（1982< 农历壬戌年 > 年历）（清）
任伯年作
北京　荣宝斋　1981 年　[1 张]　78cm（2 开）
定价：CNY0.30
　　　中国晚清国画作品。

J0031587
春到洛阳（中国画）（1982 农历壬戌年年历）
徐德隆作
北京　人民美术出版社　1981 年　54cm（4 开）
定价：CNY0.16

J0031588
春花瑞鸟图（1982 年年历）（清）任伯年作
上海 上海人民美术出版社 1981 年［1 张］
54cm（4 开）定价：CNY0.19
　　中国晚清国画作品。

J0031589
春晓(中国画）（1982 农历壬戌年年历）李魁
正作
北京 人民美术出版社 1981 年 54cm（4 开）
定价：CNY0.16

J0031590
翠竹（1982 农历壬戌年年历）张建中作
合肥 安徽人民出版社 1981 年 54cm（4 开）
定价：CNY0.18
　　中国现代国画花鸟画作品。

J0031591
富贵祯祥（1982 年年历）郑乃珖作
北京 荣宝斋 1981 年 76cm（2 开）
定价：CNY0.30

J0031592
合欢（1982 农历壬戌年年历）陈谋作
北京 宝文堂书店 1981 年 78cm（2 开）
定价：CNY0.27
　　中国现代国画作品。作者陈谋(1937—)，
教授。北京市人，毕业于中央美术学院中国画系。
中央美术学院副教授、中国美术家协会会员。代
表作品有《六月会上》《第一个春天》《晨牧》。

J0031593
红梅（1982 农历壬戌年年历）董寿平作
太原 山西人民出版社 1981 年 76cm（2 开）
定价：CNY0.24
　　中国现代国画花鸟画作品。作者董寿平
(1904—1997)，国画家、书法家。原名揆，字谐
伯，山西洪洞县人。毕业于天津南开大学。历任
中国书法家协会顾问、中国美术家协会会员、北
京荣宝斋顾问、全国政协书画室主任、北京中国
画研究会名誉会长。出版有《董寿平画辑》《董
寿平书画集》《书画大师董寿平》《董寿平谈艺
录》。

J0031594
葫芦（1982 农历壬戌年年历）吴昌硕作
北京 人民美术出版社 1981 年 78cm（2 开）
定价：CNY0.22
　　中国近代国画作品。

J0031595
虎（1982 农历壬戌年年历）刘继卣作
北京 人民美术出版社 1981 年 78cm（2 开）
定价：CNY0.22
　　中国现代国画作品。

J0031596
虎（1982 农历壬戌年年历）刘继卣作
北京 荣宝斋 1981 年 76cm（2 开）
定价：CNY0.30
　　中国现代国画作品。

J0031597
花鸟（1982 农历壬戌年年历）田世光作
北京 荣宝斋 1981 年 76cm（2 开）
定价：CNY0.30
　　中国现代国画花鸟画作品。

J0031598
金鱼（1982 农历壬戌年年历）吴作人作
太原 山西人民出版社 1981 年 78cm（2 开）
定价：CNY0.18
　　现代中国画作品。

J0031599
金鱼舞（1982 年年历）李慕白，金雪尘作
上海 上海人民美术出版社 1981 年 54cm（4 开）
定价：CNY0.16
　　中国现代国画动物画作品。

J0031600
芦雁(中国画）（1982 年）黄慎作
南京 江苏人民出版社 1981 年 78cm（2 开）
定价：CNY0.18
　　1982 年历书，中国现代国画翎毛走兽画作品。

J0031601
芦雁图（1982 农历壬戌年年历）（清）边寿民作
北京 北京人民美术出版社 1981 年［1 张］

78cm（2 开）定价：CNY0.22

　　1982 年历书，清代国画作品。作者边寿民（1684—1752），清代著名花鸟画画家。江苏淮安人。初名维祺，字颐公，又字渐僧、墨仙，号苇间居士，晚年又号苇间老民等。工诗词、精书法。代表作品有《芦雁图全套八幅册页》《碧梧双峙图》《老圃秋容图》等。

J0031602

霜叶红于二月花（1982 农历壬戌年年历）白铭作

北京 人民美术出版社 1981 年 78cm（2 开）
定价：CNY0.22

　　中国现代国画作品。

J0031603

水仙牡丹（1982 农历壬戌年年历）郑乃珖作
西安 陕西人民美术出版社 1981 年 78cm（2 开）
定价：CNY0.24

J0031604

四季花卉图轴（1982< 农历壬戌年 > 年历）
（明）徐渭作
北京 人民美术出版社 1981 年［1 轴］
78cm（2 开）定价：CNY0.22

　　明代国画作品。徐渭（1521—1593），明代书画家、文学家。初字文清，改字文长，号天池，又号青藤道人、田水月等，浙江山阴（今绍兴）人。传世之作有《墨葡萄图》《山水人物花鸟》《牡丹蕉石图》《墨花》《黄甲图》等；主要著作有《四声猿》《南词叙录》《徐文长全集》等。

J0031605

松鹤（1982 农历壬戌年年历）郑乃珖作
西安 陕西人民美术出版社 1981 年 76cm（2 开）
定价：CNY0.18

J0031606

松鹤菊花图（1982< 农历壬戌年 > 年历）（清）
虚谷作
北京 文物出版社 1981 年［1 张］76cm（2 开）
定价：CNY0.24

　　1982 年历书，晚清国画作品。作者虚谷（1823—1896），清代画家。俗姓朱，名怀仁，僧名虚白，字虚谷，别号紫阳山民、倦鹤等。祖籍

新安（今安徽歙县）。传世作品有《梅花金鱼图》《枇杷图》等。

J0031607

西施浣纱（1982 农历壬戌年年历）陈谋作
北京 人民美术出版社 1981 年 78cm（2 开）
定价：CNY0.22

　　中国现代国画人物作品。作者陈谋（1937— ），教授。北京市人，毕业于中央美术学院中国画系。中央美术学院副教授、中国美术家协会会员。代表作品有《六月会上》《第一个春天》《晨牧》。

J0031608

一九八二年国画月历（中国历代花鸟画选上海博物馆藏品）
上海 上海书画出版社 1981 年 76cm（2 开）
定价：CNY6.00

J0031609

一九八二年月历（中国画）人民美术出版社编
北京 人民美术出版社 1981 年 78cm（2 开）
定价：CNY4.50

J0031610

争艳（1982 年年历）蔡天涛作
南昌 江西人民出版社 1981 年 78cm（2 开）
定价：CNY0.13

　　中国现代国画作品。

J0031611

竹（1982< 农历壬戌年 > 年历）（清）郑燮作
石家庄 河北人民出版社 1981 年［1 张］
78cm（2 开）定价：CNY0.26

　　清代国画作品。

J0031612

竹兰石图（中国画 1982 年）（清）郑板桥作
南京 江苏人民出版社 1981 年［1 张］
78cm（2 开）定价：CNY0.18

J0031613

竹石图（1982< 农历壬戌年 > 年历）（清）郑板桥作
北京 文物出版社 1981 年［1 张］78cm（2 开）
定价：CNY0.20

清代国画作品。

J0031614
1983（国画挂历）
北京 荣宝斋［1982 年］78cm（2 开）

J0031615
1983（国画挂历）李苦禅等作
郑州 中州书画社 1982 年 78cm（2 开）
定价：CNY4.00

J0031616
1983（吴昌硕画选·挂历）
杭州 西泠印社［1982 年］78cm（2 开）
定价：CNY4.60

J0031617
1983 年国画月历
上海 上海书画出版社 1982 年 26cm（16 开）
定价：CNY0.80
（中国历代花鸟画选）

J0031618
1983 年花鸟画月历
长春 吉林人民出版社 1982 年 78cm（2 开）
定价：CNY4.00

J0031619
1983 年月历（工笔花鸟·中国画）
北京 人民美术出版社 1982 年 54cm（4 开）
定价：CNY2.50

J0031620
1983 年月历（诗画）刘旦宅作
北京 人民美术出版社 1982 年 38cm（6 开）
定价：CNY1.80
　　中国现代国画作品。

J0031621
1983 年月历（中国画）人民美术出版社编辑
北京 人民美术出版社 1982 年 78cm（2 开）
定价：CNY3.80

J0031622
采莲图（中国画 1983 年年历）陈谋作

北京 人民美术出版社 1982 年 54cm（4 开）
定价：CNY0.16

J0031623
苍山结茅图（中国画 1983 年年历）（清）髡残作
北京 人民美术出版社 1982 年 78cm（2 开）
定价：CNY0.27

J0031624
苍鹰黄鹂（中国画 1983 年年历）万式作
西安 陕西人民美术出版社 1982 年 78cm（2 开）
定价：CNY0.24

J0031625
沉香亭图（中国画 1983 年年历）（清）袁江作
北京 文物出版社 1982 年 78cm（2 开）
定价：CNY0.20

J0031626
楚山欲雨图（中国画 1983 年年历）（清）王翚作
北京 文物出版社 1982 年 78cm（2 开）
定价：CNY0.20

J0031627
春（中国画 1983 年年历）田镛作
北京 人民美术出版社 1982 年 78cm（2 开）
定价：CNY0.22

J0031628
春色独浓（中国画 1983 年年历）沈雪生作
上海 上海书画出版社 1982 年 54cm（4 开）
定价：CNY0.11
　　作者沈雪生（1941—　），画家。江苏吴县人，毕业于南京师范大学美术系。上海美术家协会会员、上海黄浦画院画师、杭州西泠书画院等兼职画师。出版有《沈雪生画集》《沈雪生的牡丹画特色》等。

J0031629
春艳（中国画 1983 年年历）李魁正作
北京 人民美术出版社 1982 年 54cm（4 开）
定价：CNY0.16

J0031630
春艳（中国画 1983 年年历）应鹤光作
上海 上海书画出版社 1982 年 78cm（2 开）
定价：CNY0.15

J0031631
春意（中国画 1983 年年历）王雁作
天津 天津人民美术出版社 1982 年 78cm（2 开）
定价：CNY0.30

J0031632
春之晨（中国画 1983 年年历）刘菊清作
南京 江苏人民出版社 1982 年 76cm（2 开）
定价：CNY0.36

J0031633
翠阁飞泉（中国画 1983 年年历）溥心畬作
上海 上海书画出版社 1982 年 78cm（2 开）
定价：CNY0.15
　　中国现代国画山水画作品。溥心畬（1896—1972），画家，收藏家。原名爱新觉罗·溥儒，初字仲衡，后改字心畬，号羲皇上人，又号西山逸士。为清恭亲王奕訢之孙。生于北京，就读于法政学堂（后并入清河大学），后留学德国，在柏林大学获得天文和生物双博士学位。曾在台湾师范大学及东海大学任教。代表作品有《雪中访友图》，著有《四书经义集证》《毛诗经义集证》《尔雅释言经证》等。

J0031634
村径柴门图（中国画 1983 年年历）（清）张宏作
北京 人民美术出版社 1982 年 78cm（2 开）
定价：CNY0.27

J0031635
大丽花（中国画 1983 年年历）郑乃珧作
北京 荣宝斋［1982 年］54cm（4 开）
定价：CNY0.15

J0031636
滇池霁月（中国画 1983 年年历）李忠翔作
昆明 云南人民出版社 1982 年 54cm（4 开）
定价：CNY0.18

J0031637
董双成（中国画 1983 年年历）华三川作
北京 人民美术出版社 1982 年 78cm（2 开）
定价：CNY0.22

J0031638
杜鹃双鸟（中国画 1983 年年历）王庆生作
天津 天津杨柳青画店 1982 年 78cm（2 开）
定价：CNY0.27

J0031639
对菊图（中国画 1983 年年历）（清）石涛作
北京 人民美术出版社 1982 年 78cm（2 开）
定价：CNY0.27
　　作者石涛（1641—约 1718），清初书画家、绘画理论家。广西桂林人，祖籍安徽凤阳。本姓朱，名若极，系明代靖江王朱赞仪的第十世孙朱亨嘉之子。朱亨嘉死后年幼的石涛被送至全州当和尚，法名道济，又字石涛，号苦瓜和尚、大涤子、靖江后人、清湘陈人、零丁老人等等。著有《苦瓜和尚画语录》。存世作品有《石涛罗汉百开册页》《山水清音图》《竹石图》等。

J0031640
仿元人春山图（中国画 <1983 年年历 >）（清）苏六朋作
北京 文物出版社 1982 年 78cm（2 开）
定价：CNY0.20
　　1983 年历书，清代国画作品。作者苏六朋（1791—1862），清代画家，字枕琴，号怎道人，别署罗浮道人。广东顺德人。代表作品有《清平调图》《东山报捷图》《太白醉酒图》等。

J0031641
高风劲节（中国画 1983 年年历）张健中作
合肥 安徽人民出版社 1982 年 54cm（4 开）
定价：CNY0.18

J0031642
鸽子牡丹（中国画 1983 年年历）喻继高作
上海 上海人民美术出版社 1982 年 54cm（4 开）
定价：CNY0.16

J0031643
公孙大娘（中国画 1983 年年历）华山川摄影

北京　人民美术出版社　1982 年　54cm（4 开）
定价：CNY0.22

J0031644
海棠绶带（中国画　1983 年年历）赵绮云作
北京　人民美术出版社　1982 年　54cm（4 开）
定价：CNY0.16

J0031645
海棠双栖（中国画　1983 年年历）赵蕴玉作
重庆　重庆出版社　1982 年　54cm（4 开）
定价：CNY0.20

J0031646
荷花（中国画　1983 年年历）李魁正作
北京　人民美术出版社　1982 年　54cm（4 开）
定价：CNY0.16

J0031647
荷花鸳鸯（中国画　1983 年年历）郑鹍作
上海　上海书画出版社　1982 年　54cm（4 开）
定价：CNY0.11

J0031648
荷花鸳鸯图（中国画 1983 年年历）（清）王武作
北京　文物出版社　1982 年　78cm（2 开）
定价：CNY0.20

J0031649
鹤寿图（中国画　1983 年年历）陈之佛作
上海　上海人民美术出版社　1982 年　54cm（4 开）
定价：CNY0.19
　　作者陈之佛（1896—1962），画家、工艺美术家。又名陈绍本、陈杰，号雪翁。毕业于浙江省工业专门学校染织科机织专业，曾留学日本入东京美术学校工艺图案科。曾任教于上海美术专科学校及中央大学艺术系，任南京大学教授、南京师范学院教授、江苏美协副主席、南京艺术学院副院长、中国美术家协会理事等职。代表作品有《瑞安名胜古诗选》《旅美纪行》《江村集》等。

J0031650
红楼梦故事（中国画　1983 年年历）王叔晖作
北京　荣宝斋　1982 年　76cm（2 开）
定价：CNY0.30

J0031651
红梅（中国画　1983 年年历）贺志伊作
郑州　中州书画社　1982 年　78cm（2 开）
定价：CNY0.24

J0031652
红娘递柬（中国画　1983 年年历）华三川作
北京　人民美术出版社　1982 年　78cm（2 开）
定价：CNY0.22

J0031653
红裳绿盖（中国画　1983 年年历）陆抑非作
上海　上海书画出版社　1982 年　78cm（2 开）
定价：CNY0.15

J0031654
红叶小鸟（中国画　1983 年年历）赵蕴玉作
重庆　重庆出版社　1982 年　54cm（4 开）
定价：CNY0.20

J0031655
红嘴山雀（中国画　1983 年年历）田世光作
北京　人民美术出版社　1982 年　53cm（4 开）
定价：CNY0.13

J0031656
花（中国画　1983 年年历）夏生兰作
昆明　云南人民出版社　1982 年　54cm（4 开）
定价：CNY0.18

J0031657
花鸟（中国画　1983 年年历）田世光作
北京　人民美术出版社　1982 年　54cm（4 开）
定价：CNY0.16

J0031658
花鸟（1983 年年历）张其翼作
太原　山西人民出版社　1982 年　78cm（2 开）
定价：CNY0.24

J0031659
花蕊夫人（1983 年年历）刘福芳作
长沙　湖南美术出版社　1982 年　78cm（2 开）
定价：CNY0.27
　　中国现代国画人物画作品。

J0031660
花与猫（1983年年历）郑新雨作
沈阳　辽宁美术出版社　1982年　54cm（4开）
定价：CNY0.18
　　中国现代国画作品。

J0031661
黄山白龙桥（中国画　1983年年历）刘海粟作
上海　上海人民美术出版社　1982年　54cm（4开）
定价：CNY0.19

J0031662
黄山九龙瀑（中国画　1983年年历）亚明作
南京　江苏人民出版社　1982年　78cm（2开）
定价：CNY0.26

J0031663
黄山青龙潭（中国画　1983年年历）刘海粟作
北京　人民美术出版社　1982年　78cm（2开）
定价：CNY0.22

J0031664
巾帼英雄梁红玉（中国画　1983年年历）蒋彩苹作
北京　人民美术出版社　1982年　78cm（2开）
定价：CNY0.22

J0031665
锦绣春光（中国画　1983年年历）金鸿钧作
天津　天津人民美术出版社　1982年　76cm（2开）
定价：CNY0.38

J0031666
劲松兽鸟（中国画　1983年年历）陈佩秋作
上海　上海书画出版社　1982年　78cm（2开）
定价：CNY0.15
　　作者陈佩秋（1922—　），女，现代中国画花鸟画画家。河南南阳人。字健碧，室名秋兰室、高华阁、截玉轩。毕业于国立艺术专科学校。历任上海大学美术学院兼职教授、上海中国画院画师、中国美术家协会会员。主要作品有《天目山杜鹃》《水佩风裳》《红满枝头》。

J0031667
菊（中国画　1983年年历）何炳富作
北京　人民美术出版社　1982年　54cm（4开）
定价：CNY0.16
　　作者何炳富（1940—　），摄影师。上海人，军事科学院摄影师、中国摄影家协会会员。

J0031668
菊花（中国画　1983年年历）赵延芳摄影
成都　四川人民出版社　1982年　54cm（4开）
定价：CNY0.14（铜版纸），CNY0.08（胶版纸）

J0031669
孔雀（中国画　1983年年历）王一鸣作
济南　山东人民出版社　1982年　78cm（2开）
定价：CNY0.24

J0031670
孔雀（中国画　1983年年历）刘庸作
天津　天津人民美术出版社　1982年　54cm（4开）
定价：CNY0.18

J0031671
孔雀牡丹（中国画　1983年年历）韧石作
杭州　西泠印社　1982年　54cm（4开）
定价：CNY0.20

J0031672
孔雀图（中国画　1983年年历）（清）沈铨作
北京　文物出版社　1982年　78cm（2开）
定价：CNY0.20

J0031673
李清照（中国画　1983年年历）黄柔昌作
南京　江苏人民出版社　1982年　78cm（2开）
定价：CNY0.26

J0031674
李清照（中国画　1983年年历）孙爱华作
济南　山东人民出版社　1982年　78cm（2开）
定价：CNY0.24

J0031675
李淑贞（中国画　1983年年历）丛志远作
南京　江苏人民出版社　1982年　78cm（2开）
定价：CNY0.26

J0031676
丽人图（中国画　1983 年年历）谈绮芬作
杭州　西泠印社　1982 年　76cm（2 开）
定价：CNY0.39

J0031677
柳塘荷鹚（中国画　1983 年年历）朱颖人作
北京　人民美术出版社　1982 年　78cm（2 开）
定价：CNY0.27

J0031678
猫戏图（中国画　1983 年年历）雨新，方工作
天津　天津杨柳青画店　1982 年　78cm（2 开）
定价：CNY0.27
　　作者方工，女，画家。原名王振芳。擅画猫。
与其父合作绘著并出版《画猫技法基础》《百猫
百蝶图》等。

J0031679
梅花（中国画　1983 年年历）金鸿钧作
北京　人民美术出版社　1982 年　54cm（4 开）
定价：CNY0.16

J0031680
牡丹（中国画　1983 年年历）金鸿钧作
北京　人民美术出版社　1982 年　54cm（4 开）
定价：CNY0.16

J0031681
牡丹鸽子（中国画　1983 年年历）喻继高作
北京　人民美术出版社　1982 年　53cm（4 开）
定价：CNY0.13

J0031682
牡丹孔雀（中国画　1983 年年历）张书旂作
上海　上海书画出版社　1982 年　78cm（2 开）
定价：CNY0.15

J0031683
牡丹蜜蜂（中国画　1983 年年历）黄幻吾作
上海　上海人民出版社　1982 年　78cm（2 开）
定价：CNY0.26

J0031684
耐枝头（中国画　1983 年年历）赵蕴玉绘

重庆　重庆出版社　1982 年　54cm（4 开）
定价：CNY0.20

J0031685
枇杷（中国画　1983 年年历）吴昌硕作
南京　江苏人民出版社　1982 年　76cm（2 开）
定价：CNY0.36

J0031686
七姐妹花（中国画　1983 年年历）郑乃珖作
西安　陕西人民美术出版社　1982 年　54cm（4 开）
定价：CNY0.18

J0031687
青绿山水图（中国画 <1983 年年历 >）（明）
沈周作
北京　文物出版社　1982 年　78cm（2 开）
定价：CNY0.20
　　明代国画作品。作者沈周（1427—1509），明
代书画家。字启南，号石田、白石翁、有居竹居
主人等。长洲（今江苏苏州）人。传世作品有《庐
山高图》《秋林话旧图》《沧州趣图》。著有《石田
集》《客座新闻》等。

J0031688
秋江独钓图（中国画 <1983 年年历 >）（明）
蒋乾作
北京　文物出版社　1982 年　78cm（2 开）
定价：CNY0.20
　　明代国画作品。

J0031689
秋菊（中国画　1983 年年历）齐白石作
南京　江苏人民出版社　1982 年　78cm（2 开）
定价：CNY0.26

J0031690
秋菊（中国画　1983 年年历）马名骏摄影
太原　山西人民出版社　1982 年　54cm（4 开）
定价：CNY0.18
　　作者马名骏（1933—　），摄影家。河北省阳
原县人。历任山西人民出版社编审、中国摄影家
协会会员、山西省摄影家协会副主席。

J0031691
秋色（中国画 1983 年年历）谢敏适作
郑州 中州书画社 1982 年 54cm（4 开）
定价：CNY0.09

J0031692
秋水凫鹥图（中国画＜1983 年年历＞）（元）
任仁发作
北京 文物出版社 1982 年 78cm（2 开）
定价：CNY0.20
　　　元代国画作品。作者任仁发（1254—1327），
元代画家，水利家。字子明，号月山道人。代表
作品有《出圉图》《二马图》《五王醉归图》，晚年
著有《水利集》。

J0031693
秋堂吹箫图（中国画 1983 年年历）（明）王谔作
北京 人民美术出版社 1982 年 78cm（2 开）
定价：CNY0.27
　　　明代国画作品。

J0031694
三友图（中国画 1983 年年历）张世简等作
合肥 安徽人民出版社 1982 年 78cm（2 开）
定价：CNY0.24

J0031695
山茶水仙（中国画 1983 年年历）郑乃珖作
西安 陕西人民出版社 1982 年 78cm（2 开）
定价：CNY0.24

J0031696
山海长寿图（中国画 1983 年年历）（清）张夕
庵作
石家庄 河北美术出版社 1982 年 78cm（2 开）
定价：CNY0.24
　　　中国清代国画作品。

J0031697
山花烂漫（中国画 1983 年年历）汪大文作
上海 上海书画出版社 1982 年 54cm（4 开）
定价：CNY0.11

J0031698
山雀爱梅图（中国画 1983 年年历）（清）华嵒作

北京 文物出版社 1982 年 78cm（2 开）
定价：CNY0.20
　　　清代国画作品。

J0031699
山水（中国画 1983 年年历）（清）石涛作
石家庄 河北美术出版社 1982 年［1 张］
78cm（2 开）定价：CNY0.24
　　　清代国画作品。

J0031700
山寨梨花（中国画 1983 年年历）梅肖青作
昆明 云南人民出版社 1982 年［1 张］
78cm（2 开）定价：CNY0.22

J0031701
赏菊图（中国画 1983 年年历）（明）唐寅作
北京 文物出版社 1982 年［1 张］78cm（2 开）
定价：CNY0.20
　　　明代国画作品。

J0031702
神农架之晨（中国画 1983 年年历）王昭明作
北京 人民美术出版社 1982 年 1 张 78cm（2 开）
定价：CNY0.22
　　　中国现代国画山水画作品。

J0031703
省屏中选图（中国画 1983 年年历）华三川作
北京 人民美术出版社 1982 年 1 张 78cm（2 开）
定价：CNY0.22

J0031704
狮头鹅图（中国画 1983 年年历）（明）吕纪作
北京 文物出版社 1982 年 1 张 78cm（2 开）
定价：CNY0.20
　　　明代国画作品。

J0031705
石榴（中国画 1983 年年历）吴昌硕作
杭州 西泠印社 1982 年 1 张 78cm（2 开）
定价：CNY0.24

J0031706
双虎图（中国画 1983 年年历）胡爽庵作

北京　人民美术出版社　1982 年　1 张　53cm（4 开）
定价：CNY0.13

J0031707
双鸡（中国画 1983 年年历）王雪涛作
石家庄　河北美术出版社　1982 年　1 张
54cm（4 开）定价：CNY0.18

J0031708
双兰图（中国画 1983 年年历）张健中作
合肥　安徽人民出版社　1982 年　1 张　54cm（4 开）
定价：CNY0.18

J0031709
双猫（中国画 1983 年年历）方工作
北京　人民美术出版社　1982 年　1 张　53cm（4 开）
定价：CNY0.13

J0031710
双鸟（中国画 1983 年年历）张宝元作
济南　山东人民出版社　1982 年　1 张　54cm（4 开）
定价：CNY0.18

J0031711
硕果丰盈（中国画 1983 年年历）苏葆桢作
石家庄　河北美术出版社　1982 年　1 张
54cm（4 开）定价：CNY0.20
　　作者苏葆桢（1916—1990），国画家。江苏
宿迁市人，师从徐悲鸿、张书旂、傅抱石等大家。
曾任西南大学教授、硕士生导师，重庆国画院副
院长。作品有《葡萄图》《硕果累累》《玉羽迎春》
《山花烂漫》《战地花开》等。

J0031712
松鹤牡丹（中国画 1983 年年历）张文昌作
北京　人民美术出版社　1982 年　1 张　78cm（2 开）
定价：CNY0.27

J0031713
松鹤图（中国画 1983 年年历）（明）叶双石作
北京　文物出版社　1982 年　1 张　78cm（2 开）
定价：CNY0.20
　　明代国画作品。

J0031714
松萝晚翠图（中国画 1983 年年历）（明）蓝瑛作
北京　文物出版社　1982 年　1 张　78cm（2 开）
定价：CNY0.20
　　明代国画作品。

J0031715
松梅双雀（中国画 1983 年年历）赵蕴玉作
重庆　重庆出版社　1982 年　1 张　54cm（4 开）
定价：CNY0.20

J0031716
松院闲吟图（中国画 1983 年年历）（明）朱端作
北京　文物出版社　1982 年　1 张　78cm（2 开）
定价：CNY0.20
　　明代国画作品。

J0031717
太行春早（中国画 1983 年年历）魏紫熙摄影
南京　江苏人民出版社　1982 年　1 张　78cm（2 开）
定价：CNY0.26

J0031718
唐人诗意图（中国画 1983 年年历）耿莹作
石家庄　河北美术出版社　1982 年　1 张
78cm（2 开）定价：CNY0.24

J0031719
桃花（中国画 1983 年年历）吴昌硕作
杭州　西泠印社　1982 年　1 张　78cm（2 开）
定价：CNY0.24

J0031720
桃花双雉（中国画 1983 年年历）黄幻吾作
上海　上海人民美术出版社　1982 年　1 张
54cm（4 开）定价：CNY0.19

J0031721
桃花小鸟（中国画 1983 年年历）俞致贞等作
北京　人民美术出版社　1982 年　1 张　54cm（4 开）
定价：CNY0.16

J0031722
腾风（中国画 1983 年年历）吴作人作
北京　人民美术出版社　1982 年　1 张　76cm（2 开）

定价：CNY0.22

J0031723

铁网珊瑚图（中国画 1983 年年历）吴昌硕作
北京 文物出版社 1982 年 1 张 78cm（2 开）
定价：CNY0.20

J0031724

巫峡清秋图（中国画 1983 年年历）张大千作
北京 文物出版社 1982 年 1 张 78cm（2 开）
定价：CNY0.20

J0031725

五色牡丹图（中国画 1983 年年历）（清）张兆祥作
北京 文物出版社 1982 年 1 张 78cm（2 开）
定价：CNY0.20
　　清代国画作品。

J0031726

溪色棹声图（中国画 1983 年年历）（清）王鉴作
北京 文物出版社 1982 年 1 张 78cm（2 开）
定价：CNY0.20
　　清代国画作品。

J0031727

仙吉颂（中国画 1983 年年历）郑乃珧作
北京 荣宝斋 1982 年 1 张 54cm（4 开）
定价：CNY0.15

J0031728

鲜花迎宾（中国画 1983 年年历）章德明作
上海 上海人民美术出版社 1982 年 1 张
54cm（4 开）定价：CNY0.16

J0031729

鲜花迎亲（中国画 1983 年年历）章德明作
上海 上海人民美术出版社 1982 年 1 张
54cm（4 开）定价：CNY0.16

J0031730

香远益清（中国画 1983 年年历）娄师白作
北京 人民美术出版社 1982 年 1 张 78cm（2 开）
定价：CNY0.22

J0031731

偕山吟馆图（中国画 1983 年年历）齐白石作
北京 文物出版社 1982 年 1 张 78cm（2 开）
定价：CNY0.20

J0031732

新安江水万壑过（中国画 1983 年年历）韩大化作
合肥 安徽人民出版社 1982 年 1 张 78cm（2 开）
定价：CNY0.24

J0031733

新诗改罢自长吟（中国画 1983 年年历）蒋兆和作
北京 人民美术出版社 1982 年 1 张 78cm（2 开）
定价：CNY0.22

J0031734

杏花（中国画 1983 年年历）齐白石作
南京 江苏人民出版社 1982 年 1 张 78cm（2 开）
定价：CNY0.26

J0031735

雁荡山（中国画 1983 年年历）张大千作
天津 天津人民美术出版社 1982 年 1 张
78cm（2 开）定价：CNY0.30

J0031736

一九八三年［国画挂历］
沈阳 辽宁美术出版社 1982 年 1 张 78cm（2 开）
定价：CNY4.20

J0031737

一九八三年［国画挂历］傅抱石作
天津 天津杨柳青画店 1982 年 1 张 78cm（2 开）
定价：CNY4.30
　　作者傅抱石（1904—1965），画家。原名长生、瑞麟，号抱石斋主人。生于江西南昌，祖籍江西新余，早年留学日本。历任南京师范学院教授、江苏国画院院长等职。代表作品有《山阴道上》《钟馗》《屈原》《江山如此多娇》，著有《中国古代绘画之研究》《中国绘画变迁史纲》等。

J0031738

一九八三年月历（明清山水·中国画）人民美

术出版社编辑

北京 人民美术出版社 1982 年 1 张 78cm（2 开）

定价：CNY4.50

　　明清时代国画山水画作品。

J0031739

一片冰心（中国画 1983 年年历）郑乃珖作

北京 荣宝斋 1982 年 1 张 54cm（4 开）

定价：CNY0.15

J0031740

伊岭岩（中国画 1983 年年历）卢汉华作

南宁 广西民族出版社 1982 年 1 张 54cm（4 开）

定价：CNY0.20

J0031741

樱花小岛（中国画 1983 年年历）喻继高作

石家庄 河北美术出版社 1982 年 78cm（2 开）

定价：CNY0.24

J0031742

迎春（中国画 1983 年年历）世棠作

南宁 广西民族出版社 1982 年 54cm（4 开）

定价：CNY0.25

J0031743

迎春图（中国画 1983 年年历）陈修范，李有光作

南京 江苏人民出版社 1982 年 76cm（2 开）

定价：CNY0.36

J0031744

迎春图（中国画 1983 年年历）刘海粟作

上海 上海书画出版社 1982 年 54cm（4 开）

定价：CNY0.11

J0031745

幼狮（中国画 1983 年年历）刘继卣作

北京 人民美术出版社 1982 年 53cm（4 开）

定价：CNY0.13

J0031746

玉兰（中国画 1983 年年历）李魁正作

北京 人民美术出版社 1982 年 54cm（4 开）

定价：CNY0.16

J0031747

玉兰·牡丹·雉鸡图（中国画 1983 年年历）

（清）凌必正作

北京 文物出版社 1982 年 78cm（2 开）

定价：CNY0.20

　　清代国画作品。

J0031748

鸳鸯（中国画 1983 年年历）郑乃珖作

北京 荣宝斋［1982 年］54cm（4 开）

定价：CNY0.16

J0031749

泽芝红艳（中国画 1983 年年历） 俞致贞，刘力上作

太原 山西人民美术出版社 1982 年 78cm（2 开）

定价：CNY0.24

J0031750

长春图（中国画 1983 年年历）王道中作

北京 人民美术出版社 1982 年 78cm（2 开）

定价：CNY0.27

J0031751

长征颂（1983 年年历）何海霞［作］

郑州 中州书画社 1982 年 54cm（4 开）

统一书号：8219.145 定价：CNY0.18

　　中国现代国画山水画作品。作者何海霞（1908—1998），满族，北京人。初名何福海，字瀛，又字登瀛。曾任陕西国画院副院长及名誉院长、中国国画研究院研究员等职。代表作品有《看山还看祖国山》《何海霞画集》《何海霞画册·山水部分》等。

J0031752

中国古代音乐生活（摄影明信片辑 汉英文对照） 文化部文学艺术研究院音乐研究所，人民音乐出版社编辑部编

北京 人民音乐出版社 1982 年 10 张

13cm（60 开） 定价：CNY0.90

　　明信片，中国古代音乐生活绘画作品的摄影选。

J0031753

朱荷鸳鸯（中国画 1983 年年历）张大千作

成都　四川人民出版社　1982 年　78cm（2 开）
定价：CNY0.24

J0031754
祝寿图（1983 年年历）林英珊作
沈阳　辽宁美术出版社　1982 年　38cm（6 开）
定价：CNY0.20
　　中国现代中国工笔画作品。

J0031755
紫玉兰（中国画 1983 年年历）刘自鸣作
昆明　云南人民出版社　1982 年　78cm（2 开）
定价：CNY0.22

J0031756
1984（任伯年画选）
杭州　西泠印社　1983 年　78cm（2 开）
定价：CNY4.60
　　年历形式的中国晚清国画作品。

J0031757
1984（中国画）
昆明　云南人民出版社　1983 年　54cm（4 开）
定价：CNY2.50

J0031758
1984（中国画）
郑州　中州书画社　1983 年　39cm（4 开）
定价：CNY1.00

J0031759
1984：陈少梅画金陵十二钗　陈少梅画
天津　天津人民美术出版社　1983 年　78cm（2 开）
定价：CNY4.40
　　中国国画作品选。作者陈少梅（1909—1954），国画家。名云彰，又名云鹣，号升湖，字少梅，以字行。生于湖南衡山。曾任中国美术家协会天津分会主席、天津美术学校校长。主要作品有《江南春》《丛林远岭》等。

J0031760
1984：傅抱石国画选［傅抱石绘］
南京　江苏人民出版社　1983 年　78cm（2 开）
定价：CNY4.00
　　年历形式的中国国画作品选。作者傅抱石

（1904—1965），画家。原名长生、瑞麟，号抱石斋主人。生于江西南昌，祖籍江西新余，早年留学日本。历任南京师范学院教授、江苏国画院院长等职。代表作品有《山阴道上》《钟馗》《屈原》《江山如此多娇》，著有《中国古代绘画之研究》《中国绘画变迁史纲》等。

J0031761
1984：古代人物画
西宁　青海人民出版社　1983 年　78cm（2 开）
定价：CNY3.80
　　年历形式的中国国画作品选。

J0031762
1984：国画花卉（农历甲子年）
广州　岭南美术出版社［1983 年］78cm（2 开）
定价：CNY4.00
　　年历形式的中国现代国画花鸟画作品。

J0031763
1984：花鸟画选
上海　上海人民美术出版社　1983 年　78cm（2 开）
定价：CNY4.00
　　年历形式的中国现代国画花鸟画作品。

J0031764
1984：历代国画
太原　山西人民出版社　1983 年　78cm（2 开）
定价：CNY4.00
　　年历形式的中国历代国画作品选。

J0031765
1984：历史人物·工笔画
哈尔滨　黑龙江人民出版社　1983 年　78cm（2 开）
定价：CNY3.70
　　年历形式的中国现代国画人物画作品。

J0031766
1984：山水花卉扇画选
北京　荣宝斋［1983 年］39cm（4 开）
定价：CNY2.60
　　年历形式的中国山水花卉扇画作品选。

J0031767
1984：浙江山水画

杭州　浙江人民美术出版社　1983 年　78cm（2 开）
定价：CNY4.50
　　年历形式的中国现代国画山水画作品。

J0031768
1984 年：中国画
天津　天津人民美术出版社　1983 年　78cm（2 开）
定价：CNY4.40
　　年历形式的中国国画作品。

J0031769
1984 年古代花鸟画月历　人民美术出版社编辑
北京　人民美术出版社　1983 年　39cm（4 开）
定价：CNY2.30
　　中国现代国画花鸟画作品。

J0031770
爱整洁（中国画　1984 年年历）于占德作
济南　山东人民出版社　1983 年［1 张］
54cm（4 开）　定价：CNY0.20

J0031771
芭蕉银雉（中国画　1984 年年历）喻继高作
南京　江苏人民出版社　1983 年　54cm（4 开）
定价：CNY0.18

J0031772
版纳翠竹（中国画　1984 ＜农历甲子年＞年历）
张步作
石家庄　河北美术出版社　1983 年　54cm（4 开）
定价：CNY0.20

J0031773
宝鸡峡之秋（中国画　1984 年年历）陆振华作
西安　陕西人民美术出版社　1983 年　78cm（2 开）
定价：CNY0.24

J0031774
报春图（中国画　1984 年年历）诸乐三作
上海　上海书画出版社　1983 年　54cm（4 开）
定价：CNY0.11
　　作者诸乐三（1902—1984），书画篆刻家、艺
术教育家。原名文萱、字乐三、号希斋，别署南
屿山人。历任中国美术学院教授、研究生导师，
西泠印社副社长、中国书法家协会名誉理事、中

国美术家协会浙江分会副主席等。代表作有《蜀
葵》《红梅图》《九秋风露》等。

J0031775
报喜（中国画　1984 年年历）李素珍，张继馨作
天津　天津杨柳青画社　1983 年　54cm（4 开）
定价：CNY0.27

J0031776
奔马（中国画　1984 年年历）徐悲鸿作
上海　上海人民美术出版社　1983 年　78cm（2 开）
定价：CNY0.42

J0031777
碧空彩珠（中国画　1984 年年历）刘泽文作
济南　山东人民出版社　1983 年　54cm（4 开）
定价：CNY0.20
　　作者刘泽文（1943—　），画家，国家一级美
术师。山东即墨人，历任烟台地区新华书店美
工、山东省出版总社烟台分社任美术编辑。代
表作品《望穿碧海千层浪》，出版有《刘泽文水粉
画集》。

J0031778
碧桃黄鹂（中国画　1984 年年历）喻继高作
南京　江苏人民出版社　1983 年　54cm（4 开）
定价：CNY0.18

J0031779
苍山清泉（中国画　1984 年年历）胡振郎作
上海　上海书画出版社　1983 年　54cm（4 开）
定价：CNY0.11

J0031780
苍松怪石图（中国画　1984 ＜农历甲子年＞年
历）（清）李方鹰作
北京　文物出版社　1983 年　78cm（2 开）
定价：CNY0.20
　　清代国画作品。

J0031781
茶花（1984 年年历）徐家昌作
杭州　浙江人民美术出版社　1983 年　54cm（4 开）
定价：CNY0.19
　　中国现代国画花鸟画作品。

J0031782
茶花小鸟（中国画 1984 年年历）陈贞馥作
上海 上海书画出版社 1983 年 54cm（4 开）
定价：CNY0.11

J0031783
巢湖图 （中国画 1984〈农历甲子年〉年历）
（清释）原济作
北京 文物出版社 1983 年 54cm（4 开）
ISBN：8068.1145 定价：CNY0.20
　　清代国画作品。

J0031784
春光好（中国画 1984 年年历）吴玉梅作
上海 上海书画出版社 1983 年 54cm（4 开）
定价：CNY0.11

J0031785
春回天彭（中国画 1984 年年历）朱佩君等作
成都 四川人民出版社 1983 年 54cm（4 开）
定价：CNY0.35（铜版纸），CNY0.16（胶版纸）
　　作者朱佩君（1920—1995），女，画家。四川
成都人。曾任成都画院院长。作品有《芙蓉鲤鱼》
《菊花》《山茶红艳樱花娇》等。

J0031786
春江水暖图（中国画 1984 年年历）陈之佛作
上海 上海书画出版社 1983 年 54cm（4 开）
定价：CNY0.11
　　作者陈之佛（1896—1962），画家、工艺美术
家。又名陈绍本、陈杰，号雪翁。毕业于浙江省
工业专门学校染织科机织专业，曾留学日本入东
京美术学校工艺图案科。曾任教于上海美术专
科学校及中央大学艺术系，任南京大学教授、南
京师范学院教授、江苏美协副主席、南京艺术学
院副院长、中国美术家协会理事等职。代表作品
有《瑞安名胜古诗选》《旅美纪行》《江村集》等。

J0031787
春牛图 （中国画 1984〈农历甲子年〉节气表）
郭长林作
成都 四川人民出版社 1983 年 54cm（4 开）
定价：CNY0.08

J0031788
春艳（中国画 1984 年年历）王雪涛作
天津 天津杨柳青画社 1983 年 78cm（2 开）
定价：CNY0.27

J0031789
翠松红鹦（中国画 1984 年年历）江圣华作
上海 上海书画出版社 1983 年 54cm（4 开）
定价：CNY0.11

J0031790
大红菊（中国画 1984 年年历）吴蒓之作
上海 上海书画出版社 1983 年 53cm（4 开）
定价：CNY0.11

J0031791
丹顶鹤（中国画 1984〈农历甲子年〉年历）姚
群作
石家庄 河北美术出版社 1983 年 54cm（4 开）
定价：CNY0.20

J0031792
二只鸟（中国画 1984 年年历）陈贯时摄影
杭州 浙江人民美术出版社 1983 年 53cm（4 开）
定价：CNY0.19
　　作者陈贯时（1928— ），画家。浙江温州人。
又名灌丁、亦壶。毕业于浙江美术学院中国画系，
并留校任教。主要作品有《雨霁》《斑竹》《梅石
图》等。

J0031793
繁荣昌盛（中国画 1984 年年历）戴元俊作
南京 江苏人民出版社 1983 年 78cm（2 开）
定价：CNY0.26

J0031794
仿元人花果小品图 （中国画 1984〈农历甲子
年〉年历）（清）居巢作
北京 文物出版社 1983 年 54cm（4 开）
定价：CNY0.20
　　清代国画作品。

J0031795
丰收图（中国画 1984 年年历）单锡和作
天津 天津人民美术出版社 1983 年 54cm（4 开）

定价: CNY0.18

　　作者单锡和(1940—)，画家。江西高安人。毕业于南京艺术学院油画系。任教于上海东华大学。上海服饰协会理事、全国工艺美术教学专业委员会委员。擅长水粉画、年画和装饰画。主要作品有《夏夜静静》《浓浓情怀》等，著有《单锡和装饰油画集》《单锡和线描装饰画》等。

J0031796
枫叶白头鹤（中国画 1984 年年历）黄幻吾作
南昌 江西人民出版社［1983 年］54cm（4 开）
定价: CNY0.26

J0031797
国富人寿（1984 年年历）陈年作
上海 上海书画出版社 1983 年 78cm（2 开）
定价: CNY0.15

　　中国现代国画作品。作者陈年(1876—1970)，画家。字半丁，浙江山阴(今绍兴)人。曾任中国美术家协会理事、北京画院副院长、中国画研究会会长。代表作品有《卢橘夏熟》《高枝带雨压雕栏》《惟有黄花是故人》等。

J0031798
国画（1984＜农历甲子年＞年历）默如作
石家庄 河北美术出版社 1983 年 76cm（2 开）
定价: CNY0.25

J0031799
荷花（中国画 1984 年年历）吴昌硕作
杭州 西泠印社 1983 年 78cm（2 开）
定价: CNY0.24

J0031800
荷花（中国画 1984 年年历）吴东奋作
杭州 浙江人民美术出版社 1983 年 78cm（2 开）
定价: CNY0.24

J0031801
荷花（中国画 1984 年年历）诸乐三作
杭州 浙江人民美术出版社 1983 年 54cm（4 开）
定价: CNY0.19

J0031802
鹤寿梅喜（中国画 1984 年年历）金正惠作

上海 上海书画出版社 1983 年 78cm（2 开）
定价: CNY0.15

J0031803
黑竹（中国画 1984 年年历）卢坤峰作
上海 上海书画出版社 1983 年 54cm（4 开）
定价: CNY0.11

J0031804
红梅（中国画 1984 年年历）吴昌硕作
杭州 西泠印社 1983 年 78cm（2 开）
定价: CNY0.24

J0031805
胡笳十八拍图卷（1984—1985）王仲清，吴性清作
银川 宁夏人民出版社 1983 年 78cm（2 开）
定价: CNY4.00

　　本作品为中国现代国画作品。图写蔡琰诗意。所谓"胡笳十八拍"，是指蔡琰谱写的笳谱及歌词的总称。明胡笳十八拍图卷为明中期摹本。无款印，图中人物勾写严谨，神情如生。有专家据文献及图中人物形象综考，订为仇英摹宋画本。

J0031806
葫芦（中国画 1984 年年历）吴昌硕作
杭州 西泠印社 1983 年 78cm（2 开）
定价: CNY0.24

J0031807
蝴蝶兰花（中国画 1984 年年历）杜曼华作
天津 天津人民美术出版社 1983 年 78cm（2 开）
定价: CNY0.27

J0031808
虎（中国画 1984 年年历）刘继卣作
南京 江苏人民出版社 1983 年 76cm（2 开）
定价: CNY0.36

J0031809
虎（中国画 1984 年年历）卓然作
南宁 漓江出版社 1983 年 78cm（2 开）
定价: CNY0.27

J0031810
虎（中国画　1984 ＜农历甲子年＞年历）　徐步桓作
西宁　青海人民出版社　1983 年　54cm（4 开）
定价：CNY0.20

J0031811
虎（中国画　1984 年年历）　张善子作
天津　天津人民美术出版社　1983 年　54cm（4 开）
定价：CNY0.33
　　作者张善子（1882—1940），著名画家。原名张正兰，更名张仲、张泽，字善孖、善之，号虎痴，别署虎公、榕骏斋主，堂号大风堂。四川内江人。国画大师张大千二兄。

J0031812
虎图（中国画　1984 年年历）　顾炳鑫作
上海　上海书画出版社　1983 年　54cm（4 开）
定价：CNY0.11
　　作者顾炳鑫（1923—2001），美术家。笔名甘草、朽木，江苏宝山人。历任中国美术家协会理事、上海美术家协会主席团委员、上海美协连环画艺委会主任。代表作品有连环画《渡江侦察记》《列宁在十月》等。

J0031813
虎啸图（中国画　1984 年年历）　沈高仁作
杭州　浙江人民美术出版社　1983 年　78cm（2 开）
定价：CNY0.24
　　作者沈高仁（1935—2010），画家。浙江永康人，毕业于衢州师范专科学校，后进修于浙江美术学院。曾任浙江永康县文化馆美术干部、中国美协会员、中国版画协会会员。作品有《小花猫》《虎啸图》《鹏程万里》等。著有《怎样画虎》等。

J0031814
虎啸图（中国画　1984 年年历）　沈高仁作
杭州　浙江人民美术出版社　1983 年　39cm（4 开）
定价：CNY0.11

J0031815
花鸟四条屏（1984 年年历）　田云鹏作
天津　天津人民美术出版社　1983 年　2 张　76cm（2 开）　定价：CNY0.80
　　中国现代国画花鸟画作品。

J0031816
华睿双艳图（中国画　1984 ＜农历甲子年＞年历）（清）恽冰作
北京　文物出版社　1983 年　78cm（2 开）
定价：CNY0.20
　　清代国画作品。

J0031817
华山清晓（中国画　1984 ＜农历甲子年＞年历）　杨建喜摄影
西安　陕西人民美术出版社　1983 年　76cm（2 开）
定价：CNY0.40

J0031818
黄山北海（中国画　1984 年年历）　赵文贤作
沈阳　辽宁美术出版社　1983 年　54cm（4 开）
统一书号：8161.0266　定价：CNY0.18

J0031819
江南早春图（中国画　1984 ＜农历甲子年＞年历）（清）王翚绘
北京　文物出版社　1983 年　78cm（2 开）
定价：CNY0.20
　　清代国画作品。王翚（1632—1717），清代著名画家。字石谷，号耕烟散人、乌目山人、清晖老人等。江苏常熟人。传世作品有《秋山萧寺图》《虞山枫林图》《秋树昏鸦图》《芳洲图》等。

J0031820
江山春晓（中国画　1984 年年历）　皮之先，车天德作
济南　山东人民出版社　1983 年　54cm（4 开）
定价：CNY0.30

J0031821
江天楼阁图（中国画　1984 ＜农历甲子年＞年历）　江南春作
广州　岭南美术出版社 ［1983 年］54cm（4 开）
定价：CNY0.30

J0031822
蕉石萱花图（中国画　1984 ＜农历甲子年＞年历）（清）李鱓作
北京　文物出版社　1983 年　78cm（2 开）
定价：CNY0.20

中国清代国画作品。

J0031823
蕉荫栖禽（中国画 1984 年年历）张辛稼作
上海 上海书画出版社 1983 年 54cm（4 开）
定价：CNY0.11

J0031824
九秋图（中国画 1984 ＜农历甲子年＞年历）
（清）王一亭等作
北京 文物出版社 1983 年 78cm（2 开）
定价：CNY0.20
　　中国清代国画作品。

J0031825
九寨沟（中国画 1984 ＜农历甲子年＞年历）
简崇志作
重庆 重庆出版社 1983 年 78cm（2 开）
定价：CNY0.28

J0031826
菊（中国画 1984 年年历）许麟庐作
济南 山东人民出版社 1983 年 78cm（2 开）
定价：CNY0.30

J0031827
骏马图（中国画 1984 年年历）郭广业作
杭州 浙江人民美术出版社 1983 年 76cm（2 开）
定价：CNY0.36

J0031828
孔雀（中国画 1984 年年历）赵玉敏作
济南 山东人民出版社 1983 年 54cm（4 开）
定价：CNY0.20
　　作者赵玉敏（1945— ），画家。山东乳山人，结业于中央工艺美术学院。历任中国工艺美术家协会会员、安徽省美术家协会会员、安徽省直机关书画家协会副主席，安徽日报主任编辑、美术组组长，安徽省政协书画社画家等。

J0031829
孔雀牡丹（中国画 1984 年年历）王一鸣作
济南 山东人民出版社 1983 年 54cm（4 开）
定价：CNY0.20

J0031830
漓江（中国画 1984 年年历）白雪石作
北京 荣宝斋［1983 年］76cm（2 开）
定价：CNY0.30
　　作者白雪石（1915—2011），画家，教授。北京市人，斋号何须斋。自幼习画，早年师从赵梦朱，后拜梁树年为师。执教于北京师范学院、北京艺术学院、中央工艺美院，同时兼任北京山水画研究会会长。代表作品有《万壑松风》《千峰竞秀》《早春图》《漓江一曲千峰秀》等。

J0031831
漓江秀色（中国画 1984 年年历）李培庚作
南宁 漓江出版社 1983 年 54cm（4 开）
定价：CNY0.20

J0031832
凌霄（中国画 1984 年年历）于希宁作
南京 江苏人民出版社［1983 年］78cm（2 开）
定价：CNY0.26

J0031833
柳禽白鹇图（中国画 1984 ＜农历甲子年＞年历）（明）汪肇作
北京 文物出版社 1983 年 78cm（2 开）
定价：CNY0.20
　　明代国画作品。

J0031834
柳阴黄鹂（中国画 1984 ＜农历甲子年＞年历）
金正惠作
北京 人民美术出版社 1983 年 78cm（2 开）
定价：CNY0.22

J0031835
陇原奇峰（中国画 1984 ＜农历甲子年＞年历）
王文芳作
郑州 中州书画社 1983 年 54cm（4 开）
定价：CNY0.18

J0031836
芦雁（1984 ＜农历甲子年＞年历）（清）边寿民作
北京 人民美术出版社 1983 年 78cm（2 开）
定价：CNY0.27
　　1984 年历书，清代国画作品。作者边寿民

（1684—1752），清代著名花鸟画画家。江苏淮安人。初名维祺，字颐公，又字渐僧、墨仙，号苇间居士，晚年又号苇间老民等。工诗词、精书法。代表作品有《芦雁图全套八幅册页》《碧梧双峙图》《老圃秋容图》等。

J0031837
鸣春图（中国画 1984 年年历）张宝元作
济南 山东人民美术出版社 1983 年 78cm（2 开）
定价：CNY0.30

J0031838
墨梅图（中国画 1984 ＜农历甲子年＞年历）
（明）陈英作
北京 文物出版社 1983 年 78cm（2 开）
定价：CNY0.20
　　明代国画花卉画作品。

J0031839
墨梅图（中国画 1984 ＜农历甲子年＞年历）
（清）赵之谦作
北京 人民美术出版社 1983 年 78cm（2 开）
定价：CNY0.27
　　中国清代国画作品。作者赵之谦（1829—1884），晚清书画家。浙江绍兴人，初字益甫，号冷君，号悲庵、梅庵、无闷等。著有《六朝别字记》《悲庵居士文存》等，篆刻有《二金蝶堂印存》等。

J0031840
墨竹（中国画 1984 年年历）卢坤峰作
济南 山东人民出版社 1983 年 78cm（2 开）
定价：CNY0.30

J0031841
牡丹（中国画 1984 年年历）吴昌硕作
杭州 西泠印社 1983 年 78cm（2 开）
定价：CNY0.55（甲），CNY0.24（乙）

J0031842
牡丹（中国画 1984 年年历）王小古作
济南 山东人民出版社 1983 年 78cm（2 开）
定价：CNY0.30

J0031843
牡丹（中国画 1984 ＜农历甲子年＞年历）徐

新友作
太原 山西人民出版社 1983 年 78cm（2 开）
定价：CNY0.24

J0031844
牡丹（中国画 1984 年年历）王雪涛作
西安 陕西人民美术出版社 1983 年 54cm（4 开）
定价：CNY0.18

J0031845
牡丹寿鸟（中国画 1984 年年历）徐德森作
上海 上海书画出版社 1983 年 54cm（4 开）
定价：CNY0.11

J0031846
牡丹小鸟（中国画 1984 ＜农历甲子年＞年历）
金鸿钧作
太原 山西人民出版社 1983 年 54cm（4 开）
定价：CNY0.18

J0031847
牡丹迎春（中国画 1984 年年历）张选之作
济南 山东人民出版社 1983 年 54cm（4 开）

J0031848
农家乐（中国画 1984 年节气表）李文龙作
太原 山西人民出版社 1983 年 54cm（4 开）
定价：CNY0.09

J0031849
农家乐（中国画 1984 年年历）吴玉梅作
上海 上海书画出版社 1983 年 54cm（4 开）
定价：CNY0.11

J0031850
起居平安图（中国画 1984 ＜农历甲子年＞年历）（元）边鲁作
北京 文物出版社 1983 年 78cm（2 开）
定价：CNY0.20
　　元代国画作品。

J0031851
晴晨（中国画 1984 ＜农历甲子年＞年历）赵秀焕作
郑州 中州书画社 1983 年 39cm（4 开）

定价：CNY0.12

J0031852
秋光艳阳（中国画 1984 年年历）刘新华作
天津 天津杨柳青画社 1983 年 78cm（2 开）
定价：CNY0.27

J0031853
秋艳图（中国画 1984 ＜农历甲子年＞年历）
乔玉川作
西安 陕西人民美术出版社 1983 年 78cm（2 开）
定价：CNY0.24
　　作者乔玉川（1938— ），毕业于西安美术学
院中国画系。历任中国美术家协会会员、中央文
史馆书画研究员，陕西省美术家协会顾问、终身
艺术委员会委员。出版专著有《乔玉川画集》《乔
玉川栾川写生集》《乔玉川人物画集》《乔玉川栾
川山水画集》等。

J0031854
人物（1984 ＜农历甲子年＞年历）（清）任伯年作
北京 人民美术出版社 1983 年 78cm（2 开）
定价：CNY0.27
　　中国晚清国画作品。作者任伯年（1840—
1896），清末画家。初名润，字次远，号小楼，后
改名任颐，字伯年，以字行。浙江山阴航坞山（今
杭州市萧山区）人。主要作品有《东津话别图》
《三友图》《苏武牧羊图》《蕉阴纳凉图》《池畔窥
鱼图》等。

J0031855
人物（中国画 1984 年年历）陈少梅作
天津 天津杨柳青画社 1983 年 78cm（2 开）
定价：CNY0.27
　　作者陈少梅（1909—1954），国画家。名云彰，
又名云鹄，号升湖，字少梅，以字行。生于湖南
衡山。曾任中国美术家协会天津分会主席、天津
美术学校校长。主要作品有《江南春》《丛林远
岭》等。

J0031856
山茶（中国画 1984 年年历）吴东奋作
杭州 浙江人民美术出版社 1983 年 78cm（2 开）
定价：CNY0.24

J0031857
山川出云图（中国画 1984 ＜农历甲子年＞年
历）（明）董其昌作
北京 文物出版社 1983 年 78cm（2 开）
定价：CNY0.20
　　明代国画作品。作者董其昌（1555—1636），
明代著名书画家。字玄宰，号思白，别号香光居
士，松江华亭（今上海）人。主要作品有《岩居图》
《秋兴八景图》《昼锦堂图》等。

J0031858
山花怒放（1984 ＜农历甲子年＞年历）徐德
隆作
北京 人民美术出版社 1983 年 1 张 78cm（2 开）
定价：CNY0.22
　　中国现代国画花鸟画作品。

J0031859
山水（中国画 1984 年年历）
上海 上海人民美术出版社 1983 年［1 张］
53cm（4 开）定价：CNY0.19

J0031860
山水（中国画 1984 ＜农历甲子年＞年历）
（清）石涛作
北京 人民美术出版社 1983 年［1 张］
78cm（2 开）定价：CNY0.27

J0031861
山水（中国画 1984 年年历）丁宁源作
济南 山东人民出版社 1983 年［1 张］
78cm（2 开）定价：CNY0.30

J0031862
山水（中国画 1984 年年历）张大千作
天津 天津杨柳青画社 1983 年［1 张］
53cm（4 开）定价：CNY0.27

J0031863
狮（中国画 1984 年年历）刘继卣绘
南京 江苏人民出版社 1983 年 1 张 76cm（2 开）
定价：CNY0.36

J0031864
书童山春色（中国画 1984 ＜农历甲子年＞年

历）余克危作
北京　人民美术出版社　1983 年　1 张　54cm（4 开）
定价：CNY0.16

J0031865
双鹤图（中国画　1984 ＜农历甲子年＞年历）
丁中一作
郑州　中州书画社　1983 年　1 张　54cm（4 开）
定价：CNY0.18
　　作者丁中一（1937—　　），国画家。上海人，毕业于中国美术学院中国画系。任职于河南艺术学院美术系，硕士生导师。中国美院成人教育分院特聘教授、河南中国人物画艺委会顾问、河南中国山水画艺委会顾问、中国美术家协会会员。代表作品有《八大山人》《素描技法论系》《丁中一西部写生画集》等。

J0031866
双鸡富贵（中国画　1984 年年历）刘奎龄作
天津　天津杨柳青画社　1983 年　1 张　78cm（2 开）
定价：CNY0.27

J0031867
双猫（中国画　1984 年年历）雨新，方工作
合肥　安徽人民出版社　1983 年　1 张　54cm（4 开）
定价：CNY0.18

J0031868
双猫（中国画　1984 ＜农历甲子年＞年历）米春茂作
石家庄　河北美术出版社　1983 年　1 张
54cm（4 开）定价：CNY0.20
　　作者米春茂（1938—　　），一级美术师。生于河北省霸州。历任沧州市文联专业画家、中国美术家协会会员、美协河北分会会员、河北省工艺美术学会常务理事、沧州市美协理事长。代表作品有《米春茂画集》《中国画自学丛书——怎样画小动物》。

J0031869
双猫戏蝶（中国画　1984 年年历）丁建东作
济南　山东人民出版社　1983 年　1 张　54cm（4 开）
定价：CNY0.20

J0031870
双狮图（中国画　1984 年年历）刘奎龄作
天津　天津人民美术出版社　1983 年　1 张
54cm（4 开）定价：CNY0.20

J0031871
双寿图（中国画　1984 年年历）田世光作
天津　天津杨柳青画社　1983 年　1 张　78cm（2 开）
定价：CNY0.27

J0031872
水仙（中国画　1984 年年历）吴东奋作
杭州　浙江人民美术出版社　1983 年　1 张
78cm（2 开）定价：CNY0.24

J0031873
四季花鸟（四条屏　中国画　1984 ＜农历甲子年＞年历）薛存家作
北京　人民美术出版社　1983 年　2 张　76cm（2 开）
定价：CNY0.26

J0031874
四时花香（中国画　1984 年年历）施立华作
上海　上海书画出版社　1983 年　1 张　54cm（4 开）
定价：CNY0.11
　　作者施立华（1940—　　），上海人，毕业于浙江美术学院国画系。历任日本秋田市水墨画研究会顾问、上海师范大学艺术系教师。出版有《施立华画册》等。

J0031875
四喜图（中国画　1984 ＜农历甲子年＞年历）（明）吕纪作
北京　文物出版社　1983 年　1 张　78cm（2 开）
定价：CNY0.20
　　明代国画作品。

J0031876
松鹤（中国画　1984 年年历）
上海　上海人民美术出版社　1983 年　1 张
54cm（4 开）定价：CNY0.19

J0031877
松鹤图（中国画　1984 年年历）伯英作
南宁　漓江出版社　1983 年　1 张　78cm（2 开）

定价: CNY0.27

J0031878
松鹤图（中国画　1984 年年历）溥佐作
天津　天津杨柳青画社　1983 年　1 张　54cm（4 开）
定价: CNY0.20

J0031879
松鹤延年（中国画　1984 ＜农历甲子年＞年历）
贾克德作
南宁　漓江出版社　1983 年［1 张］54cm（4 开）
定价: CNY0.20

J0031880
松瀑图（中国画　1984 年年历）赵准旺作
北京　中国旅游出版社　1983 年　1 张
76cm（2 开）定价: CNY0.18

J0031881
松鼠（中国画　1984 ＜农历甲子年＞年历）米
春茂作
石家庄　河北美术出版社　1983 年　1 张
54cm（4 开）定价: CNY0.20

J0031882
岁朝清赏（中国画　1984 年年历）郑乃珖作
西安　陕西人民美术出版社　1983 年　1 张
76cm（2 开）定价: CNY0.36

J0031883
桃花双雀（中国画　1984 年年历）黄幻吾作
南昌　江西人民出版社［1983 年］1 张
78cm（2 开）定价: CNY0.26

J0031884
桃源春霭图（中国画　1984 ＜农历甲子年＞年
历）（明）蓝瑛作
北京　文物出版社　1983 年　1 张　78cm（2 开）
定价: CNY0.20
　　明代国画作品。

J0031885
桃子（中国画　1984 年年历）吴昌硕作
杭州　西泠印社　1983 年　1 张　78cm（2 开）
定价: CNY0.24

J0031886
藤花鱼藻图（中国画　1984 ＜农历甲子年＞年
历）（清）马荃作
北京　文物出版社　1983 年　1 张　76cm（2 开）
定价: CNY0.20
　　中国清代国画作品。

J0031887
天竹（中国画　1984 年年历）吴昌硕作
杭州　西泠印社　1983 年　1 张　78cm（2 开）
定价: CNY0.55（甲），CNY0.24（乙）

J0031888
五月端阳（中国画　1984 年年历）赵雨生作
天津　天津杨柳青画社　1983 年　1 张　54cm（4 开）
定价: CNY0.20

J0031889
嬉鱼（中国画　1984 年年历）郭淑玉作
济南　山东人民出版社　1983 年　1 张　54cm（4 开）
定价: CNY0.20

J0031890
戏水（中国画　1984 年年历）石玉平作
呼和浩特　内蒙古人民出版社　1983 年　1 张
78cm（2 开）定价: CNY0.24

J0031891
戏鹦图（中国画　1984 年年历）王叔晖摄影
济南　山东人民出版社　1983 年　1 张　78cm（2 开）
定价: CNY0.30

J0031892
夏塘清趣（中国画　1984 年年历）林英珊作
沈阳　辽宁美术出版社　1983 年　1 张　38cm（6 开）
定价: CNY0.10

J0031893
湘妃竹（中国画　1984 年年历）陈贯时作
杭州　浙江人民美术出版社　1983 年　1 张
78cm（2 开）定价: CNY0.24
　　作者陈贯时（1928— ），画家。浙江温州人。
又名灌丁、亦壶。毕业于浙江美术学院中国画系，
并留校任教。主要作品有《雨霁》《斑竹》《梅石
图》等。

J0031894
向荣（中国画 1984 年年历）萧淑芳作
上海 上海人民美术出版社 1983 年 1 张
78cm（2 开）定价：CNY0.42

J0031895
幸福图（中国画 1984 年年历）田林海作
济南 山东人民出版社 1983 年 1 张 76cm（2 开）
定价：CNY0.16
　　　作者田林海（1948— ），画家。 出生于浙江
永康，原名田林罕，号九里山人。毕业于浙江美
术学院附中，结业于中国美术学院山水研修班。
曾任浙江衢州文化馆馆员、山东美术出版社编辑
室主任、山东画院高级画师、（杭州）西泠书画院
特聘画师、山东政协书画院画师。作品有《故园
烟雨》《疏林烟雨红军桥》《秋山秋水》。

J0031896
雪景山水图（中国画 1984 年年历）（清）高凤
翰作
北京 文物出版社 1983 年 1 张 78cm（2 开）
定价：CNY0.20
　　　中国清代国画作品。作者高凤翰（1683—
1749），清代国画家。字西园，号南阜，山东胶州
人。代表作品有《砚史》《南阜集》等 。

J0031897
雁荡春晓（中国画 1984 年年历）张雄作
上海 上海书画出版社 1983 年 1 张 54cm（4 开）
定价：CNY0.11

J0031898
雁荡大龙湫（中国画 1984 年年历）冯建吴作
西安 陕西人民美术出版社 1983 年 1 张
54cm（4 开）定价：CNY0.18
　　　作者冯建吴（1910—1989），书画家。字太虞，
别字游。四川美术学院教授、中国美术家协会四
川分会理事、中国书法家协会理事、重庆国画院
副院长、成都画院顾问。作品有《黄山猴子观海》
《月涌大江流》等。

J0031899
雁荡泉水（中国画 1984 年年历）姚耕耘摄影
杭州 浙江人民美术出版社 1983 年 1 张
54cm（4 开）定价：CNY0.19

J0031900
扬州八怪画选（摄影 1984 年年历）
南京 江苏人民出版社［1983 年］1 张
54cm（4 开）定价：CNY0.18
　　　中国清代国画的摄影作品。

J0031901
一九八四年（历代花鸟画月历）
上海 上海人民美术出版社 1983 年 1 张
54cm（4 开）定价：CNY3.50
　　　中国现代国画花鸟画作品。

J0031902
一九八四年挂历（中国画——**虎**）
北京 中国旅游出版社［1983 年］1 张
78cm（3 开）

J0031903
一九八四年国画月历（中国历代人物画选）
上海 上海书画出版社 1983 年 1 张 78cm（2 开）
定价：CNY6.00

J0031904
一九八四年月历（中国画） 人民美术出版社
编辑
北京 人民美术出版社 1983 年 1 张 78cm（2 开）
定价：CNY4.50

J0031905
依样（中国画 1984 年年历）吴昌硕作
上海 上海人民美术出版社 1983 年 1 张
78cm（2 开）定价：CNY0.42

J0031906
鹦鹉菊花（中国画 1984 ＜农历甲子年＞年历）
齐兆璠作
天津 天津人民美术出版社 1983 年 78cm（2 开）
定价：CNY0.70

J0031907
鹦鹉玉兰（中国画 1984 年年历）王雪涛作
北京 荣宝斋［1983 年］76cm（2 开）
定价：CNY0.30

J0031908

迎新年（中国画　1984 年年历）陆抑非，何水法作
上海　上海书画出版社　1983 年　54cm（4 开）
定价：CNY0.11

J0031909

鱼肥荷香（中国画　1984 ＜农历甲子年＞年月建节气表）郝之辉作
济南　山东人民出版社　1983 年　54cm（4 开）

J0031910

鱼满舱（中国画　1984 年年历）孙公照作
济南　山东人民出版社　1983 年　54cm（4 开）
定价：CNY0.20

J0031911

鱼嬉图（中国画　1984 年年历）陈石濑作
上海　上海书画出版社　1983 年　54cm（4 开）
定价：CNY0.11

J0031912

雨后春笋（中国画　1984 年年历）张立辰作
上海　上海书画出版社　1983 年　54cm（4 开）
定价：CNY0.11

J0031913

月季（中国画　1984 ＜农历甲子年＞年历）
杭州　西泠印社［1983 年］54cm（4 开）
定价：CNY0.16

J0031914

月季（中国画　1984 年年历）吴东奋作
杭州　浙江人民美术出版社　1983 年　78cm（2 开）
定价：CNY0.24

J0031915

月季小鸟（中国画　1984 年年历）黄幻吾作
南昌　江西人民出版社　1983 年　78cm（2 开）
定价：CNY0.26

J0031916

月夜玉笛（中国画　1984 ＜农历甲子年＞年历）
李慕白，庞卡作
广州　岭南美术出版社［1983 年］54cm（4 开）

定价：CNY0.30

作者李慕白（1913—1991），画家。生于浙江海宁。历任中国民主同盟成员、中国美术家协会会员、上海人民美术出版社特约年画作者。出版有《李慕白、金雪尘年画选集》。作者庞卡（1935—　），画家。又名庞抱俊。上海人。历任上海人民美术出版社年画编辑、创作员。作品有《从小爱科学》《秧苗青青春来早》《爱人民》等。

J0031917

云雾黄山（国画　1984 年年历）赵文贤作
沈阳　辽宁美术出版社　1983 年　53cm（4 开）
定价：CNY0.20

J0031918

争艳（中国画　1984 ＜农历甲子年＞年历）金鸿钧作
北京　人民美术出版社　1983 年　54cm（4 开）
定价：CNY0.16

J0031919

志在云霄（中国画　1984 ＜农历甲子年＞年历）
江淮春作
广州　岭南美术出版社［1983 年］54cm（4 开）
定价：CNY0.30

J0031920

竹（中国画　1984 年年历）（清）郑板桥作
南京　江苏人民出版社［1983 年］54cm（4 开）
定价：CNY0.26
中国清代国画作品。

J0031921

竹鸡图（中国画　1984 年年历）徐悲鸿作
北京　文物出版社　1983 年　78cm（2 开）
定价：CNY0.20

J0031922

1985（波斯猫与蝴蝶）郑新雨作
沈阳　辽宁美术出版社　1984 年　54cm（4 开）
定价：CNY2.00
年历形式的中国现代国画动物画作品。

J0031923

1985（蝶花挂历）周洪全绘

沈阳 辽宁美术出版社 1984 年 54cm（4 开）
定价：CNY2.00

年历形式的中国现代国画花鸟画作品。

J0031924
1985（富贵花鸟月历）
上海 上海书画出版社 1984 年 78cm（2 开）
定价：CNY3.80

年历形式的中国现代国画花鸟画作品。

J0031925
1985（挂历） 黄胄画
太原 山西人民出版社 1984 年 76cm（2 开）
定价：CNY6.00

年历形式的中国现代国画作品。

J0031926
1985（国画挂历）
哈尔滨 黑龙江美术出版社 1984 年 54cm（4 开）
定价：CNY3.20

J0031927
1985（国画挂历）
济南 山东美术出版社 1984 年 78cm（3 开）
定价：CNY4.50

J0031928
1985（国画挂历）
太原 山西人民出版社 1984 年 78cm（3 开）
定价：CNY4.50

J0031929
1985（国画花卉）
长春 吉林人民出版社 1984 年 78cm（3 开）
定价：CNY4.20

J0031930
1985（齐白石精作十二幅）（国画挂历）
北京 中国戏剧出版社 1984 年 [12 幅]
76cm（2 开） 定价：CNY6.40

J0031931
1985（张大千国画年历）
成都 四川人民出版社 1984 年 78cm（3 开）
定价：CNY4.50

J0031932
1985（中国画月历） 傅山画
太原 山西人民出版社 1984 年 78cm（3 开）
定价：CNY4.50

作者傅山（1607—1684），明清之际思想家、书法家、医学家。初名鼎臣，字青竹，改字青主，又有浊翁、观化等别名，生于山西太原。主要作品有《庄子翼批注》《逍遥游》《庄子理字》《庄子情字》《荀卿评庄子》等。

J0031933
1985：国画双月挂历
西安 陕西人民美术出版社 1984 年 78cm（3 开）
定价：CNY2.70

J0031934
1985：刘奎龄画选 刘奎龄作
天津 天津人民美术出版社 1984 年 78cm（3 开）
定价：CNY4.40

1985 年历书，中国现代国画作品。作者刘奎龄（1885—1967），画家。字耀辰，天津人。历任美协天津分会副主席、天津市国画研究会委员、天津文史馆研究员、中国美术家协会会员。代表作品有《上林春色图》《动物八屏图》《卧虎图》等。

J0031935
1985：明清山水画选
南京 江苏美术出版社 1984 年 78cm（3 开）
定价：CNY4.00

明清时期国画作品。

J0031936
1985：中国画挂历
沈阳 辽宁美术出版社 1984 年 78cm（3 开）
定价：CNY4.20

1985 年历书，中国国画作品选。

J0031937
1985 年：中国画挂历 北京出版社编
北京 北京出版社 1984 年 78cm（3 开）
定价：CNY4.20

J0031938
1985 年：中国画月历 上海人民美术出版社编

上海　上海人民美术出版社 1984 年 78cm（3 开）
定价：CNY4.20

J0031939
1985 年国画月历（现代花鸟画选）
上海　上海人民美术出版社 1984 年 78cm（3 开）
定价：CNY4.20

J0031940
1985 年花鸟画月历
北京　文物出版社 1984 年 78cm（3 开）
定价：CNY4.60
　　中国现代国画花鸟画作品。

J0031941
1985 年唐寅山水画选月历（明）唐寅作
上海　上海人民美术出版社 1984 年 78cm（3 开）
定价：CNY4.20

J0031942
1985 年月历（国画花卉）人民美术出版社编
北京　人民美术出版社［1984 年］54×76cm
定价：CNY3.30

J0031943
1985 年月历（现代中国画）
北京　人民美术出版社 1984 年 78cm（3 开）
定价：CNY3.80

J0031944
白雪公主（中国画 1985 年年历）杨立群作
广州　岭南美术出版社［1984 年］54cm（4 开）
定价：CNY0.30

J0031945
白云红树山庄（中国画 1985 年年历）白雪石作
郑州　河南人民出版社 1984 年 78cm（2 开）
定价：CNY0.24

J0031946
百果图（中国画 1985 年年历）王新福作
济南　山东美术出版社 1984 年 54cm（4 开）
统一书号：8332.99 定价：CNY0.20

J0031947
百花齐放硕果丰盈（中国画 1985 年年历）
苏葆桢作
南京　江苏美术出版社 1984 年 54cm（4 开）
定价：CNY0.20

J0031948
柏鹰图（中国画 1985＜农历乙丑年＞年历）
（元）张舜咨,（元）雪界翁作
北京　人民美术出版社 1984 年 78cm（2 开）
定价：CNY0.22
　　元代国画作品。

J0031949
帮妈妈（中国画 1985 年年历）于占德画
济南　山东美术出版社 1984 年 54cm（4 开）
定价：CNY0.20

J0031950
包河神藕（中国画 1985 年农历乙丑年年历）
范曾作
北京　人民美术出版社 1984 年 78cm（2 开）
定价：CNY0.22
　　作者范曾（1938—　　），画家、学者。字十翼，别署抱冲斋主，江苏南通人。毕业于中央美术学院中国画系。历任中央工艺美术学院讲师、副教授，南开大学东方艺术系教授、博士生导师，中国艺术研究院终身研究员等。代表作品有《庄子显灵记》《范曾自述》《老子出关》《钟馗神威》等。

J0031951
报喜图（中国画 1985 年年历）王雪涛作
南昌　江西人民出版社［1984 年］78cm（2 开）
定价：CNY0.26

J0031952
北苑副使华阳仙馆图（中国画 1985 年年历）
张大千作
天津　天津杨柳青画社 1984 年 78cm（2 开）
定价：CNY0.27

J0031953
采莲图（中国画 1985 年年历）黄均作
北京　荣宝斋［1984 年］76cm（2 开）
定价：CNY0.30

J0031954
朝旭春华图（中国画 1985 年年历）邓端和作
上海 上海书画出版社 1984 年 54cm（4 开）
定价：CNY0.20

J0031955
春（中国画 1985 年年历）乔木作
上海 上海书画出版社 1984 年 54cm（4 开）
定价：CNY0.20
　　作者乔木(1920—2002)，教授。字大年，河北深县人。上海大学美术学院教授、中国美术家协会会员等。主要作品有《迎春梅花》《彩霞迎春》《姹紫嫣红》等。著有《花鸟画基础技法》《怎样画蔬果》等。

J0031956
春风催好华（中国画 1985 年年历）王少卿作
郑州 河南人民出版社 1984 年 78cm（2 开）
定价：CNY0.24

J0031957
春牛图（中国画 1985 年农历乙丑年年历）戴衍彬作
重庆 重庆出版社 1984 年 76cm（2 开）
定价：CNY0.16

J0031958
春山叠翠（中国画 1985 年年历）梁铭添作
广州 岭南美术出版社 1984 年 54cm（4 开）
定价：CNY0.30

J0031959
春水鱼戏图（中国画 1985 年年历）赵坚作
上海 上海书画出版社 1984 年 54cm（4 开）
定价：CNY0.20

J0031960
春溪烟景图（中国画 1985 年年历）萧谦中作
天津 天津杨柳青画社 1984 年 78cm（2 开）
定价：CNY0.27
　　作者萧谦中(1883—1944)，国画家。原名萧逊，安徽怀宁人。任教于北京美术专科学校及中国画学研究会。作品有《萧龙樵山水精品二十四帧》《课徒画稿》。

J0031961
春晓（中国画 1985 年年历）金鸿钧作
太原 山西人民出版社 1984 年 78cm（2 开）
定价：CNY0.27

J0031962
春艳图（中国画 1985 年年历）李震坚作
上海 上海书画出版社 1984 年 54cm（4 开）
定价：CNY0.20
　　作者李震坚(1921—1992)，美术家。浙江缙云人，毕业于浙江美术学院国画科，后在浙江美术学院国画系任教。代表作品有《井冈山的斗争》《妈妈的新课题》。

J0031963
春意盎然（中国画 1985 年农历乙丑年年历）祁祯作
天津 天津杨柳青画社 1984 年 78cm（2 开）
定价：CNY0.27

J0031964
东坡诗意图（中国画 1985 年年历）俞子才作
上海 上海人民美术出版社 1984 年 78cm（2 开）
定价：CNY0.27

J0031965
杜鹃小鸟（中国画 1985 年农历乙丑年年历）田云鹏作
天津 天津杨柳青画社 1984 年 54cm（4 开）
定价：CNY0.20

J0031966
芙蓉翠鸟图（中国画 1985 年年历）何德身作
上海 上海书画出版社 1984 年 54cm（4 开）
定价：CNY0.20

J0031967
芙蓉鱼塘（中国画 1985 年年历）金正惠作
北京 人民美术出版社 1984 年 54cm（4 开）
定价：CNY0.16

J0031968
富贵白头（中国画 1985 年年历）于非闇作
北京 荣宝斋［1984 年］78cm（2 开）
定价：CNY0.20

J0031969
富贵长寿图（中国画 1985 年年历）吕如达作
上海 上海书画出版社 1984 年 54cm（4 开）
定价：CNY0.20

J0031970
高风亮节（中国画 1985 年年历）李自强作
上海 上海书画出版社 1984 年 54cm（4 开）
定价：CNY0.20

J0031971
归牧图（中国画 1985 年年历）李可染作
北京 北京美术摄影出版社 1984 年 78cm（2 开）
定价：CNY0.24

J0031972
海棠冠眉（中国画 1985 年年历）
南京 江苏美术出版社 1984 年 78cm（2 开）
定价：CNY0.28

J0031973
海屋沾筹（中国画 1985 年农历乙丑年年历）
（清）袁江作
北京 人民美术出版社 1984 年 78cm（2 开）
定价：CNY0.22
　　中国清代国画作品。

J0031974
荷花（中国画 1985 年年历）胡伯祥作
北京 人民美术出版社 1984 年 78cm（2 开）
定价：CNY0.22
　　作者胡伯祥（1923—2010），书画家、诗人。字葭萌，四川昭化人。中国美术家协会会员。精通中国工笔画，善书，能诗，通史，鼓琴等。曾先后在四川华西大学博物馆、四川大学博物馆任职，成都画院画师、顾问。出版有《胡伯祥、胡涛美术作品集》《胡伯祥诗词选集》。

J0031975
荷花鸳鸯（中国画 1985 年年历）谭勇画
长春 吉林人民出版社 1984 年 54cm（4 开）
定价：CNY0.12

J0031976
荷香鱼跃（中国画 1985 年年历）陈汉民画

济南 山东美术出版社 1984 年 54cm（4 开）
定价：CNY0.20

J0031977
红荷（中国画 1985 年年历）陈大羽作
上海 上海书画出版社 1984 年 54cm（4 开）
定价：CNY0.20
　　作者陈大羽（1912—2001），画家、书法家、篆刻家。原名汉卿，更名翱，字大羽。广东潮阳人，毕业于上海美术专业学校中国画系。历任南京艺术学院教授、中国画协常务理事。主要作品有《红梅公鸡》《庐山》《松柏长青》等。出版有《陈大羽书画篆刻作品集》《大羽画集》等。

J0031978
红叶玉鸦（中国画 1985 年年历）张大千作
天津 天津杨柳青画社 1984 年 78cm（2 开）
定价：CNY0.27

J0031979
红鹦鹉（中国画 1985 年年历）江圣华作
上海 上海书画出版社 1984 年 54cm（4 开）
定价：CNY0.20

J0031980
胡笳十八拍图卷（1985—1986）王仲清，吴性清作
银川 宁夏人民出版社 1984 年 78cm（2 开）
定价：CNY6.50
　　作者王仲清（1924—　），画家、教授。生于四川成都，毕业于省立成都师范美师科。历任上海人民美术出版社创作员、上海戏剧学院中国画教师、中国美术家协会会员、中国禅画研究院名誉院长。作品有中国画《小三峡》《胡笳十八拍》，连环画《阿诗玛》等。出版有《王仲清画集》等。作者吴性清（1933—　），女，编审。生于江苏泰州，毕业于中央美术学院华东分院油画系。历任上海人民美术出版社任创作员、中国美术家协会会员。作品有《我们热爱毛主席》《胡笳十八拍图卷》《关汉卿名剧选》等。

J0031981
湖上春光新雨后（中国画 1985 年年历）孔仲起绘
杭州 浙江人民美术出版社 1984 年 78cm（2 开）

定价: CNY0.24

J0031982

虎啸图（中国画　1985 年年历）孙德武作
上海　上海书画出版社　1984 年　54cm（4 开）
定价: CNY0.20

J0031983

花好月圆（中国画　1985 年农历乙丑年年历）
朱秀坤作
天津　天津杨柳青画社　1984 年　78cm（2 开）
定价: CNY0.27

J0031984

花好月圆盛世年（中国画　1985 年年历）　郦
纬农作
杭州　西泠印社　1984 年　76cm（2 开）
定价: CNY0.18

J0031985

花鸟（中国画 <1985 年年历 >）（清）任伯年作
北京　人民美术出版社　1984 年　54cm（4 开）
定价: CNY0.16

　　中国晚清国画作品。作者任伯年（1840—
1896），清末画家。初名润，字次远，号小楼，后
改名任颐，字伯年，以字行。浙江山阴航坞山（今
杭州市萧山区）人。主要作品有《东津话别图》
《三友图》《苏武牧羊图》《蕉阴纳凉图》《池畔窥鱼
图》等。

J0031986

花鸟（中国画　1985 年农历乙丑年年历）李瑾作
北京　中国文联出版公司　1984 年　78cm（2 开）
定价: CNY0.27

J0031987

花团锦簇（中国画　1985 年年历）陈世中作
上海　上海书画出版社　1984 年　54cm（4 开）
定价: CNY0.20

　　作者陈世中（1944—　），江苏武进人。中国
美术家协会会员、上海书画院副院长、海墨画社
副社长、上海美育学会常务理事。著有《陈世中
花鸟画册》《怎样画紫藤》《当代美术家画库陈世
中专集》等。

J0031988

花雄花放漫天红（中国画　1985 年年历）　黄
幻吾作
南昌　江西人民出版社 [1984 年] 54cm（4 开）
定价: CNY0.26

J0031989

华山纵览图（中国画　1985 年年历）胡振郎作
上海　上海书画出版社　1984 年　54cm（4 开）
定价: CNY0.20

J0031990

黄山松云（中国画　1985 年年历）张雄作
杭州　浙江人民美术出版社　1984 年　78cm（2 开）
定价: CNY0.24

J0031991

江皋霜艳（中国画　1985 年年历）李震坚作
北京　人民美术出版社　1984 年　78cm（2 开）
定价: CNY0.22

J0031992

江山多娇（中国画　1985 年年历）陈继武，盛
二龙作
杭州　浙江人民美术出版社　1984 年　78cm（2 开）
定价: CNY0.24

　　作者陈继武（1942—　），福建福州人。别名陈
剑生。毕业于浙江美术学院油画系。中国美术家
协会会员、中国油画家协会会员、宁波画院院长。
擅长年画、油画。主要作品有《江山多娇》《面向
未来》《中国之春》等。作者盛二龙（1948—　），
广东中山人，毕业于浙江美术学院附中。历任浙
江人民美术出版社美术编辑、浙江摄影出版社社
长、《浙江画报》社社长兼主编。作品有《红孩子、
红队长、红爷爷》《山姑娘》（合作）《江山多娇》。

J0031993

蕉石群鸽（中国画　1985 年年历）喻继高作
南昌　江西人民出版社 [1984 年] 78cm（2 开）
定价: CNY0.26

J0031994

金山寺（中国画　1985 年年历）余克危作
北京　人民美术出版社　1984 年　54cm（4 开）
定价: CNY0.16

J0031995
金鱼（中国画　1985 年年历）高敏颖作
沈阳　辽宁美术出版社　1984 年　78cm（2 开）
定价：CNY0.27

J0031996
金鱼（中国画　1985 年年历）秦汝文作
济南　山东美术出版社　1984 年　54cm（4 开）
定价：CNY0.20

J0031997
锦鸡牡丹（中国画　1985 年年历）詹庚西作
郑州　河南人民出版社　1984 年　54cm（4 开）
定价：CNY0.18

J0031998
锦绣前程（中国画　1985 年农历乙丑年年历）
张琪作
北京　人民美术出版社　1984 年　78cm（2 开）
定价：CNY0.22

J0031999
井边村女（中国画　1985 年年历）柯罗作
北京　人民美术出版社　1984 年　39cm（4 开）
定价：CNY0.10

J0032000
菊（中国画　1985 年年历）梁邵画
济南　山东美术出版社　1984 年　54cm（4 开）
定价：CNY0.20

J0032001
孔雀（中国画　1985 年农历乙丑年年历）刘庸作
北京　人民美术出版社　1984 年　78cm（2 开）
定价：CNY0.22

J0032002
孔雀牡丹（中国画　1985 年年历）徐德森画
长春　吉林人民出版社　1984 年　78cm（2 开）
定价：CNY0.15

J0032003
口弦声声（中国画　1985 年年历）郭道尊作
成都　四川民族出版社　1984 年　54cm（4 开）
定价：CNY0.18

J0032004
喇叭花母鸡（中国画　1985 年年历）葛俊生作
北京　人民美术出版社　1984 年　78cm（2 开）
定价：CNY0.22

J0032005
兰竹（中国画　1985 年年历）（清）郑燮作
杭州　西泠印社　1984 年　54cm（4 开）
定价：CNY0.20
　　中国清代国画作品。

J0032006
乐叙天伦（中国画　1985 年年历）张锦标作
杭州　浙江人民美术出版社　1984 年　78cm（2 开）
定价：CNY0.24

J0032007
李晓斌（中国画　1985 年年历）金正惠作
上海　上海书画出版社　1984 年　54cm（4 开）
定价：CNY0.30

J0032008
丽日芳春图（中国画　1985 年年历）王炳龙作
北京　人民美术出版社　1984 年　78cm（2 开）
定价：CNY0.22

J0032009
凌霄白玉鸟（中国画　1985 年年历）
南京　江苏美术出版社　1984 年　78cm（2 开）
定价：CNY0.28

J0032010
露冷幽雀（中国画　1985 年年历）陈之佛作
天津　天津杨柳青画社　1984 年　78cm（2 开）
定价：CNY0.27
　　作者陈之佛（1896—1962），画家、工艺美术家。又名陈绍本、陈杰，号雪翁。毕业于浙江省工业专门学校染织科机织专业，曾留学日本入东京美术学校工艺图案科。曾任教于上海美术专科学校及中央大学艺术系，任南京大学教授、南京师范学院教授、江苏美协副主席、南京艺术学院副院长、中国美术家协会理事等职。代表作品有《瑞安名胜古诗选》《旅美纪行》《江村集》等。

J0032011
猫蝶图（中国画 1985 年年历）朱秀坤作
合肥 安徽人民出版社 1984 年 78cm（2 开）
定价：CNY0.26

J0032012
毛驴（中国画 1985 年年历）黄胄作
上海 上海书画出版社 1984 年 78cm（2 开）
定价：CNY0.30

J0032013
梅花（中国画 1985 年年历）（清）恽寿平作
北京 人民美术出版社 1984 年 78cm（2 开）
定价：CNY0.22
　　中国清代国画作品。

J0032014
梅花册页（中国画 1985 年年历）（清）李方膺作
南京 江苏美术出版社 1984 年 54cm（4 开）
定价：CNY0.20
　　中国清代国画作品。

J0032015
梅花寿鸟（中国画 1985 年年历）孙悟音作
上海 上海书画出版社 1984 年 54cm（4 开）
定价：CNY0.20

J0032016
梅樱图（中国画 1985 年年历）潘文经画
南宁 漓江出版社 1984 年 78cm（2 开）
定价：CNY0.27

J0032017
美满幸福（中国画 1985 年年历）宋端午画
济南 山东美术出版社 1984 年 54cm（4 开）
定价：CNY0.20

J0032018
鸣禽图（中国画 1985 年年历）江寒汀作
上海 上海人民美术出版社 1984 年 78cm（2 开）
定价：CNY0.27

J0032019
墨荷图（1985 年年历）张大千画
成都 四川人民出版社 1984 年 78cm（2 开）

定价：CNY0.25

J0032020
母子图（中国画 1985 年年历）沈高仁作
杭州 浙江人民美术出版社 1984 年 76cm（2 开）
定价：CNY0.36

J0032021
牡丹双鸽（中国画 1985 年年历）张琪作
成都 四川人民出版社 1984 年 78cm（2 开）
定价：CNY0.25

J0032022
牡丹焐鸡（中国画 1985 年农历乙丑年年历）
周升寅作
天津 天津杨柳青画社 1984 年 78cm（2 开）
定价：CNY0.27

J0032023
鸟语花香（中国画 1985 年年历）张琪作
成都 四川人民出版社 1984 年 78cm（2 开）
定价：CNY0.25

J0032024
攀登（中国画 1985 年年历）常书鸿，李永仙作
杭州 浙江人民美术出版社 1984 年 54cm（4 开）
定价：CNY0.19

J0032025
蓬莱仙阁（中国画 1985 年年历）岚颖画
济南 山东美术出版社 1984 年 54cm（4 开）
定价：CNY0.20

J0032026
鹏程万里（中国画 1985 年年历）沈高仁作
杭州 浙江人民美术出版社 1984 年 78cm（2 开）
定价：CNY0.24
　　作者沈高仁（1935—2010），画家。浙江永康人，毕业于衢州师范专科学校，后进修于浙江美术学院。曾任浙江永康县文化馆美术干部、中国美协会员、中国版画协会会员。作品有《小花猫》《虎啸图》《鹏程万里》等。著有《怎样画虎》等。

J0032027
枇杷小鸟（中国画 1985 年年历）李美珊画

南宁　漓江出版社　1984年　1张　54cm（4开）
定价：CNY0.20

J0032028
琵琶仕女图（中国画　1985年年历）　王礼作
天津　天津杨柳青画社　1984年　78cm（2开）
定价：CNY0.27

J0032029
瓶花（中国画　1985年年历）　吕馥慧作
沈阳　辽宁美术出版社　1984年　39cm（4开）
定价：CNY0.10

J0032030
葡萄小鸟（中国画　1985年年历）　黄幻吾作
上海　上海书画出版社　1984年　54cm（4开）
定价：CNY0.20

J0032031
千里云山（1985年年历）　吴作人作
北京　人民美术出版社　1984年　78cm（2开）
定价：CNY0.22

J0032032
青城叠翠（中国画　1985年年历）　姚耕耘作
杭州　浙江人民美术出版社　1984年　78cm（2开）
定价：CNY0.24

J0032033
青山白云（中国画　1985年年历）（清）陈卓作
南京　江苏美术出版社　1984年　54cm（4开）
定价：CNY0.20
　　中国清代国画作品。

J0032034
轻舸看山趁好风（中国画　1985年年历）驾沧作
杭州　浙江人民美术出版社　1984年　78cm（2开）
定价：CNY0.24

J0032035
清泉（中国画　1985年年历）　王忠年作
沈阳　辽宁美术出版社　1984年　54cm（4开）
定价：CNY0.20

J0032036
秋（中国画　1985年农历乙丑年年历）金正惠作
北京　人民美术出版社　1984年　78cm（2开）
定价：CNY0.22

J0032037
秋江待渡（中国画　1985年年历）　盛懋作
北京　人民美术出版社　1984年　78cm（2开）
定价：CNY0.22

J0032038
秋耀金华（中国画　1985年年历）　林瑛珊作
沈阳　辽宁美术出版社　1984年　54cm（4开）
定价：CNY0.20

J0032039
鹊梅（中国画　1985年年历）　王少卿作
郑州　河南人民出版社　1984年　78cm（2开）
定价：CNY0.24

J0032040
群雀（中国画　1985年年历）　陈之佛作
天津　天津杨柳青画社　1984年　78cm（2开）
定价：CNY0.27

J0032041
群仙报春图（中国画　1985年年历）　杜曼华作
上海　上海书画出版社　1984年　54cm（4开）
定价：CNY0.20

J0032042
瑞雪兆丰年（中国画　1985年年历）　陈之佛作
南京　江苏美术出版社　1984年　54cm（4开）
定价：CNY0.26

J0032043
山茶双鸟图（中国画　1985年年历）　房介福作
上海　上海书画出版社　1984年　54cm（4开）
定价：CNY0.20

J0032044
山河锦绣（中国画　1985年年历）　鹿逊理作
济南　山东美术出版社　1984年　78cm（2开）
定价：CNY0.30

J0032045
山水（中国画 1985 年年历）张大千作
北京　荣宝斋［1984 年］［1 张］78cm（2 开）
定价：CNY0.20

J0032046
山水（中国画 1985 年农历乙丑年年历） 萧谦
中作
天津　天津杨柳青画社 1984 年［1 张］
54cm（4 开）定价：CNY0.20

J0032047
山同关蒲雪图（中国画 1985 年年历）吴湖帆绘
上海　上海人民美术出版社 1984 年［1 张］
78cm（2 开）定价：CNY0.27

J0032048
赏花（中国画 1985 年年历）汪五可作
北京　人民美术出版社 1984 年［1 张］
78cm（2 开）定价：CNY0.22

J0032049
仕女（中国画 1985 年年历）程宗元作
济南　山东美术出版社 1984 年 1 张 54cm（4 开）
定价：CNY0.20

J0032050
寿桃双猫图（中国画 1985 年年历）章天根作
上海　上海书画出版社 1984 年 1 张 54cm（4 开）
定价：CNY0.20

J0032051
树林鸣泉震幽谷（中国画 1985 年年历） 徐
英槐作
杭州　浙江人民美术出版社 1984 年 1 张
78cm（2 开）定价：CNY0.24

J0032052
双虎（摄影 1985 年年历）聂雨摄影
南昌　江西人民出版社［1984 年］1 张
54cm（4 开）定价：CNY0.19
　　中国现代国画翎毛走兽画作品的摄影集。

J0032053
霜叶红于二月花（中国画 1985 年年历）李

可染作
北京　北京美术摄影出版社 1984 年 1 张
78cm（2 开）定价：CNY0.24

J0032054
水榭红花（中国画 1985 年年历）杨延文作
北京　北京美术摄影出版社 1984 年 1 张
54cm（4 开）定价：CNY0.10

J0032055
硕果累累（中国画 1985 年年历）王成喜作
合肥　安徽人民出版社 1984 年 1 张 78cm（2 开）
定价：CNY0.26

J0032056
丝瓜小鸟图（中国画 1985 年年历）唐云作
上海　上海人民美术出版社 1984 年 1 张
78cm（2 开）定价：CNY0.27

J0032057
四季盆景仕女（中国画 1985 年年历）王锡麒作
杭州　西泠印社 1984 年 2 张 76cm（2 开）
定价：CNY0.35

J0032058
四时佳果（中国画 1985 年年历）曹用平作
上海　上海书画出版社 1984 年 1 张 54cm（4 开）
定价：CNY0.20

J0032059
松鹤图（1985 年年历）（清）任伯年作
北京　人民美术出版社 1984 年 1 张 78cm（2 开）
定价：CNY0.22
　　中国晚清国画作品。

J0032060
松鹿图（中国画 1985 年年历）赵宁安作
南昌　江西人民出版社［1984 年］1 张
78cm（2 开）定价：CNY0.26

J0032061
岁寒难耐鸟啁啾（1985 年年历）钱万里作
西安　陕西人民美术出版社 1984 年 1 张
78cm（2 开）定价：CNY0.27
　　中国现代国画花鸟画作品。作者钱万里，字

章远，号秋崖，自号南村，松江（今属上海市）人。著有《清画家诗史》。

J0032062

太湖帆影（中国画　1985 年年历）张雄作
上海　上海书画出版社　1984 年　1 张　54cm（4 开）
定价：CNY0.20
　　作者张熊（1803—1886），字子祥、寿甫，号西厢客、鸳湖老人、祥翁。浙江嘉兴人。代表作品有《题画集》《银藤花馆诗钞》。

J0032063

太真调鹦图（中国画　1985 年年历）黄均作
北京　人民美术出版社　1984 年　1 张　54cm（4 开）
定价：CNY0.16

J0032064

天坛秋意（中国画　1985 年年历）张步作
北京　北京美术摄影出版社　1984 年　1 张
54cm（4 开）　定价：CNY0.10

J0032065

万里寻亲图（中国画　1985 年年历）黄向坚作
天津　天津杨柳青画社　1984 年　1 张　78cm（2 开）
定价：CNY0.27

J0032066

舞剑图（中国画　1985 年农历乙丑年年历）任率英作
北京　人民美术出版社　1984 年　1 张　78cm（2 开）
定价：CNY0.22
　　作者任率英（1911—1989），画家。原名敬表，河北束鹿人。擅长工笔画、连环画、年画。历任中国美术家协会会员、中国连环画研究会顾问、北京东方书画研究社社长、北京工笔重彩画协会副会长、北京中国画研究会理事、北京工业大学书画协会顾问。代表作品有《嫦娥奔月》《洛神图》《梁红玉击鼓战金山》等。

J0032067

西园雅集（中国画　1985 年年历）陈少梅作
北京　荣宝斋［1984 年］1 张　78cm（2 开）
定价：CNY0.20
　　作者陈少梅（1909—1954），国画家。名云彰，又名云鹄，号升湖，字少梅，以字行。生于湖南

衡山。曾任中国美术家协会天津分会主席、天津美术学校校长。主要作品有《江南春》《丛林远岭》等。

J0032068

喜相逢（中国画　1985 年年历）张锦标作
合肥　安徽人民出版社　1984 年　1 张　78cm（2 开）
定价：CNY0.26

J0032069

峡江图（中国画　1985 年年历）吴齐作
上海　上海书画出版社　1984 年　1 张　54cm（4 开）
定价：CNY0.20

J0032070

香凝富贵满园春（中国画　1985 年年历）周萍作
上海　上海书画出版社　1984 年　1 张　54cm（4 开）
定价：CNY0.20

J0032071

香山秋叶（中国画　1985 年年历）李小可画
北京　北京美术摄影出版社　1984 年　1 张
54cm（4 开）　定价：CNY0.10

J0032072

潇湘烟雨（中国画　1985 年年历）陈贯时作
杭州　浙江人民美术出版社　1984 年　1 张
76cm（2 开）　定价：CNY0.36
　　作者陈贯时（1928—　），画家。浙江温州人。又名灌丁、亦壶。毕业于浙江美术学院中国画系，并留校任教。主要作品有《雨霁》《斑竹》《梅石图》等。

J0032073

小溪（中国画　1985 年年历）王铁牛作
沈阳　辽宁美术出版社　1984 年　1 张　54cm（4 开）
定价：CNY0.20

J0032074

小小音乐家（中国画　1985 年农历乙丑年年历）刘正作
天津　天津杨柳青画社　1984 年　1 张　78cm（2 开）
定价：CNY0.27

J0032075

新荷晓露图（中国画　1985年年历）陈佩秋画
上海　上海人民美术出版社　1984年　1张
78cm（2开）定价：CNY0.27

　　作者陈佩秋（1922—　），女，现代中国画花
鸟画画家。河南南阳人。字健碧，室名秋兰室、
高华阁、截玉轩。毕业于国立艺术专科学校。历
任上海大学美术学院兼职教授、上海中国画院画
师、中国美术家协会会员。主要作品有《天目山
杜鹃》《水佩风裳》《红满枝头》。

J0032076

幸福（中国画　1985年年历）倪辰生作
济南　山东美术出版社　1984年　1张　54cm（4开）
定价：CNY0.20

J0032077

杨柳白鹭（中国画　1985年年历）周度作
天津　天津杨柳青画社　1984年　1张　78cm（2开）
定价：CNY0.27

J0032078

洋河鸳鸯（中国画　1985年农历乙丑年年历）
张德泉作
天津　天津杨柳青画社　1984年　1张　78cm（2开）
定价：CNY0.27

J0032079

一九八五（人物国画月历）上海画报社编辑
上海　上海人民美术出版社　1984年　1张
78cm（2开）定价：CNY4.00

J0032080

一九八五（四川近代国画选）
成都　四川人民出版社　1984年　1张　54cm（4开）
定价：CNY3.20

J0032081

一九八五年台历（中国画　花鸟）（清）任伯年
等作
北京　人民美术出版社　1984年　1张　19cm（32开）
定价：CNY0.90

　　1985年历书，中国晚清国画作品。

J0032082

一九八五年月历（中国画）　人民美术出版社
编辑
北京　人民美术出版社　1984年　1张　78cm（2开）
定价：CNY4.50

J0032083

浥露名花开五色（中国画　1985年年历）　张
金琦作
上海　上海书画出版社　1984年　1张　54cm（4开）
定价：CNY0.20

J0032084

樱花孔雀（中国画　1985年年历）曹谨乾作
上海　上海书画出版社　1984年　54cm（4开）
定价：CNY0.20

J0032085

鹰（中国画　1985年年历）潘天寿作
成都　四川人民出版社　1984年　54cm（4开）
定价：CNY0.18

　　作者潘天寿（1897—1971），现代著名国画
家，美术教育家，原名天授，字大颐，号寿者。
浙江宁海县人。擅画花鸟、山水，兼善指画，亦
能书法、诗词、篆刻。曾任中国文联委员、中国
美术家协会副主席、浙江省文联副主席、中国美
协浙江分会主席，浙江美术学院院长、教授等
职。著有《中国绘画史》《听天阁画谈随笔》等。

J0032086

迎春读经（1985年年历）
杭州　西泠印社　1984年　2张　76cm（2开）
定价：CNY0.35
　　中国现代国画人物画作品。

J0032087

迎春图（中国画　1985年年历）肖建初作
成都　四川人民出版社　1984年　78cm（2开）
定价：CNY0.25

J0032088

鱼跃图（中国画　1985年年历）吴青霞作
上海　上海书画出版社　1984年　54cm（4开）
定价：CNY0.20

J0032089
渔家（中国画 1985 年年历）王德平作
沈阳　辽宁美术出版社　1984 年　54cm（4 开）
定价：CNY0.20

J0032090
雨后青山分外娇（中国画 1985 年年历）谢
蓓丽作
上海　上海书画出版社　1984 年　54cm（4 开）
定价：CNY0.20

J0032091
玉带深秋（中国画 1985 年年历）朱军山作
北京　北京美术摄影出版社　1984 年　54cm（4 开）
定价：CNY0.10

J0032092
玉兰锦鸡（中国画 1985 年年历）蔡衍画
济南　山东美术出版社　1984 年　54cm（4 开）
定价：CNY0.20

J0032093
早春（中国画 1985 年年历）王铁牛作
沈阳　辽宁美术出版社　1984 年　54cm（4 开）
定价：CNY0.20

J0032094
长江万里图（1985—1986 年历）张大千作
天津　天津人民美术出版社　1984 年　74cm（2 开）
定价：CNY5.00

J0032095
争艳（中国画 1985 年年历）宋端午画
济南　山东美术出版社　1984 年　54cm（4 开）
定价：CNY0.20

J0032096
知春亭（中国画 1985 年年历）李行简作
北京　北京美术摄影出版社　1984 年　54cm（4 开）
定价：CNY0.10

J0032097
知音（中国画 1985 年年历）赵殿玉作
济南　山东美术出版社　1984 年　54cm（4 开）
定价：CNY0.20

J0032098
朱荷图（中国画 1985 年年历）张大千作
成都　四川人民出版社　1984 年　78cm（2 开）
定价：CNY0.25

J0032099
竹（中国画 1985 年年历）张建中作；袁振诗
合肥　安徽人民出版社　1984 年　78cm（2 开）
定价：CNY0.26

J0032100
竹雀图（中国画 1985 年年历）史振锋作
济南　山东美术出版社　1984 年　78cm（2 开）
定价：CNY0.30

J0032101
竹石双猫（中国画 1985 年年历）雨新，方工作
太原　山西人民出版社　1984 年　54cm（4 开）
定价：CNY0.20
　　作者雨新（1927—　），画家。本名王宗光，
北京顺义人。曾任荣宝斋咨询委员会委员、中国
老年书画研究会创作员。主要作品有《怎样画蝴
蝶》《怎样画草虫》《怎样画牡丹花石》等。

J0032102
祝春图（中国画 1985 年年历）黄若舟作
上海　上海书画出版社　1984 年　54cm（4 开）
定价：CNY0.20

J0032103
祝您长寿（中国画 1985 年年历）刘乃勇画
济南　山东美术出版社　1984 年　54cm（4 开）
定价：CNY0.08

J0032104
祝您长寿（中国画 1985 年年历）刘乃勇画
济南　山东美术出版社　1984 年　54cm（4 开）
定价：CNY0.20

J0032105
濯足图（中国画 <1985 年年历>）（清）任伯年作
北京　人民美术出版社　1984 年　78cm（2 开）
定价：CNY0.22
　　中国晚清国画作品。

J0032106
紫禁城深（中国画 1985 年年历）姚奎作
北京 北京美术摄影出版社 1984 年 54cm（4 开）
定价：CNY0.10

J0032107
1986：工笔花鸟月历
上海 上海书画出版社 1985 年 78cm（3 开）
定价：CNY5.00

J0032108
1986：国画
北京 印刷工业出版社 1985 年 85cm（3 开）

J0032109
1986：国画 程十发作
南昌 江西人民出版社 1985 年 85cm（3 开）
定价：CNY5.00
　　作者程十发（1921—2007），画家。出生于上海金山，毕业于上海美术专科学校国画系。代表作品有《丽人行》《迎春图》《列宁的故事》《孔乙己》等。出版有《程十发近作选》《程十发花鸟习作选》《程十发作品展》。

J0032110
1986：国画——故宫藏"海上四任精品"
石家庄 河北美术出版社 1985 年 85cm（3 开）
定价：CNY5.00
　　中国清后期国画作品选。

J0032111
1986：国画挂历
西安 陕西人民美术出版社 1985 年 85cm（3 开）
定价：CNY5.00

J0032112
1986：国画挂历
西安 陕西人民美术出版社 1985 年 73cm（2 开）
定价：CNY7.50

J0032113
1986：国画——花鸟
石家庄 河北美术出版社 1985 年 85cm（3 开）
定价：CNY5.00

J0032114
1986：国画——墨彩云烟
南昌 江西人民出版社 1985 年 85cm（3 开）
定价：CNY5.00

J0032115
1986：国画——赏花图
北京 北京美术摄影出版社 1985 年 85cm（3 开）
定价：CNY6.00

J0032116
1986：国画——十万图册 ［任熊绘］
石家庄 河北美术出版社 1985 年 53cm（4 开）
定价：CNY3.20
　　中国清后期国画作品选。作者任熊（1823—1857），清晚期著名画家。字渭长，一字湘浦，号不舍，浙江萧山人。"海派"艺术的代表人物之一。少时得遇著名文人姚燮，在其家"大梅山馆"学画，深得宋人笔法。绘画全才。画法宗陈洪绶，与弟任薰、儿子任预、侄任颐合称"海上四任"。绘制的《高士传》《于越先贤传》《烈先酒牌》《剑侠传》合称为《任渭长四种》。

J0032117
1986：国画——万事如意
上海 上海人民美术出版社 1985 年 85cm（3 开）
定价：CNY5.00

J0032118
1986：花鸟画挂历 吴昌硕等作
北京 文物出版社 1985 年 85cm（3 开）
定价：CNY5.00
　　作者吴昌硕（1844—1927），晚清民国时期国画家、书法家、篆刻家。原名俊，俊倾，字昌硕。浙江安吉人。代表作品有《瓜果》《灯下观书》《姑苏丝画图》等，出版有《吴昌硕画集》《苦铁碎金》《缶庐近墨》《吴苍石印谱》《缶庐印存》等。

J0032119
1986：刘继卣动物画挂历 刘继卣画
济南 山东美术出版社 1985 年 53cm（4 开）
定价：CNY3.50

J0032120
1986：明清山水画选月历（明）沈周等作

上海　上海书画出版社　1985 年　85cm（3 开）
定价：CNY5.00

作者沈周（1427—1509），明代画家。字启南，号石田，又号白石翁、玉田生、有居竹居主人等。长洲（今江苏苏州）人。长于文学，亦工诗画，善画山水、花卉、鸟兽、虫鱼。代表作品有《蜀葵图》《策杖图》《山水读书图》《慈鸟图》《虞山古桧图》等。著有《石田集》《客座新闻》等。

J0032121
1986：木兰辞画选月历　王仲清，吴性清作
上海　上海书画出版社　1985 年　54cm（4 开）
定价：CNY4.00

1986 年历书，中国现代国画人物画作品。

J0032122
1986—1987：长江万里图　张大千作
天津　天津人民美术出版社　1985 年　53cm（4 开）
定价：CNY5.50

J0032123
1986 年月历：岭南花鸟画选　高奇峰等画
上海　上海人民美术出版社　1985 年　85cm（3 开）
定价：CNY5.00

J0032124
1986 年中国画《虎》　张大千，张善子作
北京　知识出版社　1985 年　53cm（4 开）
定价：CNY4.50

J0032125
八猫图（中国画　1986 年年历）孙菊生作
太原　山西人民出版社　1985 年　1 张　79cm（3 开）
定价：CNY0.33

J0032126
芭蕉树下（中国画　1986 年年历）程宗元作
济南　山东美术出版社　1985 年　1 张　78cm（2 开）
统一书号：8332.436　定价：CNY0.35

J0032127
百猫图（中国画　1986 年年历）
北京　人民美术出版社　1985 年　1 张　附节气表　76cm（2 开）　定价：CNY0.26

J0032128
柏鹿图轴（中国画　1986 年年历）（清）沈铨作
南京　江苏美术出版社　1985 年　1 张　78cm（2 开）
定价：CNY0.32

J0032129
彩蝶图（中国画　1986 年年历）陈百里作
上海　上海书画出版社　1985 年　1 张　54cm（4 开）
定价：CNY0.24

J0032130
晨曲图（中国画　1986 年年历）谢从荣绘
上海　上海书画出版社　1985 年　1 张　54cm（4 开）
定价：CNY0.24

J0032131
窗（中国画　1986 年年历）张旗作
天津　天津人民美术出版社　1985 年　1 张　54cm（4 开）　定价：CNY0.25

J0032132
春（中国画　1986 年年历）叶玉昶作
北京　人民美术出版社　1985 年　1 张　54cm（4 开）
定价：CNY0.18

J0032133
春（中国画　1986 年年历）陆抑非作
杭州　浙江人民美术出版社　1985 年　1 张　78cm（2 开）　定价：CNY0.28

J0032134
春风拂面（中国画　1986 年年历）李维良作
天津　天津人民美术出版社　1985 年　1 张　54cm（4 开）　定价：CNY0.25

J0032135
春风千竿翠（中国画　1986 年年历）王一琴作
南昌　江西人民出版社　[1985 年] 1 张　78cm（2 开）　定价：CNY0.33

J0032136
春满人间（中国画　1986 年年历）檀东铿作
福州　福建美术出版社　1985 年　1 张　76cm（2 开）
定价：CNY1.15

作者檀东铿（1943—　），教授，画家。福建

福州人，毕业于福建师大中文系。任福建师大艺术学院副院长兼美术系主任、教授，福建省美术家协会副主席。作品有《花卉》《盛世名花分外娇》《东山霓霞》等。出版有《檀东铿画辑》《檀东铿工笔花鸟画精粹》《檀东铿扇面作品集》《檀东铿工笔花鸟画》等。

J0032137

春满人间（中国画 1986 年年历）陈大羽作
上海 上海书画出版社 1985 年 1 张 54cm（4 开）
定价：CNY0.24
　　作者陈大羽（1912—2001），画家、书法家、篆刻家。原名汉卿，更名翔，字大羽。广东潮阳人，毕业于上海美术专业学校中国画系。历任南京艺术学院教授、中国画协常务理事。主要作品有《红梅公鸡》《庐山》《松柏长青》等。出版有《陈大羽书画篆刻作品集》《大羽画集》等。

J0032138

春色（中国画 1986 年年历）雨新，方工作
合肥 安徽人民出版社 1985 年 1 张 78cm（2 开）
定价：CNY0.28

J0032139

春晓（中国画 1986 年年历）王绍明作
北京 人民美术出版社 1985 年 1 张 76cm（2 开）
定价：CNY0.48

J0032140

翠竹（中国画 1986 年年历）程十发作
上海 上海书画出版社 1985 年 1 张 54cm（4 开）
定价：CNY0.24
　　作者程十发（1921—2007），画家。出生于上海金山，毕业于上海美术专科学校国画系。代表作品有《丽人行》《迎春图》《列宁的故事》《孔乙己》等。出版有《程十发近作选》《程十发花鸟习作选》《程十发作品展》。

J0032141

翠竹幽禽（中国画 1986 年年历）张大千作
南京 江苏美术出版社 1985 年 1 张 78cm（2 开）
定价：CNY0.32

J0032142

大猫和小猫（中国画 1986 年年历）宋怀材作

西安 陕西人民美术出版社 1985 年 1 张
53cm（4 开）定价：CNY0.23

J0032143

洞壑清流图（中国画 1986 年年历）邵忠竞作
上海 上海书画出版社 1985 年 1 张 54cm（4 开）
定价：CNY0.24

J0032144

斗鸡（中国画 1986 年年历）文小苗作
成都 四川民族出版社 1985 年 1 张 53cm（4 开）
定价：CNY0.22

J0032145

多寿图（1986 年年历）陈世中［作］
上海 上海书画出版社 1985 年 1 张 53cm（4 开）
定价：CNY0.24
　　中国现代国画作品。作者陈世中（1944— ），江苏武进人。中国美术家协会会员、上海书画院副院长、海墨画社副社长、上海美育学会常务理事。著有《陈世中花鸟画册》《怎样画紫藤》《当代美术家画库陈世中专集》等。

J0032146

芳芳（中国画 1986 年年历）佳红作
天津 天津人民美术出版社 1985 年 1 张
54cm（4 开）定价：CNY0.25

J0032147

福如东海 寿比南山（中国画 1986 年年历）
牟桑作
济南 山东美术出版社 1985 年 1 张 78cm（2 开）
定价：CNY0.35
　　作者牟桑（1942— ），教授。生于山东日照，毕业于山东师范学院艺术系。历任中国美术家协会会员，山东建筑大学艺术系教研室主任、教授。作品有《举士奇创》《农林益鸟》《林黛玉魁夺菊花诗》，专集有《花卉写生集》《中国太湖石写生集》。主编《全国高校建筑学科教师美术作品集》。

J0032148

富贵长寿（中国画 1986 年年历）张玉清作
北京 荣宝斋 1985 年 1 张 76cm（2 开）
定价：CNY0.38

J0032149

海燕（中国画　1986 年农历丙寅年年历）　黄树德作

广州　岭南美术出版社 1985 年　1 张　39cm（4 开）

定价：CNY0.20

J0032150

红梅孔雀（中国画　1986 年年历）范林鹏作

上海　上海书画出版社 1985 年　1 张　53cm（4 开）

定价：CNY0.24

J0032151

红梅水仙图（中国画　1986 年年历）吴昌硕作

北京　文物出版社 1985 年　1 张　78cm（3 开）

定价：CNY0.30

J0032152

红叶八哥图轴（中国画　1986 年年历）（清）阙岗作

南京　江苏美术出版社 1985 年　1 张　78cm（3 开）

定价：CNY0.32

　　中国清代国画作品。

J0032153

虎（中国画　1986 年年历）刘继卣作

北京　荣宝斋 1985 年　1 张　76cm（2 开）

定价：CNY0.38

J0032154

花鸟（中国画　1986 年年历）张大千作

太原　山西人民出版社 1985 年　1 张　78cm（3 开）

定价：CNY0.33

J0032155

花鸟孔雀图（中国画　1986 年年历）（清）任霞作；文物出版社编辑

北京　文物出版社 1985 年　1 张　78cm（3 开）

定价：CNY0.30

J0032156

画竹歌（中国画　1986 年年历）陈贯时作

杭州　浙江人民美术出版社 1985 年　1 张 78cm（2 开）定价：CNY0.28

　　作者陈贯时（1928— ），画家。浙江温州人。又名灌丁、亦壶。毕业于浙江美术学院中国画系，并留校任教。主要作品有《雨霁》《斑竹》《梅石图》等。

J0032157

黄果树飞瀑（中国画　1986 年年历）陆振华作

西安　陕西人民美术出版社 1985 年　1 张 54cm（4 开）定价：CNY0.23

J0032158

黄山雨后（中国画　1986 年年历）孙信作

桂林　漓江出版社 1985 年　1 张　78cm（2 开）

定价：CNY0.36

J0032159

江陵千里，清泉长流（中国画　1986 年年历）胡振郎作

上海　上海书画出版社 1985 年　1 张　53cm（4 开）

定价：CNY0.24

J0032160

蕉荫小憩图（中国画　1986 年年历）顾全兴作

上海　上海书画出版社 1985 年　1 张　54cm（4 开）

定价：CNY0.24

J0032161

金鸡长鸣（中国画　1986 年年历）张宝元作

济南　山东美术出版社 1985 年　1 张　54cm（4 开）

定价：CNY0.24

J0032162

金睛白额步山冈（中国画　1986 年年历）　朱育莲作

杭州　浙江人民美术出版社 1985 年　1 张 78cm（2 开）定价：CNY0.28

J0032163

锦上添花（中国画　1986 年农历丙寅年年历）吴东奋作

广州　岭南美术出版社 1985 年　1 张　78cm（2 开）

定价：CNY0.20

J0032164

竞艳图（中国画　1986 年年历）恽振霖作

上海　上海书画出版社 1985 年　1 张　54cm（4 开）

定价：CNY0.24

作者恽振霖（1928—2016），教师，画家。又名雨林，江苏常州人。毕业于中央美术学院华东分院，后入江苏国画院进修中国传统绘画。历任安徽师范大学副教授、教研室主任。代表作品有《座拥群花度岁寒》《拼弹》《新雨初雾》等。出版有《恽振霖画集》。

J0032165

静风（中国画 1986 年年历）房英魁作
沈阳 辽宁美术出版社 1985 年 1 张 78cm（2 开）
定价：CNY0.34

J0032166

九猫图（中国画 1986 年年历）孙菊生作
太原 山西 人民出版社 1985 年 1 张
［78cm］（3 开）定价：CNY0.33

J0032167

菊石图（中国画 1986 年年历）（清）赵起作；
文物出版社编辑
北京 文物出版社 1985 年 1 张 78cm（2 开）
定价：CNY0.30

J0032168

漓江春霁（中国画 1986 年年历）伏文彦作
上海 上海书画出版社 1985 年 1 张 54cm（4 开）
定价：CNY0.24

J0032169

漓江竹排（中国画 1986 年年历）王新滨作
沈阳 辽宁美术出版社 1985 年 1 张 39cm（4 开）
定价：CNY0.17
　　作者王新滨（1941— ），美术设计师。山东昌邑人，毕业于鲁迅美术学院附中。沈阳军区前进歌舞团一级美术设计师。作品有年画《立功喜报传四方》《十五的月亮》《一代天骄》等，连环画《苹果树下》（合作）、油画《八女投江》等，舞剧《蝶恋花》（合作设计）等。

J0032170

鲤鱼满塘（中国画 1986 年年历）唐原道作
上海 上海人民美术出版社 1985 年 1 张
78cm（2 开）定价：CNY0.32

J0032171

恋（中国画 1986 年年历）王为政作
杭州 浙江人民美术出版社 1985 年 1 张
78cm（2 开）定价：CNY0.28

J0032172

林黛玉魁夺菊花诗（1986 年年历）原儒云作
石家庄 河北美术出版社 1985 年 1 张
76cm（2 开）定价：CNY0.20

J0032173

庐山胜境图（中国画 1986 年年历）
上海 上海书画出版社 1985 年 1 张 54cm（4 开）
定价：CNY0.24

J0032174

洛阳牡丹（中国画 1986 年年历）江河作
上海 上海书画出版社 1985 年 1 张 54cm（4 开）
定价：CNY0.24

J0032175

墨竹（中国画 1986 年年历）（清）郑板桥作
天津 天津人民美术出版社 1985 年 1 张
78cm（2 开）定价：CNY0.35

J0032176

墨竹翠鸟（中国画 1986 年年历）李自强作
上海 上海书画出版社 1985 年 1 张 54cm（4 开）
定价：CNY0.24

J0032177

牡丹飞蝶图（中国画 1986 年年历）尤嘉琪作
上海 上海书画出版社 1985 年 1 张 54cm（4 开）
定价：CNY0.24

J0032178

牡丹蝴蝶（中国画 1986 年年历）王巨洲作
上海 上海书画出版社 1985 年 1 张 54cm（4 开）
定价：CNY0.24

J0032179

牡丹锦鸡图（中国画 1986 年年历）张剑芳作
上海 上海书画出版社 1985 年 1 张 54cm（4 开）
定价：CNY0.24

J0032180
鸟语花香（中国画　1986 年农历丙寅年年历）
张琪作
广州　岭南美术出版社　1985 年　1 张
［40cm］（6 开）定价：CNY0.20

J0032181
鸟语花香（中国画　1986 年年历）房介复作
上海　上海书画出版社　1985 年　1 张　53cm（4 开）
定价：CNY0.24

J0032182
秾艳凝香入夜浮（中国画　1986 年年历）何
水法作
杭州　浙江人民美术出版社　1985 年　1 张
78cm（2 开）定价：CNY0.28

J0032183
鹏程万里（中国画　1986 年年历）陈凯，忻惠
定作
上海　上海书画出版社　1985 年　1 张　54cm（4 开）
定价：CNY0.24

J0032184
枇杷寿鸟（中国画　1986 年年历）邱绥臣作
上海　上海书画出版社　1985 年　1 张　54cm（4 开）
定价：CNY0.24

J0032185
葡萄（中国画　1986 年年历）崔培鲁作
济南　山东美术出版社　1985 年　1 张　54cm（4 开）
定价：CNY0.24
　　作者崔培鲁（1944—　），画家。字也鲁，号
山亭居士、鲁芳斋主，山东枣庄人。毕业于临沂
艺术学校。历任山东画院高级画师、中国美术家
协会山东分会会员。作品有《国色天香》《水墨葡
萄》等。

J0032186
前程似锦（中国画　1986 年年历）张德俊作
南京　江苏美术出版社　1985 年　1 张　76cm（2 开）
定价：CNY0.21

J0032187
前程万里（中国画　1986 年年历）陈少华作

上海　上海书画出版社　1985 年　1 张　54cm（4 开）
定价：CNY0.24

J0032188
青山飞瀑图（中国画　1986 年年历）糜耕云作
上海　上海书画出版社　1985 年　1 张　54cm（4 开）
定价：CNY0.24

J0032189
青山绿水图（中国画　1986 年年历）郭载阳作
上海　上海书画出版社　1985 年　1 张　78cm（2 开）
定价：CNY0.32

J0032190
情趣（中国画　1986 年年历）张锦标作
杭州　浙江人民美术出版社　1985 年　1 张
54cm（4 开）定价：CNY0.24

J0032191
秋色（中国画　1986 年年历）程大利作
上海　上海书画出版社　1985 年　1 张　54cm（4 开）
定价：CNY0.24
　　作者程大利（1945—　），书画家、出版家、
美术理论家。江苏徐州人。历任江苏美术出版社
社长兼总编辑、副编审，中国美术家协会会员、
江苏省国画院特邀画师、中国年画研究会常务理
事等。主要作品有《曲尽箫笙息》《风云际会时》
《闲云》《太行岂止铁壁高》《汉风流宕》等。

J0032192
秋艳（中国画　1986 年年历）白铭作
沈阳　辽宁美术出版社　1985 年　1 张　78cm（2 开）
定价：CNY0.34

J0032193
秋艳（中国画　1986 年年历）顾青蛟作
北京　人民美术出版社　1985 年　1 张　78cm（2 开）
定价：CNY0.25
　　作者顾青蛟（1948—　），江苏苏州人。毕业
于苏州工艺美术学院。中国美术家协会会员、江
苏省花鸟画研究会副会长、江苏省中国画学会理
事、无锡花鸟画研究会会长、无锡市政协书画社
顾问、无锡市美术家协会艺术顾问，无锡市书画
院国家一级美术师。代表作品有《丝绸之路》《动
物通景》《江南桑帛情》等。

J0032194
群猫（中国画 1986年农历丙寅年年历）雨新，方工作
北京 人民美术出版社 1985年 1张 78cm（2开）
定价：CNY0.26

J0032195
生意盎然（中国画 1986年年历）王孟龙作
合肥 安徽美术出版社 1985年 1张 53cm（4开）
定价：CNY0.24

J0032196
绶带长春（中国画 1986年年历）吴东奋作
北京 人民美术出版社 1985年 1张 76cm（2开）
定价：CNY0.48

J0032197
蜀山水碧蜀山清（中国画 1986年年历） 项宪文作
沈阳 辽宁美术出版社 1985年 1张 78cm（2开）
定价：CNY0.34

J0032198
水暖鸭先知图（中国画 1986年年历）汪亚尘作；文物出版社编辑
北京 文物出版社 1985年 1张［78cm］（3开）
定价：CNY0.30

J0032199
水浅情深（中国画 1986年年历）朱育莲作
武汉 长江文艺出版社 1985年 1张 76cm（2开）
定价：CNY0.50

J0032200
松（中国画 1986年年历）何克敌作
广州 岭南美术出版社 1985年 1张 39cm（6开）
定价：CNY0.20

J0032201
松鹤图（中国画 1986年年历）曹谨乾作
福州 福建美术出版社 1985年 1张 78cm（2开）
定价：CNY0.32

J0032202
松鹤图（中国画 1986年年历）汤兆基作

上海 上海书画出版社 1985年 1张 54cm（4开）
定价：CNY0.24
　　作者汤兆基(1942—)，工艺美术师。浙江湖州人。任职于上海工艺美术研究所，中国书法家协会会员、中国美术家协会上海分会会员。出版有《篆刻自学指导》《篆刻问答100题》《篆刻欣赏常识》《汤兆基书画篆刻集》等。

J0032203
松鹤延年（中国画 1986年年历）孙悟音作
上海 上海书画出版社 1985年 1张 54cm（4开）
定价：CNY0.24

J0032204
松壑鸣泉（中国画 1986年年历）黄昌中作
上海 上海书画出版社 1985年 1张 54cm（4开）
定价：CNY0.24

J0032205
松梅图（中国画 1986年年历）汤涤作；文物出版社编辑
北京 文物出版社 1985年 1张 78cm（2开）
定价：CNY0.30

J0032206
岁朝图 何水法作
上海 上海书画出版社 1985年 1张 76cm（2开）
统一书号：8172.1324 定价：CNY0.20
　　中国现代国画作品。

J0032207
岁寒三友（中国画 1986年年历）童乃寿作
合肥 安徽人民出版社 1985年 1张 53cm（4开）
定价：CNY0.20

J0032208
太平富贵（中国画 1986年年历）朱秀坤作
合肥 安徽人民出版社 1985年 1张 53cm（4开）
定价：CNY0.20

J0032209
藤萝小鸟（中国画 1986年年历）王雪涛作
南昌 江西人民出版社［1985年］1张
78cm（2开）定价：CNY0.33

J0032210

桐荫春意图（中国画 1986 年年历）郭效熙作
西安 陕西人民美术出版社 1985 年 1 张
78cm（2 开）定价：CNY0.32

J0032211

万柳迎春图（中国画 1986 年年历）张继仙作
上海 上海书画出版社 1985 年 1 张 53cm（4 开）
定价：CNY0.24

J0032212

未待攫拿皆破胆（中国画 1986 年年历） 朱
育莲作
杭州 浙江人民美术出版社 1985 年 1 张
[78cm]（2 开）定价：CNY0.28

J0032213

我爱河山（中国画 1986 年年历）何海霞作
北京 人民美术出版社 1985 年 1 张 78cm（2 开）
定价：CNY0.25
　　作者何海霞(1908—1998)，满族，北京人。
初名何福海，字瀛，又字登瀛。曾任陕西国画院
副院长及名誉院长、中国国画研究院研究员等
职。代表作品有《看山还看祖国山》《何海霞画
集》《何海霞画册·山水部分》等。

J0032214

五虎图（中国画 1986 年年历）张光莹作
广州 岭南美术出版社 1985 年 1 张 38cm（6 开）
定价：CNY0.15

J0032215

五清图（中国画 1986 年年历）孙韬作
杭州 浙江人民美术出版社 1985 年 1 张
[78cm]（2 开）定价：CNY0.28

J0032216

舞（中国画 1986 年年历）陈湘华作
上海 上海书画出版社 1985 年 1 张 54cm（4 开）
定价：CNY0.24

J0032217

西湖春姿（中国画 1986 年年历）朱子容作
杭州 浙江人民美术出版社 1985 年 1 张
[78cm]（2 开）定价：CNY0.28

J0032218

溪山勤读图（中国画 1986 年年历） 黄昌中作
福州 福建美术出版社 1985 年 1 张 78cm（2 开）
定价：CNY0.32

J0032219

喜鹊登梅（中国画 1986 年年历）吴东奋作
北京 人民美术出版社 1985 年 1 张 76cm（2 开）
定价：CNY0.48

J0032220

喜鹊梅花（中国画 1986 年年历） 王雪涛作
南昌 江西人民出版社［1985 年］1 张
78cm（2 开）定价：CNY0.33

J0032221

虾（中国画 1986 年年历）齐白石作
济南 山东美术出版社 1985 年 1 张 78cm（2 开）
定价：CNY0.35

J0032222

仙鹤（中国画 1986 年年历）徐士钦，李勤作
天津 天津人民美术出版社 1985 年 1 张
[78cm]（2 开）定价：CNY0.35

J0032223

鲜花博古屏（中国画 1986 年年历）余泉耕作
上海 上海人民美术出版社 1985 年 2 张
76cm（2 开）定价：CNY0.96

J0032224

小猫（中国画 1986 年年历）陈增胜作
济南 山东美术出版社 1985 年 1 张 53cm（4 开）
定价：CNY0.24
　　作者陈增胜(1941—　)，山东招远县人。曾
先后深造于天津美术学院、北京画院。山东省美
术家协会会员、山东省书画艺术促进会理事、威
海海洋画院画师。主要著作有《怎样画猫》《陈
增胜猫画选》《百猫谱》等。

J0032225

兴国长春图（中国画 1986 年年历）陈年作
北京 文物出版社 1985 年 1 张［78cm］（2 开）
定价：CNY0.30
　　作者陈年(1876—1970)，画家。字半丁，浙

江山阴（今绍兴）人。曾任中国美术家协会理事、北京画院副院长、中国画研究会会长。代表作品有《卢橘夏熟》《高枝带雨压雕栏》《惟有黄花是故人》等。

J0032226
烟雨漓江（中国画　1986年农历丙寅年年历）白雪石作
北京　北京美术摄影出版社　1985年　1张
76cm（2开）定价：CNY0.26
　　作者白雪石（1915—2011），画家，教授。北京市人，斋号何须斋。自幼习画，早年师从赵梦朱，后拜梁树年为师。执教于北京师范学院、北京艺术学院、中央工艺美院，同时兼任北京山水画研究会会长。代表作品有《万壑松风》《千峰竞秀》《早春图》《漓江一曲千峰秀》等。

J0032227
杳无百兽野茫茫（中国画　1986年年历）　朱育莲作
杭州　浙江人民美术出版社　1985年　1张
78cm（2开）定价：CNY0.28

J0032228
野趣图（中国画 1986年年历）史振锋作
济南　山东美术出版社　1985年　1张　78cm（2开）
定价：CNY0.35

J0032229
一九八六：百年国画名作精选
北京　农村读物出版社［1985年］1张［78cm］
（3开）定价：CNY5.20

J0032230
一九八六：国画挂历（清）任伯年作
北京　荣宝斋［1985年］1张［78cm］（3开）
定价：CNY5.30
　　中国晚清国画作品。作者任伯年（1840—1896），清末画家。初名润，字次远，号小楼，后改名任颐，字伯年，以字行。浙江山阴航坞山（今杭州市萧山区）人。主要作品有《东津话别图》《三友图》《苏武牧羊图》《蕉阴纳凉图》《池畔窥鱼图》等。

J0032231
一九八六：花鸟诗意图
杭州　浙江人民美术出版社　1985年　1张
［78cm］（3开）定价：CNY5.20
　　中国现代国画花鸟画作品。

J0032232
一九八六：王雪涛花鸟画
北京　人民美术出版社　1985年　1张　78cm（3开）
定价：CNY5.00
　　中国现代国画花鸟画作品。

J0032233
一九八六：现代中国画
北京　人民美术出版社　1985年　1张［78cm］
（3开）定价：CNY5.50

J0032234
一九八六年《红楼梦》月历 杨恩编；解逢摄
北京　朝花美术出版社　1985年　1张［78cm］
（3开）定价：CNY5.50
　　中国现代国画人物画作品。

J0032235
一啸腥风动八方（中国画　1986年年历）　朱育莲作
杭州　浙江人民美术出版社　1985年　1张
［78cm］（3开）定价：CNY0.28

J0032236
莺莺听琴（中国画 1986年年历）剑生作
北京　中国戏剧出版社　1985年　1张　76cm（2开）
定价：CNY0.21

J0032237
樱桃映春图（中国画 1986年年历）郭效熙作
西安　陕西人民美术出版社　1985年　1张
78cm（2开）定价：CNY0.32

J0032238
鹦鹉（中国画 1986年年历）高敏颖作
沈阳　辽宁美术出版社　1985年　1张　54cm（4开）
定价：CNY0.25

J0032239
迎客松（中国画 1986 年年历）邱光正作
郑州 河南美术出版社 1985 年 1 张 78cm（2 开）
定价：CNY0.30

J0032240
幽林曲（中国画 1986 年年历）翁祖团作
上海 上海书画出版社 1985 年 1 张 78cm（2 开）
定价：CNY0.32

J0032241
玉堂富贵图（中国画 1986 年年历）（清）邢一
峰作；文物出版社编辑
北京 文物出版社 1985 年 1 张［78cm］（3 开）
定价：CNY0.30

J0032242
玉堂富贵图（中国画 1986 年年历）张红作
上海 上海书画出版社 1985 年 1 张 53cm（4 开）
定价：CNY0.24

J0032243
早春（中国画 1986 年年历）卜志武作
天津 天津人民美术出版社 1985 年 1 张
53cm（4 开）定价：CNY0.25

J0032244
长青图（中国画 1986 年年历）西古作
北京 人民美术出版社 1985 年 1 张［78cm］
（3 开）定价：CNY0.25

J0032245
长寿图（中国画 1986 年年历）万籁鸣作
上海 上海书画出版社 1985 年 1 张 53cm（4 开）
定价：CNY0.24

J0032246
1986 上海国画、摄影年历缩样
上海 上海书画出版社［1986 年］19cm（32 开）

J0032247
1987：阿房宫图（国画挂历）
北京 荣宝斋 1986 年 78cm（2 开）
定价：CNY5.90

J0032248
1987：古代人物画（国画挂历）
上海 上海画报出版社 1986 年 78cm（2 开）
定价：CNY5.30

J0032249
1987：国画挂历
成都 巴蜀书社 1986 年 78cm（2 开）
定价：CNY5.00

J0032250
1987：国画挂历
郑州 河南美术出版社 1986 年 78cm（2 开）
定价：CNY5.00

J0032251
1987：国画挂历
武汉 湖北教育出版社 1986 年 53cm（4 开）
定价：CNY4.50

J0032252
1987：国画挂历 刘文西作
武汉 湖北美术出版社 1986 年 53cm（4 开）
定价：CNY4.50

J0032253
1987：国画挂历
沈阳 辽宁教育出版社 1986 年 78cm（2 开）
定价：CNY5.50

J0032254
1987：国画挂历
赤峰 内蒙古科学技术出版社 1986 年
78cm（2 开）定价：CNY5.50

J0032255
1987：国画挂历
石家庄 河北美术出版社 1986 年 78cm（2 开）
定价：CNY5.50

J0032256
1987：国画——红楼十二金钗（挂历）
石家庄 河北美术出版社 1986 年 53cm（4 开）
定价：CNY4.20

J0032257
1987：国画——猫（挂历）
石家庄 河北美术出版社 1986年 53cm（4开）
定价：CNY4.20

J0032258
1987：国画山水（挂历）
重庆 重庆出版社 1986年 78cm（2开）
定价：CNY5.00

J0032259
1987：金陵十二钗（国画挂历）董可玉绘
北京 新华出版社 1986年 78cm（2开）
定价：CNY5.50
　　作者董可玉（1941— ），画家。生于四川威远县。北京故宫博物院画家、中国美术家协会会员、中国红学会会员。代表作品《红楼梦百美图》。

J0032260
1987：可爱的小动物 米春茂绘画
天津 天津人民美术出版社 1986年 78cm（2开）
定价：CNY5.50
　　中国现代国画作品。作者米春茂（1938— ），一级美术师。生于河北省霸州。历任沧州市文联专业画家、中国美术家协会会员、美协河北分会会员、河北省工艺美术学会常务理事、沧州市美协理事长。代表作品有《米春茂画集》《中国画自学丛书——怎样画小动物》。

J0032261
1987：刘海粟、张大千中国画（挂历）
福州 福建美术出版社 1986年 76cm（2开）
定价：CNY8.50

J0032262
1987：清明上河图（国画挂历）
郑州 河南美术出版社 1986年 53cm（4开）
定价：CNY7.00

J0032263
1987：宋元山水妙迹（国画挂历）
杭州 浙江美术学院出版社 1986年 78cm（2开）
定价：CNY5.50

J0032264
1987：现代生活（国画挂历）
沈阳 辽宁美术出版社 1986年 76cm（2开）
定价：CNY8.50

J0032265
1987：小动物（国画挂历）
石家庄 河北美术出版社 1986年 78cm（2开）
定价：CNY5.30

J0032266
1987：张善孖，张大千画选（国画挂历）
上海 上海画报出版社 1986年 78cm（2开）
定价：CNY5.30

J0032267
1987：正气篇人物画（国画挂历）
郑州 河南美术出版社 1986年 78cm（2开）
定价：CNY5.50

J0032268
1987：中国画——李可染作品选
成都 四川美术出版社 1986年 78cm（2开）
定价：CNY5.50

J0032269
巴黎圣母院（1987年年历）朱竹庄作
西安 陕西人民美术出版社 1986年 1张
53cm（4开）定价：CNY0.24
　　作者朱竹庄（1916—2005），江苏苏州人。善画花鸟、人物题材。陕西省美术家协会理事。作品有《大观园意景图》等。

J0032270
百卉群放图（中国画 1987年年历）永刚，俊青作
西安 陕西人民美术出版社 1986年 1张
78cm（2开）定价：CNY0.32

J0032271
报春图（中国画 1987年年历）孙韬成作
杭州 杭州人民美术出版社 1986年 1张
76cm（2开）定价：CNY0.50

J0032272
彩蝶舞技（中国画 1987 年年历） 高永刚作；
林伟新摄影
上海 上海人民美术出版社 1986 年 1 张
78cm（2 开） 定价：CNY0.32

J0032273
草泽雄风（中国画 1987 年年历） 黄子曦作
上海 上海书画出版社 1986 年 1 张 53cm（4 开）
定价：CNY0.24

J0032274
池塘清趣（中国画 1987 年年历） 高永刚，蔡
俊清作
西安 陕西人民美术出版社 1986 年 1 张
78cm（2 开） 定价：CNY0.32

J0032275
赤峰立鹫（中国画 1987 年年历） 李苦禅作
成都 四川美术出版社 1986 年 1 张 78cm（2 开）
定价：CNY0.35

J0032276
大富贵亦寿考（中国画 1987 年年历）刘海粟作
上海 上海书画出版社 1986 年 1 张 53cm（4 开）
定价：CNY0.24

J0032277
貂蝉拜月（中国画 1987 年年历）吕清华作
上海 上海书画出版社 1986 年 1 张 53cm（4 开）
定价：CNY0.24

J0032278
蝶舞枝头殷果红（中国画 1987 年年历）
西安 陕西人民美术出版社 1986 年 1 张
78cm（2 开） 定价：CNY0.32

J0032279
繁花似锦（中国画 1987 年年历）永刚，俊清作
西安 陕西人民美术出版社 1986 年 1 张
78cm（2 开） 定价：CNY0.32

J0032280
观秋图（中国画 1987 年年历）李秉正作
石家庄 河北美术出版社 1986 年 1 张

78cm（2 开） 定价：CNY0.32

J0032281
海之歌（中国画 1987 年年历） 高而颐作
杭州 浙江人民美术出版社 1986 年 1 张
78cm（2 开） 定价：CNY0.28

J0032282
浩气永存（中国画 1987 年年历） 姜成楠，龙
端作
北京 人民美术出版社 1986 年 1 张 78cm（2 开）
定价：CNY0.33

J0032283
荷花鸳鸯（中国画 1987 年年历） 赵宇敏作
济南 山东美术出版社 1986 年 1 张 53cm（4 开）
定价：CNY0.25

J0032284
红梅白头（中国画 1987 年年历） 张景祥作
上海 上海人民美术出版社 1986 年 1 张
53cm（4 开） 定价：CNY0.24

J0032285
红梅白头（中国画 1987 年年历） 张景祥作
上海 上海书画出版社 1986 年 1 张 78cm（2 开）
定价：CNY0.32

J0032286
湖影潮声（中国画 1987 年年历） 杜高杰作
杭州 浙江人民美术出版社 1986 年 1 张
78cm（2 开） 定价：CNY0.35

J0032287
虎图（中国画 1987 年年历）施伯云，钱行健作
上海 上海书画出版社 1986 年 1 张 53cm（4 开）
定价：CNY0.24

J0032288
虎啸图（中国画 1987 年年历）孙德武作
成都 四川美术出版社 1986 年 1 张 78cm（2 开）
定价：CNY0.35

J0032289
花荣春不老（1987 年年历）（中国画 1987 年

年历）陈贯时作
杭州　浙江人民美术出版社　1986 年　1 张
78cm（2 开）定价：CNY0.35

　　作者陈贯时（1928— ），画家。浙江温州人。
又名灌丁、亦壶。毕业于浙江美术学院中国画系，
并留校任教。主要作品有《雨霁》《斑竹》《梅石
图》等。

J0032290
花香飘万里（中国画 1987 年年历）
石家庄　河北美术出版社　1986 年　1 张
53cm（4 开）定价：CNY0.25

J0032291
家室永富贵（中国画 1987 年年历）
西安　陕西人民美术出版社　1986 年　1 张
78cm（2 开）定价：CNY0.32

J0032292
锦鸡玉兰（中国画 1987 年年历）汪亮作
上海　上海书画出版社　1986 年　1 张　53cm（4 开）
定价：CNY0.24

J0032293
锦上添花（中国画 1987 年年历）张琪作
广州　岭南美术出版社　1986 年　1 张　38cm（6 开）
定价：CNY0.15

J0032294
锦绣漓江（中国画 1987 年年历）张雄作
杭州　杭州人民美术出版社　1986 年　1 张
78cm（2 开）定价：CNY0.35

J0032295
菊黄蟹肥（中国画 1987 年年历）蔡俊清作；
林伟欣摄影
上海　上海人民美术出版社　1986 年　1 张
78cm（2 开）定价：CNY0.32

J0032296
菊香正值蟹肥时（中国画 1987 年年历）俊
清，永刚作
西安　陕西人民美术出版社　1986 年　1 张
78cm（2 开）定价：CNY0.32

J0032297
孔雀牡丹（中国画 1987 年年历）朱竹庄作
西安　陕西人民美术出版社　1986 年　1 张
78cm（2 开）定价：CNY0.32

J0032298
李庚年国画选（汉英日对照）李庚年绘
西安　陕西人民美术出版社［1986 年］7 张（40 开）

J0032299
李苦禅国画小品（汉、英、法、德对照）李苦
禅绘
北京　外文出版社　1986 年　12 张　定价：CNY1.40

J0032300
麻姑献寿（中国画 1987 年年历）佟欣作
沈阳　辽宁美术出版社　1986 年　1 张　53cm（4 开）
定价：CNY0.17

J0032301
马（中国画 1987 年年历）夏文宇摄影
杭州　西湖摄影艺术出版社　1986 年　1 张
53cm（4 开）定价：CNY0.25

J0032302
猫蝶富贵图（中国画 1987 年年历）陈军作
上海　上海书画出版社　1986 年　1 张　78cm（2 开）
定价：CNY0.32

J0032303
猫咪（中国画 1987 年年历）林天使作
西安　陕西人民美术出版社　1986 年　1 张
53cm（4 开）定价：CNY0.24

J0032304
眉寿图（中国画 1987 年年历）沈雪生作
上海　上海书画出版社　1986 年　1 张　53cm（4 开）
定价：CNY0.24

J0032305
美意延年（中国画 1987 年年历）柳村作
杭州　浙江人民美术出版社　1986 年　1 张
78cm（2 开）定价：CNY0.35

J0032306
鸣春图（中国画 1987 年年历）杨九洲作
沈阳 辽宁美术出版社 1986 年 1 张 53cm（4 开）
定价：CNY0.25

J0032307
墨竹（中国画 1987 年年历）（清）郑板桥作
南京 江苏美术出版社 1986 年 1 张 78cm（2 开）
定价：CNY0.34

J0032308
墨竹图（中国画 1987 年年历）李自强作
太原 山西人民出版社 1986 年 1 张 53cm（4 开）
定价：CNY0.24

J0032309
牡丹（中国画 1987 年年历）吴昌硕作
石家庄 河北美术出版社 1986 年 1 张
78cm（2 开）定价：CNY0.32

J0032310
牡丹寿带（中国画 1987 年年历）王丽娟作
上海 上海书画出版社 1986 年 1 张 53cm（4 开）
定价：CNY0.24

J0032311
鸟嗓葡萄香（中国画 1987 年年历）俊青，永刚作
西安 陕西人民美术出版社 1986 年 1 张
78cm（2 开）定价：CNY0.32

J0032312
鸟旋花丛月季（中国画 1987 年年历）俊青，永刚作
西安 陕西人民美术出版社 1986 年 1 张
78cm（2 开）定价：CNY0.32

J0032313
平安长寿（中国画 1987 年年历）叶玉昶作
上海 上海书画出版社 1986 年 1 张 53cm（4 开）
定价：CNY0.24

J0032314
齐白石动物小品（汉、英、法、德对照）齐白石绘；严欣强编
北京 外文出版社 1986 年 12 张 定价：CNY1.40
明信片，中国现代国画翎毛走兽画作品。作者齐白石（1864—1957），近现代中国绘画大师，国画家、篆刻家。湖南湘潭人。原名纯芝，字渭青，号兰亭，后改名璜，字濒生，号白石等。历任国立北京艺术专科学校和京华美术专科学校教习、教授，中央美术学院名誉教授、中国文学艺术界联合会主席团委员、中国画研究会和中国美术家协会主席、中国画院名誉院长。代表作有《蛙声十里出山泉》《墨虾》等。著有《白石诗草》《齐白石作品集》《白石老人自述》等。

J0032315
齐白石花果小品（汉、英、法、德对照）齐白石绘；严欣强编
北京 外文出版社 1986 年 12 张 定价：CNY1.40
明信片，中国现代国画翎毛走兽画作品。

J0032316
人间盛世玉兔归（中国画 1987 年年历）克青，嫱述作
南宁 广西人民出版社 1986 年 1 张 76cm（2 开）
定价：CNY0.26

J0032317
人长寿（中国画 1987 年年历）樊楠作
上海 上海书画出版社 1986 年 1 张 53cm（4 开）
定价：CNY0.24

J0032318
瑞雪（中国画 1987 年年历）
南京 江苏美术出版社 1986 年 1 张 78cm（2 开）
定价：CNY0.34

J0032319
山花浪漫（中国画 1987 年年历）俊清等作
西安 陕西人民美术出版社 1986 年 1 张
78cm（2 开）定价：CNY0.32

J0032320
胜似春光（中国画 1987 年年历）永刚，俊清作
西安 陕西人民美术出版社 1986 年 1 张
78cm（2 开）定价：CNY0.32

J0032321

双虎图（中国画 1987 年年历）孙德武作

上海 上海书画出版社 1986 年 1 张 78cm（2 开）

定价：CNY0.35

J0032322

双虎图（中国画 1987 年年历）孙德武作

上海 上海书画出版社 1986 年 1 张 53cm（4 开）

定价：CNY0.24

J0032323

双鲤图（中国画 1987 年年历）

上海 上海书画出版社 1986 年 1 张 78cm（2 开）

定价：CNY0.32

J0032324

水香秋色（中国画 1987 年年历）翁祖团作

上海 上海书画出版社 1986 年 1 张 78cm（2 开）

定价：CNY0.32

J0032325

四季长春迎兔年（中国画 1987 年年历）徐忠杰作

杭州 浙江人民美术出版社 1986 年 1 张 76cm（2 开）定价：CNY0.50

J0032326

四时报喜（中国画 1987 年年历）朱欣生作

上海 上海书画出版社 1986 年 1 张 53cm（4 开）

定价：CNY0.24

J0032327

松鹤图（中国画 1987 年年历）路如恒摄影

上海 上海书画出版社 1986 年 1 张 53cm（4 开）

定价：CNY0.24

J0032328

岁朝清供（中国画 1987 年年历）吴昌硕作

石家庄 河北美术出版社 1986 年 1 张 78cm（2 开）定价：CNY0.20

J0032329

泰山图（中国画 1987 年年历）周阳高作

上海 上海书画出版社 1986 年 1 张 53cm（4 开）

定价：CNY0.24

J0032330

天香引蝶（1987 年年历）宋振华［作］

石家庄 河北美术出版社 1986 年 1 张 53cm（4 开）定价：CNY0.25

　　中国现代国画花鸟画作品。

J0032331

铁网珊瑚（中国画 1987 年年历）吴昌硕作

石家庄 河北美术出版社 1986 年 1 张 78cm（2 开）定价：CNY0.20

J0032332

团圆（中国画 1987 年年历）张锦标作

杭州 浙江人民美术出版社 1986 年 1 张 78cm（2 开）定价：CNY0.35

J0032333

喜鹊闹梅（中国画 1987 年年历）朱竹庄作

西安 陕西人民美术出版社 1986 年 1 张 78cm（2 开）定价：CNY0.32

J0032334

香远益清（中国画 1987 年年历）孙德武作

成都 四川美术出版社 1986 年 1 张 78cm（2 开）

定价：CNY0.35

J0032335

雪兆丰年（中国画 1987 年年历）俞泉耕作

南京 江苏美术出版社 1986 年 1 张 76cm（2 开）

定价：CNY0.50

J0032336

雁荡秋景（中国画 1987 年年历）叶良玉作

上海 上海书画出版社 1986 年 1 张 53cm（4 开）

定价：CNY0.24

J0032337

一九八七：故宫藏画——花鸟画（挂历）

济南 山东美术出版社 1986 年 78cm（2 开）

定价：CNY5.50

J0032338

一九八七：国画挂历

北京 朝花美术出版社 1986 年 78cm（2 开）

定价：CNY6.00

J0032339
一九八七：国画挂历　耒楚生绘
南京　江苏美术出版社　1986 年　74cm（3 开）
定价：CNY5.90

J0032340
一九八七：国画挂历
南京　江苏人民出版社　1986 年　74cm（3 开）
定价：CNY5.50

J0032341
一九八七：国画挂历
北京　人民美术出版社　1986 年　78cm（2 开）
定价：CNY6.00

J0032342
一九八七：国画挂历
太原　山西人民出版社　1986 年　78cm（2 开）
定价：CNY5.50

J0032343
一九八七：国画挂历
天津　天津人民美术出版社　1986 年　78cm（2 开）
定价：CNY5.50

J0032344
一九八七：国画挂历
天津　天津杨柳青画社　1986 年　76cm（2 开）
定价：CNY7.50

J0032345
一九八七：国画——锦堂富贵（挂历）
西安　三秦出版社　1986 年　78cm（2 开）
定价：CNY5.40

J0032346
一九八七：国画——历史人物（挂历）
兰州　甘肃人民出版社　1986 年　78cm（2 开）
定价：CNY5.50

J0032347
一九八七：国画——鸟语花香（挂历）
杭州　浙江人民美术出版社　1986 年　78cm（2 开）
定价：CNY5.80

J0032348
一九八七：红楼十二钗（国画挂历）
天津　天津人民美术出版社　1986 年　78cm（2 开）
定价：CNY5.40

J0032349
一九八七：陆俨少山水画选（国画挂历）
上海　上海人民美术出版社　1986 年　78cm（2 开）
定价：CNY5.30

J0032350
一九八七：群仙祝寿图（清）任伯年作
上海　上海书画出版社　1986 年　78cm（2 开）
定价：CNY6.00
　　中国晚清国画作品。作者任伯年（1840—1896），清末画家。初名润，字次远，号小楼，后改名任颐，字伯年，以字行。浙江山阴航坞山（今杭州市萧山区）人。主要作品有《东津话别图》《三友图》《苏武牧羊图》《蕉阴纳凉图》《池畔窥鱼图》等。

J0032351
一九八七：宋明清绘画（国画挂历）
北京　人民美术出版社　1986 年　78cm（2 开）
定价：CNY6.50

J0032352
一九八七：宋元名画选（国画挂历）
上海　上海书画出版社　1986 年　78cm（2 开）
定价：CNY5.30

J0032353
一九八七：现代山水画选月历
上海　上海人民美术出版社　1986 年　78cm（2 开）
定价：CNY5.30
　　中国现代国画山水画作品。

J0032354
一九八七年花鸟画月历
北京　文物出版社　1986 年　78cm（2 开）
定价：CNY6.00
　　中国国画作品选。

J0032355
争艳图（中国画·1987 年年历）永刚，俊青作

西安 陕西人民美术出版社 1986 年 1 张
78cm（2 开）定价：CNY0.32

J0032356

周仓（中国画 1987 年年历）陈致信作
成都 四川美术出版社 1986 年 1 张 53cm（4 开）
定价：CNY0.12

J0032357

祝您幸福（中国画 1987 年年历）谈绮芬作
南京 江苏美术出版社 1986 年 1 张 78cm（2 开）
定价：CNY0.34

J0032358

祝您长寿（中国画 1987 年年历）谈绮芬作
南京 江苏美术出版社 1986 年 1 张 78cm（2 开）
定价：CNY0.34

J0032359

祝寿图（中国画 1987 年年历）佟欣摄影
沈阳 辽宁美术出版社 1986 年 1 张 53cm（4 开）
定价：CNY0.25

J0032360

紫藤（中国画 1987 年年历）（清）任伯年作
南京 江苏美术出版社 1986 年 1 张 78cm（2 开）
定价：CNY0.34

　　中国晚清国画作品。作者任伯年（1840—
1896），清末画家。初名润，字次远，号小楼，后
改名任颐，字伯年，以字行。浙江山阴航坞山（今
杭州市萧山区）人。主要作品有《东津话别图》
《三友图》《苏武牧羊图》《蕉阴纳凉图》《池畔窥
鱼图》等。

J0032361

1988：陈忠志中国画选（挂历）
西安 陕西人民美术出版社 1987 年（3 开）
定价：CNY7.50

J0032362

1988：大师墨宝（国画挂历）
天津 天津人民美术出版社 1987 年 76cm（2 开）
定价：CNY10.00

J0032363

1988：郭味藻花鸟画（挂历）
北京 人民美术出版社 1987 年 78cm（3 开）
定价：CNY6.60

　　中国现代国画花鸟画作品。

J0032364

1988：国画挂历 奕维顺，鄂俊大编辑并设计
长春 吉林美术出版社 1987 年（3 开）
定价：CNY6.50

J0032365

1988：国画挂历 霍金良绘
西安 陕西人民美术出版社 1987 年（2 开）
定价：CNY5.80

J0032366

1988：花意（国画挂历）
杭州 西湖摄影艺术出版社 1987 年（4 开）
定价：CNY4.80

J0032367

1988：江山画意（国画挂历）刘云石编
兰州 甘肃人民出版社 1987 年（3 开）
定价：CNY6.00

J0032368

1988：江山颂（国画挂历）吴广泉绘
北京 印刷工业出版社 ［1987 年］78cm（3 开）
定价：CNY6.20

J0032369

1988：龙凤呈祥（国画挂历）
北京 华艺出版社 ［1987 年］76cm（2 开）
定价：CNY11.50

J0032370

1988：龙腾（国画挂历）陈佳麟绘
北京 中国食品出版社 ［1987 年］76cm（2 开）
定价：CNY9.80

J0032371

1988：满园春色（国画挂历）（清）袁江绘
南京 江苏美术出版社 1987 年（3 开）
定价：CNY6.90

J0032372

1988：齐白石绘画精品（挂历）

北京 北京美术摄影出版社 1987 年 78cm（3 开）

定价：CNY6.80

J0032373

1988：任伯年精品（挂历）（清）任伯年绘

南京 江苏美术出版社 1987 年（3 开）

定价：CNY6.90

J0032374

1988：山山水水（国画挂历）刘书民等绘

北京 中国电影出版社 1987 年 76cm（2 开）

定价：CNY9.50

J0032375

1988：徐悲鸿画选（挂历）徐悲鸿绘

北京 北京美术摄影出版社 1987 年 76cm（2 开）

定价：CNY9.40

中国现代国画作品。

J0032376

1988：张大千、傅抱石、黄秋园国画作品选（挂历）

福州 福建美术出版社［1987 年］（3 开）

定价：CNY6.60

J0032377

1988：张大千画选（挂历）张大千绘

天津 天津人民美术出版社 1987 年 76cm（2 开）

定价：CNY9.50

中国现代国画作品。

J0032378

1988：中国古代名画（挂历）（明）吕纪等绘

北京 人民美术出版社 1987 年 78cm（2 开）

定价：CNY7.50

作者吕纪（1477—？），明代宫廷画家。生于鄞（今浙江宁波），字廷振，号乐愚。代表作品有《新春双雉图》《桂花山禽图》《残荷鹰鹭图》《五德大吉图》等。

J0032379

1988：中国古代名舞图（挂历）叶毓中绘

济南 齐鲁书社 1987 年（3 开）　定价：CNY7.50

中国现代国画作品。作者叶毓中（1941—　），教授、画家。生于四川德阳，毕业于四川美术学院中国画系人物专业。历任中国美术家协会会员、原新疆军区政治部文艺创作室美术创作员、中央美术学院兼职副教授、民间美术系主任、副院长。代表作品有《大漠红日》《帕米尔人》，出版有《叶毓中重彩集》《水墨集》。

J0032380

1988：中国画选（挂历）吴作人等绘

北京 荣宝斋［1987 年］78cm（3 开）

定价：CNY6.80

J0032381

1988：中国历代文化名人（国画挂历）杜滋龄等绘

重庆 重庆出版社 1987 年 78cm（3 开）

定价：CNY6.80

J0032382

1988：中国书画（挂历）江文湛等绘

西安 陕西人民美术出版社 1987 年（3 开）

定价：CNY7.00

中国现代国画作品。作者江文湛（1940—　），画家、一级美术师。山东郯城人，硕士毕业于西安美术学院。西安美术家协会副主席、西安中国画院副院长、中国美术家协会会员。著有《江文湛画选》《江文湛画集》《现代中国画技法赏析》。

J0032383

百花争艳（中国画 1988 年年历）颜文梁作

上海 上海书画出版社 1987 年 1 张（2 开）

定价：CNY0.42

J0032384

百卉群放图（中国画 1988 年年历）俊清，永刚作

西安 陕西人民美术出版社 1987 年 1 张（2 开）

定价：CNY0.37

J0032385

奔马（1988 年年历）徐悲鸿作

北京 北京美术摄影出版社 1987 年 1 张 76cm（2 开）　定价：CNY0.50

J0032386
层崖飞瀑（中国画 1988 年年历）郑孝同作
上海 上海书画出版社 1987 年 1 张
定价：CNY0.30

J0032387
春风千里（中国画 1988 年年历）陈少华作
上海 上海书画出版社 1987 年 1 张 53cm（4 开）
定价：CNY0.30

J0032388
春风又过江南（中国画 1988 年年历）程大利作
上海 上海书画出版社 1987 年 1 张 53cm（4 开）
定价：CNY0.30
　　作者程大利（1945— ），书画家、出版家、美术理论家。江苏徐州人。历任江苏美术出版社社长兼总编辑、副编审，中国美术家协会会员、江苏省国画院特邀画师、中国年画研究会常务理事等。主要作品有《曲尽箫笙息》《风云际会时》《闲云》《太行岂止铁壁高》《汉风流宫》等。

J0032389
春色满园（中国画 1988 年年历）江河作
北京 人民美术出版社 1987 年 1 张 53cm（4 开）
定价：CNY0.28

J0032390
东风竹平安（中国画 1988 年年历）卢坤峰作
杭州 西泠印社 1987 年 1 张 78cm（2 开）
定价：CNY0.38

J0032391
富贵长寿（中国画 1988 年年历）韧石，石珠作
上海 上海书画出版社 1987 年 1 张（2 开）
定价：CNY0.30

J0032392
国画明信片辑 张呆作
西安 陕西人民出版社［1987 年］5 张
定价：CNY0.60

J0032393
和风可人（中国画 1988 年年历）应诗流作
上海 上海书画出版社 1987 年 1 张 78cm（2 开）
定价：CNY0.42

J0032394
鹤鸣翠荫（中国画 1988 年年历）宋治安，张国胜作
北京 人民美术出版社 1987 年 1 张 54cm（4 开）
定价：CNY0.28

J0032395
红梅寿鸟（中国画 1988 年年历）施伯云作
上海 上海书画出版社 1987 年 1 张（4 开）
定价：CNY0.30

J0032396
红梅图（中国画 1988 年年历）闵学林作
杭州 浙江人民美术出版社 1987 年 1 张（4 开）
定价：CNY0.30
　　作者闵学林（1946— ），画家，教授。江西人，毕业于中国美术学院中国画系。任中国美术学院中国画系教授。中国画代表作品有《我亦望机乐似鱼》《茶花》《茶花》，著有《闵学林画集》《中国当代书画》等。

J0032397
红艳双马图（中国画 1988 年年历）曹谨乾作
上海 上海书画出版社 1987 年 1 张
定价：CNY0.30

J0032398
虎啸图（中国画 1988 年年历）孙德武作
上海 上海书画出版社 1987 年 1 张 53cm（4 开）
定价：CNY0.30

J0032399
黄山云海（中国画 1988 年年历）沈迈士作
上海 上海书画出版社 1987 年 1 张 54cm（4 开）
定价：CNY0.30
　　作者沈迈士（1891—1986），画家，教师。名祖德，号宽斋，以字行。浙江湖州人，毕业于上海震旦大学。曾任上海中国画院画师、北京大学文科讲师、北京古物陈列所副所长、上海市文献委员会副主任委员等职。代表作《沈迈士画集》。

J0032400
葛玉秋声图（中国画 1988 年年历）夏昶作
上海 上海书画出版社 1987 年 1 张 76cm（2 开）
定价：CNY0.60

J0032401
金色的山谷（中国画 1988 年年历）王仲山作
北京 人民美术出版社 1987 年 1 张 53cm（4 开）
定价：CNY0.28

J0032402
静物（中国画 1988 年年历）朱刚作
济南 山东美术出版社 1987 年 1 张（4 开）
定价：CNY0.33

J0032403
九水潮音（中国画 1988 年年历）周永先画
济南 山东美术出版社 1987 年 1 张
［78cm］（3 开）定价：CNY0.45

J0032404
菊（中国画 1988 年年历）鲁光作
武汉 长江文艺出版社 1987 年 1 张 76cm（2 开）
定价：CNY0.63

J0032405
菊酒延年（中国画 1988 年年历）齐白石作
石家庄 河北美术出版社 1987 年 1 张
78cm（2 开）定价：CNY0.38

J0032406
菊香正值蟹肥时（中国画 1988 年年历）俊
清，永刚作
西安 陕西人民美术出版社 1987 年 1 张
78cm（2 开）定价：CNY0.37

J0032407
骏马奔腾（中国画 1988 年年历）郭广业作
杭州 浙江人民美术出版社 1987 年 1 张（4 开）
定价：CNY0.30

J0032408
兰竹图（中国画 1988 年年历）朱颖人作
上海 上海书画出版社 1987 年 1 张（4 开）
定价：CNY0.30

J0032409
李清照（中国画 1988 年年历）吕清华作
上海 上海书画出版社 1987 年 1 张（4 开）
定价：CNY0.30

J0032410
凌霄松鼠（中国画 1988 年年历）（清）任伯年作
南京 江苏美术出版社 1987 年 1 张 78cm（2 开）
定价：CNY0.43
    中国晚清国画作品。作者任伯年（1840—
1896），清末画家。初名润，字次远，号小楼，后
改名任颐，字伯年，以字行。浙江山阴航坞山（今
杭州市萧山区）人。主要作品有《东津话别图》
《三友图》《苏武牧羊图》《蕉阴纳凉图》《池畔窥
鱼图》等。

J0032411
梅（中国画 1988 年年历）程胜达作
武汉 长江文艺出版社 1987 年 1 张 76cm（2 开）
定价：CNY0.60

J0032412
梅花（中国画 1988 年年历）何水法作
杭州 浙江人民美术出版社 1987 年 1 张
78cm（2 开）定价：CNY0.40

J0032413
鸟旋花丛月季香（中国画 1988 年年历）俊
清，永刚作
西安 陕西人民美术出版社 1987 年 1 张（2 开）
定价：CNY0.37

J0032414
鸟语花香（1988 年年历）
济南 山东美术出版社 1987 年 1 张（4 开）
定价：CNY0.33
    中国现代国画花鸟画作品。

J0032415
盼归（中国画 1988 年年历）俊清，永刚作
西安 陕西人民美术出版社 1987 年 1 张
78cm（2 开）定价：CNY0.37

J0032416
青山寺（中国画 1988 年年历）胡竹雨作
杭州 西泠印社 1987 年 1 张（2 开）
定价：CNY0.38

J0032417
清江泛舟（中国画 1988 年年历）黄逸宾摄影

杭州　浙江人民美术出版社　1987 年　1 张
78cm（2 开）　定价：CNY0.40

J0032418
情趣（中国画　1988 年年历）蔡传隆等作
杭州　浙江人民美术出版社　1987 年　1 张
78cm（2 开）　定价：CNY0.40

J0032419
秋山垂瀑（中国画　1988 年年历）杭青石作
上海　上海书画出版社　1987 年　1 张　53cm（4 开）
定价：CNY0.30
　　作者杭青石（1941— ），画家、高级工艺美
术师。原名金寿，自号石头先生。江苏无锡人，
就读于浙江美术学院（现中国美院）。历任江苏美
术家协会会员、民革中央画院理事，苏州中山书
画院院长。代表作品有《湖山秋远》《秋实图》《鹤
归图》等。

J0032420
泉边（中国画　1988 年年历）金鸿钧作
太原　山西人民出版社　1987 年　1 张　78cm（2 开）
定价：CNY0.40

J0032421
三请诸葛（中国画　1988 年年历）薛浚一作
武汉　长江文艺出版社　1987 年　1 张　85cm（3 开）
定价：CNY0.42

J0032422
山高水长人长寿（中国画 1988 年年历）张清作
上海　上海书画出版社　1987 年　1 张　85cm（3 开）
定价：CNY0.42

J0032423
山光烂漫（中国画　1988 年年历）俊清等作
西安　陕西人民美术出版社　1987 年　1 张
85cm（3 开）　定价：CNY0.37

J0032424
盛夏图（中国画　1988 年年历）李苦禅作
武汉　长江文艺出版社　1987 年　1 张　78cm（2 开）
定价：CNY0.42

J0032425
世世和平（中国画　1988 年年历）闵姚恩作
上海　上海书画出版社　1987 年　1 张　53cm（4 开）
定价：CNY0.30

J0032426
双虎图（中国画　1988 年年历）刘济平作
上海　上海书画出版社　1987 年　1 张　53cm（4 开）
定价：CNY0.30

J0032427
双寿迎春（中国画　1988 年年历）彭善喜作
郑州　河南美术出版社　1987 年　1 张
［78cm］（3 开）　定价：CNY0.43

J0032428
双喜报春图（中国画　1988 年年历）刘思远作
北京　人民美术出版社　1987 年　1 张　53cm（4 开）
定价：CNY0.28

J0032429
双喜迎春图（中国画　1988 年年历）顾全兴作
上海　上海书画出版社　1987 年　1 张　53cm（4 开）
定价：CNY0.30

J0032430
双鸭图（中国画　1988 年年历）古邨作
西安　陕西人民美术出版社　1987 年　1 张
53cm（4 开）　定价：CNY0.30

J0032431
硕果累累（中国画　1988 年年历）颜文梁作
上海　上海书画出版社　1987 年　1 张　54cm（4 开）
定价：CNY0.30

J0032432
松（中国画　1988 年年历）邱石冥作
武汉　长江文艺出版社　1987 年　1 张（2 开）
定价：CNY0.63

J0032433
松鹤图（中国画　1988 年年历）陈松凌作
沈阳　辽宁美术出版社　1987 年　1 张（4 开）
定价：CNY0.30

J0032434
天柱山雨后图（中国画 1988 年年历）乐震文作
上海 上海书画出版社 1987 年 1 张 76cm（2 开）
定价：CNY0.30

J0032435
庭园赠镯（中国画 1988 年年历）倪嘉德作
上海 上海书画出版社 1987 年 1 张 54cm（4 开）
定价：CNY0.30
　　作者倪嘉德(1943—)，摄影师。江苏无锡人。曾任上海人民美术出版社副编审，高级摄影师。作品出版有《越窑》《唐三彩》《景德镇民间青花瓷器》《福建陶瓷》《四川陶瓷》《宋元青白瓷》等。

J0032436
武则天催花（中国画 1988 年年历）徐文鹏作
西安 陕西人民美术出版社 1987 年 1 张（2 开）
定价：CNY0.37

J0032437
小松鼠（中国画 1988 年年历）尹文良作
沈阳 辽宁美术出版社 1987 年 1 张 53cm（4 开）
定价：CNY0.30

J0032438
新篁（中国画 1988 年年历）乔木作
上海 上海书画出版社 1987 年 1 张（4 开）
定价：CNY0.30
　　作者乔木(1920—2002)，教授。字大年，河北深县人。曾任上海大学美术学院教授、中国美术家协会会员等。主要作品有《迎春梅花》《彩霞迎春》《姹紫嫣红》等。著有《花鸟画基础技法》《怎样画蔬果》等。

J0032439
虚心同晚节（中国画 1988 年年历）卢坤峰作
杭州 西泠印社 1987 年 1 张 78cm（2 开）
定价：CNY0.38

J0032440
雪梅鸳鸯（中国画 1988 年年历）施立华作
上海 上海书画出版社 1987 年 1 张 54cm（4 开）
定价：CNY0.30
　　作者施立华(1940—)，上海人，毕业于浙江美术学院国画系。历任日本秋田市水墨画研究会顾问、上海师范大学艺术系教师。出版有《施立华画册》等。

J0032441
颐和园之春（中国画 1988 年年历） 刘士庸
[绘]
上海 上海书画出版社 1987 年 1 张 54cm（4 开）
定价：CNY0.30

J0032442
樱花双燕（中国画 1988 年年历）
西安 陕西人民美术出版社 1987 年 1 张
定价：CNY0.37

J0032443
竹（中国画 1988 年年历）朱屺瞻作
武汉 长江文艺出版社 1987 年 1 张
定价：CNY0.63

J0032444
竹林消趣（中国画 1988 年年历）张锦标作
杭州 浙江人民美术出版社 1987 年 1 张
定价：CNY0.40

J0032445
竹雀图（中国画 1988 年年历）李自强作
上海 上海书画出版社 1987 年 1 张
定价：CNY0.30

J0032446
竹石图（中国画 1988 年年历）（清）沈屺懋作
上海 上海书画出版社 1987 年 1 张（2 开）
定价：CNY0.60

J0032447
1988：国画挂历
北京 北京体育学院出版社 [1988 年]
76cm（2 开） 定价：CNY10.00

J0032448
1988：刘心安画选（国画挂历）刘心安作
北京 轻工业出版社 [1988 年] 78cm（3 开）
定价：CNY6.80

J0032449
1989：范曾画选（挂历）范曾绘
呼和浩特　内蒙古人民出版社　1988 年
78cm（3 开）定价：CNY7.50
　　作者范曾（1938—　），画家、学者。字十翼，别署抱冲斋主，江苏南通人。毕业于中央美术学院中国画系。历任中央工艺美术学院讲师、副教授，南开大学东方艺术系教授、博士生导师，中国艺术研究院终身研究员等。代表作品有《庄子显灵记》《范曾自述》《老子出关》《钟馗神威》等。

J0032450
1989：范曾作品选（挂历）范曾绘
石家庄　河北美术出版社　1988 年　76cm（2 开）
定价：CNY12.00

J0032451
1989：工笔花鸟画选（国画挂历）
北京　荣宝斋　1988 年　78cm（3 开）
定价：CNY8.80

J0032452
1989：国画挂历
北京　东方出版社　1988 年　78cm（3 开）
定价：CNY8.50

J0032453
1989：国画挂历
石家庄　河北美术出版社　1988 年　78cm（3 开）
定价：CNY8.00

J0032454
1989：国画挂历
广州　岭南美术出版社［1988 年］78cm（3 开）
定价：CNY8.80

J0032455
1989：国画挂历
北京　荣宝斋　1988 年　78cm（3 开）
定价：CNY8.80

J0032456
1989：国画挂历
北京　荣宝斋　1988 年　76cm（2 开）
定价：CNY12.00

J0032457
1989：国画挂历
济南　山东教育出版社　1988 年　76cm（2 开）
定价：CNY13.50

J0032458
1989：国画挂历
西安　陕西人民美术出版社［1988 年］
76cm（2 开）

J0032459
1989：国画挂历
上海　上海人民美术出版社［1988 年］
78cm（3 开）定价：CNY7.50

J0032460
1989：国画挂历
上海　上海人民美术出版社　1988 年　78cm（3 开）
定价：CNY7.80

J0032461
1989：花鸟画（国画挂历）
北京　民族出版社［1988 年］78cm（3 开）
定价：CNY11.00

J0032462
1989：花鸟画作品选（挂历）
南京　江苏美术出版社　1988 年　76cm（2 开）
定价：CNY15.00
　　中国现代国画花鸟画作品。

J0032463
1989：历代名姬图（国画挂历）
杭州　浙江人民美术出版社　1988 年　78cm（3 开）
定价：CNY7.40

J0032464
1989：刘海粟中国画（挂历）刘海粟绘
上海　上海书店　1988 年　78cm（3 开）
定价：CNY7.90
　　作者刘海粟（1896—1994），画家、美术教育家。名槃，字季芳，号海翁。江苏武进人。参与创办上海私立美术学院，曾任华东艺术专科学校校长、南京艺术学院院长。代表作有《黄山云海奇观》《披狐皮的女孩》《九溪十八涧》等，有画集《黄山》《海粟老人书画集》等。

J0032465
1989：梅——历代名家精品（国画挂历）
杭州　西泠印社　1988 年　78cm（3 开）
定价：CNY7.80

J0032466
1989：鸟语花香（国画挂历）
上海　上海画报出版社［1988 年］78cm（3 开）
定价：CNY7.90

J0032467
1989：鸟语花香（国画挂历）
天津　天津人民美术出版社［1988 年］
78cm（3 开）

J0032468
1989：荣华富贵图（国画挂历）
天津　天津杨柳青画社　1988 年　76cm（2 开）
定价：CNY11.50

J0032469
1989：淑女图（国画挂历）
杭州　浙江摄影出版社　1988 年　78cm（3 开）
定价：CNY7.80

J0032470
1989：赵半须扇画选（挂历）赵半须绘
石家庄　河北美术出版社　1988 年　76cm（2 开）
定价：CNY15.80
　　作者赵信芳（1927— ），一级美术师。号半
须，生于河北安新，就读于河北艺校美术班。历
任河北画院一级美术师、河北省群艺馆副馆长、
河北省美术工作室副主任。作品有《雁翎队》《赵
半须扇画选》等。

J0032471
1989：中国历代佳人（国画挂历）
郑州　河南美术出版社　1988 年　78cm（3 开）

J0032472
碧湖春姿（国画 1989 年年历）毛国富作
杭州　浙江人民美术出版社　1988 年　1 张
78cm（2 开）　定价：CNY0.50

　　作者毛国富（1937— ），画家。浙江宁波人。
历任浙江省宁波市展览馆美工、宁波市甬剧团画
师、宁波市展览馆美术总设计、中国美术家协会
会员。主要作品：《中国之春》《东方涛》《湖光春
色》《海底世界》《西双版纳》等。

J0032473
乘长风破万里浪（国画 1989 年年历）徐俊卿作
杭州　浙江人民美术出版社　1988 年　1 张
54cm（4 开）　定价：CNY0.37

J0032474
春晖（国画 1989 年年历）黄莱作
北京　人民美术出版社　1988 年　1 张 78cm（2 开）
定价：CNY0.54

J0032475
春意盎然（国画 1989 年年历）张和庵作
上海　上海书画出版社　1988 年　1 张 54cm（4 开）
定价：CNY0.50

J0032476
春之歌（国画 1989 年年历）
南京　江苏美术出版社　1988 年　1 张 76cm（2 开）
定价：CNY0.80

J0032477
高节图（国画 1989 年年历）李自强作
上海　上海书画出版社　1988 年　1 张 54cm（4 开）
定价：CNY0.40

J0032478
海底世界（国画 1989 年年历）毛国富画；刘彦
文
杭州　浙江人民美术出版社　1988 年　1 张
78cm（2 开）　定价：CNY0.50

J0032479
荷花鸳鸯（国画 1989 年年历）陈国苏作
南昌　江西人民出版社［1988 年］1 张
78cm（2 开）　定价：CNY0.50

J0032480
红梅催春（国画 1989 年年历）关山月作
郑州　河南美术出版社　1988 年　1 张 78cm（2 开）

定价: CNY0.47

　　作者关山月 (1912—2000), 国画家、教育家。原名关泽霈。生于广东阳江。历任广州市艺专教授、广州美术学院教授兼院长、广东画院院长、中国美术家协会副主席、广东省美术家协会副主席等职。代表作有《江山如此多娇》《俏不争春》《绿色长城》《长河颂》等。

J0032481
虎 (国画 1989 年年历) 万盘根作
北京 人民美术出版社 1988 年 1 张 78cm (2 开)
定价: CNY0.54

J0032482
锦绣前程 (国画 1989 年年历) 范林鹏作
上海 上海书画出版社 1988 年 1 张 54cm (4 开)
定价: CNY0.40

J0032483
菊花锦鸡 (国画 1989 年农历己巳年年历) 谭玉洲作
西安 陕西人民美术出版社 1988 年 1 张 78cm (2 开) 定价: CNY0.55

J0032484
孔雀富贵图 (国画 1989 年年历) 王蒂龙作
上海 上海书画出版社 1988 年 1 张 54cm (4 开)
定价: CNY0.40

J0032485
漓江恋 (国画 1989 年年历) 覃绍毅作
北京 人民美术出版社 1988 年 1 张 78cm (2 开)
定价: CNY0.54

J0032486
龙飞凤舞 (国画 1989 年年历) 胡建瑜作
北京 人民美术出版社 1988 年 1 张 76cm (2 开)
定价: CNY0.80

J0032487
梅 (国画 1989 年农历己巳年年历) 陈秋草作
西安 陕西人民美术出版社 1988 年 1 张 78cm (2 开) 定价: CNY0.55

J0032488
墨兰 (国画 1989 年年历) 石蕉作
沈阳 辽宁美术出版社 1988 年 1 张 78cm (2 开)
定价: CNY0.60

J0032489
墨竹 (国画 1989 年年历) 郑板桥作
天津 天津人民美术出版社 1988 年 1 张 78cm (2 开) 定价: CNY0.55

J0032490
墨竹图 (国画 1989 年年历) 高晔作
上海 上海书画出版社 1988 年 1 张 78cm (2 开)
定价: CNY0.55

J0032491
鸟语花香 (一 国画 1989 年年历)
上海 上海书画出版社 1988 年 1 张 78cm (2 开)
定价: CNY0.80

J0032492
鸟语花香 (二 国画 1989 年年历)
上海 上海书画出版社 1988 年 1 张 78cm (2 开)
定价: CNY0.80

J0032493
鸟语花香 (三 国画 1989 年年历)
上海 上海书画出版社 1988 年 1 张 78cm (2 开)
定价: CNY0.80

J0032494
秋艳 (国画 1989 年农历己巳年年历) 王冰如作
西安 陕西人民美术出版社 1988 年 1 张 78cm (2 开) 定价: CNY0.55

J0032495
三友图 (中国画 1989 年年历) 叶玉昶作
杭州 浙江人民美术出版社 1988 年 1 张 76cm (2 开) 定价: CNY0.50

J0032496
双鹤图 (国画 1989 年年历) 吴亦生作
上海 上海书画出版社 1988 年 1 张 54cm (4 开)
定价: CNY0.40

J0032497
双猫（国画 1989 年年历）
上海 上海人民美术出版社 1988 年 1 张
54cm（4 开）定价：CNY0.40

J0032498
松鹤富贵图（国画 1989 年年历）顾全兴作
上海 上海书画出版社 1988 年 1 张 78cm（2 开）
定价：CNY0.55

J0032499
岁寒三友图（国画 1989 年年历）叶玉昶作
杭州 浙江人民美术出版社 1988 年 1 张
78cm（2 开）定价：CNY0.50

J0032500
天鹅湖畔（国画 1989 年年历）杨戈作
杭州 浙江人民美术出版社 1988 年 1 张
78cm（2 开）定价：CNY0.50

J0032501
甜甜（国画 1989 年年历）钟向东作
西安 陕西人民美术出版社 1988 年 1 张
76cm（2 开）定价：CNY0.96

J0032502
万里春光（中国画 1989 年年历）陈少华作
上海 上海书画出版社 1988 年 1 张 54cm（4 开）
定价：CNY0.40

J0032503
万紫千红（中国画 1989 年年历）张和庵作
上海 上海书画出版社 1988 年 1 张 54cm（4 开）
定价：CNY0.40

J0032504
一江春水（中国画 1989 年年历）胡承斌作
杭州 浙江人民美术出版社 1988 年 1 张
78cm（2 开）定价：CNY0.50

J0032505
愿我中华当如此花（国画 1989 年年历）陈
松峻作
杭州 浙江人民美术出版社 1988 年 1 张
76cm（2 开）定价：CNY0.50

J0032506
云间丽鹤（国画 1989 年年历）朱子荣作
杭州 浙江人民美术出版社 1988 年 1 张
76cm（2 开）定价：CNY0.75

J0032507
1989：黄胄作品选（国画挂历）
北京 中国电影出版社［1989 年］76cm（2 开）
定价：CNY10.50

J0032508
1989：李可染山水画选（挂历）
北京 中国电影出版社［1989 年］76cm（2 开）
定价：CNY10.50

J0032509
1989：鸟语花香（国画挂历）
上海 上海书画出版社［1989 年］78cm（3 开）
定价：CNY8.90

J0032510
1990：高松图（国画挂历）
福州 福建美术出版社［1989 年］78cm（3 开）
定价：CNY10.00

J0032511
1990：国画花鸟
石家庄 河北美术出版社 1989 年 78cm（3 开）
定价：CNY12.00

J0032512
1990：国画花鸟挂历
沈阳 辽宁画报社 1989 年 78cm（3 开）
定价：CNY11.80

J0032513
1990：鸟语花香（国画挂历）
济南 山东美术出版社 1989 年 76cm（2 开）
定价：CNY15.50

J0032514
1990：唐岊国画（挂历）
广州 岭南美术出版社［1989 年］78cm（3 开）
定价：CNY13.50

J0032515
1990：现代花鸟画精选 荣宝斋编
北京　荣宝斋［1989年］76cm（2开）
定价：CNY16.30
　　中国现代国画花鸟画作品。

J0032516
1990：徐悲鸿国画精品选
北京　中国文联出版社　1989年　76cm（2开）
定价：CNY15.80

J0032517
1990年花鸟画月历
北京　文物出版社　1989年　78cm（3开）
定价：CNY11.00
　　中国现代国画花鸟画作品。

J0032518
奔腾（中国画 1990年年历）张介民作
杭州　浙江人民美术出版社　1989年　1张
78cm（2开）定价：CNY0.75

J0032519
东海长流水，南山不老松（中国画 1990年年历）王辛达作
杭州　浙江人民美术出版社　1989年　1张
78cm（2开）定价：CNY0.75

J0032520
福寿同乐图（中国画 1990年年历）柳云绘
沈阳　辽宁美术出版社　1989年　1张　54cm（4开）
定价：CNY0.55

J0032521
荷塘鹤群（中国画 1990年年历）喻继高作
南京　江苏美术出版社　1989年　1张　76cm（2开）
定价：CNY1.05

J0032522
鹤乡之晨（中国画 1990年年历）朱子容作
南昌　江西人民出版社［1989年］1张
78cm（2开）定价：CNY0.75

J0032523
花（中国画 1990年年历）李用夫绘
上海　上海人民美术出版社　1989年　1张
54cm（4开）定价：CNY0.50

J0032524
腊梅图（中国画 1990年年历）史秉有绘
太原　山西人民出版社　1989年　1张　78cm（2开）
定价：CNY0.70

J0032525
龙潭湖春色（中国画 1990年年历）谷维恒绘
西安　陕西人民美术出版社　1989年　1张
78cm（2开）定价：CNY0.75
　　作者谷维恒（1944—　），山东人。中国摄影学会陕西省分会、中国摄影家协会会员。摄影作品有《石林奇观》《黄山佛光》《悬空寺夜色》等。

J0032526
猫蝶富贵图（中国画 1990年年历）刘刀勇作
上海　上海人民美术出版社　1989年　1张
54cm（4开）定价：CNY0.50

J0032527
牡丹（中国画 1990年年历）王庆升绘
上海　上海人民美术出版社　1989年　1张
54cm（4开）定价：CNY0.50

J0032528
牡丹翠竹图（中国画 1990年年历）陈德宏绘
上海　上海人民美术出版社　1989年　1张
54cm（4开）定价：CNY0.50
　　作者陈德宏（1927—　），画家。福建惠安人。字琴舟，号丹碧翁。福建师范大学副教授、中国美术家协会会员、福建省政协书画室画师、福建省老年书画艺术协会顾问、烟山画院院长。作品有《嘉藕图》《燕子声声里》《为谁初着紫罗裳》等。

J0032529
牡丹富贵图（中国画 1989年年历）茹齐葵绘
上海　上海书画出版社　1989年　1张　54cm（4开）
定价：CNY0.40

J0032530
秋风紫蟹醉黄花（中国画 1990年年历）洪健绘
杭州　浙江人民美术出版社　1989年　1张
78cm（2开）定价：CNY0.75

J0032531

扇面阿咪戏花图（中国画 1990 年年历）
上海 上海人民美术出版社［1989 年］1 张
54cm（4 开）定价：CNY0.52

J0032532

扇面花香蝶舞（中国画 1990 年年历）
上海 上海人民美术出版社［1989 年］1 张
54cm（4 开）定价：CNY0.52

J0032533

扇面山花烂漫（中国画 1990 年年历）
上海 上海人民美术出版社［1989 年］1 张
54cm（4 开）定价：CNY0.52

J0032534

扇面喜来临（中国画 1990 年年历）
上海 上海人民美术出版社［1989 年］1 张
54cm（4 开）定价：CNY0.52

J0032535

双马图（中国画 1990 年农历庚午年年历）马
秋岩作
西安 陕西人民美术出版社 1989 年 1 张
78cm（2 开）定价：CNY0.75

J0032536

双猫图（中国画 1990 年年历）胡竹雨绘
杭州 浙江人民美术出版社 1989 年 1 张
78cm（2 开）定价：CNY0.75

J0032537

霜重色愈浓（中国画 1990 年年历）武宝新绘
太原 山西人民出版社 1989 年 1 张 54cm（4 开）
定价：CNY0.55

J0032538

松翠峻崖（中国画 1990 年年历）杨豹作
南昌 江西人民出版社［1989 年］1 张
78cm（2 开）定价：CNY0.75

J0032539

岁寒三友（中国画 1990 年年历）朱颖人作
杭州 浙江人民美术出版社 1989 年 1 张
78cm（2 开）定价：CNY0.75

J0032540

喜子（中国画 1990 年年历）张锦标摄影
杭州 浙江人民美术出版社 1989 年 1 张
78cm（2 开）定价：CNY0.75

　　作者张锦标（1935— ），编审。浙江嵊州市
人，毕业于浙江美术学院中国画系。历任上海书
画出版社编辑、副编审。代表作品有《熊猫宴》
《宠爱》《迎千年曙光》《任伯年群仙祝寿图》。著
作有《怎样画大熊猫》。

J0032541

虾（中国画 1990 年年历）洪世川绘
杭州 浙江人民美术出版社 1989 年 1 张
78cm（2 开）定价：CNY0.75

J0032542

仙女图（中国画 1990 年年历）胡建瑜绘
沈阳 辽宁画报社 1989 年 1 张 76cm（2 开）
定价：CNY1.10

J0032543

一江春色（中国画 1990 年年历）陈松崚绘
杭州 浙江人民美术出版社 1989 年 1 张
78cm（2 开）定价：CNY0.75

J0032544

竹翠蝉鸣（中国画 1990 年年历）史振峰绘
济南 山东美术出版社 1989 年 1 张 78cm（2 开）
定价：CNY0.65

　　作者史振峰（1933— ），教授。山东莱州人，
毕业于鲁迅美术学院。中国美术家协会会员、山
东画院艺术顾问、山东艺术学院教授。代表作品
有《高山打井》《油海雄鹰》《舞东风》《抗洪》等。

J0032545

1991：恭贺新禧（国画挂历）《纳税人》杂志
编辑部等编
武汉 湖北人民出版社 1990 年 76cm（2 开）
定价：CNY18.50

J0032546

1991：国画：工笔花鸟（挂历）
昆明 云南人民出版社 1990 年 76cm（2 开）
定价：CNY17.50

J0032547
1991：国画佳作（挂历）山东美术出版社编
济南　山东美术出版社　1990 年　76cm（2 开）
定价：CNY16.50

J0032548
1991：翰墨清芬（书画挂历）天鹰，方永熙摄
杭州　浙江人民美术出版社　1990 年　76cm（2 开）
定价：CNY17.00

J0032549
1991：胡笳十八拍图卷（国画挂历）大地文
化社编
上海　华东师范大学出版社　1990 年　76cm（2 开）
定价：CNY17.00

J0032550
1991：历代名画选（国画挂历）
杭州　西泠印社　1990 年　78cm（3 开）
定价：CNY10.60

J0032551
1991：刘继卣作品集锦（国画挂历）刘继卣绘
天津　天津人民美术出版社　1990 年　76cm（2 开）
定价：CNY16.80

J0032552
1991：山水画（国画挂历）
上海　上海人民美术出版社　1990 年　76cm（2 开）
定价：CNY17.00

J0032553
1991：太白吟：李白诗意图（国画挂历）
杭州　浙江人民美术出版社　1990 年　78cm（3 开）
定价：CNY10.60

J0032554
1991：唐岢国画（挂历）唐岢绘
广州　岭南美术出版社　1990 年　76cm（2 开）
定价：CNY13.80

J0032555
1991：现代国画精粹（国画挂历）
石家庄　河北美术出版社　1990 年　76cm（2 开）

J0032556
1991：新春乐（国画挂历）张洪千等绘
天津　天津杨柳青画社　1990 年　76cm（2 开）
定价：CNY16.80

J0032557
翠谷情思（国画　1991 年年历）张振华绘
沈阳　辽宁美术出版社　1990 年　1 张　53cm（4 开）
定价：CNY0.55

J0032558
大喜大寿图（国画　1991 年年历）徐俊卿绘
杭州　浙江人民美术出版社　1990 年　1 张
76cm（2 开）定价：CNY1.00

J0032559
荷塘（国画 1991 年年历）程思远摄
北京　人民美术出版社　1990 年　1 张　78cm（2 开）
定价：CNY0.90

J0032560
虎啸图（国画 1991 年年历）王柳影摄
上海　上海人民美术出版社　1990 年　1 张（4 开）
定价：CNY0.50

J0032561
九鱼图（国画 1991 年年历）张泽苾绘
天津　天津人民美术出版社　1990 年　1 张
78cm（2 开）定价：CNY0.75

J0032562
猫（国画 1991 年年历）佳志绘
天津　天津杨柳青画社　1990 年　1 张　53cm（4 开）
定价：CNY0.50

J0032563
猫戏图（国画 1991 年年历）陈军绘
天津　天津人民美术出版社　1990 年　1 张
53cm（4 开）定价：CNY0.50

J0032564
梅鹤图（国画 1991 年年历）朱子容绘
上海　上海人民美术出版社　1990 年　1 张
78cm（2 开）定价：CNY0.75

作者朱子容，编审。浙江永康人。浙江人民

美术出版社副编审。代表作品有木刻《来都忙》。编著有《江山多娇》《面向未来》《鹏程万里》《边陲小花》《花香千里》等。

J0032565
梅花双喜（国画　1991 年年历）李建华绘
天津　天津杨柳青画社 1990 年 1 张 78cm（2 开）
定价：CNY0.75

J0032566
梦幻曲（国画　1991 年年历）石川绘
沈阳　辽宁美术出版社 1990 年 1 张 53cm（4 开）
定价：CNY0.55
　　作者石川，北京人，历任北京华夏书画艺术研究院副院长、北京国际名人画院人物创作室主任、中国书画名人联合总会理事。代表作品有《傣家情》《太白邀月图》《指点迷津》等。

J0032567
觅（国画　1991 年年历）陈军绘
天津　天津杨柳青画社 1990 年 1 张 53cm（4 开）
定价：CNY0.50

J0032568
赛龙凤（国画　1991 年年历）张振华绘
沈阳　辽宁美术出版社 1990 年 1 张 53cm（4 开）
定价：CNY0.55

J0032569
双猫图（国画　1991 年年历）刘刀勇绘
上海　上海人民美术出版社 1990 年 1 张
78cm（2 开）定价：CNY0.75

J0032570
双鹊报喜图（国画　1991 年年历）王建德绘
天津　天津杨柳青画社 1990 年 1 张 78cm（2 开）
定价：CNY0.75

J0032571
松鹤图（国画　1991 年年历）李建华绘
天津　天津杨柳青画社 1990 年 1 张 53cm（4 开）
定价：CNY0.75

J0032572
松鹤图（国画　1991 年年历）洪世川绘

J0032573
唐人诗意（国画　1991 年年历）严白绘
杭州　浙江人民美术出版社 1990 年 1 张
76cm（2 开）定价：CNY1.10

J0032574
卧游一览纵山晓（国画 1991 年年历）白建民绘
天津　天津杨柳青画社 1990 年 1 张 78cm（2 开）
定价：CNY0.75

J0032575
嬉浪（国画　1991 年年历）费长富绘
沈阳　辽宁美术出版社 1990 年 1 张 76cm（2 开）
定价：CNY1.20

J0032576
啸（国画　1991 年年历）于晋鲤绘
天津　天津杨柳青画社 1990 年 1 张 53cm（4 开）
定价：CNY0.50

J0032577
吟春（国画　1991 年年历）冯爱国绘
天津　天津杨柳青画社 1990 年 1 张 78cm（2 开）
定价：CNY0.75

J0032578
迎客松（国画　1991 年年历）陈松崚摄
杭州　浙江人民美术出版社 1990 年 1 张
76cm（2 开）定价：CNY1.10

J0032579
长恨歌诗意图（国画　1991 年年历）郭长富绘
沈阳　辽宁美术出版社 1990 年 1 张 53cm（4 开）
定价：CNY0.55

J0032580
1992：春（国画挂历）
广州　岭南美术出版社［1991 年］85cm
定价：CNY15.00

J0032581
1992：当代花鸟画（挂历）赵宁安等绘

郑州　河南美术出版社　1991年　76cm（2开）
定价：CNY17.50
　　　中国现代国画花鸟画作品。

J0032582
1992：富贵长春（国画挂历）
广州　岭南美术出版社［1991年］76cm（2开）
定价：CNY14.00

J0032583
1992：红楼梦（国画挂历）华三川绘
上海　上海人民美术出版社［1991年］
76cm（2开）定价：CNY18.00

J0032584
1992：猴年（挂历）刘伟绘
济南　山东友谊书社　1991年　76cm（2开）
定价：CNY19.00
　　　中国现代国画作品。

J0032585
1992：花鸟（国画挂历）金鸿钧等绘
呼和浩特　内蒙古人民出版社　1991年
76cm（2开）定价：CNY18.00

J0032586
1992：明清山水精品（国画挂历）
上海　上海人民美术出版社［1991年］
76cm（2开）定价：CNY18.50

J0032587
1992：潘新生国画专辑（挂历）
济南　山东友谊书社　1991年　76cm（2开）
定价：CNY19.00

J0032588
1992：壬申吉祥（国画挂历）
沈阳　辽宁美术出版社　1991年　76cm（2开）
定价：CNY19.80

J0032589
1992：任伯年扇面选（挂历）
北京　荣宝斋［1991年］76cm（2开）
定价：CNY20.00
　　　中国晚清国画作品。

J0032590
1992：山水花鸟集锦（挂历）
石家庄　河北美术出版社　1991年　76cm（2开）
　　　中国现代国画作品。

J0032591
1992：唐寅画（国画挂历）大地文化社编
上海　上海人民美术出版社　1991年　76cm（2开）
定价：CNY19.50
　　　明代国画作品。

J0032592
1992：万物皆春（国画挂历）共鸣杂志社编辑
广州　岭南美术出版社　1991年　76cm（2开）

J0032593
1992：现代中国画精品选（挂历）
北京　荣宝斋［1991年］76cm（2开）
定价：CNY18.80

J0032594
1992：新年快乐（国画挂历）
石家庄　河北美术出版社　1991年　76cm（2开）

J0032595
1992：中国画精选（挂历）
北京　农村读物出版社［1991年］76cm（2开）
定价：CNY18.00

J0032596
1992：中国画选（挂历）
北京　文物出版社　1991年　78cm（2开）
定价：CNY15.00

J0032597
1992：中国历代名画（国画挂历）
天津　天津人民美术出版社［1991年］76cm
（2开）ISBN：7-5305-8136-8　定价：CNY18.80

J0032598
荷花图（国画 1992年年历）蔡一鸣绘
上海　上海人民美术出版社　1991年　1张
53cm（4开）定价：CNY0.60

J0032599
虎啸图（1992 年年历）陈学璋作
上海　上海人民美术出版社　1991 年　1 张
53cm（4 开）定价：CNY0.60
　　中国现代国画作品。作者陈学璋（1955— ），
浙江德清人。笔名晨牧。擅长中国画、年画。浙
江省美术家协会会员、湖州市美术家协会理事、
德清县美协主席、赵孟頫书画院院长。主要作品
有《又是一个丰收年》《小康属龙》《桑梓情》等。

J0032600
猫蝶图（1992 年年历）
天津　天津人民美术出版社　1991 年　1 张 53cm
（4 开）ISBN：7-5305-8123-2 定价：CNY0.60
　　中国国画作品。

J0032601
山河颂（国画 1992 年年历）杨光辉作
北京　北京美术摄影出版社　1991 年　1 张
76cm（2 开）

J0032602
1993：福（国画挂历）
广州　岭南美术出版社［1992 年］77cm（2 开）
定价：CNY22.00

J0032603
1993：故宫藏画（挂历）
石家庄　河北美术出版社　1992 年　77cm（2 开）
定价：CNY21.00

J0032604
1993：红楼梦（国画挂历）
上海　上海人民美术出版社［1992 年］
77cm（2 开）定价：CNY20.50

J0032605
1993：乔维新历史人物画（挂历）
西安　陕西人民美术出版社　1992 年　77cm（2 开）
定价：CNY19.80

J0032606
1993：群仙祝寿图（挂历）
上海　上海人民美术出版社［1992 年］
77cm（2 开）定价：CNY24.50

J0032607
1993：任伯年国画精品（挂历）
天津　天津人民美术出版社　1992 年　68cm（2 开）
ISBN：7-5305-8150-7 定价：CNY26.00
　　年历形式的中国晚清国画作品。

J0032608
1993：天津杨柳青画社藏画（国画挂历）
天津　天津杨柳青画社　1992 年　77cm（2 开）
ISBN：7-80503-415-5 定价：CNY21.00

J0032609
1993：现代中国花鸟画选（挂历）
北京　荣宝斋［1992 年］77cm（2 开）
定价：CNY19.80

J0032610
1993：炎黄艺术（国画挂历）
杭州　浙江人民美术出版社　1992 年　77cm（2 开）
定价：CNY20.70

J0032611
光耀中华（1993 年年历）李正平作
天津　天津人民美术出版社　1992 年　1 张
77×53cm ISBN：7-5305-8151-4
定价：CNY1.30
　　中国现代中国画作品。

J0032612
1994：百年荣宝斋珍藏（国画挂历）
北京　荣宝斋［1993 年］76×53cm
定价：CNY29.80

J0032613
1994：恭贺新喜（国画挂历）
广州　岭南美术出版社［1993 年］76×53cm
定价：CNY43.80

J0032614
1994：花鸟扇形艺术壁挂（香木挂历）
南京　江苏美术出版社［1993 年］1 幅

J0032615
1994：近百年中国画精选（挂历）
北京　荣宝斋［1993 年］76×53cm

定价：CNY28.80

J0032616
1994：历代名画家系列（吴昌硕辑挂历）
北京 文物出版社［1993 年］77×53cm
定价：CNY28.00

J0032617
1994：历代山水画精品（国画挂历）
北京 荣宝斋［1993 年］106×27cm
定价：CNY31.00

J0032618
1994：名画精赏（国画挂历）
武汉 湖北美术出版社［1993 年］106×37cm
定价：CNY28.80

J0032619
1994：名家国画作品精选（挂历）
西安 陕西人民美术出版社［1993 年］
76×53cm 定价：CNY29.80

J0032620
1994：乔维新的中国画（挂历）
西安 陕西人民美术出版社 1993 年 76×53cm
定价：CNY28.00

J0032621
1994：群仙祝寿图（国画挂历）
杭州 浙江人民美术出版社［1993 年］
76×53cm 定价：CNY20.00

J0032622
1994：袁江竹苞松茂图（国画挂历）（清）袁
江作
北京 荣宝斋［1993 年］76cm（2 开）
定价：CNY29.80

J0032623
1994：翟荣强国画精品选（挂历）
西安 陕西人民美术出版社［1993 年］
76×53cm 定价：CNY29.50

J0032624
1994：长安名家国画精萃（挂历）

西安 陕西人民美术出版社 1993 年 76×53cm
定价：CNY27.80

J0032625
1994 年：国画画册（挂历）
北京 改革出版社 1993 年 25×26cm
ISBN：7-80072-491-3

J0032626
碧湖幽香（国画 1994 年年历）凡璞作
南京 江苏美术出版社 1993 年 1 张 53×38cm
定价：CNY1.05

J0032627
红颜族·冬雪（国画 1994 年年历）伍金生摄
南京 江苏美术出版社 1993 年 1 张 77×53cm
定价：CNY1.40

J0032628
秋风凝翠（国画 1994 年年历）凡璞作
南京 江苏美术出版社 1993 年 1 张 77×53cm
定价：CNY1.40

J0032629
松鹤图（国画 1994 年年历）云花等作
杭州 浙江人民美术出版社 1993 年 1 张
38×68cm 定价：CNY1.10

J0032630
遥山绝奇（国画 1994 年年历）凡璞作
南京 江苏美术出版社 1993 年 1 张 77×53cm
定价：CNY1.40

J0032631
1995：宫廷藏画精选（国画挂历） 岭南美术
出版社编
广州 岭南美术出版社 1994 年 有图 75cm（2 开）
统一书号：5362.4961 定价：CNY38.00

J0032632
1995：国画（国画挂历）甘肃人民出版社编
兰州 甘肃人民出版社 1994 年 有图 77×53cm
定价：CNY35.00

J0032633
1995：**名家艺术**（国画挂历） 江苏美术出版
社编
南京 江苏美术出版社 1994 年 有图 77x26cm
定价：CNY29.80

J0032634
1996：**大师名画**（国画挂历） 钱豫强摄
杭州 浙江人民美术出版社 1995 年 87cm（3 开）
ISBN：7-5340-0573-6 定价：CNY28.00
　　作者钱豫强（1944— ），浙江嘉善人，历任
浙江美术出版社副编审、浙江赛丽美术馆执行
馆长。

J0032635
1996：**大写意**（国画挂历） 鲁光绘
北京 人民体育出版社 1995 年 76×52cm
ISBN：7-5009-1205-6 定价：CNY25.00

J0032636
1996：**冯倩工笔绘画**（国画挂历） 冯倩绘
广州 岭南美术出版社 1995 年 78×53cm
ISBN：7-5362-1246-1 定价：CNY128.00

J0032637
1996：**恭贺新喜**（国画挂历）
广州 岭南美术出版社 1995 年 74×51cm
ISBN：7-5362-1269-0 定价：CNY25.00

J0032638
1996：**韩美林画选**（国画挂历） 韩美林绘
北京 中国金融出版社 1995 年 77×53cm
ISBN：7-5049-1439-8 定价：CNY25.00

J0032639
1996：**将军竹**（国画挂历）
广州 岭南美术出版社 1995 年 69×51cm
ISBN：5362.5004

J0032640
1996：**锦绣前程**（国画挂历） 正惠等绘
广州 广东科技出版社 1995 年 77×53cm
ISBN：7-5359-1531-0 定价：CNY38.00

J0032641
1996：**绝代佳人**（国画挂历） 华三川绘
广州 广东科技出版社 1995 年 77×53cm
ISBN：7-5359-1532-9 定价：CNY38.00

J0032642
1996：**历代名画**（国画挂历） 各地博物馆供稿
上海 上海人民美术出版社 1995 年 106cm
（全开） ISBN：7-5322-1450-8 定价：CNY31.00

J0032643
1996：**刘斯奋人物画选**（国画挂历） 刘斯奋绘
广州 广东人民出版社 1995 年 87×38cm
ISBN：7-218-02033-X 定价：CNY25.00

J0032644
1996：**罗国士画选**（国画挂历） 罗国士绘
西安 陕西人民美术出版社 1995 年 77×53cm
ISBN：7-5368-0784-8 定价：CNY22.00

J0032645
1996：**马骏十二生肖图**（国画挂历） 马骏绘
广州 岭南美术出版社 1995 年 87×68cm
ISBN：7-5362-1286-0 定价：CNY45.00

J0032646
1996：**名画精萃**（国画挂历） 徐彬摄
杭州 西泠印社 1995 年 86cm（3 开）
ISBN：7-80517-174-2 定价：CNY27.50

J0032647
1996：**名盆名花**（国画挂历） 天津人民美术
出版社编
天津 天津人民美术出版社 1995 年 77×53cm
ISBN：7-5305-0504-1 定价：CNY25.00

J0032648
1996：**莫建成莫晓松花鸟作品选**（国画挂
历）莫建成，莫晓松绘
兰州 甘肃人民美术出版社 1995 年 84×57cm
ISBN：7-80588-100-6 定价：CNY28.00

J0032649
1996：**鹏程万里**（国画挂历） 云门子绘
青岛 青岛出版社 1995 年 77×53cm

定价：CNY28.00

J0032650
1996：清宫山水（国画挂历）秦倩供稿
北京 中国三峡出版社 1995 年 106×77cm
ISBN：7-80099-101-6 定价：CNY25.00

J0032651
1996：群仙祝寿图（国画挂历）上海人民美术出版社编
上海 上海人民美术出版社 1995 年 99cm（全开）
ISBN：7-5322-1463-X 定价：CNY24.00

J0032652
1996：群仙祝寿图（国画挂历）上海人民美术出版社编
上海 上海人民美术出版社 1995 年 99cm（全开）
ISBN：7-5322-1462-1 定价：CNY36.00

J0032653
1996：如意祥和（国画挂历）高明远绘
天津 天津人民美术出版社 1995 年 77×53cm
ISBN：7-5305-0542-4 定价：CNY22.00
　　作者高明远(1949—　)，满族，画家、书法家、金石篆刻家。字则达，号野夫，北京人。历任中国人民对外友好协会干部、中国美术家协会会员、中国民间艺术研究会会员、中国山水画会会员。出版有《高明远山水画集》《高明远书画篆刻作品文论集》《高明远山水画作品精选》等。

J0032654
1996：三国演义人物（国画挂历）赵宏本等绘
上海 上海人民美术出版社 1995 年 77×53cm
ISBN：7-5322-1470-2 定价：CNY25.00

J0032655
1996：山高水长（国画挂历）张雄绘
广州 广东科技出版社 1995 年 77×53cm
ISBN：7-5359-1533-7 定价：CNY38.00

J0032656
1996：世界名画（国画挂历）黑星正片公司供稿
哈尔滨 黑龙江美术出版社 1995 年 95cm（全开）
ISBN：7-5318-0298-8 定价：CNY46.80

J0032657
1996：仕女图（国画挂历）黄慧玲绘
广州 岭南美术出版社 1995 年 74×51cm
ISBN：7-5362-1253-4 定价：CNY38.00

J0032658
1996：宋人名笔（国画挂历）胡锤摄
北京 中国大百科全书出版社 1995 年 77cm（2 开）ISBN：7-5000-5611-7 定价：CNY25.00

J0032659
1996：钟馗图（国画挂历）文涛绘
南京 江苏美术出版社 1995 年 105cm（全开）
ISBN：7-5344-0484-3 定价：CNY32.00

J0032660
红梅图（国画 1996 年年历）
西安 陕西人民美术出版社 1995 年 1 张
77×53cm 定价：CNY2.60

J0032661
松鹤迎春（国画 1996 年年历）
西安 陕西人民美术出版社 1995 年 1 张
77×53cm 定价：CNY2.80

J0032662
蟹菊图（摄影 1996 年年历）年华祖摄
上海 上海人民美术出版社 1995 年 1 张
53×77cm 定价：CNY2.40
　　中国现代国画作品的摄影图集。

J0032663
雅荷（国画 1996 年年历）
西安 陕西人民美术出版社 1995 年 1 张
77×53cm 定价：CNY2.60

J0032664
中国著名画集作品选：96 记事年历 刘文敏主编
北京 中国三峡出版社 1995 年 25×18cm
ISBN：7-80099-109-1 定价：CNY45.00
　　中国现代国画作品。主编刘文敏，中国三峡出版社社长，曾任人民画报社主任记者、中国画报出版社常务副社长、中国摄影家协会会员、中国新闻摄影协会理事。

J0032665

1997、1998：邢春来画虎（国画挂历） 邢春来绘

石家庄 河北美术出版社 1996 年 75×53cm

ISBN：7-5310-0829-7 定价：CNY27.50

　　作者邢春来(1964—)，画家。字老君，号墨渊堂主人，生于北京。中国美术家协会会员、文化部艺术管理专业委员会副秘书长、国家一级美术师、塞北书画院名誉院长、泰山书画院高级画师。作品有《梦虎》《呼啸生辉》。

J0032666

1997：百花颂（国画挂历） 福建美术出版社编

福州 福建美术出版社 1996 年 86×57cm

ISBN：7-5393-0429-4 定价：CNY102.00

J0032667

1997：百花仙女 （国画挂历） 福建美术出版社编

福州 福建美术出版社 1996 年 98×37cm

ISBN：7-5393-0428-6 定价：CNY37.00

J0032668

1997：别墅风情 （国画挂历） 福建美术出版社编

福州 福建美术出版社 1996 年 77×53cm

ISBN：7-5393-0494-4 定价：CNY16.00

J0032669

1997：藏画精选（Ⅰ 国画挂历） 卫志涛编

北京 京华出版社 1996 年 84×56cm

ISBN：7-80600-172-7 定价：CNY106.00

J0032670

1997：宠物情趣（国画挂历） 彭明等绘

武汉 湖北美术出版社 1996 年 77×106cm

ISBN：7-5394-0607-0 定价：CNY32.00

J0032671

1997：宠物情趣（国画挂历） 彭明等绘

武汉 湖北美术出版社 1996 年 77×53cm

ISBN：7-5394-0607-0 定价：CNY27.50

J0032672

1997：大富贵牡丹（国画挂历） 尹延新绘

呼和浩特 内蒙古人民出版社 1996 年

76×52cm ISBN：7-204-03270-5

定价：CNY30.80

　　作者尹延新(1941—)，号舜耕山翁。原济南画院副院长、济南市美协副主席。现为国家一级美术师、中国美术家协会会员、济南画院名誉院长、山东国画研究院副院长。代表作品有《中国写意画鸟谱》《怎样画牡丹》《名画心得——画牡丹》等。

J0032673

1997：丁绍光作品（国画挂历） 丁绍光绘

昆明 云南人民出版社 1996 年 77×53cm

ISBN：7-222-01957-X 定价：CNY38.00

　　作者丁绍光(1939—)，画家。出生于陕西城固县，毕业于中央工艺美术学院。任教于云南艺术学院。代表作品有《版纳晨曦》《生命之源》《西双版纳》《催眠曲》《和谐》。

J0032674

1997：福（国画挂历） 王河绘

济南 济南出版社 1996 年 98×69cm

ISBN：7-80629-082-6 定价：CNY38.00

J0032675

1997：富贵大吉图（年历画） 冯英杰绘

北京 中国连环画出版社 1996 年 1 张

52×38cm ISBN：85061.96013 定价：CNY1.60

　　中国现代国画动物画作品。作者冯英杰(1932—)，书画花鸟画家。生于河北威县。作品有《鸡的工笔画法》。

J0032676

1997：富贵长春 （国画挂历） 福建美术出版社编

福州 福建美术出版社 1996 年 70×100cm

ISBN：7-5393-0395-6 定价：CNY34.00

J0032677

1997：宫廷藏画（国画挂历）

广州 岭南美术出版社 1996 年 76cm（2 开）

ISBN：7-5362-1438-3 定价：CNY38.00

J0032678

1997：古代山水真迹（国画挂历） 常熟博物

馆供稿
上海 上海人民美术出版社 1996 年 77cm（2 开）
ISBN：7-5322-1556-3 定价：CNY98.00

J0032679
1997：瑰宝（国画挂历）湖南美术出版社编
长沙 湖南美术出版社 1996 年 69×98cm
ISBN：7-5356-0850-7 定价：CNY39.80

J0032680
1997：国画挂历 何小芳绘
广州 岭南美术出版社 1996 年 76×52cm
ISBN：7-5362-1397-2 定价：CNY38.00

J0032681
1997：国画精选吉祥周历 福建美术出版社编
福州 福建美术出版社编 1996 年 53×38cm
ISBN：7-5393-0455-3 定价：CNY77.00

J0032682
1997：海峡两岸藏画精品选（国画挂历）刘海粟美术馆供稿
上海 上海人民美术出版社 1996 年 106×38cm
ISBN：7-5322-1536-9 定价：CNY34.50

J0032683
1997：翰墨真集（宣纸仿真国画挂历） 岭南美术出版社编
广州 岭南美术出版社 1996 年 2 版 106×45cm
ISBN：7-5362-1244-5 定价：CNY128.00

J0032684
1997：吉祥富贵（吴昌硕国画作品选粹 国画挂历）吴昌硕绘
杭州 西泠印社 1996 年 77×53cm
ISBN：7-80517-210-2 定价：CNY27.50

J0032685
1997：吉祥国画（国画挂历） 岭南美术出版社编
广州 岭南美术出版社 1996 年 77×35cm
ISBN：7-5362-1431-6 定价：CNY16.00

J0032686
1997：江派画风（国画挂历）江兆申绘

沈阳 辽宁画报出版社 1996 年 98×37cm
ISBN：7-80601-087-4 定价：CNY28.80

J0032687
1997：金牛（国画挂历）汪观清绘
上海 上海人民美术出版社 1996 年 77×53cm
ISBN：7-5322-1613-6 定价：CNY27.50

J0032688
1997：金牛大吉（国画挂历） 陕西人民美术出版社编
西安 陕西人民美术出版社 1996 年 74×58cm
ISBN：7-5368-0830-5 定价：CNY27.50

J0032689
1997：历代佳人（国画挂历） 福建美术出版社编
福州 福建美术出版社 1996 年 77×53cm
ISBN：7-5393-0448-0 定价：CNY35.00

J0032690
1997：莲年有余（国画挂历） 天津杨柳青文化发展公司编
天津 天津杨柳青画社 1996 年 74×52cm
ISBN：7-80503-314-5 定价：CNY58.00

J0032691
1997：恋情（国画挂历）福建美术出版社编
福州 福建美术出版社 1996 年 106×77cm
ISBN：7-5393-0442-1 定价：CNY33.00

J0032692
1997：陆俨少作品精萃（国画挂历）上海人民美术出版社编
上海 上海人民美术出版社 1996 年 77×53cm
ISBN：7-5322-1555-5 定价：CNY98.00

J0032693
1997：绿色伊甸园（国画挂历） 福建美术出版社编
福州 福建美术出版社 1996 年 77×53cm
ISBN：7-5393-0403-0 定价：CNY26.00

J0032694
1997：绿色之旅（国画挂历） 福建美术出版

社编

福州　福建美术出版社 1996 年　53×77cm

ISBN：7-5393-0470-7 定价：CNY16.50

J0032695

1997：毛泽东故居（中南海）藏画（绢质挂历）文汇出版社编

上海　文汇出版社 1996 年　37×42cm 盒装

ISBN：7-80531-406-3 定价：CNY198.00

　　中国国画作品选。

J0032696

1997：美的居室（国画挂历）福建美术出版社编

福州　福建美术出版社 1996 年　53×77cm

ISBN：7-5393-0474-X 定价：CNY16.50

J0032697

1997：名画（国画挂历）新疆美术摄影出版社编

乌鲁木齐　新疆美术摄影出版社 1996 年

77×53cm　ISBN：7-80547-422-2

定价：CNY27.50

J0032698

1997：墨宝（国画挂历）中国美术学院出版社编

杭州　中国美术学院出版社 1996 年　77×53cm

ISBN：7-81019-493-3 定价：CNY98.00

J0032699

1997：牛年大吉（国画挂历）广东科技出版社编

广州　广东科技出版社 1996 年　77×53cm

ISBN：7-5359-1564-7 定价：CNY39.50

J0032700

1997：牛年大吉（国画挂历）吴永良等绘

广州　岭南美术出版社 1996 年　76×52cm

ISBN：7-5362-1422-7 定价：CNY27.50

J0032701

1997：溥心畲国画艺术精品（国画挂历）溥心畲绘

天津　天津人民美术出版社 1996 年　98×69cm

ISBN：7-5305-0572-6 定价：CNY36.00

　　溥心畲（1896—1972），画家，收藏家。原名

爱新觉罗·溥儒，初字仲衡，后改字心畲，号羲皇上人，又号西山逸士。为清恭亲王奕訢之孙。生于北京，就读于法政学堂（后并入清河大学），后留学德国，在柏林大学获得天文和生物双博士学位。曾在台湾师范大学及东海大学任教。代表作品《雪中访友图》，著有《四书经义集证》《毛诗经义集证》《尔雅释言经证》等。

J0032702

1997：齐白石、徐悲鸿名画之二（国画挂历）齐白石，徐悲鸿绘

杭州　浙江人民美术出版社 1996 年　76×52cm

ISBN：7-5340-0541-8 定价：CNY27.50

　　作者齐白石（1864—1957），近现代中国绘画大师，国画家、篆刻家。湖南湘潭人。原名纯芝，字渭青，号兰亭，后改名璜，字濒生，号白石等。历任国立北京艺术专科学校和京华美术专科学校教习、教授，中央美术学院名誉教授、中国文学艺术界联合会主席团委员、中国画研究会和中国美术家协会主席、中国画院名誉院长。代表作有《蛙声十里出山泉》《墨虾》等。著有《白石诗草》《齐白石作品集》《白石老人自述》等。

J0032703

1997：齐白石国画挂历　齐白石绘

长沙　湖南美术出版社 1996 年　74×51cm

ISBN：7-5356-0826-4 定价：CNY18.80

J0032704

1997：倾城国色（国画挂历）王润绘

广州　广东科技出版社 1996 年　77×53cm

ISBN：7-5359-1511-6 定价：CNY39.50

J0032705

1997：清明上河（国画挂历）新疆美术摄影出版社编

乌鲁木齐　新疆美术摄影出版社 1996 年　77cm（2 开）ISBN：7-80547-387-0 定价：CNY27.50

J0032706

1997：任伯年（国画挂历）（清）任颐绘

石家庄　河北美术出版社 1996 年　98cm（2 开）

ISBN：7-5310-0775-4 定价：CNY38.00

　　作者任伯年（1840—1896），清末画家。改名任颐，字伯年，以字行。初名润，字次远，号小

楼，浙江山阴航坞山(今杭州市萧山区)人。主要作品有《东津话别图》《三友图》《苏武牧羊图》《蕉阴纳凉图》《池畔窥鱼图》等。

J0032707
1997：瑞雪迎春（国画挂历）孟继舜，徐公正绘
沈阳　辽宁美术出版社　1996年　82×38cm
ISBN：7-5314-1431-7　定价：CNY23.80

J0032708
1997：山水情（国画挂历）福建美术出版社编
福州　福建美术出版社　1996年　86×57cm
ISBN：7-5393-0430-8　定价：CNY102.00

J0032709
1997：世界名扇（国画挂历）　福建美术出版社编
福州　福建美术出版社　1996年　86×57cm
ISBN：7-5393-0510-X　定价：CNY128.00

J0032710
1997：水韵风情（国画挂历）曹大庆绘
南京　江苏美术出版社　1996年　34×37cm
ISBN：7-5344-0533-5　定价：CNY25.00

J0032711
1997：唐伯虎墨宝（国画挂历）　福建美术出版社编
福州　福建美术出版社　1996年　86cm（2开）
ISBN：7-5393-0509-6　定价：CNY128.00

J0032712
1997：徐悲鸿名画欣赏（国画挂历）徐悲鸿绘
广州　广东科技出版社　1996年　97×49cm
ISBN：7-5359-1508-6　定价：CNY69.00

J0032713
1997：迎春接福（国画挂历）　广东科技出版社编
广州　广东科技出版社　1996年　77×53cm
ISBN：7-5359-1510-8　定价：CNY39.50

J0032714
1997：于非国画精选（国画挂历）于非绘
南京　江苏美术出版社　1996年　106×77cm

ISBN：7-5344-0526-2　定价：CNY35.00

J0032715
1997：张大千画选（国画挂历）上海博物馆供稿
上海　上海人民美术出版社　1996年　98×49cm
ISBN：7-5322-1558-X　定价：CNY128.00

J0032716
1997：张大千作品精选（国画挂历）张大千绘
广州　广东科技出版社　1996年　97×49cm
ISBN：7-5359-1509-4　定价：CNY69.00

J0032717
1997：中国画精品（国画挂历）
呼和浩特　内蒙古人民出版社　1996年　76cm
（2开）　ISBN：7-204-03146-6　定价：CNY32.80

J0032718
1997：中国画名画精品（国画挂历）福建美术出版社编
福州　福建美术出版社　1996年　77×53cm
ISBN：7-5393-0511-8　定价：CNY98.00

J0032719
1997：中国画名画精品（国画挂历）中国美术学院出版社编
杭州　中国美术学院出版社　1996年　77×53cm
ISBN：7-81019-491-7　定价：CNY98.00

J0032720
1997：中国画名家作品（国画挂历）广东科技出版社编
广州　广东科技出版社　1996年　77×53cm
ISBN：7-5359-1571-X　定价：CNY39.50

J0032721
1997：中国画名家作品（国画挂历）邱受成供稿
上海　上海人民美术出版社　1996年　77×53cm
ISBN：7-5322-1557-1　定价：CNY98.00

J0032722
1997：中国历代名画欣赏（国画挂历）（明）唐寅等绘

南昌　江西美术出版社　1996 年　98×69cm
ISBN：7-80580-304-8　定价：CNY37.80

J0032723
1997：竹报平安（宣纸仿真国画挂历）岭南
美术出版社编
广州　岭南美术出版社　1996 年　2 版　106×45cm
ISBN：7-5362-1245-3　定价：CNY128.00

J0032724
廖伟彪中国画作品集 廖伟彪绘
广州　岭南美术出版社　1996 年　11 张
15cm（64 开）　定价：CNY8.00
（广东省画家作品系列）

J0032725
真迹传神国画精品（'97 挂历缩样）
北京　中国美术学院出版社　1996 年　16 页
29cm（12 开）　定价：CNY15.00

J0032726
中国国画精选（国画 1997 年年历）台北故宫
博物院藏
上海　上海人民美术出版社　1996 年　1 张
106×37cm　定价：CNY2.90

J0032727
中国国画精选（国画 1997 年年历）刘海粟美
术馆藏
上海　上海人民美术出版社　1996 年　1 张
106×37cm　定价：CNY2.90

J0032728
中国诗书画精品系列（尚涛之十二花翎）黄
知秋题诗；陈景舒书写
广州　岭南美术出版社　1996 年　12 张
19cm（小 32 开）　定价：CNY18.30
　　中国现代国画作品选。陈景舒（1931—
2012），书法家。字靖庵，别署凝碧楼主，出生于
广东佛山。曾任广东省人民政府文史研究馆馆
员、中国书法家协会会员、广东省书法家协会名
誉主席、广东省书法艺术基金会会长等。代表著
作有《实用隶书字帖》《隶书书写门径》《四体楹
联》等。

J0032729
1998：[国画挂历] 孔佛才绘
广州　岭南美术出版社　1997 年　88×56cm
ISBN：7-5362-1647-5　定价：CNY28.00

J0032730
1998：八仙醉酒（名家工笔画 国画挂历）福
建美术出版社编
福州　福建美术出版社　1997 年　70×95cm
ISBN：7-5393-0583-5　定价：CNY34.00

J0032731
1998：白雪石、丁绍光作品选（挂历）白雪
石，丁绍光绘
北京　荣宝斋出版社　1997 年　40×56cm
ISBN：7-5003-0388-2　定价：CNY36.00
　　中国现代国画作品选。作者白雪石（1915—
2011），画家，教授。北京市人，斋号何须斋。自
幼习画，早年师从赵梦朱，后拜梁树年为师。执
教于北京师范学院、北京艺术学院、中央工艺美
院亦，同时兼任北京山水画研究会会长。代表作
品有《万壑松风》《千峰竞秀》《早春图》《漓江
一曲千峰秀》等。作者丁绍光（1939—　），画家。
出生于陕西城固县，毕业于中央工艺美术学院。
任教于云南艺术学院。代表作品有《版纳晨曦》
《生命之源》《西双版纳》《催眠曲》《和谐》。

J0032732
1998：白雪石作品欣赏（国画挂历）白雪石绘
广州　岭南美术出版社　1997 年　88×56cm
ISBN：7-5362-1658-0　定价：CNY45.00

J0032733
1998：百花颂（国画挂历）福建美术出版社编
福州　福建美术出版社　1997 年　86×57cm
ISBN：7-5393-0429-4　定价：CNY50.00

J0032734
1998：本命年（虎 宣纸精品名家真迹挂历）
王其智绘
北京　民族出版社　1997 年　85×57cm
ISBN：7-105-02892-0　定价：CNY60.00

J0032735
1998：财神虎（国画挂历）张大千等绘

福州　福建美术出版社　1997 年　86×57cm
ISBN：7-5393-0598-3　定价：CNY58.00

J0032736

1998：**藏画精选**（国画挂历）京华出版社编
北京　京华出版社　1997 年　87cm（2 开）
ISBN：7-80600-265-0　定价：CNY60.00

J0032737

1998：**春归大地**（国画挂历）黄正绘
沈阳　辽宁画报出版社　1997 年　86×58cm
ISBN：7-80601-150-1　定价：CNY35.00

J0032738

1998：**春和景明**（国画挂历）内蒙古人民出
版社编
呼和浩特　内蒙古人民出版社　1997 年
83×57cm　ISBN：7-204-03564-X
定价：CNY48.00

J0032739

1998：**春晖**（国画挂历）王广华绘
济南　山东友谊出版社　1997 年　76×53cm
ISBN：7-80551-974-9　定价：CNY27.50

J0032740

1998：**大中四季虎**（国画挂历）张大中绘
天津　百花文艺出版社　1997 年　12 页　73×99cm
ISBN：7-5306-2530-6　定价：CNY88.00

J0032741

1998：**风虎云龙**（国画挂历）福建美术出版
社编
福州　福建美术出版社　1997 年　98×70cm
ISBN：7-5393-0572-X　定价：CNY33.00

J0032742

1998：**福**（国画挂历）马鹏飞，赵润学绘
兰州　敦煌文艺出版社　1997 年　84×58cm
ISBN：7-80587-413-1　定价：CNY32.00

J0032743

1998：**福虎**（国画挂历）吉溥绘
南京　江苏科学技术出版社　1997 年　58×42cm
ISBN：7-5345-2281-1　定价：CNY50.00

J0032744

1998：**傅抱石画集**（国画挂历）傅抱石绘
上海　上海人民美术出版社　1997 年　99×50cm
ISBN：7-5322-1763-9　定价：CNY58.00

　　作者傅抱石（1904—1965），画家。原名长生、
瑞麟，号抱石斋主人。生于江西南昌，祖籍江西
新余，早年留学日本。历任南京师范学院教授、
江苏国画院院长等职。代表作品有《山阴道上》
《钟馗》《屈原》《江山如此多娇》，著有《中国古
代绘画之研究》《中国绘画变迁史纲》等。

J0032745

1998：**恭贺新禧**（国画挂历）雷春绘
兰州　甘肃人民美术出版社　1997 年　76×52cm
ISBN：7-80588-194-4　定价：CNY28.00
（雷春国画作品选）

J0032746

1998：**恭贺新禧**（国画挂历）辽宁美术出版
社编
沈阳　辽宁美术出版社　1997 年　76×52cm
ISBN：7-5314-1801-0　定价：CNY27.50

J0032747

1998：**龚学渊像画**（国画挂历）岭南美术出
版社编
广州　岭南美术出版社　1997 年　106cm（全开）
ISBN：7-5362-1552-5　定价：CNY55.00

J0032748

1998：**故宫墨宝**（国画挂历）福建美术出版
社编
福州　福建美术出版社　1997 年　86×57cm
ISBN：7-5393-0556-8　定价：CNY50.00

J0032749

1998：**关山月名画欣赏**（挂历）关山月绘
北京　中国文联出版公司　1997 年　92×66cm
ISBN：7-5059-2723-X　定价：CNY60.00

　　作者关山月（1912—2000），国画家、教育
家。原名关泽霈。生于广东阳江。历任广州市
艺专教授、广州美术学院教授兼院长、广东画院
院长、中国美术家协会副主席、广东省美术家协
会副主席等职。代表作有《江山如此多娇》《俏
不争春》《绿色长城》《长河颂》等。

J0032750
1998：**瑰宝**（国画挂历）于非摄
南京　江苏美术出版社　1997 年　100cm（全开）
ISBN：7-5344-0683　定价：CNY35.00

J0032751
1998：**郭石夫花鸟集**（国画挂历）郭石夫绘
北京　中国民族摄影艺术出版社　1997 年
85×57cm　ISBN：7-80069-157-8
定价：CNY27.00

J0032752
1998：**国宝精萃**（国画挂历）齐白石等绘
呼和浩特　内蒙古人民出版社　1997 年
85×57cm　ISBN：7-204-03686-7
定价：CNY48.00

J0032753
1998：**国画宝藏**（国画挂历）
呼和浩特　内蒙古人民出版社　1997 年　77cm
（2 开）ISBN：7-204-03684-0　定价：CNY58.00

J0032754
1998：**国色天香**（国画挂历）福建美术出版
社编
福州　福建美术出版社　1997 年　98cm（全开）
ISBN：7-80065-588-1　定价：CNY38.00

J0032755
1998：**韩熙载夜宴图**（国画挂历）湖北美术
出版社编
武汉　湖北美术出版社　1997 年　76×103cm
ISBN：7-5394-0651-8　定价：CNY36.00

J0032756
1998：**行乐图**（国画挂历）
上海　文汇出版社　1997 年　12 页　52×37cm
ISBN：7-80531-443-8　定价：CNY280.00

J0032757
1998：**衡水历史经典揽胜**（国画挂历）舒振
华绘
石家庄　河北美术出版社　1997 年　53×76cm
ISBN：7-5310-0906-4　定价：CNY30.00

J0032758
1998：**虎**（国画挂历）顾春蛟绘
武汉　湖北美术出版社　1997 年　104×76cm
ISBN：7-5394-0654-2　定价：CNY36.00

J0032759
1998：**虎**（国画挂历）刘继卣绘
北京　人民美术出版社　1997 年　76×52cm
ISBN：7-102-01850-9　定价：CNY27.50

J0032760
1998：**虎**（国画挂历）张光莹绘
重庆　重庆出版社　1997 年　12 页　75×42cm
ISBN：7-5366-3621-0　定价：CNY27.50

J0032761
1998：**虎画艺术**（国画挂历）陈良振绘
福州　福建美术出版社　1997 年　84×38cm
ISBN：7-5393-0616-5　定价：CNY17.00

J0032762
1998：**虎年大发**（国画挂历）山东省地图出
版社编
济南　山东省地图出版社　1997 年　76×52cm
ISBN：7-80532-279-1　定价：CNY26.80

J0032763
1998：**虎年大吉**（国画挂历）贵英绘
广州　广东科技出版社　1997 年　70×51cm
ISBN：7-5359-1897-2　定价：CNY33.00

J0032764
1998：**虎年大吉**（国画挂历）广东人民出版
社编
广州　广东人民出版社　1997 年　76×52cm
ISBN：7-218-02551-X　定价：CNY31.00

J0032765
1998：**虎年大吉**（国画挂历）柴祖舜等绘
上海　上海人民美术出版社　1997 年　76×52cm
ISBN：7-5322-1697-7　定价：CNY27.50
　　作者柴祖舜（1935—　　），国家一级美术师。
浙江杭州人，毕业于上海华东艺术专科学校。历
任上海戏剧学院舞台美术系副教授、上海美术家
协会会员、世界书画家协会绘画理论研究部常务

理事。油画作品有《毛主席 1919 年在上海》《周总理在上钢》《刘伯承将军》《孙中山》等。著作有《怎样画素描头像》《走兽画技法》等。

J0032766

1998：虎年大吉（国画挂历）冯大中等绘
北京 中国画报出版社 1997 年 12 页 75×51cm
ISBN：7-80024-382-6 定价：CNY25.80

　　作者冯大中（1949— ），画家。号伏虎草堂主人。中国美术家协会会员、中国工笔画学会理事、中国画学会副会长、中国美术家协会理事、辽宁省美协副主席、国家一级画家。代表作品有《苏醒》《早春》《天地玄黄》《高山景行》。

J0032767

1998：虎年大吉（国画挂历）中国美术学院供稿
杭州 中国美术学院出版社 1997 年 12 页
75×52cm ISBN：7-81019-572-7
定价：CNY50.00

J0032768

1998：虎年大旺（宣纸仿真国画挂历）广东科技出版社编
广州 广东科技出版社 1997 年 100×49cm
ISBN：7-5359-1896-4 定价：CNY89.00

J0032769

1998：虎年大威（国画挂历）张善孖绘
沈阳 辽宁画报出版社 1997 年 76×52cm
ISBN：7-80601-118-8 定价：CNY27.50

J0032770

1998：虎年洪运（国画挂历）
北京 中国电影出版社 1997 年 76×52cm
ISBN：7-106-01192-4 定价：CNY27.50

J0032771

1998：虎年鸿福（国画挂历）林伟新绘
福州 海潮摄影艺术出版社 1997 年 75×51cm
ISBN：7-80562-438-0 定价：CNY27.50

J0032772

1998：虎年吉祥（国画挂历）吴景原绘
海口 海南出版社 1997 年 70×95cm

ISBN：7-80617-884-8 定价：CNY33.00

J0032773

1998：虎年吉祥（国画挂历）汪更新绘
沈阳 辽宁画报出版社 1997 年 77×53cm
ISBN：7-80601-135-8 定价：CNY25.80

J0032774

1998：虎年腾飞（国画挂历）浙江人民美术出版社［编］
杭州 浙江人民美术出版社 1997 年 86×58cm
ISBN：7-5340-0696-1 定价：CNY32.00

J0032775

1998：虎年通胜（宣纸仿真国画挂历）岭南美术出版社编
广州 岭南美术出版社 1997 年 87×68cm
ISBN：7-5362-1662-9 定价：CNY45.00

J0032776

1998：虎啸吉祥（国画挂历）刘相训绘
沈阳 辽宁画报出版社 1997 年 93×37cm
ISBN：7-80601-127-7 定价：CNY28.80

J0032777

1998：虎啸龙吟（国画挂历）周明安绘
成都 四川人民出版社 1997 年 76×52cm
ISBN：7-220-03824-0 定价：CNY27.50
（周明安画虎精品选）

J0032778

1998：虎啸年华（国画挂历）王鼎绘
兰州 甘肃人民美术出版社 1997 年 85×58cm
ISBN：7-80588-193-6 定价：CNY28.00

J0032779

1998：虎缘（国画挂历）岭南美术出版社编
广州 岭南美术出版社 1997 年 100×70cm
ISBN：7-5362-1677-7 定价：CNY34.00

J0032780

1998：花开富贵（国画挂历）郝兴中绘
呼和浩特 内蒙古人民出版社 1997 年
93×71cm ISBN：7-204-03732-4
定价：CNY40.00

J0032781

1998：花鸟写真（宣纸仿真精品挂历） 知识
出版社编

北京 知识出版社 1997 年 86×58cm

ISBN：7-5015-1589-1 定价：CNY60.00

J0032782

1998：花鸟怡情（国画挂历） 沈威岚绘

南京 江苏美术出版社 1997 年 35×37cm

ISBN：7-5344-0681-1 定价：CNY25.00

J0032783

1998：花团锦簇（国画挂历） 中国画报出版
社编

北京 中国画报出版社 1997 年 86×57cm

ISBN：7-80024-396-6 定价：CNY50.00

J0032784

1998：画苑珍赏（国画挂历） 刘海粟等绘

苏州 古吴轩出版社 1997 年 77×53cm

ISBN：7-80574-269-3 定价：CNY27.50

J0032785

1998：黄秋园作品集锦（国画挂历）黄秋园绘

广州 岭南美术出版社 1997 年 88×56cm

ISBN：7-5362-1675-0 定价：CNY45.00

J0032786

1998：黄胄作品欣赏（国画挂历） 黄胄绘

广州 岭南美术出版社 1997 年 88×56cm

ISBN：7-5362-1661-0 定价：CNY45.00

J0032787

1998：吉祥周历 （国画挂历） 福建美术出版
社编

福州 福建美术出版社 1997 年 52×38cm

ISBN：7-5393-0594-0 定价：CNY78.00

J0032788

1998：近代名家国画精萃（国画挂历） 张大
千等绘

西宁 青海人民出版社 1997 年 86×58cm

ISBN：7-225-01360-2 定价：CNY30.80

J0032789

1998：九方徽人国画精选（国画挂历） 孟令
颐绘

呼和浩特 内蒙古人民出版社 1997 年

76×54cm ISBN：7-204-03558-5

定价：CNY32.80

J0032790

1998：旧京风情（国画挂历） 赵俊生绘

北京 中信出版社 1997 年 58×42cm

ISBN：7-80073-165-0 定价：CNY29.00

J0032791

1998：苦禅大师写意（国画挂历）

北京 中国民族摄影艺术出版社 1997 年

86×48cm ISBN：7-80069-150-0

定价：CNY60.00

J0032792

1998：李苦禅花卉集 （宣纸仿真国画挂历）
李苦禅绘

广州 岭南美术出版社 1997 年 87×68cm

ISBN：7-5362-1659-9 定价：CNY45.00

J0032793

1998：李苦禅花鸟集锦（国画仿真宣纸挂历）
李苦禅绘

广州 岭南美术出版社 1997 年 100×70cm

ISBN：7-5362-1657-2 定价：CNY60.00

J0032794

1998：李正东国画选（国画挂历） 山东省青
岛和平书画社编

北京 中国世界语出版社 1997 年 76×52cm

ISBN：7-5052-0340-1 定价：CNY27.50

J0032795

1998：刘奎龄国画艺术撷珍 （宣纸仿真国画
挂历） 刘奎龄绘

北京 民族出版社 1997 年 85×57cm

ISBN：7-105-02891-2 定价：CNY60.00

J0032796

1998：名画精萃（国画挂历）

北京 北京科学技术出版社 1997 年 84×56cm

ISBN：7-5304-1894-7　定价：CNY40.00

J0032797

1998：名画精萃（国画摄影挂历）金龙摄
天津　天津杨柳青画社　1997年　86cm（3开）
ISBN：7-80503-362-5　定价：CNY52.00

J0032798

1998：名家工笔画（宣纸仿真国画挂历）　岭
南美术出版社编
广州　岭南美术出版社　1997年　87cm（3开）
ISBN：7-5362-1660-2　定价：CNY45.00

J0032799

1998：名家墨宝（国画仿真宣纸挂历）　岭南
美术出版社编
广州　岭南美术出版社　1997年　100cm（全开）
ISBN：7-5362-1656-4　定价：CNY60.00

J0032800

1998：明清藏画选（宣纸仿真挂历）　中国民
族摄影艺术出版社编
北京　中国民族摄影艺术出版社　1997年　85cm
（2开）　ISBN：7-80069-149-7　定价：CNY60.00

J0032801

1998：墨宝（国画挂历）何家英等绘
北京　民族出版社　1997年　92cm（全开）
ISBN：7-105-02895-5　定价：CNY98.00

J0032802

1998：墨彩大观（国画挂历）　福建美术出版
社编
福州　福建美术出版社　1997年　43cm（6开）
ISBN：7-5393-0613-0　定价：CNY62.00

J0032803

1998：鸟语花香（国画挂历）（清）任颐等绘
杭州　西泠印社　1997年　12页　75cm（2开）
ISBN：7-80517-229-3　定价：CNY27.50
　　作者任颐（1840—1896），清末画家。初名润，
字次远，号小楼，后改名颐，字伯年，以字行，浙
江山阴航坞山（今杭州市萧山区）人。主要作品
有《东津话别图》《三友图》《苏武牧羊图》《蕉阴
纳凉图》《池畔窥鱼图》等。

J0032804

1998：潘天寿作品选（国画挂历）潘天寿绘
杭州　中国美术学院出版社　1997年　12页
75×52cm　ISBN：7-81019-560-3
定价：CNY27.50
　　作者潘天寿（1897—1971），现代著名国画
家，美术教育家，原名天授，字大颐，号寿者。
浙江宁海县人。擅画花鸟、山水，兼善指画，亦
能书法、诗词、篆刻。曾任中国文联委员、中国
美术家协会副主席、浙江省文联副主席、中国美
协浙江分会主席，浙江美术学院院长、教授等
职。著有《中国绘画史》《听天阁画谈随笔》等。

J0032805

1998：齐白石（国画挂历）齐白石绘
长沙　湖南美术出版社　1997年　57×43cm
ISBN：7-5356-0993-7　定价：CNY42.00
　　作者齐白石（1864—1957），近现代中国绘画
大师，国画家、篆刻家。湖南湘潭人。原名纯芝，
字渭青，号兰亭，后改名璜，字濒生，号白石等。
历任国立北京艺术专科学校和京华美术专科学
校教习、教授，中央美术学院名誉教授、中国文
学艺术界联合会主席团委员、中国画研究会和中
国美术家协会主席、中国画院名誉院长。代表作
有《蛙声十里出山泉》《墨虾》等。著有《白石诗
草》《齐白石作品集》《白石老人自述》等。

J0032806

1998：齐白石人物精选（国画挂历）　福建美
术出版社编
福州　福建美术出版社　1997年　49×52cm
ISBN：7-5393-0596-7　定价：CNY50.00

J0032807

1998：齐白石作品选（宣纸仿真挂历）　齐白
石绘
武汉　湖北美术出版社　1997年　106×37cm
ISBN：7-5394-0670-4　定价：CNY55.00

J0032808

1998：清明上河图（中国仿真宣纸挂历）　山
东友谊出版社编
济南　山东友谊出版社　1997年　56×83cm
ISBN：7-80642-001-0　定价：CNY76.00

J0032809

1998：情系神州（国画挂历）江兆申绘

沈阳　辽宁画报出版社　1997年　93×37cm

ISBN：7-80601-128-5　定价：CNY29.80

J0032810

1998：情系雨花（国画挂历）

南京　江苏科学技术出版社　1997年　36×38cm

ISBN：7-5345-2368-0　定价：CNY18.00

J0032811

1998：山清水秀（国画挂历）福建美术出版
社编

福州　福建美术出版社　1997年　98×70cm

ISBN：7-5393-0577-0　定价：CNY33.00

J0032812

1998：诗情画意（国画挂历）民族出版社编

北京　民族出版社　1997年　76×52cm

ISBN：7-105-02896-3　定价：CNY28.80

J0032813

1998：世界经典名画欣赏（国画挂历）湖北
美术出版社编

武汉　湖北美术出版社　1997年　76×103cm

ISBN：7-5394-0652-6　定价：CNY36.00

J0032814

1998：唐伯虎（国画挂历）（明）唐伯虎绘

杭州　浙江人民美术出版社　1997年　76cm（2开）

ISBN：7-5340-0709-7　定价：CNY27.50

　　作者唐伯虎（1470—1524），明代画家、书法
家、诗人。名寅，字伯虎，又字子畏，号六如居
士等，江苏苏州人。作品有《骑驴思归图》《山路
松声图》《李端端落籍图》《秋风纨扇图》《枯槎
鹡鸰图》等。

J0032815

1998：唐伯虎名画精选（宣纸仿真挂历）
（明）唐寅绘

呼和浩特　内蒙古人民出版社　1997年　85cm
（2开）ISBN：7-204-03561-5　定价：CNY88.00

J0032816

1998：唐伯虎墨宝（宣纸仿真国画挂历）福

建美术出版社编

福州　福建美术出版社　1997年　86cm（2开）

ISBN：7-5393-0509-6　定价：CNY58.00

J0032817

1998：唐寅画（国画挂历）（明）唐寅绘

北京　中国电影出版社　1997年　75cm（2开）

ISBN：7-106-01255-6　定价：CNY50.00

J0032818

1998：田世光花鸟画精选（国画挂历）田世
光绘

福州　福建人民出版社　1997年　77×53cm

ISBN：7-211-02893-9　定价：CNY35.00

J0032819

1998：王雪涛墨宝（国画挂历）王雪涛绘

北京　知识出版社　1997年　86×58cm

ISBN：7-5015-1590-5　定价：CNY46.00

J0032820

1998：威震五岳（国画挂历）陈德骞绘

沈阳　辽宁画报出版社　1997年　86×58cm

ISBN：7-80601-156-0　定价：CNY28.00

J0032821

1998：喜临门（国画挂历）王墨臣绘

北京　奥林匹克出版社　1997年　104×76cm

ISBN：7-80067-339-1　定价：CNY35.00

J0032822

1998：萧淑芳花卉（宣纸仿真国画挂历）萧
淑芳绘

北京　京华出版社　1997年　87×57cm

ISBN：7-80600-254-5　定价：CNY60.00

J0032823

1998：写意四君子（宣纸仿真国画挂历）岭
南美术出版社编

广州　岭南美术出版社　1997年　87×68cm

ISBN：7-5362-1676-9　定价：CNY45.00

J0032824

1998：心灵的轨迹（国画挂历）福建美术出
版社编

福州 福建美术出版社 1997 年 27 × 38cm
ISBN：7-5393-0553-3 定价：CNY24.00

J0032825
1998：心灵的世界（国画挂历）
北京 中信出版社 1997 年 53 × 42cm
ISBN：7-80073-167-7 定价：CNY29.00

J0032826
1998：新春延禧（宣纸仿真国画挂历）广东
科技出版社编
广州 广东科技出版社 1997 年 100 × 49cm
ISBN：7-5359-1870-0 定价：CNY89.00

J0032827
1998：雄风（国画挂历）姚少华绘
北京 中国民族摄影艺术出版社 1997 年
96 × 53cm ISBN：7-80069-161-6
定价：CNY27.00

J0032828
1998：徐悲鸿（宣纸仿真国画挂历）徐悲鸿绘
广州 广东科技出版社 1997 年 100 × 49cm
ISBN：7-5359-1871-9 定价：CNY89.00

J0032829
1998：绚丽（高档全宣纸国画挂历）金石等绘
北京 中国青年出版社 1997 年 99 × 65cm
ISBN：7-5006-2676-2 定价：CNY88.00

J0032830
1998：雅趣——陈军画猫（国画挂历）陈军绘
天津 天津杨柳青画社 1997 年 12 页 75 × 42cm
ISBN：7-80503-343-9 定价：CNY27.00

J0032831
1998：杨永雄山水画（宣纸仿真国画挂历）
杨永雄绘
广州 岭南美术出版社 1997 年 87 × 68cm
ISBN：7-5362-1644-0 定价：CNY55.00

J0032832
1998：杨永雄作品选（宣纸仿真国画挂历）
杨永雄绘
广州 岭南美术出版社 1997 年 87 × 68cm

ISBN：7-5362-1643-2 定价：CNY55.00

J0032833
1998：杨永雄作品选（宣纸仿真国画挂历）
杨永雄绘
广州 岭南美术出版社 1997 年 56 × 88cm
ISBN：7-5362-1653-X 定价：CNY55.00

J0032834
1998：艺术人体（国画挂历）
广州 岭南美术出版社 1997 年 76 × 52cm
ISBN：7-5362-1682-3 定价：CNY45.00

J0032835
1998：寅虎（宣纸仿真国画挂历）中南海画
册编辑委员会编
上海 文汇出版社 1997 年 76 × 52cm
ISBN：7-80531-442-X 定价：CNY40.00

J0032836
1998：寅虎年（国画挂历）中国画报出版社编
北京 中国画报出版社 1997 年 107 × 75cm
ISBN：7-80024-386-9 定价：CNY26.00

J0032837
1998：莺歌燕舞（国画挂历）福建美术出版
社编
福州 福建美术出版社 1997 年 106 × 38cm
ISBN：7-5393-0593-2 定价：CNY34.50

J0032838
1998：雍正游乐图（国画挂历）中国妇女出
版社编
北京 中国妇女出版社 1997 年 86 × 57cm
ISBN：7-80131-174-4 定价：CNY29.00

J0032839
1998：咏梅（国画挂历）王成喜绘
天津 天津人民美术出版社 1997 年 76 × 103cm
ISBN：7-5305-0673-0 定价：CNY36.00

J0032840
1998：袁江大师画选（国画挂历）
呼和浩特 内蒙古人民出版社 1997 年
83 × 57cm ISBN：7-204-03567-4

定价：CNY35.00
　　中国清代国画作品。

J0032841
1998：张大千画选（国画挂历）上海人民美术出版社编
上海 上海人民美术出版社 1997 年 86×57cm
ISBN：7-5322-1722-1 定价：CNY40.00

J0032842
1998：张大千墨宝（国画挂历）张大千绘
福州 福建美术出版社 1997 年 86×57cm
ISBN：7-5393-0597-5 定价：CNY58.00

J0032843
1998：中国古代名画真迹（国画挂历）李寅等绘
北京 中国文联出版公司 1997 年 92×66cm
ISBN：7-5059-2724-8 定价：CNY60.00

J0032844
1998：中国古代仕女图（国画挂历）李娜绘
北京 中国民族摄影艺术出版社 1997 年
77×53cm ISBN：7-80069-164-0
定价：CNY27.50

J0032845
1998：中国画名作写真（檀香宣纸仿真挂历）
甘肃人民美术出版社编
兰州 甘肃人民美术出版社 1997 年 76×52cm
ISBN：7-80588-187-1 定价：CNY58.00

J0032846
1998：中国记协成立六十周年纪念（国画挂历）中华全国新闻工作者协会编
福州 海潮摄影艺术出版社 1997 年 76×52cm
ISBN：7-80562-459-3

J0032847
1998：中国近代名画选（国画挂历）海南国际新闻出版中心编
海口 海南国际新闻出版中心 1997 年
76×52cm ISBN：7-80609-563-2
定价：CNY27.50

J0032848
1998：中国历代文人（白野夫专辑 宣纸仿真国画挂历）白野夫绘
广州 广东科技出版社 1997 年 100×49cm
ISBN：7-5359-1869-7 定价：CNY89.00

J0032849
1998：中国名画——人物（国画挂历）岭南美术出版社编
广州 岭南美术出版社 1997 年 75×63cm
ISBN：7-5362-1685-8 定价：CNY27.50

J0032850
1998：中国名画——山水（国画挂历）
广州 岭南美术出版社 1997 年 76×52cm
ISBN：7-5362-1686-6 定价：CNY27.50

J0032851
1998：钟馗图（国画挂历）董之一绘
北京 中国画报出版社 1997 年 76×52cm
ISBN：7-80024-356-7 定价：CNY27.50

J0032852
1998：竹报平安（国画挂历）青海人民出版社编
西宁 青海人民出版社 1997 年 86×58cm
ISBN：7-225-01357-2 定价：CNY52.80

J0032853
和合如意（国画 1998 年年历）
福州 福建美术出版社 1997 年 1 张 88×38cm
定价：CNY4.80

J0032854
老子出关图（国画 1998 年年历）
福州 福建美术出版社 1997 年 1 张 88×38cm
定价：CNY4.80

J0032855
天佑中华（国画 1998 年年历）
福州 福建美术出版社 1997 年 1 张 88×38cm
定价：CNY4.80

J0032856
1998：祥和（国画挂历）顾青蛟编绘

北京 奥林匹克出版社 1998年 38×43cm
ISBN：7-80067-336-7 定价：CNY30.00
　　作者顾青蛟（1948—　），江苏苏州人。毕业于苏州工艺美术学院。中国美术家协会会员，江苏省花鸟画研究会副会长、江苏省中国画学会理事、无锡花鸟画研究会会长、无锡市政协书画社顾问、无锡市美术家协会艺术顾问、无锡市书画院国家一级美术师。代表作品有《丝绸之路》《动物通景》《江南桑帛情》等。

J0032857
1998：逸韵（国画挂历）奥林匹克出版社编
北京 奥林匹克出版社 1998年 43×29cm
ISBN：7-80067-333-2 定价：CNY27.00

J0032858
1999：99 报平安（墨竹画选 国画挂历）墨行绘
福州 福建美术出版社 1998年 85×38cm
ISBN：7-5393-0710-2 定价：CNY21.00
　　作者墨行，画家。福建长乐人。原名林增华，号一与，笔名墨行。擅长画墨竹。

J0032859
1999：傲雪迎春（国画挂历 画梅名家王成喜作品精选）王成喜绘
天津 天津杨柳青画社 1998年 1张 75×52cm
ISBN：7-80503-410-9 定价：CNY27.50

J0032860
1999：八大山人——朱耷画选（国画挂历）
北京 中国画报出版社 1998年 77cm（2开）
ISBN：7-80024-484-9 定价：CNY68.00

J0032861
1999：贝贝（国画挂历）谢新发等摄
上海 上海画报出版社 1998年 76×52cm
ISBN：7-80530-341-X 定价：CNY27.50
　　作者谢新发，擅长年画摄影。主要作品有《节日欢舞》《风光摄影》《怎样拍摄夜景》等。

J0032862
1999：本命年（国画挂历 王其智国画艺术）王其智绘
北京 民族出版社 1998年 86×57cm
ISBN：7-105-03203-0 定价：CNY60.00

J0032863
1999：本命年（国画挂历）墨寒，太公主编
北京 中国轻工业出版社 1998年 86×57cm
ISBN：7-5019-2268-3 定价：CNY58.00

J0032864
1999：笔墨抒怀（国画挂历）李增礼供稿
福州 福建美术出版社 1998年 58×43cm
ISBN：7-5393-0689-0 定价：CNY42.00

J0032865
1999：笔墨写春秋（国画挂历）王茜等供稿
福州 福建美术出版社 1998年 58×43cm
ISBN：7-5393-0658-0 定价：CNY52.00

J0032866
1999：笔中情（国画挂历）宋玉麟绘
福州 福建美术出版社 1998年 56×43cm
ISBN：7-5393-0692-0 定价：CNY17.50

J0032867
1999：陈之佛墨缘（挂历）陈之佛绘
北京 大众文艺出版社 1998年 86×58cm
ISBN：7-80094-293-7 定价：CNY58.00
　　作者陈之佛（1896—1962），画家、工艺美术家。又名陈绍本、陈杰，号雪翁。毕业于浙江省工业专门学校染织科机织专业，曾留学日本入东京美术学校工艺图案科。曾任教于上海美术专科学校及中央大学艺术系，任南京大学教授、南京师范学院教授、江苏美协副主席、南京艺术学院副院长、中国美术家协会理事等职。代表作品有《瑞安名胜古诗选》《旅美纪行》《江村集》等。

J0032868
1999：春满乾坤（国画挂历）王成喜绘
海口 海南出版社 1998年 1张 70×98cm
ISBN：7-80645-181-1 定价：CNY34.80

J0032869
1999：春苑（国画挂历）刘怡涛绘
昆明 云南人民出版社 1998年 76×53cm
ISBN：7-222-02477-8 定价：CNY27.50

J0032870
1999：李可染作品选（国画挂历）李可染绘

北京　人民美术出版社　1998 年　99 × 70cm
ISBN：7-102-01899-1　定价：CNY35.00
（当代国画大师作品系列　1）

J0032871
1999：李苦禅作品选（国画挂历）李苦禅绘
北京　地质出版社　1998 年　100 × 72cm
ISBN：7-116-02659-2　定价：CNY33.00

J0032872
1999：历代名家桂兔图（国画挂历）
长春　吉林摄影出版社　1998 年　85 × 57cm
ISBN：7-80606-199-1　定价：CNY58.00

J0032873
1999：历代山水画集锦（国画挂历）王蒙等绘
长春　吉林摄影出版社　1998 年　104 × 38cm
ISBN：7-80606-213-0　定价：CNY42.00

J0032874
1999：莲心（国画挂历）郑光克供稿
福州　福建美术出版社　1998 年　70 × 49cm
ISBN：7-5393-0712-9　定价：CNY17.00

J0032875
1999：刘炳森书画（国画挂历）刘炳森编绘
北京　中国工人出版社　1998 年　44 × 35cm
ISBN：7-5008-2078-X　定价：CNY32.00

J0032876
1999：梅（国画挂历）王成喜绘
北京　中国画报出版社　1998 年　87 × 57cm
ISBN：7-80024-491-1　定价：CNY33.00

J0032877
1999：梦之歌（杨学宁绘画艺术　国画挂历）
杨学宁绘
上海　上海人民美术出版社　1998 年　57 × 43cm
ISBN：7-5322-1943-7　定价：CNY18.80

J0032878
1999：名画精品（国画挂历）
长春　吉林摄影出版社　1998 年　97 × 38cm
ISBN：7-80606-195-9　定价：CNY118.00

J0032879
1999：名家翰墨（国画挂历）
苏州　古吴轩出版社　1998 年　77 × 53cm
ISBN：7-80574-334-7　定价：CNY27.50

J0032880
1999：名家花鸟画珍品（国画挂历）陈之佛
等绘
西安　陕西人民美术出版社　1998 年　85 × 57cm
ISBN：7-5368-1077-6　定价：CNY55.00
　　作者陈之佛（1896—1962），画家、工艺美术
家。又名陈绍本、陈杰，号雪翁。毕业于浙江省
工业专门学校染织科机织专业，曾留学日本入东
京美术学校工艺图案科。曾任教于上海美术专
科学校及中央大学艺术系，任南京大学教授、南
京师范学院教授、江苏美协副主席、南京艺术学
院副院长、中国美术家协会理事等职。代表作品
有《瑞安名胜古诗选》《旅美纪行》《江村集》等。

J0032881
1999：名家经典（宋人花鸟　国画挂历）
长春　吉林摄影出版社　1998 年　55cm（4 开）
ISBN：7-80606-197-5　定价：CNY48.00

J0032882
1999：名家经典（宋人山水　国画挂历）
长春　吉林摄影出版社　1998 年　55cm（4 开）
ISBN：7-80606-196-7　定价：CNY48.00

J0032883
1999：名家经典（陈洪绶　国画挂历）（明）陈
洪绶绘
长春　吉林摄影出版社　1998 年　53cm（4 开）
ISBN：7-80606-191-6　定价：CNY48.00
　　作者陈洪绶（1598—1652），明末清初著名书
画家，诗人。字章侯，幼名莲子，一名胥岸，号
老莲，别号小净名，晚号老迟、悔迟，又号悔僧、
云门僧。出生于浙江绍兴。代表作品有《九歌图》
（含《屈子行吟图》）《《西厢记》插图》《水浒叶
子》《博古叶子》等版刻传世，工诗善书，有《宝
纶堂集》。

J0032884
1999：名家经典（黄慎人物画选　国画挂历）
（清）黄慎绘

长春 吉林摄影出版社 1998 年 53cm（4 开）
ISBN：7-80606-206-8 定价：CNY58.00

作者黄慎（1687—1772），清代书画家。初名盛，字恭寿、躬懋、菊壮，号瘿瓢子，别号东海布衣。福建宁化人。代表画作有《十二司月花神图》《商山四皓图》《伏生授经图》《醉眠图》《芦鸭图》《蛟湖诗草》等。

J0032885
1999：名家经典（金农画选 国画挂历）（清）金农绘
长春 吉林摄影出版社 1998 年 53cm（4 开）
ISBN：7-80606-204-1 定价：CNY58.00

J0032886
1999：名家经典（冷枚画选 国画挂历）（清）冷枚绘
长春 吉林摄影出版社 1998 年 53cm（4 开）
ISBN：7-80606-205-X 定价：CNY58.00

J0032887
1999：名家经典（王原祁 国画挂历）（清）王原祁绘
长春 吉林摄影出版社 1998 年 55cm（4 开）
ISBN：7-80606-192-4 定价：CNY48.00

作者王原祁（1642—1715），清代画家。字茂京，号麓台、石师道人，苏州府太仓人。代表作品有《佩文斋书画谱》《万寿盛典图》《雨窗漫笔》《落霞孤鹜图》《麓台题画稿》等。

J0032888
1999：名家经典（恽寿平花卉画选 国画挂历）（清）恽寿平绘
长春 吉林摄影出版社 1998 年 53cm（4 开）
ISBN：7-80606-207-6 定价：CNY58.00

作者恽寿平（1633—1690），清代画家、书法家。名格，字寿平，以字行，又字正叔，别号南田等。江苏武进人。主要作品有《红梅山茶图》《梅竹图》《玉堂富贵图》《桃花图》《三友图》《梧轩图》《蓼汀渔藻图》《林居高士图》等。

J0032889
1999：名家经典（任薰 国画挂历）（清）任薰绘
长春 吉林摄影出版社 1998 年 55cm（4 开）
ISBN：7-80606-194-0 定价：CNY48.00

作者任薰（1835—1893），画家。浙江萧山人。字舜琴，又字阜长，其父任椿，兄任熊都是画家。代表作品有《苏武牧羊图》《天女散花图》《松鹤图》。

J0032890
1999：名家精品（国画挂历）上海博物馆供稿
上海 上海画报出版社 1998 年 104×38cm
ISBN：7-80530-346-0 定价：CNY36.80

J0032891
1999：名家墨迹（国画挂历）
长春 吉林摄影出版社 1998 年 112×42cm
ISBN：7-80606-209-2 定价：CNY58.00

J0032892
1999：名家山水（国画挂历）
上海 上海书画出版社 1998 年 76×53cm
ISBN：7-80635-197-3 定价：CNY27.50

J0032893
1999：名师大作（国画挂历） 中国美术学院供稿
杭州 中国美术学院出版社 1998 年 77×53cm
ISBN：7-81019-677-4 定价：CNY50.00

J0032894
1999：明清墨迹（国画挂历）
长春 吉林摄影出版社 1998 年 85cm（2 开）
ISBN：7-80606-198-3 定价：CNY58.00

J0032895
1999：墨宝（李可染画选 国画挂历）李可染绘
北京 现代出版社 1998 年 86×57cm
ISBN：7-80028-448-4 定价：CNY58.00

J0032896
1999：墨宝（国画挂历）齐白石绘
北京 知识出版社 1998 年 56×42cm
ISBN：7-5015-1735-5 定价：CNY42.00

J0032897
1999：墨笔生华（国画挂历）康宁绘
北京 民族出版社 1998 年 86×57cm
ISBN：7-105-03264-2 定价：CNY60.00

J0032898
1999：**墨彩**（伍启中国画精品选 国画挂历）
伍启中供稿
福州 福建美术出版社 1998 年 96×70cm
ISBN：7-5393-0676-9 定价：CNY88.00

J0032899
1999：**墨粹**（国画挂历）赵志田等供稿
福州 福建美术出版社 1998 年 87×57cm
ISBN：7-5393-0650-5 定价：CNY55.00

J0032900
1999：**墨典**（国画挂历）墨寒，太公主编
北京 中国轻工业出版社 1998 年 86×57cm
ISBN：7-5019-2270-5 定价：CNY58.00

J0032901
1999：**墨趣**（国画挂历）
天津 天津人民美术出版社 1998 年 86×57cm
ISBN：7-5305-0896-2 定价：CNY58.00

J0032902
1999：**墨趣**（国画挂历）方楚雄供稿
福州 福建美术出版社 1998 年 87×57cm
ISBN：7-5393-0651-3 定价：CNY55.00
　　作者方楚雄(1950—)，广东普宁人。毕业
于广州美术学院并留校任教。中国美术家协会
会员。主要作品有《牧鸭》《水禽》《翠蝶兰》等。
出版有《方楚雄画选》《方楚雄画集》等。

J0032903
1999：**墨瑞**（国画挂历）瑜继高供稿
福州 福建美术出版社 1998 年 57×42cm
ISBN：7-5393-0681-5 定价：CNY55.00

J0032904
1999：**墨言**（国画挂历）周彦生供稿
福州 福建美术出版社 1998 年 87×57cm
ISBN：7-5393-0677-7 定价：CNY55.00

J0032905
1999：**墨怡**（宋玉麟国画精品选 国画挂历）
宋玉麟绘
福州 福建美术出版社 1998 年 85×57cm
ISBN：7-5393-0680-7 定价：CNY55.00

J0032906
1999：**墨艺**（李可染国画精品选 国画挂历）
李可染绘
福州 福建美术出版社 1998 年 85×57cm
ISBN：7-5393-0678-5 定价：CNY55.00

J0032907
1999：**墨意**（国画挂历）梁树年供稿
福州 福建美术出版社 1998 年 87×57cm
ISBN：7-5393-0679-3 定价：CNY55.00

J0032908
1999：**墨致**（国画挂历）王天胜供稿
福州 福建美术出版社 1998 年 57×42cm
ISBN：7-5393-0682-3 定价：CNY32.00

J0032909
1999：**鸟语花香**（沈威峰中国画精品 国画挂历）
南京 江苏美术出版社 1998 年 35×37cm
ISBN：7-5344-0780-X 定价：CNY26.00

J0032910
1999：**潘天寿**（国画挂历）潘天寿绘
呼和浩特 内蒙古人民出版社 1998 年
85×56cm ISBN：7-204-04327-8
定价：CNY60.00

J0032911
1999：**潘天寿画集**（国画挂历）潘天寿纪念
馆供稿
上海 上海人民美术出版社 1998 年 100×50cm
ISBN：7-5322-1939-9 定价：CNY61.00

J0032912
1999：**潘天寿墨迹**（国画挂历）潘天寿绘
北京 大众文艺出版社 1998 年 86×58cm
ISBN：7-80094-418-2 定价：CNY58.00
　　作者潘天寿(1897—1971)，现代著名国画
家，美术教育家，原名天授，字大颐，号寿者。
浙江宁海县人。擅画花鸟、山水，兼善指画，亦
能书法、诗词、篆刻。曾任中国文联委员、中国
美术家协会副主席、浙江省文联副主席、中国美
协浙江分会主席，浙江美术学院院长、教授等
职。著有《中国绘画史》《听天阁画谈随笔》等。

J0032913

1999：瓶花（吴秀楣瓶花系列 国画挂历） 吴秀楣绘

广州 岭南美术出版社 1998 年 58×42cm

ISBN：7-5362-1840-0 定价：CNY48.00

作者吴秀楣(1937—)，女，画家。辽宁沈阳人。毕业于鲁迅美术学院中国画系。沈阳大学师范学院副教授、沈阳美术家协会常务理事、辽宁中国画研究会理事、中国美术家协会会员。代表作有《迟来的春天》《清清的小溪》《滩石细语》《三女炼铁炉》《腊梅》等。

J0032914

1999：齐白石花鸟画精选（国画挂历）

福州 福建美术出版社 1998 年 58×43cm

ISBN：7-5393-0703-X 定价：CNY17.00

J0032915

1999：齐白石扇面（国画挂历） 郭天民编

长沙 湖南美术出版社 1998 年 39×43cm

ISBN：7-5356-1178-8 定价：CNY36.00

J0032916

1999：清·山水画（国画挂历） 高迪供稿

重庆 重庆出版社 1998 年 85cm（2 开）

ISBN：7-5366-4046-3 定价：CNY55.00

J0032917

1999：情（国画挂历）

福州 福建美术出版社 1998 年 29×42cm

定价：CNY50.00

J0032918

1999：群兔图（国画挂历）

广州 岭南美术出版社 1998 年 1 张 85×58cm

ISBN：7-5362-1842-7 定价：CNY28.00

J0032919

1999：瑞雪兆丰年（杨东平笔下的冰雪山水画选 国画挂历） 杨东平绘

福州 海潮摄影艺术出版社 1998 年 85×56cm

ISBN：7-80562-521-2 定价：CNY58.00

J0032920

1999：山魂（国画挂历）

北京 中国画报出版社 1998 年 86×57cm

ISBN：7-80024-456-3 定价：CNY50.00

J0032921

1999：山青水绿（国画挂历） 董希源绘

福州 海潮摄影艺术出版社 1998 年 85×56cm

ISBN：7-80562-479-8 定价：CNY36.80

作者董希源(1964—)，画家。生于福建诏安县，毕业于上海外国语学院美术专业班。历任福建省青年书画家协会会长、中国人民大学画院特聘教授、荣宝斋画院特聘教授。代表作品有《高壑览景图》《秋山云散图》《流云飞瀑图》等，出版有《董希源山水画选》《董希源花鸟画作品选》等。

J0032922

1999：山水画（国画挂历）

广州 岭南美术出版社 1998 年 1 张 70×102cm

ISBN：7-5362-1849-4 定价：CNY45.00

J0032923

1999：神女玉兔（国画挂历）

海口 海南出版社 1998 年 87×58cm

ISBN：7-80645-183-8 定价：CNY60.00

J0032924

1999：生命 生活 自然（国画挂历） 晓渝，陈嵘绘

北京 中国审计出版社 1998 年 43×37cm

ISBN：7-80064-676-9 定价：CNY30.00

J0032925

1999：仕女图（卓家祺先生仕女画作品选 挂历） 卓家祺绘；许晓东摄

福州 海潮摄影艺术出版社 1998 年 75×51cm

ISBN：7-80562-547-6 定价：CNY18.00

中国现代国画人物画作品的摄影集。

J0032926

1999：四季飘香（吴昌硕精品 国画挂历） 西泠印社出版

杭州 西泠印社 1998 年 105×38cm

ISBN：7-80517-252-8 定价：CNY32.00

J0032927

1999：**岁月留痕**（卅年代上海月份牌经典珍藏　国画挂历）

广州　岭南美术出版社　1998 年　58×42cm

ISBN：7-5362-1838-9　定价：CNY68.00

J0032928

1999：**台北故宫藏画精选**（国画挂历）

长春　吉林摄影出版社　1998 年　85×57cm

ISBN：7-80606-202-5　定价：CNY58.00

J0032929

1999：**唐伯虎画选**（国画挂历）（明）唐伯虎绘

长春　吉林摄影出版社　1998 年　85cm（2 开）

ISBN：7-80606-200-9　定价：CNY58.00

J0032930

1999：**唐伯虎画选**（国画挂历）高迪供稿

重庆　重庆出版社　1998 年　87cm（2 开）

ISBN：7-5366-4048-X　定价：CNY55.00

J0032931

1999：**唐伯虎墨宝**（国画挂历）（明）唐伯虎绘

福州　海潮摄影艺术出版社　1998 年　115cm（1 开）

盒装　ISBN：7-80562-524-7　定价：CNY88.00

J0032932

1999：**唐伯虎墨宝**（国画挂历）（明）唐伯虎绘

福州　海潮摄影艺术出版社　1998 年　85cm（2 开）

ISBN：7-80562-524-7　定价：CNY58.00

J0032933

1999：**唐伯虎山水画精选**（国画挂历）

上海　上海画报出版社　1998 年　86cm（2 开）

ISBN：7-80530-365-7　定价：CNY60.00

J0032934

1999：**兔年呈祥**（国画挂历）方楚雄编

福州　海潮摄影艺术出版社　1998 年　76×52cm

ISBN：7-80562-522-0　定价：CNY27.50

　　作者方楚雄（1950—　），广东普宁人。毕业于广州美术学院并留校任教。中国美术家协会会员。主要作品有《牧鸭》《水禽》《翠蝶兰》等。出版有《方楚雄画选》《方楚雄画集》等。

J0032935

1999：**兔年吉祥**（国画挂历）柴祖舜绘

北京　国际文化出版公司　1998 年　76×52cm

ISBN：7-80105-627-2　定价：CNY27.50

　　作者柴祖舜（1935—　），国家一级美术师。浙江杭州人，毕业于上海华东艺术专科学校。历任上海戏剧学院舞台美术系副教授、上海美术家协会会员、世界书画家协会绘画理论研究部常务理事。油画作品有《毛主席 1919 年在上海》《周总理在上钢》《刘伯承将军》《孙中山》等。著作有《怎样画素描头像》《走兽画技法》等。

J0032936

1999：**王雪涛墨彩**（国画挂历）王雪涛绘

北京　大众文艺出版社　1998 年　86×58cm

ISBN：7-80094-377-1　定价：CNY58.00

J0032937

1999：**吴昌硕墨情**（国画挂历）吴昌硕绘

北京　大众文艺出版社　1998 年　86×58cm

ISBN：7-80094-305-4　定价：CNY58.00

J0032938

1999：**吴昌硕作品集**（国画挂历）吴昌硕绘

广州　广东科技出版社　1998 年　100×48cm

ISBN：7-5359-2083-7　定价：CNY95.00

J0032939

1999：**西泠石伽画集**（国画挂历）

上海　上海画报出版社　1998 年　76×52cm

ISBN：7-80530-363-0　定价：CNY27.50

J0032940

1999：**仙境春晓**（国画挂历）袁耀绘

北京　知识出版社　1998 年　56×42cm

ISBN：7-5015-1736-3　定价：CNY42.00

J0032941

1999：**仙美云秀**（杜世禄山水画选　国画挂历）杜世禄绘

杭州　西泠印社　1998 年　76×52cm

ISBN：7-80517-313-3　定价：CNY27.50

J0032942

1999：**心上人**（国画挂历）高盛奎摄

福州 海潮摄影艺术出版社 1998 年 85×56cm
ISBN：7-80562-532-8 定价：CNY48.00

J0032943
1999：心想事成（敦煌宝藏新绘 国画挂历）
柴祖舜绘
北京 国际文化出版公司 1998 年 76×52cm
ISBN：7-80105-608-6 定价：CNY27.50

J0032944
1999：徐悲鸿墨韵（国画挂历）徐悲鸿绘
北京 大众文艺出版社 1998 年 86×58cm
ISBN：7-80094-416-6 定价：CNY58.00

J0032945
1999：许日丰画选（牡丹专辑 国画挂历）
长春 吉林摄影出版社 1998 年 58×87cm
ISBN：7-80606-251-3 定价：CNY23.00

J0032946
1999：扬州八怪墨宝（国画挂历）
北京 中国画报出版社 1998 年 77cm（2开）
ISBN：7-80024-485-7 定价：CNY68.00

J0032947
1999：杨春华水墨丹青——古风（国画挂历）
福州 福建美术出版社 1998 年 57×42cm
ISBN：7-75393—0707-2 定价：CNY26.00

J0032948
1999：艺术大师潘天寿（国画挂历）潘天寿
纪念馆供稿
上海 上海人民美术出版社 1998 年 76×53cm
ISBN：7-5322-1940-2 定价：CNY44.00

J0032949
1999：咏梅（中国当代著名画家王成喜梅花
精品选 国画挂历）王成喜绘
长春 吉林摄影出版社 1998 年 100×70cm
ISBN：7-80606-212-2 定价：CNY128.00

J0032950
1999：玉兔仙风（国画挂历）顾震岩绘
北京 知识出版社 1998 年 56×42cm
ISBN：7-5015-1738-X 定价：CNY42.00

作者顾震岩（1962— ），编辑。上海人，毕
业于中国美术学院中国画系花鸟专业。任教于
浙江美术学院，《新美术》编辑。出版有《中国历
代名家技法集萃花鸟卷·翎毛法》《梅竹画谱》《蝴
蝶》等。

J0032951
1999：韵（中国当代国画名家梁树年精品选
国画挂历）梁树年绘
福州 福建美术出版社 1998 年 29×42cm
定价：CNY50.00

J0032952
1999：张大千墨宝（国画挂历）张大千绘
呼和浩特 内蒙古人民出版社 1998 年
86×58cm ISBN：7-204-04350-2
定价：CNY60.00

J0032953
1999：张大千墨宝（国画挂历）张大千绘
上海 上海画报出版社 1998 年 86×57cm
ISBN：7-80530-366-5 定价：CNY60.00

J0032954
1999：张大千墨宝（国画挂历）张大千绘
北京 中国画报出版社 1998 年 86×58cm
ISBN：7-80024-498-9 定价：CNY98.00

J0032955
1999：张克让水彩画精选（国画挂历）张克
让绘
北京 中国画报出版社 1998 年 52×48cm
ISBN：7-80024-479-2 定价：CNY54.00
作者张克让（1937— ），画家、邮票设计家。
生于河北石家庄，祖籍辽宁。毕业于鲁迅美院版
画系。在国家邮电部邮票发行局设计室从事邮
票美术设计工作。代表作品有《百鸟归林》等。

J0032956
1999：长安画派真迹（国画挂历）石鲁等绘
西安 陕西人民美术出版社 1998 年 1 张
85×58cm ISBN：7-5368-1074-1
定价：CNY55.00

J0032957

1999：中国古代仕女图（故宫藏画　国画挂历）全景供稿

福州　福建美术出版社　1998 年　85cm（2 开）

ISBN：7-5393-0699-8　定价：CNY55.00

J0032958

1999：中国画（名家册页　国画挂历）中国美术学院供稿

杭州　中国美术学院出版社　1998 年　57×42cm

ISBN：7-81019-669-3　定价：CNY40.00

J0032959

1999：中国画大师刘凌沧精品选（国画挂历）刘凌沧绘

西安　陕西人民美术出版社　1998 年　85×58cm

ISBN：7-5368-1072-5　定价：CNY55.00

J0032960

1999：中国画风（国画挂历）

天津　天津杨柳青画社　1998 年　87×57cm

ISBN：7-80503-379-X　定价：CNY60.00

J0032961

1999：中国画巨匠墨宝（国画挂历）张大千等绘

福州　海潮摄影艺术出版社　1998 年　146×86cm

盒装　ISBN：7-80562-523-9　定价：CNY220.00

J0032962

1999：中国历代名画精选（国画挂历）全美供稿

长沙　湖南美术出版社　1998 年　76×52cm

ISBN：7-5356-1132-X　定价：CNY26.50

J0032963

1999：中国历代名家画选（国画挂历）

上海　上海画报出版社　1998 年　86×57cm

ISBN：7-80530-359-2　定价：CNY60.00

J0032964

1999：中国历代童戏图（国画挂历）(明)唐寅等绘

西安　陕西人民美术出版社　1998 年　85×57cm

ISBN：7-5368-1076-8　定价：CNY55.00

J0032965

1999：中国名家国画精品选（国画挂历）北京佳贝图片社供稿

长春　吉林摄影出版社　1998 年　100×70cm

ISBN：7-80606-214-9　定价：CNY98.00

J0032966

1999：中国名扇（国画挂历）(明)唐寅等绘

西安　陕西人民美术出版社　1998 年　85×58cm

ISBN：7-5368-1076-8　定价：CNY55.00

J0032967

1999：中国山水（国画挂历）全景供稿

广州　广东科技出版社　1998 年　58×86cm

ISBN：7-5359-2079-9　定价：CNY98.00

J0032968

1999：中国山水画精品（故宫藏画　国画挂历）全景供稿

福州　福建美术出版社　1998 年　127cm（1 开）

ISBN：7-5393-0698-X　定价：CNY88.00

J0032969

1999：中国写意画大师——吴昌硕（国画挂历）吴昌硕绘

福州　海潮摄影艺术出版社　1998 年　85×56cm

ISBN：7-80562-512-3　定价：CNY60.00

J0032970

1999：周逢俊水墨画作品集（国画挂历）周逢俊作

海口　海南出版社　1998 年　34×37cm

ISBN：7-80645-184-6　定价：CNY48.00

J0032971

1999：竹（国画挂历）牛忠元供稿

广州　岭南美术出版社　1998 年　84×38cm

ISBN：7-5362-1839-7　定价：CNY36.00

　　作者牛忠元(1955—)，画家。河北霸州人，就读于河北师大美术系、中国北京画院工笔花鸟研修班和中央美术学院。中国画研究院著名工笔花鸟画专家。作品有《春光似锦》《风韵》《戈壁早春》《版纳深处》等。

J0032972

2000：冯大中国画精品选（国画挂历） 冯大中绘

福州 福建美术出版社 1998 年 87×57cm
ISBN：7-5393-0724-2 定价：CNY55.00

J0032973

中国画大师齐白石精品选（国画挂历） 齐白石绘

西安 陕西人民美术出版社 1998 年 6 幅
85×58cm ISBN：7-5368-1070-9
定价：CNY55.00

　　本作品为中国现代国画，为名家宣纸仿真国画珍藏本。

J0032974

中国画大师王雪涛精品选（国画挂历） 王雪涛绘

西安 陕西人民美术出版社 1998 年 85×58cm
ISBN：7-5368-1071-7 定价：CNY55.00

　　中国现代国画作品，为名家宣纸仿真国画珍藏本。

J0032975

中国画大师张大千精品选（国画挂历） 张大千绘

西安 陕西人民美术出版社 1998 年 6 幅
85×58cm ISBN：7-5368-1069-5
定价：CNY55.00

　　中国现代国画作品，为名家宣纸仿真国画珍藏本。

J0032976

2000：20 世纪中国五大家（国画挂历） 齐白石等绘

福州 海潮摄影艺术出版社 1999 年 85×56cm
ISBN：7-80562-619-7 定价：CNY58.00

J0032977

2000：白石精品（国画挂历） 齐白石绘

天津 天津杨柳青画社 1999 年 86×57cm
ISBN：7-80503-461-3 定价：CNY60.00

　　中国现代国画作品，极品仿真宣纸画。

J0032978

2000：板桥画竹（国画挂历） 上海书画出版社编

上海 上海书画出版社 1999 年 84cm（2 开）
ISBN：7-80635-383-6 定价：CNY60.00

J0032979

2000：本命年（国画挂历） 王其智供稿

北京 民族出版社 1999 年 86×57cm
ISBN：7-105-03624-9 定价：CNY88.00

J0032980

2000：笔墨丹青（国画挂历） 范曾，萧翰绘

福州 福建美术出版社 1999 年 98×69cm
ISBN：7-5393-0816-8 定价：CNY88.00

　　作者范曾（1938— ），画家、学者。字十翼，别署抱冲斋主，江苏南通人。毕业于中央美术学院中国画系。历任中央工艺美术学院讲师、副教授，南开大学东方艺术系教授、博士生导师，中国艺术研究院终身研究员等。代表作品有《庄子显灵记》《范曾自述》《老子出关》《钟馗神威》等。

J0032981

2000：笔墨走千秋（国画挂历） 林凡供稿

福州 福建美术出版社 1999 年 116×44cm
ISBN：7-5393-0850-8 定价：CNY55.00

J0032982

2000：笔韵（国画挂历） 王茜供稿

福州 福建美术出版社 1999 年 57×42cm
ISBN：7-5393-0795-1 定价：CNY42.00

J0032983

2000：彩墨留香（国画挂历）

天津 天津杨柳青画社 1999 年 86×57cm
ISBN：7-80503-468-0 定价：CNY60.00

J0032984

2000：仇英（国画挂历）（明）仇英绘

成都 四川美术出版社 1999 年 72cm（2 开）
ISBN：7-5410-1638-1 定价：CNY60.00

　　仇英（约 1497—1552），明代绘画大师。字实父，号十洲，原籍太仓，后移居苏州。存世画迹有《汉宫春晓图》《桃园仙境图》《赤壁图》《玉洞仙源图》等。

J0032985
2000：**春华秋韵**（国画挂历）陶一清画选
上海　上海人民美术出版社　1999 年　100×50cm
ISBN：7-5322-2186-5　定价：CNY68.00

J0032986
2000：**春江花月夜**（国画挂历）蒙复旦供稿
福州　福建美术出版社　1999 年　57×42cm
ISBN：7-5393-0847-8　定价：CNY52.00

J0032987
2000：**春天寄语**（国画挂历）东方印象供稿
福州　福建美术出版社　1999 年　57×42cm
ISBN：7-5393-0853-2　定价：CNY42.00

J0032988
2000：**春意浓**（国画挂历）
北京　中国画报出版社　1999 年　117×42cm
ISBN：7-80024-532-2　定价：CNY60.00

J0032989
2000：**春之韵**（国画挂历）黄铁山绘
长沙　湖南美术出版社　1999 年　58×43cm
ISBN：7-5356-1348-9　定价：CNY45.00

J0032990
2000：**纯**（国画挂历）谢楚余绘
兰州　甘肃人民美术出版社　1999 年　63×59cm
ISBN：7-80588-288-6　定价：CNY129.00

J0032991
2000：**翠竹名扇**（国画挂历）
天津　天津杨柳青画社　1999 年　76×52cm
ISBN：7-80503-475-3　定价：CNY27.50

J0032992
2000：**大千名品**（国画挂历）千目图片供稿
成都　四川美术出版社　1999 年　76×52cm
ISBN：7-5410-1591-1　定价：CNY27.50

J0032993
2000：**东方美神**（薛林兴仕女图　国画挂历）
薛林兴绘
福州　福建美术出版社　1999 年　98×68cm
ISBN：7-5393-0817-6　定价：CNY88.00

J0032994
2000：**东方墨韵**（国画挂历）伍启中供稿
福州　福建美术出版社　1999 年　86×57cm
ISBN：7-5393-0818-4　定价：CNY55.00

J0032995
2000：**东方神韵**（国画挂历）黄均绘
石家庄　河北美术出版社　1999 年　116×78cm
ISBN：7-5310-1278-2　定价：CNY158.00

J0032996
2000：**东方腾龙**（国画挂历）东方印象图片
公司供稿
福州　海潮摄影艺术出版社　1999 年　58×43cm
ISBN：7-80562-622-7　定价：CNY138.00

J0032997
2000：**范曾康宁画选**（国画挂历）范曾，康
宁绘
北京　民族出版社　1999 年　86×57cm
ISBN：7-105-03623-0　定价：CNY88.00

J0032998
2000：**富贵**（国画挂历）东方，千目供稿
上海　上海人民美术出版社　1999 年　58×43cm
ISBN：7-5322-2175-X　定价：CNY22.00

J0032999
2000：**富贵第一春**（中国画名家牡丹画选　国
画挂历）刘宽策等绘
福州　海潮摄影艺术出版社　1999 年　98×68cm
ISBN：7-80562-617-0　定价：CNY108.00

J0033000
2000：**富贵花香**（国画挂历）陆抑非等绘
杭州　中国美术学院出版社　1999 年　76×52cm
ISBN：7-81019-776-2　定价：CNY27.50

J0033001
2000：**富贵吉祥**（国画挂历）姚新峰绘
苏州　古吴轩出版社　1999 年　76×52cm
ISBN：7-80574-405-X　定价：CNY27.50

J0033002
2000：**富贵天成**（国画挂历）苏伯群绘

石家庄　河北美术出版社　1999 年　70 × 98cm
ISBN：7-5310-1271-5　定价：CNY128.00

J0033003
2000：**高青贵精品选**（国画挂历）高青贵绘
北京　中国画报出版社　1999 年　84 × 57cm
ISBN：7-80024-535-7　定价：CNY80.00

J0033004
2000：**高山云海**（国画挂历）庞泰嵩供稿
福州　福建美术出版社　1999 年　98 × 68cm
ISBN：7-5393-0815-X　定价：CNY78.00

J0033005
2000：**古画珍品**（国画挂历）常州市博物馆
供稿
南京　江苏美术出版社　1999 年　57cm（4 开）
ISBN：7-5344-0932-2　定价：CNY32.00

J0033006
2000：**故宫藏历代山水名画**（国画挂历）全
景美景图片公司供稿
长沙　湖南美术出版社　1999 年　76cm（2 开）
ISBN：7-5356-1336-5　定价：CNY26.50

J0033007
2000：**故宫精藏：中国清代著名山水画**
（国画挂历）全景视拓图片有限公司供稿
天津　天津杨柳青画社　1999 年　85cm（2 开）
ISBN：7-80503-472-9　定价：CNY60.00

J0033008
2000：**翰墨集锦**（国画挂历）翁诞先绘
北京　中国画报出版社　1999 年　86 × 57cm
ISBN：7-80024-530-6　定价：CNY68.00
（中国著名画家精品选）

J0033009
2000：**翰墨情怀**（国画挂历）张建中绘
石家庄　河北美术出版社　1999 年　86 × 57cm
ISBN：7-5310-1268-5　定价：CNY60.00

J0033010
2000：**荷趣**（国画挂历）张星绘
成都　四川美术出版社　1999 年　58 × 42cm

ISBN：7-5410-1607-1　定价：CNY45.00
（张星中国画作品系列　工笔花鸟篇）

J0033011
2000：**贺岁猫**（国画挂历）梁健，梁立华绘
福州　海潮摄影艺术出版社　1999 年　85 × 56cm
ISBN：7-80562-620-0　定价：CNY58.00

J0033012
2000：**鹤寿长春**（朵云轩藏画精品　国画挂
历）上海书画出版社编
上海　上海书画出版社　1999 年　85 × 57cm
ISBN：7-80635-385-2　定价：CNY88.00

J0033013
2000：**红楼梦**（国画挂历）杨学书绘
天津　天津杨柳青画社　1999 年　76 × 52cm
ISBN：7-80503-496-6

J0033014
2000：**红梅报春**（国画挂历）王成喜绘
海口　海南出版社　1999 年　70 × 98cm
ISBN：7-80645-540-X　定价：CNY33.80

J0033015
2000：**虎气神威**（国画挂历）张善孖绘
成都　四川美术出版社　1999 年　72 × 50cm
ISBN：7-5410-1636-5　定价：CNY60.00

J0033016
2000：**花鸟掇英**（柳学健作品选　国画挂历）
柳学健绘
南京　江苏美术出版社　1999 年　35 × 37cm
ISBN：7-5344-0900-4　定价：CNY26.50

J0033017
2000：**皇家墨宝**（国画挂历）
天津　天津杨柳青画社　1999 年　98cm（2 开）
ISBN：7-80503-463-X　定价：CNY58.00

J0033018
2000：**黄天登山水画选**（国画挂历）黄天登绘
福州　海潮摄影艺术出版社　1999 年　98 × 34cm
ISBN：7-80562-670-7　定价：CNY30.00

J0033019
2000：**江南仙境**（国画挂历）刘懋善绘
兰州 甘肃人民美术出版社 1999 年 71×51cm
ISBN：7-80588-301-7 定价：CNY33.00

J0033020
2000：**江山如此多娇**（国画挂历） 长安画院
供稿
西安 陕西人民美术出版社 1999 年 100×70cm
ISBN：7-5368-0604-3 定价：CNY33.00

J0033021
2000：**金龙呈祥**（国画挂历） 申宝绘
上海 上海人民美术出版社 1999 年 52×49cm
ISBN：7-5322-2185-7 定价：CNY48.00

J0033022
2000：**金龙集庆**（国画挂历） 启功绘
北京 北京师范大学出版社 1999 年 76×52cm
ISBN：7-303-05277-1 定价：CNY40.00
　　作者启功（1912—2005），满族，中国现代著
名书法家。字元伯，北京人。曾任北京师范大学
教授、中央文史研究馆副馆长、中国书协名誉主
席、世界华人书画家联合会创会主席等职，中国
佛教协会、故宫博物院、国家博物馆顾问，西泠
印社社长。

J0033023
2000：**锦绣河山**（国画挂历） 贺天健等绘
兰州 甘肃人民出版社 1999 年 87×58cm
ISBN：7-226-02125-0 定价：CNY50.00

J0033024
2000：**京华墨韵**（国画挂历） 张秀华绘
天津 天津杨柳青画社 1999 年 86×57cm
ISBN：7-80503-454-0 定价：CNY58.00

J0033025
2000：**京华墨韵一梅**（国画挂历） 王成喜绘
兰州 甘肃人民出版社 1999 年 87×58cm
ISBN：7-80588-307-6 定价：CNY98.00

J0033026
2000：**菊意浓**（国画挂历） 忠元绘
北京 中国画报出版社 1999 年 111×84cm

ISBN：7-80024-533-0 定价：CNY120.00

J0033027
2000：**兰竹圣手郑板桥**（国画挂历）（清）郑
板桥绘
福州 海潮摄影艺术出版社 1999年 112cm（1开）
ISBN：7-80562-605-7 定价：CNY128.00

J0033028
2000：**刘海粟**（国画挂历） 刘海粟绘
成都 四川美术出版社 1999 年 72×50cm
ISBN：7-5410-1639-X 定价：CNY60.00
（中国近现代名家作品精选）

J0033029
2000：**龙凤呈祥**（国画挂历） 精纪供稿
福州 福建美术出版社 1999 年 135×94cm
ISBN：7-5393-0851-6（筒装）定价：CNY180.00

J0033030
2000：**龙凤呈祥**（国画挂历） 连春英绘
北京 中国民族摄影艺术出版社 1999 年
86×57cm ISBN：7-80069-292-2
定价：CNY60.00

J0033031
2000：**龙年大吉**（国画挂历） 刘正绘
长春 吉林摄影出版社 1999 年 82×56cm
ISBN：7-80606-312-9 定价：CNY58.00
　　作者刘正（1949— ），女，编辑。天津人，毕
业于天津美术学院绘画系。历任天津人民美术
出版社编审、中国美术家协会会员、中国工笔画
学会会员、中国刘奎龄艺术研究院研究员、天津
市美术家协会会员。代表作品有《中国织绣服饰
全集》《幸福花开》《庄户剧团》《十二月花神》《春
到西花厅》等。

J0033032
2000：**龙年大吉**（国画挂历） 彩虹供稿
北京 中国画报出版社 1999 年 125×88cm
ISBN：7-80024-546-2（盒装）定价：CNY120.00

J0033033
2000：**龙年鸿运**（国画挂历） 上海书画出版
社编

上海　上海书画出版社　1999 年　85×57cm
ISBN：7-80635-386-0　定价：CNY88.00

J0033034
2000：龙年吉庆（国画挂历）顾青蛟，裘国骥绘
长春　吉林摄影出版社　1999 年　83×57cm
ISBN：7-80606-293-9　定价：CNY58.00
　　作者顾青蛟（1948—　），江苏苏州人。毕业于
苏州工艺美术学院。中国美术家协会会员、江苏
省花鸟画研究会副会长、江苏省中国画学会理事、
无锡花鸟画研究会会长、无锡市政协书画社顾问、
无锡市美术家协会艺术顾问、无锡市书画院国家
一级美术师。代表作品有《丝绸之路》《动物通景》
《江南桑帛情》等。作者裘国骥（1946—　），一级美
术师。出生于无锡，祖籍浙江省宁波市，南京艺
术学院附中美术科毕业。曾入无锡市文联美术创
作室工作，现任无锡市美协副主席兼秘书长。作
品有《补天》《包孕吴越》《春夜》等。

J0033035
2000：龙年吉祥（国画挂历）周颖等绘
上海　上海画报出版社　1999 年　76×52cm
ISBN：7-80530-483-1　定价：CNY27.50

J0033036
2000：龙世纪（国画挂历）沈锦心绘书
长春　吉林摄影出版社　1999 年　76×52cm
ISBN：7-80606-302-1　定价：CNY27.50

J0033037
2000：龙腾虎跃（国画挂历）宗万华绘
长春　吉林摄影出版社　1999 年　84x57cm
ISBN：7-80606-294-7　定价：CNY58.00

J0033038
2000：龙之魂（国画挂历）范曾绘
福州　海潮摄影艺术出版社　1999 年　112×76cm
ISBN：7-80562-618-9　定价：CNY128.00

J0033039
2000：梅兰菊竹（国画挂历）李景林绘
广州　广东科技出版社　1999 年　53×49cm
ISBN：7-5359-2324-0　定价：CN56.00

J0033040
2000：梅韵麟风（国画挂历）
长春　吉林摄影出版社　1999 年　86×57cm
ISBN：7-80606-314-5　定价：CN48.00

J0033041
2000：美国风光画选（国画挂历）刘懋善绘
广州　岭南美术出版社　1999 年　58×42cm
ISBN：7-5362-1843-5　定价：CNY32.00

J0033042
2000：梦之境（国画挂历）永茂绘
广州　岭南美术出版社　1999 年　42×58cm
ISBN：7-5362-2006-5　定价：CNY22.00

J0033043
2000：泌：当代水彩画艺术（国画挂历）宋
守宏等绘
兰州　甘肃人民美术出版社　1999 年　64×58cm
ISBN：7-80588-287-8　定价：CNY129.00
　　作者宋守宏（1939—2010），画家。山东青
岛人，毕业于山东艺术专科学院。历任国家一
级美术师、山东青岛工艺美术学校校长，编著有
《美术基础教程》《水彩画技法》《水彩风景画基
础》等。

J0033044
2000：名家墨迹（国画挂历）
兰州　甘肃人民美术出版社　1999 年　2 版　87cm
（3 开）ISBN：7-80588-289-4　定价：CNY60.00

J0033045
2000：名家山水（国画挂历）　上海书画出版
社编
上海　上海书画出版社　1999 年　85×57cm
ISBN：7-80635-384-4　定价：CNY88.00

J0033046
2000：名家山水（国画挂历）
天津　天津杨柳青画社　1999 年　85×56cm
ISBN：7-80503-464-8　定价：CNY58.00

J0033047
2000：名人·墨宝（国画挂历）齐白石，吴昌
硕绘

广州　广州出版社　1999年　2版　84×55cm
ISBN：7-80655-004-6　定价：CNY58.00

J0033048
2000：明清花鸟画精品（国画挂历）田雨绘
西安　岭南美术出版社　1999年　87cm（2开）
ISBN：7-5368-1201-9　定价：CNY55.00

J0033049
2000：明清山水画珍品（国画挂历）田雨供稿
西安　陕西人民美术出版社　1999年　117cm（1开）
ISBN：7-5368-1203-5　定价：CNY60.00

J0033050
2000：墨宝（国画挂历）齐白石绘
成都　四川美术出版社　1999年　58×42cm
ISBN：7-5410-1597-0　定价：CNY45.00

J0033051
2000：墨池（国画挂历）俞继高绘
福州　福建美术出版社　1999年　58×42cm
ISBN：7-5393-0786-2　定价：CNY32.00

J0033052
2000：墨川（国画挂历）张天霖供稿
福州　福建美术出版社　1999年　87×57cm
ISBN：7-5393-0780-3　定价：CNY55.00

J0033053
2000：墨慧（国画挂历）张惺一绘
福州　福建美术出版社　1999年　87×57cm
ISBN：7-5393-0784-6　定价：CNY55.00

J0033054
2000：墨林（国画挂历）张天霖等绘；扬林等
撰文
福州　福建美术出版社　1999年　77×35cm
ISBN：7-5393-0785-4　定价：CNY250.00

J0033055
2000：墨梅（国画挂历）王兰亭绘
福州　福建美术出版社　1999年　87×57cm
ISBN：7-5393-0781-1　定价：CNY55.00

J0033056
2000：墨清（中国当代著名国画家杨德衡精
品选　国画挂历）东方印象供稿
福州　福建美术出版社　1999年　58cm
ISBN：7-5393-0789-7　定价：CNY55.00

J0033057
2000：墨情悠悠（国画挂历）张克让，陈士
修供稿
福州　福建美术出版社　1999年　76×52cm
ISBN：7-5393-0793-5　定价：CNY42.00

J0033058
2000：墨泉（国画挂历）董培红供稿
福州　福建美术出版社　1999年　87×57cm
ISBN：7-5393-0782-X　定价：CNY55.00

J0033059
2000：墨瑞（国画挂历）俞继高供稿
福州　福建美术出版社　1999年　57×42cm
ISBN：7-5393-0681-5　定价：CNY55.00

J0033060
2000：墨颂（国画挂历）俞继高供稿
福州　福建美术出版社　1999年　87×57cm
ISBN：7-5393-0779-X　定价：CNY55.00

J0033061
2000：墨欣（国画挂历）江恩莲等供稿
福州　福建美术出版社　1999年　58×42cm
ISBN：7-5393-0788-9　定价：CNY55.00

J0033062
2000：墨煊（国画挂历）赵志田供稿
福州　福建美术出版社　1999年　76×52cm
ISBN：7-5393-0787-0　定价：CNY32.00

J0033063
2000：墨颖（国画挂历）伍启中绘
福州　福建美术出版社　1999年　87×57cm
ISBN：7-5393-0784-6　定价：CNY55.00

J0033064
2000：墨源（国画挂历）王茜，赵志田绘
福州　福建美术出版社　1999年　87×57cm

ISBN：7-5393-0784-6 定价：CNY55.00

J0033065
2000：鸟语花香（国画挂历）詹庚西绘
兰州 甘肃民族出版社 1999 年 87×58cm
ISBN：7-5421-0691-0 定价：CNY17.00

J0033066
2000：鸟语花香（国画挂历）周天民，周敏文绘
苏州 古吴轩出版社 1999 年 57×43cm
ISBN：7-80574-411-4 定价：CNY26.00

J0033067
2000：鸟语花香（国画挂历） 中国扶贫基金会供稿
北京 中国大地出版社 1999 年 76×52cm
ISBN：7-80097-307-7 定价：CNY60.00

J0033068
2000：农家小唱（国画挂历）牛志晔，赵景岩绘
天津 天津杨柳青画社 1999 年 86×57cm
ISBN：7-80503-462-1 定价：CNY60.00

J0033069
2000：欧洲印象（国画挂历）刘懋善供稿
南京 江苏美术出版社 1999 年 85×57cm
ISBN：7-5344-0923-3 定价：CNY28.00

J0033070
2000：齐白石（国画挂历）常春等摄
长春 吉林摄影出版社 1999 年 57×43cm
ISBN：7-80606-335-8 定价：CNY45.00

J0033071
2000：齐白石（国画挂历）齐白石绘
上海 上海画报出版社 1999 年 86×57cm
ISBN：7-80530-498-X 定价：CNY60.00

J0033072
2000：齐白石（国画挂历）齐白石绘
成都 四川美术出版社 1999 年 73×50cm
ISBN：7-5410-1642-X 定价：CNY60.00

J0033073
2000：齐白石大师墨宝（国画挂历）齐白石绘

兰州 甘肃人民美术出版社 1999 年 87×58cm
ISBN：7-80588-273-8 定价：CNY38.00

J0033074
2000：齐白石墨迹（国画挂历）齐白石绘
福州 海潮摄影艺术出版社 1999 年 117×76cm
ISBN：7-80562-616-2 定价：CNY128.00

J0033075
2000：千禧梅（经典宣纸挂历 国画挂历）张星绘
福州 海潮摄影艺术出版社 1999 年 85×56cm
ISBN：7-80562-621-9 定价：CNY58.00

J0033076
2000：清代山水佳作选（国画挂历）（清）蓝深等绘
上海 上海人民美术出版社 1999年 106cm（2开）
ISBN：7-5322-2147-4 定价：CNY34.50

J0033077
2000：清明上河图（国画挂历）（宋）张择端绘
海口 海南出版社 1999 年 57×86cm
ISBN：7-80645-541-8 定价：CNY60.00

J0033078
2000：清馨世界（国画挂历） 张克让，陈士修供稿
福州 福建美术出版社 1999 年 76×52cm
ISBN：7-5393-0802-8 定价：CNY75.00

J0033079
2000：清音（国画挂历）姚思敏绘
成都 四川美术出版社 1999 年 35×38cm
ISBN：7-5410-1610-1 定价：CNY27.50

J0033080
2000：群仙祝寿图（国画挂历）田雨供稿
西安 陕西人民美术出版社 1999 年 100×70cm
ISBN：7-5368-1208-6 定价：CNY88.00

J0033081
2000：任伯年（国画挂历）（清）任伯年绘
成都 四川美术出版社 1999 年 72×50cm
ISBN：7-5410-1640-3 定价：CNY60.00

（中国近现代名家作品精选）

作者任伯年（1840—1896），清末画家。初名润，字次远，号小楼，后改名任颐，字伯年，以字行。浙江山阴航坞山（今杭州市萧山区）人。主要作品有《东津话别图》《三友图》《苏武牧羊图》《蕉阴纳凉图》《池畔窥鱼图》等。

J0033082
2000：**任伯年**（国画挂历）（清）任伯年绘
天津　天津杨柳青画社　1999 年　85×56cm
ISBN：7-80503-465-6 定价：CNY58.00

J0033083
2000：**任伯年**（国画挂历）（清）任伯年绘
杭州　浙江人民美术出版社　1999 年　76×52cm
ISBN：7-5340-0933-2 定价：CNY27.50

J0033084
2000：**任伯年群仙祝寿图**（国画挂历）（清）
任伯年绘；上海书画出版社编
上海　上海书画出版社　1999 年　85cm（3 开）
ISBN：7-80635-387-9 定价：CNY33.00

J0033085
2000：**瑞龙献珠**（国画挂历）顾青蛟，裴国骥绘
兰州　甘肃人民出版社　1999 年　87×58cm
ISBN：7-226-02126-9 定价：CNY50.00

J0033086
2000：**山水画**（国画挂历）
广州　岭南美术出版社　1999 年　70×102cm
ISBN：7-5362-1849-4 定价：CNY45.00

J0033087
2000：**山水情**（国画挂历）张克让绘
广州　岭南美术出版社　1999 年　58×43cm
ISBN：7-5362-2005-7 定价：CNY22.00

J0033088
2000：**山水情深**（岭南派画家关山月作品精选　国画挂历）关山月绘
广州　广东科技出版社　1999 年　52×49cm
ISBN：7-5359-2329-1 定价：CNY56.00

J0033089
2000：**神龙献瑞**（国画挂历）申宝绘
上海　上海人民美术出版社　1999 年　76×52cm
ISBN：7-5322-2188-1 定价：CNY52.00

J0033090
2000：**诗韵**（国画挂历）尹默绘
石家庄　河北美术出版社　1999 年　86×57cm
ISBN：7-5310-1270-7 定价：CNY60.00

J0033091
2000：**十二国色**（国画挂历）耿郁文绘
兰州　敦煌文艺出版社　1999 年　71×51cm
ISBN：7-80587-505-7 定价：CNY33.00

J0033092
2000：**世纪春**（国画挂历）南岭梅绘
天津　天津杨柳青画社　1999 年　86×57cm
ISBN：7-80503-460-5 定价：CNY60.00

J0033093
2000：**世纪巨龙**（国画挂历）永刚绘
成都　四川美术出版社　1999 年　72×50cm
ISBN：7-5410-1630-6 定价：CNY27.50

J0033094
2000：**水墨丹青**（国画挂历）金祖兵绘
福州　海潮摄影艺术出版社　1999 年　85×56cm
ISBN：7-80562-642-1 定价：CNY58.00

J0033095
2000：**水乡**（国画挂历）蒋跃绘
成都　四川美术出版社　1999 年　58×43cm
ISBN：7-5410-1604-7 定价：CNY45.00

J0033096
2000：**水乡梦**（国画挂历）沈向然绘
广州　广东科技出版社　1999 年　51×48cm
ISBN：7-5359-2328-3 定价：CNY56.00

J0033097
2000：**水秀山青**（林培松山水画　国画挂历）
林培松绘
北京　中国画报出版社　1999 年　107×76cm
ISBN：7-80024-534-9 定价：CNY120.00

J0033098
2000：**唐伯虎**（国画挂历）（明）唐伯虎绘
成都　四川美术出版社　1999 年　72cm（2 开）
ISBN：7-5410-1643-8　定价：CNY60.00

J0033099
2000：**唐伯虎**（国画挂历）（明）唐伯虎绘
天津　天津杨柳青画社　1999 年　82cm（2 开）
ISBN：7-80503-466-4　定价：CNY58.00

J0033100
2000：**唐伯虎画宝**（国画挂历）（明）唐伯虎绘
福州　海潮摄影艺术出版社　1999 年　112cm（1 开）
ISBN：7-80562-606-5　定价：CNY128.00

J0033101
2000：**唐伯虎墨宝**（国画挂历）（明）唐伯虎绘
长春　吉林摄影出版社　1999 年　81cm（2 开）
ISBN：7-80606-250-5　定价：CNY58.00

J0033102
2000：**天地风韵**（国画挂历）
上海　上海画报出版社　1999 年　57cm（4 开）
ISBN：7-80530-493-9　定价：CNY42.00

J0033103
2000：**恬**（国画挂历）韩勇绘
兰州　甘肃人民美术出版社　1999 年　64×58cm
ISBN：7-80588-290-8　定价：CNY129.00

J0033104
2000：**娃娃乐**（国画挂历）东方印象供稿
福州　福建美术出版社　1999 年　57×42cm
ISBN：7-5393-0819-2　定价：CNY42.00

J0033105
2000：**王安庭百猫画选**（国画挂历）王安庭绘
天津　天津杨柳青画社　1999 年　85×56cm
ISBN：7-80503-453-2　定价：CNY98.00

J0033106
2000：**文徵明**（国画挂历）（明）文徵明绘
成都　四川美术出版社　1999 年　58cm（4 开）
ISBN：7-5410-1637-3　定价：CNY60.00

J0033107
2000：**吴昌硕**（国画挂历）吴昌硕绘
成都　四川美术出版社　1999 年　72×50cm
ISBN：7-5410-1641-1　定价：CNY60.00
（中国近现代名家作品精选）

J0033108
2000：**吴湖帆山水精品**（国画挂历）吴湖帆
绘；上海书画出版社编
上海　上海书画出版社　1999 年　76×53cm
ISBN：7-80635-366-6　定价：CNY27.50

J0033109
2000：**喜庆龙年**（国画挂历）连春英绘
北京　中国大地出版社　1999 年　76×52cm
ISBN：7-80097-308-5　定价：CNY27.50

J0033110
2000：**乡间漫步**（国画挂历）东方印象供稿
福州　福建美术出版社　1999 年　57×42cm
ISBN：7-5393-0820-6　定价：CNY42.00
（中国当代水彩画精选）

J0033111
2000：**香属万里**（沈威蜂中国画精品　国画挂
历）沈威峰绘
南京　江苏美术出版社　1999 年　35×37cm
ISBN：7-5344-0935-7　定价：CNY26.00

J0033112
2000：**祥龙吉庆**（国画挂历）周颖绘
上海　上海画报出版社　1999 年　87×58cm
ISBN：7-80530-496-3　定价：CNY60.00

J0033113
2000：**写意画大师吴昌硕**（国画挂历）吴昌
硕绘
福州　海潮摄影艺术出版社　1999 年　83×56cm
ISBN：7-80562-608-1　定价：CNY45.00

J0033114
2000：**雅**（国画挂历）张自强绘
兰州　甘肃人民美术出版社　1999 年　63×59cm
ISBN：7-80588-283-5　定价：CNY129.00

J0033115
2000：**雅趣**（国画挂历）董培红供稿
福州 福建美术出版社 1999 年 57×42cm
ISBN：7-5393-0796-X 定价：CNY42.00

J0033116
2000：**鱼跃龙门**（国画挂历）金盛国绘
天津 天津杨柳青画社 1999 年 85×56cm
ISBN：7-80503-455-9 定价：CNY58.00

J0033117
2000：**张大千**（国画挂历）张大千绘
上海 上海人民美术出版社 1999 年 50×52cm
ISBN：7-5322-2148-2 定价：CNY52.00

J0033118
2000：**张大千**（国画挂历）
成都 四川美术出版社 1999 年 72×50cm
ISBN：7-5410-1644-6 定价：CNY60.00

J0033119
2000：**张大千墨神**（国画挂历）张大千绘
福州 海潮摄影艺术出版社 1999 年 112×76cm
ISBN：7-80562-607-3 定价：CNY128.00

J0033120
2000：**张大千真迹**（国画挂历）张大千绘
天津 天津杨柳青画社 1999 年 83×56cm
ISBN：7-80503-471-0 定价：CNY58.00

J0033121
2000：**招财神龙**（国画挂历）故宫博物院，
上海博物馆供稿
北京 中国画报出版社 1999 年 86×57cm
ISBN：7-80024-548-9 定价：CNY60.00

J0033122
2000：**郑板桥**（国画挂历）（清）郑板桥绘
长春 吉林摄影出版社 1999 年 81cm（2 开）
ISBN：7-80606-295-5 定价：CNY58.00
（中国历代书画名家精品选）

J0033123
2000：**中国当代工笔画艺术**（国画挂历）东
方印象供稿

福州 福建美术出版社 1999 年 57×49cm
ISBN：7-5393-0845-1 定价：CNY52.00

J0033124
2000：**中国当代水彩艺术**（国画挂历）施福
国等绘
上海 上海画报出版社 1999 年 52×49cm
ISBN：7-80530-491-2 定价：CNY50.00

J0033125
2000：**中国画大师墨迹**（国画挂历）王雪涛
等绘
西安 陕西人民美术出版社 1999 年 87×57cm
ISBN：7-5368-1200-0 定价：CNY55.00

J0033126
2000：**中国画一名家经典**（国画挂历）
杭州 中国美术学院出版社 1999 年 77×52cm
ISBN：7-81019-782-7 定价：CNY50.00

J0033127
2000：**中国历代帝皇鉴藏精品**（国画挂历）
天津 天津杨柳青画社 1999 年 82×57cm
ISBN：7-80503-467-2 定价：CNY58.00

J0033128
2000：**中国名画**（山水画精品选 国画挂历）
（清）任伯年绘
上海 上海书画出版社 1999 年 43×49cm
ISBN：7-80635-390-9 定价：CNY98.00

J0033129
2000：**中国山水画大师何海霞**（国画挂历）
何海霞绘
西安 陕西人民美术出版社 1999 年 87×57cm
ISBN：7-5368-0603-5 定价：CNY55.00

J0033130
2000：**中国市花**（当代著名画家李增礼水粉
画精品选 国画挂历）李增礼绘
福州 福建美术出版社 1999 年 57×42cm
ISBN：7-5393-0849-4 定价：CNY27.50

J0033131
2000：**祝福**（国画挂历）王茜供稿

福州　福建美术出版社　1999 年　69×62cm
ISBN：7-5393-0791-9　定价：CNY198.00

J0033132
2000：壮丽山河（国画挂历）刘良经，周裕国绘
长沙　湖南美术出版社　1999 年　70×100cm
ISBN：7-5356-1351-9　定价：CNY80.00

J0033133
君臣·名家书画集（记事年历）刘文敏主编
北京　中国三峡出版社　1999 年　29cm（8 开）
精装　ISBN：7-80099-362-0　定价：CNY128.00

中国油画、漆画、涂料画作品

J0033134
金陵名胜写生集（第一集 油画写生集）周玲荪编
上海　商务印书馆　1925 年　[40]页　19×26cm
精装　定价：大洋一元
（国立东南大学、南京高师图画研究会丛刊）
　　本书收风景画 13 幅。

J0033135
陈抱一画集（第一卷）陈抱一绘
上海　开明书店　1928 年　27cm（16 开）定价：五角
　　本书收油画 6 幅。

J0033136
王济远油画集　王济远编绘
上海　大东书局　1929 年　影印本　1 册　30cm（15 开）
定价：二元
　　本书收 12 幅画，每幅画均有说明文字。

J0033137
王济远欧游作品展览会集（1-2 辑）王济远编绘
上海　文华美术图书印刷公司　1931 年　2 册
（20+20 页）方 30cm（方 15 开）匣装
　　本书每辑各收油画 10 幅。

J0033138
汪亚尘油画集　汪亚尘编绘
上海　大东书局　1932 年　1 册　31cm（15 开）
定价：二元
本书为中国现代油画画册。作者汪亚尘（1894—1983），美术家、美术教育家。号云隐，浙江杭州人。毕业于东京美术学校。代表作《金鱼》。

J0033139
长恨歌画意　李毅士绘
上海　中华书局　1932 年　37cm（8 开）
定价：大洋四元
　　本书为中国现代油画画册。

J0033140
海粟油画（第一集）刘海粟作
上海　商务印书馆　1933 年　影印本　24 页　28cm
（6 开）精装　定价：大洋二元四角
　　本书内收作者自 1925 年至 1933 年间的作品 12 幅。

J0033141
潘玉良油画集（第一集）潘玉良作
上海　中华书局　1934 年　影印本　[44]页　30cm
（10 开）精装　定价：银四元
　　本书内收油画 22 幅，每幅前均有说明。

J0033142
海粟油画（第二集 度欧游之作）刘海粟作
上海　商务印书馆　1935 年　影印本　12 页　28cm
（10 开）精装　定价：国币二元四角
　　本书内收作者自 1934 年 4 月至 1935 年 7 月间的作品 12 幅。书前有谢海燕的《关于刘海粟先生》一文。

J0033143
徐悲鸿画选　梁得所编
上海　大众出版社　[1935 年][6]页
26cm（16 开）活页装　定价：大洋三角
（中国当代名家画集 西画）
　　本书内收油画 6 幅。

J0033144
长恨歌画意　李毅士绘
上海　中华书局　1936 年　7 版　38cm（6 开）

定价：国币四元

　　本书为中国现代油画画册。

J0033145

桂林山水 涂克作

上海 上海人民美术出版社 ［ 1952—1999 年 ］
38cm（6 开）

　　本书为中国现代油画风景画画册。作者涂克
（ 1916—2012 ），画家。原名涂世骧，笔名绿笛。生
于广西，毕业于杭州国立艺专油画系。创办上海
美术工场、上海画院、上海美术学校，曾任广西书
画院院长、中国美术家协会理事、中国美术家协
会广西分会主席、广西文联副主席等职。代表作
有《江南的春天》《我的家乡》《静静的漓江》等。
画册有《江淮之波》《涂克画辑》《桂林山水》等。

J0033146

庆祝成渝铁路通车 李宗津作

北京 人民美术出版社 1953 年 1 幅
定价：CNY0.20

　　中国现代油画作品。

J0033147

首都的早晨 武德祖作

北京 人民美术出版社 1953 年 1 幅
定价：CNY0.20

　　中国现代油画作品。作者武德祖(1923—
1991)，油画家、教授。别名苏坚，陕西渭南县人。
曾在抗日军政大学、鲁迅艺术文学院美术系和中
央美术学院苏联专家马克西莫夫油画训练班学
习。历任西安美术学院教授。作品有《婚姻自己
做主》《女孩》《正月》《战争年代》等。出版有《武
德祖油画选》。

J0033148

鞍钢 李宗津作

［北京］朝花出版社 1954 年 1 幅
定价：CNY0.16

　　中国现代油画作品。

J0033149

帮助小同学 丁浩作

上海 上海人民美术出版社 1954 年 1 幅
定价：CNY0.03

　　中国现代油画作品。

J0033150

第一次上课 沈毅，傅乃琳作

［北京］朝花出版社 1954 年 1 幅
定价：CNY0.16

　　中国现代油画作品。作者傅乃琳(1923—
1997)，女，油画家、教育家。黑龙江双城人，毕
业于中央美术学院油画系。中国美术家协会会
员、天津分会会员。代表作品有《报春》《心潮》
等。

J0033151

鲁迅 李宗津作

北京 人民美术出版社 1954 年 1 幅
定价：CNY0.18

　　中国现代油画作品。

J0033152

罗盛教 梁玉龙作

［北京］朝花出版社 1954 年 1 幅
定价：CNY0.12

　　中国现代油画作品。

J0033153

修桥 戴泽作

［北京］朝花出版社 1954 年 1 幅
定价：CNY0.16

　　中国现代油画作品。

J0033154

采集树种的少先队 费以复作

上海 上海人民美术出版社 1955 年 ［ 1]张
定价：CNY0.20

　　中国现代油画作品。

J0033155

到祖国需要的地方去 葛维墨绘

北京 朝花出版社 1955 年 ［ 1]幅 76cm(2 开）
定价：CNY0.15

　　中国现代油画作品。

J0033156

到祖国需要的地方去 葛维墨绘

北京 朝花出版社 1955 年 ［ 1]幅 39cm(8 开）
定价：CNY0.10

　　中国现代油画作品。

J0033157
丁香和迎春 吴作人作
北京 朝花出版社 1955 年 [1] 张 54cm（4 开）
定价：CNY0.16
　　中国现代油画作品。

J0033158
佛子岭水库 吴作人作
北京 朝花出版社 1955 年 [1] 张 54cm（4 开）
定价：CNY0.16
　　中国现代油画作品。

J0033159
晚归 辛莽作
北京 朝花出版社 1955 年 [1] 张 54cm（4 开）
定价：CNY0.16
　　中国现代油画作品。

J0033160
无锡近郊的残雪 苏天赐作
上海 上海人民美术出版社 1955 年 [1] 张
定价：CNY0.20
　　中国现代油画作品。

J0033161
张明山设计反围盘 王式廓作
北京 朝花出版社 1955 年 [1] 张 39cm（8 开）
定价：CNY0.20
　　作者王式廓（1911—1973），画家、教育家。山东掖县人，毕业于上海美专。曾任中国美术家协会常务理事，中央美术学院教授、研究部主任，中国美协常务理事等职。代表作品有《参军》《井冈山会师》《血衣》《毛主席和我们在一起》等。

J0033162
"自由大同盟" 张隆基，钱大昕作
上海 上海人民美术出版社 1956 年 1 张
定价：CNY0.14
　　中国现代油画作品。

J0033163
阿尔善小学 吴作人作
北京 人民美术出版社 1956 年 1 张
定价：CNY0.20
　　中国现代油画作品。

J0033164
佛子岭的春天 徐坚作
上海 上海人民美术出版社 1956 年 1 张
定价：CNY0.20
　　中国现代油画作品。

J0033165
佛子岭水库 吴作人作
上海 上海人民美术出版社 1956 年 1 张
定价：CNY0.14
　　中国现代油画作品。

J0033166
黑水藏族妇女 董希文作
北京 人民美术出版社 1956 年 1 张
定价：CNY0.16
　　中国现代油画作品。作者董希文（1914—1973），著名油画家、美术教育家。浙江绍兴人。毕业于上海美术专科学校。曾任中央美术学院教授。代表作品有油画《开国大典》《春到西藏》《哈萨克牧羊女》《苗女赶场》《百万雄师过大江》等。

J0033167
画片（第一辑）
上海 华东人民美术出版社 [1956—1965 年] 7 幅（1 袋）38×26cm
　　中国现代油画作品。

J0033168
黄河三门峡 吴作人作
北京 人民美术出版社 1956 年 1 张
定价：CNY0.20
　　中国现代油画作品。

J0033169
机耕队的傍晚 靳之林作
北京 朝花美术出版社 1956 年 1 张
定价：CNY0.20
　　中国现代油画作品。

J0033170
借书 周道悟作
上海 上海人民美术出版社 1956 年 1 张
定价：CNY0.14

中国现代油画作品。

J0033171
流送 吴作人作
天津　天津美术出版社　1956 年　1 张
定价：CNY0.15
中国现代油画作品。

J0033172
毛儿盖藏族妇女 董希文作
北京　人民美术出版社　1956 年　1 张　53cm（4 开）
定价：CNY0.16
中国现代油画作品。

J0033173
庆祝社会主义改造伟大胜利 刘海粟作
上海　上海人民美术出版社　1956 年　1 张
定价：CNY0.18
中国现代油画作品。

J0033174
庆祝长征胜利 张仲则作
上海　上海人民美术出版社　1956 年　1 张
定价：CNY0.14
中国现代油画作品。

J0033175
苏联展览馆 靳之林作
北京　朝花美术出版社　1956 年　1 张
定价：CNY0.20
中国现代油画作品。

J0033176
文学事业的起点 单行之作
上海　上海人民美术出版社　1956 年　1 张
定价：CNY0.14
中国现代油画作品。

J0033177
在"中国左翼作家联盟"成立会上 杨祖逃，陈烟桥作
上海　上海人民美术出版社　1956 年　1 张
定价：CNY0.14
中国现代油画作品。作者陈烟桥（1911—1970），版画家。曾用名陈炳奎，笔名李雾城、米启郎。就读于广州市立美术专科学校西画科和上海新华艺术专科学校西洋画系。历任《新华日报》美术科主任、中国美术家协会上海分会副秘书长、美协广西分会主席等。代表作品有木刻《建设中的佛子岭》《鲁迅和他的伙伴们》等。

J0033178
廖新学油画选集（1950—1956）廖新学绘
昆明　云南人民出版社　1957 年　14 页　26cm（16 开）
统一书号：8116.86　定价：CNY1.50

J0033179
新油画选 朱章超编
北京　朝花美术出版社　1957 年　影印本　20 页　18cm（32 开）　统一书号：T8028.1403
定价：CNY0.16
（群众美术画库）

J0033180
吕斯百画集 吕斯百绘
上海　上海人民美术出版社　1959 年　20 幅　21×26cm（15 开）　统一书号：8081.3943
定价：CNY3.20
本画集收入作者油画作品 20 幅，其中 1932 年至 1948 年期间创作的 10 幅，中华人民共和国成立后的作品 10 幅。其中包括《庭院》《过去时代》《四川一农民》《又一条新桥通黄河》《兰州握桥》《菊花》《四川农村小景》《鱼》《敦煌千佛洞》《海上节日》《初雪》《青岛浴场》《陕北山区小景》等。

J0033181
颜文樑画集 颜文樑绘
上海　上海人民美术出版社　1959 年　20 幅　23cm（20 开）　精装　统一书号：8081.3761
定价：CNY3.20
中国现代油画作品。作者颜文樑（1893—1988），画家、美术教育家。字栋臣，小名二官。生于江苏苏州，曾入商务印书馆画图室和法国巴黎高等美术专科学校学习。历任苏州美术专科学校教师、中央美术学院华东分院副院长、浙江美术学院顾问、中国美术家协会顾问。代表作有《画室》《美术用透视学》《色彩琐谈》，出版有《颜文樑画集》《欧游小品》《苏杭风景》等。

J0033182
油画作品选 詹建俊等绘；中央美术学院编
上海 上海人民美术出版社 1959 年 25 幅
28×39cm 精装本 统一书号：T8081.4488
定价：CNY11.20
　　1955 年 4 月文化部在中央美术学院设立了
油画训练班，并聘请苏联油画专家 K.M. 马克西
莫夫前来讲学，本作品集收有 27 幅图是油画训
练班同学们的毕业创作与习作的选编，包括《起
家》《英雄的姊妹们》《旧农舍》《登上穆世塔峰》
《残雪》等。

J0033183
拔河 蔡亮作
［北京］人民体育出版社 1960 年［1 张］
定价：CNY0.12
　　现代中国油画作品。作者蔡亮（1932—
1995），油画家。福建厦门人，毕业于中央美术学
院绘画系。中国美术家协会会员、美协浙江分会
理事、浙江油画研究会副会长、浙江美术学院教
授、中国美术学院教授。主要作品有《延安火炬》
《贫农的儿子》《红军三大主力会师》等。

J0033184
白洋淀上（油画）王路作
北京 人民美术出版社 1960 年［1 张］
定价：CNY0.12

J0033185
北海公园 陈麟祥作
天津 天津美术出版社 1960 年［1 张］
定价：CNY0.13
　　中国现代油画作品。

J0033186
遍乡机器响处处读书声 雏鹰作
［武汉］湖北人民出版社 1960 年［1 张］
定价：CNY0.13
　　中国现代油画作品。

J0033187
采番茄 王伟戍作
上海 上海人民美术出版社 1960 年［1 张］
定价：CNY0.12
　　中国现代油画作品。

J0033188
出航 廖炯模作
［沈阳］辽宁美术出版社 1960 年［1 张］
定价：CNY0.08
　　中国现代油画作品。

J0033189
春光似箭我如飞 丁鉴鳌作
［南京］江苏人民出版社 1960 年［1 张］
定价：CNY0.12
　　中国现代油画作品。

J0033190
大连海滨疗养院（油画）廖炯模作
［沈阳］辽宁美术出版社 1960 年［1 张］
定价：CNY0.08

J0033191
大连天津街（油画）关满生作
［沈阳］辽宁美术出版社 1960 年［1 张］
定价：CNY0.08

J0033192
大连造船厂（油画）关满生作
［沈阳］辽宁美术出版社 1960 年［1 张］
定价：CNY0.08

J0033193
傣族之家 李晨岚作
［昆明］云南人民出版社 1960 年［1 张］
定价：CNY0.08
　　中国现代油画作品。

J0033194
带鱼（油画）郭钟瑜作
上海 上海人民美术出版社 1960 年
定价：CNY0.04

J0033195
第一次演出 肖树惇作
［兰州］敦煌文艺出版社 1960 年［1 张］
定价：CNY0.08
　　中国现代油画作品。

J0033196
电塔上的雄鹰 鲁迅美术学院集体创作
［沈阳］辽宁美术出版社 1960 年 ［1 张］
定价：CNY0.08
（"鞍钢颂"组画 1）
　　中国现代油画作品。

J0033197
丁香（油画）刘亚兰作
北京 人民美术出版社 1960 年 ［1 张］
定价：CNY0.10

J0033198
丁香花 萧淑芳作
上海 上海人民美术出版社 1960 年 ［1 张］
27×38cm 定价：CNY0.10
　　中国现代油画作品。

J0033199
冬瓜 蔡上国作
上海 上海人民美术出版社 1960 年 ［1 张］
定价：CNY0.04
　　中国现代油画作品。

J0033200
风吹稻花香（油画）赵光涛作
北京 人民美术出版社 1960 年 ［1 张］
定价：CNY0.10

J0033201
公鸡报晓 赵延年作
上海 上海人民美术出版社 1960 年 ［1 张］
定价：CNY0.12
　　中国现代油画作品。作者赵延年(1924—2014)，教授、版画家。生于浙江湖州，就读于上海美专学习木刻。历任浙江美术学院教授、浙江版画家协会名誉会长、浙江漫画研究会顾问等。作品有《负木者》《鲁迅先生》《起来饥寒交迫的奴隶》等，出版有《赵延年版画选》。

J0033202
瓜甜果美是兰州 陈濑云作
［兰州］敦煌文艺出版社 1960 年 ［1 张］
定价：CNY0.15
　　中国现代油画作品。

J0033203
汉江河畔 何海霞绘
［石家庄］河北人民美术出版社 1960 年 ［1 张］
定价：CNY0.10
　　中国现代油画作品。

J0033204
杭州西湖全图 洪月明，吴三民作
［杭州］浙江人民出版社 1960 年 ［1 张］
定价：CNY0.22，CNY1.00（卷轴装）
　　中国现代油画作品。

J0033205
好熟悉的声音 张文瑞绘
［石家庄］河北人民美术出版社 1960 年 ［1 张］
定价：CNY0.12
　　中国现代油画作品。

J0033206
和平鸽 唐云作
上海 上海人民美术出版社 1960 年 ［1 张］
定价：CNY0.17
　　中国现代油画作品。

J0033207
荷花鸳鸯 蔡鹤汀等作
［兰州］敦煌文艺出版社 1960 年 ［1 张］
定价：CNY0.12
　　中国现代油画作品。

J0033208
荷花鸳鸯 陈佩秋作
上海 上海人民美术出版社 1960 年 ［1 张］
定价：CNY0.12
　　中国现代油画作品。作者陈佩秋(1922—)，女，现代中国画花鸟画画家。河南南阳人。字健碧，室名秋兰室、高华阁、截玉轩。毕业于国立艺术专科学校。历任上海大学美术学院兼职教授、上海中国画院画师、中国美术家协会会员。主要作品有《天目山杜鹃》《水佩风裳》《红满枝头》。

J0033209
黑猫别胡闹，弟弟在睡觉 张贻来绘
［石家庄］河北人民美术出版社 1960 年 ［1 张］

定价: CNY0.12

　　中国现代油画作品。

J0033210

红安七里坪 张肇铭等作

[武汉] 湖北人民出版社 1960 年 [1 张]

定价: CNY0.10

　　中国现代油画作品。

J0033211

湖上秋色 江子竿作

天津 天津美术出版社 1960 年 [1 张]

定价: CNY0.10

　　中国现代油画作品。

J0033212

互助友爱 马奇作

[昆明] 云南人民出版社 1960 年 [1 张]

定价: CNY0.05

　　中国现代油画作品。

J0033213

黄金季节 黄增立作

[广州] 广东人民出版社 1960 年 [1 张]

定价: CNY0.08

　　中国现代油画作品。

J0033214

鸡鸭成群 杨兆新作

上海 上海人民美术出版社 1960 年 [1 张]

定价: CNY0.12

　　现代中国油画作品。作者杨兆新, 主要的年画作品有《听解放军叔叔讲故事》《学得象操得好》《新年乐》等。

J0033215

嘉陵江（油画）王德威作

上海 上海人民美术出版社 1960 年 [1 张]

定价: CNY0.10

　　现代中国油画作品。作者王德威（1927—1984）, 教授。河北高阳人, 毕业于杭州美术学院。历任《儿童画报》《华中少年画报》主编, 浙江美术学院副教授、副院长、中国美术家协会浙江分会副主席、中国美术家协会理事。主要作品有《渡江战役》《刘少奇同志在林区》《英雄的姐妹

们》等。出版有《王德威法国意大利写生(册页装)油画》。

J0033216

坚持（油画）田零作

[石家庄] 河北人民美术出版社 1960 年 [1 张]

定价: CNY0.16

J0033217

降龙伏虎 伍益辉作

[武汉] 湖北人民出版社 1960 年 [1 张]

定价: CNY0.13

　　中国现代油画作品。

J0033218

节日快乐 王惕作

天津 天津少儿美术出版社 1960 年 [1 张]

定价: CNY0.12

　　中国现代油画作品。

J0033219

解放军二届美展油画作品选 韩柯等作

天津 天津美术出版社 1960 年 影印本 10 幅

39cm（4 开）活页 统一书号: 8073.2459

定价: CNY1.40

J0033220

解放军二届美展油画作品选

天津 天津美术出版社 1960 年 8 张（1 袋）

39cm（8 开）散页 统一书号: 8073.2459

定价: CNY1.16

J0033221

菊花 陈志华作

上海 上海人民美术出版社 1960 年 [1 张]

定价: CNY0.06

　　中国现代油画作品。作者陈志华（1914— ）, 教授。生于江苏苏州。四川攀枝花大学教授。著有《陈志华艺术论集》等。

J0033222

聚酒图 李文信作

[成都] 四川人民出版社 1960 年 [1 张]

定价: CNY0.10

　　中国现代油画作品。

J0033223
开"跃进"花结胜利果 沈复明等作
上海 上海人民美术出版社 1960 年 [1 张]
定价: CNY0.12
　　中国现代油画作品。作者沈复明(1935—)，
即沈丰明，浙江海盐人，画家，毕业于鲁迅美术
学院。在上海人民美术出版社、广西人民出版社
从事出版发行工作。其作品有《希望寄托在你们
身上》《歌唱大团结》《备战备荒为人民》《到工
农兵去》《做红色接班人》《反对帝国主义争取民
族解放》《大寨花盛开》《漓水春风客舟轻》等。

J0033224
孔雀开屏 孙悟音作
上海 上海人民美术出版社 1960 年 [1 张]
定价: CNY0.12
　　中国现代油画作品。

J0033225
孔雀紫荆 梁纪作
[广州] 广东人民出版社 1960 年 [1 张]
定价: CNY0.10
　　中国现代油画作品。

J0033226
老子英雄儿好汉（油画）赵光涛作
北京 人民美术出版社 1960 年 [1 张]
定价: CNY0.10

J0033227
刘胡兰妈妈 魏瀛洲作
上海 上海人民美术出版社 1960 年 [1 张]
定价: CNY0.12
　　现代中国油画作品。作者魏瀛洲，海派年画、
宣传画家。中华人民共和国成立初期被称为月
份牌画家。作品有《国庆节的早晨》《欢腾的农
机站》《在幸福的时代》等。

J0033228
露营（油画）柳青作
[沈阳] 辽宁美术出版社 1960 年 [1 张]
定价: CNY0.08

J0033229
密林丛中 杨建德作

[昆明] 云南人民出版社 1960 年 [1 张]
定价: CNY0.08
　　中国现代油画作品。

J0033230
南京梅花山之春 崔豫章作
上海 上海人民美术出版社 1960 年 [1 张]
定价: CNY0.10
　　中国现代油画作品。

J0033231
宁夏风光 孟慕颐作
[银川] 宁夏人民出版社 1960 年 [1 张]
定价: CNY0.13
　　中国现代油画作品。

J0033232
女工（油画）鲁迅美术学院油画系二年级集体
创作
[沈阳] 辽宁美术出版社 1960 年 [1 张]
定价: CNY0.06

J0033233
炮击金门（油画）韩柯, 彭彬合作
北京 人民美术出版社 1960 年 定价: CNY0.10

J0033234
平型关大捷 任梦璋, 杨为铭作
[沈阳] 辽宁美术出版社 1960 年 [1 张]
定价: CNY0.10
　　中国现代油画作品。作者任梦璋(1934—)，
画家，教授。河北束鹿人，毕业于中央美术学院。
曾任鲁迅美术学院教授、中国美术家协会会员、
辽宁美术家协会顾问。代表作品有《平型关大捷》
《攻克锦州》《秋色》等。

J0033235
瓶花（油画）王德威作
上海 上海人民美术出版社 1960 年 [1 张]
定价: CNY0.04

J0033236
瓶花（油画）金缕梅作
上海 上海人民美术出版社 1960 年 [1 张]
定价: CNY0.04

J0033237
"三八"炼铁厂 孙雅茹，吴秀楣作
[沈阳] 辽宁美术出版社 1960 年 [1 张]
定价：CNY0.08
　　中国现代油画作品。

J0033238
山中运木（大瑶山新貌）莫更原作
[南宁] 广西人民出版社 1960 年 [1 张]
定价：CNY0.06
　　中国现代油画作品。

J0033239
上海风光（1）瞿国樑作
上海 上海人民美术出版社 1960 年 [1 张]
定价：CNY0.12
　　中国现代油画作品。

J0033240
上海风光（2）瞿国樑作
上海 上海人民美术出版社 1960 年 [1 张]
定价：CNY0.12
　　中国现代油画作品。

J0033241
芍药花（油画）吴作人作
北京 人民美术出版社 1960 年 [1 张]
定价：CNY0.16

J0033242
韶山 周令钊作
[长沙] 湖南人民出版社 1960 年 [1 张]
定价：CNY0.09
　　中国现代油画作品。

J0033243
师生争夏 吴菊芬绘
[石家庄] 河北人民美术出版社 1960 年 [1 张]
定价：CNY0.06
　　中国现代油画作品。

J0033244
诗画 伍益辉，张善平等画
[武汉] 湖北人民出版社 1960 年 10 张
定价：CNY0.35

中国现代油画作品。

J0033245
收割（油画）余本作
上海 上海人民美术出版社 1960 年
定价：CNY0.10
　　作者余本（1905—1995），画家。广东台山人，别名余建本。擅长油画、中国画。历任广东画院副院长、中国美术家协会顾问。代表作品有《拉琴者》《黄河渡口》《万里长城》，中国画《江上卧青山》。出版有《余本画集》等。

J0033246
蔬果 陈旧村作
[南京] 江苏文艺出版社 1960 年 [1 张]
定价：CNY0.12
　　中国现代油画作品。

J0033247
双喜 张希苓作
天津 天津美术出版社 1960 年 [1 张]
定价：CNY0.13
　　中国现代油画作品。

J0033248
送给毛主席 阿沁作
[西宁] 青海人民出版社 1960 年 [1 张]
定价：CNY0.09
　　中国现代油画作品。

J0033249
藤荫鱼乐 凌虚绘
[石家庄] 河北人民美术出版社 1960 年 [1 张]
定价：CNY0.12
　　中国现代油画作品。

J0033250
田间 康师尧作
[西安] 长安美术出版社 1960 年 [1 张]
定价：CNY0.10

J0033251
外宾游西湖 马乐群作
上海 上海人民美术出版社 1960 年 [1 张]
定价：CNY0.12

中国现代油画作品。作者马乐群(1933—)，画家。上海人，曾在上海现代画室学习绘画及西洋美术史等。历任上海画片出版社年画创作员、上海美术出版社年画编辑。作品有《人民不允许浪费粮食的行为》《海防前线宣传员》《金杯红花传捷报》《激流勇进》等。

J0033252

万吨巨轮（油画）廖炯模作

[沈阳] 辽宁美术出版社 1960 年 [1 张]

定价：CNY0.08

J0033253

慰劳新娘 张淑俊绘

[石家庄] 河北人民美术出版社 1960 年 [1 张]

定价：CNY0.12

中国现代油画作品。

J0033254

西山战斗 龙廷坝作

[南宁] 广西人民出版社 1960 年 [1 张]

定价：CNY0.12

中国现代油画作品。

J0033255

响往 何振志作

上海 上海人民美术出版社 1960 年 [1 张]

定价：CNY0.04

中国现代油画作品。

J0033256

小羊羔 阿沁作

[西宁] 青海人民出版社 1960 年 [1 张]

定价：CNY0.09

中国现代油画作品。

J0033257

小洋号 阿沁作

[西宁] 青海人民出版社 1960 年 [1 张]

定价：CNY0.09

中国现代油画作品。

J0033258

歇晌 刘子久，陈铮绘

[石家庄] 河北人民美术出版社 1960 年 [1 张]

定价：CNY0.10

中国现代油画作品。

J0033259

新安江水电工地 潘思同作

上海 上海人民美术出版社 1960 年 [1 张]

定价：CNY0.10

中国现代油画作品。

J0033260

星火燎原 陈因，孙世涛绘

[石家庄] 河北人民美术出版社 1960 年 [1 张]

定价：CNY0.16

中国现代油画作品。

J0033261

杏林春雨 方济众绘

[石家庄] 河北人民美术出版社 1960 年 [1 张]

定价：CNY0.06

中国现代油画作品。作者方济众(1923—1987)，国画家。号雪农，陕西勉县人。历任中国美术家协会常务理事、美协陕西分会副主席。代表作品有《三边塞上风光》《雪漫天山》《沙海花》等。

J0033262

幸福的花朵 周光秦作

[成都] 四川人民出版社 1960 年 [1 张]

定价：CNY0.06

中国现代油画作品。

J0033263

修复（鞍钢史画）宋叔田作

[沈阳] 辽宁美术出版社 1960 年 [1 张]

定价：CNY0.08

中国现代油画作品。

J0033264

绣朵月月红 邵晶坤作

天津 天津少儿美术出版社 1960 年 [1 张]

定价：CNY0.12

中国现代油画作品。

J0033265

徐悲鸿油画（1895—1953）徐悲鸿绘

北京 人民美术出版社 1960年 60幅 39cm（6开）
精装 统一书号：8027.1511
定价：CNY14.00

　　本画集含图版60幅，多为人物肖像。

J0033266
研究 哈定作
上海 上海人民美术出版社 1960年［1张］
定价：CNY0.10

　　中国现代油画作品。

J0033267
演习之后（油画）崔开玺作
北京 人民美术出版社 1960年［1张］
定价：CNY0.10

　　作者崔开玺（1935—　），教授，画家。即崔开玺，山东掖县人，就读于中央美术学院。任解放军艺术学院副教授、教授，中国美术家协会会员。代表作品有《演习之后》《长征路上写生》《长征途中的贺龙与任弼时》等。

J0033268
雁翎队 赵信芳绘
［石家庄］河北人民美术出版社 1960年［1张］
定价：CNY0.16

　　中国现代油画作品。

J0033269
引水上山（油画）万今声作
［沈阳］辽宁美术出版社 1960年［1张］
定价：CNY0.08

　　万今声（1912—1993），画家、美术教育家。辽宁本溪人。曾任吉林大学美术系主任，中国美术家协会会员，中国美术家协会辽宁分会顾问。油画作品有《攀登在祖国山岭上》《中朝会师》《山沟有了水电站》等。

J0033270
幽林 方济众作
［西安］长安美术出版社 1960年［1张］
定价：CNY0.10

　　中国现代油画作品。

J0033271
鱼 高光遜作

［沈阳］辽宁美术出版社 1960年［1张］
定价：CNY0.05

　　中国现代油画作品。

J0033272
雨后工地（油画）于长拱作
上海 上海人民美术出版社 1960年［1张］
定价：CNY0.10

J0033273
岳阳城 秦仲文绘
［石家庄］河北人民美术出版社 1960年［1张］
定价：CNY0.08

　　中国现代油画作品。作者秦仲文（1896—1974），画家、美术家。原名秦裕荣，号仲文，后又以秦裕为笔名，别署梁子河村人，画室名群峰扶翠之居。河北遵化县人。毕业于北京大学。代表作品有《沙丰路上写生》《岷山遇雨》《岳阳楼》《乌江天险》等。

J0033274
战胜洪水 许利民作
上海 上海人民美术出版社 1960年［1张］
定价：CNY0.10

　　中国现代油画作品。

J0033275
征服黄河 何海霞绘
［石家庄］河北人民美术出版社 1960年［1张］
定价：CNY0.12

　　中国现代油画作品。

J0033276
祝寿图 王伟成作
上海 上海人民美术出版社 1960年［1张］
定价：CNY0.12

　　中国现代油画作品。

J0033277
紫云活泼 孙葆羲绘
［石家庄］河北人民美术出版社 1960年［1张］
定价：CNY0.12

　　中国现代油画作品。

J0033278
祖国万年青 王信作
［沈阳］辽宁美术出版社 1960 年［1 张］
定价：CNY0.12
　　中国现代油画作品。

J0033279
傍晚（油画 蒙汉文对照）官布作
［呼和浩特］内蒙古人民出版社 1961 年［1 张］
定价：CNY0.12
　　作者官布（1928—2013），蒙古族，画家。毕业于齐齐哈尔军政大学。历任中国美协第二、三、四届理事，北京海峡两岸书画家联谊会常务理事、常务副主席。代表作品有《傍晚》《读毛主席的书》《草原小姐妹》《壶口瀑布》《万马奔腾》等。

J0033280
陈云同志 张振仕绘
北京 人民美术出版社 1961 年［1 张］
定价：CNY0.16
　　本书为中国现代肖像画。

J0033281
大理花（油画）林风眠作
上海 上海人民美术出版社 1961 年［1 张］
定价：CNY0.10
　　本作品为中国现代油画。

J0033282
大兴安岭的早晨（油画 蒙汉文对照）乌力吉图作
［呼和浩特］内蒙古人民出版社 1961 年［1 张］
定价：CNY0.07

J0033283
富春江（油画）于长拱作
上海 上海人民美术出版社 1961 年［1 幅］
定价：CNY0.10

J0033284
"公社" 养猪场（油画）吴作人工作室绘
上海 上海人民美术出版社 1961 年［1 幅］
定价：CNY0.20

J0033285
海边（油画）王德威作
上海 上海人民美术出版社 1961 年［1 幅］
定价：CNY0.10

J0033286
红军过草地（油画）梁安娜作
上海 上海人民美术出版社 1961 年［1 幅］
定价：CNY0.13

J0033287
红军过雪山（油画）艾中信作
北京 人民美术出版社 1961 年［1 幅］
定价：CNY1.50（甲种）
　　作者艾中信（1915—2003），画家。上海人。历任中央美术学院教授、油画系主任、副院长，《中国大百科全书·美术》编辑委员会主任、中国美术家协会理事等职。代表作品有《背煤》《通往乌鲁木齐》《炮兵过雪山》等，著有《徐悲鸿研究》《读画论画》《油画风采谈》等。

J0033288
红军过雪山（油画）艾中信作
北京 人民美术出版社 1961 年［1 幅］
定价：CNY0.60（乙种）

J0033289
红军与少数民族（油画）林以友作
上海 上海人民美术出版社 1961 年［1 幅］
定价：CNY0.10

J0033290
红旗插到珠穆朗玛峰（油画）吴作人作
上海 上海人民美术出版社 1961 年［1 幅］
定价：CNY0.20

J0033291
淮海战役（油画）罗琪作
北京 人民美术出版社 1961 年［1 幅］
定价：CNY1.50（甲种）

J0033292
淮海战役（油画）罗琪作
北京 人民美术出版社 1961 年［1 幅］
定价：CNY0.60（乙种）

J0033293
开国大典（油画）董希文作
北京 人民美术出版社 1961 年［1 幅］
定价：CNY1.50（甲种）

　　作者董希文（1914—1973），著名油画家、美术教育家。浙江绍兴人。毕业于上海美术专科学校。曾任中央美术学院教授。代表作品有油画《开国大典》《春到西藏》《哈萨克牧羊女》《苗女赶场》《百万雄师过大江》等。

J0033294
开国大典（油画）董希文作
北京 人民美术出版社 1961 年［1 幅］
定价：CNY0.60（乙种）

J0033295
开国大典 董希文作
郑州 河南人民出版社 1962 年［1 幅］
38cm（8 开）定价：CNY0.20
　　本作品系中国现代油画。

J0033296
开国大典（汉、藏文对照版）董希文作
北京 人民美术出版社 1964 年［1 张］
76cm（2 开）定价：CNY0.20
　　年画形式的中国现代油画作品。

J0033297
开国大典（汉、朝文对照版）董希文作
北京 人民美术出版社 1964 年［1 张］
76cm（2 开）定价：CNY0.20
　　年画形式的中国现代油画作品。

J0033298
开国大典（汉、傣纳、傣仂、景颇、拉祜、傈僳、佤文对照版）董希文作
北京 人民美术出版社 1964 年［1 张］
76cm（2 开）定价：CNY0.20
　　年画形式的中国现代油画作品。

J0033299
开国大典（汉、蒙文对照版）董希文作
北京 人民美术出版社 1964 年［1 张］
76cm（2 开）定价：CNY0.20
　　年画形式的中国现代油画作品。

J0033300
开国大典（汉、僮文对照版）董希文作
北京 人民美术出版社 1964 年［1 张］
76cm（2 开）定价：CNY0.20
　　年画形式的中国现代油画作品。

J0033301
开国大典（汉、维、哈、锡伯文对照版）董希文作
北京 人民美术出版社 1964 年［1 张］
76cm（2 开）定价：CNY0.20
　　年画形式的中国现代油画作品。

J0033302
开国大典 董希文作
北京 人民美术出版社 1965 年 76cm（2 开）
定价：CNY0.15
　　年画形式的中国现代油画作品。

J0033303
开国大典 董希文作
北京 人民美术出版社 1965 年 53cm（4 开）
定价：CNY0.08
　　年画形式的中国现代油画作品。

J0033304
开国大典 董希文作
北京 人民美术出版社 1977 年 39cm（8 开）
定价：CNY0.14
　　中国现代油画作品。

J0033305
开国大典 董希文作
北京 人民美术出版社 1978 年 2 版 53cm（4 开）
定价：CNY0.18
　　中国现代油画作品。

J0033306
开国大典 董希文绘
北京 人民美术出版社 1990 年 1 张 53cm（4 开）
定价：CNY0.50
　　中国现代油画作品。

J0033307
开国大典 董希文绘

天津　天津人民美术出版社　1990 年　1 张　76cm
（2 开）ISBN：7–5305–2189–6　定价：CNY0.50
　　中国现代油画作品。

J0033308
开国大典　董希文绘
天津　天津人民美术出版社　1990 年　1 张　107cm
（全开）ISBN：7–5305–2180–7　定价：CNY1.10
　　中国现代油画作品。

J0033309
开国大典　董希文绘
天津　天津人民美术出版社　1990 年　1 张　107cm
（全开）ISBN：7–5305–2520–4　定价：CNY2.80
　　中国现代油画作品。

J0033310
狼牙山五壮士（油画）詹建俊作
北京　人民美术出版社　1961 年［1 幅］
定价：CNY1.50（甲种）
　　作者詹建俊（1931—　），满族，油画家、教
授。辽宁盖平人，毕业于中央美术学院彩墨系。
历任中央美术学院教授、博士生导师，中国油画
学会主席、中国美术家协会顾问、欧洲人文艺术
科学院客座院士等。代表作品有《高原的歌》《鹰
之乡》，出版《詹建俊画集》。

J0033311
狼牙山五壮士（油画）詹建俊作
北京　人民美术出版社　1961 年［1 幅］
定价：CNY0.60（乙种）

J0033312
粮食丰收图（油画）徐天敏等合作
［南京］江苏人民出版社　1961 年［1 幅］
定价：CNY0.10

J0033313
毛主席在井冈山（油画）刘春华，王晖作
［南昌］江西省新华书店　1969 年［1 张］
76cm（2 开）

J0033314
毛主席在井冈山（油画）刘春华作
［南昌］江西新华印刷厂　1969 年［1 张］

76cm（2 开）

J0033315
毛主席在井冈山　郑洪流作
北京　人民美术出版社　1977 年　1 幅　39cm（8 开）
定价：CNY0.14
　　中国现代油画作品。

J0033316
毛主席在井冈山上（油画）罗工柳作
北京　人民美术出版社　1961 年［1 幅］
定价：CNY1.50（甲种）

J0033317
毛主席在井冈山上（油画）罗工柳作
北京　人民美术出版社　1961 年［1 幅］
定价：CNY0.60（乙种）

J0033318
毛主席在马鞍山钢铁厂（油画）鲍加绘
［石家庄］河北人民美术出版社　1961 年［1 幅］
定价：CNY0.20
　　作者鲍加（1933—　），一级美术师，擅长油
画。祖籍安徽歙县，生于湖北武汉市。曾在中央
美术学院油画系进修。曾任中国美术家协会常
务理事、中国美术家协会安徽分会主席等。油画
作品有《淮海大捷》《激流》《大漠千里》等。出
版有《自然流韵》《山川情怀》《鲍加画集》等。

J0033319
毛主席在文家市（油画）高虹等集体创作
北京　人民美术出版社　1961 年［1 幅］
定价：CNY1.50（甲种）

J0033320
毛主席在文家市（油画）高虹等集体创作
北京　人民美术出版社　1961 年［1 幅］
定价：CNY0.60（乙种）

J0033321
毛主席在延安作整风报告（油画）罗工柳作
北京　人民美术出版社　1961 年［1 幅］
定价：CNY1.50（甲种）

J0033322
毛主席在延安作整风报告（油画）罗工柳作
北京　人民美术出版社　1961年［1幅］
定价：CNY0.60（乙种）

J0033323
南昌起义（油画）黎冰鸿作
北京　人民美术出版社　1961年［1幅］
定价：CNY0.60（乙种）

J0033324
南昌起义（油画）黎冰鸿作
北京　人民美术出版社　1961年［1幅］
定价：CNY1.50（甲种）

J0033325
南昌起义　黎冰鸿作
郑州　河南人民出版社　1962年［1幅］
38cm（6开）定价：CNY0.20
　　本作品系中国现代油画。

J0033326
平型关大捷（油画）任梦璋, 杨为铭作
北京　人民美术出版社　1961年［1幅］
定价：CNY0.60（乙种）
　　作者任梦璋(1934—　)，画家，教授。河北束鹿人，毕业于中央美术学院。曾任鲁迅美术学院教授、中国美术家协会会员、辽宁美术家协会顾问。代表作品有《平型关大捷》《攻克锦州》《秋色》等。

J0033327
平型关大捷（油画）任梦璋, 杨为铭作
北京　人民美术出版社　1961年［1幅］
定价：CNY1.50（甲种）

J0033328
收获（油画 蒙汉文对照）徐坚作
［呼和浩特］内蒙古人民出版社　1961年［1幅］
定价：CNY0.14

J0033329
收获（油画）余本作
上海　上海人民美术出版社　1961年［1幅］
定价：CNY0.10

J0033330
苏州运河（油画）吕斯百作
上海　上海人民美术出版社　1961年［1幅］
定价：CNY0.10
　　作者吕斯百(1905—1973)，画家。生于江苏江阴，毕业于东南大学艺术系。历任兰州西北师范学院艺术系、南京师范学院美术系教授兼系主任、中国美术家协会常务理事、美协江苏分会副主席。代表作有《吕斯百画集》《吕斯百绘画作品集》。

J0033331
田间休息（油画）邓平作
［沈阳］辽宁美术出版社　1961年［1幅］
定价：CNY0.08

J0033332
铁水奔流（油画）武钢职工业余美术创作研究社集体创作
［武汉］湖北人民出版社　1961年［1幅］
定价：CNY0.13

J0033333
万水千山（油画）胡悌麟作
［沈阳］辽宁美术出版社　1961年［1幅］
定价：CNY0.10

J0033334
韦拔群街头谈革命（油画）刘宇一作
［南宁］广西人民出版社　1961年［1幅］
定价：CNY0.12

J0033335
小黑河上（油画 蒙汉文对照）徐坚作
［呼和浩特］内蒙古人民出版社　1961年［1幅］
定价：CNY0.08

J0033336
幸福之路（油画）马常利作
北京　人民美术出版社　1961年［1幅］
定价：CNY0.60

J0033337
延安的火炬（油画）蔡亮作
北京　人民美术出版社　1961年［1幅］

定价：CNY0.60（乙种）

　　作者蔡亮（1932—1995），油画家。福建厦门人，毕业于中央美术学院绘画系。中国美术家协会会员、美协浙江分会理事、浙江油画研究会副会长、浙江美术学院教授、中国美术学院教授。主要作品有《延安火炬》《贫农的儿子》《红军三大主力会师》等。

J0033338
延安的火炬（油画）蔡亮作
北京　人民美术出版社　1961 年［1 幅］
定价：CNY1.50（甲种）

J0033339
油画小辑　程自良等作
上海　上海人民美术出版社　1961 年　10 张（套）
定价：CNY0.40
　　中国现代油画作品。

J0033340
昭君墓旁（油画　蒙汉文对照）徐坚作
［呼和浩特］内蒙古人民出版社　1961 年［1 幅］
定价：CNY0.12

J0033341
阿姨带我上景山　王路作
石家庄　河北人民美术出版社　1962 年［1 幅］
38cm（6 开）定价：CNY0.10
　　本作品系中国现代油画。

J0033342
百万雄师下江南　董希文作
北京　人民美术出版社　1962 年［1 幅］
53cm（4 开）定价：CNY0.60
　　本作品系现代中国油画。作者董希文（1914—1973），著名油画家、美术教育家。浙江绍兴人。毕业于上海美术专科学校。曾任中央美术学院教授。代表作品有油画《开国大典》《春到西藏》《哈萨克牧羊女》《苗女赶场》《百万雄师过大江》等。

J0033343
北方农村　罗贻作
上海　上海人民美术出版社　1962 年［1 幅］
19cm（小 32 开）定价：CNY0.08

本作品系中国现代油画。

J0033344
草原定居　陈晓曦作
上海　上海人民美术出版社　1962 年［1 幅］
19cm（小 32 开）定价：CNY0.08
　　本作品系中国现代油画。

J0033345
草原青青奶油香（汉维文对照）刘南生作
乌鲁木齐　新疆人民出版社　1962 年［1 幅］
53cm（4 开）定价：CNY0.13
　　本作品系中国现代油画。

J0033346
晨雾——绍兴水乡　涂克作
上海　上海人民美术出版社　1962 年［1 幅］
19cm（小 32 开）定价：CNY0.08
　　本作品系中国现代油画。

J0033347
春晨（僮汉文对照）曾日文作
南宁　广西民族出版社　1962 年［1 幅］
76cm（2 开）定价：CNY0.18
　　本作品系中国现代油画。

J0033348
待渡　王恤珠作
广州　广东人民出版社　1962 年［1 幅］
38cm（6 开）定价：CNY0.40
　　本作品系中国现代油画。作者王恤珠（1930—2015），油画家。山东烟台人，毕业于中央美术学院。曾任广东画院专业画家、一级美术师，中国美术家协会会员、广东告美术家协会理事、广东油画会理事。代表作品有《王恤珠油画选集》《王恤珠画集》等。

J0033349
丰收的喜悦（汉维文对照）哈孜艾买提作
乌鲁木齐　新疆人民出版社　1962 年［1 幅］
53cm（4 开）定价：CNY0.13
　　作者哈孜·艾买提（1935—2017），新疆喀什市人，曾任第九届全国人大代表、中国文联委员、中国美术家协会顾问、新疆文史馆名誉馆长、中国维吾尔历史文化研究会和中国油画学会常务理事等职，第九届全国美展总评委、水彩水粉画展区评委会主任。

J0033350
故乡（汉维文对照）列阳作
乌鲁木齐　新疆人民出版社　1962 年［1 幅］
53cm（4 开）定价：CNY0.13
　　本作品系中国现代油画。

J0033351
欢乐的歌舞（汉维文对照）离弦作
乌鲁木齐　新疆人民出版社　1962 年［1 幅］
53cm（4 开）定价：CNY0.13
　　本作品系中国现代油画。

J0033352
黄浦江畔　涂克作
上海　上海人民美术出版社　1962 年［1 幅］
19cm（小 32 开）定价：CNY0.08
　　本作品系中国现代油画。

J0033353
今天的奶子又多了！（汉维文对照）列阳作
乌鲁木齐　新疆人民出版社　1962 年［1 幅］
53cm（4 开）定价：CNY0.13
　　本作品系中国现代油画。

J0033354
静物写生　叶洛作
［西安］长安美术出版社　1962 年［1 幅］
53cm（4 开）定价：CNY0.60
　　本作品系中国现代油画。

J0033355
漓江晨渡　杨秋人作
广州　广东人民出版社　1962 年［1 幅］
38cm（6 开）定价：CNY0.30
　　本作品系中国现代油画。作者杨秋人（1907—1983），画家、教授。又名杨工白。广西桂林人，毕业于上海艺术专科学校。曾任华南文艺学院教务主任、美术部教授，中南美术专科学校副校长、教授，广州美术学院副院长、教授。代表作有《清道工人》《缝征衣》《水电站工地之晨》。

J0033356
刘少奇同志和安源矿工　侯一民作
北京　人民美术出版社　1962 年［1 幅］
53cm（4 开）定价：CNY0.60
　　本作品系现代中国油画。

J0033357
毛主席在陕北　高虹作
北京　人民美术出版社　1962 年［1 幅］
53cm（4 开）定价：CNY0.60
　　本作品系现代中国油画。

J0033358
毛主席在十二月会议上　靳尚谊作
北京　人民美术出版社　1962 年［1 幅］
53cm（4 开）定价：CNY0.60
　　本作品系现代中国油画。

J0033359
苹果丰收　任梦璋作
沈阳　辽宁美术出版社　1962 年［1 幅］
38cm（6 开）定价：CNY0.10
　　本作品系中国现代油画。作者任梦璋（1934—　），画家，教授。河北束鹿人，毕业于中央美术学院。曾任鲁迅美术学院教授、中国美术家协会会员、辽宁美术家协会顾问。代表作品有《平型关大捷》《攻克锦州》《秋色》等。

J0033360
前夜　胡一川作
广州　广东人民出版社　1962 年［1 幅］
38cm（6 开）定价：CNY0.30
　　本作品系中国现代油画。

J0033361
清水塘　余本作
长沙　湖南人民出版社　1962 年［1 幅］
38cm（6 开）定价：CNY0.10
　　本作品系中国现代油画。

J0033362
上学去（汉维文对照）张威作
乌鲁木齐　新疆人民出版社　1962 年［1 幅］
76cm（2 开）定价：CNY0.25
　　本作品系中国现代油画。

J0033363
星湖的早晨 徐东白作
广州 广东人民出版社 1962 年［1 幅］
38cm（6 开）定价：CNY0.30
　　本作品系中国现代油画。

J0033364
徐悲鸿油画选 徐悲鸿画
北京 人民美术出版社 1962 年 10 张 39cm（6开）
活页 统一书号：8027.3920 定价：CNY3.00

J0033365
鹰笛（汉维文对照）张威作
乌鲁木齐 新疆人民出版社 1962 年［1 幅］
76cm（2 开）定价：CNY0.25
　　本作品系中国现代油画。

J0033366
油画小辑（2）哈琼文等作
上海 上海人民美术出版社 1962 年 8 张（套）
［15cm］（56 开）定价：CNY0.40

J0033367
载誉而归（蒙汉文对照）金高作
呼和浩特 内蒙古人民出版社 1962 年［1 幅］
78cm（2 开）定价：CNY0.25
　　本作品系中国现代油画。

J0033368
长江的黎明 袁浩作
广州 广东人民出版社 1962 年［1 幅］
38cm（6 开）定价：CNY0.40
　　本作品系中国现代油画。

J0033369
中国革命博物馆革命史画选辑 文物出版社
编辑
北京 文物出版社 1962 年 12 张（套）［18cm］
（42 开）定价：CNY0.80
　　本作品集为 12 张明信片，分别是王恤珠
绘《金田起义》、王征华绘《武昌起义》、艾中信
绘《湖南共产主义小组》、侯一民绘《刘少奇同志
和安源矿工》、全山石绘《英勇不屈》、黎冰鸿绘
《南昌起义》、罗工柳绘《毛主席在井冈山》、林冈
绘《狱中斗争》、蔡亮绘《延安的火炬》、艾中信绘

《东渡黄河》、石鲁绘《转战陕北》、董希文绘《开
国大典》。

J0033370
珠江帆影 余本作
广州 广东人民出版社 1962 年［1 幅］
38cm（6 开）定价：CNY0.30
　　本作品系中国现代油画。

J0033371
安家落户 蔡仁作
上海 上海人民美术出版社 1963 年［1 幅］
39cm（8 开）定价：CNY0.20
　　中国现代油画作品。

J0033372
白桦（蒙、汉文对照）徐坚作
呼和浩特 内蒙古人民出版社 1963 年［1 幅］
39cm（8 开）定价：CNY0.09
　　中国现代油画作品。

J0033373
北京民族宫 吕斯百作
沈阳 辽宁美术出版社 1963 年［1 幅］
39cm（8 开）定价：CNY0.08
　　中国现代油画作品。

J0033374
参军 王式廓作
北京 人民美术出版社 1963 年［1 幅］
54cm（4 开）定价：CNY0.13
　　中国现代油画作品。

J0033375
大理花 吕斯百作
沈阳 辽宁美术出版社 1963 年［1 幅］
39cm（8 开）定价：CNY0.08
　　中国现代油画作品。

J0033376
弹曼陀铃的人（荷兰）哈尔斯作
北京 人民美术出版社 1963 年［1 幅］
39cm（8 开）定价：CNY0.50
　　中国现代油画作品。

J0033377
读信的姑娘 （荷兰）委米尔作
北京　人民美术出版社　1963 年 ［1 幅］
39cm（8 开）定价：CNY0.50
　　中国现代油画作品。

J0033378
繁荣的水乡　郑秉琦作
上海　上海人民美术出版社　1963 年 ［1 幅］
39cm（8 开）定价：CNY0.20
　　中国现代油画作品。

J0033379
攻克锦州　任梦璋作
北京　人民美术出版社　1963 年 ［1 幅］
54cm（4 开）定价：CNY0.13
　　中国现代油画作品。

J0033380
海滨　舒传熹作
上海　上海人民美术出版社　1963 年 ［1 幅］
39cm（8 开）定价：CNY0.25
　　中国现代油画作品。

J0033381
洪湖的黎明　恽圻苍作
北京　人民美术出版社　1963 年 ［1 幅］
54cm（4 开）定价：CNY0.13
　　中国现代油画作品。

J0033382
淮海大捷　鲍加，张法根作
北京　人民美术出版社　1963 年 ［1 幅］
54cm（4 开）定价：CNY0.13
　　中国现代油画作品。

J0033383
江苏油画小辑　吕斯百等作
上海　上海人民美术出版社　1963 年　18 张（套）
19cm（32 开）定价：CNY1.44

J0033384
借宿　蔡亮作
北京　人民美术出版社　1963 年 ［1 幅］
54cm（4 开）定价：CNY0.60

中国现代油画作品。作者蔡亮（1932—1995），油画家。福建厦门人，毕业于中央美术学院绘画系。中国美术家协会会员、美协浙江分会理事、浙江油画研究会副会长、浙江美术学院教授、中国美术学院教授。主要作品有《延安火炬》《贫农的儿子》《红军三大主力会师》等。

J0033385
井冈山上　罗工柳，全山石作
北京　人民美术出版社　1963 年 ［1 幅］
54cm（4 开）定价：CNY0.60
　　中国现代油画作品。作者全山石（1930—　），画家，教授。浙江宁波人，毕业于中央美术学院华东分院。历任中国油画学会副主席、中国美术家协会油画艺术委员会副主任、中国美术学院教授、俄罗斯列宾美术学院荣誉教授等。代表作有收藏在中国革命博物馆的《英勇不屈》《井冈山上》《娄山关》《重上井冈山》《历史的潮流》等。

J0033386
镜泊飞瀑　吴作人作
上海　上海人民美术出版社　1963 年 ［1 幅］
39cm（8 开）定价：CNY0.20
　　中国现代油画作品。

J0033387
看戏　张定钊作
上海　上海人民美术出版社　1963 年 ［1 幅］
39cm（8 开）定价：CNY0.20
　　中国现代油画作品。

J0033388
跨过鸭绿江　侯逸民作
北京　人民美术出版社　1963 年 ［1 幅］
39cm（8 开）定价：CNY0.15
　　中国现代油画作品。

J0033389
列航　杨秋人作
上海　上海人民美术出版社　1963 年 ［1 幅］
19cm（小 32 开）定价：CNY0.08
　　中国现代油画作品。

J0033390
毛主席和我们在一起劳动　王式廓作

北京 人民美术出版社 1963 年［1 幅］
38cm（6 开）定价：CNY0.15
　　中国现代油画作品。

J0033391
毛主席在农民讲习所 詹建俊作
北京 人民美术出版社 1963 年［1 幅］
54cm（4 开）定价：CNY0.60
　　中国现代油画作品。

J0033392
毛主席在陕北 高虹作
北京 人民美术出版社 1963 年［1 幅］
39cm（8 开）定价：CNY0.15
　　中国现代油画作品。

J0033393
毛主席在延安著作 辛莽作
北京 人民美术出版社 1963 年［1 幅］
54cm（4 开）定价：CNY0.13
　　中国现代油画作品。

J0033394
牧区小景（汉、维文对照）
乌鲁木齐 新疆人民出版社 1963 年 15 张（套）
15cm（40 开）定价：CNY0.75
　　本作品为油画作品。

J0033395
农村社会主义高潮 高潮作
北京 人民美术出版社 1963 年［1 幅］
54cm（4 开）定价：CNY0.13
　　中国现代油画作品。

J0033396
青春年代 秦大虎作
上海 上海人民美术出版社 1963 年［1 幅］
39cm（8 开）定价：CNY0.20
　　中国现代油画作品。作者秦大虎（1938— ），教授。历任中国美术学院油画系教授、中国美协会员、中国油画家协会理事、浙江美协常务理事、浙江美协常务理事等职。作品有《在战斗中成长》《老将》《田喜嫂》等。出版有《秦大虎油画选》《秦大虎的绘画世界》和《油画创作》等。

J0033397
秋天（蒙、汉文对照）刘天呈作
呼和浩特 内蒙古人民出版社 1963 年［1 幅］
39cm（8 开）定价：CNY0.09
　　中国现代油画作品。作者刘天呈（1936—2017），油画家、学者、美术教育家。河北顺平人，毕业于浙江美术学院油画系。历任解放军艺术学院美术系教授、中国美术家协会会员。

J0033398
秋雨迷濛 颜文樑作
沈阳 辽宁美术出版社 1963 年［1 幅］
39cm（8 开）定价：CNY0.08
　　中国现代油画作品。

J0033399
群芳争艳 费以复作
沈阳 辽宁美术出版社 1963 年［1 幅］
54cm（4 开）定价：CNY0.13
　　中国现代油画作品。

J0033400
三味书屋 颜文樑作
沈阳 辽宁美术出版社 1963 年［1 幅］
39cm（8 开）定价：CNY0.08
　　中国现代油画作品。

J0033401
武汉长江大桥 杨立光，钱延康作
武汉 湖北人民出版社 1963 年［1 幅］
定价：CNY0.12
　　中国现代油画作品。

J0033402
夜渡黄河 艾中信作
北京 人民美术出版社 1963 年［1 幅］
54cm（4 开）定价：CNY0.13
　　中国现代油画作品。作者艾中信（1915—2003），画家。上海人。历任中央美术学院教授，油画系主任、副院长，《中国大百科全书·美术》编辑委员会主任、中国美术家协会理事等职。代表作品有《背煤》《通往乌鲁木齐》《炮兵过雪山》等，著有《徐悲鸿研究》《读画论画》《油画风采谈》等。

J0033403
油画风景小辑 罗工柳绘
上海 上海人民美术出版社 1963 年 17 幅 19cm
（32 开）统一书号：T8081.8888 定价：CNY1.40

J0033404
油画选辑 杨秋人等绘
上海 上海人民美术出版社 1963 年 8 幅
39cm（4 开）活页 统一书号：T8081.8852
定价：CNY2.10

J0033405
长江（镇江） 吕斯百作
沈阳 辽宁美术出版社 1963 年［1 幅］
39cm（8 开）定价：CNY0.08
　　中国现代油画作品。

J0033406
把青春献给农村（青年油画选）
北京 人民美术出版社 1964 年 8 张（套）
19cm（小 32 开）定价：CNY0.64

J0033407
傍晚 田零作
北京 人民美术出版社 1964 年［1 张］
53cm（4 开）定价：CNY0.30
　　中国现代油画作品。

J0033408
暴风骤雨 魏连福作
北京 人民美术出版社 1964 年［1 张］
38cm（8 开）定价：CNY0.15
　　中国现代油画作品。

J0033409
初春 韦启美作
北京 人民美术出版社 1964 年［1 张］
53cm（4 开）定价：CNY0.30
　　中国现代油画作品。

J0033410
春水 李仁杰作
北京 人民美术出版社 1964 年［1 张］
76cm（2 开）定价：CNY0.15
　　中国现代油画作品。

J0033411
春水 李仁杰作
北京 人民美术出版社 1964 年［1 张］
38cm（6 开）定价：CNY0.15
　　中国现代油画作品。

J0033412
稻香蔗甜 冯玉麒作
北京 人民美术出版社 1964 年［1 张］
53cm（4 开）定价：CNY0.30
　　中国现代油画作品。

J0033413
高原青春 马常利作
北京 人民美术出版社 1964 年［1 张］
38cm（6 开）定价：CNY0.15
　　中国现代油画作品。

J0033414
夯歌 王文彬作
北京 人民美术出版社 1964 年［1 张］
76cm（2 开）定价：CNY0.15
　　年画形式的中国现代油画作品。作者王文
彬（1928—2001），教授、画家。字弋人，山东青
岛人，中央美术学院油画系。历任中央美术学院
教授、中国美协壁画艺术委员会委员。著有《油
画自修》《壁画绘制工艺》《安格尔》《米勒》《王
文彬画集》等。

J0033415
夯歌 王文彬作
北京 人民美术出版社 1964 年［1 张］
38cm（6 开）定价：CNY0.15
　　中国现代油画作品。

J0033416
洪湖水 董中立作
［武汉］湖北人民出版社 1964 年［1 张］
38cm（6 开）定价：CNY0.25
　　中国现代油画作品。

J0033417
护堤林 吴冠中作
上海 上海人民美术出版社 1964 年［1 张］
19cm（小 32 开）定价：CNY0.08

中国现代油画作品。

J0033418
岭南农村新景（青年油画选）
北京 人民美术出版社 1964 年 8 张(套)
19cm(小 32 开) 定价: CNY0.64

J0033419
南国之秋 王恤珠作
北京 人民美术出版社 1964 年［1 张］
53cm（4 开） 定价: CNY0.30
　　中国现代油画作品。

J0033420
青纱帐 顾祝君作
北京 人民美术出版社 1964 年［1 张］
38cm（6 开）定价: CNY0.15
　　中国现代油画作品。

J0033421
清晨 傅植桂作
北京 人民美术出版社 1964 年［1 张］
38cm（6 开）定价: CNY0.15
　　中国现代油画作品。

J0033422
三千里江山 柳青作
北京 人民美术出版社 1964 年［1 张］
38cm（8 开）定价: CNY0.15
　　中国现代油画作品。

J0033423
沈阳南站 倪贻德作
［沈阳］辽宁美术出版社 1964 年［1 张］
30cm（10 开）定价: CNY0.07
　　中国现代油画作品。作者倪贻德(1901—1970)，著名油画家、美术理论家和美术教育家。笔名尼特，毕业于上海美术专科学校。历任浙江美术学院教授、第一副院长、全国美协理事、浙江省美协副主席等职。著作有《西洋画概论》《水彩画研究》《画人行脚》《艺术漫谈》《近代艺术》。还有小说集《玄武湖之秋》《东海之滨》《百合集》等。

J0033424
四个姑娘 温葆作
北京 人民美术出版社 1964 年［1 张］
76cm（2 开）定价: CNY0.15
　　年画形式的中国现代油画作品。

J0033425
四个姑娘 温葆作
北京 人民美术出版社 1964 年［1 张］
38cm（6 开）定价: CNY0.15
　　年画形式的中国现代油画作品。

J0033426
伟大的国际主义战士白求恩同志 陈省作
北京 人民美术出版社 1964 年［1 张］
38cm（6 开）定价: CNY0.15
　　中国现代油画作品。

J0033427
溪口千丈岩瀑布 费以复作
上海 上海人民美术出版社 1964 年［1 张］
38cm（6 开）定价: CNY0.20
　　中国现代油画作品。

J0033428
新堤内港帆影 钱延康作
［武汉］湖北人民出版社 1964 年［1 张］
38cm（6 开）定价: CNY0.25
　　中国现代油画作品。

J0033429
信天游 武永年作
北京 人民美术出版社 1964 年［1 张］
38cm（6 开）定价: CNY0.15
　　中国现代油画作品。

J0033430
延河边上 钟涵作
北京 人民美术出版社 1964 年［1 张］
53cm（4 开）定价: CNY0.30
　　中国现代油画作品。

J0033431
油画小辑 费以复作
［沈阳］辽宁人民美术出版社 1964 年

10 张（套） 15cm（64 开） 定价: CNY0.23
中国现代油画作品。

J0033432
油画小辑（3） 官布等作
上海 上海人民美术出版社 1964 年 8 张（套）
15cm（64 开） 定价: CNY0.40

J0033433
在激流中前进 杜健作
北京 人民美术出版社 1964 年 ［1 张］
38cm（6 开） 定价: CNY0.15
中国现代油画作品。

J0033434
鞍钢的早晨 王锡珏作
沈阳 辽宁美术出版社 1965 年 38cm（6 开）
定价: CNY0.12
中国现代油画作品。

J0033435
白维鹏 阎素，林日雄作
石家庄 河北人民美术出版社 1965 年
53cm（4 开） 定价: CNY0.10
中国现代油画作品。

J0033436
唱支山歌给党听 邓绍义作
沈阳 辽宁美术出版社 1965 年 76cm（2 开）
定价: CNY0.20
中国现代油画作品。

J0033437
陈云同志（油画）
北京 人民美术出版社 1965 年 ［1 张］
76cm（2 开） 定价: CNY0.20

J0033438
成长 高锦德作
北京 人民美术出版社 1965 年 38cm（6 开）
定价: CNY0.05
中国现代油画作品。

J0033439
出击之前 何孔德作
北京 人民美术出版社 1965 年 38cm（6 开）
定价: CNY0.05
中国现代油画作品。作者何孔德(1925—
2003)，画家。四川西充人，毕业于国立重庆师
范美术科。中国美术家协会会员、国家一级美术
家。代表作有《出击之前》《生命不息 冲锋不止》
《卢沟桥战斗》，出版有《何孔德油画选》《何孔德
画集》。

J0033440
恩格斯像（彩色油画）
北京 人民美术出版社 1965 年 ［1］张 107cm
（2 开） 定价: CNY0.40（107cm），0.20（76cm）

J0033441
恩格斯像（彩色油画）
北京 人民美术出版社 1965 年 ［1］张
76cm（2 开） 定价: CNY0.20